इन्हीं हथियारों से

(उपन्यास)

इन्हीं हथियारों से

अमरकान्त

राजकमल प्रकाशन

ISBN : 978-81-267-0634-1

मूल्य : ₹1495

पहला संस्करण : 2003
पाँचवाँ संस्करण : 2024

प्रकाशक : राजकमल प्रकाशन प्रा. लि.
1-बी, नेताजी सुभाष मार्ग, दरियागंज
नई दिल्ली-110 002
शाखाएँ : अशोक राजपथ, साइंस कॉलेज के सामने, पटना-800 006
पहली मंजिल, दरबारी बिल्डिंग, महात्मा गांधी मार्ग, प्रयागराज-211 001
1, अनमोल सोराबजी संतुक लेन, धोबी तलाव, मरीन लाइंस, मुम्बई-400 002
वेबसाइट : www.rajkamalprakashan.com
ई-मेल : info@rajkamalprakashan.com

मुद्रक : बी.के. ऑफसेट
नवीन शाहदरा, दिल्ली-110 032

INHIN HATHIYARON SE
Novel by Amarkant

लेखक की ओर से

यह रचना उत्तर प्रदेश के एक छोटे-से जनपद पर केन्द्रित स्वाधीनता आन्दोलन की पृष्ठभूमि पर लिखी गई है। सन् 1942 ई. में 'भारत छोड़ो' जनक्रान्ति के दौरान कुछ दिनों के लिए बलिया में ब्रिटिश शासन समाप्त हो गया था। गाँवों में पंचायत सरकारें कायम हुई थीं। परन्तु, यह ऐतिहासिक उपन्यास नहीं है, बल्कि उस आन्दोलन से जुड़े व्यक्तियों के निजी अनुभवों, ऐतिहासिक घटनाओं तथा बयालिस से लेकर स्वतन्त्रता-प्राप्ति तक के समय की एक यथार्थवादी परिकल्पना है। वस्तुतः बलिया के बहाने, एक कल्पित कथा द्वारा इस ऐतिहासिक जमाने का स्मरण किया गया है, जब देश की जनता ने स्वाधीनता के लिए विदेशी हुकूमत के विरुद्ध बगावत का झंडा उठाते हुए जबरदस्त संघर्ष किया, अनगिनत कुर्बानियाँ दीं और भयंकर दमन का सामना किया।

इस तरह का उपन्यास लिखने की मेरी योजना पुरानी है, जो स्वास्थ्य सम्बन्धी दुर्घटनाओं के कारण टलती रही। अन्ततः 'साक्षात्कार' के अनुरोध पर उक्त योजना को ही कार्यान्वित करने का साहस कर बैठा, जो आज इस रूप में प्रस्तुत है। श्री आग्नेयजी और हरि भटनागर को हार्दिक धन्यवाद देता हूँ, जिनके सहयोग के बिना एक कठिन बीमारी के समय इसका लेखन सम्भव ही नहीं था। पहले इसकी अनेक किस्तें 'साक्षात्कार' के अंकों में 'आँधी' शीर्षक से धारावाहिक रूप से छपीं, किन्तु हिन्दी साहित्य में आँधी जैसे शीर्षकों की भरमार है, इसलिए नाम बदलने का विचार कवि अमरनाथ श्रीवास्तव के सहयोग से सम्भव हो सका। मित्र शेखर जोशी और हरीशचन्द्र पांडे से भी लेखन में बड़ी मदद मिली। अतः इन मित्रों के प्रति भी धन्यवाद प्रकट करता हूँ।

20-02-2002

–अमरकान्त

कथा सन्दर्भ

आज हर रास्ता टाउन-हॉल की ओर जा रहा है। चाहे भृगुक्षेत्र, जापलिनगंज या बमपुलिस मोहल्ला हो, प्रत्येक गली, सड़क और चौराहे से निकलकर लोग उधर ही लपक रहे हैं। चारों ओर से सिमट आए बरसाती जल से लबालब तालाब की भाँति टाउन-हॉल का अहाता समय से पूर्व ऐसा ठसाठस भर गया है कि सूई फेंककर ऊपर-ऊपर ही खोज लीजिए। पाँच बजे की साँझ, आकाश अकस्मात बादलों से ढककर एक विशाल मटमैला तम्बू बन गया है, यद्यपि कुछ ही घंटे पूर्व दोपहर में जून मास की लाल, मिरचई धूप निकली थी।

सुरंजन शास्त्री को इस सभा के लिए विशेष रूप से बनारस से बुलाया गया है। सन् 1932 के आन्दोलन के दौरान जब वह यहाँ गवर्नमेंट हाई स्कूल में टेंथ में पढ़ रहे थे तो हड़ताल और प्रदर्शन के लिए उन्हें स्कूल से निष्कासित कर दिया गया। वह गिरफ्तार हुए और उन पर कोड़े पड़े। जेल से रिहाई पश्चात वह बनारस के राष्ट्रीय विद्यालय में आगे की पढ़ाई के लिए चले गए, जहाँ से उन्होंने शास्त्री की परीक्षा पास की और अब वहीं रहकर आगे की पढ़ाई करते हुए आन्दोलन की तैयारी कर रहे हैं।

आकाश भरमा रहा है। कभी लगता है तेज हवा के साथ मूसलाधार वर्षा होगी। ऊपर चीलें डैने फैलाकर मौसम का आनन्द ले रही हैं। आस-पास तितैये, बर्रे और मधुमक्खियाँ उड़ रही हैं तिनकों की तरह। स्थान के अभाव में अहाते के पेड़ों, पुस्तकालय भवन की छत और बगल के मकानों की छतों पर बैठे या खड़े लोग ध्यानपूर्वक सुन रहे हैं। मंच पर खादी धोती और खादी का ही लम्बा कुर्ता पहने सुरंजन शास्त्री का लम्बा शरीर नजर आ रहा है। उनकी तेज और ललकारती आवाज लगातार मकानों को लाँघकर आकाश-मार्ग से दूर-दूर तक पहुँच रही है :

'दोस्तो, भोजपुरी भाषा के इस छोटे-से जिले बलिया के इतिहास पर आपने कभी गौर किया है ? इतिहास भूलने की चीज नहीं है। इतिहास वह दर्पण है, जिसमें हम अपनी खूबियों और कमियों को देख सकते हैं। इनकी जानकारी हमें और ताकतवर बनाकर नए समय की नई चुनौतियों का सामना करने की बुद्धि देती है। यहाँ का इतिहास हमारे देश के इतिहास का ही अंग है, फिर भी हमारी कुछ निजी विशेषताएँ भी हैं।

'गंगा और छोटी सरयू के संगम पर बसा यह छोटा-सा शहर और अंचल प्राचीनकाल से ही अनेक ऋषि-मुनियों की तपस्या-भूमि रहा है। यहाँ भृगु ऋषि और दरदर मुनि के मन्दिर हैं और इसे भृगुक्षेत्र भी कहते हैं। यहाँ कार्तिक पूर्णिमा के दिन बड़ा धार्मिक सम्मेलन होता था, जिसमें देश के हर भाग से बड़े-बड़े सन्त, महात्मा शामिल होने के लिए आते थे। यह मेला आज भी और हर वर्ष होता है, और इस अवसर पर असंख्य ग्रामीण जनता आकर संगम-स्नान करती है। आप तो जानते ही हैं कि इस मेले में दूर-दूर के व्यापारी आते हैं और यहाँ हाथी छोड़ हर तरह के पशु और सामान बिकते हैं। हिन्दी

तथा अन्य भाषाओं के प्रख्यात कलाकार और साहित्यकार भी इस मेले में आते थे और आप तो जानते हैं कि खड़ी बोली हिन्दी के निर्माता भारतेन्दु हरिश्चन्द्र भी अपनी मंडली के साथ यहाँ आए थे। उन्होंने अपना प्रसिद्ध नाटक 'अंधेर नगरी चौपट राजा, टका सेर भाजी, टका सेर खाजा' खेला था और हिन्दी प्रेमियों की सभा में भाषण दिया था।

'कोई कहता है राजा बलि के नाम पर बलिया बना, कोई कहता है बाल्मीकि के नाम पर, परन्तु मेरा यह कहना है कि यह बलिदानी भूमि है, यहाँ सदा देश और समाज के लिए बलिदान होनेवाले लोग पैदा हुए, इसलिए इसका नाम बलिया पड़ा। यहाँ के बहादुर लोगों के स्वभाव को देखते हुए कहा जा सकता है कि यह एक सार्थक नाम है।

'मैं अब इस क्षेत्र की भाषा की ओर आपका ध्यान दिलाता हूँ। यह क्षेत्र पूरी तरह किसी भी शासक के नियन्त्रण में नहीं रहा—न मगध राज्य और न ही दिल्ली के किसी शासक के। यहाँ के सांस्कृतिक महत्त्व का अन्दाजा यहाँ की भाषा से लगाया जा सकता है। यहाँ की भोजपुरी भाषा में तत्सम शब्दों की भरमार है, देशज शब्द कम ही हैं। तत्सम शब्दों को ढाल या तोड़ लिया गया है। इन शब्दों पर गौर कीजिए 'कुकुर आईल', 'बाँदर गईल'। बात यह है कि राजनीतिक रूप से यदि यह क्षेत्र किसी के अधीन हुआ भी है तो उसने कभी अपनी अस्मिता नहीं खोई है। यह किसी कौम के लिए बड़ी खूबी है। अपनी संस्कृति को भूल जाना, उसकी उपेक्षा करना, दूसरों का अन्धानुकरण करना या पिछलग्गू बनना पराधीनता का ही लक्षण है।

'इस क्षेत्र की दूसरी विशेषता यह है कि हमारी बोली में एकवचन नहीं है यानी हम एकवचन में नहीं, बहुवचन में बोलते हैं। यहाँ कोई व्यक्ति 'मैं' नहीं, 'हम' है। 'हम जात बानी', 'हम खात बानी'। सामूहिक रूप से बोलता है यहाँ का हर पुरुष, हर स्त्री, हर बच्चा। यह प्राचीन गणतन्त्र होने की निशानी है। एक सम्राट भी 'हम' बोलता है, उसके 'हम' में तानाशाह का दर्प होता है, लेकिन यहाँ का हर व्यक्ति 'हम' बोलता है, चाहे वह कितना भी छोटा और नगण्य क्यों न हो। इससे लगता है कि बहुत पहले यहाँ छोटे-बड़े का भेदभाव नहीं था, यह तो बाद में आया, जब उस गणतन्त्र का विघटन हो गया। फिर भी कुछ खूबियाँ तो रह ही गईं। हमारी कल्पना है कि जब हमारा देश स्वतन्त्र होकर गणतन्त्र बनेगा तो हर व्यक्ति में 'हम' का भाव होगा, देश का और उच्च मानवता का भाव। यह सिर्फ राजनीतिक रूप से स्वतन्त्र हो जाने से ही नहीं होगा, बल्कि ऐसा समाज बनाने से होगा, जिसमें हर तरह का शोषण, अन्याय समाप्त हो जाएगा।

'हम भोजपुरी लोग जल्दी आवेश में आ जाते हैं, लड़-भिड़ जाते हैं, तब तर्क और बुद्धि को भी नहीं मानते। परन्तु, यह आवेश अनैतिक नहीं होता। जब कोई अपमानित करता है, दबाने की कोशिश करता है, अन्याय करता है तो हम आवेश में आ जाते हैं। यह सरल और सच्चे लोगों की निशानी होती है। जिस कौम को गुस्सा नहीं आता, वह गुलामी, जुल्म, शोषण के खिलाफ क्या लड़ेगी ? यह अच्छी बात है कि हमें अपनी राजनीतिक गुलामी पर गुस्सा आता है, इसका अर्थ यह भी हुआ कि हम किसी प्रकार की सामाजिक, आर्थिक और सांस्कृतिक गुलामी को भी बरदाश्त नहीं कर सकते।

'क्या आप बलिया जिले के नगवाँ गाँव के मंगल पांडे को भूल गए ? गुलाम हिन्दुस्तान में ब्रिटिश सत्ता को चुनौती देनेवाली सन् 1857 की क्रान्ति की पहली चिनगारी। 30 जनवरी 1831 ई. को जन्म हुआ था मंगल पांडे का। वे बैरकपुर रेजीमेंट की पाँचवीं कम्पनी के 1446 नम्बर के सिपाही थे।

'शुरू से ही मंगल पांडे के अन्दर अंग्रेजी राज्य के प्रति बगावत की भावना मचल रही थी और 29 मार्च 1857 को बैरकपुर परेड स्थल पर उसने उस भावना को अमली जामा पहना दिया। बलिया के उस बहादुर सैनिक ने किस तरह अंग्रेजों की सत्ता को चुनौती दी, कइयों को धराशायी किया और अन्त में वीरतापूर्वक फाँसी के फन्दे पर झूल गया, यह भारतीय स्वतन्त्रता संग्राम की ऐसी कहानी है, जिस पर हम अभिमान करते हैं और जो स्वर्णाक्षरों में लिखी जाने योग्य है।

'8 अप्रैल का ऐतिहासिक दिन था वह। बैरकपुर के जल्लादों ने मंगल पांडे को फाँसी देने से इनकार कर दिया था तो कलकत्ता से जल्लाद बुलाकर उनको फाँसी पर लटकाया गया। याद रखिए कि हिन्दुस्तान की प्रथम स्वतन्त्रता संग्राम की जो प्रथम चिनगारी बलिया के वीर सैनिक मंगल पांडे की बन्दूक से निकली, वह समूचे देश में फैल गई। हर जगह बगावत की लपटें ब्रिटिश हुकूमत को खाक करने के लिए उठने लगीं। मंगल पांडे सिर्फ बलिया के ही नहीं बल्कि हमारे देश के प्रथम स्वातन्त्र्य सेनानी और शहीद हैं, जिन पर हर हिन्दुस्तानी को गर्व है। आज मंगल पांडे की शहादत पुकार रही है कि आप आगे बढ़कर इस विदेशी हुकूमत को जड़ से उखाड़कर समुद्र में फेंक दें।'

इसी समय श्रोताओं की भीड़ में से एक नौजवान उठकर दाहिने हाथ की मुट्ठी को हवा में लहराते हुए जोर से पतली आवाज में चिल्लाया :

'इन्कलाब !'

यह चीख आतिशबाजी की 'आसमानी' की तरह तेजी से आकाश में जाकर विलीन हो गई और उसके जवाब में 'जिन्दाबाद' का समवेत स्वर गूँज उठा।

सुरंजन शास्त्री ने हाथ ऊपर उठाते हुए आगे कहा :

'हमारे भोजपुरी अंचल ने स्वातन्त्र्य संग्राम में आगे बढ़-बढ़कर हिस्सा लिया। ब्रिटिश हुकूमत को एक और जबरदस्त चुनौती इस क्षेत्र के बाबू कुँवर सिंह ने दी। आरा (जगदीशपुर) के 80 वर्षीय कुँवर सिंह का सहतवार में ननिहाल था। वह अपनी सेना के साथ शाहाबाद, लखनऊ और आजमगढ़ में अंग्रेजों के दाँत खट्टे करते हुए हमारे जिले के गाँव नगरा, सिकन्दरपुर और मनियर से भी होकर गुजरे। यहाँ के लोगों ने उनकी धन-जन से सहायता की। गाँव-गाँव में लोकगीत बने। जिन जमींदारों ने अंग्रेजों का साथ दिया उनकी थुड़ी-थुड़ी हुई। बादल गरजने और बिजली चमकने पर औरतें अपने बच्चों को किस्सा सुनाती हुई कहती थीं, 'देखो, बाबू कुँवर सिंह और उनके सिपाहियों की तलवारें चमक रही हैं, उनके घोड़े दौड़ रहे हैं, अंग्रेज भाग रहे हैं।' अंग्रेज हुकूमत ने आपके देश को पददलित किया है, उसका शोषण किया है, आप उसका बदला लेने के लिए कब उठेंगे ?'

कुछ देर तक फिर नारे लगते रहे।

'गुलामी भयंकर अभिशाप है। चिरई-चुरंग से लेकर मनुष्य तक कोई भी गुलामी पसन्द नहीं करता। गरीब-से-गरीब मजदूर भी नमक के साथ सूखी रोटी खा लेगा, लेकिन किसी का गुलाम बनकर चिकना-चिकना भोजन पसन्द नहीं करेगा। तिलक ने ठीक ही कहा है—'स्वतन्त्रता हमारा जन्मसिद्ध अधिकार है।' तिलक जब गिरफ्तार हुए और माँडले जेल से छूटे, उन अवसरों पर यहाँ जबरदस्त हड़ताल और जन-प्रदर्शन हुए। अनेक विद्यार्थी स्कूलों से निकाल दिए गए, उन पर नाना प्रकार के जुल्म ढाए गए।

'फिर आया महात्मा गांधी द्वारा छेड़ा गया सन् 1921 ई. का असहयोग आन्दोलन, जिसमें लोगों ने खुलकर भाग लिया। जेल गए और लाठी-गोली खाई। अनगिनत वकीलों,

मुख्तारों और सरकारी कर्मचारी अपने काम छोड़कर सत्याग्रह में शामिल हुए। विद्यार्थी स्कूलों से निकल आए और आजादी की लड़ाई में कूद पड़े। गाँव-गाँव में विदेशी कपड़ों की होली जली। चरखे पर सूत कातकर खादी पहनने का संकल्प किया गया। विदेशी वस्तुओं का वहिष्कार और स्वदेशी अपनाने का निश्चय। अद्‌भुत आन्दोलन था वह। अंग्रेज सत्ता ने यहाँ के कला-कौशल, शिल्प, उद्योग-धन्धों को चौपट करके अपने देश का माल, शिक्षा, जीवन शैली, सब जनता पर थोप दिया था। गांधीजी ने अहिंसात्मक सत्याग्रह आन्दोलन के द्वारा अंग्रेजों के शोषण और अन्याय का प्रतिरोध किया था। अहिंसा, सत्याग्रह, असहयोग कोई नई चीज नहीं है। गांधीजी ने जनता से जुड़कर जनता के इतिहास से यह हासिल किया है। युगों से भयंकर हथियारों से लैस आततायियों और क्रूर अन्यायी शासकों ने जनता पर जुल्म ढाए हैं तो उसने अहिंसा, असहयोग, स्वावलम्बन, एकता, सत्याग्रह आदि इन्हीं इथियारों से उनका मुकाबला किया है। जनता तो अहिंसक होती ही है।

'एक बात और। गांधीजी ने राजनीतिक कार्यकर्ताओं को रचनात्मक कार्यों का महत्त्व समझाया है। हर कार्यकर्ता के लिए, चाहे वह किसी भी पार्टी का क्यों न हो, रचनात्मक कार्य बेहद जरूरी है। एक सड़क है यह, जिस पर चलकर कार्यकर्ता जनता के दिलों तक पहुँचते हैं, उनके दुःख-सुख में शामिल होते हैं, उनकी लड़ाई में उनका साथ देते हैं। इसके बिना किसी आन्दोलन का सफल होना कठिन है। यदि सफल हो भी जाते हैं तो परिणाम सुखद नहीं होते। वास्तविकता और व्यवहार में जाए बिना किसी सिद्धान्त की रक्षा नहीं हो सकती।

'जहाँ तक अहिंसा का सवाल है, आज के जमाने में उसकी उपयोगिता जनता के व्यापक हितों के लिए इस्तेमाल किए जाने से ही सिद्ध हो सकती है। शोषक इसका इस्तेमाल अपने पक्ष में कर सकते हैं। इससे सावधान रहने की जरूरत है। अहिंसा, कायरता और पलायन का पर्याय नहीं है। यह जनहित के लिए अपने को कुर्बान करने का नाम है। यदि गांधीजी ने स्वातन्त्र्य आन्दोलन और स्वातन्त्र्य प्राप्ति के लिए इसका इस्तेमाल न किया होता तो इसकी विशेष उपयोगिता और सार्थकता न होती। हमारी लड़ाई अहिंसात्मक अवश्य है, लेकिन वह पूर्ण स्वतन्त्रता के प्रश्न पर किसी प्रकार का समझौता नहीं करेगी।

'असहयोग आन्दोलन में क्रूर हुकूमत ने लाठियों, गोलियों और गिरफ्तारियों से लोगों को दबाने की कोशिश की। उस आन्दोलन में गरीब और साधनहीन लोग भी शामिल हुए। ऐसे कार्यकर्ताओं और उनके परिवारों की आर्थिक समस्याएँ थीं। उनके हल के लिए मुठिया आन्दोलन शुरू किया गया। घर-घर मिट्टी की हँडिया बाँट दी गई। उस हँडिया में एक-एक मुट्ठी चावल या आटा डालिए और जब हँडिया भर जाएगी तो कार्यकर्ता उसे ले जाएँगे। इसी समय जनता में यह प्रचार हो गया कि गांधीजी विष्णु के अवतार हैं, इसलिए कुछ लोगों ने मुठिया को 'विशुन चुटकी' कहना शुरू किया। विष्णु के नाम पर हँडिया में चिटुकी-चिटुकी अन्न इकट्ठा होने लगा। गांधीजी कोई अवतार नहीं हैं, लेकिन जनता की जब वैज्ञानिक ढंग पर शिक्षा नहीं होती तो राजनीतिक आन्दोलन में धार्मिक अन्धविश्वास घुस जाते हैं। खैर, कहीं-कहीं कार्यकर्ताओं के लिए सामूहिक भोज का इन्तजाम होता था। बड़े-बड़े हंडों में चावल पकाया जाता था। जनता के आन्दोलन इसी तरह जन सहयोग से चलाए जाते हैं।

'इस आन्दोलन में जनता की भागीदारी का अन्दाजा इससे भी आपको हो जाएगा

कि अनेक नौजवानों ने अपनी शादियों में दान-दहेज लेने से इनकार कर दिया। उनका कहना था 'यदि दहेज ही देना चाहते हैं, तो ग्यारह या इक्कीस चरखे बनवाकर दे दीजिए।' ये चरखे गरीबों में बाँट दिए जाते थे। अनेक लोगों ने नशा करना छोड़ दिया। कई दुकानदारों ने गाँजा, भाँग, शराब की अपनी दुकानें बन्द कर दीं। जिन्होंने नहीं कीं, उनकी दुकानों पर पिकेटिंग की गई और दुकानें जबरदस्ती बन्द करा दी गईं। आन्दोलन की व्यापकता का हाल यह था कि घर-घर चरखा चलने लगे। लोग तकली पर सूत कातते हुए मीटिंगों या अन्य गन्तव्यों पर जाते थे। चरखा सिर्फ प्रतिरोध का ही प्रतीक नहीं बल्कि आर्थिक स्वावलम्बन का भी माध्यम है। चरखे के गाने आपको याद हैं न ? 'कभी चरखा का टूटे न तार, चरखवा चालू रहे,' 'हम चरखे से लेंगे सुराज, चरखवा चालू रहे।' इन गीतों द्वारा शासन से हास-परिहास भी होता था। क्या पंक्ति है...हाँ, गांधी महात्मा दूल्हा बने हैं, दुल्हन बनी सरकार, चरखवा चालू रहे।'

सभा में जोरों की हर्ष ध्वनि हुई। लोग तालियाँ पीटने लगे।

'बड़े आन्दोलनों के दौरान भी जीवन के सामान्य व्यापार बन्द नहीं होते। हँसी-ठट्ठा भी होता रहता है। आप चाहें तो इसे हँस-हँसकर जीना कह सकते हैं। इस आन्दोलन की वजह से गांधीजी ने यहाँ आने पर बलिया को 'दूसरा बारदोली' कहा था। इस सभा में अपने देश और इस जनपद की शानदार परम्परा का इसलिए ध्यान दिला रहा हूँ कि आपके पास इसका शानदार इतिहास है, यहाँ की विशाल क्रान्तिकारी जनता है। आज सन् 1942 का 25 जून है, बहुत जल्दी देश में आजादी की लड़ाई छिड़ जाएगी, आप इसके लिए तन-मन-धन से तैयार रहिए।'

जोर-जोर से नारे लगने लगे।

'साथियो, सन् 1930-32 का आन्दोलन 'नमक सत्याग्रह' नाम से विख्यात है। गांधीजी ने एक लम्बी पदयात्रा के बाद समुद्र के किनारे डाँडी में नमक कानून तोड़कर इसका सूत्रपात किया। आप जानते हैं कि मनुष्य के इतिहास में लम्बी-लम्बी यात्राओं का उल्लेख मिलता है। सभी यात्राएँ ज्ञान की खोज, धर्म-प्रचार, लोगों को आपस में जोड़ने और उनके दुःख-दर्द को दूर करने के लिए की गईं। ऐसी यात्राएँ महात्मा बुद्ध ने कीं। आदि शंकराचार्य और अनेक सन्त-महात्माओं ने कीं। गुरु नानक और अन्य सिख गुरुओं की यात्राएँ सभी जानते हैं। दूसरे देशों से अनेक खोजी विद्वान इस देश में आए और यहाँ से अनेक लोग दूसरे देशों में गए। बौद्ध धर्म के प्रचार-प्रसार को ही लीजिए, यहाँ से अनेक लोग बर्मा, चीन, कोरिया, जापान आदि दूर देशों में गए। कवि कालिदास और तुलसीदास ने भी खूब यात्राएँ कीं। आज के जमाने में राहुल सांकृत्यायन की यात्राओं पर गौर कीजिए। परन्तु ब्रिटिश हुकूमत के विरुद्ध गांधीजी की यह पदयात्रा अभूतपूर्व थी। दूसरे देशों में विग्रह पैदा करने, उन पर विजय प्राप्त करने के लिए सिकन्दर, नेपोलियन, चंगेज खाँ, नादिरशाह तथा अन्य आक्रमणकारियों ने बड़ी-बड़ी यात्राएँ की हैं। ईस्ट इंडिया कम्पनी भी लम्बी यात्रा करके यहाँ व्यापार करने आई और दिए गए व्यापारिक अधिकारों का दुरुपयोग करके हमें गुलामी की जंजीर में जकड़ दिया। प्रकाश और अन्धकार फैलानेवाली इन दो किस्म की यात्राओं का भेद आप बखूबी समझ सकते हैं।

'नमक सत्याग्रह ने गरीब जनता को आजादी के इस आन्दोलन से जोड़ा। पिछले आन्दोलन से यह आन्दोलन तेज हुआ। हमारे अंचल में भी नमक कानून तोड़कर खूब नमक बनाया गया। बनता था और उसकी नीलामी होती थी। लोग फौरन उस नमक

को खरीद लेते थे। इस बार भी नौजवान आगे आए। हुकूमत ने भी नमक सत्याग्रहियों पर खूब जुल्म ढाए। लोगों को सरेआम बेंत से पीटा गया। वे हर प्रहार पर 'इन्कलाब जिन्दाबाद' के नारे लगाते थे। कितने मार खाते-खाते बेहोश हो गए, मगर उन्हें कोई ताकत झुका नहीं पाई। जिस देश की जनता इतनी हिम्मती हो उसे कौन अधिक दिनों तक गुलाम बनाए रख सकता है ?'

फिर नारे लगने लगे। एक नौजवान ने अपनी मौलिकता का परिचय देने के लिए उठकर एक नए शहीद के नाम पर नारा लगाया 'उद्धम सिंह' तो लोगों ने जवाब दिया 'जिन्दाबाद।'

'दोस्तो, हम अपने इतिहास के एक नए मोड़ पर खड़े हैं। दूसरा विश्वयुद्ध जोरों पर है और वह विशाल ब्रिटिश साम्राज्य जिसका सूरज कभी नहीं डूबता था, मार-पर-मार खा रहा है। पूरब और पश्चिम दोनों ओर। हम भी जनतन्त्र की विजय चाहते हैं, लेकिन हमारा कहना है कि पहले हमें आजाद कीजिए और तब देखिए कि किस जोश-खरोश के साथ हम आपकी मदद करते हैं। आप तो अपनी आजादी के लिए युद्ध कर रहे हैं और हमें गुलाम बनाए हुए हैं। यदि आपके दिल में खोट है तो इसका यह अर्थ हुआ कि आप अपने साम्राज्य और हमारी गुलामी के लिए लड़ाई लड़ रहे हैं और बहाना यह कर रहे हैं कि यह जनतन्त्र की रक्षा का संघर्ष है। गांधीजी ने ठीक ही कहा है, ब्रिटिश हुकूमत भारत के कन्धे पर एक लाश के समान है। सदियों से हम यह लाश ढो रहे हैं। हमारी कमर टूट गई है। जब तक यह लाश नहीं हटाई जाती, हम स्वतन्त्र और स्वाभिमानी मनुष्य की तरह नहीं खड़े हो सकते। हमारी कौम अपंग बनी रहेगी। फिर हम आपकी मदद क्या करेंगे—खाक ? हटाइए आप इस हुकूमत की लाश को और अपना बोरिया-बिस्तर बाँधकर समुद्र पार करके अपने देश लौट जाइए। परन्तु अंग्रेज सरकार चालबाजी-भरे अपने आश्वासनों का लेमनचूस थमा रही है।

'अभी-अभी स्टैफर्ड क्रिप्स गए हैं। गांधीजी ने उनके चिकने-चुपड़े प्रस्तावों की असलियत समझकर उन्हें ठुकरा दिया है। सत्ताधारियों के, साम्राज्यवादियों के मीठे-मीठे आश्वासन भी बड़े खतरनाक होते हैं। आपको याद है, जब रावण जैसे प्रतापी सम्राट को मारीच से काम लेना हुआ तो वह उससे मिलने गया। पहुँचते ही उसने मारीच को सिर नवाया था। जानते हैं कवि तुलसीदास ने इस सम्बन्ध में क्या कहा है। याद कीजिए उनकी यह चौपाई :

'नवनि नीच कै अति दुखदायी,
जिमि अंकुस, धनु, उरग, बिलाई।
भयदायक खल कै प्रिय बानी,
जिमि अकाल के कुसुम भवानी।'

'हाँ, साम्राज्यवादी खल शक्तियाँ प्रहार करने के पहले झुकती हैं। उनका प्रिय वचन दहशत पैदा करता है जैसे अकाल के कुसुम। ऐसी है यह विदेशी सरकार। इसी सरकार ने प्रथम महायुद्ध के समय मीठे वायदे किए थे और युद्ध समाप्त होने पर क्या मिला—जालियाँवाला बाग कांड। ऐसी धोखेबाज सरकार से सदा सावधान और चौकन्ना रहने की जरूरत है। यह हुकूमत पहले मीठी-मीठी बात करती है और मतलब निकल जाने पर पानी से भी पतली हो जाती है। अब साम्राज्यवादियों पर विश्वास नहीं किया जाएगा। यह आजादी की आखिरी लड़ाई है। हम या तो आजादी लेंगे अथवा उसके लिए

अपनी जानें कुर्बान कर देंगे। हम जनपद के प्रसिद्ध कवि श्री जगदीश ओझा 'सुन्दर' की कविता की कुछ पंक्तियों के साथ अपना स्वर मिलाकर कहते हैं :

'बोझ गुलामी का ढोने को पलभर भी तैयार नहीं,
पर के घर में पर के शासन का कोई अधिकार नहीं
सच को दबा सके दुनिया में कोई है हथियार नहीं,
जा सकता भारत का धन अब सात समुन्दर पार नहीं,
ऐसी हो ललकार, जुल्म का सघन अँधेरा छँट जाए,
शत्रु फिरंगी शीश झुकाकर अपने घर पलट जाए।'

कविता समाप्त होने के बाद जोर-जोर से नारे लगने लगे। कुछ लोगों ने 'सुन्दरजी, जिन्दाबाद !' के भी नारे लगाए।

'हाँ दोस्तो,' सुरंजन शास्त्री ने तेज जोशीली आवाज में कहा, 'आप क्षितिज की ओर देखिए, एक बड़ी आँधी आने के आसार हैं। यह आँधी गुलामी को नष्ट कर देगी, आततताइयों को मिटा देगी। आप इसे आजादी की आँधी कहिए, गांधी की आँधी कहिए, बुढ़िया आँधी कहिए, महाआँधी कहिए, मनुष्य के इतिहास की यह सुपरिचित आँधी है। हाँ, यह प्राचीनतम आँधी है। मानव इतिहास में यह अक्सर आई है। जहाँ गुलामी है, जहाँ जुल्म है, अन्याय है, तानाशाही है, वहाँ बार-बार आई है। मुक्ति की आँधी है यह। वह कभी फ्रांस में आई, कभी रूस में। अन्य देशों में भी वह आ चुकी है। 1857 में भी हमारे देश में आई थी। आइए, हम मिल-जुलकर इसका स्वागत करें। इसको सफल बनाने में अपनी आहुति दें। अपना खून ! अपनी कुर्बानी ! आगे बढ़िए, आजादी की महाआँधी आने का गंगा हुलसकर स्वागत कर रही है, तरंगित हो रही है और चिरैया ढोल बजा रही है–क्योंकि यह गुलामी और जुल्म को मिटाकर आजाद, शोषणहीन समाज बनाने का संकल्प लेकर आ रही है।'

अपना भाषण समाप्त करके सुरंजन शास्त्री जनता से नारे लगवाने लगे। सभा विसर्जित होने के बाद जब लोग बाहर निकले तो किसी को अलग से पहचानना मुश्किल था, देशभक्ति के जोश से सबके चेहरे एक ही समान थे।

1

प्रत्येक कक्षा में घुमाए गए नोटिस के अनुसार ठीक समय पर, तेजी से घंटा बजने लगा और लड़के गवर्नमेंट हाई स्कूल के हॉल के सामने बाहर मैदान में कतार बनाकर खड़े हो गए। विशेष सूचना यह दी गई थी कि चूँकि इंग्लैंड के सम्राट द्वारा जर्मनी के विरुद्ध युद्ध का अल्टीमेटम दे देने से द्वितीय महायुद्ध आरम्भ हो गया है, इसलिए स्कूल के अध्यापकों और छात्रों की ओर से अपने सम्राट के प्रति समर्थन, एकजुटता और राजभक्ति प्रकट करने के लिए एक सभा होगी और उस सम्बन्ध में एक प्रस्ताव भी पारित करके वाइसराय के पास भेजा जाएगा।

खुशनुमा मौसम था 9 सितम्बर 1939 ई. के उस दिन। बादलशून्य साफ-सुथरा नीला आकाश और गर्मी में राहत देती चंचल हवा। हेडमास्टर साहब छात्रों के बीच आकर यूँ भी गम्भीर रहते हैं, लेकिन आज इतने अधिक थे कि किसी देश के सेनापति लग रहे थे। आज उनके हाथ में बेंत नहीं है। उनकी गर्दन बेहद तनी हुई है, जैसे अकड़ गई हो। हाथ-पैर भी तने हुए और चेहरा इतना सख्त कि उसमें सभी स्वाभाविक रेखाएँ तिरोहित हो गई हैं।

परन्तु प्रस्ताव पास कराने के पहले जब उन्होंने 'ब्रिटिश साम्राज्य का सूरज कभी नहीं डूबता' वाला अपना भाषण आरम्भ किया तो वह सख्ती खत्म हो गई, शरीर में लचक, आँखों में मटक और जबान में लपलपाहट न मालूम कहाँ से आ गई। वे तेज बोलते हुए तारीफ के पुल बाँधे जा रहे थे और उनकी उपमाओं में सूरज, चाँद, सितारे, ध्रुवतारा से कम ऊँचाईवाली कोई भी वस्तु नहीं आई। इसके बाद हिटलर की हैसियत और ताकत बताते समय उन्होंने छोटे-छोटे कई कीट-पतंगों को याद किया। अन्त में, स्वयं उन्होंने ईश्वर से प्रार्थना की कि 'हमारे सम्राट को वैसी ही विजय मिले, जैसी नेपोलियन और कैसर के विरुद्ध मिली थी !'

संयुक्त प्रान्त—इस समय उत्तर प्रदेश—के छोटे-से शहर बलिया के वकील सीतानाथ का पुत्र नीलेश अपनी कतार में से निकलकर विज्ञान कक्षा की ओर जल्दी-जल्दी चल देता है ताकि पहले पहुँचकर आगे बैठने को मिल जाए। विज्ञान के अध्यापक प्रभात बनर्जी अपना कार्य पूरा करके कक्षा में ही धीरे-धीरे टहलते हुए छात्रों की प्रतीक्षा कर रहे हैं। वह इस तरह के आयोजनों में कम ही जाते हैं और फुरसत भी उन्हें नहीं रहती, क्योंकि अपने खाली समय में उस दिन पढ़ाए जानेवाले पाठ की मुख्य बातें ब्लैकबोर्ड के दोनों ओर चाक से लिखते हैं ताकि लड़कों को समझाने में आसानी हो। हेडमास्टर साहब भी नाराज रहने के बावजूद उनसे कुछ नहीं कहते।

नीलेश उनको जब अचम्भे से देखता है तो प्रभात बनर्जी बड़बड़ाने लगते हैं, "बेकार की मीटिंग करने से समय खराब होता है। इतना समय बीत गया, लड़के क्या पढ़ेंगे—खाक ?"

"मास्टर साहब, हिटलर कौन है ?" नीलेश डरते-डरते पूछता है।

"जर्मनी का शासक है। अंग्रेजों ने पुचकार-पुचकारकर उसे सहकाया, अब वह भास्मासुर बन गया है, उन्हीं को भस्म करने चला है तो बाप-बाप चिल्ला रहे हैं। लड़ाई का अल्टीमेटम ! खैर, जाओ, तुम बैठो, तुम लोगों का कोई मतलब नहीं है ऐसी नुमाइशी मीटिंगों से; मेहनत से पढ़ो, जब पढ़-लिखकर बड़े और समझदार हो जाओगे तो खुद सोचकर तय करना कि तुम अपने देश के लिए कुछ करोगे या तमाशा के बन्दर की तरह दूसरे के डमरू बजाने पर नाचोगे !"

इतना कहकर प्रभात बनर्जी प्रयोगशाला के अन्दर चले जाते हैं। पढ़ाई के मामले में बड़े सख्त हैं प्रभात बनर्जी। खुद परिश्रम करते हैं और अपने हर छात्र से उम्मीद करते हैं कि वह भी खूब मन लगाकर पढ़े और परिश्रम करे। उन्होंने कभी भी विज्ञान कक्षा में ऐसे छात्र को भी प्रविष्टि नहीं दी, जिसके नम्बर विज्ञान विषय में साठ प्रतिशत से अधिक होने पर भी गणित विषय में पचास प्रतिशत से कम हों—चाहे हेडमास्टर ही क्यों न सिफारिश करने आ जाएँ। कक्षा में लापरवाही या शरारत करनेवाले लड़के को वह बुरी तरह फटकारते हुए कहते हैं, "क्या करोगे, मुर्गी चराओगे ? फिर विज्ञान विषय क्यों लिया ?" यदि कोई जूता निकालकर बैठता या पैर हिलाता है तो उसका जूता अपने हाथ से बाहर मैदान में फेंक देते या उस लड़के को ही कक्षा से बाहर निकाल देते हैं। बस, मध्यावकाश में ही कुछ मनोरंजन कर पाते, और तरीका यह था कि संस्कृत और हिन्दी के अकेले अध्यापक घोघा पंडित और उर्दू के अध्यापक मौलवी अब्दुल हक को पास बुला लेते और तीनों एकान्त में अपने किस्म का अध्यापकीय हँसी-मजाक और हुड़दंग करते, यहाँ तक कि एक दिन एक लड़के ने उन्हें एक साथ एक-एक टाँग पर नाचते हुए देख लिया। उनकी परस्पर मैत्री का जो भी कारण हो, किन्तु हर बंगाली की तरह प्रभात बनर्जी के बारे में भी सबकी यही धारणा थी कि वह किसी क्रान्तिकारी पार्टी के सदस्य हैं।

युद्ध के अल्टीमेटम के बाद देश के राजनीतिक क्षितिज पर आँधी उठने के आसार नजर आने लगे। चूँकि जर्मनी और उसके साथी धुरी राष्ट्रों के विरुद्ध जारी युद्ध घोषणा में ब्रिटिश सरकार ने राष्ट्रमंडल के देशों के साथ हिन्दुस्तान को भी अपने पक्ष में शामिल कर लिया था, इसलिए इसके विरोध में विभिन्न प्रान्तों में बने कांग्रेस मंत्रिमंडलों ने इस्तीफे दे दिए। देश की जनता के वास्तविक प्रतिनिधि तो वे हैं, उनसे कोई विचार-विमर्श किए बगैर मनमाने ढंग से यह ऐलान क्यों किया गया ? प्रथम युद्ध में भी भारत की जनता ने साथ दिया था, अपनी कुर्बानियाँ दी थीं, लेकिन युद्ध समाप्त होने के बाद सभी वायदे भुला दिए गए और पुरस्कार में मिला जालियाँवाला बाग तथा अन्य दमनकारी कार्रवाइयाँ। इस दूसरे महायुद्ध का भी क्या उद्देश्य है ? इस युद्ध में हिन्दुस्तान के लोग धन-जन की हानि क्यों करें ? क्या मिलेगा इस देश की जनता को ? इंग्लैंड की सरकार इस देश को गुलाम बनाए रखे, यहाँ के लोगों का उत्पीड़न करे, उन पर लाठी-गोली चलाए, जेल में ठूसे और बिना पूछे ही उनको युद्ध में शामिल कर ले, इस दावे के साथ कि यह आजादी और जनतन्त्र की रक्षा की लड़ाई है !

स्कूल से छुट्टी होने पर नीलेश की मुलाकात दयाशंकर, गोबर्धन और नफीस से हुई। नफीस ने पूछा :

"कहो भाई, लड़ाई शुरू हो गई है, फौज में चलोगे ? मैं तो भरती हो रहा हूँ।"

"तुम जाओ, तुम्हारे जैसा पहलवान मैं कहाँ हूँ ?" नीलेश ने मुस्कुराकर कहा।

"अरे, छोड़ो यार, नीलेश को हम आजाद सेना में भरती कराएँगे।" दयाशंकर ने कहा।

"मेरा एक सुझाव है—हमारे हेडमास्टर साहब टाउन क्लब के 'सुल्ताना डाकू' नाटक में जोकर का पार्ट करें तो खूब जमें।" गोबर्धन अपने मजाक से खुश होकर खिलखिलाने लगा।

नीलेश से दयाशंकर और गोबर्धन एक कक्षा ऊपर पढ़ते हैं और नफीस एक कक्षा कम। गोबर्धन बड़ा भावुक और सनकी है तथा महत्त्वाकांक्षी भी। वह अपने गाँव मनियर के लक्ष्मणदास नामक एक बेहद दुबले-पतले और नाटे क्रान्तिकारी से बेहद प्रभावित था। एक बड़े सेठ का लड़का, पढ़ने में सतही लेकिन हिम्मती और ईमानदार तथा अपने दोस्तों के लिए जान देने को तैयार। एक वर्ष पूर्व पुलिस ने कुछ नौजवान छोकरों की सरगर्मियों से परेशान होकर एक जाली षड्यन्त्र केस बनाकर कुछ लड़कों के साथ दयाशंकर और गोबर्धन को गिरफ्तार कर लिया, परन्तु वे कोई सबूत न मिलने पर मारने-पीटने के बाद जल्दी ही रिहा कर दिए गए।

दयाशंकर और नफीस तगड़े दोस्त हैं। समान कद और काठी। वे समान गति, जुम्बिश और स्टाइल से चलते हैं। पहले उन्हें दंड-बैठक करने, कुश्ती लड़ने और दौड़ लगाने, हॉकी-फुटबाल खेलने, दोनों जून धारोष्ण दूध पीने और लड्डू तथा भोजन प्रतियोगिताओं में भाग लेने के अलावा कुछ भी नहीं आता था। परन्तु एक बरात में जब दयाशंकर बिहार के सासाराम कस्बे में गया तो वहाँ संयोग से उसकी मुलाकात कुछ क्रान्तिकारियों से हो गई। वहाँ से लौटा तो काफी बदला हुआ था। फिर तो सशस्त्र क्रान्ति के पक्ष में उसके उद्‌गार अक्सर सुनने को मिलने लगे। दयाशंकर बैरिया के एक अच्छे खाते-पीते काश्तकार का लड़का है, जो बलिया कचहरी में अहलमद हैं। वह और उसका छोटा भाई, दोनों ही कचहरी के पास ही एक किराए के मकान में अपने पिताजी के साथ रहकर पढ़ाई कर रहे हैं। परिवार की स्त्रियाँ दोनों जगह आती-जाती हैं और जब गाँव में होती हैं तो शहर में उसके पिताजी ही दोनों जून खाना बनाते हैं। दयाशंकर पढ़ने में तेज तो नहीं है, लेकिन वह जीवन में कुछ बनना चाहता है, कुछ करना चाहता है और उसे अपने पिताजी का कचहरीवाला काम बेहद नापसन्द है।

एक गरीब जुलाहे का लड़का है नफीस। कभी तहसीली स्कूल में, कक्षा दो में नीलेश का सहपाठी रहा था, जब दोनों टाट पर एक ही साथ बैठते और शरारत करते। किन्तु पारिवारिक परिस्थितियों की वजह से उसकी पढ़ाई में बाधाएँ आईं और वह कुछ पिछड़ गया। लेकिन इस जिले का मशहूर धावक और खिलाड़ी है वह। हॉकी मैचों के दौरान ही उसकी दयाशंकर से दोस्ती हुई, जिसका एक कारण यह भी रहा हो कि दोनों ही हॉकी इस तरह खेलते, जैसे क्रिकेट में छक्का मारा जाता है।

यह रहस्य ही है कि नफीस को इतनी हँसी क्यों आती है ? क्या वह इतना संवेदनशील है कि हर बात उसे गुदगुदाकर हँसा देती है ? या हर विचार उसके दिमाग में घुसकर हँसी का रूप धारण कर लेता है। क्या हँसी स्वाभिमान-रक्षा की भूमिका निभाती है ? जब दयाशंकर गम्भीर होकर जोशीली बातें करता होता, तो भी वह बीच में कई बार हँस देता। उस पर दयाशंकर की विचारधारा का प्रभाव है, यह निश्चित रूप से नहीं कहा जा सकता, लेकिन नफीस उसके साथ परछाईं की तरह डोलता रहता। दिलचस्प बात तो यह है कि एक बार जब दोनों काजीपुरा के पास रेल की पटरी के किनारे एक बदनाम सरकारी मुखबिर की अंटी ओढ़ाकर पिटाई कर रहे थे, उस समय भी नफीस हँसे जा रहा था।

सोलह की उम्र पार करते ही जब नीलेश आठवीं से नवीं कक्षा में पहुँचा तो बाहर की दुनिया के साथ उसके अन्दर भी अनेक परिवर्तन हो रहे थे। वह लम्बा हो गया, शर्म से चुप रहने लगा और कई उलझनों का शिकार भी हो गया। तभी उसकी दोस्ती गोबर्धन, नफीस और दयाशंकर से हुई थी। वे सदा देश की आजादी और क्रान्तिकारियों की बातें करते। उनसे कई पुस्तकें पढ़ने को मिलीं, जिनमें गांधीजी की आत्म-कथा, क्रान्तिकारियों की जीवनियाँ, कुछ उपन्यास और ब्रह्मचर्य, हठयोग, आसन, प्राणायाम विषयों पर कुछ पुस्तकें थीं। गांधीजी की पुस्तक का गहरा असर पड़ा उस पर। सत्य की खोज कैसे उनको जनता और आजादी के संघर्षों के बीच ले गई ? एक साधारण आदमी जुल्म-अन्याय का कैसे प्रतिरोध कर सकता है ?

ब्रह्मचर्य, हठयोग विषयक पुस्तकों की अनेक बातें उसकी समझ में नहीं आईं। ऐसा लगता है कि वे पुस्तकें नौजवानों को ध्यान में रखकर ही लिखी गई थीं। शुरू से आखिर तक उसमें काम भावना का हौवा खड़ा किया गया था। जब पशु-पक्षी घास-पात खाकर पीड़ित रहते हैं, तो अन्न, मिर्च-मसाला, पूड़ी, हलवा आदि पकवान, मांस-मछली जैसे तामसिक उत्तेजक खाद्य पदार्थ खानेवाले मनुष्य की क्या दशा होगी ? नौजवान पच्चीस वर्ष तक अपने को काम-भावना से दूर रहकर शरीर और मन को पवित्र रखें, तब शादी करें। शादी के बाद भी पति-पत्नी संयम से रहें। आदर्श तो यह है कि पति-पत्नी का शारीरिक मिलन जीवन में एक बार हो, इतने से सन्तोष न हो तो वर्ष में एक

बार। इससे भी मन न माने तो महीने में एक बार। लेकिन सीमा का उल्लंघन पतन के रास्ते पर ले जाता है।

गांधीजी भी काम से दूर रहकर देह और मन की पवित्रता पर जोर देते थे, लेकिन उनकी बात बहुत कुछ समझ में न आने पर भी असर करती थी, क्योंकि वह इसे देशसेवा और स्वातन्त्र्य आन्दोलन के लिए जरूरी समझते थे। इसी से नैतिक शक्ति प्राप्त होती है, जो सत्याग्रह में सहायक होती है।

उसके अपरिपक्व शरीर, मन, बुद्धि पर इन गम्भीर बातों का विचित्र असर हुआ। वह आदर्शों की रोमानी, रंगीन दुनिया में विचरण करने लगा—निरन्तर सपनों में खोया-खोया कि वह देह और मन की पवित्रता बनाए रखकर सत्य पर चलता है और अपना जीवन देश पर बलिदान कर देता है। वह उन सपनों में यह भी देखता कि शहीद होने के बाद उसके देशवासी उसकी याद में आयोजित बड़ी-बड़ी सभाओं में उसके मार्ग पर चलने का संकल्प करते हैं।

दूसरी तरफ अन्य किस्म की वास्तविक इच्छाएँ थीं, जिनका देशसेवा-आदर्श से कोई सम्बन्ध या विरोध नहीं था। पता नहीं कब से और क्यों उसे अनेक वस्तुएँ सुन्दर लगने लगीं। जैसे आकाश, तारे, चाँद, पेड़, पत्ते, फूल, सुन्दर स्त्री, पुरुष और बच्चे। वह देखता रह जाता। बार-बार देखता। उसके अन्दर कुछ उथल-पुथल होने लगती—उत्साह, उमंग, अनजान पीड़ा का सुख। उसे मद्धिम-सा अस्पष्ट अहसास होता कि वह परिवार में ही घुला-मिला, दबा-दबाया लड़का नहीं है, बल्कि उसका कुछ निजी भी है, जिसको वह खोजना और पहचानना चाहता है।

उन्हीं दिनों उसे एक अनोखा अनुभव हुआ। करीब तीन बजे थे। घर की सभी औरतें खा-पीकर निश्चिन्तता से आराम कर रही थीं। उसके स्कूल की छुट्टी थी। उसी समय हसीना नामक वह चूड़ीहारिन सिर पर टोकरी लेकर अन्दर आई, जिसे वह पहले भी दो-तीन बार देख चुका था। लेकिन इस बार तो ठगा-सा देखता ही रह गया।

हसीना टोकरी उतारकर और आँगन में एक बोरे पर बैठकर सभी को चूड़ियाँ या कड़े दिखाने लगी। माथे और कानों को वह अच्छी तरह साड़ी के आँचल से ढके हुए थी और कन्धों पर एक हल्की-सी सफेद चादर पड़ी थी। उम्र उसकी सत्रह, अठारह, बीस, बाईस कुछ भी हो सकती है। उसका निकाह महरज्जब नामक एक मनिहार से हो चुका था, जो उसे कुछ ख़ास-खास घरों में पहुँचाकर स्वयं दिन-भर शहर में फेरी लगाकर धन्धा करता था। कुँवारी और अविवाहित उम्र के चेहरे से अलग हटकर उसका चेहरा था—अपना ही रंग, अपना कद और पृथक अनोखे सौन्दर्य की भाषा में सम्प्रेषण करता हुआ।

पहले बरामदे में बैठकर वह उसे देखता रहा। उसके मुख पर कोमलता थी और गम्भीरता भी। मजाक की कोई बात होने पर उसके होंठों पर सूक्ष्म-सी हरकत होती जिससे लगता मुस्कुराहट या हँसी आनेवाली है, जो अन्ततः नहीं ही आती। किसी छोटी चिड़िया की तरह बारीक आवाज, लेकिन जिस चतुराई के अल्फाज में चूड़ियों की तारीफ करती, उस पर सहसा विश्वास नहीं होता।

उसके चले जाने के बाद उसने अपने अन्दर तूफान का अनुभव किया। ऐसा क्यों ? ऐसा तो कभी नहीं हुआ, जैसे किसी सौन्दर्य-देवी के दर्शन कर लिए हों। स्फूर्ति, पवित्रता...उसका मन उड़ने लगा। पता नहीं कहाँ से आँखों में आँसू आ गए।

उसके आने का कोई दिन निश्चित तो था नहीं। एक महीने या दो महीने में वह किसी दिन आ सकती थी, जब वह स्कूल में ही रहता था। किन्तु एक दिन रविवार को आगमन से उसे खुशी हुई। हसीना ने उसे एक-दो बार अचम्भे से देखा।

फिर उससे मुलाकात नहीं हुई। कुछ महीने बीत गए। फिर भी वह उसके खयालों में बनी रही। सोते समय वह याद आती और सुबह जागने पर भी। साफ नीला आकाश, तरंगित नदी और फूलों

को भी देखकर उसका खयाल आता। इन खयालों से वह अत्यधिक उत्साह में रहता और पढ़ाई में भी उसका मन खूब लगता। परन्तु, एक दिन माँ की बातों से उसे ज्ञात हुआ कि कुछ दिन पहले प्रसव के समय उसकी मृत्यु हो गई थी।

"बड़ी नेक थी बेचारी..." आनन्दी ने कहा था।

उसके मन को बड़ा आघात लगा। वह बहुत दुःखी हो उठा। वह घर से बाहर निकल गया और सरयू नदी के एकान्त किनारे बैठकर देर तक उसी के बारे में सोचता रहा।

जब वह नहीं रही तो उसकी याद भी दूर होते-होते किसी जल-विहीन नाज़ुक पौधे की तरह लुढ़ककर सुख गई।

देशसेवा के उसके सपने जारी थे। नवीं कक्षा की परीक्षा अच्छे नम्बरों से पास होकर वह दसवीं कक्षा में पहुँचा। बोर्ड की परीक्षा गोबर्धन तो नहीं पास कर सका, परन्तु दयाशंकर द्वितीय श्रेणी में निकल गया। नीलेश ने अब निश्चय किया कि खूब परिश्रम करके वह बोर्ड की परीक्षा में प्रथम आएगा, लेकिन जल्दी ही उसका सोचा हुआ गड़बड़ा गया।

सितम्बर का महीना, करीब चार बजे थे। नीलेश बाहर के कमरे में बैठकर पढ़ रहा था। उसे पता नहीं लगा कि बादल कब घिर आए, चारों ओर अँधेरा छा गया और तेज हवा के साथ जोरदार बारिश होने लगी। वह खिड़की के पास आकर बाहर खड़ा हो गया और बाहर का दृश्य देखने लगा।

मूसलाधार बारिश में सामने के मकान और वृक्ष धुँधले नजर आने लगे हैं, जैसे कोहरे में डूबे हों। सारा माहौल एक ही भाव में मग्न। सड़क से एक लारी गुजरने के साथ ही भरर-भरर, छरर-छरर की आवाज पूरब से पश्चिम की ओर चली गई। एक भटका हुआ कौवा एक छत के उड़कर किसी दूसरी छत पर जाकर कहीं छिप गया। देखते-ही-देखते उसके दरवाजे के सामने पानी लग गया जिसमें दूर खड़े शीशम के वृक्ष का प्रतिबिम्ब काँपने लगा, जो बीच-बीच में हवा और तेज होने के कारण पानी में ही घुल-मिल जाता। कुछ बकरियाँ, कुत्ते और गदहे दीवारों से सटकर खड़े थे।

पानी जिस तेजी से आया, उसी तरह निकल भी गया। काफी बादल फटकर उड़ गए और चटक धूप मकानों और वृक्षों के शीर्ष पर नजर आने लगी थी। अचानक उसने देखा, सड़क के दूसरी ओर ठीक सामने रतनसिंह मुख्तार की लड़की नम्रता घर के अन्दर से दौड़ती हुई आई और अपने दरवाजे के सामने खड़ी होकर खुशी से इधर-उधर देखने लगी। लेकिन हवा के तेज झोंके उसके पाँव एक जगह स्थिर नहीं होने दे रहे थे। वह डगमगा जाती। वह पुनः पैर जमाकर खड़ी हो जाती और हवा की तरफ मुँह करते ही तत्काल हँसती हुई शरीर तिरछा कर लेती, जिससे उसका सलवार-कुर्ता हवा से सरसराता हुआ चिपककर शरीर की रेखाओं को उभार देता। उसने तीन-चार बार ऐसा किया और अन्त में हँसती हुई गौरैया की तरह वहाँ से फुर्र हो गई।

वह चुपचाप कुर्सी पर आकर बैठ गया। उसकी आँखें खिड़की के बाहर ही देख रही थीं। दिमाग में शून्य भर गया था उसके। दिल के अन्दर हलचल...फिर भी कुछ-कुछ जाना-पहचाना।

कुछ सुस्थिर होने पर उसे खयाल आया कि अभी दो वर्ष पहले नम्रता फ्राक पहनकर इधर-उधर दौड़ती और चिल्लाती रहती थी। इस बीच वह भी बड़ा होकर शर्मीला हो गया था और जान ही नहीं पाया कि कब नम्रता लम्बी और बड़ी हुई और कब दिल्ली में नौकरी करनेवाले अपने मौसाजी की लड़कियों से प्रभावित होकर इस छोटे शहर में भी सलवार-कुर्ता पहनने लगी, जहाँ ग्यारह-बारह वर्ष पार करते ही हाथ पीले कर दिए जाते थे। पहली बार उसने गौर किया कि नम्रता की आँखें अचम्भे से फैलकर आकाश की तरह खूबसूरत दिखाई देती हैं और उसका प्रस्फुटित शरीर अपने मनोहारी आकार में बेहद आकर्षक।

वह देर तक बैठा रह गया खोया-खोया। कमरे में धुँधला अँधेरा छा गया। नम्रता उसके घर में हमेशा आती रहती थी। वह इधर उसे बहुत ही मामूली, मूर्ख, बातूनी और मनशोख लड़की समझने

लगा था। वह घर के अन्दर आती, सभी के पास बैठकर चायँ-चायँ बोलती और कभी इतनी देर बैठती कि सभी ऊब जाते और अक्सर दो-चार मिनट में ही चली जाती। वह उम्र में बड़ा होने के नाते उससे दूरी बनाए रहता और कोई ऐसा मौका नहीं देता कि वह कॉपी-किताब लाकर सिर खाने लगे। काफी सोचने पर भी उसे नम्रता की कोई अन्य विशेषताएँ याद नहीं आईं। ऐसी लड़की में है क्या कि वह आज उसके लिए व्याकुल हो रहा है।

भावना का यह ज्वार उस समय उठा, जब वह शान्त और निश्चिन्त होकर अपना पूरा समय पढ़ाई में दे रहा था। इस प्रकार की उथल-पुथल की न उसने कामना की थी और न कल्पना ही। वह स्पष्ट देख रहा था कि हसीना के सम्बन्ध में उसके अन्दर भावना ही भावना थी, कुछ भी पार्थिव नहीं था। किन्तु अब सूक्ष्म और स्थूल का ऐसा मिश्रण कि वह अपने को हतप्रभ और पराजित महसूस करने लगा। देशसेवा के पवित्र आदर्शों में खोंचा लग गया और वह मजबूरी में अपना सिर धुनने लगा।

दूसरे दिन सवेरे उठा तो उसका चेहरा उतरा हुआ था। वह कमरे में बन्द होकर पढ़ने बैठ गया, किन्तु एक मिनट के लिए भी तबीयत नहीं लगी। बाहर आनेवाले हर व्यक्ति के कदमों की आहट मिलने पर दिल धड़कने लगता कि नम्रता आ गई है। और जब नम्रता आई तो अपनी व्याकुलता से डरकर वहीं बैठा रह गया। जब वह चली गई, तब भी वह जड़ बना रहा। उसकी हालत दयनीय हो गई और वह रुआँसा हो गया।

दिन पर दिन बीतने लगे। जितना ही वह नम्रता को अपने खयालों से दूर ठेलने की कोशिश करता, वह हर प्रतिरोध को निष्फल करके पहले की तरह ही मुस्कुराती हुई आ विराजती। वह रोज ही सोचता कि आज नम्रता से बात करेगा, मगर मौका आने पर उसके मुँह से बकार नहीं निकलती। यह आश्चर्य की बात थी कि बचपन में जिसके साथ खेला-कूदा था, उसके निकट जाने में भी उसे परेशानी महसूस होती थी। कल्पना और वास्तविकता के इस संघर्ष के फलस्वरूप उसकी हालत बदतर हो जाती और वह अपने को बहुत तुच्छ महसूस करने लगता।

अन्त में उसने थककर आत्मसंघर्ष छोड़ दिया और नम्रता को साहसपूर्वक देखने लगा। दो-तीन बार उससे व्यर्थ की बातें पूछने की कोशिश की, जैसे 'नम्रता, आज तुम्हारे यहाँ खाने में क्या बना है ?' वह खुश होकर जवाब देती। तब वह चुप होकर बेहद गम्भीर हो जाता और मूर्ख की तरह दूसरी तरफ देखने लगता। उसे समझ में नहीं आता कि आगे कौन-सी बात करे। एक-दो बार में ऐसा लगा कि नम्रता उसको सवालिया दृष्टि से देख रही है। एक दिन तो महसूस हुआ कि उसको देखने के लिए नम्रता ने अपना मुँह घुमाया, जो आधी यात्रा करके मंजिल के पहले ही स्थिर रह गया और होंठ नाजुक खूबसूरती से चुम्बन की तरह सिकुड़ गए।

उस दिन के बाद वह एक बच्चे की तरह मचल गया, जो हर नए खिलौने और वस्तु को छूकर महसूस करना चाहता है। यह भावना उसकी दिन पर दिन प्रबल होती गई, किन्तु कई अवसर आने पर भी उसको स्पर्श करने की हिम्मत नहीं हुई।

दशहरे की छुट्टियाँ हो गई थीं। एक दिन नम्रता लगभग तीन-साढ़े तीन बजे आई, लेकिन उस समय उसकी दादी जीरादेई को छोड़कर घर में कोई नहीं था। आनन्दी को खोजती हुई उसने बाहरवाले कमरे में 'चाचीजी, चाचीजी' पुकारते हुए प्रवेश किया, जहाँ वह पहले से ही मौजूद था। उसे लगा, उसके दिल की धड़कन ही बन्द हो जाएगी। नम्रता ने उसे चौंककर देखा। वह ठिठक गई। पता नहीं उसे क्या हो गया, वह बिजली की गति से उठा और आगे बढ़कर दोनों हाथों में नम्रता का चेहरा लेकर अस्फुट स्वरों में बोला, "तुम कहाँ थी नम्रता ?"

नम्रता का चेहरा पहले फक हुआ, फिर उस पर भय भरी रुदन की लकीरें उभरीं, जो कुछ क्षणों में गुस्से में बदल गईं और वह झटके से कुछ पीछे हटकर उसके बढ़े हाथ पर हल्के-से प्रहार करने

के बाद पीछे घूमकर दौड़ती हुई अपने घर की तरफ बाहर निकल गई।

वह आकाश से गिरा तो उसे पथरीली वास्तविकता का ज्ञान हुआ। उसने क्यों ऐसा किया ? नम्रता से वह क्या चाहता था? उसने पड़ोसी को तो धोखा दिया ही, अपने माँ-बाप और परिवार की इज्जत धूल में मिला दी। वह क्या जवाब देगा ? सबको और छोटे भाइयों को कौन-सा मुँह दिखाएगा ? यह सब सोचकर उसकी हिम्मत कूच कर गई। थोड़ी देर में तो सभी आ जाएँगे, तब उनका सामना कैसे कर पाएगा ? वह बिना कुछ सोचे-समझे बाहर निकल गया और निरुद्देश्य मालगोदाम की तरफ तेजी से चल पड़ा।

संयोग से मालगोदाम के सामने सड़क के किनारे गोबर्धन और रामचन्द्र सिंह खड़े होकर बातें कर रहे थे। रामचन्द्र उसकी कक्षा का सबसे तेज विद्यार्थी था—उसका ऐसा अभिन्न मित्र, जिसकी राजनीति में रत्ती-भर भी दिलचस्पी नहीं थी। वह भड़सर नामक गाँव में रहता था, शहर किसी खास काम से आया था और अब वापस लौट रहा था।

"मैं भी तुम्हारे साथ चलता हूँ, दिन-भर घर में रहकर तबीयत ऊब गई है..." नीलेश ने सूखी हँसी हँसते हुए कहा।

"चलो, यह तो बड़ी अच्छी बात है, वहाँ मकई का भुट्टा, मकई का भात, दारा, लावा, दूध, दही खाने का आनन्द है। देहातों में घूमेंगे, फिर लौट आना। बाबूजी को पता है न ?"

"ले चलने में तुम्हें कोई संकोच हो तो बोलो," नीलेश ने खिसियाकर कहा।

जिस उद्देश्य से बात कही गई थी, वह सिद्ध हो गया। रामचन्द्र सिंह ने हँसते हुए कहा, "कैसी बात करते हो, यार ? तुम्हारे लिए कैसा संकोच ? हमारा घर तुम्हारा और तुम्हारा घर तो मेरा है ही।"

गोबर्धन उसे नासमझ की तरह घूरते हुए जब चला गया तो वे भी गन्तव्य के लिए रवाना हुए। हवा एकदम थम गई थी। उमस के कारण वे पसीने से लथपथ थे। भृगुआश्रम के आगे वे कुछ दूर तक बाँध पर चले और मठिया के आगे नीचे उतरकर विपुल धूल से भरी सड़क पर अग्रसर हुए।

भड़सर गंगा के किनारे बसा हुआ गाँव था, जिसका काफी हिस्सा कटकर नदी में समा चुका था। वे शाम को पहुँचे जब धुँधलका गाढ़ा हो गया था। उसका दिल रो रहा था। बाहर से बेहद सुस्त और उदास। रामचन्द्र ने कारण पूछा, किन्तु वह हँसकर टाल गया।

रामचन्द्र के माँ-बाप मर चुके थे और उसके चाचा-चाची ने उसे बड़ा करके पढ़ाया-लिखाया। यह जानकर आश्चर्य हुआ उसे कि रामचन्द्र की दो साल पहले ही शादी हो चुकी है। वह अपनी पत्नी राधिका से नीलेश की काफी तारीफ कर चुका था, इसलिए उसका घर में भी बड़ा स्वागत हुआ। राधिका अत्यन्त सुन्दर ग्रामीण स्त्री थी, जिसकी उम्र सोलह से अधिक नहीं थी। उसने कोई पर्दा नहीं किया और वह नीलेश से खुलकर मिली। वह उसे 'नीलेश-नीलेश' ही कहकर पुकारती, जैसे उससे बड़ी और बुजुर्ग हो। शायद इसलिए कि सहपाठी होते हुए भी रामचन्द्र दो-तीन वर्ष बड़ा था नीलेश से और उसे छोटा भाई ही मानता था।

राधिका ने उसे तरह-तरह की चीजें बनाकर खिलाईं। उसके चाचा रामयश सिंह उसके पास आकर बैठ जाते। वह बेहद नाटे थे, अक्सर खैनी खाते हुए नजर आते। गाँव में 'गांधीजी' के नाम से पुकारे जाते। चरखा नहीं कातते थे वह, न शुद्ध खादी ही पहनते। राजनीति से वह दूर रहते, इसलिए जेल जाने का सवाल ही नहीं। लेकिन गाँव में सुलह-समझौता कराने और सामान्य लोगों से अलग अनोखी बुद्धिमानी की बात करने से उनका यह नामकरण हुआ था। उनकी भोजपुरी भी कुछ अलग किस्म की थी। वह कहते 'ए बचवा, खईलऽ हाऽऽ' तब उनका मुँह खुल जाता और खैनी-तम्बाकू से पीले दाँत दिखाई देने लगते। उन्होंने एक बार अत्यन्त गम्भीरता से कहा :

"ए बबुआ, आतमा तऽ सबमें बड़ुएस ? गाय-गोरू, चील-कौवा, फतिंगा, कपड़ा-लत्ता सभी में !"

उसे बड़ी हँसी आई, लेकिन बहुत कठिनाई से रोककर उसने स्वीकृति में सिर हिलाया। भोजपुरी में 'बॉ', 'बाड़े' या 'बाटे' की जगह पर उसने 'बड़ुएस' नहीं सुना था। उसे उनसे बात करने में बड़ा आनन्द आता। वह उस समय अपना दुःख भूल जाता कुछ देर के लिए। सुखी करनेवाली और भी बातें थीं। जब उसने मोटी साढ़ीवाले दही में दारा (मकई की दलिया) और गुड़ डालकर बने व्यंजन का सेवन किया तो वह दूसरे ही लोक में पहुँच गया। वह रामचन्द्र के साथ गंगा तट पर भी गया, जो समुद्र बनी थी और जिसका ओर-छोर नहीं दिखाई दे रहा था। करईल (काली मिट्टी) का इलाका, रात में झींगुर और साँप बोलने की आवाजें सुनाई देतीं और दीवारों से असंख्य पीले-पीले छोटे बिच्छू चिपके रहते।

परन्तु उसका मन दग-दग करता रहता कि आखिर इन सबका अन्त क्या होगा ? घर में क्या हो रहा होगा ? सब जगह उसके नाम पर थुड़ी-थुड़ी हो रही होगी। उसके पिताजी शर्म के मारे घर से बाहर नहीं निकल रहे होंगे। नम्रता के पिताजी ने उन्हें भला-बुरा कहा होगा। यह सब सोचकर वह इतना भयभीत हुआ कि गंगा में जाकर अपना जीवन समाप्त करने का खयाल आ जाता। यह सोचकर उसे थोड़ी राहत मिलती कि मौत के साथ ही उसकी असहनीय पीड़ा समाप्त हो जाएगी।

तीसरे दिन वह भीतर आँगन में बैठा रामचन्द्र की चाची से बात कर रहा था कि उसका सहपाठी तेजी से अन्दर आकर बोला, "अरे नीलेश, चलो, बाबूजी आए हैं।"

'बाबूजी' से क्या अर्थ है, इसे समझे बिना जब वह रामचन्द्र के साथ बाहर आया तो देखकर उसकी जान ही सूख गई कि एक बड़े घोड़ेवाले एक्के पर उसके पिताजी किसी बादशाह की तरह बैठे हैं। उनके चेहरे पर सदा की तरह अपार धैर्य, शान्ति, आनन्द और आत्मविश्वास का भाव।

रामचन्द्र ने आगे बढ़कर कहा, "बाबूजी, हम दोनों कुछ देर बाद शहर के लिए रवाना होनेवाले थे। आप थोड़ा आराम कर लें, कुछ जलपान..."

सीतानाथ वहीं से अत्यन्त आत्मीय स्वर में बोले, "बेटा, नाश्ता करके ही चले थे। बहुत दूर थोड़े ही है। वहाँ भी काम है...बाद में, प्रभु की इच्छा होगी तो फिर आएँगे।"

नीलेश एक्के पर इस तरह चढ़ा जैसे किसी फाँसी के कैदी को सूली की तरफ ले जाया जा रहा हो। यद्यपि सड़क कच्ची थी, लेकिन एक्का मजबूत था; और जब पक्की सड़क आ गई तो घोड़ा सरपट भागने लगा, जैसे बनारस-इलाहाबाद में गहरेबाजीवाली दौड़ हो रही हो। वह डरा, सिकुड़ा और सूखा हुआ था यह सोचकर कि घर पहुँचने पर पिताजी खूब गरजेंगे-तड़पेंगे। किन्तु जब एक्का दरवाजे पर खड़ा हुआ और वह उतरकर उनके साथ भीतर गया तो सीतानाथ ऐसी आवाज में बोले, गोया कोई आकाशवाणी हो रही हो।

"शैलजा की अम्मा, नीलेशजी को कुछ खाने-वाने को दो। प्रभु सब कल्याण करेंगे।"

वह दक्षिणी बरामदे में आनन्दी के पास जाकर बैठ गया, जो उसे देखते ही फफक-फफककर रो रही थी। वह ढाढ़स बँधाने के लिए एक शब्द भी नहीं बोल सका। किस मुँह से क्या कहता वह ! बाद में जब आनन्दी की रुलाई रुकी तो देखकर वह सन्न रह गया कि उसकी माँ की आँखें सूजकर लाल हो गई हैं।

अब भी उसके मन में आशंका थी कि खाने-पीने के बाद उसके पिताजी या कोई और कुछ कहेगा, मगर ऐसा हुआ नहीं। कुछ देर बाद उसके छोटे भाई सुरेश ने मजाकिया ढंग से पूछा :

"भैया, वहाँ मकई का भात खाने को मिला था ?"

वहाँ से आने के बाद वह पहली बार बोला, "हाँ, मेरे कहने पर एक जून बना था। दारा-दही भी मिला..."

जब वह रात में सोने के लिए बिस्तरे पर लेटा तो उसकी माँ सिरहाने बैठकर सिर में आँवला का तेल लगाने लगी।

"क्या करती हो, अम्मा ? मुझे क्या हुआ है, मैं तो ठीक हूँ।"

"तुम दूर से आए हो, तुम्हारा सिर दर्द करता होगा।"

वह कुछ न बोला। उसके दिमाग में तरह-तरह के विचार आ रहे थे। क्या नम्रता ने अपने घर में किसी प्रकार की शिकायत नहीं की उसके विरुद्ध ? यदि की होती तो अवश्य उन लोगों ने यहाँ पर कुछ कहा होता, और तब उसके पिताजी या अम्मा के चेहरे पर खिंचाव, नाराजी या क्रोध जरूर होता। सहसा उसका मन अपने पिताजी के प्रति कृतज्ञता से भर गया। जब नासमझी की उम्र में किताबी ज्ञान के हौवे से अभिशप्त ऊँचे आदर्श की ओर छलाँग लगाने की कल्पना करते-करते एक काली कोठरी में पहुँच गया था, उसके पिता ने उसे बाहर खींचकर एक हवादार कमरे में खड़ा कर दिया, जहाँ वह साँस ले सकता है, अपना कद नाप सकता है और अपने अगले कदमों की सही दिशा का अन्वेषण भी कर सकता है। बचपन में तो उन्होंने अंगुली पकड़कर चलना जरूर सिखाया होगा, लेकिन जवानी के आरम्भ में भी वह उसके लड़खड़ाते हुए मन को सँभालकर आधार देंगे, इसकी कल्पना भी नहीं हो सकती थी। उन्हीं की वजह से वह यहाँ पर है और उन्हीं की परम्पराओं पर चलकर वह आगे बढ़ सकता है। इस तरह सोचते हुए और जीवन की भावी आदर्शवादी योजना बनाते उसे कब नींद आ गई, पता ही नहीं चला।

2

मार्च में मौसम बदल गया। जब बोर्ड की परीक्षा शुरू हुई, शहर में कांग्रेस द्वारा छेड़ा गया व्यक्तिगत सत्याग्रह जोरों पर था। हिन्दुस्तान की जनता को युद्ध में शामिल करने से राष्ट्रीय नेता प्रसन्न नहीं थे और इसके विरोध स्वरूप सत्याग्रह आरम्भ किया गया था। जेल जानेवाले सत्याग्रही को जनता स्वागत करते हुए फूल-माला पहनाती थी और वह युद्ध के खिलाफ नारे लगाते हुए गिरफ्तारी देता था।

देश का माहौल गरमा रहा था। विशेष बात यह हुई कि जनवरी के महीने में सुभाषचन्द्र बोस नजरबन्दी से भागकर जर्मनी चले गए और इस आशा में कि वहाँ से वह दूसरे देशों से मिलकर देश को आजाद कराएँगे, हिन्दुस्तान की जनता क्रान्तिकारी जोश से भर गई थी। बहुत-से लोग, खास तरह से नौजवान व्यक्तिगत सत्याग्रह की आलोचना करने लगे। फूल-माला पहनकर जेल जाने से क्या होगा ? आराम का आन्दोलन, किसी को भी कोई विशेष कष्ट नहीं, न गिरफ्तार होनेवाले को और न ही गिरफ्तार करनेवाले को। लोग ब्रिटिश हुकूमत के खिलाफ जबरदस्त कार्रवाई करना चाहते थे।

भड़सर से आने के बाद नीलेश ने डटकर मेहनत की थी। हाई स्कूल परीक्षा समाप्त होने के तीन-चार दिनों बाद की बात है। हवा अभी गर्म नहीं हुई थी। सुबह और शाम का समय बड़ा सुहावना होता। दोपहर को वह उत्साहपूर्वक घर के अन्दर प्रवेश कर गलियारे से होता हुआ जा रहा था तो आगे उत्तरी बरामदे से आती बातचीत सुनकर उसके पाँव ठिठक गए।

"अम्माजी, बड़ी कुटिल है वह औरत। आप तो जानती ही हैं कि पिछले दशहरे के समय वह मेरे लड़के की शिकायत लेकर आई थी। अरे वही जब नीलेश बाबू अपने दोस्त रामचन्द्र के गाँव भड़सर एक दिन के लिए चले गए थे। कहने लगी, नीलेश ने नम्रता को इतना डाट दिया है कि वह फूट-फूटकर रो रही है। बताइए, गऊ जैसा मेरा लड़का, किसी की ओर आँख उठाकर भी नहीं देखता, क्या वह पराई लड़की को डाट भी सकता है ?"

"ए दुल्हन," जीरादेई ने आनन्दी से कहा, "पड़ोस का मामला है, प्रेम-मुहब्बत बना रहे, तभी अच्छा है।"

"तो क्या मैं लड़ाई कर रही हूँ ? वही तो आई थी। वह क्यों नहीं देखती कि नम्रता बहुत बोलती है, पढ़ाई का नुकसान करती है—तभी डाट दिया होगा। लड़का पढ़ने-लिखनेवाला है, हमेशा फर्स्ट आता है। मैंने खूब सुना दिया है, तभी से मुँह फुलाए हुए है।"

"ए दुल्हन, नम्रता भी बड़ी तेज है, आठवीं में फर्स्ट आकर नवीं में गई है।"

आनन्दी चिढ़ गई। वह जानती है कि जीरादेई का मायका और नम्रता का ननिहाल एक ही गाँव कारों में होने से उसकी सास सदा उन लोगों का पक्ष लेती है।

"हुँह, पढ़ा-लिखाकर क्या कराएगी वह ? क्या दफ्तर उलटवाएगी ? कलक्टर बनेगी वह ? अकेली लड़की, सोलह वर्ष से कम क्या है, हमेशा घोड़ी की तरह दौड़ती रहती है। यह नहीं कि हाथ पीले करके ससुराल भगाएँ उसे।"

नीलेश आगे की बात सुनने के भय से पीछे मुड़कर वहाँ से बाहर निकल गया। वह चकित था। नम्रता सही बात क्यों छिपा गई ? शालीनता, उदारता, पड़ोसपन या शर्म-संकोच के कारण ? जो भी हो, क्या यह सही नहीं है कि उसने अपने असत्य कथन से नीलेश को लांछन और बेइज्जती से बचा लिया है, जिसकी कल्पना या आशंका से उसकी आँखें माँ-बाप, भाई-बहन और दूसरे लोगों के सामने स्वतः ही झुक जाती हैं ? लेकिन सत्य जानने का उपाय क्या है ? नम्रता अब उसके यहाँ आती नहीं, बहुत कम दिखाई देती है। वह स्वयं उसको दूर से ही देखकर आँखें घुमा लेता है। और दो-तीन बार जब वह रास्ते या मन्दिर में सामने पड़ जाती तो अपना मुँह झटके से दूसरी ओर फेर लेती।

नीलेश के चाचा उमानाथ होली में दो-तीन दिनों के लिए आए। सीतानाथ की प्रैक्टिस गिर रही थी। उनकी गृहस्थी एक पहाड़ी खच्चर की तरह थी जिस पर जितना बोझ लाद दो, वह चलता ही रहेगा। लेकिन वह मन-ही-मन जरूर चाहते थे कि हाई स्कूल करने के बाद नीलेश कोई नौकरी-चाकरी करे, जिससे कुछ राहत मिले। उमानाथ ने उनके संकेत को समझकर अपना विरोध प्रकट किया।

"बनारस से मेरा तबादला तीन साल बाद ही होगा। नीलेश मेरे साथ रहकर पढ़ेंगे। जब तक पढ़ना चाहेंगे, मैं पढ़ाऊँगा। आपको चिन्ता करने की जरूरत नहीं। वह पढ़ने में अच्छे हैं। पहले का जमाना गया, जब हाई स्कूल करने से काम चल जाता था। अब तो लड़कों को अधिक से अधिक पढ़ाना चाहिए। मई के आखिर तक नतीजा निकलेगा, जुलाई के शुरू में इनको बनारस जरूर भेज दीजिएगा, ये क्वीन्स कॉलेज में पढ़ेंगे।"

नीलेश एक खास ढंग से गर्मी की छुट्टियाँ व्यतीत करते हुए परीक्षा-फल की व्यग्रतापूर्वक प्रतीक्षा करने लगा। मोहल्ले के कुछ सीनियर-जुनियर साथियों के साथ सुबह गंगा स्नान करने चला जाता। देर तक वे तैरते, एक-दूसरे पर गीला बालू फेंकते, ऊँचे कगारों या किनारे खड़ी पालवाली बड़ी, ऊँची नाव पर से जल में कूदते छपाक-छपाक। और अन्त में शरीर में नदी की बलुई मिट्टी लगाने के बाद मल-मलकर नहाते। जब वे लौटते तो सूरज माथे पर चमकता मालूम होता और पगडंडीनुमा रास्ता भट्ठी की तरह जलता रहता। वे बदन से उतारकर धोए-छाँटे शरीर के कपड़े सिर पर रख लेते और कदम रखे नहीं जाते तो तेजी से दौड़ पड़ते। और यह भी बरदाश्त नहीं होने पर कपड़े नीचे जमीन पर पटककर उसी पर कुछ देर तक के लिए खड़े हो जाते। ऐसे ही उपायों से वे किसी तरह सरयू तट पर आ जाते।

घर पहुँचकर वह पहले डटकर नाश्ता करता। अमूमन पूड़ी-सब्जी ही होती। कड़ाही में भैंस का घी जब खौलने लगता तो उसमें आटे की लोइयों को बेलकर बनाई गई छोटी-छोटी पूड़ियाँ डाल दी जातीं, जो जल्दी ही फूलकर नाव की तरह तैरती हुई हल्की सुर्ख हो जातीं—तब छनवटे से

छान-निकालकर थाली में डाल दी जातीं। देनेवाले और खानेवाले की प्रतियोगिता दर्शनीय होती थी। कभी-कभी बड़े कटोरे में गर्म गाय के दूध में भाड़ में भुना चिउड़ा और देशी शक्कर डालकर दे दिया जाता। साथ में चम्मच भी होता, जिससे हिलाकर और निकालकर खाइए।

तत्पश्चात वह बाहरवाले कमरे में जाकर चारपाई पर पड़ा रहता। शरीर का पता ही नहीं लगता, बस थकान-ही-थकान। कुछ देर बाद थकान का अस्तित्व भी कमरे की तपन में तिरोहित। परन्तु उस भट्टी में भी उसे नींद आ जाती। करीब डेढ़ बजे जगाए जाने पर पसीने से लथपथ वह उठता, हाथ-पैर-मुँह धोने के बाद चौके में भोजन के लिए बैठ जाता, जिसके बाद फिर कमरे में जाकर सो जाता और चार-साढ़े चार बजे जागता। यदि नींद न आती तो अखबार या कोई किताब पढ़ने की कोशिश करता।

शाम होने के बाद वह नहा-धोकर मोहल्ले के दोस्तों के साथ ही बाहर निकल जाता। पहले तो वे चौक में जाकर शर्बत पीते। मानिक बाबू की मशहूर दुकान थी। लस्सी हो या खस अथवा सन्तरे का शर्बत, वह बर्फ के खूब महीन टुकड़े करके डाल देते। उस भीषण गर्मी में शीतल पेय से कलेजे में तरी आ जाती और आँखों में रोशनी जल उठती। वहाँ से उठकर वे स्टेशन प्लेटफार्म पर जाकर टहलने लगते अथवा रेल की पटरी पकड़कर सागरपाली की तरफ दूर निकल जाते।

इसी तरह दिन बीतने लगे और अप्रैल मास समाप्त होने को आया। नीलेश का स्वास्थ्य सुधर गया था। उसके गाल भर गए। छाती आगे निकल आई, आँखों में चमक और चेहरे और होंठों पर लाली दौड़ने लगी।

"भैया मोटे हो रहे हैं..." एक दिन घर में सुरेश ने हँसते हुए कहा।

"अरे पापी, दूर हो यहाँ से। लड़के पर नजर क्यों लगा रहा है ? कितने दुबले हो गए हैं नीलेश। इम्तहान में दिन-रात मेहनत करनी पड़ी।" आनन्दी ने सुरेश को गुस्से से घूरते हुए कहा।

"अच्छा अम्मा, मैं अपने को ही कहता हूँ—मैं खूब मोटा हो गया हूँ..." सुरेश खिसिया गया।

"तुम भी मोटे नहीं हो, ए बच्चा," जीरादेई ने सुरेश से कहा, "गाल की हड्डियाँ तुम्हारी कितनी निकल आई हैं। नहीं, तुम भाई-बहन में कोई मोटा नहीं है। न तुम मोटे हो और न नीलेश बाबू ही। मरद-मानुष के लड़कों को इतना दुबला थोड़े ही होना चाहिए।"

नीलेश कुछ न बोलकर बाहर के अपने कमरे में जाकर शीशे में मुँह देखने लगा। एकान्त में वह ठहाका लगाकर हँस पड़ा। सुरेश ठीक ही कह रहा है। सवेरे कसरत तो वह लगातार डेढ़-दो वर्ष से कर रहा है, लेकिन इधर ही खास बात क्या हो गई ? दूध भी वह पहले से पीता रहा है—फिर भी ? गंगा का पानी क्या दूध का काम कर रहा है ? लेकिन यह तो जानता ही है वह कि गामा पहलवान की तरह मोटा हो जाने पर भी उसकी माँ और दादी उसे हड्डियों का ढाँचा ही कहेंगी।

एक दिन नहाकर लौटते समय चौक में उसे गोबर्धन मिल गया। घर आने का बार-बार अनुरोध करने पर वह दूसरे दिन तीसरे पहर गोबर्धन की कोठी पर पहुँच गया, जिसका कमरा ऊपरी मंजिल के दाहिने एकान्त में स्थित था। गोबर्धन के पिताजी शहर के बड़े सेठों में से एक थे, जो कई महीने से अस्वस्थ चल रहे थे। पढ़ाई और उम्र में नीलेश से बड़ा होने पर भी पुलिस द्वारा गिरफ्तार किए जाने की वजह से गोबर्धन का साल खराब हो गया था और उसने नीलेश के साथ ही हाई स्कूल की परीक्षा दी थी। गोबर्धन के पिताजी ने जेल रिहाई के साथ ही बेटे को गद्दी पर बिठाना शुरू किया था और बोर्ड की परीक्षा के बाद पढ़ाई बन्द करा दी, चाहे वह पास हो या फेल।

विरासत में गोबर्धन को अपने पिता जैसा शरीर मिला था। लम्बा तो था ही, धीरे-धीरे वह मोटापे की ओर बढ़ रहा था। पढ़ने में वह भले ही साधारण हो, उसमें अन्य कई गुण थे। वह बहुत सादगी से रहता। उसमें कोई छिछलापन, लालच, ईर्ष्या-द्वेष नहीं था। वह गम्भीर रहता, कम बोलता और अक्सर मुस्कुराता रहता। वस्तुतः वह बहुत ही सच्चा, भावुक और एक हद तक सनकी भी था। दोस्तों

की सदा मदद करने और मौका पड़ने पर उनके लिए जान देने को भी तैयार रहता। दयाशंकर और नफीस का वह पक्का साथी था और एक बार नफीस के एक बदनाम ठेकेदार के गुंडों द्वारा घिर जाने पर वह फौरन अकेले ही उसकी मदद को पहुँच गया और सख्त चोट लगने पर भी उस समय तक डटा रहा, जब तक दूसरे साथी लड़के वहाँ पहुँच नहीं गए। स्वतन्त्रता की लड़ाई में अपना सबकुछ कुर्बान करने की शपथ खाई थी उसने और जेल में काफी पिटाई और यन्त्रणा के बाद भी अपने किसी साथी का नाम बताने और किसी के विरुद्ध कुछ कहने से साफ इन्कार कर दिया था।

उसके जीवन में गड़बड़ी की शुरुआत उस समय हुई जब उसके पिता ने उसके क्रिया-कलापों पर रोक लगाते हुए उसकी व्यापारिक शिक्षा—बही-खाते की समझ, कारोबार की वास्तविक समझ एवं व्यावहारिक जानकारी और सही तथा कुशल व्यापार नीति की सीख का सम्पूर्ण दायित्व अपने प्रमुख मुनीम किशुनीलाल साहू को सौंप दिया, जो बेहद महत्त्वांकाक्षी, काँइया, बेईमान, लफ्फाज, ऐय्याश था। उसके बाद गोबर्धन अक्सर किशुनीलाल के साथ इधर-उधर आता-जाता दिखाई देता। यह सब चलते दोस्तों का साथ-संग भी छूट गया।

''कोई खास बात थी क्या ?'' नीलेश ने मुस्कुराकर पूछा।

''यार, इत्मीनान से बैठो, पानी-वानी पीओ, कुछ गपशप करेंगे। स्कूल तो जाना नहीं है।''

गोबर्धन की आँखों में किसी अनजान पीड़ा की चिकनाई तैर रही थी। जब वह पानी लेने चला गया तो नीलेश उठकर दीवार की आल्मारी के पास पहुँच गया, जिसके कुछ खानों में पुस्तकें रखी हुई थीं। किन्तु, ऊपरी खाना खाली था, जिस पर मिट्टी का एक बड़ा ढेला रखा हुआ था।

शीघ्र ही गोबर्धन लौट आया, जिसके पीछे एक नौकर अपने एक हाथ में दो गोंद-लड्डुओं से सुशोभित तश्तरी और दूसरे हाथ में पानी का गिलास लिए हुए था। बार-बार अनुरोध करने पर नीलेश को दोनों ही लड्डू खाने पड़े।

''तुम्हारी तबीयत तो ठीक है आजकल ?'' पानी पीने के बाद नीलेश ने पूछा।

''क्यों ?'' गोबर्धन ने चौंककर देखा।

''मुझे लगा, आजकल तुम प्राकृतिक चिकित्सा करा रहे हो।''

''कैसे भाई ?'' गोबर्धन हैरान था।

नीलेश ने हँसते हुए कहा, ''गांधीजी की एक पुस्तक में पढ़ा था कि मिट्टी के प्रयोग से बुखार आदि कई बीमारियाँ ठीक हो जाती हैं। आल्मारी के ऊपरी खाने को देखकर मुझे लगा कि शायद तुम अस्वस्थ हो।''

गोबर्धन ने उड़ती दृष्टि से आल्मारी की ओर देखने के बाद सिर झुका लिया। उसके चेहरे पर हल्की-सी उदासी उतर आई।

''क्या मैंने कोई गलत बात कह दी ?''

''जाने दो इस बात को।'' गोबर्धन धीमी आवाज में बोला।

''कुछ तो बताओ।''

नीलेश के बार-बार आग्रह करने पर गोबर्धन ने कहा, ''नीलेश, यार मैं पहली बार किसी को बता रहा हूँ। तुमसे इसलिए कह रहा हूँ कि तुम सरल हो, मेरी बात सहानुभूति से सुनोगे, मेरा मजाक नहीं उड़ाओगे और किसी दूसरे साथी से यह बात नहीं कहोगे।''

गोबर्धन पर सहसा भावुकता का ऐसा दौरा पड़ गया, जिसकी वजह से नीलेश अपने को एक अकल्पनीय और अशोभनीय स्थिति में महसूस करने लगा। उसने नीलेश का हाथ अपनी दोनों गरम-गरम हथेलियों के बीच में लेकर दबाते हुए अपना किस्सा आरम्भ किया। भावना-उच्छ्वसित स्वर में बोलते समय उसके मोटे-मोटे होंठ, छोटे तुतलाते हुए बच्चे की तरह गोलाई में हिलने लगते।

उसने यह तो नहीं बताया कि इशरतगंज मोहल्ला में उसका जाना कब आरम्भ हुआ, परन्तु वहाँ

एक कमसिन वेश्या को अपना दिल दे बैठा, जिसका नाम था ढेला। वह बचपन में सबको प्यारी थी, सबसे हिल-मिलकर टुइयाँ की तरह बोलती रहती। वह ढेले की तरह इधर-उधर लुढ़कती रहती, इसलिए पुकारने का उसका नाम ढेला या ढेलवा पड़ गया। वैसे सही और सुन्दर नाम उसका लवंगलता था, परन्तु बलिया जैसी छोटी जगह में यह नाम जबान पर चढ़ा ही नहीं, चाहे घर हो या बाहर। सुन्दर काफी थी, गोरी, बड़ी-बड़ी आँखें, चोखा चेहरा, गर्व से भरी अदाएँ।

गोबर्धन ढेला का ऐसा दीवाना हो गया कि एक दिन गंगा नदी के किनारे जाकर और वहाँ से मिट्टी का एक बड़ा ढेला लाकर उससे अपनी आल्मारी को सुशोभित कर दिया उसने। इससे क्या तृप्ति मिलती थी उसे, यह तो वही जानता है, मगर यह तो सिद्ध होता ही है कि साधारण लोग मिट्टी के ढेलों को भी भगवान समझकर कितनी श्रद्धा और भक्ति से पूजते हैं।

क्या गोबर्धन का प्यार सच्चा था ? दरअसल जो भी काम करता वह उसके प्रति सच्ची भावनाओं से भर जाता। तब उसकी भावनाएँ संक्रामक हो जाती थीं, जिनके प्रभाव से किसी का बचना मुश्किल था। क्या ढेला पर उसका कोई प्रभाव पड़ा ? उसका विश्वास था कि ढेला भी उसे प्यार करती है। एक दिन वह इतना विचलित हुआ कि ढेला के सामने शादी का प्रस्ताव रख दिया उसने। कहने का अर्थ यह था कि कुछ समय बाद वह अपनी गद्दी का मालिक हो जाएगा—तब तक ढेला इन्तजार करे और अन्य ग्राहकों से किसी प्रकार का सम्बन्ध न रखे। ढेला इस प्रस्ताव पर हँसती रही थी, जैसे बहुत खुश हो।

गोबर्धन ने कई बार ढेला के सामने इस प्रसंग को छेड़ा था। वह हँसकर कहती, "ठीक है, समय आने पर सबकुछ हो जाएगा।"

ढेला की आदतें उसके माँ-बाप को पसन्द नहीं थीं। जवानी में भी वैसी ही है, जैसी बचपन में थी। अब भी जिससे प्यार-पुचकार पाती, उधर ही लुढ़क जाती। गोबर्धन के प्रति जो विशेष व्यवहार कर रही थी वह, वैसा क्या किसी वेश्या-पुत्री को करना चाहिए ? वह जब चाहे चला आता है और ढेला सब काम छोड़कर उधर लपक जाती। देर तक उससे गुटर-गूँ, गुटर-गूँ बातें करती रहती। उसकी माँ श्यामदासी खीझ जाती, उसे डाँटती-फटकारती और अपने कटु अनुभवों का वास्ता देकर समझाती। उसकी सीख में एक खास बात यह थी कि वेश्या-पुत्री को एक सूदखोर बनिए की तरह निर्दयी यानी मीठी छुरी बनना चाहिए, जो दूसरों की बरबादी पर खुशहाल बनता है। नौजवानों के चक्कर में तो उसे कभी नहीं पड़ना चाहिए, जो आदर्शवादी होते हैं, और भुखमरी के कगार पर पहुँचा खुद रफूचक्कर हो जाते हैं।

श्यामदासी का विचार था कि ढेला हमेशा शरीफ, खानदानी, सलीकेमन्द और अधेड़ रईस से साबका रखे, जो उर्दू-फारसी जानता हो, जिसमें बोलने-चालने और व्यवहार की तमीज हो, जो शेरो-शायरी करता हो, ऐय्याश और दिलफेंक हो और रुपए-पैसे को हाथ का मैल समझता हो। जवान, खूबसूरत और पैसे को प्यार करनेवाले कंजूस या दरिद्र आशिक बड़े खतरनाक होते हैं। वह गोबर्धन जैसे बाँगड़ू और गँवार नौजवान से भी दूर रहे, जो ठीक से पहनना-ओढ़ना और बोलना नहीं जानता और भावनाओं में नाक फुलाकर हमेशा 'ढेला रानी, ढेला रानी' कहकर गहरी साँसें छोड़ता है और बातें करते समय बीच में 'थू' की आवाज निकाला करता है।

बातचीत के दौरान बीच-बीच में मुँह दाएँ या बाएँ घुमाकर 'थू' कहना उस पिछड़े शहर के कुछ नवयुवक आधुनिकता का लक्षण समझते थे। इसकी शुरुआत उस समय हुई जब दो वर्ष पहले दयाशंकर का एक रिश्तेदार कन्हैया इलाहाबाद से आया था। वह टेंथ में पढ़ता था, इलाहाबाद के बारे में अनोखे अनुभव और फिल्मों के लम्बे किस्से सुनाता, स्वयं सहगल और के.सी. डे के गाने गाता और यह बताना न भूलता कि किस तरह अल्फ्रेड पार्क में पुलिस का मुकाबला करते हुए चन्द्रशेखर आजाद ने अपनी कनपटी पर गोली मार ली थी। हटर-हटर उसकी बातें बड़ी दिलचस्प

होतीं, जिनके बीच वह 'थू' कहता। इससे थूक का निष्क्रमण तो नहीं होता था, बल्कि वैसा लगने पर भी वह मात्र एक धीमी और खोखली आवाज ही होती थी। था तो वह बलिया का ही, लेकिन अपने को अलग शहरी और नए जमाने का दिखाने के लिए 'हऽऽ' के स्थान पर 'हटे' शब्द का भी इस्तेमाल करता जैसे 'वह बड़ा बहादुर हटे।' ये आदतें दयाशंकर ने सीख लीं, जिससे गोबर्धन ने ग्रहण कर लीं, जो वेश्या-पुत्री के घर में इतनी मुखरित हुईं कि उन्हें गँवारपन का ही पर्याय मान लिया गया।

यह खेल बहुत दिनों तक नहीं चला और एक दिन जब गोबर्धन आया तो ढेला का मुँह बड़ा गम्भीर था। उसकी आँखों में पागलपन का ऐसा भाव, जिसकी उसने कल्पना भी नहीं की थी। पता नहीं क्या-क्या वह कहती गई।

''कभी सोचा है आपने कि मेरे माँ-बाप का क्या होगा ? मेरे छोटे भाइयों का क्या होगा ? यह एक मामूली रंडी का खानदान है, यहाँ कई लोग हैं। सबको दोनों जून दाल-भात खिलाने का जिम्मा सिर्फ मुझी पर है। हमारे पेट पर लात मारने आए हैं ? आप लोगों के पास पैसा है, बड़ा दिल है, प्यार है, इज्जत-आबरू है, देशभक्ति है, धर्म-धजा है। यहाँ सिर्फ जिस्म है, जिस्म छोड़ और कौन-सी खास बात है मुझमें। उसके अलावा और कुछ नहीं मिलेगा यहाँ। प्यार और शादी आप बड़े लोगों के चोंचले हैं, अपनी औरतों को तो आप इज्जत से रखते नहीं, हमें क्या रखेंगे ? आप चले जाइए यहाँ से और कभी न आइएगा।''

इतना कहकर वह तमतमाए चेहरे के साथ पैर पटकती हुई भीतर चली गई। गोबर्धन का चेहरा काला पड़ गया था। वह कुछ देर तक खड़ा रहा, गोया उसके लौटने की प्रतीक्षा कर रहा हो। फिर चला गया। बाद में वह दो बार और उसको मनाने के लिए गया, मगर वह उससे बातचीत करने को भी तैयार नहीं हुई। इस तरह वह रिश्ता टूट तो गया, किन्तु वह उसे भूल नहीं पाया और भूलने के लिए नियमित ताड़ी-शराब पीने लगा।

गोबर्धन के चुप होने पर नीलेश मुँह मोड़कर जमीन की तरफ देखने लगा। महसूस हुआ उसे कि किसी महफिल में बुलाकर उसका अपमान कर दिया गया हो। उसकी आँखों से भय, आतंक और शर्म के भाव झाँक रहे थे। अचानक उठकर उसने गोबर्धन से कहा :

''अब मैं चल रहा हूँ—''

गोबर्धन चौंक गया, ''अरे ! थोड़ा रुको। मैं तुम्हारी राय लेना चाहता था, पर लगता है, यह सब तुम्हें अच्छा नहीं लगा है। मैं इसके लिए तुमसे माफी माँगता हूँ। हाँ, एक अनुरोध जरूर करूँगा। डॉक्टर रामहर्ष सिंह के यहाँ एक महात्मा कुछ दिनों से ठहरे हुए हैं, क्या तुम चलोगे ?''

''क्यों, साधु का चक्कर क्यों ?''

''नीलेश, तुम मुझे समझने की कोशिश क्यों नहीं करते ? तुम भले ही मुझसे नफरत करो, लेकिन यह सच है कि मैं उनकी राय लेना चाहता हूँ। वह ऐरे-गैरे पेशेवर महात्मा नहीं हैं, सद्गृहस्थ हैं और संन्यासी का जीवन बिताते हुए मानव कल्याण की समस्याओं पर सोचते-विचारते हैं।''

''अकेले क्यों नहीं चले जाते ?''

''अकेले जाने की हिम्मत नहीं, नीलेश। तुम साथ दोगे तो चला चलूँगा। मैं खुद पूछूँगा भी नहीं, सबकुछ एक कागज पर लिखकर ले चलूँगा।''

''इतना बड़ा किस्सा !''

''हाँ, तुम साथ दो तब...''

नीलेश ने अब गोबर्धन की ओर देखा, जिसका मुँह किसी चिन्ता और सोच में सूखकर छोटा पड़ गया था। द्रवित होकर उसने अपनी सहमति दे दी, ''ठीक है, कब चलना है ?''

''कल शाम को। सात बजे तुम घर पर ही रहना, मैं ही तुम्हारे यहाँ आऊँगा।''

लवंगलता उर्फ ढेला की कहानी सिर्फ इतनी ही नहीं है। वह गोबर्धन से सम्बन्ध-विच्छेद करने के बाद एक दिन भी चैन से न रही, जबकि उसके चोखे सौन्दर्य पर अपना सबकुछ लुटा देने की कसमें खाया करते थे एक-से-एक खूबसूरत, प्रभावशाली और सम्पन्न लोग। इसमें दोष किसका है, ढेला का या उसके लक्षणों का ?

अपनी माँ के कहने पर ही उसने गोबर्धन को तीता-कड़वा सुनाकर विदा कर दिया था, मगर जब वह अपमान और दुःख से छोटा मुँह लेकर वहाँ से चला गया तो वह बिस्तरे पर ढहकर बिलखने लगी। उसके हृदय को लगा आघात आँसुओं से भी हल्का न होकर एक असहनीय दर्द बनकर उसको भीतर-ही-भीतर खदड़ने लगा। कैसा दर्द था वह ?

दिन बीतते गए और लाख कोशिश करने पर भी वह अपनी पीड़ा से मुक्त नहीं हो सकी। गाहकों से निबटने के बाद हर वेश्या को अपनी आर्थिक क्षमता के अनुसार अच्छा खाना-पीना, अच्छी नींद, और पर्याप्त शारीरिक एवं मानसिक विश्राम की जरूरत होती है, किन्तु इनके प्रति ढेला की अरुचि और उदासीनता बढ़ती ही गई। रात का अधिकांश समय आँखों में ही गुजर जाता और दिन में जब वह लेटकर आँखें बन्द करती तो कुछ ही देर में पलकें खुल जातीं और खाली-खाली आँखों से ऊपर देखनी लगती।

वह उठकर बैठती तो बैठी ही रह जाती। कभी लगता उसके दिल पर दबाव काफी बढ़ गया और कभी यह कि उसके अन्दर हवा-ऑक्सीजन काफी कम है, जिससे साँस लेने में कठिनाई हो रही है।

"अरे क्या हो गया है तुम्हें, हमेशा सोचती रहती हो ? ठीक से खाती-पीती नहीं। क्या तुम्हें तकलीफ है कोई ?" श्यामदासी ने पूछा।

"नहीं अम्मा, कोई खास बात नहीं..." ढेला ने सूखी मुस्कुराहट से जवाब दिया।

"मैंने तुम्हें बार-बार समझाया है कि बेसवा का मतलब है जवान, खूबसूरत देह। देह ही उसकी माई है, बाप है, धरम है, ईमान है। बड़ा-से-बड़ा दरियादिल, दिलफेंक भी शरीर से चुचकी-पिचकी की ओर नहीं देखता, जैसे प्लेग के बीमार चूहे को साँप भी नहीं पूछता। यहाँ घटिया, गरीब, उचक्के, बदमाश, लुटेरे, हत्यारे, शरीफ, धनी, ऊँचे वसूल बघारनेवाले मजहब और सियासत के पहुँचे हुए लोग क्यों आते हैं ? हमारे शरीर के साथ कुछ समय काटकर शान्ति-सुकून के लिए ही न !"

उसने कुछ रुककर सवालिया निगाह से बेटी को देखा, लेकिन जब कोई उत्तर नहीं मिला तो वह बोली :

"तजुर्बा हासिल करने के लिए बहुत-से नौजवान लेखक, कलाकार भी आते हैं। मगर ये सभी उजबुक, ढोंगी, मतलबी होते हैं। काम पूरा हो जाने पर लौट जाते हैं वे अपनी दुनिया में। किसलिए ? पाक-साफ होने का नाटक करने के लिए। इनके पास हमें देने के लिए धन-दौलत के अलावा कुछ नहीं। हमें भी इनसे और कुछ नहीं चाहिए। इसी से कहती हूँ, अपने शरीर और जवानी की कीमत समझो। उसकी फिक्र करो, उसे बचाए रखो, रक्षा करो, जैसे सभी अपनी जान की रक्षा करते हैं। तुम्हारी उम्र ही क्या है ? काफी समय है, खूब खाओ-पीओ, गाओ, नखरीली-बातूनी बनो और खूब दौलत कमाओ। ये भरे हमें बहुत-सी बीमारियाँ दे जाते हैं। जहाँ कोई बीमारी लगे, फौरन दवा कराओ, लापरवाही नहीं। अब तुम्हीं बताओ, हमारे खानदान का चिराग अकेली तुम ही हो। देह गिराओगी तो हम भूखों मर जाएँगे। पैसा-कौड़ी भी नहीं कि जब चाहे बाजार से माल खरीदकर काम चलाएँ, धन्धा को आगे बढ़ाएँ...।"

ढेला यह सब जानती थी और अपनी अम्मा से कई बार सुन चुकी थी। इन बातों की सच्चाई

को वह स्वीकार कर चुकी थी, फिर भी अब दिल से इतनी मजबूर हो चुकी थी कि बरदाश्त न कर सकी और रोकर सिसकने लगी। उसकी माँ चौंक उठी और झट उसकी बगल में बैठकर उसके हाथों को सहलाती हुई समझाने लगी :

''छिः-छिः, इस तरह कहीं रोना चाहिए ? चुप रहो, तुम तो बचपन से ही बड़ी बहादुर और हँसमुख हो ? बेसवा तो दुनिया को हँसाती है, सुख देती है। यहाँ आकर लोग मन बहलाते हैं और सुख-सुकून हासिल करके पवित्र, ताजादम होकर दुनिया में बड़े-बड़े काम करते हैं। बस यह समझो, हमारी रोनी-मनहूस सूरत देखकर आनेवाला बिदक जाएगा। दर्द-तकलीफ हमें भी होते हैं, बीमारी-परेशानी हमें भी होती है, मगर इन सबको जब्त करके हँसना पड़ता है। मैं जानती हूँ, पैदा करके तुम्हें कोई सुख नहीं दे सकी मैं। मैं तो गाहकों से छूटने पर किसी काम की नहीं रह जाती थी, दिन-भर मुर्दा पड़ी रहती। तुमको तो मोहल्ले की बूढ़ी रंडियों ने पाला-पोसा। इत्तफाक से तुम्हारी नानी जिन्दा थी। तुम भी घर-बाहर डोला करती, भीड़-भाड़ में तुम्हें अच्छा लगता। तुममें दया-दर्द भी बहुत था। कोई बीमार पड़ता तो उसके पास जाकर घंटों बैठी रहती। जानती हो, हमें पैसा भी बचाना पड़ता है, जिससे विपत्ति पड़ने पर बेसहारा न हो जाएँ। ऐसे समय गाहक यह भी पूछने नहीं आता कि मरी या जिन्दा है। बीमारी वगैरह के इलाज में काफी खर्च करना पड़ता है। फिर एक मामूली रंडी क्या खाएगी और क्या सन्तान को खिलाएगी ? यही उसकी जिन्दगी है, इसीलिए कहती हूँ, रोना-धोना बन्द करो, बहादुर बनो, होशियार बनो, तन्दरुस्त बनो, ऐसा न हो तुम्हें किसी के सामने गिड़गिड़ाना पड़े। खूब कमाओ, फिर कहती हूँ। तुम्हार गला मीठा है, तुम इतनी खूबसूरत हो, मैं तो कहती हूँ, एक दिन तुम्हारे नाम का डंका बजेगा, तुम पर दौलत की बारिश होगी।''

ढेला कुछ देर तक रोने के बाद चुप हो गई। फिर सिर उठाकर मुस्कुराती हुई बोली, ''तुम फिक्र न करो, अम्मा। तुम जैसा कहोगी, वही करूँगी मैं। किसी के सामने गिड़गिड़ानेवाली नहीं मैं।''

श्यामदासी अपनी बेटी के प्रति कभी भी आश्वस्त नहीं रही। शुरू से ही ढेला बड़ी उदार, खिलाड़ी, बातूनी, सबसे मेल-जोल और प्रेम-मुहब्बत रखनेवाली लड़की थी। वह देखते-ही-देखते सबसे हिल-मिल जाती, चाहे वह दरवाजे पर आया भिखमंगा ही क्यों न हो। ऐसे मँगतों को वह घर से ढूँढ़-ढाँढ़कर एक-दो रुपए तक दे देती। श्यामदासी माथा पीट लेती। 'घर बिलावनी' कहकर दाँत पीसती हुई उसे मारने दौड़ती, मगर उसका निर्दोष, मुस्कुराता चेहरा देखकर रुक जाती। तब सहसा डर भी जाती कि इतनी खूबसूरत, भोली-भाली बच्ची को कोई बहला-फुसलाकर ले जाए तो वह क्या करेगी ? कमली और ज़रीना तो पहले ही उससे जलती हैं। किसके मन में क्या है, कौन जानता है ? इसलिए दस की उम्र फाँदते ही एक रस्म करके उसकी छिदी नाक में एक बड़ी-सी नथुनी पहना दी गई, जो फब इसलिए रही थी कि ढेला तेजी से शरीर फेंककर कई नटुरी रंडियों से लम्बी हो गई थी और साड़ी में पीछे से तो पूरी औरत लगती।

तब श्यामदासी दलालों की मदद से एक ऐसे रईस और जईफ को तलाशने लगी, जो 'कामधेनु' भी सिद्ध हो। वैसे शौकीन रईसों को बाजार का पता रहता। एक तो वे खुद अँखियानते रहते, फिर उनके दलालों की भी कमी नहीं थी। वे किसी कुशल गणितज्ञ की तरह बचपन से आँख गड़ाकर हिसाब लगाते रहते कि माल कब तैयार हो जाएगा। इन सबके बीच खैनी की तरह सूखे, टेढ़े सत्तर वर्षीय रईस विलायत खाँ एक आदर्श पुरुष थे, जिनसे नाजुक शरीर और सेहत को कोई खास नुकसान भी नहीं हो सकता था। वे बड़े जमींदार थे, ठेकेदार और अंग्रेजभक्त भी—और ऐसी सीधी-सादी, नेक और वफादार दो बीवियों के शौहर के रूप में मशहूर, जो फुरसत मिलने पर तिलावत करने बैठ जातीं। विलायत खाँ ने गुनाह तो बहुत किए, फिर भी उनसे पूरी तरह सन्तुष्ट नहीं थे और जिन्दगी के आखिरी दिनों में कमसिन, नाजुक और हसीन गुनाह का एक अन्तिम हौसला पूरा करके निहायत पाक-साफ फकीर की जिन्दगी बिताने की तमन्ना भी रखते थे।

दौड़ में कई स्वनामधन्य रईसों के रहते हुए भी जीत विलायत खाँ की हुई, जिनको कुछ रकीबों की गाली भी सुननी पड़ी। दो हजार रुपया दो साल में अग्रिम एकमुश्त और दो सौ रुपए महीना के हिसाब से दो वर्ष के ठेके पर नथुनी उतारने का सौदा पटा, जिसकी महत्त्वपूर्ण रस्म उस दिन सम्पन्न हुई, जब ढेला ठीक साढ़े बारह वर्ष पर पहुँच गई। इस सस्ती के जमाने में, जब गेहूँ एक रुपए का सोलह सेर (कच्चा) मिलता था, दो हजार एकमुश्त अच्छी रकम थी, जिसकी उड़ती हुई या उड़ाई गई सूचना मिलने पर इशरतगंज मोहल्ले में ईर्ष्या की भूसी जलने लगी और जिसकी परिणति हुई कमली से एक लम्बे वाकयुद्ध में।

श्यामदासी ने आसमान की तरफ दोनों हाथ फेंककर कहा "हरामजादी, चोट्टी, जलती है। तेरी जैसी घटिया रंडी तो इस मोहल्ले में कोई नहीं है। खुद काली, ठूँठ की तरह है, लड़की भी एकदम ठूँठ पैदा की है। चवन्नी-अठन्नी पर घटिया गाहकों को इकट्ठा करती है, उसी का नतीजा है यह। रंडी बिरादरी की नाक कटा दी है इसने। जानती नहीं, बड़े-बड़े अंग्रेज अफसर शहर में आते हैं तो खाँ साहब के यहाँ जरूर जाते हैं। बड़े-बड़े पुलिस अफसर सलाम करते हैं खाँ साहब को। अधिक जबान लड़ाएगी तो पुलिस कप्तान को बुलवाकर कटवा दूँगी तेरी गन्दी जीभ। जिन्दगी भर के लिए कालापानी भेजवा दूँगी। तेरे गन्दे, घटिया लफंगे गाहकों को भी तेल-पिलाए बेंत से पिटवाऊँगी।"

ढेला को पसन्द थे आकाश, हवा, रोशनी, हरे-हरे पेड़-पौधे, डैने फैलाकर उड़ते हुए पक्षी, खिलौने, लोगों की चहल-पहल और सहेलियाँ। और साढ़े बारह वर्ष की उम्र में संरक्षक-गाहक के रूप में विलायत खाँ जब उसके सजे कमरे में आया तो वह कौतुक से देखती ही रह गई। सूखा, पतला, नाटा और झुर्रीदार शरीर, कड़कड़ तांजेब का सफेद कुर्ता, लट्ठे के पैजामे का लटकता नारा, मेहँदी खिजाब लगी लम्बी दाढ़ी, छोटी मिचमिचाती आँखें। ढेला को वह एक ऐसा खिलौना लगा जो चाभी भरने के बाद खुट-खुट चलने लगता है। वह बेतहाशा हँसने लगी।

"आओ मेरी जान। क्या गजब की हँसी है, जैसे झरना। खुदा की कसम, दाँत है कि अनार के दाने या मोती। आगोश में आओ, मैं तुम्हें एक तोहफा देना चाहता हूँ।"

उसने जब उसे अपनी ओर खींचा तो वह उसकी गोदी में पसरकर खिलखिलाने लगी, जिससे वह गिरते-गिरते बचा। फिर उसकी देह को दबाते हुए बोला :

"बोलो मेरी जान, अपने मुँह से कह दो, जो तोहफा माँगोगी, उसे दुनिया के किसी कोने से लाकर तुम्हारे नाजुक कदमों में रख दूँगा। बोलो, क्या चाहिए तुम्हें ?"

"लूडो," ढेला ने उसकी ओर शरारत से देखते हुए कहा।

"लूडो ?" विलायत खाँ ने अचम्भे से अपनी छोटी-छोटी आँखें फैलाने की कोशिश की, "मैं तुम्हें सोने का लूडो-बोर्ड और गोटियाँ बनवाकर दूँगा, मगर अभी नहीं। इस समय तो तुम अपनी नाजुक उँगली में अँगूठी पहनो, जो तुम्हारे लिए खास तरह से बनवाई गई है। वह आज का मेरा खास तोहफा है। आज से मैं दो साल के लिए तुम्हारा गाहक हूँ, तुम्हारे हुस्न का भौंरा हूँ, तुम्हारा आशिक हूँ, शौहर हूँ। सिर्फ मेरी हो तुम, तुम्हारे जिस्म पर सिर्फ मेरा हक है, उम्मीद है तुम वफादार बनी रहोगी। किसी दूसरे मर्द की तरफ नहीं देखोगी। औरतों की ये बातें मुझे पसन्द हैं। वे जिस मर्द के नीचे आ जाती हैं, उसकी ताजिन्दगी वफादार बनी रहती हैं। मैंने खूब गुलछर्रे उड़ाए, जिस औरत पर तबीयत आ गई, उसे हासिल कर लिया। उसको फूल की तरह रखा, उस पर दिल, धन-दौलत लुटाया। औरत तो इसीलिए बनी है। हाँ, मैं कह रहा था, यह सब करने के बावजूद मेरी बीवियाँ आज तक वफादार हैं, तुम भी वफादार रहना। इस शहर में हुस्न का मेरे जैसा कद्रदाँ खोजे नहीं मिलेगा। शरीर में खूब ताकत है मेरे, प्यार से लबालब है मेरा दिल, जवान से जवान औरत मुझसे खुश रहती है..."

उसने बाईं आँख दबाकर उसकी छाती में गुदगुदाना शुरू किया, जिसकी वजह से तेज हँसी से

ढेला का शरीर चारों ओर हिलने-उछलने लगा, मिरगी का दौरा पड़नेवाले किसी रोगी की तरह। इस भूचाल को सँभालना विलायत के वश में नहीं था, जिससे बचने के लिए वह बिस्तरे पर लेट गया।

ढेला की जब हँसी रुकी तो विलायत खाँ ने उठकर उसकी उँगली में अँगूठी पहना दी। तत्पश्चात वह अपना प्यार-करतब प्रदर्शित करने लगा, जिसके बारे में उस बादल की उपमा दी जा सकती है, जो सिर्फ गरजता ही है। अँगूठी देखकर ढेला की माँ ने खुश होकर कहा, ''लाओ, मैं अँगूठी बक्से में रख देती हूँ। खराब दिन आने पर यही चीजें काम आती हैं। कह देना, भूल गई या निकालकर रखी थी, कोई चुरा ले गया। कोई दूसरी माँग लेना। यह बुड्ढा नेक है, दिलफेंक है, होशियार बनो, दिमाग का इस्तेमाल करो। फिर कोई मुफ्त नहीं दे रहा है वह। ऐसे खूसट के पास तो कोई औरत थूकने भी जाना पसन्द नहीं करेगी। यह तो हम हैं, कि इसको घर में घुसने दिया। सस्ते में छूट गया है यह। अब तुम्हारे ऊपर है कि इससे अधिक-से-अधिक पैसा निकलवा लो। इसने दुनिया को लूटा है, मगर यहाँ वह अपने को लुटवाने आया है। पैसे निकलवाने के लिए नखरे, झूठ, फरेब रंडी का धरम है। यही समय है, जब बूढ़ी हो जाओगी, बीमार पड़ जाओगी तो कौन पूछेगा तुम्हें।''

कुछ क्षणों तक रुककर श्यामदासी अपनी लड़की के होंठ-बिचके शरारती चेहरे को देखती रही, फिर गुस्से से झनककर बोली, ''लड़कपन न करो उससे। मजाक न बनाओ उसका। बड़ा जालिम है। जब ताड़ लेगा तो बड़ा नुकसान हो जाएगा। यही सब खराबियाँ हैं तुम्हारी। तुम अब छोटी बच्ची नहीं हो। मरद ने तुम्हें छू लिया है, अब तुम औरत हो गई हो। वह छोटे से खजाह कुत्ते की तरह है, वह काटेगा नहीं, उसे थोड़ा-सा प्यार दे दो, थपकी दे दो, इतने से ही वह दुम हिलाता रहेगा... ।''

''हटो, बेकार की बातें करती रहती हो। तुम बड़ी लालची हो।'' ढेला मुँह बिगाड़कर वहाँ से उठकर चली गई।

विलायत खाँ के साथ खेल-खेल में ही बीतने लगे ढेला के दिन। वही उसका साथी था। सहेली था, उसका खिलौना था। उसके पतले और छोटे मुँह पर लम्बी, हिलती दाढ़ी देखकर वह खुश हो जाती। उसके आते ही वह लूडो या ताश खोलने का हठ करती। वह मान जाता। खेल में वह बीच-बीच में उसकी तारीफ करके उसे छाती से चिपकाने की कोशिश करता, मगर वह बनावटी गम्भीरता से उसे परे ठेलकर कहती, ''हटिए, यह क्या मजाक है। खेल खेलिए, आप हार रहे हैं।''

वह जान-बूझकर हार भी जाता और तब ताश होने लगता—फ्लश। इसमें भी वह हर बाजी हार जाता। ढेला अपने जीतने पर खूब ताली पीटती और बहुत-से रुपए रखवा लेती।

इसके बाद वह विलायत खाँ को चिढ़ाने पर बैठ जाती, ''ऐ, आप हलवा खाते हैं ?''

''क्यों नहीं खाता मेरी जान ! एक रोज अपनी बेगम से बनवाकर तुम्हारे लिए बेहद लजीज बादाम का हलवा लाऊँगा।''

''हलवा तो दाढ़ी से चिपक जाता होगा ?''

''अरे तो क्या हुआ ? बाद में पानी से साफ कर देता हूँ।''

''साफ क्यों करते हैं, उसी तरह रहने देते, उसके वहीं सूखने से आपकी दाढ़ी सख्त हो जाएगी और हिलेगी-डुलेगी नहीं।''

''जैसा कहोगी, वही करूँगा, मेरी जान।'' विलायत खाँ हँसते हुए कहता।

''खाते वक्त कैसे मुँह चलाते हैं, जरा चलाकर दिखाइए।''

चप-चप मुँह चलाकर दिखाने के बाद वह ही-ही हँसते हुए उसको गोद में खींच लेता और वह आसानी से चली भी जाती। इस तरह काफी देर तक उनके बीच चोंचलेबाजी होती रहती, जो विलायत खाँ को भी बेहद पसन्द आती। वह कौतुक-भरे प्यार से उसकी चमकती बड़ी-बड़ी आँखों, शरारत से सिकुड़ती-फैलती नाक और फरकते होंठों को देखता ही रह जाता। कभी-कभी वह सोचता कि

पैसा वसूलने के लिए उसके साथ अधिक-से-अधिक समय गुजारना जरूरी है। और कभी यह खयाल आता कि ऐसे निर्दोष बेपनाह हुस्न पर जितना भी खर्च कर दो, वह कम है। लेकिन एक दिन अचानक उसे अपनी लड़की नफीसा याद आ गई, जो ढेला की उम्र की ही थी। नफीसा की तरह भोली यह भी है। वह डर गया। 'या खुदा' कहकर वह उठ खड़ा हुआ और बिना कोई कारण बताए वहाँ से चल दिया घर की ओर। उसके अन्दर अल्लाह का डर, शर्म, अफसोस, पश्चाताप सबकुछ था। वह घर पहुँचने के बाद हाथ-पैर धोकर जानमाज़ पर तिलावत करने बैठ गया। उसे लगा कि वह खूब पाक-साफ बन गया है, उस पर खुदा की रहमत बरस रही है और वह बहिश्त की तरफ उड़ा जा रहा है।

ये दुर्लभ भावनाएँ कुछ ही समय के लिए उसके अन्दर रहतीं, दूसरे दिन वह पुरानी राह पर चल निकलता। उसकी हालत शराबियों की तरह थी, जो दिन-भर के पवित्र निश्चय के बाद अपने समय पर शराबखाने की ओर कदम बढ़ा देते हैं। उसने गद्दारी, अंग्रेजों की चापलूसी, तिकड़म, बेईमानी, शोषण, लूट-खसोट से खासी जमीन-जायदाद-धन-दौलत खड़ी कर ली थी। इसके लिए कौन-से गुनाह नहीं किए थे उसने। बाद में शराब और मौज-मस्ती। फिर तो इसकी आदत ही पड़ गई उसे। क्या जिन्दगी एक आदत नहीं है ?

बहरहाल, रईस विलायत खाँ ठेका का समय खत्म होने के चार महीने पहले ही हसीन गुनाह के बाकी अरमान लिए हुए ही हृदय गति रुक जाने से इस खूबसूरत दुनिया से कूच कर गया।

4

ढेला का दूसरा जीवन आरम्भ हुआ, जो उसके लिए बड़ा ही कष्टदायी सिद्ध हुआ। ठेके के जीवन में कितना मजा था। विलायत खाँ के साथ उसे खेल का आनन्द आया। उसके लिए वह सर्कस का जोकर था। उसके साथ खूब खाया-पीया उसने। खूब हँसी-खिलखिलाई वह। कमाई भी क्या थी, जैसे वह जेब में रुपए का पेड़ लेकर चलता हो, जब चाहा, निकालकर झोर दिया। धन-दौलत देखकर उसकी माँ बेहद उत्तेजित हो जाती। उसके चेहर पर खून दौड़ने लगता, उसकी आँखें चमकने लगतीं। वह सभी रुपए बटोरकर बक्से में रख आती या बैंक में जमा कर देती। बस उसमें से एकन्नी लेकर ढेला पर न्यौछावर करके किसी भिखमंगे को दान कर देती।

खिलाने-पिलाने में भी कड़ी कंजूस थी श्यामदासी। पहले तो हाथ ही तंग रहता लेकिन आर्थिक अरक्षा का भय अब भी बना हुआ था, जो उसके हाथ रोक देता। उसके धन्धे में हमेशा मन्दी रही, अब अकल्पनीय तेजी ने उसे पागल बना दिया। उसका खयाल था कि रंडियों को अपने गाहकों को लुभाकर उनसे ही खाने-पीने का जुगाड़ बैठाना चाहिए, कमाई के पैसों को खर्च करना दरिद्रता का लक्षण है।

किन्तु ढेला अपनी उम्र पर थी। विलायत खाँ के साथ हँसी-खुशी और खिलाई- पिलाई उसके शरीर और मन के लिए सेहतमन्द साबित हुई। विलायत खाँ के मरने पर वह बहुत दुःखी हुई। उसके साथ बिताए दिन वह भूल ही नहीं पाती। पता नहीं क्यों उसकी आँखों से आँसू गिरने लगते। वह कारण समझ नहीं पाती। श्यामदासी उसे देर तक समझाती। वह चौदह की उम्र पार करके पन्द्रह के पास पहुँच गई थी, जब उस पर बौर छा गई, जिसकी खुशबू दूर-दूर तक पहुँच गई। उसने पहले बड़ा विरोध किया, काफी रोई-ठुनकी और बार-बार समझाने, डाँटने और डराने के बाद बड़ी मुश्किल से राह पर आई।

उसका दरवाजा सबके लिए खोल दिया गया। वह सही अर्थों में नगर-बधू थी, मगर फीस ऊँची

रखी गई थी, यानी सबसे कम पाँच रुपए, जो निचली अदालत के एक सामान्य वकील की सामान्य फीस से कुछ अधिक थी। अधिक की कोई सीमा नहीं, जो वेश्या की कमसिनी, खूबसूरती, सलीका और कुशलता तथा ग्राहक की रईसी, दरिया-दिली और मर्दानगी पर निर्भर करती थी। कुछ शौकीन समय का सदुपयोग करने के लिए एक-एक रुपए के नोटों की गड्डी लाते और संगीत का लुत्फ उठाते हुए उसमें से बीच-बीच में कुछ निकालकर ढेला पर न्यौछावर करते जाते। ऐसे लोगों की संख्या कम थी और उनका भी यह शौक बनावटी और खोखला था। दरअसल, सभी एक ही तरह के थे, कोई ऐसा नहीं था, जिसे अलग खड़ा किया जा सके। यदि कोई रईस भी था तो उसकी मानसिक बनावट काफी घटिया थी। वे देर तक रूमानी या मुहब्बत की बात भी नहीं कर सकते थे और ऐसी कोशिश करते भी तो उनकी भाषा गलत और गँवारू होती। सभी एक खास मशीन की तरह व्यवहार करते। शराब या ताड़ी से गन्धाते हुए, बन्दर की तरह लाल गिड़गिड़ाती मुद्रा, थूक-लार से भरी अस्फुट लफ्फाजी। ढेला के नाजुक दिल को काफी आघात लगता। उसके अन्दर जो भी रस था, वह सूखकर वीरान रेगिस्तान में बदलने लगा।

उसकी जिन्दगी में रोज एक ही तरह की घटना होने लगी, निरन्तर ऊब और थकान। ग्राहकों में भी कोई जिन्दादिल और दिलचस्प नहीं। वे सभी जल्दबाजी में रहते, जैसे वहाँ से किसी ऊँची और महत्त्वपूर्ण मंजिल की तरफ जाना हो। अधिसंख्यकों की उम्र अधिक होती थी जो जिन्दगी में काफी पापड़ बेल चुके थे, बेल रहे थे। सच्ची हँसी-खुशी और उसकी चाह उनके पारिवारिक जीवन से खत्म हो चुकी थी। बच्चे जनते-जनते उनकी बीवियाँ जवानी में ही सुस्त, पुरखिन, बातूनी और झगड़ालू तक हो चुकी थी और वे ऊब से बचने के लिए किसी नसेड़ी की तरह इधर चले आते थे। ढेला स्वयं इस तरह की जिन्दगी से चिड़चिड़ाई रहती। उसकी तबीयत होती, जोर-जोर से चिल्लाए, किसी से लड़े-झगड़े। कभी-कभी वह अपनी माँ पर झल्ला जाती।

एक बार एक गँवार किस्म का ग्राहक अपने अन्दर शराब उड़ेलकर करीब साढ़े दस बजे सुबह ही आकर दरवाजा खटखटाने लगा। ढेला सबेरे ही उठ गई थी और नहा-धोकर नाश्ता करने के बाद सोने जा रही थी। धन्धा तीन या चार बजे से शुरू होकर रात में ग्यारह बजे तक चलता था। ढेला ने झाँककर देखा। वह क्रोध से आगबबूला हो गई। जाकर अपनी अम्मा से बोली :

''उस कमीने से कह दो, इस समय जाए यहाँ से।''

''अरे कैसी जबान निकालती हो बेटी। सवेरे की बोहनी बहुत अच्छी होती है, इसे न बिगाड़ो, जबान से गाली नहीं निकालनी चाहिए गाहक के लिए। गाहक ही तो हम लोगों का सबकुछ है, मालिक है, भगवान है। बड़ी मुश्किल से सवेरे का गाहक आया है, उसे न दुत्कारो...।''

''नहीं, बिदा कर दो फौरन उसे...'' ढेला का चेहरा क्रोध से तमतमा गया।

''अरे, कैसी बात करती हो ढेला ? इससे बड़ी बदनामी फैलेगी। इससे गाहक तो नाराज होगा ही, चार गाहकों को भी बिगाड़ेगा। बड़बड़ाना शुरू कर दिया तो मोहल्ले में शोर होगा। हमसे जली हुई कमली, ज़रीना, सभी हमारा बाजार बिगाड़ने में जुट जाएँगी।''

''तुम हो पक्की लालची। तुम्हें कायदा, अच्छा-बुरा, सेहत-तन्दरुस्ती, किसी का कुछ भी ख्याल नहीं। तुम किसी को आराम करते देख नहीं सकती। एक ढेबुआ के लिए तुम किसी की भी जान ले सकती हो। इसी लालच की वजह से अच्छा खाना-पीना भी नहीं मयस्सर हो रहा है।''

''अरे, कैसी जबान बोल रही हो। ऐसी बात नहीं कहते। जो कुछ कर रही हूँ, तुम्हारे ही लिए, खानदान के लिए ही। तुम्हारी नानी कितनी सुन्दर और सलीकेमन्द थीं। ऐसी बेड़नी, जो सिर्फ गाना-बजाना करतीं, जिस्म की तिजारत से कोसों दूर रहतीं। एक बार तो एक मनचले को जूतियों से पीटा भी था। क्या गाती थीं और कितना अच्छा नाचती थीं। ठुमरी, दादरा, भजन, कजरी, पूरबी कुछ भी गवा लो। बड़ी मशहूरी थी उनकी, दूर-दूर तक बुलाई जातीं, उनकी पार्टी नाटक-वाटक भी

करती थी। भाँड़ों की तरह। मगर एक बार में ही चौपट हो गया। पहले प्लेग आया फिर अकाल। बाजार खत्म, धन्धा चौपट, गाँव छोड़कर इधर-उधर भागना पड़ा। जब दाना-दाना को तरसने लगीं तो जिस्म के बाजार में बैठ गईं।''

''अब छोड़ो यह फालतू का किस्सा, कई बार सुन चुकी हूँ। मैं भी सिर्फ गाना-बजाना करना चाहती हूँ। मुझे यह हैवानियत पसन्द नहीं...'' ढेला गुस्से में बोली।

श्यामदासी ने गिलहरी की तरह जबान निकालकर कहा, ''कैसी बात करती हो ? जो रोजी-रोटी है, अन्न-दाना है, उसे हैवानियत कहती हो ? यह बात ख्वाब में भी न सोचना। यह धन्धा है, व्यापार है, बड़े-बड़े बनिया-व्यापारी कई तरह के धन्धे करते हैं, यह भी एक धन्धा है। वे अपना माल बेचते हैं, हम भी वही करते हैं। फर्क यह है कि वे धन्धे में ठेके लेने के लिए सरकार के अफसरों की चापलूसी करते हैं, घूस देते हैं, डाली भेजते हैं, देश से गद्दारी करते हैं। हम क्या ऐसी नीच हरकतें करते हैं ? बड़े-बड़े वसूल और ईमान की बात करनेवाले, रोब-दाब का घमंड करनेवाले जब यहाँ आकर नाक रगड़ते हैं तो क्या हम उन्हें बुलाने जाते हैं ? हम कोई धोखा नहीं करते। हम सोलहो आने ईमानदार हैं। भीतर और बाहर एक तरह। एक बार एक बड़ा अंग्रेज अफसर तुम्हारी नानी के पास आया और लगा अंग्रेजी में प्यार का इजहार करने। यह खबर शहर में बिजली की तरह फैल गई। तुम्हारी नानी का रुतबा बढ़ गया। इशरतगंज की सभी रंडियाँ उनसे डरने लगीं। उस अंग्रेज के कीमती तोहफे लेकर बड़े-बड़े हिन्दुस्तानी अफसर पहुँचने लगे। तुम ठीक अपनी नानी पर गई हो। वैसी ही खूबसूरत, वैसा ही गला। तुम मेरा कहना मानो तो पता नहीं कहाँ पहुँच जाओ, अपनी नानी से अधिक मशहूर हो जाओ...।''

''बस छोड़ो, मुझे नींद लग रही है...'' ढेला की आँखें झपकने लगीं।

''ठीक है, मैं उस गहकी को मना कर देती हूँ, हाँ, एक बात और ध्यान से सुन लो। यह गँवारों का शहर है। पक्का गाना, नाच, ठुमरी, दादरा यहाँ किसी को पसन्द नहीं। यहाँ के लोग लौंडों के नाच-गाने पर लट्टू रहते हैं। कोई गाहक तुम्हारे यहाँ आ जाता है तो ऊपरवाले की मेहरबानी समझो। रंडी-बेसवा की कद्र तो इलाहाबाद-बनारस में होती है, जहाँ एक-से-एक पक्का गानेवालियाँ हैं। दुनिया में बड़ी शोहरत है उनकी। फीस भी इतनी ऊँची...यहाँ के गँवार क्या देंगे, यहाँ तो एक रुपया में चार अठन्नी भुनानेवाले लोग हैं। यहाँ रंडी के पेशे में कोई फायदा थोड़े ही है, दोनों जून की रोटी-दाल चल जाती है, यही बहुत समझो। बहुत-से तो धनी-मानी नफीस, सलीकेमन्द रंडियों को छोड़कर गँवार लौंडों के पीछे भागते रहते हैं। यह शौक तो बड़ा सस्ता है। रंडी का शौक तो दिल चाहता है, दिलफेंक चाहता है, यहाँ तो वह आवे जो अपने घर-परिवार को बरबाद करने की हिम्मत रखे। गँवार, छोटे दिलवालों के इस शहर में गाने-बजाने का खयाल भूलकर भी दिल में न लाना, नहीं तो तुम तो भूखों मरोगी ही, हम सभी की हालत वैसी ही हो जाएगी।''

बैठे-बैठे ही ढेला का खूबसूरत चेहरा एक ओर लटक गया और वह नींद के आगोश में चली गई, बस उसकी साँसों के आवागमन की हल्की, मृदु आवाज सुनाई दे रही थी।

चौक से जाने पर इशरतगंज की दाहिने मुड़नेवाली पहली गली का पहला ही मकान ढेला का है। उसके कमरे का बाहरी दरवाजा गली में प्रवेश करते ही दाहिनी तरफ तीन सीढ़ीवाले एक चबूतरे पर चढ़ते ही मिल जाता है।

गर्मी आ गई है। सुबह सात बजे, नहाने-धोने के बाद धुली, सुरमई साड़ी पहन और धुले बालों को चेहरे के अगल-बगल कन्धे और पीठ पर फैलाए ढेला हवा का लुत्फ उठाने के लिए कमरे के बाहर चबूतरे पर खड़ी होकर सड़कों को निहार रही है। बादलों के घेरे के बीच से दिखाई देनेवाले

पूर्णिमा के चाँद की तरह उसका चेहरा दिखाई दे रहा है। अचानक चार लड़कों के एक छोटे-से दल पर उसकी निगाह पड़ी। सोलह से अठारह-उन्नीस वर्ष के बीच के ये नौजवान जिनमें दयाशंकर, पिलपिली, चेंगन और हीरा शामिल हैं, गंगा-स्नान करके आपस की हँसी-मजाक पर उछलते हुए घर लौट रहे थे। उनके हाथ में या कन्धे अथवा सिर पर नहाकर धोए गीले कपड़े हैं। अचानक पिलपिली का ध्यान ढेला की तरफ गया और उसने अपने साथियों की तरफ देखकर उधर संकेत किया। जब सभी देखने लगे तो पिलपिली ने शरारत से भरकर हाथ के इशारे से ढेला को बुलाया।

पिलपिली की इस हरकत पर उसके दूसरे साथी कुछ शरमाकर दूसरी ओर मुँह करके हँसने लगे। मगर अपनी वर्तमान जिन्दगी की घुटन और ऊब से दबा ढेला का मन खुश हो गया, जैसे ताजी हवा मिट्‌टी की धूल को उछाल दे। उसे मजा आ गया और आजादी के लिए तरसता उसका हृदय उन किशोरों से बोलने, बतियाने, उनसे हँसी-मजाक और उनके साथ ठहाके लगाने के लिए मचल उठा। और तब उसने भी हाथ के इशारे से उन्हें बुलाया। वे एक जगह ठिठककर अविश्वास से आँखें फाड़-फाड़कर उसे देखने लगे। लेकिन इस बार ढेला ने हाथ के साथ आँखों से भी इशारे किए। फिर भी, अचानक उसकी तरफ बढ़ने की किसी की हिम्मत नहीं हुई। दयाशंकर उनमें उम्र में सबसे बड़ा था और एक राजनीतिक क्रान्तिकारी पार्टी का सदस्य होने की वजह से उसके चेहरे पर गम्भीरता थी। उसने ढेला की ओर हवाई दृष्टि से देखकर विपरीत दिशा में मुँह मोड़ लिया। पिलपिली की उम्र सत्रह वर्ष की थी, दयाशंकर से छोटा, लेकिन शरारती। दरअसल, बचपन में वह बड़ा चुप्पा और शर्मीला था, लेकिन बड़ा होने पर अप्रत्याशित विचित्र हरकतें करके तेजी से अपने को साहसी बनाने की कोशिश कर रहा था। ढेला के आमन्त्रण पर अपनी शर्म को दबाने के लिए इस तरह हँसने लगा हिल-हिलकर, मानो किसी स्प्रिंग पर बार-बार उछल रहा हो।

अन्त में दयाशंकर आगे बढ़कर गम्भीर स्वर में बोला, ''यार, तुम लोग क्या खुथ की तरह खड़े हो गए ? आओ, देखें, क्या कहती है ?''

जब वह छाती निकालकर आगे बढ़ा, तो उसके दोस्त भी उसके पीछे शर्म और हिम्मत की परस्पर टकराहट की अकड़ के साथ चल पड़े।

जब वे नजदीक पहुँचे तो ढेला ने नियन्त्रित प्रसन्नता से दमककर किन्तु व्यस्त मुद्रा में दरवाजा ठेलकर और अपने कमरे के अन्दर जाकर संकेत से उनको वहीं बुलाया। वे एक क्षण के लिए ठिठके, फिर चबूतरे पर एक शर्मीली हड़बड़ाहट में एक-दूसरे को धकियाते हुए सीढ़ी से धड़ाधड़ चढ़ गए, जैसे प्रत्येक को ही सबसे पहले कमरे के अन्दर पहुँचने की जल्दी हो। सभी नंगे पैर थे, जिनमें बालू और सड़क-धूल के कण चिपके हुए थे। दयाशंकर ने अधिक जिम्मेदार होने का परिचय देते हुए कमरे के बाहर चबूतरे पर तीन-चार बार अपने पैरों को थप-थप पटका, जिसका अनुकरण करके उसके दोस्तों ने भी कमरे में प्रवेश किया।

अभी उनको दुधमुँहा किशोर ही समझना चाहिए, जिन्हें उम्र ने उनके अनजाने में ही यौवन की दहलीज पर खड़ा कर दिया था, जो अनेक प्रतिबन्धों एवं प्रताड़नाओं से घिरे हुए भी, इस दुनिया का सबकुछ जानने और बड़ा-से-बड़ा साहसिक कार्य करने को उत्सुक थे। वह ऐसा समय था, जब बलिया के सख्त, ग्रामीण सामन्ती सामाज में एक पिघलाव हो रहा था, जिससे अच्छे खाते-पीते परिवारों से एक ऐसा मध्यम वर्ग पैदा हो रहा था जिसका कुछ निजी था, जो पुराने को तोड़ना भी चाहता था। इसमें एक ओर राजनीतिक जागृति और दूसरी ओर साहित्य एवं फिल्म की महत्त्वपूर्ण भूमिका थी। प्रान्तों में कांग्रेस के मन्त्रिमंडल बनने से बहुत-से प्रतिबन्ध हटा दिए गए, अनेक आजीवन कारावास की सजा भुगत रहे क्रान्तिवीर छोड़ दिए गए, जो किताबें जब्त की गईं वे खुलकर बेची जाने लगीं। समाचार पत्र स्वतन्त्रता के पक्ष में सही समाचार और बेबाक टिप्पणियाँ छापने लगे। यहाँ तक कि इतिहास-पुस्तकों के नए संस्करण आ गए जिनमें कांग्रेस तथा अन्य दलों के स्वातन्त्र्य

आन्दोलन के विवरण विस्तार से छापे गए।

इन घटनाओं से जनता में खास तरह शिक्षित नौजवानों में अभूतपूर्व जागरूकता देखने में आई। इन्हीं दिनों में वामपक्षीय दलों के मजदूर-किसान आन्दोलन भी जोर-जोर से शुरू हुए थे। इस दिशा में समाजवादी पार्टी और साम्यवादी पार्टी विशेष रूप से सक्रिय थीं। ये दोनों पार्टियाँ किसानों और नौजवानों को नए ढंग के उद्देश्यपूर्ण आन्दोलन के लिए संघटित कर रही थीं। और चूँकि समाजवादी पार्टी के नेता जयप्रकाश नारायण बलिया जिले के ही थे, इसलिए बलिया की जनता खास तरह से नौजवानों पर समाजवादी पार्टी का प्रभाव बढ़ता जा रहा था। यदि आप खद्दर का पैजामा और खद्दर का ही कॉलरवाला कुर्ता और कंधे से एक झोला लटकाए किसी नौजवान को देख लें तो समझ जाइए कि वह जयप्रकाश नारायण, राममनोहर लोहिया और आचार्य नरेन्द्र देव में अटूट श्रद्धा तथा विश्वास रखनेवाला समाजवादी है। यदि वह न हुआ तो साम्यवादी अवश्य है, जो भारत में भी रूस की तरह समाजवादी क्रान्ति का स्वप्न देखता है।

क्रान्तिकारी साहित्यिक पुस्तकों के अलावा शरतचन्द्र, रवीन्द्रनाथ टैगोर, यशपाल, इलाचन्द्र जोशी, अज्ञेय आदि के अनेक उपन्यास और कहानी-संग्रह सहज उपलब्ध हो रहे थे। इसके साथ बोलता सिनेमा आ गया था, जिसमें 'देवदास', 'अछूत कन्या' आदि फिल्में दिखाई गई थीं। इनका भी नौजवानों पर जबरदस्त असर था। क्रान्तिकारी होकर किसी लड़की से प्यार करने की प्रत्येक मध्यवर्गीय नौजवान की तमन्ना थी। और 'देवदास' की कहानी तथा उस पर बनी फिल्म ने नौजवानों में एक रहस्यमयी भावुकता भर दी थी, जिसमें बहकर वह किसी वेश्या को प्यार करने, उसका उद्धार करने का स्वप्न देखता था। समाज हिल रहा था, उसमें परिवर्तन की प्रक्रिया तेजी से आरम्भ हो चुकी थी। अब व्यक्ति सिर्फ सामन्तवादी समाज का कोई जड़ हिस्सा नहीं था, उसका अहम्, निजीपन जाग रहा था। उसे अब महसूस हो रहा था कि उसकी निजी एवं सामाजिक आकांक्षाएँ हैं, जिनकी सार्थकता के लिए वह कुछ करना चाहता था—अपना मौलिक योगदान।

वे चारों किशोर नौजवान व्यक्तिगत रूप से कुछ जानते नहीं थे। शुरू में लोगों के गाली-गलौज, सुनी-सुनाई बातों, शादी-ब्याह में मिलनी के दिन सुने हुए मुजरे तथा स्वामी शिवानन्द की 'ब्रह्मचर्य ही जीवन है' पढ़कर उन्हें जरूर मालूम था कि वे वेश्याएँ पैसे के लिए अपने शरीर को बेचनेवाली घटिया चरित्र की औरतें होती हैं, परन्तु बाद में जब उन्होंने, विशेष रूप से दयाशंकर और पिलपिली ने 'देवदास' पढ़ी और राष्ट्रीय स्वतन्त्रता और उत्थान के लिए अपना सबकुछ कुर्बान करने का संकल्प किया, वेश्याओं के प्रति उनके हृदय में पर्याप्त सहानुभूति जाग उठी। दयाशंकर का सपना था और तमन्ना भी कि किस तरह जवान लड़कियों और वेश्या-पुत्रियों को अपनी क्रान्तिकारी पार्टी का सदस्य बनाया जाए, जो राजनीतिक गुलामी, शोषण और अन्याय के मजबूत किलों को ध्वस्त करने के लिए पिस्तौल और बन्दूक लेकर मैदान में निकलें।

''ऐ, दरवाजा बन्द कर दो,'' ढेला ने एक ढीठ खुशी से चहककर अंगुली से संकेत करते हुए हीरा से कहा, जो सबसे पीछे छाती पर सिर गाड़े वीरतापूर्वक खड़ा था। वह उसी मुद्रा में पीछे घूमकर दरवाजा बन्द करने के बाद ठीक उसी जगह और वैसे ही लौट आया। दयाशंकर एक ओर बाईं तरफ सिर उठाकर इधर-उधर दीवारों को देख रहा था, जैसे उसे किसी की परवाह न हो। और सबसे शरारती पिलपिली, चेंगन और हीरा के मुख भय, नासमझी और सिटपिटाहट से रहिला की तरह छोटे हो गए थे।

''ऐ, सड़क पर तो काफी उछल रहे थे, यहाँ आकर डरपोक की तरह क्यों खड़े हो ? साफ बताओ कि किस बात पर हँस रहे थे। यह भी बताओ, कभी वेश्या के घर गए हो ? मगर मैं तुम्हारे लिए वेश्या नहीं हूँ, दोस्त हूँ। तुम लोगों से बात करना चाहती हूँ। यहाँ भी उछल सकते हो, मगर जोर-जोर से नहीं, शोर करने से अम्मा की नींद खुल जाएगी।''

ढेला ने यह बात पिलपिली की ओर देखकर कही थी शरारत से, दोस्ती से, किंचित प्यार से, जिसने शर्म-संकोच और अटपटेपन को काफी हद तक दूर कर दिया और वे सभी उसे तिरछी दृष्टि से देखकर अपने काँपते होंठों में मुस्कुराने लगे। पिलपिली पर कुछ अधिक ही असर हुआ और फिर वह हँसी का स्प्रिंग बनकर लटपटाती आवाज में बोला :

''हम एक-दूसरे की ग्रैविटी काट रहे थे। तुम अपनी ग्रैविटी कटवाओगी...''

पिलपिली की बात पूरी नहीं हुई, क्योंकि उसके अन्दर उठा हँसी का एक जोरदार फव्वारा, जिसे वह दबाने की कोशिश भी कर रहा था, उसे हिला-हिलाकर उसका दम ही निकालने लगा। दूसरे साथी भी उसी तरह हँसने लगे। और ढेला भी जिसे पिलपिली का मजाक खाक-पत्थर कुछ भी समझ में नहीं आया; फिर भी उसकी बेहाल हँसी ने, जो मुँह और होंठों पर रुदन की वक्र रेखाओं के रूप में उभर रही थी, उसको इस तरह गुदगुदाना शुरू किया कि वह अन्त में बेतहाशा ही-ही-ही करके चीखती हुई-सी दोहरी हो गई। उसके लिए ऐसी कोई बात नहीं थी, बह हमउम्र लोगों का साथ-संग था तथा अपनी घुटन और ऊब से उबरने की इच्छा थी, जैसे गुम और वातहीन स्थान पर अचानक तेज, शीतल और सुखदायी बयार चलने लगे।

जब प्रवाह थमा तो ढेला ने होंठों पर उँगली रखकर शी-शी करते हुए सबको चुप कराया, फिर फुसफुसाई आवाज में बोली :

''हाँ, यह बताओ, यह ग्रैविटी क्या होती है ?''

पिलपिली ने गम्भीर होकर कहा, ''अरे, तुम ग्रैविटी नहीं जानतीं ? बड़ी फिसड्डी हो। देखो, यह धरती हर चीज को अपनी तरफ खींचती है, इसीलिए हर चीज पृथ्वी पर टिकी हुई है। हमारे पास एक ऐसा औजार है, जिससे हम किसी आदमी या चीज के नीचे से ग्रैविटी को खुट-खुट काट देते हैं और वह आकाश में उड़ने लगता है। एक दिन हमारे क्लास में संस्कृत के पंडितजी ने मुझे एक घूसा मारा और मैंने गुस्से में उनके पैरों के नीचे से ग्रैविटी काट दी। और वह ऊपर उड़कर कमरे की छत से सटकर लटक गए। छत न होती तो गैस के गुब्बारे की तरह आसमान में उड़ने लगते। खैर, जब उन्होंने वादा किया कि आइन्दे किसी लड़के को नहीं मारेंगे, मैंने एक रबड़ साल्यूशन से ग्रैविटी जोड़ दी और वह नीचे आकर पहले की तरह संस्कृत पढ़ाने लगे। अगर तुम्हारा कोई दुश्मन हो तो बताओ, हम उसकी ग्रैविटी काट देंगे और वह बाप-दादा चिल्लाते हुए आसमान में उड़ने लगेगा।''

संयमित हँसी का एक और ज्वार आया और हँसते-हँसते ढेला की आँखों में आँसू आ गए। इसी समय बाहर चबूतरे से किसी ने दरवाजा खटखटाया। ढेला ने होठों पर उँगली रखकर उनको फिर चुप कराया। वह समझ गई कि कोई सिरफिरा ग्राहक है, जो लड़कों को अन्दर आते देखकर अन्दाजा लगा बैठा है कि धन्धा अभी से शुरू हो गया है। उसने पिलपिली से धीमे स्वर में कहा :

''ऐ, थोड़ा-सा दरवाजा खोलकर फँफरे से बता दो, इस समय जाए और शाम को आए...''

पिलपिली डर गया और सकपकाकर इधर-उधर देखने लगा। इस पर दयाशंकर गम्भीरतापूर्वक आगे बढ़ा और बताए हुए तरीके से बाहर खड़े एक अधेड़ व्यक्ति से धीमे से कहा, ''बाबा, जाइए इस समय...बाद में आइएगा...।''

वह ग्राहक किसी पालतू जानवर की तरह, कहते ही घूमकर सिर झुकाए चला गया, जिसके बाद वे हँसने लगे। चेंगन कम शरारती नहीं था, परन्तु इस असाधारण स्थान और परिस्थिति में किसी खिलौने की तरह सिर्फ हँसने का ही कार्य कर रहा था। लेकिन, अब उसके अन्दर एक असाधारण साहस का उदय हुआ और उसने शरमाकर हँसते हुए पूछा :

''ऐ, हार्डी बनोगी ?''

ढेला ने इसका भी अर्थ नहीं समझा, लेकिन यह सोचकर कि यह भी कोई मजाक की बात होगी, फिर बेतहाशा हँसने लगी। कक्षा में पृथ्वी की गुरुत्वाकर्षण शक्ति सम्बन्धी अध्याय पढ़ाए जाने के बाद उन्होंने, बेमतलब उपदेश झाड़नेवाले या पिटाई करनेवाले अध्यापकों, चिड़चिड़ाकर कर्कश चिल्लानेवालों, छात्रों को सतानेवाले लंठों-बदमाशों, चापलूसों, चालबाजों, व्यभिचारियों और अन्यायी अंग्रेजों के पैरों के नीचे से गुरुत्वाकर्षण शक्ति को काटकर उनको अचानक आकाश में उड़ाने का मजाक आविष्कृत कर लिया था। उनके बीच अक्सर इस तरह के मजाक का दौर चलता तो वे इस सम्बन्ध में अजीब-अजीब अविश्वसनीय कल्पनाओं द्वारा बदमाशों और आतताइयों को काल्पनिक दंड देकर खूब खुश होते।

इसी तरह उनके बीच हार्डी बनने का मजाक भी प्रचलित था, जिसको सिर्फ वे ही समझ सकते थे। हार्डी बनने के लिए वे आपस में एक-दूसरे से खोपड़ियाँ लड़ाते, कुछ दूर से दौड़कर पास आते और अपने शरीर को तिरछा कर परस्पर जोर से टकरा-टकराकर एक-दूसरे को गिराने की कोशिश करते। एक टाँग पर दौड़ने की प्रतियोगिता करते, लेटकर छाती पर अधिक-से-अधिक ईटें रखने की कोशिश करते, रात-रातभर जागकर पढ़ने की बाजी रखते। जब चेंगन ने यह सब बताकर ढेला को चुनौती दी तो पहले वह खूब हँसी, फिर बोली, ''ऐ, यह मजाक यहाँ नहीं चलेगा। कोई और चीज बताओ...''

''ऐ, यह 'बाबा' खेलता है, खेलोगी ?'' हीरा को भी अब हिम्मत आई, लेकिन जब ढेला ने सवाल किया तो उसका मुँह ईंगुर की तरह लाल हो गया।

बात तो वैसे गम्भीर थी, लेकिन यह भी उनके बीच मजाक ही है। चेंगन बहुत मोटा था। डॉक्टरों की सलाह पर सन्तुलित भोजन करने, चर्बी का सेवन छोड़ने और महँगी-महँगी दवाएँ लेने पर भी उसका मोटापा बढ़ता ही गया। फिर एक डॉक्टर ने, जो विलायत से पढ़कर आया था, उसे सीमेंट की फर्श पर नंगे बदन (सिवाय जाँघिया के) लेटकर शरीर के ही बल से कमरे में चारों ओर उछलने का सुझाव दिया। इससे सभी अंगों की कसरत होगी और चर्बी छँटेगी। इस कसरत को 'बाबा' खेलना कहा गया। यह काम भी चेंगन ने बड़ी मेहनत से किया। वह पानी के बाहर तड़पती, उछलती गरई मछली की तरह हरकतें करता। इससे भी कोई लाभ नहीं हुआ तथा वह कुछ और ही मोटा हो गया।

इस पर भी कम हँसी नहीं हुई। अचानक ढेला यह देखकर कि देर हो रही है, गम्भीर होकर बोली, ''तुम लोगों की बात मान लूँ तो मेरी हड्डी-पसली नहीं बचेगी। अब तुम लोग जाओ...आइन्दा जब आओगे तो मैं तुम लोगों के साथ ताश खेलूँगी।''

वे चले गए और ढेला हसरत से उनको जाते हुए देखती रही। वह काफी देर तक उनकी बातें सोच-सोचकर कभी हँसती और कभी मुस्कुराती रही। फिर तो उसे पता ही नहीं लगा कि कब नींद आई। करीब एक बजे खाने के लिए जगाए जाने पर ही वह मुश्किल से उठी।

5

एक दिन सुबह ढेला जब उसी दिन की भाँति बाहर चबूतरे पर खड़ी थी, दयाशंकर पता नहीं किधर से अत्यधिक व्यस्ततापूर्वक तूफान की गति से आया और उसकी ओर एक बड़ा लिफाफा बढ़ाते हुए रहस्यमय, अर्थपूर्ण दृष्टि से उसको देखते हुए धीरे-से बोला :

''इसमें दो सौ रुपए हैं, रख लो।''

''क्यों ? उस दिन हमारे घर आने की फीस है ? मैंने तो कुछ माँगा नहीं। तुम लोग तो दोस्त हो, उस दिन बड़ा मजा आया। मैं रोज तुम लोगों को देखती हूँ, मगर उस दिन के बाद आए ही

नहीं। ये रुपए ले जाओ, मैं नहीं लूँगी।''

ढेला क्या, दयाशंकर को भी मालूम नहीं था कि पिलपिली की शेखी की वजह से मोहल्ले के किसी अन्य लड़के ने उसके घर में सारी बातें बता दीं, फलस्वरूप इशरतगंज के रास्ते से आने-जाने और गंगा-स्नान पर ही रोक लग गई। ढेला की बात सुनकर दयाशंकर की गम्भीरता और भी गहन हो गई। उसने किंचित आदेशात्मक स्वर में कहा :

''इसे रख लो। ये पार्टी के रुपए हैं, पुलिस मेरे पीछे पड़ी है। उस दिन ही मैं जान गया कि तुम बहुत सरल हो, दोस्तों के लिए बहुत-कुछ कर सकती हो, पार्टी के लिए बहुत काम की हो सकती हो। ये रुपए छिपाकर रख दो, किसी को भी मालूम न होने पाए। मैं दो-चार दिन में निश्चिन्त होकर तुमसे ले लूँगा। बाद में पार्टी के बारे में तुमको बताऊँगा। हाँ, इसके बारे में किसी को पता लग गया तो हम तुमको गोली मार देंगे।''

इतना कहकर वह ऐसी बज्र गम्भीरता से, जिसमें कर्मवीरता प्रदर्शन का भी भाव होता है, कुछ टेढ़ा मुँह करके रंगमंच के महानायक की तरह घूमकर तेजी से चला गया।

ढेला घबरा गई, जिससे उसके चेहरे पर पसीने की छोटी-छोटी बूँदें नजर आने लगीं। पार्टी, गोली-पिस्तौल, उसकी समझ के बाहर की बात थी। फिर वह अपनी कमाई का एक पैसा भी अपने पास नहीं रखती थी, इस लिफाफे को कहाँ छिपाकर रखे, यह उसकी समझ में नहीं आया। वह तेजी से अपने कमरे के अन्दर गई, भीतर से दरवाजा बन्द किया और बिस्तर-लगी बड़ी पलंग पर बैठकर ऊपर दीवार की तरफ आँखें टाँगकर गम्भीरतापूर्वक विचार करने लगी, मगर कुछ देर बाद उसके दिमाग में दर्द होने लगा।

कुछ देर तक इसी तरह बैठने के बाद उसे एक विचार सूझा। फिर शीघ्रता से उठकर उसने पलंग पर बिछे मोटे गद्दे उठाकर उसके नीचे लिफाफा घुसेड़ दिया, जिसकी गर्द साल में एक या दो बार ऊपर से ही डंडे से पीट-पीटकर निकाली जाती है। उसे राहत मिली और वह खुश हो गई। खुशी इस बात की भी थी कि कई बार उसके मन में रुपयों का वह लिफाफा अपनी अम्मा के सुपुर्द करने का भी खयाल आया, लेकिन बाद में उसने अपने को धिक्कारा ! डर यह भी कि श्यामदासी उन रुपयों को हड़प लेगी और हल्ला भी मचाएगी। रुपए के लिए ही अपने शरीर को बेचनेवाली एक वेश्या-पुत्री की रुपयों के लिए ही किसी की विश्वासिनी बनने की यह भावना स्वयं उसकी समझ के परे थी, फिर भी, उसकी तुलना उस बन्द अँधेरी घुटी-घुटी कोठरी से की जा सकती है, जिसके फाँफर से अचानक झिर-झिर हवा और रोशनी की कोई लकीर आ जाए।

ढेला ने कई दिन तक उसकी प्रतीक्षा की। रुपए का लिफाफा उसके दिल का बोझ बना हुआ था। और दस दिनों बाद करीब दो बजे रात को, जब तीन घंटे पहले ही धन्धा बन्द हो चुका था और वह सोने की कोशिश कर रही थी, बाहर दरवाजे पर धीरे-धीरे खट-खट हुआ। यह सोचकर कि कोई गाहक होगा, वह चुप लगाए रही। फिर वही खटखटाहट और धीमी पुकार 'ढेला'। वह पहचान गई और उठ खड़ी हुई। जब बहुत आहिस्ते से उसने दरवाजा खोला तो अँधेरे में दयाशंकर का टेढ़ा, रहस्यमय और किंचित सशंक चेहरा देखकर अचम्भे से स्तम्भित रह गई।

दयाशंकर ने बोलने का मौका दिए बगैर बहुत ही धीमी आवाज में कहा, ''लिफाफा दे दो।''

ढेला चुपचाप कमरे में आई और लौटकर उसके हाथ में लिफाफा बढ़ा दिया, जिसे लेकर वह घूमकर अँधेरे में गायब हो गया।

वह फिर एक पक्ष तक नहीं आया, लेकिन ढेला की उत्सुकता बनी रही। वह दयाशंकर के बारे में ही सोचती रही और उसका खयाल मशीनी जिन्दगी की ऊब की तरफ से उसका ध्यान हटाने में मददगार सिद्ध हो रहा था। कभी उसे दयाशंकर बड़ा घमंडी लगता, कभी रहस्यमय, कभी बातों, विचार और उमंग-उत्साह से खाली, खोखला और कभी हिम्मती तथा नेक।

और फिर कई दिनों बाद, करीब उसी समय, रात में वैसी ही मन्द खटखटाहट। जब उसने दरवाजा का फँफरा किया तो दयाशंकर ने उसी के बीच में हाथ डालकर दरवाजा खोल दिया और स्वयं कमरे के भीतर घुसकर कहा :

"मैं कुछ देर तक रुकूँगा, पुलिस मेरा पीछा कर रही थी, मैं उनको चकमा देकर यहाँ चला आया। न आता तो पकड़ा जाता। माफ करो, मैं तुम्हें...परेशान नहीं करूँगा..."

उसके मुँह से ताड़ी की गन्ध आ रही थी, जिसके अन्य नशों से पृथक मद्धिम खटमिट्ठापन को पहचानना ढेला पहले ही सीख गई थी। उसको यह भी आश्चर्य हुआ कि क्या पुलिस इसका हमेशा पीछा ही करती रहती है ? साथ ही, यह भी डर लगा कि कहीं अम्मा की नींद खुल न जाए। इशरतगंज में धन्धा अमूमन ग्यारह बजे बन्द हो जाता है, कोई खास दूधारू मेहमान हो तो बात दूसरी है। मगर इस तरह के उखड़े, मनबहके, सूखल-संठ आगन्तुक से अम्मा बहुत नाराज होती थी, जिसके विरुद्ध बार-बार ढेला को चेताया भी करती। मुश्किल तो यह है कि ढेला जैसी उदार और मरव्वती वेश्या-पुत्री, दयाशंकर को वहाँ से भगा भी नहीं सकती थी, जो पता नहीं क्यों किसी बड़े मकसद के लिए उस पर विश्वास करता था और विश्वास-रक्षा की उससे उम्मीद भी।

एक के बाद एक बने पृथक दो कमरे ढेला के लिए हैं। बाहर चबूतरे से घुसने पर जो कमरा पड़ता है, उसमें फर्श पर बड़ी दरी और सफेद जाजिम बिछी है, जहाँ खास शौकीनों का संगीत, नृत्य से स्वागत होता है। बादवाले कमरे में एक बड़ी मसहरी रखी है, जिस पर एक मोटा गद्दा, चादर और अमूमन एक बेडकवर बिछा होता है। ढेला बड़ी सफाई पसन्द है, कमरों में धूल और कोई गन्दगी देख नहीं सकती। धन्धे के समय बेडकवर जरूरी। उसके बाद उसे अगले दिन एक भूतपूर्व असफल और बेहद गरीब रंडी कमकरिन द्वारा छँटाई के लिए हटा दिया जाता, जो चौका-बर्तन, झाड़ू-पोंछा तथा अन्य प्रकार की सफाई-दफाई से लेकर दोनों जून नाश्ता-खाना तैयार करने के लिए कुल पन्द्रह रुपए लेती है। ढेला की माँ को यह फिजूलखर्ची पसन्द नहीं है, क्योंकि जहाँ दो चादरों से काम चल जाता था, अब चार अतिरिक्त बेडकवर और चार चादरें रखनी पड़ती हैं। कई तरह की साड़ियाँ, पेटीकोट, चोलियाँ, सलवार, कुर्तियाँ अलग। कभी-कभी वह मुनमुनाती है 'ऐसे फैशन से रंडी खानदान का दिवाला पिट जाएगा,' फिर भी, वह मन-ही-मन ढेला की तारीफ भी करती है कि सफाई-दफाई और फैशन से ऊँचा रेट रखने और अच्छे ग्राहकों को आकर्षित करने में काफी मदद मिल रही थी, जबकि अन्य घरों का रेट आठ आना से लेकर चार रुपए से अधिक नहीं बढ़ पाता। हाँ, वेश्या का व्यवसाय जवानी, खूबसूरती, ऊँचे रख-रखाव और व्यवहार-बात में फलता-फूलता है।

"यहाँ और कोई चारपाई नहीं है। तुम मसहरी पर सो जाओ, मैं नीचे जाजिम पर सो जाऊँगी।" ढेला ने दूसरी ओर मुँह करके कहा।

"तुम काहे को नीचे सोओगी ? मैं एक कोने में पड़ा रहूँगा...बस थोड़ी देर..."

दोनों मसहरी पर ही सोए, एमदम चित। अब वह छोटा-सा लैम्प बुझा दिया गया, जिसे बीच में ढेला ने जला दिया था। अँधेरे में चेहरों पर दो-चार मच्छर उड़ने लगे। दयाशंकर ने पाटी पकड़ ली थी, जबकि ढेला उससे किसी हरकत की उम्मीद कर रही थी। आँखें दोनों की ही मुँदीं। बाहर सड़क पर किसी के नंगे पैर धम-धम चलने की आवाज नदी-दिशा की ओर से आकर चौक की दिशा में निकल गई। फिर सन्नाटा छा गया।

दयाशंकर एक बार भी न हिला न कसमसाया। ढेला थकी थी, मगर उसे नींद नहीं आई। उसकी आँखों में कड़वाहट भर आई थी। सबसे तकलीफ उसे चित लेटने में हो रही थी, क्योंकि बाईं या दाईं करवट पैर मोड़ और हाथ आगे पंसारकर लेटने से उसे बड़ा आराम और सुख मिलता था। फिर भी, इस कष्ट-भरी स्थिति में वह दयाशंकर के बारे में ही सोचकर परेशान हो रही थी।

पहले तो उसके अन्दर दयाशंकर के प्रति एक व्यंग्य-भाव का उदय हुआ। बनते हैं क्रान्तिकारी और तमन्ना है किसी वेश्या के पास सोने की ? फिर इतना संकोच क्यों ? इतने बहाने क्यों ? यह भी तो नहीं कि पैसे की कोई कमी है। लेकिन जब वह उसकी उम्मीद के विपरीत चुप और स्थिर पड़ा रहा तो वह हैरत और उत्सुकता से भर उठी। ऐसा आदमी तो उसने आज तक देखा नहीं और वह उसके सम्बन्ध में सबकुछ जानने के लिए व्याकुल हो उठी।

तब उसका मन इस बात से परेशान हो उठा कि वह बेहद तकलीफ से पाटी से सटकर सिकुड़ा हुआ लेटा है। वह सदय हो उठी उसके प्रति और बुरे विचारों के लिए अपने को कोसने लगी। लेकिन समय बीत नहीं रहा था, नींद भी नहीं आ रही थी। वह इन्तजार करने लगी कि देखें क्या होता है, मगर एक-एक क्षण जैसे एक-एक युग हो। फिर एक बार ऐसी इच्छा हुई कि वह उसकी ओर करवट लेकर उसकी छाती पर अपनी बाँह पसार दे, देखें वह क्या करता है। लेकिन उसकी हिम्मत नहीं हुई। बेशक इसकी अधिकारिणी नहीं समझ सकी अपने को वह क्योंकि रुपए देकर उसकी देह को खरीदने का संकेत भी नहीं दिया था दयाशंकर ने और उसकी स्वयं की भावनाएँ माँ, खानदान और धन्धे पर कुर्बान थीं।

अचानक दयाशंकर की साँस भारी-भारी चलने लगी, जिसका संक्रमण तीव्रता से ढेला के अन्दर भी हुआ। वह उद्वेलित हो उठी और साँस को नियमित करने की उसकी कोशिश नितान्त असफल। फिर भी दोनों के शरीर अचल और स्थिर थे।

अचानक दयाशंकर उठा और धीरे-से बोला, "मैं जा रहा हूँ...।"

ढेला हड़बड़ाकर उठ खड़ी हुई। तब तक दयाशंकर कमरे के अन्धकार में ही निकास-द्वार के पास पहुँचकर खड़ा हो गया था। ढेला ने स्वयं उसके पास पहुँचकर तथा टकराहट से बचकर धीरे-से दरवाजा खोल दिया। वह सिर झुकाए बीच से निकल गया बिना कुछ बोले ही।

दरवाजा बन्द करके वह मसहरी के किनारे चुपचाप बैठ गई। ढेला को महसूस हुआ कि हर तरह की गन्ध से पृथक एक विशेष स्मृति—प्रिय, सुखद, मन्द-मन्द खट्टी-मीठी पुरुष की गन्ध कमरे में ठहरी हुई है। एक ऐसा अनुभव, जो उसक लिए सर्वथा नया है। वह उस ओर करवट लेकर, जिधर वह सोया था, लेट गई और बिस्तर में सिर गाड़कर काँप-काँपकर सुबकने लगी। लेकिन इसका कारण क्या था ? क्या वह अपमानित हुई थी या उपेक्षित ? अथवा किसी अन्य कारण से दुःखी ? अथवा यह प्रतिक्रिया प्राकृतिक थी, ऐसे हल्के भूकम्प की तरह, जो अन्दर की कोई परत खिसकने से घटित होता है और जिसे धरती का करवट बदलना कहते हैं।

शायद ढेला की जिन्दगी अनजान में ही एक नया करवट ले रही थी, जिसका ज्ञान उसे किंचित भी नहीं था। दूसरे दिन वह सामान्य थी, स्वस्थ थी, प्रसन्न थी। हँस रही थी, गुनगुना रही थी। उसका शरीर सदा की तरह धन्धा करने में लगा था। पैसे बरस रहे थे और उसकी माँ खुश थी। फिर भी इन अबाधित क्रिया-कलापों से एकदम अलग उसका मन प्रथम बार उलझ गया था, अल्हड़ युवती की हवा में लहराती साड़ी की तरह, जो गुलाब के काँटे में सहसा फँस गया हो।

मन उसका बार-बार उस काँटे से छूटने की कोशिश करने लगा, मगर उलझाव और भी बढ़ता गया। विस्तृत रेगिस्तानी ऊब और निराशा से भरी उसकी जिन्दगी में एक अनोखी नखलिस्तानी दिलचस्पी पैदा हो गई, जब उत्सुकता और उम्मीद से नित्य उसकी प्रतीक्षा करने लगी। ग्राहकों के बीच भी, वह सभी घृणित अहसासों से असम्पृक्त होकर कीचड़ में कमल की तरह उस दिन की स्मृति में खो जाती। और दूसरे समय भी, वह उसी के सम्बन्ध में सोच-सोचकर चकित होती रहती।

उसके दिमाग में अब अक्सर उसकी मृदु ध्वनियों की आहट आती मालूम होती और हृदय में एक मीठी टीस उठने लगती। और ऐसी ही व्याकुल प्रतीक्षा के डेढ़ महीने बाद वह एक रात उसी

तरह, उसी समय आया और उसी तरह सो गया। ढेला का दिल पहले से ही तेजी से धड़क रहा था और अब लगा कि उसकी धड़कन ही रुक जाएगी। वह उससे न कुछ बोल सकी और न ही कोई इशारा ही कर सकी, बल्कि आँखें बन्द करके चुपचाप पड़ी रही।

करीब आधा घंटा बाद दयाशंकर ने उसकी ओर करवट बदलकर अपनी दोनों बलिष्ठ बाँहों के घेरे के अन्दर खींचकर उसे अधिकारपूर्वक अपनी छाती से सटा लिया, जैसे यह भी कोई पार्टी-कार्य हो। ढेला के अन्दर हाहाकार करता हुआ ऐसा तूफान उठा कि कँपकँपी और रुलाई छूटने लगी। बड़ी मुश्किल से वह अपने को स्थिर कर सकी। फिर वह बेहद नरम हो गई शरीर और जान से रेशम की तरह। उसके अन्दर एक कुँवारी लड़की की प्रथम अनुभवों की ही तरह रंग-बिरंगी रोशनियाँ जलने लगीं—एक कली की तरह प्रस्फुटन की प्रक्रिया से गुजरनेवाले अछूते मन के अनुभव। उसकी छाती में मुँह गड़ाकर उसकी प्रिय गंध को साँस में भरते हुए वह उसकी बोली के कुछ शब्द सुनने के लिए व्याकुल हो उठी।

लेकिन दयाशंकर ने सहसा उसे मुक्त कर दिया और उठकर बोला, "जा रहा हूँ...।"

वह आकाश से जमीन पर गिरी। उसने गिड़गिड़ाकर अनुरोध करना चाहा। 'मत जाओ,' किन्तु उसकी जबान जैसे तालू से चिपक गई। उसने डगमगाते कदमों से जाकर दरवाजा खोला। दयाशंकर के चेहरे पर कोई भाव नहीं था। नहीं, बाहर के किंचित उजले अन्धकार में ढेला को लगा कि दयाशंकर के होंठों पर एक मुस्कुराहट उभर आई है। शायद विजय के सन्तोष की अथवा गर्व की ? अथवा परपीड़ा के आनन्द की ?

परन्तु उसके जाने के बाद ढेला अपने को बेहद आहत और अपमानित महसूस करने लगी। उस पर गुस्सा भी बहुत आया ढेला को जैसे, जो अधिकार उसे आज तक नहीं मिला, उसे स्वयं दयाशंकर दे गया हो। या एक अनोखे, सुखद एवं सर्वथा नूतन रासायनिक प्रक्रिया से रूपान्तरित होकर उसने स्वयं उसे प्राप्त करने का अधिकार हासिल कर लिया हो।

फिर भी, दयाशंकर के गले से लगकर वह खुश थी। खुशी से उसका रोम-रोम चैतन्य हो गया था पानी में नहाई गौरैया की तरह। प्राप्त और अप्राप्त के बीच में अवस्थित इस तरह की अकल्पनीय खुशी आज तक अनगिनत पुरुषों में से कोई भी उसे नहीं दे सका। यह खुशी वास्तविकता से युक्त सपना थी अथवा अनजान रंगीन सपनों से भरी वास्तविकता ? फिर भी इस खुशी ने फौरन अहसास करा दिया कि उसका एक प्रिय है, जो उससे दूर चला गया है। अचानक वियोग की खुशी से भरकर वह बिस्तर पर छटपटाकर बिलखने लगी।

उसे उम्मीद थी कि वह आएगा। और आया भी वह उसी वक्त। उत्तेजित, स्पन्दनमय प्रसन्नता में उसने छोटा-सा लैम्प जलाया उसका चेहरा देखने के लिए। वह गम्भीर था। उसने सोचा था कि जब वह मुस्कुराएगा तो अपने पास उसे खींच लेगी। परन्तु उसके पहले ही वह अपनी पाटी पर लेटकर आँखें बन्द कर चुका था। ढेला गुस्से और किंचित अभिमान से लैम्प बुझाकर लेट गई।

उसके शरीर से आज भी ताड़ी-मिली एक हल्की, मीठी खुशबू आ रही थी जिसे नाक से भरकर वह उस दिन के प्रथम अनुभव का स्मरण करके व्याकुल हो उठी। उसे कँपकँपी छूटने लगी, जिसे रोकने के लिए उसने अपने दाँतों पर दाँत बैठा दिया। ऐसी हालत में भी वह एक उच्च स्वाभिमान से भरी थी और कोई ऐसी हरकत नहीं करना चाहती थी, जिससे दयाशंकर की नजर में हल्की और ओछी हो जाए।

सहसा चित अवस्था में ही दयाशंकर पाटी की ओर से उसकी ओर खिसक गया। कुछ देर चुप रहकर, बहुत धीमे स्वर में उसके कान के पास अटक-अटककर बोला वह :

"मैं तुमसे कुछ कहना चाहता हूँ। बहुत-सी बातें, पता नहीं क्या-क्या। लेकिन तुम्हारे पास आकर मेरा कंठ अवरुद्ध हो जाता है। देश की आजादी के लिए संघर्ष करनेवाली एक क्रान्तिकारी पार्टी

का एक अदना सदस्य हूँ मैं और उस आजादी के लिए मैं भी अपनी जान कुर्बान करने की तमन्ना रखता हूँ। तुम्हारे बारे में सुना था, तुमको एक बार दूर से देखा था, लेकिन उस सुबह अपने दोस्तों के साथ तुम्हारे कमरे में जाकर मैं चकित रह गया—क्यों, यह नहीं जानता। बाहर जाकर एक ख्याल आया कि तुम भी पार्टी की एक वीर सिपाही बन सकती हो। तुम जिस जिन्दगी में हो, इसके लिए तुम जिम्मेदार नहीं हो। तुम निर्दोष हो। समाज की यह व्यवस्था है, जो जिम्मेदार है। हम लोग देश को आजाद करके अपने यहाँ ऐसा समाज बनाना चाहते हैं, जिसमें सभी को बराबर समझा जाए, गरीब-अमीर का भेद मिटे, स्त्रियों की इज्जत हो। ऐसे ही खयाल मेरे दिमाग में आ रहे थे। यह कोई पार्टी का निर्देश नहीं था, मैं खुद अपने एक धनी दोस्त से दो सौ रुपए लेकर तुम्हें दे आया था, यह देखने के लिए कि तुम पर विश्वास किया जा सकता है या नहीं। और जब तुमसे दो सौ रुपए वापस मिल गए तो मेरी खुशी का ठिकाना नहीं रहा। मैंने निश्चय किया कि तुम्हें इस जिन्दगी से निकालकर ले जाऊँगा आजादी की लड़ाई में, क्योंकि तुम्हारा दिल साफ है, तुम्हारे अन्दर मजबूती है...''

अचानक चुप होकर उसने तिरछी दृष्टि से ढेला की तरफ देखा। दोनों चित लेटे थे। और उसका थोड़ा-सा घूमा हुआ मुँह उसके कान के पास फुसफुसा रहा था। कभी-कभी मुँह अधिक घूम जाता तो उसकी साँस ढेला के गाल का स्पर्श कर उठती। फिर भी अन्दर लघु कम्पनों और सिसकियों से भरी ढेला सीधी लेटी थी। आँखें बन्द। शरीर में कोई हरकत नहीं। उसका मन अवश्य किसी अन्तःसलिला की तरह अज्ञात, अनोखे और अछूते अनुभवों से आलोड़ित था, जो बाजारूपन के जुगुप्सा-भरे खोखलेपन से अलग और उससे ऊपर उठकर पुष्पित होती एक स्वतन्त्र, स्वाभिमानी, मृदुल एवं उर्वर नारी के निजी अहसास थे।

''नींद आ रही है ?''

ढेला ने आँखें मूँदे ही नकार में सिर्फ सिर हिलाया।

''सुन रही हो ?''

ढेला ने सिर के स्वीकारात्मक संचालन से ही उत्तर दिया।

''उस दिन मैंने यह भी सोचा कि क्यों न तुम्हारी और साथ ही अपनी दृढ़ता की परीक्षा ली जाए। हम पहले भी अपनी शारीरिक मजबूती के लिए कई तरह की परीक्षाओं से गुजरे हैं। जैसे एक-दूसरे की बेंत से अन्धाधुन्ध पिटाई करना। पकड़ने जाने पर पुलिस कई तरह के कष्ट देती है, उनके लिए अपने को तैयार करना। सहनशीलता, संयम और परहेज के हमने अनेक प्रयोग किए हैं। परन्तु यह विचार नया था कि एक स्त्री के पास सोकर अपने संयम को डिगने न दिया जाए। सिर्फ इसी भावना से मैं तुम्हारे पास आया था। इस प्रयोग से हम दोनों की मजबूती का सबूत मिल गया है। आज भी इसी भावना से आया हूँ। तुम खरा सोना साबित हुई और पार्टी के लिए मैं तुम्हारा सहयोग लेना चाहता हूँ। अब भी समय है, अगर मेरी बातें तुम्हें उचित न लगें तो तुम साफ-साफ इन्कार कर सकती हो, अपने विचार बता सकती हो...''

उसका गला भर्रा गया और वह आगे बोल न सका। अब ढेला के शरीर में हरकत हुई। वह विपरीत दिशा में करवट बदलकर सिसकने लगी। दयाशंकर हतप्रभ हो गया। वह एक निश्चित उद्देश्य से और प्रयोग की ही निश्चित सीमा में सम्भाषण कर रहा था इस उम्मीद में कि आदर्शयुक्त उद्घोषणा और क्रान्तिकारी विचार तथा उद्बोधन का ढेला पर अनुकूल असर होगा और वह सहर्ष उसका साथ देने को तैयार हो जाएगी। लेकिन इस नई परिस्थिति में प्रयोग-सीमा का अदृश्य अर्मूत धागा खिंचकर कब टूट गया और क्यों, यह ज्ञात ही नहीं हो सका। फिर भी, प्रयोग अभियान के ही भ्रम या आत्म-छलावे में, उसने अथाह कोमलता से, जिसकी उसे आदत नहीं थी, उसकी बाँह पर हाथ रखकर उसे अपनी तरफ खींचा। ढेला ने अपने शरीर के संचालन से उसका हाथ झटक

दिया। दुबारा करने पर भी ऐसी प्रतिक्रिया हुई। तब उसने अपने को अलग करके कंपित रुँधे स्वर में कहा, "मैं जा रहा हूँ।"

दयाशंकर का विश्वास था कि यह प्रयोग ही है, लेकिन उसकी बात पर ढेला ने करवट बदलकर आँसुओं से भीगा अपना मुँह उसकी दिशा में कर दिया। और उसकी आस्तीन पकड़कर उसे अपनी ओर खींचा। दयाशंकर अचल रहा, जैसे अभिमान में हो अथवा उस जैसे व्यक्ति को डिगाना संभव नहीं। इस बार ढेला ने आस्तीन जोर से खींचा। दयाशंकर को सहसा महसूस हुआ कि धागा टूट चुका है और अब कुछ भी नहीं किया जा सकता।

वह उसकी तरफ मुड़ा और एक मूर्ख मुस्कुराहट के साथ उसे अपनी तरफ खींच लिया। ढेला उससे चिपककर उसके होंठों के पास रो-रोकर अस्फुट कुछ बोलने लगी। वह ऐसे दुःख-दर्द, खुशी, गर्व, स्वाभिमान, तृप्ति और पूर्णता की भावनाओं से भरने लगी, जिसकी उसने स्वप्न में भी कल्पना न की थी, जो नारी के लिए अपने प्रिय पुरुष से मिलने पर ही संभव है।

ढेला का मन धुनी हुई रुई की तरह बेहद हल्का और नरम हो गया। वह खुशी से, कृतज्ञता से मुस्कुरा रही थी, जिसका उसे पता भी नहीं था। उसे यह भी ज्ञात नहीं था कि वह दयाशंकर की बटनों, कपोलों, नाक और होंठों से खेल रही है। और बीच-बीच में प्यार और ममता से भरकर होंठों की कोमल पंखुरियों से उसकी बाँह और उंगुलियों का बार-बार स्पर्श कर रही है।

दयाशंकर निश्चल था, चित। उसके शरीर में कोई हरकत नहीं थी। वह अचानक उठ बैठा, मगर बोला कुछ भी नहीं।

"क्या हुआ ? थोड़ा रुक जाओ।"

"नहीं..." आवाज़ में अनजानापन।

"अच्छा रुको, मैं लैम्प जलाती हूँ..."

वह अब रोशनी में उसका चेहरा देखना चाहती थी, किन्तु उसका चेहरा एक पराजित योद्धा की तरह टेढ़ा, खिन्न, तेजहीन, रिक्त और प्रच्छन्न रोष से भरा था।

"क्या हुआ ?" ढेला ने प्यार से उसके बालों को सहलाकर कहा।

वह उसको अप्रिय नजरों से घूरकर अत्यधिक कटुता से होंठों का संचालन करते हुए बोला :

"तुमने धोखा दिया है। तुमने मेरी अटल प्रतिज्ञा, मेरा संकल्प तोड़वा दिया। मैंने सोचा था कि तुम ऊँचा उठोगी, कुछ बनोगी, मगर तुमने मुझे किसी लायक न छोड़ा। तुम जो थी वह तो थी ही, साथ में तुमने मुझे भी गिरा दिया। तुमसे ऐसी उम्मीद नहीं थी, जबकि ऐसी उम्मीद तुमसे करनी चाहिए थी मुझे। अफसोस है, मेरे पास एक कौड़ी भी नहीं तुम्हें देने के लिए।"

वह उठ खड़ा हुआ। ढेला का चमकता खुश चेहरा अचानक फक पड़ गया। उसके सामने अँधेरा छा गया। उसकी आँखों में धरती और आसमान काँपने लगे। उसने अपने को स्थिर करने के लिए मसहरी का सिरहाना पकड़ लिया।

कुछ देर बाद वह स्थिर हुई तो उसका चेहरा काठ की तरह दिखाई देने लगा। उसने शान्त स्वर में कहा :

"परेशानी की कोई बात नहीं। जब तुम्हारे पास हो, पैसे किसी से भेजवा देना या दे जाना।"

उसने आगे बढ़कर दरवाजा खोल दिया। दयाशंकर कुछ नहीं बोला और चुपचाप बाहर निकल गया।

6

दयाशंकर उस दिन के बाद नहीं आया। उसने पैसे भी नहीं भेजवाए, जो ढेला को कभी-कभी आशा का सन्देश जैसा प्रतीत होता। फिर भी, वह अनुभव से समझ चुकी थी कि जीवन का ज्वार, खुशी और सच्चाइयाँ उसके लिए नहीं हैं, जिनकी ओर अपने से ही ऊबकर बढ़ी, किन्तु बाद में निर्ममतापूर्वक अपनी पुरानी हैसियत तक लौटा दी गई। कभी-कभी उसका हृदय दयाशंकर के लिए क्रोध और घृणा से भर उठता। वह प्रतिशोध के लिए मचल उठती। लेकिन यह सब धुआँ ही साबित होता, जिसको हवा तेजी से उड़ा ले जाती है। तब उसे बाँह का तकिया याद आ जाता और उसके शरीर की खुशबू, सक्रिय कोमलता, आत्मीयता और मृदुता भी, जिन्हें झुठलाकर वह चला गया और जो उसका एकमात्र सत्य और उपलब्धि है। वह डर जाती और इस प्रिय स्मृति की अपनी ही दुर्भावनाओं से रक्षा करने के लिए आतुर हो जाती, जो एक अंकुरित कोमल पौधा था, जिसको सबकी नजरों से ही वह दूर रखना भी चाहती थी। कुछ ही दिनों में वह जो दे गया वह उसकी जिन्दगी में मृदु पीड़ा का सम्बल बनकर फैल गया।

उसका व्यापार पूर्ववत चलता रहा। शहर के सभी रईस जैसे उस पर कुर्बान थे। धन बरस रहा था और उसकी अम्मा प्रसन्न। वेश्या समाज में श्यामदासी की हैसियत अच्छी होती जा रही थी, जिसकी वजह से अहंकार और घमंड से चूर होकर वह हर वेश्या की उपेक्षा करने लगी, और आसानी से दूसरों की ईर्ष्या और कटुता का लक्ष्य बन गई।

लगभग डेढ़ वर्ष बाद ही उसके यहाँ गोबर्धन का आना-जाना शुरू हुआ, जो एक तिकड़मी मुनीम द्वारा अपने बीमार सेठ के पुत्र को बुरे पथ पर डालने के कुचक्र का परिणाम था। ढेला ने एक प्रशिक्षित, अभ्यस्त प्रदर्शन तथा बनावटीपन से उसे चालू करना शुरू किया, लेकिन वह कुछ ही दिनों में जुनून की हद तक उसे प्यार करने लगा। वह शराब पीकर आता जिसकी लत मुनीम द्वारा ही लगवाई गई थी, और वह खाद्य उपहार के तौर पर कलिया-पराठा, अथवा रबड़ी या भारत भंडार की शुद्ध घी की मिठाइयाँ ले आता। ढेला के पास किसी के लिए इतनी फुरसत नहीं थी, फिर भी गोबर्धन के साथ थोड़ा-बहुत मरव्वत इसलिए करती कि वह एक कमसिन, हमउम्र, अनुभवहीन, ताजा और भावुक नौजवान था और कुछ समय पहले ही दयाशंकर के साथ ही राजनीतिक कारणों से गिरफ्तार हुआ था। एक दिन समय मिलने पर जब उसने अपनी छोटी-सी जिन्दगी और कुछ दोस्तों के किस्से बताए तो ढेला को दयाशंकर की पीड़ा-भरी याद आई—और इसी वजह से उसमें गोबर्धन के प्रति एक अनजान-सी सहानुभूति उत्पन्न हो गई।

दिन में तीन-साढ़े तीन बजे से ग्राहकों का आगमन शुरू हो जाता, जिनका प्रवेश उस छोटे-से चबूतरे के आगे गली में दूसरे दरवाजे से एक बड़े कमरे में होता, जिससे निकलने पर एक गलियारा ढेला के कमरों तक ले जाता। लगता, शादी-ब्याह अथवा छठी-बरही के किसी समारोह अथवा किसी त्योहार के शुभ अवसर पर रिश्तेदार या अतिथिगण आ-जा रहे हों। अथवा राष्ट्रीय ख्याति के किसी नेता के दरबार में अपने-अपने खास काम के लिए शहर के लोग इकट्ठे हो रहे हों।

उस कमरे में एक बड़ा तख्त और कई बेंचें रखी थीं दरी और सफेद चादर से सज्जित। कुछ लोग यदि एक साथ आ जाते तो कमरे में बैठकर अपने नम्बर का इन्तजार करते, जिनमें कई एक-दूसरे से परिचित भी होते, परन्तु वे किसी की ओर देखते नहीं बल्कि एक छूछी-सी तुच्छ मुस्कुराहट के साथ नीचे फर्श को निहारते रहते। ऐसे असाधारण अवसर पर श्यामदासी भी स्वयं इस उम्र में बेहद बन-ठनकर और जवान वेश्याओं की तरह बनावटी नखरे करके अथवा बगल से किसी बेचल्लू वेश्या को पच्चीस प्रतिशत कमीशन पर बुला लेती और कई बूढ़े खब्बीस और चिरकुट ग्राहकों को निबटा कर चालू कर देती, जिन्हें सिर्फ एक औरत चाहिए, चाहे वह कोई हो। ऐसे वक्त

वह अवश्य सोचती कि यदि बाजार से दो और जवान पट्ठी औरतें सस्ते दाम पर मिल जाएँ तो ढेला और खुद उस पर पड़ा बोझ कम हो जाए और कारोबार में तरक्की हो।

शाम के शुरू के खेपों में अनेक सामान्य वकील, मुख्तार, मुहर्रिर, अहलमद, पेशकार, नकलनवीस आदि होते, जो दिन-भर झूठ और तिकड़म से रुपए बटोरते, मुवक्किलों के सहारे पूड़ी, लड्डू और समोसे उदरस्थ करते और कचहरी छूटते ही जल्दी-जल्दी मुड़ियाते हुए सिर नीचा करके इशरतगंज की तरफ कदम बढ़ा देते। और शाम की अन्तिम किस्तों में रईसी के मारे, बुढ़ाते शौकीन और अन्य सम्पन्न लोग तथा दुकानबन्दी के बाद लाभांश में से एक छोटा निजी अंश जेब में डालकर आराम, सुकून और ताजगी की खोज में कई सेठ-साहूकार और मुनीम आदि।

गोबर्धन अमूमन इस भीड़ में फँस जाता। वह किसी बेंच पर सिर झुकाकर बैठ जाता और कई परिचित, बुजुर्ग की नीची आँखें उसे, बिना किसी अधिकार के, अचम्भे और नाराजी से देखने लगतीं। जब ढेला को मालूम होता, उसे पहले ही बुला लेती। एक दिन ढेला ने अप्रत्याशित रूप से उसके बालों को सहलाते हुए पूछा :

"तुम रोज-रोज क्यों आते हो ? दो या तीन दिन बाद आया करो।"

गोबर्धन उसके दाहिने हाथ को अपने हृदय पर रखकर अत्यधिक उच्छ्वसित होकर बोला, "मैं जानता हूँ मेरा मुनीम मुझे कीचड़ में ढकेलने के लिए ले आया था, मगर यहाँ आकर मैं जी गया। मुझे ऐसा हीरा मिला, जिसकी कल्पना नहीं की थी मैंने। जिस नीयत से दूसरे लोग आते हैं यहाँ, मैं नहीं आता। मैं कैसे बताऊँ, तुम्हारी आँखें, तुम्हारी बातें मेरी आत्मा की गहराइयों को छू लेती हैं। हाँ, मुझे तुम्हारा शरीर बेहद प्रिय है, लेकिन सिर्फ शरीर ही नहीं बल्कि तुम्हारी सच्चाई, तुम्हारी निश्छलता, तुम्हारी आत्मा। पूरी-की-पूरी तुम जैसी हो, जिसको मैं जितना जानता हूँ उसी का बार-बार अनुभव करने के लिए मैं आता हूँ..."

ढेला के मुख पर एक अस्पष्ट-सी मुस्कुराहट उभर आई थी। उसने अपने हाथ को उसकी छाती पर रहने दिया, जिसके स्पर्श-बिन्दु पर वह उसकी तेज धड़कनों को महसूस कर रही थी। शरीर तो उसका बहाना मात्र था, वस्तुतः वह भावनाओं का पुंज था, जैसे उसके बाहर और भीतर के बीच किसी झूठ और कृत्रिमता का अस्तित्व न हो। सच्चाई का कोई परिष्कृत, सोंधा हुआ और फैशनेबुल रूप हो सकता है क्या ? प्यार की भावनाओं के दबाव में उसके पूरे शरीर में ही सक्रिय बदलाव आ जाता। उसके नथुने फूल-फूल जाते। होंठ गोले-गोले खूबसूरत आकार ग्रहण कर लेते, सारा शरीर जैसे उच्छ्वासों से भर जाता और बोली में तुतलाहट भी आ जाती। पहले ढेला उसको इस रूप में देखकर हास्यास्पदता की दिलचस्पी और मनोरंजन से खिलखिलाने लगती, परन्तु अब वही चीजें उसके अन्तर को हिला रही हैं। उसे लगा कि यह तो मनुष्य की निर्मल शिशु सच्चाइयाँ हैं, जिनके लिए व्याकुल होकर वह दयाशंकर के पास जाकर असफल लौटी थी और जो गोबर्धन के पास विपुल मात्रा में पड़ी हुई हैं।

"गोबर्धन, तुम यहाँ इस समय नहीं, डेढ़ बजे दिन में आया करो। मैं खा-पीकर आराम करती हूँ। तीन बजे तक खाली रहती हूँ, तब खूब बातें करेंगे।"

ढेला ने उसके गाल को थपथपा दिया, जैसे कोई बच्चा हो। गोबर्धन की आँखें प्यार की ज्योति से दपदपा गईं। उसने कुछ क्षणों तक उसे देखा—फिर सिर झुकाकर चला गया। ढेला ने पहली बार उससे ऐसा व्यवहार किया, कोई जान-बूझकर नहीं बल्कि अवश होकर। और उसके जाने के बाद वह स्वयं अपने कृत्य पर आश्चर्य करने लगी, जो उसके लिए असाधारण था, क्योंकि बनावटी प्यार के प्रदर्शन की जरूरत के समय भी वह अपने किसी भी ग्राहक के प्रति इस तरह का आचरण नहीं करती। केवल दयाशंकर के प्रति ही दिल से विवश होकर स्नेह एवं आत्मीयता से प्रस्तुत हुई।

अचानक वह दयाशंकर और गोबर्धन की परस्पर तुलना करने लगी। दयाशंकर पहुँच और समय

के परे था। वह उसके लिए एक रहस्यमय पहाड़ की तरह था, जिसके आकस्मिक विजय अभियान में शिखर तक पहुँचकर वह नीचे गिर पड़ी। यही अज्ञेय ऊँचाई उसकी शक्ति थी, जिससे आकर्षित होकर उस ऊँचाई तक पहुँचने की कल्पना करने लगी। और उसकी कमजोरी ? उसका मन पीड़ा से कराह उठा। पहली बार उसे महसूस हुआ कि उसकी दुर्बलता, उसका कोई अहंकार और उससे ही उत्पन्न कोई विभ्रम था, अन्यथा वह उस रात अपने प्यार और आत्मीयता का सघन सुख कैसे दे सका ? उसका चेहरा रुदन की टेढ़ी-मेढ़ी लकीरों से भर गया और वह नियति की क्रूरता से आहत होकर सिर धुनने लगी।

परन्तु गोबर्धन उसे सहज उपलब्ध था। उसका हृदय और अन्तर्मन भी उसके सामने खुला था। वह स्वयं उसके प्रति समर्पित था, उसके वश में था, जिसे वह उलट-पुलट सकती थी, प्यार कर सकती थी और तिरस्कृत भी। उसमें कोई अलंघ्य अज्ञेयता और रहस्यमयता नहीं थी, जो शक्ति का आधार-स्तम्भ समझी जाती है। उसके सामने उसका कोई स्वाभिमान भी नहीं था। वह उसके पास आते और जाते समय एक समान सहज ढंग से मुस्कुराता रहता, जैसे कोई गुलाम हो। उसके पास जो कुछ भी था, उनका दुर्बलताओं में शुमार होता है, फिर उसकी शक्ति क्या है ? सोचते-सोचते ढेला का माथा चकराने लगा, क्योंकि कमजोर व्यक्ति तो काम निकलने के बाद खिन्न, पश्चातापी, रुष्ट और निर्मम होकर दूसरी ओर मुँह कर लेता है !

और तभी एक नामुमकिन खयाल से उसका मन अपूर्व दीप्ति से भर उठा। हाँ, गोबर्धन की शक्ति तो उसका प्यार ही है, सहज प्यार, सच्चा प्यार, जिसे किसी प्रदर्शन मुकुट, बनावटी कलंगी, वक्तव्य और शपथों की जरूरत नहीं होती, जो कभी-कभी दुनिया में ढूँढ़ने पर भी उपलब्ध नहीं होता और फिर भी अपने सहज प्रवाह में बेसहारे मन को जोड़ता है, उसे अदृश्य सम्बल देता है। इस तरह के अहसास से वह अभिभूत हो गई। इसी प्यार और इसी सच्चाई के लिए तो वह न मालूम कब से व्याकुल है, जो ऊँचा होने पर भी लंघ्य है, दूर होने पर भी पहुँच में है, जटिल-कठिन होने पर भी समझ की सीमा में है। वह उस प्यार के प्रतिदान के लिए बेचैन हो उठी।

लेकिन दयाशंकर को अपने मन से हटा नहीं सकी। वह पहला व्यक्ति है, जिसने उसमें सामान्य स्त्री होने की उम्मीद जगाई, सच्चे प्यार का अहसास कराया, उसका सुख दिया। वह प्यार एक न खत्म होनेवाली हसरत बनकर उसके अन्दर आज भी विद्यमान है। कैसे भूल सकती है वे क्षण ? वह प्यार ही सबकुछ है, उसकी याद ही सबकुछ है, दुनिया में और सब बेमानी है।

और जब गोबर्धन की याद उस पर हावी होती तो दयाशंकर उसे अहंकारी, निर्मम, उखड़ू, तुच्छ और पाखंडी लगता है, जिसके मुकाबले गोबर्धन बहुत प्यारा, एकदम अपना, नित्य ताजा और नवीन, जीवन्त तथा प्रवहमान, जिसका स्रोत कभी सूखता नहीं, जो खुशी-खुशी दे रहा था और दिए जा रहा था।

ढेला शीघ्र ही एक भँवर में फँस गई, जिसमें कभी वह दयाशंकर की ओर जाती और कभी गोबर्धन की ओर। कभी दयाशंकर उसको यादों की बाँहों में जकड़ लेता और कभी गोबर्धन अपने प्यार की वास्तविकता के सुख से सराबोर करता। उसकी हालत उस बच्चे की तरह हो गई, जो कुछ दूरी पर खड़े खम्भों को दौड़-दौड़कर छूने की, किसी खेल प्रतियोगिता को जीतने की कोशिश कर रहा हो।

गोबर्धन अब रोज डेढ़ बजे आने लगा, जब ढेला सज-सजाकर उसकी प्रतीक्षा कर रही होती। उसकी अम्मा के कान खड़े हो गए थे। ढेला के लक्षण उसे अच्छे नहीं लग रहे थे। उसने कई बार मना किया, मगर ढेला बेहद नाराज हो जाती। एक बार उसने कह दिया, "तुम्हें सब पैसे मिल ही जाते हैं, फिर बीच में क्यों टिन-फिन किए रहती हो। मैं तुम्हारी गुलाम नहीं हूँ। मेरा भी शरीर है। मन है। पूरा हिसाब करके देख लो, पैसे कम लगे तो बोलो।"

श्यामदासी सिटपिटा गई। सचमुच डेढ़ बजे से तीन बजे तक उसका समय था। वह गोबर्धन

के प्यार की गहराई में उतरती गई। उनके बीच ऐसी कोई चीज न रही, जो गोपनीय हो। शरीर सुख से भी आगे वे निकल गए थे, जैसे उनकी आत्माएँ एक-दूसरे का स्पर्श करने लगी थीं। जन्म-जन्म की प्यासी वह एक गहरे कुएँ के शीतल और मीठे अक्षय जल-भंडार से छक-छककर अपनी प्यास बुझाने की कोशिश कर रही थी, जो प्यास और भी बढ़ा देती। वह एक सहज, सच्चे पुरुष के साथ, जो गहकी से अधिक उसका मित्र और प्रेमी था, और उसका अपना पुरुष होने का अधिकारी भी, स्त्री और सिर्फ स्त्री होने की गरिमा के सच्चे अहसासों से गुजर रही थी, जिसे दयाशंकर ने धूल-धूसरित कर दिया था।

वे मिलते। ढेला पहले नाराजगी से बोलती, ''देर से क्यों आए ?'' अथवा कोई और बहाना। फिर बिना किसी बात पर उसे स्नेह से देखकर हँसने लगती। उसकी आँखों की चमक में तेज धार थी। वे जल्दी कोई और बात करने लगते और लूडो या ताश अथवा कैरम खेलने बैठ जाते। कभी-कभी बारी-बारी से तीनों ही खेल खेलते। वे एक-दूसरे पर झूठ-मूठ ही बेईमानी के आरोप लगाकर आपस में झगड़ने लगते। ढेला जल्दी ही थक या ऊबकर हाथ से ही खेल बिखराकर उसकी गोद में लेट जाती और अपनी बाँहें ऊपर करके और पीछे की ओर मोड़कर उसके मुँह को अपने मुँह पर झुका लेती। वो कुछ देर तक उसी अवस्था में चुप-चुप उच्छ्वासों की टकराहट में एक-दूसरे को महसूस करते। वे अकथनीय भावना में मूर्छित होकर आँखें मूँद लेते। गोबर्धन अपने कानों में मँजीरे की हल्की, मीठी, टुनटुन की तरह उसकी दिल की धड़कनें सुनकर उसकी, एक औरत की, जो धरती की तरह ही एक औरत थी, आत्मा की सच्चाइयों का अनुभव करने लगता जो पुरुष की शक्ति-प्रेरणा और अमोल निधि है।

ढेला गोबर्धन की छाती पर उसकी धड़कनों से प्रतियोगिता करने लगती। उसे यह जानकर अचम्भा हुआ कि दोनों की धड़कनों के समय और तेजी में कोई फर्क नहीं है। वे एक ही साथ बजकर एकाकार हो गए थे। वह गोबर्धनमय हो जाती और धीरे से उसके कानों में कहती, ''तुम बेवकूफ हो।'' गोबर्धन उसके हाथ को अपनी मुँदी आँखों पर रखकर अपने प्यार-लिपटे मोटे-मोटे होंठों के बीच से बोलता, ''तुम 'तुम' हो।''

''यह कैसे ? मैं अपनी माँ की हूँ, इस शहर के मर्दों की हूँ, उनके पैसों की हूँ, अपने पेशे की हूँ, अपने और अपने खानदान के पेट की हूँ।'' ढेला शरारत से हँस रही थी।

गोबर्धन ने कोई जवाब नहीं दिया।

''चुप क्यों हो गए ? जवाब देना पड़ेगा।''

गोबर्धन कुछ सोचकर कंपित स्वर में बोला, ''तुम सिर्फ 'तुम' हो और मैं सिर्फ 'मैं'। तुम स्त्री हो, अपने होने की गरिमा से भरी। तुम स्वयं मूर्तिमान गरिमा हो। पाप-पुण्य की संकुचित परिभाषा से परे, तुम संवेदना, प्यार और शक्ति का स्रोत हो। मैं पुरुष हूँ, लम्बे और शक्तिशाली शरीर के बावजूद स्वयं में दुर्बल और चंचल हूँ। निर्मम हूँ, क्रूर हूँ। मेरे अन्दर न कोई प्रकाश है और न ही मेरा कोई प्रयोजन। मैं अधूरा हूँ और भटक रहा हूँ। मेरा कोई उद्देश्य नहीं है और न ही लक्ष्य। यह सब प्राप्त करने मैं तुम्हारे पास आया हूँ, जो तुम्हारे पास ही है, मेरे पास नहीं। बस, इसके आगे मुझे नहीं मालूम और तुम भी आगे न पूछो।''

इतना-सा कहने में ही वह हाँफ गया था। लेकिन ढेला पर इसकी दूसरी ही प्रतिक्रिया हुई। उसने गोबर्धन को अपने हाथों पर से परे ठेलकर उठा दिया और स्वयं उठकर दोनों टाँगें फैलाए और अपने हाथों को जमीन पर टिकाए स्थिर दृष्टि से उसके चेहरे को देखने लगी। उसकी आँखों में स्नेह, क्षोभ, नाराजगी कुछ भी नहीं था, बल्कि वे स्वयं कुछ सोचती और खोजती हुई नजर आईं। फिर, वह धीमे किन्तु दृढ़ स्वर में बोली :

''गोबर्धन, मुझसे ऐसी बोली न बोलो। तुम्हारी ये बातें तुम्हारे लायक नहीं हैं। मैं खुद उनके

लायक नहीं हूँ। नहीं, नहीं, गोबर्धन, मैं वह नहीं हूँ जो तुम कह रहे हो...'' वह रो पड़ी।

गोबर्धन अवाक होकर उसे देखने लगा। वह सरककर उसके पास पहुँच गया और अँकवार में उसे लेकर चुपकारते हुए बोला, ''इस तरह न रोओ। मैंने तुम्हारे दिल दुखाने के लिए कुछ भी नहीं कहा। इनमें कुछ भी बनावटी नहीं है। मेरी सच्ची भावनाएँ हैं। मैं तुम्हारे बारे में दिन-रात सोचता हूँ। फिर भी, तुम एक अर्थ में सही हो। बड़ी-बड़ी बातें, बड़े-बड़े सिद्धान्त सिर्फ व्यवहार से ही सार्थक और सहज हो सकते हैं, जिसके बिना जीवन से ही रस खींचकर गढ़े हुए सिद्धान्त, जीवन से अलग होकर बौने और नाकाम हो जाते हैं। तुम्हारे बारे में सोचकर ऐसी बड़ी-बड़ी बातें कर सका हूँ, फिर भी मैं महसूस कर रहा हूँ कि ये बात कहकर मैं तुमसे अलग हो गया, तुमसे ऊँचा होने के ढोंग का शिकार होकर। नहीं ढेला रानी लवंगलता, तुम उन बातों को भूल जाओ। मैं तुमसे किसी भी अर्थ में अलग नहीं हूँ, अलग नहीं रहना चाहता। तुम जो हो, उसी रूप में मुझे बहुत प्रिय हो।'' वह झुककर ढेला के बालों, खारे आँसुओं से भरे उसके कपोलों और होंठों तथा उसके हाथ की उँगलियों को बार-बार चूमने लगा।

वे फिर आपस में सहज हो गए अपनी कई मूर्ख हरकतों के साथ। वे अब पंजे लड़ाते, माथा से माथा सटाकर जोर आजमाइश करते, पीठ से पीठ सटाकर एक-दूसरे को विस्थापित करने की कोशिश करते। ग्रैविटी काटने का मजाक भी दोनों के बीच चल निकला। एक दिन गोबर्धन ने कहा :

''आज मैं तुम्हारे सभी ग्राहकों के नीचे से ग्रैविटी काट दूँगा। वे सभी आकाश में उड़ने लगेंगे, बड़ा मजा आएगा।''

बेतहाशा हँसने लगे वे। फिर ढोला बनावटी गम्भीरता से बोली, ''साथ में क्या तुम नहीं उड़ोगे ?''

''हाँ, यह तो खयाल आया ही नहीं। लेकिन परेशानी की कोई बात नहीं, मैं तुमसे सिफारिश करूँगा, रोऊँगा, गिड़गिड़ाऊँगा।''

''ठीक है, मैं तुम्हारी सिफारिश से पिघल जाऊँगी और तुम्हार ग्रैविटी जोड़कर तुम्हें वापस बुला लूँगी।''

इन मजाकों पर वे बहुत खुश होते और चहकते। कभी गोबर्धन उसे प्राचीन लोककथाएँ सुनाता—राजकुमारों और राजकुमारियों की इन कहानियों में बुराई पर अच्छाई और असत्य पर सत्य की विजय होती। एक दिन ढेला ने उससे कहा :

''कोई किस्सा हम लोगों के बारे में सुनाओ।''

''क्या कहना चाहती हो ?''

''वेश्याओं के बारे में।...अच्छा छोड़ो। तुम आम्रपाली गणिका के बारे में सुनाओगे, जो बुरी थीं, बाद में भली हो गईं। किस्से तो मेरी नानी भी सुनाती थीं। हाँ, यह भला-बुरा क्या है, तुम मुझे बताओ, गोबर्धन।''

''यह न पूछो, ढेला। उस दिन तुमने पूछा था और जो कुछ मैंने बताया, उससे तुम नाराज हो गईं। ये भी ऊँची और बड़ी बातें हैं, जो व्यवहार में उलट जाती हैं। किसी उपदेश की नीयत से ये किस्से मैं नहीं सुनाता। ये पुराने किस्से हैं, जिन्हें जानने में कोई बुराई नहीं है। सच बात यह है कि ये तुमसे बात करने और तुम तक पहुँचने के बहाने हैं। और अगर तुम इनका अर्थ जानना चाहती हो तो मेरा एक प्रस्ताव मंजूर कर लो। तुम मुझसे शादी करने को तैयार हो जाओ, मैं बहुत आदर और प्यार के साथ तुम्हें अपने घर ले चलूँगा।''

''नहीं, ऐसा कैसे हो सकता है ?'' ढेला उसके आलिंगन से छिटककर उत्तेजित स्वर में बोली।

गोबर्धन ने फिर उसे आलिंगन में खींचकर उसे समझाया। उससे बार-बार निवेदन किया। तब

सहमत होकर ढेला ने हँसते हुए कहा, ''अच्छा ठीक है, लेकिन अभी रुक जाओ।''

लेकिन कुछ दिनों बाद गोबर्धन से बेहद नाराज श्यामदासी के दबाव, अपनी परिस्थितियों की मजबूरी, और वेश्या-जीवन की विडम्बनाओं से भयभीत होकर जब उसने गोबर्धन को कटु बातें सुनाकर अपने जीवन से सदा के लिए अलग कर दिया, तो उसका एक-एक शब्द भारी हथौड़े की चोट की तरह, उसी के हृदय के टुकड़े-टुकड़े कर रहा था।

वे दिन तो बीत गए। ढेला कमरे में लेटी है और उसके सिरहाने उसकी अम्मा बैठी है। ढेला का मुँह सूखकर छोटा पड़ गया है और आँखों के नीचे काले गड्ढे बन गए हैं। श्यामदासी उसके माथे पर हाथ रखकर रोती हुई कहती है :

''क्या हालत बना रखी है, मेरी बेटी। तुम्हें तो बुखार है। खाँसी रुकने का नाम नहीं ले रही है। चलो आज जंगली मियाँ हकीम के यहाँ ले चलती हूँ। तुम घबराओ नहीं, मैं तुम्हारा हर इलाज कराऊँगी। जो कुछ मेरे पास है, लगा दूँगी...''

''अम्मा,'' ढेला धीमी आवाज में हाँफती हुई बोली, ''पता नहीं मुझे क्या हो गया है। छाती में हवा नहीं है अम्मा। मैं वही हवा-तूफान चाहती हूँ जो बचपन में मेरे अन्दर रहा है। मुझे वह तूफान दे दो, अम्मा। मुझसे क्यों वह बेरहमी से छीन लिया गया है...''

''तुम इतना न बोलो, बुखार बढ़ जाएगा। तुम्हारे तूफान का कारण जानती हूँ बेटी। वे मरे जब से तुम्हारे पास आए, तुम्हारी जिन्दगी में तूफान आया, नहीं सबकुछ चैन से बीत रहा था। ये नौजवान बड़े धोखेबाज हैं बिटिया। दिन में ये वतन की आजादी के लिए काम करते हैं और रात रंडी के घर में बिताते हैं। खुद मौज करते हैं और रंडी को उलटा-सीधा पढ़ाकर उसकी जिन्दगी और धन्धा चौपट करते हैं। फिर आजादी मिल गई तो रंडी-बेसवा को क्या मिलेगा ? तब तो मर्द और भी जुल्म करने को आजाद हो जाएँगे। तुम वतन की आजादी के लिए काम करना चाहती हो उन मरों के सिखाने से ! तुम बाहर निकलोगी तो मरे मर्द तुम्हें रंडी ही समझेंगे। तुम पर पूरी तरह नजर रखेंगे, मौका मिलने पर धोखा देंगे, बदफेली करेंगे। पुलिसवाले पकड़ेंगे तो तुम्हें रंडी समझकर मजाक करेंगे और तुम्हारे जिस्म के साथ खिलवाड़ करने का मौका ढूँढ़ेंगे। वह मरा शादी करना चाहता है ? जब काम निकल जाएगा और जवानी ढल जाएगी तो चबाए हुए पान की सिट्ठी की तरह तुमको बाहर थूक देगा। इन हरामजादों की चिन्ता तो करो मत, इन्होंने तो तुम्हें मार डाला, तुम्हारी यह हालत की है। मैं तुम्हें भली-चंगी खड़ी करूँगी...।''

''अम्मा, ऐसी बात न करो। इसमें किसी का दोष नहीं है। आजादी के लिए लोग काम कर रहे हैं तो करने दो, शायद कोई अच्छा नतीजा निकले। मैं यह काम नहीं करना चाहती, अम्मा। मेरा शरीर अच्छा नहीं है, मैं जल्दी अच्छा होना चाहती हूँ, तुम मुझे अच्छा करा दो...''

वह हाँफकर चुप हो गई। सहसा उसकी छाती में दर्द हुआ तथा गले में खुजली-सी हुई और वह खाँसते-खाँसते बेहाल हो गई।

7

रात के आठ बजे थे, जब गोबर्धन और नीलेश डॉक्टर रामहर्ष सिंह के मकान पर पहुँचे। दूसरी मंजिल के बड़े हवादार बरामदे में सत्संग हो रहा था। एक किनारे तेज गैस-बत्ती जल रही थी और फर्श पर दरी और जाजिम पर दाएँ और बाएँ पार्श्व में कुछ श्रोतागण बैठे थे, जिनमें दो विद्यार्थी भी थे।

बीच में एक मसनद के आगे साठ-पैंसठ वर्ष के एक बुजुर्ग बैठे थे, जिनकी बड़ी-बड़ी दाढ़ी-मूँछें चितकबरी थीं। उनके बाल उलटकर झाड़े हुए और पीछे कंधों तक लटके। पहनावे में खादी का सफेद कुर्ता और धोती। इसके अलावा कुछ साधु लायक नहीं था। उनके मुख पर चढ़बाँकपन और पांडित्य प्रदर्शन का भाव नहीं और निरभिमान तथा विनम्रता से आँखें झुकी हुईं। वस्तुतः वह एक कॉलेज के प्रिंसिपल रहे थे और समस्त कर्तव्य पूरा करने के पश्चात वृन्दावन में सपत्नीक निवास करते हुए अध्यात्म का जीवन व्यतीत कर रहे थे।

वहाँ जो चौहद-पन्द्रह भक्त बैठे हैं, उनमें कई धनी बनने और पुत्र-लाभ, शत्रु-विनाश, ग्रह-शान्ति आदि की सफलताओं के लिए उपाय जानने और आशीर्वाद प्राप्त करने के लिए पधारे हैं। कुछ ऐसे भी हैं, जो प्रतिदिन आते हैं और उनका प्रवचन सुनकर चले जाते हैं। गोबर्धन और नीलेश सीढ़ी के पास ही उनके दाएँ पार्श्व में बैठकर प्रवचन सुनने लगे।

स्वामी वीरेश्वरानन्द ने एक व्यापारी की समस्या का समाधान करते हुए बताया, ''कोई ऐसा मन्त्र, पूजा-पाठ नहीं है, जो चमत्कार करके आपका धन बढ़ा दे। परिश्रम, बुद्धिमानी, सही पूँजी निवेश, धैर्य, संग्रह-वृत्ति की वजह से धन में वृद्धि होती है। लापरवाही, आलस्य और अपव्यय छोड़ दीजिए। रोज सच्चे मन आधा घंटा रामचरितमानस का पाठ कीजिए। इससे मन को शान्ति मिलेगी और बुद्धि खुलेगी। व्यापार का उद्देश्य मानव-कल्याण ही है। बेईमानी, लूट-खसोट और घटिया तरीके से किया गया धन्धा, व्यापार नहीं है।''

एक वकील साहब को राय दी, ''सन्तान नहीं है तो परेशान न होइए। समझिए कि प्रभु को यही मंजूर है। किसी गरीब रिश्तेदार के बच्चे या अनाथालय के बच्चे को गोद ले लीजिए और उसे पढ़ा-लिखाकर लायक बनाइए। उसे अच्छे काम पर लगाइए। रोज रामचरितमानस का पाठ कीजिए और दीन-दुखियों और अपने पड़ोसियों से स्नेह रखिए।''

उन्होंने आगे कहा, कि किसी को भी ज्योतिषियों, भविष्यवक्ताओं और ग्रह शान्त करनेवालों के चक्कर में पड़कर समय नष्ट नहीं करना चाहिए। यह कर्म-संसार है, कर्म से कभी बचना नहीं चाहिए। कर्म से सन्तोष मिलता है, सफलता मिलती है, सत्य मिलता है। शारीरिक और मानसिक श्रम का योग सर्वोत्तम होता है। प्रभु में विश्वास रखिए, सबसे प्यार कीजिए, इससे विरोधी शक्तियाँ अनुकूल बनती हैं। कोई अलौकिक शक्ति थोड़े ही आती है कल्याण के लिए ? प्रभु पर विश्वास रखने और कर्म करने से वह अलौकिक शक्ति आपके अन्दर ही उत्पन्न होती है। उस शक्ति को पहचानिए और विकसित कीजिए। पहले आप अपनी रुचि का काम निश्चित कीजिए, फिर उसको करने का सर्वोत्तम तरीका जानिए। इसी सन्दर्भ में, प्रशिक्षण का महत्त्व है। जैसे संगीत या किसी अन्य विषय के लिए जरूरत होती है। सीखने की यह ललक हमारे देश की सर्वोत्तम परम्पराओं में से है। शारीरिक और मानसिक रूप से मजबूत बनकर, मानव और प्रभु-प्रेम से अनुप्रेरित होकर परिश्रम, मनोयोग एवं सच्चाई से अपना काम कीजिए, कल्याण होगा।''

इसके बाद मन को एकाग्र रखने और उसको विकसित करने के लिए स्वामीजी ने एक उपाय बताया :

''यह कार्य प्रत्येक व्यक्ति कर सकता है। अधैर्य बड़ी खराब चीज है, इससे सही काम भी बिगड़ जाता है। इसका परिणाम कुविचार और दुर्व्यवहार है। धैर्य सन्तुलन है, शक्ति है, आशा है, विश्वास है। वह दूरदृष्टि और बुद्धिमानी है। उससे आप पहले से ही भविष्य देख सकते हैं और उसके मुकाबले के लिए सही नियोजन और सही तैयारी कर सकते हैं। धैर्य से ही सही समय पर सही दृष्टिकोण से सही काम होता है। जो मैं बताने जा रहा हूँ उससे अधैर्य नष्ट होता है और मन की शक्ति की पहचान होती है। इससे संकल्प शक्ति बढ़ती है और जीवन-संघर्ष में भाग लेने की हिम्मत आती है।''

स्वामीजी बहुत धीरे-धीरे बोल रहे थे। उनके मुख पर कभी-कभी सहज आकर्षण मुस्कान निखर जाती। उन्होंने अपना कथन जारी किया :

"पहले तो आप स्वस्थ रहने की कोशिश कीजिए। नियम से रुचिकर और सुपाच्य भोजन कीजिए। नित्य सुबह-शाम खुली हवा में टहलिए और यथोचित हल्का व्यायाम कीजिए। कोई काम करने के लिए स्वस्थ मन जरूरी है और यह स्वस्थ शरीर से ही आता है। इसके बाद यह अभ्यास कीजिए नित्य। आप यह जानते हैं कि मन बड़ा चंचल है, वह दिन-रात निरन्तर दौड़ता रहता है। उसे कभी भी विश्राम नहीं मिलता, जब हम सोते हैं, तब भी वह दौड़ता रहता है। आप कल्पना कीजिए कि इतने सक्रिय और शक्तिमान मन को थोड़ा विश्राम मिल जाए तो उसकी शक्ति कितना बढ़ सकती है।

"आपको जब भी फुरसत मिले, दिन में एक बार खुले बरामदे या कमरे में फर्श या तख्त पर चित लेट जाइए आराम से। शरीर को ढीला छोड़ दीजिए, फिर धीरे-धीरे साँस लीजिए। फिर अपने ध्यान को अपनी साँस पर एकाग्र कीजिए कि कैसे वह भीतर जाती है और बाहर निकलती है। कुछ भी न सोचिए, हर विचार से दिमाग को खाली कर दीजिए और सिर्फ साँस के आवागमन पर ही ध्यान लगाइए। यह बड़ा कठिन है, लेकिन बार-बार प्रयास करने पर कुछ सफलता मिलती है। इस अभ्यास को बढ़ाइए आधा मिनट से एक मिनट, फिर दो मिनट। जितनी देर आप इसमें सफल होंगे, उतनी ही देर आपके मन को विश्राम मिलेगा और आपको आत्मिक शक्ति प्राप्त होगी।"

श्रोतागण में से एक व्यक्ति की शंका का समाधान करते हुए बताया उन्होंने, "असन्तोष, लालच, झूठ, आडम्बर, ये सभी मनुष्य में गिरावट लाते हैं। इनका त्याग कर सरल बनिए, प्रभु में विश्वास रखिए, तभी उक्त अभ्यास कीजिए। इससे आपको महसूस होगा कि आप ईश्वर के निकट हैं। अपने काम के प्रति आपकी रुचि बढ़ेगी। परिश्रम करने में आपको आनन्द आएगा। नए-नए विचार सूझेंगे। जिन्दगी एक लड़ाई है और जिस तरह युद्ध में जीत के लिए सत्य विचार, शारीरिक और मानसिक शक्ति, बुद्धिमानी, सावधानी और नवीनतम तैयारियों की जरूरत होती है, उसी तरह जीवन की लड़ाई में भी इन बातों की आवश्यकता होती है और यह क्रिया आपकी तैयारी में काफी सहायक सिद्ध हो सकती है।"

स्वामी वीरेश्वरानन्द चुप हो गए। गोबर्धन और नीलेश उनको आश्चर्य, श्रद्धा से देख रहे थे। दूसरे लोग भी स्तब्ध थे। कुछ देर बाद एक विद्यार्थी ने खड़े होकर पूछा, "स्वामीजी, विद्यार्थियों के बारे में कुछ बताने की कृपा करें।"

उन्होंने मुस्कुराकर उत्तर दिया, "देखिए, भोजन के बारे में यह नियम है कि नित्य रुचिकर और सुपाच्य भोजन प्रसन्नतापूर्वक इस विश्वास के साथ करना चाहिए कि उससे शरीर और मन को ऊर्जा मिल रही है। पेट भर खाइए, हाँ, आधा या एक कौर की भूख रह जाए, तभी खाना बन्द कर दीजिए। इससे शरीर हल्का रहेगा और खाने की रुचि बनी रहेगी। यही नियम पढ़ाई पर भी लागू होता है। एक विद्यार्थी को नियम से खूब पढ़ाई करनी चाहिए, लेकिन पढ़ाई की थोड़ी रुचि रह जाए, तभी बन्द कर दीजिए। इससे दिमाग की नसों को आराम मिलेगा और अगले दिन भी पढ़ने की रुचि बनी रहेगी।"

सन्तुष्ट होकर विद्यार्थी चले गए। अन्य भक्तों में कुछ अन्य लोग पहले ही प्रस्थान कर गए थे और शेष भी उठ खड़े हुए। जब बाहरी लोगों में गोबर्धन और नीलेश बचे रह गए तो स्वामी ने सवालिया निगाह से उनकी तरफ देखा। गोबर्धन ने शर्म-संकोच से, पहले उनकी ओर, फिर वहाँ बैठे उन दो व्यक्तियों की ओर नजर घुमाई, जो डॉ. रामहर्ष सिंह के परिवार के ही थे। स्वामीजी के संकेत पर वे फौरन उठकर भीतर चले गए। तब गोबर्धन ने आगे झुककर उनके हाथ में दो पन्नों का वह कागज दे दिया, जिस पर विस्तार से उसकी समस्याएँ लिखी थीं।

स्वामीजी ने गम्भीर होकर कुछ देर तक उस कागज पर लिखी इबारत पढ़ने के बाद उसको स्नेहपूर्वक देखते हुए मीठे स्वर में पूछा :

''राष्ट्रीय स्वतन्त्रता के पावन मार्ग पर चलनेवाले नवयुवक ने कुमार्ग की ओर कदम कैसे बढ़ाए ?''

गोबर्धन ने पहले सकपकाकर देखा, किन्तु उनकी आँखों में कुछ ऐसा था कि वह कुछ भी छिपा न सका। कैसे प्रमुख मुनीम किशुनीलाल उसके पिताजी के अस्वास्थ्य और अगाध विश्वास का लाभ उठाते हुए अश्लील किस्से सुनाकर, अश्लील पुस्तकें पढ़ाकर और ताड़ी-शराब का स्वाद सिखाकर उसे इशरतगंज ले जाने लगा। यह सब सुनकर स्वामीजी कुछ सोच में पड़ गए। फिर सिर उठाकर वह शान्त स्वर में बोले :

''आपके पिताजी का अच्छा व्यापार है और आप उनकी इकलौती सन्तान हैं। समझ लीजिए, इस व्यापार को सँभालकर आगे नहीं बढ़ाएँगे तो सबकुछ चौपट हो जाएगा। क्या आपने सुना है कि राजा का मन्त्री और वैद्य अयोग्य, चापलूस, बेईमान और धोखेबाज हुए तो जल्दी ही उस राजा और उसके राज्य का नाश हो जाता है ?''

''जी हाँ।''

''तो सबसे पहले आप अपने बेईमान मुनीम किशुनीलाल को फौरन हटा दीजिए और उसके स्थान पर किसी काबिल, अनुभवी, परिश्रमी, ईमानदार और भरोसेमन्द मुनीम को ले आइए। दूसरी बात यह है कि अपने काम को अच्छी तरह सीखिए, समझिए, उसमें जागरूकता और सावधानी से रुचि लीजिए ताकि मुनीम या कोई अन्य आपको धोखा न दे सके। तीसरी बात यह है कि अपने खानदानी व्यापार की सड़ी-गली परम्पराओं को छोड़कर उसकी श्रेष्ठ परम्पराओं को आगे बढ़ाइए। साथ ही व्यापार की नई बातों और तरीकों को सीखकर, वर्तमान और भविष्य पर ध्यान देते हुए इसका कुशलता से इस तरह संचालन कीजिए कि वह फूले-फले। एक बात और।''

स्वामीजी ने चुप होकर उसकी ओर गौर से देखा। गोबर्धन शायद मतलब समझ गया, इसलिए तत्काल बोला, ''जी हाँ।''

''हाँ, मैं यह कहना चाहता हूँ कि पुरानी बातों को भूल जाइए और किसी नेक, बुद्धिमान और गुणी लड़की से शादी करके सन्तुलित जीवन बिताइए। समझ लीजिए कि इस दुनिया में आदर्श गृहस्थ जीवन से बढ़कर कुछ भी नहीं है। इसी जीवन पर सन्तुलन, विकास और अध्यात्म, तीनों ही टिके हैं। ईश्वर पर विश्वास रखिए और नित्य सच्चे मन से उसका स्मरण कीजिए।''

गोबर्धन के हृदय में ऐसी उथल-पुथल मची हुई थी कि वह रुआँसा हो गया। बड़ी कठिनाई से वह अपने आँसुओं को रोके हुए था, जिसकी कोशिश में तनी गर्दन के साथ चेहरा बाईं ओर घूमा हुआ था। स्वामीजी ने उसकी भाव-दशा समझकर शान्त स्वर में कहा :

''दुनिया में क्या कोई ऐसा है, जो कह सके कि वह दोष-मुक्त है ? गलतियाँ तो सभी करते हैं। इसकी वजह से अपने को छोटा महसूस करने की जरूरत नहीं है। गलतियों को समझकर उनको छोड़ना और उनसे सीखकर आगे बढ़ना ही मनुष्य की वास्तविक शक्ति है। यौवन इस जीवन और समस्त सृष्टि के केन्द्र में स्थित है। बड़ा ही समर्थ काल है यह। इसी काल में नए-नए संकल्प उठते हैं, नए-नए सपने, नए-नए विचार। साहस, शक्ति, आत्म-बलिदान का काल। कौन-सी चुनौतियों का सामना नहीं करता है यौवन ? यौवन के अनुभवों से ही ज्ञान प्राप्त होता है।

''प्रेम-मुहब्बत का समय है यौवन। काम-भावना तो हर स्त्री-पुरुष में है। देव, दानव, पशु, पक्षी कौन मुक्त है इससे ? इसी से यह सृष्टि है। यह ऊर्जा है, शक्ति है—यह मानवीय है। इसके बिना मानव जीवन सम्भव नहीं है। इसी वजह से स्त्री-पुरुष एक-दूसरे के प्रति आकर्षित होते हैं। मिलकर सुख, सन्तोष, शान्ति, आशा और विश्वास प्राप्त करते हैं। इस काम भावना का महत्त्व समझना

चाहिए और इसको जहाँ-तहाँ बरबाद करना आत्मविनाशक है। स्त्री-पुरुष का एक-दूसरे के प्रति सच्चा प्यार उनको आध्यात्मिक ऊँचाइयों तक ले जाता है और उनमें सामाजिक कल्याण के प्रति समर्पण का भाव उत्पन्न करता है। इसी सन्दर्भ में चरित्र की उपयोगिता और कीमत है। सच्चा प्यार चरित्रहीनता नहीं है, परन्तु उसका नित्य फैशन और स्वाद बदलने की आदत अवश्य घृणित है। स्त्री हो या पुरुष, चरित्र को नष्ट करना अपनी मानवीय पहचान को नष्ट करना है।''

ऐसे विषय पर इस तरह बेबाक बातें गोबर्धन और नीलेश ने आज तक नहीं सुनी थीं। शर्म और संकोच से उनकी आँखें नीचे झुकी थीं। दिन में कितनी गर्मी थी, लेकिन इस समय हवा के शीतल झोंके बाहर से आ रहे थे, जिससे राहत महसूस हो रही थी।

स्वामीजी ने कहा, ''हमारे अनेक ग्रन्थों में काम के लिए तिरस्कार के शब्दों का इस्तेमाल किया गया है। उसे पतन और अधोगति के लिए जिम्मेदार और तपस्या को भंग करनेवाला बताया गया है। यह सत्य हो सकता है, यदि उसका दुरुपयोग किया जाता है। परन्तु काम-भावना को ही तिरस्कृत करना उचित नहीं है। अनेक प्राचीन कथाओं में पुरुषों की तपस्या भंग करने के लिए स्वर्ग से अप्सराएँ आती हैं। क्यों पुरुष ही तपस्या करते हैं और स्त्री उसे भंग करती है ? क्या यह स्त्री का एक खास वस्तु के रूप में इस्तेमाल करना नहीं है ? इसका मतलब है कि ऐसे समाज में स्त्रियाँ भोग-विलास और मनोरंजन की वस्तु के रूप में समझी जाती हैं और समाज के उत्थान में उनकी कोई भूमिका नहीं है।

''हमारे आज के गुलाम देश और समाज में पतित सामन्तों और रईसों, आलसी और कामचोर लोगों, उद्देश्यहीन लफंगों और दुष्टों की सन्तुष्टि के लिए वेश्यावृत्ति कायम है। पेट के लिए असंख्य स्त्रियाँ जिस्म बेचने को मजबूर हैं। इसके लिए कौन जिम्मेदार है ? एक तो गरीबी है ही, दूसरे पुरुष समाज का स्वार्थ। यह समाज स्त्रियों का सम्मान नहीं करता। खरीद-फरोख्त की वस्तु समझकर उन्हें शोषण का शिकार बनाता है। शायद आजादी मिलने पर स्त्रियों की उन्नति की परिस्थितियाँ उत्पन्न होंगी और उन्हें वह इज्जत मिलेगी, जैसी हजारों वर्ष पहले रही होगी।''

स्वामीजी की इन बातों का न मालूम कैसा प्रभाव गोबर्धन पर पड़ा कि पहले उसका मुँह लाल हुआ जैसे भीतर साँस रोकने की चेष्टा कर रहा हो; अन्ततः दोनों हथेलियों में मुँह छिपाकर फूट-फूटकर रोने लगा। स्वामीजी ने चकित होकर उसकी ओर देखा। कुछ देर तक देखते रहे, फिर प्यार से बोले :

''रोइए नहीं, रोने के लिए मैंने ये बातें नहीं कही हैं। मेरे पास अधिकतर सफल लोग और बड़ी सफलताएँ प्राप्त करने के लिए आते हैं। वे अपनी बहुत-सी बातें छिपाते हैं और साफ-साफ कुछ भी नहीं बताते। उन्हें तो फौरन सफलता चाहिए। आप पहले व्यक्ति हैं, जिसने बहुत सच्चाई से अपनी निजी समस्या और संकट की बातें मेरे सामने रखीं। नौजवानी ऐसी उम्र है, जब लोग एक नौजवान को सन्देह से देखते हैं और उससे बड़ी ऊँची उम्मीदें करते हैं। इसलिए उन पर बड़े-बड़े प्रतिबन्ध लगाए जाते हैं। एक नौजवान को सहानुभूति चाहिए, प्रेम चाहिए, विश्वास चाहिए जिससे वह टूटने न पाए। आप हिम्मत रखिए, मैं कोई उपदेशक नहीं हूँ, बल्कि मुझे अपना मित्र ही समझिए। मैं यहाँ पर कुछ दिनों तक हूँ, परेशानी महसूस करने पर आप फिर मेरे पास आ सकते हैं। बाद में भी, यदि मेरा नाम और वृन्दावन लिखकर कोई पत्र भेजेंगे तो मुझे मिल जाएगा।''

''स्वामीजी, मुझे माफ कीजिए असभ्यता के लिए। मैं आपके बताए रास्ते पर चलने की कोशिश करूँगा।'' गोबर्धन ने आँसुओं से भीगी लाल-लाल आँखों से देखते हुए हाथ जोड़कर कहा।

वे दोनों उठ खड़े हुए और लड़खड़ाती चाल से कुछ कदम चलने के बाद सीढ़ी से नीचे उतरने लगे।

8

रात के साढ़े दस बजे नीलेश घर पहुँचा। वह दक्षिणी बरामदे के पास आँगन में बिछी चारपाई पर बेजान-सा बैठ गया। सीतानाथ मन्दिर से आकर मसहरी-लगे बिस्तरे पर जा चुके हैं। कुछ दूसरे भाई-बहन आँगन में अन्य चारपाइयों पर लदे नींद की बेहोशी में उल्टे-सीधे, टेढ़े-तिरछे पड़े हैं।

वह हाँफ रहा है। शरीर पसीने से लथपथ। डॉक्टर की छत से नीचे उतरकर, कुछ दूर चलने के बाद ही गोबर्धन से बिदा लेकर वह काफी तेजी से घर की ओर चल पड़ा था। थकान का लक्षण उसके शिथिल चेहरे पर स्पष्ट दिखाई दे रहा है।

''खाना लाऊँ ? कहाँ रह गए थे ?'' आनन्दी ने उसके पास आकर उत्सुकता से देखते हुए पूछा।

''जरा हाथ-पैर धो लूँ। सभी सो गए होंगे।''

''वीरेश ऊपर अपनी कोठरी में लेटे पढ़ रहे हैं। तुम्हारी दादी भी दरवाजा, खिड़की बन्द कर रही हैं।''

''ठीक है, खाना परोसो, आता हूँ।''

अनिच्छा होने पर भी उसने चुपचाप खाना खाया। फिर उठकर अपनी माँ से बोला, ''जरा ऊपर खुली छत पर टहलकर आता हूँ। बड़ी गर्मी है।''

''बड़ा अँधेरा है, कीड़ा-मकोड़ा...''

''जल्दी आ जाऊँगा...''

वह सीढ़ियाँ चढ़कर सबसे ऊपरवाली खुली छत पर पहुँच गया, जहाँ भीषण गर्मी और उमस होने पर भी कोई सोता नहीं था। परन्तु, जाड़े में धूप खाने के लिए अथवा घर में रिश्तेदारों की भीड़ होने पर एकान्त खोजनेवालों की पढ़ाई-लिखाई के लिए उसका जरूर इस्तेमाल किया जाता। वह पूरब की दिशा में नीची चहारदीवारी के किनारे चुपचाप खड़ा हो गया। चारों ओर फैले घने अन्धकार में पूरा शहर—उसकी आकृतियाँ और आवाजें—डूब चुका था। वायु न मालूम किधर से आकर धीरे-धीरे चल रही थी जिससे शरीर में शीतल सुख की लहरें दौड़ गईं। किसी काली चादर पर टाँके गए सफेद फूलों की तरह तारे आकाश में चटक चमक-चमककर मुस्कुरा रहे थे।

कुछ देर बाद वह धीरे-धीरे टहलने लगा। उसे लग रहा था, जैसे लम्बे दुःस्वप्न से जागा हो। उसे पुनः भय, शर्म और आतंक की वे भावनाएँ अपने अन्दर महसूस होने लगीं, जिनसे वह गोबर्धन के घर में उसका किस्सा सुनकर तथा डॉक्टर रामहर्ष सिंह के यहाँ स्वामी वीरेश्वरानन्द के प्रवचन के दौरान बेहद परेशान हो उठा था। कल्पना भी नहीं कर सकता था कि गोबर्धन जैसे साहसी और सच्चे मित्र की कभी ऐसी दुर्गति होगी। लेकिन इसके साथ यह प्रश्न भी सताने लगा उसे कि गोबर्धन और उसमें क्या फर्क है और कितना ? यदि उसके पिताजी एक्का लेकर भड़सर न पहुँच गए होते तो उसकी क्या दशा होती ? यौवन काल का यह कैसा संकट है, जिसमें वह और गोबर्धन दोनों ही फँस गए थे। वह तो बाल-बाल बच गया, लेकिन गोबर्धन तो मझधार में पहुँचकर लहरों के थपेड़े खाते हुए भँवर में फँसकर डूबने-उतराने लगा—और यदि स्वामीजी ने हाथ बढ़ाकर खींच न लिया होता तो शायद डूब भी जाता।

उसने स्वामीजी की प्रवचन की बातें याद करने की कोशिश की। जब वह गोबर्धन को समझा रहे थे, कैसे वह स्वयं अपराध-भाव से गड़कर मानसिक अवसन्नता की स्थिति में पहुँच गया था ? इसके साथ अनेक खयाल, जो उसने पुस्तकों में पढ़े, दूसरों से सुने और अपने से समझे थे, गड्ड-मड्ड होकर उसके दिमाग में उमड़ने-घुमड़ने लगे थे। 'नहीं-नहीं,' वह होंठों में ही बुदबुदाया।

उसने दो-तीन बार गहरी साँसें लेकर अपने फेफड़ों में ताजी हवा भरी और तत्काल संकल्प कर लिया कि वह गोबर्धन नहीं हो सकता, उसका रास्ता नहीं अपना सकता, उससे दूर रहेगा—वैसे विचारों

से भी। और अपने जीवन को शारीरिक, मानसिक पवित्रता, मजबूती, निष्ठा एवं साहस के मार्ग पर डालकर किसी महान कृत्य को अन्जाम देगा।

उसके अन्दर उत्साह का तूफान चलने लगा। जैसे कोई कमजोर या फेलियर विद्यार्थी परीक्षा नजदीक आने पर परिश्रम करके पास होने की रंगीन कल्पना से उत्साहित होकर पढ़ाई की विस्तृत योजना बनाता है, उसी तरह वह नीचे उतरकर अपने कमरे में आ गया और कागज-कलम लेकर परिश्रमपूर्वक अपने भावी जीवन का दैनिक कार्यक्रम बनाने लगा। जब योजना बन गई तो उसकी खुशी का अन्त नहीं था। वह छाती निकालकर पिंजड़े में बन्द शेर की तरह टहलने लगा।

योजना के अनुसार अगले दिन वह सवेरे चार बजे ही जाग गया। जागते ही बैठ गया। आँखें बन्द करके सच्चे मन से ईश्वर का स्मरण किया। फिर हाथ-मुँह धोकर टहलने के लिए रेल पटरी के किनारे-किनारे निकल गया। एक मील की दूरी में टहलकर वापस घर लौट आया। फिर बाहरी कमरे के एकान्त में पचास दंड और पचास बैठक करने लगा। फिर स्वामीजी के निर्देशानुसार जमीन पर चित लेटकर, अपने दिमाग को हर विचारों से शून्य करके ध्यान श्वास के आवागमन पर एकाग्र करने लगा।

सचमुच वह बहुत कठिन क्रिया थी, लगभग असम्भव ही। पगहा तुड़ाकर भागते बछड़े की तरह मन कुलाँचे मारने लगा। क्षणों में ही न मालूम कहाँ-कहाँ पहुँच गया। एक स्वामीजी की दाढ़ी की ओर चला गया, लेकिन शरीर और चेहरा गायब। फिर पता नहीं कैसे वह करीब दस वर्ष पहले, जब वह आठ दस वर्ष का था, कम्पनी गार्डन में पहुँचकर उस खूब नाटे, पतले और बूढ़े पादरी पर हँसने लगा, जो ढीले-ढाले पैंट में अपने पैरों को पंजे के विपरीत दिशाओं में करके चल रहा था। वह पुनः बछड़े को पगहे से पकड़ कर लाता और खूँटे में बाँधने की कोशिश करता, लेकिन इस बार फिर तुड़ाकर उसके पिता के स्थानीय गवैया मित्र सुद्दीलाल के पास पहुँच गया जो आकाश में उड़ते हुए 'आ-आ—आ' आलाप कर रहे थे। अनेक बार ऐसा हुआ, मगर उसका मन जीवन के जाने-अनजाने, सम्बद्ध-असम्बद्ध दृश्यों के टूटे-फूटे हिस्सों में विचरण करने लगता। बार-बार कोशिशों के बाद जब उसे प्रथम सफलता मिली तो वह इतना थक चुका था कि उसी से सन्तुष्ट होकर उठ खड़ा हुआ इस संकल्प के साथ कि अगले दिन वह इस अभ्यास के समय को और बढ़ाएगा।

स्नान के बाद उसने आनन्दी से कहा, "आज से मैं हल्का-फुल्का खाना खाया करूँगा। अब मिर्च-मसाला, हलवा-पूड़ी, पूआ-मालपूआ, चाट-पकौड़े कुछ भी नहीं। गाढ़ी, लदक्कुआ रसेदार सब्जी भी नहीं। सवेरे नाश्ते में कोई हल्की चीज, दोपहर में रोटी, दाल-भात और सादी भुँजिया-सब्जी। रात में नमक नहीं, सिर्फ दूध में केला और दो रोटियाँ सानकर।"

आनन्दी कुछ न समझकर उसे आँखें फाड़कर देखती रह गई। पास में बैठी उसकी दादी जीरादेई ने पूछा, "कौन दुःखे ए बाबू यह सब खाओगे ? पेट के रोगी हो, बूढ़-पुरनिया हो या साधू-फादू ? इससे तो देह गिर जाएगी। कम खाओगे तो आँतें सिकुड़ जाएँगी। मरद-मानुष को दौड़-धूप करनी होती है, दुनिया से लड़ना पड़ता है, उसे तो रूखा-सूखा, तर-चिकना जो कुछ मिले, खूब हबककर भकोस-भकोसकर खाना चाहिए। उसे यह शोभा देता है। कहा भी गया है, बड़ा कौर बड़ा दौर।"

"नहीं दादी, यह गलत खयाल है। देखिए न, पहलवान लोग खूब खाते हैं, लेकिन कुछ समय बाद पेट के रोगी बन जाते हैं।"

"अरे, छोड़ो पहलवानों की बात। वे घंटों दंड-बैठक, जोर-कुश्ती करते हैं, फिर न मालूम क्या-क्या पेट के अन्दर उड़ेल-ठूस लेते हैं और गैंडे की तरह पड़े रहते हैं। न ठीक से चल पाते हैं, न ठीक से उठ-बैठ सकते हैं। न घूमना-टहलना, न बाजार-हाट न दफ्तर-कचहरी। मैं पहलवानों की तरह खाने के लिए थोड़े ही कह रही हूँ। घर में जो भी बने, पसन्द से खाओ। मकई, सावाँ-कोदो का भात बनता है वह भी खाओ, पूड़ी-सुहारी बनती है वह भी। यह मत सोचो फलानी चीज फायदा

करेगी, फलानी चीज नुकसान। हर चीज खाने से हर तरह का रस बनता है और जी-मन खुश रहता है। हमारे घर में अंड-बंड चीज तो बनती ही नहीं।''

''हाँ अम्माजी, फल-मूल, रूखा-सूखा तो साधू-सधुक्कड़ खाते हैं। दिन-भर बैठे रहते हैं, कोई काम नहीं, कोई चिन्ता नहीं। जोरू न जाँता...'' आनन्दी ने नीलेश की ओर तिरछी दृटि से देखते हुए कहा।

''बाबूजी भी तो सवेरे-शाम नाश्ता में बहुत हल्का लेते हैं। खाना भी हल्का ही खाते हैं।'' नीलेश ने तर्क दिया।

''बाबूजी और तुम्हारी उमिर में बहुत फर्क है। ए बाबू, उनका तो खूब खाया-पीया शरीर है। उन्होंने जवानी में जो खाया है, शौक किया है, वह कोई क्या करेगा? इस उमिर में भी वह शरीर की लापरवाही नहीं करते। पूड़ी-कचौड़ी, साग-सत्तू जो भी सामने रख दिया जाता है, बड़े प्रेम से खा लेते हैं। दोनों जून दूध लेते हैं, गर्मी में जब तक आम मिलता है, शाम-सवेरे दो-दो लँगड़ा आम जरूर लेते हैं। यह सब पचाने के लिए शरीर की मेहनत करते हैं इस उमिर में। हर काम प्रेम से करते हैं। तुम्हारा शरीर खूराक-गिजा माँगता है, खाना से बचोगे तो भूख मर जाएगी, फिर शरीर पनपेगा कैसे ?''

नीलेश समझ गया कि खाद्य के सम्बन्ध में जीरादेवी के पास अनुभवों का अक्षय भंडार है, इसलिए इस विषय पर किसी बातचीत या बहस में उनसे जीत नहीं सकता। अन्त में यह कहकर कि अभी तो यह चलेगा, बाद में देखा जाएगा, फौरन उठकर वहाँ से चला गया।

घरवालों की चिन्ता और उदासी के बीच उसका दैनिक कार्यक्रम चल निकला।

पहले दिन नाश्ते में जब उसने थोड़ा-सा चिउड़ा और गुड़ खाकर पानी पीया तो सभी लोग बारी-बारी से आकर उसे चकित दृष्टि से देख गए। सीतानाथ के कानों तक यह बात पहुँची न थी, परन्तु बाद में मालूम भी हुआ तो कुछ देर तक चुप रहकर आनन्दी से बोले, ''कर लेने दो अपनीवाली, देखें कब तक करते हैं...''

हल्का नाश्ता करने का उद्‌देश्य यह था कि भोजन के समय तक खूब भूख लग आएगी। और दोपहर में भी कुछ सही अन्दाज न होने से एक क्या कई कौर भूख रह जाने पर ही वह खाना बन्द करके उठ गया। और रात को भी योजनानुसार एक कटोरे दूध में दो रोटियाँ और दो केले मसलकर खा लिया। उसने भोजन का यह तरीका प्राकृतिक चिकित्सा की एक पुस्तक में पढ़ा था, जिसके अनुसार यह सम्पूर्ण खाना तो है ही, नमक-मिर्च, तेल-घी न होने से उदर विकार से दूर रखकर सात्विक विचारों को भी बढ़ाता है। स्वाद भी अच्छा लगा उसे तथा और ग्रहण करने की इच्छा भी थी, परन्तु अपने कार्यक्रम के महान उद्‌देश्यों का खयाल आते ही उसने संयम से काम लेने का ही निश्चय किया।

इस कार्यक्रम के साथ दिन बीतने लगे। वह सन्तुष्ट था। सादा भोजन करने से जब शरीर हल्का-हल्का महसूस होने लगा, तो यह सोचकर प्रसन्न हो जाता कि वह शारीरिक और मानसिक रूप से पवित्र और मजबूत हो रहा है। शाम को टहलते हुए वह दूर किसी एकान्त जगह में निकल जाता और वहाँ की साफ हवा अपने अन्दर तक गहराई से भरता। उसके अन्दर कोई आवाज उठती, 'आगे बढ़ो, आगे बढ़ो...'

इन्हीं पवित्र विचारों एवं संकल्पों के साथ वह कई बार गंगा के किनारे पहुँचा। वह देर तक खड़ा रहता और गंगा के जल को निहारता। धीरे-धीरे बहती लहरियाँ जब चमक उठतीं तो उसके हृदय में कोई रोशनी कौंध उठती। उसका मन गंगा की पवित्रता, उसकी रजत गतिशीलता और सुखद शीतलता में डूबने-उतराने लगता। धीरे-धीरे शाम का धुँधलका गाढ़ा होते-होते रात में बदल जाता, जिसमें तरंगित गंगा-प्रवाह का क्षीण आभास उसकी महान मंजिल की रहस्यमयता का परिचय करा

देता। फिर वह आशा से भरा हुआ तेज कदमों से वापस लौट जाता।

परन्तु मित्रों तथा परिवारजनों से वह कट गया। बातचीत, हँसी-मजाक और गाने-गुनगुनाने में अपने को भूलने की आदत उसने छोड़ दी, परिणामस्वरूप कोई भी ठोस मददगार न होने पर गम्भीर संकल्पों का समस्त दायित्व उसका दिमाग वहन करने लगा। पता नहीं कहाँ से अजीब-अजीब विचार और सपने आकर किसी बवंडर के तिनकों, पत्तों और धूल-धक्कड़ की तरह उड़ने लगते। कभी-कभी तो 'पवित्रता' शब्द ही देर तक चक्कर काटता रहता। पुस्तक-अखबार पढ़ते, यहाँ तक कि किसी से संक्षिप्त बात करते समय भी, कोई अललटप्पू विचार उसकी एकाग्रता को दूर उड़ा ले जाता। इसी वजह से दोपहर में लाख कोशिश करने पर भी नींद नहीं आती और रात में भी बेहद उखड़ी-उखड़ी रहती। कभी वह महात्मा बुद्ध की तरह मानव-कल्याण के लिए घर-परिवार छोड़कर बाहर निकल पड़ता और कभी स्वामी विवेकानन्द की तरह विदेशों में धर्म-संस्कृति का ध्वज फहराने लगता। वह कभी देश की आजादी के लिए क्रान्तिकारियों के समान फाँसी का फन्दा चूमता होता।

कुछ ही दिनों में विचारों का वेग इतना तेज और सघन हो गया कि उस पर नियन्त्रण रखना काफी कठिन हो गया, जिसके लिए वह और व्यायाम और परहेज करने लगा, जिससे कठिनाइयाँ और बढ़ गईं। उसने तो सिर्फ विचारों और भावनाओं की पवित्रता ही चाही थी और मन के विश्राम से दृढ़ संकल्प-शान्ति, परन्तु उसके बदले में मिल रही है मानसिक अव्यवस्था ठीक आकाश की तरह, जिसमें असंख्य जान-अनजान, दृश्य-अदृश्य छोटे-बड़े पिंड, कण आदि तेजी से चक्कर काटते रहते हैं, जिनको वश में रखना किसी के लिए भी सम्भव नहीं है।

एक दिन वह संध्याकाल में गंगा के किनारे बैठा हुआ था कि ठीक स्लेटी जल के ठीक ऊपर किसी हाथ की उँगलियाँ काँपती नजर आने लगीं। वह अविश्वसनीय ढंग से आँखें फाड़-फाड़कर देखने लगा। उँगलियाँ गायब हो गईं और उनके स्थान पर एक खूबसूरत नाक दिखाई देने लगी, जो रुदन से लाल हो गई थी। उसके बाद भय और क्रोध से सिकुड़ी आँखें, फिर वक्ष और तब पूरा शरीर...वह घबरा गया। यह तो नम्रता है !

'नहीं, नहीं, यह नम्रता नहीं हो सकती,' वह होंठों में बुदबुदाया। यहाँ नम्रता का क्या काम ? इधर कभी भी वह उसके ख्यालों में नहीं आई। वह तो पहले ही उसे स्मृति से बाहर निकाल चुका है। जब वह दृढ़ संकल्पों के साथ आगे बढ़कर दुनिया में कोई बड़ा काम करना चाहता है—ऐसे समय में नम्रता का क्या प्रयोजन ? क्यों दिखाई पड़ी वह ? यह क्या कोई अपशकुन है ? इस खयाल ने उसे डरा दिया और वह उठकर तेजी से लौट पड़ा।

लेकिन, जितना ही वह तेज चलता, उतनी ही तेजी से नम्रता भी उसके पीछे-पीछे आ रही है, ऐसा उसे महसूस होने लगा। कई बार उसने पीछे चौंककर देखा, तब कुछ भी दिखाई न देता। वह सहसा दौड़ने लगा। क्या नम्रता भी हँसती हुई दौड़ रही है ? वह रुक गया और एक जगह विपरीत दिशा में खड़ा होकर गहरी-गहरी साँसें लेने लगा। नम्रता सामने नहीं थी। फिर वह घूमकर आगे बढ़ा तो उसे नम्रता के पीछे-पीछे आने की आहट सुनाई पड़ी। कभी-कभी तो वह आँखों के सामने झलक दिखाकर गायब हो जाती। वह परेशान होकर वहीं दंड-बैठक करने लगा। इससे उसका ध्यान बटा और नम्रता ख़्याल से गायब हो गई। परन्तु ज्यों ही वह कसरत बन्द करके आगे बढ़ा उसका मुखड़ा दिखाई पड़ा, जैसे बादलों से चन्द्रमा निकला आता है।

यह सब क्या हो रहा है ? क्यों हो रहा है ? किस बात के लिए यह कठोर दंड उसे मिल रहा है ? वह करुण भाव से ईश्वर की याद करने लगा। उसने अपने को क्षीर सागर में लेटे भगवान विष्णु के चरणों में झुका हुआ पाया, लेकिन वह उस समय दहशत में काँप गया, जब उस स्थान पर नम्रता को लेटकर मुस्कुराते हुए पाया।

वह फिर दौड़ा। इस तरह दौड़ते और चलते, सरयू नदी को पार करके जब वह शहर की सड़कों

पर आया तो उसे अचम्भा हुआ। वहाँ छोटे-बड़े मकानों तथा झोंपड़ियों से बाहर आती लालटेनों और ढिबरियों की पीली-पीली रोशनी की कतारें देखकर उसे कुछ ढाढ़स हुआ। आगे चलने पर चौक स्थित बजाजे की तीन मशहूर दुकानों की गैस बत्तियाँ दूर से ही चमकती नजर आईं। वह खुश हो गया। अब विचारों से घिरा उसका दिमाग अकेला नहीं है, बल्कि उसका ध्यान बटाने के लिए ठोस दुनिया है—अनेक दुकानें और खोमचेवाले हैं, उत्साह से इधर-उधर लपककर जाती लोगों की भीड़ है, बातचीत, गप्पें और हा-हा-ही-ही है। अब उसके खयालों में नम्रता दूर-दूर तक नहीं है।

घर पहुँचने पर आनन्दी ने चिन्ता से पूछा, ''कहाँ गए थे भैया ? हमेशा क्या सोचते रहते हो ? न हँसते हो, न बोलते हो। माई-बहन सभी उदास रहते हैं।''

''क्यों ? मैं तो पहले की तरह खुश रहता हूँ।'' नीलेश के मुख पर एक सूखी मुस्कुराहट उभर आई।

वीरेश, सुरेश, धीरेश, उमेश, रमेश, सभी भाई उसके पास आकर खड़े हो गए। वे कभी उसकी ओर अनजान आशंका और कभी उत्सुकता से देखते। सुरेश ने मुस्कुराते हुए कहा, ''बड़े भइया, मैं अलगे वर्ष अपनी कक्षा में फर्स्ट आना चाहता हूँ, अभी से खूब पढ़ रहा हूँ। गणित का एक सवाल नहीं आ रहा है, बताएँगे ?''

''लाओ न, वीरेश से नहीं पूछा ?''

''नहीं भैया, मुझसे एक बार भी नहीं कहा।'' वीरेश ने अर्थपूर्ण दृष्टि से देखते हुए कहा।

सुरेश सिर झुकाकर व्यस्ततापूर्वक तेजी से भीतर गया और कुछ देर बाद गणित की पुस्तक, कॉपी और कलम के साथ लौट आया। वह बीज गणित का कोई समीकरण था, जिसे नीलेश ने अच्छी तरह समझाया और कॉपी पर हल करके दिखा भी दिया।

''बड़े भैया, मैं रोज आपसे ही गणित पढ़ूँगा।'' सुरेश ने खुश होकर कहा।

''पढ़ते क्यों नहीं ? मैं कहाँ मना करता हूँ ?''

नीलेश ने हँसते हुए यह बात कही थी, जिससे सभी भाई मुस्कुराकर टेढ़ी दृष्टि से उसे देखने लगे। आनन्दी तो इतनी उत्साहित हुई कि आगे बढ़कर उसने टेढ़ा सिर करके काँपती आवाज में पूछा, ''ए बाबू, मूँगदाल-भरी पूड़ी, आलू-परवल की रसेदार सब्जी और खीर बनी है, लाऊँ परोस के ?''

नीलेश ने किंचित तटस्थ और सुस्त दृष्टि से अपनी माँ को देखा, फिर सहज चैतन्य होकर उठते हुए बोला, ''अरे नहीं, मैं तो वही खाऊँगा, दूध, केला, रोटी।''

भोजन के बाद जब वह सोने के लिए बिस्तरे पर लेटा तो नींद तो उसकी उड़ी हुई थी, परन्तु यह सोचकर आश्चर्य हुआ कि कुछ ही देर सुरेश को पढ़ाने और बातचीत करने से उसके दिमाग को बड़ा आराम मिला था। वह देर तक बैठकर उन लोगों के साथ बात करना चाहता था, हँसना चाहता था, लेकिन बड़ी निर्ममता से अपनी इच्छाओं का दमन करके वहाँ से उठ आया था। खीर और दाल-भरी पूड़ी उसे कितनी पसन्द थी !

वह फिर अनोखे विचारों से घिर गया। और शीघ्र ही अपनी मानसिक शक्ति और पवित्रता के प्रति पुनः संकल्पबद्ध एवं समर्पित होकर कुछ ऊँची-ऊँची कल्पनाओं में खो गया, जिनके बीच सहसा उसने यह देखा कि वह आकाश में उड़कर सफेद बादलों के बीच में पहुँच जाता है, जहाँ नम्रता मिल जाती है, जिसके आगे बढ़े हुए हाथ को वह थाम लेता है। वे दोनों साथ-साथ उड़ रहे हैं। इसके बाद वह दृश्य परिवर्तित हो जाता है और वह अपने आँगन में चारपाई पर नम्रता के साथ बैठा है, और आकाश में मटमैले बादल तेजी से पूर्व दिशा की ओर उड़ रहे हैं। कभी वह बादलों और कभी अपने घर-आँगन को देखता है और उसे लगता है, वह मकान, जिसके आँगन में चारपाई पर वह और नम्रता खुश-खुश बैठे हैं, पश्चिम दिशा में किसी रहस्यलोक की तरह उड़ रहा है, उसी तरह जैसे

दौड़ती ट्रेन में बैठे मुसाफिर को बाहर के वृक्ष वगैरह विपरीत दिशा में जाते हुए महसूस होते हैं।

अचानक उसकी ऊँघ टूट गई। वह फटी-फटी आँखों से कमरे की छत को देखने लगा। पहले तो उसे कुछ भी नहीं समझ में आया। फिर हड़बड़ाकर उठ खड़ा हुआ और कमरे में टहलने लगा। चारों ओर मच्छर भन-भन कर रहे थे। पसीने से वह लथपथ था। देर तक टहलने के बाद, मन सुस्थिर होने पर, वह पुनः लेटकर सोने की कोशिश करने लगा, जिसमें नाकामयाब होने पर श्वास के आवागमन पर ध्यान लगाने लगा। ऐसा भी न होने पर मन को जीवन की कुछ बीती हुई घटनाओं की तरफ मोड़ने लगा। पहले उसने नैनीताल के ऊपर 'चाइनापीक' पर वृक्ष की शाखाओं पर लगे मधुमक्खियों के छत्तों के सम्बन्ध में सोचा। तत्पश्चात अपने गाँव में एक छोटे गड्ढे के किनारे पास-पास रहने और अक्सर आपस में लड़नेवाले पट्टीदार भाइयों कुंजन और गौरी तथा उनकी चिचियाती लुगाइयों की ओर मन दौड़ाया। मगर हर दृश्य नम्रता में बदल जाता है।

वह बेहद दुःखी हो गया। क्या नम्रता ने खयाल का हर स्थान घेर रखा है ? अपने को कहाँ ले जाए वह ? वह अचानक दहशत और दुःख-भरी एक दुर्घटना की याद करने लगा। कैसा मनहूस दिन था वह ! वे खेल रहे थे एक बड़े अहाते में, जब भयंकर भूकम्प आया था। वे भागे। पाँव ठीक से जमीन पर नहीं पड़ रहे थे। क्योंकि वह डोल रही थी, और उसके अन्दर से अजीब डरावनी आवाजें निकल रही थीं। उसी समय एक गली के खंडहर की अकेली दीवार वीरेश के ऊपर गिर पड़ी थी। दीवार की ईंटें हटाने पर जब वीरेश का कुचला हुआ सिर दिखाई दिया तो किस तरह सीतानाथ को गश आ गया और घर की औरतों का रोना-पीटना शुरू हुआ। इस समय भी वह दुःखी हो गया और उसकी आँखें भर आईं, परन्तु अश्रु-बूँदों के बीच से उसे, काल्पनिक दीवार-ईंटों पर अब नम्रता बैठी मुस्कुरा रही थी।

वह बेहद हताश और निराश हो गया। इतना दुःखी वह कभी नहीं रहा था। उसके समूचे शरीर में यन्त्रणा हो रही थी, पोर-पोर में पीड़ा। पता नहीं कब से उसका दिमाग थककर चूर हो गया था। लगा कि दिमाग की नसें फट जाएँगी। वह क्यों नरक का कष्ट पा रहा है ? किसी बड़े सुख की कामना कहाँ थी उसे ? क्या वह कोई स्वर्ग चाहता था ? वह तो एक साधारण कार्यक्रम पर चलना चाहता था ताकि आगे बड़ा व्यक्ति बनकर देश और समाज के लिए कुछ कर सके। लेकिन महान संकल्पोंवाले उसके कार्यक्रम को ध्वस्त करने के लिए बार-बार सामने आ रही हैं नम्रता की आँखें, उसकी विविध मनोरम मुद्राएँ—कभी मुस्कुराहट, कभी हँसी, कभी क्षोभ, कभी क्रोध में तनी भृकुटी। यह सब क्या है ? ऐसी जिन्दगी लेकर वह क्या करेगा, जिसमें उसकी सोची हुई कोई भी बात नहीं हो पा रही है, और उसका पवित्र संकल्प पछाड़ खाकर खंड-खंड बिखर जाता है। नहीं, ऐसी जिन्दगी वह समाप्त कर लेगा।

हाँ, जब वह जीवन समाप्त कर लेगा तो उसका रोज-रोज का दुःख भी नहीं रहेगा। उसके सम्बद्ध-असम्बद्ध, टुकड़े-टुकड़े ख्यालों का भीषण बवंडर उसके अस्तित्व के साथ ही मिट जाएगा। ऐसा सोचते ही, पता नहीं कहाँ से उसके अन्दर इत्मीनान की खुशी का एक झरना फूटने लगा जिसके शीतल जल में सभी परेशानियाँ डूबने लगीं। उसकी नस-नस में जो दर्द समाया हुआ था, वह धीरे-धीरे बाहर निकलने लगा, उस पर सुस्ती छाने लगी, पलकें भारी और मोटी हो गईं और शीघ्र ही नींद के आगोश में चला गया, समस्त चिन्ताओं से बहुत दूर।

सवेरे वह देर तक सोता रहा और जब चारों ओर तेज धूप निकल आई और गर्मी महसूस होने लगी तो उसकी नींद खुली। इस बीच उसकी माँ कई बार कमरे में आकर उसे आश्चर्य और चिन्ता से देख चुकी थी। क्या बात है, इस समय तक वह तो व्यायाम आदि करके गुसलखाने में नहाने चला जाता था। कहीं बीमार तो नहीं ?

वह बहुत सुस्त था। शरीर भारी-भारी लग रहा था, वैसे कोई दर्द या तनाव नहीं था। धीरे-धीरे

सभी बातें याद आने लगीं। उसने चौंककर बाहर देखा। आगे सहन में कितनी तेज और चटक धूप थी, धरती अभी से आवाँ बनने लगी थी। लेकिन अब उसे दुनिया की किसी चीज और उसके क्रिया-कलाप से क्या मतलब ? उसके होंठों पर एक बहुत ही क्षीण, सूखी मुस्कुराहट हरकत में आई और वह उठ खड़ा हुआ।

जब वह नहाकर आया तो आनन्दी प्यार से गिड़गिड़ाती हुई आवाज में बोली, "ए बाबू, दूध में चिउड़ा डालकर ले आऊँ ?"

"नहीं अम्मा, खाने की जरा भी इच्छा नहीं है।"

"न खाने-पीने से इच्छा मर गई है ए बाबू। दूध-चिउड़ा तो हल्की चीज है।" जीरादेवी ने कहा।

कुछ देर में आनन्दी बड़े कटोरे में दूध-चिउड़ा लेकर आई। नीलेश खाने लगा। खाते हुए वह सोच रहा था, आज का दिन उसके जीवन का आखिरी दिन है और कल वह अपनी जिन्दगी का अन्त कर इस दुनिया से विदा ले लेगा। अब उसे न किसी विशेष कार्यक्रम से मतलब है और न ही विशेष खान-पान से ही। कसरत, ध्यान किसी से भी नहीं।

जीरादेवी ने खुश होकर कहा, "ए बाबू, आज रसोई में जो कुछ बना है, खूब पसन्द से खाओ। आज सोमवती अमावस्या है, शिवालय में कीर्तन है। घर के सभी लोग खाना खाकर जाएँगे, जल्दी लौट आएँगे। तुम भी चलो, पूजा-पाठ से कोई भय-ताप नहीं सताता...।"

नीलेश सुस्त स्वर में बोला, "सबके लौट आने पर मन्दिर जाऊँगा।"

9

मृत्यु जिसका संकल्प एवं मुक्ति हो, ऐसे ही व्यक्ति की स्थिति नीलेश की हो गई, जो संसार की हर चीज से उदासीन होकर एक अँधेरी निश्चिन्तता में प्रवेश करते हुए सामने जो कुछ भी उपलब्ध होता है, उसी में बाकी दिन अपना ध्यान रमाता है।

नहाकर वह गुसलखाने से निकला। उसने अब तय कर लिया था कि अगला सोमवार उसके जीवन का अन्तिम दिवस होगा। उसके मुख पर एक शहीदाना मुस्कुराहट थी। भोजन के समय उसने हर चीज परोसने की अनुमति देकर परिवारजनों को आश्चर्य में डाल दिया, फिर तो शीघ्र ही उसके सामने एक चमचमाती थाली में घी में छानी गई पूड़ियाँ, मिर्च-मसाला की कड़वी शोरवेदार सब्जी, पूए, ठेकुए, दही, मिर्चा का अचार, बूँदी के लड्डू आदि खाद्य पदार्थ आ गए। खाने में उसने कोई कंजूसी नहीं की और अन्त में जब हाथ धोकर उठा तो पेट हँडिया की तरह फूल आया था और शरीर भरे हुए बोरे की तरह भारी।

सबका खाना समाप्त होने पर मन्दिर जाने की तैयारी होने लगी। उन्हें सीतानाथ के कचहरी से लौटने के पूर्व ही आ जाना भी था। नीलेश में आए बदलाव को देखकर सभी विशेष रूप से प्रसन्न थे और वे एक-दूसरे को देखकर बार-बार नाक सुड़क रहे थे। जब वे चले गए तो नीलेश ने भीतर से दरवाजा बन्द कर लिया और अपने कमरे में जाकर चारपाई पर पड़ रहा। पता नहीं कब वह गर्मी और पसीने के नीचे नींद में खर्राटे भरने लगा।

करीब चार बजे वे मन्दिर से लौट आए। नीलेश ने हड़बड़ाहट में उठकर दरवाजा खोला, बाहर से गर्म हवा का एक झोंका आया।

"बाप रे..." शैलजा सबसे पहले अन्दर घुसी।

नीलेश पसीने से नहाया हुआ था। धूप और लू में आने से सभी के चेहरे तमतमाए हुए थे। वे बारी-बारी से पानी ढारकर पीने लगे। जीरादेवी ने नीलेश से कहा :

"ए बेटा, तुम भी दरसन कर आते, बड़ी रौनक हो रही है। पुन्न-महातम का दिन है।"

"अभी जाऊँगा, दादी।"

"कुछ खा-पी लो।"

"बहुत खा लिया है, एक गिलास पानी पीऊँगा।"

उसने गुलसखाने में जाकर फिर नहाया। तत्पश्चात कपड़े बदलकर निकल गया। मन्दिर जाने में उसका कोई उद्देश्य नहीं था। बस, घरवालों ने कहा था और वह जा रहा था। सड़क पर आते ही उसका ध्यान पेड़ पर बैठे एक कौए पर गया। वह देर तक कौए को देखता रहा और उसके मुँह पर एक मुस्कुराहट उभर आई।

साढ़े चार से अधिक हो रहा था। धूप अब भी चटक थी और हवा गर्म। कुछ दूर ही चला होगा कि उसे राजनाथ यादव मिला जो उसका सहपाठी और आजकल बेसब्री से हाईस्कूल परीक्षाफल का इन्तजार कर रहा था। वह दाएँ और बाएँ पृथ्वी को हिलाने की कोशिश करता हुआ तेजी से चल रहा था, लेकिन उसे देखकर पास आ गया।

"रेजल्ट कब आ रहा है ?"

"जब आ जाए," नीलेश का स्वर उदासीन था।

"कहाँ जा रहे हो ?"

"ऐसे ही, कोई खास नहीं।"

"आजकल इतने सुस्त क्यों हो रहे हो, नीलेश ? सबसे कटे-कटे रहते हो। न किसी से मिलना-जुलना, न ही किसी से बोलना-बतियाना। तबीयत तो ठीक है न ?"

"ठीक है..." नीलेश के मुख पर पुनः पहले जैसी शहीदाना मुस्कुराहट आ गई थी।

"खुश रहा करो, यार ! ऐसी भी क्या मनहूसियत। देश और समाज को भूल गए, तुम नवीं कक्षा में कितने उत्साह से अन्ताक्षरी में भाग लेते थे। सभी स्कूलों में गोबर्धन, नफीस, दयाशंकर और तुम्हारी कितनी चर्चा होती थी। अच्छा ठीक है, मैं कल दस बजे दिन में तुम्हारे पास आऊँगा, इस समय मैं काम से जा रहा हूँ। हाँ, एक जगह ले चलूँगा तुम्हें।"

"ठीक है..." नीलेश आगे बढ़ गया।

मालगोदाम के सामनेवाली कंकड़ों की पक्की सड़क सीधी सरयू तट तक चली जाती थी। और तहसीली स्कूल और जापलिनगंज वाले मोड़ के आगे उसकी एक शाखा फूटकर बाईं ओर मन्दिर की ओर बढ़ गई थी। मन्दिर तो आखिर मन्दिर है, फिर भी कोई मन्दिर बड़ा लोकप्रिय होता है, बाजार में किसी खूब चलती दुकान की तरह। कुछ वर्ष पूर्व यह एक गरीब मन्दिर था, लेकिन जब से सीतानाथ नियमित रूप से कीर्तन करने लगे हैं, इसकी शोहरत बढ़कर जनपद के गाँवों तक पहुँच गई है, यहाँ तक कि विशेष पर्वों पर अब पुलिस की व्यवस्था भी करनी पड़ती है।

सीतानाथ के अगाध विश्वास का अन्दाजा उस घटना से लगाया जा सकता है, जो वह स्वयं दूसरों को सुनाया करते हैं। "भैया, मेरे शरीर में ऊपर से नीचे तक बड़े-बड़े कच्चे फोड़ों की तरह न मालूम क्या निकल आया था। डॉक्टर, वैद्य और हकीम की न मालूम कितने घड़े दवाइयाँ पी गया, पर कोई फायदा नहीं। अब देखिए क्या होता है—एक रात मैंने सपना देखा, कोई कह रहा था, 'फौरन जाओ, बालेश्वरजी के मन्दिर में जाकर शंकर भगवान की सेवा करो। रोज नंगे पैर कुएँ से पानी भरकर मन्दिर की सफाई करो, शिवजी को नहलाओ, उनकी स्तुति, पूजा-अर्चना करो। इस जिले की जनता भगवान शंकर की उपेक्षा कर रही है, यह ठीक नहीं है।' खैर, मैं अगले दिन शाम को कचहरी से आने के बाद मन्दिर पहुँच गया। तब से मेरी सेवा जारी है। एक दिन का भी नागा नहीं हुआ। उन्हीं की कृपा से कुछ ही दिनों बाद फोड़ा-वोड़ा भी सब..." उन्होंने चिटुकी बजाकर अपना मन्तव्य प्रकट किया।

इस सम्बन्ध में उमानाथ तथा अन्य लोगों का दूसरा ही कथन है। फोड़ों की वजह से सीतानाथ का चेहरा इतना खराब लगता था कि पट्टीदारों ने उसे कोढ़ के रूप में प्रचारित कर दिया। उमानाथ ने कई बार उनसे आग्रह किया था कि वे पटना या कलकत्ता चलकर इसका निदान करा लें। पर वह कचहरी और शहर छोड़कर जाना ही नहीं चाहते थे।

हुआ यह कि जिन दिनों सीतानाथ ने मन्दिर जाना शुरू किया, उमानाथ नौकरी से आकर बैठ गए कि जब तक वह पटना जाने के लिए तैयार न होंगे, वह कहीं नहीं जाएँगे, चाहे नौकरी ही क्यों न छूट जाए। सीतानाथ बड़े भाई होने के नाते सदा उमानाथ पर अपनी तानाशाही चलाते रहते थे, परन्तु इस बार तो उमानाथ ही तानाशाह बन गए।

पटना मेडिकल कॉलेज में पूरी जाँच का कोई नतीजा न निकलने पर एक मशहूर प्राइवेट डॉक्टर को दिखाया गया। डॉक्टर शरण ने उनके किसी भी कच्चे फोड़े के खून-मवाद की जाँच का आदेश दिया, जिसके बाद निदान हुआ यह कि त्वचा का कालाजार है, जिसकी दवा भी एक ही है। और उसका कोर्स लेने के बाद वे फोड़े भूसे की तरह उड़ गए। लेकिन सीतानाथ का अब भी पहले जैसा ही विश्वास है। वह कहते हैं :

''भैया, सब शंकर भगवान की कृपा है, यह ठीक है कि उमानाथजी मेरे छोटे भाई हैं, मेरी बड़ी कद्र करते हैं। वह मुझसे पन्द्रह साल छोटे और मेरे लड़के के समान हैं। जब उन्होंने जिद्‌द ठान ली तो क्या मैं उनके साथ न जाता ? लेकिन, भाई, पटना और दवा तो एक बहाना है–असल बात तो यह है कि प्रभु चाहते थे कि उमानाथजी यहाँ आकर जिद ठान लें और मैं उनके साथ पटना जाऊँ। अगर वह न चाहते तो एक-से-एक बढ़कर डॉक्टरों वाले मेडिकल कॉलेज की जाँच क्या नाकामयाब होती और हम डॉ. शरण के यहाँ पहुँच जाते ? मेडिकल कॉलेज से सीधे घर न लौट आते ?''

इसमें सन्देह नहीं कि इस छोटे-से कस्बे और गाँव की जनता सीतानाथ के प्रति अत्यधिक कृतज्ञ है। इस मन्दिर के पुजारीजी, जो पहले मुश्किल से दोनों जून का भोजन जुटा पाते थे, अब दिन-पर-दिन सम्पन्न होकर उनसे इतने प्रसन्न रहते हैं कि शाम-सवेरे किसी भी बातचीत में उनकी याद करके उन्हें ढेरों आशीर्वाद देते हैं। दूसरे जिन लोगों का रोआँ-रोआँ सीतानाथ को आशीर्वाद देता था, वे भिखमंगे हैं, जो छोटे-बड़े धार्मिक एवं स्नान पर्वों के अवसर पर न मालूम कहाँ-कहाँ से इकट्‌ठे हो जाते हैं। ऐसे आयोजनों में भक्तों और भिखमंगों में गहरा रिश्ता होता है और वे एक-दूसरे को बेहद पसन्द करते हैं। वैसे भी, सम्पन्न भक्तजनों की पवित्रता एवं उच्चता के सन्तोष और गरीब तथा बेकारों की खाद्य-समस्या के समाधान का यह बड़ा ही कारगर तरीका है।

नीलेश ने जब मोड़ के पहले ही सड़क के दोनों किनारों पर भिखमंगों की कतारें देखीं तो उसकी आँखें फैली-की-फैली रह गईं। भक्तजनों की भीड़–स्त्री-पुरुष व बच्चे–गंगा या सरयू में स्नान कर पानी-भरे लोटे लिए आती थी और पूजा-अर्चना के बाद लौटते हुए भिखमंगों के गन्दे एल्युमिनियम-कटोरों, छिपुलियों, आगे बिछाए गन्दे बोरों या कपड़ों पर चिउड़ा या तिलवा-तिलकुट की भुरुकनी, लाई-चना, पाई (बारह पाई का एक आना), पैसा (चार पैसा का एक आना), ढेबुआ (ताँबे का नेपाली पैसा शकरपाड़े के आकार का) आदि फेंकते जाते। तड़के सबेरे से शाम तक यह भीड़ जमी रहती और पात्र भरने पर उन्हें खाली करके फिर रख दिया जाता। जहाँ सम्भव था, शिफ्ट भी बदल जाती थी और दोपहर बाद एक परिवार के दूसरे चेहरे दिखाई देने लगते।

नीलेश के मुख पर सिर्फ कौतुक का भाव था और होंठों पर प्यारी-सी अनजान मुस्कुराहट। उसे लगा कि पहली बार ही वह उन्हें देख रहा है। आगे एक जगह सड़क पर ही कुछ देर रुक गया। भीड़ का रेला कम हो गया था और कुछ भिखमंगे कतार के पीछे जाकर कबड्‌डी खेलने लगे थे। उनमें कुछ बच्चे, तीन-चार नौजवान और अधेड़ उम्र का एक लँगड़ा व्यक्ति था, जिसके माथे पर टीका भी था। लँगड़ा ही कबड्‌डी पढ़ाते हुए आगे बढ़ा :

"चल कबड्डी आल-ताल,
मर गए बिहारीलाल,
जिनकी मूँछें लाल लाल लाल..."

इसके बाद दूसरी ओर से एक काला, नाटा नौजवान पढ़ाते हुए आया :

"डू-डू-डू-डू-डू-डू..."

यह कहते हुए वह काफी अन्दर घुस गया और किसी को छूकर भागा, लेकिन उसकी साँस बीच में ही टूट गई। फिर दोनों टीमों के बीच बेईमानी को लेकर चीख-चिल्लाहट मचने लगी, जिसमें एक छोकरे की तेज आवाज सुनाई दे रही थी, 'ए पंडितवा, लँगड़ा कहीं का, बेइमंटी करता है'। उसके जवाब में लँगड़ा भिखमंगा भी उसकी जाति का नाम लेकर उसे गालियाँ दे रहा था, पर उसकी आवाज साफ नहीं थी। इसके बाद ही भक्तों का एक रेला आया और वे चुप होकर अपनी-अपनी जगह पर बैठ गए।

नीलेश आगे बढ़ गया। ऐसा ही होता था बीच-बीच में। जब भीड़ कम हो जाती तो लड़के और लड़कियाँ कतार के आगे या पीछे खेलने लगते अथवा कुछ भिखमंगिनें एक-दूसरे की ओर हाथ बढ़ाकर और मटक-मटककर लड़ने-झगड़ने लगतीं। यह युद्ध जोर-जोर से दयनीय आवाज में चिल्लाकर किसी भक्त से अधिक दान ले लेने या किसी को उसकी महत्त्वपूर्ण जगह से विस्थापित कर देने अथवा मनोरंजन के उद्देश्य से ही आरम्भ हो जाता। उसे यह गौर करके बड़ा आनन्द आया कि उन भिखमंगों की बोली मिली-जुली लेकिन यहाँ के सामान्य लोगों की भाषा से कुछ अलग हटकर थी। अक्सर नेटुओं और नेटुआइनों की तरह, जो साधारण बात चिल्लाकर ही बोलते हैं। उनकी बोली में गाली-गलौज था ही, अनेक अक्षर जीभों और तालुओं के बीच में दबकर गायब हो जाते थे और कुछ शब्दों के अन्त में आवाज की टेढ़ी-तिरछी लकीरें भी बन जाती थीं जैसे 'ए माई' की जगह पर 'ए माईयऽऽ', 'ए मलकाइन' की जगह 'ए मलिकइनिऽयाँ' और 'अरे साला' की जगह पर 'अए साआ' सुनाई देता था।

मन्दिर के कुछ पहले ही भिखमंगों की कतारें खत्म हो गईं। उसके बाद एक कतार में माली बड़ी-बड़ी टोकरियों में फूलमाला लेकर बैठे ही विनम्र श्रद्धा से व्यस्ततापूर्वक भक्तजनों को पत्तों में लपेटकर सामान दिए जा रहे थे। उनकी बगल में हलवाइयों की दो दुकानें थीं। एक देशी घी की और दूसरी तेल की। दोनों ही दुकानों पर लाल-लाल जिलेबियाँ, इमरतियाँ और पूड़ियाँ छन रही थीं। तेल वाली मिठाइयाँ कुछ अधिक ही लाल थीं। इसके अलावा मोतीचूर के लड्डू, कलाकन्द, बालूशाही और अकबरी पहले से ही बनाकर रखी हुई थीं।

अनेक लोग सपरिवार आए थे और सबेरे से थककर चूर-चूर हो गए थे। उन्हें खूब भूख लगी थी और वे पूजा-अर्चना के बाद पूड़ियाँ-मिठाइयाँ मुँह का लार घोटते हुए तौलवा रहे थे। देशी घी वाले हलवाई के सिर पर पगड़ी बँधी थी और दूसरा टेढ़ी दोपल्ली टोपी पहने हुए था। उनके चेहरों पर कोई भाव नहीं था, बस मुँह पर मुस्कुराहट की एक-एक छोटी, टेढ़ी और स्थिर लकीर खींच दी गई थी, जिन्हें देखकर किसी कुम्हार द्वारा निर्मित मिट्टी की मूर्तियों का स्मरण हो जाता था। अथवा किसी रंगमंच पर विशेष परिधान और मुखौटे पहनाकर उनसे विशेष अभिनय कराया जा रहा हो। उसे हँसी आने लगी। लेकिन अपने संकल्प की याद कर वह दूसरी ओर मुँह करके अपने को नियन्त्रित करने का प्रयास करने लगा।

इसके अलावा चारों ओर अनेक खोमचेवाले बिखरे थे, जो सेव-दालमोठ, चुरमुरे, दालपट्टी, लकठे, गट्टे, पपड़ी, बुढ़िया के बाल, रामदाना के लड्डू, गुलाब के लड्डू, बर्फ-मलाई, आलू-भरी छोटी-छोटी कचौड़ियाँ, घुघनी, फुलौड़ी, दहीबड़े, खेसिया, पापड़ आदि बेच रहे थे। इन्हीं के साथ तितैया की तरह सीटी, पिपिहरी, गुब्बारे, धनुष-बाण, लट्टू, घिरनियाँ, छोटे-छोटे बिगुल और ढोलक

तथा अन्य खिलौने बेचनेवाले अन्दर-बाहर, टेढ़े-तिरछे घूम रहे थे।

नीलेश सबको ध्यानपूर्वक देखता हुआ मन्दिर के अन्दर प्रवेश कर गया, जिसका पीछे का गलीवाला दरवाजा भी खोल दिया गया था। मन्दिर का बड़ा अहाता रंग-बिरंगी पोशाकों, उम्र और चेहरों के नर-नारी और बच्चों से भरा था। चारों ओर एक शोर उठ रहा था परिचित-सा। मन्दिर के अन्दर कहीं भजन गायक, रामायणी और कीर्तनिया लोग हारमोनियम, ढोलक, झाल, मँजीरा और करताल के साथ रामायण पाठ कर रहे थे। वे चौपाई की एक-एक पंक्ति 'अरे रामा' से शुरू करके 'रामा हो रामा' पर समाप्त करते थे।

''अरे रामा, कौशल्या जब बोलन जाई...रामा हो रामा, अरे रामाऽ, ठुमुकि-ठुमुकि प्रभु चलहिं पराई...रामा हो रामा।''

धूप सहन से हटकर मन्दिर और वृक्षों के शिखर पर पहुँच गई थी। चारों ओर सीढ़ियों के नीचे जूते, चप्पल, स्लीपर और चमरौधे छितरे हुए थे, जिन्हें उतारकर लोग मन्दिर में जाकर पूजा-अर्चना कर रहे थे।

इतनी भीड़ देखकर नीलेश की इच्छा हुई कि लौट चले, फिर कुछ देर के अनिश्चय के बाद पक्के कुएँ के वृत्ताकार चबूतरे के एक किनारे नीचे पाँव लटकाकर बैठ गया। कुएँ के आस-पास कम भीड़ थी। कुएँ की गड़ारी पर लिपटी एक लम्बी डोर से एक हल्की बाल्टी बँधी थी, जो प्यासे लोगों के लिए बड़ी उपयोगी सिद्ध हो रही थी।

धूप कुछ-कुछ झँवराने लगी थी, जिससे ताप में कुछ कमी आ गई। नीलेश चारों ओर मुँह घुमा-घुमाकर लोगों को देखने लगा। सबसे आश्चर्य उसे इस बात से हुआ कि वहाँ पुरुषों से अधिक स्त्रियों और बच्चों की भीड़ थी। यह शायद सच है कि माया, ममता, आस्था, आदर्श और धर्म इस देश में स्त्रियों की वजह से कायम है, लेकिन ऐसे आयोजन की और भी उपयोगिता थी उनके लिए। चौबीसों घंटे परदे में चौका-चूल्हा, सफाई-दफाई, शिशुपालन तथा घर-गृहस्थी के अन्य गम्भीर तथा उबाऊ कार्यों में व्यस्त वे अपनी घुटन की जिन्दगी से कुछ देर की मुक्ति यहीं आकर पाती हैं।

वे खुली हवा में साँस लेती हैं, दुनिया को आँखें फाड़-फाड़कर देखती हैं। शौक से चाट और मिठाई खाती-पीती हैं। अनेक पूर्व-परिचित तथा नव-परिचित स्त्रियों से लगातार हटर-हटर बातें करके अपनी कुंठाएँ दूर करती हैं। ऐसे में हर तरह की चर्चाएँ होती हैं, निन्दा और प्रशंसा होती हैं, पुरानी दुश्मनी दूर होती है और कई बार तो शादियाँ भी तय हो जाती हैं। नीलेश ने देखा कि मन्दिर के बाहरी खुले चबूतरे पर अनेक समूहों में बैठी वे एक-दूसरे की ओर झुक-झुककर कैसे बेतहाशा बातें किए जा रही थीं।

न चाहते हुए भी अजीब-अजीब खयाल आ रहे थे उसके दिमाग में। वह कुएँ की गच पर बैठा एक-एक नर और नारी को जो उसके सामने पड़ रहे थे, गौर से, घूर-घूर कर देख रहा था, जैसे वह उनको पहचानता हो या पहचानने की कोशिश कर रहा हो। प्रत्येक में उसे अनोखापन नजर आता और तब भी महसूस होता कि कि इनमें से हर को कहीं-न-कहीं देखा है। उसे लगा कि उसके अन्दर उन व्यक्तियों की सहजता, श्रद्धा, आस्था और कर्मठता भर गई हो।

सहसा उसका ध्यान सामने मन्दिर के भीतर वृत्ताकार गलियारे की ओर चला गया, जहाँ श्रद्धालु बाहर से शिवलिंग की परिक्रमा करके घंटे बजा रहे थे। भीड़ के अचानक खँखरा हो जाने पर उसके सामने एक मुटल्ले भक्त का दृश्य दिखाई पड़ा, जो महीन धोती, रेशमी कुर्ता, गले में जंजीर, कलाई में घड़ी और अँगुलियों में कई अँगूठियाँ पहने था। उसने बाहर से ही भगवान शिवलिंग की ओर मुँह करके कुछ बुदबुदाकर स्तुति-प्रार्थना की, दोनों कानों के पास अँगूठे रखकर गाल बजाए, जोर से 'जय शिवशंकर, काँटा लगे न कंकर' कहा और दो-तीन बार हाथ उठाकर घंटा बजाया। इस समस्त पूजाकार्य के दौरान वह गर्दन मोड़कर अपनी बड़ी-बड़ी आगे उलटी आँखों से निकट खड़ी एक

नव-विवाहिता अपूर्व सुन्दरी को देख लेता था, जैसे किसी दावत में कोई निहायत सभ्य और शरीफ व्यक्ति सामने सज्जित खाद्य पदार्थों को ललचाई दृष्टि से निहार लेता हो। ऐसी दुर्लभ मुद्रा नीलेश ने कभी देखी नहीं थी और उस पर हँसी की सुरूहरी चढ़ गई।

दूसरा दृश्य और भी आकर्षक था। करीब पच्चीस वर्ष का एक दुबला-पतला नौजवान, जो तांजेब का कुर्ता और लट्ठे का पायजामा पहने था और जिसके बाल उलटे झाड़े गए थे, मन्दिर के बाहरी, खुले चबूतरे के एक किनारे सबसे अलग खड़ा था और वहीं से एक निहायत मौलिक तरीके से कुछ ही दूरी पर अपने परिवारजनों के पास कुछ हटकर खड़ी खूबसूरत लड़की को रिझाने की कोशिश कर रहा था। वह देर से लड़की को देख रहा था, पर उसकी दृष्टि लड़की के चेहरे पर नहीं थी बल्कि उसके पार्श्व से कान के किनारे को स्पर्श करती हुई आगे चली गई थी, जैसे कोई दूसरी ही वस्तु दिलचस्पी से देखी जा रही हो। इस कठिन तपस्या में इस इच्छा की लपलपाहट थी कि वह जवान लड़की उसके अद्‌भुत और शानदार व्यक्तित्व का दर्शन करने का पूरा अवसर भी प्राप्त कर ले और उसका गूढ़ मन्तव्य भी समझ ले। उसे किसी बगुले या छिपकली की भ्रमोत्पादक एकाग्रता की याद आई और वह बेतहाशा हँसने लगा।

अचानक कुएँ पर किसी की पदचाप सुनकर वह होश में आया। सीढ़ियाँ चढ़कर कोई ऊपर आया था। उसने सिर घुमाकर देखा और उसे लगा कि अचानक तेज चमक के साथ कोई बिजली उस पर आ गिरी हो। उसका चेहरा काला पड़ गया था और वह कुछ क्षणों तक होश-हवास खोया बैठा रह गया। कुछ सँभलकर जब उसने फिर देखा तो नम्रता कुएँ में बाल्टी डालने की तैयारी कर रही थी। वह कुछ सोचे या वहाँ से चला जाए, इसके पूर्व ही उसके मुँह से आवाज फूट पड़ी :

''रुक जाओ...''

सलवार-कुरता और दुपट्टे में सज्जित नम्रता का बाल्टी पर झुका सुसन्तुलित चेहरा कुछ आरक्त हो गया और उसके होंठों पर एक अनजान, शिष्ट मुस्कुराहट काँपने लगी, जैसे बिना देखे ही वह नीलेश को देख रही हो। अन्त में धीरे-से बोली :

''मैं भर लूँगी, गाँव में कई बार भर चुकी हूँ।''

''नहीं, मैं आता हूँ...'' अपनी चप्पलें नीचे गिराकर वह फुर्ती से ऊपर चढ़कर उसके पास पहुँच गया। नम्रता सीधी खड़ी हो गई। वह कुछ सकपकाई, शायद अनिश्चित भय का कोई भाव उसके चेहरे पर दौड़ गया, परन्तु नीलेश ने उसकी ओर देखा भी नहीं। उसने डोर में बँधी बाल्टी उठाकर, पैर सँभालते हुए कुएँ में गिरा दी और नीचे गुड़-गुड़ की आवाज होने पर उसे ऊपर खींचकर गच पर रख दी।

''कैसे ले जाओगी ? कोई बर्तन ?''

नम्रता के चेहरे का रंग अब बदल गया था। वह अनोखी आभा से चमक रहा था। वह अपनी बड़ी-बड़ी, खूबसूरत आँखें खोलकर प्रफुल्लित आश्चर्य भाव से उसे देख रही थी।

''मैं बाल्टी पहुँचा दूँ। डोर खोलकर पहुँचा दूँगा...'' नीलेश ने एक ही क्षण उसको देखा था लेकिन दीपावली के दीयों की तरह वह भीतर से जगमगा गया था। उसके बाद उसके मुँह से जो वाणी निकली थी, उसमें कोई दम नहीं था और उसे वह बहुत ही भौंडी भी लगी।

''नहीं, नहीं, मैं बर्तन ले आती हूँ...'' यह कहकर वह तेजी से कुएँ की सीढ़ी से उतरकर मन्दिर की ओर चली गई। अनिच्छा के बावजूद वह उधर देखता ही रह गया। एक लम्हे की चमक में उसे बरसाती शाम की वह मामूली-सी दुबली-पतली लड़की दिखाई देने लगी, जिसकी आकाश की तरह फैली आँखों और खूबसूरती से सिकुड़े होंठों ने उसके अन्दर अलौकिकता एवं लौकिकता की अनोखी अनुभूति जगा दी थी।

नम्रता जल्दी ही आई और फुर्ती से एक बड़े जग में बाल्टी का पानी उड़ेलने लगी। उसकी दृष्टि

नम्रता की झुकी हुई पीठ से होती हुई उसके पाँवों पर पड़ी। छोटे-छोटे, कोमल, साफ-सुथरे और खूबसूरत पाँव। उसकी आँखों में पता नहीं कहाँ से आँसू आ गए। उसे महसूस हुआ कि वह हवा में उड़ा जा रहा है। उसके अन्दर दिव्यता, पवित्रता और बादलों की निष्कलंक सफेदी भर रही है ! तभी वह बाल्टी का आधा पानी जग में लेकर बिना कुछ कहे वहाँ से चिड़िया की तरह फुर्र हो गई।

वह होश में आकर अपने को धिक्कारने लगा। 'नहीं, नहीं, यह सब क्षणिक है,' वह होंठों में ही बुदबुदाया। संकल्प उसका अटल है। आखिरी है यह सब !

कुछ देर बाद जब वह आई तो उसके हाथ में वही जग था, जो खाली हो चुका था। नीलेश अब भी वहीं खड़ा था और उसके चेहरे पर स्याही-सी पुती थी। नम्रता ने उसको आश्चर्य से फैली आँखों से देखा जैसे उसकी भावनाओं को भाँप रही हो। सहसा नीलेश कैसी करुणा और दुःख से भर गया और उसके मुँह से आवाज निकली, जैसे कुएँ या खाई में से बोल रहा हो :

''नम्रता...'' उसका स्वर टूट गया।

नम्रता भीग-सी गई। उसके मुख पर कुछ मृदुल रेखाएँ उभर आईं। फिर भी वह कुछ बोल न सकी और नीलेश के मुख को एकटक निहारने लगी।

''मैं तुम्हारा अपराधी हूँ...बहुत दिनों से तुमसे माफी माँगना चाहता हूँ...''

नम्रता अपना शरीर तिरछा करके दूसरी ओर देखती हुई भर्राए हुए स्वर में बोली, ''किसलिए ?''

''तुम्हारे दिल को चोट...''

''नहीं, नहीं,'' नम्रता ने दो बार सिर हिलाया। तत्पश्चात वह होंठों को भींचकर अपने को सँभालने की कोशिश करने लगी, जिससे उसके हाथों की मुट्ठियाँ बँध गईं, चेहरा हल्का लाल हो गया और होंठ काँपने लगे। नीलेश ने अवाक होकर देखा कि उसकी आँखों में दो बड़े-बड़े आँसू अटके हुए हैं, फूल की पंखुरियों पर ओस बूँदों की तरह।

वह उसकी बातों का अर्थ ढूँढ़ने लगा। लेकिन जिधर गया, उसे शून्य मिला। वह उस शून्य में डूबने-उतराने लगा और उसे महसूस हुआ कि उसके फेफड़े में बहुत कम हवा बची है और वह ऐसी चीज के लिए तड़फड़ा रहा है, जिसके बारे में स्वयं उसे पता नहीं कि क्या चीज है !

नम्रता फिर झुककर जग में पानी भरने लगी थी। इस बीच उसने अपनी आँखें भी पोंछ ली थीं। जब वह खड़ी हुई तो उसके चेहरे पर हर्ष या विषाद का कोई चिह्न नहीं था।

''शायद और भी पानी की जरूरत पड़े,'' वह बोली, ''अम्मा को कारों की सुदामा मामी और बोहारन नानी मिल गई हैं। उन लोगों के साथ कई छोटे बच्चे हैं। शहर में ही रहती हैं, कई महीने बाद मिली हैं।''

वह मुस्कराई और झट जग लेकर नीचे उतर गई। वह ठगा-ठगा-सा उसे देखता रह गया। उसकी चाल में कोई कृत्रिमता और जल्दीबाजी नहीं थी। एक सहज, स्वाभाविक, निःशब्द और आकर्षक चाल। उसे लगा, जैसे कोई खूबसूरत ख्वाब देख रहा हो।

तभी उसे पानी का ख्याल आया। उसने फिर खाली बाल्टी कुएँ में डालकर पानी खींचने के बाद मन्दिर की ओर देखा और सचमुच नम्रता आ रही थी।

धूप डूब गई थी और ऊपर चारों ओर उसकी दमक ही शेष थी।

''आपने ठीक समझा। वहाँ पानी देखकर और लोगों को भी प्यास लग गई है,'' पहले वह मुस्कराई, फिर गम्भीर होकर अजीब तरह से सिर झुकाकर खड़ी हो गई।

''कुछ कहना चाहती हो ?'' बिना कुछ सोचे-समझे ही नीलेश के मुँह से आवाज निकली।

उत्तर देने में नम्रता से कुछ क्षणों का विलम्ब हो गया। फिर वह मुस्कुराने की चेष्टा करती हुई बोली, ''मैं बहुत खुश हूँ।''

''क्यों ?''

“दिन में आपके यहाँ से सभी लोग आए थे। उनसे मेरी माँ बहुत प्रेम से मिलीं। बड़ी देर तक बातें होती रहीं। मैं तो वहाँ से टल गई थी, लेकिन जब आई तो चाचीजी ने मुझसे कहा, तुमने आना-जाना क्यों छोड़ दिया। आया-जाया करो, जैसे आती थी।”

“फिर ?”

“फिर क्या ? जब वे लोग चले गए तो और लोग भी आ गईं। अम्मा आज देर से घर जाएँगी। चाचाजी का कीर्तन सुनकर ही। तब तक पिताजी भी आ जाएँगे। इतनी देर तक बैठना बड़ा कष्टदायी हो रहा था। स्वयं ही बाहर या मन्दिर में अकेले इधर-उधर घूम आई। उसकी भी एक सीमा थी। फिर मन्दिर के चबूतरे पर एक किनारे बैठ गई। तभी मैंने देखा कि आप कुएँ पर पैर लटकाकर बैठे हैं...”

नीलेश चकित होकर उसकी बातें सुन रहा था। वह बहुत धीरे-धीरे बोल रही थी। नीलेश का ध्यान बार-बार उसकी बोली की मिठास पर चला जाता था। मोटा और महीन का अद्भुत मिश्रण...

कुछ रुककर और अगल-बगल देखने के बाद उसने कहा, “मैंने सोचा था कि जब आप मिलेंगे तो सबकुछ बताऊँगी, पर हिम्मत नहीं होती थी। आप स्वयं बहुत उदास लगते थे और मुँह दूसरी ओर कर लेते थे। यह भी सुनने में आया था कि पार साल आप घर से अपने एक मित्र के गाँव चले गए थे, जहाँ से चाचाजी आपको एक्के पर लाए थे...”

“तुम्हें यह सब किसने बताया ?” नीलेश के स्वर में उलझन थी।

नम्रता निर्लिप्त आवाज में बोली, “कुछ बातें देखी जाती हैं, कुछ सुनी जाती हैं, कुछ दीवारें कहती है, कुछ बिना सिर-पैर के हवा में उड़ती रहती हैं और कुछ के हम स्वयं भी गवाह होते हैं...”

वह चुप हो गई और उसकी ओर देखकर कुछ तल्खी से फिर बोली, “सबसे तुच्छ तो मैंने अपने को उस समय समझा, जब आपने मुझसे माफी माँगी। क्यों ? क्या स्त्री इतनी हीन, अछूत और गई-गुजरी होती है कि उसकी वजह से पुरुष महानता से गिर कर अपराधी हो जाता है ? क्या स्त्री की कोई भावना नहीं होती, कोई विचार नहीं होते, उसके पास आत्म-सम्मान और विवेक नहीं होता ? क्या वह किसी के आचरण के औचित्य और अनौचित्य को नहीं समझ सकती ? वह क्या किसी को अपना आदर्श साथी नहीं मान सकती...”

सहसा उसकी जुड़ी हिम्मत ताश के घरौंदे की तरह टूट-बिखर गई और वह सिर झुकाकर तथा चेहरे को दाएँ हाथ की हथेली से ढककर धीरे-धीरे सुबकने लगी।

“क्या कर रही हो नम्रता ?” नीलेश ने हतबुद्धि होकर फुसफुसाई आवाज में कहा।

नम्रता कुछ नहीं बोली। कुछ देर बाद सुस्थिर होकर जग में पानी उड़ेलने लगी। फिर खड़ी हो गई। उसकी आँखें भीगी थीं। उसने कहा :

“मैं आऊँगी, गेट के बाहर कुछ मिठाई-विठाई लेनी है...”

वह चली गई। नीलेश को विश्वास नहीं हो रहा था। नम्रता कौन-सी भाषा बोल रही है ? इतनी ही उम्र में क्या वह उसके अनुभव की भाषा है अथवा किसी किताबी भाषा का छायानुवाद ! क्या वे उसके अन्तर की दीप-छवियाँ हैं ? क्या कहना चाहती है यह लड़की ? इस तरह तो उसने स्वयं नहीं सोचा नारी के बारे में। क्या यह सच नहीं कि अनेक उच्चस्तरीय पुस्तकें पढ़ने और वीरेश्वरानन्द के प्रवचन सुनने के बाद भी उसने स्त्री को शरीर के अलावा कुछ नहीं समझा, जिसको अपनी पवित्रता की रक्षा के लिए लज्जा, अनुशासन और अनेक बन्धनों और सीमाओं में रहना जरूरी है।

वह अपने अन्दर लघुता का अनुभव करने लगा। नए सामाजिक मूल्य के लिए वह अपने अन्दर और बाहर कब टकराया ? और यदि टकराया भी तो अपने लिए, जो उसे निजी कुंठा, हताशा और

मृत्यु की ओर ले गया।

मन्दिर के भीतर और बाहर हलवाइयों की दुकानों पर कई गैस-बत्तियाँ प्रकाशित हो उठीं। खोमचेवालों ने रेंडी की अनगिनत कुप्पियाँ जला दी थीं। चारों ओर एक चितकबरा अँधेरा फैल गया था। मन्दिर के अन्दर अब भी काफी भीड़ थी, लेकिन नीचे जमीन पर बैठे कुछ ग्रामीण परिवार धीरे-धीरे छँट रहे थे। शोर भी पहले से कम हो गया था।

नीलेश उस कुएँ की गच पर पहले की तरह फिर पैर लटकाकर बुझा-बुझा-सा बैठा था। कल तक वह अपने अन्दर कैसा नरक भुगत रहा था और आज नम्रता ने अपने अप्रत्याशित बात-व्यवहार से उसे नए अनुभवों के दूसरे ही लोक में फेंक दिया था। तभी उसने न्रमता को गेट की तरफ जाते हुए देखा। वह अपने दाहिने हाथ में एक झोला लटकाए हुए थी।

नीलेश ने नीचे उतरकर चप्पलें पहनीं। जब वह गेट के बाहर पहुँचा तो नम्रता देशी घी वाली हलवाई की दुकान के सामने एक ओर खिसककर खड़ी दिखाई पड़ी, क्योंकि दो-तीन ग्राहक पहले ही से कुछ खरीद रहे थे। वह सिर इधर-उधर घुमाकर देख लेती थी।

"अभी नहीं मिली ?" पास पहुँचकर नीलेश ने पूछा।

नम्रता की आँखों में चमक आ गई और होंठ मुस्कुराहट में हल्के-से खुल गए। उसने कहा, "दे रहे हैं..."

कुछ देर बाद नम्रता ने पूड़ी-मिठाई का पैकेट झोले में डालकर नीलेश से कहा, "मुझसे समोसे लेने के लिए भी कहा गया था, पर यहाँ तो किसी के पास नहीं है, क्या सिनेमा-हॉल के पास चलेंगे, वहाँ मिल जाएँगे..."

नीलेश कुछ क्षणों के लिए हिचकिचाया। उसे डर भी हुआ कि इस छोटे-से पिछड़े शहर में किसी ने देख लिया तो ? परन्तु नम्रता के मुख पर कोई वैसा भाव नहीं था, बल्कि वह निर्भीकता से खड़ी उसको उत्सुकता से देख रही थी।

"चलो," वह उसके बराबर आ गया। वे साथ-साथ चलने लगे। भीड़ कम हो गई थी। भिखमंगों की कतारें गायब थीं। जब गैस की बत्तियाँ पीछे छूट गईं और अँधेरा आ गया तो नम्रता स्वतः ही बोलने लगी, गोया ग्रामोफोन रिकॉर्ड पर सूई रख दी गई हो :

"मैं कुछ बड़ी हुई और सोचने-समझने लगी तो मेरी हालत अजीब थी। हर समय टोक-टाक, यह न करो, वह न करो। बड़ी कुंठा भर गई थी। हमेशा लगता था कि कोई गलत बात कर रही हूँ। कहीं भी कोई प्रोत्साहन नहीं मिलता। मैं अपने मन से खुद पढ़ती थी और अच्छे नम्बर लाती थी। दिल्ली में मौसी के यहाँ जरूर कुछ सीखने को मिला—खास तरह से नए ढंग से पहनने-ओढ़ने और सिलाई, कढ़ाई और बुनाई के बारे में। लेकिन मौसी की लड़कियों पर भी कड़ी नजर रखी जाती थी। मैं नहीं जानती, शायद यह जरूरी भी हो, क्योंकि हमारा समाज इतना पिछड़ा और विकृत है कि लड़कियों को अँधेरे में ठेलने को सभी तैयार नजर आते हैं।"

उसने मुँह घुमाकर नीलेश की ओर देखा। वह सिर झुकाए चल रहा था। वे अँधेरे में बाईं पटरी से बढ़ रहे थे। दिन-भर की गर्मी के बाद हवा में कुछ शीतलता आ गई थी।

"मैं आपके घर में आती-जाती थी। वहाँ अच्छा लगता था। आप सबसे बड़े थे, इसीलिए शायद गम्भीर रहते थे और किसी को लिफ्ट नहीं देते थे। लेकिन आपकी पढ़ाई-लिखाई, मेहनत और विचारों के बारे में घर के दूसरे लोगों से सुनने को मिलता। आते-जाते कभी-कभी बैठक में दोस्तों में आपकी बातचीत भी सुनाई दे जाती। कभी-कभी गलियारे में रुककर सुनने भी लगती। मुझे लगता कि घुटन की जगह ताजी हवा आ रही हो। देश और उसकी आजादी की बातें। मैं कभी-कभी वीरेश या सुरेश से कहकर आपकी कोई किताब पढ़ने को ले जाती। क्रान्तिकारियों की जीवनी, गांधीजी की आत्मकथा, जैनेन्द्र कुमारजी का 'त्यागपत्र', पंडित सुन्दर लाल की 'भारत में अंग्रेजी राज'। इस देश

के लिए भारतीय महिलाओं की कुर्बानियों की कहानियाँ पढ़कर बहुत रोई। मैं स्वयं प्रीतिलता, कल्पना दत्त और दुर्गा भाभी बनना चाहती थी। उन्हीं दिनों जैनेन्द्रजी की पुस्तक में रखा एक कागज मिला, जिस पर कुछ पंक्तियाँ लिखी थीं...''

''नम्रता...'' बड़ी मजबूरी की आवाज थी नीलेश की।

उस अन्धकार में नम्रता काठ की तरह दिखाई दे रही थी। उसने बहुत ही धीमी आवाज में कहा :

''मैंने कागज पुस्तक में रखकर वैसे ही लौटा दिया था। कागज पर लिखा था—''मैंने आज बड़ी-बड़ी आँखोंवाली एक लड़की देखी...कितना असहाय हो गया हूँ मैं...''

अचानक दोनों के बीच एक गम्भीर मौन छा गया। कुछ देर तक वे चलते रहे। बीच में दो-तीन पद-यात्री अपने ही में व्यस्त उनकी ओर बिना देखे बगल से निकल गए। फिर आगे सड़क से एक खड़खड़ैया एक्के के गुजरने की आवाज लकीर की तरह सरयू तट की ओर बढ़ गई।

कुछ देर बाद चौराहे का टिमटिमाता लैम्प नजदीक आ गया। उनके चेहरों पर फीकी रोशनी पड़ने लगी, जो किसी खीस से सिकुड़े नजर आ रहे थे। चौराहे से आगे बाईं ओर मुड़कर वे उस सड़क पर आ गए जो चौक की ओर जाती थी और कुछ ही दूरी पर सिनेमा-हॉल था। वहाँ आस-पास गैस-बत्तियों वाली कई दुकानें थीं और सिनेमा-हॉल के ऊपर कुछ बिजली के लट्टू जले थे, जिसके पिछवाड़े से जेनरेटर की फट-फट आवाज सुनाई दे रही थी।

सिनेमा-हॉल के एक बाहरी हिस्से में स्थित समोसे की दुकान के आस-पास फैले विपुल प्रकाश में उनके चेहरे बड़े रहस्यमय और अनजाने लगे। कभी-कभी वे छिपी दृष्टि से एक-दूसरे को देख भी लेते थे।

नम्रता दुकान के पास चली गई और नीलेश कुछ इधर ही खड़ा हो गया। सचमुच समोसे शानदार थे, बड़े-बड़े, हल्के सुर्ख, उन समोसों की तरह नहीं जिन्हें आप मगद के लड्डू की तरह मुँह में डालकर और दाँत से दबाकर एक ही बार में उदरस्थ कर जाते हैं और उसके मसाले का भी पता नहीं लगता। शुद्ध घी में बने इस वृहदाकार समोसे को पूरे तीन गस्सों में ही निबटा सकते हैं और प्रत्येक गस्से से मुँह पूरा भर जाता है भकोसुआ (फला या गोझा) के समान और अद्‌भुत मसालों और हरा धनिया मिश्रित आलू की पीठी की खुशबू से मन और प्राण सराबोर हो जाते हैं।

समोसों का पैकेट भी सावधानीपूर्वक झोले में डालकर नम्रता घूम गई। इस बीच नीलेश उसे अचम्भे से देख रहा था। वे पहले की तरह ही चुपचाप लौट पड़े। चौराहे के लैम्प की रोशनी पार करके जब वे मन्दिर की तरफ अन्धकार-भरे सन्नाटे में आए तो नम्रता कहने लगी :

''वे पंक्तियाँ मेरे लिए स्पष्ट नहीं थीं, फिर भी पता नहीं क्यों भीतर से हिल-सी गई थी मैं। उन पंक्तियों के सामने रोज मैं बैठी रह जाती, पर बार-बार कोशिश करने पर भी कुछ समझ में नहीं आता। मैं स्वयं अपने को निसहाय महसूस करने लगी। मेरे अन्दर और बाहर कुछ बदला-बदला मालूम होने लगा...''

''चुप क्यों हो गई ?''

कुछ देर बाद ही नम्रता कंपित आवाज में बोली, ''और उस दिन तो भूचाल-सा आ गया। जमीन और आसमान काँपने लगे। बहुत मुश्किल से अपने घर आई और कमरे में जाकर रोने लगी। अम्मा दौड़ी हुई आई थीं...''

कुछ रुककर उसने फिर कहा, ''मैं काफी दुःखी रहने लगी। तभी हमारी कक्षा में एक नई टीचर आईं दुलारी गुरुजी। वह बहुत योग्य हैं और लड़कियों की हर तरह की मदद करने को तैयार रहती हैं। पढ़ाई के बारे में नई-नई बातें बताती हैं। उम्र अधिक नहीं है लेकिन खद्‌दर की साड़ी पहनती हैं। उनके पति भी अध्यापक हैं। और कांग्रेस के सदस्य भी हैं। एक बार जेल जा चुके हैं। वह राष्ट्रप्रेम

और साहित्यप्रेम पर जोर देती हैं। लड़कियों से अन्धविश्वास छोड़ने और नयापन अपनाने को कहती हैं। मैं पढ़ने में ठीक-ठाक हूँ, इसलिए मुझे हमेशा उत्साहित करती हैं। कहती हैं हिम्मती और हँसमुख बनो। यह जीवन मुश्किल से मिला है, इसे प्यार करो। इस दुनिया को बदलने की कोशिश करो। इसका मतलब है पहले अपने को बदलो। स्त्री कोई काठ की लकड़ी, रेत-पाई नहीं है, उसमें भी सुन्दर इच्छाएँ हैं, स्वाभिमान है, विवेक है, अत्याचार और उत्पीड़न के विरुद्ध घृणा के भाव हैं, राष्ट्रप्रेम और साहित्यप्रेम है। तुलसीदास अगर सचमुच ही स्त्री को ढोर, गँवार समझते थे तो यह एकदम वाहियात और झूठी बात है। इसका विरोध करना चाहिए। खूब पढ़-लिखकर, नए ज्ञान-विज्ञान अपनाकर और तुच्छ अहंकार को छोड़कर स्त्री को अपना स्वाभिमान, अपना कद खड़ा करना होगा, रूढ़ियों और गलत बात का विरोध करना होगा...''

नम्रता की आँखें उस अँधेरे में भी चमक रही थीं, यद्यपि लगातार बोलने से वह थक गई थी। नीलेश को उसकी ओर देखने और उससे कुछ कहने की हिम्मत नहीं हुई। कुछ देर तक चलते रहे वे चुपचाप।

''उन्होंने कई पुस्तकें मुझे पढ़ने को दीं। खास तरह से प्रेमचन्द की 'गोदान', इलाचन्दजी की 'संन्यासी', यशपालजी की 'दादा कामरेड' और अज्ञेयजी की 'शेखर : एक जीवनी'। उनकी एक-एक बात मेरे दिमाग में अंकित हो गई। एक-एक शब्द। उन्होंने मुझसे कई बार कहा है, 'इन पुस्तकों को ध्यान से पढ़ो, इनमें अपनी पहचान के लिए भारतीय नारी की व्याकुलता मिलेगी कई स्तरों पर। जबरदस्ती लादा गया परदा और हीन शर्म-संकोच, झूठी पवित्रता, झूठे पाप-पुण्य, झूठे स्वर्ग—ये सब नारी को सुन्न करने के उपाय हैं, इसी से उसकी पहचान नहीं बनती।

'' 'पुरुष और स्त्री एक-दूसरे के लिए बने हैं। एक के बिना दूसरा रह नहीं सकता। फिर नारी के लिए ही इतने जेलखाने क्यों ? राधा की स्वतन्त्रता क्यों नहीं ? मीराबाई की गहन संवेदना और प्रीतम के प्रति सम्पूर्ण समर्पण की गरिमा क्यों नहीं ? धनिया सदियों से होरी के कदम से कदम मिलाकर शोषणयुक्त, अन्धकार-भरे भाग्यवादी और समझौतावादी समाज से निष्फल संघर्षों में सुख-दुःख की भागीदारी का प्रेम काव्य रचती रही। आगे नया, उज्ज्वल समाज बनाने के संघर्षों में ही नारी और पुरुष मिल-जुलकर परस्पर प्यार व त्याग की नई कविता रच सकेंगे। पुरुष की तरह ही नारी में भी पर्याप्त आध्यात्मिक शक्ति है, वह जीवन-संघर्षों में प्रो. मेहता और मालती की तरह, अपने जीवन-साथी के साथ प्रेम के उच्चतम आदर्श तक पहुँच सकती है...''

नम्रता की आवाज रुक गई। बोली में कँपकँपी आ गई। अपने को सँभालकर फिर कहा उसने, ''मैं खुश हूँ। मैं जीवन को, लोगों को प्यार करती हूँ। गरीब, निरक्षर और सताई हुई स्त्रियों को अधिक। मैं अधिक से अधिक पढ़ना चाहती हूँ और कुछ करना चाहती हूँ। दुलारी गुरुजी के कहने से ही मैं रोज सबेरे एक घंटा चरखे पर सूत कातती हूँ। मेरी इच्छा है कि इन सूतों से कपड़े बनवाकर पहनूँ...''

मन्दिर नजदीक आ गया। नम्रता रुककर नीलेश की तरफ घूम गई, उसको देखकर मूर्खतापूर्वक मुस्कुराई, फिर 'जाती हूँ' कहकर गेट की तरफ तेजी से बढ़ गई।

नीलेश कुछ देर तक उसे जाते हुए देखता रहा, फिर मुड़कर घर की ओर चल पड़ा। चौराहे को पार करके माल गोदाम जानेवाली सड़क की निर्जनता में जब वह पहुँचा तो उसे ठंडी होती रात के शीतल झोंकों की भी खबर नहीं थी। उसने देखा कि नम्रता से बचने के लिए वह भँवर में फँसकर डूबने जा रहा था, लेकिन नम्रता ने ही हाथ बढ़ाकर उसे किनारे खींच लिया।

10

कद्दावर, मांसल शरीर के बावजूद किसी बन्दरिया की तरह लघु चेहरा है सुरंजन शास्त्री का। पतले-पतले होंठों के शीर्ष पर उतनी ही वक्र लम्बाई की गझिन मूँछों की एक पट्टी नजर आती है। गोया कुशल माली ने किसी झाड़ी को काट-छाँटकर छोटा और सुन्दर रूप दे दिया हो। सभाओं में उनका गर्जन-तर्जन एवं ललकार मशहूर है, परन्तु बैठकर बात करते समय उस कथावाचक की तरह होंठों में ही मुनमुनाते हैं, जो थक-ऊबकर सत्यनारायण की कथा जल्दी-जल्दी समाप्त करने लगता है।

लगभग आधा घंटे से उनकी मूँछें ऊपर-नीचे हिल रही हैं। उनके सामने नीलेश और राजनाथ यादव बैठे हैं और बगल की कुर्सी पर साधारण गलमुच्छ और बाघ मुख वाले एक काफी तगड़े व्यक्ति खद्दर की लुंगी, सफेद कुर्ता और जवाहर जैकेट में विराजमान हैं, जिनका शुभ नाम सदाशय व्रत है।

''आपने कभी सोचा है कि आजादी मिलने के बाद इस देश में कैसी सरकार बनेगी ?''

उनके आते ही सुरंजन शास्त्री ने पहला प्रश्न दागा था, जिसका खास उत्तर न मालूम होने पर भी नीलेश निरुत्तर होना नहीं चाहता था।

''अंग्रेज चले जाएँगे तो आजाद सरकार बनेगी।''

''वह तो ठीक है, लेकिन किस तरह की सरकार ? राजतन्त्र, कुलीन तन्त्र, जनतन्त्र, धार्मिक तन्त्र, फौजी तन्त्र या नाजी-फासिस्ट तन्त्र ? अब यह देखिए कि ब्रिटेन जनतन्त्र होने का दावा करता है, लेकिन वह दुनिया के अनेक देशों को अपना उपनिवेश बनाए हुए है। फ्रांस, पुर्तगाल, स्पेन आदि देश भी करीब-करीब उसी तरह साम्राज्यवादी देश हैं। इटली में फासिस्ट और जर्मनी में नाजी सरकारें हैं। जर्मनी का तानाशाह हिटलर जर्मन जाति को दुनिया का सर्वोच्च आर्य जाति कहता है, जिसे दुनिया पर राज करने का अधिकार है। इटली का तानाशाह शासक मुसोलिनी रोम साम्राज्य की श्रेष्ठता और प्रभुता पुनः स्थापित करने का स्वप्न देखता है। ये दोनों ही राष्ट्रीय समाजवादी कहते हैं अपनी-अपनी सरकार को। सोवियत रूस में 'मजदूरों' की कम्युनिस्ट सरकार है...यह सरकार नस्लवादी सिद्धान्तों पर नहीं बनी है, बल्कि दुनिया में हर देश में किसान-मजदूर और शोषित-गरीब लोगों की सरकार कायम करने का सपना देखती है।

''समस्या यही है कि तानाशाही और हिंसा के बल पर क्या वास्तव में गरीबों की सरकार कायम रह सकती है ? हमारे देश में जहाँ अनेक धर्म और जातियाँ हैं, कैसी सरकार होगी ? नस्लवादी राष्ट्रीयता यहाँ के लिए उपयुक्त होगी या धार्मिक राष्ट्रीयता ? अथवा ऐसा जनतन्त्र जिसमें सभी धर्मों और जातियों को समान अधिकार प्राप्त हो और शोषित-गरीबों की उन्नति पर ध्यान दिया जाता हो ?''

सुरंजन शास्त्री की लम्बी मुनमुनाहट बन्द हो जाती है। सन्तोष की स्वप्निल, झिलमिलाती मुस्कुराहट के साथ वह पहले सदाशय व्रत, फिर नीलेश और राजनाथ यादव और अन्त में बाहर पक्के और बड़े आँगन की ओर देखते हैं, जहाँ कड़ी धूप पसरी है और आँखों को चनचना देती है। टाउन-हॉल के पीछे, चौक के एकदम पास 'भारत भंडार' का भवन कुछ पुराने मकानों को तोड़कर नया-नया बनवाया गया है जिसको एक सम्पन्न कांग्रेसी हलवाई परिवार ने किराए पर लेकर रेस्तराँ और होटल का दर्जा दे दिया है। वह अब शहर, देहात और बाहर के कांग्रेसियों, क्रान्तिकारियों तथा अन्य राजनैतिक कार्यकर्ताओं का विशेष अड्डा बन गया है, जिस पर चौबीसों घंटे खुफिया विभाग की तेज निगाहें रहती हैं।

''आप घबराएँ नहीं, सुरंजनजी आपको सब कुछ बताएँगे।''

नीलेश आश्चर्यचकित होकर सदाशय व्रत को देखता है, क्योंकि उसे स्वप्न में भी उम्मीद नहीं थी कि ऐसे कठोर मुख से निकला स्वर इतना विनम्र, कोमल और मीठा होगा।

सुरंजन शास्त्री की मूँछें फिर सक्रिय हो जाती हैं। वह देशभक्त नौजवानों को समाजवाद के सिद्धान्त और व्यवहार की शिक्षा देने के लिए एक कक्षा चलाते हैं अपनी पार्टी की ओर से। उन्होंने कहा कि कांग्रेस एक बड़ा स्वातन्त्र्य आन्दोलन है, जिसमें समाजवादी, कम्युनिस्ट तथा कई अन्य विचारों के लोग भी शामिल हैं। समाजवादी विचार के लोगों ने कांग्रेस के अन्दर ही 'कांग्रेस समाजवादी पार्टी' का गठन किया है, जिसके नेता हैं जयप्रकाश नारायण, डॉ. लोहिया, आचार्य नरेन्द्र देव, अच्युत पटवर्धन, अरुणा आसफअली, युसुफ मेहरअली, सम्पूर्णानन्द आदि। कम्युनिस्ट लोग भी यहाँ एक अपना क्लास चलाते हैं और उनके नेता हैं पी.सी. जोशी, डांगे, रणदिवे, भारद्वाज, राहुल सांकृत्यायन आदि। इस समय समाजवादियों का मुख्य उद्‌देश्य कांग्रेस और गांधीजी के नेतृत्व में देश को ब्रिटिश गुलामी से मुक्त कराना है, परन्तु वे यह भी चाहते हैं कि कांग्रेसजनों तथा नवयुवकों को अधिक-से-अधिक समाजवादी विचार की शिक्षा दी जाए ताकि स्वतन्त्रता के बाद देश में किसान-मजदूर और साधारण जनता की समतावादी और समाजवादी सरकार बने।

''कार्ल मार्क्स वैज्ञानिक समाजवादी सिद्धान्त के प्रणेता हैं। आदर्शवादी और सुधारवादी ढंग के समाजवाद की पहले भी परिकल्पना की गई है, पर वह सम्पन्न लोगों की दया आदि पर ही निर्भर होता है, जो अन्ततः सफल भी नहीं होता और गरीबी जहाँ-की-तहाँ रह जाती है। समाज वर्गों में बटा रह जाता है। गरीब, गरीब बना रहता है और अमीर अधिक अमीर बनता चला जाता है। उत्पादन के साधनों पर जिस वर्ग का अधिकार होता है उसी वर्ग के हित में सरकार काम करती है। समाजवाद एक ऐसे समाज का निर्माण करना चाहता है, जिसमें उत्पादन के साधनों पर किसान-मजदूर तथा अन्य साधारण लोगों का अधिकार होगा और उत्पादित धन का वितरण इस प्रकार होगा कि गरीब और अमीर का भेद मिट जाएगा। मोटे तौर पर यही समाजवाद है। चूँकि हमारे देश में भयंकर गरीबी और शोषण है, अतः समाजवाद के उपायों के द्वारा हम शोषण, निर्धनता मिटाकर सामान्य जन को समृद्ध कर सकते हैं।''

कुछ देर चुप रहने के बाद सुरंजन शास्त्री ने अन्त में कहा, ''आपको दो पुस्तकें देता हूँ—एक हिन्दी में और दूसरी अंग्रेजी में। आपको समाजवाद की शुरुआती समझ हो जाएगी। हमारी कक्षा हफ्ते में दो बार होती है—एक वृहस्पतिवार और दूसरी इतवार को। ये पुस्तकें पढ़कर अगली बार आइए तो और बातें होंगी।''

नीलेश जब बाहर निकला तो भीषण गर्मी, उमस और थमी-थमी हवा में भी उड़ा जा रहा था। उसे सहसा नम्रता याद आई। खुशी से चमकती उसकी बड़ी-बड़ी आँखें। मन्दिर में उसने अपने उदार और स्नेही हृदय की झलक दिखाकर कैसे उसे कुंठा, हीनता, अपराध और मृत्यु की यन्त्रणा से उबार लिया था ! कैसे उसे सम्मान देकर अपने सामने और अपने बराबर खड़ा कर दिया था। और अब सुरंजन शास्त्री ने मानसिक विभ्रम और अनिश्चितता की स्थिति में विचार एवं कर्म की चमकती स्वर्णिम दृष्टि देकर उस पर भारी उपकार किया है !

'कक्षा' की अगली बैठक में सुरंजन शास्त्री ने उसके कुछ प्रश्नों के उत्तर देते हुए कहा था, ''राजनैतिक स्वतन्त्रता स्वयं में एक बड़ी उपलब्धि है। प्रगति की दिशा में एक गुलाम देश का पहला कदम। इसी तरह प्रगतिशील एवं विकासशील राष्ट्रीयता तथा राष्ट्रीय एकता का बड़ा महत्त्व है। परन्तु ये ही सबकुछ नहीं है। भारत जैसे पिछड़े, निर्धन एवं अशिक्षित देश में पूर्वोक्त और जनतन्त्र भी हवाई और अमूर्त अथवा अर्ध-अमूर्त चीजें नहीं। उनके होने का ठोस अर्थ है करोड़ों लोगों की मुक्ति, उत्थान और विकास। स्वतन्त्रता, राष्ट्रीयता और जनतन्त्र का कोई निजी, संकीर्ण, जातीय, धार्मिक अथवा तानाशाही रूप नहीं हो सकता, बल्कि सभी जातियों, धर्मों और क्षेत्रों की अटूट समतावादी

एवं विकासशील एकता में ही उनकी सार्थकता निहित है, जो एक समाजवादी व्यवस्था में ही चरितार्थ की जा सकती है।''

कक्षा में जाने, पढ़ने-लिखने और बहस-मुबाहसा का सिलसिला बड़ा ही उपयोगी, उत्साहवर्धक एवं सुखद रहा। उन्हीं दिनों एक रात ट्रेन से हाई स्कूल का परीक्षा-फल आया। नींद न खुलने से वह स्टेशन नहीं जा सका। जब वह नींद से जागा तो चारों ओर हल्ला सुनकर चौंक उठा। घर के सभी लोग चिल्लाते, हँसते और दौड़ते हुए आए कि वह प्रथम श्रेणी में पास है। यह भी कि रामचन्द्र सिंह प्रथम, राजनाथ यादव द्वितीय और गोवर्धन तृतीय आए हैं। उसने स्वयं बाहर देखा कि मोहल्ले के लड़के गोपाल और महँगू तृतीय श्रेणी से ही बेहद प्रसन्न सड़क पर इधर-उधर उधिया रहे हैं।

''अम्मा, मिठाई मँगवाकर मोहल्ले में बटवा दो न। कितनी खुशी की बात है !'' शैलजा ने सारे दाँत खोलकर हँसते हुए कहा। छकौड़ी-बो आकर कहने लगी—''हमारा नाती पास हुआ है, बेटी-दामाद से कहो बिटिया कि सुभ काम हुआ है, मोहल्ले में मिठाई बटवा दें कि सबको मालूम हो जाए, बबुअवा को सबका आसीर्वाद मिले।''

छकौड़ी कमकर का मकान सटा हुआ था उनके मकान से। सीधे-सादे छकौड़ी की लुगाई मोहल्ले की कुख्यात प्रचंड योद्धा थी, लेकिन पता नहीं कौन-सा हिसाब जोड़कर उसने आनन्दी से बेटी का रिश्ता कायम कर लिया था। कभी-कभी वह 'बबुनी-बबुनी' पुकारते हुए घर के अन्दर किसी काम से प्रवेश करके आनन्दी के पास जाने लगती और यदि सीतानाथ बरामदे या कमरे में होते तो जीभ काटकर आँचल आगे खींचती हुई जल्दी से टेढ़े-तिरछे निकल जाती।

''हाँ बिटिया, यह लो...वीरेश को भेज दो।''

आनन्दी कंजूसी से मुस्की काटती हुई आँचल का खूँट खोलने लगी।

''वीरेश ! वीरेश ! कहाँ हो ?...मौके पर हमेशा गायब रहता है...'' शैलजा ने बनावटी क्रोध से नाक-भौं सिकोड़ते हुए कहा।

इसी समय सीतानाथ गुसलखाने से निकलकर सफेद धोती की लुंगी, बनियान में, कन्धे पर अँगोछा डाले, खड़ाऊँ पर खटपट करते और डोलते हुए आए। आते ही वह ठहाका लगाकर हँसे, फिर गम्भीर होकर बोले, ''वाह ! ठीक है। सब प्रभु की कृपा है।'' इसके बाद पीछे घूमकर घर के अन्दर बरामदे में लौट गए।

नीलेश काफी गम्भीर था। सब लोग देखते ही रह गए और उसने टुकी-भर मुस्कुराहट या 'हाँ-हूँ' द्वारा भी अपनी प्रसन्नता प्रकट नहीं होने दी। शायद दूसरों पर अपनी सफलता का प्रभाव और गाढ़ा करने के लिए अथवा यह प्रदर्शित करने और अपने गर्वीले आत्मविश्वास की पुष्टि करने हेतु कि यह उसके लिए बहुत मामूली कामयाबी है और गतवर्ष यदि मानसिक व्यवधान न पड़ा होता तो वह प्रान्त-भर में प्रथम आया होता।

गम्भीरता का मुखौटा धारण किए हुए और बिना कुछ बोले, वह भीतर चला गया। और जब वह नहा-धोकर और कुर्ता-धोती पहनकर गुसलखाने से निकला, मिठाई तो पहले आ ही चुकी थी—नम्रता और उसकी माँ भीतर प्रवेश कर दक्षिणी बरामदे में बैठी आनन्दी की ओर बढ़ती नजर आईं। नम्रता को देखते ही उसकी आँखें चौंधिया गईं, जैसे धूप से उसकी ओर कोई शीशा चमका दिया गया हो। उस दिन मन्दिर में मुलाकात के बाद वह उसे पहली बार देख रहा था। हल्की पीली साड़ी और उसी रंग के ब्लाउज में। वह गुसलखाने के सामने ही ठिठककर खड़ा हो गया।

''आइए, धन्य भाग्य।'' आनन्दी चारपाई से उठ खड़ी हुई।

''अरे भाई, आपको बहुत-बहुत बधाई। अभी-अभी तो मालूम हुआ। नम्रता के पिताजी भी आनेवाले थे, उसी वक्त कोई आ गया।''

ठीक इसी समय कमरे में से शैलजा मिठाई का एक डिब्बा लेकर आई और ढक्कन खोलकर

बोली, ''चाचीजी, मुँह मीठा कीजिए।''

''नहीं, नहीं,'' नम्रता की माँ कुछ पीछे हट गई, ''अभी-अभी तो नहाकर निकली हूँ। जाकर पूजा करूँगी, तब जाकर मुँह में कुछ डाला जाएगा।''

''भगवान का प्रसाद है बहिनजी। ले लीजिए एक लड्डू।''

''भेजवा दीजिएगा घर में।''

''मैं तो अभी भेजवाने ही जा रही थी सबके लिए। अब आ ही गई हैं तो...''

''नम्रता, तुम लो...'' शैलजा ने डिब्बा उसकी ओर बढ़ा दिया।

''दीदी, मेरा भी...।''

''क्या तुम भी पूजा-पाठ करती हो ?''

''नहीं...'' नम्रता हँसकर रह गई।

''तब तुम तो लो भाई। मेरे हाथ से खाओ।''

शैलजा एक लड्डू अपनी उँगलियों के बीच उठाकर नम्रता के मुँह की ओर ले गई, जिससे उसे मजबूर होकर अपना हास्य-भरा मुँह खोलना पड़ा और देखते-ही-देखते उसके खूबसूरत चमकते दाँतों के पार मिठाई ठेका दी गई, जिसे फौरन बाद कुछ दूर खड़े नीलेश की विपरीत दिशा में गर्दन मोड़कर और सिर झुकाकर वह अपने आरक्त, फूले हुए मुँह को भाकुर-भाकुर चलाने लगी।

नीलेश इसलिए खड़ा रह गया था कि यदि वे उसको बधाई देना चाहें तो उनको असुविधा न हो और वह भी नमस्कार कर ले। जब ऐसा नहीं हुआ तो वह बिना किसी की ओर देखे धीरे-धीरे अपने कमरे में चला गया। अब नम्रता की माँ उधर देखती हुई आनन्दी से बोली :

''नीलेशजी को हम अपने घर में कल बधाई देंगे। कल शाम को सभी बच्चों को भेज दीजिएगा, वे सभी वहीं नाश्ता करेंगे।''

''यह तकलीफ क्यों करती हैं ?''

''अरे, कैसी बात कह रही हैं, बहिनजी ? नीलेशजी के प्रथम आने से हमें कम खुशी थोड़े ही हुई है। हम कल अपने घर में खुशी मनाएँगे। नीलेशजी को बधाई देंगे। शैलजा बिटिया, तुम भी आना...''

उनके जाने के बाद किंचित हँसते हुए शैलजा ने कहा, ''यह नया ढकोसला क्या है, अम्मा ? ऐसा प्रेम तो कभी नहीं दिखाया गया। यह कोई दिल्ली वाला ठाट है क्या ?''

''अरे नहीं, पिछले साल नीलेश पर जो झूठा लांछन लगाया था, उसी का पश्चाताप कर रही है। हमारे सीधे-सादे लड़के को बदनाम कर दिया। अब पहले दरजे में पास हुआ है तो मुँह छछुंदर की तरह निकल आया है। यह सब न करें तो लोग थूड़ी-थूड़ी न करेंगे ?''

उन दिनों पिछड़े शहर में खुशी के मौकों पर कोई बधाई-वधाई देने नहीं पहुँचता था। जिसके यहाँ कोई खुशी की बात होती वह मिठाई बाजार से खरीदकर या घर पर हलवाई बिठाकर कुछ बनवा लेता और मोहल्ले में और रिश्तेदारों तथा खास-खास दोस्तों के यहाँ बँटवा देता। जो नाइन या कमकरिन बाँटने जाती, वही खुशी के कारण की भी सूचना दे देती। और भूले-भटके कोई बधाई देने पहुँच भी गया तो प्रत्युत्तर में 'धन्यवाद' शब्द मुँह से नहीं निकलता और आँखें अजीब उजबुक की तरह देखने लगतीं। ऐसे शिष्टाचार को दिखावटी व्यवहार और शहरी खोखलापन समझा जाता।

नम्रता एक बार दिल्ली से लौटने के बाद जब सलवार-कुर्ता पहनने लगी तो स्कूल से लेकर मोहल्ले और रिश्तेदारियों तक किसी ने पसन्द नहीं किया। लोगों की नाक-भौं सिकुड़ जाती। आँखें दूसरी ओर घूम जातीं। फुसफुसाहट होने लगती। बाप रे, दो-तीन बार दिल्ली क्या हो आए, इन लोगों ने नाक में दम कर दिया है। हमेशा फेंटती रहती हैं—'दिल्ली में तो यह होता है।' माँ-बाप ने तो लड़की को सिर पर चढ़ा दिया है। लड़की को तो ग्यारह-बारह वर्ष के बाद ही दीदा नवाकर चलना

चाहिए, शरीर को ढककर रखना चाहिए, ढंग से साड़ी पहननी चाहिए। यह तो काफी सहक गई है। ऐसी ही लड़कियाँ बेहाथ हो जाती हैं और माँ-बाप की नाक कटाती हैं...

नम्रता की मौसी की लड़कियाँ यहाँ भी आती थीं और वह भी अपने माँ-बाप के साथ वहाँ जाती थी। इसका रहन-सहन पर प्रभाव पड़ना स्वाभाविक था। वे लोग दिल्ली के स्टाइल पर घर को साफ-सुथरा रखते, हमेशा धुले और प्रेस किए हुए कपड़े पहनते। नम्रता की माँ हमेशा कुछ-न-कुछ सीती, बुनती और काढ़ती रहती। नम्रता को भी इन सबका शौक था, लेकिन वह पढ़ने-लिखने में ध्यान अधिक लगाती थी, अतः अन्य बातों के लिए उसके पास फुरसत कम थी। ये सब बातें लोग पसन्द नहीं करते थे। इसको भी लोग खोखला, शहरी प्रदर्शन समझते। 'अपने को ऊँचा दिखाने की यह चालें हैं। हमें तो अपना भारतीय तरीका पसन्द है। भई, दाल-भात हाथ से खाने में जो मजा है, वह भला चम्मच से आ सकता है ? अब घर को ही ले लीजिए, लोग-बाग उसमें बिना ढकोसला के प्रेम से निश्छलता के साथ रहते हैं तो वह गन्दा भी रहेगा। मौका आने पर साफ भी हो जाएगा। बच्चे धूल में लोट-पोटकर जितने तगड़े बनते हैं, उतने चाम-चूम से हो सकते हैं ?'

रक्षाबन्धन मनाने के उनके तरीके से भी लोग काफी कुढ़ते थे। वहाँ राखी, भाई-बहन का त्यौहार नहीं था। उस दिन शहर और आस-पास के गाँवों के ब्राह्मण देवता छत्तों की मधुमक्खियों की तरह भर-भर निकलकर आते रहते और घूम-घूमकर राखी—रंगीन धागा—बाँधते और दक्षिणा पाते। परन्तु नम्रता के परिवारवाले आठ-दस दिन पहले ही सुनाने लगते कि भाइयों को राखी बाँधने के लिए नम्रता की माँ को कारों जाना है। अरे भाई, जाना हो तो चुपचाप जाओ, दुनिया को सुनाने की क्या जरूरत है ?

''बहिनजी, रक्षाबन्धन तो भाई-बहन का त्यौहार है, आपके भाई तो यहीं रहते हैं, आप जाकर उन्हें क्यों नहीं बाँधतीं ? शैलजा भी अपने भाइयों को नहीं बाँधती !''

आनन्दी चिढ़ गई, ''हमारे यहाँ यह अशुभ समझा जाता है। हम लोग यह ढकोसला नहीं करतीं। इससे भाई-बहन का प्रेम बढ़ जाएगा ? यह तो बाम्हन-बिसुन का त्यौहार है, वे लोग मन्त्र पढ़ते हैं, दक्षिणा लेकर आशीर्वाद देते हैं। राखी तो सबको बाँधी जाती है, पंडिताइनें घरों में सभी औरतों और लड़कियों को बाँधती हैं और दक्षिणा पाकर खुश होती हैं।''

ऐसी जली-कटी सुनकर नम्रता की माँ निरुत्तर हो गई थी।

दूसरे दिन मौसम में ठंडक आ गई। तेज पुरुवाई के चलने से आकाश में बादल दौड़ने लगे—गाढ़े नहीं, हल्के-हल्के। पृथ्वी पर धूप-छाँव का खेल होने लगा। शाम को जब वे नम्रता के घर पहुँचे तो गर्मी और उमस की भारीपन और दवाब की परेशानी से वे काफी हद तक मुक्त हो चुके थे। शैलजा को तो आनन्दी ने ही रोक दिया, 'वह विवाहित लड़की है, ससुरालवालों की इजाजत मिलने पर ही कहीं जाएगी-आएगी।' उमेश और रमेश की आँखें आई हैं, अतः ऊपर के शेष भाई ही पहुँच सके।

बाहर के कमरे में मेज लगी थी, जिसके चारों ओर वे लोग बैठ गए। उसी समय रतनसिंह मुख्तार आए। मझोला कद, कुछ थुलथुल शरीर, खूबसूरत बड़ी आँखें, हँसमुख चेहरा। उनको देखते ही नीलेश ने हाथ जोड़कर नमस्कार किया, जिसकी देखा-देखी अन्य भाइयों ने भी वैसा किया।

''बधाई नीलेशजी, बहुत बधाई। बड़ी खुशी की बात है। मैं तो कल ही आपके घर जानेवाला था, पर क्या करूँ, फुरसत ही नहीं मिलती, कोई-न-कोई मुवक्किल पहुँचा रहता है। मैं भी आप लोगों के साथ बैठता, मगर एक पेचीदे केस की तैयारी करनी है। आप लोग खूब इत्मीनान से बैठिए और खुशी मनाइए।''

कभी-कभी सुरेश की वाचालता अन्य भाइयों के लज्जा-भाव और सामान्य शिष्टाचार के अभाव की क्षतिपूर्ति भी करती थी। उसने रतनसिंह के जाने के बाद नम्रता की माँ से कहा, ''चाचीजी, नम्रता दीदी को बुलाइए। आप भी आइए।''

"नहीं बेटा, तुम लोग खाओ। नम्रता तो भीतर फँसी है और मैं तो इस समय कुछ लेती नहीं।" नम्रता की माँ जल्दबाजी में इधर-उधर देखने के बाद भीतर चली गई।

चौदह-पन्द्रह वर्ष का एक छोटा-सा नौकर मेज पर प्लेटें और चाय के प्याले सजा गया। उनमें से कोई चाय नहीं पीता—उनके घर में वह बनती ही नहीं थी। फिर कई किस्म की गर्म-गर्म पकौड़ियाँ बारी-बारी से आने लगी। नौकर अब भीतर मदद करने लगा और नम्रता की माँ व्यस्ततापूर्वक सामान लाने लगीं। उसके बाद—पकौड़ियों के बाद—साबूत आलू के पकौड़े जैसी चीज परोसते समय उन्होंने बताया कि आलू के भीतर कई तरह के मेवे का भरता है, जिसे बेसन के घोल में डुबोकर कड़ाही में तल लिया गया है। फिर गाढ़ी दही में उड़द के स्वादिष्ट बड़े आए। अन्त में मिठाइयाँ—खोए के लड्डू और गुलाबजामुन—पेश की गईं।

नम्रता की माँ ने आग्रह कर-कर के उन्हें खिलाया था। मना करने के बाद खाद्य सामान का आना जब बन्द हुआ तो नम्रता आकर दीवार से सटकर खड़ी हो गई। उसने पहले सिर झुकाकर हवाई दृष्टि से नीलेश को देखा, फिर अपनी नाक की सीध में। वह जामुनी साड़ी पहने थी और उसके सिर के दो-तीन बाल आगे उड़-उड़ रहे थे। चेहरे पर गर्मी का असर और व्यस्तता अवशेष की झलक।

उसकी माँ ने सफाई दी, "नम्रता ने सभी सामान अपने हाथ से बनाए हैं। सबेरे से ही लगी है, इसीलिए तो फुरसत मिलने पर अब आई है। मैंने कहा था, तुम सबके साथ बैठकर खाना-पीना, मैं सब बना दूँगी, पर मानी ही नहीं।"

"चाचीजी, सभी चीजें इतनी अच्छी बनी हैं कि मैं उँगली चाटता रह गया।" सुरेश की वाचालता फिर सामयिक और उपयोगी सिद्ध हुई।

"और दें ? मिठाई, दहीबड़े कुछ भी..."

"अरे नहीं, चाचीजी, जब आपने पेट में कोई जगह रहने ही नहीं दी तो खाएँगे कैसे ?"

सामान सचमुच अच्छे बने थे, जो नम्रता द्वारा ही बनाए गए थे—यह जानते हुए भी नीलेश की हिम्मत नहीं हुई थी शिष्टाचारवश कुछ कहने की। किन्तु सुरेश ने उसको रास्ता दिखा दिया, "सचमुच हर चीज इतनी अच्छी बनी है कि बयान नहीं हो सकता। अच्छा-से-अच्छा हलवाई भी क्या बनाएगा।"

नम्रता खीझ गई कि क्या नीलेश यही बात सुरेश के पहले नहीं कह सकता था। उसने त्वरित, तीक्ष्ण दृष्टि से नीलेश को देखा, मगर उसका चेहरा इतना निर्दोष और सुन्दर लगा कि उसका दिल मोम की तरह पिघल गया और वह सिर सीधा कर तथा खुशी से आँखें फैलाकर, ऊपर छत को कुछ क्षण निहारने के बाद तेजी से घर के अन्दर चली गई।

जब वे चलने को हुए तो नम्रता की माँ उन्हें विदा देने के लिए बरामदे तक आई, पीछे नम्रता भी थी। उसने नीलेश से कहा :

"यह तो अच्छा हुआ, बेटा, कि तुम एकदम पास हो, नम्रता जब चाहे मदद ले सकती है। यह भी घर ही है, तुम जब चाहे आ सकते हो और देख सकते हो कि नम्रता ठीक पढ़ रही है या नहीं।"

"चाचीजी, नम्रता खुद तेज हैं..."

"मदद की जरूरत तो होती ही है..."

सभी भाइयों ने हाथ जोड़े। नम्रता जी भरकर देख रही थी नीलेश को। उसकी आँखों में अद्भुत चमक थी और उस चमक के केन्द्र में भी एक ज्योति-बिन्दु की आभा, गोया किसी रजत आभूषण में जड़ा हुआ नग अथवा दूर, गहरे आकाश से लगातार आती किसी सितारे की रहस्यमयी टिमटिमाहट।

चीजें तेजी से बदल रही हैं। घटनाएँ घट रही हैं खट-खट। स्टेशन पर न रुकनेवाली मालगाड़ी की तरह, जिसका एक-एक डिब्बा सामने आकर आगे निकल जाता है। नीलेश जिस दिन कांग्रेस-समाजवादी पार्टी का सदस्य बना, उसके उत्साह का अन्त नहीं था। क्या दूध की तरह उबाल ? सुरंजन शास्त्री ने इसी मुहावरे का इस्तेमाल किया था, "देखिए, आधुनिक बनिए। इसका मतलब दूसरों की नकल नहीं, अपने देश की प्राचीन सड़ी-गली, अप्रासंगिक एवं बेकाम चीजों की भी नहीं। इसका अर्थ है अपने इतिहास, संस्कृति और समाज से सबक लेते हुए अपने अन्दर और दूसरों में वैज्ञानिक दृष्टिकोण विकसित करना और नई चुनौतियों का नए संकल्पों के साथ सामना करना। आप मध्यमवर्ग से आते हैं, यह सुविधावादी वर्ग है, इसका जोश-उत्साह दूध के उबाल की तरह होता है, इसलिए जनता से अपने को जोड़ने के लिए एक समाजवादी कार्यकर्ता को बाहर समाज में और अपने भीतर, दोनों जगह संघर्ष करना पड़ता है—मध्यमवर्गीय मनोवृत्तियों से भी संघर्ष।"

पता नहीं, क्या-क्या उसके अन्दर भर गया है। हर आदमी से कहकर वह अपने हृदय का बोझ हल्का भी नहीं कर सकता। अनेक बातें तो एकदम निजी हैं। बार-बार उसे नम्रता की याद आती। अनेक बातें थीं, जो वह सिर्फ नम्रता से कहना चाहता था। क्या बात है कि वह गोबर्धन की तरह नम्रता के हाथ को अपने हाथों में लेकर अपनी भावनाएँ व्यक्त नहीं कर सकता ? क्या स्वभावगत शर्म-संकोच ? अथवा सामाजिक डर ? या कोई प्राचीन निषेधात्मक बज्र आदर्श ?

दरअसल, वह राजनीति के बारे में भी नम्रता से बातें करना चाहता था, क्योंकि वह भी देश, समाज और साहित्य के सम्बन्ध में सोचती-विचारती थी। हाँ, समाजवाद के बारे में, जिससे वह समाज को बदल देना चाहता है। मनुष्य-मनुष्य के बीच की खाई को मिटा देना चाहता है। नम्रता क्या सोचती है इन प्रश्नों के बारे में ? इन समस्याओं पर कई पुस्तकें थीं उसके पास और एक दिन जब अचानक यह खयाल आया कि क्यों न वह ये पुस्तकें नम्रता को भी पढ़ाए तो वह बेहद खुश हो गया। इसके बाद तो प्रतिदिन वह नम्रता के आने का इन्तजार करने लगा। सबेरे उठने के बाद से ही उसकी प्रतीक्षा आरम्भ हो जाती जो शाम तक निराशा में बदल जाती। वह परेशान हो जाता। वह घर क्या आती, आजकल तो दिखाई भी नहीं देती। फिर वह उसके घर क्यों नहीं जा सकता ?

उसे यह विचार बड़ा नया लगा। उस समय नम्रता की माँ की बात और नम्रता की चमकती हुई आँखें भी नहीं याद आईं। जैसे अँधेरे में कोई रास्ता दिख गया हो। यह सोचकर वह उत्साहित हो गया कि एक दिन नम्रता के यहाँ जाकर पुस्तकें दे आएगा।

इसी बीच उसने खद्दर पहनना शुरू कर दिया—धोती-कुर्ता या पैजामा। समाजवादी लोग कॉलर वाला लम्बा कुर्ता पहनते थे—कमी एक झोले की रह गई थी। इससे उसे जो आन्तरिक प्रसन्नता हुई, उसका बयान तो नहीं किया जा सकता, लेकिन वह सिर्फ असाधारण गम्भीरता द्वारा ही प्रकट होने लगी।

आधुनिक बनने के इसी जोश में उसने एक दिन अपने को आइने में देखकर बड़ी कैंची की मदद से दाढ़ी-मूँछ के नरम-नरम बाल तराश दिए। यूँ ही नहीं हो गया यह सब, बल्कि उसके पूर्व उस सम्बन्ध में गम्भीर विचार भी किया गया। जवाहरलाल नेहरू, सुभाषचन्द्र बोस, जयप्रकाश नारायण तथा डॉ. लोहिया के कृतित्व एवं विचार का मिश्रित रूप था, उसका राजनीतिक आदर्श उस समय—और उनके सफाचट चेहरों ने प्रतीक-चिह्न के रूप में उसके अन्दर अनोखा भक्ति-भाव उत्पन्न कर दिया था। हाँ, उन्हीं की तरह महान नेता बनना चाहता था वह अथवा यौवन-प्रभात की रंगीन, रूमानी, खुशनुमा और चहचहाती भावनाओं का कोई कर्म-रूप था उसका वह प्रयास ?

उसका नया चेहरा सर्वप्रथम घर में ही देखा गया। किसी अनहोनी घटना को पहले निरखकर लुत्ती लगाने में माहिर हैं शैलजा और सुरेश। और शादी के बाद तो शैलजा की किसी बात, सूचना या शिकायत का ब्रह्मवाक्य की तरह गहरा असर होता है। जब नीलेश भीतर आ रहा था, उसी समय

शैलजा ने जल्दी-जल्दी आनन्दी के पास जाकर उसके कान में कुछ फुसफुसा दिया।

आनन्दी ने नीलेश को घूरकर देखा, फिर क्रुद्ध आवाज में पूछा, "यह क्या किया ए बाबू ?"

"क्या है अम्मा ?" नीलेश ने हँसते हुए पूछा।

"यह तो बड़ा अशुभ है, बाबू...।"

"क्या अशुभ है ?"

"बाप के रहते..."

नीलेश समझ नहीं सका। उसके चेहरे पर हैरानी-परेशानी दौड़ गई। इसी समय जीरादेवी ने आकर छाती पर हाथ रखकर चिन्ता प्रकट कर दी :

"हाय ए नीलेश बाबू, यह क्या किया ? बाप के जिन्दा रहते क्या दाढ़ी-मूँछ पर छुरा लगाया जाता है ? तुमने किसी से पूछा नहीं। कितना खराब है यह।"

"छुरा नहीं, कैंची लगी है, दादी।"

"अरे लोहा तो है। एक तरह से छुरा ही है वह।"

अपने मुँह से 'बाप की मृत्यु' जैसे शब्द कोई भी नहीं कहना चाहता था, अन्यथा यह कहा जाता कि बाप के मरने के बाद, दसवीं के दिन ही उनके लड़के दाढ़ी-मूँछ पर छुरा लगवाकर मुंडन कराते हैं और जीवित अवस्था में ऐसा कराना बाप को मारने जैसा ही है। एक दूसरे अर्थ में भी यह अशुभ समझा गया है कि गृहस्थ जीवन से भागकर ही कुछ लोग मुंडन कराके साधु-संन्यासी बन जाते हैं।

सीतानाथ ने कचहरी से आने पर बाहर ही नीलेश को देख लिया था, मगर वह कुछ बोले नहीं। भीतर जब आनन्दी ने उनसे शिकायत की तो वह ठठाकर हँस पड़े। उन्हें याद आया, जब वह चौदह-पन्द्रह वर्ष के थे, उनकी शादी कर दी गई और एक वर्ष के बाद गौना भी हो गया। उसके बाद एक निश्चित दिशा में स्थिर गति से बढ़ते हुए वह समाज के हर नियम-आचार पर चुपचाप चलते रहे।

उन्हें स्वयं स्थिर जीवन पसन्द था, जिसकी करुणा एवं आदर्श की सीमाओं में वह अपना कर्त्तव्य-पालन करते हुए प्रभु का गुणगान करते रहे—परन्तु जब नीलेश ने साहसपूर्वक पुरानी मान्यताओं को तोड़ते हुए, नई चुनौतियों को स्वीकार करके, कांग्रेस की सदस्यता ग्रहण करने के बाद खद्दर पहन लिया और दाढ़ी-मूँछ सफाचट करा ली तो उन्हें जरा भी बुरा नहीं लगा। जैसे उन्होंने नीलेश में अपने अभावों—प्राचीन, अप्रासंगिक, असम्बद्ध घरेलू साहस और आदर्शों—की क्षतिपूर्ति और नए कर्त्तव्यों का हस्तान्तरण, विकास तथा विस्तार देख लिया हो। जब अपना ही लड़का जवाहरलाल नेहरू और सुभाषचन्द्र बोस की तरह नई परम्परा कायम करके नया कीर्तिमान स्थापित करेगा तो क्या उससे माँ-बाप और खानदान की इज्जत नहीं बढ़ेगी ?

सीतानाथ ने अपना विचित्र तर्क प्रस्तुत कर दिया, "अरे शैलजा की अम्मा, किस चक्कर में पड़ी हो ? लड़के के दाढ़ी-मूँछ काटने से क्या मैं मर जाऊँगा ? एकदम वाहियात बात। समय स्थिर रहने पर समाज भी स्थिर रहता है, तब बहुत-सी पुरानी बातें सड़े हुए पानी और कीचड़ की तरह एक जगह जमी रहती हैं। बहुत से अन्धविश्वास हाथ-पैर तोड़कर हमारे अन्दर बैठ जाते हैं। अब समय तेजी से बदल रहा है, शैलजा की अम्मा ! ठीक बहते दरिया के पानी की तरह नए-नए ख्यालात आ रहे हैं। तालीम बहुत-सी पुरानी बातों को खत्म कर देगी। ऐसे समय में लकीर का फकीर बनने में क्या फायदा ? आज तो अंग्रेजी हुकूमत का वह सूरज डाँवाडोल है, जिसे हम समझते थे कि कभी डूब नहीं सकता। नए विचारों और नई हिम्मत से विदेशियों को हराने के लिए हमारा लड़का आगे बढ़ रहा है, इसे क्या कम समझती हो ?"

गला खँखारकर, हाथों को हिलाते हुए उन्होंने नाटकीयता से कहा, "फिर जवाहरलाल नेहरू को देखो। बड़े नेता हैं, विलायत में पढ़े हैं, जब उनके बाप मोतीलाल जिन्दा थे, तभी इंग्लैंड में उन्होंने

दाढ़ी-मूँछें क्या बनवाईं कि आज भी कायम हैं। और उनके विलायत से आने के बाद भी उनके पिता कई सालों तक जिन्दा रहे। और हमारे प्रभु श्रीरामचन्द्रजी, श्रीकृष्णजी और श्रीशंकरजी के दाढ़ी-मूँछ वाले चित्र कभी देखे हैं ? यह केशव रूप, प्रभु रूप है, जो सर्वव्यापी और अजर-अमर है। दाढ़ी-मूँछ सफाचट करने पर चिन्ता करने की क्या जरूरत है जी।'' वह अन्त में ठहाके लगाने लगे।

जब उन्होंने देखा कि जीरादेवी, आनन्दी यहाँ तक कि शैलजा पर भी उनकी बातों का असर नहीं है, बल्कि नापसन्दी से मुँह दूसरी ओर फेर लिए गए हैं, तो वहाँ से खिसक कर अपने कमरे में चले गए। तीनों औरतें कुछ देर तक घुमा-फिराकर आलोचना और विरोध जैसी बातें करती रहीं। परन्तु उसके बाद किसी ने भी इस सम्बन्ध में कोई बात नहीं की नीलेश से। और अन्त में यही सोचकर सन्तुष्ट हो गईं कि चलो, कैंची में कोई बात नहीं।

नम्रता ने भी अपने बरामदे से नीलेश में आए बदलाव को देख लिया था। इन दिनों वह काफी परेशान रहती थी। अक्सर कमरे में देर तक चुपचाप बैठी रह जाती या खुली छत पर जाकर आकाश को निहारती रहती। हर पल उसका आशा का होता। कोई आवाज, कोई खट-पट उम्मीद की धड़कन प्रतीत होती। उसने रास्ते में काँटे-भरे झाड़ी-झंखाड़ स्वयं साफ कर दिए थे, फिर भी यदि किसी को समझ में नहीं आता या नहीं सूझता तो वह क्या करे ? ज्वार में उठी लहरें पछाड़ खाकर नीचे गिरकर खंड-खंड हो जातीं। उसके ख्यालों में और दिल में निरन्तर एक समर्पित ज्योति जल रही थी। साधना और प्रतीक्षा का कोई अन्त नहीं था। क्या इसका कोई असर नहीं था—दूसरी ओर कोई हल्का तरंग भी नहीं ?

लेकिन वह अपने को रोक नहीं सकी। इस समय नजदीक से देखना और आवाज सुनना कैसा लगेगा ? उसकी उत्सुकता शर्म-संकोच और अभिमान पर हावी हो गई। उस दिन मन्दिर की उसकी चहचहाहट कहाँ चली गई है ? क्या उसकी कोई साकार मूर्ति अपने अन्दर बनती देखकर वह अपने को सँभाल नहीं पा रही है ? और आज भी जब वह पाठ्य-पुस्तक लेकर जाएगी तो उसको ठीक से देख पाएगी या कुछ पूछ पाएगी ?

सीतानाथ के कचहरी जाने के बाद वह गई। हाथ में पुस्तक थी। दक्षिण बरामदे में आनन्दी और सुरेश बैठे थे।

''आओ, आओ, बिटिया, अब तो तुम आती ही नहीं। हाँ, अब तुम बच्ची भी तो नहीं रही। गम्भीर तो रहना ही चाहिए। बहिनजी कैसी हैं ? आओ, बैठो।''

आनन्दी के कहने पर वह चारपाई पर बैठ तो गई, किन्तु उसके चेहरे की मुस्कुराहट फौरन गायब हो गई, गोया बिजली का स्विच 'ऑफ' कर दिया गया हो। उसे यहाँ आने का बड़ा अफसोस होने लगा। लोगों की तेज, अप्रिय निगाहों के बीच कैसे जीवित रह सकेगी वह ?

कुछ क्षणों के बाद ही वह उठ खड़ी हुई, ''चाचीजी, जा रही हूँ...बाद में आऊँगी।''

सुरेश कहाँ चुप बैठनेवाला था, ''दीदी, आप भैया से कुछ पूछना चाहती हैं ? वह क्या बाहर अपने कमरे में बैठे हैं। वह आजकल खूब पढ़ाई कर रहे हैं। रात में देर तक पढ़ते रहते हैं। जाइए न। वहाँ आप देखेंगी कि वह खद्दर में सुशोभित हैं और दाढ़ी-मूँछ सफाचट।''

''क्या आयँ-बायँ बोलता रहता है ? अपनी औकात नहीं देखता।''

नम्रता जरूर कुछ शरमा गई, लेकिन शीघ्र ही अपने को सँभालकर उसने आनन्दी से कहा, ''नहीं चाचीजी, सुरेश की बातें मुझे अच्छी लगती हैं।'' फिर सुरेश की ओर मुखातिब होकर, ''सुरेश, अचानक मुझे एक काम याद आ गया है, बाद में कभी आऊँगी।''

वह सिर झुकाकर प्रस्थान कर गई। जब वह गलियारे से गुजर रही थी, नीलेश कमरे में उठकर घर के भीतर जाने को बढ़ा था। वह दरवाजे पर खड़ा हो गया। उसका मुँह नम्रता को देखकर पीला पड़ गया। वह भी ठिठककर खड़ी हो गई। उसने सिर घुमाकर अजीब कुतूहल और जिज्ञासा-भाव

से नीलेश को देखा। उसके होंठों पर एक क्षण के लिए मुस्कुराहट की एक क्षीण-सी शरारती हरकत हुई, फिर मुड़कर वह जाने लगी।

''नम्रता...''

नीलेश की क्षीण पुकार सुनकर उसके पाँव रुकने, सिर घूमने और होंठ हिलने को हुए, लेकिन उसके अन्दर उठी भावनाओं ने उसे इतना अशक्त कर दिया था कि वह कुछ भी न कर सकी। यह सही है कि अपने प्रिय को आहत करके स्वयं आहत होने से प्रिय से निकटता और बढ़ जाती है और उसकी मूर्ति हृदय में और गहरे इस तरह धँस जाती है कि निकाले नहीं निकलती। तब पीड़ा में छटपटाने से सुख भी मिलता है और वह पीड़ा एक क्षण के लिए बरदाश्त भी नहीं होती। क्या इसीलिए वह अपने कमरे के एकान्त में जाकर चुपचाप बैठकर अपने को धिक्कारती हुई, उसी के बारे में सोचती रही, उससे मन-ही-मन बोलती-बतियाती, हँसती-रोती, उपालम्भ देती, सिर धुनकर क्षमा माँगती और उसके चेहरे को सहलाती रही !

नीलेश की कठिनाइयाँ कम न थीं। उसने पहली बार नम्रता के किसी व्यवहार से अपने को इतना अपमानित महसूस किया। वह कमरे में ही लौटकर अतिशय क्रोध और दुःख की बेचैनी में देर तक टहलता रहा। कभी कुछ देर के लिए बीच में बैठ भी जाता। जब इस तरह जलने-उबलने से कोई हल नहीं निकला तो अन्ततः इस संकल्प के साथ शान्त हुआ कि वह हर बात से ध्यान हटाकर देश और पार्टी के काम में ही सारी शक्ति लगा देगा, क्योंकि यही उसके लिए सबसे महत्त्वपूर्ण है और अन्य बातें गौण।

11

एक दिन जब वह 'क्लास' में पहुँचा तो अपने एक सहपाठी गोपालराम को कुर्सी पर टेढ़े-तिरछे विद्रोही भाव से बैठे हुए देखकर उसे बड़ा अचम्भा हुआ। यूँ तो वह स्वभाव से चुप्पा और सबसे कटकर रहता था किन्तु पढ़ने में तेज और हाई स्कूल में प्रथम श्रेणी में पास हुआ था। कक्षा में हिन्दी भाषा और साहित्य का सर्वाधिक तेज विद्यार्थी और नीलेश के साथ स्कूल अन्ताक्षरी टीम का सदस्य भी। प्रतियोगिताओं में समुचित आरोह-अवरोह और नाटकीयता के साथ सवैया-कवित्त सुनाते समय समा बाँध देता। विशेष रूप से जब वह कुछ प्रसिद्ध कविताओं की अन्तिम पंक्तियों पर आता, जैसे 'आपको न चाहे ताके बाप को न चाहिए' अथवा 'काम अबला-सी, कलाधर की कला-सी, चारु चम्पक लता-सी, चपला-सी चित चोरतीं'—तो हजारों श्रोताओं की करतल ध्वनि से ऐसा लगता, कोई छत पीटी जा रही हो।

सुरंजन शास्त्री उसे समझा रहे हैं, ''बिना बताए आपको इस तरह क्लास नहीं छोड़ना चाहिए था। कोई बात थी तो रास्ता भी निकल सकता था। कम्युनिस्टों से तो हमारा संयुक्त मोर्चा था ही, मगर उन्होंने हमारे सदस्यों के बीच तोड़-फोड़ शुरू कर दी। मोर्चा टूट गया। समाजवाद तो हम भी चाहते हैं, क्रान्तिकारी हम भी हैं, मगर किसी दूसरे देश का पिछलग्गू बनना नहीं चाहते। अनैतिक हिंसात्मक राजनीति में भी हमारा विश्वास नहीं। आजादी की इस लड़ाई में हम गांधीजी के साथ हैं, इस समय हमें हर हालत में आजादी मिलनी ही चाहिए।''

''आजादी कौन नहीं चाहता, लेकिन आजादी की लड़ाई छेड़ने का यह समय नहीं। दुनिया की एकमात्र मजदूर सरकार को बचाना कर्त्तव्य नहीं ? इस समय हमें कोई भी काम ऐसा नहीं करना चाहिए, जो हिटलर विरोधी युद्ध प्रयत्नों को नुकसान पहुँचाए। मित्र देशों की हार से रूस की मजदूर-सरकार भी नष्ट हो जाएगी और जर्मनी की नस्लवादी व्यवस्था दुनिया में अन्धकार फैला

देगी।'' गोपालराम की तैश-भरी आवाज में अत्यधिक कटुता भी थी।

''मित्र देशों की विजय का इन्तजार करेंगे तो ब्रिटिश हुकूमत और भी मजबूत होकर उभरेगी, फिर वह क्या आजादी देगी ?''

''विजय से मित्र देशों के साथ सोवियत रूस भी मजबूत होगा, जो निश्चित रूप से अंग्रेजों पर दबाव डालेगा कि भारत तथा अन्य उपनिवेशों को वह फौरन स्वतन्त्र कर दे।''

''देखिए, कम्युनिस्ट पार्टी की अन्य नीतियों से भी हमारी असहमति है। यह बात अच्छी तरह समझ लीजिए कि फिरंगी हुकूमत पर हमारा कतई विश्वास नहीं है। झूठे-झूठे वादे करके उसने देश में जो भयंकर दमनचक्र चलाया है, उसे हम भूल नहीं सकते। साथ ही वह देश के टुकड़े करने का षड्यन्त्र कर रही है। पृथक निर्वाचन प्रणाली द्वारा हिन्दू-मुसलमान को बाँटने का उसने पक्का इन्तजाम कर दिया है। अछूतों के बारे में उसकी यही योजना थी और देशी रियासतों का भी एक अलग टुकड़ा तराशना चाहती है वह। उसके लिए और कम्युनिस्टों के लिए भी वे विभाजन आत्म-निर्णय के जनतान्त्रिक अधिकारों के तहत होंगे, परन्तु हिन्दुस्तान के लिए तो विनाशकारी ही सिद्ध होंगे। इस देश के लोग एक-दूसरे से इस सीमा तक जुड़े हुए हैं कि इस तरह की कोई कोशिश शान्तिपूर्ण ढंग से नहीं सफल हो सकती और न ही शान्ति स्थापित कर सकती है—बल्कि बड़ा खून-खराबा होगा उससे। राष्ट्रीयता, अटूट राष्ट्रीय एकता और पूर्ण स्वतन्त्रता हमारे देश की जरूरत है, और हमें हर भुलावों को छोड़कर इसी के लिए काम करना चाहिए।''

''और अछूतों के लिए आपकी क्या योजना है ? इस आजादी से हम अछूतों को क्या मिलेगा ?'' गोपालराम का मुँह गुस्से में विकृत हो गया।

सुरंजन शास्त्री ने शान्त स्वर में कहा, ''देखिए गोपालरामजी, आपका इशारा हम समझते हैं, पर इस तरह की बहस से कोई फायदा नहीं। ऐसी ही समस्याओं के कारण हम समाजवाद की बात करते हैं। सदियों से हम गुलाम हैं और हजारों वर्ष से देश में गरीबी और अछूत समस्या है, इसीलिए ये दोनों आगे भी कायम रहेंगी, इसे हम नहीं मानते। हम अपने प्रखर विचार और निरन्तर परिश्रम द्वारा जातिवाद, सम्प्रदायवाद, अस्पृश्यता, गरीबी, अन्याय सबकुछ मिटा देंगे। हम देश में पोंगू, पेटू और अजगरी व्यवस्था नहीं चाहते। हमें निजी स्वतन्त्रता के ख्वाबों में रहनेवाले आरामतलब और चालाक लोग नहीं चाहिए। हम ऐसा जनतन्त्र चाहते हैं, जिसमें सभी परिश्रम करें और एक-दूसरे की स्वतन्त्रता, एक-दूसरे के विकास के लिए कार्य करें।''

वह उठ खड़े हुए, ''मुझे एक जरूरी मीटिंग में जाना है। फिर बाद में बात करेंगे। मतभेद कोई बुरी चीज नहीं है। अलग मत रखकर हम एक-दूसरे के दुश्मन नहीं। आप आया कीजिए मतभेदों के साथ ही। आप लोग चाहें तो कुछ देर बैठकर बातचीत कीजिए, जब जाना हो, कमरे में ताला लगाकर चाभी होटल मालिक गुप्ताजी को दे दीजिएगा।''

सुरंजन शास्त्री को छोड़ने वे दोनों बाहर तक गए फिर वापस कमरे में आकर बैठ गए। कुछ देर पहले बारिश हुई थी लेकिन हवा में अब भी भीगी-भीगी ठंडक थी। आकाश में बादल एक-दूसरे पर जमकर पर्वतीय चट्टानों की तरह नजर आ रहे थे।

''कहाँ रहते हो ? वहीं पर न ?'' नीलेश ने पूछा।

''अरे नहीं, वह जगह तो कभी छोड़ दी। मैं अब कचहरी के पास रामपुर में एक कमरे में रहता हूँ। एक कमरेवाला वह मकान कम्युनिस्ट पार्टी का कार्यालय है। पार्टी ने दफ्तर का काम मेरे ही जिम्मे छोड़ रखा है। दस रुपए महीने पार्टी की ओर से मिलते भी हैं...खैर छोड़ो।''

''राजनीति में जाने का विचार है ?''

''अरे नहीं, मैं क्या राजनीति में जाऊँगा ? राजनीति तो तुम्हारे जैसे बड़ों के लिए है।'' गोपालराम हँस पड़ा।

''ऐसा क्यों ?'' नीलेश ने भोलेपन से पूछा।

''यार, मैं चमार जाति का हूँ, यह तुम जानते ही हो। हमारी तरह ही करोड़ों अछूत और गरीब जातियाँ हैं, जो एकदम निरक्षर, गँवार और नासमझ हैं। ये लोग राजनीति क्या करेंगे ? खैर, इसे छोड़ो, मैं अपनी बात बताता हूँ। जब समाजवादी विचारों से मेरा परिचय हुआ तो मुझे लगा कि देश से गरीबी और शोषण को मिटाने के लिए मेरा राजनीति में जाना बहुत जरूरी है। मेरे राजनीति में प्रवेश किए बगैर गरीबों का उद्धार नहीं होगा !'' अचानक वह अपने मजाक से इतना प्रसन्न हुआ कि उसकी ठहाकेनुमा हँसी के कई चिकने, हवाई टुकड़े एक-दूसरे के सहारे उछलते हुए देर तक उसके मुँह से बाहर आकर गूँजते रहे।

''पहले तुम कांग्रेस-समाजवादी थे ?''

गोपालराम कुछ क्षण सिर पर हाथ रखकर सोचता रहा। फिर उसने सवाल किया, ''यार नीलेश, एक बात बताओ, हम लोग तो गँवार और निरक्षर हैं, विद्यालयों और राजनीतिक दलों में 'नहीं' के बराबर हैं, लेकिन सर्वव्यापी बड़ी जातियों के शिक्षित लोग हर जगह अपनी-अपनी जातियों के अपने कुएँ में ही क्यों रहते हैं ? अपने लोगों के साथ ही खाते-पीते हैं, घूमते-फिरते, बोलते-बतियाते हैं, राजनीति करते हैं। अगर आजादी मिली तो निश्चित ही बड़े सम्पन्न लोगों का ही शासन जरूर चलेगा। फिर कैसी व्यवस्था बनेगी ?'' वह फिर हँसने लगा।

कुछ देर चुप रहकर उसने आगे कहा, ''मैं तो हर पार्टी के लोगों के बीच में आता-जाता हूँ। बड़ी-बड़ी ऊँची बातें करनेवालों के मुँह लटक जाते हैं, जब मेरे हाथ से छुआ पानी पीने की कोई मजबूरी आ जाती है। साथ में खाने-पीने के मामलों में तो और भी विकट स्थिति होती है। तब ज्ञात होता है कि बहानेबाजी के तर्क प्रस्तुत करने में हमारे देश के लोग सर्वोपरि हैं। यार, बचपन में और स्कूल में भी ये बातें नहीं आती थीं, लेकिन बढ़ती उम्र और बढ़ते ज्ञान के साथ यह भेदभाव क्यों बढ़ता जाता है। जितना ज्ञानी उतना ही ढोंगी, स्वार्थी और संकीर्ण। हर जगह है यह चीज, कम्युनिस्ट पार्टी में कुछ कम है। राहुलजी कहते हैं कि कम्युनिस्टों को सभी जातियों और सम्प्रदाय के गरीबों से मेलजोल बढ़ाना चाहिए, साथ में बैठकर खाना चाहिए, सबके त्योहारों में शामिल होना चाहिए, जातियों और सम्प्रदायों के लोगों के बीच वैवाहिक सम्बन्धों को बढ़ावा देना चाहिए, धार्मिक और सामाजिक अछूतपन को दूर करने के लिए आन्दोलन करना चाहिए। कितने कम्युनिस्ट हैं ऐसे ?''

''यह बड़ा और पुराना देश है, कई तरह की जकड़बन्दियाँ हैं यहाँ। शिक्षा के प्रचार-प्रसार से धीरे-धीरे टूटेंगी। कुछ टूट भी रही हैं।'' नीलेश ने धीमे स्वर में कहा।

''अपवाद की तरह। अक्सर शहर के अनेक समाजवादी या कम्युनिस्ट अपने गाँव में जाकर अपने गरीब या अछूत कामरेड के लिए मालिक और बाबू नहीं बन जाते ? क्या वे अपने गरीब कामरेड के साथ बैठकर भोजन कर सकते हैं ? पूँजीपति और मजदूर का भेद तो अलग किस्म का है, लेकिन सामाजिक और धार्मिक अस्पृश्यता भयंकर है, मर्मान्तक है। पूँजीपति और सामन्त के खिलाफ तो किसान-मजदूर एक हो सकते हैं सामान्य समाज में। लेकिन अस्पृश्यता के समाज में जनता के बीच एकता कैसे स्थापित की जा सकती है ?''

नीलेश उसका कोई उतर नहीं दे सका, बस उसकी ओर अविश्वसनीयता के आश्चर्यपूर्ण भाव से देखता रहा।

''यह जानता हूँ कि मैं ये बातें बेकार ही कर रहा हूँ। मैं तो किसी सन्तोष के लिए पार्टी में आ गया था, पर मुझे अपने परिवार पर अन्याय ही लगता है। यहाँ इंटर की पढ़ाई नहीं है और बनारस-इलाहाबाद जाकर आगे पढ़ने की हैसियत मेरी नहीं है। कभी-कभी खयाल आता है कि अगर निरक्षर रहता तो अच्छा होता, यह सब समझने की बुद्धि तो नहीं आती ! मेरे बाबू और माई सीधे-सादे हैं, वे डाँट-डपट, लात-जूता खाते रहते हैं, अभाव में गिड़गिड़ाते रहते हैं, लेकिन उन्हें गुस्सा नहीं

आता। सीधे-सादे मेरे बाबू हर दुर्गति भुगतते हुए भी खेत-मजदूरी करते हैं। मेरी माई बड़े घरों में बच्चा जनाने तथा और काम करती है तो उसे रोज पके हुए बासी भोजन की मजदूरी और फसल होने पर कुछ पसेरी अनाज मिल जाता है। मुझे अचम्भा होता है कि कैसे वे मेरी पढ़ाई के लिए हर महीना दस रुपए भेज देते हैं और मैं बेहया की तरह लिए जाता हूँ। खैर, मैं इन सब बातों पर सोचता भी नहीं हूँ और न कभी उनकी दशा देखने गाँव ही जाता हूँ। तुम मेरा गुस्सा जानना चाहते हो ? मैं सबसे ईर्ष्या करता हूँ, सबसे घृणा करता हूँ, दुनिया के सारे 'राक्षस' और सारे 'देवता' भी मिलकर इतना गुस्सा नहीं कर सकते !''

वह बेतहाशा एक अस्वाभाविक और अतार्किक हँसी से दोहरा हो गया ! नीलेश सन्न होकर उसे देखता रहा। चुप होने के बाद गोपालराम ने नीलेश को घूरते हुए सवाल दागा, ''तुम क्या बता सकते हो कि इस देश में वास्तविक आजादी और वास्तविक जनतन्त्र क्या है ?''

नीलेश ने कुछ सोचकर कहा, ''गोपाल भाई, तुम्हारी भावनाएँ मैं समझ रहा हूँ, लेकिन सिर्फ ईर्ष्या, घृणा और गुस्सा करना पलायन का दूसरा रूप नहीं है ? जैसाकि सुरंजन शास्त्री कहते हैं, यह आत्मघात और आत्म-पराजय का रास्ता नहीं है ? घृणा और क्रोध जायज हैं, लेकिन उनको कारगर, प्रभावशाली, शक्तिशाली और जनोपयोगी बनाने के लिए जरूरी है कि एक बड़े संघटन के रचनात्मक कार्यों द्वारा जनता तक पहुँचा जाए, उनको एकबद्ध किया जाए। उनको बदलाव के लिए शिक्षित और तैयार किया जाए। सुरंजन शास्त्री शायद ठीक ही कहते हैं कि हमारे देश में घृणा और गुस्सा के अनेक कारण हैं, लेकिन किसी जनकल्याणकारी, क्रान्तिकारी सिद्धान्त के द्वारा ही क्रोध की उपयोगिता सिद्ध और सार्थक हो सकती है, जिसका रास्ता है अपार धैर्य, निरन्तर परिश्रम, अगाध आशा और विश्वास और सिद्धान्त के लिए बेहिचक त्याग और कुर्बानी। विचारहीन, शक्तिहीन गुस्सा आत्मघाती और लक्ष्यघाती दोनों ही हैं। आखिर कौन बदलेगा इस दुनिया को ? हमी लोगों में से ही तो अनेक आगे आकर चुनौतियाँ स्वीकार करेंगे ? खैर, इस बात को यहीं छोड़ दें, काफी देर हो रही है। मैं तुमसे एक अनुरोध करूँगा।''

''बोलो...'' गोपालराम हँसने लगा।

''तुम्हारा घर दूर है और मेरा घर नजदीक। चलो हमारे घर, वहाँ भोजन करेंगे...''

गोपालराम का चेहरा फक पड़ गया। फिर चेहरे पर क्रोध की लाली दौड़ गई, ''क्या मुझ पर दया करके अपमानित करना चाहते हो ? जब तुम लोग मेरे यहाँ नहीं खा सकते तो मैं तुम्हारे यहाँ क्यों खाऊँ ?''

''ऐसी बात न करो, गोपाल। अन्ताक्षरी के दिनों में हम एक साथ खा-पी चुके हैं...''

''स्कूल के दिनों की बात छोड़ो। मैं जानता हूँ कि तुम मेरे गाँव में, मेरी झोंपड़ी में चलकर मेरी माँ के हाथ का बनाया हुआ खाना नहीं खा सकते...''

''गोपाल !'' नीलेश अपने स्वभाव के विरुद्ध उत्तेजित हो गया, ''यह झूठ है, नासमझी है, लांछन है। मौका आने पर इसकी परीक्षा हो जाएगी। जिस दिन कहोगे, मैं तुम्हारे गाँव चला चलूँगा...।''

''ठीक है, किसी दिन चलेंगे—बात पक्की !'' गोपालराम हँसने लगा।

वे उठ खड़े हुए। कमरे में ताला लगाने के बाद चाभी होटल मालिक के सुपुर्द करके जब वे बाहर पहुँचे तो आसमान बरसने-बरसने को हो रहा था और घर आते-आते हलकी झींसी भी पड़ने लगी।

गोपालराम को नीलेश ने अपने बाहरी कमरे में बिठाया। तत्पश्चात भीतर जाकर आनन्दी से दो थाली खाना भेजवाने को कहा और बाहर आते समय दो लोटे पानी लेता आया, जिनसे दोनों ने बाहर जाकर हाथ-मुँह धोए। अन्त में वे कमरे में एक मेज के दोनों ओर कुर्सियों पर बैठ गए।

कुछ देर बाद सुरेश ने बारी-बारी से उनके सामने खाने की थालियाँ लाकर रख दीं। अलग

कटोरियों में आलू-परवल और चने की रसेदार सब्जी और दो छिछली तश्तरियों में खड़ेरा (बेसन की बर्फीनुमा तली सब्जी), पापड़, तिलौड़ी, चटनी, हरी मिर्च और कटी प्याज तथा नींबू। गमकौआ चावल के दो कड़े, लघु स्तूपों पर दो-दो रोटियाँ भी रखी थीं। थाली की दाल में पड़े घी, सब्जी के शोरवे की प्याज-लहसुन-लौंग-तेजपत्ता की मिली तीखी गन्ध और फरहर श्वेत भात की मिश्रित खुशबू कमरे और बाहर के बरामदे में भर गई।

"सुरेश, दोनों लोटे खाली हैं, इनमें पानी लाओ। अलग से दो गिलास भी। और यहीं आस-पास खड़े रहना, घटने पर...अरे बीच-बीच में पूछ लिया करना..."

वे खाने लगे। देर हो गई थी और वे भूखे थे। भोजन करने की एक सर्वव्यापी, सुपरिचित-सी आवाज आने लगी। बुजुर्गों में तो यह बात नहीं है, परन्तु नीलेश और उसके भाई-बहनों के बीच एक अनोखा दृष्टिकोण विकसित हो गया है, जिसका श्रेय मुख्य रूप से वीरेश और कुछ हद तक शैलजा को दिया जाना चाहिए। शुरुआत वीरेश ने ही की थी। खाते समय यदि किसी के मुँह से आवाज निकलती—चप-चप, चापुड़-चापुड़ या सुड़-सुड़—तो वह क्रोध से देखकर दूसरी ओर मुँह कर लेता अथवा वहाँ से उठकर चला जाता। बाद में शैलजा भी उसके साथ शामिल हो गई। जब कोई रिश्तेदार या बाहरी व्यक्ति आता तो सबसे पहले वे यही देखते कि आगन्तुक के खाने का क्या ढंग है। आवाज क्या है। वैसा व्यक्ति उनके क्रोध, आलोचना और हँसी का विषय बन जाता। ऐसे रिश्तेदारों और परिचितों की एक पूरी सूची थी उनके पास। यदि किसी भाई या परिवारजन के मुँह से आवाज निकलती तो वे अपनी-अपनी थालियाँ उठाकर दूसरी जगह चले जाते। इस मामले में चाचा उमानाथ और सरोस्ता बुआ उनके बीच बहुत बदनाम थे। वीरेश तो उनके साथ भोजन कर ही नहीं सकता था।

"चाचा और बुआ खाना चबाते क्यों नहीं ? कोई चीज दाँतों के नीचे ले ही नहीं जाते, जीभ पर रखकर चप-चप करते हुए घोट जाते हैं। मुँह में कौर रहता है और बाऊ-बाऊ बोलने भी लगते हैं..."

"इसीलिए पेट खराब रहता है इनका।"

पहले नीलेश और धीरेश भी जल्दी-जल्दी मौखिक शोरगुल के साथ अपना भोजन निबटाते थे, लेकिन भाई-बहन की क्रोध-भरी टिप्पणियों, व्यंग्य-बाणों तथा असहयोग से उनमें काफी सुधार हो गया था। आश्चर्य है कि नम्रता से निकटता के साथ ही नीलेश के अन्दर अजीब-सा एक मिथ्या खयाल उभरा कि असभ्यता से इस प्रकार भोजन करनेवाला व्यक्ति जननायक या किसी खूबसूरत स्त्री का प्रेमी कैसे बन सकता है !

इस समय भी नीलेश प्रशंसनीय स्टाइल से भोजन कर रहा था। वह भोजन का ग्रास बड़े कायदे से भीतर डालता और दोनों होंठों को जैसे सूई-तागे से सिल करके ऊपर-नीचे मुँह चलाने लगता। लेकिन गोपालराम ने चपचपाहट की हद कर दी थी, जिसकी सूचना सुरेश ने भीतर जाकर दे दी थी, तभी शैलजा गलियारे से दो बार झाँककर अपने कानों से ही सबकुछ सुन गई।

नीलेश अपनी दीदी की हरकत का अर्थ समझ गया। उसे पहले बड़ा गुस्सा आया, फिर हँसी आने लगी। तत्पश्चात आत्म-नियन्त्रण के लिए गोपालराम की तश्तरी में से दो-चार तिलौड़ी तथा उसकी थाली में से एक चिटुकी भात लेकर अपनी थाली में रखते हुए बोला, "यार, तुम तो चुप्पा मेहमान बन गए हो। कुछ तो बोलो।"

गोपालराम ने हँसने की कोशिश की, फिर खाते-खाते ही बताया कि वह डाक-तार विभाग की क्लर्की के इम्तहान में बैठना चाहता है, क्योंकि आजादी पता नहीं कब मिलेगी, तब तक वह स्वयं बूढ़ा हो जाएगा, उसके माँ-बाप मर-बिला जाएँगे—और मिल भी गई तो उसके परिवार को क्या मिलेगा ? गनीमत तो यह है कि माँ-बाप की शादी की जिद उसने नहीं मानी, जबकि उसके समाज

में काफी छोटेपन में ही शादी कर दी जाती है।

नीलेश ने उसकी आँखों में ऐसी उदासी और व्यथा पहले कभी नहीं देखी थी। भोजन के बाद वह एक-दो दिन में मिलने का वादा करके वहाँ से जल्दी-जल्दी चला गया।

परन्तु अन्ताक्षरी की लोकप्रियता के कारण वीरेश और सुरेश, दोनों ही गोपालराम को जानते थे, इसलिए घर के अन्दर उसके पहुँचते ही आनन्दी ने गुस्साई आवाज में कहा :

''क्या ए नीलेश बाबू, तुम तो सबका जाति-धर्म चौपट कर दोगे...।''

नीलेश का चेहरा पहले फक पड़ गया फिर क्रोध से तमतमा गया। उसने सिर घुमाकर इधर-उधर देखा, लेकिन वीरेश तो पहले से ही नहीं था। सुरेश भी वहाँ से गायब ! उसने होंठ सिकोड़कर कहा :

''तुम तो व्यर्थ ही नाराज हो गई हो, अम्मा। किसने लहरा लगा दिया है। राधास्वामी सम्प्रदाय के लोगों को तो जाति-वाति से कोई मतलब नहीं रखना चाहिए।''

आनन्दी का मुँह फूल गया, ''तुम लोग दातादयाल तक क्यों पहुँच जाते हो ? तुम्हारे बाबूजी और चाचा भी जो चाहे कह देते हैं। हम लोग तो सनातन धर्म पर कुछ नहीं कहतीं। उल्लू थोड़े ही हूँ कि कुछ नहीं समझती !''

''बनारस में जब गुरु महाराज आए थे तो भंडारा में मैंने देखा कि सभी जातियों के लोग एक साथ बैठकर खा-पी रहे हैं। सीमेंट के एक छोटे-से साफ-सुथरे सूखे हौज में लँगोटा पहनकर दो तगड़े व्यक्ति नंगे बदन उछल-उछलकर आटा माँड़ रहे हैं। उसी आटे की रोटी सभी खाते थे।''

''जहाँ दातादयाल जाते हैं, रहते हैं, वहीं तीर्थ बन जाता है। सबकुछ पवित्र हो जाता है। सदा प्रेम का निर्झर बहता रहता है। वह गाँव-गँवई, घर-परिवार थोड़े ही है, जहाँ ऊँच-नीच, हमारा-तुम्हारा होता रहता है। तुम लोग चाहते क्या हो कि सबकुछ छोड़ दिया जाए, सब चौपट हो जाए ? फिर तुम्हीं लोग सँभालो, आनी-बानी क्यों मारते हो ?''

आनन्दी आँखों पर आँचल रखकर रोने लगी। नीलेश का चेहरा फक पड़ गया। यह सब सुनकर जीरादेवी दौड़ी-दौड़ी आईं। उन्होंने नीलेश को समझाया :

''ए बाबू, दातादयाल के बारे में कुछ नहीं कहना चाहिए। वह परम पिता हैं, परम गुरु हैं। तुम लोग लेंड़ी-बूची हो, तुम्हारे पास बुद्धि-अकिल तो है नहीं, जबान से अंड-बंड निकल भी जाता है तो वह क्षमा कर देते हैं। आगे से कुछ न कहना...'' फिर आनन्दी से कहा, ''ए दुल्हन, नीलेश मूरख-अनाड़ी हैं, समझ होती तो ऐसी बातें कहते ? लड़का-बच्चा की बात से दुखी नहीं होना चाहिए। हे दातादयाल, परम गुरु, लड़का नादान है, इसको क्षमा करें...'' उन्होंने दोनों हाथों को आँचल के भीतर जोड़कर आकाश की ओर देखने के बाद सिर नवाया।

''दादी, मेरा मतलब वह नहीं था, जो अम्मा ने समझा,'' नीलेश शीघ्रता से बाहर चला गया, ताकि बात आगे न बढ़े।

सीतानाथ के कचहरी से आने पर जब शैलजा नाश्ता लेकर उनके पास गई तो उन्होंने आनन्दी की तबीयत का हाल पूछा। तत्पश्चात शैलजा ने नैहर आई लड़की की सावधानी, कुशलता और गम्भीरता से किस्सा इस ढंग से सुना दिया कि वह गरज पड़े, ''क्या नीलेश ने राधास्वामी के खिलाफ कुछ कहा ? बुलाओ तो उन्हें और यह सुरेश ! छँटकी-भर तो है, वह क्या इधर की बात उधर और उधर की बात इधर किए रहता है। उसे भी बुलाओ।''

यह कहना कठिन है कि सीतानाथ के कथन का उद्‌देश्य आनन्दी को खुश करना था या लड़कों की नसीहत करना। वे दोनों ही घर में नहीं थे। तभी जीरादेवी आकर बोलीं :

''ए बाबू, परम पिता के खिलाफ कहने से उनका क्या बिगड़ेगा ? आसमान पर थूकने से थूक लौटकर उसी पर तो गिरेगा ! हम सभी उनके बच्चे हैं, मूरख हैं, और नीलेश बाबू तो बच्चों के

बच्चे हैं, इनको तो सबसे पहले माफ कर देंगे परम गुरु। बात यह है बाबू कि नीलेश बाबू ने दूसरी जाति के एक दोस्त को खाना खिला दिया। यह सब सोचने-समझने की उनकी उम्र, अक्ल कहाँ है ! और यह भी उन्होंने ठीक ही कहा है कि दातादयाल के दरबार में कोई भेदभाव नहीं किया जाता।''

''अरे कैसा भेदभाव, चाची।'' सीतानाथ ने उत्साह-भरी ऊँची आवाज में कहा, ''प्रभु ने तो हर प्राणी को अपने हाथ से बनाया है, फिर कैसा भेदभाव। और दोस्ती में जात-पाँत कहाँ देखी जाती है, चाची ! और प्रभु रामचन्द्र ने शबरी के बेर खाए थे कि नहीं ? और भगवान श्रीकृष्ण ने भी बिदुर के घर जाकर शाक खाया था। मन की शुद्धता, मन की ऊँचाई सबसे बड़ी चीज है। अगर तुम्हारा मन गन्दा है, दूसरे की औरत पर गन्दी नजर रखते हो, रोज रंडी के यहाँ जाते हो, शराब पीते हो, और पाप करते हो—फिर खूब साफ-सुथरे रेशमी कपड़े पहनकर और रामनामी ओढ़कर मन्दिर जाने पर तुम कहाँ के शुद्ध हुए। और एक गरीब आदमी, हरिजन, भिखमंगा शुद्ध मन से मन्दिर में जाकर प्रार्थना करेगा तो उसे पूरा पुण्य मिलेगा। हरिजन, अछूत, गरीब कोई भी हो, मैं उसका मन्दिर से स्वागत करूँगा। मैं रोज ही घर की नाली को साफ करता हूँ, शौचालय की घड़ा-पर-घड़ा पानी डालकर सफाई करता हूँ तो क्या मैं अछूत हो जाऊँगा ? ये सभी लोग भी हमारी तरह ही हाड़-मांस और गुण-दोष वाले लोग हैं। ठीक है न चाची !''

''अरे हाँ, बाबू,'' जीरादेवी फौरन दूसरी ओर मुँह करके वहाँ से खिसकने लगीं, क्योंकि सीतानाथ ने समस्या को ऐसे दलदल में ले जाकर उनका समर्थन लेना चाहा था, जहाँ जाने की वह कल्पना भी नहीं कर सकती थीं। वह तो कुछ महान उद्देश्यों की पूर्ति के लिए वहाँ आई थीं, जैसे अपनी बहू आनन्दी की आलोचना के अवसर का उपयोग करने, उससे अपने को अधिक समझदार और अनुभवी राधास्वामीवादी साबित करने और पारिवारिक मतभेद या संकट के समय सुलह-समझौता कराने की अपनी सुपरिचित भूमिका को निभाने।

सीतानाथ ने जो कुछ कहा था, उस पर उनका विश्वास भी था, इसीलिए नीलेश के व्यवहार में कुछ अनुचित भी नहीं लगा उन्हें। लेकिन अब उन्हें खयाल आया कि अपने कथन से उन्होंने आनन्दी को शायद नाराज भी कर दिया हो, इसलिए उन्होंने फौरन कहा :

''और चाची, शैलजा की अम्मा की तरह कोई दयावान होगा ? अब देखो न, दरवाजे पर कोई भिखमंगा आ जाए, उनका दिल फौरन पसीज जाता है और उसे इतना दे देती हैं कि वह निहाल हो जाता है। तीज-त्योहार पर कामकाज करनेवालियों को रुपए-पैसे देकर खुश कर देती हैं। अब देखो न, जयदेव यादव को अपने लड़के की तरह रखती हैं, मजाल है कि वीरेश-सुरेश को उनसे पहले नाश्ता मिल जाए। और खाना क्या बनाती हैं चाची ! छप्पन प्रकार के व्यंजन बनवा ले कोई उनसे। और हर एक व्यंजन दूसरे से कम जायकेदार नहीं। अरे, लड़कों की नादानी पर कभी गुस्सा आ गया, नहीं तो सबसे जो खूबसूरत व्यवहार यह करती हैं कोई क्या करेगा ? ठीक है, प्रभु सब कृपा करेंगे...।''

गोपालराम जब वादानुसार नहीं आया तो पाँचवें दिन नीलेश उसका हाल-चाल लेने के लिए रामपुर गया। मौसम खुला और धूप तेज। गाँव मुख्य रूप से सड़क के दोनों किनारे बसा है और मकानों के पीछे खेत फैले हैं। आस-पास छोटे-बड़े गड्ढे पानी से भरे थे। पूछताछ करने के बाद एक कमरा और खुली छत वाले एक मकान के पास पहुँचकर भीतर से बन्द दरवाजे को वह खटखटाने लगा।

''कौन रमाशंकर ?'' भीतर से गोपालराम की कराहती-सी कमजोर आवाज उसे सुनाई पड़ी।

"मैं नीलेश हूँ, गोपाल। खोलो।"

नीलेश को प्रतीक्षा करनी पड़ी। पहले भीतर से कुछ खाँसने, खटपट, खसखस तथा धीमे-धीमे गुड़बुड़ाने की आवाजें आईं। दरवाजा खुलने पर भीतर पहुँची धूपीली रोशनी में दो वस्तुएँ एक ही साथ दिखाई पड़ीं—गोपालराम का निस्तेज, पिचका चेहरा और भीतर की गन्दगी की एक झलक। उसके फौरन बाद ही तेज दुर्गन्ध का एक भभका बाहर आया।

"अरे, तुम्हें क्या हो गया ?"

"आओ नीलेश, भीतर आओ।"

चार-पाँच दिन में ही उसके शरीर का रस किसने निचोड़ लिया ? आँखें बुझी-बुझी, होंठ सूखे हुए। वह लौटकर एक पतले, झोलर बँसखट पर बैठ चुका था।

"उस कुर्सी पर बैठो, नीलेश।"

भीतर घुसकर नीलेश के सामने छोटा-सा पूरा कमरा बेहद अस्त-व्यस्त नजर आया। जो कुछ भी सामान थे, इधर-उधर फैले हुए, गोया किसी ने उठा-उठाकर फेंक दिए हों। एक कोने में मैले कपड़े की एक गठरी, जिसमें से निकली कागज की कुछ पुड़ियाँ, एक पुराना दाँत-ब्रश, एक लेटी हुए खाली बाल्टी, एलिम्युनियम का एक-दो जगह पिचका लोटा औंधा हुआ, होम्योपैथी दवाओं की पुड़ियों के छोटे-छोटे कागज, पानी के अधसूखे धब्बे, धूल और गर्द। दूसरे कोने की तरफ आम लकड़ी की डगमगाती मेज और काठ की हचकती कुर्सी, जिस पर जाकर वह बैठ गया। मेज के नीचे एक छोटी-सी झाड़ू भी पड़ी थी। पास ही दीवार के सहारे बाँस का पतला डंडा खड़ा था, जिस पर कम्युनिस्ट पार्टी का लाल झंडा लगा था।

गोपालराम ही धीरे-धीरे बोला, "तुम्हारे यहाँ से आया तो शाम से दस्त लग गए। इधर कोई कामरेड भी नहीं आया। दो मकान छोड़कर आगे की तरफ एक मामूली-सा होटल है। होटल वाले का नाम रमाशंकर है। खेत में दौड़ते-दौड़ते दम निकल गया। वही पानी लाकर देता रहा। दवा भी दी। कल दिन में दस्त रुके तो उसने खिचड़ी बनाकर दी। पार्टी से सहानुभूति रखता है, कभी-कभी रुपए-पैसे से मदद भी करता है। बड़ा नेक है। इससे अधिक सेवा तो घर में भी नहीं हो सकती नीलेश। उससे कहा था, खिचड़ी बनाकर दे जाना। क्या जाकर तुम कह सकते हो उससे ?"

"हाँ...अभी जाता हूँ..."

रमाशंकर बड़ा अफसोस करने लगा। कुछ ऐसे फरमाइशी ग्राहक उसके पास आ गए थे, जिससे खिचड़ी और पानी भेजवाने की बात ही वह भूल गया था। उसने कहा, "बाबूजी, आप उनकी पार्टी के लगते हैं, बता दीजिएगा कि खिचड़ी जल्दी भेजवा रहा हूँ। एक बात है बाबूजी। हमारा नौकर खाली नहीं आज, आप अगर उनके कमरे में झाड़ू लगा दें और सामने के कुएँ से एक बाल्टी पानी भरकर दे दें तो बेचारे की बड़ी मदद हो जाएगी। उसके बाद आकर खिचड़ी भी ले जाइएगा, एलिम्युनियम की उनकी छिपुली भी हमारे पास है। बस, इस समय की बात है, बहुत भीड़ हो गई है... ।"

नीलेश ने आकर गोपालराम को सूचना दी। फिर उसने कमरे में पड़ा झाड़ू उठा लिया।

"यह क्या करते हो, नीलेश ?" गोपालराम चिड़चिड़ाई आवाज में बोला, "होटल वाले का आदमी आकर यह सब करेगा न।"

"तुम चुपचाप बैठो, गोपाल। होटल वालों को आज फुरसत नहीं। तुम कमजोर हो। खिचड़ी लाने के पहले मैं सब साफ-सूफ कर दूँगा..."

नीलेश ने बिखरे सामान समेटकर गठरी के अन्दर रख दिए। फिर धीरे-धीरे झाड़ू से कमरा साफ करके कूड़ा बाहर गिराने के बाद, मकान के सामने का हिस्सा सड़क तक भी चमाचम कर दिया। वह सीतानाथ को रोज ही घर में झाड़ू लगाते देख चुका था, इसलिए उसे कोई दिक्कत नहीं हुई।

जहाँ बैठना होता वहाँ बैठ जाता, झाड़ू लेटाकर सफाई करने में भी उसे परेशानी नहीं हुई। सारा कूड़ा सड़क के किनारे इस तरह समेटकर रख दिया, जिससे गन्दगी मालूम भी न पड़े और दूसरे दिन सबेरे सफाई कर्मचारी को उठाने में कोई कठिनाई भी न हो।

कुएँ में ढेकुल लगा था। उससे पानी खींच-खींचकर उसने बाल्टी और लोटा मला और उसमें पानी भरकर जब वह कमरे में आया तो गोपालराम बँसखट पर लेटा था और उसकी नाक से हल्की खर्राहट आ रही थी। उसने बाल्टी इस तरह रखी कि कोई आवाज नहीं हुई। फिर जब वह होटल वाले के यहाँ से खिचड़ी से भरी छिपुली लेकर आया तो गोपालराम आँखें खोलकर छत को देख रहा था।

''गोपालराम उठो, खिचड़ी खा लो...''

गोपालराम कुछ नहीं बोला। वह कोशिश करके उठा और सिर झुकाकर बैठ गया। नीलेश ने एक हाथ से काठ की कुर्सी उठाकर गोपालराम के सामने रख दी, फिर उस पर दूसरे हाथ की छिपुली, तत्पश्चात लोटे में पानी भरकर कुर्सी पर ही छिपुली के बगल में रखा। उसने छिपुली में एक चम्मच और आधा काटा नींबू का टुकड़ा भी होटल वाले से उसकी अनिच्छा के बावजूद रखवाया था।

''गोपाल, तुम खाओ...मैं बाहर ही हूँ। खिचड़ी बची हुई है, और लेनी हो तो मुझे पुकारना, ला दूँगा...।''

गोपालराम ने सिर उठाकर नीलेश को देखा। उसकी ज्योतिहीन आँखों में भी पता नहीं कहाँ से चमक आ गई। फिर वह चुपचाप खाने में लीन हो गया। नीलेश जब बाहर निकलकर दरवाजे के पास ही धीरे-धीरे टहलने लगा तो वह काफी प्रसन्न था। गर्व का एक भाव उसके अन्दर उठने लगा।

गोपालराम ने थोड़ी-सी खिचड़ी और ली थी। उसके भोजन कर लेने के बाद नीलेश छिपुली, लोटा और बाल्टी बाहर ले गया। जब वह सभी सामान माँज-धोकर भरी बाल्टी के साथ भीतर आया तो डर गया। गोपालराम की आँखों से आँसू गिर रहे थे।

उसने आँखें पोंछते हुए हँसकर कहा, ''नीलेश, भूख खूब लगी थी। पेट में गुद्दी गई तो फुरगुद्दी उड़ने लगी। बड़ा आराम मिला और आँसू अपने से गिरने लगे। यह कोई खास बात नहीं है नीलेश भाई। यह हम लोगों के साथ अक्सर होता है। हमारी माँ तो इतना सब भी नहीं करती। कभी भात बनने का इन्तजाम नहीं हो पाता और मूँग की दाल तो होती ही नहीं। पथ्य के लिए बड़े घरों से मिला बासी भोजन मिलता है या कोई और चीज। और यहाँ देखो, मूँग की दाल की खिचड़ी मिल रही है। डॉक्टर की दवा ! वहाँ क्या रखा है ! जिसके पास सुख है, रुपया-पैसा है, वह बीमारी-हैरानी में अपने प्यार को कितने अच्छे ढंग से व्यक्त करता है। प्यार दिखाने के लिए साधन नहीं चाहिए क्या ? ये साधन ही चिन्ता, दुःख और प्यार के आलम्बन और उद्दीपन हैं। जिसके पास कुछ है ही नहीं, वह कैसे रोए, कैसे पुचकारे, कैसे दुःख प्रकट करे...''

वह हँसने लगा। नीलेश को लगा कि गोपालराम के अन्दर ऐसी आग जल रही है, जो अपनी दमक से उसे भी आहत कर रही है ! झुलसा रही है ! उसके चुप होने पर कैसा सन्नाटा छा गया था !

''तुम्हारे यहाँ खाकर मैंने गलती की थी,'' गोपालराम शान्त स्वर में बोला, ''जिन्दगी-भर मैंने मोटा खाया है। गाँव में भी जो बासी भोजन मिलता है, वह भी मोटा होता है, जो नौकर-चाकर के लिए बनाया जाता है। मैंने तीन वर्ष से यहाँ पढ़ते हुए क्या भोजन किया था—अधिकतर सत्तू ! कभी-कभी बाबू पहुँचा जाते थे, अगर मैं गया तो लेता आया। नहीं तो कभी सबसे सस्ते होटल में ढाई आना में एक जून सेल्हा भात और अरहर की पतली दाल। मैंने क्यों नहीं सोचा कि बढ़िया अरवा चावल और चिकना-चुपड़ा खाऊँगा तो पेट झरने लगेगा ! मोटा खानेवाले इतना महीन खाएँगे

तो कैसे जिन्दा रहेंगे ?''

''मैं यह सब नहीं जानता था, अन्यथा तुम्हें निमन्त्रण न देता। अगर इसमें मेरी कोई गलती हो तो तुम मुझे माफ करो।'' नीलेश ने दुखी स्वर में कहा।

''मैं व्यक्तिगत तौर पर तुम्हें कुछ नहीं कह रहा हूँ। तुम्हारा कुछ नहीं, तुम्हारे वर्ग का दोष है। तुम बुर्जुआ लोग मेहनतकशों द्वारा पैदा किया हुआ अन्न खाकर मस्ती से आकाश में बिस्तर लगाते हो और वहीं से अपने उच्च विचारों की गलाजत नीचे, उसी किसान पर थूकते हो। तुम क्यों इस धरती के इकलौते बेटे बनना चाहते हो ? इस धरती माता का सारा धन क्यों हथियाना चाहते हो ? स्वतन्त्रता, स्वतन्त्रता—कितनी स्वतन्त्रता चाहिए तुम्हें ? करोड़ों लोगों की स्वतन्त्रता का हड़पाऊ दायित्वहीन आनन्द लेने के बाद अब क्या बचा है स्वतन्त्रता के नाम पर, जो लेना चाहते हो ? भोजन तथा शिक्षा की स्वतन्त्रता भी नहीं छोड़ी तुम लोगों ने ! जीवन की क्या स्वतन्त्रता है तुम्हारे समाज में ?''

''गोपालराम, तुम अधिक न बोलो, तुम्हारे स्वास्थ्य के लिए ठीक नहीं है।'' उसकी बातों से नीलेश का चेहरा फक होकर छोटा पड़ गया था।

गोपालराम उत्तेजना में हाँफ रहा था। कुछ देर तक साँस बाँधने की कोशिश करता रहा, फिर बोला, ''तुम जानते हो, गांधीजी के ग्राम स्वराज का क्या मतलब है,'' वह सनकी की तरह हँसा, ''उसका अर्थ है अनन्त स्थिरता—वैसी ही स्थिरता, जो सैकड़ों और हजारों वर्ष पहले थी। उसका यह भी अर्थ है कि धरती के कुछ लाड़ले, मनबिगड़े, आलसी, आरामतलब, अहंकारी और निर्मम पुत्र अनन्त में धुआँधार काल्पनिक फूलों की खेती करके, उन खेतों के बीच मोटे गद्दे बिछाकर, वहाँ से अपने स्वर्ग की फिल्में मामूली पृथ्वीवासियों पर चमकाएँ। उनको दर्शाएँ और कहें कि यह है हमारी स्वतन्त्रता, यही सत्य है, यहाँ हर व्यक्ति को पहुँचाना हमारा कर्त्तव्य है, यह करोड़ों लोगों की कुर्बानी से प्राप्त हुई है ! हिन्दुस्तान की दो तस्वीरें क्यों होनी चाहिए ? हाँ, गांधीजी की स्वतन्त्रता का अर्थ यही है...''

''अब बन्द करो। मैं यहाँ तुम्हारे विचार सुनने नहीं आया था,'' नीलेश ने अपने गुस्से को नियन्त्रित करने की कोशिश करते हुए कहा, ''गांधीजी के खिलाफ तुम्हारे विचार मंजूर नहीं हैं मुझे। गांधीजी वह कुछ भी नहीं चाहते, जो तुम कहते हो। साम्यवाद में बहुत-सी अच्छी बातें हो सकती हैं, लेकिन यदि हमारे देश में साम्यवाद या समाजवाद हुआ तो क्या उसका वही रूप होगा, जो रूस में है ? हिन्दुस्तान में अनेक भेद-विभेद, जाति, सम्प्रदाय आदि हैं। इस देश में वही विचार उपयोगी हो सकता है जो सबके दिलों को एकता के सूत्र में बाँधे। विभिन्नता में एकता की इसी चेतना से ही हिन्दुस्तान विद्यमान है, उसका अस्तित्व बना हुआ है। यहाँ गरीबी है, अस्पृश्यता है। अनेक स्वार्थी और अवसरवादी हैं, यह बहुत बुरी बात है। लेकिन यह सब सिर्फ भाषण, बहस और गुस्से से दूर हो जाएगा ? एकदम नहीं। गांधीजी के ग्राम स्वराज का अर्थ मैं केवल इतना ही समझ सका हूँ कि गुलामी, नकलचीपन, आरामतलबी, स्वार्थ, आलस्य, अस्पृश्यता, अहंकारपूर्ण शान-शौकत, दोमुँहे शहरीपन, अन्धविश्वास को छोड़कर, हिन्दू, मुसलमान, सिख, ईसाई आदि सभी धर्मों एवं जातियों के लोग मजदूर, किसान, हरिजन, दलित, गरीब तथा अन्य सभी, परिश्रम, परस्पर प्यार और सहयोग, समानता, इन्सानियत, स्वावलम्बन के रास्ते पर चलकर उन्नति करें। गांधीजी हिन्दुस्तान की आजादी, एकता, स्वाभिमान और जनतान्त्रिकता की आवाज हैं।''

वह अचानक उठकर यह कहते हुए कि 'कल आऊँगा' कमरे से बाहर निकल गया। उसका दिल किसी घायल पक्षी की तरह छटपटा रहा था। अपने शिक्षक और सहपाठी के प्रति प्यार और सम्मान कभी समाप्त नहीं होता शायद। गोपालराम के प्रति भी उसमें सदा मित्र और स्नेह भाव रहा। फिर क्यों किया उसने ऐसा अपमान ? उसने ऐसी गद्देदार और मसनदी स्वतन्त्रता तो कभी नहीं

चाही। फिर क्यों किया प्रहार उसने ? क्या सचमुच वह इतना ओछा, स्वार्थी, संकीर्ण, विलासी है कि सच्चा हिन्दुस्तानी नहीं बन सकता ? इस देश, इसकी धरती, हवा, आकाश को प्यार करने योग्य नहीं वह ? इससे बड़ा लांछन क्या हो सकता है ?

तेज धूप के नीचे चलते हुए वह यह सब सोच रहा था। अन्य कई विचार उसे सता रहे थे। वह तेज भागे जा रहा था। जब वह घर पहुँचा तो उसे पता ही नहीं लगा कि काफी देर से उसके सिर में दर्द है, आँखें ज़ल रही हैं, उसका मुँह लाल है और वह पसीने से नहाया हुआ है। बाहर का कमरा खुला था। वह कुर्सी पर बैठ गया। कहीं कोई आवाज नहीं थी। बाहर और भीतर एकदम सन्नाटा !

बार-बार वे ही विचार उस पर तितैयों की तरह हमले कर रहे थे। कोशिश करने पर भी वह अपने को नियन्त्रित नहीं कर पा रहा था। जब बरदाश्त नहीं हुआ तो दोनों हाथों से माथा पकड़कर आगे झुक गया। दर्द-भरे दिमाग और बन्द आँखों के आगे और कानों की सनसनाहट के बगल में शून्य का एक अँधेरा पर्दा काँप रहा था। पता नहीं कितनी देर वह बैठा रहा, जब कमरे में किसी के आने की आहट उसे महसूस हुई। उसने सिर उठाकर आँखें खोल दीं।

नम्रता थी वह। चेहरा उसका खुशी से दमक रहा था। उसे उम्मीद नहीं थी कि नीलेश कमरे में बैठा होगा, वह भी इस हालत में। उसे देखकर वह परेशान हो गई, फिर भी अपनी भावनाओं को हँसी की चमकती पन्नी में छिपाकर उसने पूछा, "क्या हो गया आपको ? आँखें लाल क्यों हैं ? क्या कुछ पड़ गया है ?"

इस हँसी-शोभित सवाल से नीलेश का दिमाग पलटकर चकराने लगा। किसी तरह उसने अपने को नियन्त्रित किया, फिर खड़ा हो गया। अन्त में धीरे-धीरे उसके पास पहुँचकर विचारहीन कटुता की धीमी, सर्द आवाज में कहा, "कितनी निष्ठुर हो तुम। उस स्त्री की तरह, जो बुखार से तपते, रोते शिशु को अफीम चटाकर सुला देती है ! कभी अमृत देकर क्यों मुझे जिलाया था और आज क्यों इतना कड़वा विष दे रही हो !"

वह घूमकर, नम्रता को अपने हाल पर छोड़कर, कमरे से बाहर निकल गया।

अकस्मात समय और संसार नम्रता के लिए निस्पन्द हो गया। प्रस्तर प्रतिमा की तरह दिखाई देने लगा उसका चेहरा। कुछ देर के लिए वह कमरे के शून्य एकान्त में खड़ी रह गई। नीलेश की बात का शुरू-अन्त-बीच कुछ भी समझ नहीं पाई थी वह। आन्तरिक प्रसन्नता एवं मृदुता से भरी वह तो जल्दी-जल्दी नीलेश की छत पर जा रही थी जहाँ राधास्वामी धार्मिक विधि से पूजा-पाठ होनेवाला था। कितनी चहल-पहल होती थी और कितना अच्छा लगता था। अनेक सत्संगिनें भी बुलाई जाती थीं, जो साथ में अपने बच्चे-कच्चे भी तो ले आती थीं। लगता था, इस अवसर पर बच्चों की भीड़ को नियन्त्रित करना सख्त ब्रिटिश पुलिस के लिए भी मुमकिन नहीं हो सकता, जिनका मुख्य आकर्षण वह विशेष, दुर्लभ हलवा-प्रसाद था, जो दूध तथा अनेक तरह के मेवा-मसाला डालकर जीरादेवी स्वयं अपने हाथ से बनाती थीं। हाल ठीक थाली के, विपुल ताजी, हरी मटर के दानों का था, जिनको परे हटाकर एक जगह स्थिर करने का प्रयास बार-बार विफल हो जाता है।

हलवा-प्रसाद नम्रता को भी काफी पसन्द था। फिर सफाई, पूजा-पाठ का तरीका, बोलचाल के ढंग भी। सवेरे ही छत का कच्चा बरामदा गोबर से लीप-पोत दिया जाता। बाद में पानी में धुली और सूखी छोटी-सी चौकी पर गुरु महाराज की फोटो सजा दी जाती। जीरादेवी सबसे साफ कोने में बहुत ही हल्के हाथों से हलवा तैयार कर रही होतीं, जिसकी पवित्र खुशबू नीचे तक उड़ रही होती। फिर चौकी के आगे बिछी दरी-चादर पर जीरादेवी की अगुवाई में सत्संगिनें अगल-बगल और पीछे इस तरह सटकर बैठ जातीं, जिससे काठ के छोटे-से रखाल पर खोलकर रखी पवित्र पोथी की मुद्रित पंक्तियाँ पढ़ी जा सकें।

अन्त में पाठ शुरू होता, 'राधास्वामी नाम जो गाए सो तरे।' उनका पक्का विश्वास था कि राधास्वामी धर्म के रास्ते पर चलकर ही यह भवसागर पार किया जा सकता है। विशिष्टता की विनम्र भावना से तथा उच्च स्वर के भजन-कीर्तन की परम्परा से हटकर, वे धीरे-धीरे पाठ करती थीं। स्त्री होने के नाते उनकी आवाज वैसे भी पतली और मीठी थी, परन्तु उसे और गाढ़ी, शिष्ट, तथा मधुर कैसे बना लेती थीं, यह समझना कठिन है। और जब सत्संगिनें एक-दूसरे से विदा लेतीं, तो दोनों हाथ जोड़ और सिर झुकाकर अत्यधिक आदर और कोमलता से एक-दूसरे को कहतीं, 'राऽधाऽ स्वामी।'

नम्रता को यह सब देखना बड़ा अच्छा लगता था। उसकी खुशी का एक और भी कारण था। यह सही है कि नीलेश जब भड़सर गया था, उसे बदनाम कर दिया गया था कि वह बहुत बातूनी और घुमक्कड़ है। घर में भी उसके आने-जाने पर प्रतिबन्ध था कुछ हद तक। लोगों की तिरछी निगाहों से उसे चिढ़ होती थी। कैसी दुनिया में वह जी रही है ! नीलेश उसके दुःख को कुछ कम कर सकता था। वह उसके यहाँ आ सकता था कभी-कभी। वह उससे कुछ कहना चाहती और उससे कुछ सुनना चाहती थी। उसकी एक झलक और उसकी एक बात के लिए तरस जाती। वह कुछ और जानने और सीखने तथा कुछ करने के लिए सदा व्याकुल रहती और नीलेश ही ऐसा व्यक्ति था जो उसकी समस्त जिज्ञासा को शान्त कर सकता था। लेकिन उसकी हर कोशिश असफल हो जाती।

दो दिन पहले ही वह अपनी एक और कोशिश में नीलेश के यहाँ गई, लेकिन वह अपने कमरे में अपने किसी मित्र से बात कर रहा था। कुछ देर अन्दर आनन्दी और जीरादेवी से बात करने के बाद वह लौटी तो यह देखकर उसकी धड़कन बढ़ गई कि नीलेश अकेला चुपचाप बैठा है। वह एक क्षण हिचकिचाने के बाद गलियारे से मुड़कर कमरे में पहुँच गई और अस्वाभाविक स्वर में बोली, ''पढ़ने लायक कोई अच्छी पुस्तक चाहिए।''

नीलेश तो पहले डर ही गया। वह कोई अजनबी तो नहीं, बात किस ढंग से कर रही है नम्रता, जैसे कोई छात्र किसी पुस्तक-विक्रेता से पूछ रहा है ! वह उठ खड़ा हुआ, ''बैठो नम्रता, मैं ढूँढ़ता हूँ।''

''मैं तो भीतर देर से बैठी थी, कल दस बजे बाबूजी, अम्मा गाँव जा रहे हैं, शाम तक आएँगे...ऐसी किताब हो कि दिन का अकेला समय ठीक से बीत जाए...''

नम्रता इस तरह खड़ी होकर बाहर की ओर बार-बार देख रही थी, जैसे कोई गौरैया उड़ने वाली ही हो ! नीलेश गम्भीर हो गया। उसने पूछा, ''क्रान्तिकारियों के जीवन पर एक मोटी पुस्तक है, लेखक हैं मन्मथनाथ गुप्त ! दूसरी पुस्तक है शरतचन्द्र का उपन्यास 'चरित्रहीन'। तीसरी मोटी पुस्तक है 'महाभारत'। क्या पढ़ोगी ?''

''यह सब मेरी पढ़ी हुई हैं। यहीं से ले जाकर पढ़ चुकी हूँ। मैं जाती हूँ।''

''बैठ नहीं सकतीं ?''

''देर हो रही है।''

''ठीक है जाओ। मुझे राजनीतिक पुस्तकें मिल रही हैं, आजकल। सोचा था कि तुम्हें दूँगा, फिर भूल ही गया। एक-दो दिन में जब नई पुस्तकें मिलेंगी तो दूँगा...।''

वह चली गई। नीलेश व्यथित होकर खड़ा रह गया। उसे समझ में नहीं आया कि नम्रता उससे अब क्यों उखड़ी-उखड़ी रहती है। वह उससे कितनी बातें करना चाहता है और वह उसकी ओर ठीक से देखती भी नहीं। आखिर क्यों ?

दूसरे दिन नम्रता की हालत अजीब हो गई। वह हर पल सोचती रही कि नीलेश उसके लिए पुस्तकें लाता होगा। कभी वह छत पर जाकर उसके घर की ओर देखती, कभी बरामदे में। ऊपर-नीचे

करते वह बेहद थक गई। नीलेश पर उसे बड़ा गुस्सा आ रहा था। कोई छोटी बात भी समझ में नहीं आती उसे ? नासमझ, बुद्धू ! हाँ, बुद्धू, बुद्धू-बुद्धू ! उसका कलेजा धक् कर गया ! वह क्या कह रही है, उस व्यक्ति को, जिसका वह इतना सम्मान करती है, जिसको जान से भी बढ़कर प्यार करती है ! प्यार ! अपनी भावनाओं को समझते हुए भी वह इस शब्द से बचती रही, उससे छिपती रही। आज वही शब्द उसके सामने खड़ा है, अपने पूरे रूप और सामर्थ्य के साथ। वह अपने दिल की आँखों से उसे देख रही है !

अब प्यार से बचने का कोई उपाय नहीं। यह कोई किताबी प्यार नहीं है, यह उसका प्यार है, एकदम निजी, अपने ढंग का। उसकी पीड़ा और मिठास अपनी है। उसने इस शब्द को पा लिया है और शब्द को पाना प्रिय को पाना है। इस प्राप्ति की स्थिति में वह प्रिय से निवेदन कर सकती है, उसके चरणों में लोट सकती है, उससे लड़ सकती है, झगड़ सकती है, उसका मजाक उड़ा सकती है, उसका अपमान कर सकती है, उसके सामने रो सकती है और उससे गिड़गिड़ा सकती है ! प्यार की सर्वोच्चता तक पहुँचने के ये तरीके नहीं हैं ? हाँ, बुद्धू, नासमझ, निर्मम, सुन्दर, प्यारा !

इस प्रथम दिमागी और दिली एहसास में मिलन का पीड़ा-भरा आनन्द था। सुख और दुःख उसमें घुल-मिल गए और वह हास्य-रुदन के धूप-छाँव से गुजरने लगी—और उसे नींद आ गई। और दूसरे दिन जब राधास्वामी सत्संगिनों के पूजा-पाठ में शामिल होने के लिए रवाना हुई तो वह बेहद खुश थी। लेकिन, नीलेश ने अकारण ही अपने दो-चार वाक्यों से उसकी यह खुशी नष्ट कर दी और दिल उजाड़ दिया। वह उल्टे पाँव लौट गई और घर की सबसे पीछेवाली छोटी, अँधेरी कोठरी में पड़े तख्त पर बैठ गई—एकदम काठ !

नीलेश वहाँ से सदाशय व्रत के यहाँ चला गया, जो मेस्टन हाई स्कूल के पास दो सड़कों को जोड़नेवाले एक चौड़े-से गलियारे में निवास करते थे। परिवार तो था, लेकिन वह स्वयं अविवाहित और साधु-संन्यासी जैसा जीवन व्यतीत कर रहे थे। उसे उदास देखकर उन्होंने कहा, ''देश का काम करनेवाले को सदा प्रसन्न रहना चाहिए, उसका जीवन तो देश के लिए होता है। आप तो, सुना है, अच्छा गाते हैं, खूब गाइए। किसी दूसरे दिन आपके गाने सुनेंगे। आज तो एक समस्या है...।''

''क्या ?'' नीलेश ने पूछा। उनकी मीठी आवाज और स्पष्ट दृष्टिकोण से उसे कुछ ढाढ़स मिला।

''आजादी की लड़ाई है, हमें एक-दूसरे का विरोध नहीं करना चाहिए। एकता की भावना से काम करने और कुर्बानी देने में जो आनन्द है, वह किसी चीज में नहीं। सोशलिस्ट और कम्युनिस्ट आपस में लड़ते हैं, यह ठीक नहीं। हमें तो गांधीजी का रास्ता ठीक लगता है, सब साथ चलें, सब एक-दूसरे को प्यार करें। कल कम्युनिस्ट पार्टी की किसान सभा के कई नेता बनारस से चम्पारन जा रहे हैं। मुश्किल यह है कि ये लोग गांधीजी के आन्दोलन का विरोध करते हुए इस समय युद्ध में ब्रिटिश सरकार को सहयोग देने की बात कर रहे हैं। हम इसका विरोध करते हैं और इसीलिए चीटबड़ा गाँव से लेकर बकुलहा, माझी तक हर स्टेशन पर सोशलिस्ट पार्टी के किसान संघ द्वारा प्रदर्शन होगा। आप चलेंगे ? हम सवेरे ही चीटबड़ा गाँव रवाना हो जाएँगे और वहाँ बनारस से आनेवाली गाड़ी पर सवार होकर हर स्टेशन पर प्रदर्शन में भाग लेंगे।''

''जरूर चलूँगा...'' नीलेश को बड़ी राहत मिली। सुखपुरा के एक उत्साही और कर्मठ नेता शिववचन सिंह ने इस प्रदर्शन को संघटित किया था। सबसे खास बात यह थी कि इस योजना का पता कम्युनिस्टों को नहीं था, इसलिए यह पूरा कार्यक्रम प्रभावशाली ढंग से निर्विरोध सम्पन्न हो गया। हर स्टेशन पर पर्याप्त संख्या में गरीब किसान कार्यकर्ता लाल टोपी और सोशलिस्ट पार्टी के लाल झंडे लिए उपस्थित थे। स्टेशन पर शिववचन सिंह, सदाशय व्रत, सुरंजन शास्त्री और नीलेश नीचे

उतरकर वहाँ की भीड़ के साथ डिब्बा विशेष के सामने एकत्रित होकर नारे लगाते :

ब्रिटिश सरकार—मुर्दाबाद।
आजादी—लेकर रहेंगे, लेकर रहेंगे।
स्वतन्त्रता विरोधियो—वापस जाओ, वापस जाओ।
महात्मा गांधी का संघर्ष—जिन्दाबाद।

इसके दो दिन बाद ही नीलेश अखिल भारतीय किसान संघ के सम्मेलन में शामिल होने के लिए सदाशय व्रत तथा राजनाथ के साथ प्रतिनिधि बनकर, जिला मुजफ्फरपुर (बिहार) गया। गाड़ी में बनारस तथा गाजीपुर जिले के कई प्रतिनिधि भी मिल गए। चलती गाड़ी में खूब गाना-बजाना हुआ। राजनाथ यादव काफी अच्छा गाता था। उसने चंग पर झूम-झूमकर अनेक गाने सुनाए। प्रसिद्ध कवि स्व. रामसिंहासन सहाय 'मधुर' की 'डोम' शीर्षक कविता ऊँचे, मधुर स्वर में जब गाया तो लोग 'वाह वाह' कर उठे। यह कविता गांधीजी के 'हरिजन' पत्र में भी छपी थी, जिसकी कुछ पंक्तियाँ निम्नलिखित हैं :

डोमराज भयभीत न होना, निष्ठुरता हारेगी।
प्रभु की करुणा हृदय चीरकर यह बाजी मारेगी।
अन्तर भींग रहा है, कैसे दीपक राग जगाऊँ ?
बापू, अपनी चिनगारी दे, मैं भी आग लगाऊँ ॥

तीन दिनों तक अधिवेशन चला जिसका उद्घाटन बिहार के प्रसिद्ध कांग्रेस नेता श्री श्रीकृष्ण सिंह ने किया। बड़ा भावुक जोशीला भाषण था। एक बड़े मैदान में करीब एक लाख किसान थे—मैले-कुचैले, हाड़-हाड़, निश्चय-भरा चेहरा और चमकीली आँखें। निर्धनों एवं उपेक्षितों का ऐसा सामूहिक दृश्य उसने पहले कभी नहीं देखा था। उनके लिए कुछ करने का खयाल कितना पवित्र और महान था वह पहली बार महसूस कर रहा था। उत्साह से उसकी छाती ऊपर-नीचे होने लगी। आँखें नम हो गईं। उस सभा में कम्युनिस्ट पार्टी (तीसरा इन्टरनेशनल) तथा चौथे इंटरनेशनल (ट्राटस्की-समर्थकों) द्वारा पर्चे भी बाँटे गए।

प्रतिनिधियों की सभा में डॉक्टर लोहिया, युसूफ मेहर अली तथा अन्य नेताओं के भाषण उसने सुने। एक फरार नेता बसावन सिंह जो लम्बे, साँवले तथा अलीगढ़ी पैजामा व लम्बा कुर्ता पहने थे, छिपकर, पता नहीं किधर से आए और तूफानी भाषण करके गायब हो गए। नेता और कार्यकर्ता सभी आजादी के उतावले थे और उसके लिए अपना खून बहाने को तैयार थे। भोजन और नाश्ते में लीचियों और हाजीपुरी केलों की बहार थी, जो भात के साथ भी परोसे जाते। सोते समय खूब हँसी-मजाक होता। कभी गर्मागर्म बहसें। आखिरी दिन रात में उसकी नींद उचट गई। उसने नम्रता के बारे में कोई बुरा सपना देखा था। अगल-बगल लाशों की तरह पसरे किन्तु नाकों से अनोखी आवाजें पैदा करनेवाले प्रतिनिधियों के बीच से उठकर वह बाहर मैदान में निकल गया। हवा अच्छी लगी। चारों ओर असंख्य झींगुर और मेढ़क बोल रहे थे। वहीं ईंट का एक लम्बा चबूतरा था, जिस पर वह चुपचाप बैठ गया। उसका मन नम्रता की यादों में जाकर बेहद दुःख पाने लगा।

घर पहुँचने के कुछ देर बाद वह दो पुस्तकें लेकर नम्रता के यहाँ पहुँच गया। रवीन्द्रनाथ टैगोर का मशहूर उपन्यास 'गोरा' और उन्हीं की विशिष्ट कहानियों का एक संग्रह। अधिवेशन-स्थल पर पुस्तकों की ही दुकानें लगी थीं—वहीं ये पुस्तकें खरीदी गई थीं। नम्रता की माँ बरामदे में ही मिल गईं।

''आओ, आओ, बहुत दिनों बाद दिखाई दे रहे हो। कहीं गए थे क्या ? चलो, भीतर बैठो।''

''मैं एक किसान सम्मेलन में भाग लेने बिहार चला गया था। अभी-अभी आया हूँ, बैठूँगा नहीं। नम्रता दिखाई नहीं दे रही है ?''

''वह सोई हुई है...।''

"तबीयत तो ठीक है ?" एक क्षण कुछ सोचकर नीलेश ने पूछा।

"हाँ, ठीक ही है। जगा दूँ ?"

"नहीं, नहीं, क्यों जगाएँगी ? नम्रता ने किसी पुस्तक के लिए मुझसे कहा था। उस समय मेरे पास कोई नई पुस्तक नहीं थी। बिहार में दो पुस्तकें मिल गईं, प्रसिद्ध लेखक की किताबें हैं। नम्रता को दे दीजिएगा। मैं जा रहा हूँ, दो दिन बाद बनारस जाना है, कुछ तैयारी भी कर लूँ...।"

उसे उम्मीद थी कि वे पुस्तकें प्राप्त करके नम्रता खुश होगी और आकर मिलेगी। लेकिन जाने का समय आ गया, पर नम्रता से मुलाकात नहीं हुई। ट्रेन आने के कुछ समय पहले वह नम्रता के यहाँ गया। वहाँ कोई मिला ही नहीं। नम्रता बाथरूम में थी और उसके माँ-बाप कोई गमी हो जाने पर एक रिश्तेदार के यहाँ गए थे।

यह सूचना देने के बाद बालक-नौकर कमरे के अन्दर गया और वे ही दोनों पुस्तकें लाकर बोला :

"दीदीजी ने लौटाई हैं...।"

अचम्भे से नीलेश की आँखें निकल आईं।

"क्यों ?" उसने पूछा।

"हमें पता नहीं। बस, यही कहा है कि लौटा देना।"

नीलेश के दिमाग में कुछ क्षणों के लिए अँधेरा-सा छा गया। उसने पुस्तकें बालक के हाथ से ले लीं और चुपचाप वहाँ से चला आया।

कुछ देर बाद ही घर की औरतें उसे विदा देने दरवाजे तक आईं। सीतानाथ बाहर नहीं आए थे, वह अपना आशीर्वाद और अपनी दो हिदायतें देकर निश्चिन्त हो गए, "बेटा, शराब न पीना और जुआ न खेलना।" नीलेश मन-ही-मन झुँझला गया यह सोचकर कि आगे भी शायद हर लड़के को वह यही उपदेश दिया करेंगे। वीरेश तो उसी समय से घर से बाहर आकर दरवाजे के सामने टहलने लगा था, जब नीलेश भोजन करने जा रहा था। वह इस अवसर पर, और अपने बड़े भाई की परम्पराओं का उत्तराधिकारी होने के नाते भी, उसकी सम्मान-रक्षा करना चाहता था, क्योंकि उसे डर था, यदि भोजन करते समय भाई के मुँह से कोई आवाज निकली, तो वह अपनी नाराजगी छिपा नहीं सकेगा। सुरेश के विशेष उत्साह का कारण यह है कि ट्रेन-आगमन का ठीक टाइम जानने और बनारस का टिकट खरीदने की दो महान जिम्मेदारियाँ उसी के सुपुर्द कर दी गई थीं और वह अपने पतले शरीर पर देशी दर्जी का सिला हुआ बेहद ढीला-ढाला पैजामा, उटुंग कमीज और 'दयालबाग जूता भंडार' के भारी-भारी काले जूते पहनकर कई बार स्टेशन का दौरा कर चुका था।

ऐसा नहीं है कि इसके पूर्व नीलेश अकेले बनारस या अन्य जगह न गया हो। परन्तु इसे प्रथम यात्रा, प्रथम विदाई और प्रथम अलगाव माना जा रहा था किसी लिखित वैध दस्तावेज की तरह। आनन्दी सचमुच रो रही थी तथा अन्य स्त्रियाँ सिर्फ नाक सुड़क रही थीं। इसी समय जब छकौड़ी-बो ने पास आकर पूछा कि 'नाती, कहीं जा रहे हैं क्या ?' तो शैलजा ने उस पर ध्यान न देते हुए नीलेश से कहा, "बबुआ, गाड़ी में खिड़की और दरवाजे के पास न बैठना—अम्मा कह रही हैं।"

सुरेश दौड़ता हुआ आया और झट सूचना दे दी कि टिकट खरीद लिया गया है और गाड़ी पाँच मिनट बाद आ जाएगी। नीलेश ने उम्मीद में अन्तिम बार सिर घुमाकर नम्रता के मकान की ओर देखा, फिर सबको यथायोग्य नमस्कार करके सिर झुकाए स्टेशन के लिए चल पड़ा। यह कण्व का आश्रम तो नहीं था और न ही शकुन्तला की विदाई का अवसर, किन्तु घरवालों को लगा कि छकौड़ी-बो की बकरी, दुकानदार लाला की गाय, शीशम वृक्ष की गिलहरी और नम्रता की छत पर बैठा कौआ, सभी उसी को देखकर अपनी उदासी प्रकट कर रहे हैं।

उसके बैठते ही ट्रेन छुः-छुः चल पड़ी। उसने हथेलियों में अपना मुँह छिपा लिया। उसका धैर्य छूटने लगा।

सीतानाथ बाहर कालीन बिछी चौकी की अपनी आसनी पर बैठे, आगे रखे काठ-बक्से पर अंगुलियों से हल्के-हल्के बजाते हुए सड़क को अनजान कुतूहल से निहार रहे हैं। माथे पर पूर्णमासी के चाँद की तरह चन्दन का गोल टीका, बड़ी अधपकी मूँछें, खूबसूरती से सँवरी हुईं। धैर्य, सन्तोष से सन्तुलित खुशी से उनका चेहरा दमक रहा है। बाईं तरफ के बड़े तखत पर टाट और जाजिम बिछी है, जिस पर एक बड़े बस्ते के साथ मुंशी मुनीश्वरलाल और उनसे कुछ हटकर दो मुवक्किल बैठे हैं। आज मुकदमा एक ही था और सीतानाथ ने जिरह के समय सम्भावित सवालों के जवाब रटाने का काम काफी पहले से समाप्त कर दिया था। वह इन्तजार में हैं कि कब कुछ और समय बीते।

''वकील साहब, अब तो प्रलय आ गया है न...''

सीतानाथ ने मुड़कर मुवक्किल की ओर देखा। फिर होंठों में ही मुस्कुराकर पूछा, ''काहे बाबू जंगीलाल यादव ?''

जंगी एक बूढ़ा, गरीब गाड़ीवान है। इस सम्बोधन से उसके चेहरे पर चमक आ गई। उसने मुड़े पैरों के उठे घुटनों पर दोनों हाथ आगे फैलाकर कहा, ''अरे, 'सुखसागर' में सब लिख दिया है न, वकील साहब !''

''क्या लिखा है, भाई ?''

''साफ-साफ लिखा है कि संवत दो हजार में पीले रंग की एक जाति माटा-चींटी की तरह दुनिया में फैल जाएगी। अब आप ही बताइए वकील साहब, दो हजार संवत आने वाला है कि नहीं ? जपनियाँ तो पीले ही रंग के हुए न वकील साहब ! उन्होंने फिरंगियों की तो दुर्गति ही बना दी है...दे पटखनियाँ, दे पटखनियाँ !''

''वाह जंगी बाबू ! किसने बताया यह सब ?''

''अरे, एक ही आदमी थोड़े है, वकील साहब ! सारा जग कह रहा है। गली-गली चर्चा है। आपने भी पढ़ा ही होगा। मैं बनारस गया था, वहाँ मेरे समधी कह रहे थे। बैरिया बाजार, रसड़ा बाजार, बलिया कचहरी, सभी जगह तो यही बात हो रही है।''

''अरे जंगी बाबू, इसी चक्कर में तुम अपनी गवाही की बातें न भूल जाना। लाख बात की एक बात है और इसको गाँठ में बाँधकर रख लो—प्रभु रामचन्द्र जब तक न चाहेंगे, हुकूमत का एक पत्ता भी नहीं हिल सकता। और जिस दिन वह चाह लेंगे, फिर कैसा अंग्रेज, कैसा फिरंगी, कैसा जापानी। सभी दस्तरखान की मक्खियों की तरह उड़ जाएँगे। तुम तो 'सुखसागर' या 'दुःख सागर' के फेर में न पड़कर अपनी गवाही और मेहनताना की फिक्र करो !'' सीतानाथ ठहाका लगाकर हँस पड़े।

''अरे मेहनतनवा आपका कभी रुका भी है कि आज ही रुक जाएगा, वकील साहब ?''

''अच्छा, ठीक है, अब कचहरी चलिए,'' सीतानाथ दो बार हल्की ताली बजाकर सिर हिलाते हुए उठ खड़े हुए।

सुखसागर वाली बात गलत नहीं है। 'पर्ल हार्बर' की बमबाजी के साथ ही जापान भी द्वितीय विश्वयुद्ध में कूद पड़ा था। प्रशान्त महासागर और भारतीय महासागर में अमेरिकी और ब्रिटिश हुकूमतों की शामत आ गई। आश्चर्य की बात यह है कि जापानी सेनाओं की विजयों से भारतीय जनता में, खास तरह से बलिया की जनता में अपूर्व आशा की लहर दौड़ गई। किसी ने यह जानने की कोशिश नहीं की, आखिर सुखसागर में, वास्तव में, लिखा क्या है। हर व्यक्ति सुनते ही उस पर पक्का विश्वास कर लेता था। आततायी व्यवस्था से लड़ने के लिए विद्रोही जनता अनेक तरीके अपनाती है, जिनमें धार्मिक और पौराणिक ग्रन्थों की मनमानी व्याख्या से निकाले जुज़ से झटपट तैयार अफवाहें भी होती हैं। फितूरी दिमाग की उपज—ये असमर्थता की हालत में घृणा और क्रोध

को व्यक्त करती हैं, और युद्ध जीतने की इच्छा की विकृत कल्पनाओं द्वारा पूर्ति करती हैं। फिर भी, अफवाहें हर हालत में बुरी ही होती हैं, जो वास्तविकता की समझ तो नहीं ही देतीं...और लड़ाई की सही और मुख्य धारा को दूसरी दिशा में भी मोड़ देती हैं। इस सन्दर्भ में यह भी सोचना चाहिए कि अगर जापानियों की जीत हो जाती है तो हिन्दुस्तान की क्या हालत होगी ? जो भी हो, बलिया की जनता इस समय 'सुखसागर' की 'भविष्यवाणी' में विश्वास करके ख्वाबों की दुनिया में उड़ रही थी।

चींटियों का हाल था। दो व्यक्ति विभिन्न दिशाओं में आ-जा रहे हों, एक-दूसरे को देखते ही पास आ जाते और मूड़ी से मूड़ी मिलाकर खुसर-फुसर बात करने लगते। समूचे जनपद में यही नज्जारा !

वस्तुतः बलिया की समूची जनता आजादी के लिए व्याकुल थी। उसने आजादी के हर आन्दोलन में आगे बढ़-चढ़कर हिस्सा लिया था और आज वह इस आखिरी लड़ाई में निर्णायक भूमिका निभाने को तैयार थी। इस समय न कोई धर्म, न कोई जाति, न क्षेत्र। बस पूरा हिन्दुस्तान। एक विशाल, अटूट चट्टान। और यही कारण है कि बलिया शहर के दो अत्यधिक व्यस्त पुलिस गुप्तचर जितेन्द्र लाल और मनव्वर अली अब सिर्फ खास लोगों के विरुद्ध ही गुप्तचरी नहीं कर रहे थे, बल्कि वे प्रत्येक घर और प्रत्येक परिवार को सन्देह की दृष्टि से देखने लगे थे। जहाँ कोई नौजवान पन्द्रह वर्ष की उम्र का हुआ नहीं और उसकी मसें भींगी नहीं, वे माथा झुकाकर, छुरी की तरह तेज नजरें करके उसे घूरने लगते।

"हरामी की औलाद ! ये साले माँ के पेट से ही फितरत, जरायम वगैरह सब सीख कर आते हैं। कोई सिर झुकाकर बात नहीं करता, छाती निकालकर चलता है और आनी-बानी छोड़ने से बाज नहीं आता।"

बात सही थी। एक तो नौजवान, खून वैसे ही गर्म। फिर बलिया की मिट्टी, गंगा-घाघरा की हवा, अलमस्ती और लड़ने-भिड़ने की आदत—सबसे अधिक स्वातन्त्र्य आन्दोलनों में संघर्ष, त्याग एवं कुर्बानी की परम्पराएँ। उनकी गर्दनें तन गईं, छातियाँ आगे निकल आईं। और वह देश के लिए कुछ करने को आगे निकल आए। सर्वप्रथम वे उन पार्टियों की ओर दौड़ पड़ते जो सशस्त्र क्रान्ति द्वारा आजादी प्राप्त करना चाहती थीं। ऐसी पार्टियों के सम्पर्क में आते ही वे बम-पिस्तौल के लिए व्याकुल हो जाते। एक ही तमन्ना थी उनकी—देश के लिए सहर्ष करके सूली पर चढ़ना। इसी को वे देशसेवा समझते थे। और किसी चीज की न जानकारी थी और न ही जानने की इच्छा। अनेक राजनैतिक पार्टियाँ थीं—क्रान्तिकारी समाजवादी पार्टी, कम्युनिस्ट पार्टी, कांग्रेस समाजवादी पार्टी, फारवर्ड ब्लाक, ट्राटस्की पार्टी (फोर्थ इन्टरनेशनल) तथा बारहसींगे की सींगों की तरह विभिन्न आकार-प्रकार के पुराने क्रान्तिकारी दलों के अवशिष्टों से सम्बद्ध स्वयंभू संघटन।

परन्तु, कम्युनिस्टों और समाजवादियों को छोड़कर और किसी क्रान्तिकारी पार्टी के पास न पर्याप्त सदस्य थे और न ही नए सदस्यों को शारीरिक एवं मानसिक रूप से तैयार करने की कोई योजना। कांग्रेस ने अपने ठोस आन्दोलनों से इन पार्टियों को हाशिए पर डाल दिया था, फिर भी ये क्रान्तिकारी रहस्यमय ढंग से भूमिगत रहते, सबसे अलग-थलग होकर काम करने में क्रान्ति की सार्थकता समझते, हमेशा अर्थसंकट और शस्त्रसंकट से ग्रस्त रहते और उससे उबरने के लिए काकोरी ट्रेन डकैती के आदर्श का अनुसरण करते हुए उसी स्टाइल का कोई स्थायी कार्यक्रम अपना लेते।

इन्हीं नौजवानों में से एक मामूली चाय व्यापारी का पुत्र राममूरत भी था। कक्षा सात का विद्यार्थी, दुबला-पतला शरीर, ठुमकी नाक, सरल आँखें। कंठ इसका अच्छा था, लेकिन सर्वप्रथम उसे अक्सर पतंगबाजी में व्यस्त देखा गया। तब उसके बारे में मशहूर था कि भँगरैया, तूतिया, सीसा, लेई, गोंद को कूट-पीसकर वह बड़ा अच्छा माँझा बनाता है और पतंग को नीचे से नहीं बल्कि ऊपर

से ही लगातार ढीली देकर काट देता है। फिर वह विभिन्न मुहल्लों में जाकर लड़कों के बीच गाने सुनाने लगा, जिनमें से दो बड़े लोकप्रिय हुए। पहला तो 'अछूत कन्या' का ही मशहूर फिल्मी गीत था 'मैं वन की चिड़िया बनके वन-वन डोलूँ रे।' खास बात यह कि वह 'रे' ऐसे स्टाइल से कहता कि 'डें' सुनाई पड़ता और उस समय उसके होंठ खूसबूरती से फैल जाते और भावुक, चिकनी आँखें आसमान पर टँग जातीं। लड़के खुश होकर तालियाँ पीटने लगते।

दूसरा गाना था 'ऐ बुते हरजाई, तूने कैसी अदा पाई हो।' 'हो' शब्द मौज में आकर जोड़ा गया था, जहाँ पहुँचकर वह आँखें नचाते हुए दाएँ-बाएँ इस अदा से सिर हिलाता कि तारीफ का शोर उठने लगता। पता नहीं कहाँ से उसने यह गाना सीखा था, शायद सनातनियों का कोई जवाबी गाना था, जिसका अर्थ कोई भी लड़का नहीं समझता था और कुछ तो 'हरजाई' शब्द सुनकर ही खिलखिलाकर हँस पड़ते। बहरहाल, यह तो कहना पड़ेगा संगीत ऐसी चीज है कि उसके शास्त्र, बोल आदि को न समझते हुए भी लोग सुर, लय और अदाकारी से मुग्ध होकर सिर धुनने लगते हैं।

बाद में उसके गाने दूसरी दिशा का संकेत करने लगे। वह लाल नेकर, दो बन्द जेबों वाली कमीज में, एक चंग के साथ आता, जिसे बजाकर अत्यधिक जोश से गाता :

लहराएँगे, फहराएँगे
प्यारा झंडा ओम का, प्यारा झंडा ओम का।
अमेरिका, लन्दन फहराएँगे
प्यारा झंडा ओम का...

और उस दिन तो तहलका मच गया, जब राममूरत ने 'सलाम' मछलीशहरी की एक जोशीली कविता की कुछ पंक्तियाँ सुनाईं :

नौजवाँ बढ़े चलो,
तेजतर बढ़े चलो
लीडरों की यह पुकार—
इन्तजार, इन्तजार,
इनको गोली मार दो,
इनका सर उतार दो,
तेजतर बढ़े चलो, नौजवाँ बढ़े चलो।

राममूरत तेजी से बदलने लगा। वह शीघ्र ही आगे बढ़कर सामाजिक और राष्ट्रीय आन्दोलनों में भाग लेने लगा, जिसका एक उदाहरण शहर में आयोजित कायस्थ सम्मेलन के वार्षिक अधिवेशन के अवसर पर देखने में आया। जब अध्यक्ष का धाराप्रवाह भाषण हो रहा था, मूरत ने रामसजीवन लाल नामक एक नवयुवक कांग्रेसी के नेतृत्व में और कुछ अन्य नौजवानों के साथ ईंट-पत्थरों की लगातार वर्षा की थी और नारे लगाए थे :

महात्मा गांधी—जिन्दाबाद,
भगतसिंह—जिन्दाबाद,
जातिवाद—मुर्दाबाद,
राष्ट्रीय एकता—जिन्दाबाद,
दहेज-दानव—मुर्दाबाद...
अंग्रेज सरकार—मुर्दाबाद,
किसान-मजदूर एकता—जिन्दाबाद,
महात्मा गांधी—जिन्दाबाद।

उन प्रदर्शनकारी नौजवानों का आरोप था कि कायस्थ सम्मेलन तथा अन्य जाति सम्मेलनों के

पदाधिकारी वस्तुतः राष्ट्रीय आजादी और राष्ट्रीय एकता के विरोधी हैं। वे देश को जातियों में बाँटते हैं, सम्मेलन के चन्दे हड़प जाते हैं, अंग्रेजी सरकार का साथ देते हैं और अपने बेटों की शादियों में खूब दहेज लेते हैं। अधिवेशन में भगदड़ मच गई, फिर पुलिस दौड़ी हुई आई थी और रामसजीवन लाल, राममूरत और कुछ अन्य नौजवानों को एक सप्ताह के लिए गिरफ्तार कर ले गई थी।

तत्पश्चात राममूरत कांग्रेस सेवा दल का एक स्वयंसेवक बन गया। लाल हाफपैंट, सफेद कमीज और तिकोनी गांधी टोपी में वह रोज उन प्रभातफेरियों के बड़े-बड़े जुलूसों में भाग लेने लगा, जो राजनैतिक सरगर्मियाँ तेज होने पर, इधर रोज ही मेस्टन स्कूल के पास से शुरू होकर राष्ट्रीय गीत गाते और गलाफाड़ नारे लगाते, चौक तथा शहर की अन्य सड़कों से होते हुए कचहरी तक जाते थे। इन अवसरों पर, कोमल-कोमल रोएँ वाले अनेक नए-नए किशोर दिखाई देते, जैसे अपनी-अपनी माँ की गोद से उठकर देश की आजादी के लिए कुर्बानी देने चले आए हों। जब वे नारे लगाते तो उनके मुँह खूब लाल हो जाते, गोया खून निकल आएगा। बाए हुए मुँह में से उनकी श्वेत दंत पंक्तियाँ बिजली की तरह चमक उठतीं और उनकी मुलायम बाँहों की मुट्ठियाँ बज्र की तरह कठोर होकर हवा में लहराने लगतीं।

प्रभातफेरियों में काजीपुरा से नफीस, महबूब आलम और बहेड़ी से अब्दुल हईं आते। नीलेश जब तक शहर में रहा, रोज ही शामिल हुआ। और गोबर्धन भी पहले काफी दिनों तक आता रहा। दयाशंकर का आगमन नियमित तो नहीं था, लेकिन कभी-कभी वह तड़के ही जब कुछ-कुछ अँधेरा ही रहता—पहुँच जाता। उसके हाथ में अनिवार्य रूप से एक गुलेल रहती, जिस पर ईंट-पत्थर के छोटे टुकड़े रखकर दूर-दूर तक फेंकता रहता। गुलेल के अचूक निशाने के मामले में उसकी बड़ी ख्याति थी। वह आते ही कूदकर किसी पेड़ की डाली पर पैर लटकाकर बैठ जाता और पास के लोगों और छात्रावास के छात्रों को जगाने के लिए जोर-जोर से 'सरफरोशी की तमन्ना...' वाला गीत गाने लगता। आवाज उसकी पतली थी, जो हवा में और पतली होकर चारों ओर तीरों की तरह फैल जाती।

उसकी आवाज से मेस्टन स्कूल के छात्रावास के कुछ लड़के हँसते हुए आ जाते। तब दयाशंकर नीचे कूदकर खड़ा हो जाता। कोई छात्र हँसकर कहता :

''भाईजी, क्या गुलेल से ही अंग्रजों को भगाएँगे ?''

''नाहीं हो, गुलेल से कहाँ भागेंगे अंग्रेज ? यह तो उनके पिट्ठुओं के लिए है। उनके समर्थकों, गुप्तचरों, दलालों और मुखबिरों को दंड देने के लिए। कल्पना करो, कोई पिट्ठू इत्मीनान से सड़क पर जा रहा हो कि अचानक उसके सिर या पीठ पर ढेला आ लगता है। इससे कितना मजा आएगा...। वह दर्द से चीखकर चारों ओर देखेगा और किसी को न देखकर डर जाएगा कि कहीं भगवान तो उसकी काली करतूत का दंड नहीं दे रहे हैं...''

छात्र हँस पड़ते हैं। दूसरा छात्र पूछता है, ''भाईजी, यह तो गांधी के सिद्धान्त के विरुद्ध हुआ...''

''अहिंसा से कुछ होनेवाला नहीं है। यह धोखा है। हम इसमें विश्वास नहीं करते। हम तो अलग से तैयारी कर रहे हैं। आनेवाले जंगे-आजादी में अनेक 'चटगाँवों' में मोर्चा जमेगा। हजारों 'सांडर्सों' को जहन्नुम भेजा जाएगा। हमारी तैयारी देखनी है तो चलो आजमगढ़। वहाँ देखोगे कि किस तरह झारखंडे राय और मुक्तिनाथ वगैरह त्याग, तपस्या और कठोर परिश्रम द्वारा आत्मबलिदानी युवकों की सेना तैयार कर रहे हैं। वे शेर की तरह दहाड़-दहाड़कर ब्रिटिश सत्ता को चुनौती दे रहे हैं। मैं तो यहाँ इसीलिए आता हूँ कि तुम जैसे होनहार बहादुर नौजवानों को अपनी क्रान्तिकारी पार्टी में खींच ले आऊँ। मेरी पार्टी कभी भी समझौते की मीठी-मीठी बातें अंग्रेजों से नहीं करेगी। हम अपने देश की इसी जमीन पर सशस्त्र क्रान्ति द्वारा उनकी हुकूमत, उनके षड्यन्त्रों तथा उनके नापाक मनसूबों को दफना देंगे। देखना ये कांग्रेसी लोग अपनी समझौतापरस्ती द्वारा देश का बड़ा नुकसान

करेंगे... ।''

उन जुलूसों में गुदड़ी बाजार का महादेव ठठेरा लँगड़ाते और बुरी तरह खाँसते हुए जरूर पहुँचता था। शहर के अन्य कोनों से जमुना हलवाई, राजाराम बरई, रघुआ डोम और गणेश पंडित होटल वाले का आना निश्चित था। ज्यों-ज्यों जुलूस आगे बढ़ता, उसकी लम्बाई और मोटाई बढ़ती जाती। उसके आगे-आगे जिला कांग्रेस सेवा दल के कमांडर सदाशय व्रत जोश से चेहरे को ताने और छाती को आगे निकाले और हाथों को फौजी जुम्बिश देते हुए चल रहे होते। राममूरत तथा अन्य दो-तीन नौजवान जुलूस में से बाहर निकलकर राष्ट्रीय गीत गाते और बीच-बीच में नारे लगाते :

विजयी विश्व तिरंगा प्यारा,
झंडा ऊँचा रहे हमारा...

पूर्वी मोर्चे पर लगातार हार से भारत में ब्रिटिश हुकूमत हदस गई। उस पर भय का एक जबरदस्त दौरा पड़ गया। समूचे देश में जापानियों को रोकने की जोरदार तैयारियाँ होने लगीं। बलिया जैसे छोटे जनपद में खाइयाँ खुदने लगीं। जल्दी-जल्दी नागरिक रक्षक दल (सिविक गाड्र्स) और हवाई हमला बचाव दल (ए.आर.पी.) नामक दो संघटन खड़े कर दिए गए, जिनमें एक-से-एक लम्बे, तगड़े, नाटे, सींकिया पहलवान और अनेक बेचल्लू वकील, मुख्तार, डॉक्टर, दुकानदार तथा कुख्यात फितरती, लफंगे, गुंडे-बदमाश खप गए। मिलिशिया की, लगभग एक ही नाप की वर्दियाँ दे दी गईं, जो विभिन्न आकार-प्रकार के शरीर पर बुरी तरह पेश आतीं। सिविक गार्ड के हाथ में एक डंडा और ए.आर.पी. लोगों को एक-एक सीटी, जो कमीज की दोनों जेबों में से एक में बन्द रहती थी।

जब-तब हवाई हमलों से बचाव का अभ्यास होने लगा। साइरन बजते ही दोनों दलों के लोग, असाधारण रूप से गम्भीर होकर और छाती आगे निकालकर, सीटी से पी-पी करते और डंडे फटकारते, पुलिस के रँगरूटों से भी अधिक असम्बद्ध, अनियमित तरीके से अपने पैरों को विभिन्न दिशाओं में फेंकते हुए सड़क पर कवायद करने या दौड़ने लगते। चारों ओर से हँसी की आवाजें आने लगतीं। सभी तो परिचित थे ही, जिनको अनेक हास्यास्पद स्थितियों में लोग पहले देख चुके थे। अब ओढ़ी हुई असाधारण गम्भीरता से उनके चेहरे मुखौटे की तरह प्रतीत होते। कोई अपने घर या दरवाजे से ललकारती आवाज में कहता :

''वाह पहलवान, खदेड़े आओ जापानियों को टोकियो तक !''

कचहरी इलाके को छोड़कर खाइयाँ अभी पूरे शहर में खुदी भी न थीं। कई बार जनता को वहाँ आमन्त्रित करके अधिकारियों ने हवाई हमलों से बचने के विभिन्न उपाय बताए थे। विभिन्न मोहल्लों में भी अभ्यास कराए जा रहे थे। साइरन बजते ही घरों से निकलकर सड़क के किनारे खुदी खाइयों में जाकर छिप जाएँ। खाई तक पहुँच न पाएँ तो बीच में ही, जमीन पर लेट जाएँ। यह भी सम्भव न हो तो कान में रूई ठूसकर दरवाजे के पास दीवार से सटकर खड़े हो जाएँ। घर में पर्याप्त जल व रेत इकट्ठा करके रखें। रात में कोई भी रोशनी न जलाएँ। सिगरेट-बीड़ी न पीएँ।

परन्तु, बार-बार सिखाने पर भी लोग इन अभ्यासों को गम्भीरता से नहीं लेते। उनका विश्वास था कि बलिया पर बम वर्षा का तो मौका ही नहीं आएगा, क्योंकि उसके पहले ही ब्रिटिश सेना यहाँ से भाग चुकी होगी। जो लोग अनुशासन को नहीं मानते और अपने दरवाजे या मैदान में खड़े होकर टुकुर-टुकुर कौतुक भाव से देखने लगते, उनकी तरफ सिविक गार्ड और ए.आर.पी. वाले दौड़ पड़ते। फिर भी वे टस से मस न होते और काफी इत्मीनान से उनकी ओर देखते रह जाते। कुछ क्षणों के लिए ही सही, वर्दीधारियों के चेहरे ढीले पड़ जाते, मुखौटा उतर जाता, और खीसें निकल आतीं। लेकिन फौरन ही वह मुखौटा पुनः धारण करके चिल्लाने लगते :

"अरे, बुड़बक हो क्या, भाई ? बार-बार बताया गया है कि नहीं ऽ ...?"

"क्या बताया गया है जी ? सूत न कपासः...कहाँ है खाई, कहाँ है हवाई जहाज ? यार, बात समझो, मैं नहा-धोकर पूजा-पाठ कर चुका हूँ, अब क्यों गन्दी जमीन पर लोटवा रहे हो ? तुम्हारी एक-एक बात समझते हैं, जब बम गिरने लगेगा तो सारी हिदायतों का पालन कर लिया जाएगा...।"

"अरे, इतने समय में तो तुम्हारी बोटी-बोटी उड़ चुकी होगी...।" सिविक गार्ड चिल्लाता था।

"अच्छा तो उड़ा दो बम से...लो, मैं छाती खोलकर खड़ा हूँ..."

इस तरह की अर्थहीन हुज्जत होती रहती थी। पुलिस को बुलाकर गिरफ्तारी का डर दिखाने से कुछ लोग हिदायतों का पालन करते थे और अनेक अपने घरों के अन्दर भागकर गायब हो जाते। तब जाकर चारों ओर सन्नाटा छा जाता।

सन् बयालीस के मार्च में, बादल वाले एक दिन दोपहर के बाद छकौड़ी-बो साड़ी से बदन को पूरी तरह छिपाए, सीतानाथ के मकान में घुसी। उसने आँचल को थोड़ा आगे खींच कर सिर को झुका लिया था, जिससे बिल्ली की तरह चमकती उसकी आँखें भी दिखाई नहीं दे रही थीं। परन्तु घूँघट के फाँफर से झलकते उसके होंठों पर एक सकपकाई हुई, शिष्ट मुस्कुराहट ठिठकी हुई थी, जैसे वह एक अत्यधिक महत्त्वपूर्ण उद्देश्य से भीतर जा रही हो।

यह बात सही भी थी। वह आनन्दी की चचेरी बहन कमला के यहाँ किसी काम से गई थी, जिसके देवर गुप्तचर जितेन्द्र लाल धीमे-धीमे स्वर में कुछ बता रहे थे। उसको देखकर लोगों ने बातचीत का विषय बदल दिया था, लेकिन छकौड़ी-बो ने उसके पहले ही बरामदे में कुछ देर ठिठककर सारा किस्सा सुन लिया था।

आनन्दी दक्षिणी बरामदे में ही अकेली बैठी मिल गई। छकौड़ी-बो ने उसके पास बैठकर स्नेह से पूछा, "का हो बबुनी, समाचार है न ?"

"सवेरे उठी तो कमर में बड़ा दर्द था, अभी तो तेल गर्म करके अपने हाथ से लगाया है... पोस्टकार्ड भी तो आजकल नहीं मिलता, नीलेश बाबू..."

छकौड़ी-बो ने बीच में ही काटते हुए कहा, "बड़ा खराब समय आ गया है..." इसके बाद उसने सिर घुमाकर आँगन की ओर देखा, फिर अपना सिर और नजदीक लाते हुए कहा, "मैं आज कमला बबुनी के यहाँ गई थी..."

"क्या हाल है कमला का...उसकी तबीयत खराब थी..."

"ठीक है...वहाँ उनके देवर जितेन्द्र लाल भी थे...बाबा रे, बड़ा खूँखार चेहरा है...चौड़ा जबड़ा, बड़ी-बड़ी लाल आँखें। वह कुछ बता रहे थे..."

तत्पश्चात वह आनन्दी के पास मुँह ले जाकर खुसुर-फुसुर करने लगी, जिसमें से 'बकुलहा' और 'माझी का पुल' ही कई बार सुनाई पड़ा। उसकी बातें पूरी होने पर आनन्दी की आँखें आश्चर्य से फैल गईं।

शाम को आनन्दी ने यह किस्सा सीतानाथ को सुनाया। सीतानाथ कुछ सोचते रहे, पर बोले नहीं। लेकिन दूसरे दिन कचहरी में उन्होंने वह बात सुद्दीलाल पेशकार को बता दी। फिर क्या था, दो-तीन दिनों में ही समूचा शहर गुस्सा-भरी एक फुसफुसाहट में बदल गया।

यह सच है कि पूर्वी मोर्चे पर युद्ध की सरगर्मियाँ थीं। जापानी बर्मा में जीत गए थे। उन्होंने हरे जंगलों में हरे रंग की वर्दियाँ पहनकर ऐसा युद्ध-कौशल दिखाया, जिनके सामने भागती हुई ब्रिटिश सेना अनाड़ी सिद्ध हो रही थी। आए दिन कुमुक बंगाल, आसाम और बर्मा के मोर्चों पर पहुँचाई

जा रही थी। दिन-रात लम्बी-लम्बी फौजी ट्रेनें चल रही थीं।

गोरी फौजों की ट्रेन जब आनेवाली होती, स्टेशन मास्टरों को पहले ही चेतावनी-भरी हिदायतें दे दी जाती थीं। तब स्टेशनों पर एक अजीब दहशत फैल जाती। उस समय मुसाफिरों को भगा दिया जाता और स्टेशनों के बाहर भी, खास तरह से कोई भी औरत, चाहे वह बूढ़ी ही क्यों न हो, आस-पास नजर तक न आवे। रेलवे क्वार्टरों को बन्द रखने, किसी के भी बाहर न निकलने और काम करनेवालियों तथा अन्य मजदूरनियों को घर में न बुलाने की सख्त हिदायत दे दी जाती थी। घास काटनेवालियों तथा गाय-भैंस-बकरी चरानेवालियों को दूर भगा दिया जाता। और आस-पास के क्वार्टर और घरों की खिड़कियाँ खुली न रह जाएँ और उनमें से कोई झाँक-झाँककर तमाशा न देखने पाए।

गोरे सैनिकों की ट्रेनें तेजी से भगाई जाती थीं, जहाँ तक भाग सकें और कोयला-पानी के लिए भरसक किसी वीरान स्टेशन पर ही रोकी जाती थीं। फौजियों पर कई तरह के प्रतिबन्ध थे और उनको नीचे उतरना भी मना था। अंग्रेज गार्ड उन्हें हमेशा फटकारता रहता था। परन्तु ट्रेन के किसी स्टेशन पर रुकते ही वे अजीब उन्माद की हालत में आ जाते थे। किसी भूली-भटकी औरत को अथवा बन्द दरवाजों-खिड़कियों वाली बस्तियों को देखकर ही शोर-हुल्लड़ मचाने लगते। उनके मुँह से लगातार 'चट-चट' और 'च्च-च्च' की आवाजें और अंग्रेजी में अश्लील गाने निकलने लगते और कई अपनी पैंटें खोलकर नंगी हैवानियत उछालने लगते।

अजीब दृश्य उपस्थित होता था उस समय। डर-आशंका से हिन्दुस्तानी रेलवे कर्मचारियों और उनके परिवारजनों की धड़कनें बन्द हो जाती थीं। आवाजों से आसमान काँप जाता था और धरती दलक जाती थी। पेड़-पौधों के पत्ते काँपना भी बन्द कर देते थे। पशु-पक्षी पता नहीं कहाँ चले जाते। ट्रेन का गार्ड नीचे उतरकर इधर-उधर दौड़ता हुआ चिल्लाने लगता 'गो इन साइड, गो इन साइड।' कोई औरत यदि भूल से बाहर निकल आती तो अश्लील, वहशी आवाजें तेज हो जातीं, तब वह फँसी हुई मुर्गी की तरह फटी हुई आवाज में चिल्लाती हुई भागती, ''अरे, बचाओ हो दादा !''

और उस दिन गोरे फौजियों की एक स्पेशल ट्रेन बलिया स्टेशन से खुलकर बेतहाशा भागती हुई, अत्यन्त छोटे बकुलहा स्टेशन पर ठीक छः बजे सुबह कुछ देर के लिए रुकी। उसी समय पास गाँव की किसी झोंपड़ी की एक किशोरी, शौच के बाद हल्की, ताजी, उत्फुल्ल और निश्चिन्त होकर स्टेशन के निकटस्थ गढ़ैया तक पहुँची ही थी कि उसे डरावनी, अश्लील आवाजों ने घेर लिया। घंटों बाद वह गंगा के माझी पुल से कुछ दूर पहले, रेल पटरी के किनारे पड़ी मिल गई। चित, दोनों बाँहें छितरी हुईं, चेहरा बाईं ओर मुड़कर पूरा ढरक गया-सा, मुख पर भय-आतंक और क्रन्दन से ठीक पहले ठहरी हुई ठंडी लकीरें—हर पंखुरी मसली, क्षत-विक्षत और नुची हुई।

जब जनता राष्ट्रीय अपमान के कारण क्रोध और नफरत से खौल रही होती है, कुछ लोग अलग लीक पर चलने का आभास देकर सत्ता तक पहुँचने और लाभ उठाने का अच्छा मौका देखते हैं। बलिया में भी ऐसे अनेक लोग थे। वे कहने लगे, ''अरे, वह कोई फाहशा औरत थी, जानबूझकर ही वहाँ गई होगी....नहीं तो, अंग्रेजों के अनुशासन को कोई पा सकता है ?''

कुछ लोगों की तो बन आती है। वे अदबदाकर कोई ऐसी हरकत कर जाते हैं, जैसे उनको विशेष रूप से इसका अधिकार मिला हुआ हो। जनता का कष्ट और उस पर दमन बढ़ते ही छुद्र कीड़ों-मकोड़ों और पतंगों की तरह उड़ने लगते हैं। अइगा पांडे ऐसा ही एक जीव है। लहीम-शहीम, बड़े-बड़े दाँत, लम्बा रेशमी कुर्ता और महीन धोती पहनकर वह अक्सर एक साथी शिवदत्त सिंह के साथ शहर का चक्कर लगाते हुए दृष्टिगोचर होता है। शिवदत्त उतना लम्बा नहीं है, कुछ थुलथुल,

जी.आर.पी. का एक सिपाही—वह सदा किसी बबुए की तरह हँसता रहता है और उसका मुँह खुला तथा निचला होंठ लटका रहता है, जिससे लगातार लार बहता रहता है।

ये दोनों ही उन लोगों में से थे, जो विवाह के बाद पत्नी को घर में राशन के बोरे की तरह पटककर निश्चिन्त हो जाते हैं और अपने कोटे से अधिक बच्चे पैदा करते हुए बाहर ऐश करते और गुलछर्रे उड़ाते हैं। बटुक प्रेम, उससे सम्बन्धित मामलों और झगड़ों के तो वे बावनवीर हैं। वे स्वयं किसी से नहीं डरते, दूसरों को सदा डराते रहते हैं और दूसरों की मजबूरी का फायदा उठाने को झटपट तैयार हो जाते हैं। आज तक उनकी हार नहीं हुई और सदा वे जीतते ही रहे हैं और शहर का हर व्यक्ति उनके नाम से काँपता है। पुलिस और सत्ता की शह पाकर वे किसी खूबसूरत लड़के या गरीब लड़की के पीछे पड़ जाते हैं। लौंडों का गाना सुनने का भी उन्हें काफी शौक है और गर्मी के दिनों में शादी-ब्याह के लिए लौंडों का मुजरा तय कराते हुए उन्हें अक्सर देखा जा सकता है।

वे बड़े प्रेम से लौंडों को अपने आगे बिठाकर उनका गाना सुनते हैं। लौंडा-नाच की छोटी-छोटी पार्टियाँ शहर में आकर चारों ओर फैल जाती हैं। रसड़ा जानेवाली पुरानी, जाकड़ी ट्रेन का पुराना इंजिन जिस तरह एकदम पतली-तीखी आवाज में सीटी देता है, उसी की तरह छोटी उम्र के ये गवैये बच्चे आलाप करते हुए चीखते हैं, जिसको शहर के कई नौजवान 'रसड़ैया-गाड़ी-सीटी-राग' कहते हैं। आऽए...आलाप सुनते ही अइगा पांडे और शिवदत्त सिंह सिपाही के होंठ प्रसन्नता से सिकुड़कर छछुन्दर की तरह आगे निकल आते हैं और फरकती हुई मूँछें नाचने लगती हैं।

पुलिस ऐसे अनेक दुष्टों को पालती-पोसती है। जब राष्ट्र पर संकट आता है और सत्ता निरन्तर क्रूर और आततायी होती जाती है, इन लोगों के पर निकल आते हैं। लोगों के दुःख-कष्ट से ये खूब खुश होते हैं और उन्हें अन्य तरीकों से भी सताने लगते हैं। जब बकुलहा-कांड की खबर शहर और जनपद में दावानल की तरह फैल गई और लोग प्रतिशोध के लिए व्याकुल होने लगे, उन्हीं दिनों अइगा पांडे की खुशी का अन्त नहीं था। वह रोज ही, जब चाहे तब, अपने सिपाही संगी के साथ शहर के चक्कर लगाने लगता। वह देह भाँजते हुए, अपने पैरों को सड़क पर स्वतन्त्र छोड़ देता और टखनों तक लटकती उसकी महीन धोती घुटनों से टकराकर दाएँ-बाएँ होने लगती। वह कहीं भी सड़क पर रुककर किसी से बातें करने लगता, किसी भी शरीफ व्यक्ति के सामने कोई अश्लील जुमला फेंककर अपनी हेंकड़ी जताने से बाज नहीं आता। वह जोर-जोर से हँसकर चारों ओर घमंड से देखता और उसके बड़े-बड़े दाँत और लाल-लाल मसूड़े भय और आतंक की सृष्टि करने लगते।

रतनसिंह मुख्तार साढ़े नौ बजे ही कचहरी चल देते हैं। उस दिन नम्रता को गाड़ी का इन्तजार करते हुए स्कूल जाने में देरी हो गई और कुछ देर बाद वह अकेली ही चल पड़ी। आगे पान की दुकान पर अइगा पांडे और शिवदत्त सिंह खड़े पान का इन्तजार करते हुए सड़क की ओर ताक-तूक कर रहे थे। जब नम्रता सड़क के किनारे-किनारे पान की दुकान के पास से होकर गुजरी, अइगा पांडे ने एक अश्लील हँसी के साथ कहा :

''अरे झरेला कहाँ जात बाड़ू, चलऽ बकुलहा ले चलीं...।''

'झरेला' खूबसूरत लड़कों के लिए इस्तेमाल किया जानेवाला एक अश्लील सम्बोधन था, जिससे नम्रता भी अच्छी तरह परिचित थी। वह उस अश्लील लोकगीत का मतलब खूब समझती थी, जिसकी प्रथम पंक्ति थी 'देखलीं झरेला लोग के मथवा पर बबड़ी।' और वह ललनजी पर बने लोकगीत 'कवन पापी मरलसि हमार लल्लनजी कऽ जनवा हो' का किस्सा भी एक सहेली से सुन चुकी थी। लल्लन सिंह जमींदार, उस खूबसूरत लड़के के प्रेमी थे, जो उनके प्रतिद्वन्द्वियों से मिलकर उनके अन्त का कारण बना और जिसने अन्तिम समय में एक गिलास पानी माँगने पर भी मना कर दिया। लफंगे लोग यदा-कदा सड़कों पर इस तरह के लोकगीत चिल्ला-चिल्लाकर गाते रहते थे और कभी-कभी नम्रता को उन पर बड़ा गुस्सा आता था। लेकिन इस शहर में किसी पढ़ी-लिखी लड़की या स्त्री से

इस तरह की छेड़खानी की गई हो, ऐसी घटना देखने-सुनने में आज तक नहीं आई थी।

नम्रता फौरन समझ गई कि जिस तरह बात कही गई थी, वह उसी को सम्बोधित थी। वह अइगा पांडे की ओर घूमकर शमशीर की तरह तन गई। क्रोध से उसका चेहरा तमतमा गया और उसने चीखकर कहा :

"अरे, हरामजादा, सूअर, अंग्रेजों का कुत्ता, तेरी यह मजाल ! तुझे अपनी माँ, बहन, बेटी दिखाई नहीं देती ? तेरी बेटी की इज्जत अंग्रेजों ने बकुलहा में लूट ली और तू यहाँ चहक रहा है ? तू कैसा हिन्दुस्तानी है रे कुत्ता ! तू ठहर जा, जल्दी ही तेरा थुथुर थूर-थूर कर रँग दिया जाएगा। बकुलहा तो क्या तुझे जल्दी ही जहन्नुम न भेजवा दिया तो रतनसिंह मुख्तार की लड़की नहीं...।"

नम्रता का हृदय अपने पिता की तरह ही कोमल था, लेकिन वह उन्हीं के समान अन्याय से नफरत भी करती थी। तब उसमें पिता की तरह ही तनकर खड़े होने की शक्ति थी। उसने अइगा पांडे को इस तरह फटकारा था कि उसकी शेखी कुछ देर के लिए हिरन हो गई और मुँह छोटा पड़ गया। जब वह घूमकर कुछ दूर चली गई तो अइगा के मुँह से बकार निकली, "अरे जा जा, अब आगे पता लागी...।"

लेकिन पान की दुकान से सटे मकान के ओसारे में किसुनी चाट वाले की औरत धनेसरी गुस्सा से आँखें निकाल अपने पति से बोली, "कैसे मरद हो जी तुम ! तुम तो जनखों, मउगों से भी गए-गुजरे हो। इस तरह तो कोई तुम्हारी लड़की, मेहरारू को भी कुछ कहकर निकल जाएगा और तुम सियार की तरह बैठे रहोगे। कैसी अच्छी बिटिया है यह, रोज संझा को मुझे और बनवारी की मेहरारू को अपने घर बुलाकर पढ़ाती है। रोज चरखा कातती है, महात्मा गांधी के विचार को मानती है। तुम लो, मेरी चूड़ियाँ पहन लो, मैं बाहर निकलकर इस मरकिलौने का चूतड़ काटती हूँ...।"

इस फटकार से किसुनी की कूबड़ की तरह झुकी हुई पीठ सीधी हो गई और गर्दन तन गई। इस समय तो वह नंग-धड़ंग, सिर्फ लँगोटा पहन, खूब मग्न होकर, प्रेम से चाट के आलू काट रहा था। सचमुच वह अइगा पांडे से डरता भी था और साथ में पुलिस सिपाही ! लेकिन धनेसरी ने उसके अन्दर ऐसी हवा भर दी थी कि कब वह खड़ा हुआ और कब सिर्फ लँगोट में ही लंगूर की तरह कूदकर अइगा पांडे के सामने पहुँचकर दाहिनी जाँघ को दाहिने हाथ से पट-पट पीटकर पक्कड़ के लिए ललकारने लगा, यह पता ही नहीं चला।

"अरे अइगवा, हरामी का पिल्ला, मोहल्ले की बिटिया से बोलने की तेरी हिम्मत कैसे हुई रे ! आओ सरऊ, एक पक्कड़ हो जाए ! जयदरथ साले, गीदड़-सियार, आज मैं अर्जुन बनकर तेरी हड्डी-पसली एक कर दूँगा...।"

अइगा पांडे और शिवदत्त सिंह उसकी ओर गुस्से से लाल होकर लपके। किसुनी लम्बा तो था, पर तगड़ा नहीं। उम्र भी उसकी अधिक थी और चाट बनाने और बेचने की बैठकी से उसकी देह खराब हो चुकी थी। लेकिन, इस समय उसमें अजीब फुर्ती आ गई थी और वह बन्दर की तरह कूदकर इस तरह कभी बाएँ और कभी दाएँ चला जाता कि उनकी गिरफ्त में आना आसान नहीं था। परन्तु, अन्त में अइगा ने उसकी लँगोटी जकड़ ली और वह मछली की तरह छटपटाकर नीचे पट गिर पड़ा। और जब तक ओसारे से ही चुन-चुनकर गालियाँ देनेवाली धनेसरी नीचे उतरकर ईंट का एक बड़ा टुकड़ा उठाकर उनको मारने दौड़ती वे किसुनी को लात-मूक, डंडे से पीट-पाटकर भयंकर परिणाम की चेतावनी देने के बाद तूफानी गति से रफूचक्कर हो गए।

धनेसरी अपने पति को उठाकर सहारा देकर अपने मकान के अन्दर ले गई। आश्चर्य है कि अइगा पांडे और शिवदत्त सिंह का ऐसा आतंक था कि इतना सब होने पर भी आस-पास का कोई भी साथ देने नहीं आया। किसुनी कराह रहा था। धनेसरी ने उसके जख्मों को साफ किया और उन पर पीसी हुई गर्म हल्दी लगाने के बाद उसे दूध में हल्दी-गुड़ घोलकर पिला दिया। अन्त में वह बाहर

आ गई और करीब दस गज के दायरे के भीतर लुत्ती की तरह उछलकर कभी पूरब और कभी पश्चिम चली जाती और दोनों हाथ फेंक-फेंककर नृत्य करती हुई लानत भेजने लगी :

"अरे, इस मोहल्ले के मरद जनखे हैं। बधिया बैल हैं, धवलजंघे हैं, गांडू हैं। ये अपनी माँ, बेटी को अइगवा हरामी के पास भेजने को तैयार रहते हैं। अरे, हमारी फूल-सी बिटिया को उन मरकिलौनों ने आँख दिखाई, और तुम लोग घर में बैठकर पादते रहे ! तुम्हारे मानुष जीवन पर थुड़ी है...थूः, थूः...।"

उसने चारों दिशाओं में घूम-घूमकर चार बार थूः कहा। इस समय छकौड़ी-बो करीब अस्सी गज की दूरी पर अपने मकान के अन्दर कोई काम कर रही थी। यह वर्ष का वह सुहावना समय था, जब उनके बीच युद्धविराम चल रहा था और मोहल्ले में शान्ति थी। परन्तु जब हवा पर तैरकर धनेसरी की चायँ-चायँ आवाज, जिसे पहचानने में कभी भी उससे भूल नहीं होती, आँगन में आने लगी तो उसके कान किसी शिकारी कुत्ते की तरह खड़े हो गए। दुनिया में उसको छोड़कर और कौन है जिसे वह गाली सुना सकती है ?

पता नहीं कब से उनके बीच एक अघोषित युद्ध जारी था, शायद उस समय से, जब बमपुलिस का जगपतिया कुँजड़ा शहर छोड़कर अभी गया नहीं था। सबसे पहले छकौड़ी-बो, जिसका नाम किनरी था, उसके प्रेम-जाल में फँसी। वे दो साल तक एक साथ रहे, लेकिन झगड़ा होने पर उसने किनरी को छोड़कर धनेसरी को रख लिया। यह रिश्ता भी अधिक नहीं चला और वह तीसरी औरत फूलनी को लेकर किसी दूसरे शहर चला गया। उसके पश्चात किनरी ने अधेड़ छकौड़ी से शादी कर ली और धनेसरी ने किसुनी से। किन्तु उनके बीच जगपतिया के कारण आरम्भ हुई प्रतिद्वन्द्विता, सौतियाडाह और लड़ाई-झगड़ा आज तक कायम है।

अन्धा कूकुर हवा-बतास चलने पर जैसे भूकने लगता है, उसी तरह कोई भी बहाना उनके लिए पर्याप्त होता था। एक बार जब 'युद्ध' शुरू होता तो थमने का नाम न लेता। चौबीसों घंटे यह जारी रहता। बीच-बीच में काम-धाम भी होता था, लेकिन फुरसत मिलने पर चालू हो जाता। छकौड़ी-बो अपने दरवाजे पर खड़ी हो जाती और धनेसरी अपने मकान की खुली छत पर। पुरानी गालियों से वे कम ही काम लेतीं, बल्कि युद्ध के दौरान अश्लील रिश्तों की ऐसी मौलिक गालियाँ ईजाद कर लेतीं, जिसकी बड़ा-से-बड़ा भाषा विज्ञानी भी कल्पना नहीं कर सकता।

शाम होते ही युद्धविराम की स्थिति आ जाती और वे अपने-अपने दरवाजे पर छुरी गाड़कर खाने-सोने के लिए चली जातीं, लेकिन दूसरे दिन तड़के ही गड़ी हुई छुरियाँ निकाल ली जातीं और दिशा-मैदान तथा दातौन-कुल्ला के पहले ही धाराप्रवाह चायँ-चायँ सारे मोहल्ले की शान्ति और नींद भगा देती। एक-दो बार तो वे पागल होकर दौड़ते हुए एक-दूसरे के निकट आई होंगी, फिर भी उन्होंने एक-दूसरे के शरीर पर हाथ कभी न लगाया। वे आँचल, कमर के चारों ओर लपेट लेतीं। और अपने बाएँ हाथ के पंजे पर दाहिने हाथ की अपनी किहुनी टिका लेतीं और पाँचों अंगुलियों को चोंच की तरह बनाकर उससे जैसे एक-दूसरे को खोदने के लिए उसे हिलाने लगतीं, साथ ही ऐसी चुनौतियाँ देती रहतीं जिससे मर्द और औरत सभी, शर्म से घर के अन्दर चले जाते।

छकौड़ी-बो अभी आँगन से अपने दरवाजे पर आई ही थी कि एक लड़के ने उसे सारा किस्सा बता दिया। वह गुस्से से तिलमिला गई और तेजी से आगे सड़क की तरफ बढ़ती हुई चिल्लाने लगी :

"अरे, कौन है रे ? अरे, किसने किसुनी राउत को मारा है रे ? उसकी आँख में कच्चा बैठे, उसका अंग-अंग गले...।"

यह सर्वथा एक नया दृश्य था, जब पहली बार धनेसरी के पक्ष में छकौड़ी-बो बोल रही थी। उन्होंने मिलकर मोहल्लों के सभी मर्दों को ललकारना शुरू कर दिया, परन्तु मुश्किल यह थी कि उस समय अधिकतर मर्द कोर्ट-कचहरी और अन्य काम-धाम पर तथा लड़के-बच्चे स्कूल पढ़ने चले गए

थे। छकौड़ी-बो ने आगे बढ़कर पहले धनेसरी के घर के पास पहुँचकर बलेसर पान वाले को इतना गरियाया कि वह दुकान छोड़कर भाग खड़ा हुआ। फिर उसने मकान के अन्दर जाकर राउत-राउत कहकर किसुनी का हालचाल पूछा और अन्त में धनेसरी के साथ रतनसिंह मुख्तार के घर जाकर नम्रता की माँ को ढाढ़स दिया :

"अरे बहूजी, आप जरा भी चिन्ता न कीजिए, आगे किसी ने आँख दिखाई तो आँख निकाल लूँगी, कलेजा फाड़ दूँगी। वह मरकिलौना दिखाई तो दे...।"

राममूरत को जब पता लगा तो वह दौड़ा-दौड़ा सदाशय व्रत के यहाँ जा पहुँचा, जो एक खाट पर बैठे हथेली पर मुँह टिकाए ऊँघ रहे थे। राममूरत उनको देखकर चिल्लाने लगा :

"अरे गजब हो गया बाबूजी, अइगा पांडे ने रतनसिंह मुख्तार की लड़की से बड़ी बदतमीजी की है...।"

सदाशय व्रत की आँखें खुल गईं। उन्होंने खोए स्वर में पूछा, "स्थिर होकर बताइए बबुआ कि क्या हुआ ?"

राममूरत जल्दी-जल्दी सबकुछ बयान कर गया। सदाशय व्रत की आँखें फैल गईं। फिर वह उठ खड़े हुए, "क्या मुख्तार साहब के घर पर समाचार लेने गए थे ?"

"अभी तो नहीं...।"

"अच्छा तो चलिए मेरे साथ...।"

रास्ते में नफीस मिल गया। जब तीनों पहुँचे तो रतनसिंह मुख्तार कचहरी से अभी-अभी आए थे और बिना कपड़े बदले बाहर चिन्तित बैठे थे। सदाशय व्रत ने अपना और दोनों लड़कों का परिचय देते हुए विनम्र स्वर में कहा :

"इसका हमें बड़ा अफसोस है मुख्तार साहब, कि इस शहर में हमारे रहते यह सब हो गया। हम गांधीजी के सिद्धान्त को मानते हैं, पर अइगा पांडे ने उसका गलत अर्थ लगाया है। नम्रता बिटिया, मेरी बिटिया है, आप कोई भी चिन्ता न करें, दो दिन के भीतर अइगा को मालूम हो जाएगा कि अहिंसा का क्या अर्थ है। उसे इसी बीच कड़ा-से-कड़ा दंड दे दिया जाएगा...।"

13

होली में पन्द्रह दिन शेष हैं और जगह-जगह जोगीड़ा शुरू हो गया है—'जोगीजी सारा रा रा..., सा रा रा रा..., वाह यार वाह, फिर वाह यार वाह !' मौसम ओलार पर है और कमरे में अब कम्बल भी नहीं सहा जाता। मच्छर अचानक इतने बढ़ गए हैं कि यत्न करने पर भी मसहरी के अन्दर घुस-घुस जाते हैं। कम्बल को अपने पैरों के बल से पैंताने ठेलकर कभी बाएँ, कभी दाएँ और कभी चित लेटने के कई चक्र पूरे कर चुकी है नम्रता। दुःख और चिन्ता से भरे तरह-तरह के विचार उसके अन्दर गड्ड-मड्ड हो गए हैं, जिनमें से कोई-न-कोई उतराकर निरन्तर सता रहा है उसे।

क्या नारी का जीवन अनजान और अनिश्चित अभिशापों से भरा होता है ? यदि ऐसा न होता तो बकुलहा की उस निर्दोष किशोरी के साथ वैसा क्यों घटित हुआ ? यह तो ठीक है कि इस देश में बहुत से अन्याय उस विदेशी गुलामी की वजह से होते हैं, जिससे यहाँ की जनता और वह स्वयं भी नफरत करती है। परन्तु देश के लोग ही स्त्रियों पर जो जुल्म करते हैं, उसका कारण क्या है ? अपने को अबला समझने की हीन ग्रन्थि ? अथवा पुरुष सर्वोच्चता का सामन्ती दम्भ ? यदि वह स्वयं राजनीतिक रूप से जागरूक न रहती तो उसके दुर्व्यवहार की घृणित अश्लीलता और निकृष्टता को कितना समझ पाती, फिर उसे मुँहतोड़ जवाब दे पाती या नहीं ?

वह अपने पिता की अकेली सन्तान है, इसलिए उसके पिता ने उसे बहुत स्नेह दिया और अपनी अतिव्यस्तता से भी समय निकालकर उसे अपने पास बिठाकर पढ़ाया-लिखाया और आज भी वह उसे आधा घंटा, एक घंटा अंग्रेजी जरूर पढ़ाते हैं। इसी वजह से वह पढ़ाई में तेज, मजबूत और स्वावलम्बी हो गई। फिर नीलेश से प्रेरित होकर उसकी अनेक पुस्तकें पढ़कर तथा उसके विचार सुनकर वह देशप्रेम तथा राजनैतिक स्वातन्त्र्य आन्दोलन से जुड़ी थी। और जो कमी थी, वह दुलारी गुरुजी ने पूरी कर दी, जिनकी प्रेरणा से वह घर में नियमित रूप से चरखा कातने लगी और अपने चौदह वर्षीय नौकर तथा धनेसरी और बनवारी की पत्नी को साक्षर करने में लग गई। उसने महसूस किया कि साधारण, गरीब स्त्रियाँ निश्छल होती हैं। उनमें साहस भी होता है। कोई ग्रन्थि वे नहीं पालतीं, जो मन में आता है, साफ-साफ कह देती हैं। यदि भिड़ भी जाती हैं तो मौका आने पर सहयोग भी करती हैं। यदि ये स्त्रियाँ पढ़-लिखकर संघटित हो जाएँ तो देश को कितनी बड़ी शक्ति मिलेगी ?

परन्तु मध्यवर्गीय और उच्च-मध्यवर्गीय स्त्रियाँ ? वे परदे में रहती हैं, अन्धविश्वासों के सहारे जीती हैं, अपने पुरुषों के अनेक तरह के अन्याय सहती हैं, फिर भी दूसरी स्त्रियों, खास तरह से निम्नवर्ग की स्त्रियों से अपने को उच्च समझती हैं और किसी भी नई बात को बरदाश्त नहीं कर पातीं। दूसरों की बहू-बेटियों की आलोचना और शिकायत में ही वह अपना खाली समय बिताती हैं। यहाँ भी शिक्षा और राजनैतिक-सामाजिक जागरूकता की ही जरूरत है, तभी एक स्त्री दूसरी स्त्री को सहयोग दे सकती है और नई-नई बातों को स्वीकार भी। अइगा पांडे के दुर्व्यवहार के बाद सहानुभूति के लिए आई निम्नवर्गीय एवं मध्य-उच्चवर्गीय स्त्रियों के दृष्टिकोणों में कितना अन्तर था ?

''जवान लड़कियों को छुट्टा छोड़ देना ठीक नहीं है, मर्दों के सामने अपने शरीर को ढककर निकलना चाहिए। आखिर अकेली स्कूल जाने की जरूरत क्या थी ? अपनी इज्जत तो अपने ही हाथ में होती है।''

वह साल-भर नीलेश को लेकर बहुत दुःखी और चिन्तित रही, परन्तु इस समय तो वह अपने पिताजी के बारे में परेशान है। वही उनकी लड़की है और वही उनका लड़का, वह उनके लिए परेशान न होगी तो कौन होगा ? वह अपनी तकलीफ और भावनाएँ व्यक्त नहीं करते तो क्या वह नहीं समझती ? वह तो उसकी मामूली तकलीफ देखकर ही परेशान हो जाते हैं और उसकी एक-एक इच्छा हर हालत में पूरी करते हैं। जब बीमार पड़ती है तो वह सो नहीं पाते, बचपन में ऐसी हालत में वह उसे कन्धे पर लेकर घंटों घुमाते थे। बाहर के लोगों के प्रति भी वह अत्यधिक उदार एवं विनम्र रहते हैं। घर में और बाहर वह सबसे धीमे-धीमे मिठास से बोलते हैं। वह कोई भी बात उसकी वास्तविकता में समझने की कोशिश करते हैं और उसी के अनुसार अपना निर्णय लेते हैं; जो ठोस होता है, खोखला नहीं। वह किसी की स्वतन्त्रता में हस्तक्षेप नहीं करते, गुस्सा भी वह शायद ही किसी पर करते हों। मुश्किल उस समय होती है, जब किसी की गलत बात पर उन्हें गुस्सा आता है, जो क्रियात्मक बिन्दु पर पहुँचकर ही शान्त होता है।

उसे उन दिनों की याद आई, जब सुरेश के स्कूल टीचर ने उसे काफी मार-पीट कर उसके सिर को डेस्क पर कई बार जोर-जोर से पटक दिया था। घर आने पर सुरेश को बुखार आ गया। सब किस्सा सुनकर औरतों में रोना-पीटना मच गया। डॉक्टर बुलाया गया, जिसने दवा का पुर्जा लिखकर काफी गम्भीरतापूर्वक कहा—

''सिर की चोट बहुत खराब होती है...खैर, दवा दीजिए, आराम हो जाना चाहिए।''

किसी के सुख-दुःख में रतनसिंह और उनके परिवारजन जरूर पहुँचते थे। सीतानाथ की तो वह बड़े भाई की तरह इज्जत करते। सुनते ही वह फौरन गए। सीतानाथ ने चहकती हुई आवाज में, जैसे कोई चिन्ता न हो, रतनसिंह से कहा :

"होनी को कौन टाल सकता है ? प्रभु की तो यह इच्छा थी कि ये स्कूल का काम पूरा करके जाएँ जिससे इनके टीचर इन पर हमेशा खुश रहा करें। मगर ये प्रभु की इच्छा के खिलाफ चले गए और नतीजा भुगतना पड़ा। अब लोग कहते हैं कि मैं हेडमास्टर के पास जाकर मास्टर की शिकायत करूँ। अरे, तौबा कीजिए ! मास्टर तो गुरु होता है, ज्ञान और अक्ल देता है। वह तो साक्षात् ईश्वर होता है, फिर मैं तो सिर्फ दो ही चीजों से मतलब रखता हूँ—एक तो कचहरी जो घर-गृहस्थी, तालीम वगैरह सबके लिए रुपए देती है और दूसरा मन्दिर। इनके अलावा न मैं किसी के यहाँ जाता हूँ और न किसी से कुछ कहता-सुनता हूँ, चाहे तुम पढ़ो या आवारा बनकर घूमो।"

रतनसिंह अच्छी तरह जानते थे कि सीतानाथ तैश या क्रोध-भरी नाटकीयता से अपनी अकर्मण्यता को न्यायोचित सिद्ध करते हुए अपने आन्तरिक शान्ति भाव में कोई खलल नहीं चाहते थे। इसका वह बुरा भी नहीं मानते और उनके मान की रक्षा करते हुए उनकी बातें चुपचाप सुन लेते। वह कुछ क्षण सिर झुकाकर चुपचाप सोचते रहे, फिर विनम्रतापूर्वक बोले :

"भाई साहब, पढ़ाई के लिए कभी डाँट-फटकार या हल्की पिटाई की जरूरत हो सकती है लेकिन जब लड़का ही नहीं रहेगा तो पढ़ेगा कौन ?"

यह ऐसा तर्कपूर्ण मानवीय संकेत था, जिसकी सम्भावना पर सीतानाथ ने ध्यान ही नहीं दिया था। उनके गुब्बारे की हवा निकाल गई और निष्क्रिय आश्चर्य एवं कुतूहल भरे अन्दाज में वह अत्यन्त धीमी और खरखर आवाज में बोले, "अच्छा...?"

"भाई साहब, आप चिन्ता न कीजिए। सुरेश मेरे लड़के की तरह है, मैं कल उसके स्कूल जाकर हेडमास्टर से मिल लूँगा..."

"अच्छा !" सीतानाथ के अन्दर अपनी आन्तरिक शान्ति रक्षा के आश्वासन से उत्पन्न नाटकीय खुशी एवं उत्साह का एक ज्वार उठा।

"अच्छा ! हाँ, देखिए, जब लड़कवा ही मर जाएगा तो पढ़ेगा कौन ?"

दूसरे दिन स्कूल जाकर रतनसिंह ने जो फटकार लगाई और आइन्दे ऐसी किसी हरकत पर सख्त कानूनी कार्रवाई की चेतावनी दी, उससे हेडमास्टर और मास्टर सभी सन्नाटे में आ गए।

दूसरी घटना हरिद्वार की है, जहाँ वह तीर्थयात्रा के उद्देश्य से एक धर्मशाला में रुके थे। नम्रता उस समय सात या आठ वर्ष की रही होगी। और उसकी माँ अधिक जवान और खूबसूरत थी, जिसके पीछे, एक ऐसा भक्त पड़ गया, जिसके सम्पूर्ण ललाट पर चन्दन की पड़ी हुई रेखाएँ बनी हुई थीं। जहाँ वे लोग जाते, वह भी पीछे-पीछे पहुँच जाता, उनसे बात करने की कोशिश करता और उनको कई दुर्लभ जगहों पर ले जाने का वादा करता। उम्र उसकी चालीस से अधिक नहीं थी और किसी छोटे-मोटे पहलवान की तरह लम्बा-तगड़ा भी था। वह जब बोलता, भुल्ल-से मुस्कुराकर अपनी बड़ी-बड़ी लम्पट आँखों से नम्रता की माँ को देखने लगता। एक बार उसने भीड़ का लाभ उठाकर अपना हाथ नम्रता की माँ के हाथ पर रख दिया, जिसपर तेजी से हाथ झटककर उसने अपने पति से कहा :

"देखिए जी, यह बदमाश पीछे पड़ा है..."

रतनसिंह को उसकी हरकतें सन्देहजनक पहले ही लगी थीं। वह लपककर उसके पास गए, गले के नीचे उसका कुर्ता पकड़कर उसे बाहर खींच ले आए और अपना जूता हाथ में लेकर उसके सिर पर लगे बरसाने। यह हमला अप्रत्याशित था, जिसके लिए वह तैयार नहीं था। और एक लम्बे-तगड़े शरीर की हिम्मत चूहे की तरह भागने लगी और सिर झुक गया, सिर्फ मुँह से बार-बार यही आवाज निकलती थी, "अरे, अरे, मैं ईश्वरभक्त हूँ।"

और अइगा पांडे वाली घटना मोहल्ले के किसी व्यक्ति ने कचहरी में जाकर बताई तो वह समय से पहले ही घर आ गए थे। उनका चेहरा गम्भीर था। उन्होंने कपड़े भी नहीं बदले और भीतर के

बरामदे में कुर्सी पर चुपचाप बैठकर आँखें मलकाने लगे। पत्नी के यह कहने पर कि बार-बार मना करने पर भी नम्रता अकेली स्कूल चली गई, उन्होंने प्रतिवाद-सा किया, ''इसमें उसका दोष क्या है ?'' सदाशय व्रत के आने पर वह उनकी बातें चुपचाप सुनते रहे, लेकिन स्वयं एक शब्द भी नहीं बोले। बार-बार उनके दिमाग में एक ही बात आ रही थी कि उनके जिन्दा रहते यह कैसे हो गया और चुपचाप वह अब तक कैसे बैठे हैं। और जब वे लोग चले गए तो वह घर के अन्दर जाकर अपनी छड़ी ले आए और उसे घुमाते हुए बाहर निकल गए।

''अरे कहाँ जा रहे हैं, बताते तो जाइए,'' मगर उन्होंने न मुड़कर देखा और न ही अपनी रुआँसी पत्नी की बात का कोई उत्तर ही दिया।

नम्रता ने अपनी माँ के आँखों पर आँचल रखकर रोने पर ढाढ़स बँधाने की कोशिश की। लेकिन वह स्वयं बेहद घबरा गई। वह समझ नहीं पाई कि उसके पिताजी बिना कुछ बताए क्यों और कहाँ गए हैं। ऐसा तो कभी भी नहीं हुआ, इसके पहले जब कभी वह गए भी हैं, तो अपने गन्तव्य, उसके उद्देश्य तथा अपने लौटने की छोटी जानकारियाँ देकर ही। उसे लगा, यह अपराध उसी का है, अगर वह अपनी माँ का कहना मानकर अकेली न गई होती तो उसके पिता को इस हद तक परेशान होने का कोई कारण भी नहीं मिलता।

''बेटी, जब वह गुस्सा होते हैं तो ऐसी ही शक्ल हो जाती है उनकी। कुछ बोलेंगे नहीं, कर गुजरेंगे। मेरा मन कहता है, वह उस बदमाश को ढूँढ़ने ही गए हैं। वह मिल गया तो उस पर जरूर गुस्सा उतारेंगे। ये उसे जानते भी नहीं। देखा भी न होगा कभी। वे सब बड़े दुष्ट हैं, ये किसी संकट में न फँस जाएँ। मुझे तो बड़ा डर लग रहा है। वह सामने वीरेश अपने दरवाजे पर टहल रहा है, बेटी जाकर उससे कहो...ठहरो, मैं श्यामू को भेजकर बुलवाती हूँ।''

सन्देश सुनते ही वीरेश अत्यधिक उत्साह के साथ छाती आगे निकाले आया। वह भी नम्रता की तरह कक्षा नौ में ही पढ़ता था, लेकिन दो महीने छोटा होने के कारण उसे 'दीदी' कहता है। वह लम्बा हो रहा था और नीलेश की अनुपस्थिति में अपने को सर्वाधिक जिम्मेदार और इस योग्य समझने लगा था कि तेजी से बूढ़े होते माँ-बाप, दादी के आराम का निरन्तर ख्याल करे, छोटे भाइयों को पढ़ाई में मदद दे और अपने को आदर्श क्रान्तिकारी बनाने की जोरदार तैयारी करे। वह अपने बड़े भाई नीलेश को ही अपना सर्वोत्तम आदर्श मानता था और उसके बनारस चले जाने के बाद नियमित रूप से दंड-बैठक करके धारोष्ण दूध पी रहा था और पढ़ाई-लिखाई में खूब मेहनत भी। वह उस दिन की व्यग्रतापूर्वक प्रतीक्षा कर रहा था जब वह अपनी दाढ़ी-मूँछ सफाचट करके, खद्दर के कपड़े पहनकर तथा हाई स्कूल की परीक्षा में उत्तरप्रदेश में प्रथम आकर अपने बड़े भाई को भी आश्चर्यचकित कर देगा।

शाम को स्कूल से आने के बाद ही उसे नम्रता के अपमान की बात मालूम हुई थी। उसे बड़ा गुस्सा आया। उसने फौरन संकल्प कर लिया कि अपनी कसरत और बढ़ाकर तथा अधिक दूध पीकर वह खूब शक्तिशाली बन जाएगा और इसी शहर में एक दिन अइगा पांडे को सड़क पर पटक-पटककर मारेगा। इस समय वह देर से बाहर अपने दरवाजे के सामने मात्र इसी उद्देश्य से टहल रहा था कि अब कोई भी खतरा नम्रता और उसके परिवारजनों पर आता है तो वह फौरन उनकी रक्षा में वहाँ पहुँच जाएगा और जरूरत पड़ने पर अपनी जान भी कुर्बान कर देगा। और जब नम्रता की माँ ने अपनी व्यथा कही तो उसे अत्यधिक हर्ष और गर्व हुआ कि ऐसे भारी संकट के समय उसे योग्य और महत्त्वपूर्ण समझा गया।

''चाचीजी, आप किसी बात की चिन्ता न कीजिए। उसकी तो इसी शहर में ऐसी चटनी बनेगी कि नानी याद आ जाएगी। भैया नहीं हैं तो हम सब हैं। भैया की पार्टी के लोग हैं। देखिए, यह खबर सुनकर सदाशयव्रतजी, नफीस भाई, राममूरत फौरन आए। वे देख ही नहीं सकते कि शहर

में किसी पर अन्याय हो जाए। कांग्रेस तो बड़ी पार्टी है। क्रान्तिकारी लोग भी हैं। वे सभी देश की आजादी के लिए लड़ रहे हैं तो किसी जुल्म को कैसे बरदाश्त कर लेंगे ? वे तो देश के लिए जेल जाते हैं, लाठी-डंडा खाते हैं, मौत को गले लगाते हैं। आपके घर की चौबीसों घंटे देखभाल की जा रही है। किसी बात की जरूरत हो, कोई भी बात हो, जरूर बताइएगा। मैं अभी जाता हूँ और चाचाजी को ले आता हूँ। हाँ, तब तक के लिए सुरेश को यहाँ भेज देता हूँ।''

''भैया, मैं बड़ा एहसान मानूँगी...''

नम्रता ने तीक्ष्ण दृष्टि से माँ को देखा। अपने पिताजी के लिए परेशान तो वह भी थी, फिर भी उसने सोचा कि पिताजी ठीक-ठीक लौट आते हैं तो वह अपनी माँ से साफ-साफ कह देगी कि वीरेश, सुरेश या किसी से भी वह इस तरह गिड़गिड़ाकर न बोले, उसे ऐसी बोली पसन्द नहीं।

वीरेश हवा-वाताश की तरह निकल गया। रतनसिंह उन खुशहाल व्यक्तियों में थे, जिनके भाग्य में तीन या चार ही साफ-सुथरी आसान रेखाएँ होती हैं। आराम की रोजी-रोटी, आराम के सामाजिक रिश्ते, आराम के पारिवारिक रिश्ते और कभी-कभी, किसी दुर्लभ परिस्थिति में साफ-सुथरा क्रियात्मक क्रोध। महत्वाकांक्षाओं, कुटिलताओं और वर्चस्व के षड्यन्त्रों का कट्टम, उलझाव और विकृति नहीं। यदि इस समय अइगा पांडे आकर उनसे दस जूते खा जाता तो उनका क्रोध शान्त हो जाता। मुश्किल यह थी कि गुंडा जगत से वह सर्वथा अपरिचित थे, अइगा पांडे का नाम तो कभी सुना भी न होगा, परन्तु क्रोध से इतने उतावले हो गए कि उसके ठौर-ठिकाना और हुलिया का पता लगाए बिना ही उसको दंड देने चल पड़े। उन्होंने यह अवश्य सोचा कि गुंडा तो शक्ल से ही तथा चाल-ढाल और बात-बोली से भी पहचान में आ जाएगा और पूछताछ से नाम की पुष्टि हो जाएगी तो उसकी आज खैर नहीं।

आकाश साफ-सुथरा था। हवा में नरमाई थी। शाम का धुँधलका इतना गहरा नहीं था कि लोगों की शक्लें ठीक से दिखाई न दे सकें। उनकी छड़ी उठ रही थी और गिर रही थी। वह जल्दी-जल्दी अपना मुँह दाएँ और बाएँ करके एक-एक व्यक्ति को घूरने की कोशिश कर रहे थे। शहर में अनेक लोग उनको और उनकी शराफत को जानते थे, जिन्होंने बड़े ही अचम्भे से देखा लेकिन सनकी-सी दृष्टि के कारण आगे बढ़कर पूछने की हिम्मत नहीं हुई।

सबसे पहले वह चौक गए, जहाँ उन्होंने हर दुकान पर इकट्ठी ग्राहकों की भीड़ में से एक-एक को गौर से देखा। फिर वहाँ से सीधे गुदड़ी बाजार। खूब भीड़ थी वहाँ। हर मंडी में पेट्रोमैक्स जले हुए थे। विक्रय वस्तुओं एवं पसीने की एक अजीब-सी मिश्रित गन्ध चारों ओर फैली थी। फिर भी प्रत्येक मंडी की अपनी विशेषता भी थी। अनाज मंडी में गेहूँ, चावल, दाल आदि की एक खास सूखी महक अन्दर सरककर खाँसी उत्पन्न करने लगी। सब्जी और फल मंडी की गीली, गाढ़ी और किरवाइन-सी महक देर तक बरदाश्त नहीं हुई। बाहर बर्तन और बजाज मंडियों से लगी सड़क की धूल-फंकियाँ भी लेनी पड़ गईं। वहाँ सभी व्यस्त, जल्दबाज और गर्मी-पसीने से लाल मुँह वाले ग्राहक थे, जो अपने तरह से दूसरों को चोट पहुँचाते हुए पैरों को भी कुचल रहे थे, लेकिन उनमें कोई भी गुंडा-बदमाश नहीं लगा।

वहाँ से रतनसिंह इशरतगंज की सड़क की ओर सरक गए, जो वास्तव में गुंडे-बदमाशों की आदर्श जगह थी। परन्तु वहाँ कई शरीफ व्यक्तियों की शक्लें भी दिखाई पड़ गईं, जो मुँह नीचे किए हुए जल्दी कोठों की ओर जा रहे थे। उनमें से एक-दो ने छिपी-तिरछी दृष्टि से उनकी ओर घुन्नी कायरता से देखा—शायद सोच रहे हों, इनको यह नया-नया शौक कब से ! निराश होकर रतनसिंह, सदर अस्पताल से होते हुए सरयू किनारे तक गए और वहाँ से लौटते हुए जब टाउन-हॉल की बगलवाली सड़क से गुजरे कि वीरेश 'चाचाजी, चाचाजी' कहते हुए पीछे-से उनके पास दौड़ता हुआ आया।

"चाचाजी, आप कहाँ जा रहे हैं, चलिए घर। जब आपने उसे देखा नहीं है तो कैसे खोज पाएँगे ? भैया के सभी क्रान्तिकारी दोस्त उसके पीछे पड़ गए हैं। छोड़ेंगे नहीं उसे। दीदी का अपमान हम सबका अपमान है, समूचे देश का अपमान है, उससे बदला लेने का काम क्रान्तिकारियों पर छोड़ दीजिए। आप मेरे साथ चलिए, चाचीजी बहुत घबराई हुई हैं, उन्हीं के भेजने से मैं आपको खोजने निकला हूँ..."

सहसा रतनसिंह होश में आ गए, जैसे आसमान से जमीन पर आ गिरे हों। तब उन्हें महसूस हुआ कि उनकी हरकत कितनी हास्यास्पद है, जो एक पागल व्यक्ति भी नहीं करेगा। वह झेंप गए और उनके होंठों पर एक बेचारी-सी शर्मीली मुस्कुराहट आ गई।

"चलिए, चलते हैं..." वह बेजान स्वर में बोले और चल पड़े।

रात हो गई थी। अन्धकार में डूब गए थे—मकान, पेड़ सबकुछ। किसी-किसी मकान के अन्दर से लालटेन की पीली, मटमैली रोशनी की टिमटिमाहट बाहर आकर ढाढ़स बँधा रही थी, अन्यथा हवा गुम थी और चारों ओर एक मनहूसियत-भरा सन्नाटा छाया था।

पता नहीं उस समय किसने दो छायाओं को लपककर आगे बढ़ते हुए देख लिया और शोर मच गया, "आ गए, आ गए।" अपने घरों के अन्दर से लोग—स्त्री, पुरुष, बच्चे बाहर आकर कुतूहल से देखने लगे। शायद इन हरकतों से हवा भी धीरे-धीरे चलने लगी। बाहर बरामदे में बैठा सुरेश पिनपिनाकर भीतर भागा। छकौड़ी-बो अपने दरवाजे पर खड़ी बेमतलब चिल्लाई :

"अरे जतिया, रेऽ।"

"चाचीजी।" वीरेश ने शिष्ट हास्य के साथ घर के भीतरी बरामदे में रतनसिंह के साथ प्रवेश किया। नम्रता ने पहले ही तीन-चार कुर्सियाँ घर के अन्दर से बरामदे में लाकर रख दी थीं। उसने इस समय श्यामू को एक भी काम करने नहीं दिया था। सीमेन्ट से पक्के बरामदे को तो पहले ही पानी से धोकर साफ कर चुकी थी। सचमुच अपने पिता के आने की खबर से वह अत्यधिक खुश थी, लेकिन एक जिम्मेदार लड़की की तरह यह खुशी बाहर नहीं आने देना चाहती थी। वह सिर झुकाकर गम्भीर बनी हुई थी, परन्तु यह नहीं जान पाई कि उसका समूचा हँसता चेहरा उसके आत्मानुशासन के विपरीत इस शुभ अवसर का खुला स्वागत कर रहा था।

सिर झुकाए ही उसने आगे बढ़कर रतनसिंह के हाथ से छड़ी ले ली और घर के अन्दर चली गई। फिर एक गिलास ठंडा पानी लाकर उनको थमा दिया। अन्त में रसोई में घुसकर ताजा नाश्ता तैयार करने लगी—खस्ता कचौड़ियाँ, धनिया की चटनी, आलू दम और हलवा।

उसकी माँ को तो खुशी के मारे थथमा मार गया था। वह कुछ दूर अपने शरीर को तिरछा साधकर और आँचल को माथे पर आगे खींच करके अपनी रुलाई को रोकने की कोशिश करने लगी। फिर गुसलखाने के अन्दर जाकर खूब रोई। जब सुस्थिर हुई तो अपने घर के अन्दर जाकर शादी के समय की अपनी एक रेशमी साड़ी पहन ली, मंगलसूत्र निकालकर धारण किया, माँग में फिर चटक सिन्दूर लगाया और बरामदे में आकर अपने पति को चमकती हुई आँखों से दखने के बाद वीरेश और सुरेश से कहा :

"बेटे, तुम दोनों जाना नहीं। तुम्हारा एहसान भूल नहीं सकती। चाचाजी के साथ नाश्ता करना..."

सुरेश ने अपनी आदत के अनुसार कहा, "चाचीजी, आज शाम को गोझा (फला) और खूब चटक शोरवादार सब्जी बनी थी। गाँव से एक मुवक्किल दही ले आया था। शाम के नाश्ते पर ये ही चीजें खूब खाई गईं। मैंने और मझले भैया (वीरेश) ने अधिक ही खा लिया। हममें से तो कोई कुछ भी नहीं ले सकता। जब बड़े भैया बनारस से आएँगे तो हम उन्हीं के साथ यहाँ आकर नाश्ता करेंगे।"

"हाँ चाचीजी, सुरेश ठीक कहते हैं...।"

अचानक दोनों उठकर और नमस्कार करके वहाँ से जाने लगे तो किसी ने रोका नहीं। रतनसिंह ने जमकर नाश्ता किया, पर उन्होंने किसी से कुछ नहीं कहा। उन्हें अब थकान मालूम होने लगी और तभी उनका अपनी ओर ध्यान भी गया। अचम्भा हुआ कि अभी तक वह कचहरी के ही कपड़े पहने हुए थे। शेरवानी उन्हें भारी-भारी लगने लगी और पाजामा भी ढीला-ढाला और बेतुका। वह चैतन्य होकर उठे। उनका पहला काम होता था कचहरी से आने के बाद कपड़े बदलना। यह पहला अवसर था कि वह इस तरह बैठे रह गए और उनकी पत्नी ने भी नहीं टोका, शायद सभी उनसे डरे हुए थे। उन्होंने जल्दी-जल्दी कपड़े उतारकर नई धुली धोती और कुर्ता पहन लिया और विश्राम के लिए अपने कमरे की तरफ बढ़नेवाले ही थे कि बाहर बरामदे से सीतानाथ की आवाज आई :

"बाबू रतनसिंह !"

सहसा चौंक गए रतनसिंह। बहुत दिनों, करीब एक वर्ष बाद सीतानाथ उनके यहाँ आए थे। उन्होंने श्यामू को भेजकर बाहर का कमरा खोलकर उन्हें बिठाने के लिए कहा। आने का कारण सोचकर उन्हें शर्म आई। फिर जल्दी-जल्दी अपने बालों तथा मूँछों पर कंघी फेरकर बाहर चले गए।

"भाई साहब, बुलवा लिया होता।" रतनसिंह ने उनके सामने कुर्सी पर बैठकर मुस्कुराते हुए कहा।

"बजा फरमाते हैं, मगर आ ही गया तो कौन आफत आ गई ? अपना भी तो कुछ फर्ज बनता है।" सीतानाथ ने जोकर की तरह मुँह बनाया, फिर ठहाका लगाकर हँस पड़े।

"यह तो मेरा सौभाग्य है भाई साहब..." रतनसिंह ने अपनी झेंप-भरी मुस्कुराहट मूँछों के भीतर ही छिपाने की कोशिश की।

सीतानाथ की गर्दन तन गई, छाती हल्की-सी आगे निकल आई और उन्होंने दाहिने हाथ के संचालन से सदाबहार नाटकीय तड़प-भरी आवाज में कहा :

"मैं शाम को कचहरी से आया तो घर में सभी बड़े उदास थे। शैलजा की अम्मा दौड़ी हुई आई और कहा, 'जल्दी चले जाइए नम्रता बेटी के यहाँ।' सारा किस्सा सुनकर मैंने कहा, 'रुक जाओ भाई, पहले मैं प्रभु रामचन्द्रजी से अपील कर लूँ। पहले वह, उसके बाद ही कोई और।' खैर, मैं चुपचाप नहाने चला गया और आकर पूजा पर बैठ गया। घर वाले जरूर कुढ़ रहे थे।

"भैया, पिछले एक वर्ष से मैं शाम को रामचरितमानस का पाठ करने के बाद प्रभु से अपील करता हूँ कि वे हमारे प्रियजनों को रोग, शोक, हैरानी, परेशानी से दूर रखें। मैं हर आदमी का नाम लेकर उनके लिए अपील करता हूँ। हमारी चाची, हमारी पत्नी, हर पुत्र, पुत्री, हर बहन, हर बहनोई, अपनी सास, ससुर, साले, उनके बच्चे, अपने भाई उमानाथ, उनकी पत्नी, उनके दोनों बच्चे, अपने दामाद और अन्त में परिवार के साथ रहनेवाला बेटा जयदेव यादव के लिए अलग-अलग प्रार्थना करता हूँ। आज तो मैंने आपके लिए, आपकी पत्नी के लिए और बिटिया नम्रता के लिए विशेष रूप से अपील की। आज से हमारे आत्मीय लोगों की सूची में आप सबका नाम जुड़ गया और जुड़ा रहेगा। उसके बाद ही मैं प्रभु से अनुमति लेकर आपके पास आ रहा हूँ..."

"भाई साहब...।" रतनसिंह कुछ कहना चाहते थे, पर गला अवरुद्ध हो गया और वह कमरे के बाहर देखने लगे।

"अब आप निश्चिन्त रहिए, भैया। प्रभु आप सबकी रक्षा करेंगे। एक बाल तो कोई टेढ़ा कर नहीं पाएगा। अभी मन्दिर जाऊँगा तो आप सबके लिए शंकरजी के सामने माथा टेककर प्रार्थना करूँगा। अरे नम्रता बेटी ? आज लाखों-करोड़ों में भी ऐसी सुशील, जहीन और बहादुर लड़की कहाँ मिलेगी ? बड़ी भोली है नम्रता। हर आदमी को इज्जत और प्यार। आते ही 'चाचाजी नमस्कार,' 'चाचीजी नमस्कार,' 'नानी नमस्कार,' 'लाइए यह काम कर दूँ,' बाप रे, कहाँ तक गिनाऊँ, उसकी शराफत और

खाकसारी का तो कोई अन्त ही नहीं। ठीक है नए ढंग से रहती है, कपड़े पहनती है, परदा नहीं रखती...अरे कैसा परदा भैया, गोली मारिए परदा को, परदे में दीन-हीन, बीमार रहने से क्या फायदा ?''

वह कुछ क्षणों के लिए चुप होकर परम सन्तोष के भाव से बाहर देखने लगे, जिससे मुँह ऐसा बन गया गोया कोई लेमनड्राप चूस रहे हों। फिर अपनी नाटकीय भावुकता को एक अनोखा अकल्पनीय रूप देते हुए अपने स्वर को किंचित नीचे गिराते हुए बोले :

''भाई जान, कुछ महीने पहले की बात है, मैं चुपचाप बैठा था कि मेरे अन्दर एक आवाज आई, जैसे प्रभु श्रीरामचन्द्र मुझसे कह रहे हों, सीतानाथ इसी समय जाओ और रतनसिंह मुख्तार से, हाथ जोड़कर, उनकी निहायत काबिल और सुशील लड़की नम्रता का हाथ अपने बेटे नीलेश के लिए माँग लो, मगर हमारी स्त्री कुछ पुराने ख्याल की हैं। वही मेहरारुई बातें। आपकी स्त्री ने भी कभी कुछ कह-बह दिया था। अरे, कैसी जाति भाई ! इन्सान क्यों नहीं ? खैर, प्रभु की इच्छा नहीं हुई। नम्रता बेटी को तो ऐसा घर-वर मिलेगा कि दुनिया वाह-वाह कर उठेगी और नीलेशजी के लिए तो मैंने रिश्ता तय ही कर लिया है। सही समय पर ही शादी-ब्याह भी अच्छा लगता है। लड़की बड़ी सुशील है, जहीन है, कलकत्ता में पढ़ी है, बंगला, अंग्रेजी जानती है। बहुत होशियार है, बाप द्वाबा इलाके के पटवारी हैं, अरे पटवारी !'' उन्होंने हाथ आकाश की ओर उठा दिया, गोया कोई भाट किसी राजा का यश-गान कर रहा हो।

सीतानाथ के जाने के बाद रतनसिंह कमरे में ही बैठे रह गए। वह जानते थे सीतानाथ का दिल बड़ा साफ है, किसी के प्रति कोई दुर्भावना नहीं रखते और कोई बात गलत लगती है तो साफ-साफ उस व्यक्ति के मुँह पर ही कह देते हैं। कुछ भी नहीं छिपाते। निश्चय ही, इस संकट के समय वह अपने ढंग से अपनी सद्भावना ही व्यक्त करने आए थे, लेकिन आइने की तरह स्पष्ट और चमकदार उनके दिल के लिए क्या कहें, जिसने उस गड़बड़झाला की तस्वीर भी पेश कर दी थी जो दो परिवारों के आपसी रिश्तों में बहुधा पैदा हो जाती है। खैर, औरतों के बीच कुछ-न-कुछ होता रहता है और वह इस पर ध्यान नहीं देते। परन्तु नम्रता से शादी का विचार क्यों ? ऐसी हिम्मत कैसे ? शायद उनका दिल संकीर्ण सीमाओं में बँध नहीं पाता और वह एक बच्चे की तरह किसी आकर्षक वस्तु के लिए ललक उठते हैं। वह समूची दुनिया को प्यार के बन्धन में बाँध देना चाहते हैं। कैसे यह सम्भव है ? उनकी चले तो जबान से ही जाति-वाति सब तोड़ दें और इसे प्रभु की इच्छा समझें और यह सम्भव नहीं तो इसे भी प्रभु की ही मर्जी। लेकिन स्वयं एक पत्ता भी न खिसकाएँ।

इतना सोचकर रतनसिंह अकेले कमरे में अचानक हँसने लगे। उन्होंने उसे रोकने की कोशिश की मगर वह और बढ़ने लगी। एक लहर से दूसरी लहर निकलने लगी। लहर-पर-लहर। अनियन्त्रित कभी ही-ही-ही-ही, कभी हा-हा-हा-हा और कभी हे-हे-हे-हे।

''देखो नम्रता, क्या बात है, शैलजा के पिताजी तो कभी चले गए, अब कोई और आ गया है क्या ?''

नम्रता का भी ध्यान उधर गया था। सीतानाथ की पूरी बात उसने छिपकर सुन ली थी। उनके जाने के बाद वह छत पर जाकर अँधेरे में फूट-फूटकर रोई थी। जैसे कलेजा बाहर निकल आएगा। सीतानाथ ने उसके बारे में और नीलेश के बारे में यह सब क्यों कहा था ? नीलेश उसके इतने निकट आकर कैसे दूर हो गया ? सफलता की पुष्प वर्षा कैसे विफलता की उपल वृष्टि बन गई ? सीतानाथ की बातों से उसके अन्दर भूकम्प आ गया था। अभी तक वह नीलेश के प्यार को ही अपनी सर्वोत्तम उपलब्धि मानती थी, शादी के बारे में तो उसने सोचा भी न था। आज सम्भावना और असम्भावना की विपरीतमुखी वास्तविकता ने उसके वजूद को जैसे टुकड़े-टुकड़े करके उसके सामने डाल दिया था।

दिल-भर रो चुकने के बाद वह नीचे आकर गुसलखाने में गई और खूब मुँह धोकर आँखों पर

छपाक-छपाक पानी डाला। बाहर आकर वह काफी सुस्थिर हो चुकी थी। तभी उसकी माँ ने पिताजी को देखने की बात कही।

उसे अचानक सामने देखकर रतनसिंह की हँसी एकदम रुक गई। वह शरमा भी गए। फिर शंकित दृष्टि से उसे देखने लगे।

''आओ बैठो,'' अन्त में उन्होंने मृदु स्वर में कहा।

''पिताजी, मैं पढ़ने जा रही हूँ। आप हँस रहे थे तो लगा कोई और आया है...''

''नहीं, एक बात सोचकर हँसी आ गई। तुम्हारी आँखें लाल क्यों हैं ?''

''कुछ नहीं, कोई छोटा-सा कीड़ा पड़ गया था, दोनों आँखें मल दीं। छपाक-छपाक पानी डाला तो निकला,'' नम्रता ने हँसने की असफल कोशिश की।

''तुम्हारी तबीयत तो ठीक है ?''

''जी पिताजी।''

''किसी किस्म की परेशानी ?''

''परेशानी क्या होगी पिताजी ?''

''तुम डर तो नहीं गई हो ?'' रतनसिंह ने आँखें झुकाकर धीरे से पूछा।

''नहीं डरती पिताजी मैं। सच्चाई के मार्ग पर हूँ तो किसी से मैं क्यों डरूँगी, मैं आपकी बेटी हूँ। फिर गांधीजी, सुभाषचन्द्र बोस, भगतसिंह, प्रीतिलता, सरोजिनी नायडू, प्रेमचन्द मेरे आदर्श हैं। मैंने तो स्वयं उस बदमाश को काफी फटकारा था, फिर पूरा शहर हमारे साथ है, स्त्रियाँ, मर्द, बच्चा-बच्चा। मैं क्यों डरूँगी। मेरी तो हिम्मत और बढ़ गई है। मैं यही चाहती हूँ पिताजी कि मुझे लेकर आप कोई चिन्ता न पालें। मेरी हार्दिक इच्छा है...।''

वह रुक गई, इसलिए कि जो कुछ वह भावनाओं के वशीभूत होकर कहना चाहती थी, बाहर ही नहीं आ सका।

''क्या हार्दिक इच्छा है तुम्हारी ?'' रतनसिंह ने हैरान होकर पूछा, ''बिना किसी संकोच के कहो।''

''मैं पढ़ना चाहती हूँ, अधिक-से-अधिक।''

''ठीक है पढ़ो। और कुछ ?''

''बस, इतना ही।''

''और किसने तुम्हारा अपमान किया है ?'' रतनसिंह गम्भीर हो गए।

''अपमान ? और तो किसी ने नहीं किया।'' नम्रता का चेहरा फक पड़ गया।

''सीतानाथजी के यहाँ तो कभी किसी ने कुछ नहीं कहा ?''

''नहीं तो। सभी बहुत अच्छे हैं,'' नम्रता मन-ही-मन काँप गई। क्या कहना चाहते हैं उसके पिताजी ?

''तुम कोई चिन्ता न करो। अगर तुम्हारा किसी ने अपमान किया हो तो बताओ, कोई भी हो, मैं बरदाश्त नहीं करूँगा।'' उनका चेहरा सख्त हो गया, ''मैं क्षत्रिय हूँ, प्यार में तो सब ठीक है, लेकिन अगर कोई प्यार के बहाने अपमान करना चाहे तो ईंट का जवाब पत्थर से मिलेगा। गाँव में इतनी खेत-जमीन है कि कितनों को खरीद लूँ। क्या समझ रखा है लोगों ने ? जहाँ तक अइगा पांडे का सवाल है, सब जबानी जमा खर्च करने आते हैं, कुछ करने की किसी के पास हिम्मत नहीं। मैं कल ही कलेक्टर से मिलता हूँ, यह कुछ नहीं करते तो लखनऊ जाकर गवर्नर से मिलूँगा। वहाँ से कुछ नहीं होगा तो गाँव से लठैतों को बुलवाऊँगा। उसकी मैं ऐसी दुर्गति करवाऊँगा कि दूसरे बदमाशों को भी सबक मिले। तुम निश्चिन्त होकर पढ़ो-लिखो। मैं कतई नहीं चाहता कि और लोगों की तरह बच्चों को बिना पढ़ाए-लिखाए जो मिले उससे शादी करके पालतू जानवर बना दिया जाए। तुम

मेहनत से पढ़ो जहाँ तक चाहती हो, फिर मैं तुम्हारी शादी एक खूब पढ़े-लिखे समझदार और स्वावलम्बी क्षत्रिय नवयुवक से करूँगा। जाओ निर्भय होकर पढ़ो-लिखो।''

नम्रता का मुँह स्याह हो गया था। अपने पिता का ऐसा रूप तो उसने देखा ही नहीं था। क्षत्रिय होने की कोई गर्वोक्ति भी उनके मुँह से कभी सुनी नहीं गई थी। वह आखिर कैसे समझती कि सीतानाथ ने अपनी बातों से उनको काफी आहत कर दिया था, जिसका दंश शुरू में महसूस नहीं हुआ, लेकिन बाद में क्रोध और अपमान से व्याकुल करने लगा था ? वह उनका यह भी सवाल नहीं जान सकती कि अधिक बच्चे पैदा करने और जैसे-तैसे अपनी सन्तान की जिम्मेदारियों से मुक्त होने के आकांक्षी तथा अपनी विपन्नता में परम सन्तुष्ट एक निम्नतर जाति के कायस्थ ने साफ दिल और सत्यवादी प्रभु भक्त होने का ढोंग करते हुए उनकी लड़की का हाथ माँगने की कल्पना करने का साहस कैसे किया ? उसकी इतनी तारीफ क्यों की, जैसे वह कोई लावारिस लड़की हो और उसके बारे में कोई भी जो चाहे कह सकता है ?

14

रतनसिंह मुख्तार के यहाँ से लौटने पर सदाशयव्रत ने आग्रह किया, ''आप लोग कुछ खाइए। चिउड़ा का ढूँढा है (भुने हुए चिउड़े में गुड़ की चाशनी मिलाकर तैयार बड़े-बड़े लड्डू)। कुएँ का ठंडा-ठंडा पानी।''

''नहीं सेनापतिजी, इसकी कोई खास जरूरत नहीं,'' नफीस ने हँसते हुए कहा। कांग्रेस सेवा दल का अध्यक्ष होने के नाते बहुत कम लोग सदाशयव्रत को उनके नाम से सम्बोधित करते थे।

''आप देश के सिपाही हैं, खाएँगे-पीएँगे नहीं तो अंग्रेजों से लड़ेंगे कैसे ?'' इतना कहकर वह उठ खड़े हुए और नीचे उतरकर बाएँ दरवाजे पर खड़े होकर किसी को पुकारकर कुछ कहा।

यह मकान कुछ समय पहले होटल और विश्रामालय, दोनों ही था, जिसमें कोई राजनैतिक कार्यकर्ता, अथवा नेता, चाहे भूमिगत ही क्यों न हो, ठहर सकता था। नीचे एक हॉलनुमा लम्बा कमरा था, जिसके एक छोर पर एक मंचनुमा पक्का चबूतरा है। यहीं से एक जीना उधर चला जाता है, जहाँ दो अच्छे कमरे, एक लम्बा बरामदा तथा खुली छत है।

अब यह बैठक, कांग्रेस समाजवादियों की छोटी-छोटी सभाओं तथा किसी जरूरतमन्द कार्यकर्ता के आश्रय-स्थल के रूप में इस्तेमाल होती है। उसके ठीक सामने गलियारेनुमा सड़क के पार सदाशयव्रत के पिता रामनिवास ओझा सपरिवार रहते हैं। वह प्राथमिक विद्यालय–तहसीली स्कूल–के सर्वाधिक योग्य एवं सख्त अध्यापकों में से एक थे। दुर्भाग्य यह है कि उन्होंने अपने बड़े लड़के सदाशयव्रत को पढ़ाने की बड़ी कोशिश की, लेकिन उनकी हर कोशिश बेकार गई। सदाशयव्रत की खोपड़ी में कोई चीज घुसती ही न थी। चौबीसों घंटे शैतानी और हुड़दंग। माँ हमेशा चिल्लाती रहती 'अरे, वाण, पापी।' मोहल्ले वाले परेशान रहते, परन्तु उस पर हूबहू यह कहावत चरितार्थ होती थी–'वाण, वाण गए, नौ हाथ का पगहा ले गए।' पिता क्रोध से पागल हो जाते। नीम, बबूल, बेंत, खजूर–सभी तरह की छड़ियों की आजमाइश करने के बाद उन्होंने दो बार अपने तेल-पिलाए डंडे को उठा लिया, लेकिन दोनों ही डंडे सदाशयव्रत की पीठ पर अन्ततः दो खंड होकर नीचे गिर गए। आखिर उन्होंने लड़के को मोटी गाली देते हुए कक्षा से निकाल दिया :

''आज से कक्षा में कभी न आना। गला काटकर रख दूँगा। मैंने नहीं सोचा था कि ब्राह्मण कुल में ऐसा कलंकी पैदा होगा। तुम्हारी पढ़ाई-लिखाई बन्द।''

फिर वह पढ़ न सके। पिता ने तो उनसे बोलना ही बन्द कर दिया। पढ़ाई के लिए न उनसे

कहा और न कहलवाया। यह तो एक लम्बा किस्सा है कि बड़ा होने पर पहले कैसे उनका डाकुओं फिर क्रान्तिकारियों का साथ हुआ और एक राजनैतिक डकैती के सिलसिले में कैसे पकड़े गए और छूटे। तब तक यह मकान बन गया था, शायद पिता ने उन्हीं के लिए बनवाया हो। जब सदाशयव्रत जेल से आए तो पिता ने कहा :

"अपनी वाली तो तुम कर चुके, अब मैं जो कहता हूँ, वह ध्यान से सुनो। अब जोरू-जाँता की सोचो, इसी में कल्याण है। मैं तो बाप हूँ, तुम भले ही न करो, मैं तुम्हारे लिए कुछ करूँगा ही। यह मकान है, इसमें होटल खोल लो। ब्राह्मण के बेटे हो, सफाई से खाना बनाओगे तो लोग प्रसन्नचित्त होकर तुम्हारे भोजनालय में खाने के लिए आएँगे। पास में स्कूल का छात्रावास है, कांग्रेसिया हैं, और राजनैतिक कार्यकर्ता हैं, सभी आएँगे। दो पैसा कमाओगे तो जी-मन लगेगा। फिर ब्राह्मण की एक सुशील लड़की देखकर तुम्हारा विवाह कर दूँगा, मेरी सभी चिन्ताएँ दूर हो जाएँगी...।"

शादी तो उन्होंने बार-बार जोर देने पर भी नहीं ही की, लेकिन इसी मकान में होटल खूब धूमधाम से चला। अनेक कारणों से वह जनता में खूब मशहूर एवं लोकप्रिय हुआ और पुलिस गुप्तचर जितेन्द्रलाल और मनव्वर अली की दृष्टि में राजनैतिक गतिविधियों और षड्यन्त्रों के अड्डे के रूप में अत्यधिक कुख्यात। और जनवरी, 1941 में सुभाषचन्द्र बोस के नजरबन्दी से भागकर जर्मनी चले जाने के बाद पुलिस ने बौखला कर होटल बन्द करा दिया, बहाना यह था कि उसी होटल में ही टिका, बंगाल का फारवर्ड ब्लॉक का एक फरार कार्यकर्ता अमिय बनर्जी उन्हीं दिनों गिरफ्तार कर लिया गया।

सदाशयव्रत का सोलह वर्षीय भतीजा अनिरुद्ध दो बार सर झुकाए आया और बड़ी डलिया में चिउड़े का ढूँढा, ताँबे के एक बड़े गडुए में कुएँ का शीतल जल और कई खाली गिलास रख गया।

"खाईं न," सदाशयव्रत ने कहा।

"आप भी तो लीजिए सेनापतिजी।"

"हाँ-हाँ, लेता हूँ न...शुरू कीजिए..."

नफीस और राममूरत उस समय तक रुके रहे, जब तक कि सदाशयव्रत ने डलिया में से एक टुकड़ा लेकर मुँह में न डाल लिया। उसके बाद मनपसन्द गम्भीर एवं मौन चर्बण का ऐसा दृश्य नजर आया, जिसमें तीनों के मुख, जबड़ों और कनपटियों की आकर्षक, लयपूर्ण हरकतें उनकी मानसिक एवं वैचारिक एकता को भी प्रकट करने लगीं।

कुछ देर बाद सदाशयव्रत ने कहा, "अब एक काम है। आप दोनों चारों ओर दौड़ जाइए, अपने साथियों को दौड़ा दीजिए, और जैसे ही अइगा पांडे मिले, मुझे आकर बता दीजिए। पहले मैं उससे बात करना चाहता हूँ।"

"उससे क्या बात होगी सेनापतिजी," नफीस ने हँसते हुए कहा, "उसका इलाज तो कुछ दूसरा ही है। आप हुक्म करें तो..."

"अरे नहीं, नहीं, नफीसजी। हमारा सिद्धान्त अहिंसात्मक असहयोग और सत्याग्रह का है। दूसरे क्षेत्रों में इसी नीति पर चलना चाहते हैं। पहले हम उसे समझाएँगे, जोर-जबरदस्ती का समय तो मजबूरी की हालत में आता है।"

"समझाने-बुझाने से तो वह और शेर हो जाएगा। सोचेगा कि सारा शहर उससे डर गया है...।"

"हाँ, सेनापतिजी, नफीस भाई ठीक कहते हैं...।" राममूरत ने समर्थन किया।

"एक तरह से बात तो ठीक ही है। लेकिन गांधीजी कहते हैं कि व्यक्ति से घृणा न करो,

उसके अवगुण से करो। व्यक्ति की नैतिक शक्ति को मौका मिलना चाहिए कि वह अपनी गलतियों पर सोचे, पश्चाताप करे और अपने में सुधार करे। अपने अन्दर के देवता को जगाए। इससे हमें भी नैतिक शक्ति मिलेगी; हमारी एकता मजबूत होगी, और हमें अपने कार्य में व्यापक जन-समर्थन मिलेगा, अभी हमें अपनी स्वतन्त्रता की बड़ी लड़ाई लड़नी है, उसके लिए अपनी शक्ति बचाकर रखनी है। कोई ऐसी-वैसी बात हो गई तो पुलिस हमको पहले पकड़ लेगी और हमारे आन्दोलन का नुकसान होगा...।''

''ठीक है, सेनापतिजी...।''

ढूँढा समाप्त हो चुका था। दोनों नौजवान हकर-हकर पानी पीने के बाद 'नमस्कार' करके तेजी से वहाँ से प्रस्थान कर गए।

सदाशयव्रत कुछ देर सुन्न बैठे रह गए। फिर अचानक उठकर सीढ़ी के रास्ते ऊपर छत पर चले गए। चारों ओर बस्ती के मकानों, वृक्षों और खास तरह पूर्वी क्षितिज पर अँधेरा झुक आया था, बस पश्चिमी क्षितिज सूरज डूबने के बाद भी बहुत फीके उजाले में अब भी स्पष्ट दिखाई दे रहा था। वह एक जगह खड़े होकर धुँधले आकाश को खोई-खोई निगाह से देखने लगे, परन्तु दिमाग में अनेक चित्र उभरते गए।

विगत को वह कभी पास फटकने नहीं देते हैं। उसको भूलने के लिए अपने को सदा राजनैतिक कार्यों में व्यस्त रखते हैं। मौका मिलने पर राजनैतिक कार्यकर्ताओं से राष्ट्रीय गाने सुनते हैं या दूसरों के निजी कार्यों के लिए दौड़ते-घूमते रहते हैं।

इन्हें आज आश्चर्य तो यह सोचकर हो रहा है कि पढ़ाई छूटने के बाद पिता की मौन नाराजी और माँ के अत्यधिक लाड़-प्यार के बीच वह कैसे बड़े हो गए। वह क्रोधी थे, जिद्दी थे, उनमें उच्चता का ऐसा भाव था कि—किसी से कुछ माँग नहीं सकते थे, परन्तु यदि कोई भी उनसे कुछ माँग बैठे तो सहर्ष देने को तैयार हो जाते। घर में और मुहल्ले में भी वह किसी के प्रति अन्याय होने नहीं देते। और जब वह अपने हुड़दंगी साथियों की देखा-देखी कसरत करने तथा कुश्ती के लिए अखाड़े जाने लगे तो वहाँ भी वह शारीरिक रूप से अपने से हल्के व्यक्ति से नहीं बल्कि अधिक तगड़े से ही लड़ते। उत्साही और संकल्पी होने की वजह से वह जूझ जाते तो जूझे रहते। पटखनी खाने पर भी दूसरे दिन भी उसी पहलवान को चुनौती देते। इस तरह लगातार जोर करने से उनके गट्टे और पुट्ठे खूब मजबूत हो गए और लगातार घर्रे खाने से गर्दन भी। जब वह सैकड़ों दंड-बैठक करके कुश्ती के लिए अखाड़े में आते तो निकली छाती, बाँहों की गुल्लियों, शक्तिशाली चिकनी जाँघों तथा मजबूत, खूबसूरत पिंडलियों वाला, एक साँचे में ढला उनका शरीर शीशे की तरह चमचम चमकता रहता और उसे लोग मुग्ध होकर देखते रह जाते।

मास्टर रामनिवास ओझा भी अब मन-ही-मन प्रसन्न थे। उन्हें सपने में भी उम्मीद नहीं थी कि लड़के का ऐसा शरीर निकल आएगा। शहर क्या, जिले-भर में कोई ढूँढ़ न पावे ऐसा नौजवान। बाम्हन-बम्हुली के लड़के, संस्कृत-रटन्त की बैठकी और बचपन से लुचुई और मीठा खाकर अपनी देह बेडौल बना लेते हैं। सदाशयव्रत तो पकवान, सोहारी से दूर ही भागता है। सन्तुलित भोजन, हाँ, दूध चाहे कोई जितना भी पिला दे। अरे तो पीओ न भाई दूध, कितना पिओगे। दरवाजे पर कजरी और बुधिया दो गाएँ बँधी हैं, दोनों जून बाल्टी-बाल्टी-भर दूध देती हैं। ठीक है, ब्राह्मण के लड़के की किस्मत में पढ़ाई नहीं लिखी है तो क्या करें भाई ? कोई अपने ही लड़के को घर से तो नहीं निकाल देगा ? बाद में तबीयत हुई तो यजमनिका सँभाल लेगा। यह भी न हुआ तो घर पर बैठा रहेगा, उसे देखकर चोर-चाई, लुच्चा-बदमाश, बेईमान-पट्टीदार, कोई भी पास आने की

हिम्मत नहीं करेगा।

इसी समय लड़के को शादी-ब्याह की पगहिया से भी बाँधने का खयाल आया, मगर सदाशयव्रत ने बार-बार इन्कार कर दिया। ब्राह्मण का लड़का होकर भी अपढ़-गँवार होने की हीनता हमेशा उन्हें डंक मारती रहती है। वह किसी के सामने गर्व से कहाँ खड़े हो सकते हैं ? वह जानते हैं कि पीछे हर जगह उनकी आलोचना-शिकायत होती है। "अरे, रामनिवास जैसे योग्य अध्यापक का लड़का आवारा निकल गया।" पंडिताई और पुरोहिती तो उन्हें हमेशा ही बड़ा बेकार काम लगा। कौन काम करेंगे वह ? तब हर चिन्ता छोड़कर पहलवानी के अभ्यास में ही जमे रहे। किन्तु पहलवानी में औरत का क्या काम ? औरत तो हर काम बिगाड़ देगी, ऊपर से बच्चे पैदा करके दूसरी झंझटें खड़ी कर देगी। इसीलिए वह परिवार में और बाहर भी हर जवान स्त्री और लड़की से दूर रहते। उन्हें पास आता देखकर दूसरी ओर मुँह कर लेते। भरसक यही कोशिश करते कि उनसे बातचीत का मौका ही न आए।

कुश्ती में वह पक्के होते गए। फिर तो दूसरे गाँवों में आयोजित कुश्तियों में भी बुलाए जाने लगे। एक-दो जगह जीतने पर पाँच रुपए और फल-मिठाई का पुरस्कार भी मिला। कुछ समय बाद पंचैया के दिन वह पास ही के गाँव नगवाँ में एक ऐसी बड़ी कुश्ती प्रतियोगिता में भाग लेने के लिए बुलाए गए, जिसमें अन्य जिलों के पहलवान भी आए थे। वहाँ उन्होंने जवँही के रघुनाथ यादव नामक एक मशहूर पहलवान को पटखनी दे दी, जिसके बाद झगड़े की नौबत आ गई। दोनों ओर से लाठियाँ तन गईं। उसी समय दुबहर गाँव के नामी लठैत अनग्राहित ठाकुर ने, जो कुश्ती देखने आया था, सदाशयव्रत का पक्ष लेते हुए बीच-बिचाव कर दिया। उसके बाद तो उन्हें फूल-मालाओं से लाद दिया गया और फल-मिठाई के साथ 21 रुपए पुरस्कार भी मिला।

दरअसल अनग्राहित ठाकुर सदाशयव्रत को देखकर ललचा गया था। अहा, दुनिया में ऐसे-ऐसे हीरा नौजवान हैं और उसे पता नहीं। यदि वह नहीं आया होता तो ऐसी जबरदस्त कुश्ती से वंचित रह जाता। आस-पास के जिलों में रघुनाथ यादव की तूती बोलती थी और यह भी कहा जाता था कि वह जल्दी ही मंगलाराय, इमामबख्श और गामा को चुनौती देनेवाला है। रघुनाथ यादव ने एक-से-एक अकाट्य दाँव लगाए, मगर सदाशयव्रत इसके चंगुल से इस तरह निकल गया, जैसे मुट्ठी में से पानी। और एक उपयुक्त मौके पर, जब रघुनाथ यादव थका-थका नजर आया, सदाशयव्रत ने लंगी लगाने वाले एक मामूली दाँव से से उसे चित कर दिया।

सदाशयव्रत जब चलने लगे अनग्राहित ठाकुर ने उन्हें अपने पास बुलाकर कहा :

"हाँ भाई, पहलवानी तो आज ही देखने को मिली ! तो ऐ ओझाजी, बलिया में कहाँ रहते हैं ? बाप का क्या नाम है ?"

बाप का नाम पूछते ही सदाशयव्रत तन गए। शरीर कुछ तिरछा हो गया। आँखें सुर्ख हो गईं, जैसे खून निकल आएगा। उनके मन में अपने पिता के लिए बड़ा सम्मान था किन्तु पुत्र के रूप में आत्महीनता की ग्रन्थि से वह सदा पीड़ित रहते थे। जब एक योग्य ब्राह्मण शिक्षक का लड़का विद्या अर्जित नहीं कर पाया तो पहलवानी जैसे घटिया कार्य से उसे कौन-सी प्रतिष्ठा मिल पाएगी ? इसीलिए वह नहीं चाहते थे कि उनके साथ उनके तेजस्वी, उदार और परोपकारी पिता का नाम घसीटा जाए।

"ऐ अनग्राहित ठाकुर," सदाशयव्रत ने शेर की तरह गुर्राकर कहा, "बाप का नाम पूछने का आपका ही मुँह है ! चले जाइए यहाँ से चुपचाप, नहीं तो, ठीक नहीं होगा। क्या चोर की तरह देख रहे हैं ?"

अनग्राहित ठाकुर का मुँह फक पड़कर छोटा हो गया। फिर गुस्से से तमतमा गया। अन्त में मुश्किल से अपने को सँभालकर उसने कहा :

"अरे ओझाजी, इस तरह बिगड़ना ठीक नहीं है, मैं तो यह कहना चाहता था कि कुश्ती का शरीर तो ठीक है, पर वह बस कुश्ती के ही काम का रह जाता है। और जब कुश्ती-कसरत छूट जाती है तो बड़ी तेजी से देह बिगड़ती है। इसके साथ दूसरी कसरतें, लम्बी दौड़ और लाठी का अभ्यास किया जाए तो देह रबड़ की तरह लचीली हो जाए। फिर तो बड़ा-से-बड़ा पहलवान आपके सामने पानी भरे। जिला-जवार में लाठी में मेरा कोई मुकाबला नहीं कर सकता, आप चाहें तो मैं आपको मुफ्त लाठी सिखा सकता हूँ...।"

"अरे जाइए, जाइए...आपके जैसा बहुत देखा...।"

अनग्राहित ठाकुर की आँखें चढ़ गईं, "ओझाजी, आप मुझे नहीं जानते। किसी दूसरे ने आज ऐसी बात कही होती तो वह घर नहीं लौट सकता था। आप नौजवान हैं, इतने अच्छे पहलवान हैं, आपकी मैं इज्जत करता हूँ, इसीलिए कुछ नहीं बोलता। गंगा मैया की कसम खाकर फिर कहता हूँ, आप तैयार हो जाएँ तो मैं आपको मुफ्त लाठी सिखा सकता हूँ...।"

"कहाँ पर ?" सदाशयव्रत का गुस्सा कुछ कम हो गया था।

"तो किसी दिन फजीरे दुबहर में मेरे घर पर आकर मिलिए। किरण फूटने के पहले। मेरा घर कोई भी बता देगा। वहाँ से गंगा के कछार में किसी निर्जन स्थान पर चलेंगे। उसके बाद तो सीधे कछार में ही पहुँचना पड़ेगा, गाँव में नहीं।"

सदाशयव्रत का गुस्सा खत्म हो गया तो यह काम भी उनको आकर्षक लगा। यह तो तय है कि कई जन्म मिल जाए तब भी वह पढ़ नहीं सकेंगे। कुश्ती-वुश्ती भी उनके मन का काम तो नहीं ही था। भारी-भरकम पहलवान बनकर वह कब तक दाहा की तरह हिलते रहेंगे ? वह कुछ करना चाहते थे, दौड़ना-धूपना चाहते थे, जिम्मेदारियाँ लेना चाहते थे, मगर कैसे, यह समझ में नहीं आता। बार-बार उनका दिमाग पढ़ाई की ओर जाता, पर ख्याल आते ही उनकी हिम्मत छूट जाती। तब उन्हें लगता कि जीवन में तो वह कुछ भी नहीं कर सकते। घर से भी उनकी तबीयत कभी-कभी बुरी तरह उचट जाती। उनके कई साथी पढ़-लिखकर आगे निकल गए थे। फिर लाठी ? हाँ, लाठी वगैरह से उनको एक नया काम मिलेगा, घर से काफी समय के लिए दूर रहेंगे, उनका शरीर लचीला और फुर्तीला बनेगा। और इसी समय उनके दिमाग में एक और विचार कौंध गया और वह खुश हो गए।

"मैं कल से आ जाया करूँगा...।"

"वाह ओझाजी, हुई न यह बात !" अनग्राहित ठाकुर ने चहकती आवाज में कहा।

सदाशयव्रत उत्साह से घर लौट चले। रास्ता-भर वह सपना देखते गए। लाठी वगैरह सीखकर वह कलकत्ता चले जाते हैं और किसी धनी मारवाड़ी सेठ के यहाँ दरबानी करने लगते हैं। वह तब अपने पैरों पर खड़े हो जाएँगे, घर से दूर रहेंगे और एक योग्य पिता का नालायक पुत्र होने का कष्ट भी उन्हें कम ही सताएगा। जिला-जवार के दूसरे बहुत-से लोग भी तो रोजी-रोटी के लिए पटना, कलकत्ता, और आसाम जाते हैं।

दूसरे दिन से ही प्रशिक्षण शुरू हो गया। अनग्राहित जैसा योग्य गुरु था उतना ही योग्य शिष्य सदाशयव्रत भी। दोनों ही एक-एक लाठी के साथ गंगा कछार के एक निर्जन स्थान में चले गए। पहले अनग्राहित ने उनसे दूसरे किस्म की कसरतें कराईं जो योगाभ्यास और सूर्य नमस्कार से मिलती-जुलती थीं। दंड-बैठक से शरीर बँध जाता था, लेकिन इन कसरतों से शरीर के जोड़ ढीले होकर रबड़ की तरह लचीले हो जाते थे। अन्त में वे तेल-पिलाई टीकासन-भर की लाठी उठा लेते।

अनग्राहित ठाकुर पहले समझाता था, फिर उसी के अनुसार अभ्यास। उसके अनुसार, कुश्ती और लठैती में फर्क है। कुश्ती में दाँव लगाने के लिए प्रतिद्वन्द्वी के शरीर से भिड़ना पड़ता है, परन्तु लठैती में उससे दूर-दूर रहने में ही भलाई है। लठैती, तलवारबाजी के निकट पड़ती है लेकिन उसमें ढाल की जरूरत नहीं होती बल्कि लाठी स्वयं ढाल होती है। लठैत का शरीर, गुल्ली या नट की तरह

होना चाहिए, जो छटककर उस दिशा में चला जाए, जिधर उम्मीद ही न हो। और फिर उचित मौका देखकर तथा कत्थक नर्तक की तरह तेजी से घूमकर प्रहार करना चाहिए। प्रतिद्वन्द्वी के प्रहार की रोक या काट में अथवा उसको निष्फल करने में दक्ष होना बड़ा महत्त्वपूर्ण है, जिससे उसका लय बिगड़ जाए, पैर लड़खड़ा जाए और साँस उखड़ने लगे। खाली वार से लाठी धरती पर गिर करके हाथ और पूरे शरीर को झनझना दे।

लड़ाई में बेवकूफ, भोंदा और पोंगा होना बड़ा खतरनाक है। मूर्ख साहस की अधिक-से-अधिक निन्दा होनी चाहिए। यह सब कमियाँ प्रशिक्षण न लेने से उत्पन्न होती हैं। यह सोचना कि दुश्मन जब प्रहार करेगा, तभी हम बहादुरी से जवाब देंगे, यह भी गलत है—बल्कि स्वयं उचित मौका देखकर प्रहार करने से चूकना नहीं चाहिए। जहाँ-तहाँ बेमौके भनभन लाठी भाँजना भी एक कमजोरी है, जैसे फुटबाल या हॉकी का खिलाड़ी मौका-बेमौका जलेबी छानने का कमाल दिखाने के चक्कर में खेल बिगाड़ देता है। बहुत मजबूर होने पर, जैसे घिर जाने पर बाहर निकलने के लिए इस कला का उपयोग होना चाहिए। नंगी खोपड़ी कभी नहीं लड़ना चाहिए, पगड़ी, मुरैठा या दुपट्टा बाँध लें। फिर भी अपनी खोपड़ी भरसक बचाए रखें। यदि प्रतिद्वन्द्वी की खोपड़ी पर मार नहीं पा रहे हों तो ऐसी नाज़ुक जगह प्रहार करें, जिससे वह सुन्न हो जाए।

सदाशयव्रत ने अपना काम बहुत ही मेहनत से सीखा। शीघ्र ही वह निपुण भी हो गए। इस कड़े अभ्यास के बाद वे विश्राम करके गंगा-स्नान करते और कछार के दबंग किसान तथा अनग्राहित ठाकुर ने साथी नत्थू सिंह की झोंपड़ी में जाकर मीठा खाकर भर पेट दूध पीते थे। सदाशयव्रत के साहस, मेहनत और निपुणता पर अनग्राहित ठाकुर मुग्ध था। और वह भी अनग्राहित जैसा गुरु पाकर खुश थे। उनके शरीर में अद्भुत लोच, फुर्ती और मजबूती आ गई थी और वह कहरवा नचनिया, कत्थक नर्तक, नट और लंगूर को मात देने लगे। वह किसी को एक मुक्का मार दें तो वह धराशायी हो जाए और पंजे तथा गट्टे इतने शक्तिशाली कि बाएँ हाथ से भी किसी को पकड़ लें तो वह छुड़ा न पाए।

एक दिन सदाशयव्रत दूध पीकर नत्थूसिंह की झोंपड़ी के बाहर निकले तो अनग्राहित ठाकुर किसी मित्र की तरह प्रेम और विनम्रता से बोला :

"ऐ ओझाजी, हमारे जिला-जवार में ऐसे-ऐसे लोग हैं कि क्या बताऊँ। गरीब जोतते-बोते हैं, जी-जान लगाते हैं और जब फसल तैयार होती है तो वे जबरदस्ती काट लेते हैं। इसी तरह औरतें भगानेवाले लोग हैं, उनको खरीदते और बेचते हैं। ऐसे-ऐसे दबंग ठाकुर, ब्राह्मण और बनिए हैं, जो गरीबों को जबरदस्ती गुलाम बनाकर उनका निरन्तर शोषण करते हैं। ये लोग दूध-घी में नहाते हैं, गलीचे पर सोते हैं, ये खूबसूरत गाय, भैंस, घोड़े और हाथी अपने दरवाजे पर बाँधकर अपनी शान दिखाते हैं। और इनसे धर्म के नाम पर, इन्सानियत के नाम पर कुछ माँगिए तो ये एक धेला भी न दें। मैं साफ-साफ बताता हूँ, मेरे पास खेत-बारी नहीं है, गरीबी में पढ़-लिख नहीं पाया, लूर-शऊर कुछ सीख नहीं पाया। जब इन लोगों को देखता हूँ तो मेरा खून खौल उठता है। मैं इन्हीं लोगों से अपने लिए और गरीबों के लिए वसूलता हूँ। उनका धन छीन लेता हूँ। उससे मेरे परिवार का काम चलता है और जो बचता है, उसको गरीबों में बाँट देता हूँ। अब बताइए, ओझाजी, मैं कौन गलत काम करता हूँ ?"

सदाशयव्रत ने पहले उसकी बात का कोई जवाब नहीं दिया। वह उसे सूखी नासमझी से घूरते रहे। फिर बोले, "तो आप लूट-मार करते हैं ?"

अनग्राहित ठाकुर पहले सकपका गया। उसकी आँखें झुक गईं। उसने सोचा था कि सदाशयव्रत उसकी इन बातों से भी प्रभावित होंगे। किन्तु जल्दी ही उसने अपने को सँभाल लिया और दृष्टि उठाकर मुस्कुराते हुए बोला :

"ओझाजी, मैं लुटेरा नहीं हूँ, गरीब हूँ और गरीबों पर जो अन्याय हो रहा है, उसका बदला लेता हूँ। यह सब न करूँ तो भूखों मरूँ और दूसरे गरीबों को भी कोई पूछनेवाला न हो। मैं बदमाश धनिकों को ही छूता हूँ, किसी भी शरीफ पर हाथ नहीं उठाता। कोई गलत काम नहीं करता तो अपने को डाकू-लुटेरा क्यों समझूँ ? गलती तो वही करते हैं, जो गरीबों को लूटते हैं।"

सदाशयव्रत ने अब उसकी बात का कोई जवाब नहीं दिया। वह चुपचाप घर के लिए प्रस्थान कर गए। परन्तु घर में उनकी तबीयत लगती नहीं थी। उनके दोनों छोटे भाई और बहन पढ़ने में बहुत तेज थे और वे हर कक्षा अच्छे नम्बरों से पास करके आगे बढ़ते जा रहे थे। पिता से उनकी बातचीत बन्द थी। दूसरों से भी उनकी कम ही बात होती। दोस्त इधर-उधर बिखर गए थे। वह सदा हीन और अपराधभाव से ग्रस्त रहते। मानवता, प्रेम और परोपकार के मार्ग को वह अत्यधिक उच्च कार्य समझते, जिसमें शिक्षण-अध्यापन को सर्वोच्च स्थान प्राप्त था। और जब वह ऊँचाई पर नहीं जा सके तो एक जगह स्थिर भी रहना कठिन हो गया और ढलान पर लुढ़कना आसान। और कुछ ही समय बाद अनग्राहित ठाकुर की बातें उन्हें तर्कसंगत एवं आकर्षक लगने लगीं। और एक दिन वह सबकी नजरों से दूर रहने के लिए घर छोड़कर चले गए।

जब मुनष्य लुढ़कता है तो लुढ़कता ही जाता है। बीच में रुकना मुश्किल हो जाता है। पहले सदाशयव्रत को जरूर बुरा लगा था। मन हिचकिचाया था। पर अब जाएँगे कहाँ ? कलकत्ता ? कौन जानता है कलकत्ता में क्या होगा, कहाँ-कहाँ भटकना पड़ेगा। चुपचाप दरबानी उनसे हो पाएगी ? किसी की गुलामी वह कर पाएँगे ? और अपने घर फिर लौटना तो सर्वथा असम्भव होगा ! तब जहाँ उन्होंने ऊँचा उठने की कोशिश की तो इतनी तेजी से लुढ़केंगे कि हड्डी-पसली चूर-चूर हो जाएगी। इसलिए किस्मत जो करा रही है, उसे होने दें। यही उचित है, यही सही है। और उन्होंने सोचना और चिन्ता करना एकदम छोड़ दिया और अनग्राहित ठाकुर को उसके कार्य में हार्दिक सहयोग करने लगे। और उनको कुछ दिनों में महसूस हुआ कि लुढ़कने में, पतन के रास्ते पर चलने में भी मजा है। उसका भी एक तर्क है। आदर्श पर चलकर कौन सुख मिलता है ? आत्मा बार-बार कष्ट देती है। यहाँ न तो आत्मा का सवाल और न किसी आदर्श का।

दीयर-कछार में रात-भर दौड़ना। दूर-दूर तक। नंगे पैर। ईंट-पत्थर के ठोकरों और खेतों की खूटियों से पैर लहूलुहान हो जाते। बड़े डील-डौल वाली खूबसूरत गाय, भैंस, बैल और घोड़े को गंगा पार से खोलकर इस पार ले आना और ठिकाने लगाना कोई आसान काम नहीं था। कभी-कभी घाघरा पार करके जिला देवरिया या सीवान पहुँचाना पड़ जाता। कभी धनी बनिया, ब्राह्मण, ठाकुर अथवा कलकत्ता, आसाम से खूब पैसा कमाकर लौटे व्यक्ति के घर पर डाका डाला जाता, जिसे 'डंका' कहा जाता था। वीरान इलाके के गाँव में तो नोटिस चिपका दी जाती कि 'आज गाँव में फलाना के यहाँ डंका पड़ेगा।' जब दिन बीत जाता, उसके कई दिनों बाद गाँव में निश्चिन्तता फैलने पर डंका पड़ता था। सुल्ताना डाकू की बहादुरी की परम्परा का अनुसरण करने की कोशिश की जाती, लेकिन वह बात पैदा नहीं हो पाती। इस कार्य में सबसे अधिक मदद मिलती थी पुलिस की अनुपस्थिति से। दूर-दूर तक किसी थाने का पता नहीं था। यदि सूचना किसी ने दे भी दी तो पुलिस नहीं पहुँच पाती थी। मुश्किल उसी समय उपस्थित होती, जब कई गाँव आस-पास होते और उनमें 'जगहट' फैल जाती। वे लाठी-भाला लेकर शोर करते हुए दौड़ पड़ते। तब दौड़ का पूर्व अभ्यास काम आता। सरपट दूर। लाठी, भाला भी चलाना पड़ता।

सदाशयव्रत भरसक कोशिश करते कि किसी की हत्या न करनी पड़े। दूसरों से भी वह यही कहते थे। किसी स्त्री पर तो कोई अत्याचार कर ही नहीं सकता था। लेकिन उन्हें दो लतें पड़ गईं। एक तो वह हर प्रकार का नशा करने लगे। और जब नशे में नहीं रहते तो लोक कलाकारों के गाने सुनना पसन्द करते। यदि शादी-ब्याह में भाँड का नाच-तमाशा या धोबियों की बारात देखने को मिल

जाए तो उनकी खुशी देखते ही बनती। आँखें हार्दिक आनन्द से चमकने लगतीं। बारात ले जाते समय धोबी लोग दोपूँछटवा धोती पहनकर और कमर पर दुपट्टा बाँधकर पी-पी बाँसुरी बजाते हुए एक सीमित दायरे में इस तरह थिरकने लगते, जैसे मोर नाच रहे हों। कभी-कभी उनकी दो बारातें आमने-सामने टकरा जातीं। फिर तो उनके बीच देर तक जबरदस्त प्रतियोगिता होने लगती। सदाशयव्रत की सारी थकान मिट जाती। जैसे कोई गुदगुदाकर उन्हें हँसाने लगता। अहा, यह जीवन भी खूब है ! उनकी आँखें भर आतीं।

"ए ओझाजी, कोई कष्ट-तकलीफ ?"

"ए अनग्राहित ठाकुर, एक बात कहूँगा।"

"खुशी-खुशी कहिए। जो भी आप कहेंगे, जान देकर पूरा करूँगा।"

"जान देने की बात नहीं है। मैं चाहता हूँ, आप मुझे 'ओझाजी' न कहें !"

"ओझाजी को 'ओझाजी' न कहूँ तो क्या कहूँ ?" अनग्राहित ठाकुर की आँखें अचम्भे से बाहर निकल आईं।

"बस मेरा नाम पुकारिए सदाशयव्रत। ओझा-वोझा नहीं। आगे ओझाजी कहा तो आपसे मेरी नहीं निभेगी।"

अनग्राहित ठाकुर कुछ देर तक उन्हें घूरता रह गया। फिर हँसकर बोला, "आगे से ऐसा ही होगा।"

बदली की एक रात उन्हें भागना पड़ा था। दो गाँव पास-पास थे। एक गाँव था हिन्दुओं का और दूसरा मुसलमानों का। दोनों ही गाँवों के लोग आपस में बहुत प्यार से रहते। दशहरा में गाँव के प्रतिष्ठित हिन्दू लोग पड़ोसी गाँव में जाकर मुसलमान भाइयों को रामलीला और विजयादशमी का मेला देखने के लिए आदरपूर्वक बुला लाते। होली में दोनों गाँवों के लोग आपस में होली खेलते, गले मिलने के लिए चले आते। होली की गवनई महफिल में शामिल होते और कई होली और चैता गाते।

उसी तरह मुहर्रम के दिन गाँव के मुस्लिम बुजुर्ग पड़ोसी हिन्दू गाँव में हर दरवाजे घूम-घूमकर कह आते :

"अरे दुल्हिनियाँ, अरे बबुनियाँ, आज कतल की रात है। वहाँ दरी-जाजिम बिछा दी गई है, केवड़ा छिड़क दिया गया है। सब चलें, वहाँ बैठने का बड़ा अच्छा इन्तजाम है। दाहा उठने के समय आ जाइए। खूब ताशा सुनिए, गदा-फाना देखिए, मन्नत मानिए..."

काफी लोग, औरत और लड़के-लड़कियाँ वहाँ पहुँचकर दरी पर बैठ जाते और देर रात तक बैठे रहते। ईद और बकरीद को भी झुंड-के-झुंड हिन्दू अपने मुसलमान भाइयों से ईद मिलने पड़ोसी गाँव में जाते। दोनों गाँवों के लोगों के बीच कभी कोई झगड़ा नहीं हुआ। खेत-बारी को लेकर अगर कभी कोई मतभेद भी हुआ तो मिल-जुलकर सुलझा लिया जाता।

डाका गौरी कानू के घर पर पड़ा। बदली के साथ अँधेरिया रात भी थी। सभी ने अपने मुँह पर अँगोछे बाँध रखे थे, सिर्फ आँखों के लिए जगहें छोड़ दी गई थीं। सारा गाँव सोया हुआ था। बड़ी होशियारी से दबे पाँव वे लोग पहुँचे थे। लेकिन गौरी कानू के घर के पास अदावत नामक डाकू के पैर में एक अत्यन्त विषैले काले बिच्छू ने डंक मार दिया। थोड़ी ही देर में वह असह्य पीड़ा के मारे जोर-जोर से चिल्लाने लगा, "अरे दादा हो, दौड़ो बिच्छी ने डंक मार दिया। अरे जान निकल जाएगी हो दादा।"

इस आवाज से कानू के घर का कोई जाग गया। वह जोर-जोर से गाँववालों को पुकारने लगा। पूरे गाँव में जगहट पड़ गई और लोग लाठी-बल्लम लेकर हल्ला करते हुए बाहर निकल आए। यह

शोर मुसलमानों के पड़ोस के गाँव में पहुँचा। वहाँ से भी लोग लाठी लेकर ललकारते हुए दौड़े।

अनग्राहित, सदाशयव्रत और अन्य डाकू घबरा गए। अनग्राहित ने पहले ही अदावत को उठाकर दौड़ाने की कोशिश की, पर वह दो कदम चलने में भी असमर्थ था। वह इस तरह चिल्ला रहा था, जैसे उसने यमराज के ही दर्शन कर लिए हों। अन्त में निराश होकर अनग्राहित ने ही एक प्रिय साथी को बल्लम से मारकर धराशायी कर दिया और उल्टी दिशा में अपने साथियों के साथ भागना शुरू किया।

दौड़ने में सभी तेज थे। इसका खूब अभ्यास था उन्हें। लाठी-बल्लम साथ रहने से जरूर दिक्कत होती थी। पर गाँव के लोगों ने सिर्फ कुछ ही दूर तक पीछा किया।

वे लोग भागते गए, भागते गए। वन से, पाँतर से, खेत-खलिहानों से, गड्ढा-गुड्ढी से, बलुई इलाके के झौवा-झाड़ियों से होकर बीच-बीच में लोग, एक के बाद एक अपने-अपने गाँव या अड्डे में छिपते गए। अन्त में सदाशयव्रत के साथ अनग्राहित ठाकुर एक ऐसे गाँव में पहुँचा, जिसके पास एक छोटा-सा स्टेशन भी था।

अभी किरण नहीं फूटी थी। वे दोनों खपरैल के एक छोटे-से मकान के सामने खड़े हो गए। पुकारने पर एक दुबला-पतला अधेड़ आदमी बाहर आया।

"कहो भोलाराम, सब ठीक-ठाक है ?" अनग्राहित ठाकुर ने पूछा।

"हाँ ठाकुर, अब ठीक ही है।" भोला की खीस निकल आई।

"कोई और बात तो नहीं ?"

"अरे, गरीब आदमी की बात कहाँ खत्म होती है, ठाकुर तुम तो सब जानते ही हो।"

"कोई चिन्ता न करो। तुम्हारी सभी तकलीफें मैं दूर करूँगा।" इसके बाद अपने टेंट में हाथ डालकर कुछ रुपए निकालकर भोला की मुठ्ठी में देते हुए बोला, "ये हमारे साथी हैं दलन। ये कुछ दिन यहीं रहेंगे। जब ये जाने को कहें तो जाने देना।"

"अरे कोई तकलीफ न होगी। बाहर की कोठरिया खाली ही रहती हैं, रहें न जब तक चाहें। दोनों जून रोटी-दाल मिल जाएगी। कोई इनसे बोलेगा नहीं।"

"ये अपने भोजन का पैसा तुम्हें अलग से दे दिया करेंगे। कोई संकोच न करना।"

"अरे तो ठीक ही है, यह सब फिकिर काहे करते हैं। आराम से जाओ।"

बाहर की कोठरी बहुत ही छोटी थी जिसमें एक ऐसा पुराना तखत पड़ा था, जिसका अंजर-पंजर ढीला था। बैठते ही वह हचकने लगता और चर्र-चर्र आवाज कर उठता। कोई खिड़की नहीं थी। कमरे में सिर्फ ऊपर मिट्टी की दीवार में एक मुक्की (छोटा-सा गोल रोशनदान) थी। चूहों, मकड़ियों, झींगुरों और छिपकलियों का अच्छा-खासा अड्डा। उसमें मिट्टी, गोबर और सूखे भूसे की ऐसी मिश्रित गन्ध फैली थी जिससे साँस लेने में किंचित परेशानी महसूस होने लगती थी।

सदाशयव्रत दो दिन तक कोठरी में सोते रहे। जरूरत महसूस होने पर सुबह और शाम अँधेरे में निकलते। नाश्ता और खाना कमरे में ही आ जाता। छुआछूत और ब्राह्मण-पुत्र के अन्य संस्कार समाप्त हो चुके थे। कभी-कभी विकट परिस्थितियों में उन्हें रहना और खाना-पीना पड़ता था। इसीलिए उन्होंने अपने नाम से ओझा शब्द निकलवा दिया था। कौन-सा कर्म था उनका ब्राह्मणों जैसा ? अनग्राहित ठाकुर को भी वह अब अच्छी तरह समझ चुके थे। वह शुद्ध लुटेरा था। कहीं-कहीं गरीबों को मदद करना उसकी नीति थी। वह अपने काम को और फैलाना चाहता था अन्य रूपों में, रुपए-पैसे के बँटवारे में भी बेईमानी करता था। कई साथी आपत्ति करते थे, झगड़ा होता था, पर सदाशयव्रत इस अर्थ में महत्त्वाकांक्षी नहीं थे। किसी से माँगना होता नहीं था उनसे। जो दे देता उसे ले लेते, यद्यपि वह उनसे डरता था और किसी भी हालत में उनका साथ खोना नहीं चाहता था। इसलिए उनके साथ बहुत बेईमानी उससे हो नहीं पाती थी।

तीसरे दिन निश्चिन्त होकर वह सवेरे-सवेरे जलखावा के बाद स्टेशन की ओर घूमने निकले। पहले-पहल स्टेशन कर्मचारियों के चार क्वार्टर थे। दो कुछ बड़े और बाकी दोनों छोटे—एक कमरे वाले। नजदीकी रास्ता उन क्वार्टरों से होकर जाता था।

जब वह क्वार्टरों के पास आए तो सामान्य-सा सन्नाटा होने पर भी एक दृश्य देखकर ठिठक-से गए। एक कमरे वाले अन्तिम क्वार्टर के बाहर दरवाजे पर अट्ठारह-उन्नीस वर्ष की एक युवती थी और वहाँ से पचास-साठ गज की तिरछी दूरी पर एक सीधा, लम्बा, स्वस्थ गठीला और काला नौजवान खड़ा था। युवती भी लम्बी और बेहद गोरी थी। सुती नाक, बड़ी-बड़ी आँखें, पतली कमर, भारी नितम्ब, खूबसूरत लम्बी गर्दन। वहाँ क्या कर रही थी वह, इसका सहसा पता लगाना आसान नहीं था। उसकी छाती पर से आँचल बार-बार सरक-ढरक जाता, जिसे वह बार-बार अनजान लापरवाही से सँभाल लेती। कभी वह नीचे झुककर कुछ देखने लगती और कभी अँगड़ाई लेकर आकाश को निहारने लगती। कभी गम्भीरता का मूड धारण करके घर के भीतर चली जाती लेकिन फौरन बाहर आकर नौजवान की ओर देखकर मुस्कुराने लगती। उसकी ये समस्त चंचल, मृदुल क्रियाएँ नृत्य की तरह थीं, जैसे कोई अप्सरा किसी तपस्वी ऋषि को रिझा रही हो।

सदाशयव्रत शिष्टाचारवश वहाँ अधिक समय तक रुक नहीं सकते थे। कोई ऐसा कारण भी नहीं था और स्त्रियों से तो वह कोसों दूर रहते थे। लेकिन जब वह स्टेशन पर पहुँचे और खड़े होकर आनेवाली गाड़ी का इन्तजार करने लगे, उस समय उनके दिल के अन्दर एक तूफान उठ खड़ा हुआ था। हृदय तेजी से धड़क रहा था। स्त्रियाँ तो उन्होंने बहुत-सी देखी थीं। कई उनकी तरफ आकर्षित भी हुई थीं। लेकिन किसी का भी इन पर असर नहीं हुआ। फिर इस स्त्री में क्या था ? उसे तो वह एक क्षण के लिए भी भूल नहीं पा रहे थे। ऐसे मामूली, गरीब घर में बेला-चमेली की तरह पवित्र खुशबूदार औरत कहाँ से आई, जो एक मामूली-सी साड़ी में सुन्दर-से-सुन्दर रानी-महारानी को मात दे रही है ?

लौटते समय वह दिखाई नहीं पड़ी। वह नौजवान भी नहीं। सामने दरवाजे पर एक बूढ़ा-सा दुबला-पतला व्यक्ति एक बँसखट पर बैठकर हुक्का गुड़गुड़ा रहा था। कोठरी में आकर सदाशयव्रत चुपचाप बैठ गए। फिर तखत पर लेट गए। अन्त में कमरे में तेजी से टहलने लगे। पर किसी तरह उन्हें चैन नहीं आया।

वह दिन में कई बार क्वार्टर के पास से गुजरे। दो-तीन बार वह दिखाई पड़ी। कभी बाहर बँधी बकरी को कुछ खिलाती हुई, कभी बाहर के कुएँ से पानी लाती हुई। वह हर बार पहले से अधिक सुन्दर मालूम पड़ती। उन्हें उस दिन की याद आई जब आर्ट और ड्राइंग पढ़नेवाला उनका छोटा भाई सत्यव्रत चित्रों की एक पुस्तक ले आया था। राजपूत पेंटिंग के कुछ चित्र देखकर उनकी आँखें आश्चर्य से फैल गई थीं। स्त्रियों के कुछ चित्र देखकर उन्हें लगा था कि वे बोल देंगी—बेहद सुन्दर एवं सजीव। और यह युवती जब आज अपने दरवाजे पर सक्रिय थी तो उन्हें लगा था जैसे राजपूत पेंटिंग के उन चित्रों में से कोई चित्र हो। क्या अर्थ है इसका ? कागज पर बनाया चित्र सजीव मनुष्य लगता है और एक सजीव सक्रिय मामूली गरीब युवती किसी कलाकार के चित्र की तरह ! सौन्दर्य कहाँ है ? उस युवती में या चित्र में ? अथवा कलाकार में चाहे वह मनुष्य हो या ईश्वर ? या वह स्वयं उनके अन्दर है ? यदि ऐसी ही बात है तो इतना ताप क्यों ? कब से यह आग है उनके अन्दर ? क्या कामनाओं की वह सुप्त आग ही सौन्दर्य है, जो किसी खास अवसर पर जलने लगती है ?

उन्होंने अपने को धिक्कारा। एक पापी, लुटेरा, क्यों किसी सुन्दर स्त्री का जीवन बिगाड़ना चाहता है ? स्त्री से उनका क्या वास्ता ? इससे तो वह पहले से ही दूर-दूर हैं। नहीं, कभी भी वह उस क्वार्टर की ओर नहीं जाएँगे। उसके बारे में वह सोचेंगे भी नहीं। इस संकल्प के साथ उन्होंने अपने को उस कोठरी में फिर बन्द कर लिया। पर वह उसे भूल नहीं पाए लाख कोशिश करने पर

भी। निर्धन वर्ग की औरत में ऐसी प्रबुद्ध चंचलता कहाँ से आई ? उसके मुख की कल्पना ही शरीर और उसके अंगों के अतुलनीय सौन्दर्य का गहरा एहसास करा देते। वह उसको हासिल करने के लिए व्याकुल हो जाते। वह व्याकुलता बरदाश्त के बाहर हो जाती। वह उठकर बैठ जाते और अपने बालों को नोचने लगते। उन्होंने एक ऊँचे पर्वत की तरह अचल एवं कठोर बनने की कोशिश की थी, लेकिन अब उनकी स्थिति एक ज्वालामुखी पर्वत जैसी हो रही थी। उनके अंग-अंग से जैसे लावा फूटकर निकल रहा हो।

तीसरे दिन सवेरे भोलाराम ने उनकी ओर देखकर अचम्भे से पूछा, "काहे हो दलन, चेहरा सूखा-सूखा क्यों है ? जी ठीक है न ?"

नाम बदलकर रहने का यह पहला मौका नहीं था, परन्तु इस समय उन्हें एक उलझन का अनुभव हुआ। इस समय वह कुछ दूसरी बात सोच रहे थे।

"अरे कोई बात हो तो चलो वैद्यजी को दिखा देता हूँ।" जवाब न मिलने पर भोलाराम ने पूछा।

"ए भोलाराम, दाहिने हाथ पर जो आखिरी रेलवे क्वार्टर है, उसमें कौन रहता है ? दरवाजे पर एक नौजवान औरत को देखा था मैंने। गोरी और खूबसूरत है।"

सदाशयव्रत के मन में ऐसी कोई बात थी भी नहीं और उन्होंने अपने स्वभावगत स्वाभिमान का त्याग करके यह प्रश्न पूछा था। भोलाराम पहले कुछ क्षण नासमझ की तरह उनको घूरता रहा, फिर मूँछों में ही मुस्कुराकर बोला :

"अरे उस कनेरी के बारे में कह रहे हैं ! घरभरना की औरत है। साला बूढ़ा हो गया है पर हिरिस बनी हुई है। पहली औरत दमा से मर गई, कोई बच्चा नहीं हुआ उससे। चार-पाँच साल पहले एक गरीब बाप से पाँच सौ रुपए में यह दूसरी औरत खरीद ली। तब यह नासमझ छोकरी थी, लेकिन अब तो पक्की हरजाई निकल गई है। क्या मुँह में पानी आ गया है ? कहो तो बात करूँ ?"

सदाशयव्रत ने दूसरी ओर मुँह घुमा लिया। ऐसा महसूस हुआ कि अपनी दयनीय मजबूरी की स्थिति में वह फौरन रो पड़ेंगे।

"अरे, बोलते क्यों नहीं भाई ? औरत तो चिड़िया होती है, उसे पुचकारना पड़ता है, फुसलाना पड़ता है, बझाना पड़ता है। यह तो हरजाई ही है। घरभरना से चोरी-छिपे एक आसिक को बुलाती है। कालाकलूटा चनरा एक रेलवे मजदूर है। घरभरना पैटमैन (प्वाइंट्स मैन) है, जब वह दिन या रात में ड्यूटी पर चला जाता है तो चनरा क्वार्टर की दीवार फाँदकर चला आता है। ऐसी मन बिगड़ी है यह औरत। कहो तो मैं बात करता हूँ, कुछ पैसा-कौड़ी खर्चा होगा।"

कनेरी की चर्चा और उसकी प्राप्ति की सम्भावना से सदाशयव्रत की हालत और बुरी हो गई। भोलाराम की मजाकिया मुस्कुराहट का भी उन पर प्रतिकूल असर नहीं हुआ बल्कि एक अनजान उत्साह में उनके मुख से आश्वासन की आवाज निकली :

"रुपए-पैसे की दिक्कत नहीं होगी। कहो कितना दे दूँ ?"

भोलाराम की खीसें निकल आईं, "अरे, सोच-समझकर कुछ दे दो, बातचीत हो जाने के बाद देखा जाएगा..."

रुपए पाकर भोलाराम प्रसन्न हो गया। कनेरी से बात करने का मौका उसे दो दिन बाद मिला, जिसके पश्चात बेचैन-बेहाल सदाशयव्रत के पास आकर उसने कहा :

"ए दलन, बड़ी हरामजादी औरत है, पुट्ठे पर हाथ ही नहीं रखने देती। सती-सावित्री बनने लगी। बुलका चुआने लगी। कहा है न—'सीता को छिनार कहो तो खिल-खिल हँसे, छिनार को छिनार कहो तो गिल-गिल रोए।"

इस निराशा के लिए सदाशयव्रत तैयार नहीं थे। गुस्से से उनकी आँखें लाल हो गईं। उनके मुख से किसी खूँखार जानवर की तरह आवाज निकली :

"धोखेबाज ! तुम मुझे जानते नहीं। लेदा-गोदा सब निकाल दूँगा। समझ क्या रखा है तुमने। झूठा, लालची, जब तुमसे होना-हवाना कुछ नहीं तो पैसे के लिए डींग क्यों मारते हो ?"

भोलाराम भी पहले का बड़ा बदमाश डाकू था, लेकिन अचानक स्वास्थ्य खराब हो जाने से गरीबी का जीवन बिता रहा था। क्रोध से आँखें निकालकर बोला :

"तुम्हें पैसे का बड़ा जोम है ? कुछ साल पहले तुम्हारे जैसे लोगों को खरीदकर बेच देता था। मैं तुम्हें छोड़ देता हूँ इसलिए कि तुम अनग्राहित के आदमी हो। तुम्हें दो दिन के भीतर दिखा दूँगा कि मैं क्या चीज हूँ। गाँव के बाहर एक छोटी-सी बगिया है मेरी, जिसमें आम-अमरूद के कुछ पेड़, एक कुआँ और एक कोठरी है। बाप-दादा का बनवाया है। कभी-कभी मैं ही रहता हूँ वहाँ। मैं कनेरी को वहाँ ले आऊँगा और तुम उसे पटा लेना। वह मान जाए तो ठीक ही है और न माने तब भी उसे अपने साथ जबरदस्ती ले जाना। और फिर कभी भी इधर न आना। इस काम के लिए एक हजार रुपए मुझे देने पड़ेंगे; अभी नहीं, बाद में।"

दूसरे दिन करीब दस बजे रात को भोलाराम ने आकर कहा, "चलो।" कोठरी को बन्द करके वे दोनों चल पड़े। आसमान में काले-काले बादल छाए थे। कुछ तेज हवा चल रही थी। सदाशयव्रत का दिल तेजी से धड़क रहा था। देह गनगना रही थी। गाँव में सुत्ता पड़ गया था। स्टेशन पर खड़ी कोई ट्रेन सीटी दे रही थी। वे चुपचाप लपकते हुए बढ़ रहे थे।

गाँव से एक फर्लांग की दूरी पर वह बगिया थी चहारदीवारी से घिरी हुई। भोलाराम ने फुसफुसाई आवाज में कहा :

"मैं बाहर से बगिया का ताला बन्द कर लूँगा। आस-पास बाहर ही रहूँगा, तुम भीतर जाकर बाहर से कोठरी का ताला खोल लेना। उसी के अन्दर वह मिलेगी। बगिया के फाटक पर खड़े होकर जब तुम बुलाओगे तो मैं आ जाऊँगा।"

भोलाराम ने बगिया का फाटक खोलकर सदाशयव्रत के हाथ में कोठरी की चाभी पकड़ाई और जब वे भीतर चले गए तो बाहर से फाटक फिर बन्द कर दिया।

कोठरी का ताला खोलते समय सदाशयव्रत का हाथ काँप रहा था। जब वह भीतर गए तो अचम्भे से स्तम्भित रह गए। एक चारपाई पर कनेरी पड़ी थी। उसके मुँह में कपड़ा बँधा था, उसकी दोनों बाँहें भी पीछे रस्सी से बँधी थी। वह चारपाई में मुँह गाड़कर और हिलाकर बँधा कपड़ा खोलने की कोशिश कर रही थी। पीछे बँधे हाथों को भी वह हिला रही थी।

सदाशयव्रत ने पहले कोठरी का किवाड़ भीतर से बन्द कर लिया, फिर आगे बढ़कर उसकी बँधी बाँह खोल दी। अन्त में उसे चित करके मुँह का बन्धन खोलकर उसमें ठुँसा कपड़ा निकाला। उसकी देह थरथर काँप रही थी। उसके चेहरे पर माथे के लम्बे-लम्बे बाल फैले थे। आँखों से नीचे पूरा मुँह और गर्दन आँसुओं और पसीने से भीगे थे। उसकी चोली एक ओर फट गई थी, जिससे बर्फ की तरह सफेद उसका बायाँ स्तन बाहर निकल आया था।

मुँह में पड़ा कपड़ा हटते ही वह जोर से चीखी और उछाल मार किवाड़ की ओर भागी। सदाशयव्रत ने आगे बढ़कर उसका हाथ पकड़कर उसे चारपाई पर बिठा दिया। फिर नरमी से बोले—

"भागना मत। चुपचाप बैठकर बताओ कि क्या हुआ।"

वह बुरी तरह रो रही थी। बिलखती आवाज में बोली, "अरे मुझे घर पहुँचा दो, ए दादा।"

"क्या हुआ तुम्हारे साथ ?" सदाशयव्रत को भोलाराम पर गुस्सा आ रहा था।

"अरे दादा, जब हमारे आदमी पैटमैन ड्यूटी पर चले गए तो मेरे घर पर एक आदमी आया, उसे मैं नहीं जानती। वह अपने को चनरा का संगी बता रहा था। उसने कहा, चनरा मुझे अपने घर बुला रहा है। वह बीमार है। मैं उसकी बातों में आ गई और क्वार्टर में ताला लगा उसके साथ चल पड़ी। जब कुछ सन्नाटा आया तो एक और आदमी मिला। उन दोनों ने अचानक मुझे पकड़कर मेरे

मुँह में कपड़ा ठूँस दिया। मैं चिल्ला नहीं पाई। हाथ-पैर खूब फेंके। आखिर में मुझे होश नहीं रहा। जब आँख खुली तो अपने को इस कोठरी में पाया। पता नहीं कौन-सी जगह है। ए बाबू साहब, मुझे स्टेशन पहुँचा दीजिए... ।''

''यह चनरा कौन है ?'' सदाशयव्रत ने रूखाई से पूछा।

''अब यह न पूछिए, ए दादा। मेरे करमजले दरिद्दर बाप ने मुझे बूढ़े पेटमैन के हाथों बेच दिया। पर इस आदमी में कुछ है नहीं। ऊपर से हमेशा खुरखुर किए रहता है। चनरा रेलवई में मजूर है ए बाबू साहब, बड़ा नेक है। हिम्मती है, पक्का मर्द है, मौका-बात पर जान देनेवाला मनई है। वही मेरा सबकुछ है।''

''तुम मुझे जानती हो, कहीं देखा है मुझे ?'' सदाशयव्रत ने गुर्राहट-भरी आवाज में पूछा।

''नहीं जानती हूँ ए बाबू साहब, कहीं देखा भी नहीं। आप कौन हैं ? क्या आपने ही मुझे पकड़ मँगाया है ?'' वह सदाशयव्रत को डर और आतंक से देखने लगी।

''क्या भोलाराम ने तुमसे कुछ नहीं कहा ?''

कनेरी कुछ क्षण सोचती रही। फिर अचानक जोर-जोर से रोने लगी, ''अरे माई, मैं जानवरों के किस इलाके में फँस गई ? तुमने मुझे सौरी में ही मारकर क्यों नहीं फेंक दिया ? बाबू साहब, मैं छिनार-हरजाई नहीं हूँ, मर्द-आशिका नहीं हूँ। मुझे मेरे घर पहुँचवा दीजिए, आपका एहसान मानूँगी।''

''देखो, रोना-धोना बन्द कर दो, और जो मैं कह रहा हूँ उसे ध्यान से सुनो। मैं दिल से बुरा आदमी नहीं हूँ। किस्मत ने मुझे डाकू-लुटेरा बना दिया। स्त्री से मैं सदा दूर रहा लेकिन जब से तुम्हें देखा है, मैं पागल हो गया हूँ। मैं तुम्हें अपनी जनानी बनाना चाहता हूँ। तुम्हारी जैसी स्त्री मैंने आज तक देखी नहीं। कोई भी नवयुवती मेरे अन्दर कामनाओं की आग धधका नहीं सकी। मेरा दिल जल रहा है, मेरे शरीर से पिघल-पिघल कर लावा निकल रहा है। तुम्हें छाती से लगाने के लिए मैं बेचैन हूँ, तड़प रहा हूँ, गरई मछली की तरह छटपटा रहा हूँ। बता नहीं सकता कि तुमको मैं कितना चाहता हूँ। तुम घरभरन और चनरा का ख्याल छोड़ दो। मैं जो कुछ तुम्हें दे सकता हूँ, वे लाख जन्म में नहीं दे पाएँगे। तुम आओ मेरे कलेजे के पास...'' सदाशयव्रत का स्वर एक विचित्र और दयनीय गिड़गिड़ाहट में बदल गया था, जो उनके स्वभाव के सर्वथा विपरीत था।

''अरे, ममता बड़ी बुरी चीज होती है बाबू साहब। मैं वैसी औरत नहीं हूँ, जो आप मुझे समझते हैं। मुझे आप पहुँचवा दीजिए... ।'' वह आँचल में मुँह ढककर फूट-फूट कर रोने लगी।

''देखो, तुम मेरे साथ रहोगी, तो मैं यह डकैती-सकैती सब छोड़ दूँगा। तुमको फूल की तरह रखूँगा। हर सुख दूँगा। गहनों से लाद दूँगा। अच्छी-से-अच्छी फैशन वाली साड़ियाँ पहनाऊँगा। चारों ओर घुमाऊँगा। तुम अपने सभी पुराने कष्ट भूल जाओगी। मेरा कहना मान जाओ... ।''

सदाशयव्रत का स्वर प्यार से लबालब था। लेकिन कनेरी उसी तरह बिलखती हुई बोली, ''अरे दादा, ममता बड़ी बुरी चीज होती है।''

सदाशयव्रत कुछ देर तक रुदन की लकीरों से भरे उसके चेहरे को देखते रहे। धीरे-धीरे गुस्से से उनका चेहरा उग्र हो गया और आँखें लाल। वह उसके निकट जाकर अत्यधिक कठोरता से बोले :

''तुम मुझे नहीं जानती। मैं बहुत निर्दयी भी हूँ। तुम्हें क्या मैंने इसलिए मँगवाया है कि घरभरन और चनरा के पास तुम्हें फिर भेज दूँ ? ऐसा सपने में भी न सोचना। तुम मान जाओगी तो ठीक है, नहीं तो तुम्हारे साथ जबरदस्ती करूँगा। तुम्हें यहाँ से जबरदस्ती ले चलूँगा। औरत को क्या चाहिए—मर्द। मैं मर्द हूँ। नेक हूँ, उदार हूँ, औरत को वह सबकुछ दे सकता हूँ, जो वह चाहती है। तुम्हें ले जाने के पहले घनभरन और चनरा दोनों को इस दुनिया से विदा कर दूँगा... ।''

कनेरी ने उसकी ओर सहमकर देखा। फिर चिल्लाकर फटी हुई आवाज में बोली :

"तुम जबरदस्ती करोगे ? कर लो, मैं तुम्हारे सामने हूँ। यह तो शरीर मिट्टी का है पर समझ लेना आत्मा नहीं मिलेगी। बिना आत्मा के शरीर को जितना चाहे ले लो। मेरी आत्मा तो चनरा में बसती है। उसके बिना मुझे तो यह शरीर भी नहीं चाहिए। इसी से बार-बार कहती हूँ ममता बड़ी बुरी चीज होती है। उसकी ममता मुझसे छूटती नहीं, न छूट सकती है बाबू साहब...।"

वह फिर जोर-जोर से बिलखने लगी। सदाशयव्रत सन्न रह गए। वह कनेरी से नजरें हटाकर दीवार के शून्य को देखने लगे। धीरे-धीरे वह काठ की तरह निर्जीव और जर्द हो गए। अन्त में बहुत धीमे और सूखे स्वर में बोले :

"तुम अब आजाद हो। तुम्हें कुछ देर में घर पहुँचा दिया जाएगा। मगर किसी से कुछ न कहना। भोलाराम का नाम न लेना। कोई कहानी गढ़कर बता देना। हाँ, मेरे पास कुछ रुपए हैं, तुम उसे ले लोगी तो मुझे बड़ी खुशी होगी।"

कनेरी ने उनकी ओर किंचित अचम्भे से देखा। फिर घबराकर रोती हुई बोली :

"अरे ना हो दादा, मुझे रुपया-कौड़ी नहीं चाहिए। मुझे पहुँचवा दो....।"

सदाशयव्रत उसकी ओर कुछ देर तक देखते रहे। फिर मुड़कर किवाड़ की सिटकनी खोलने के लिए आगे बढ़ गए।

भोलाराम से विदा लेते हुए उन्होंने उदास स्वर में कहा--

"मेरे पास जो कुछ रुपए-पैसे हैं, तुम्हें देता जा रहा हूँ। एक हजार तो तुम्हारे हैं ही, बाकी का जैसे चाहे इस्तेमाल कर लेना। यह सब किसी से न कहना, अनग्राहित से भी नहीं। हाँ, अनग्राहित को यह बता देना कि मुझे खोजने की कोशिश न करे। मैं जब तक जिन्दा रहूँगा, उसका कोई भी राज किसी को भी न बताऊँगा।"

15

सदाशयव्रत रातभर चलते रहे। अब उनके साथी-संगी थे धरती, अन्धकार में डूबा आकाश, तारे, हवा, पेड़-पौधे, झाड़ी-झंखाड़, नदी-नाले, पोखरा-तालाब और लगातार बोलते झींगुर, मेढ़क आदि। उनका हृदय सुन्न था। गम्भीर गुम चोट खाए शरीर के किसी अंश की तरह। जब अँधेरा फटने लगा तो वह एक अनजानी जगह गंगा नदी के तट पर बैठ गए।

बैठते ही उनका हृदय हाहाकार कर उठा। गुम चोट अब दर्द करने लगी और उसकी पीड़ा बढ़ने लगी। ऐसा तिरस्कार उनको कभी भी नहीं मिला था। एक तो वह शुरू से ही स्त्री से स्वयं दूर-दूर रहे, और जब उन्होंने एक के लिए कोशिश की तो उसने अपने प्यार, आदर्श तथा नैतिकता से उन पर ऐसा प्रहार किया कि जीवन में पहली बार उनको पराजय का अनुभव हुआ। अचानक सबकुछ उनके लिए असह्य हो गया, यह अपना जीवन भी। उन्होंने आस-पास टेंट में और जेबों में ढूँढ़ा, लेकिन वह तो सभी छोटे-बड़े हथियार भोलाराम के पास छोड़कर चले आए थे। तब उनकी इच्छा हुई कि नदी में कूद कर जल समाधि ले लें। यह कैसे ? वह तो एक कुशल तैराक भी हैं ! वह देर तक नदी के पानी को देखते रहे जो बढ़ते उजालों में चाँदी की तरह चमक-चमक जाता। निराश होकर उन्होंने अपने पीछे देखा। कुछ दूरी पर पत्थर का एक टुकड़ा पड़ा था--बहुत बड़ा नहीं, ईंट के बराबर।

वह उठकर पत्थर का टुकड़ा ले आए और फिर उसी जगह बैठ गए। कुछ देर उन्होंने सोचा, तत्पश्चात दाँत किटकिटाकर उस पत्थर का टुकड़ा उठा लिया और उससे दो बार लगातार अपने सिर पर प्रहार किया। खून का फव्वारा फूट पड़ा और वह उससे नहा गए। तीसरा प्रहार करने जा रहे

ही रहे थे कि पीछे से किसी ने मोटे स्वर में कहा :

"अरे, यह क्या कर रहे हो ? कौन हो तुम ? इतना हट्टा-कट्टा शरीर, कायर हो क्या ? बहुत भाग्य से मुनष्य का जीवन मिलता है, उससे क्यों भागना चाहते हो ?"

सदाशयव्रत का हाथ रुक गया। उन्होंने पीछे बिना देखे ही क्रोध में कहा :

"चुपचाप चले जाओ यहाँ से। नहीं तो पहले मैं तुम्हारा काम तमाम करूँगा, फिर कुछ और।"

"नहीं, तुम ऐसा कुछ न करोगे। कुछ दूरी पर यहाँ दीयर के साधुबाबा का आश्रम है। मैं उनका रसोइया हूँ। साधुबाबा ब्राह्ममुहूर्त में यहाँ से नहाकर चले गए हैं। मुझे फुरसत नहीं मिलती, मैं तो कभी-कभी ही आता हूँ। यह अच्छा हुआ कि इस समय मैं यहाँ आ गया। तुम पर कोई बड़ा दुःख पड़ा है, यह मैं समझ सकता हूँ, परन्तु इस दुनिया में तुमसे भी अधिक दुःखी लोग हैं, इनकी सेवा करके तुम अपना दुःख भुला सकते हो।"

"साधु-सन्त से चोर-डाकू तक, सब यही कहते हैं। यह ढोंग..."

सदाशयव्रत आगे नहीं बोल सके। उनकी आँखों के सामने अँधेरा छाने लगा। उन्होंने अपने काँपते हाथों को आगे बढ़ाकर शून्य में कुछ टटोलने की कोशिश की, फिर धीरे-धीरे जमीन पर लुढ़ककर अचेत हो गए।

साधुबाबा के आश्रम का रसोइया घबराकर उनकी ओर दौड़ा। उसने समझा कि सदाशयव्रत मर गए हैं, मगर नाड़ी टटोलने पर जब सबकुछ ठीक निकला तो वह कगार से नीचे उतरकर, ताँबे के अपने छोटे-से गगरे में नदी का पानी भरकर ले आया और उनके घाव तथा चेहरा धोने लगा। चारों ओर अब उजाला फैल गया था जिसमें स्पष्ट था कि उनके घाव गहरे थे और खून बराबर निकल रहा था। उसने जल्दी-जल्दी गंगा तट की काली मिट्टी का एक बड़ा टुकड़ा लेकर और उसमें पानी डाल-डालकर उसका मलहम बनाया और घावों पर लगा दिया।

जब खून बन्द हो गया और कुछ देर की प्रतीक्षा के बाद सदाशयव्रत को होश आया तो उसने बहुत प्यार से, मृदु स्वर में कहा :

"देखो, तुम मुझे बड़ा भाई समझो। मैं दीयर के बाबा के आश्रम का रसोई प्रमुख रामलाल हूँ। तुम्हें मैं अपने साथ ले चलूँगा आश्रम में। साधुबाबा से कहकर मैं तुम्हें रसोई में ही अपने सहायक के रूप में रख लूँगा। तुम खाना बनाना और साधु-सन्तों की सेवा करना। अभी तुम्हारी उम्र क्या है ? पता नहीं ईश्वर तुम्हारे हाथों कौन-सा बड़ा काम कराना चाहता है। तुम इसी तरह लेटे रहो, मैं नहा लेता हूँ, फिर मैं तुम्हें आश्रम ले चलूँगा।"

सत्तर वर्षीय दीयर के बाबा की दूर-दूर तक शोहरत थी और सैकड़ों साधारण भक्तजन नित्य उनके दर्शन को आते थे। उनका वह आश्रम बरसात में बाढ़ आने पर पीछे चला जाता था। जब बाढ़ चली जाती तो वह अनुमानित पूर्व स्थान पर चला आता। नदी के कटान तथा दिशा-परिवर्तन के कारण आश्रम-स्थल में परिवर्तन अवश्यम्भावी था।

सदाशयव्रत लगभग दो वर्ष तक आश्रम में रहे। रामलाल एक कुशल पाकशास्त्री था और उसने हर तरह के व्यंजनों की कला उन्हें सिखा दी थी। साथ ही उनके प्रति रामलाल का व्यवहार भी काफी अच्छा था। आश्रम में तो वह लोकप्रिय था ही, उनके भक्तगण और दूसरे लोग भी उससे मिलने आते थे। वह सदा उनको हँसाता रहता और उत्साहित करता। परन्तु सदाशयव्रत खूब मेहनत करते हुए भी गम्भीरता के खोल में अपने को छिपाए रहते।

आश्रम में उपयोग के लिए सर्वोत्तम खाद्य पदार्थ मँगाए जाते। सर्वोत्तम गेहूँ, चावल, दाल, चना, घी, दूध, दही, शक्कर, बेसन, सूजी, गुड़, मसाले वगैरह। चावल की अच्छी-से-अच्छी किस्म ही आती—कभी देहरादूनी, कभी काला नमक, कभी आलू चीनी। कई सामान तो बाबा के शिष्य और भक्त ले आते, पर इससे कहाँ काम चलता ? इसलिए सारे सामान हर दो महीने पर रामलाल ही

बलिया के गुदड़ी बाजार से बैलगाड़ी पर लदवा कर ले आता। दूध, दही के लिए आश्रम की गाएँ और भैसें थीं।

भंडारगृह की प्रभारी सुलोचना नामक एक सुन्दर बीस वर्षीय लड़की थी जो बड़ी कुशलता और सख्ती से अपना कर्त्तव्य पालन करती थी। बाबा की गद्दी का उत्तराधिकारी बनने का स्वप्न देखनेवाले, बाबा के सबसे प्रिय आश्रमवासी आदित्य स्वामी की वह कुँवारी पुत्री थी जो स्वयं ईश्वरभक्त और उनकी प्रिय शिष्याओं में से एक थी। उसकी मदद के लिए दो सहायिकाएँ दी गई थीं। और कई काम-टहल करने वाले। आदित्य स्वामी और उनकी पत्नी गृहस्थ जीवन त्यागकर आश्रम में अपनी पुत्री के साथ स्थायी रूप से निवास कर रहे थे।

प्रातः, दोपहर और सायंकाल पूजा-अर्चना, आरती होती और ठाकुरजी को भोग। दोनों जून भंडारा लगता जिससे आश्रमवासी तथा बाहर के अनेक भक्तगण भोजन ग्रहण करते। प्रत्येक खाद्यपदार्थ में घी का ही इस्तेमाल होता। हलवा, मिष्ठान्न से लेकर साग-सब्जी तक में। उत्तेजक मसाले, जैसे मिर्च, गर्म मसाले, लहसुन-प्याज सब वर्जित थे। घी के अतिशय इस्तेमाल से शायद आश्रमवासियों के शरीर पर चर्बी चढ़ी हुई थी और उनको देखकर लगता, उनके शरीर से घी चू रहा हो।

प्रातःकाल जलपान तथा दोनों जून भोजन के समय खाद्य सामग्रियों से थाल सजाकर सुलोचना अत्यन्त भक्तिभाव से साधु महाराज के पास ले जाती। जलपान में ठाकुरजी को भोग लगाया तर-तर हलवा तथा अनेक तरह के मिष्ठान्न होते। बाबा उसमें से कुछ ग्रहण कर लेते और शेष लौटा देते, जिसको सुलोचना, उसके पिता तथा अन्य सन्त ग्रहण करके अपने सौभाग्य एवं आध्यात्मिक आनन्द में वृद्धि करते। लेकिन उसमें से भी कुछ बच जाता था जो लालायित सहायिकाओं और टहलुओं में बाँट दिया जाता। भोजन में कच्चा, पक्का दोनों बनता था। कच्चे में चावल, कई किस्म की दाल, रोटी, कढ़ी-बरी, दहीबड़े, सूखी, रसेदार सब्जी, बजका, रिकवँछ, रायता, दही, पापड़, तिलौड़ी आदि। पक्के में पूड़ी, कचौड़ी, मालपूआ, कई तरह की खीर, सब्जियाँ, भरता, एक-दो विशेष मिष्ठान्न आदि। वर्ष में एक बार अन्नकूट के दिन तो छप्पन प्रकार के व्यंजन तैयार होते जिसके लिए रामलाल और उसके सहायक दल तथा सुलोचना की साधुबाबा भी सराहना करके आशीर्वाद देते।

सुलोचना सदा भक्ति में डूबी गर्दन को खूबसूरत संन्यासिनी लोच देकर चलती थी। उस समय उसकी आँखें आधी बन्द रहती थीं, गोया वह आध्यात्मिक सागर में गोते लगा रही हो। आरती के समय उसकी तन्मयता देखने लायक होती। वह हाथ जोड़ और आँखें मूँदकर सिर को धीरे-धीरे हिलाती हुई पैरों पर थिरकने लगती जैसे किसी दीन, दुखिया और निरीह भक्त ने अपने सम्पूर्ण जीवन को भगवान के चरणों में समर्पित कर दिया हो।

एक दिन तीसरे प्रहर सदाशयव्रत जब अपनी कोठरी में चुपचाप बैठे थे, सुलोचना पता नहीं किधर से आई और मन्द-मन्द मुस्कुराते हुई बोली, ''भोजन तो इतना अच्छा बनाते हैं, पर हमेशा गम्भीर क्यों रहते हैं। कुछ बोलिए, बतियाइए, हँसिए। हमारे बाबा हर व्यक्ति को खुश देखना चाहते हैं। ईश्वर की भी यही इच्छा है। कोई बात हो तो मुझे बताइए, मैं आपकी मदद करूँगी।''

सदाशयव्रत ने आँखें उठाकर उसकी आँखों में गौर से देखा। वह फौरन गम्भीर हो गई और उसकी आँखें स्वतः ही नीचे झुक गईं। खूबसूरती में वह किसी से कम न थी। एक ऐसी कली जो चटककर पूरी तरह खिल गई हो। भक्ति आवरण में, सुखद तीखेपन से भरी एक रूप-गर्विता, जिसके मन में असंख्य आकांक्षाओं का समुद्र लहरा रहा हो। परन्तु सदाशयव्रत पर उसका प्रभाव कभी नहीं पड़ा, जबकि वह जानते हैं कि काफी समय से मौका मिलने पर वह उनको घूरने लगती है। स्त्री उनके लिए त्याज्य हो गई है उसी दिन से, जब पैटमैन की उस लुगाई ने उन्हें जीवन और प्रेम का अर्थ समझा दिया था। हाँ, प्रेम सिर्फ शारीरिक भूख नहीं है, वह ममता भी है, वात्सल्य भी है। एक

आध्यात्मिक बुलन्दी है और अपने प्रिय से अभिन्न रहने की तमन्ना और उसके लिए कुर्बानी का संकल्प। पहली बार उसका चेहरा कैसा सरल, स्वाभाविक, ताजा और प्यारा लगा था। अब नहीं देख पाएँगे वह उसे कभी भी ?

उनके अन्दर सहसा ऐसी पीड़ा उठी जिससे उनका मुख फक् होकर पीला पड़ गया। उन्होंने सूखी आवाज में सुलोचना से कहा :

"देवीजी, मैं आपका आदर करता हूँ। मेरे प्रति आपके मन में जो सहानुभूति है, उसके लिए मैं कृतज्ञ हूँ। मुझे कोई दुःख नहीं, यदि कोई बात हुई तो जरूर बताऊँगा।"

"आप काफी परिश्रम करते हैं, हमेशा रसोई में जुटे रहते हैं। रहिए, मैं रसोई में दो सहायक और बढ़वा देती हूँ, आपको आराम हो जाएगा।" उसने मृदु स्वर में अपनी चिन्ता का प्रमाण प्रस्तुत कर दिया।

"नहीं देवीजी, इसकी जरूरत नहीं है। यह सब तो साधारण काम है। मुझे कोई परेशानी नहीं है। और अधिक काम होता तो प्रसन्नता होती।"

"देखिए, सभी काम तो आप करते हैं। आपकी सहायता के लिए कुछ लोग हैं, किन्तु आप स्वयं जुटे रहते हैं और उनको आराम देते हैं। कितना रच-रचकर आप भोजन बनाते हैं ? यह सब देखकर मुझे बड़ा दुःख होता है। मैं घंटों आपके बारे में सोचती रह जाती हूँ। क्या आप इसलिए दुःखी रहते हैं कि इतना काम आपसे लिया जाता है और उसका पुरस्कार, सराहना सबकुछ कोई दूसरा ले जाता है ? सर्वोच्च स्थान तो आपको मिलना चाहिए।"

उसके कथन का अर्थ समझने में सदाशयव्रत को कोई दिक्कत नहीं हुई। कुछ देर तक वह उसे घूरते रहे गुस्से से। फिर गुर्राते हुए वह बोले :

"क्या समझ रखा है मुझे आपने ? रामलाल मेरे जीवनदाता हैं, गुरु हैं। उन्होंने मुझे सबकुछ सिखाया है। मेरे जैसे पतित को उन्होंने उठाया है। पर मैं कृतघ्न नहीं हूँ...।"

"पतित ?" सुलोचना की आँखें आश्चर्य से आगे निकल आईं, "कैसा पतित ? साफ-साफ क्यों नहीं बताते ? रामलाल को इसका खुलासा करना चाहिए। आश्रम में एक-से-एक पतित आते हैं, वे बाबा के सामने अपना पाप स्वीकार करते हैं और बाबा उनको भक्ति-भजन के रास्ते पर डालकर उन्हें आध्यात्मिक ऊँचाई की ओर ले जाते हैं। पर आश्रम में यह गुपचुप क्या रहना ? क्या उद्देश्य है आपका यहाँ आने का ? मैं जानती हूँ, अजीब-अजीब लोगों से रामलाल की जान-पहचान है। वह बहुत-सी चीजें छिपाकर रखते हैं...।"

"देवीजी, यह सब मुझसे न कहिए। मेरी जबान से एक शब्द क्या निकला कि आपने उसे पकड़ लिया। भगवान से हर व्यक्ति यह विनती नहीं करता 'हे प्रभु, हे पतितपावन, मैं नीच हूँ, पतित हूँ, मुझे सही मार्ग दिखाओ।' आप भी शायद ईश्वर से ऐसी ही प्रार्थना करती होंगी ? मैं एक बहुत मामूली आदमी हूँ। निरक्षर हूँ। मेरा दुनिया में कोई नहीं है, आश्रम में आकर मुझे भगवान और भक्तजनों की सेवा करने का मौका मिला है, इससे मैं खुश हूँ। मेरे कहने का कोई दूसरा अर्थ न लें...।"

सदाशयव्रत ने अपने बारे में रामलाल से कुछ नहीं बताया था, लेकिन सुलोचना की बातों से लगा कि कोई बवाल न खड़ा हो जाए, इसीलिए उन्होंने एक चालाकी-भरा तर्क उसकी ओर फेंका था जो उनके स्वभाव के अनुकूल भी है। यह सही है कि रामलाल से अनेक लोग अलग से मिलने आते हैं, अनेक पढ़े-लिखे और प्रबुद्ध लोग। वह स्वयं ईश्वरभक्त, परोपकारी, आदर्शवादी, देशप्रेमी और आश्रम में अत्यधिक लोकप्रिय है। बाबा का उस पर अगाध विश्वास है और उन तक उसकी सीधी पहुँच है। यह भी सच है कि आश्रम में एक ऐसा गुट है जो रामलाल की लोकप्रियता और प्रभाव को तिरछी दृष्टि से देखता है और जिसका नेतृत्व, संचालन सुलोचना के पिताश्री, आदित्य

स्वामी करते हैं। सम्भव है कि इसकी गन्ध कभी मिली हो, पर सदाशयव्रत इसके बावजूद ऐसी बातों में रुचि नहीं लेते। उन्होंने रामलाल से न कभी कुछ कहा, न पूछा और न ही कुछ चाहा, बस सिर झुकाकर काम में ही अपने को भूलने की निरन्तर कोशिश की।

सुलोचना अचानक धीमी, अशक्त और व्याकुल गिड़गिड़ाती हुई-सी आवाज में बोली :

"तुम जो भी हो, यहाँ जो रूप तुम्हारा मैं देखती हूँ, वही मुझे बहुत प्रिय है। समुद्र की तरह गम्भीर, वज्र की तरह निर्मम और कठोर, चींटी की तरह व्यस्त और परिश्रमी, पाखंड और प्रदर्शन से दूर। फिर भी, मेरे दिमाग में बार-बार ये सवाल उठते हैं कि तुम कौन हो, किस देश से आए हो, बिना किसी परिचय के ही क्यों तुमने मेरा सुख-चैन सदा के लिए छीन लिया है। क्या तुम्हारा पौरुष इस रसोईघर में आटा-दाल, हींग-जीरा के बीच नष्ट होने लिए है ? मुझसे यह सब बरदाश्त नहीं होता।

"तुम्हारा शोषण किया जा रहा है, तुम्हारी शक्ति का दुरुपयोग हो रहा है। तुम्हारी सहमति हो, तुम्हारा हल्का-सा इशारा हो, मैं इस धूर्त रामलाल को उखाड़कर बाहर निकलवा दूँ और तुमको उस पद पर आसीन करवा दूँ। तुम पुरुष हो, शक्तिपुंज, तुम्हारा कार्य शासन करना है, व्यवस्था, सन्तुलन, सन्तोष और तृप्ति देना है। तुम प्रेम और सुख लेने और देने के अधिकारी हो। मैं तुमको सबकुछ देना और वही तुमसे प्राप्त करना चाहती हूँ। मैं दोहरी जिन्दगी जी रही हूँ, अभिशप्त हूँ, मेरी कोई परिभाषा नहीं है, मैं निरन्तर तुम्हारी याद में जल रही हूँ, मेरे पास आओ, तुम्हीं मुझे शीतलता और मेरे जीवन को नई परिभाषा और नया अर्थ दे सकते हो...।"

वह अपनी बड़ी-बड़ी आँखें खोलकर सदाशयव्रत को एकटक देख रही थी जो उसके अन्दर प्रवाहित, प्यार की प्रचंड, पागल आँधी का प्रतिबिम्ब बन गई थी। वह अपने सामने एक कृशगात, निःशब्द बहनेवाली नदी को अचानक बढ़कर ऊँची विनाशकारी तरंगों के साथ, फेन और फिचकुर छोड़ते हुए तट के चरणों में बार-बार पछाड़ खाते और सिर धुनते देख रहे थे। उसके चेहरे की रेखाओं तथा होंठों की सिकुड़न और दाँतों के प्रदर्शन में प्रेम याचना की समस्त बेचारगी, निसहायता एवं तुच्छताएँ सिमट आई थीं। स्त्री की याचना पुरुष का सम्मान और गर्व है और इसे ठुकरानेवाले बिरले ही होते हैं—शायद ही कोई। सदाशयव्रत एक स्वाभिमानी पुरुष थे, वह सदा देने को तत्पर रहे, किसी से कुछ माँगना नहीं चाहा। सुलोचना के निवेदन ने उन्हें विचलित कर दिया। उनका मन डावाँडोल हो गया और उन्होंने अपने अन्दर झाँका। वह उस रूप-गर्विता को सुखी करने के लिए क्या कर सकते हैं ? परन्तु वहाँ सुलोचना के लिए कुछ नहीं था। वहाँ उनकी भावनाएँ शून्य अंश से बहुत नीचे बेहद सर्द और बर्फीला रूप ग्रहण कर चुकी थीं। सबकुछ देने की तमन्ना रखते हुए भी उन्हें एक दिन किसी के सामने हाथ फैलाना पड़ा था, किन्तु उन्हें भिक्षा भी नहीं मिली, उनकी याचना ठुकरा दी गई—क्यों ? क्यों ? अपना हृदय वहीं लुटाकर चले आए तो उनके पास देने को क्या बचा है अब ? वह अपनी पीड़ा की कराह को दबाते हुए अत्यन्त कठिनाई से बोले :

"देवीजी, मैं आपको अपमानित नहीं करना चाहता। सच्चाई यह है कि मेरे पास आपको देने के लिए कुछ भी नहीं है। मेरे अन्दर रेत-ही-रेत है। मैं आपको अपनी कहानी बता देता पर उससे कोई लाभ नहीं। बस यही समझ लीजिए कि मेरा सबकुछ लुट गया है। मैं यहाँ बाबा के आश्रम में अपने को भूल रहा था। बाबा के अमृत वचन मेरे हृदय को मलहम की तरह ठंडक पहुँचा रहे थे। यह बाबा की करामात है कि मैं इच्छाओं से दूर जा रहा था, मगर शान्ति की इस जगह पर देख रहा हूँ कि यहाँ भी इच्छाएँ पीछा कर रही हैं। इसमें किसी का दोष नहीं है देवीजी ! बहुत कम लोग हैं जिन्हें अपना चाहा हुआ मिल जाता है। मैंने जो चाहा वह नहीं मिला। सौभाग्य की बात है कि बाबाजी जैसे महात्मा मौजूद हैं, वही सब कष्ट हरेंगे। आशा है आप मुझे समझेंगी, मुझे माफ...।"

"बन्द कीजिए... ।" सुलोचना भर्राई हुई आवाज में बोली। फिर उसकी आँखों से मोटे-मोटे आँसू गिरने लगे जैसे अचानक पट-पट बारिश होने लगी हो। तत्पश्चात वह मुँह को हथेलियों से ढककर सिसकने लगी और अन्त में हाथ हटाकर और आँखें पोंछकर उनकी ओर देखे बिना कमरे से निकलकर तेजी से प्रस्थान कर गई।

सदाशयव्रत दहशत और आतंक से प्रस्थान दिशा की ओर बाहर देखते ही रह गए। अप्रैल मास समाप्त हो रहा था और बाहर लू चल रही थी। चारों ओर सन्नाटा छाया था। जो कुछ अभी घटित हो गया है, उसकी स्वप्न में भी कल्पना नहीं की थी उन्होंने। सुलोचना के लिए तो उन्हें अफसोस था ही, किन्तु इसी समय उसने राख में दबी उनकी आग को खोदकर धधका दिया था। उनका मन घायल पक्षी की तरह छटपटाने लगा। यदि वह उस रात को उसे अपने साथ जबरदस्ती उठाकर ले आए होते तो उनकी आग तो शायद शान्त हो जाती, पर उसका क्या होता ? इस समय तो वह सुखी होगी, अपने प्रेमी की आँखों में झाँक रही होगी। उसके मुँह और बालों को सहला रही होगी। उसके सुख का यही ख्याल असंख्य छुरियों से गोदते हुए भी क्या उन्हें सन्तोष नहीं देता रहेगा ? हाँ, प्रिय के सुखी होने की कल्पना का सुख ? 'आह' शब्द के साथ उनके मुँह से एक गहरा उच्छ्वास निकल पड़ा और वह उठ खड़े हुए।

कनात और टट्टरों और चतुर्भुज आकार में स्थित आश्रम के रिहायशी तथा अन्य उपयोगी कक्ष तम्बू-कनात की मदद से ही तैयार किए गए थे। रामलाल विश्राम के बाद उठकर खाट पर ही पैर लटकाकर बैठा था। उसकी उम्र साठ तक नहीं पहुँची है, सम्भवतः दो-तीन वर्ष कम ही होगी। उसके चेहरे की ढीली-ढाली लकीरों में उस समय आश्चर्य का तनाव आ गया, जब उसने अपने सामने सदाशयव्रत को गम्भीर मुद्रा में खड़ा देखा।

"आइए, आइए, बैठिए, क्या बात है ?"

"मुझ पर आपने जो उपकार किया है, उसके लिए मैं कृतज्ञ हूँ। अब मुझे छुट्टी दे दीजिए, मैं यहाँ से जाना चाहता हूँ।" सदाशयव्रत ने खड़े-खड़े ही धीमे स्वर में कहा।

"बैठिए तो, क्या हो गया ? किसी ने कुछ कहा ? कहाँ जाना चाहते हैं ? बाबा आपकी सेवा से बहुत प्रसन्न हैं। आपके बनाए भोजन में जो स्वाद है, वह दुर्लभ है..."

"यह सब तो आपने ही सिखाया है... ।"

"जरूर सिखाया है, परन्तु कई वर्ष पहले जब मैं बनाता था, उस समय भी भोजन में यह स्वाद नहीं था। भोजन बनाने की कला जरूर होती है, पर उस कला में निखार तभी आता है, जब सफाई से, परिश्रम से, प्रेम से, हल्के, नरम हाथ से, सेवा भाव से बनाया जाए और उसके नए-नए जायके के लिए नया सीख-सीखकर नए प्रयोग भी किए जाएँ। जो स्त्रियाँ अपने पति या प्रेमी के लिए इसी भाव से बनाती हैं, उनके बनाए भोजन में बड़ा स्वाद होता है। आपमें यह दृष्टि, यह तन्मयता, यह भावना कैसे आई, मैं नहीं जानता। परन्तु अपने बारे में यह कह सकता हूँ कि जब मैं बनाता था तो पुरुषोचित जल्दीबाजी से, भारी हाथ से, बेमन से। मेरे लिए रसोई अन्य आकांक्षाओं का एक माध्यम-भर था..."

"आप भी आकांक्षाओं के चक्कर में हैं ?" सदाशयव्रत ने निर्ममता से पूछा।

रामलाल डगमगा गया, किन्तु जल्दी ही अपने को सँभाल भी लिया, "सांसारिक आकांक्षाओं की बात मैं नहीं कहता, बल्कि उनसे दूर, आध्यात्मिक आकांक्षाओं की बात कह रहा हूँ। बिना आकांक्षा के हम मृत हो जाते हैं। ईश्वर और मोक्ष को प्राप्त करना भी एक आकांक्षा है। नरक के बजाए स्वर्ग में जाने का प्रयास भी आकांक्षा है। जब तक मनुष्य है, आकांक्षा उसमें किसी-न-किसी रूप में विद्यमान रहती है, परन्तु आध्यात्मिक आकांक्षा सर्वश्रेष्ठ है।"

"मेरा दुर्भाग्य है कि मैं पढ़-लिख नहीं पाया। इस दुनिया में घर-परिवार, बाहर और यहाँ मुझे

जो अनुभव हुए हैं और दूसरों का जो साथ-संग और सत्संग प्राप्त हुए हैं, वहीं से मुझे भाषा और बुद्धि मिली है। आपका मैं बहुत आदर करता हूँ, आपसे कोई बहस नहीं करता। मुझे बेवकूफ और गँवार समझकर माफ कीजिएगा। बाबा पूछते हैं कि शीतल जल की जो बूँद कंठ की प्यास बुझाती है, उसमें कौन-सी आकांक्षा है ? ठंडी छाया और मीठे फल देनेवाला वृक्ष किस आकांक्षा से यह करता है ? यह उसका स्वभाव है कि वह दूसरों को सुख देता है और बदले में कुछ नहीं माँगता। इन्हीं की तरह संत पुरुष होते हैं, यह बाबा बताते हैं। जहाँ ऐसे वचन अमृत की तरह निरन्तर झर रहे हों, वहाँ पद, गद्दी, शक्ति, सुख के लिए निरन्तर जोड़-तोड़ कैसी ? सांसारिक पुरुषों की तरह ईर्ष्या कैसी ? द्वेष कैसा ? धन और सफलता की भूख कैसी ? इन सब बातों में मेरी रुचि नहीं थी, लेकिन आज किसी ने आँखें खोलकर यह सब दिखा दिया है। पर, यहाँ से मेरे जाने का यह सब कारण नहीं है। मैं निजी कारणों से यहाँ से जाना चाहता हूँ। अपनी गलतियों के लिए फिर क्षमा चाहते हुए प्रार्थना करता हूँ कि मुझे जाने दीजिए, एक दिन के लिए भी न रोकिए...।"

रामलाल का मुँह बाईं ओर घूम गया था और वह नीचे धरती को क्षोभ से देख रहा था। उसी मुद्रा में वह धीमे से बोला, "ठीक है, दो दिन रुक जाइए। आज रात या कल प्रातः मैं बाबा से बात करूँगा। इससे उन्हें दुःख होगा, पर बताना भी जरूरी है। अब जाइए...।"

दूसरे दिन वैसी ही दोपहर में, करीब उसी समय सुलोचना अचानक उनके कक्ष में आई। उसका मुँह सूखा हुआ था। उसने धीरे से पूछा :

"क्या तुम यहाँ से जा रहे हो ?"

"देवीजी, मेरा समय पूरा हो गया है। मेरा जाना आवश्यक हो गया है...।"

"अगर मेरी वजह से जाना चाहते हो तो न जाओ। मैं तुमसे नहीं बोलूँगी। तुम्हारी ओर देखूँगी भी नहीं। यदि तुम जाओगे तो मैं अपनी मर्मान्तक पीड़ा बरदाश्त नहीं कर पाऊँगी।"

"देवीजी, मुझे क्षमा करें। आपकी वजह से मैं नहीं जा रहा हूँ। उसका कारण व्यक्तिगत है। मेरा जाना जरूरी है...।"

अचानक सुलोचना के चेहरे पर एक गहरी कालिमा पुत गई। वह कुछ क्षणों तक सदाशयव्रत को एकटक देखती रह गई। फिर घूमकर धीरे-धीरे कमरे से निकल गई।

सदाशयव्रत को छुट्टी मिल गई बाबा की ओर से। अगले दिन भोर में ही वह निकल गए। एक क्षण के लिए उन्हें ख्याल आया कि चलकर सुलोचना से विदा तो लें, परन्तु यह निरर्थक ही सिद्ध होता, क्योंकि ठीक उसी समय सुलोचना गंगा की लहरों में चित बही जा रही थी, अध्यात्म, महत्त्वाकांक्षा और प्यार से दूर, बहुत दूर।

सुलोचना के सम्बन्ध में सदाशयव्रत को तो बहुत बाद में मालूम हुआ, लेकिन उस दिन आश्रम से निकलते समय वह अत्यधिक भयग्रस्त और कुंठाग्रस्त थे। आश्रम में भी जब उनकी शान्ति का हरण कर लिया गया, तो अब कहाँ जाएँ ? उनको बाबा की बात याद आई। हाँ, वह एक शीतल जल बूँद बनना चाहते थे, किसी पुरस्कार की इच्छा के बगैर सबको शीतलता पहुँचाना चाहते थे। परन्तु कैसे ? यह इच्छा होते हुए भी वह सुलोचना के दुःख को कम क्यों नहीं कर पाए ? बाबा के अमृत वचन से झरती असंख्य शीतल बूँदें तवे की तरह तप्त सुलोचना के कामनातुर हृदय को ठंडक न पहुँचाकर स्वयं जल-झुलसकर सूख क्यों गईं ? और प्रिय के सुख से सुखी होने की कल्पना एवं हकीकत के बावजूद आज स्वयं उनका हृदय क्यों शोले की तरह दहक रहा है ? अपनी हीनता, तुच्छता और कुंठा से क्यों व्याकुल है वह आज ?

वह गंगा के किनारे-किनारे जा रहे थे पश्चिम दिशा की ओर यह जाने बगैर कि कहाँ जा रहे

हैं। उनके दिमाग में स्वतः ही क्या-क्या ख्याल आ रहे थे, यह भी उनको नहीं मालूम। और न ही ज्ञात हो सका उन्हें कि कब से आँसू गिर रहे हैं, उनकी आँखों से। वह बेहद स्वाभिमानी थे, किसी के सामने अपना दुःख बयान करना, अपनी असहायता जाहिर करना और आँसू बहाना उनके लिए सम्भव नहीं था। मन्थर गति से उल्टी बहने लेकिन साथ-साथ चलनेवाली गंगा, तेज हवा और आग उगलते सूरज का भी उन्हें भान नहीं था। रास्ते के मिट्टी-ढेलों, पत्थर के टुकड़ों तथा काँटों और खूँटियों की चोटें खाकर और धूल-धक्कड़ से लापरवाह वह तेजी से बढ़े जा रहे थे और कई घंटों की निरन्तर यात्रा के बाद जहाँ रुके, वह उन्हीं के घर का बरामदा था जहाँ उनके पिता रामनिवास ओझा एक खाट पर बैठे बीड़ी पी रहे थे।

"कौन हो भाई, तुम ?" रामनिवास ओझा अचानक पहचान नहीं पाए और बन्दर की तरह घुड़ककर पूछा उन्होंने।

"मैं हूँ सदाशयव्रत।"

इतना सुनते ही रामनिवास ओझा इस बुढ़ौती में भी उछलकर खड़े हो गए और चिल्लाते हुए घर के अन्दर दलान में प्रवेश कर गए, "अरे दौड़ो रे, महतारी नाम जपते-जपते मर गई और अब आए हैं, दुनिया में नाम कमाकर।"

रामनिवास ओझा उनके लौटने की आशा खो चुके थे। उनके जाने के बाद बहुत खोजवाया था, बाद में यह सोचकर अपने हृदय को पत्थर कर लिया कि किसी ने मार-मूर कर फेंक दिया होगा। वह भीतर जाकर अपनी कोठरी में अहक-अहककर रोने लगे। भीतर से भाई-बहन, भौजाई, बच्चे, सभी दौड़े बाहर गए। रोना-पीटना मच गया जो उनके आने की वजह से था अथवा दिवंगत माँ की याद में, यह बताना मुश्किल है। माँ की मृत्यु की खबर से वह काठ हो गए थे और सिर झुकाकर किसी हत्यारे की तरह चुपचाप बैठे थे।

अचानक रामनिवास ओझा ने बाहर आकर सबको डाँटा, "अरे यह अब क्या कर रहे हो ? तुम लोगों की बुद्धि घास चरने चली गई है ? एक आदमी लू-धूप में आ रहा है भूखा-प्यासा और तुम लोग उसे रुलाने बैठे हो। जिसको जाना है, वह तो जाएगा ही, कोई रहे या न रहे, विधि का विधान तो कोई मेट नहीं सकता। बड़का बबुआ को पहले हाथ-पैर धुलाओ, फिर भीतर ले जाकर मीठा खिलाकर दही-शरबत पिलाओ..."

सदाशयव्रत के आने से रामनिवास ओझा बहुत खुश हुए, जैसे सूखे धान में पानी पड़ गया हो। उनके चहरे पर और आँखों में चमक आ गई। अपने बड़े लड़के के प्रति उनका व्यवहार एकदम बदल गया और कुछ दिनों बाद उन्होंने कहा :

"चिन्ता करने की कोई बात नहीं है। घर में किसी चीज की कोई कमी नहीं है। जो हो गया, सो हो गया, अब आगे की सुध लेनी चाहिए। पुरुष का भाग्य कोई नहीं जानता, धैर्य और हिम्मत से रहने और बुद्धि का इस्तेमाल करने से कब चमक जाए, यह कोई नहीं जानता। इस समय तो निश्चिन्त होकर आराम करो, शिवजी स्वयं रास्ता सुझाएँगे..."

महीनों खाने और सोने के अलावा उनके पास कोई काम नहीं था। वह बहुत कम बाहर निकलते और लोगों से बात करते। मोहल्ले और बाहर के जान-पहचानियों से भी मिलने पर वह मुँह फेर लेते। धीरे-धीरे वह इस स्थिति से ऊबने लगे। अपने से डरकर ही वह अपने परिवार में आए थे। अवश्य उन्हें यहाँ कुछ सुरक्षा मिली, ढाढ़स मिला। पिता का भी अब निरन्तर मौन स्नेह प्राप्त हो रहा था। लेकिन इसके आगे क्या ? यहाँ कौन काम करें, लोगों से क्या बात करें ? सिर्फ पश्चाताप, आग, दुःख एवं व्याकुलता के अलावा उनके पास कुछ भी नहीं था जिसको लेकर वह दूसरों से संवाद स्थापित कर सकें।

उनके बचपन के कई मित्र पढ़-लिखकर नौकरियाँ कर रहे थे और शेष अन्य काम-धाम में

लगे थे। एक शाम उनका मित्र लक्ष्मण गुप्त किसी से सूचना पाकर उनसे मिलने आया। वह बहुत ही उत्साह से मिला। अपनी कई बातें उसने बताईं, पर सदाशयव्रत उसके पूछने पर कुछ भी न बता सके। बस उसको खोई-खोई दृष्टि से देखते रहे। अन्त में लक्ष्मण गुप्त ने किंचित क्षोभ से कहा :

"तुम घर से अचानक गायब हो गए थे, यह मुझे मालूम है, मगर इतने दिन कहाँ रहे, क्या-क्या करते रहे, यह नहीं बताना चाहते तो इसकी चिन्ता मुझे नहीं, लेकिन एक बात कहूँगा कि अपने यौवन का बेहद मूल्यवान समय निरुद्देश्य ही बरबाद करना ठीक नहीं। मैंने एम.ए. किया, लेकिन इतना पढ़-लिखकर मैं इस अंग्रेज सरकार की कोई नौकरी नहीं करता। मैं नौकरी उसी समय करूँगा, जब यह देश, विदेशी गुलामी से मुक्त हो जाएगा। मेरी ही तरह हजारों-लाखों नवयुवक देश की आजादी की लड़ाई में शामिल हैं। हमारे देश का उज्ज्वल इतिहास रहा है, उसकी उच्च सांस्कृतिक परम्पराएँ हैं, हमारे यहाँ उच्च कोटि के वैज्ञानिक, कलाकार, दस्तकार, व्यापारी, प्रशासक और आध्यात्मिक गुरु हुए हैं। विदेशी हुकूमत ने हमारा बहुत कुछ नष्ट कर दिया, हमने इस हुकूमत को हटाकर अपने देश को पुराना गौरव दिलाकर उसे और भी आगे ले जाने की प्रतिज्ञा की है। मेरी इच्छा है कि तुम हर बात से ध्यान हटाकर देश स्वातन्त्र्य की लड़ाई में अपनी शक्तियों का उपयोग करो..."

सदाशयव्रत की दिलचस्पी देखकर लक्ष्मण गुप्त नित्य आने लगा उनके पास। वह एक क्रान्तिकारी दल का महत्त्वपूर्ण सदस्य था। वह रोज उन्हें देश के क्रान्तिकारी सदस्यों के बारे में बताता और उनसे आगे पढ़ने-लिखने का आग्रह करता। थोड़ा बहुत अक्षर ज्ञान तो उन्हें था ही। लक्ष्मण गुप्त कुछ सरल पुस्तकें उन्हें देता और पढ़ने के लिए उनसे आग्रह करता। अवश्य वह कुछ कोशिश करते, पर शीघ्र ही ऊब जाते। फिर कोशिश करते। इस तरह कुछ प्रगति तो जरूर हुई, पर बहुत कम। लक्ष्मण गुप्त उन्हें बाहर ले जाता और कई व्यक्तियों से मिलाता जिनमें रामेश्वर पांडे, बरमेश्वर तिवारी, बटुकेश्वर चौबे प्रमुख हैं। ये सभी उस क्रान्तिकारी दल के सदस्य थे जिसका नेता लक्ष्मण गुप्त था। सदाशयव्रत की दिलचस्पी बढ़ रही थी और अन्ततः वह उस दल में शामिल भी हो गए।

सदाशयव्रत का पुराना उत्साह लौट आया था, पर एक भिन्न सन्दर्भ में। वह इस परिस्थिति की व्याख्या अपने ही अनुभवों की रोशनी में अपने ही तर्कों से करते और इससे उनके तप्त हृदय को अजीब ठंडक और शान्ति मिलती। वह तर्क देते कि अगर यह गुलामी और गरीबी न होती तो गरीब की वह लड़की उस बूढ़े, अशक्त पैटमैन को बेची न जाती। वह स्वयं भी डाकू-उठाईगीर न बनते और वह उन्हें ही अवश्य प्राप्त होती क्योंकि पहली ही नजर में उन्हें ऐसा लगा था कि उससे जन्म-जन्मांतर का साथ है उनका। यह सब सोचकर वह गुलामी और गरीबी को समाप्त करने के लिए व्याकुल हो उठते और उसके लिए अपनी जान तक कुर्बान करने को तैयार।

लेकिन हर क्रान्तिकारी दल की तरह लक्ष्मण गुप्त के दल को भी धन की आवश्यकता पड़ी जिसके लिए योजना बनाकर शहर के ही एक मारवाड़ी सेठ के यहाँ करीब तीन बजे रात को डाका डाला गया। प्रारम्भिक सफलता तो उन्हें जरूर ही मिली परन्तु भागते समय उनका एक साथी हरिहर पकड़ा गया और अन्ततः मुखबिर बन गया। फिर तो सभी गिरफ्तार कर लिए गए।

हवालात में बहुत मार पड़ी। दूसरे प्रकार के भीषण उत्पीड़न भी हुए। बहुत ही शान्त मन से सदाशयव्रत ने उसको सहा। उन्हें लगा कि इससे उनकी आत्महीनता, कुंठा दूर हो रही है और आत्मा पर जमी कलुष की कड़ी परतें कोई खुरच-खुरचकर साफ कर रहा है।

हवालात और जेल के अन्य कष्ट कोई कम न थे। खटमल, मच्छर, अंठई, घास-पात की तरह रोटी और बेस्वाद पनिआई दाल, गर्मी में भयंकर गर्मी और सर्दी में भीषण शीत से बचने का कोई

उपाय नहीं था। कभी-कभी किसी अवसर पर, जैसे बड़े दिन पर गेहूँ का दलिया मिल जाता जो अमृत के समान लगता, भले ही उसमें चीनी और दूध न होकर सिर्फ गुड़ ही रहता। कभी-कभी अन्याय का सामूहिक विरोध करने पर पगली घंटी बजने लगती और कुछ ही देर में पुलिस के सिपाही आते और डंडे से पीटकर रख देते। कभी-कभी भूख हड़ताल होती। जबरदस्ती मुँह के रास्ते कुछ खिलाने-पिलाने की कोशिश होती। इसका भी विरोध होता। पुलिस को सताने में आनन्द आता और राजनैतिक कैदियों को सहने में। यहीं सदाशयव्रत ने गांधीजी के बारे में विस्तार से सुना। व्यक्ति से घृणा न करो, बल्कि सिर्फ उसके अवगुणों से। इन अवगुणों से और अन्याय-अत्याचार से भी लड़ने का तरीका है सत्याग्रह, असहयोग, सविनय अवज्ञा जिसमें हिंसा वर्जित है, केवल अहिंसा का रास्ता अपनाकर विपक्षी का हृदय बदलना और उसे सत्य के सामने झुकने को बाध्य करना है। ब्रिटिश हुकूमत के खिलाफ राष्ट्रीय स्वतन्त्रता की लड़ाई गांधीजी इन्हीं तरीकों से चला रहे हैं।

गांधीजी हर व्यक्ति से सन्तुलित, नेक और नैतिक जीवन व्यतीत करने का आग्रह करते थे। हम स्वयं निम्न जीवन जीएँगे तो दूसरे के हृदय को बदल कैसे सकेंगे ? व्यापक जनसमूह का विश्वास कैसे प्राप्त करेंगे ? निज कल्याण का रास्ता छोड़कर सामाजिक कल्याण का रास्ता अपनाना चाहिए। इसके लिए आवश्यक है कि अपने राजनैतिक कार्यक्रम में स्वदेशी, स्वावलम्बन, सत्याग्रह, एकता, अस्पृश्यता-निवारण, गरीबी उन्मूलन के सिद्धान्त और व्यवहार को अपनाएँ। हर राजनैतिक कार्यकर्ता को हिंसा-प्रतिहिंसा, स्वार्थ, शक्ति को छोड़कर एक किसान की तरह सरल होकर अपने अन्दर परोपकार और सेवाभाव उत्पन्न करना चाहिए। परस्पर भ्रातृत्व एवं एकता से युक्त ऐसे निडर और नैतिक समाज का निरन्तर विकास ही हमारी स्वतन्त्रता को अर्थ और गरिमा की बुलन्दी पर पहुँचाएगा।

जेल में निरन्तर बहसें होती रहतीं। कई तरह की विचारधाराओं के लोग वहाँ थे जो आपस में टकराते रहते, परन्तु राजनैतिक स्वतन्त्रता और देश की एकता के मामले में वे सब एक थे। सदाशयव्रत चुपचाप ये सब बहसें सुनते रहते। गांधीजी की बातें सुनकर उनका हृदय फूल की तरह खिल उठता। जैसे उनके मन पर किसी ने शीतल मलहम रख दिया हो। उनकी आँखों से आँसू गिरने लगते, ठीक उसी तरह जैसे दीयर के बाबा का प्रवचन सुनकर वह रोने लगते थे। दूसरे के लिए वृक्ष या शीतल बूँद की तरह जीना।

शायद गांधीजी तो इससे भी आगे जाते हैं। वह तो समस्त मानव जाति को, हर व्यक्ति को वृक्ष और बूँद बनाने के लिए कर्म का सिद्धान्त और व्यवहार प्रस्तुत करते हैं। अपने प्रिय से अलग होने और उसके दर्शन से सदा के लिए वंचित हो जाने की पीड़ा कैसी प्राणान्तक थी सदाशयव्रत के लिए। लेकिन आज वह अनुभव कर रहे हैं कि उस पीड़ा ने ही उनको उर्वर बनाया है। उस खेत की तरह जिसकी गहरी जुताई की गई हो। यदि वह प्यार—उस प्रिय का, दीए की लौ की तरह निरन्तर जलता प्यारा-प्यारा ख्याल उनके जीवन से निकाल दिया जाए तो क्या बचेगा उनके पास ? उस प्रिया का सौन्दर्य महान है, उससे अलग होने की पीड़ा महान है, और उसी वजह से दीयर के बाबा और महात्मा गांधी के विचार उनको कँपाने, हिलाने और उठाने में सक्षम हैं, इसकी स्पष्ट अनुभूति उन्हें आज हो रही है।

बाद में कुछ नए राजनैतिक कैदी जेल में आए जिन्होंने नई बहसें छेड़ दीं। विशेष रूप से देवी प्रसाद पांडे बहुत ही पढ़े-लिखे, गम्भीर, मृदुभाषी और तर्कशील थे। वे नव-स्थापित कांग्रेस समाजवादी पार्टी के नए नौजवान नेता थे। उन्होंने अपने तर्कों से अनेक नौजवानों को कांग्रेस समाजवादी पार्टी का सदस्य बना लिया जिनमें लक्ष्मण गुप्त तथा उनके अन्य साथी भी थे। सदाशयव्रत भी उन्हीं के साथ समाजवादी बन गए, यद्यपि समाजवाद का सिद्धान्त ठीक से समझ में नहीं आया। उन्हें अच्छी बात यही लगी कि समाजवाद होने से देश में किसान-मजदूरों का राज हो जाएगा।

अंग्रेजों द्वार किए गए नए वैधानिक सुधारों की वजह से धारा सभा के लिए हुए चुनावों के बाद सन् 1936 में संयुक्त प्रान्त में कांग्रेस मन्त्रिमंडल बना जिसके फलस्वरूप सभी राजनैतिक कैदी छोड़ दिए गए और सदाशयव्रत भी घर आ गए।

सदाशयव्रत बदल गए और बदलते गए। अन्तर्मुखी से बहिर्मुखी। सामने एक ऐसा मन-बुद्धिपसन्द रास्ता मिल गया जिस पर चलकर वह अपनी कुंठा, निराशा, आत्मपराजय और पीड़ा को रचनात्मक सामाजिक रूप दे सकते थे। वह चर्खा कातने लगे, खद्दर पहनने लगे, आजादी के लिए अपनी पार्टी के कार्य में जुट गए। वह अपने क्रोध, घृणा, अलगाव की प्रवृत्तियों और हर प्रकार की आकांक्षा को छोड़कर विनम्र होते गए। वह सबको 'आप-आप' कहते। यहाँ तक कि छोटे बच्चे को भी। मिलने पर हर व्यक्ति का समाचार पूछते और विद्वानों के मिलने पर उनसे अधिक से अधिक जानने की कोशिश करते। किसी का दुःख-दर्द, बीमारी-परेशानी, गमी को सुनते ही वह उसके पास पहुँच जाते और उसकी यथाशक्ति मदद करते।

सबसे आश्चर्य की बात यह हुई कि वह रोज सोते समय अपने पिता के पास पहुँच जाते और बार-बार मना करने पर भी उनके माथे पर तेल लगाते और हाथ-पैर, पीठ हल्के-हल्के दबाते। इसके पूर्व तो पिता से उनका बोलचाल का भी सम्बन्ध नहीं था। अपने पिता के हृदय को बहुत ठेस पहुँचाई थी। अब जैसे उस सबका प्रायश्चित कर रहे हैं। अब उनके बीच दुनिया भर की बातें होतीं। एक दिन सदाशयव्रत ने रामनिवास ओझा से कहा—"बाबू, आप मेरी चिन्ता न कीजिए। मैं घर-गृहस्थी के चक्कर में न पड़कर पूरा जीवन देश के काम में बिताना चाहता हूँ। मैं पढ़-लिख नहीं पाया और पढ़ने में अब तबीयत भी नहीं लगती। फिर मैं कोई बड़ा नेता नहीं बनना चाहता। देशसेवा का एक अदना सिपाही बनने में ही मुझे सन्तोष है। मैं ब्राह्मण-पंडित और विद्वान होने का कोई घमंड नहीं पालना चाहता। मैं गरीब किसान, गरीब मजदूर की तरह रहकर मेहनत करके अपना पेट पालना चाहता हूँ। मैं किसी के सहारे नहीं रहना चाहता। कांग्रेस के हजारों कार्यकर्ता इसी तरह रहते हैं।"

"ए बबुआ, तुम ऐसी बात क्यों कर रहे हो ? ठीक है, तुम इसी में खुश हो तो यही सही। अरे शादी-ब्याह तो इसलिए किया जाता है कि उससे वंश चलता है, सन्तान से सद्‌गति मिलती है। इस सृष्टि का नियम है। खैर, यह काम तो बाद में भी हो सकता है जब तुम चाहोगे। मैं पहले ही तुमसे कह चुका हूँ कि सामने का बैठका तुम्हारे लिए ही बनवाया है, तुम इसमें होटल खोल लो। दो पैसा आमदनी भी होगी और समय भी कटेगा। देशसेवा के लिए मैं मना नहीं करता, तुम्हारी इसी में खुशी है तो यह जरूर करो। मुझे अब विश्वास हो गया है कि तुम जो करोगे उससे मेरा और मेरे खानदान का नाम ऊँचा ही होगा..."

अपने पिता की इस बात से उनका काफी उत्साहवर्द्धन हुआ। कुछ ही दिनों में उस बैठक में काफी चहल-पहल होने लगी। होटल खोलने से पार्टी के लोग बहुत खुश हुए। यह उन्हें नहीं मालूम था कि सदाशयव्रत बहुत अच्छा खाना बनाते हैं। जब पहले दिन खाना बनाकर घरवालों और पार्टी क़ार्यकर्ताओं को भी खिलाया तो सभी उनको आश्चर्य से देखते रह गए। कच्चा ही भोजन बना था दाल, भात, रसेदार सब्जी, दहीबड़ा, कढ़ी-बरी, पालक का रायता और तिलौड़ी। उनके पिता रामनविास ओझा तो आनन्द से विह्वल होकर आँसू-भरी आँखों से उन्हें देखते ही रह गए।

"ए सदाशयव्रत, यह सब कहाँ सीखा बबुआ ! ऐसा जायकेदार व्यंजन तो मैंने आज तक नहीं खाया। अरे, जो शरीर पहलवानी और कुश्ती लड़ता था उसे यह गुर कहाँ से आया ?"

"बाबू, यह जानकर तुम क्या करोगे ? आपको खाना पसन्द आ गया है, यही मेरे लिए बहुत है। यह मेरा सौभाग्य है।" सदाशयव्रत ने गम्भीर होकर कहा।

होटल की शोहरत जल्दी ही शहर-भर में फैल गई। जायकेदार और सस्ता उस होटल के व्यंजन की विशेषता थी। धीरे-धीरे राजनैतिक सरगर्मियों के लिए भी वह मशहूर होता गया। अनेक छात्र वहाँ भोजन करने लगे और सदाशयव्रत के विनम्र और परिश्रमी व्यक्तित्व तथा राष्ट्रवादी विचार से प्रभावित होकर समाजवादी पार्टी के सदस्य बन गए। दूसरी राजनैतिक पार्टियों के लोगों का भी वहाँ स्वागत होता। फुरसत मिलने पर वहाँ बहस-मुबाहिसा होता और राष्ट्रीय गीत भी होते जो सदाशयव्रत को बहुत पसन्द थे।

बहुत-से कांग्रेसी, समाजवादी और अन्य क्रान्तिकारी शहर में आते और वहीं भोजन करते और दो-चार दिन ठहरना होता तो वहीं विश्राम भी करते। अनेक फरार क्रान्तिकारी भी वहाँ आकर पनाह पाते और भोजन करते। जो पैसे देने के लायक न रहते उनसे कुछ भी नहीं लिया जाता, बल्कि जरूरत पड़ने पर उनके लिए चन्दा वसूल किया जाता। सदाशयव्रत हर व्यक्ति के आराम का ख्याल रखते। अनेक बूढ़े-बुजुर्ग जो मधुमेह या उदर-विकार से पीड़ित होते, इनके लिए जौ-बेसन की रोटियाँ बनवाई जातीं अथवा मूँग की खिचड़ी। सिरदर्द या पेटदर्द के लिए सदाशयव्रत डॉक्टर या वैद्य की गोलियाँ रखते। कोई रात में कराहने लगता तो सदाशयव्रत उसके यहाँ पहुँच जाते। उसको वह दवाई देते, उसके पैर की एड़ियों को सहलाते अथवा गर्म कड़वा तेल लगाते। जब वे ठीक हो जाते तो बहस के अलावा हँसी-मजाक भी चलता। वहाँ सम्पूर्णानन्द, आचार्य नरेन्द्र देव, जयप्रकाश नारायण, पंडित परमानन्द, दामोदर स्वरूप सेठ, गोकुल भाई तथा अनेक क्रान्तिकारी और कांग्रेसी नेताओं ने तो आकर सभा-गोष्ठी में भाषण दिया था या खाना खाया था अथवा वहाँ एक-दो दिन विश्राम किया था।

पंडित परमानन्द से सदाशयव्रत की खूब पटी और उनके पास बैठकर उन्होंने उनके क्रान्तिकारी जीवन तथा अन्य क्रान्तिकारियों के अनेक किस्से सुने। वह देश के एक प्रसिद्ध क्रान्तिकारी थे और कालापानी जेल की लम्बी सजा से छूटने के बाद कांग्रेस समाजवादी पार्टी के सदस्य बन गए थे। एक दिन सदाशयव्रत ने उनसे हँसते हुए पूछा :

''पंडितजी, क्रान्तिकारी आन्दोलन में दो परमानन्द कैसे ?''

पंडित परमानन्द खूब हँसे। फिर गम्भीर होकर बोले, ''इसलिए कि एक भाई थे और दूसरे पंडित। भाई डॉ. मुंजे के साथ हो गए और पंडित, जयप्रकाश, लोहिया के साथ।''

''पंडित जवाहर लाल नेहरू के साथ क्यों नहीं ?''

''वह पंडित कहाँ हैं ? उनके कपड़े तो पेरिस से धुलकर आते हैं।'' पंडित परमानन्द ने ठहाके लगाते हुए कहा।

कभी-कभी कांग्रेसी नेताओं के निजी जीवन के किस्से भी बड़ी रुचि या क्षोभ-क्रोध अथवा निन्दाभाव से कहे और सुने जाते थे। उस समय यह चर्चा गर्म थी कि आचार्य कृपालानीजी सिनेमा देखने के बहुत ही शौकीन हैं और वह सुचेताजी के साथ बॉक्स-ऑफिस में बैठते हैं। उसी समय यह भी कहा गया कि गांधीजी ने ऐसे आचरण की आलोचना करते हुए आचार्यजी को लिखा है कि 'यह सब बन्द करो अथवा शादी कर लो।' बाद में उन दोनों ने शादी भी कर ली, फिर भी समाजवादियों में शायद गांधीवादी होने के नाते उनके प्रति व्यंग्यात्मक भाव बना ही रहा। इस तरह के किस्से कितने सच थे अथवा सच होने पर भी उनमें अतिरंजना का कितना अंश था, यह तो किसी को नहीं मालूम पर उनको सुनकर अनेक कार्यकर्ता और नेता प्रचंड नैतिक क्रोध से उबलने लगते थे। लोग अपने नेताओं को देवता की तरह पूजते थे और किसी में साधारण मानवीय दुर्बलता भी उनकी दृष्टि में अक्षम्य थी। इसी तरह महात्मा गांधी, पंडित नेहरू, श्रीमती विजयलक्ष्मी पंडित, डॉ. लोहिया, पूर्णिमा बनर्जी, पद्मजा नायडू आदि हस्तियों के बारे में अनेक किस्से तैरते रहते या विरोधियों द्वारा तैराए जाते जो कभी-कभी गर्म-गर्म बहस-मुबाहिसों का रूप ग्रहण कर लेते।

सदाशयव्रत इन किस्सों को चुपचाप सुनते या वहाँ से उठकर चले जाते।

सदाशयव्रत का व्यक्तित्व निखरता गया। भोजन वह जिस सफाई, प्रेमभाव, सेवाभाव से बनाते, वह दुर्लभ था। लोग उनका बनाया भोजन ग्रहण करते समय अंगुलियाँ चाटते रह जाते। उनके व्यवहार का बड़ा असर पड़ा था और जवाब में दूसरे भी उन्हें प्यार और सम्मान देते। उनकी पार्टी का प्रभाव बढ़ता गया और उसमें नए-नए नौजवान शामिल हो गए। उनके ज्ञान में भी इजाफा होता गया, दूसरे क्रान्तिकारियों की बातें सुन-सुनकर। इसी तरह वह अंग्रेजी के अनेक शब्द सीखकर उनका इस्तेमाल भी करने लगे। कांग्रेस संघटन में भी उनकी प्रतिष्ठा बढ़ने लगी और उनकी कार्यक्षमता, अनुशासन, सद्व्यवहार और उत्कट राष्ट्रप्रेम के कारण उनको बड़े दायित्व सौंपे जाने लगे।

उनके प्यार में अब जलन और दाहकता नहीं थी। अपनी प्रियतमा के ख्याल में वह आत्म-विनाशक पीड़ा भी नहीं जो अब सुख, आनन्द, राष्ट्रप्रेम, मानवप्रेम और कुर्बानी के संकल्प में बदल गई थी। इसमें निश्चय ही गांधीजी और दीयर के बाबा के विचारों, प्रवचनों तथा जयप्रकाश-लोहिया के समाजवादी सिद्धान्तों की अत्यन्त महत्त्वपूर्ण भूमिका थी, पर उसमें कुछ अपना भी था, एक निजीपन जो कभी इनसान को छूछा नहीं होने देता और प्राप्य तथा प्राप्त के अन्तर की अनुभूति से सदा टीस-भरा उत्साह पैदा करता रहता है।

करीब दस बजे रात को नफीस और राममूरत दौड़ते हुए सदाशयव्रत के पास आ गए थे। नफीस ने हाँफते हुए कहा, "सेनापतिजी, अइगा पांडे तो विशुनीपुर में जोगीड़ा देख रहा है। उसका सिपाही साथी तो नहीं है, अकेले ही...।"

"अच्छा तो चलिए मैं कुर्ता डाल लूँ...।"

वे तीनों बाहर निकलकर लपकते हुए विशुनीपुर की ओर रवाना हुए जहाँ जोगीड़ा पार्टी एक घर से दूसरे घर की ओर जाती हुए बीच सड़क पर अपना प्रदर्शन कर रही थी। लोग गोला बनाकर चारों ओर खड़े थे और बीच में कम उम्र के दो लौंडे उटुंग-से घाघरे पहनकर तथा ओढ़नियों से माथे को घूँघट की तरह ढँककर ढोलक के ढम-ढम पर लट्टू की तरह चारों ओर नाच रहे थे। एक व्यक्ति ढोलक बजा रहा था, दूसरा मँजीरा, तीसरा मजाकिया बानी, दोहा अथवा कवित्त-दोहा बोलता जिसके अन्त में बाजा तेजी से बजने लगता और नचनिए एक हाथ कमर पर और दूसरा सिर पर रखकर चरखी की तरह तेजी से वृत्त की भीतरी सीमा में घूमने लगते।

जब नाच और ढोलक की गति कुछ थमी तो भीड़ के बीच में खड़ा अइगा पांडे हाथ उठाकर बोला :

"रामनगर, रामनगर कोना-कोनी..."

यहाँ अइगा पांडे कुछ रुका तो ढोलकवाले ने ढोलक पर जोर-जोर से दो-तीन थाप देते हुए कहा, "भला जी भला।" इसके बाद अइगा पांडे ने आवेश में आकर तेजी से अपनी पंक्तियाँ पूरी कीं :

"रामनगर, रामनगर कोना-कोनी,
कयथिन के गाल पर सोना कनी।"

ढोलक तेजी से बजने लगा और दोनों लौंडे फुर्र होकर चारों ओर घूमने लगे। इसी के साथ अइगा पांडे जमाऊ बानी बोलने लगा :

"वाह यार वाह, फिर वाह यार वाह, सारा रा रा, जोगी जी सारा रा रा। चली जा दौड़ी-दौड़ी, खाले गुलाबी रेबड़ी, बताशा घोर के पी जा, गुलजामुन सीधे गपको...।"

दो-तीन और बानियाँ बोली गईं, फिर पार्टी उखड़कर जब आगे के घर की तरफ चली गई तो नफीस ने अइगा पांडे की बाँह पकड़कर खींचा :

"ए पांडे, जरा सुनो तो। तुम्हें सेनापतिजी बुला रहे हैं।"

"तू कौन हे रे, सियार की औलाद ? और यह ससुरा सेनापति कौन पैदा हो गया ?"

"चुपचाप सुन लो, नहीं तो खैरियत नहीं... ।"

नफीस ने अपनी आदत के मुताबिक यह सब हँसकर ही कहा था। जोगीड़ा पार्टी आगे चली गई थी और अइगा पांडे रुककर नफीस को घूर ही रहा था कि सदाशयव्रत और राममूरत वहाँ पहुँच गए।

"अच्छा तो तुम हो ?" अइगा पांडे ने सदाशयव्रत को देखकर व्यंग्यपूर्वक कहा, "बोलो, ओझा महराज, खूब सोच-समझकर बोलना... ।"

"पांडेजी, आज आपने रतनसिंह मुख्तार की लड़की के साथ जो दुर्व्यवहार किया है, वह ठीक नहीं है। हम एक शहर में ही रहते हैं, हमें अपनी बहू-बेटियों की इज्जत करनी चाहिए..."

सदाशयव्रत ने बहुत ही विन्रमता से यह बात कही थी, लेकिन उससे भड़ककर अइगा पांडे क्रोध से लाल हो गया। उसने चुनौती देते हुए कहा, "तुमने यहाँ की बहू-बेटियों का ठेका ले रखा है ? आँखें और सिर झुकाकर यहाँ से चुपचाप चले जाओ, नहीं तो तुम्हारी सारी नेतागिरी..."

यहाँ उसने एक गन्दे मुहावरे का इस्तेमाल किया तो नफीस आगे बढ़कर बोला, "ए जबान सँभालकर बोल, नहीं तो तेरी जबान यहाँ काटकर तेरे माथे पर चिपका दूँगा..."

"नहीं नफीसजी, आप चुप रहिए...मुझे बात करने दीजिए।" सदाशयव्रत ने फिर अइगा पांडे को उसी नरमाई से कहा, "पांडेजी, बात समझने की कोशिश कीजिए। हम गांधीजी के सिद्धान्तों को मानते हैं, इसलिए हर चीज शान्ति से सुलझाना चाहते हैं। हम इस शहर में रहते हुए ऐसा अन्याय बरदाश्त नहीं कर सकते। आप इस पर खूब सोचिए और कल शाम तक, छह बजे तक, उस बिटिया के पिताजी रतनसिंह मुख्तार से अपने व्यवहार के लिए क्षमा माँग लीजिए और उन्हीं को यह वचन दीजिए कि भविष्य में आप कभी भी ऐसा नहीं करेंगे। कल शाम तक का समय, याद रखिए..."

"अच्छा तो मेढ़की को भी जुकाम हो रहा है ? अच्छा तो सुन लो ओझा के बेटे, कल सबेरे ही मैं तुम्हारी ओझइती झाड़कर रख दूँगा। कल शाम तक तुमको इन्तजार करने नहीं दूँगा, सबेरे ही तुमको यमराज के यहाँ भेजकर चैन की साँस लूँगा। अगर ऐसा नहीं किया तो ब्राह्मण का बच्चा नहीं... ।"

इतना कहकर उसने सदाशयव्रत को क्रोध से देखते हुए जमीन पर तीन बार थूका और घूमकर विजयादशमी के विशाल रावण पुतले की तरह दोनों ओर हिलते हुए वहाँ से चला गया।

"सेनापतिजी, आप हुक्म क्यों नहीं करते, मैं अभी इसे खींचकर लाता हूँ और इसको धूल चटाता हूँ। देखने को यह लम्बा और मोटा-भर ही है, कुछ है नहीं इसमें..." नफीस ने उत्तेजित होकर कहा।

"नहीं, नफीसजी, इन्हें सोचने का मौका देना चाहिए। इस समय क्रोध में है। मेरा ख्याल है, कल शाम तक इन्हें अपने व्यवहार के लिए अफसोस होगा..."

"सेनापतिजी, आपको सतर्क रहना चाहिए। कहिए, साथियों और कार्यकर्ताओं को सूचना दे दूँ..."

"अरे नहीं, राममूरतजी, घबराइए नहीं। ये कुछ करेंगे नहीं...आप लोग जाइए, आराम से सोइए, कल किसी टाइम आ जाइएगा..."

परन्तु दूसरे दिन सुबह छः बजे ही अइगा पांडे ने दल-बल के साथ सदाशयव्रत के निवास स्थान को घेर लिया। गनीमत की बात यही थी कि सुबह पाँच बजे ही रात में राय-बात करके नफीस और राममूरत पहुँच गए थे। इसके अलावा, एक कांग्रेसी कार्यकर्ता साधोसिंह अपने मुकदमे के सिलसिले में देर रात में पहुँचे थे, जो लम्बे, छरहरे और अच्छे लठैत थे। वह पहले से ही जब आते तो यहीं

ठहरते और होटल में खाना खाते और होटल बन्द होने पर भी उनका यही सिलसिला जारी था।

"अरे सेनापतिया, असल बाप का बेटा है तो निकल आ...।" अइगा पांडे ने ललकारा।

सदाशयव्रत का मुँह गम्भीर हो गया। साधोसिंह ने पूछा, "यह क्या तमाशा है ए सदाशय...।"

"हम तो अहिंसा के पुजारी हैं ए साधोजी, अब आप ही बताइए कि इस अनीति का क्या जवाब है...।" सदाशयव्रत ने सिर पर एक तवा रखकर दुपट्टा से बाँधते हुए पूछा।

"ए सदाशय, दाईं ओर सड़क पर मैं चला जाता हूँ और बाईं ओर नफीस मियाँ को भेजो। और बीच में तुम अपना हुनर दिखाओ। सारे काफी आए हैं..."

"राममूरतजी, जहाँ मार शुरू हो जाए, आप निकलकर मेस्टन स्कूल के छात्रावास में चले जाइए...वहाँ से लड़कों को बुला लाइए...।"

वे बीस लोग थे जिनमें शहर के ही बदमाश थे। सबसे लम्बा अइगा पांडे ही था जिसके हाथ में लाठी थी। तीन-चार और बदमाशों के हाथ में भी लाठियाँ ही थीं। एक नाटा और कमउम्र छोकरा लोहे की छड़ ऊपर-नीचे कर रहा था। शेष के हाथों में छोटे डंडे, हॉकी स्टिक, लकड़ी के चैले और गुप्तियाँ भी थीं।

सदाशयव्रत सिर्फ लँगोटे और बनियान में सिर पर तवा बाँधे और हाथ में लाठी लिए बाहर निकल आए और छटककर दूर खड़े हो गए। बदमाश गालियाँ देते और 'मारो-मारो' कहते हुए जब सदाशयव्रत की ओर लपके, साधोसिंह उछलकर दाहिनी ओर सड़क पर चला गया जो नजदीक ही थी। और नफीस बाईं ओर जाकर लाठी के साथ तैनात हो गया। इसी हल्ले में राममूरत निकलकर छात्रावास की ओर भागा।

सदाशयव्रत को अनुभव तो था ही, उनकी फुर्ती भी कम नहीं हुई थी। उन्होंने कुछ क्षणों में सारी परिस्थिति का जायजा ले लिया और समझ गए कि उनमें अधिक छिछोरे और सड़क छाप बदमाश ही थे। सबसे पहले उन्होंने अप्रत्याशित ढंग से उछलकर उस नाटे छोकरे की मुट्ठी पर जोर से प्रहार किया जो लोहे की छड़ ऊपर-नीचे कर रहा था। वह जोर से 'बाप रे' चिल्लाया। उसके हाथ से छड़ गिर गई और वह नफीस की तरफ भागा। तब नफीस ने उसकी टाँग में जोर का डंडा मारते हुए कहा, "इधर कहाँ हुजूर ? जाइए लड़िए...।"

वह दूसरे मोहल्ले में घुसे कुत्ते की तरह बचता हुआ सड़क की ओर भागा, वहाँ साधोसिंह ने एक हल्का हाथ जमाते हुए कहा, "यहाँ कहाँ ? जाओ लड़ो...।" वह हाथ-पैर जोड़ने लगा तो साधोसिंह ने आदेश दिया, "अभी नहीं, यहीं चुपचाप खड़े रहो, भागोगे तो दौड़कर मारूँगा..."

अइगा पांडे बार-बार सदाशयव्रत की ओर लपक रहा था, लेकिन लम्बा होने और अकड़े आरामदेह शरीर के कारण इसमें लचक नहीं थी। वह न उछल सकता था और न छटक सकता था और वार बचाने का भी हुनर उसमें नहीं था। वह सदाशयव्रत पर एक-दो बार प्रहार करने में सफल जरूर हुआ, पर माथे पर तवा और असाधारण फुर्तीबाजी के कारण उन्हें कोई गम्भीर चोट नहीं आई। पर अइगा पांडे लाठी के कई प्रहार पा चुका था। सदाशयव्रत अभी उसके कमजोर साथियों पर विशेष ध्यान दे रहे थे, जो सिर्फ हॉकी स्टिक और चैले लेकर आए थे। सदाशयव्रत का वह प्रशिक्षण और अनुभव काम आ रहा था जो उन्हें अनग्राहित ठाकुर से मिला। अनग्राहित की सीख के अनुसार वह इस समय गुल्ली, नट और नर्तक बन गए थे। वह लाठीधारियों के वार को बचाते हुए छटककर किसी अनुभवहीन हॉकी स्टिक या चैलेवाले पर प्रहार करते। वह चिल्लाता हुआ बाएँ या दाएँ भागता जहाँ नफीस या साधोसिंह उस पर दो-चार हाथ जमा देते। इस तरह जितने हॉकी स्टिक, चैले और गुप्तीवाले वहाँ थे, सभी मैदान छोड़कर भाग चुके थे।

अब अइगा पांडे और तीन-चार लाठीधारी बच रहे थे। उनमें अब वह जोश भी नहीं रह गया था। अइगा पांडे दाहा की तरह हिल रहा था। वह पसीने से लथपथ था और हाँफ रहा था। प्रशिक्षित

और अप्रशिक्षित तथा अनुभवी और अनुभवहीन में जो फर्क होता है, वह इस छोटी-सी लड़ाई में साफ दृष्टिगोचर हो रहा था। परन्तु इस स्थिति में भी अइगा पांडे ने जान लगा दी थी। वह बार-बार सदाशयव्रत के सिर को मूर्खतापूर्वक निशाना बना रहा था। मुश्किल की बात यह थी कि सदाशयव्रत भी उसकी असाधारण लम्बाई की वजह से उसके सर पर प्रहार नहीं कर पा रहे थे।

अन्त में सदाशयव्रत के दिमाग में एक विचार आया। उन्होंने उसका एक प्रहार जमीन पर गिराते हुए तेजी से घूमकर एक जोरदार प्रहार उसकी किहुनी की हड्डी पर किया जिसके फलस्वरूप उसके मुँह से जोर की 'आह' निकली, उसकी लाठी गिर गई और वह स्वयं लड़खड़ाकर धराशायी हो गया। इसी समय उसके दूसरे लाठीधारी साथी जो काफी प्रहार खा चुके थे, अपनी लाठी-वाठी फेंककर तेजी से भागे जहाँ साधोसिंह ने पीट-पीटकर उनका कचूमर निकाल दिया।

अइगा पांडे जब गिरा तो नफीस ने दौड़कर उसकी पीठ पर दो-तीन डंडे जमा दिए। सदाशयव्रत ने अपनी साँस को बाँधते हुए कहा :

''नहीं नफीसजी, यह न कीजिए। यह ठीक नहीं...जाइए, अन्दर से एक कुर्सी ले आइए...।''

इस समय तक छात्रावास के लड़कों का एक झुंड लाठी-डंडों और हॉकी स्टिकों के साथ वहाँ हल्ला करते हुए आ पहुँचा था। सदाशयव्रत के घरवाले तथा मुहल्ले के कई लोग लाठी-बल्लम के साथ बाहर आ गए। सदाशयव्रत भीतर जाकर, तवा खोलकर और लुंगी पहनकर पुनः आ गए। भगोड़ों को एक-एक हाथ फिर जमाकर साधोसिंह भी खड़े दिखाई दे रहे थे।

सदाशयव्रत ने इकट्ठी भीड़ को वहाँ से जाने का अनुरोध करके अइगा पांडे से कहा :

''पांडेजी, आप उठिए, इस कुर्सी पर बैठ जाइए...''

अइगा पांडे ने कराहते हुए गुस्से में कहा, ''अपनी महानता दिखाकर मुझे अपमानित क्यों कर रहे हो, ओझा...।''

सदाशयव्रत स्वयं घायल थे। उनके पैरों में लाठी की चोट लगी थी जिससे वह लँगड़ा रहे थे। उनकी दाहिनी बाँह में गुप्ती की गहरी चोट थी। अइगा पांडे तो कन्धों से लेकर नीचे टखनों तक अनेक जख्मों से भरा था और उसकी दाहिनी बाँह की किहुनी में ऐसी चोट लगी थी कि थोड़ा भी हिलने पर वह कराह उठता था। वह उठकर जमीन पर मुँह लटकाए बैठा था।

''अपमानित नहीं कर रहा हूँ, जब लड़ाई थी तो लड़ाई थी। अब लड़ाई बन्द हो गई है और आप हमारे मेहमान हैं। आपको चोट लगी है, घर में टिंक्चर है, अभी आपको लगवाता हूँ। फिर कहता हूँ कि आप हमारे दुश्मन नहीं, मेहमान हैं। उठिए, कुर्सी पर बैठ जाइए, आपसे मैं अनुरोध करता हूँ...''

सदाशयव्रत की आवाज विनम्रता और मिठास से भरी थी। नफीस ने क्रोध से मुँह फेर लिया था। सदाशयव्रत ने राममूरत से अलग ले जाकर कहा कि वह घर से गर्म पानी, टिंक्चर और रूई ले आए। फिर नफीस के पास जाकर उसके कान में फुसफुसाकर कहा, ''सड़क पर से पाव-भर जलेबी लेते आइए। घर में से पैसा माँग लीजिए।''

नफीस ने फुसफुसाई ही आवाज में क्रोधपूर्वक कहा, ''आपने तो हद कर दी, सेनापतिजी ! मैं इसकी चटनी बनाना चाहता था, आप इसे जलेबी खिलाने जा रहे हैं...''

''नफीसजी, गांधीजी ने कहा है बुराई से घृणा करो, व्यक्ति से नहीं...''

जब राममूरत गर्म पानी, टिंक्चर, हल्दी और रूई ले आया तो सदाशयव्रत ने उससे कहा :

''आप कांग्रेसी कार्यकर्ता हैं, आप ही पहले इनके घावों को रूई और गर्म पानी से साफ कीजिए। फिर टिंक्चर और जहाँ जरूरत हो हल्दी लगा दीजिए। मेरे पैरों में दर्द है, नीचे बैठ नहीं पाऊँगा। बाद में मेरे घावों को भी ऐसा ही कीजिएगा...।''

सवेरे से ही बादल थे, इसलिए धूप नहीं थी। हवा भी शीतल थी और धीरे-धीरे बह रही थी।

भीड़ छँटी नहीं थी। उनमें से अधिकतर अइगा पांडे की करतूत से परिचित थे और उसको क्रोध से घूर रहे थे। उनकी यदि चलती तो उसे यहीं सख्त-से-सख्त सजा दे देते, पर सदाशयव्रत के सामने किसी को कुछ करने की हिम्मत नहीं हुई।

जब राममूरत ने घावों पर सफाई करके दवा लगा दी, तो सदाशयव्रत ने उससे लोटे में पानी लाकर अइगा पांडे के हाथ, पैर और मुँह धुलाने के लिए कहा। अन्त में वह स्वयं घर के अन्दर जाकर एक तश्तरी में जलेबी ले आए और अइगा पांडे के सामने बढ़ाते हुए विनम्रता से कहा :

"पांडेजी, लीजिए, सवेरे का समय है, जलपान कर लीजिए...।"

अइगा पांडे ने पराजय की हीनता और क्रोध से गर्दन टेढ़ी कर ली थी। अब उससे अधिक बरदाश्त नहीं हुआ और उसने चिल्लाकर रोते हुए कहा :

"तुम मुझे ज़लील क्यों कर रहे हो ओझा। तुम मेरी इस समय गर्दन काट लो, मुझे खुशी होगी, पर मुझे इस तरह न सताओ। तुम्हारी यह वीरता है ? तुम महात्मा गांधी के कैसे चेले हो ?"

उसको रोते हुए देखकर सबकी आँखें निकल आईं अचम्भे से। ऐसा बदमाश, पुलिस का आदमी रो भी सकता है ? कुछ तो द्रवित भी हो गए और आँखें पोंछने लगे।

सदाशयव्रत ने वैसी ही आवाज में कहा, "आप गलत समझ रहे हैं पांडेजी ! मैं आपको ज़लील नहीं कर रहा हूँ। मैं आपको अपना मेहमान मानता हूँ, दोस्त समझता हूँ। मेहमान की खातिर करना मेरा फर्ज है। आप दुःखी न होइए, मेरे मन में कोई घमंड नहीं है कि लड़ाई में आपकी हार हुई। यह हार मेरी भी हो सकती थी। इस दुनिया में कोई भी हमेशा नहीं जीतता है। यदि आपको इस समय अपने किसी कार्य से तकलीफ हो रही है, पश्चाताप हो रहा है, तो सचमुच यह आपकी जीत है। आपकी ऐसी जीत मेरी भी जीत होगी, यहाँ इकट्ठी लोगों की भीड़ की जीत होगी, इस शहर की जनता की जीत होगी। आप मुझे दोस्त मानिए और मेरे अनुरोध को ठुकराइए नहीं...।"

उन्होंने अइगा पांडे की ओर तश्तरी फिर बढ़ाई जो इस बार उसने हाथ बढ़ाकर ले ली।

"ओझाजी, मैं शर्मिन्दा हूँ..." अइगा पांडे की आँखों से और तेजी से आँसू गिरने लगे।

16

दशाश्वमेध घाट की सीढ़ी के किसी एकान्त कोने में बैठकर गंगा की लहरों को निरन्तर देखना कितना सुकून देता है नीलेश को। उसे बनारस, खासतौर से गंगा घाटों पर घूमते हुए बार-बार 'खैर बहोरवी' की नज़्म 'सुबहे बनारस' याद हो आती है, जिसे उसने बलिया के एक मुशायरे में उन्हीं के मुँह से सुना था। उसे आश्चर्य हुआ यह सोचकर कि मऊ के पहले इन्दारा स्टेशन के पास ही एक वीरान बाँगर इलाके में बहोरवा नामक जो गाँव बसा है, उससे उस स्टेशन पर सक्रिय चाइयों और उठाईगिरों का घनिष्ठ सम्बन्ध बताया जाता था, लेकिन वहीं ऐसे उम्दा शायर पैदा हुए हैं, उसे मालूम क्यों नहीं था ? एक ऐसा शायर, जिसने इस गुलजार शहर में घूमते हुए अनेक सामाजिक और इन्सानी समस्याओं पर विचार किया है।

सचमुच बनारस के पास बहुत कुछ ऐसा है, जो दूसरे शहरों के पास नहीं है—राँड़, साँड़, सीढ़ी, संन्यासी के अलावा उसके पास टेढ़ी-मेढ़ी लकीरों की तरह पतली गलियाँ और गहरे कुंड हैं। दालमंडी गली के कोठों पर निवास करतीं और ब्राह्म मुहूर्त में शास्त्रीय संगीत का रियाज करनेवाली गुरु रामदास की अनेक सुन्दर, गुणी वेश्या शिष्याएँ हैं। वहाँ हिन्दू विश्वविद्यालय, काशी विद्यापीठ, भारतमाता का मन्दिर और विश्वनाथ का मन्दिर है। शहनाई, पान, गहरेबाजी, साड़ियों के जुलाहे, तारकशी और जरी मजदूर, भाँग, गाँजा, रबड़ी-मलाई, टोपी, कसरत, अँगोछे और लँगोट का शौक,

ये सभी विशिष्ट और अद्वितीय हैं। और सम्भवतः बनारस की सबसे बड़ी पहचान तो 'गुरुपन' है, जो यहाँ निवास करनेवाले सभी व्यक्तियों में किसी-न-किसी रूप में पाया जाता है चाहे वे इसके प्रति सजग हों या नहीं, चाहे वे इस जिले और शहर अथवा पूरबी और पश्चिमी जिलों के विभिन्न गाँवों-शहरों के ही क्यों न रहनेवाले हों। हाँ, बनारस अपने रंग में सबको रँग देता है।

औरंगाबाद में, पान दरीबा के कुछ आगे, दाहिनी फूटती, पतली गली में नीलेश के चाचाजी निवास करते हैं, जहाँ बलिया की एक पंडिताइन भी रहती हैं जो अब बनारस में ही बस गई हैं। विमला नामक उस गरीब औरत का पति लखनू पंडित बड़ा नकारा था, जो सधुआई भेष-बाना में घूम-घूमकर भिक्षार्जन किया करता, जो कुछ काम-धाम न करने का बहाना मात्र था। विमला घर-घर घूमकर काम-धाम करती हुई अपने परिवार और बच्चों का पालन-पोषण करती। बड़ा लड़का बलेसर जब जवान होने लगा तो हिजड़े उसे अपनी बिरादरी का समझकर अपने साथ भगा ले गए। दूसरा लड़का प्रभु जब बारह वर्ष का हुआ तो बनारस में साड़ी का व्यापार करनेवाला बलिया का एक कारोबारी उसे अपने साथ ले गया, जहाँ वह तारकशी और जरी का काम सीखकर अच्छा कमाने लगा। बाद में विमला अपने छोटे बेटे मालबाबू के साथ तथा अपने पति को उसकी किस्मत के सहारे छोड़कर बनारस आ बसी, जहाँ लखनू भी बाद में ढूँढ़ता हुआ उसके पास पहुँच गया।

प्रभु बचपन से ही बेहद दुबला-पतला था, बाद में भी उसकी कोई खास बाढ़ नहीं हुई और उस पर 'मूस मोटइहें लोढ़ा होइहें' कहावत चरितार्थ होती थी। वह इस समय सत्रह वर्ष का हुआ होगा। बेहद दुबला-पतला और ऊँचाई करीब साढ़े चार फीट। लेकिन अभी से वह अपनी मूँछों पर उस्तरे चला-चलाकर उन्हें काली, गझिन और बर्छीली बनाने की कोशिश कर रहा था। निश्चय ही वह एक हुनरमन्द कारीगर था और जब वह आता तो उसकी योग्यता से ईर्ष्या करनेवाले कारीगरों से हुई लड़ाइयों का शेखी-भरे विस्तार से वर्णन करता, जिनमें उसकी तथा उसके गुट की जरूर ही जीत होती। उसकी बातों में 'सरऊ', 'फैट' और 'गुरु' शब्द जरूर ही आते थे। वह 'पूरा बनारसी गुरु' बन गया था।

नीलेश को फुरसत तो कम ही मिलती। वह बनारस की इन्हीं विशेषताओं को देखते और सुनते हुए नम्रता को भूलने की कोशिश कर रहा था, जिसमें वह सफल नहीं हुआ। नम्रता ने उसके साथ ऐसा कठोर व्यवहार क्यों किया और उसने उसकी दी हुई पुस्तकें क्यों लौटा दीं ? और जब वह बनारस आ रहा था, तो उसकी कोशिशों और इच्छा को ठुकराकर उससे मिलने से इन्कार क्यों कर दिया उसने ? वह काफी आहत होकर ट्रेन में बैठा था और यहाँ पहुँचकर भी उसे बहुत दिनों तक कुछ अच्छा नहीं लगा।

बीच-बीच में छुट्टियाँ आईं और वह नम्रता को देखने के लिए व्याकुल हो उठता। बनारस से बलिया दूर ही कितना है, सिर्फ पाँच घंटे की ट्रेनयात्रा लेकिन इस बार भी यदि नम्रता ने उसके साथ वैसा ही व्यवहार किया तो ? यह सोचकर उसका शरीर और मन अकड़ जाता। इस तरह अनेक छुट्टियाँ बीत गईं।

अनेक रिश्तेदारों, मित्रों और मेहमानों तथा परिवारजनों को वह स्नान के लिए दशाश्वमेध घाट ले गया है। जब अँधेरा रहता, उसी समय वे पैदल निकल पड़ते और दालमंडी, कोतवाली, चित्रा सिनेमा और कुछ सीढ़ियाँ नीचे उतरकर विश्वनाथ गली से होते हुए गोदौलिया की सड़क पर आकर घाट की ओर मुड़ जाते। यह सड़क अपेक्षाकृत अधिक चौड़ी है, जिस पर श्रद्धालुओं, भक्तों, स्नान प्रेमियों की भीड़ का आवागमन जारी रहता है। गुलजार, निरन्तर चलती, हँसती, आस्था, भक्ति से उमड़ती और सबके लिए बेहद आत्मीय ऐसी सड़क दुनिया में कहीं भी नहीं मिलेगी शायद।

दशहरे की छुट्टियों में घर न जाकर वह बड़ा दुखी हुआ। मन की शान्ति के लिए वह रोज दशाश्वमेध घाट जाकर किसी सीढ़ी पर बैठ जाता और अपनी व्याकुलता को गंगा की लहरों में बहाने

की कोशिश करता। अनेक स्मृतियाँ उसको सहलातीं अथवा कुछ आघात करके उसके धैर्य को तोड़ने-फोड़ने लगतीं। सुबह हो या शाम, उच्च अट्टालिकाओं के समान, किनारे निर्मित किसी मकान की खुली छत या खिड़की पर बैठकर कोई कलाकार शहनाई बजाने लगता जिसके विभिन्न रागों की धुनों-आलापों और आरोह-अवरोह के साथ उसका मन मीठी पीड़ा, उदासी एवं आनन्द की लहरों पर तैरने लगता। कभी-कभी उसे लगता, प्रिय का मधुर पीड़ा-भरा प्यार उसके दिल से शहनाई-धुनों के रूप में पिघलकर स्वयं उसके दिल तक पहुँच रहा है, इस सन्देश के साथ 'आओ, दूर क्यों हो, पास आओ और मेरा हाथ पकड़कर ले चलो उन सफेद रूई की तरह प्यारे-प्यारे बादलों में...आओ चलें साथ-साथ इस धरती पर एक छोर से दूसरे छोर तक, लोगों से पूछें, बोलें, बतियाएँ, दर्द की लेन-देन करें, परस्पर प्यार करते हुए उनके लिए जिएँ और मरें....।'

एक दिन रात के अँधेरे में, जब भीड़ काफी कम हो गई, कुछ तेज हवा में गंगा पर कुछ दीए जगमग-जगमग हिलते हुए बढ़ने लगे, अचानक बचपन की कुछ ऐसी स्मृतियाँ चुपके से जाग उठीं, जिससे वह चौंक उठा।

वह स्मृतियों की अतल गहराइयों में झाँकने लगा। मोहल्ले के लड़के 'चोर-साह' खेल रहे थे। नम्रता तब करीब आठ वर्ष की रही होगी, उसकी बड़ी-बड़ी आँखें काजल से पुती होतीं और अक्सर वह कोई खाने की चीज हाथ में लेकर खाती हुई घर से बाहर निकलती। और स्वयं वह दस वर्ष से कुछ अधिक। एक लड़का चोर बना था और अन्य लड़के भागकर छिप रहे थे। 'चोर' छिपे हुए लड़कों को खोजता और यदि कोई पकड़ा जाता तो अब उसे चोर बनना पड़ता। नीलेश भागकर बाहर के कमरे के कोने में रखी एक बड़ी आल्मारी के पीछे छिप गया। कुछ देर बाद नम्रता भी वहीं छिपने आ गई। नीलेश ने होंठों पर अंगुली रखकर उसे चुप रहने के लिए कहा। जगह कम थी लेकिन नम्रता उसके निकट आ गई जिसको उसने बाँहों में खींच लिया। वे कुछ देर तक इसी तरह एक-दूसरे के पास खड़े रहे।

कई बार इसी तरह वे छिपने के लिए एक ही जगह इकट्ठे हुए थे। एक दिन नीलेश को क्या शरारत सूझी कि जब नम्रता बाहर अपने दरवाजे पर खेल रही थी, वह अपने घर के अन्दर से अंगुलियों में कड़वा तेल चुपड़कर आया और पीछे से अनचित्ते में नम्रता की नाक मजे से मल दी। तेल की झार अन्दर सरकने से नम्रता खाँसने लगी और उसकी नाक से पानी गिरने लगा। वह पहले जमीन पर बार-बार पैर पटककर रोई, फिर काफी गुस्से में आकर नीचे से एक नुकीले खपड़े के टुकड़े को उठाकर उसकी ओर फेंका और देखते-ही-देखते नीलेश लहूलुहान हो गया। फिर नम्रता पिनपिनाकर घर के अन्दर भाग गई।

नीलेश के सिर पर पट्टी बँध गई। दोनों घरों में कहा-सुनी भी हुई। दोनों ने एक-दूसरे के साथ खेलना बन्द कर दिया। बहुत दिनों बाद जब नीलेश दोपहर में अपने कमरे में खड़ा था, नम्रता न मालूम किधर से उसके पास आई। वह अमरूद खा रही थी, और दूसरे हाथ में एक और अमरूद भी था, जिसे नीलेश की ओर बढ़ाकर उसने कहा—

"लो, खाओ...।"

नीलेश ने दूसरी ओर मुँह करके गुस्से में कहा, "भागो यहाँ से, नहीं तो ऐसा मारूँगा कि नानी याद आ जाएगी।"

"तुमने तेलवाली अंगुलियों से मेरी नाक क्यों मली ?" नम्रता ने कहा।

नीलेश के पास इसका कोई जवाब नहीं था।

"अच्छा, लो खाओ। अब मेरी नाक न मलना..."

यह कहकर नम्रता ने दूसरे हाथ का अमरूद उसके मुँह और नाक से सटा दिया। नीलेश ने अमरूद लेकर कहा, "तुम बेवकूफ हो...।"

"तुम भी पाजी हो..." नम्रता हँसने लगी।

लेकिन एक-आध वर्ष बाद उनका एक साथ खेलना बन्द हो गया। उसका नाम अंग्रेजी स्कूल में लिख गया था और उसके नए-नए दोस्त बन गए थे। वह अब नए साथियों के साथ मौसम के अनुसार फुटबाल अथवा हॉकी खेलने चला जाता। कभी वे तेल-टंकी के मैदान में चले जाते जो रेलवे लाइन के नीचे, बर्मा शेल के टंकी मैदान में था और जिसमें ड्रमों-पीपों के कटे छोटे, नुकीले टुकड़े और कंकड़-पत्थर छितरे हुए थे। नए सर्वोत्तम अंग्रेजी स्कूल, नए साथियों और नए खेलकूद की वजह से वह अपने को नम्रता आदि मोहल्ले के अन्य साथियों से ऊँचा समझने लगा था और जब कभी नम्रता उसके पास आने की कोशिश करती तो वह उसे झिड़क देता, "जाओ, जाओ, लड़कियों में खेलो।" लेकिन इसका बदला नम्रता ने भी दूसरे अवसर पर निकाल लिया। नम्रता की मौसी की लड़कियाँ जब दिल्ली से कभी आतीं तो नम्रता उनके साथ व्यस्त हो जाती और दूसरों को पहचानने से इनकार कर देती। वे लड़कियाँ खूब फैशनेबुल फ्रॉक पहनतीं, इधर से उधर फर-फर चलतीं या उछलती रहतीं, पश्चिमी उच्चारणवाली अच्छी खड़ी बोली बोलतीं। और एक-दो बार नीलेश उनकी ओर आकर्षित होकर खेलने के उद्देश्य से उनके पास पहुँचा तो नम्रता ने ताली पीटकर उसे चिढ़ा दिया :

"ए राम, लड़की में लड़का गुलेल खेले..."

वह उलटे मुँह वहाँ से चला आया था। फिर वह बड़ा होता गया, पता नहीं, उसमें कहाँ की शर्म भरती गई। उसे दूसरों से बोलने में काफी हिचक होती। रिश्तेदारी और ननिहाल जाने में भी उसे बड़ा संकोच होता। उसने पढ़ाई में ध्यान लगाया और अन्य गम्भीर बातों के बारे में भी वह सोचने लगा। खेल-कूद, फुटबाल, हॉकी और बालीवाल भी कम हो गया। नम्रता भी उससे दूर होती गई। वह भी बड़ी हो रही थी। कभी-कभी वह उसके घर जरूर आती। वह सबको धड़-धड़ नमस्ते करती और छोटे-से-छोटा भी काम करने को तैयार हो जाती। जब वह आती तो नीलेश वहाँ से चला जाता। या दूसरी ओर मुँह कर लेता। उसे स्वयं अपनी आवाज भद्दी लगती और नम्रता की बातें भी बड़ी बनावटी। नम्रता अपने बड़े होने की अप्रत्याशित, अस्वाभाविक लगनेवाली स्थिति के प्रति सजग और सचेत थी, इसलिए वह अपनी आवाज खींच-खींचकर अस्वाभाविक ढंग से ही बोल पाती थी। नीलेश इस आवाज से चिढ़ जाता। वह उसे हर दृष्टि से—रूप, चाल, ढाल, आवाज की दृष्टि से बड़ी मामूली और तुच्छ लगती। वह तो उसकी ओर देखता भी नहीं था। बचपन की खेल-कूद आदि सभी बातें एक अजीब शर्म, गम्भीरता, आदर्शवाद, श्रेष्ठता और बड़प्पन के नीचे दबकर अतल परतों में अस्तित्वहीन—चेतनाशून्य होकर निश्चेष्ट पड़ी रहीं।

और आज वे बातें सजीव होकर उसे बेहद व्याकुल करने लगीं। उसके अन्दर एक हुड़क-सी उठी, नम्रता के बारे में सोचकर, जैसी कभी-कभी अपने गाँव के बारे में सोचकर उसकी हालत होती थी—वहाँ गुजरे समय के बारे में। वहाँ की घास और दूब, ताजी हवा, मीठे बीजू आम और सोंधे खजूर, कड़ाह से निकालकर लाया गया गन्ने का गर्म-गर्म गाढ़ा रस-महिया तथा जौ की रोटी, कदम्ब में सींक-सी पतली लकड़ी गाड़कर बनाया और नचाया गया लट्टू, प्राथमिक पाठशाला के मरकहे और बातूनी मौलवी साहब, सफेद बालों और अनगिनत बारीक झुर्रियों वाली प्यारी-सी बड़ी बूढ़ी दादी...। नम्रता अब उसे अपने गाँव-सी अपनी और प्रिय लगी, उसके अन्दर सदा के लिए रची-बसी, जिसे वह कभी भी अपने से अलग नहीं कर सकेगा, जिसकी स्मृति को वह काटकर कभी भी फेंक नहीं सकता।

एक दिन उसे भाई-बहनों की याद आने लगी। गंगा की लहरों पर उनके हँसते हुए चेहरे तैरते हुए नजर आए। शैलजा उससे करीब चार वर्ष बड़ी है। ज्येष्ठ लड़की तथा पहली सन्तान होने की वजह से और सबकी शिकायत करके वह माँ-बाप की बेहद प्रिय बनी हुई थी। दूसरे भाई तो छोटे

थे, लेकिन उसको जब चाहे वह तड़ी जमा देती। तब उसने चिढ़कर उसका नामकरण कर दिया था--मन्थरा। पूरा नाम-उच्चारण की जरूरत भी नहीं थी, बस सिर्फ 'मन्थ' कहता और शैलजा बेहद चिढ़ जाती, जिससे खुश होकर वह 'मन्थ, मन्थ' कहकर वहाँ से भाग चलता। अन्त में, इस पराजय को टालने के लिए शैलजा ने भी जवाबी नामकरण के शस्त्र का इस्तेमाल करते हुए उसको सम्बोधित करना शुरू कर दिया 'डुकी।' क्या सोचकर शैलजा ने उसका यह नाम रखा था, यह शायद वह भी नहीं जानती थी। स्वयं वह तथा घर का अन्य कोई भी व्यक्ति 'डुकी' का अर्थ नहीं जानता था, परन्तु वह नाम नीलेश पर खूब चस्पा हुआ, जिसे सुनते ही वह काफी चिढ़ जाता। फिर दोनों ओर से देर तक 'मन्थ-मन्थ' और 'डुकी-डुकी' होने लगता, जिसका अन्त होता शैलजा द्वारा 'शिकायत' ब्रह्मास्त्र के प्रयोग और नीलेश की डाँट-फटकार और पिटाई में।

वीरेश सीधा और चुप्पा था, इसके अलावा वह सिनेमा-इश्तेहार लूटते समय इक्के-पहिए के नीचे दबने तथा भूचाल के समय गिरती दीवार में दबकर गम्भीर रूप से घायल होने के बाद जीवित और स्वस्थ होने की ख्याति अर्जित कर चुका था, इसलिए वह सबसे अधिक ख्याल-तवज्जोह तथा प्यार पाने का अधिकारी समझा जाता था। लेकिन उसकी कुछ खास बातों से चिढ़कर नीलेश ने उसका नाम 'भोंभा' (भोंपा) रख दिया था। उसकी एक अजीब आदत थी यानी उसके मन का अच्छा-से-अच्छा खाना जब भी उसके सामने लाया जाता, उसका मुँह सिकुड़ जाता, आँखें निकल आतीं और नाक फूल जाती। वह कोई भी मीन-मेख निकालकर झनकती हुई आवाज में कहता था, "ए राम, कैसा बनाया है, जाओ, ले जाओ...।" माँ या दादी उसे मनाने लगती, हर व्यंजन का जिक्र करके उसकी तारीफ के पुल बाँध देती, लेकिन वह न मानता बल्कि अन्त में लेटकर भों-भों रोने लगता। तब माँ गुस्से में यह कहकर वहाँ से चली जाती, "जाओ, मत खाओ, मैं जाती हूँ...।" जब वह देखता कि आस-पास कोई नहीं है और न निकट भविष्य में आनेवाला है तो चुपके से उठता और सर झुकाकर चुपचाप भोजन चुगने लगता।

उसकी आवाज मोटी थी और नाक कुछ फूली और पसरी हुई। वह पढ़ने में तेज था और सबसे अधिक समझदार भी। किसी से लड़ता-झगड़ता भी नहीं था। लेकिन कई अनोखी आदतें थीं उसकी। उसे कोई भी गीली चीज पसन्द नहीं थी, सिवाय पनिऔआ अधपकी, अरहर की दाल, बहुत कम मात्रा में फटे हुए विरल दानों के साथ। अपने इस खाने को वह जूस-भात कहता। खाते समय वह अधिक भात और बहुत कम दाल लेकर कौर सानता बेहद सूखा-साखा, जिसे वह बहुत पसन्द से खाता। कोई औरत कभी उसे आश्चर्य से देखकर कहती, "क्या स्वाद आता है, ए पूता, इस तरह खाने से ?" जिसके उत्तर में उसके मुँह पर एक मौन मुस्कुराहट उभर आती। यदि उसकी थाली में भूल से गली हुई दाल या शोरवादार सब्जी परोस दी जाती तो भों-भों की आवाज शुरू। इसी तरह उसे सूखी चीजें बेहद पसन्द आतीं। रसगुल्ला, जलेबी, इमरती तथा अन्य गीली-गीली मिठाइयों से उसे चिढ़ थी, लेकिन मगद का लड्डू, ढूँढा, ढूँढी, तीसी का लड्डू, तीखुर का लड्डू, सूखी पापड़ी, मेथी का लड्डू, भूजा, मकई का परमल आदि दुनिया की जितनी भी सूखी खाद्य पदार्थ वस्तुएँ थीं, उसे बेहद प्रिय थीं। जितने शौक से वह रूखा-सूखा ठेकुआ खाता, उतनी ही चिढ़ होती उसे मालपूआ से। सत्तू वह गीला करके नहीं खा सकता था, लेकिन वही जब थोड़ा घी और चीनी मिलाकर पेश किया जाता तो उसका मुखड़ा खिल उठता। सेवड़ा (नमकपारे), सूखा सेव बेसन का और सादी, सूखी मूँगदाल मोंठ भी उसकी प्रिय खुराक थी।

उसकी इन आदतों से काफी चिढ़कर कभी नीलेश उसकी नाक जोर से मल देता 'भोंभा कहीं का।' इसी तरह अपने से छोटे भाई सुरेश का नामकरण उसने 'चिरई' किया था, इसलिए कि वह बहुत बाचाल और शरारती था और उसकी नाक चोंच की तरह नुकीली थी। नाक मलने की वजह से छोटे भाई कभी-कभी, गुस्से में चीखते थे, 'ए अम्मा देख, 'डुकिया' मार रहा है।'

दशहरे की छुट्टियाँ बीत जाने पर संगीत के प्रति उसकी दिलचस्पी एक विचित्र परिस्थिति में शुरू हुई। उसके चाचा के एक परिचित सुजानदास, जो उसके गाँव के निकट एक कोस की दूरी पर स्थित ताड़ी बड़ागाँव के निवासी थे, अचानक नामालूम कहाँ से आकर वहीं रहने लगे। उसके चाचा को वह 'भैया-भैया' कहते थे, परन्तु उनको इससे पहले उसने कभी देखा नहीं था। वह बेहद दुबले-पतले थे और उनका शरीर आगे की तरफ काँवर की तरह झुका हुआ था। हड्डीदार चेहरा, काफी बड़ा मुँह का चीरा और खूब पतली, नुकीली नाक। वह सदा गेरुए रंग की लुंगी और कुर्ता या कमीज पहनते थे और उलटे झाड़े गए, पीछे लटकते बालों और संगीतकार होने की वजह से ऐसे कलाकार की छवि प्रस्तुत करते, जिसने संगीत कला साधना के लिए सांसारिक जीवन का त्याग कर दिया हो।

सुजानदास अंग्रेजी स्कूल में कक्षा आठ या नौ तक ही पढ़ सके थे। स्कूल में और बलिया जैसे उस छोटे-से शहर में संगीत शिक्षा की कोई व्यवस्था नहीं थी और अन्य विषयों की पढ़ाई में उनकी तबीयत लगी नहीं, परिणामस्वरूप छात्र-लंठई में यह प्रवीण होते गए, जिसके दौरान दो बार उन्हें मारकर फेंक भी दिया गया था। वह जीवित बच तो गए, लेकिन अन्त में उन्हें स्कूल से निकाल दिया गया, जिसके पश्चात संगीत सीखने के लिए वह घर से भाग गए।

निश्चित ही उनका कंठ मीठा और कुछ मोटा था। वह कई गुरुओं के पास गए, पर कहीं जम नहीं पाए। पहले गुरु उनसे कंठ साधना के लिए कहते, "हाँ, शास्त्रीय संगीत के लिए जरूरी है यह साधना। सतही, बनावटी प्रयास से उत्पन्न सतही और सिनेमाई कोमलता और मिठास से संगीत की गहराई में नहीं उतरा जा सकता। इसके लिए निरन्तर अभ्यास की जरूरत है। स्वर को कंठ की गहराइयों से निकालिए उसकी हर स्वाभाविक स्थिति में, बिना किसी संकोच एवं अस्वाभाविकता के जिससे उसमें दाने पड़ सकते हैं और बहुविधि, चहुँदिशि नियन्त्रण, अभ्यास एवं विशेषज्ञता प्राप्त की जा सकती है। रियाज के अलावा बड़े गुलाम अली, ओंकारनाथ ठाकुर, फैयाज खाँ आदि के संगीत रेकॉर्ड बजाकर सुनिए और विभिन्न संगीत सभाओं में जाकर संगीत का आनन्द लेना न भूलिए...।"

परन्तु बचपन में पड़ी चंचल आदतों और झगड़ालूपन के कारण वह कोई काम जमकर नहीं कर सकते थे। परिश्रम का कोई काम उनसे होता नहीं था और अधूरेपन की स्थिति में वह गुरु से कोई बहस या झगड़ा करके वहाँ से चल देते। अन्ततः नतीजा यह हुआ कि शास्त्रीय संगीत के पाले में बैठकर वह सुगम सिनेमाई संगीत की पतंग उड़ाने लगे। उखड़ी-उखड़ी कंठ साधना करते-करते वह सिनेमा के परदों में से आनेवाले सहगल, के.सी.डे., अशोक कुमार, पंकज मलिक आदि के मोटे-मोटे मीठे स्वरों का अनुकरण करने लगे। वह कंठ साधना के शास्त्रीय अनुशासन की अवेहलना करके आगे छाती पर ठुड्डी गाड़कर मोटी-से-मोटी कृत्रिम आवाज निकालते। लेकिन इससे भी उनको सन्तोष नहीं होता, तब वह किसी चीज का भोंपू बनाकर उसे मुँह में लगाकर गाने लगते, जैसे सिनेमा के परदे पर सहगल ही गा रहे हों।

नीलेश ने पहली बार जब उनका गाना सुना तो मुग्ध भाव से उनकी ओर देखता ही रह गया था। उन्होंने कमरे में पड़े हिन्दी के दैनिक पत्र 'आज' की एक प्रति उठाकर उसका भोंपू बनाया और उसके पतले सिरे को मुँह से लगाकर गाना शुरू किया, "मेरा बंगला बना न्यारा...।" कमरे की धरन ऊँची थी इसलिए उनकी मोटी अद्भुत आवाज गूँजने लगी। सहगल के अनुकरण में दूसरा गाना गाया गया 'झुलना झुलाओ'। कभी-कभी ऐसा लगा कि सहगल से भी अच्छी आवाज है उनकी।

"वाह सुजान चाचा, आप तो बहुत अच्छा गाते हैं..." नीलेश ने उनसे कहा।

"अगर मैं यहाँ रह गया तो तुम्हें भी सिखा दूँगा। लेकिन इसमें रियाज के लिए काफी समय देने की जरूरत है...।"

लेकिन वह स्थिर होकर नहीं बैठ सकते थे। शायद यही कारण था कि इतना अच्छा गला और शास्त्रीय संगीत प्रेमी होने के बावजूद वह कुछ विशेष नहीं कर सके। यदि वह सुगम संगीत के क्षेत्र में ही डटे रहते तो भी यथेष्ट प्रगति हो सकती थी। लेकिन पहले के कुछ सिनेमा गानों और सूरदास के 'भजनों' के अलावा कुछ नया जोड़ सके हों, ऐसा नहीं लगता था। वादा करने के बावजूद नीलेश को कुछ भी सिखाने के लिए उनके पास कोई समय नहीं था। एक-दो साधारण विद्यालयों में संगीत शिक्षा का भी उन्हें कार्य मिला पर वहाँ भी जम नहीं सके। पता नहीं कब उठकर वह चल देंगे, इसका कोई ठिकाना नहीं था। संगीत के प्रति इतना उत्साह रखनेवाले तथा ऊँची सम्भावनाओं वाले व्यक्ति की उपलब्धियाँ इतनी कम होंगी, यह ऐसा विरोधाभास था, जिस पर विश्वास नहीं होता था। सिद्धान्त की उन्हें काफी जानकारी थी, दूसरों पर बातों का अद्भुत प्रभाव छोड़ते थे वह लेकिन गला अच्छा होने पर भी उनका व्यावहारिक शास्त्रीय गायन पक्ष बहुत कच्चा और शुरुआती किस्म का ही था।

लेकिन नीलेश के लिए यही बहुत था। सुजानदास के पास समय नहीं था तो उसे कहाँ छुट्टी थी ? फिर भी अवकाश के समय मिले उनके साथ-संग ने शास्त्रीय संगीत के प्रति उसकी दिलचस्पी काफी बढ़ा दी। वह किसी संगीत सम्मेलन और सभा को छोड़ते नहीं थें। कई बार जब नीलेश को फुरसत होती, उसे भी वह अपने साथ ले जाते। ध्रुपद, धम्मार संगीत प्रतियोगिता सभाओं में वह उनके साथ गया जिनमें लड़के और लड़कियाँ भाग लेते थे। उस्ताद अलाउद्दीन खाँ का सरोद वादन वह उन्हीं की वजह से सुन सका। खाँ साहब स्वयं जैसे सहज थे, उनके वादन में भी वैसी ही सहजता थी—कला निपुणता के प्रदर्शन का कोई अतिरिक्त प्रयास या दुराग्रह नहीं। और अन्त में तो उन्होंने उन नौजवानों का मन रखने के लिए सरोद पर ही दो-तीन सिनेमा के गीत बजाए जैसे 'वन की चिड़िया बन के वन-वन डोलूँ रे' या 'दुनिया रंग-रँगीली बाबा।' इन अवसरों पर देर तक ताली बजती रही।

ओंकारनाथ ठाकुर तथा फैयाज खाँ का संगीत सुनने वह उन्हीं के साथ इलाहाबाद गया। निश्चय ही ये दोनों ही हिन्दुस्तानी संगीत के अप्रतिम कलाकार एवं विद्वान थे, फिर भी उनमें शायद वह सहजता नहीं थी जो उस्ताद अलाउद्दीन खाँ की कला में थी। वे गायन में अपने पांडित्य का भी खूब प्रदर्शन करते थे जो कुछ लोगों के लिए रुचिकर नहीं भी होता था। ओंकारनाथ की प्रसिद्धि अन्य कारणों से भी थी। वह कई बार कांग्रेस अधिवेशनों में राष्ट्रीय गान प्रस्तुत कर चुके थे और शान्ति आन्दोलनों से जुड़े एक महत्त्वपूर्ण कलाकार थे। आगरा घराने के विख्यात संगीत कलाकार फैयाज खाँ की विद्वता, अनुशासन, नियन्त्रण, मन की अतल गहराइयों को छूता ख्याल...बहुआयामी आलाप सभी कुछ अकल्पनीय था। और ठुमरी गायन में तो उनकी मौलिकता ऐसी अनूठी थी जिसका अनुकरण नहीं किया जा सकता।

लेकिन परेशान हो गया वह यह सोचकर कि उनके गायन के बोल (पद या पंक्तियाँ) क्यों नहीं समझ में आते जो गायन में ही घुल-मिलकर बहने लगते थे। क्या स्वर, आलाप आदि ही महत्त्वपूर्ण हैं और बोल नहीं हैं ? वह अन्त तक उनके जै-जैवन्ती गायन के बोल नहीं समझ पाया और बाद में पूछने पर सुजानदास उसकी उम्र के कारण बहुत संकोच से बता सके 'पैयाँ पड़ूँगी पलगा न चढ़ूँगी।' विडम्बना यह है कि दूसरा भी अर्थ वह नहीं समझ सका। उस समय बाद में जब उसे मालूम हुआ तो उसे बड़ा आश्चर्य हुआ और कुछ कोफ्त भी। इतने सुन्दर कलात्मक गायन के बोल और रुचिकर एवं कलात्मक नहीं हो सकते थे ?

निश्चय ही उसमें इस समय व्याप्त बालिका विवाह की एक मजबूर सामाजिक स्थिति का ही चित्रण है। लेकिन उद्‌देश्य, सम्पन्न पुरुष रसिक मंडली दरबार को प्रसन्न करना ही है। संगीत पदों में सहज भावनाएँ हों, शुष्कता न हो, यह जरूरी है। शृंगार तो उसका मुख्य भाव है और कई अवसरों पर जैसे होली या बसन्त पर, कुछ ढिलाई भी बरती जाती है, फिर भी गायन के लिए बेहतर और

सहज शृंगारिक बोल चुने जाने चाहिए। खैर, इसमें कोई फॉर्मूला क्या बनेगा, इनको बनाने में सहज सामाजिक जीवन एवं संस्कृति की अभिव्यक्ति की आकांक्षा होती है। बाद में बनारस में ही उसने जै-जैवन्ती में ही सुना था 'इनमें कौन राधिका रानी, इनमें कौन राधिका रानी... ।' गोपियाँ आई हैं, रुक्मिणी पूछ रही हैं। ये पंक्तियाँ क्यों इतनी अच्छी लगी थीं उसे कि वह हफ्तों उन्हें गुनगुनाता रहा था। एकान्त में यह गुनगुनाहट उसकी आँखों को अश्रु-बूँदों में डुबा देती, जिनके बीच राधा के आगमन की तरह उदास, मुस्कुराती नम्रता की काँपती छवि झिलमिल करने लगती।

अचानक एक दिन जब सुजानदास अपना बोरिया-बिस्तर लेकर वहाँ से चले गए तो उसके संगीत प्रेम को भी भारी झटका लगा। इस बीच देश में तेजी से घटनाएँ घटी थीं। राजनैतिक माहौल गरमा रहा था। सुभाषचन्द्र बोस और आजाद हिन्द फौज की गतिविधियाँ तेज हो गई थीं। अंग्रेजों की लगातार हार हो रही थी, जिनसे हिन्दुस्तान की स्वातन्त्र्य प्रेमी जनता की आशाएँ पेंग बढ़ा रही थीं। महात्मा गांधी लगातार 'हरिजन' में लिखकर आजादी की माँग कर रहे थे। उसी बीच हारती ब्रिटिश हुकूमत के विशेष प्रतिनिधि सर स्टैफोर्ड क्रिप्स आए। कुछ लोगों की उम्मीदें बढ़ीं, नरम दलीय नेता सक्रिय हुए, मुस्लिम लीग नेताओं ने पाकिस्तान की अपनी माँग पर बल दिया और हिन्दू महासभा तथा कन्हैयालाल माणिकलाल मुंशी ने अखंड हिन्दुस्तान पर।

पाकिस्तान की समस्या पर भी कांग्रेस जैसे सशक्त आन्दोलन में कई आवाजें उठने लगीं। मौलाना अबुल कलाम आजाद, मौलाना मदनी, खान अब्दुल गफ्फार खाँ, शेख अब्दुल्ला, रफी अहमद किदवई आदि अनेक मुस्लिम नेता पाकिस्तान के विरोधी थे, वहीं राजगोपालाचारी, कम्युनिस्ट आदि आत्मनिर्णय के अधिकार के नाम पर पाकिस्तान का समर्थन कर रहे थे। इसी वजह से अखिल भारतीय कांग्रेस समिति के इलाहाबाद अधिवेशन के अवसर पर जब राजगोपालाचारी आए तो स्टेशन पर हिन्दू महासभा के सदस्यों ने काले झंडों के साथ उनके विरुद्ध प्रदर्शन किया और पंडित नेहरू ने गुस्से में आकर एक-दो झंडे छीनकर फेंक दिए और उन पर दो-चार हाथ भी चलाए।

उन्हीं दिनों उसे समाजवादी नेता अशोक मेहता की अंग्रेजी पुस्तक 'कम्युनल ट्रायंगिल आव इंडिया' (हिन्दुस्तान का साम्प्रदायिक त्रिकोण) पढ़ने को मिली। इस रचना में एक त्रिकोण के जरिए देश की साम्प्रदायिक स्थिति का विश्लेषण किया गया था। उनका कहना था कि एक त्रिकोण की आधार भुजा की वजह से ही शेष दोनों भुजाएँ अलग-अलग हो जाती हैं, यह आधार भुजा हटा दी जाए तो त्रिकोण का अस्तित्व स्वतः ही खत्म हो जाएगा और दोनों भुजाएँ एक-दूसरे से मिल जाएँगी। इस देश में ब्रिटिश हुकूमत आधार भुजा के समान है और उसके टूटते और आजादी मिलते ही यहाँ का साम्प्रदायिक त्रिकोण समाप्त हो जाएगा और परिणामस्वरूप हिन्दू तथा मुस्लिम सम्प्रदाय रूपी दोनों भुजाओं के पृथक वजूद भी।

महात्मा गांधी भी यही कहते थे कि 'ब्रिटिश हुकूमत यहाँ से चली जाए और हमको अपने हाल पर छोड़ दे। हम अपने मतभेदों का समाधान स्वयं कर लेंगे। ब्रिटिश हुकूमत तो हिन्दुस्तान के कन्धों पर एक लाश के समान है, जिसे उसे लगातार ढोना पड़ रहा है। जब वह लाश हटेगी, तभी यहाँ के लोग स्वाधीन होकर चैतन्य, स्फूर्तिवान और शक्तिशाली होंगे।' परन्तु स्टैफोर्ड क्रिप्स के प्रस्ताव में अनेक पेंच और चालाकियाँ थीं और समस्या को टालने की मंशा। ब्रिटिश सरकार हिन्दुस्तानी जनता के आपसी मतभेदों की अनदेखी नहीं कर सकती क्योंकि अल्पसंख्यक समुदायों तथा देशी रियासतों के हितों के प्रति भी उसका कोई कर्त्तव्य है ! इस समय युद्ध-प्रयत्नों में मदद देने के लिए सभी एक कामचलाऊ राष्ट्रीय सरकार में शामिल हों और युद्ध समाप्ति के बाद हिन्दुस्तानी स्वतन्त्रता के सभी पहलुओं पर समुचित विचार करते हुए इस दिशा में निश्चित कदम उठाए जाएँगे !

गांधी-क्रिप्स वार्त्ता टूट गई थी और ब्रिटिश प्रस्ताव को ठुकराकर गांधीजी बाहर निकल आए। फिर तो आजादी की अन्तिम लड़ाई के लिए गांधीजी की 'करो या मरो' की आवाज देश के कोने-कोने

में गूँज उठी।

वह उत्साह में उड़ने लगा। देश की आजादी के लिए स्वयं कुछ करने के लिए व्याकुल हो उठा। अनेक कांग्रेसी और समाजवादी नेताओं से वह मिलता रहा था। सुरंजन शास्त्री भी अक्सर बनारस आते और उससे भी मिलते। उन्होंने ही उसे आचार्य नरेन्द्र देव, सम्पूर्णानन्द, दामोदर स्वरूप सेठ, अलगू राय शास्त्री, विश्वेश्वर प्रसाद कोइराला, मोहन लाल गौतम, चन्द्रशेखर अस्थाना आदि से मिलाया था। एक बार सम्पूर्णानन्द ने गम्भीर स्वर में उनसे कहा था :

''आप लोग तैयार रहिए हर कुर्बानी के लिए। यह आजादी की आखिरी लड़ाई है। हर स्तर पर ब्रिटिश सरकार से असहयोग करना होगा। अहिंसात्मक तरीकों से ऐसा आन्दोलन करना होगा, जो ब्रिटिश हुकूमत के तन्त्र को एकदम नाकाम कर दे। रेल, परिवहन एवं संचार सम्बन्ध पूरी तरह भंग और निरर्थक हो जाएँ, थाने, कचहरी, कार्यालय और स्कूल सब निष्क्रिय हो जाएँ। हाँ, इस विदेशी तन्त्र को नष्ट करके उसकी जगह पर पूर्ण आजाद पंचायती प्रजातन्त्र की स्थापना करनी होगी। इस समय यदि हम चूके तो सदा के लिए चूक जाएँगे...।''

मार्च के अन्त में जब उसकी वार्षिक परीक्षा खत्म होने को हुई, उसे वीरेश की एक लम्बी चिट्ठी मिली जिसमें अइगा पांडे प्रकरण का विस्तारपूर्वक उल्लेख किया गया था। वीरेश ने अन्त में लिखा था, ''बलिया की जनता के लिए क्या यह खुशी की बात नहीं है, भैया, कि वहीं के एक महान व्यक्ति सदाशयव्रतजी ने नारी के अपमान का बदला लेकर अइगा पांडे को नम्रता दीदी के आदरणीय पिताजी से क्षमा माँगने के लिए बाध्य कर दिया ? उसके बाद तो शहर में अइगा पांडे की काफी छीछालेदर हो गई है। एक दिन तो गजब हो गया। दयाशंकर भैया बहुत दिनों के बाद अपने ननिहाल से शहर आए थे, जब उन्होंने यह सब सुना तो काफी गुस्सा गए और उन्होंने एक शाम को अँधेरे में अइगा पांडे पर, जब वह ताड़ीखाने की एक दुकान पर बैठकर ताड़ी पी रहा था, एक बम फेंक दिया। यह बम नारियल के खोल में दयाशंकर भैया ने स्वयं बनाया था। उसमें बारूद, लोहे की कांटियाँ, और नुकीले टुकड़े तथा छोटे-छोटे शीशे भरे हुए थे। गनीमत यही हुई कि बम में विस्फोट नहीं हुआ और जोड़े गए खोल के दोनों टुकड़े अलग होकर और उसके अन्दर रखे घातक सामान बिखर गए। अइगा पांडे को मामूली चोटें आईं जरूर, लेकिन उसके बाद वह आज तक शहर में दिखाई नहीं दिया। बलिया के नौजवान देश और नारी का अपमान तथा अंग्रेज हुकूमत का कोई भी जुल्म अब एक क्षण के लिए भी बरदाश्त नहीं करेंगे भैया !''

नीलेश बेहद परेशान हो गया। तब उसे लगा कि नम्रता को पीड़ित करने के लिए ही वह छुट्टियों में जानबूझकर बलिया नहीं गया था। कितना भारी अन्याय किया था उसने नम्रता पर ? और उसी बीच वह दूसरों का भी अन्याय सहती रही ! यह कैसी विडम्बना है।

अप्रैल मास में परीक्षा परिणाम निकलने के बाद नीलेश ट्रेन से उतरकर जब घर पहुँचा तो नम्रता संयोगवश अपने बरामदे में ही खड़ी थी। नीलेश सिर घुमाकर एक क्षण उसकी ओर देखकर घर के अन्दर घुस गया। नम्रता को तो मूर्छा-सी आ गई। उसकी आँखों के आगे अँधेरा छा गया और सिर चकराने लगा। उसने दीवार पकड़कर अपने को किसी तरह सँभाला, फिर डगमग चाल से घर के अन्दर उस छोटी-सी कोठरी में जाकर चुपचाप बैठ गई, जो सदा उसकी पीड़ा-भरी भावनाओं की गवाह है।

बाहर तेज धूप निकली थी। गर्मी धीरे-धीरे बढ़ गई थी, नम्रता चरखे पर स्वयं काते हुए सूत से खरीदी गई साड़ियों में से एक साड़ी और ब्लाउज पहने हुए थी। गर्मी से परेशान होकर वह बरामदे में हवा के लिए गई थी। कोठरी में बैठते ही उसकी आँखों से विपरीत कोशिशों के बावजूद टप-टप

आँसू गिरने लगे।

अनेक बातें उसके दिल को हौड़ने लगीं। वह कई बार अपने को धिक्कार चुकी है कि जब नीलेश बनारस जा रहा था, वह उससे मिलने, उसे विदा नमस्कार करने क्यों नहीं गई ? उसकी पुस्तकें क्यों लौटा दीं ? ऐसी मक्कारी तो उसमें कभी नहीं थी। और जब वह चला गया तो पश्चाताप-भरे दुःख से उसका हृदय टुकड़े-टुकड़े हो गया। फिक्र की कालिमा उसके चेहरे पर पुत गई। घर हो या स्कूल, वह सदा उसके ख्यालों की पीड़ा में खोई रहती।

एक दिन दुलारी गुरुजी ने उसे अध्यापिका कक्ष में उस समय बुलाया, जब वहाँ कोई टीचर नहीं थी।

''क्या बात है, नम्रता, आजकल गुमसुम क्यों रहती हो ?'' दुलारी गुरुजी ने पूछा।

''कोई खास बात नहीं है, गुरुजी।'' नम्रता ने सिर झुकाए हुए कहा।

''कोई बात तो जरूर होगी।''

''नहीं गुरुजी।''

''फिर क्या बात है ? घर में किसी ने कुछ कहा है ?''

''नहीं।''

''हो सकता है, मुहल्ले में किसी ने कुछ कह दिया हो ?''

''किसी ने कुछ नहीं कहा।''

''फिर स्कूल में किसी ने दुर्व्यवहार कया हो ?''

''नहीं तो....''

''अरे ! फिर तुम्हें कोई शारीरिक कष्ट होगा। लड़कियाँ शर्म-संकोच में अपनी माँ को भी अपना कष्ट नहीं बतातीं। यह गलत दृष्टिकोण है। यह विज्ञान का जमाना है। पहले का समय दूसरा था। अशिक्षा थी, अन्धविश्वास था, खास तरह से झाड़-फूँक पर अधिक। तुम तो पढ़ी-लिखी लड़की हो। यह जान लो कि रोग को कभी नहीं छिपाना चाहिए। अच्छे-अच्छे डॉक्टर हैं, हर रोग का निदान है। चिकित्सा है। मैं तुम्हारी टीचर हूँ, तुम्हारी सहेली भी हूँ, मुझसे तुम्हें कुछ नहीं छिपाना चाहिए। मैं तुम्हारी मदद करूँगी।''

इतना लम्बा उपदेश सुनकर नम्रता रुआँसी-सी हो गई। मुश्किल से उसके मुँह से आवाज निकली :

''नहीं गुरुजी, मुझे कोई रोग नहीं है।''

''तब क्या बात है भाई ? जब कुछ भी नहीं है तो तुम्हारी जैसी तेज और खुशदिल लड़की हर वक्त दुःखी क्यों रहे ? अब तो यही कारण बच रहता है कि तुम अपना दिल किसी को दे बैठी हो...!''

दुलारी गुरुजी ने यह बात धीमे स्वर में किंचित रूखाई से कही थी और उनके मुख पर शर्म की एक टेढ़ी व्यर्थ मुस्कुराहट फूट पड़ी थी। बात तो सच थी, परन्तु नम्रता को अपनी आदरणीय गुरुजी से ऐसे व्यवहार की उम्मीद नहीं थी। परिणामस्वरूप उसके चेहरे की कालिमा और भी गाढ़ी हो गई और कुछ ही क्षणों बाद शर्म, अपमान तथा दुःख से अवश होकर वह हथेलियों में अपना मुँह छिपाकर सुबकने लगी।

''अरे, अरे,'' दुलारी ने धीमे स्वर में कहा, ''रो क्यों रही हो ? मैंने तो यूँ ही पूछ लिया है, पर जवान लड़की का जीवन काँटों से भरा होता है। इस उम्र में प्रत्येक युवती किसी पुरुष के प्रति आकर्षण का अनुभव कर सकती है। उसके जाल में फँस सकती है। यह कोई अस्वाभाविक बात नहीं है। नासमझी व अनुभवहीनता की उम्र है यह लेकिन ऐसी स्थिति में अपने को अपराधी न मानकर इस समस्या के प्रति बहुत ही सोच-समझकर एक सन्तुलित दृष्टिकोण अपनाना चाहिए। सच

बताओ, वह चाहे कोई भी हो, वह कोई बूढ़ा-बाढ़ा या विवाहित तो नहीं है और उससे सम्बन्ध सीमोल्लंघन की स्थिति में तो नहीं है।''

नम्रता ने तेजी से अपने मुँह पर से हाथ हटाकर आँसू-भरी अपनी गुस्साई आँखों से दुलारी गुरुजी को देखा, फिर झनझनाती-सी आवाज में तेज स्वर में बोली, ''झूठ है यह सब।''

दुलारी गुरुजी ने अवाक होकर कुछ देर उसे देखकर प्यार से कहा, ''देखो नम्रता, तुम मेरे स्कूल की एक तेज छात्रा हो, मैं नहीं चाहती कि तुम किसी ऐसे बवाल में फँसो कि तुम्हारी पढ़ाई छूट जाए या चौपट हो जाए। जमाना बहुत खराब है और हम एक पिछड़े समय में रह रहे हैं। यह शहर तो और भी पिछड़ा है। पुरुष तो बच निकलता है, पर स्त्री पर सारा कलंक आ जाता है। बुजुर्ग कह गए हैं कि पुरुष और स्त्री खर और आग की तरह हैं, दोनों को शादी के पहले एक-दूसरे से दूर रहना चाहिए अन्यथा पास आने से ज्वाला निश्चय ही पैदा होगी। लपटें जरूर उठेंगी। यह प्रकृति का नियम है। इसीलिए समाज में शादी की व्यवस्था है, माँ-बाप भी देखभालकर अपने बच्चों की शादी अपनी जाति में करते हैं। माँ-बाप की सलाह के बिना इस दिशा में कोई कदम उठाना उचित नहीं है, जो स्त्री के लिए इसलिए खतरनाक है कि मिलन ज्वाला में पुरुष तो सिर्फ जलता है पर स्त्री को मिलता है मातृत्व। इस समस्या से हर कुँवारी लड़की को सचेत रहना चाहिए। अनजान लड़कियाँ नहीं जानतीं, कोई बताता भी नहीं। इसमें किसका दोष है, यह तो नहीं कहा जा सकता, यह प्राकृतिक है, फिर भी पुरुष सबूत और जिम्मेदारियों से बच सकता है और अक्सर बच निकलता है। इसीलिए वह अधिक निर्मम, चालाक और कुटिल हो सकता है और हो भी जाता है...।''

नम्रता ने अपना झुका हुआ सिर उठाया और नाराजी से अपनी बड़ी-बड़ी आँखें निकालकर बोली, ''गुरुजी मैं जा रही हूँ...।''

इतना कहकर वह घूमकर बेहद नाराज होकर कक्षा की ओर चल पड़ी। दुलारी गुरुजी ने हतप्रभ होकर कहा, ''मैंने जो कहा, उस पर गौर करना...।''

नम्रता अब तक उनकी बातें सुनती रही थी, उस व्यक्ति की तरह, जिसकी किसी भरी महफिल में निन्दा की जा रही हो। लेकिन अब उसके क्रोध का अन्त नहीं था, जिसने उसकी निष्क्रिय पीड़ा-भरी चिन्ताओं को विस्थापित कर सकारात्मक स्वरूप प्रदान कर दिया। घर पहुँचने पर भी उसका क्रोध कम नहीं हुआ, बल्कि और भी बढ़ गया और वह सारी शक्ति से दुलारी गुरुजी की कुदृष्टि एवं लांछन-भरे विचार से नीलेश और उसके प्रति अपने प्यार की रक्षा करने को व्याकुल हो उठी। उसे याद आई उस दिन की, जब वह बड़ी होने की प्रक्रिया के दौरान प्रथम बार नीलेश की आगे निकली चौड़ी छाती, नीचे झूलती लम्बी बाँहों और भीगती मसों वाले मुख की गम्भीर रूखी आभा को मुग्ध औत्सुक्य से देखती रह गई थी।

लेकिन यही सबकुछ नहीं था। वह खिंचती गई विशेष रूप से उसके विचारों की वजह से, जो देशभक्ति और प्रगतिशील, सामाजिक नव-निर्माण के अभिप्रायों से ओत-प्रोत थे। जो बचपन में बेहद नटखट, खिलाड़ी और शरारती था, वह बड़ा होकर कितना सद्व्यवहारी, गम्भीर, शालीन, और विचारशील हो गया था, यह देख-सुनकर वह ठगी-सी रह गई। बचपन में सभी शैतान होते हैं, वह भी थी, लेकिन बड़ी होकर वह स्वयं बेहद कोमल हो गई थी। उसके दिल में सदा सबके प्रति लगाव, आत्मीयता और प्यार के जज्बे मचलते रहते थे। उम्र के इस नए दौर में नीलेश के विचारों ने तो उसे एकदम बदल ही दिया और उसने स्वयं उन्हीं विचारों में अपने को ढालने का निश्चय कर लिया।

नीलेश पर उसे अगाध विश्वास था। पुरुष होने के नाते वह निर्मम, चालाक और कुटिल होगा, यह तो सोच भी नहीं सकती और उसके प्रति ऐसा विचार प्रकट करने के लिए वह दुलारी गुरुजी को भी कभी नहीं क्षमा करेगी। नीलेश उसके लिए भावना, स्वप्न, आदर्श, उच्च विचार और पृथ्वी को ऊँचाई देनेवाला निस्सीम आकाश है। त्याग और कुर्बानी के लिए निरन्तर प्रेरित करनेवाला साथी,

सहचर। उसको नीलेश का शरीर प्यारा है, उसका मन प्यारा है, उसकी छवि प्यारी है, उसका नाम और काम प्यारा है, उसका जीवन, उसकी हँसी-खुशी, खिसियाहट, बोली, चाल-ढाल—उसका सबकुछ प्यारा है उसे, परन्तु उसके साथ अपने को सिर्फ उस क्षणिक तात्कालिक गँवारू मुहावरे के रूप में प्रतिफलित होने की कल्पना कभी नहीं की उसने। नीलेश के लिए उसका प्यार देश और समाज के लिए प्रतिबद्ध जीवन-मरण के साथ-संग की आकांक्षा का परिचायक है। उसको प्यार करने की अधिकारिणी सिर्फ वही है। उस पर क्रोध वही कर सकती है, उसे प्रताड़ना वही दे सकती है, उसका अपमान सिर्फ वही कर सकती है, यह सब कोई अन्य करे, यह उसे एक क्षण के लिए बरदाश्त नहीं।

कितना सम्मान करती थी वह दुलारी गुरुजी का। लेकिन वही आज उसकी नजरों में तुच्छ बनी हुई हैं। उनकी बातें पता नहीं क्यों मन्थरा की याद दिलाती हैं। उस अनुभवी पुरखिन की तरह, जो सदा जवान लड़कियों से जलती है और उपदेश देती रहती है उन्हें। राधा, मीरा तथा धनिया, प्रो. मेहता और मालती के सन्दर्भों से उन्होंने भारतीय नारी की स्वतन्त्रता, संवेदना, गरिमा एवं त्याग की जो व्याख्या की थी, वह सब झूठ है ? वह सब क्या थोथा, किताबी ज्ञान ही है, भावुक, हवाई उपदेश ही है, उसका व्यावहारिक मूल्य कुछ भी नहीं, लेकिन वह स्वयं कैसे इन विचारों को अपने जीवन में लागू करे ?

वह सहसा डर गई। उसने क्या स्वयं ही प्यार को हवाई ढंग से, काल्पनिक ढंग से नहीं समझा ? उसकी वास्तविकताओं से दूर-दूर नहीं भागती रही ? उन वास्तविकताओं को समझने का उसमें साहस ही कहाँ था ? किशोरी का कच्चा मन, दूसरी जाति, अत्यन्त पिछड़ा समाज, अनुभवहीनता, परावलम्बन, फिर भी कितना प्यार करती थी वह नीलेश को। उसे वास्तविकता की फिक्र भी नहीं थी, वह तो सिर्फ उसे प्यार करते रहना चाहती थी। आह, उसने इस प्यार को महसूस करने के लिए उसकी बार-बार उपेक्षा की, उसकी याद में घुलती-पचती रही, एक बार भी उससे कोई ढंग की बात नहीं की। उससे नहीं पूछा कि वह उसके बारे में क्या सोचता है, कैसे वह उसका साथ निभाना चाहता है ? लेकिन इसमें उसका भी दोष है। वह भी उससे हमेशा भागता रहता है, कोई भी चीज समझता नहीं और न समझना चाहता है। ऊपर से नामालूम क्या-क्या कह गया। इस तरह का झूठा लांछन वह कैसे बरदाश्त कर सकती है ? और यदि उसने दी हुई पुस्तकें लौटा दीं तथा बनारस जाते समय उससे नहीं मिली तो क्या वहाँ से वह पत्र नहीं लिख सकता, इतवार को एक दिन के लिए आ नहीं सकता ? क्या उसका अपराध इतना बड़ा है कि उसका ऐसा कठोर दंड दे दिया जाए ?

वह सिर झुकाकर आँखों से बुलका चुआने लगी। रुलाई का वेग बढ़ने को हुआ तो मुँह बन्द करके और दोनों मुट्ठियाँ भींचकर अपने को रोकने की कोशिश करने लगी, जिससे उसका बदन थरथरा गया।

वह सहसा उठ खड़ी हुई। उसने दूसरी ओर मुँह करके आँचल से अपना मुँह पोंछा। फिर बाथरूम में जाकर पानी से मुँह को अच्छी तरह धोया। शाम हो गई थी और पक्षी शोर करते हुए अपने घोंसलों में जा रहे थे। आकाश में बादल जमकर काले हो रहे थे। और सड़क पर कुछ तेज ठंडी जल-भरी हवा चल रही थी।

"अम्मा, मैं जा रही हूँ, शैलजा दीदी के यहाँ"—यह कहकर वह चल पड़ी, लेकिन बाहर के कमरे में सुरेश को देखकर वहीं जा पहुँची।

"सुरेश, तुम्हारे भैया बनारस जाने के पहले दो पुस्तकें तो नहीं छोड़ गए थे ? लेखक रवीन्द्रनाथ टैगोर थे...।"

नम्रता के स्वर में एक शर्म-भरा लड़खड़ाता उत्साह था। परन्तु वाचाल सुरेश ने उसकी ओर देखते हुए मुस्कुराकर कहा, "दीदी, आपने वे पुस्तकें लौटा क्यों दीं ? भैया तो आपके लिए ही लाए थे..."

अपनी शर्म छिपाने के लिए वह सुरेश की बात बीच में काटकर लड़ती हुई सी आवाज में बोली, ‘‘झूठ न बोलो सुरेश ! यह गलत बात कह रहे हो। मेरे लिए वे पुस्तकें कहाँ लाई गई थीं, मैं यह एकदम नहीं जानती...’’

‘‘मैं क्यों झूठ बोलूँगा, दीदी ? पुस्तकों के शुरू में क्या भैया ने नहीं लिखा है, ‘नम्रता के लिए’ ?

‘‘अरे कहाँ ? मैंने तो देखा ही नहीं।’’

‘‘जब आप बिना पढ़े ही लौटा देंगी तो देखेंगी कैसे ? भैया किताबें दे गए। उन्होंने सिर्फ हमसे यही कहा, ‘ये किताबें बहुत अच्छी हैं। ये वही लेखक हैं, जिनकी कविता पुस्तक ‘गीतांजलि’ पर साहित्य का नोबेल पुरस्कार मिल चुका है। छोटी-छोटी कहानियाँ बहुत अच्छी हैं। उपन्यास भी अच्छा है।’ मैं तो नहीं पढ़ सका, पर वीरेश भैया दोनों किताबें पढ़ चुके हैं। तारीफ कर रहे थे।’’

‘‘तो लाओ न वे किताबें। मैं अब पढ़ूँगी। उस समय तबीयत ठीक नहीं थी... ।’’

‘‘दीदी, अब वे किताबें इस घर में नहीं हैं। इस मोहल्ले में गिद्धेश्वर बाबू को तो आप जानती ही होंगी...’’

‘‘मैं कुछ नहीं जानती उनके बारे में, नाम जरूर सुना है...’’

‘‘हाँ, पहले वे लोग दूसरे मोहल्ले में रहते थे। बी.ए. फाइनल में दो साल से फेल हो रहे हैं। कहानियाँ और उपन्यास पढ़ने का उन्हें काफी शौक है। किताबें खरीदते नहीं, बस माँगकर पढ़ते हैं और लौटाते भी नहीं... ।’’

‘‘सुरेश।’’ नम्रता रुआँसी आवाज में बोली।

‘‘हाँ दीदी, दो महीने हो गए हैं और वे दोनों किताबें उन्हीं के पास हैं। जब भैया की खरीदी हुई कई किताबें गायब हैं तो क्या आप समझती हैं कि वे पुस्तकें लौटकर आएँगी ? भैया तो बहुत संकोची हैं, माँगेंगे भी नहीं। मैं ही टोकता रहता हूँ। आपने बेकार ही वे किताबें भैया को लौटा दीं, इस वजह से भैया काफी दुःखी होकर यहाँ से गए हैं। भैया का दिल बड़ा कोमल है, काफी भावुक हैं वह, ऐसी किसी भी बात से उनके दिल को काफी चोट पहुँचती है। खैर, अगर आप वे किताबें पढ़ना ही चाहती हैं तो मैं उनसे बार-बार माँगूँगा और इतने पर भी नहीं देंगे तो किसी दिन उनके घर से चुपके से उठा लाऊँगा... ।’’

‘‘सुरेश, तुम्हारा यह उपकार कभी नहीं भूलूँगी।’’

इसके बाद अपनी रुलाई रोकने के लिए वह घूमकर तेजी से अपने घर की ओर प्रस्थान कर गई। वह सुरेश के सामने तो बहुत लज्जित हुई ही, अपने सामने अपने घर के एकान्त में भी वह बहुत लज्जित थी। और उसे आज महसूस हुआ कि कितना भारी अन्याय उसने नीलेश पर किया है। कितना ख्याल करके वे पुस्तकें उसके लिए खरीदकर ले आया था, और सबकुछ जानकर, सबकुछ देखकर भी वह अनजान बनी रही। जो पुस्तकें सर्वप्रथम उसे ही पढ़नी चाहिए थीं, उन्हें कोई दूसरा पढ़े और कोई लम्पट किस्म का व्यक्ति गायब करने की नीयत से उठा ले जाए, यह उसके लिए कितनी लज्जा और नीलेश के लिए अपमान की बात है, यह उसके सिवाय कोई नहीं समझ सकता।

‘नीलेश, मुझे माफ करो... ।’ वह अपने तेज गिरते खारे आँसुओं को पीती हुई गीली-गीले, अवश लाल होंठों में बुदबुदाने लगी।

और रात में अपने कक्ष में जब नीलेश को पत्र लिखने बैठी तो वह अनन्त अश्रुवर्षा के बीच हजारों बार नीलेश से माफी माँग और पा चुकी थी। उसका क्रोध, अपमान, कुंठा, हीनता, दुःख, पीड़ा, सबकुछ हिरन हो गया था और वह सच्चे पवित्र प्यार से भरकर सफेद रूई और बादल तथा सद्यः प्रस्फुटित बेला-चमेली पुष्प की तरह हल्की हो उठी थी। किस तरह किस नाम से, कैसे सम्बोधित करे वह नीलेश को ? वह इस सम्बन्ध में देर तक सोचती रही, अनेक विचार आए, प्रियतम, प्राणनाथ और नामालूम क्या-क्या। वह कभी मुस्कुराती और कभी झुंझलाती रही। जो सम्बोधन उसके दिमाग

में आते, उन्हें कागज पर उतारती रही, लेकिन उनमें सभी या तो प्राचीन, गँवारू लगे अथवा हृदय की गहन भावनाओं को व्यक्त करने में अक्षम। प्रिय, प्रियतम, मेरे—ये सभी सम्बोधन कृत्रिम और उथले प्रतीत हुए। और बहुत सोच-समझकर अन्त में जो सम्बोधन उसने चुना, उसमें कोई विशेषण ही नहीं था। विशेषण सम्पूर्ण स्थिति कहाँ है ? वह तो कुछ छोटा ही बना देता है। वह अकेला था, नीलेश सिर्फ नीलेश, उसके मन, मस्तिष्क, स्वर, होंठों, और प्राण में उगता, चमकता, महकता नीलेश। नीलेश...अच्छा, बुरा सबकुछ सम्पूर्ण।

तत्पश्चात वह पत्र के मजमून के बारे में सोचने लगी, जो वह नीलेश को लिखने जा रही थी। अनेक बातें, विचार आते रहे, फिर भी वह अन्तिम फैसला कुछ भी नहीं कर सकी। रात सरकती रही, सरकती रही, सोचते-सोचते उसका दिमाग थक गया। जब भोर होने को हुआ और ठंडी ताजी हवा का एक झोंका आँगन से खिड़की के रास्ते भीतर आया तो उसकी आँखें भारी होने लगीं और कुछ ही मिनटों में वह आगे झुककर मेज पर ही अपनी फैली, मुड़ी बाँहों पर सिर टेककर चुपचाप सोने लगी। उसका पत्र उसी की दाईं हथेली से आंशिक रूप से दबकर कभी-कभी हवा से फड़फड़ा उठता था, जिस पर वह सिर्फ निम्नलिखित पंक्तियाँ ही लिख पाई थी :

नीलेश,

मैं आपसे ढेरों बातें करना चाहती हूँ, हाँ बहुत-सी बातें हैं। मैं रोज आपकी प्रतीक्षा करती हूँ, करती रहूँगी। हाँ, आप पढ़ाई का नुकसान न कीजिए...और...और सँभलकर रहिए, अपने स्वास्थ्य का ध्यान रखिए। कई लोग हैं जो आपका हित नहीं चाहते...खरा सोना को खोटा बताना चाहते हैं, इत्र के गुण को सूँघकर नहीं, आचमन करके जानना चाहते हैं। मैं दुःखी हूँ, अकेली हूँ, मैं यह सब बरदाश्त नहीं कर सकती...

नम्रता

लेकिन वह सोचती ही रह गई। अन्त में एक पन्ने के विभिन्न सम्बोधनों और छोटे मजमून वाले पत्र को मोड़कर अपने निजी बक्से में रख दिया और प्रतिदिन स्टेशन से आनेवाला रास्ता देखती रही। इसी में साल बीत गया। दशहरे में उसने अपने काते हुए ढेर सूत देकर खद्दर की दो साड़ियाँ गांधी आश्रम से मँगवाईं। साड़ी पहनकर उसे नीलेश की याद आई। घर और बाहर सभी ने नाक-भौं सिकोड़ी और नसीहत दी। सहेलियों ने टिप्पणी की, "संन्यासिनी-सधुआइन बनोगी क्या भाई ?" नीलेश होता तो खुश होता, उसकी खुशी से स्वयं वह खुश होती, अपने पर गर्व होता उसे।

इसी तरह अइगा पांडे वाली घटना के समय उसे नीलेश की याद आई थी। नीलेश के विचारों ने ही उसे वह हिम्मत दी थी, जिससे वह अइगा पांडे को फटकार सकी। उसके लिए खुशी की बात तो यह थी कि नीलेश के साथियों ने उसके अपमान का बदला लिया। नीलेश का पूरा परिवार उसके समर्थन के लिए तैयार था। बाबूजी सीतानाथ ने उसके लिए ईश्वर से प्रार्थना की और ढाढ़स बँधाने के लिए उसके घर भी आए। परन्तु एक बात ने जहाँ उसका उत्साह बढ़ाया, वहीं उनकी एक और सूचना ने इसकी खुशियाँ समाप्त कर दीं। उसकी सभी कल्पनाएँ देखते-ही-देखते भूकम्प में ढही किसी विशाल इमारत की तरह उसके सामने टूट बिखर गईं। जब उसका रिश्ता ही तय हो गया तो कितना दूर चला गया है वह उससे ? उससे कोई बात कहने का उसे कहाँ अधिकार है ?

एक बात का और दुःख हुआ उसे कि उसके पिताजी, सीतानाथ से अचानक बेहद नाराज हो गए, इसीलिए वह होली के दिन ठीक पाँच बजे सदा की तरह इस बार उनसे मिलने ही नहीं गए। नम्रता की माँ ने उन्हें समझाया कि यह ठीक नहीं है, इसलिए उन्होंने दूसरी ओर देखते हुए मुँह बिगाड़कर कहा, "अरे छोड़ो, मैं ही क्यों जाऊँ हर साल मिलने ?"

नम्रता ने बचपन से आज तक एक बार भी ऐसा नहीं देखा था। रतनसिंह हर साल होली को जिस दिन रंग खेला जाता है, ठीक पाँच बजे सीतानाथ से मिलने जाते थे। वे गले मिलते, एक-दूसरे को अबीर लगाते। रतनसिंह एक बीड़ा पान के सिवाय और कुछ खाते-पीते नहीं थे, लेकिन उसके पूर्व सीतानाथ से दो गाने सुनाने का आग्रह जरूर करते। सीतानाथ एक होली और एक चैता सुनाते। उनकी बुलन्द फिसलती-सी आवाज घर के अन्दर और बाहर दूर-दूर तक सुनाई देने लगती। वह आवाज नम्रता के घर में भी पहुँचती, जिसके बाद माँ-बेटी बरामदे में आकर ध्यान से सुनने लगतीं।

होली के दिन नम्रता दुःखी और भय से अपने कमरे में चुपचाप बैठी थी, क्योंकि यह सब उसी की वजह से हो रहा था। नीलेश उससे छीन लिया गया था, पर सीतानाथ और उनके परिवारजनों ने क्या बिगाड़ा था ? रतनसिंह की वजह से ही उसकी माँ और स्वयं वह उनके यहाँ नहीं गई थी। कितना मनहूस लग रहा है। नम्रता का दिल रो रहा था, वह घुटनों के बीच मुँह डालकर चुपचाप बैठी थी। रात के करीब आठ बजे थे। अचानक वह चौंक उठी, फिर बिजली की गति से चारपाई से उठकर बाहर दौड़ी।

''बाबूजी, चाचाजी आए हैं..''

सीतानाथ की आवाज सबने सुनी थी। नम्रता की माँ जल्दी से उठकर माथे पर का आँचल आगे खींचकर व्यस्ततापूर्वक बोली, ''आप क्यों बैठे हैं ? अब हँसी-हँसारत की बात हुई न ? हर साल आप जाते थे, इस साल नहीं गए तो खुद आ गए। उनकी एक छोटी-सी बात पर आप नाराज बैठे हैं। नीलेश-नम्रता बचपन से एक-दूसरे के साथ खेलते रहे हैं, अब भी उनमें काफी पटती है, उनकी जोड़ी अच्छी है, यही कह दिया तो कौन अपराध हो गया ? इससे उनकी शादी तो नहीं हो गई ? दुनिया जानती है भाई साहब का दिल बहुत साफ है, कोई मैल नहीं है...उठिए... ।''

रतनसिंह उठकर अपनी पत्नी को क्रोध से घूरते हुए बाहर निकल गए। नम्रता ने फुर्ती से बाहर जाकर दरवाजा पहले ही खोल दिया था। सीतानाथ ने उनको देखकर उत्साह से कहा, ''वाह, आइए गले मिलें। छोटा भाई मिलने नहीं आ सका तो बड़ा भाई क्यों न आए ! छोटा भाई नाराज है तो बड़ा भाई आकर क्यों न मनाए। यह होली है जनाब, नाराजी, दुश्मनी नहीं चलेगी। मैंने क्या कह दिया है भाई ? यही न कि कभी मैंने नीलेश के लिए नम्रता का हाथ आपसे माँगना चाहा था ? यह मैंने क्या चाहा था ? भगवान शंकर ने यह शुभ इच्छा मेरे मन में जगाई थी। मानता हूँ, मेरी बात से, मेरी इस इच्छा से आपके दिल को चोट पहुँची। आप बड़ी जाति के हैं, क्षत्रियों का कोई क्या मुकाबला करेगा, उन्होंने हमेशा देश पर शासन किया है। अरे, एक-से-एक नामी हो गए हैं। लाला बिलाला उनका क्या मुकाबला कर सकते हैं ? मुझसे गलती हुई और मैं उसकी माफी माँगने भी आया हूँ यहाँ। मुझसे नाराज न होइए। मुझे माफ कीजिए। मैंने आपको अपने छोटे भाई उमानाथ की तरह माना-जाना है। मैंने इस जन्म में एक गलती कर दी, क्या करें हो गई। अब जब तक जिन्दा हैं, हँसी-खुशी से तो रहें, सीतनाथ जब मर जाएँगे तो कैसा साथ-संग, कैसी गलती ? तब सीतनाथ कहाँ गलती करने आएँगे ! आइए, गले मिलिए... ।''

पूरे नाटकीय अन्दाज में बोल रहे थे सीतानाथ, जिसका ऐसा प्रभाव पड़ा कि जब दोनों गले मिले तो छोटा अपने से बड़े के कन्धे पर सिर रखकर फूट-फूटकर रोने लगा और घर के अन्दर उसकी पत्नी और बेटी की हिचकियाँ बँध गईं। जब सारा कलुष आँसुओं से बह गया तो छोटे ने ही फरमाइश की, ''भाई साहब, अब होली सुनाइए।''

''अरे जरूर, जरूर, अभी लीजिए... ।''

सीतानाथ ने एक ठहाका लगाया। पहले उन्होंने होली गाई, ''श्री गिरिराज किशोरी, शम्भू संग खेलें होरी, श्री गिरिजा किशोरी।'' उसके बाद चैता का नम्बर था, इस बोल के साथ, ''अँगना में बोले पपीहा हो रामा, अँगना में बोले।''

चाँदनी निकलने से रात बड़ी खुशनुमा हो गई थी। सीतानाथ का स्वर मन्द-मन्द बासन्ती हवा के झोंकों पर दूर-दूर तक फैल गया था। रतनसिंह सिर झुकाकर मुस्कुराते हुए धीरे-धीरे सिर हिला रहे थे और अन्दर माँ-बेटी गाने की प्रशंसा में एक-दूसरे की ओर चमकती हुई आँखों से देख रही थीं। मोहल्ले के अन्य सभी पुरुष, स्त्री, बच्चे तथा जानवर, वृक्ष इस स्वर को पहचानते हैं। सभी चुपचाप इसको सुन रहे थे, शायद इस बोध के साथ कि होली का आनन्द अब आया है।

पान खाने के बाद जाते समय सीतानाथ ने नम्रता को बुलाकर उससे कहा :

''बेटी, अपनी माँ को लेकर फौरन हमारे घर में चली आओ। हमारा घर क्या, वह तुम्हारा भी घर है। तुम हमारे घर की बेटी हो। नीलेश, सुरेश, वीरेश सभी तुम्हारे भाई हैं और तुम उनकी बहन। तुम जब चाहे आ सकती हो बिना किसी संकोच के...।''

सम्भवतः सीतानाथ ने नम्रता से उक्त बात रतनसिंह को खुश करने के उद्देश्य से कही थी, पर नम्रता का मुँह छोटा हो गया। उसने कोई उत्तर नहीं दिया। और वह घूमकर घर के अन्दर चली गई रुआँसी-सी।

बनारस से आने के बाद नीलेश पाँचवें दिन उस समय पहुँचा, जब रतनसिंह कचहरी चले गए थे, उसकी माँ नहा रही थी और नम्रता बाहर के कमरे में बैठी हिन्दी का अखबार 'आज' पढ़ रही थी। नम्रता हड़बड़ाकर उठ खड़ी हुई। उसका चेहरा पीला पड़ गया, असहनीय पीड़ा-एहसास से। कितने दिनों बाद उस प्यारे-से मुख को देख रही थी वह। फिर यह सोचकर कि उसे खुश या नाराज होने का अधिकार नहीं रहा, वह अपने को सामान्य बनाने की कोशिश करने लगी।

''बैठिए...'' वह मुस्कुराकर बोली।

नीलेश के हाथ में वे दोनों पुस्तकें थीं जिन्हें वह गिद्धेश्वर बाबू के यहाँ जाकर स्वयं ले आया था।

''ये किताबें ले लो...'' उसने किताबें उसकी ओर बढ़ा दीं।

किताबें लेकर नम्रता ने कहा, ''बैठिए न, अम्मा नहा रही हैं, थोड़ी देर में आ जाएँगी। आप पानी पीएँगे न।''

''पी लूँगा कुछ रुककर, अभी नहीं। तुम भी बैठो।''

नम्रता उसकी आँखों को बरदाश्त नहीं कर पा रही थी। जब पहले इस तरह कभी नहीं देखा तो अब क्यों ? इसका प्रयोजन क्या है ? क्या इसमें पुरुष की वही कुटिलता है, जिसकी ओर दुलारी गुरुजी ने इशारा किया था ? उसका माथा चकराने लगा। उसकी मुस्कुराहट लुप्त हो गई डूबते सूरज की अन्तिम आभा की तरह। उसने रूखाई से कहा :

''वैसे इन पुस्तकों की जरूरत नहीं थी। अगले वर्ष बोर्ड की फाइनल परीक्षा है, मैंने आलतू-फालतू पुस्तकें पढ़नी बन्द कर दी हैं। आप लेते जाइए, बाद में कभी मँगा लूँगी।''

''रखी रहो, जब कभी फुरसत हो तो पढ़ लेना। आलतू-फालतू पुस्तकें नहीं हैं ये। दुनिया में प्रसिद्ध हैं। हाँ, तुम अपना हाल बताओ...तुम्हारे साथ वैसा अन्याय हुआ...मुझे उस समय मालूम हुआ वीरेश के पत्र से, जब परीक्षा के अन्तिम पर्चे हो रहे थे। मुझे बड़ा कष्ट हुआ...।''

''इस कष्ट के लिए आभारी हूँ...''

नीलेश का चेहरा फक पड़ गया। बेहद दुःखी होकर बोला, ''नम्रता...मैंने तुम्हारे साथ बड़ी ज्यादती की है..।''

नम्रता कुछ नहीं बोली। वह उसे एकटक देख रही थी। भावहीन होकर।

''तुम नाराज हो...।'' उसके स्वर में दुःख पिघलने लगा।

"नहीं, एकदम नहीं। इसका कोई कारण नहीं है..."

"मैं तुमसे बात करना चाहता हूँ नम्रता। ढेरों बातें हैं।"

"इससे कोई लाभ नहीं है।"

"क्यों ? कुछ बातें लाभ और हानि से अलग होती हैं।"

"होती होंगी, मुझे नहीं मालूम..." नम्रता का चेहरा पत्थर की तरह कठोर हो गया था।

नीलेश निरुत्तर हो गया। कुछ क्षण वह शून्य आँखों से सामने की दीवार को देखता रहा। फिर उठकर बहुत मुश्किल से धीमे स्वर में बोला, "ठीक है।"

तत्पश्चात हाथ आगे बढ़ाकर मेज पर रखी दोनों पुस्तकें लेकर और घूमकर कमरे से बाहर निकल गया।

17

लेकिन नीलेश के बनारस आने के पहले एक अच्छा-खासा नाटक हो गया था। बीस फरवरी सन् बयालीस की शाम को सीतानाथ के परम मित्र सुद्दीलाल पेशकार आ गए थे। देर रात तक गपशप के दौरान उन्होंने सायँ-सायँ आवाज में यह बताया था कि कांग्रेस का एक बड़ा आन्दोलन शुरू होनेवाला है, इस बार विदेशी हुकूमत बड़ी सख्ती से पेश आएगी, खूब लाठियाँ और गोलियाँ चलेंगी, जेलों में कोई जगह नहीं बचेगी और उन्हें नीलेश के बारे में सावधान रहना चाहिए।

सीतानाथ किसी भी चिन्ता को मक्खी की तरह उड़ा देने के लिए विख्यात थे, लेकिन लाख कोशिश करने पर भी सुद्दीलाल की बात उन्हें परेशान करने लगी थी। दूसरे दिन उठे तो उनका चेहरा कुछ लटका हुआ था, जैसे किसी उलझन में हों। रोज के नियम के अनुसार, वह सेवेरे बाहर-भीतर घर की झाड़ू से चमाचम सफाई करने के बाद गुसलखाने में घुस जाते थे, जहाँ देह को मल-मलकर नहाते हुए कोई-न-कोई भैरवी जरूर गाते थे, जैसे 'सिया मोरी हो, रानिन में महारानी !' लेकिन घर में खास तरह से आनन्दी को आज बड़ा अचम्भा हुआ, जब वह गाना गाए बगैर ही स्नान करके गुसलखाने से निकल आए।

पूजा के लिए चौकी पर बैठकर श्रीरामायणजी का—रामचरितमानस के लिए वह इसी शब्द का इस्तेमाल करते थे—पाठ करते समय भी सीतानाथ का मन अस्थिर था, क्योंकि उनके दस वर्षीय पुत्र धीरेश ने जब दबी जबान में अपनी माँ से जिद्द की, 'मैं जलेबी का नाश्ता नहीं करूँगा, मुझे भर कटोरा दूध में भूजा हुआ चिउड़ा डालकर दो,' तो उन्होंने भड़ककर वहीं से उसे डपट दिया, "मत खाओ, मत खाओ।"

आनन्दी ने शंकित दृष्टि से पति की ओर देखा, फिर भय या आश्वासन वाली कोई बात कहकर धीरेश को वहाँ से भगा दिया।

नित्य की तरह ठीक दस बजे सीतानाथ लिपे-पुते, साफ-सुथरे चौके में खड़ाऊँ खटपटाते हुए जाकर पीढ़े पर बैठ गए। खाना पूरी तरह तैयार नहीं था और आनन्दी के हाथ यन्त्र की तरह जल्दी-जल्दी चलने लगे। उसने माँड़ पसाने के लिए थाली में उल्टी बटलोई को सँड़सी से सीधा किया और उसका जलता भात दूसरी थाली के अर्धांश में छितराकर परोस दिया। बाकी हिस्से में अरहर की अधपकी, फटी दाल और एक तश्तरी में आलू की मसालेदार लटपट अधपकी सब्जी। अन्त में, एक छोटी कटोरी में भैंस का घी गरम करके डाल दिया, जिससे दाल में कड़-कड़-कड़ की आवाज के साथ जोन्ही उग आई।

तत्पश्चात वह जल्दी से आगे खिसककर भाप उड़ते भोजन पर धीरे-धीरे पंखा झलने लगी।

सीतानाथ जब सामान्य ढंग से भोजन करने लगे तो वह पुनः चौके में जाकर बड़े हनुमानी कटोरे में आधा भरकर दूध ले आई। सीतानाथ अन्त में कुछ भात बचा लेते हैं, और दूध में भात डालकर उस मिश्रण का चाव से सेवन करते हुए अपना भोजन समाप्त करते हैं।

आनन्दी ने पति के उदास मुख को उड़ती दृष्टि से देखते हुए कहा, ''वीरेश को डॉक्टर के यहाँ...'' आनन्दी को बहुधा अपनी बात घुमा-फिराकर कहने की आदत है किन्तु दोनों के बीच ऐसा तार जुड़ा हुआ है कि किसी को भी एक-दूसरे की बात समझने में कोई दिक्कत नहीं होती। सीतानाथ ने कहा, ''अरे, गोली मारो, कैसा डॉक्टर, कैसा हकीम ! मुझे क्या हुआ है, मैं खासा चंगा हूँ।''

परन्तु अब भी उनके दिमाग में एक दिन पहले अपने मित्र सुद्दीलाल की कही हुई बातें ही नाच रही थीं। सुद्दीलाल ने सिर को और आगे बढ़ाकर कहा था, ''भाई जान, नीलेश बाबू आजकल जिन चक्करों में फँसे हैं, उसमें उनका दोष कुछ भी नहीं। उम्र का दोष है, जिसे गदहपचीसी कहते हैं। पागल गदहे का जिस तरह कोई ठिकाना नहीं होता कि वह कब-किधर दौड़-कूद जाए, उसी तरह सोलह वर्ष से पच्चीस तक की उम्र क्या-क्या नहीं कराती है। नहीं तो पढ़ने में इतना अच्छा दिमाग...जेल में चले जाएँगे तो पूरा कैरियर चौपट हो जाएगा...''

एक गिलास पानी पीकर उन्होंने आनन्दी की ओर देखकर कहा, ''शैलजा की अम्मा, लड़का जब सोलह साल का हो जाए तो उसकी फौरन शादी कर देनी चाहिए...।''

आनन्दी ने पति को अर्थपूर्ण दृष्टि से देखा, ''कमला भौजी बड़ी तारीफ करती हैं। अपने छोटे लड़के बच्चा के मुंडन में परिवार के सभी लोगों को बुलाया था...।''

''कोई लड़की है क्या ?'' सीतानाथ ने दूध-भात का एक कौर डालकर मुँह चलाते हुए सामान्य ढंग से पूछा।

''उनके मायके में पड़ोस में ही तो रहते हैं। कह रही थीं, राजा हैं लोग...।''

''बाप क्या करते हैं ?''

''पटवारी है, बड़ी इज्जत है, काफी खेतीबारी है।''

''अच्छा !''

''भौजी कहती थीं दान-दहेज से घर भर देंगे...।''

''अरे, दान-दहेज की बात छोड़ो जी ! लड़की अच्छी होनी चाहिए, परिवार अच्छा होना चाहिए। बस सब ठीक है तो 'हाँ' कर दो। औरत के आँचल से बँधने पर गदहपचीसी का भूत उतर जाएगा...'' वह ठहाका मारकर हँस पड़े।

''नीलेश बाबू को...।'' सिर के आगे आँचल खींचकर आनन्दी ने दूसरी समस्या की ओर ध्यान खींचा।

''अरे, लड़के से क्या पूछना ? लड़का क्या माँ-बाप की राय के खिलाफ जाएगा ? माँ-बाप तो लड़के के भले के लिए ठीक समय देखकर उसका ब्याह करते हैं। होगी, नीलेश बाबू की वहीं शादी होगी...।''

कमरे में जाकर उन्होंने चारपाई पर बाएँ करवट लेटकर दस मिनट आराम किया। फिर उठकर पैजामा-शेरवानी पहनकर बालों और मूँछों पर कंघी फेरने लगे। इसी बीच कचहरी ले जाने के लिए एक्का दरवाजे के सामने आ खड़ा हुआ। आनन्दी जल्दी-जल्दी पान की तश्तरी ले आई तो उसे पति का प्रफुल्लित चेहरा देखकर आश्चर्य हुआ, जैसे काले बादलों के हट जाने पर कोई अँधेरी कोठरी आलोकित होकर दप-दप करने लगे।

गंगा और घाघरा के द्वाब क्षेत्र में हर वर्ष बरसात में खेतों का भूगोल बिगड़ जाता है, फिर ऐसे इलाके

का पटवारी 'राजा' क्यों न हो ? परन्तु सीतानाथ की दिलचस्पी दान-दहेज में न पहले थी और न अब है। उनके सबसे छोटे चाचा की मृत्यु के बाद परिवार की जिम्मेदारियाँ जब से उनके कन्धों पर आईं, अपनी चार चचेरी बहनों और अपनी बड़ी लड़की शैलजा की शादियाँ उन्होंने एक जबान पर तय कराईं। 'भाई साहब, आपका लड़का चाहिए,' बस इतना कहना ही पर्याप्त होता था। शैलजा की शादी तो उस समय तय हुई, जब वह तथा उसका पति दोनों ही पेट में थे। उनकी सच्चाई, ईमानदारी और स्पष्टवादिता की कुछ ऐसी धाक थी कि लोग अपनी लड़कियों की शादी सम्बन्धी बातचीत में उनको अपने साथ ले जाने को उत्सुक रहते थे।

परन्तु 'हाँ' करने के पहले लड़की को दिखा लेना भी आनन्दी ने उचित समझा, जिसका एकमात्र उद्देश्य यह था कि वह लँगड़ी-लूली, गूँगी, बहरी, अन्धी या एकदम छोटी बछिया तो नहीं है। वह भी इस तरीके से कि लड़की को मालूम न होने पाए। इस महत्त्वर्पूण कार्य के लिए भीमल-बो दाई उपयुक्त समझी गई जो पैंतालिस वर्ष की उम्र में भी काफी तेज-तर्रार, टाँठ, बातूनी और होशियार थी। चौका-बर्तन करने, कुएँ से पानी भरने तथा अन्य कार्यों के अलावा वह तीज, चौथार, करनी लेकर घर की सभी विवाहित लड़कियों की ससुराल जा चुकी थी।

आनन्दी ने उसे खूब समझा-बुझा दिया। वह लाल रंग में रँगी साड़ी पहन, पाँवों को आल्ता से रँग तथा उनमें 'काड़ा-छाड़ा' डालकर और माथे पर बड़ी, चमकती टिकुली साटकर शुभ मुहूर्त में खूब उत्साहपूर्वक रवाना हुई। जाते समय आनन्दी ने अपने काँपते होंठों में मुस्कुराते हुए कहा, "दही-मछली लेती आना।" उसके घर मछली बनती नहीं थी लेकिन अपने मांसाहारी मायके की उसकी यह आदत छूटी नहीं थी, जो प्रस्थान के समय शुभ कामना प्रकट करने के लिए उपयोगी समझी जाती थी।

आनन्दी के भाई की ससुराल यानी उसकी कमला भौजी का मायका रानीगंज में था जो एक टीले पर बसा है। बाढ़-ग्रस्त इलाका होने की वजह से उधर के अधिसंख्य गाँव टीले पर स्थित हैं, जो बरसात में द्वीप समूह की तरह नजर आते हैं। भीमल-बो दाई कमला भौजी के मायके में ही रुकी और वहीं से ऐसी छद्म होशियारी से लड़की को परखती रही जो दोनों परिवारों की मिलीभगत से ही सम्भव है। इसी वजह से खातिर-बात और हँसी-मजाक करने तथा रंग डालने के कार्यक्रम पड़ोस वालों द्वारा ही सम्पन्न हुए लेकिन समझा यही गया कि मायके वाले की ओर से किए गए हैं। विदाई के समय उसे एक नई साड़ी, झुल्ला का कपड़ा और हाथ में पहनने के लिए चाँदी की एक 'पहुँची' दी गई।

जब वह वापस बलिया स्टेशन पर ट्रेन से उतरी तो उसकी मुस्की बन्द ही नहीं हो रही थी। वह घर की तरफ जैसे उड़ रही थी।

उसके लौटने का दिन और समय तो पहले ही निश्चित था, इसलिए खाने पर दाल-भरी पूड़ियाँ, रसेदार सब्जी, और रसियाव (गुड़ के रस में चावल की खीर) बना था। जब वह भरपेट खाकर पानी पी चुकी तो आनन्दी ने उससे पूछा, "अब बताओ।"

"अरे, क्या बताऊँ, बहूजी, राजा लोग हैं, दरियाव की तरह दिल है..."

"अरे लड़की के बारे में बताओ...लँगड़ी-लूली, गूँगी-बहरी..."

"क्या कहती हैं बहूजी...बिटिया तो इन्नर की परी हैं। उमिर पर हैं, चाहा की तरह आँखें..."

"हराठी-मुराठी तो नहीं...मेरा लड़का बड़ा कोमल है..."

"अरे ना-ना," भीमल-बो दाई ने जीभ निकालकर उसे दाँतों से हल्के-से दबाते हुए अपने दोनों कान पकड़ लिए, "झूठ काहे बोलूँ, लड़िकिया तो बेसवा की तरह सुन्नर है।"

शैलजा, जो उन दिनों मायके आई थी, झनककर बोली, "ए, वेश्या-फेश्या मत कहो, हमारा भाई गांधीजी की पार्टी में है, सुनेगा तो बहुत बिगड़ेगा।"

''अरे, ना ए बच्ची, बड़ी चोख हैं वह। तुम समझो, वह अपने मामा के यहाँ कलकत्ते में रही हैं, पहनने-ओढ़ने और बोलचाल में एकदम बंगालिन लगती हैं।''

''यहाँ, पास-पड़ोस में किसकी तरह हैं ?'' आनन्दी ने पूछा।

''ए बहूजी,'' भीमल-बो दाई ने माथे पर हाथ रखकर कुछ सोचते हुए कहा, ''पड़ोस में जतिया है न, ठीक उसी तरह हैं वह।''

आनन्दी और शैलजा ने एक-दूसरे को अर्थपूर्ण दृष्टि से देखा। जतिया छकौड़ी कमकर की लड़की थी जो अभी चौदह वर्ष की भी नहीं हुई थी, लेकिन उसकी देह बरसाती नदी की तरह बढ़ गई थी। तीखे नाक-नक्श, साफ रंग, वह बीच माँग में सिन्दूर की चौड़ी लकीर बनाकर साँझ-सवेरे गगरा लेकर कुएँ की ओर जाती-आती दिखाई दे जाती थी।

आनन्दी की कमला भौजी बहुत-सी बातें बता ही चुकी थीं। भीमल-बो दाई की यह रिपोर्ट मिलाकर उसने अपने मतलब की बात निकाल ली, जिसकी खुशखबरी विस्तार से उसी दिन सीतानाथ को दे दी।

''ठीक है,'' सीतानाथ ने आँगन में खड़े होकर घर-भर को सुनाते हुए ऐलान कर दिया, ''नीलेश बाबू की शादी पक्की। बड़ा आला खानदान है। बाबू शिवव्रत लाल पटवारी की सुन्दर, सुशील लड़की श्यामकली से। अरे पटवारी ! क्या बात है ! निहायत शरीफ और इन्सान आदमी हैं !''

शुभ सूचना पाते ही शिवव्रत लाल आ पहुँचे। लम्बा-चौड़ा शरीर, लाल-लाल आँखें, सिर पर पग्गड़। साथ में सीतानाथ के छोटे साले और कमला भौजी के पति यदुनन्दन प्रसाद भी ठाट-बाट बनाकर आए, जो उम्र में काफी छोटे होने से अपने बहनोई से अब भी शरमाते थे।

शिवव्रत लाल ने जब फौरन कोई रस्म करने की करबद्ध प्रार्थना की, तो सीतानाथ ने हाथ की संक्षिप्त जुम्बिश से मना करते हुए अपनी भारी, उत्साह-भरी नाटकीय आवाज में कहा, ''नहीं, एकदम नहीं। अभी नहीं। लड़का क्वीन्स कॉलेज में पढ़ता है, क्वीन्स कॉलेज में ! आला दर्जे का कॉलेज है ! ना, वहाँ पढ़ाई-लिखाई में कोई ढिलाई नहीं होती। लड़का भी इसके सख्त खिलाफ है। मजाल है कि वह बीच में एक दिन की भी छुट्टी लेकर आ जाए। जो कुछ होगा गर्मी की छुट्टी में ही।''

''बात यह है कि...''

शिवव्रत लाल की बात काटते हुए सीतानाथ बोले, ''नहीं, कोई बात नहीं। लाख बात की एक बात यह कि आज से नीलेश बाबू आपके दामाद और बेटी श्यामकली मेरी बहू। बरक्षा और तिलक में आप एक रुपया भी न लाइएगा...लड़का यह सब नहीं चाहता। बस कुछ पूजा-पाठ हो जाएगा। लड़के को पढ़ने-लिखने का शौक है ही, यह भी बहुत अच्छा है कि बेटी श्यामकली कलकत्ते में पढ़ी है...वह नीलेश बाबू की सेक्रेटरी का काम करेगी !'' उन्होंने ऊपर-नीचे हिलते हुए अपने दाहिने हाथ के पंजे को उलट दिया और जोकर की तरह मुँह बना लिया, लेकिन शीघ्र ही उनके मुख की हास्य-लकीरें नियन्त्रण के बाहर हो गईं और वह मुक्त कंठ से ठहाका मारकर हँस पड़े।

शिवव्रत लाल और यदुनन्दन प्रसाद दोनों ही भकुआकर उनको देखने लगे, क्योंकि कलकत्ते में पढ़नेवाली बात उनकी जानकारी की हद के बाहर की चीज थी।

घर के अन्दर जाते ही आनन्दी ने आपत्ति की, ''यह तो अशुभ है !''

''क्या भाई ?'' सीतानाथ उसे अचकचाकर देखने लगे।

''क्यों कहा गया, कुछ न लाइएगा ? शादी-ब्याह कहीं इस तरह होता है ?''

''वाह, शैलजा की अम्मा कितनी जहीन हैं।'' सीतानाथ ने घर के लोगों को सुनाते हुए कहा, ''नहीं, तुम एकदम ठीक कहती हो, शुभ काम में तो रुपया-पैसा लगता ही है !''

वह झेंपकर मुस्कुराते हुए वहाँ से खिसक गए, लेकिन अपने कमरे की ओर चार-छः कदम बढ़ने के बाद रुक गए और लौटकर बोले, ''वे लोग कुछ लाएँगे तो लौटा थोड़े ही देंगे। राम, राम, यह

तो बड़ा अशुभ होगा।''

सायंकाल अपने मित्र सुदूदीलाल पेशकार के घर जाकर उन्होंने बताया, ''लड़की कलकत्ते में पढ़ी है। खूब गोरी, बंगालिन की तरह सुन्दर है। बड़ी सुशील। क्या बताऊँ भैया, सलीका तो कोई उससे सीखे। क्या-क्या नहीं जानती है वह। सबकुछ देख-सुन लिया गया है। हमारे यहाँ से भीमल-बो दाई देखने-सुनने के लिए गई थी। अरे भीमल-बो ! आला दिमाग पाया है उसने। हर काम में अव्वल। बर्तन क्या मलती है कि सोना-चाँदी की तरह चमका देती है। गर्मियों में शादी होगी, मैंने कह दिया है लेन-देन कुछ नहीं।''

अप्रैल के मध्य में इंटरमीडियेट, प्रथम वर्ष की परीक्षा अच्छे नम्बरों से पास करके नीलेश जब घर आया तो सभी ने पहले मुस्कुराकर कनखियों से उसे बार-बार देखा। लेकिन स्वभाववश शैलजा के पेट में बात नहीं पचती और उसने शीघ्र ही संकेत दे दिया :

''बबुआ, अब खूँटे में बँधने के लिए तैयार हो जाओ।''

''क्या मतलब दीदी ?'' नीलेश ने कुछ न समझकर हँसते हुए पूछा।

''जतिया की तरह हैं, भैया !'' सुरेश ने तिरछी दृष्टि से देखकर मुस्कुराते हुए सूचना दे दी।

''ऐ, चुप रह, इसकी लड़कबुद्धि कभी नहीं जाएगी।'' आनन्दी ने अपनी काँपती मुस्कुराहट भरसक रोकने की कोशिश करते हुए सुरेश को बनावटी गुस्से से देखा, जो उसका तेरह वर्षीय चंचल, शरारती तीसरा पुत्र है।

इस बीच नीलेश अपनी माँ से कह चुका है कि वह संक्षेप में साफ-सीधी बात करे, उसकी सांकेतिक भाषा बाबूजी के अलावा कोई नहीं समझ सकता। फिर भी जितना वह समझ सका, उससे उसका मुँह लटक गया था।

''मुझे बताया क्यों नहीं गया ? चिट्ठी से तो सूचना भेजी जा सकती थी !''

''सुरेश कहना ही नहीं मानता, कई बार दौड़ाया...''

''क्या दौड़ाया...मैं चिट्ठी की बात कर रहा हूँ...।'' नीलेश खिसिया गया।

''डाकखाना दूर थोड़े ही है, स्टेशन के पास ही तो है, हमेशा हॉकी-फुटबाल में लगा रहता है।''

''भैया मैं दो बार गया, लिफाफा-पोस्टकार्ड था ही नहीं, बाद में आने को कहा था...'' सुरेश ने मुँह लटकाकर अपनी सफाई दी थी।

''अच्छा छोड़ो, कुछ खाने को दो...'' नीलेश ने माँ की ओर देखते हुए कहा।

इन शब्दों से आनन्दी को विश्वास हो गया कि शादी की खबर से लड़का मन-ही-मन खुश है। शुरू में थोड़ी नाराजी तो स्वाभाविक है। कौन लड़का कहेगा कि मेरी शादी कर दो या इस शादी से मैं खुश हूँ। वह आखिर कहे भी तो क्या कहे। माँ-बाप की कितनी इज्जत करता है, भाइयों-बहनों को कितना प्यार करता है। वह गद्गद और कुछ गिड़गिड़ाती आवाज में प्यार से उसकी ठोढ़ी छूती हुई बोली, ''ए बबुआ, ए बबुआ !''

नीलेश दूसरी ओर देखता हुआ उठ खड़ा हुआ। आनन्दी ने उसे ऊपर से नीचे तक देखा और उसकी आँखें चमक उठीं। उसे प्यार-भरा गर्व हुआ। प्रथम इच्छाओं का लड़का बढ़कर कैसा सुन्दर जवान निकल आया है। लम्बा, छरहरा, ऊँचा ललाट, कुछ सोचती-देखती आँखें, शरीर पर खद्दर की चुन्नटदार धोती और कॉलरवाला हल्का, बादामी कुर्ता, फिर शीघ्र ही नजरें झुका लीं और मन-ही-मन प्रार्थना की 'हे राधास्वामी, नजर न लगे मेरे बच्चे को।'

नीलेश को नाश्ता करते समय अपनी दीदी और भाइयों से सबकुछ मालूम हो गया था। वह चुपचाप बाहर निकल गया। घर के लोग उसे जाता हुआ देखकर यह अन्दाजा लगाते रहे कि वह इस समय क्या सोच रहा है, लेकिन उसके चेहरे पर सुख या विषाद का कोई भाव दिखाई नहीं पड़ा तो उसे भी आन्तरिक खुशी का लक्षण मान लिया गया।

आनन्दी की सास जीरादेवी इस बीच आकर चारपाई पर बैठ गई थीं। नीलेश पहले ही चरण छूकर उनका आशीर्वाद ग्रहण कर चुका था। वह सीतानाथ के उस मझले चाचा की पत्नी थीं, जिनकी मृत्यु शादी के चार वर्ष बाद ही हो गई थी। बच्चों को मनाकर किस्से कह-कहकर खिलाने और सुलाने तथा माँ-बाप की डाँट-फटकार से उनकी रक्षा करने में उनकी भूमिका उपयोगी तो थी ही, एक महत्त्वपूर्ण काम उन्होंने यह किया था कि पता नहीं कब और किससे राधास्वामी सम्प्रदाय से प्रभावित होने के बाद स्वयं उसमें दीक्षित होकर दूसरी स्त्रियों को भी अनुगामिनी बनाने में सफलता प्राप्त कर ली थी।

जीरादेवी अपने दन्तविहीन मुँह को पाकुर-पाकुर चलाती हुई बोलीं, ''शादी-ब्याह की तो यही उमिर होती है दुल्हन। बबुआ खड़ा होगा तो मँड़वा में अँजोर हो जाएगा।''

''दादी, कितने तरह के दूल्हा होते हैं, बताइए तो,'' शैलजा ने दाँत खोलकर हँसते हुए पूछा।

''अरे छोड़ो, कई बार तो बता चुकी हूँ ए बिटिया।''

''एक बार फिर दादी,'' सुरेश पीछे पड़ गया। इसी समय दूसरा लड़का वीरेश भी आ गया और उसने भी कई बार जिद की।

फिर जीरादेवी ने हार मानकर पोपले मुँह से हँसते हुए बताना शुरू किया, ''तो ए बाबू, सुनो। शादी-ब्याह की सबसे अच्छी उमिर होती है सोलह से बीस बरिस तक। इस उमिर के दूल्हा को 'बर' कहते हैं। बर को देखकर सबका जी जुड़ा जाता है। दुल्हन का दिल भी उल्लास से भर जाता है।''

वह रुककर खाँसने लगीं तो सुरेश ने अधीर होकर पूछा, ''आगे दादी।''

''बताती हूँ, बताती हूँ। अब आगे बढ़ो। बीस-पच्चीस बरिस के दूल्हा में वह बात नहीं, फिर भी कोई हरज नहीं। इस उमिर के दूल्हा को बर नहीं 'बरुल्ली' कहते हैं। अब पच्चीस से आगे बढ़ो, ए बच्चा। पच्चीस से तीस बरिस तक के दूल्हे का चेहरा रूढ़ होने लगता है। मूँछ के बाल कड़े हो जाते है। बोली भी रूखी और कड़कीली हो जाती है। इस उमिर के दूल्हा को 'बरनाठ' कहते हैं। इसके आगे तीस से चालीस बरिस का दूल्हा होता है। इसे 'जरनाठ' कहते हैं। इस उमिर में देह, बोली—किसी में भी नरमाई नहीं रहती। चमड़ी एकदम मोटी हो जाती है। इस उमिर का दूल्हा बड़ा चालाक हो जाता है, हमेशा अपने मतलब की बात सोचता है। रात-बिरात घुमक्कड़ी करने लगता है। कई चक्करों में रहता है, ए बिटिया। बीवी से हराठी-मुराठी की तरह ब्यौहार करता है। हमेशा जली-कटी सुनाता है।''

सबका हँसते-हँसते बुरा हाल था। आनन्दी मुँह पर आँचल रखे हुए थी और हँसी रोकने की कोशिश में उसका चेहरा लाल हो गया था। साँस लेने के बाद जीरादेवी ने खर-खर हँसते हुए आगे कहा :

''हाँ ए बिटिया, चालीस से आगे के दूल्हा को 'खुरनाठ' कहते हैं। इस उमिर में शरीर और मुँह फैल जाता है। चेहरे पर एक-दो गहरी लकीरें दिखाई देने लगती हैं जैसे कच्ची सड़क पर बैलगाड़ी की लीक। अधपके, मूँछों के बाल झाड़ू की सींकों की तरह फरकने लगते हैं। वह बुढ़ौती को छिपाने के लिए इतर-फुलेल, खिजाब लगाता है। उसके गले में बलगम भर जाता है और वह हमेशा 'खुर-खुर' किए रहता है। वह सबको गुस्से से घूर-घूरकर देखता है। सबसे टोका-टाकी करता रहता है। उसकी दुल्हन उससे बहुत डरती है।''

जीरादेवी की बात समाप्त होते ही दबी हँसी का ऐसा विस्फोट हुआ, जिसमें खुशी, चिल्लाहट और चीखें भी शामिल थीं। सुरेश तो उठकर नाचने लगा। वह हाथ उठाकर घुमरी करते हुए बार-बार 'बरनाठ-खुरनाठ, बरनाठ-खुरनाठ' इस तरह कह रह था, जैसे अन्ताक्षरी में वीर-रस की कोई कविता सुना रहा हो।

दूसरे दिन शाम को सीतानाथ के कचहरी में आने के पहले नीलेश दक्षिण वाले कमरे में जाकर बैठ गया, जहाँ आनन्दी नीचे बैठकर बक्से में से कोई सामान निकाल रही थी। वह चार-पाँच मिनट तक कुछ नहीं बोला और आनन्दी ने मुँह घुमाकर दो-तीन बार उसकी ओर उत्सुकता से देखा।

''अम्मा, मैं शादी नहीं करूँगा।'' उसने अचानक आनन्दी की ओर देखकर कहा।

आनन्दी घबरा गई। उसका चेहरा फक पड़ गया। वह काम छोड़कर नीलेश के पास जाकर बैठ गंई। उसके मुँह से काफी कठिनाई से आवाज निकली, ''बाबूजी...''

''मैं पढ़ रहा हूँ, आगे पढ़ना चाहता हूँ, मेरी पढ़ाई चौपट हो जाएगी।''

आनन्दी ने रुआँसे स्वर में कहा, ''इज्जत धूल में मिल जाएगी। बाबूजी की जबान कट जाएगी। सारा जग जान चुका है। क्या कहेंगे लोग ?''

''अम्मा, तू बात को क्यों नहीं समझती ?''

''बिना जबान की लड़की का क्या होगा ? बड़ी बदनामी होगी उसकी। वह तो जान दे देगी। मैं कौन-सा मुँह दिखाऊँगी।''

''इसमें मेरी कोई गलती नहीं। पहले मुझसे पूछ लिया जाता तो यह नौबत न आती। लड़की के लिए मुझे अफसोस है, पर इस समय मैं शादी नहीं कर सकता। बाबूजी को समझा देना। छोड़ो, तुम कुछ न कहना, मेरी यह चिट्ठी उन्हें दे देना...''

इतना कहकर वह उठ खड़ा हुआ और अपनी माँ की ओर बिना देखे, नाक की सीध में, कमरा का दरवाजा और उसके बाद कंजास-भरा बरामदा पार करके, बड़े आँगन से होता हुआ बाहर निकल गया, जबकि आनन्दी अपने उमंग-उत्साह, हौसले और इज्जत के अकस्मात धूल-धूसरित होने पर आँखों पर आँचल रखकर आँसू के बुलके चुआने लगी।

नीलेश को पता नहीं था कि अपने पिताजी पर एक अन्याय तो उसने ऐसा लम्बा पत्र लिखकर किया, जिसमें कठिनतम हिन्दी और उच्च राष्ट्रप्रेम का प्रदर्शन किया गया था। सीतानाथ को सर्वप्रथम उर्दू, फारसी की अपनी पढ़ाई और अपने अत्यल्प हिन्दी ज्ञान पर सख्त अफसोस हुआ। रामायण पढ़ना तो अलग बात है, उसमें हर बात कितनी स्पष्ट और सरल है। पत्र पढ़ने में जब कठिनाई होने लगी तो उन्होंने मदद के लिए अपने दूसरे लड़के वीरेश को बुलाया जो उस समय कक्षा नौ में पढ़ता था और हिन्दी के मामले में वह अपने बड़े भाई का ही अनुकरण कर रहा था। वह डरा-डरा तो जरूर आया पर यह गम्भीर दायित्व सौंपे जाने पर उसे अपने ऊपर गर्व भी हुआ। गम्भीर शब्दों का अर्थ बताते हुए जब उसने पाँच पन्नों का पत्र समाप्त किया तो सीतानाथ को आश्चर्य हुआ यह सोचकर कि अनेक राष्ट्रीय, अन्तर्राष्ट्रीय, निजी और अन्य कई गूढ़ समस्याओं का विवेचन होते हुए भी उस पत्र के मजमून में सिर्फ एक बात ही स्पष्ट थी कि वह शादी नहीं करना चाहता। एक छोटी-सी बात कहने के लिए हिन्दी में इतने 'लाम-काफ़' की जरूरत होती है ? उनको पक्का विश्वास हो गया कि गदहपचीसी ही इसके लिए जिम्मेदार है !

यह तो अच्छा हुआ कि आनन्दी ने उनको नीलेश का पत्र उस समय दिया, जब वह कचहरी से आने पर आराम, पूजापाठ और नाश्ता के बाद परमानन्द की स्थिति में मन्दिर जाने के लिए तैयार थे। पत्र सुनने के बाद वह कुछ क्षण चुप बैठे रहे, फिर खड़े होकर छड़ी को उठाते-गिराते बाहर निकल गए।

देखते-ही-देखते समूचे घर में मुर्दनी छा गई। सीतानाथ इस अर्थ में भाग्यवादी थे कि उन्होंने अपना भाग्य बदलने की न कभी कल्पना की और न ही कोशिश। ईश्वर में अगाध श्रद्धा रखते हुए वह उसी की मर्जी समझकर हर परिस्थिति को स्वीकार करके मन की शान्ति प्राप्त कर लेते थे अथवा उसी शान्ति के लिए अपनी हर संकटपूर्ण परिस्थति को प्रभु के सुपुर्द करके निश्चिन्त हो जाते थे। ऐसी हालत में, उनका चेहरा एक ऐसे अथाह, शान्त समुद्र की तरह दिखाई देने लगता, जिसमें खुशी,

आनन्द, आस्था, विश्वास की तरंगें एकीकृत होती थीं।

लेकिन जब उनकी यह शान्ति भंग होती–कभी-कभी बहुत मामूली बात से भी हो जाती थी–तो वह क्रोध के विस्फोट में ही प्रकट होती। चूँकि उनके अन्दर भौतिक महत्त्वाकांक्षा, झूठ, पाखंड और कुटिलता का कोई स्थान नहीं था, इसलिए उनका मन बीच की स्थिति में, किसी छद्म रूप में नहीं टिक पाता था। उनका चेहरा या तो आन्तरिक आलोक से दप-दप करता रहता अथवा क्रोध से उत्तेजित–और यह क्रोध मानवीय करुणा की वजह से जल्दी ही एक नाटकीय रूप भी धारण कर लेता था।

पहले तो सीतानाथ को विश्वास नहीं हुआ था कि उनका ही लड़का परिवार की उच्च अनुशासन परम्परा का इस तरह विरोध करेगा। अपने पिता की जबान को काटेगा जिसको आज तक किसी ने भी नहीं काटा, यहाँ तक कि बड़े-बड़े हाकिमों ने भी। दो दिनों तक तो वह इस उम्मीद में भी नहीं बोले कि लड़का अपनी गलती महसूस कर लेगा। उधर नीलेश भी हर टकराहट से बच रहा था। लेकिन जब इतवार आया तो स्थिति को टालना कठिन हो गया।

सीतानाथ की वह असीम शान्ति भंग हो चुकी थी। करीब साढ़े तीन बजे सोकर उठने के बाद हाथ-मुँह धोकर आँगन में, जहाँ से धूप चली गई थी, खड़े होकर उन्होंने आनन्दी से पूछा, ''नीलेशजी हैं ?''

आनन्दी दक्षिणी बरामदे में बैठी कैंची से कोई कपड़ा काट रही थी। उसने पीछे कमरे की ओर संकेत करते हुए कहा, ''लेटे हैं।''

नीलेश उठकर बैठ गया। पहले तो ख्याल आया कि उनके पास ही चला चले, लेकिन यह सोचकर रुक गया कि शायद बुलाएँ। डरा तो उसी दिन से था कि कहीं वह शादी के लिए जिद न ठान लें। अपने पिताजी से उसकी गम्भीर वार्त्ता आज तक कभी हुई ही नहीं थी। पिता से उसका रिश्ता डाँट-डपट, सीख-उपदेश और एक तरह के अलगाव का ही रहा था। वह सुबह से शाम तक वकालत के ही काम में फँसे रहते और कभी शाम को मुवक्किल आ जाते तो उस समय मन्दिर भी नहीं जाते। उसे याद भी नहीं कि कभी प्यार भी किया हो उन्होंने। यह स्थिति आनी तो थी ही, लेकिन इस समय उसके अन्दर भय और घबराहट ऐसे नौजवान की थी, जिसे संसार का बहुत मामूली अनुभव होता है।

सीतानाथ आँगन में खड़े होकर ऊँची, क्रोध-उत्तेजित आवाज में किसी अभिनेता की तरह हाथ के सांकेतिक संचालन के साथ बोले :

''अरे, तुम अन्दर मुँह छिपाकर क्या बैठे हो, भाई ! उन्नीस वर्ष के हो गए, पूरे मर्द हो, शादी हुई होती तो दो बच्चे हो गए होते। मैं पूछता हूँ, क्यो नहीं शादी करोगे ? क्या तुम्हारे शादी करने से देश का काम रुक जाएगा ? शादी क्या गांधीजी ने नहीं की या जवाहरलाल नेहरू ने ? जब इतने बड़े-बड़े लोगों ने शादी की तो तुम किस खेत की मूली हो ? यह तो समाज का नियम है–इस पर सभी चलते हैं–बड़े-बड़े बादशाह और एक अदना आदमी भी ! क्या हम तुम्हारी शादी अपने सुख के लिए कर रहे हैं या तुम्हारी औरत आकर तुम्हारी पढ़ाई रोक देगी ? सीतानाथ अपने लड़के और पतोहू से सुख पाने की उम्मीद में नहीं जीते हैं। अरे भाई, तुम शादी करके और कोई काम-धाम पकड़कर अपने माँ-बाप से अलग रहो न ! प्रभु श्रीरामचन्द्र और भोलेनाथ शंकर की कृपा के अलावा मुझे क्या चाहिए जी ! जो वह दे देता है, बहुत है। और आगे भी वह देगा, क्यों नहीं देगा ?

''प्रभु की भारी कृपा से सन्तान मिलती है। सन्तान से समाज चलता है। सन्तान माँ-बाप और समाज के धर्म-कर्म को आगे बढ़ाती है। माँ-बाप लड़के की शादी के लिए सुशील लड़की ढूँढ़ते हैं, ताकि वह खानदान में घुल-मिल जाए, पति को सुख और नेक सलाह दे, मौका पड़ने पर उसे रास्ता दिखाए। नहीं तो, आशनाई करने के लिए तो सारी दुनिया पड़ी है। रंडी का कोठा है, फाहशा औरतें

हैं, जाओ अपनी तन्दरुस्ती, रुपया-पैसा, इज्जत-आबरू, ईमान और इन्सानियत डुबा आओ। अरे भाई, इतना पढ़-लिखकर, ऊँचे खानदान के होते हुए एक बेजबान, बेकसूर लड़की की उम्मीदों को खाक में क्यों मिला रहे हो ? तुम क्या समझते हो, सूरत और फैशन ही सबकुछ है ? गाँवों में सलीकेदार लड़कियाँ नहीं रहतीं ? सूरत कब तक कायम रहती है मियाँ ! सीरत न रहे तो खानदान में कुछ ही सालों में मरघट की मनहूसियत छा जाए। सीरतवाली औरत को लाचार न समझिए, उसमें बड़ी ताकत होती है, बड़ा दिमाग होता है, बड़ी समझदारी होती है। सही औरत न मिलने पर मरद की जिन्दगी नरक बन जाती है। तुम्हारी माँ जब इस घर में आई थीं तो कौन हूर की परी थीं। लेकिन आला दिमाग पाया है इन्होंने। नेकनीयत, समझदारी, इन्सानियत कोई इनसे सीखे। आलिम-फाजिल, एम.ए., बी.ए. कोई भी औरत इनका मुकाबला नहीं कर सकती। इतने बच्चे, इतने बड़े घर की जिम्मेदारियाँ, अलग-अलग ख्यालों और पसन्द के लोग, पर मजाल है कि चेहरे पर कोई शिकन आ जाए !''

बरामदे में पीढ़े पर बैठी आनन्दी ने शर्म के मारे अपना सिर पीछे घुमाने की कई बार कोशिश की। साथ ही वह खुनसाकर मुँह में बुदबुदाई, ''ऐसा भी साफ दिल क्या, न सोचना, न समझना, कोई लेहाज नहीं।''

अचानक सीतानाथ अपनी आवाज को और ऊँची सीढ़ी पर चढ़ाकर बोले, ''क्या कहते हो, शादी नहीं करेंगे ? न करो, लाख बार न करो, सीतानाथ फिर तुमसे कहने नहीं जाएँगे। सीतानाथ अब तुम्हारी शादी की बात जबान पर भी नहीं लाएँगे ! बाद में तुम या कोई नाक रगड़कर भी क्यों न रह जाए। सीतानाथ की प्रतिज्ञा अटल होती है। मैंने शराब पी, जुआ खेला, लेकिन एक बार जब छोड़ दिया तो उधर भूलकर भी नहीं देखा। देखा क्या, सोचा भी नहीं। सभी साथ-संग छोड़ दिया। उन दोस्तों को हमेशा-हमेशा के लिए अपनी जिन्दगी से निकाल दिया। ऐसे दोस्त तो दस्तरखान की मक्खी होते हैं। ठीक है, तुम शादी नहीं करोगे तो मैं वीरेश की शादी करूँगा।''

दुर्भाग्य से, इसी समय वीरेश सीढ़ी से नीचे उतर रहा था जिस पर उनकी नजर भी पड़ गई। फिर क्या था, उन्होंने तड़पकर उससे पूछा, ''वीरेश, साफ-साफ बताओ, तुम शादी करोगे कि नहीं ?''

वीरेश का शरीर पन्द्रह की उम्र पार करके सोलह की ऊँचाई पर पहुँच गया था। लेकिन शादी के बारे में सपने में भी उसने कल्पना नहीं की थी। फिर पिताजी की ऐसी मुद्रा ! उसका साहस हिरन हो गया और उसके मुँह से बहुत धीमी आवाज निकली :

''करूँगा... ।''

और सीतानाथ ने अपनी आवाज की सबसे ऊँची सीढ़ी पर चढ़कर ऐलान कर दिया, ''और तुम शादी नहीं करोगे तो सुरेश की शादी करूँगा और सुरेश नहीं करेंगे तो धीरेश की शादी करूँगा... ।''

सहसा वह रुक गए। आगे शायद गम्भीर विचार करने की जरूरत थी, क्योंकि दो अन्य लड़कों की उम्र क्रमशः छः और चार वर्ष की थी। बहरहाल उनकी योजना को सुनकर सुरेश, धीरेश और रमेश तथा उमेश भी घर के पता नहीं किस बिल-सूराख में छिप गए कि उनको ढूँढ़ निकालना भी बहुत कठिन था।

''ठीक है,'' सीतानाथ ने आगे कहा, ''घर में एक लड़का शादी न करे तो भी कोई फर्क नहीं पड़ेगा। खानदान में तरह-तरह के लोग होते हैं, तुमसे अब शादी करने के लिए कोई न कहेगा। चिन्ता इस बात की जरूर थी कि गरीब महतारी तुम्हारे बारे में हमेशा सोचती है, तुम्हारे लिए आँसू बहाती है। खैर, प्रभु को यही मंजूर है तो यही सही। सीतानाथ को तो प्रभु के चरणों में ही कुछ जगह चाहिए, इससे अधिक कोई तमन्ना नहीं।''

इसके बाद वह कमरे में जाकर कुछ देर लेटे रहे, फिर उठकर कपड़ा बदलने के बाद हाथ में

छड़ी लेकर मन्दिर के लिए बाहर निकल गए। आनन्दी किसी प्रस्तर शिला की तरह बैठी रह गई और उसकी आँखों से झरने प्रवाहित होने लगे।

18

सीतानाथ के जाने के कुछ ही देर बाद नीलेश उठा और चुपचाप बाहर निकल गया। वह छाती पर मुँह गाड़े सड़क पर चलते हुए कब स्टेशन पर पहुँचकर दूसरे प्लेटफार्म पर टहलने लगा, यह पता ही न लगा। रसड़ा और आजमगढ़ होकर शाहगंज जानेवाली ट्रेन जब खुल गई तो वह उस ओवरब्रिज की सबसे ऊँची सीढ़ी पर जाकर बैठ गया जो प्रथम प्लेटफार्म से आरम्भ होकर यहाँ समाप्त होता था। शाम में दिन की एक बहुत क्षीण झलक शेष थी। स्टेशन के सभी लैम्प जल चुके थे। चारों ओर सन्नाटा व्याप्त हो गया था। हवा तो पहले ही तेज थी, बीच-बीच में और तेज हो जाती, तब लगता कि दोनों ओर बाँधकर फैलाई हुई कोई साड़ी फरफरा रही है।

वह अपने दोनों घुटनों के जोड़ पर सिर रखकर सीढ़ियों को देखने लगा। उसे महसूस हो रहा था कि जब वह बेजबान और निहत्था था, उस पर अनगिनत तीर चलाए गए और बुरी तरह आहत होने से उसके पोर-पोर से कराह निकल रही है। इस अवस्था में उसे दरअसल समझ में नहीं आ रहा था कि उसके दिल में कौन-सी भावनाएँ उमड़ रही हैं। अफसोस, परेशानी, भय या दुःख की ? या क्रोध की ?

क्या माँ-बाप के प्रति उसके दिल में क्षोभ-भरा मलाल है ? उसे बचपन से आज तक आकाश-फाड़ आवाज में पिताजी की डाँट-फटकार याद आने लगी। उससे सारा घर काँप उठता—मनुष्य, पशु-पक्षी और दीवारें भी। बाद में वह अवश्य क्षमा माँग लेते थे, चाहे वह छोटा बच्चा ही क्यों न हो। लेकिन ऐसी क्षमा का महत्त्व क्या था ! क्या वह क्षमा माँगकर फिर उसी तरह डाँटने का निरकुंश अधिकार नहीं प्राप्त कर लेते हैं ? उसके पिताजी ने उसे अपने पास बैठाकर कभी न पढ़ाया और न कभी खूब परिश्रम करके ऊँचे ओहदे पर पहुँचने के लिए कभी प्रोत्साहित ही किया। बीमार पड़ने पर भी न कभी दवा और न डॉक्टर को ही बुलाकर ले आए। ये सभी काम मुहर्रिर या नौकर छबीला करते थे। जरूर कभी—बहुत कम—माँ से पूछते और उसके बताने पर असीम आत्मविश्वास के स्वर में कहते—''प्रभु सब ठीक करेंगे।'' कैसा रिश्ता था उसके और उसके पिताजी के बीच और आगे कौन-सा रूप धारण करने जा रहा है यह रिश्ता ?

उसके सामने बचपन के कुछ और चित्र उभरने लगे। सबसे बड़ा और कुछ अधिक ही शरारती होने की वजह से वह छोटे भाइयों को सताता रहता। बड़ों के साथ भी अलग किस्म की शरारतें। बाहर निरन्तर खेलकूद में झगड़े होते तो शिकायतें आतीं। आनन्दी तो गृहस्थी के चक्करों तथा छोटे बच्चों के चिल्लपों की वजह से ही परेशान रहती, उसकी हरकतों पर गुस्से से जलती और दाँत पीसती हुई 'पापी' कहकर उसे बेतहाशा धुन देती ! मुक्का, थप्पड़ जो भी सुविधाजनक हो। जो कसर रह जाती उसे शैलजा पूरी कर देती जो हमेशा इसी फिराक में रहती कि कब शिकायत का कोई मौका मिले और वह बाबूजी या माँ से कहकर डाँट या मार खिलवाए। सीतानाथ कभी मारते तो नहीं थे, पर उनकी डाँट ही अधिक दुःखदायी होती थी, जिस दौरान वह उद्‌दी-खुद्‌दी सब बाहर निकाल लेते थे।

अपने पिताजी की दूसरी बात उसे अच्छी नहीं लगी, वह उनका कहीं न जाना। रिश्तेदारी में, पर्यटन में, किसी के सुख-दुःख में, कहीं भी वह शहर के बाहर जाते ही न थे। व्यावहारिकता निभाने का जिम्मा उन्होंने अपने छोटे भाई उमानाथ पर रख छोड़ा था। मायका शहर में होने की वजह से

आनन्दी दो-तीन दिन के लिए जाती, फिर उसे आना पड़ता। लेकिन उमानाथ ने गाँव से ऊबकर जब खेत-बारी की अस्थायी व्यवस्था करने के बाद एक प्राइवेट कम्पनी में नौकरी कर ली तो हर साल गर्मियों की छुट्टियों में गाँव जाना भी छूट गया। सभी भाई-बहन और समूचा परिवार जड़ की तरह बारहों महीने उस शहर में ही रह जाता।

एक दिन आनन्दी ने टोका था, "चौपट हो रही है सभी जमीन-जायदाद। बाबू (उमानाथ) ने कहा था महीने में एक बार गाँव जाकर देख-सुन लें। अब तो जो कुछ गल्ला आ जाता था, वह भी नहीं..."

सीतानाथ बिगड़ गए, हाथ नचाते हुए बोले, "चौपट हो जाए, लाख बार गल्ला न आए, सीतानाथ एक साथ दो नावों पर नहीं चढ़ेंगे। मुझसे या तो कचहरी करवा लो या गाँव की खेती। जब से मैंने फैसला किया कि इस बड़े परिवार को चलाने के लिए कचहरी बेहद जरूरी है, मैंने गाँव की खेती-बारी की ओर मुँह नहीं किया। ठीक है, जब तक उमानाथजी करते रहे, कोई परेशानी नहीं हुई। अब वह नहीं करते तो सीतानाथ क्या करें, भाई ? जब मेरी बहन सुशीला मर रही थी, मैं उसे देखने एक दिन के लिए भी कचहरी छोड़कर रामपुर नहीं गया। जब बहनोई देवीप्रसाद सख्त बीमार थे, तब भी मैं रसड़ा नहीं गया। आज जब खेत-जमीन चौपट हो रही है तो मैं उसे बचाने के लिए क्या गाँव में जाकर बैठूँ ? मैं कौन होता हूँ बचानेवाला ? जब तक प्रभु चाहेगा, कोई कुछ बिगाड़ नहीं सकता और जिस दिन वह नहीं चाहेगा तो मेरे लाख कोशिश करने पर उसकी एक धूल भी नहीं बच पाएगी...।"

नीलेश के होंठ बिचक गए। यह तर्क उसे कभी समझ में नहीं आता था। आज तो और नहीं। उसे लगता, उसके पिताजी जिस परिस्थिति में डाल दिए जाते हैं, उसी से प्यार भी करने लगते हैं। क्या परिस्थिति के गुलाम ? उसमें किंचित् भी व्यतिक्रम या बदलाव उन्हें पसन्द नहीं। ऐसा क्यों है ? क्या यह छद्म पलायन नहीं है ?

फिर उसे उन दिनों की याद आने लगी जब वे शहर में प्लेग का प्रकोप होने पर कई वर्षों बाद गाँव गए थे। शाम को बाहर खुले सहन में उसके पिताजी चारपाई पर बैठे थे और वह पास ही में खड़ा दूर तक लहलहाते खेतों को देख रहा था। तभी गाँव के एक जमींदार का लड़का शिवदर्शन सिंह, जो शहर के राजकीय स्कूल में उसका सहपाठी था, पढ़ाई के बारे में बातचीत करने के लिए उससे मिलने आया। उसके पिताजी ने उसे देखते ही झट 'सलाम बाबू' कहा और उसके बैठने के लिए जगह छोड़ते हुए सिरहाने से पैताने बैठ गए। इससे शिवदर्शन तो संकुचित हुआ ही, स्वयं वह बेइज्जती से इतना शरमा गया कि अपना मुँह कहाँ ले जाए या कैसे रखे, उसे समझ ही में न आया।

सीतानाथ जमींदार वर्ग के न होकर भी एक अच्छे काश्तकार थे और शिक्षा, व्यवहार तथा प्रतिष्ठा के मामले में उस समय के अनेक अशिक्षित, गँवार, ऐंठू, क्रूर और ब्रिटिश-चापलूस जमींदारों से ऊँची हैसियत रखते थे। फिर एक क्रूर जमींदार के लड़के को 'सलाम बाबू', 'अच्छा बाबू' कहने का क्या तुक है ? इसके चार-पाँच दिन पहले ही वह शिवदर्शन के पिताजी की निर्ममता देख चुका था, जब वह उससे मिलने उसके घर गया। उस व्यक्ति ने एक बूढ़े, सूखे, जर्जर असामी को लगान न देने पर पकड़ मँगवाया था और पेड़ से बँधवाकर उस पर गला फाड़-फाड़कर गन्दी-से-गन्दी गालियों की बौछार की थी। उसकी राजनीतिक दृष्टि साफ नहीं थी उस समय, फिर भी उसे बड़ा कष्ट हुआ था, यहाँ तक कि उसने शिवदर्शन सिंह से मन-ही-मन काफी नाराज होकर अपनी आपत्ति भी प्रकट की थी, जिस पर वह हँस पड़ा था। इन बातों को सोचकर उसे आज भी अपने पिताजी का व्यवहार अनुचित लग रहा है और ब्रिटिश हुकूमत से और नफरत हो रही है जो ऐसे सड़े-गले हैवान सामन्तों को पाल-पोस रही है। सन्तोष इसी से होता है कि इस विदेशी सरकार के खात्मे के बाद सामन्तों की यह व्यवस्था भी मिटा दी जाएगी।

इसी तरह उसे सीतानाथ की वह बात भी नहीं भूलती जो उन्होंने अपने मुहर्रिर से कांग्रेसी आन्दोलन की चर्चा होने पर कही थी, "अरे, अंग्रेज बहादुर का कोई कुछ बिगाड़ सकता है ? उनकी हुकूमत का आफताब कभी डूबनेवाला नहीं, चाहे हजारों-लाखों की तादाद में जेल क्यों न जाओ। क्या शान है उनकी। अनुशासन उनमें देखिए, लियाकत उनमें देखिए, मेहनत उनमें देखिए, हिम्मत उनमें देखिए, तालीम और नए ख्याल के लिए प्यार उनमें देखिए। यहाँ क्या है ? ठीक उल्टा। यह सब नहीं है तो आजादी लेकर करोगे क्या, भाई ?"

उसे यह विचार सुनकर बड़ा दुःख हुआ। जब समूचे देश में अंग्रेजों के कुशासन के विरुद्ध आन्दोलन तेज होता जा रहा है, उसके पिताजी क्यों ऐसा गुलाम ख्याल रखते हैं ? वह क्रूर जमींदार भी तो फिरंगियों का पिट्ठू था, उसमें और उसके पिताजी में क्या फर्क है ?

अचानक टन-टन की घंटी बजी। वह चौंक पड़ा, फिर खड़ा होकर पुल के रास्ते पहले प्लेटफार्म पर उतर गया। किसी सवारी ट्रेन का समय तो नहीं था, शायद कोई मालगाड़ी आ रही हो। वह जी.आर.पी. पुलिस चौकी के आगे उस कुएँ पर बैठ गया जिसे भरकर पक्के चबूतरे की तरह कर दिया गया था। बैठते ही उसे महसूस हुआ कि उसकी आँखें भर आई हैं। क्या इसलिए कि आज तक उसने अपने पिताजी के बारे में कभी सोचा न था। आलोचना और अवज्ञा की तो कल्पना ही न की थी ? क्या उस जैसा अदना लड़का उन्हें किसी परिभाषा में बाँध सकता है ? क्या क्षोभ और क्रोध के उतावले प्रयास से उनको समझा जा सकता है ?

वह चबूतरे के किनारे लेट गया। कृष्ण पक्ष की अँधेरी रात थी। आकाश में तारे चटक दिखाई दे रहे थे। हवा थमने से कुछ गरमी महसूस होने लगी। अब उसका दिमाग दूसरी ही दिशा में दौड़ने लगा। उसके पिताजी अवश्य पुराने जमाने के व्यक्ति थे जिनके अनेक आदर्श पुरातन ही थे। संयुक्त परिवार आदर्शों के स्तम्भ। उनके पिताजी और दो चाचा पहले ही मर गए तो सबसे छोटे चाचा ने उन्हें पढ़ाया-लिखाया जो पक्के जुआड़ी और गुस्सैल भी थे। सीतानाथ कई बार गर्व से सुना चुके थे कि एक दिन जब उन्होंने चाचा का कहना न मानकर अपना समय खेलने में बिताया तो उन्होंने बड़ी पिटाई की—ले खड़ाऊँ, ले खड़ाऊँ पूरे पचास खड़ाऊँ ! चाचा जब मरे तो संयुक्त परिवार का भारी बोझ और हजारों रुपए का कर्ज छोड़कर मरे। तब सीतानाथ के चेहरे पर कोई शिकन नहीं आई। आश्चर्य है कि किसी आर्थिक परेशानी को लेकर वह आज तक नहीं बिगड़े और ऐसी विकट स्थितियों में भी उनके चेहरे पर अपार धैर्य, शान्ति, आनन्द और ईश्वर की कृपा से विश्वास का जो मिला-जुला भाव प्रतिबिम्बित होता, वह परिवार के हर व्यक्ति के लिए सुरक्षा का दृढ़ आश्वासन होता था।

कई व्यावहारिक लोगों तथा स्वयं कर्जदाता के कहने पर भी वह नहीं माने, "चाहे जुए का ही कर्ज क्यों न हो, चाचा का कर्ज मेरा कर्ज है, मैं पाई-पाई चुकाऊँगा। चाचा की आत्मा क्या कहेगी, उसके विश्वास को कितनी चोट पहुँचेगी ?"

वह हर महीने कर्ज की निश्चित किस्त चुकाते रहे। कर्जदाता की शहर में बजाजे की सबसे बड़ी दुकान थी और स्वयं भी वह बड़े शरीफ थे। महीन धोती, रेशमी कुर्ता और काली-सी टोपी पहनकर वह आकर चुपचाप बैठ जाते और एक बीड़ा पान खाकर और किस्त की रकम लेकर चले जाते।

वह उत्साह का अनुभव करके बैठ गया। सीतानाथ की जीवन्तता की वजह से उसके बचपन का माहौल कितना खुशनुमा था। वकालत खूब चलती थी और वह ठाट-बाट से रहते थे। वकीलों-मुख्तारों के इस शहर में वह टाउन क्लब के अध्यक्ष थे जो वहाँ का सबसे बड़ा सांस्कृतिक संघटन था। जब टाउन क्लब की हॉकी या फुटबाल टीम जीतती तो सभी खिलाड़ी तथा अन्य सदस्य पंक्ति बनाकर शील्ड के साथ आते और सीतानाथ को बीच में खड़ा करके नारे लगाते और 'हिप-हिप

हुर्रे' करते। वह शील्ड साल-भर उसके घर में पड़ी रहती जिससे वह और उसके भाई गर्व से फूले न समाते। वर्ष में क्लब एक नाटक भी करता, जैसे 'राजा हरिश्चन्द्र' या 'दानवीर कर्ण' और उसमें सीतानाथ नायक का ही अभिनय करते। लम्बे-चौड़, छाती आगे निकली हुई, बड़ी सँवारी हुई मूँछें, लम्बी बाँहें आगे की ओर झूलती हुईं, बुलन्द आवाज, उनका वास्तविक जीवन और बात-व्यवहार अभिनय की तरह लगता ही था, इस कृत्रिम मंच पर भी वह बेहद सफल थे। विपुल भावात्मकता और गहरी संवेदनशीलता उनके अभिनय को स्वाभाविक और प्रामाणिक बनाती थी जिसे लोग बहुत दिनों तक याद रखते थे।

बीच-बीच में, ब्रेक में, उनसे गाना गवाया जाता था। एक गाने की कुछ पंक्तियाँ उसके ख्याल में गूँजने लगीं :

काया का पिंजड़ा डोले रे, एक साँस का
पक्षी बोले।
जाने से ना घबराना,
दुनिया है मुसाफिरखाना,
काया का...

टाउन क्लब के अलावा संगीत की एक छोटी-सी मंडली भी थी उनकी जिसकी बैठकें सदस्यगणों के घरों पर बारी-बारी से होतीं। उस दिन कचहरी जाने के पहले वह आनन्दी से कहते, "शैलजा की अम्मा, आज शाम को खाने पर आलू-चीनी चावल, चना-उड़द की दाल, कढ़ी-बड़ी, दहीबड़ा, रिकंबछ बनाना...।"

आनन्दी समझ जाती थी। संगीत कार्यक्रम खाने-पीने के बाद ही शुरू होता जब लड़के-बच्चे सो जाते लेकिन कभी-कभी वही जगा रह जाता रसगुल्ले के लालच में जिससे समापन होता था। बाहर के बड़े कमरे में दरी और सफेद जाजिम बिछा दी जाती जिस पर दीवार से सटाकर दो-तीन मसनद भी रख दिए जाते। पास के चौराहे का रघुवीर पनहेरी गैसबत्ती जला देता और बीच-बीच में तश्तरी में चाँदी-वर्क लगे पान के बीड़े रख जाता। वह स्वयं तांजेब का चुन्नटदार कुर्ता, सफेद महीन धोती और तांजेब की ही टोपी पहनकर अन्त तक बड़ा ही व्यस्त नजर आता।

उस समय उसकी संगीत की समझ कुछ ही नहीं थी, लेकिन बड़ा होने पर, खास तरह से बनारस जाने के बाद, दशाश्वमेध घाट पर स्नान के लिए सुबह दालमंडी गली से गुजरते समय कोठेवालियों के रियाज सुनकर, अनेक संगीत सम्मेलनों में गायन का आनन्द लेकर और कई गायकों के सम्पर्क में भी आकर शास्त्रीय संगीत के प्रति उसका प्यार और दिलचस्पी काफी बढ़ गई है। आज की दृष्टि से उस अप्रशिक्षित मंडली के कार्यक्रम के बारे में सोचकर उसे हँसी आती है, लेकिन साधन और सुविधा के अभाव में वे जिस उत्साह की ज्योति जलाए हुए थे, वह प्रशंसनीय है।

धनी बाप के लड़के और शहर के रईस परमात्मानन्द की ख्याति इस वजह से भी थी कि उन्होंने एक वेश्या से दूसरी शादी कर ली थी और मामूली बातों पर भी मुँह से भद्दी-भद्दी गालियाँ निकाल लेते थे। संगीत के नाम पर तबला बजाते थे—उस समय वह काफी गम्भीर होकर और मुँह फुलाकर उसे छाती पर गाड़ देते और दोनों हाथ तबले पर काफी जोर-ताकत से रखकर 'ताक धिना-धिन' बजाने लगते, चाहे ग़ज़ल, भजन, ठुमरी या शुद्ध शास्त्रीय संगीत ही क्यों न हो। जितना बजाते थे, उससे अधिक वह सिर को चारों ओर हिलाते-घुमाते थे यह परवाह किए बगैर कि उनकी गर्दन में मोच भी आ सकती है।

अचानक मालगाड़ी सुपरिचित आवाज के साथ स्टेशन पर आई तो उसका ध्यान भंग हुआ। कुछ रेल कर्मचारी इधर-उधर दौड़े और कुछ अस्पष्ट तेज आवाजें, एक-दूसरे से लड़ती हुई सुनाई पड़ीं। कुछ देर बाद सन्नाटा छा गया। फिर वह संगीत मंडली की ही बातें सोचने लगा जिसके दूसरे

महत्त्वपूर्ण सदस्य सुद्दीलाल पेशकार थे। वह शुद्ध संगीत के पक्षधर थे और उनकी सबसे बड़ी खूबी यह थी कि बहार, मल्हार, विहाग, दरबारी आदि सभी प्रकार के उनके गायन में यह समझना बड़ा कठिन था कि कौन-सा राग गा रहे हैं। वह विलम्बित से आरम्भ करने के फौरन बाद अन्तहीन आलाप 'आ-आ-आ-आ' शुरू कर देते, जिसे वह गले में 'दाना पड़ना' कहते थे। दो विपरीत दिशाओं में जानेवाले आलाप, ताक-धिना-धिन तथा हारमोनियम की तीव्र किन-किन- किन-किन और मँजीरे के टुन-टुन से अजीब समा बँध जाता था।

वह बेतहाशा हँसने लगा, इसलिए कि नाटे, हल्के सुद्दीलाल तबला विशेषज्ञ की ओर दोनों हाथ आगे बढ़ाकर आगे-पीछे करते हुए ऐसी कुशलता से गायन करते कि लगता, उछलकर तबले पर ही बैठ जाएँगे।

उसके पिताजी भी कम प्रशिक्षित थे लेकिन उनमें संगीत की ऐसी प्रतिभा थी कि उनका गायन कभी भी अस्वाभाविक और बेताल नहीं होता था। जब वह रात के सन्नाटे में बुलन्द और मधुर आवाज में गाना शुरू करते तो अद्भुत रौनक आ जाती। वह अधिकतर भजन, ग़ज़ल, ठुमरी, दादरा और मौसम के अनुसार कजरी, होली और चैता गाते। अन्तरा में वह अपने स्वर को जिन तड़प-भरी ऊँचाइयों पर ले जाते और वहाँ से जिस अप्रत्याशित कुशलता से सम पर आते कि सुननेवालों का दिल नाच-नाच उठता और बरबस सिर हिलने लगते। पलुस्कर, बड़े गुलाम अली और फैयाज खाँ को छोड़कर उसने ऐसी आवाज कहीं और नहीं सुनी है। निरन्तर संगीत-साधना द्वारा विकसित ऐसे स्वर से ही लोगों के दिलों को जोड़ा जा सकता है। उनके इस स्वर से ही उसका संगीत-प्रेम जागा था और उनका यह रूप उसे बहुत प्रिय था। उसने अक्सर सोचा है कि हिन्दुस्तानी संगीत इस देश की आत्मा है, और जिस दिन यह संगीत मर जाएगा, देश की आत्मा भी मर जाएगी।

बाद में ये संगीत-बैठकें समाप्त हो गई थीं और सीतानाथ शान-शौकत छोड़कर धर्म की ओर मुड़े। मंडली के करीब सभी दोस्त छूट गए। एक जून रामचरितमानस का पाठ तो वह करते ही थे, अब शाम को भी करने लगे जिसके बाद वह मन्दिर जाने लगे जहाँ से दस-ग्यारह बजे रात तक आते। पहले वह कुएँ से बीसों गगरे पानी स्वयं खींच-खींच करके मन्दिर को चमाचम साफ करते और बाद में कीर्तन के समय उनका स्वर मन्दिर में गूँजने लगता 'हरे राम..।' यही उनका पूजा-पाठ था, किसी अन्य कर्मकांड से वह कोसों दूर रहते—न व्रत-उपवास, न कोई त्यौहार मनाना, न झाड़-फूँक और न ज्योतिषी-पंडित का चक्कर। सत्यनारायण की कथा पर वह कभी नहीं बैठे। ये सभी धार्मिक कृत्य औरतों के जिम्मे थे जो राधास्वामी सम्प्रदाय में दीक्षित होने पर भी हिन्दू धर्म की रस्मों का अनुसरण करती थीं। वह महिलाओं के काम-काज में कोई हस्तक्षेप और उसकी आलोचना नहीं करते थे। किसी एक व्यक्ति की शिकायत भी वह दूसरे व्यक्ति से कभी नहीं करते और दूसरों की ऐसी बातें एक कान से सुनकर दूसरे कान से निकाल देते। सभी में वह अच्छाई देखते और अदना-से-अदना आदमी या छोटे बच्चे की तारीफ करके, उसे खूब चढ़ा देते। किसी पर नाखुश होने पर डाँटते-फटकारते या उसी के मुँह पर उसकी साफ-साफ अलोचना करते, लेकिन उनके अन्दर कुछ रहता नहीं था और जल्दी ही अपने सामान्य भाव पर आ जाते।

उनको अचानक संग्रहिणी हो गई थी जो डॉक्टर, हकीम, वैद्य सबका इलाज कराने पर भी ठीक नहीं हो रही थी। कचहरी छूट गई और आर्थिक तंगी से परेशानी होने लगी। घबराकर आनन्दी ने घर के पुरोहित मोहन पंडित को बुलाया जिन्होंने जन्म-कुंडली देखी, पोथी-पत्रा खोलकर देर तक विचार किया और अन्त में काफी गम्भीर स्वर में कहा, ''मारकेश लगा है, दो महीने बाद पहले बुधवार को ये नहीं रहेंगे...।''

उस समय जीरादेवी, आनन्दी, शैलजा और नीलेश—वह स्वयं—बाहर के कमरे में पुरोहितजी को घेरकर बैठे थे। जीरादेवी और आनन्दी तो बेहद घबरा गईं और आँखों पर आँचल रखकर रोने लगीं।

बाद में जीरादेवी ने रुआँसी आवाज में पूछा—

''ए महाराज, कुछ ऐसा पूजा-पाठ करा दीजिए कि बाबू का सब कष्ट दूर हो जाए।''

''महामृत्युन्जय जाप तो होता है, करा लीजिए, पर इस बार मारकेश इतना प्रबल है कि कोई पूजा-पाठ काम नहीं करेगा...।''

बाहर का कमरा भीतर के उस पहले बरामदे से एकदम सटा है जहाँ बिस्तर पर लेटे सीतानाथ सबकुछ सुन रहे थे। वह अचानक उठकर कमरे में चले आए। काफी दुबले हो गए थे वह और शरीर उनका ताजिए की तरह हिल रहा था। लेकिन चेहरे पर नाखुशी का भाव था। उन्होंने पूछा :

''पंडितजी, आप क्या कह रहे थे—मैं मर जाऊँगा ?''

''वकील साहब, पोथी-पत्रा में जो लिखा है, वही मैंने बताया है।''

सीतानाथ गुस्से में बोले, ''क्या आप ईश्वर हैं कि किसी की मौत और जिन्दगी पहले ही से जानते हैं ?''

''ईश्वर नहीं हूँ, पर पोथी-पत्रा ईश्वर से कम थोड़े ही हैं, उसे तो ब्रह्मा ने ही लिखा है।''

''गलत बात।'' सीतानाथ हाँफकर एक कुर्सी पर बैठ गए थे, ''ये पोथी-पत्रा मनुष्य ने ही लिखा है—कहाँ ब्रह्मा और कहाँ विष्णु और मनुष्य ईश्वर थोड़े हो जाएगा ? और मान लीजिए पोथी-पत्रा में ठीक लिखा है और आपने भी उसे ठीक ही समझा है और मैं उस दिन जरूर मर जाऊँगा, पर आपको यह कहकर इन औरतों को रुलाने की कैसे हिम्मत हुई ? आप चले जाइए, फौरन चले जाइए यहाँ से और फिर मुँह न दिखाइएगा।''

पुरोहितजी अपनी पोथी बाँधकर फौरन वहाँ से चलते बने। सीतानाथ क्रोध से थर-थर काँप रहे थे। जीरादेवी ने रोते हुए कहा, ''अरे बाबू, यह क्या किया। पंडित-पुरोहित को इस तरह दुत्कारते हैं ? सराप दे देते हैं। वैसे भी, पता नहीं कैसी जबान बोल गए हैं।''

''अरे चाची, पंडित, विद्वान, महात्मा संसार के कल्याण की बात सोचते हैं या घरों में जाकर मौत का पैगाम सुनाते हैं ? एक तो, मैं उस दिन मरूँगा नहीं, और मर भी गया तो क्या हुआ, चाची ? इस दुनिया में जो आएगा वह मरेगा ही, फिर गम क्या ? दवा हो रही है, प्रभु सब ठीक करेंगे। हाँ, ध्यान रहे, पूजा-पाठ के चक्कर में पड़ने की जरूरत नहीं है।''

सचमुच उस दिन उनकी मृत्यु नहीं हुई बल्कि उसके पहले ही एक नए योग्य डॉक्टर की दवा से स्वास्थ्य लाभ करके कचहरी भी जाने लगे।

वह व्याकुल होकर टहलने लगा। कुएँ से उतरकर सामने ही एक सीमित दूरी में। इतना साहसी, मृत्यु की भयावह आँखों में देखनेवाला और दयावान कौन होगा ? उस शहर में किस पारिवारिक जिम्मेदारी को उन्होंने स्वीकार नहीं किया ? वकालत एक दुकानदारी थी जिसे चलाने के लिए शान-शौकत, दबंगई, झूठ और छद्म की जरूरत थी और उनकी प्रैक्टिस गिर गई। कुष्ट रोग हो जाने के बाद नौकर छबीला की नैनी, इलाहाबाद के कुष्ट चिकित्सालय में भर्ती के बाद किस तरह वह स्वयं झाड़ू लगाने, नाली साफ करने और शाम-सबेरे पचासों गगरे पानी भरने का जिम्मा अपने ऊपर ले लिया था। वह कमीज निकाल देते और ऊपर खोंटी हुई धोती तथा बनियान में जुट जाते। चेहरे पर कोई शर्म-संकोच नहीं। वही शान्ति, प्रफुल्लता और खरापन। अहं का लबादा उन्होंने गिराया या वह स्वयं अनुपयोगी होकर गिर गया, इस पर विचार करना भी उसे आज और इस समय उनके प्रति बड़ा अन्याय लग रहा है।

और सुरेश कक्षा पाँच में पढ़ता था। उसका सहपाठी जयदेव यादव आजमगढ़ के एक गरीब किसान का लड़का था जो इस शहर में अपने पिता के एक परिचित के घर में रहकर पढ़ाई कर रहा था। एक दिन फीस न दे सकने के कारण उसे टीचर ने कक्षा से निकाल दिया। सुरेश ने आनन्दी से कहा जिसने सीतानाथ को बताया। वह कुछ देर तक सोचते रहे, फिर सहसा उत्साह में सुरेश से

बोले, ''ले आओ उसे यहाँ।'' दूसरे दिन जब जयदेव उनके सामने लाया गया तो उसके माथे पर हाथ रखते हुए उन्होंने कहा, ''बेटा, तुम मेरे पास ही रहो दूसरे लड़कों की तरह और जितना चाहो पढ़ो। किसी बात की चिन्ता न करो।''

उनके इस निर्णय की औरतों में बड़ी आलोचना हुई थी। जब कचहरी का यह हाल है तो यह बोझ और लादने की क्या जरूरत है ? जीरादेवी ने जरूर सन्तोष प्रकट किया कि 'चलो, घर का काम कर दिया करेगा, सीतानाथ बाबू की मदद हो जाएगी।' लेकिन इसकी भनक लगते ही उन्होंने आँगन में खड़े होकर कड़े स्वर में कहा, ''खबरदार, जयदेव से घर का छोटा-से-छोटा काम न लिया जाए।''

ये सारी बातें सोचकर उसका दिल मुँह को आने लगा। छिः, वह उनसे इसलिए नाराज हो गया था कि शादी का प्रस्ताव न मानने पर उसे डाँटा था ? वह क्या उस दिन की बात भूल गया जब घर से भागकर भड़सर चला गया था ?

19

नम्रता के यहाँ से घर आकर नीलेश ने टैगोर की दोनों पुस्तकें अपने निजी बक्से में सबसे नीचे छिपाकर रख दीं। फिर बाहर आकर कमरे में कुर्सी पर बैठ गया। वह सहज-सामान्य बनने की भी कोशिश करने लगा, जैसे उसके अन्दर अपमान, दुःख, क्रोध कुछ भी न हो, लेकिन उसका चेहरा किसी बँधी गठरी की तरह नजर आने लगा। नम्रता से मिलना तो उसी दिन चाह रहा था, क्या मालूम था कि आते ही उसे शादी का प्रस्ताव थमा दिया जाएगा, जिसे नकारने में पाँच दिन लग जाएँगे ! क्या इसी विलम्ब से इतनी नाखुशी ?

सोचने पर भी कोई कारण समझ में नहीं आया उसे। वह सहसा उठ खड़ा हुआ। इम्तहान की वजह से ही तो वह मार्च के अन्त में गोबर्धन की शादी में नहीं आ सका था। नफीस से पहले ही ज्ञात हो चुका है उसे कि अत्यधिक व्यस्तता की वजह से अब गोबर्धन संगी-साथियों से बहुत कम मिल पाता है। और श्यामनन्दन नामक एक नए, अनुभवी, परिश्रमी और ईमानदार मुनीम को रखकर और अपने रुग्ण पिता की सलाह से व्यापारिक उद्यम का मुस्तैदी से संचालन कर रहा है।

इसी समय, उमस-भरी गर्मी में हवा के लिए आई आनन्दी ने उसे कहीं बाहर जाते देखकर कहा, ''बबुआ, देर होने से खाना बेस्वाद हो जाएगा...।''

''आऊँगा अम्मा, जल्दी ही। शादी के बाद गोबर्धन से नहीं मिल पाया हूँ।''

बाहर निकलकर नीलेश सफेद कंकड़ों की वह पक्की सड़क पकड़कर बाईं ओर बढ़ चला, जो नियमित मरम्मत से वंचित और अन्य लापरवाहियों के कारण तेजी से धूल में बदल रही थी। और वह धूल चप्पलों की फटफटाहट के सहारे ऊपर उछलकर पैरों को छन-छन जलाने लगी। पसीने से नहाया हुआ वह स्टेशन के सामने पहुँचकर फिर बाईं ओर मुड़ा और लगातार पड़नेवाली घुघुनी-फुलौड़ी, मिठाई, चना-चबेना, फल और जनरल मर्चेण्ट की दुकानों के बीच से गुजरते हुए चौक के गुदड़ी बाजार की मंजिल की तरफ लपकने लगा।

गुदड़ी बाजार के पहले ही बीच वाली साफ-सुथरी सड़क पर गोबर्धन के पिता सेठ बेचूराम गुप्त का बड़ा और ऊँचा गोला है, जिसके रंग-रौनक में खुशनुमा बदलाव आ चुका है और जो अपने बड़े अहाते के अन्दर अब गुलाबी शान से खड़ा है। आज बन्दी का दिन है, इसलिए गोबर से लीपे-पोते गए अहाते के मैदान में एक भी बैलगाड़ी, बोरा और मजदूर, मोटिया नहीं हैं। मकान में नीचे बाईं तरफ लोहे की मजबूत छड़ों से घिरी और मोटे गद्दों, मसनदों तथा लाल-लाल बहियों से सुसज्जित

सेठ की गद्दी है और एकदम दाईं तरफ लम्बे-चौड़े गोदाम का ऊँचा-मजबूत फाटक। बीच में घर का मझोला, खूबसूरत प्रवेश-द्वार है, जिसके ऊपर की दीवार पर लाल रंग से 'शुभ विवाह' लिखा है और नीचे दोनों तरफ हाथियों, मछलियों और पक्षियों की रंग-बिरंगी चित्रकारियाँ।

नीलेश नौकर से गोबर्धन की उपस्थिति का पता लगाकर, इसी द्वार से भीतर बड़े आँगन में प्रवेश कर दाएँ बरामदे की दाईं ऊँची-ऊँची सीढ़ियों से ऊपर चला गया, जहाँ गोबर्धन का निजी कारोबारी कक्ष, बैठकखाना और अतिथि कक्ष स्थित है। बाएँ बरामदे की बाईं सीढ़ी से, अपेक्षाकृत बड़ा जनानाखाना और संयुक्त परिवार की रिहाइश है।

बैठकखाने में दरी और दूधिया सफेद चादर से आच्छादित एक बड़े तख्त पर बैठा गोबर्धन दूर से ही उसे देखकर नंगे पैर उछल पड़ा। नीलेश मन-ही-मन हँसा। उसे उन दिनों की याद करके गुदगुदी हुई, जब गोबर्धन स्कूल के मैदान में फुटबाल मैच खेलते समय इसी तरह बेतहाशा दौड़ने लगता था। कोई अच्छा खिलाड़ी न होने पर भी, उसे स्कूल टीम में अनिवार्य रूप से इसलिए रखा जाता कि उसके पाँव काफी बड़े और रूखे थे, जोश से खेलते समय उसे जान जाने की परवाह नहीं रहती थी और अपने 'पंजेड़ी' नामकरण को सार्थक करते हुए वह सीधे पंजों से ही ऐसे भुतहे किक लगाने शुरू कर देता कि उसके नरहर से (घुटनों के नीचे पिंडलियों की अगली नुकीली हड्डियों से) ठाँव-कुठाँव अप्रिय सम्पर्क हो ही जाता और अच्छे-से-अच्छे खिलाड़ी गिरकर छटपटाने लगते। इन्हीं कुछ क्षणों में नीलेश ने यह भी अँखियान लिया कि ढेला-वियोग से पूर्व-दुर्बल उसका मुख अब भर आया है, मोटे-मोटे होंठों के ऊपर नरम दूब के समान मूँछों के बाल की अब समानान्तर पट्टीनुमा छँटाई होने लगी है और वह पृष्ठ नितम्ब विभाजनकारिणी दो-पुँछटवा की जगह अग्रिम चुन्नट वाली महीन धोती, रेशमी कुर्ता, सोने की चेन और नगदार अँगूठियों में जगर-मगर कर रहा है। इसी समय उसे हल्का-सा भय हुआ कि इस दौड़ के फलस्वरूप भी उसकी दशा किसी फुटबाल खिलाड़ी की तरह न हो जाए, लेकिन बचाव से पहले ही गोबर्धन उसको अँकवार से भींचकर उसके माथे पर अपने मुँह को रगड़ते हुए चिल्ला पड़ा :

''अरे वाह धोखेबाज राजा ! कहाँ थे अभी तक ?''

''कैसे आता ?'' नीलेश ने अपने को मुक्त करने की कोशिश करते हुए कहा, ''बधाई का कार्ड नहीं भेजा था ? इम्तहान की मजबूरी नहीं बताई थी ? हाँ, किसी वजह से यहाँ आने पर भी फौरन नहीं मिल पाया। मेरी बधाई फिर स्वीकार करो।''

''बनावटी बातें छोड़ो। चलो, इत्मीनान से बैठो। कुछ खाओ-पीओ और ठंडे होकर बनारस की बातें बताओ। हाँ, दो-चार गाने भी सुनेंगे तुम्हारे, बहुत दिन हो गए सुने हुए। मैं भी तुमको अपनी बातें सुनाने के लिए कब से तड़फड़ा रहा हूँ। दोस्त, व्यस्तता इतनी बढ़ गई है कि किसी से मिलना-जुलना नहीं हो पाता। दूसरे से मैं निजी बात कर भी नहीं सकता। हाँ, कनिया से भी तुम्हें मिलना है...।''

''कनिया ?'' नीलेश चौंका।

''बताएँगे,'' गोबर्धन ने अँकवार में ही दबाए, अपने मित्र को बैठकखाने में ले जाकर तख्त पर बिठा दिया।

''यार, शादी होने पर भी तुम्हारा बाँगड़ूपन नहीं छूटा। धूल-भरे पाँव तो साफ कर लेने देते।''

''इत्मीनान से करना। मैं अभी पानी भिजवाता हूँ।'' यह कहकर गोबर्धन तेजी से कमरे से निकलकर दाईं तरफ के रेलिंग-पार्श्व में बने घुमावदार रास्ते से परिवार कक्ष की तरफ चला गया।

कुछ ही देर में उसका अधेड़ नौकर गणेश एक बड़ा लोटा और गिलास लेकर दौड़ता हुआ आया। इस बीच नीलेश बाहर चप्पल उतार तथा पैर झाड़कर खड़ा हो चुका था। उसने बाहर मोरी के सामने इत्मीनान से हाथ-पैर और मुँह धोया, तब तक गणेश तौलिया लेकर फिर आ चुका था, जिसे इस्तेमाल

करने के बाद जब नीलेश कमरे में बैठा, उसके करीब पाँच मिनट बाद ही गोबर्धन का व्यस्ततापूर्वक आगमन हुआ, जिसके हाथ में लड्डू और खाजा-सुशोभित एक बड़ी तश्तरी थी।

ससुराल से आया मोतीचूर का लड्डू बड़ा और ललौंछ था, जो मेवे के छोटे-छोटे टुकड़ों और कहीं-कहीं काली मिर्च के साबुत दाने से युक्त होकर काफी स्वाद दे रहा था। दूसरी मिठाई को तो शुद्ध 'खाजा' नहीं कहा जाएगा, जो बड़ा होता है, बल्कि उसका एक छोटा रूप है, 'खजुली' नामकरण के साथ जैसे जहाज की तुलना में छोटी नाव। भैंस के घी में तली और सने हुए मैदा-आटे की फूली परतों में उभरी तथा शक्कर की चाशनी में पगी यह सोंधी मिठाई मुख की संकुचित सीमा में असंख्य छोटे-छोटे टुकड़ों में बँटकर भर जाती है और स्वाद का असुविधाजनक आनन्द एवं गुदगुदी उत्पन्न करती है। गोबर्धन ने अपने मित्र का साथ दिया, फिर दोनों हकर-हकर पानी पीने के बाद अगल-बगल चित लेटकर गपशप करने लगे।

''मैं एक नई दुनिया में चला आया हूँ, नीलेश ! मैंने धन और समृद्धि के लिए जरूर काम शुरू कर दिया है, लेकिन धोखा-धड़ी, हेरा-फेरी और लूट-खसोट से दूर रहकर जैसा स्वामी वीरेश्वरानन्दजी ने कहा था। यह सामाजिक-राष्ट्रीय बुद्धि और इरादे से स्थापित उद्यम है और होगा, जो सबके सहयोग और खुशहाली में ही फलेगा-फूलेगा। लेकिन... ।''

गोबर्धन सहसा चुप हो गया। वह मुँह बाकर ऊपर छत की ओर देख रहा था। नीलेश उठकर बैठ गया, ''क्या बात है ? मैं तो सिर्फ तुमसे ही सुनने आया हूँ। जो कुछ कहना चाहते हो, कह डालो। मुझे बड़ा अच्छा लग रहा है।''

''लेटो नीलेश, उठ क्यों गए ?''

''इच्छा नहीं है दोस्त। जब से आया हूँ, लेटना ही तो हो रहा है। तुम बिना किसी संकोच के सुनाते जाओ।''

गोबर्धन उसकी ओर करवट लेकर उसके मुड़े घुटने पर एक हाथ रखकर बोला, ''अब तो तुम समझ ही गए हो कि कनिया मेरी पत्नी का नाम है। निमन्त्रण-पत्र में महाराजलक्ष्मी था, लेकिन मेरी माँ और घरवाले कनिया कहते हैं। मुझे भी यह नाम छोटा और सुविधाजनक लगता है। वह इसी शहर में अपने मामा के यहाँ रहकर कक्षा नौ पास कर चुकी है। मार्च के अन्त में वार्षिक परीक्षा देकर वह शादी के लिए अपने गाँव चली गई थी, परीक्षा-फल तो बाद में निकला। उसके और मेरे घरवाले कहते हैं कि आगे पढ़कर क्या होगा। मुझे भी कोई आपत्ति नहीं, जैसा सभी चाहें, वैसे ही हो, लेकिन कनिया आगे पढ़ना चाहती है, ऐसा उसकी बात से लगा। तो ठीक है, पढ़े आगे, मगर मायके से नहीं, यहीं से उसे स्कूल जाना पड़ेगा...अरे, तुम्हारे घर के सामने जो लड़की रहती है न, क्या नाम है...अरे जिसे अइगा पांडे ने परेशान किया था...हाँ नम्रता, उसी के साथ कनिया ने भी दर्जा नौ पास किया है...नम्रता पढ़ने में अधिक तेज है... ।''

गोबर्धन भी उठकर पाल्थी मारकर बैठ गया। नम्रता का नाम सुनते ही नीलेश का मुँह फक पड़ गया था। हृदय की धड़कन बढ़ गई। कानों में सन-सन होने लगा। अपनी परेशानी दूर करने के लिए सर झुका और आँखें बन्द करके वह पलकों पर दाहिने हाथ की अंगुलियाँ फेरने लगा। सामने धुआएँ-से काँपते अँधेरे में उड़ती और मुस्कुराती नम्रता नजर आई और ओझल हो गई। तत्पश्चात उसे याद आया वह दिन, जब गोबर्धन ने उससे यहीं, सलाह के लिए वीरेश्वरानन्द के पास चलने का अनुरोध किया था। तब छत के इस हिस्से के बड़े-बड़े कमरे पुराने सामानों और कंजास से भरे थे। अब तो सबकुछ बदल गया है, जैसे चारों ओर किसी ने जादू की छड़ी घुमा दी हो। हर जगह चमाचम सफाई और कमरों में नए हल्के साफ-सुथरे सामान। चूँकि बड़ी खिड़कीवाले कमरे की छत भी काफी ऊँची है, इसलिए बीच-बीच में गर्मी होने पर भी झिर-झिर हवा आ जाती है।

''क्या बात है ? आँखों के अन्दर कोई तिनका-विनका तो नहीं चला गया है ?''

''हाँ, गोबर्धन, कोई चीज थी, मगर अब निकल गई है।'' नीलेश ने अंगुलियाँ हटाते हुए आँखें खोलकर हँसने की कोशिश की।

''नीलेश भाई, तुमसे बताता हूँ, पता नहीं यह ठीक हुआ या नहीं। शायद नया जीवन शुरू करने के नैतिक जोश में, मैंने पहली ही रात सबसे पहला कार्य जो किया, उस पर तुम शायद अचम्भा करो। मैंने स्पर्श किए बगैर, अत्यधिक साहस और वीरता के साथ ढेला के साथ बिताए अपने जीवन की एक-एक बात कनिया को बता दी। तुम पूछोगे कि क्यों किया ऐसा मैंने ? काफी बाद में जब कनिया से घनिष्ठता हो जाती, यह कार्य साधारण ढंग से किया जा सकता था। लेकिन मैं उसके साथ एक क्षण के लिए भी झूठे की तरह व्यवहार नहीं कर सकता था, उसे धोखा नहीं देना चाहता था...''

गोबर्धन धीमे, फुसफुसाए-से स्वर में बोल रहा था। उसका मुख एक संक्षिप्त निरुपाय हँसी से किंचित खुल गया था। नीलेश सचमुच उसे आश्चर्य-भरी नासमझी से घूर रहा था।

''ठीक है, कहो...'' नीलेश बोला।

''नीलेश, मैं ढेला को भूल नहीं पाया हूँ। उसको अब भी प्यार करता हूँ, उसकी इज्जत करता हूँ। मगर उसी ने मुझे ठेलकर दूर कर दिया है, तो मैं उसकी याद में यह जिन्दगी बरबाद नहीं करना चाहता। इस जीवन में कुछ नया करने की इच्छा रखता हूँ। शायद कनिया के मन में अपने प्रति विश्वास पैदा करने के लिए अपना सबकुछ खोलकर उसके सामने रख दिया, परन्तु ऐसा करके मैंने ढेला के प्रति अन्याय किया या कनिया अथवा दोनों के ही प्रति, यह मेरी समझ में नहीं अताा। हल्के घूँघट में वह शरमा रही थी और खुश भी थी। वह मुझे देख रही थी और नहीं भी। उसके पतले लाल, खूबसूरत होंठ, अवश मोहक मुस्कान में फैल गए थे। वह पति-प्यार की आतुर प्रतीक्षा और विश्वास में छुई-मुई बनी थी। पर मेरी बातें सुनकर उसके चेहरे पर गहरी कालिख पुत गई। उसने डर और आतंक से आँखें बन्द कर लीं जैसे अपने सामने किसी शैतान के दर्शन कर लिए हों...।''

''गोबर्धन, यह क्या कह रहे हो ?'' नीलेश का चेहरा किसी परेशानी में सिकुड़ गया।

''निश्चय ही, वह बेहद डर गई थी, नीलेश ! मेमने की तरह निर्दोष चेहरे और नरम-नरम पवित्र कनपटियों वाली। पति के प्रति कैसा प्यार और विश्वास लेकर आई थी, कौन-से खूबसूरत सपने लेकर उसने अपनी ससुराल में कदम रखे थे। फिर वह अपने ही आगे झुककर अपनी ही गोद में मुँह छिपाकर सुबकने लगी। मेरी इच्छा हुई, उसे अपने आलिंगन में खींच लूँ या उसकी पीठ पर हाथ रखकर उसे ढाढ़स बँधाऊँ। लेकिन मुझसे कुछ भी नहीं हुआ। कुछ ही देर बाद जब उसका रुदन बन्द हो गया, और पीठ स्थिर दिखाई देने लगी, मैंने निर्ममतापूर्वक कहा उससे, ''मैं तुम्हारे विचार जानता हूँ। क्या मैं तुम्हें स्वीकार हूँ अपनी तमाम कमियों और मजबूरियों के साथ ?''

गोबर्धन ने सहसा अपने माथे के पसीने को उँगलियों से काछने के बाद बगल में रखे ताड़ के पंखे को चारों ओर घुमाया। फिर नीलेश के कान की ओर मुँह झुकाकर और धीमे स्वर में बोला :

''नीलेश, मेरी बात सुनकर, कनिया जमीन पर गिरे किसी छोटे बच्चे की तरह अपने ही सहारे धीरे-धीरे उठकर सीधी बैठ गई। आँसू तो पहले ही बन्द हो चुके थे, किन्तु अपनी भीगी आँखों और मुँह को पोंछने की कोशिश नहीं की उसने, जो कुछ देर बाद स्वयं ही सूख गए। आभूषण से दमकते अपने चिकने, सुघड़ चेहरे को मेरी दिशा में थोड़ा आगे बढ़ा दिया, जैसे सम्बोधन का कोई शब्द न सूझने पर ऐसा करना जरूरी हो। वह देख रही थी, मेरी आँखों में नहीं, बल्कि उनके नीचे, आधी झपकी हुई पलकों के साथ। उसमें अब पहले जैसी शर्म या हिचक नहीं थी और चेहरे पर कोई भी भाव नहीं। वह धीमे, मृदु लेकिन स्पष्ट शब्दों में, साहस के साथ, अश्रुसिंचित ताजे, लाल होंठों को नव पुष्पित गुलाब की प्रकम्पित पंखुरियों की तरह संचालित करके इस तरह बोली, जैसे कुछ ही देर में, वह अनुभव में कई वर्ष बड़ी हो गई हो...''

''तुमने तो खाका ही खींच दिया.... ।''

''हाँ, नीलेश, ध्यान से मैं उसे देख रहा था। सच पूछो तो उसका विचार सुनने को मैं बेताब था। मेरा हृदय तेजी से धड़क रहा था, मेरी साँस घुट-घुट रही थी। बोलते समय वह हँस तो नहीं रही थी, लेकिन उसका चेहरा हँस रहा था। जैसे सबकुछ जानते हुए भी सहर्ष झेल रही हो। वह बोली, एक हिन्दू लड़की, माँग में सिन्दूर पड़ते ही अपने पति को अपना स्वामी और सर्वस्व समझने लगती है। इसी जीवन में ही नहीं, सदा के लिए, जन्म-जन्मांतर के लिए। आपकी खुशी ही मेरी खुशी है। मैं अनभिज्ञ थी, इसी से मेरी आँखों में आँसू निकल आए। इसके लिए क्षमा चाहती हूँ। मैं हर परिस्थिति में पति-चरणों को समर्पित एक सम्पूर्ण स्त्री के सुख का अनुभव कर सकती हूँ...''

''कमाल है...'' नीलेश नासमझ की तरह देख रहा था।

''मित्र, मैं तो घबरा गया। एक कारण तो यह रहा होगा कि शायद मन-ही-मन अपने को दोषी समझ रहा था मैं। फिर ऐसे उत्तर की आशा भी नहीं थी मुझे। मैंने सोचा था कि वह रोएगी, गिड़गिड़ाएगी, धोखा खाने का रोना रोएगी, माँ-बाप के पास पहुँचाने का अनुरोध करेगी, ढेला के प्रति अपशब्द कहेगी, जहर खाने की कसमें खाएगी। लेकिन यहाँ यह सब या इनमें से कुछ भी नहीं था, बस भ्रामक हँसी से एक पसरा झपकता चेहरा। मैंने तो सोचा था कि वैसी स्थिति में प्यार से उसे समझाऊँगा, आगे की अपनी योजनाएँ बताऊँगा। मैंने परेशानी का अनुभव करके शायद किंचित गुस्से में कहा :

'यह क्या कह रही हो ?'

'आपके सवाल का उत्तर कि एक हिन्दू लड़की के लिए विवाह के बाद उसका पति ही सबकुछ होता है। मैं पहले ही आपकी पत्नी हो चुकी हूँ और सदा रहूँगी।'

'यह समझ लो कि मैं पत्नी के रूप में ऐसी स्त्री नहीं चाहता, जो पति की दासी हो, जिसमें स्वाभिमान और आत्मसम्मान न हो, अपनी इच्छाएँ न हों। जो बदलते हुए समय में नई सोच-समझ नहीं अपना सके।'

'इसमें कहाँ बाधा है ? मैं अब बड़ी होकर कह सकती हूँ कि स्त्री में बचपन से ही प्यार कूट-कूट भरा होता है। सात फेरे के बाद उसका प्यार साकार होकर उमड़ पड़ता है, उसके जीवन को सराबोर कर देता है। उसे कोई मिटा नहीं सकता। पत्नी के प्यार को गुलामी नहीं कहा जा सकता। वह एकाकी प्यार भी नहीं है। वह किसी भीख में नहीं मिलता। उसका जन्म पति-पत्नी के धार्मिक रस्मों और मन्त्रों के द्वारा पवित्र विवाह-बन्धन में बँधकर आजीवन एक-दूसरे का साथ निभाने की शपथ से होता है। वह अटूट है। बिना स्वाभिमान और आत्म-सम्मान के यह प्यार कायम नहीं रह सकता। इसीलिए हिन्दू स्त्री को अपने प्यार की रक्षा में स्वाभिमान और आत्म-सम्मान की रक्षा करनी पड़ती है, जैसे सीताजी पृथ्वी के गर्भ में समा गईं।'

''ए नीलेश भाई, वह मेरी बात का उत्तर इस तरह आसानी से दे रही थी, जिसकी उम्मीद नहीं थी मुझे। मेरी समझ में नहीं आ रहा था कि कैसे सम्भव है यह एक कमसिन अर्ध-शिक्षित, नव-विवाहित लड़की से। कुछ और सवाल भी मैंने पूछे और वह लगातार जवाब देती गई। मैंने तब उत्तेजित होकर उससे फिर पूछा था :

'स्त्री के सम्मान के लिए क्या यही और ऐसे ही उपाय रह जाते हैं तुम्हारे विचार में ?'

'स्त्री का सम्बन्ध सृष्टि से, समाज से, नैतिकता से, शान्ति से, संवेदना से होता है। उस पर अनेक जिम्मेदारियाँ हैं और उसे बहुत कुछ सोचना पड़ता है।'

'नारी के प्रति पुरुष या समाज के अन्याय का प्रतिकार तलाक या अन्य उपायों से नहीं ?'

'कुछ अन्य समाजों में होता है यह, मगर जहाँ होता भी है, वहाँ पीड़ित स्त्री ही होती है। सम्बन्ध विच्छेद के लिए बहुत कम औरतें पहले आगे आती हैं। अक्सर उसको कमजोर समझकर गाली-गलौज

करके निकाल दिया जाता है। जहाँ तलाक है, उसे तलाक दे दिया जाता है। न्याय तो कम ही मिलता है उसे। मैं तो कम जानती हूँ, मगर अपने मामा से सुना है और कुछ पढ़ा भी है। अपने स्वाभिमान के लिए हिन्दू स्त्रियों के सामने सीताजी का ऊँचा आदर्श है। चाहे रामचन्द्रजी के मन में दुर्भावना थी या समाज के मन में, सीता जैसी उच्च विचार की त्यागी महिला को निकाल बाहर किया गया, लेकिन सीताजी ने राम की व्यवस्था को फिर स्वीकार नहीं किया और पृथ्वी-गर्भ में समाकर अपना विरोध भी प्रकट किया।'

'इसका मतलब यह है कि हिन्दू स्त्री का प्यार और कुर्बानी, दूसरे धर्म और समुदाय की स्त्रियों के प्यार से श्रेष्ठ है और हिन्दू स्त्रियों को अपने स्वाभिमान के लिए सदा आत्महत्या कर लेनी चाहिए ?'

'मैं तो यह कह रही थी कि हिन्दू स्त्री के लिए उसका पति-प्यार सबकुछ होता है। उस प्यार के लिए वह कोई भी कुर्बानी कर सकती है और उस प्यार से वह बहुत-सी प्रतिकूल परिस्थितियाँ बदल भी देती है। मगर इसका यह मतलब कतई नहीं कि दूसरे समुदाय की स्त्रियों का प्यार और त्याग छिछला या कम दमदार होता है। हर जगह स्त्री तो स्त्री ही है, उसकी भावनाएँ एक स्त्री की ही भावनाएँ हैं। स्त्री चाहे कोई भी हो, निम्न वर्ग की हो, कुँवारी लड़की हो, वेश्या हो, अगर सचमुच वह प्यार करती है तो उसका भी प्यार एक हिन्दू स्त्री के प्यार की तरह गहरा और सम्पूर्ण होगा। मैं अपने घर में और घर के बाहर तरह-तरह की स्त्रियों को देखती थी, उनके प्यार को महसूस करती थी और अब तो अपने अन्दर भी महसूस करती हूँ। हर औरत का प्यार सृष्टि से जुड़ा है, कोई भी स्त्री उसे नकार नहीं सकती, उसके लिए वह पूरी सच्चाई है, उसे छिपा नहीं सकती, उसे झुठला नहीं सकती। स्त्री के लिए सबसे बुरा समय वह होता है जब उससे जबरदस्ती प्यार प्राप्त करने की कोशिश की जाती है, जब उसके प्यार का गलत अर्थ लगाया जाता है या उसका गलत नतीजा प्राप्त करने की कोशिश की जाती है।'

''नीलेश, वह जिस तरह निःसंकोच बोल रही थी, मुझे बड़ा अचम्भा हो रहा था। यह सब तुम्हें सुनाने को बेचैन था, इसलिए इतने विस्तार से बता रहा हूँ। मुझे तो विश्वास ही नहीं हो रहा था। उसका चेहरा उसी तरह हँस रहा था। क्या वह इसमें अपने भय को, क्रोध को, व्यंग्य-विद्रूप को या अपने किसी आक्रामक भाव को छिपा रही थी ? मैं कुछ भी नहीं कह सकता। उसने एक बार भी मेरी आँखों में नहीं देखा था अभी तक। कुछ क्षणों के लिए अचानक ऐसा लगा कि उसके चेहरे पर भर्राहट की हल्की लकीरें मचल गई हैं, लेकिन शीघ्र ही हँसी का सपाटपन आ गया। मैंने फिर खीझकर व्यंग्यपूर्वक पूछा :

'ऐसा लगता है, तुम वाद-विवाद प्रतियोगिता की बहसों में भाग लेने की अभ्यस्त हो ! और कोई खास बात अपने बारे में बता सकती हो ?'

''मेरे इस प्रश्न पर वह चौंकी पहली बार। और पहली ही बार उसने मेरी आँखों में देखा। अब पहली बार ही होंठों में मुस्कुराकर उसने कहा, 'जब पाँचवीं कक्षा में थी, उस समय शामिल हुई थी। विषय था—'कलम बड़ी है या तलवार ?' मैं पूर्वी जिलों में प्रथम आई थी। दूसरी बार शामिल हुई थी आठवीं कक्षा में। तब विषय था—'राष्ट्रीय और सामाजिक उन्नति तथा नारी शिक्षा।' समूचे यू.पी. में प्रथम नहीं, द्वितीय आई थी। कक्षा में भी वाद-विवाद प्रतियोगिता और बहसें होती थीं और मैं उनमें भाग लेती थी। घर पर हमारे छोटे मामा श्रीधरजी मुझसे कुछ ही वर्ष बड़े हैं। वह इलाहाबाद में पढ़ते हैं एम.ए. में। वह कांग्रेस के सदस्य बन गए हैं। वह समूचे देश की उन्नति चाहते हैं, सभी धर्मों एवं जातियों के बीच एकता चाहते हैं। स्त्रियों की उन्नति चाहते हैं। उनसे हमारी बातें होती थीं, बहस भी। उन्हीं के बढ़ावा देने से मैं स्कूल के कार्यक्रम में भाग लेती थी—खेलकूद में भी। लेकिन पति-पत्नी की ऐसी समस्याओं पर कभी बहस नहीं हुई...'

'अच्छा ! फिर ?' मैंने यान्त्रिक ढंग से पूछा, नीलेश ! फिर वह निःसंकोच बोली :

'हर जवान लड़की इन प्रश्नों पर कुछ-न-कुछ सोचती ही है। पढ़ी-लिखी लड़की इन समस्याओं से सम्बन्धित पत्र-पत्रिकाएँ और पुस्तकें पढ़ेगी और उन पर तर्क से सोचने की कोशिश करेगी। लेकिन यहाँ मैं कोई किताबी या रटी हुई बात नहीं कह रही हूँ। जब आपने मुझसे अपनी कहानी बताई और सवाल पूछा तो पहले मैं बहुत डरी और रोने लगी लेकिन जल्दी ही मुझमें पता नहीं कहाँ से हिम्मत आ गई। मेरे अन्दर कोई रोशनी जल उठी। मैं स्वयं से कहने लगी—मैं हिन्दू स्त्री हूँ। सीताजी की तरह मैं हमेशा हिन्दू स्त्री ही रहूँगी, मेरे पास हर चुनौती का जवाब है, मुझे डर किस बात का ? स्त्री तो स्त्री है, हर धर्म और समुदाय की स्वाभिमानी स्त्री अपनी चुनौतियों का जवाब दे सकती है। मेरी इज्जत सिर्फ अपने स्वाभिमान से ही नहीं, बल्कि देश-दुनिया की दूसरी सभी स्त्रियों की इज्जत और स्वाभिमान से जुड़ी है। दूसरे धर्म-सम्प्रदाय की किसी भी स्त्री की बेइज्जती से मेरी इज्जत नहीं बढ़ सकती। यह सब सोचते ही ख्याल आसानी से मेरे दिमाग में आने लगे...'

''नीलेश, इतना कहकर वह रुक गई। वह अब साहस के साथ मेरी आँखों में देख रही थी। इसके बाद अचानक उसके चेहरे पर अनेक रेखाएँ काँप उठीं तिनकों की तरह और देखते-ही-देखते वह उठी और सिर झुकाकर, तेजी से कमरे से बाहर निकल गई।''

गोबर्धन बोलते-बोलते थक गया। वह फिर पंखा उठाकर चारों ओर डुलाने लगा। नीलेश ने दोनों हाथ उठाकर जोरों से अँगड़ाई ली, जैसे कोई लम्बी फिल्म खत्म हुई हो।

''नीलेश,'' गोबर्धन ने धीमे स्वर में कहा, ''तुम अब खा-पीकर आराम करो, शाम को जाना। आज तो बन्दी है, आगे फुरसत मिले या न मिले। मैं माताजी के पास अपने आदमी से अभी चिट्ठी भेजवा रहा हूँ। मैं बाद में चलकर उनसे माफी माँग लूँगा। कुछ और गपशप करेंगे, बहुत मुश्किल से मिले हो, कनिया से भी मिलना है तुम्हें...।''

गोबर्धन की जिद के सामने नीलेश की एक न चली। दोनों ने एक-एक गिलास फिर पानी पीया। फिर गोबर्धन बोला :

''यार नीलेश, यह बताओ कि मैं कनिया से सहज-सामान्य होना चाहता हूँ, मगर ऐसा हो नहीं पा रहा हूँ। उसका भी यही हाल है। उसने तो मुझे सचमुच परमेश्वर ही बना दिया है। मैं उसको अपने निकट लाना चाहता हूँ और स्वयं उसके निकट जाना चाहता हूँ, मगर ऐसा नहीं हो पाता। क्या सचमुच, मैंने उसे अपने व्यवहार से डरा दिया है ? मैंने उसे कई बार मना किया है, लेकिन वह साँझ-सवेरे मेरे चरण-स्पर्श करती है, रात में देर तक मेरे सिर में और बदन में तेल लगाती है। यह सब क्या है ? मान लेते हैं कि सास-ससुर के लिए तो ठीक है यह सब। पति के साथ इस तरह गम्भीरता और अच्छे भाव ? यह भक्ति है या प्रेम ? या मजाक ? मैं भी उससे खुल नहीं पाता, उसके प्रति सहज नहीं हो पाता। ढेला और मैं, एक-दूसरे के प्रति कितने सहज थे। एक घटना सुनोगे ?''

''सुनाओ...'' नीलेश ने होंठ बिचकाकर कहा।

''मैं एक दिन दोपहर ढेला के यहाँ पहुँचा तो वह सर-दर्द से बहुत परेशान थी। वेश्याओं को स्वयं अपनी देखभाल करनी पड़ती है, और कौन करे ? उसने सिर-दर्द की गोलियाँ खाई थीं, पर आराम नहीं हुआ था और रो रही थी। उसके मना करने पर भी मैं उसका सिर अपनी गोदी में लेकर दबाने लगा। अपने पिताजी की बीमारी में, मुझे उनका सिर और हाथ-पैर दबाने का काफी अभ्यास है। अंगुलियों के संचालन का तरीका मालूम हो तो बड़ा-से-बड़ा बथा दूर हो सकता है। बोर तो नहीं हो रहे हो ?''

''नहीं, नहीं, काफी दिलचस्प है। कैसा-कैसा अनुभव है तुम्हारे पास।'' नीलेश हँस रहा था।

''हाँ, मैंने अँजुरी में गुलरोगन का तेल लेकर उसके सिर के बीच में चाँद पर रखकर दबाया। तीन-चार बार इस तरह चाँतने से उसकी लाल-लाल खुली आँखें बन्द हो गईं। फिर उँगलियों के बहुत

हल्के संचालन से तेल को सिर में चारों ओर फैलाकर मालिश करने लगा। बहुत जल्दी तेल सूख गया, नीलेश ! एक बार फिर मैं और तेल लेकर उसके सिर पर दबाकर मालिश करने लगा। बीच-बीच में उसकी कनपटियों और पलकों को हल्के-हल्के दबा देता। वह आराम मिलने से बेहद सुस्त पड़ गई। उसके होंठ बिचक गए। फिर कुछ ही देर में नींद के अथाह सागर में डूब गई। मैं तब उसका सिर अलग तकिया पर रखकर और उसकी माँ के सुपुर्द कर वहाँ से चला आया था।''

''तुम्हारी बात सुनकर मेरे सिर में दर्द होने लगा।'' नीलेश ने ठहाका लगाया।

''आओ, मेरे पास लेट जाओ, मालिश कर दूँ...''

''नहीं गोबर्धन, वह सुअवसर नहीं आया है अभी,'' नीलेश और जोर से हँसते हुए बोला ''तुम अपना किस्सा जारी रखो।''

''ठीक है, तो सुनो। मैं कहता हूँ नीलेश कि ढेला से मेरा रिश्ता टूट गया, लेकिन कनिया से मेरा रिश्ता तो सहज हो सकता है। ऐसा पता नहीं क्यों नहीं हो रहा है। इस सहजता का एक और उदाहरण दे रहा हूँ। ढेला से कभी हँसी-मजाक की बातें होतीं। लतीफे सुने-सुनाए जाते, कोई मजाकिया संस्मरण या बातें। कभी मजाकिया बकवास। उसे हँसाने के उद्‌देश्य से एक बार मैंने एक बहुत ही उल-जलूल सवाल उससे पूछ लिया, 'ए, अगर मर्द न होते तो तुम लोग क्या खातीं ?' मैंने सोचा था इस बार खूब हँसी होगी। हर व्यक्ति के मुँह से कभी-न-कभी अटपटी बात निकल ही जाती है, जिसका असर उल्टा ही होता है। इसीलिए बहुत अधिक नहीं बोलना चाहिए, वह भी बिना सोचे-समझे। अचानक ढेला गम्भीर हो गई और क्रोध से उसकी आँखें बाहर निकल आईं। उसने दाँत पीसकर जोर से एक तमाचा जड़ दिया मेरे गाल पर। मैं तिलमिला गया और गुस्से में उठकर अपने घर चला आया। कुछ देर बाद मुझे अफसोस होने लगा। प्रेम के गहरे रिश्ते में ऐसा मजाक कैसे कर सका ? दूसरे दिन पहुँचने पर उसने मेरे घुटनों पर सिर रखकर कहा, 'मुझे माफ करो, बहुत गन्दी हरकत की थी मैंने तुम्हारे साथ। तुमने ठीक ही कहा था, सचमुच तुम मर्दों का बड़ा एहसान है हम रंडियों पर।' मैं बड़ा शर्मिन्दा हुआ और बार-बार उससे माफी माँगी मैंने। फिर हमारा रिश्ता सहज सामान्य हो गया...''

''यह तो बाताओ कि भाभी के बारे में क्या कह रहे थे...'' नीलेश ने उसकी बात काट दी।

''माफ करना, मैं कुछ अनर्गल बोल गया हूँ। मैं तो ढेला के बारे में सोचता भी नहीं। मुझे कनिया पसन्द भी है। लेकिन मुझे उसका प्यार चाहिए, सच्ची जीवनसंगिनी की तरह। लेकिन मुझे प्यार नहीं, भक्ति दे रही है। मैं अपने को परमेश्वर नहीं समझ सकता। मुझे तो कभी-कभी लगता है कि यह भक्ति बनावटी है, उसका सभी व्यवहार भी और दरअसल वह मुझे ओछा समझती है। मुझे यह सब अटपटा लगता है और मैं स्वयं उसके प्रति सामान्य नहीं हो पाता। क्या करूँ, समझ में नहीं आता। तुम मेरे सबसे घनिष्ठ दोस्त हो, तुम क्या कोई राय दे सकते हो ?''

नीलेश अपने स्वभाव के अनुसार सिर झुकाकर और आँखें बन्द करके पलकों पर फिर अपनी उँगलियाँ फेरने लगा। अन्त में सिर उठाकर बोला :

''मैं नहीं समझ पा रहा हूँ कि तुम मुझसे कैसी सलाह चाहते हो। मुझे इस सम्बन्ध में कोई अनुभव नहीं, जानकारी नहीं है। अच्छा तो यह होता कि तुम इस बारे में स्वामी वीरेश्वरानन्द या उन्हीं की तरह किसी अन्य बुजुर्ग और योग्य व्यक्ति से राय लेते।''

''यार, यह तो ठीक है, लेकिन तुम भी तो कुछ कह सकते हो। यह मैं जान चुका हूँ कि वह पढ़ने की शौकीन है। छोटे मामा कांग्रेसी हैं लेकिन बड़े मामा कट्‌टर आर्यसमाजी हैं पुराने ख्याल के और उन्हीं के जोर देने पर वह मुनीमी सीख चुकी है। हमारे यहाँ औरतें मुनीमी-वुनीमी नहीं सीखतीं, पता नहीं किस उद्‌देश्य से यह ट्रेनिंग दी गई है। चलो, यह भी ठीक है, व्यापार के काम में उससे यदाकदा सहयोग मिल सकता है। लेकिन इन सबसे अलग मैं उससे वैसा ही प्यार प्राप्त करना चाहता

हूँ जैसे ढेला से मिला था। वैसा ही प्यार उसे देना भी चाहता हूँ। क्या पत्नी होने का अर्थ अपनी आकांक्षा में तटस्थ और भावनाशून्य होकर सिर्फ शरीर का दान है, जैसे कोई अन्धविश्वासी औरत झाड़-फूँक, पूजा-मन्त्र की जादुई शक्ति में आस्था रखकर असम्भव फल की आशा में, किसी ढोंगी, लम्पट साधु को देह समर्पित कर देती है ! मैं इन पुरुषों में नहीं हूँ, जिनको स्त्री की सिर्फ देह ही चाहिए। स्त्री और पुरुष उन्हीं को कहना चाहिए जो यदि प्यार करें तो अपने प्यार की भावना को निश्छल मानवीय ढंग से प्रकट करने की क्षमता का प्रदर्शन करें, उसे चरितार्थ करें ताकि दोनों को गहरा आत्मिक सुख मिल सके। ढेला चाहे जो भी हो, उसमें यह सच्चाई है...।''

गोबर्धन चुप होकर नीचे सिर झुकाकर बिस्तर की चादर को गौर से देखने लगा। नीलेश भी सहसा कुछ बोल न सका। इस बीच उनके आस-पास उभरे सन्नाटे में दूर परिवार कक्ष से खट-पट की हल्की आवाज आने लगी, जिस पर कुछ क्षण पूर्व उनका ध्यान ही नहीं गया था। नीलेश ऊपर दीवार पर आँखें टाँगे रहा सोचता हुआ-सा। अन्त में धीरे-धीरे उदास स्वर में बोला :

''क्या कहूँ गोबर्धन ! कोई राय देने लायक मेरा मुँह नहीं है, फिर भी तुम्हारी और कनिया भाभी की बातें सुनकर और कुछ अन्य भारतीय परिवारिक बातें जानकर भी, मेरे दिमाग में कई तरह के ख्याल आ रहे हैं। ये विचार अभी-अभी आए हैं, हो सकता है इनका कुछ महत्त्व न हो। तुममें पर्याप्त विवेक है और आशा है तुम अपने विवेक से ही काम लोगे। एक बात तो मुझे यह समझ में आती है कि यदि तुमने पुराना जीवन छोड़कर नया जीवन अपना लिया है तो इस जीवन की पुराने जीवन से तुलना करना निरर्थक है। ढेला और कनिया भाभी में और दोनों के जीवन में काफी अन्तर है, चाहे उनकी उम्र और मन की सच्चाई एक ही जैसी क्यों न हो। ढेला दूसरे परिवार और दूसरी परम्परा में पली-बढ़ी है। वह पहले से ही बहुत कुछ जानती है, वह प्रशिक्षित है और पैसे से सबके लिए खुली है, वहाँ जो जाता है वह कीमत चुकाकर सबकुछ प्राप्त कर सकता है। अब उसे वह रंडीबाजी कहें या प्रेम, लेकिन वह प्रेम भी उस रंडीबाजी से ही सम्भव है या उसी में ही निहित है जो एक वेश्या की रोजी-रोटी है। आदर्श और सपनों में रहनेवाली अनजान अनुभवहीन कनिया भाभी की ढेला से तुलना क्यों ? उनसे वैसी आशा क्यों ?''

''यह झूठ है। मैं वैसी आशा नहीं करता।'' गोबर्धन ने मुँह और नाक फुलाते हुए प्रतिवाद किया।

''एक ख्याल और आता है गोबर्धन, ढेला से तुम्हारे प्यार, सम्बन्ध-विच्छेद और बाद में वैदिक रीति से परम्परागत शादी करने के तुम्हारे निश्चय में कनिया भाभी की कोई भी भूमिका नहीं थी, फिर पहली ही रात के नाजुक मौकों पर बिना पूछे ही अपना अप्रिय किस्सा क्यों सुना दिया तुमने ? क्या तुम एक अनजान निर्दोष स्त्री को अपनी उस सच्चाई, ईमानदारी, आत्म-त्याग, पुरुष श्रेष्ठता और आत्म-महत्त्व से प्रभावित करना चाहते थे, जिन पर तुम्हें अगाध विश्वास भी है ! ठीक है, किसी से प्रेम हुआ और टूट गया या उसी ने दूध की मक्खी की तरह निकाल बाहर किया, तो उस प्रेम का बोझ क्यों ढो रहे हो ? और अगर बोझ ढोना ही था तो शादी क्यों कर ली ? और मान लिया शादी तुम्हारी मजबूरी थी घर-गृहस्थी चलाने के लिए तथा ऐसी स्थिति में भी यह बोझ ढोना तुम्हारी बाध्यता है तो तुम यह क्यों चाहते हो कि तुम्हारी पत्नी भी तुम्हारे इस बोझ को जीवन-भर ढोती रहे ?''

''तुभ अपनी बात को गलत दिशा में ले जा रहे हो।'' गोबर्धन की आँखों से नाराजी झाँकने लगी।

''मेरी बात तो सुन लो। हो सकता है मेरी बातें गलत हों। यदि सुनना नहीं चाहते तो इन्हें सुनाने का मोह नहीं है मुझे।''

''अरे नहीं, नहीं, तुम जो चाहते हो जरूर सुनाओ। अपने हस्तक्षेप के लिए माफी चाहता हूँ।'' गोबर्धन हँसने लगा।

"ठीक है। तीसरा ख्याल मेरे दिमाग में यह उठता है कि हिन्दू पत्नी ही तो हैं कनिया भाभी। वैदिक रीति से शादी हुई है तो कौन-सी पत्नी बनेंगी ? अपने परिवार में देख-सुनकर और अपनी माँ तथा परिवारजनों, रिश्तेदारों से सीखकर हिन्दू पत्नियों के संस्कार लेकर ही तो आई हैं। अपने पतियों का दुर्व्यवहार-निर्ममता, क्रूरता, धोखेबाजी, चढ़बाँकई, पाखंड आदि लगातार सहने के बावजूद असंख्य गरीब, धनी, अशिक्षित हिन्दू पत्नियाँ अपने संस्कार नहीं छोड़ पातीं। फिर भी, मुझे लगता है, कनिया भाभी ने स्वाभिमान और आत्म-सम्मान के साथ, तुम्हारे सवाल के उत्तर में अपने पति धर्म, विचार, कर्म और दृष्टिकोण की व्याख्या प्रस्तुत कर दी है। उनके हिसाब से उनका पत्नी-धर्म एक व्यापक दर्शन है अन्य सभी समुदायों की स्त्रियों और व्यापक मानव समाज से जुड़ा। और तुम्हें यह चीज परेशान इसलिए कर रही है कि एक दबी-पिसी हिन्दू स्त्री से तुम्हें शायद ऐसे स्पष्ट, साहसिक उत्तर की आशा नहीं थी और इसके साथ यह भी मालूम नहीं कि तुम्हारा पति-धर्म क्या है ! ढेला के सिर में तेल लगाना अपने प्यार की सहजता कहते हो और भाभी की इसी क्रिया को भक्ति, पिछड़ापन, बनावटीपन और अलगाव समझते हो। तुम अपने को राष्ट्रवादी, प्रगतिशील, मानवीय, सहज और सच्चा प्रेमी कहते या समझते हो और भाभी के प्रेम को भय-जनित भक्ति की मजबूरी ! ऐसा क्यों ? क्या बलशाली, निर्णायक और निर्मम होने तथा पारिवारिक, सामाजिक और सरकारी कानूनों की शह मिलने के नतीजे से उत्पन्न पुरुष दम्भ की वजह से ?"

"नीलेश !" गोबर्धन ने आगे झुककर अपनी दोनों मुट्ठियों में उसकी कलाई पकड़ ली। उसका चेहरा फक पड़ गया और वह डरकर नीलेश की आँखों में देखने लगा।

नीलेश अपनी कलाई छुड़ाकर अनजान हल्की मुस्कुराहट के साथ बोला :

"कुछ और भी बातें दिमाग में आ रही हैं। प्रेम क्या है, भक्ति क्या है, और इन दोनों में अन्तर क्या है ? सृष्टि के प्रारम्भ से ही प्रेम किसी-न-किसी रूप में है। भक्ति सृष्टि में बहुत बाद में आई। मेरे ख्याल में सृष्टि, समाज, सभ्यता और संस्कृति का अस्तित्व प्रेम के कारण ही अब तक विद्यमान है। प्रेम क्या किसी अन्य से अभिन्न होने की इच्छा का द्योतक नहीं है ? प्रेम का रूप, रंग, गन्ध क्या है, यह कौन जानता है ? वह सिर्फ अभिव्यक्ति की विभिन्न शैलियों और व्याख्याओं द्वारा ही प्रकट किया जा सकता है। हिन्दू धर्म में सगुण उपासना, निर्गुण उपासना, नाम-स्मरण, प्रार्थना, कीर्तन आदि ईश्वर-प्रेम के विभिन्न रूप हैं। दूसरे धर्मों में भी अनेक तरीके, रास्ते और शैलियाँ हैं। किसी भी तरीके या रास्ते के बारे में आप नहीं कह सकते कि वह ईश्वर-प्रेम का सही माध्यम नहीं है। यदि भक्ति स्वयं में कोई प्रेम नहीं बल्कि ईश्वर-प्रेम की अभिव्यक्ति की ही एक शैली है तो पत्नी की पति भक्ति क्या उसके पति प्रेम की अभिव्यक्ति की एक शैली नहीं कही जाएगी ? पत्नी या पति अपने प्यार की अभिव्यक्ति के लिए एक-दूसरे के प्रति कैसा आचरण करते हैं, सेवा, भक्ति या प्यार यह सब उनकी निजी बातें हैं और उनका महत्त्व है। यदि हृदय में प्रेम नहीं है तो उसकी अभिव्यक्ति की कोई कोशिश पाखंड के अलावा क्या होगा ? कनिया भाभी का ठीक कहना है कि स्त्री का प्रेम सृष्टि की इच्छा और नियति से जुड़ा है, इसलिए उसकी स्थिति मर्द के प्यार की तरह आधी-अधूरी नहीं होती है। वह अपनी असलियत को छिपा नहीं सकती, चाहे सकारात्मक हो या नकारात्मक। एक बात और..."

"हाँ-हाँ, बताओ। पहले तो तुम बोलने में काफी संकोच करते थे। लेकिन अब तो खूब बोलने लगे हो।" गोबर्धन के हतप्रभ चेहरे पर एक हल्की-सी मुस्कुराहट काँप गई।

"नहीं गोबर्धन, मेरी कमजोरी अब भी मेरे साथ है। पता नहीं आज क्या बात है। मेरा कहना है कि कई जगह पतियों की ओर से ही समस्याएँ उठती हैं। इसका यह अर्थ नहीं कि सभी पति वैसे ही होते हैं। अपनी पत्नियों को प्यार करनेवाले सामान्य हिन्दू पतियों की संख्या कम नहीं है। जैसे हिन्दू पत्नियाँ अपने पतियों का नाम नहीं लेतीं, उसी तरह पुरानी दाम्पत्य नैतिकता को माननेवाले

आज भी अनेक पति अपनी पत्नी का नाम नहीं लेते। 'तुम' या 'तू' सम्बोधन वे भूलकर भी नहीं करते। पत्नी को 'राउर' और 'रउरा' कहते हैं। भोजपुरी क्षेत्र में तो इस शहर और गाँव-गाँव में यह परस्पर प्यार और सम्मान देखने को मिल जाएगा। एक बुजुर्ग को मैं स्वयं जानता हूँ जो अपनी पत्नी की मृत्यु के बाद उनकी स्मृति में उन्हीं की तरह निर्जल तीज व्रत रहते हैं और शिव-पार्वती की पूजा करते हैं। यदि भक्त और भगवान के मुहावरे में कहना ही पड़े तो जिस तरह भगवान सच्ची भक्ति (प्रेम) से प्रसन्न होकर सहज भाव से अपने भक्त को अपनाता है, उसी तरह पति भी पत्नी के प्रति सहज प्रेम भाव क्यों नहीं रख सकता ? लेकिन..."

"हाँ-हाँ, रुक क्यों गए ?"

"यार गोबर्धन, यह सब मैं कहना नहीं चाहता। मुझे अजीब लगता है, जैसे यह कहने का मुझे अधिकार न हो। फिर भी इतना कह दिया है तो बाकी भी सुन लो। अनेक हिन्दू पति अपनी पत्नी से परमात्मा की ऊँचाई पाकर स्वयं परमात्मा से भी ऊँचा बनने की कोशिश करते हैं या हो जाते हैं। जो हैं नहीं और जो हो भी नहीं सकते, उस स्थिति तक पहुँचने की कोशिश में उस लम्पट, ढोंगी साधु की गति को प्राप्त होते हैं, जिसका तुम कुछ देर पहले जिक्र कर चुके हो—पत्नी या स्त्री-प्रेम से दूर, एक छद्म धोखेबाज। सच्चा स्त्री-पुरुष प्रेम या पति-पत्नी प्रेम क्या सम्भव नहीं है ? है, इसी दुनिया में है, जो साथ-साथ रहने, परस्पर प्यार करने और किए जाने, मिलजुलकर कार्य करने, कुटिल भाव से दूर रहकर एक-दूसरे की भावनाओं को समझने और आदर करने, निरन्तर संवादरत होने और ऊँचे उद्देश्य के लिए साथ-साथ जीवन संघर्षों में जूझने से सम्भव है।"

नीलेश चुप हो गया। उसके चेहरे पर थकान नजर आई। गोबर्धन भी उससे सीधे आँख नहीं मिला पाया। बीच-बीच में एक क्षण के लिए उसकी ओर नजर फेरकर दरवाजे के बाहर देखने लगता। शायद वह नीलेश की बातों पर ही गौर कर रहा था कि बात क्या-क्या हो गई, कहाँ से कहाँ पहुँच गई।

लेकिन देर तक उन्हें इस स्थिति में बैठना नहीं पड़ा, क्योंकि इसी समय गणेश तेजी से आकर बोला :

"सरकार, खाना तैयार है..."

"ठीक है, यहाँ पानी दे जाओ हाथ-मुँह धोने के लिए। और जल्दी से खाना लगवाओ।"

गणेश शीघ्रता से बारी-बारी दोनों मित्रों के लिए चट्टियों (काठ की खटपट्टी) के दो जोड़े और पानी दे गया। रसोईघर के साफ-सुथरे, धुले-पोंछे बरामदे में दो पीढ़े अगल-बगल रखे थे। रसोईघर से आनेवाली कई प्रकार के व्यंजनों की मिश्रित खुशबू के बीच वे चट्टियाँ निकालकर पीढ़े पर बैठ गए। भोजन आने में विलम्ब नहीं हुआ। कनिया फूल की पहली थाली नीलेश के सामने रख गई। वह हल्के नीले रंग की लाल बार्डर वाली साड़ी पहने थी। माथे पर हल्के घूँघट के बीच से उसका शर्म से बाईं ओर घूमा चेहरा दप-दप कर रहा था। हल्की पसरी नाक की नग-जड़ी सोने की कील जोन्ही की तरह चमक गई। नीचे झुकते समय, दोनों हाथों में दो-दो सोने के कंगनों के बीच लाल-लाल चूड़ियों की खनक के साथ खूबसूरत गर्दन की झलक दिखाई पड़ी। जब वह आँचल सँभालकर दूसरी थाली के लिए जाने लगी, गोबर्धन ने कहा :

"यह मेरे खास मित्र नीलेशजी हैं, वैसे मुझसे दो वर्ष छोटे होंगे। पढ़ने में बहुत तेज, मेरे जैसे फिसड्डी नहीं, इसलिए तो मैंने इन्हीं के साथ थर्ड डिवीजन में हाई स्कूल किया। मैं घर में मौजूद न भी रहूँ तो आने पर इनकी विशेष खातिर-बात..."

नीलेश बीच में बात काटकर बोला, "गोबर्धन, कैसी वाहियात बात कर रहे हो। यह तो घर ही है। भाभीजी, आप मेरा नमस्कार स्वीकार कीजिए। आप मेरे प्रिय मित्र की पत्नी हैं और मेरी आदरणीय भाभी हैं, इसलिए मैं यहाँ आपसे स्वयं माँगकर कुछ भी खा सकता हूँ।"

नीलेश ने गौर किया कि जब से उसने कनिया के बारे में विचार प्रकट किए हैं, गोबर्धन गम्भीर बना हुआ है। यहाँ भी नीलेश से परिचय कराते समय भी उसकी विनोदप्रियता बनावटी ही लगी।

पूरा खाना परोसकर कनिया रसोईघर के अन्दर चली गई। बीच-बीच में वह कड़ाही में छान-छानकर गरम-गरम पूड़ी-कचौड़ी देती गई। एक-एक व्यंजन-चीज स्वादिष्ट थी, यहाँ तक कि एक बहुत ही छोटी-सी पथरी में परोसा गया, भिगोए फूले चने का चरपरा अचार भी। खुशबूदार मीठे चावल भी शानदार थे, लेकिन सर्वोतम था 'लेंढ़ा का नकली।' तकनीकी रूप से तो यह शुद्ध कटहल की शोरवेदार सब्जी थी, लेकिन कई कट्टर वैष्णव घरों में जहाँ गोश्त का नाम भी लेना वर्जित है, उसी की प्रतिद्वन्द्विता या नकल में उपर्युक्त अनोखा नामकरण हुआ है, इस कल्पना के साथ कि लेंढ़ा (कटहल का अविकसित, बतिया रूप) की शोरवेदार सब्जी गोश्त या कलेजी जैसा कटकट मजा देगी।

भोजन का और भी आनन्द इसलिए आया कि आसमान अचानक अनजान बादलों से घिर गया और हवा चलने लगी। लेकिन नीलेश को यह देखकर आश्चर्य-भरा कष्ट हुआ कि जब-जब कनिया बरामदे में आई, वह दो-एक बार दबी सशंकित दृष्टि से गोबर्धन को देख लेती जो अब भी बेहद गम्भीर बना हुआ था। क्या वह ऐसा इसलिए हो रहा है कि एक पिछड़े हुए संयुक्त परिवार में, जहाँ उसके माँ-बाप वहाँ से कुछ दूर ही सही एक अन्य कमरे में विद्यमान हैं, उसकी पत्नी एक विजातीय नौजवान के सामने आ-जा रही है तथा उसे जोर-जोर से या विनोदपूर्ण ढंग से ऐसी कोई बात नहीं करनी चाहिए जो उन्हें सुनाई दे जाए ? लेकिन इसकी जिम्मेदारी तो उसी पर है, वह कमरे में ही भोजन नौकर से मँगा लेता !

वह भोजन करता रहा, लेकिन उसका दिमाग दूसरी ओर दौड़ता रहा। अजीब लगा उसे कि कनिया जैसी बुद्धिमान और साहसी लड़की ने नारी स्वाभिमान के लिए सीताजी का तो उदाहरण प्रस्तुत किया लेकिन इस समय वह अत्यधिक विवश दिखाई दे रही है। अवश्य गोबर्धन की बातों से, उसके बीते हुए जीवन से उसे काफी पीड़ा पहुँची है और उसके मन में अनेक भय, संशय और दुश्चिन्ताएँ उत्पन्न हो गई हैं जिनको बढ़ाने में भी गोबर्धन ही सहायक हो रहा है और इस परिस्थिति की व्याख्या के लिए रामायण कथा का एक प्रसंग पता नहीं कैसे उसके दिमाग में कौंध उठा। एक नवविवाहित पत्नी के लिए पति का प्रेम, सहानुभूति और आश्वासन सबसे बड़ी ताकत और सहारा होता है, लेकिन जब पति ही अपनी शक्ति और सामर्थ्य के अहंकार में असंवेदनशील, कठोर और क्रोधी हो जाता है तो वह पत्नी के लिए 'बानर राज बालि' साबित होता है, जो उसकी आधी शक्ति हर लेता है और वह अपने स्वाभिमान की रक्षा करने लायक भी नहीं रह जाती। इसीलिए क्या सीताजी ने रामचन्द्र के सामने आना स्वीकार नहीं किया ? यह गोबर्धन को क्या हो गया है ? वह कनिया को इतना कष्ट कैसे दे गया ? क्या वह एक सुन्दर वेश्या को प्यार करने के कारण अपने को बहुत ऊँचा और अपनी पत्नी को साधारण और तुच्छ समझ रहा है ?

दोनों भोजन के बाद उठकर उसी कमरे में चुपचाप चले आए। नीलेश के चेहरे से खिन्नता-भरी उदासी साफ झलक रही थी। निश्चय ही यहाँ आने के लिए वह पश्चाताप कर रहा था। फिर धीमे स्वर में बोला :

"मैं अब चलूँगा..."

"क्यों ? अभी शाम कहाँ हुई ? कड़ी धूप फिर निकल आई है..."

"हार्डी लोगों को धूप-वूप नहीं लगती..." नीलेश ने एक पुराने मजाकिया मुहावरे का इस्तेमाल करते हुए बात को उड़ाने की कोशिश की।

"और कनिया से कौन मिलेगा ?"

"नहीं गोबर्धन, उनको मेरी वजह से काफी कष्ट मिल चुका है। परिचय हो ही गया। तुम भी काफी थक गए हो, तुम्हें भी आराम की जरूरत है...।"

गोबर्धन कुछ क्षणों तक नीलेश को घूरता रहा, जैसे उसकी भावनाओं को पढ़ने की कोशिश कर रहा हो। फिर धीमे, करुण स्वर में बोला :

''नीलेश, मुझे माफ करो। मैंने आज तुम्हारे साथ बड़ा दुर्व्यवहार किया। जहाँ तुम्हारे साथ बैठकर प्रेम से भोजन करना था, मैं मुँह फुलाए रहा। शादी के बाद मुझमें एक अजीब दुष्टता, कुटिलता और निर्ममता भर गई है, नीलेश, इसी वजह से मैंने कनिया के साथ दुर्व्यवहार किया और उसका समर्थन करने की वजह से तुम्हारे साथ भी। पता नहीं तुमने क्या-क्या सोचा होगा। लेकिन तुम्हारी बातों ने मेरी आँखें खोल दी हैं। उनसे कनिया को समझने में भी बड़ी मदद मिली है। मैं अब सोचता हूँ कि यदि कनिया जैसी बुद्धिमान, समझदार पत्नी न मिलकर कोई नासमझ, दुष्ट स्त्री आ गई होती तो मेरा क्या होता ? नहीं नीलेश, मुझे माफ कर दो।''

''उनको आराम करने दो...''

''नहीं नीलेश, तुम कुछ देर बैठो, सभी खा चुके हैं, सिर्फ वही बाकी हैं। आधा घंटा बाद जाकर मैं बुला लाऊँगा। तुम तब तक लेटे रहो।''

''तुम लेटो, मुझे दिन में नींद नहीं आती।''

गोबर्धन कुछ प्रतिवाद किए बगैर चुपचाप चित लेट गया। उसने आँखें बन्द करके माथे पर दोनों बाँहों की हथेलियाँ उलटकर रख दीं बाहर से आती तेज धूप की चमक से बचने के लिए। लेकिन करीब आधा घंटे बाद वह सहसा उठकर कमरे से बाहर निकलकर परिवार कक्ष की ओर चला गया।

दूर से ही कनिया को अपने पति के साथ आते देखकर नीलेश हड़बड़ाकर उठ गया। उसने चादर को हल्के से झाड़कर तख्त पर कायदे से फिर बिछाते हुए कहा, ''आइए भाभी, आप इस पर ठीक से बैठ जाइए।''

''नहीं, आप...'' कनिया की पतली-सी मीठी आवाज इससे अधिक नहीं निकली।

गोबर्धन के व्यवहार में इस बीच जादुई परिवर्तन हो चुका था। उसके होंठों पर एक प्यारी-सी मुस्कुराहट फैल गई थी और उसका चेहरा अत्यधिक आकर्षक दिखाई दे रहा था। उसने अचानक कनिया का हाथ पकड़कर खींचते हुए उसे तख्त पर बिठा दिया और फिर उसकी बगल में स्वयं बैठकर उसके गले में एक हाथ डालकर और नीलेश की ओर देखकर बाईं आँख दबाते हुए बोला :

''आइए बीवीजी, आप जबसे आई हैं, मुझसे नाराज हैं। मेरे पास बैठने से इनकार क्यों ? देखिए यह मेरे छोटे भाई नीलेशजी हैं और आपके प्यारे देवरजी हैं। इनके आने की खुशी में एक गाना तो सुनाइए। इसी बहाने मैं भी सुन लूँगा।''

नीलेश हँसने लगा, लेकिन कनिया का चेहरा शर्म से लाल हो गया। उसने कृत्रिम क्रोध से मुँह सिकोड़कर बदन के संचालन से गोबर्धन को अलग झटक दिया। नीलेश ने उसे इस बार ठीक से देखा। इस समय वह हल्के काही रंग की रेशमी साड़ी पहनकर आई थी। इसकी आँखें बड़ी नहीं थीं और गाल फूले हुए थे। वह लम्बी थी। दूर से आते समय वह पतली दिखाई दे रही थी, मगर समीप आने पर कमरे के नीचे उसके शारीरिक भारीपन और मजबूती का अन्दाजा होता है। चाँदी के 'काड़ा-छाड़ा' और बिछिया से सुशोभित उसके पाँवों के नाखून और किनारे लाल रंग से रँगे थे जो सीधे न पड़कर बाहर की ओर किंचित तिरछे पड़ते थे, जिससे उसकी कमर लचक जाती थी। नीलेश ने महसूस किया कि उसके सामने एक स्त्री है जो शारीरिक, मानसिक, बौद्धिक गुणों को मिलाने पर अपने सम्पूर्ण प्रभाव में आकर्षक है एक पृथक अनोखेपन के साथ।

गोबर्धन अलग हटकर हँसते हुए बोला, ''अच्छा भाई, मेरे साथ बैठना पसन्द नहीं तो न सही, मगर अपने देवरजी को कोई गाना तो सुना दीजिए। शादी के बाद पहली बार आए हैं।''

''आप ही सुनाइए...।'' कनिया ने तिरछी दृष्टि से अपने पति को देखते हुए हँसकर किंचित नखरीले अन्दाज में कहा।

गोबर्धन जहाँ बैठा था, उसी जगह उछलकर जोकर की तरह मुँह बनाकर बोला, "मैं और संगीत ! 'खर को कहा अरजगा लेपन, मरकत भूखन अंग ?' तब तो सभी हरिभक्त यह कमरा छोड़कर भाग खड़े होंगे।"

कनिया खिलखिलाकर हँस पड़ी, कल-कल स्वतः प्रवाहित सरिता की आवाज की तरह। उसकी अद्‌भुत दंत-पंक्ति विद्युत रेखा की तरह चमक उठी। गोबर्धन अचम्भे से उसको देखने लगा, सम्भवतः पहली बार उसकी ऐसी हँसी वह सुन रहा था। लेकिन शीघ्र ही गम्भीर होकर वह सिकुड़ गई, जैसे कुछ याद आ गया हो।

नीलेश ने हँसते हुए कहा, "आप सुनाइए खरबुद्धिजी, हरिभक्त यहाँ से भागेंगे नहीं बल्कि वे भी आपको एक-एक भजन सुनाएँगे।"

"अच्छा तो सुनिए," गोबर्धन ने गम्भीर होकर और कई बार गला खँखारकर कहा, "यह चार लाइनों का बिरहा है। सहानुभूति से सुनिए।"

उसने दाहिने कान के छिद्र में सबसे बड़ी अंगुली रखकर मोटे स्वर में गाना शुरू किया :

"चानवा (चाँद) के घेरे ला बदरिया रे
बदरियाऽऽ आ आ आ आ आ आऽऽ
लंका के घेरे हनुमाऽऽ आ आ आ आ आ नऽ
एक से सहस्र गोपी घेरे ली कन्हैयाजी
केऽ ए ए ए ए ए एऽऽऽ
माँगे ली बँसुरिया बरदाऽऽ न होऽ ओ ओ ओ ओ
ओ ओ ओ ओ ओऽऽ
माँगे ली बँसुरिया बरदाऽ आ आ आ आ आ आ आ
आ नऽऽ"

गोबर्धन ने चुप होकर स्वयं ताली पीटी। उसका कंठ मीठा नहीं था, लेकिन गदहे की तरह कर्कश भी नहीं। खास बात यह कि वह चरवाहों के इस बिरहा राग की लीक को शुरू से आखिर तक पकड़े रहा, कहीं भी छोड़ा नहीं। और सुनने में भी वह अच्छा लगा।

"वाह, तुम तो छिपे रुस्तम निकले। कब चरवाही की थी ?"

"बस, अब छोड़ो यह सब। अब कार्यक्रम आगे बढ़ाओ। या तो कनियाजी सुनाएँ अथवा नीलेशजी।"

कनिया की आँखों से उसकी आन्तरिक खुशी छलक-छलक जाती थी। अपने पति के इस स्वभाव से वह परिचित नहीं थी। उसके दिमाग में एक क्षण के लिए यह ख्याल आया कि अपने इसी नटखटपन की वजह से उसके पति ने वेश्या-पुत्री का मन मोह लिया होगा। लेकिन शीघ्र ही इस ख्याल से उसने अपने को मुक्त कर लिया और दोनों मित्रों के लगातार आग्रह करने पर गाने को प्रस्तुत हो गई।

उसने सिर झुकाकर धीमे, पतले स्वर में गाना शुरू किया :

"प्रलय-घन छा रहे साथी।
महा विध्वंस बेला का सन्देशा ला रहे साथी।
प्रलय-घन छा रहे साथी।
पुराने खंडहर ढहते, गगनचुम्बी महल बहते,
अडिग प्राचीर वाले दुर्ग भी स्थिर नहीं रहते,
उन्हीं पर झोंपड़ी के तृण उछलते जा रहे साथी,
प्रलय-घन छा रहे साथी।

प्रलय ही सृष्टि है नूतन, निधन में निहित है नवजीवन,
इसी अवसान में ही है नवल निर्माण परिवर्तन,
मिली इति आज अथ-पथ में नए दिन आ रहे साथी,
प्रलय-घन छा रहे साथी।''

''वाह भाभी ! आपने तो बड़ी सामयिक क्रान्तिकारी कविता सुनाई। मैं आज न आता तो पता नहीं कब सुनने को मिलता। आपका स्वर भी काफी अच्छा है।'' नीलेश ने हल्की ताली बजाकर प्रशंसा की।

''हाँ नीलेश, मेरी पत्नी ने मुझे ही यह नया सन्देश दिया है, मैं इसे स्वीकार करता हूँ हृदय से। हमारे राष्ट्र को आजादी मिलेगी, गरीबों का दुर्भाग्य मिटेगा और हमारे जीवन में नया सबेरा होगा।''

कनिया का हृदय खुशी से गद्गद हो रहा था। वह हथेली पर मुँह रखकर सिर झुकाकर बैठी थी और अपने आँसुओं को रोकने की कोशिश कर रही थी। राष्ट्रभक्त, प्रगतिशील, क्रान्तिकारी कवि प्रभुनाथ मिश्र की यह कविता उसने अपने छोटे मामा से सुनी थी, जो हाल ही में लिखी गई थी और खूब लोकप्रिय हो रही थी।

नीलेश ने हँसते हुए कहा :

''भाभीजी, मैं और किसी दिन आऊँगा तो कई गाने सुनाऊँगा। आज देर हो गई है, आप सभी थक भी गए हैं। मैं तो आज सिर्फ अपने मित्र और आपके दूल्हाजी की शान में कविवर देव की चार ही पंक्तियों का सवैया सुनाऊँगा।''

इसके बाद नीलशे ने धीमे मीठे स्वर में गाया :

''पायल नूपुर मंजु बजै कटि किंकिन में धुनि की मधुराई,
साँवरे अंग लसैं पटपीत हिए हुलसैं बनमाल सुहाई।
माथे किरीट बड़े दृग चंचल, मन्द हँसी मुख चन्द जुन्हाई
जै जग मन्दिर दीपक सुन्दर श्री ब्रज दूलह देव सुहाई।''

नीलेश का स्वर अपने पिताजी की तरह बुलन्द और शानदार नहीं था लेकिन उसमें मिठास काफी थी, जो कमरे में गूँज उठी। कनिया खुशी और आनन्द की चमकती आँखों से कभी नीलेश और कभी गोबर्धन को देखने लगी। गोबर्धन उल्लास एवं मुग्ध भाव से नीलेश को देखता हुआ उठ खड़ा हुआ। और उससे हाथ मिलाकर बोला, ''बहुत धन्यवाद। तुमने मुझे काफी ऊँचा चढ़ा दिया। बस पाँच मिनट बैठो, कनियाजी यहाँ रहेंगी तब तक मैं भीतर से कपड़े बदलकर आता हूँ। मैं तुम्हारे साथ चौक चलूँगा, एक काम है।''

गोबर्धन के जाने के बाद कनिया ने कृतज्ञता भाव से नीलेश को देखते हुए पूछा :

''आप अब कब आएँगे ?''

''आऊँगा भाभी, जल्दी ही।''

''जरूर आइएगा। आज तो मैं जी गई।''

''भाभी, आप कुछ भी न सोचिए। आपने जो गीत गाया है, वही सत्य है। नया जरूर आएगा। गोबर्धन कुछ नया करना चाहते हैं, उन्हें आपका निरन्तर सहयोग चाहिए, जैसा कोई अभिन्न मित्र खुले मन से देता है। उसकी शुरुआत का संकेत मिल भी गया है।''

''मुझमें पता नहीं कौन-सी निराशा भर गई है, लालाजी।'' कनिया ने अपनी आँखों पर आँचल रख लिया।

''पुरानी बातें भूल जाइए, भाभी ! जो हो गया सो हो गया। अब कुछ न होगा।''

कनिया ने आँखें पोंछ लीं। कुछ देर चुप रहकर बोली, ''नम्रता मेरी सहपाठिनी है। बहुत ही अच्छी मददगार और स्वाभिमानी लड़की है। मैं ही उससे प्रतिद्वन्द्विता करती रही। मैं वाद-विवाद में

आगे रही, खेल-कूद में भी। हिन्दी में उससे कुछ अच्छे नम्बर आते रहे, लेकिन अन्य विषयों में उसके नम्बर मुझसे काफी अधिक आते हैं। मैं उससे जलती रही, पर उसे पछाड़ नहीं सकी। लेकिन अब ऐसा कुछ न होगा। क्या आप मेरी ओर से उससे यहाँ आकर मुझसे मिलने का अनुरोध कर देंगे ?''

नीलेश गम्भीर हो गया। फिर कुछ सोचकर बोला, ''नहीं भाभीजी, मैं नहीं कर पाऊँगा। आप एक विवाहित स्त्री हैं, ससुराल में हैं, सास-ससुर और पति की राय और अनुमति से ही यह कार्य उचित होगा। मेरे कहने से नम्रता यहाँ क्यों आएगी ? उनके माँ-बाप भी क्यों अनुमति देंगे ? उचित यही होगा कि गोबर्धनजी के हाथ अथवा अपने नौकर गणेश के हाथ एक पत्र आप नम्रता या उनके माँ-बाप के पास भेजवा दीजिए।''

''हाँ, ठीक कहते हैं लालाजी।''

कुछ देर बाद नीलेश जब गोबर्धन के साथ बाहर निकला तो उसके मन की अजीब स्थिति हो रही थी, जिसका विश्लेषण वह फौरन कर नहीं पाया।

20

दोनों मित्र चौक तक चुपचाप आए, मानो बातचीत के लिए कोई विषय न बचा हो। फीकी धूप मकान एवं वृक्ष के शिखरों पर पहुँच गई है। लू कम होने पर भी उमस काफी बढ़ गई और शरीर पर पसीने की पतली, छोटी धाराएँ पर्वतीय सोते की तरह प्रवाहित हैं। उनके कंठ फिर सूखने लगे। पर्याप्त बर्फ-उपलब्धता, मृदुल व्यवहार-कुशलता, साफ-सफाई, राष्ट्रभक्ति और रोचक गप्पबाजी के कारण, तीन में से सर्वाधिक लोकप्रिय मानिक बाबू की लस्सी-शर्बत की दुकान की तरफ वे फुर्ती से बढ़ चले।

''आइए, आइए...'' मानिक बाबू ने होंठों में ही मुस्कुराकर उनका स्वागत किया।

''कुछ ठंडा-वंडा पिलाइए मानिक बाबू।''

दोनों मित्र दुकान के सामने रखी दो खाली बेंचों में से एक पर बैठ गए। मानिक बाबू ने कुछ आगे झुककर, अलग-अलग चौंकन्नी दृष्टि डालते हुए धीमे स्वर में कहा :

''दुकान अभी-अभी खोली है गोबर्धन बाबू। कुछ ठंडा हो लीजिए। जानते हैं, अब घमासान होने ही वाला है। महात्माजी बिगुल बजा ही दिए हैं, उधर से सुभाष बाबू भी पहुँच रहे हैं। लोगों को बीन-बीनकर जेल में डाला जा रहा है। कांग्रेस के जिला-अध्यक्ष पहले ही पहुँच गए हैं, अब सेनापति सदाशयव्रतजी और सुरंजन शास्त्री की बारी है।''

''कैसे जानते हैं, मानिक बाबू ?'' नीलेश ने चौंककर पूछा।

''अब लीजिए ! किस दुनिया में रहते हैं, नीलेश बाबू ! यह तो शहर का बच्चा-बच्चा जानता है।''

मझोले कद, चकइठ शरीर और कोताह-गर्दनिया मानिक बाबू गप्पबाजी के मूड में हैं क्योंकि बर्फ के लिए गया लड़का अभी तक वापस नहीं आया है। उनकी राय में, उत्तम जायकेदार लस्सी-शर्बत सभी नहीं बना सकते, वह भी एक कला है, इसीलिए उच्च कलाकार की तरह लम्बे बाल रखने के वह भी शौकीन हैं। लेकिन सूअरबाल होने की वजह से काफी तेल और पानी चपचपाने से नरम नहीं हो पाते उनके बाल। कंघा कीजिए, तब भी बगावत करके सिर के ऊपर किसी पक्षी के घोंसले का आकार ग्रहण कर लेते हैं। यह सही है कि उनके पास खबरों की कमी नहीं रहती, अतः कोई ताजा किस्सा सुनाने की तैयारी में उनका चेहरा बेहद रोचक और चटपटा बनकर दो-तीन बार खुला और बन्द हुआ।

"ए नीलेश बाबू, अब और सुनिए। जिले-भर में मुकाबले की जोरदार तैयारियाँ हो रही हैं। दस दिन बाद सदाशयव्रतजी के बैठकखाना में एक जोरदार मीटिंग होनेवाली है, जिसमें जिले-भर के विशेष प्रतिनिधियों और दूसरे विचारों के देशभक्तों को बुलाया जानेवाला है। क्रान्तिकारी लोग भी अपनी अलग तैयारी कर रहे हैं। दयाशंकर ताड़ी-शराब पीकर देर रात तक शहर में चक्कर लगाया करते हैं। सड़क पर ग़ज़लें गाते हुए। लेकिन यह सब पुलिस की आँखों में धूल झोंकने की चालें हैं। भीतर-ही-भीतर तो खूब बम-पिस्तौल इकट्ठे किए जा रहे हैं..."

"अरे मानिक बाबू, छोड़िए अपनी लच्छेदार रहस्यमयी बातें। यहाँ तो प्यास के मारे जान ही निकल जाएगी, देश तो बाद में आजाद होगा..."

मानिक बाबू बेतहाशा हँसने लगे, कोई आवाज नहीं, बस मुँह दोनों ओर फैल गया, पीले दाँत दिखाई देने लगे और छाती हिलने लगी। फिर गम्भीर होकर बोले :

"अभी देता हूँ, लड़का बर्फ लेकर आता ही होगा। तब तक एक और जरूरी खबर सुन लीजिए। तीन-चार दिन की बात है...नहीं, आज चौथा दिन है। शाम के समय, सामने चौक कुएँ के सामनेवाले छोटे पार्क में कम्युनिस्ट भाइयों की मीटिंग थी। दस-बारह मुर्गे रहे होंगे। नीचे एक दरी बिछी थी शायद पब्लिक को आकर्षित करने के लिए। उसके सामने एक लँगड़ी मेज के सहारे एक लाल झंडा खड़ा कर दिया गया था। ए गोबर्धनजी, इसी पार्क में मैंने पहले भी इसी पार्टी की कई सफल सभाएँ देखी हैं—इतनी भीड़ कि भीतर बैठने की जगह नहीं और कँटीले तार के घेरे के बाहर भी ठसाठस लोग। इस बार की मीटिंग में चारों ओर सन्नाटा था, भीतर कुछ लोग थे, उन्हें नेता कहिए, कार्यकर्ता कहिए, भीड़ कह लीजिए। वह सूरदास भी थे, जो उनकी हर सभा में दिखाई देते हैं। ए नीलेशजी, उसमें आपका दोस्त गोपालराम भी मौजूद था, जो स्टेशन पर और चौक में घूम-घूमकर अपना साप्ताहिक अखबार 'लोकयुद्ध' बेचते समय लोगों से बहसें करता रहता है..."

"मानिक बाबू, संक्षेप में..."

मानिक बाबू ने सड़क के दाएँ-बाएँ देखते हुए कहा, "देता हूँ गोबर्धनजी। हाँ, तो वही सूरदास भाषण देने के लिए उठ खड़े हुए। मगर समझ लीजिए कि श्रोता कोई नहीं था, हाँ जब खूब चिल्ला-चिल्लाकर बोलने लगे तो तार घेरे के बाहर कुछ लौंडे-लपाड़ी और तमाशबीन न मालूम कहाँ से आकर खड़े हो गए। ए भाई, इन लोगों को क्या सूझी है ! जब देश का बच्चा-बच्चा अंग्रेजी हुकूमत के खिलाफ गुस्से से उबल रहा है, ये लोग कहते हैं आन्दोलन करने का यह सही समय नहीं है। रूस की मजदूर सरकार को बचाने के लिए हिटलर, मुसोलिनी, तोजो के खिलाफ लड़ना, रूस के साथी अंग्रेज सरकार का साथ देना है। फिर आगे तो जापानियों का साथ देने के लिए सुभाष बाबू की निन्दा होने लगी। बस यही बात आफत का कारण बनी। ए भाई, इस देश में सुभाष बाबू की आलोचना कोई सुन सकता है ? बस तड़ातड़ ढेले चलने लगे। ओलों की तरह। सूरदास का सिर फूट गया, गोपालराम पैर में काफी चोट लगने से लँगड़ाने लगा, और लोग भी घायल हुए..."

"अरे, यह तो बहुत बुरा हुआ..."

"हाँ, नीलेशजी, यह तो ठीक ही कह रहे हैं, सचमुच कम्युनिस्ट काफी जीवट के लोग हैं। ढेले बरस रहे हैं और सूरदास भाषण दिए जा रहे हैं। लोग मार और गाली खा रहे हैं, मगर अपनी जगह से टस-से-मस नहीं हो रहे हैं। क्या किया जाए, जब इतने बहादुर लोग मुख्य धारा के खिलाफ खड़े हो गए हैं तो उन्हें कोई क्यों महत्त्व दे ! यह तो कहिए, चौक के ही कुछ बुजुर्ग और समझदार लोगों ने बाहर खड़े विरोधियों को वहाँ से हटा दिया और कम्युनिस्ट वीरों को अपने संरक्षण में लेकर सुरक्षित स्थान पर पहुँचा दिया। खैर छोड़िए, अब बताइए क्या लेंगे, लस्सी या मलाई का शरबत ?"

"मलाई का शरबत कब से मानिक बाबू ?"

''समय का तकाजा है, गोबर्धन बाबू ! इस समय पुष्टई का सेवन न होगा तो दुश्मन को पछाड़ा कैसे जाएगा ?'' मानिक बाबू तोते की तरह तिरछी दृष्टि से देखकर बेतहाशा हँसने लगे।

''तो बनाइए दो तगड़े, मलाई गिलास।''

''भैंस के शुद्ध दूध की ऐसी कलेजातर मलाई जिला-जवार में और कहीं नहीं मिलेगी, गोबर्धन बाबू !''

मानिक बाबू सिर झुकाकर अपने काम में जुट गए। तेरह-चौदह वर्ष का लड़का चीखुरी, जो दुकान पर ही काम करता था, इक्के पर एक सिल्ली बर्फ बोरे से ढककर ले आया था। मानिक बाबू के चेहरे पर व्यस्तता का भाव था और होंठों पर ऐसी कंजूस, मीठी मुस्कान, जो आत्म-विमुग्ध कलाकारों या विशेषज्ञों की खास पहचान होती है।

उन्होंने दो बड़े शीशे के गिलास सामने खींचकर, दो बार साफ पानी से मल-मलकर धोने के बाद उलटकर रख दिए, ताकि जल की एक बूँद भी भीतर न रह जाए। फिर बोरा हटाकर एक हथौड़ी से सिल्ली में से दो-तीन बड़े टुकड़े तोड़कर और उन्हें एक साफ, मोटे कपड़े में लपेटकर एक छोटी मुँगरी से पीटने लगे, जब तक महीन बुरादे नहीं बन गए। तत्पश्चात गिलासों को सीधा करके उनमें दो चम्मच शीरा, एक बड़ा चम्मच पिसा बादाम, आधा चम्मच पिसी सौंफ, एक मिट्टी के डोंगे में रखी मलाई में से चार चम्मच मलाई, मीठा, रंगीन पानी तथा अन्त में बर्फ के महीन टुकड़े और कोई खुशबूदार चीज छिड़ककर समूचे पेय को एक चम्मच से हिलाया और उस शरबत का उपहार बारी-बारी से अत्यधिक आत्मीय भाव से दोनों मित्रों की ओर बढ़ा दिया।

सचमुच वे नए ढंग का शरबत पी रहे थे। बीच-बीच में उन्होंने बर्फ के बुरादे दो बार लिए। सचमुच उनके कलेजे में तरी आ गई और आँखों में दीप्ति, फिर भी बर्फ पूरी तरह कंठ की प्यास नहीं बुझा पाती, इसीलिए उन्होंने बाद में एक-एक गिलास सादा पानी भी ग्रहण किया।

शाम हो गई थी। धूप का कोई निशान नहीं है। नीला आकाश स्लेटी रंग धारण कर रहा है। चौक की पल्ली तरफ पंसारी, मनिहारों तथा सब्जियों की दुकानों के बाजार से हाँव-हाँव, काँव-काँव का शोर उठ रहा है, ठीक पक्षियों की तरह, जो शाम होते ही अपने घोंसलों और रैन-बसेरों पर पहुँचने के लिए बेचैन हो जाते हैं। शहर तथा निकटवर्ती गाँवों से जो काफी लोग बलिया के इन बाजारों में इकट्ठे हो जाते हैं, वे ही अब खरीद-सूची के आखिरी सामानों को निपटाने की हड़बड़ी में हैं। कुछ लोग तो अपने भटके हुए साथियों को जोर-जोर से पुकार रहे हैं। इसी में आसपास के घरों की सायंकालीन चिल्लाहटें भी शामिल हैं और एक औरत तो अपने दरवाजे पर खड़ी तीखी तेज आवाज में देर से अपने लड़के को बुला रही है—'गणेशवा रेऽऽऽ'।

बलिया के लोगों को अपने चौक पर बड़ा गर्व रहता है अपने दिमाग की तरह। वे कहते हैं, ऐसा छोटा-सा चुनमुनिया चौक उत्तर प्रदेश क्या, देश-भर में शायद ही कहीं हो। किसी सड़क से चलिए, आप चौक में पहुँच जाएँगे। यानी चौक ऐसा केन्द्र-स्थल है, जहाँ से चारों ओर हर दिशा में सड़कें निकाली गई हैं। यह उस स्वस्थ हृदय के समान है, जो शरीर के हर हिस्से में रक्त की आपूर्ति करता है। कैसा सरल और कारगर नियोजन है। इस केन्द्रीय स्थान पर एक खूबसूरत गुम्बद है जिसकी छाया में एक सुन्दर, पक्का कुआँ भी बना है। इसके चारों ओर बराबर स्थान छोड़कर पक्की ईंट की छोटी चहारदीवारी निर्मित कर दी गई है जिसके ऊपर कँटीले तार से भी घेर दिया गया है जिसे चौक का पार्क भी कहते हैं। जनसभाओं और भूले-भटके मुसाफिरों तथा निराश्रित-भिखमंगों के आरामगाह के रूप में यह जगह मशहूर है। ददरी तथा अन्य स्नानपर्वों पर यह पार्क तीर्थयात्रियों से भर जाता है। स्वातन्त्र्य आन्दोलनों के दौरान इस गुम्बद पर तिरंगा फहराना देशभक्तों और क्रान्तिकारियों के लिए चुनौती रहा है और जब तक उत्तर प्रदेश (संयुक्त प्रान्त) में कांग्रेस मन्त्रिमंडल कायम रहा, दिन-रात इस पर राष्ट्रीय परचम लहराता रहा था।

शरबत पीने के बाद वे उठकर चौक की चहारदीवारी के पास जाकर खड़े हो गए। नीलेश चारों ओर हवाई दृष्टि से देखते हुए बोला :

''मालूम होता है, आन्दोलन जल्दी ही शुरू हो जाएगा।''

''नीलेश, एक समय में एक ही काम हो सकता है। मैंने व्यापार में ध्यान लगाने का निश्चय कर लिया है, आन्दोलन की ओर जाऊँगा तो व्यापार चौपट हो जाएगा। पिताजी बीमार रहते हैं, उनको अधिक-से-अधिक आराम देना चाहता हूँ...''

शीघ्र विदा होकर वे अपनी-अपनी दिशा में चले गए। नीलेश बेमन से अपने घर की तरफ बढ़ने लगा, क्योंकि जैसे बन्द दरवाजा-खिड़की खोलने पर बाहर की हवा कमरे में तेजी से घुसती है, अकेला होने पर उसे वे सभी घटनाएँ न चाहते हुए भी याद आने लगीं, जो बनारस से आने के बाद उसके साथ घटी थीं। लगा शरीर में ताकत नहीं है। कदम भारी-भारी हो गए हैं।

रात चुपके-से उतर आई है। कुछ बड़ी दुकानों पर गैस-बत्तियाँ जगमगाने लगी हैं। और चौक क्षेत्र में इधर-उधर छोटी दुकानों और खोमचेवालों की लाल-पीले ढिबरी-प्रकाश की कतारें।

स्टेशन के पास पहुँचकर वह अपने घर की दिशा में जाने के बजाय बाएँ कटहरनाला की तरफ मुड़ गया। बहुत धीरे-धीरे चल रहा था वह, लेकिन देर लगाने से भी कितनी देर हो सकती है ? धूल-भरी सड़क पर कहीं-कहीं ईंट-पत्थर, फल या सब्जी के छिलके, गन्दगी या कीचड़ से लिथड़े चिरकुट, फेंके हुए घरेलू सामान पैरों से टकरा जाते। आगे बढ़ने पर कचहरी जानेवाली सड़क गाढ़े अँधेरे में सायँ-सायँ कर रही है। चलता गया वह ! मगर रामपुर पहुँचने पर कम्युनिस्ट पार्टी के कार्यालय में ताला लगा था। क्या गोपालराम गम्भीर रूप से घायल होकर अस्पताल में दाखिल है अथवा गाँव चला गया है ?

वह पलटकर अस्पताल की ओर चल पड़ा जो दक्षिण में विपरीत छोर पर सरयू नदी तट के पास है। सोशलिस्ट होने की वजह से कम्युनिस्टों के विचार से वह सहमत नहीं है, लेकिन क्या इसी से कोई अपने प्रतिपक्षी की तकलीफ से खुश हो सकता है ? गोपालराम तो उसका खास दोस्त है, उसके लिए वह पहले ही से चिन्तित है, फिर भी क्यों कोई अनजान खुशी उसे सहला रही है इस समय ? किसलिए ? वह कारण खोजने के लिए एक पेड़ के नीचे खड़े होकर अँधेरे में सिर गाड़कर सोचने लगा। कुछ हासिल न होने पर वह सिर धुनने लगा। फिर भी किसी नतीजे पर न पहुँचकर वह आगे चल पड़ा अपने को धिक्कारते हुए।

अस्पताल में मालूम हुआ कि गोपालराम या कोई अन्य व्यक्ति घायलावस्था में पिछले एक सप्ताह से दाखिल ही नहीं हुआ। अब क्या करें ? वह अस्पताल के बरामदे की सीढ़ियाँ वापस उतरकर, उसके अहाते की तारकोल वाली साफ-सुथरी, घुमावदार और सुनसान सड़क पर चलने लगा। बार-बार पीछे किसी के चलने की आहट या कभी किसी के धीमे-धीमे कराहने की आवाज सुनाई पड़ जाती थी। वह पीछे घूमकर देखता लेकिन कुछ भी नजर नहीं आता। अचानक ही, हर विचार और भावना को विस्थापित करके एक पूर्व-परिचित भय उसके अन्दर कुंडली मारकर बैठ गया।

तभी उसे याद आया, बचपन में जब वीरेश भूचाल में गम्भीर रूप से घायल होकर अस्पताल में दाखिल था, वह कुछ दिनों के लिए माँ के साथ, पास ही, मौसाजी के घर में रुका था, जो इसी अस्पताल में डॉक्टर थे। तब इस इलाके में इक्का-दुक्का मकान ही बने थे और सरयू तट के इधर और अस्पताल के बाद खेत-ही-खेत थे, जिनमें शाम होते ही सियार हुआँ-हुआँ बोलना शुरू कर देते। तभी उसने लड़कों और मौसीजी से भी सुना था कि शाम के बाद अस्पताल के आस-पास भूत और जिन्न घूमा करते और नाक से बोलते हैं। खास तरह, उस पहलवान को तो कई लोग देख चुके हैं, जो कई वर्ष पूर्व महावीरी जुलूस में पुलिस की गोली से मारा गया था !

जब वह फाटक के पास पहुँचा तो उसे फिर अपने पीछे किसी के चलने की आहट मालूम हुई। लगा, उसका खून जम गया है। वह काफी जोर से बोला, "कौन है ?" उसकी आवाज ने अन्धकार को गुँजा दिया। लेकिन इस बार पीछे कोई था, जहाँ से धीमी आवाज आई, 'मैं हूँ, मेरा लड़का बीमार है, चलकर देखता हूँ कि बाहर कहीं दूध मिल रहा है या नहीं।' वह रुककर देखने लगा और थोड़ी देर में एक लम्बा अधेड़-सा दिखाई देता आदमी लम्बे कुर्ते और उटुंग धोती में, सिर पर अँगोछा या दुपट्टा बाँधे, जोर-जोर से खाँसते हुए बगल से निकल गया। इस अवसर पर स्वयं वह भी जोर-जोर से खाँस रहा था। फाटक से बाहर आकर वह फिर अपने को धिक्कारने लगा था।

कंकड़ की सड़क पर आगे बढ़कर वह गुदड़ी बाजार की दिशा में मुड़ गया। अब घनी बस्ती आ गई थी, जहाँ लोगों का आना-जाना और बोलना-बतियाना जारी था। लेकिन अब वह अजीब ख्यालों के चकोह में घूमने और डूबने-उतराने लगा। यहाँ तक कि उसे पता ही न रहा वह किस सड़क पर घूमा और कहाँ पहुँचा।

पता नहीं, कब से वह कनिया भाभी के बारे में सोच रहा था। अभी कुछ देर पहले ही कनिया से उसकी प्रथम मुलाकात हुई थी, लेकिन अब लग रहा है कि कनिया से उसे मोह हो गया है। पन्द्रह-सोलह वर्ष उम्र, छोटी बच्ची की तरह निर्दोष और अनुभवहीन चेहरा, रेशमी साड़ी, भारी गहनों, हल्के घूँघट में गम्भीर रिश्ते और नई विडम्बनापूर्ण परिस्थितियों से निबटने को मजबूर। तीन-चार वर्ष छोटी होने पर भी उसका उसे 'लालाजी' कहना कितना अस्वाभाविक और अविश्वसनीय है। वह मन-ही-मन संकुचित हो गया था।

उसे फिर अचम्भा हुआ कि प्रथम रात को अपने पति का अप्रत्याशित, निर्मम व्यवहार झेलने पर भी कितनी होशियारी और समझदारी से उसने स्थिति को सँभालने की कोशिश की थी। इस देश में हर वर्ष असंख्य, कमसिन लड़कियाँ शादी के बाद दुल्हन बनकर अनजान परिवारों के कठोर अनुशासन में चली जाती हैं जहाँ वे प्यार, विश्वास और सहारे की तलाश करती हुई अनेक कष्ट भोगती हैं। उसे यह सबकुछ सिर्फ पति का प्यार ही दे सकता है जिसके अभाव में समूचा परिवार ही उसके विरुद्ध हो जाता है, उसकी उपेक्षा करने लगता है, उसके मैके पर व्यंग्य-बाण छोड़े जाते हैं, लेन-देन आदि को लेकर ताने दिए जाते हैं और दहेज-उत्पीड़न होने लगते हैं। छोटी ही उम्र में कैसी गृहिणियाँ पैदा करता है यह हिन्दुस्तानी समाज !

उसे याद आई अपनी बड़ी बहन शैलजा की, जिसकी शादी तेरह वर्ष की अवस्था में हुई, जो बचपन में ही तय कर दी गई थी। पहली बार ससुराल से आने पर कितनी बदली-बदली दिखाई दे रही थी वह। पुरुखिन बनने की हास्यास्पद कोशिश उसकी नजर में ! फिर घर की अथवा रिश्तों की औरतों की खुसुर-फुसुर, जिसकी भनक से वह समझ गया कि सबको चिन्ता है शैलजा के पैर क्यों नहीं भारी हुए अभी तक, दामाद की नौकरी कब तक लगेगी, दामाद उसे मानते-जानते हैं कि नहीं, सास-ससुर तथा अन्य ससुरालवालों का उसके प्रति कैसा व्यवहार है ! वह बेहद दुःखी और विचलित हो गया। इस उम्र में ही अनेक तरह की समस्याओं से परेशान हो गई है उसकी बहन, यह एहसास होते ही वह एक दिन सबसे ऊपर की छत पर जाकर अकेले में फूट-फूटकर रोया। उसी दिन से वह उसे 'दीदी, दीदी' कहने लगा, जबकि पहले उसका नाम लेकर ही उसे पुकारता रहा था। वह जान देकर भी शैलजा को सुखी करने के संकल्प से भर उठा।

उसकी आँखें भर आईं। उसने अपने रिश्ते की अनेक लड़कियाँ देखी हैं जो शादी के बाद अपना स्वरूप बदल लेती हैं। वे बचपन, अपने शिक्षा व तैयारी वर्ष में ही पति-परायणता, कर्मकांडों, तीज-त्योहारों, रीति-रिवाजों, अन्धविश्वासों और जचगी के रास्तों पर चल देती हैं।

अकस्मात वह चौंक गया। सिर उठाकर सामने देखा। उसे आश्चर्य हुआ। अरे, यह तो सेनापतिजी का मकान है ! बैठकखाने के बाहर ही वह एक तख्त पर दो नौजवानों के साथ बैठे

हैं। धीमे-धीमे स्वर में, आनेवाले आन्दोलन के बारे में ही बात हो रही है।

''आइए, आइए नीलेशजी ! कब आए बनारस से ?''

नीलेश हाथ जोड़कर नमस्कार करने के बाद तख्त के एक कोने में बैठ गया। सदाशयव्रत तख्त पर खद्दर की लुंगी और बनियान में पालथी मारकर कोई योजना समझा रहे थे उन नौजवानों को। नीलेश के बैठते ही वे नौजवान उठकर जाने की अनुमति माँगने लगे।

''ठीक है आप लोग चले जाइएगा और उनसे मेरा सन्देश कह दीजिएगा।''

जब वे चले गए तो सदाशयव्रत ने नीलेश से पूछा, ''आप अच्छा आए। आपसे काम भी है। कहिए, समाचार ठीक है न ?''

''जी हाँ, मैं पाँच दिन पहले ही आ गया था, आपसे फौरन मिलना भी चाहता था, लेकिन घरेलू समस्याओं...''

''अरे, कोई बात नहीं, जब घर है तो समस्याएँ कहाँ जाएँगी ? ठेकुआ चलेगा ? बड़ी गर्मी है, बार-बार प्यास लगती है। आप तख्त पर इत्मीनान से बैठ जाइए, ठंडा हो लीजिए तो काम की बात होगी...''

नीलेश मना करना चाहता था, लेकिन उसे प्यास भी लगी थी। सदाशयव्रत का वह इतना सम्मान करता था कि इनकार करना भी उससे नहीं हो पाया। सदाशयव्रत ने किसी को पुकारा और थोड़ी देर में एक छिपुली में दो अदद ठेकुए मिर्चा-अचार के साथ पेश कर दिए गए। बगल में पानी से भरा एक लोटा और दो खाली गिलास।

''आप भी लीजिए।'' नीलेश ने संकोच से कहा।

''ना ए नीलेशजी, मैं पा चुका हूँ, आप पाइए। मैं तला-भुना कम ही खाता हूँ। बस दूध की पुरानी आदत छूट नहीं पाई है, जितना मिल जाए। बीड़ी की आदत भी नहीं छूट पाती, नीलेशजी...।'' वह हँसने लगे।

नीलेश की खास इच्छा नहीं थी, वह सिर्फ एक टुकड़ा खाकर जल ग्रहण करना चाहता था, लेकिन उसने जबरदस्ती दोनों ही ठेकुए ग्रहण कर लिए, इस डर से कि कहीं सदाशयव्रत उसे शहरी मेहमान न समझ लें, जो कुछ छोड़ देने में ही अपना बड़प्पन समझते हैं।

''नीलेशजी,'' सदाशयव्रत ने भी एक गिलास जल ग्रहण करने के पश्चात कहा, ''इस बार लड़ाई बड़ी कर्री होगी। सरकार भी समझती है, इसीलिए उसने पहले ही हल्ला बोल दिया है। शहर क्या, छोटे-छोटे गाँवों से भी तपे-तपाए अनुभवी कांग्रेसी पकड़े जा रहे हैं, ताकि आन्दोलनकारियों की कमर तोड़ दी जाए, हौसले पस्त कर दिए जाएँ। इसीलिए हम चाहते हैं कि गिरफ्तारी से जो लोग बच गए हैं, उनकी एक मीटिंग बुलाई जाए, जो विचार करें कि रणभेरी बजे तो क्या किया जाए। हमने इस बार नए-नए नौजवानों, किसानों, मजदूरों में काफी काम किया है, किसी आन्दोलन की असली रीढ़ यही हैं। आपको नारायणगढ़, बैरिया, रानीगंज, बहुआरा, गोन्हिया छपरा इन जगहों पर जाना है। यहाँ कांग्रेस सेवादल के कई कर्मठ बहादुर स्वयंसेवक रहते हैं। मैं कुछ लोगों के नाम चिट्ठियाँ दूँगा। ठीक दस दिन बाद यहाँ मेरे बैठकखाने में ही रविवार को मीटिंग है। कल सवेरे खा-पीकर यहाँ आ जाइएगा...''

नीलेश काफी खुश हुआ। इसका मतलब यह हुआ कि मानिक बाबू की सूचना एकदम सही है। वह जल्दी-जल्दी अपने घर की तरफ बढ़ने लगा। एक खुशी तो इस बात की थी कि उसके खाली, परेशान दिमाग को एक सार्थक कार्यक्रम मिल जाने से काफी आराम मिला। और तब उसी समय उसे यह भी समझ में आ गया कि शादी न करने से अपने पिताजी की फटकार और उसके बाद नम्रता के अकारण, अपमानजनक व्यवहार से उसकी भावनाओं को काफी चोट पहुँची थी। वह दूर-दूर रहना चाहता था अपने घर से, मोहल्ले से, जहाँ नम्रता भी रहती थी। इसी वजह से गोपालराम

को देखने रामपुर और अस्पताल गया तथा देर तक सड़कों का चक्कर काटते हुए सदाशयव्रत के यहाँ पहुँचा था।

दूसरे दिन ही नीलेश नाश्ता करके सदाशयव्रत के घर जा पहुँचा और उनसे पते-सहित चिट्ठियाँ लेकर ट्रेन से सुरेमनपुर स्टेशन के लिए रवाना हो गया, जहाँ से बैरिया आदि गाँव नजदीक थे। उन गाँवों में कुछ गिरफ्तारियाँ हुई थीं, लेकिन नौजवानों और किसानों-मजदूरों का उत्साह देखने लायक था। हर गाँव में उसका बड़ा स्वागत हुआ। कई देशभक्तों ने अपने-अपने घर ले जाकर उसे भोजन कराया। आम, अमरूद, खरबूजा, तरबूज, पपीता, पकवान, दही, दूध, भूँजा, हलवा खाने को खूब मिला।

देश के लिए काम करनेवालों का वहाँ की जनता बेहद आदर करती थी। हाथ जोड़कर खड़े हो जाते थे, 'चलिए न गरीब के घर पर, रूखा-सूखा खाकर हमें कृतार्थ करें।' घर पहुँचने पर परिवार के सभी और पास-पड़ोस के लोग इकट्ठे हो जाते, औरतें अन्दर से झाँकने लगतीं, बच्चे बाहर-भीतर दौड़ने लगते।

नीलेश को बहुत अच्छा लग रहा था। इन गरीब, निरक्षर लोगों में इतना प्यार कहाँ से आया, जो अन्तर की गहराई को स्पर्श करने लगता था। उसे लगा, जैसे एक बड़े परिवार में बड़े-छोटे, सबका स्नेह मिल रहा हो। वह आठ दिन रह गया। किसी-न-किसी गाँव में शाम को ग्रामवासियों की सभा होती थी। ऊँच-नीच सभी लोग बैठ जाते जमीन पर, जैसे बगुलों का एक बड़ा समूह कई कतारों में एक जगह एकत्रित होकर सिर गाड़े सामने चुपचाप देख रहा हो। सर्वप्रथम उनकी आँखों में शंका का अनोखा भाव तिरने लगता, शायद विश्वास के प्रति विरोध का अनजाना-सा खिंचाव। कैसे होगा यह सब ? अंग्रेज कैसे छोड़ जाएँगे हिन्दुस्तान ? कैसे गरीबी दूर होगी ? कैसे लोग शिक्षित होंगे ? कैसे पहले की तरह धरती सोना उगलेगी और दूध-दही की नदियाँ बहने लगेंगी ? लेकिन कुछ ही देर में आन्तरिक मुस्कुराहट से चेहरे पर दमक और आँखों में चमक आ जाती। उनकी अटूट एकता, कठिन परिश्रम, आपसी भाईचारे से सबकुछ होगा—हाँ, संघर्ष और कुर्बानी से शान्ति-सुख की आजाद जनता सरकार अवश्य कायम होगी। इन मामलों में भाषण करने से नीलेश को साधारण लोगों के साथ रहने तथा काम करने का बड़ा अनुभव और आत्मविश्वास प्राप्त हुआ।

सदाशयव्रत के बैठकखाने पर आयोजित सभा रविवार की निश्चित तिथि पर कुछ विलम्ब से आरम्भ हुई। आगन्तुकों ने बलिया बाजार से खा-पीकर आने में बारह बजा दिए। गजब की लू और साथ में उमस। सदाशयव्रत ने बाहर पास ही एक खाली जगह में प्याऊ बैठाकर सूझबूझ का परिचय दिया था जिसे सभी सराह रहे थे।

बैठकखाना भर गया जिसमें मंचनुमा चबूतरा के नीचे करीब दो सौ राष्ट्रीय कार्यकर्ता बैठे थे। वे जिले के दूर-दूर इलाकों से बुलाए गए थे। शहर के लोगों की संख्या चौथाई से भी कुछ कम थी। अधिसंख्य खद्दर की धोती, कुर्ता और गांधी टोपी धारण किए हुए थे, कुछ कन्धे पर तौलिया या दुपट्टा और सोशलिस्ट नौजवान तो लम्बे कुर्ते और पैजामा या धोती में बरात की खातिर-बात करनेवाले प्रबन्धकों की तरह व्यस्त मुद्रा में इधर-उधर उड़ रहे थे।

सभा गुप्त रूप से हो रही थी। पुलिस भाँप नहीं पाई थी अन्यथा जितेन्द्रलाल और मनव्वर अली आस-पास मँडराते हुए नजर आते। कार्यवाही आरम्भ होने के पहले बैठकखाना में एक ओर से दूसरे छोर तक धीरे-धीरे आपस में बातचीत करने की भनभनाहट जारी थी। स्वयंसेवकों ने आसपास के घरों से बाँस के कई पंखे इकट्ठे करके कुछ लोगों को पकड़ा दिए थे। अन्य लोग अँगोछे या दुपट्टे ही घुमाकर हवा कर रहे थे। फिर भी तर-तर पसीना जारी था, जिसकी एक ऐसी अनोखी निश्चित भोथरी गन्ध व्याप्त थी जो स्वच्छ हवा में साँस लेने, रूखा-सूखा, मोटा-झोटा खाने और खेत-जमीन

तथा गोबर-सानी में काम करनेवाले स्वस्थ ग्रामवासियों के शरीर से निकलती है, परिश्रम से दूर रहने तथा महीन खानेवाले शहरवासियों के तीखे-तेजाबी पसीने की गन्ध से अलग।

मंच के नीचे ही शुरू में बैठे सदाशयव्रत ने धीरे-से उठकर कहा :

"अब काम शुरू होता है, आप शान्त हो जाइए। देखिए, एक खास उद्देश्य से आपको यहाँ बुलाया गया है। आप जानते हैं कि आनेवाले अगस्त महीने में कांग्रेस महासमिति का अधिवेशन बम्बई में होनेवाला है। महात्माजी जैसी वाणी आजकल बोल रहे हैं, उसमें से क्रान्ति के शोले निकल रहे हैं। वह साफ-साफ अंग्रेजों से कह रहे हैं कि वे अपना बोरिया-बिस्तर बाँधकर यहाँ से चले जाएँ। देश की जनता से उन्होंने कह दिया है 'करो या मरो' यानी यह आजादी की आखिरी लड़ाई है, आप आगे बढ़कर आजादी प्राप्त करने के लिए अपना सबकुछ कुर्बान कर दें। समस्या यह है कि लड़ाई शुरू होने के पहले ही हुकूमत ने प्रहार कर दिया है, हमारे बहुत से नेताओं को सींकचों में बन्द कर दिया गया है। दूसरे लोगों को भी पकड़ने की तैयारी हो रही है। ऐसी स्थिति में साधारण कार्यकर्ता और साधारण जनता के कन्धों पर बड़ी जिम्मेदारी आ पड़ी है। हमारे नौजवानों के लिए बहुत बड़ी चुनौती है। हमारे नौजवानों ने देश की आजादी के लिए बड़ी-बड़ी कुर्बानियाँ दी हैं और आशा है कि वे आनेवाले क्रान्तिकारी संघर्ष में विदेशी साम्राज्यवादी शासन के छक्के छुड़ा देंगे और उनको देश छोड़ने को मजबूर कर देंगे। ठीक है, यह अहिंसात्मक लड़ाई है, लेकिन हमने दिखा दिया है कि अहिंसा में बड़ी ताकत है। हम चाहते हैं कि आप अपने-अपने सुझाव दें कि आगे की लड़ाई कैसे संचालित की जाएगी।"

इतना कहकर सदाशयव्रत बैठ गए। कुछ देर के लिए सन्नाटा छा गया। सभी दाएँ, बाएँ और पीछे सिर घुमा-घुमाकर देखने लगे कि बोलने के लिए कोई उठता है या नहीं। अन्त में एक नौजवान खड़ा हो गया जो एकदम पीछे दरवाजे के पास बैठा था। उसने सवाल किया :

"क्या मैं कुछ कह सकता हूँ ? मेरा अनुरोध है कि मेरी बातों पर गम्भीरता से विचार किया जाए।"

अब समझ में आया कि वह दयाशंकर था। वह बाद में चुपके-से आकर बैठ गया था और उसके यहाँ आने की किसी को उम्मीद भी नहीं थी। दरअसल शहर में उसके बारे में कई तरह की बातें प्रचारित थीं। लम्बे, गोरे और खूबसूरत उस नौजवान के बारे में एक बात तो यह प्रसिद्ध थी कि वह किसी क्रान्तिकारी पार्टी का सदस्य है। ताड़ी-शराब इसलिए पीता है कि किसी को उस पर शक न हो। लेकिन चोरी-चुपके वह क्रान्तिकारी नौजवानों को संघठित कर रहा है और हिंसात्मक क्रान्ति के लिए जोरदार तैयारी कर रहा है। लेकिन वह क्रान्तिकारियों, समाजवादियों तथा साम्यवादियों का मजाक उड़ाया करता था, अहिंसा को डरपोकों और पलायनवादियों का हथियार बताता था, इसलिए इन दलों में उसकी बड़ी निन्दा होती थी। वे उसको पुलिस का एजेंट समझते और उससे दूर रहते। जब वह आता तो सभी बात करना बन्द कर देते। उसे इस सभा में भाग लेने के लिए आमन्त्रित भी नहीं किया गया था, फिर यहाँ कैसे आ गया, यह सोचकर अनेक शहरी कार्यकर्ताओं तथा नौजवानों की भौंहें तन गईं।

लेकिन सदाशयव्रत ने उठकर विनम्र मीठे स्वर में कहा, "कहिए, कहिए, खुलकर कहिए... आपकी बात पर विचार किया जाएगा..."

"मैं यह कहना चाहता हूँ कि अहिंसा की शर्त लगाकर एक क्रान्तिकारी आन्दोलन की धार को कुन्द किया जाता है। अंग्रेज हुकूमत एक हिंसात्मक शक्ति है, उसका मुकाबला अहिंसा से नहीं किया जा सकता। हिंसात्मक क्रान्तिकारी शक्ति ही उसे जड़ से उखाड़कर बाहर फेंक सकती है। अहिंसा तो समझौते का रास्ता है। क्या दुष्ट, आततायी और साम्राज्यवादी लोगों का हृदय परिवर्तन हो सकता है ? मेरा प्रस्ताव है कि यहाँ जो भी निश्चय हो, उसमें से अहिंसा की शर्त को निकाल

दिया जाए।''

इतना कहकर दयाशंकर व्यंग्य से मुस्कुराते हुए बैठ गया। चारों ओर भुनभुनाहट होने लगी। राजनाथ यादव उठकर बोला, ''भाईजी, आप क्या गांधीजी के नेतृत्व में लड़ी जानेवाली लड़ाई का उत्साह भंग करने आए हैं ? कोई रचनात्मक सुझाव देते तो विचार किया जाता। लड़ाई इतनी बढ़ गई है, अब इस तरह के प्रस्ताव का क्या मतलब ? अपनी-अपनी ढपली और अपना-अपना राग। इससे तो सबकुछ मिट्टी में मिल जाएगा...''

''बेवक्त की शहनाई !'' सभा के बीच से कोई चिल्लाया।

''रँगा सियार है !'' एक और आवाज़ आई।

सभा में चारों ओर भनभनाहट व्याप्त हो गई। सदाशयव्रत उठ खड़े हुए। उन्होंने हाथ उठाकर सबको शान्त होने का संकेत दिया। फिर बोले, ''आप गुस्सा थूक दीजिए, हर व्यक्ति को अपना विचार प्रकट करने का अधिकार है। दयाशंकरजी, आप खुलकर अपनी बात कहिए। आप कुछ और कहना चाहते हैं ?''

सभा में शान्ति छा गई। दयाशंकर ने उठकर व्यंग्य से मुँह टेढ़ा करके कहा, ''कुछ लोगों ने राष्ट्रीयता और देशभक्ति का ठेका ले लिया है, लेकिन मैं उनके आक्षेप का जवाब देकर अपने को छोटा नहीं करना चाहता। गांधीजी को पूरा सम्मान देते हुए भी, मैं उनके अहिंसात्मक तरीकों को अव्यावहारिक और निरर्थक मानता हूँ। पग-पग पर समझौता, पग-पग पर हृदय-परिवर्तन के महत्त्व पर जोर, पग-पग पर सुधारवाद और क्रान्तिकारी राजनीति का विरोध। क्या साधु-सन्त राजनीति चला सकते हैं ? वह राम-राज्य स्थापित करने का सपना देखते हैं। क्या मतलब है इसका ? राम के जमाने में किस तरह का शासन था ? आज के बदलते हुए समय और वैज्ञानिक युग में ऐसे उद्‌देश्यों से हम क्या प्राप्त करना चाहते हैं ? अनेक बातें हैं, जिनसे हम सहमत नहीं हैं। चौरी-चौरा कांड में हम देख चुके हैं कि अहिंसा की वजह से एक आन्दोलन वापस ले लिया गया। हम आनेवाले आन्दोलन का विरोध भी नहीं करते, हम तो यही कहते हैं कि आनेवाले आन्दोलन के तरीके व्यावहारिक और स्पष्ट होने चाहिए...''

दयाशंकर सभा में चारों ओर गर्व से देखते हुए बैठ गया जिसके बाद फिर शोर होने लगा था।

''ए भाई, इस कांग्रेस-विरोधी को यहाँ किसने बुलाया ?'' कोई चिल्लाया।

''सी.आई.डी.,'' एक दबी हुई आवाज।

इस शोरगुल से सदाशयव्रत काफी गम्भीर हो गए। उन्होंने जल्दी उठकर कड़े स्वर में फटकारा :

''ये कैसी बातें हो रही हैं ? यह एक बड़ा देश है, इसमें अनेक विचार के लोग रहते हैं। कई अन्य पार्टियाँ हैं जो अपने-अपने ढंग से आन्दोलन चलाती हैं लेकिन उनकी नीयत पर सन्देह करने का अधिकार हमको नहीं है। यह सभा भी अपनी-अपनी विचारधाराओं पर बहस करने के लिए नहीं बुलाई गई है। हम तो यह चाहते हैं कि यहाँ लोग मिल-बैठकर विचार करें कि 'करो-मरो' के आन्दोलन में कैसे लोग एक-दूसरे को सहयोग दें, क्योंकि यह लड़ाई जनता को लड़नी है, नेता तो पहले ही पकड़े जा रहे हैं। इस आन्दोलन में हमें कुछ ऐसा नहीं करना चाहिए जिससे हमारे मतभेद उभरें या नए मतभेद पैदा हों। दयाशंकरजी अपने मन से यहाँ आ गए हैं तो अच्छी बात है, और उनका स्वागत है। हम उनका जवाब देंगे। लेकिन हम अपने कांग्रेसी साथियों से भी अनुरोध करेंगे कि वे उत्तेजित होकर अनाप-शनाप न बकें। वे अपना धैर्य, अपनी शान्ति और उन अहिंसा सिद्धान्तों को, छोटी-छोटी बातों में ही छोड़ देंगे तो आगे की आजादी की लड़ाई कैसे लड़ेंगे ?''

वह चुप हो गए। फिर शान्ति छा गई। अन्त में दयाशंकर की ओर देखते हुए अत्यन्त कोमलता से बोले :

''दयाशंकरजी, हमारे कुछ साथियों ने आपके प्रति जो अपशब्द कहे हैं, उसके लिए मैं आपसे

माफी चाहता हूँ। उन बातों का ख्याल न कीजिएगा। जो लोग आजादी के लिए लड़ रहे हैं, चाहे उनका विचार कुछ भी हो, हम उनका सम्मान करते हैं। हिंसा-अहिंसा के बारे में पहले भी अनेक सवाल उठाए गए हैं, बहसें हुई हैं, सम्बन्ध-विच्छेद हुए हैं। इसी सवाल को लेकर गांधीजी और सुभाष बाबू के मतभेद आप जानते ही हैं। चौरी-चौरा कांड के सम्बन्ध में नेहरूजी ने विरोध किया था। लेकिन यह समय इन बहसों को उठाने का नहीं हैं। हम लोगों से अनुरोध करते हैं कि वे कांग्रेस के नेतृत्व में पूर्ण आजादी प्राप्त करने की लड़ाई में अपना सहयोग दें। यह जनता की लड़ाई है, यह लड़ाई देश में उत्तर से दक्षिण और पूर्व से पश्चिम तक हर जगह लड़ी जानी है। देश में कोई भी ऐसी पार्टी नहीं है जो देश-भर में गाँव-गाँव फैली हो। क्रान्तिकारी आन्दोलन शुरू से इस देश में है, लेकिन आज तक वह इतना विकसित नहीं है कि हथियार के बल पर अपने से कहीं अधिक शक्तिशाली ब्रिटिश सरकार को देश से निकाल बाहर करे। कांग्रेस ने रचनात्मक कार्यों, असहयोग, सत्याग्रह आदि तरीकों से जनता में अपनी पैठ बनाई है, लोगों को तैयार किया है। इसलिए कांग्रेस के नेतृत्व में ही यह लड़ाई लड़ी जा सकती है और...''

सदाशयव्रत को अचानक खाँसी आई। वह कुछ देर तक खाँसते रहे और अन्त में कन्धे पर रखे अँगोछे से अपने हाथों और मुँह को पोंछते हुए बोले :

''यह बड़े देश की लड़ाई है, युद्ध है। जैसे युद्ध में एक कमांडर होता है, उसके मातहत एक पूरी सेना होती है और उस सेना में पूरा अनुशासन होता है, इसी तरह आजादी की लड़ाई में अनुशासन की जरूरत है। गांधीजी हमारे कमांडर हैं, सेनापति हैं, नेता हैं। देश की करोड़ों जनता उनको अपना नेता मानती है। जैसे कमांडर के हर आदेश का एक अनुशासित सेना पालन करती है जिससे उसकी जीत होती है। इसलिए गांधीजी और कांग्रेस के नेतृत्व में लड़ी जानेवाली लड़ाई में पूरा अनुशासन होना चाहिए। इस लड़ाई के कमांडर जो कुछ कहें उसका पालन होना चाहिए तभी हमारी जीत होगी। यह समझ लीजिए कि युद्ध में जैसे सशक्त, सक्षम और कुशल अग्रिम पंक्तियों की जरूरत होती है, उतना ही पिछली पंक्तियों का महत्त्व है। पिछली पंक्तियों की उपेक्षा नहीं होनी चाहिए। हमारी पिछली पंक्तियाँ हैं एक चौकन्ना पूरा देश। पिछली पंक्तियों के दुर्बल होने से लड़ाई व्यर्थ हो जाएगी। कांग्रेस के सक्रिय कार्यकर्ताओं तथा अन्य विचारों के राष्ट्रभक्त लोगों का यह कर्त्तव्य है कि ऐसे समय में छोटे-मोटे झगड़े भुलाकर पूर्ण शान्ति और साम्प्रदायिक सौहार्द स्थापित करने की कोशिश करें। जनता में इन विचारों का प्रचार करें। किसान, मजदूर, दलित, वंचित और हर सम्प्रदाय के लोगों से आत्मीय सम्बन्ध बनाएँ, आपसी एकता का महत्त्व उनको समझाएँ और अगली लड़ाई के लिए उनको तैयार करें। हाँ, आजादी के शत्रुओं से सावधान भी रहें। वे तरह-तरह की अफवाहें फैलाकर हमारी हिम्मत को तोड़ने की कोशिश करेंगे। और यथासम्भव अपनी गिरफ्तारी से बचें, अन्न और ईंधन बचाकर रखें ताकि संकट के समय कोई कष्ट न हो। खेत-खलिहानी मुस्तैदी से करें और एक-दूसरे की मदद भी करें। इस तरह कर्मठ सक्रिय कार्यकर्ताओं की अगली पंक्तियों तथा सम्पूर्ण जनता की पिछली पक्तियों में पूर्ण एकता व तालमेल कायम रखकर ब्रिटिश सत्ता से पूरा असहयोग करें, उनको इस देश में कमजोर और बेकाम कर दें। अब किसी को कुछ और कहना हो तो कह सकता है...''

वह चुप हो गए। आगे बैठे लोग मुँह पीछे मोड़कर उधर देखने लगे जहाँ दयाशंकर बैठा था, लेकिन सदाशयव्रत के वक्तव्य के बीच में ही वह पता नहीं कब चुपके-से उठकर वहाँ से चला गया था। सभा सफल कही जाएगी और श्रोताओं पर सदाशयव्रत की बातों का गहरा असर पड़ा था। जोश से उनकी गर्दनें अकड़कर टेढ़ी हो गई थीं और नाक फूल आई थी। बेल्थरा रोड से आए एक बुजुर्ग कांग्रेसी ने सभा के बीच में से उठकर कहा :

''सेनापतिजी के सुझावों का मैं अनुमोदन करता हूँ। उन्होंने पिछली पंक्तियों की इतनी सुन्दर

व्याख्या की है कि हर बात साफ हो जाती है। आजादी के दीवाने आगे बढ़कर मोर्चा जमाएँ, अपनी कुर्बानी दें, विजय-पर-विजय प्राप्त करें और पिछली पंक्तियों के लोग, राष्ट्रभक्त जनता सप्लाई लाइन दुरुस्त रखें। एक दीवाना शहीद हो तो उसकी जगह लेने के लिए चार नौजवान आगे बढ़ें। आजादी की हर हालत में जरूरत है, आजादी मिलने पर ही हम नए भारत का निर्माण कर सकेंगे। मैं तो कहूँगा कि आजादी के बाद भी यह लड़ाई जारी रहेगी क्योंकि आजादी मिलने पर भी वह निरर्थक सिद्ध होगी, अगर हम किसान-मजदूर और साधारण जनता के जीवन-स्तर को उन्नत करने के लिए कठिन परिश्रम न करें। आजादी के बाद जो सरकार बनेगी, वह भी भारत निर्माण का युद्ध अग्रिम पंक्तियों में लड़े और पिछली पंक्तियों के लोग यानी सम्पूर्ण जनता शान्ति, साम्प्रदायिक सौहार्द, एकता एवं परस्पर सहयोग के वातावरण में निर्माण कार्यों में पूरी मदद दे। आजादी के बाद लोगों को सावधान होना पड़ेगा कि स्वतन्त्र सरकार गलत हाथों में न पड़े, शोषक, विग्रही, देश-विरोधी और जन-विरोधी लोग उस पर हावी न हों..."

"इस सम्बन्ध में, मैं एक सवाल सदाशयव्रतजी से पूछना चाहता हूँ।"

एकदम पीछे बैठे एक नौजवान ने उठकर तेज आवाज में कहा। सभी उधर आँखें फाड़-फाड़कर देखने लगे। इसके बाद सभा में बैठे कुछ लोग तथा चारों ओर दरवाजों पर खड़े लम्बे कुर्तेवाले समाजवादी पार्टी के कुछ स्वयंसेवक नौजवान हँस पड़े।

"अच्छा तो कामरेड हैं !" एक स्वयंसेवक के मुख से भायँ-भायँ मोटी आवाज में यह टिप्पणी निकली।

सवाल गोपालराम ने ही पूछा था। उस दिन की चौकवाली उनकी सभा पर की गई ढेलेबाजी के परिणामस्वरूप उसके सिर में भी गम्भीर चोट पहुँची थी। पैर की चोट ठीक हो गई थी, मगर सिर में अब भी एक पट्टी बँधी थी।

"कामरेड, अभी सन्तोष नहीं हुआ...।" किसी ने व्यंग्य किया।

"रूस से कोई नया सन्देश आया है क्या, भाईजी ?" दबी-दबी-सी तीसरी आवाज आई।

सदाशयव्रत ने उठकर कहा, "मैं कई बार अपने साथियों को मना कर चुका हूँ कि इस तरह टोका-टाकी और आक्षेप न करें। अभी कुछ समय पहले गोपालरामजी हमारे साथ थे। अब उनका विचार बदल गया है और अब कम्युनिस्ट पार्टी के सक्रिय कार्यकर्ता बन गए हैं। कम्युनिस्ट लोग भी उतने ही देशभक्त हैं, जितने और लोग। मैं उनसे भी अनुरोध करूँगा कि वे भी इस लड़ाई में हमारे साथ आएँ। गोपालरामजी आप खुलकर अपने विचार प्रकट करें।"

गोपालराम धीमी आवाज में बोला, "धन्यवाद, सेनापतिजी ! हम लोगों पर कई तरह के आक्षेप किए जाते हैं, पर हम परवाह नहीं करते। हम कम्युनिस्ट हैं और सोवियत रूस की मजदूरों की सरकार के समर्थक हैं, यह कहने में हमें किसी का भय नहीं है। हमारी नीति है कि हिटलर, मुसोलिनी और तोजो आज जो लड़ाई लड़ रहे हैं, वह दुनिया पर अपनी तानाशाही ही स्थापित करने के लिए, गुलाम देशों को मुक्त करने के लिए नहीं। जापान तेजी से हमारे देश की ओर बढ़ रहा है। उसने स्वतन्त्र चीन के मंचूरिया तथा कुछ अन्य प्रदेशों पर और प्रशान्त सागर के अनेक देशों पर कब्जा कर लिया है, वहाँ की जनता पर जुल्म हो रहा है। फिर क्या सुभाष बाबू के साथ होने से जापानी हमारे देश पर अधिकार करने के बाद हमको आजादी दे देंगे ? सुभाष बाबू हिन्दुस्तान पर जापानी तानाशाही स्थापित करने में मदद नहीं दे रहे हैं ? इस समय आन्दोलन छेड़ना जापानियों की मदद करना होगा..."

"बन्द कीजिए अपनी यह बकवास...।" राजनाथ यादव ने, जो स्वयंसेवक के तौर पर दरवाजे के पास खड़ा था, उत्तेजना से लाल होकर चिल्ला पड़ा, "यह सब सुनने के लिए हम यहाँ नहीं इकट्ठे हुए हैं।"

''जो सुभाष बाबू को गद्दार कहे, वह स्वयं गद्दार है।'' कोई सभा के बीच में से तैश में बोला।

''सुभाष बाबू !'' राममूरत ने जो पीछे बैठा था, उठकर नारा लगाया।

''जिन्दाबाद !'' सभा का समवेत स्वर गूँज उठा।

सदाशयव्रत तेजी से उठकर बोले, ''अरे भाई, आप लोग शोर क्यों कर रहे हैं ? हम जानते हैं कि सुभाष बाबू की आलोचना इस देश में कोई नहीं सुनेगा। फिर भी इस अवसर पर उत्तेजना से बचना चाहिए। गोपालरामजी, यह सब तर्क हम पहले भी सुन चुके हैं। रोज ही आप लोग अपने भाषणों, वक्तव्यों और अखबारों में यह कहते रहते हैं। सुभाष बाबू के विचार से मतभेद होने पर भी हम यह मानने को तैयार नहीं हैं कि वह हिन्दुस्तान को जापानियों का गुलाम बनाने के लिए यहाँ आ रहे हैं। हिन्दुस्तान की आजादी की लड़ाई के वह भी हमारे एक बड़े नेता हैं। उनका जैसा बहादुर कोई क्या होगा ? वह उच्चकोटि के राजनीतिज्ञ और कूटनीतिज्ञ हैं। हिन्दुस्तान की आजादी के लिए ही वह कफन बाँधकर निकले हैं ताकि युद्ध की परिस्थितियों से लाभ उठाया जाए। एक तो वह जापानियों से आश्वासन पाकर ही उनका साथ दे रहे हैं। और मान लीजिए कि जापानी कोई शरारत करते हैं तो वह स्वयं जापानियों से लड़ेंगे। अपना सबकुछ कुर्बान कर देंगे और अगर एक क्षण के लिए हम मान लें कि आपकी ही बात सही है तो हम कह देना चाहते हैं कि उस हालत में हम जापानियों से तो लड़ेंगे ही, सुभाष बाबू से और उनकी सेना से भी लड़ेंगे...।''

''अहिंसात्मक सत्याग्रह से ?'' गोपालराम का तीखा प्रश्न गूँज उठा।

''हाँ, अहिंसात्मक सत्याग्रह और पूरे असहयोग और बायकाट से।'' सदाशयव्रत ने दृढ़ स्वर में कहा, ''जो कोई भी आजादी के रास्ते में आएगा, हम उसका अपने तरीकों से विरोध करेंगे। आप लोग आएँगे तो आप लोगों का भी विरोध होगा। हम खुद चाहते हैं कि सोवियत रूस जीते, जनतन्त्र की विजय हो और सोवियत रूस में सचमुच मजदूरों की सरकार है तो वह हार भी नहीं सकती। लेकिन ब्रिटिश साम्राज्यवाद पर हम कभी भी विश्वास नहीं करेंगे। उनकी ओर से कई बार वायदा करके धोखा दिया जा चुका है। हमारे असहयोग से वह थोड़े ही हार रहे हैं ? उनका शासन अन्यायी, भ्रष्ट और कमजोर हो चुका है। वे लड़ थोड़े ही रहे हैं, जापानियों के आने पर वे देश खाली करके पीछे भाग जाते हैं कायर की तरह। हिन्दुस्तानियों का सहयोग प्राप्त करने के लिए वे अभी से हिन्दुस्तान की पूर्ण आजादी का ऐलान क्यों नहीं कर देते ? अंग्रेज हों या जापानी, उनकी गुलामी अब एक क्षण के लिए बरदाश्त करने को हम तैयार नहीं। अंग्रेजों का तो विरोध करने हम जा ही रहे हैं, अगर जापानी आएँ तो उनको एक पग भी अपनी जमीन पर आगे नहीं बढ़ने देंगे। पैंतीस-चालीस करोड़ हिन्दुस्तानियों की मजबूत चट्टान को वह लाँघ नहीं पाएँगे...''

''यह हवाई कल्पना है...'' गोपालराम ने वैसे ही धीमे स्वर में कहा।

इस पर बड़ा शोर मचा। कम्युनिस्टों के खिलाफ नारे लगने लगे। सभा में बहुत-से लोग उठ खड़े हुए और हवा में हाथ भाँज-भाँजकर क्रोध में अपनी बातें कहने लगे जो आपस में टकराकर अर्थहीन चिल्लाहट में फैल गई। इसके साथ एक नारा यह भी उठा 'गोपालराम, वापस जाओ, गोपालराम वापस जाओ।'

सदाशयव्रत भी तैश में आ गए थे। फिर भी उन्होंने अपने साथियों को शान्त रहने का सुझाव दिया और आत्म-नियन्त्रण के साथ कहा :

''यह हवाई कल्पना नहीं है। इस तरह की बात कहना हिन्दुस्तान की जनता का अपमान है। जब देश की जनता अपनी आजादी के लिए जीवन-मरण का संघर्ष कर रही है, आप यहाँ सोवियत रूस के लिए संघर्ष कर रहे हैं। आपके हल्ला न करने से सोवियत रूस हार नहीं जाएगा और हल्ला करने से जीत भी नहीं सकता। वह तो अपनी जनता की एकता और जुझारूपन से जीतेगा। अपनी जनता और सेना की मजबूती से विजय प्राप्त करेगा। आप लड़के हैं, लेकिन देश को भी तो समझिए।

"आप क्या कर रहे हैं, कभी सोचा है आपने ? इसके नतीजे क्या होंगे, कभी सोचा है आपने ? आप मुट्ठी-भर हैं और अपनी नीतियों की वजह से और खखरा हो गए हैं। आज आपकी कोई मीटिंग सफल नहीं हो पाती। क्यों ? ऊपर से आत्मनिर्णय के अधिकार का समर्थक होने के नाम पर आप मुस्लिम लीग की पाकिस्तान की माँग का समर्थन कर रहे हैं। अभी हाल में, इसी शहर में, मुस्लिम लीग के जुलूस में आपकी पार्टी शामिल थी। मुस्लिम लीग के झंडे के साथ आपकी पार्टी का झंडा लहरा रहा था। अंग्रेजों, मुस्लिम लीग और आपके सहयोग से देश का बँटवारा हो जाएगा तो आपको क्या मिलेगा ? आपकी पार्टी को भी भारी नुकसान होगा। इसी तरह दूसरे लोग हैं। कोई 'हिन्दू-हिन्दू' चिल्लाता है, कोई 'सिख-सिख', कोई 'ईसाई-ईसाई'। इसी तरह अन्य लोग अपनी-अपनी जातियों का नाम लेकर चिल्लाते हैं। जब लोग इसी तरह अलग-अलग चिल्लाएँगे तो 'हिन्दुस्तानी' कौन है ? आज तो 'हिन्दुस्तानियत' की जरूरत है..."

"सदाशयव्रतजी, किसी का अपमान करने का मेरा इरादा नहीं है। किसी की भावना को चोट पहुँची हो तो मुझे खेद है। मैंने तो कुछ सवालों का उत्तर चाहा था। आप भी जानते हैं कि हिन्दुस्तान की समस्याओं की बहस बहुत लम्बी है और चीजें खाली बहस से नहीं तय हो पाएँगी। सचमुच मैं बालक हूँ, मुझे बहुत कुछ सीखना है, लेकिन यह मैं कह सकता हूँ कि इस देश में जो समाज-व्यवस्था है, जो गरीबी और शोषण है जिसका अभिशाप मैं खुद पल-पल भुगत रहा हूँ, उसी वजह से मैं साम्यवाद का समर्थक हूँ। इस उम्मीद में कि साम्यवाद हमारे देश में हर प्रकार के शोषण को समाप्त कर देगा। सोवियत रूस में एक नया प्रयोग किया जा रहा है, मैं चाहता हूँ कि यह प्रयोग सफल हो, इस तरह का प्रयोग दुनिया के अन्य देशों में भी हो...।"

गोपालराम ने शान्त स्वर में अपनी बात कही थी। जब वह बैठ गया तो कुछ देर के लिए सन्नाटा छा गया। जब सभा में किसी ने दोनों हाथ उठाकर जमुहाई ली, सदाशयव्रत धीरे से उठकर खड़े हो गए। उन्होंने मुस्कुराते हुए चारों ओर देखा, फिर गला खखारकर कहा :

"यह बहस यहीं समाप्त होती है। आपको जो रास्ता पसन्द हो, उसी पर चलिए। आप इसके लिए स्वतन्त्र हैं। हम अपने रास्ते पर चलेंगे। सम्पूर्ण देश की जनता की एकता और आजादी का रास्ता। आगे किसी भी बड़े परिवर्तन के लिए हमारी राष्ट्रीय आजादी जरूरी है। हमारे देश की गुलामी, उसका जातियों और धार्मिक समुदायों में विखंडन बड़ा ही खतरनाक है। साम्राज्यवादी भी यही चाहते हैं। जनता के बीच आपसी सौहार्द, उनका एका ही हमारी मजबूती है, हमारा उत्साह है, वही हमारी आजादी और सामाजिक परिवर्तन की गारंटी है। इसीलिए कांग्रेस के साधारण-से-साधारण कर्ता का सबसे बड़ा कर्त्तव्य है कि वह जनता के सम्पर्क में रहे, दुःख-सुख में उनकी मदद करे, उनके बीच आपसी सद्भावना और एकजुटता कायम करने की जी-तोड़ कोशिश करे। साम्यवादी भी इस देश में उसी समय सफल हो सकते हैं, जब वे अपने देश को समझें और अपने उद्देश्यों की सफलता के लिए समूचे देश को एकजुट कर लें। दुनिया के हर देश की अपनी परिस्थितियाँ हैं, समस्याएँ हैं, दूसरे देशों का आँख मूँदकर अनुकरण करने से हम अपनी परिस्थितियों पर विजय नहीं प्राप्त कर सकते। साम्यवाद कोई ऐसा साँचा नहीं है कि उसमें आसानी से दूसरे देश की जनता को कस दिया जाए। बहरहाल, आपका विचार आपको मुबारक। हमको अपना काम करने दीजिए...

"अन्त में, मैं यह कहना चाहता हूँ कि जापानी अगर हमको गुलाम बनाने आएँगे तो हम, चाहे उनके साथ सुभाष बाबू भी क्यों न हों, उनका डटकर मुकाबला करेंगे। एक-एक हिन्दुस्तानी खड़ा हो जाएगा। एक की गर्दन कटेगी तो दूसरा आगे बढ़ जाएगा। दूसरा गिरेगा तो तीसरा बढ़ेगा। इस तरह आसाम से काश्मीर तक और काश्मीर से कन्याकुमारी तक भले ही एक-एक हिन्दुस्तानी की लाशें बिछ जाएँ, लेकिन हम तोजो, हिटलर, मुसोलिनी किसी को भी इस देश की एक नोक भी जमीन

नहीं देंगे।

"इसके साथ, यह भी समझ लीजिए। हम अहिंसा के समर्थक जरूर हैं, लेकिन कायर और पलायनवादी नहीं हैं। हम अहिंसा को कायरता, मजबूरी, भगोड़ेपन, पराजित स्वप्नदर्शिता, निरर्थक ढोंग, पाखंड और निरर्थक संतई का रूप ग्रहण नहीं करने देंगे। वैसी हालत में हम हथियार उठा लेंगे जो भी मिले, चाहे वह पत्थर ही क्यों न हो, मुक्का ही क्यों न हो। हमारे देश की धूल-धूल पर आजादी की लड़ाई लड़ी जाएगी। यह कोई शेखी नहीं है। वास्तव में देश की आजादी, जनता की मुक्ति की लड़ाई अथवा कोई अन्य युद्ध भी पहले मन में जीता जाता है। आस्था, आत्मविश्वास, आपसी एकता, उमंग, उत्साह, अपने उद्देश्य की पवित्रता के प्रति अटूट लगाव ही हमको बड़ी-से-बड़ी कुर्बानी देने के लिए तैयार करता है। इनके बाद ही अन्य तैयारियाँ हैं। ठीक है, जापानी आएँ, कोई भी आततायी आवे, गांधीजी के नेतृत्व में लड़ाई जारी रहेगी। और हम दुश्मन को अन्त में इस देश से भगाकर रहेंगे।"

जब सभा खत्म हुई तो शाम हो गई थी। सभी पसीने से बेहाल थे। लम्बी बैठकी से थकान के चिह्न भी परिलक्षित हो रहे थे, फिर भी, ऐसी हालत में उनके मुख पर जोश, उल्लास, आशा और दृढ़ता के भाव उनके व्यक्तित्व को अभूतपूर्व आभा और गरिमा प्रदान कर रहे थे। वे उठ खड़े हुए और बोलते-बतियाते, हँसते, टिप्पणियाँ उछालते विभिन्न दरवाजों से निकल पड़े जैसे किसी सरिता का साफ जल रास्ता पाकर कल-कल तथा अनेक स्वरों-ध्वनियों में प्रवाहित होने लगा हो।

21

नम्रता की माँ इन दिनों अपनी बेटी को लेकर अत्यधिक चिन्तित रहने लगी है। एक तो बढ़ती उम्र, दूसरी चिन्ता यह कि जब देखो, उसका चेहरा किसी सोच, तकलीफ में लटका रहता है। जवान लड़की का, बढ़ती उमंगों की उम्र में इस तरह दुःखी रहना अच्छा थोड़े ही होता है। किस चीज की कमी है उसे ! इकलौती लड़की को मुँह खोलने की देर है, उसके पिता शीघ्र ही उसकी मनपसन्द चीजें ला सकते हैं। 'एक ही तो है हमारी आँखों की लकड़ी, हम तो अब उसी की खुशी के लिए जिन्दा हैं,' वह होंठों में बुदबुदाती और उसकी आँखें भर आतीं।

जब उसकी नींद खुली तो दिन के पौने तीन बजे थे। उसने जमुहाई के साथ हाथ उठाकर अँगड़ाई ली, गुसलखाने में जाकर हाथ-मुँह धोया, फिर रसोईघर में प्रवेश कर भेली का एक टुकड़ा खाकर एक गिलास पानी पिया। तत्पश्चात अपने कमरे में पुनः जाकर बाल झाड़ने और चोटी सँवारने-गूथने लगी।

नम्रता आँगन की दूसरी ओर अपने एकान्त कमरे में सोई है और बालक नौकर बरामदे के बाहरी निकास-द्वार के पास पक्की फर्श पर छितरा पड़ा खर्राटे भर रहा है। गर्मी की दोपहर वस्तुतः आधी रात की तरह होती है, जब घर में सभी अलसाकर सो जाते हैं और चारों ओर सन्नाटा छा जाता है धूल-धक्कड़-भरी हू-हू लू के सिवाय। और ठीक साढ़े तीन-चार बजे के आसपास 'जगहट' शुरू हो जाती है, बाहर से इक्का-दुक्का आवाजें आनी शुरू हो जाती हैं, कौए आँगन में अलगनी पर बैठकर उचरने और चिड़िया फुदकने लगती हैं। बाहर शर्बत और बर्फ-मलाई वाले नरेटी की नस फुलाकर बोलने लगते हैं।

उसकी इच्छा हुई कि नम्रता को जगा दे लेकिन कुछ सोचकर रुक गई। शायद सचमुच उसे नींद आ गई हो। पहले नम्रता दिन में सोती नहीं थी, बल्कि कुर्सी पर बैठकर कुछ पढ़ती-लिखती

रहती थी। लेकिन इधर वह दिन में भी खाने के बाद लम्बी तान लेती है। रात में हो या दिन में, उसके कमरे के पास जाने से भी उसे अब दहशत-भरी परेशानी होती है, क्योंकि जब-जब वह गई है, उसने नम्रता को करवट बदलते देखा है अथवा बैठकर खाँसते हुए। क्या उसे नींद नहीं आती ? आखिर क्यों ?

जब वह चोटी गूथ चुकी तो उसे अपने दिन याद आने लगे। बारह वर्ष की उम्र हुई तो उसकी शादी हुई, जब वह इतनी लम्बी हो चुकी थी कि 'हथिनी' और 'घोड़ी' कहकर उस पर डाँट-फटकार पड़ती रहती थी। वह कुछ भी नहीं जानती थी और न कोई शऊर ही सीखा था उसने। दो वर्ष बाद उसका गौना रखा गया। ये दोनों वर्ष कैसे मजे के थे। वह खूब खेली, खूब कूदी। हबककर खाया, पसरकर सोया। जब वह हँसना शुरू करती तो हँसती रह जाती। बार-बार समझाने पर भी वह हुड्ड सहेलियों के साथ बारी-बगीचे निकल जाती ओल्हा-पाती और चिक्का-कबड्डी खेलने। झूला मई-जून से शुरू होकर सावन-भादों और कभी-कभी क्वार तक जारी रहता। उसकी सहेलियाँ इकट्ठी हो जातीं और घर-आँगन में धमा चौकड़ी शुरू हो जाती, जैसे खेतों में नीलगायों का उत्पात। लम्बे-चौड़े आँगन के बरामदे की मजबूत धरन से अगल-बगल दो झूलों की रस्सियाँ लटका दी जातीं और प्रत्येक झूले को फैलाकर उस पर एक-एक पीढ़ा रख दिया जाता, जिन पर धमधूसर दो और दुबली-पतली हुईं तो तीन सहेलियाँ बैठकर अपनी चमकती टाँगों से पेंग मार-मारकर आकाश छूने की कोशिश करने लगतीं। एक झूला पूरब जाता तो दूसरा पश्चिम, और दोनों झूले जब एक-दूसरे के सामने आते तो उन पर बैठी सवारियाँ एक-दूसरे को हाथ हिलाकर और चीख-चिल्लाकर चुनौतियाँ फेंकने लगतीं।

अकस्मात उसका हृदय 'धक' कर गया। उम्र बढ़ती रही और उसका अनजान खेल-कूद चलता रहा। वह जान ही नहीं पाई कि उसके शरीर में कब से बदलाव आने लगा और भावनाएँ रंगीन होने लगीं। न मालूम कैसे-कैसे विचार आते। मन कहाँ दौड़ जाएगा, निश्चित नहीं था। आकाश, चिड़िया, पेड़-पौधे, फूल, तारे, चाँद—सभी खूबसूरत लगते। खूबसूरत चेहरेवाले युवक और युवतियों की आँखों में वह एकटक देखती रह जाती। बचपन के अनेक साथी लड़के बड़े होकर गम्भीर और शर्मीले बन गए थे। उनकी आँखों में सपने थे, शरारत थी, संकेत थे। होंठों में आत्मविश्वास-भरी मुस्कुराहट। कई हल्की-फुल्की छेड़खानी करते थे और वह उनसे खूब झगड़ती थी। कुछ इतने अच्छे लगते थे कि वह कोई बहाना करके उनसे बातचीत करती। लल्लन बड़ा तेज था पढ़ने में। लम्बा था, खूबसूरत भी। फिर तो वह रोज ही उसके बारे में सोचने लगी। वह उसका आदर्श हो गया। उसकी हर चीज अच्छी लगने लगी। चाल, गम्भीर आवाज, स्वच्छ आकाश की तरह आँखों का फैलाव।

और अचानक सब खेल-कूद खत्म हो गया। उसका गौना हो गया और डरी-डरी ससुराल चली गई। अपने उद्गम स्थान पर पतली धार वाली टेढ़ी-मेढ़ी उछलती-कूदती, छिपती-उमगती सरिता ने एक लीक पकड़ ली, जो गहरी और चौड़ी होती गई दो तटों की बाँहों की सुरक्षा के बीच आबद्ध होकर भी गतिमान। एक लड़की के खेल-कूद के दिन कितनी जल्दी छिन जाते हैं। शादी के बाद तो एक अस्वाभाविक गम्भीरता ओढ़ने की मजबूरी आ जाती है। क्या-क्या झेलना पड़ता है ! स्वाधीनता खत्म हो जाती है। यह सब सोचकर उसे नम्रता से बड़ी सहानुभूति हुई। वह चाहती थी कि नम्रता जब तक मायके रहे, खूब खुश रहे, घूमे-फिरे, बोले-बतियाए, गाए-गुनगुनाए, उछले-कूदे, खाए-पीए—ससुराल में यह सब कहाँ मिलेगा !

उसे अपने पति पर गुस्सा आ गया। नीलेश की उससे शादी करने की इच्छा प्रकट करने पर वह सीतानाथ पर इतना क्यों बिगड़ गए ? इच्छा प्रकट करने से क्या शादी हो जाएगी ? लेकिन इससे नम्रता का दिल छोटा हो गया, वह जानती है। नीलेश उसके बचपन का साथी है। दोनों

एक-दूसरे को पसन्द करते हैं। दोनों साथ-साथ खेले हैं, लड़े हैं, झगड़े हैं। नीलेश के गम्भीर विचारों को वह पसन्द करती है। दोनों अब भी एक-दूसरे को देखकर खुश होते हैं, आपस में बोलते-बतियाते हैं—इसमें क्या बुराई है। क्या स्त्री पत्थर की होती है, उसका दिल पत्थर का होता है, उसकी इच्छाएँ पत्थर की होती हैं ? सभी संगी-साथी चाहते हैं, फिर स्त्री क्यों नहीं चाहे ? ससुराल में तो हर बात में टोका-टाकी, पाबन्दी ! आखिर नीलेश क्यों नहीं आता है उसके घर ? और स्वयं नम्रता। उसके घर क्यों नहीं जाती ? क्यों वे एक-दूसरे से झगड़ते हैं ? नीलेश तो दिखाई ही नहीं देता। सदा घर से बाहर ही रहता है। इसलिए कि उसकी शादी तय हो गई है ? और इसी से क्या नम्रता दुःखी रहती है ? इतना सब सोचकर वह रोने लगी अपने आँचल को आँखों पर रखकर।

उसने आँखें पोंछ लीं—और तभी एक और ख्याल उसके दिमाग में उठा कि अगर नम्रता की शादी नीलेश से हो भी जाए तो कौन आफत आ जाएगी ? इतना सोचते ही उसने दहशत में आकर कलेजे पर हाथ रख लिया। यह कैसे सम्भव है ? उसके पति तो यह सोच भी नहीं सकते। वह लड़की का गला काट देंगे ! खून की नदियाँ बह जाएँगी। वह स्वयं ही यह सब नहीं होने देगी। इससे क्या इज्जत-आबरू धूल में नहीं मिल जाएगी ? वह नम्रता की सुरक्षा के लिए व्याकुल हो उठी। सचमुच नम्रता के दिल में क्या है ? आज तक उसने यह सब जानने की कोशिश नहीं की। कैसी माँ है वह ! कैसी माँ है वह !

वह उठ खड़ी हुई। आँगन में निकलकर हल्के उठंगाए हुए दरवाजे के पल्लों को ठेलकर उसने नम्रता के कमरे में प्रवेश किया जो अपने दाहिने हाथ को आँखों के ठीक ऊपर ललाट पर रखकर चित सो रही थी। बायाँ हाथ उसका बिस्तरे पर पड़ा था। कुछ क्षण कमरे के मध्य में खड़ी होकर वह देखने लगी कि यदि नम्रता जागी होती तो कमरे में कोई आहट और अधिक उजाला होने पर जाग जाएगी ! लेकिन लड़की पर कोई प्रभाव नहीं पड़ा, उसने कोई हरकत नहीं की और पहले की तरह चुप पड़ी रही। वह आगे बढ़कर नम्रता की बाईं तरफ बैठ गई और धीरे-से उसकी बाईं बाँह पर अपना हाथ रख दिया।

नम्रता की आँखें फौरन खुल गईं। उसने सिर मोड़कर अपनी माँ की तरफ देखा। उसकी स्वच्छ और गुलाबी डोरों वाली बड़ी-बड़ी आँखों ने तिरछे उलटकर माथे को घेर लिया, जिनमें नींद की खुमारी नहीं थी—वे तो प्रथम प्रयास में ही पूरी-की-पूरी खुल गई थीं। सूखी-सूखी आँखें—विचारों से शून्य, नींदविहीन, भावहीन खोखली आँखें।

"बेटी, कचहरी से आने का समय हो गया है।" उसकी माँ ने प्यार से कहा।

नम्रता उठ बैठी। उसकी माँ बगल में रखा ताड़ का पंखा डुलाने लगी। नम्रता के माथे पर पसीने की बूँदें थीं। उसका ब्लाउज भींग गया था। उसने आँचल से अपने माथे का पसीना पोंछा और माँ के हाथ से पंखा लेकर स्वयं अपने और माँ पर भी जोर-जोर से झलने लगी।

"नींद आती है न ?"

इस अप्रत्याशित, अटपटे प्रश्न से नम्रता चौंक पड़ी। उसने तेज, तिरछी दृष्टि से अपनी माँ की तरफ देखकर कहा, "क्या मतलब ?"

"मैं जब तुम्हारे कमरे की तरफ आती हूँ तो तुम करवट बदलती रहती हो या खाँसती रहती हो !"

"क्या मैं कोई पत्थर की शिला हूँ ? अहल्या हूँ कि हिल-डोल या खाँस नहीं सकती ?"

"नाराज न हो, मेरे कहने का मतलब यह थोड़े है...।"

"बात ही तुम ऐसी कर रही हो, अम्मा ! ऐसा लगता है, तुम रात-दिन मेरी जासूसी करती रहती हो !"

"नम्रता, तुम कैसी बोली बोल रही हो। मैं तुम्हारी जासूसी क्यों करूँगी ? मैं तो चाहती हूँ कि

तुम खूब खाओ-पीओ, हँसो, बतियाओ। पहले तो तुम ऐसी नहीं थी। इस तरह चुपचाप कुछ सोचते मैंने तुम्हें पहले कभी नहीं देखा। या तो सोती रहती हो, नहीं तो सोचती रहती हो। मैं तुम्हारी माँ हूँ, तुम्हारी कोई चीज मुझसे छिपी नहीं रह सकती। और कोई बात हो तो उसे जानने का मुझे हक है। तुम्हारे शरीर में कोई तकलीफ हो या मन में कोई बात हो तो साफ-साफ क्यों नहीं बताती, मैं उस तकलीफ को दूर करने की पूरी कोशिश करूँगी। किसी ने कुछ कहा हो... ।''

नम्रता ने इसका कोई उत्तर नहीं दिया। वह सिर झुकाए चुपचाप शान्त बैठी रही। वह अपनी भावनाओं को नियन्त्रित कर चुकी थी या कर रही थी, इसके सम्बन्ध में निश्चित कुछ नहीं कहा जा सकता, लेकिन उसके चेहरे पर अब कुछ क्षण पहले की तल्खी और गुस्से की सिकुड़न लगभग गायब हो चुकी थी।

कुछ देर बाद सिर घुमाकर और होंठों में ही किंचित मुस्कुराकर नम्रता ने देखा, लेकिन उसकी माँ तो आँखों से आँसू चुआ रही थी। उसने अपनी माँ की ओर झुककर उसे अंकवार में लेते हुए पश्चात्ताप के स्वर में कहा :

''अरे, यह क्या अम्मा ! मुझे माफ करो, मुझे ऐसी जबान नहीं बोलनी चाहिए। पता नहीं क्यों गुस्सा आ गया। तुम मुझे इतना प्यार न करो, अम्मा ! प्यार में तुम इतना झुक जाती हो कि मैं जिद्द और घमंड से भर जाती हूँ, जैसे मुझे यह सब पाने का हक हो और बदले में तुम्हारी भावनाओं को समझने और कुछ देने का मेरा कर्त्तव्य नहीं। तुम कोई चिन्ता न करो, अम्मा, मैं ठीक हूँ। मैं अब बच्ची नहीं, अपना भला-बुरा समझती हूँ, मैं वह कुछ भी नहीं करूँगी, जो मेरी गरिमा के विपरीत हो। मैं अब प्रसन्न रहूँगी, मेरे शरीर को कुछ नहीं हुआ है। मुझे कोई भी तकलीफ हुई तो तुम्हें जरूर बताऊँगी... ।''

ऐसे अप्रत्याशित शब्द अपनी बेटी के मुँह से सुनकर माँ अपने को रोक नहीं सकी और अपनी बच्ची की बाँहों में स्वयं बच्ची की तरह अहक-अहक कर रोने लगी। एक स्त्री रोए और उसके पास बैठी दूसरी स्त्री न रोए यह सम्भव नहीं होता। नम्रता भी अपने को सँभाल नहीं सकी और आँसू-भरी अपनी आँखों को आँचल से पोंछने लगी।

माँ-बेटी जब रो चुकीं तो नम्रता ने चारपाई से नीचे उतरकर उत्साहपूर्वक कहा, ''अम्मा, आज बाबूजी का नाश्ता मैं बनाऊँगी। मैं बहुत आलसी बन गई हूँ... ।''

वकील-मुख्तारों के घरों में शाम का वक्त विशेष उत्साह का होता है, जब कचहरी से आगमन के समय सभी परिवारजन एक जगह इकट्ठे होकर नए उत्साह से बातचीत करते हैं। चार बज चुके थे। नौकर भी उठ चुका था। सभी के हाथ-पैर तेजी से चलने लगे। लू का अन्धड़ थम चुका था, लेकिन उसकी वजह से हर जगह धूल—बाहर और अन्दर—जम गई थी। माँ को रसोईघर में भेजकर नम्रता स्वयं भी साड़ी के आँचल को कमर में लपेटकर धोने-पोंछने में लग गई। बड़े गंगाल में पानी भरा था। लेकिन बाल्टियाँ और गगरे खाली थे। नौकर कुएँ से पानी लाने में जुट गया, तब तक नम्रता ने पानी निकाल-निकालकर भीतर का बरामदा और बड़ा आँगन धो-धोकर झाड़ू से चमाचम साफ कर दिया। नौकर ने पानी लाने के बाद बाहर का बरामदा धोया। फिर दोनों ने मिलकर कमरों में झाड़ू-पोंछा किया और अन्त में पानी डाल-डालकर गुसलखाना और ऊपर छत की सफाई-दफाई की। माँ रसोईघर से मुँह निकाल-निकालकर मुग्ध और प्रसन्न भाव से अपनी बेटी को देख लेती और जब काम खत्म हुआ तो उसकी आँखें भर आईं और वह मन-ही-मन बुदबुदाई, 'बेटा से कम क्या है मेरी रानी बेटी।'

कुछ दिनों बाद गोबर्धन का नौकर गणेश, महाराजलक्ष्मी (कनिया) की एक चिट्ठी दे गया जिसमें लिखा था :

प्रिय नम्रता,

तुमको शायद न मालूम हो कि मेरी शादी हो गई है। तुम अचम्भा करोगी, लेकिन इधर मुझे तुम्हारी याद अक्सर आ जाती है। पुरानी प्रतिद्वन्द्विता और नाराजी भूलकर तुम एक दिन कुछ देर के लिए आ नहीं सकती दोपहर में ? मेरे साथ भोजन करना और शाम को चली जाना, मैं पहुँचवा दूँगी। यहाँ सभी मुझे कनिया कहते हैं। यह नया नाम मेरे सास-ससुर ने रखा था, लेकिन अब यही नाम चल निकला है। मैं आजकल अकेली हूँ, सिर्फ सास-ससुर हैं, हमारे 'ये' कारोबार के सिलसिले में आसाम गए हुए हैं। गणेश काका से सबकुछ पूछ लेना, जो पूछना चाहो। आओगी न प्यारी बहन ?

तुम्हारी,
महाराजलक्ष्मी

प्रतिद्वन्द्वी सहपाठिनी का पत्र पाकर नम्रता को बुरा नहीं लगा। कोई संशय भी नहीं हुआ कि वह किसी बात में नीचा दिखाने के लिए बुला रही है। प्रतिद्वन्द्विता तो समान क्षेत्र में होती है, पर अब तो महाराजलक्ष्मी का क्षेत्र बदल गया है, वह विवाहित होकर पति और ससुराल के क्षेत्र में चली गई है, जहाँ उससे प्रतिद्वन्द्विता का फिलहाल सवाल ही नहीं उठता। लेकिन उत्सुकता और जिज्ञासा से अवश्य भर उठी वह। विवाहित होने के बाद कैसा परिवर्तन हुआ है उसमें कि वह उसको याद कर रही है !

उसने चिट्ठी अपनी माँ को दिखाई। माँ ने पूछा, ''जाना चाहती हो ? कैसी लड़की है ?''

''लड़की तो अच्छी है। पढ़ने में तेज है, लेकिन जलती थी मुझसे।''

''क्यों ?''

''पढ़ाई-लिखाई में कोशिश करने पर भी मुझसे आगे नहीं बढ़ सकी, इसलिए।''

''जाना चाहती हो ? चाहती हो तो जाओ। कैसे लोग हैं ससुराल वाले ?''

''ठीक ही होंगे। सेठ बेचूराम गुप्त के पुत्र सेठ गोबर्धन गुप्त से उसकी शादी हुई है...उसने चिट्ठी में कुछ नहीं लिखा है मगर मैंने उसके नौकर गणेश से पूछ लिया है...गोबर्धन गुप्त आजकल आसाम गए हुए हैं, वह इन लोगों के दोस्त भी हैं...'' नम्रता ने बाहर की तरफ अंगुली से इशारा किया।

''किनके ? नीलेश के या...''

नम्रता बीच में ही बोल उठी, ''हाँ...''

''जाओ। चाहो तो साथ में वीरेश या सुरेश को ले लो...''

''नहीं। मैं उसके गणेश काका के साथ चली जाऊँगी। चाहो तो इसको भी साथ में कर दो। घर भी देख लेगा...''

नम्रता ने अपने नौकर की तरफ संकेत किया था। उसे अनुमति मिल गई। जिस दिन वह गई, तेज पुरुवाई चल रही थी और आकाश में हल्के बादल दौड़ रहे थे। नम्रता सेठ बेचूराम के गोले के अहाते में फर्श पर गिरे बोरों और खड़ी बैलगाड़ियों के बीच से गुजरती और खाद्यान्न तथा मसाले की अनोखी मिश्रित गन्ध को नाक में भरती हुई लगातार खाँस-खाँसकर ऊपर बैठकखाने में पहुँच गई। वह महाराजलक्ष्मी यानी कनिया का अपना शयनकक्ष था।

महाराजलक्ष्मी बहुत सादे ढंग से उससे मिली। उसने कंगन आदि भारी गहने उतार दिए थे। कान में हल्की कनफुल्ली लटक रही थी। नाक में कील और हाथों में लाख के कड़े और चूड़ियाँ तथा नगवाली अँगूठी। साड़ी भी बनारसी या बहुत महँगी, कामदार नहीं थी। नीली-पीली जमीन पर लाल चौड़ा बार्डर था, जिसमें वह खूब आकर्षक दिखाई दे रही थी।

नम्रता अपनी सहेली को अचम्भे से निहारती रह गई। इस बीच कितना परिवर्तन हो गया है। मुख की कुँवारी, सुनहरी, सूक्ष्म आभा गायब होकर नूतन, स्थूल, गाढ़ी लाली में घुल-मिल गई है। चेहरा भर गया है और कनपटियों के नीचे की हल्की, उभरी हड्डियों का कहीं पता ही नहीं। वह कुँवारी लड़की नहीं बल्कि पूरी स्त्री नजर आ रही है देह-धजा से। निश्चय ही वह पहले से अधिक आकर्षक दिख रही थी। उसके पहनावे में स्कूली दिनों के संयम और प्रतिबन्ध का वह अनुशासन नहीं है बल्कि निश्चिन्त लापरवाही दृष्टिगोचर हो रही है। उसकी आँखों में अधिक चमक, अधिक खुशी, साहस और विश्वास था। सबसे आश्यर्य की यह बात है कि वह उसे बेहद नरमाई और प्यार से देख रही थी।

नम्रता को यह सब बहुत अच्छा लगा। वह अब कहाँ प्रतिद्वन्द्वी है ? महाराजलक्ष्मी अब अधिक अनुभवी स्त्री बनकर उससे बड़ी बन गई है। मान्य और आदरणीय ? वह अपने को बहुत छोटी और बच्ची महसूस करने लगी उसके सामने। महाराजलक्ष्मी उससे हर तरह की बात कर सकती है, वह उसे सिखा सकती है, उपदेश दे सकती है, लेकिन स्वयं वह बदले में उससे सिर्फ स्कूली अनुभव या अपने माता-पिता अथवा रिश्तेदार औरतों की तारीफ जैसी बातें ही कर सकती है।

महाराजलक्ष्मी ने आगे बढ़कर उसको अँकवार में लेकर छाती से चिपका लिया। इसी के साथ वह बिलखते हुए बोली, ''मुझे माफ करो नम्रता। मैं कृतज्ञ हूँ कि तुमने मेरे अनुरोध को ठुकराया नहीं। मैं कितनी अकेली हो गई हूँ नम्रता !''

नम्रता की भी आँखें नम हो गईं। उसने अपने को नियन्त्रित करते हुए कहा, ''अकेली क्यों, भाई ? इतना अच्छा परिवार है...''

''हाँ नम्रता, सबकुछ ठीक है, लेकिन मैं अपने बचपन से, अपने माँ-बाप से, अपनी सखी-सहेलियों से कितनी दूर हो गई हूँ ! नम्रता, आज वे सभी मुझे याद आ रहे हैं, जिनके साथ मैंने कभी रूखाई या कोई और दुर्व्यवहार किया था। नीलेशजी इनके घनिष्ठ मित्र हैं। बड़े समझदार और संवेदनशील हैं। मुझे तो बहुत पसन्द आए। बड़ा अच्छा गाते हैं। एक दिन यहाँ आए थे इनसे मिलने, शादी में नहीं आ सके थे। इनसे दो वर्ष छोटे हैं, इसलिए 'भाभी-भाभी' कहते हैं। जब मुझे मालूम हुआ कि उनके घर के सामने तुम्हारा भी मकान है, तब मुझे बड़ी याद आने लगी तुम्हारी, पता नहीं क्यों ? एक-एक बात। कितना सताया है मैंने तुमको, जबकि तुमने कभी भी मुझसे कोई कटु बात नहीं की। मैं अकेले में जाकर तुम्हारी याद करके खूब रोई। तुमने यहाँ आकर मुझ पर बड़ा उपकार किया है, नम्रता !''

नम्रता कुछ बोल नहीं सकी। वह दूसरी ओर मुँह करके अपने सामने एकटक देखने लगी। उसके दिल और दिमाग में कुछ काँटे उग आए थे जैसे मुँह में कड़वा-कड़वा महसूस होने लगा। वह महाराजलक्ष्मी के बदले हुए व्यवहार से मन-ही-मन खुश थी, लेकिन अब स्कूल का प्रतिद्वन्द्विता क्षेत्र फैलकर मानो यहाँ भी आ गया हो। वह अपने हृदय के एकान्त को सबसे छिपाकर रखती थी, यहाँ तक कि स्वयं भी उससे दूर रहने का भुलावा पालती थी, मगर सहेली की बातों ने उसकी पीड़ा जगा दी, गोया कोई पुराना घाव ताजा हो गया हो। क्या महाराजलक्ष्मी ने उसके मन के एकान्त में झाँकने की कोशिश की है ? उसकी भावनाओं से खिलवाड़ किया है ? क्या वह उसके बारे में सबकुछ जानती है और उसका अपमान करने के उद्देश्य से ही उसको अपने घर आमन्त्रित किया है ? स्कूली दिनों में महाराजलक्ष्मी के व्यवहार को कोई महत्त्व नहीं दिया था उसने, मगर इस क्षण, पुराने से लेकर अब तक उनके परस्पर रिश्ते का सबकुछ शरीर में गड़े अनगिनत नुकीले सूओं की पीड़ा की तरह उसके बरदाश्त के बाहर हो गया। देखते-ही-देखते चेहरा पहले राख की तरह बुझा, फिर पत्थर की तरह कठोर हो गया।

''क्या बात है, नम्रता ! कोई तकलीफ है तुम्हें ?'' उसकी सहेली ने पूछा।

"नहीं, मुझे क्या तकलीफ हो सकती है ? लेकिन किसी के पड़ोस में रहने से मेरे प्रति तुम्हारा व्यवहार बदला है, यह उचित नहीं है। एक पड़ोसी का भी अपना व्यक्तित्व होता है, अपना स्वाभिमान होता है। उसकी निजता होती है। पड़ोसी का अपना विचार होता है। निश्चय ही हम पड़ोसी तो हैं, लेकिन इतने नजदीक नहीं कि तुम मेरे प्रति अपना व्यवहार बदल दो। तुम्हारी बातों का बुरा तो मैं पहले भी नहीं मानती थी, लेकिन किसी मिथ्या कारण से अपना पुराना व्यवहार बदलने की जरूरत नहीं तुम्हें। इस तरह का उपकार मुझे नहीं चाहिए..."

महाराजलक्ष्मी फौरन उठकर उसके पास बैठ गई और उसकी ठुड्डी को पकड़कर उसका चेहरा अपनी ओर करती हुई दुःखी स्वर में बोली :

"क्या कहती हो, मेरी बहन ! मेरा तो वह मतलब नहीं था, जो तुम समझ रही हो। मेरी शादी पहले हो गई है और इस नाते तुम अब मेरी छोटी बहन हो। तुम मेरे मायके की हो। नीलेशजी से परिचय के पहले, शादी के बाद ससुराल की पहली ही रात में तुम्हारे प्रति मेरी भावनाएँ बदल गई थीं। मुझे जो भी अनुभव हुआ, उसकी वजह से मैं उन सबके प्रति सदय हो गई, जिनको मैंने सताया था। तभी मैंने गहरे पश्चात्ताप के साथ तुम्हारे बारे में सोचा था। तुम कोई ऐसी-वैसी बात न सोचो, नम्रता, अन्यथा मुझे बड़ा कष्ट होगा। अपने पड़ोसियों से बहुत नजदीकी सम्बन्ध नहीं हैं, यह तो मैं उसी समय समझ गई थी, जब मैंने नीलेशजी से तुम्हारे पास आमन्त्रण-पत्र पहुँचाने के लिए कहा, लेकिन उन्होंने मना कर दिया। मेरे व्यवहार-परिवर्तन में उनका तो कोई हाथ नहीं है...।"

महाराजलक्ष्मी फिर रोने लगी, लेकिन उसका नम्रता पर कोई खास असर नहीं हुआ। उसने नीलेश का उल्लेख करके नम्रता का शान्ति-चैन पहले ही नष्ट कर दिया था। उस जैसी तुच्छ औरत नीलेश को समझ सके, उसकी तारीफ करे, यह नामुमकिन है ! ऐसा वह सोच नहीं सकती थी, इस तरह की सम्भावना एक क्षण के लिए नम्रता को बरदाश्त नहीं। किस तरह बात बदल रही है, पहले कुछ कहा और थोड़ी देर बाद दूसरी बात कहने लगी। वह इस स्त्री से नीलेश की रक्षा करने के लिए व्याकुल हो उठी। उसका शरीर एक ऐसे ईर्ष्या-भरे गुस्से से जलने लगा, जिसकी उसने कल्पना भी नहीं की थी।

मगर शीघ्र ही उसका स्वाभिमान जाग उठा। नीलेश के प्रति उसका प्यार सर्वथा निजी मामला रह गया है। वह अब अपने प्यार की अग्नि में अकेले ही जलना चाहती है, जलकर नष्ट हो जाना चाहती है, नीलेश से इतनी दूर होना चाहती है कि उसके प्यार का ताप, उसकी दमक भी नीलेश तक न पहुँच सके। नीलेश को लेकर दुःखी और अपमानित होने का उसे क्या हक है ! निश्चय ही, वह नीलेश की उस खुशी से जल उठी थी, जो वह दूसरों को लुटा रहा है और अपनी सहेली की तारीफ से भी, जो एक जवान, खूबसूरत और कुटिल स्त्री है। वह कुछ देर पूर्व इन बातों को सोचकर जलविहीन मछली की तरह छटपटाने लगी थी, किन्तु अब वह निर्जीव-सी हो गई है। उसकी अग्नि बुझकर राख में बदल गई है। वह सहसा उठकर अशक्त वाणी में बोली :

"महाराजलक्ष्मी, मैं जल्दी जाना चाहती हूँ। अम्मा से वादा करके आई हूँ। मेरे दिल में कुछ नहीं है। अभी कुछ देर पहले मेरे मुँह से जो कुछ निकल गया था, वह एक तुच्छ बात थी। उसके लिए मैं तुमसे माफी चाहती हूँ। अब गणेश काका को बुलाओ, मैं घर जाना चाहती हूँ।"

महाराजलक्ष्मी भी उठ खड़ी हुई और उसने अपनी आँखों को पोंछते हुए कहा, "यह नहीं होगा। बिना कुछ खाए कैसे जाओगी ? तुम भी मुझे माफ करो, अगर मेरी किसी बात का तुम्हें बुरा लगा हो। मैं तुमसे बहुत-सी बातें करना चाहती थी, लेकिन छोड़ो। बाद में जब तुम अच्छे मूड में होगी तो तुमसे दिल खोलकर बात करूँगी। बोलो, क्या खाओगी। सास-ससुर तो सादा खाते हैं, पर तुम्हारे लिए पूड़ी, कचौड़ी, पुलाव वगैरह बनाए हैं...।"

"मैं तो यह सब खाती नहीं...।" नम्रता होंठों में मुस्कुराई।

''फिर क्या खाओगी ? गोश्त-मछली तो हम खाते नहीं...।''

''इनका भी शौक मुझे नहीं है। तुम वही लाओ, जो बाबूजी के लिए बनाया है। सादा दाल-भात। रोटी भी नहीं...।''

''वाह, कैसी बात करती हो ? मरीज का खाना क्या खाओगी ? अच्छा, मैंने मूली का झंगा बनाया है अपने लिए। क्या तुम खाओगी ?''

''यह क्या होता है ? मैं नया नाम सुन रही हूँ।'' नम्रता खुलकर हँसी।

''मछली के झोल की तरह समझो। लेकिन यह अधिक चटक होता है। गर्म पीसे मसाले और मिर्च, लहसुन, जीरा आदि के तड़के की बात है। मैं तो ऊपर से एक ताजी-हरी मिर्च भी लेकर बैठती हूँ। मुझे और कुछ नहीं चाहिए, इसके साथ सिर्फ भात मिल जाए, चलेगा।''

महाराजलक्ष्मी ने मुँह के लार को घोंटते और जबान चटपट चलाते हुए जो सवाल किया, उस पर नम्रता ने हँसकर और अपने सिर को बाएँ से दाएँ ऊपर की तरफ झटककर अपनी सहमति जता दी। हरी मिर्च ऐसी चीज है, जिसको लेकर महिलाओं में आज तक कोई मतभेद देखने में नहीं आया।

भोजन करने में दोनों को ही आनन्द आया। वे इत्मीनान से धीरे-धीरे खा रही थीं। दोनों ही हर कौर जीभ को मुँह से निकालकर ग्रहण करती थीं। वे बार-बार सी-सी करके मिर्चे की तारीफ करती थीं, 'भई, खूब तीती है !' इसी सिलसिले में गोरखपुरी मिरचई (छोटी हरी मिर्च) की विशेष प्रशंसा हुई, जिसके सम्बन्ध में भी दोनों में, कोई मतभेद नहीं था, क्योंकि उनको उसके स्वाद का सुखद पूर्व अनुभव भी प्राप्त था। इसके अलावा कुछ और उखड़ी-उखड़ी बातें हुईं घरेलू और स्कूली किस्म की। एक, सिर को ऊपर उठाकर बात का कोई छोटा, सूचनात्मक टुकड़ा फेंक देती थी। कुछ क्षणों बाद दूसरी भी वैसा ही करती थी। असम्बद्ध बातों की निरर्थक कड़ियाँ।

महाराजलक्ष्मी ने नम्रता को हँसी-खुशी विदा किया। नम्रता के जाने के बाद वह अपने कमरे में आकर बैठी तो बैठी ही रह गई। वह स्त्री थी और किसी भी स्त्री का आकलन हवाई नहीं होता। उसकी घ्राणशक्ति बड़ी प्रखर और अचूक होती है किसी कुत्ते की तरह। स्त्री कोई भी हो, वह साबुत अन्न या मसाले की ही तरह सम्बन्धों की घटनाओं को बीन, छाँट और पछोरकर उनमें से असली चीज निकाल लेती है। वह सोच रही थी कि नीलेश का मामूली उल्लेख करते ही नम्रता का बिगड़ना अकारण नहीं है ! जरूर कोई छिपी बात है—यह खयाल आते ही वह जलन का अनुभव करने लगी।

22

घटनाएँ तेजी से घट रही थीं। सदाशयव्रत के घर हुई सभा की बात पुलिस से छिपी नहीं रही। तीन-चार दिन बाद ही सदाशयव्रत गिरफ्तार कर लिए गए। उसके कुछ दिनों बाद टाउन-हॉल में आयोजित विशाल जनसभा के पश्चात सुरंजन शास्त्री जेल पहुँच गए। नीलेश इन राजनीतिक सरगर्मियों की वजह से काफी व्यस्त रहा। वह नाश्ता करके सुबह ही निकल जाता और देर रात में आता। कभी दो-तीन दिन तक गायब रहता। घर के लोग बड़े परेशान हो रहे थे। एक दिन सीतानाथ ने बाहर से आते ही उससे कहा :

''नीलेशजी, आज सवेरे मैं पूजा से उठकर कमरे में जाकर बैठा ही था कि लगा, प्रभु श्रीरामचन्द्रजी मुझसे कह रहे हों, 'सीतानाथ, नीलेश को बनारस भेज दो, इस समय यहाँ का आबोदाना उनके लिए ठीक नहीं है। अभी से बनारस जाकर पढ़ेंगे तो बोर्ड की परीक्षा में टॉप करेंगे। बनारस में ही बलिया, बोर्ड और बनारस, तीन 'ब' का योग अत्यन्त शुभकारी है। बस भैया, तुम अभी से अपनी तैयारी शुरू कर दो और कल दस बजे वाली ट्रेन से रवाना हो जाओ। समझे भैया,

अब एक मिनट की देरी न होने पाए।"

आनन्दी ने, जो बरामदे में किसी काम से आई थी, टोका, "कल ही कैसे चले जाएँगे ! न कुछ खाया, न पीया। मन की चीजें बनाकर कहाँ खिला सकी हूँ मैं ? चले जाएँगे तो कलेजे में करछुल-सा घूमता रहेगा।"

"अब कितना खिलाओगी-पिलाओगी भाई ? कब तक यह तुम्हारी गोद में लेटे रहेंगे ? यहाँ रहेंगे खाने-पीने के चक्कर में और जेल में चक्की पीसने चले जाएँगे तो तुम्हारा कलेजा क्या ठंडा हो जाएगा ! अरे, जब प्रभु श्रीरामचन्द्र हुक्म दे रहे हैं तो तुम क्यों दाल-भात में ऊँट का ठेहुन बन रही हो। समझ लो, जहाँ का आबोदाना लिखा होता है, आदमी वहीं अदबदाकर चला जाता है। अगर कल शाम को इनका आबोदाना बनारस में लिखा होगा तो तुम लाख कोशिश करो, कल सवेरे दस बजे वाली गाड़ी से इनका बनारस जाना रोक नहीं सकती। और इनका आबोदाना बलिया ही में लिखा है तो इनको कोई बनारस भेज नहीं सकता।"

जब आनन्दी ने उनकी बात का प्रतिवाद नहीं किया तो उनका गुस्सा शान्त हो गया। उन्होंने धीमे स्वर में कहा, "अच्छा भैया, एक दिन तुम रुक जाओ। वह तुम्हारी माँ है न जी, उनकी भी भावनाएँ हैं। बनाकर खिला लें गिनकर एक-एक चीज...अजका-बजका, पूड़ी-कचौड़ी, ठेकुआ-मालपूआ। हाँ, बनारस जाने पर कोई अफसोस न रह जाए। ठीक है, खा-पी लो जो चाहो और परसों बनारस रवाना ! लेकिन यह न हो कि इधर गरीब महतारी-जायकेदार पकवान बनाकर इन्तजार कर रही है और बबुआजी का कहीं पता ही नहीं है, वह तो कहीं और कांग्रेसियों के साथ बैठकर लाई-चना खा रहे हैं...।"

अन्त में सीतानाथ ठहाका लगाकर हँस पड़े। नीलेश कुछ बोला तो नहीं, मगर उसे अपने पिताजी की हँसी बुरी लग गई। वह क्या मौज-मस्ती के लिए घूम रहा है ? राजनीतिक कार्यकर्ताओं के साथ देश की आजादी के लिए काम करते हुए रूखे-सूखे पर सन्तोष करना क्या घृणित बात है ? बलिया अब काटने भी लगा था उसे। अनेक लोग तो जेल चले गए थे, जिसकी वजह से उसकी व्यस्तता कम हो गई थी। अब खाली समय में उसे बार-बार उस दिन की नम्रता की अकारण रूखाई का ख्याल आ जाता, जिससे बचने के उद्‌देश्य से भी वह खूब भाग-दौड़ करता रहा था।

बाद में उसने अपनी माँ से कहा, "मैं कल ही जाऊँगा, माँ ! मेरा इस वर्ष फाइनल है, बाबूजी ठीक कहते हैं, अभी से पढ़ूँगा तो नम्बर अच्छे आ जाएँगे। तुम मुझे न रोकना, मैं दशहरे में आऊँगा तो इत्मीनान से अपनी पसन्द की चीजें तुमसे बनवाकर खाऊँगा।"

"अरे बाबू, अरे बाबू...।" आनन्दी रोने लगी।

अब यह संयोग ही है कि रतनसिंह मुख्तार के कचहरी जाने के बाद नम्रता की माँ कुछ फुरसत पाकर बाहर के खुले बरामदे में जब साँस लेने के लिए आई तो उसने नीलेश और उसके पीछे वीरेश और सुरेश को स्टेशन की ओर जाते हुए देखा और जल्दी में कुली न मिलने की वजह से अधेड़ भीमल-बो दाई अपने सिर पर बक्सा और हल्का होल्डाल लादे उनके पीछे-पीछे किसी पैदल चाल-प्रतियोगिता की फिसड्डी-खिलाड़िन की तरह भाग रही थी। नम्रता की माँ को जिज्ञासा हुई कि क्या बात है। इधर वीरेश और सुरेश भी नहीं आते कि उनके घर का हाल-चाल मिले।

वह कुछ देर तक किसी-न-किसी बहाने बरामदे में ही मँडराती रही। पहले उसने एक परिचित सब्जी फेरीवाली को बुलाकर देर तक मोल-तोल करती हुई बैगन खरीदे। फिर कुछ दूरी पर ही एक एक्केवान के घोड़े के नाल ठुकते देखती रही। फिर दो बार निरुद्‌देश्य भीतर गई और बाहर आई। तीसरी बार उसने जब यही क्रिया दोहराई तब जाकर भीमल-बो दाई लौटती हुई दिखाई पड़ी, जो नीलेश के घर न जाकर एकदम तिरछे कटती और मुँह को घुमाकर छिपाती हुई इधर से सीधे निकल रही थी। वह किसी ओर नहीं देख रही थी, इसलिए नम्रता की माँ ने मजबूरी में हल्की ताली बजाई।

भीमल-बो दाई कोई बहरी नहीं थी, उसने सिर उठाकर देखा तो नम्रता की माँ ने हाथ के हल्के इशारे से उसे पास बुलाया।

भीमल-बो दाई ने सकपकाकर पहले नीलेश के मकान की ओर देखा और आश्वस्त होकर जल्दी-जल्दी तुलबुल चाल से पास पहुँचकर बोली, ''अरे जल्दी बताएँ मलिकाइन, देर हो रही है। बच्चे भूखे हैं... ।''

''काम-धाम हो चुका है ?''

''अरे हाँ... ।'' भीमल-बो ने सिर घुमाकर फिर नीलेश के घर की तरफ नजर दौड़ाई।

''आ जाओ, भीतर आ जाओ...कुछ मीठा खाकर पानी पी लो...बड़ी गर्मी है।''

स्त्री अपनी सीमाओं में सिद्ध कूटनीतिज्ञ होती है। एकदम व्यावहारिक, कभी-कभी तुच्छता की हद तक। अफसोस की बात है कि उसको दबाकर रखा गया। यदि ऐसा न होता तो वह राजनीति और कूटनीति की उच्च खिलाड़ी होती और नियोजन और प्रबन्धन के क्षेत्र में अनेक शारीरिक शक्ति वाले मूर्ख, आलसी, बड़बोले और हीनता प्रलापी पुरुष राजनीतिज्ञों, प्रशासकों और प्रबन्धकों से अधिक सक्षम और कुशल। और ऐसा भी नहीं है कि भीमल-बो दाई राजनीति-कूटनीति में कम माहिर हो। वह उसी समय समझ गई कि नम्रता की माँ उससे कौन-सी सूचनाएँ चाहती है और यह भी कि उसे क्या-क्या बताना है।

भीतर बरामदे में पहुँचकर नम्रता की माँ ने भंडारघर से एक बोरा लाकर फर्श पर बिछा दिया। जब भीमल-बो दाई बैठ गई तो एक डलिया में बाजरे का ढूँढा लाकर उसके सामने रखा। फिर एक लोटे में पानी भी। अन्त में एक मचिया लेकर उस पर स्वयं बैठती हुई उच्चवर्गीय चालाकी-भरे स्नेह से बोली :

''लो, इत्मीनान से खाओ। इच्छा हो तो और ले लेना। मेरे मैके से आया है, एकदम ताजा है, पानी भी खूब शीतल है घड़े में का।''

भीमल-बो दाई ने मुक्कों से मार-मारकर बड़े और कड़े ढूँढे के कई टुकड़े किए और एक छोटे-से टुकड़े को मुँह में डालने के बाद अपनी नाक की तरफ देखकर कहा :

''ए मलिकाइन, अलमुनिया के इस लोटे को अब बदल दीजिए। पिचक भी गया है। अब तो बाजार में एक-से-एक फूल के लोटे मिल रहे हैं। मेरा लड़का तो अलमुनिया के बर्तन देखकर बड़ा बिगड़ता है, उसने एक दिन घर के सभी ऐसे बर्तन भिखमंगों को दे दिए। रोज फजीरे बाजार से जिलेबी लाकर फूल के कटोरे में जलखावे के लिए देता है। कहेगा, पैसा रखकर क्या होगा, अम्मा। तुम्हारे दाँत में तकलीफ रहती है तो, भूजा-भूजी, तिलवा-ढूँढा न खाया करो... ।''

नम्रता की माँ जल-भुनकर कोयला हो गई। वह बाहर की ओर देखने लगी, जैसे भीमल-बो दाई की बात सुनी ही न हो। फिर यह कहकर, उठकर झूठमूठ बाहर चली गई, ''देखूँ, छोकरा कहाँ है। ये छोटे लोग खिलाने-पिलाने का एहसान भी तो नहीं मानते। राजा बाबू की तरह रखा जाता है, कोई खास काम भी नहीं है, पर जहाँ बाबूजी कचहरी गए कि बिना बताए धीरे-से खिसक जाता है खेलने के लिए। पक्का दो घंटे बाद भूत बनकर आता है। इसी से तो कहा है, नौकर-चाकर को दबाकर रखना चाहिए... ।''

वह बाहर जाकर जल्दी ही लौट आई। उसे इस समय नम्रता पर बड़ा गुस्सा आ रहा था। इसी ने इन सबको सहकाया है, नहीं तो जूठ पर पलनेवाली और अंजुरी से पानी पीनेवाली बर्तन के बारे में इस तरह आनी-बानी बोलने की हिम्मत करती ? छोटी जाति की दो औरतों को बुलाकर पढ़ाती है, उनको खरीदकर दो चरखे दे दिए, और तो और जिन बर्तनों में हम खाते-पीते हैं, उन्हीं बर्तनों में उनको भी खाने-पीने को देती है। अन्धेर मचा रखा है इस छोकरी ने। ऊपर से, यदि कुछ कहो तो लड़ती है, 'जमाना बदल गया है। सब बराबर है, कोई भी नीच नहीं है। तुम इनको

नीच जाति न कहो...।' जो ऐरी-गैरी औरत मिलती है, उसको शिक्षा और बराबरी का पाठ पढ़ाने लगती है...।

किन्तु, अन्दर लौटकर वह कुछ व्यावहारिक कारणों से पुनः उदार बन गई। एक डर तो यह था कि नम्रता, जो बगल में ही अपने कमरे में बैठी 'आज' अखबार पढ़ने की कोशिश में असफल होकर अपने दुःख में डूब-उतरा रही थी, यह सब देख-सुनकर कोई बवाल खड़ी न कर दे ! फिर भीमल-बो दाई ने कड़ा व्यंग्य करके उसकी जो छवि बिगाड़ दी थी, उसको सुधारने के लिए स्वयं आतुर हो उठी, क्योंकि ये लोग खिलाने- पिलाने का जग-भर में बखान कर आती हैं ! भीमल-बो दाई का प्रतिरोध बुरा तो लगा ही, लेकिन उसी ने कुछ उदार भी बना दिया नम्रता की माँ को, यह आश्चर्य की बात है। और असली बात उससे अभी तक हुई कहाँ, जो वह उससे जानना चाहती थी !

वह रसोईघर में इस उद्देश्य से तेजी से चली गई कि सवेरे के नाश्ते—हलवा, पूड़ी और चने की घुघनी के अवशेष में से भी थोड़ा-सा निकालकर दे दे; लेकिन वहाँ पहुँचकर उदारता का ऐसा प्रकोप हुआ उस पर कि चार में से दो पूड़ियाँ, एक बड़ा हबक्का हलवा और मजे की मसालेदार घुघनी गृहसेवक की अलग रखी छिपुली में रखकर भीमल-बो दाई के पास ले जाकर हँसती हुई बोली :

"लो, मुलायम-मुलायम हलवा-पूड़ी भी खाओ। गाँव का शुद्ध घी खूब पड़ा है, खाओगी तो नाक और गाल में भी चुपड़ जाएगा। हाँ, अभी-अभी कहाँ से आ रही थी, बाजार गई थी क्या ?"

हलवा-पूड़ी देखकर भीमल-बो खुश हो गई, जिसकी खुशबू नाक के रास्ते पेट में पहुँचकर एक विशेष प्रकार का क्षुधा हड़कम्प मचाने लगी। उसने एक छोटी, मजबूर हँसी के साथ ढूँढा—टुकड़ों की डलिया को हल्के हाथ से परे हटाकर कहा :

"ए मलिकाइन, इसको अभी नहीं खाऊँगी। एक कागज दे दीजिए उसमें रखकर घर ले जाऊँगी, लड़के-बच्चे खा जाएँगे। हलवा बड़ा अच्छा महक रहा है, ए मलिकाइनजी। इतनी उम्र हो गई, एक-से-एक बड़े घरों में खाया, हलवे की ऐसी खुशबू कहीं नहीं मिली।" उसने बाहर की ओर हाथ इशारे से नीलेश के घर का संकेत करते हुए थोड़ा मुँह बिचकाकर कहा, "वहाँ हलवा के नाम पर लुआठी बनती है, एकदम गोबर !" अन्त में हाथ से थोड़ा हलवा उठाकर जीभ पर रखकर मुँह चलाती हुई बोली, "गई थी सामान लेकर स्टेशन पहुँचाने। बड़का लड़कवा गया है बनारस पढ़ने न !"

"पढ़ने ? अरे, कॉलेज खुलने में तो अभी बहुत दिन हैं। इतनी जल्दी ? मैंने तो सुना था, शादी होनेवाली है इसी गर्मी में ?"

भीमल-बो दाई हलवा-पूड़ी खाने में मस्त थी। उसने मुँह चलाते हुए अर्धचर्वित ग्रास को जल्दी से पेट में पहुँचाने के बाद दाहिने हाथ को आगे हिलाते हुए कहा :

"अरे छोड़िए मालिकाइनजी, किसकी बात करती हैं। भेजा था मुझी को लड़की देखने न। ब्राह्मण-ठाकुर की लड़कियों की तरह सादी, हराठी-मुराठी थोड़े ही थी। कयथिनियों को तो जानती ही हैं। जैसे वे खूब सिंगार-पटार करती हैं, उसी तरह लड़की भी बेसवा की तरह खूबसूरत बनी-ठनी थी। चाहा की तरह आँखें थीं ए मलिकाइनजी।" उसने हाथों, मुख और आँखों के तालमेल वाली नर्तकी मुद्रा बनाई, "खूब जोबन पर थी। रुपया-पैसा, जगह-जमीन, हाथी-घोड़ा सबकुछ दे रहे थे वे लोग। सभी तैयार हो गए, पूरी बातचीत हो गई, लेन-देन सब तै हो गया, बस आखिर में लड़का ही बिदक गया। उसने, सुनते हैं, दस पन्ने की एक चिट्ठी अपने बाप को लिखी। न मालूम क्या गिटपिट लिखा था। वकील साहब भी उसकी भाखा नहीं समझ सके। फिर छोटे लड़के को बुलाकर उससे सबकुछ समझा। लिखा था—शादी करनी है मेरी तो पहले गोरे लोगों को भगाइए। अब बड़ा

खतरा हो गया है मलिकाइनजी। सुनते हैं यह सब बात गोरों तक पहुँच गई है, वह नीलेश भैया को पकड़नेवाले हैं। यह शादी तो कट गई है। लड़की का बाप यहाँ आकर वकील साहब के पैरों पर गिरकर बिलखने लगा—मेरी लाज बचा दीजिए, सारा जग जान चुका है। वकील साहब ने साफ-साफ कह दिया, 'शादी करनी है तो गोरों को फौरन भगा दीजिए...।' वह बिलखकर चले गए। गिरफ्तारी के डर से लड़के को बनारस भेज दिया गया है, मलिकाइनजी ! वहीं स्टेशन गई थी। गाड़ी में देर थी, मैं सामान रखकर चली आई...।''

भीमल-बो दाई घर निर्जन समझकर इशारे से मना करने पर भी जोर से बोल रही थी। नम्रता पहले ही चौकन्नी हो गई थी। नीलेश का नाम और उसके शादी से इनकार करने की बात सुनकर उसके दिमाग में सन-सन, झन-झन होने लगा। उसका कमरा और पूरा मकान उसे उलटा होकर हिलता हुआ महसूस हुआ। वह तुरन्त खड़ी हो गई और दौड़ती हुई छत पर पहुँचकर चहारदीवारी से झाँक-उचककर स्टेशन की ओर देखने लगी, लेकिन सामने की मुसाफिरखाने की टिन वाली छत के अलावा कुछ नहीं दिखाई पड़ा। वह नीचे उतर आई और बदहवास सी बाहर की ओर दौड़ी। बाहर उसने नीलेश के घर की ओर, फिर स्टेशन जानेवाली सड़क को दूर-दूर तक निहारा। कोई नजर नहीं आया तो एक बार फिर ऊपर छत पर जाकर स्टेशन की ओर देखा। उसके सामने अँधेरा छाने लगा। वह किसी तरह नीचे उतरी और अपने कमरे में पहुँचकर, दोनों हाथों से हवा में कुछ टटोलती हुई अपने बिस्तरे पर गिर गई। अन्त में उसके मुँह से धीमी आवाज निकली, ''अरे अम्मा।''

नम्रता मूर्छित पड़ी थी। उसके दाँतों पर दाँत बैठे थे। उसकी माँ एक कागज देते हुए उसमें बचे हुए पकवान और ढूँढा के टुकड़े को रखकर वहाँ से अब जाने का भीमल-बो दाई को निर्देश दे चुकी थी। भीमल-बो दाई तीव्र जिज्ञासा होते हुए भी कुछ समझ न सकी और मजबूर होकर जल्दी-जल्दी धूप और सड़क को निहारती हुई वहाँ से चली गई।

नम्रता की माँ दौड़ी हुई कमरे में गई और बेटी की दुर्दशा देखकर उसके मुँह से चीख-भरी आवाज निकली, 'अरे, तुम्हें क्या हुआ है ?' वह पास पहुँचकर उसकी परीक्षा करने लगी। पहले उसके चेहरे पर पानी से छींटे डाले। बेहोशी दूर न हुई तो दो-तीन बार अंगुलियों से नाक को बन्द किया। अन्त में मूर्छा टूटी और उसके मुँह से पतली-सी रुदन-भरी आवाज सुनाई पड़ी, ''अरे अम्मा...मुझे क्या हो गया है...।''

''तुम्हें कुछ नहीं हुआ है, मेरी बेटी ! तुम बोलो नहीं, जब तबीयत स्थिर हो जाए तो बताना। तुम्हें हुआ कुछ नहीं है, कभी-कभी गर्मी की वजह से ऐसा हो जाता है। मुझे कई बार हो चुका है...।''

इस आश्वासन के बावजूद नम्रता एक बार फिर मूर्छित हुई। लेकिन होश जल्दी आ गया। वह चैतन्य हो चुकी थी। वह अब पूछने पर कुछ नहीं बोली, बस उसकी आँखों के दोनों विपरीत छोरों से आँसू की धाराएँ उसके कपोलों को भिगोती जा रही थीं।

रोते-रोते वह सो गई। शाम को रतनसिंह आए तो वह बेहद चिन्तित हो उठे। डॉक्टर से दिखाने के लिए कहा गया तो नम्रता ने मना कर दिया। उसने कहा, ''मैं अब ठीक हूँ। शायद गर्मी की वजह से हो गया था। सिर में पहले सनसनाहट हुई, फिर लगा कि चारों ओर अँधेरा छा गया है, साँस डूबने लगी। हवा के लिए ऊपर गई, बाहर गई, कमरे में आई, उसके बाद मुझे कुछ याद नहीं है कि क्या हुआ। लेकिन अब मैं ठीक हूँ। कुछ नहीं होगा मुझे अब, सोऊँगी तो एकदम ठीक हो जाऊँगी।'' उसने होंठों में मुस्कुराने की चेष्टा की।

शाम को दो संतरे और रात में मूँग की पतली खिचड़ी खाकर वह सोई तो खूब सोई। सुबह उठी तो पूर्ण रूप से स्वस्थ थी। आँखें खुलते ही उसने चौंककर इधर-उधर देखा। फौरन उठ बैठी। एक क्षण के लिए लगा था कि नीलेश उसके सिरहाने बैठा उससे कुछ कह रहा है। उसके होंठों पर मुस्कुराहट फैल गई। वह फिर लेटकर अलसा गई। अब न उसके शरीर के अन्दर उसके हृदय की वे तकलीफ-देह धड़कनें थीं और न ही नैराश्य का अन्धकार। अब हृदय में कोई ताप नहीं था, कोई भी लटकता हुआ बोझ नहीं, बल्कि वह एकदम हल्का होकर आशा और उम्मीद की गुदगुदी से उछल रहा था। उसके मन में एक सूरज उठ रहा था, छँटते हुए धुंध में क्षण-क्षण अधिक चमकता हुआ सूरज।

उसके शरीर और मन में चारों ओर आशा की किरणें फैल गई थीं। वह उन किरणों को सदा के लिए अपनी मुट्ठी में पकड़ लेना चाहती थी। वह अब किसी हालत में उन किरणों को नहीं छोड़ेगी। नीलेश ने ही यह अधिकार दे दिया है उसे। यह सब सोचकर वह फिर दुःखी हो गई। सहसा निसहाय-सी हो गई और झर-झर रोने लगी। कितना दुःख दिया है उसने नीलेश को अब तक और वह चुपचाप सहता रहा है यह सब। कुछ देर तक बिलखने के बाद वह आशा की डोर फिर पकड़कर उठ खड़ी हुई। उसने एक कोने में रखा अपना सूटकेस खोलकर इसमें से वह पत्र निकाल लिया, जो उसने कभी नीलेश के नाम लिखकर भी उसके पास नहीं भेजा था। वह पत्र पढ़कर फिर रोई और रोते-रोते ही उसने पत्र की नीचे बची खाली जगह पर निम्नलिखित शब्द लिखे :

"तुमने मुझे पहले क्यों नहीं बताया ? क्यों नहीं बताया...

मुझे माफ करो, माफ करो, माफ करो...

अब मैं तुम्हारे अलावा कुछ नहीं सोच पाती...मैं इन्तजार कर रही हूँ..."

उसने पत्र फिर सूटकेस में सुरक्षित स्थान पर रख दिया। उसके आँसू रुक चुके थे। वह खुश थी। उसकी आँखें चमक रही थीं। अचानक उसने देखा कि उसकी माँ डरी-डरी उसके कमरे में झाँक रही है। वह उछलकर दौड़ती हुई अपनी माँ के पास जाकर उसके गले लग गई। चहकती हुई आवाज में बोली, "अम्मा, मैं बहुत खुश हूँ। आज ऐसी नींद आई कि कुछ पता ही नहीं चला। तुमने रात को जरूर मेरे बालों में तेल लगाया, लेकिन उसका भी मुझे भान नहीं हुआ। अब तुम कोई भी चिन्ता न करो माँ ! मैं आज से पढ़ाई शुरू कर दूँगी। खूब मेहनत करूँगी। और अच्छा नतीजा लाकर तुम्हें दिखा दूँगी...।"

सचमुच उसमें अभूतपूर्व परिवर्तन हुआ। ऐसी खुश तो वह कभी नहीं थी। हँसना और गुनगुनाना उसका फिर शुरू हो गया। इधर धनेसरी आदि को पढ़ाना भी उसने छोड़ दिया था। वह टाल जाती थी और वे आकर लौट जाती थीं। यह अध्यापन अब फिर से चालू हो गया। बनवारी की औरत नियमित नहीं थी, कुछ आलसी भी थी, अपना पाठ तैयार करके नहीं आती थी। लेकिन धनेसरी मेहनती और समझदार थी। अपना पाठ भी वह तैयार करके लाती थी, इसलिए उसे अक्षरों, मात्राओं का लिखना-पढ़ना आ गया था। पचास तक गिनती भी वह लिख लेती थी।

एक दिन धनेसरी आई तो बहुत दुःखी थी। उसका चेहरा लटका हुआ था। आँखें सूजी हुई थीं।

"क्या हुआ है ? इतनी उदास क्यों हो ?" नम्रता ने पूछा।

"अरे, कुछ नहीं दीदी, आप फिकिर न करें...यह तो हम लोगों में चलता ही रहता है..."

"क्या चलता रहता है ? मुझे नहीं बता सकतीं ? तुम्हारे हसबैंड ने कुछ कहा है ?" नम्रता ने जिद-भरे स्वर में पूछा।

"अरे क्या सुनेंगी, दीदी ! और बात तो सब ठीक ही है, पीने की लत बहुत बुरी पड़ गई है। अच्छा चलो, पाव, आधा पाव महुआ पी लो, पीकर लात-मुक्का चलाना काहे ? दो पैसे बचाकर

रखती हूँ क्या अपने लिए ? बच्चे हैं, घर है, गृहस्थी है, हैरानी-बीमारी है, वह भी छीन लेता है। मैंने पैसे देने से मना किया तो इतना मारा, इतना मारा कि क्या बताऊँ। मैंने भी हाथ चलाया, लेकिन मर्द-मानुष से कहाँ पार पा सकते हैं। सभी पैसे छीन ले गया। सारा शरीर दर्द कर रहा है, दीदीजी !''

धनेसरी रोने लगी। नम्रता को बड़ा गुस्सा आया। फिर उसने उत्तेजित होकर कहा, ''चलो, मैं तुम्हारे साथ उनके पास चलकर उनको फटकारती हूँ। कानून है, पुलिस है, मजिस्ट्रेट है, कोई मर्द अपनी स्त्री पर हाथ नहीं उठा सकता...।''

''अरे, ना दीदी, आप लड़की-बिटिया कहाँ जाएँगी उस शराबी के पास ? शराबी तो पागल कुत्ते की तरह होता है, दीदी, वह भौंकता नहीं, सीधे काट खाता है। उसने आपको कुछ कह दिया तो मैं सीधे गंगा में जाकर डूब मरूँगी, नहीं तो सोते में उसी का गला काट लूँगी...।'' धनेसरी ने अपनी आँखें पोंछ लीं।

''खैर, मैं नहीं जाऊँगी, लेकिन तुम उन्हें पहले समझाओ। शराब तो बहुत बुरी चीज है, पूरा खानदान बरबाद हो जाएगा। तुम किसी भी हालत में शराब न पीने दो, चाहे कुछ भी हो। अगर नहीं छोड़ेंगे तो मैं बाबूजी से कहकर उन पर मुकदमा चलाऊँगी, जेल भेजवाऊँगी। मारना-पीटना तो बरदाश्त करना नहीं।''

''अच्छा ठीक है, दीदी ! आप चिन्ता न करो...।''

इसके बाद नम्रता इस प्रसंग को भूल गई। दस-पन्द्रह दिन बाद उसे याद आया तो पूछा उसने, ''अरे, क्या हुआ मारने-पीटने का ?''

''अरे ठीक है, दीदी, सब।'' धनेसरी हँसने लगी।

''क्या शराब छोड़ दी ? अब मारता-पीटता नहीं ?''

''अब आपको क्या सुनाऊँ मनई-मउगी की बात। अच्छा आज रहने दें, बाद में कभी सुना दूँगी।'' धनेसरी ने दूसरी ओर देखते हुए कहा।

''सुनाओ भई। मुझे न सुनाओगी तो किसे सुनाओगी ?''

धनेसरी कुछ देर तक चुप रही। नीचे जमीन की ओर देखते रही। फिर बोली, ''अच्छा लो, सुनो। एक दिन गाली-गलौज करने पर मैंने उससे कह दिया, 'यह आखिरी पैसा है। यह आखिरी शराब है। इसके बाद पीओगे तो ठीक नहीं होगा। और हाँ, यह भी बता देती हूँ, अब आगे से मुझ पर हाथ न उठाना, एक फूल से भी मारोगे तो मुझसे बुरा कोई न होगा, आज तक जो नहीं हुआ है, वह हो जाएगा।' ए दीदी, रात में शराब पीकर दाहा की तरह हिलते हुए आया और अनाप-शनाप बकने लगा। मैं कुछ न बोली। फिर गन्दी-गन्दी गालियाँ देते हुए हाथ उठाकर मारने दौड़ा। सचमुच दीदी, मुझे तुम्हारी बात याद आई। हाँ, ठीक ही कहा है आपने, जितना तुम खटते हो, उतना ही मैं भी खटती हूँ। अपना शरीर बरबाद करती हूँ, तुम्हारे बाल-बच्चों का पालन-पोषण करती हूँ तो तुम्हारी मार क्यों सहूँ ? सच दीदी, मुझ पर भूत सवार हो गया। मैं काली भवानी बन गई। मैंने उछलकर उसे जोर का धक्का दिया। वह डगमगाता हुआ बाहर जाकर लुढ़क गया, तब तक मैंने फुर्ती से भीतर से दरवाजा बन्द कर लिया। वह उठकर फिर मारने के लिए आगे बढ़ा। बन्द दरवाजा पीटने लगा...।''

वह गुस्से से हाँफ रही थी और कुछ रुककर साँस लेने लगी। नम्रता की बड़ी-बड़ी आँखें आश्चर्य में आगे निगल आई थीं और मुँह से सिर्फ इतना ही निकला, ''अच्छा !''

''हाँ, दीदी, बड़ा गुस्सा चढ़ आया था। दरवाजा तो मैंने नहीं खोला, ऊपर से खिड़की से चीख-चिल्लाकर बोली—तू चला जा यहाँ से मरकिलौना, तूने मुझ पर हाथ उठाया है, गाली दी है, मैं यह सब बरदाश्त नहीं करूँगी। जब तक तुम ये गन्दी आदतें नहीं छोड़ते, यहाँ से दूर चले जाओ। बड़ा सस्ता समझते थे, जब देखो चले आते थे, बाप की कसम खाकर कहती हूँ, काली माई की

दुहाई देकर कहती हूँ, अब तुम सुग्गी का दर्शन नहीं कर पाओगे, चाहे कितना भी गिड़गिड़ाओ, नाक रगड़ो... ।''

नम्रता कुछ समझ नहीं पाई। मुँह सिकोड़कर बोली, ''क्या...सुग्गी ? यह क्या है ?''

धनेसरी ने चौंककर अपनी जीभ काटकर धीमे स्वर में कहा, ''इसी से मैं नहीं बताती थी, दीदी ! तुम लड़की-बिटिया हो...हम गँवार हैं, बोलने-बतियाने का शहूर नहीं है। उस दिन के बाद से वह टेकुए की तरह सीधा हो गया है, जो कहती हूँ, वही करता है...।''

धनेसरी ने अगल-बगल देखकर मुँह का आँचल माथे के आगे खींच लिया। नम्रता को लगा कि वह कुछ-कुछ समझ रही है। सहसा उसके चेहरे पर हल्की लाली उभर आई। उसकी गर्दन मुड़कर स्थिर हो गई, जैसे अकड़ गई हो। उसकी नजर जमीन में गड़ गई। उसकी बोली कंठ के अन्दर ही जमी रह गई। कमरे में कुछ देर तक सन्नाटा छाया रहा, बस एक चिड़िया के फुदकने की आवाज बीच-बीच में सुनाई पड़ जाती।

फिर वह अचानक उठकर धनेसरी की ओर बिना देखे, अपने लाल मुँह को किसी दूसरी जगह छिपाने में असमर्थ, किसी तरह बोली, ''तुम अब जाओ, मुझे एक बहुत जरूरी काम याद आ गया... ।''

यह कहकर वह बाहरी बरामदे के कमरे से, जहाँ अध्यापन कार्य होता था, सिर झुकाए फुर्ती से भीतर अपने कमरे में चली गई। दिन के चार बजे थे। लू का अब नामोनिशान नहीं था। कुछ दिनों से पुरुवाई लगातार चल रही थी। उसने अपने कमरे का दरवाजा भीतर से बन्द कर लिया और चारपाई पर चुपचाप बैठ गई। पर उसकी लज्जा और बढ़ गई। चेहरा बेहद लाल हो गया। तब अपना लाल चेहरा उसे खुद दिखाई देने लगा। वह कहाँ जाए ? वह अपने चेहरे को दूसरों की नजरों से तो छिपाना ही चाहती थी, खुद अपनी नजरों से भी।

कमरे में पर्याप्त उजाला था। वहाँ बैठ नहीं सकी वह। अपना ही चेहरा बार-बार दिखाई देने लगा। वह उठी और किवाड़ खोलकर गुसलखाने में चली गई। लेकिन वहाँ तो शीशा टँगा था। फौरन ही वहाँ से निकलकर छोटी सी कोठरी में चली गई, जहाँ काफी अँधेरा रहता था और वह कई बार परेशान होकर चुपचाप बैठ जाया करती थी। वहाँ सचमुच अँधेरा था, ठंडक थी, वह लेट गई, किन्तु वहाँ भी उसका सिन्दूरी चेहरा साफ दिखाई दे रहा था।

अब उठकर वह कहाँ छिपे ? वह कहाँ जाए ? इसके पहले ही उसे गुदगुदी मालूम होने लगी। वह हँसने लगी। अचानक वह हँसी उसके भीतर से छोटी-छोटी तरंगों में ऊपर उठने लगी। ये तरंगें चारों ओर फैलने लगीं। इसमें से कई तरह की आवाजें उठ रही थीं। वह लोट-पोट हो रही थी। कभी बाईं करवट हो जाती कभी दाईं करवट। कभी बैठ जाती, कभी चित लेट जाती। अन्त में ही-ही-ही-ही करते हुए वह बेदम होने लगी, जैसे जान ही निकल जाएगी।

इसके आगे कोई हँसी नहीं बच रही थी। हँसी के ज्वार के बाद भाटा आ गया जो रुदन में परिवर्तित हो गया। अपने को रोकने पर होंठ काँपने लगे और धीरे-धीरे हिचकियाँ शुरू हो गईं। शीघ्र ही वह जोर-जोर से सिसकने लगी। सिसकते-सिसकते उसके कंठ में घाव-सा महसूस होने लगा। वह बेहद थक गई थी और उसकी आँखें मुँद गईं। वह सो गई, लेकिन सोने पर भी उसकी हल्की-हल्की सिसकियाँ कुछ देर तक जारी रहीं।

करीब डेढ़ घंटे बाद-उसके पिताजी के आने पर कई आवाजें होने और उसकी अम्मा के पुकारने पर नींद उचटी। वह उठकर बैठ गई। चारों ओर देखा उसने, फिर सबकुछ याद करने की कोशिश करने लगी। उसकी आँखें मुँद गईं। सामने एक फैला अन्धकार था और उसके बीच एक ज्योति उभरकर मूर्ति बन गई थी, जो मुस्कुरा रही थी। वह किसी भगवान की मूर्ति थी या नीलेश की ? उसे अपरिमित प्यार, धैर्य और शान्ति का एहसास हुआ। यह उसका कैसा अनोखा बोध था ! उसे

लगा कि वह धनेसरी की तरह साधारण, सरल और सहज हो गई है।

माँ के फिर पुकारने पर वह उठ खड़ी हुई और जब वह आँगन में पहुँची तो अपने कमरे में बैठे रतनसिंह अपनी पत्नी से कह रहे थे :

''हाँ, मैं एक बात तो भूल ही गया। चिट्ठी कचहरी में ही पड़ी रह गई। तुम्हारे भाई ने लिखा है कारों से कि 10 अगस्त को उनके छोटेवाले लड़के विभूतिनारायण का प्रयाग में संगम तट पर मुंडन होगा। वहाँ दारागंज में एक मकान लेकर कुछ दिनों तक वह अपने परिवार के साथ रहेंगे। सबको बुलाया है, अनुरोध किया है। क्या कहती हो, बस कचहरी छोड़नी पड़ेगी।''

''दो दिन कचहरी न जाने से कौन-सी आफत हो जाएगी ?''

''अच्छा तो चलेंगे। ठीक है, चलेंगे।''

''कहो नम्रता बेटी, ठीक है न।''

नम्रता एक क्षण वहाँ आकर खड़ी थी। वह खोई-खोई दृष्टि से देखते हुए बोली, ''ठीक है बाबूजी !''

23

स्वातन्त्र्य आन्दोलन में बमपुलिस गली की भी एक सार्थक भूमिका है।

गली के लम्बे-तगड़े, छोटे, गोले चेहरे और बड़ी आँखों वाले रमाशंकर सन् '42 के 9 अगस्त से बहुत परेशान थे। थाली में भरे चने को गिनने के उद्देश्य से जैसे कोई चिमटे से एक-एक दाने को बीन-बीनकर दूसरे पात्र में रखता जाए, वैसे ही अंग्रेज हुकूमत की पुलिस ने बलिया के एक-एक कांग्रेसी और क्रान्तिकारी को जेल पहुँचा दिया और जो दो-तीन सम्भ्रान्त देशभक्त बाकी रह गए थे, उन्हें भी उस तिथि को तड़के ही गिरफ्तार करके कांग्रेस के मुख्य कार्यालय में ताला लगा दिया गया।

समस्या यह है कि रमाशंकर को यह भी नहीं मालूम कि इसी नौ अगस्त को बम्बई में सुबह कांग्रेस कार्यसमिति के सभी सदस्य तथा अन्य प्रतिष्ठित नेता भी गिरफ्तार कर लिए गए थे। बनारस, इलाहाबाद और लखनऊ से सुबह जो अखबार आए थे, उनमें तो इस सम्बन्ध में कुछ भी नहीं था। बलिया में उस समय बिजली नहीं होने की वजह से रेडियो और ट्रांजिस्टर कुछ भी उपलब्ध नहीं था। अब शहर में कांग्रेस के एकमात्र पदाधिकारी या डिक्टेटर, जो भी कहा जाए, केवल रमाशंकर ही बचे थे। लेकिन वह भी करें तो क्या करें ? हाँ, अकेला चना क्या भाड़ फोड़ेगा ?

रमाशंकर उस गुप्त मीटिंग में उपस्थित थे, जो सदाशयव्रत के घर पर आयोजित की गई थी। तभी से वह अपनी गिरफ्तारी से बचते रहे हैं। वह कब घर पर आते हैं और कब निकल जाते हैं, यह निश्चित नहीं। इधर उनकी दाढ़ी भी बढ़ गई है। पहले वह गांधी टोपी लगाए बिना घर से निकलते नहीं थे। अब कभी सिर पर पगड़ी बाँध लेते, कभी अँगोछा रख लेते और कभी छाता तानकर अपना मुँह छिपाते हुए चल पड़ते। वह उन नौजवानों में हैं, जिन्हें सन् तीस में कोतवाली में बेंत से बुरी तरह पीटा गया था। उस समय उनकी उम्र बीस वर्ष से कुछ कम ही थी। लेकिन जब जेल से छूटे तो उनके पिता का देहान्त हो गया, जिसके बाद सोनारी व्यवसाय का भार उनके कन्धों पर आ पड़ा—उनका छोटा भाई तो उस समय सिर्फ आठ वर्ष का ही था।

बमपुलिस की पतली, अँधेरी और गन्दगी से भिनभिनाती और बजबजाती वह गली मुख्य रूप से निम्न वर्ग के लोगों से आबाद है। उनके पिता कृपाशंकर इन्हीं गरीब लोगों के सोनार थे। अजीब दुनिया थी इनकी। मुख्य रूप से इनमें कमकर-कहार, मोटिया-मजूर, लोहार, मोची, मामूली कारीगर,

भंगी और भिखमंगे भी रहते थे। लेकिन दाने-दाने को मोहताज इन लोगों के हौसले सदा खूब बुलन्द रहते हैं। बच्चे का जन्म हो अथवा शादी-ब्याह का अवसर, वे अपनी सीमा के बाहर दिल खोलकर खर्च करते हैं। यह सब उनके लिए आसान है, क्योंकि वह झट कर्ज ले लेते हैं, चाहे गहना-गुरिया बेचना पड़े या गिरवी रखना पड़े। वे अपना पुराना कर्जा कभी भी उतार नहीं पाते और नया कर्जा ले लेते हैं। भयंकर गरीबी और गन्दगी में रहनेवाले इन लोगों पर आसानी से भयंकर रोगों का भी हमला हो जाता है। हैजा, चेचक, प्लेग महामारी का यह कुख्यात अड्डा है। तब घर-का-घर बरबाद हो जाता है। टी.बी. भी सर्दी-जुकाम की तरह इस गली का सामान्य रोग है। सबसे भयावह लेकिन आश्चर्यजनक बात यह है कि यह रोग अमूमन किसी घर में प्रवेश करके वहाँ के सिर्फ मर्दों का ही सफाया क्यों करता है ? और तब खाते-पीते परिवारों की भी कई स्वाभिमानी औरतें देखते-ही-देखते दरिद्रता के अनचाहे सीमान्तों को छूने के लिए भी मजबूर हो जाती हैं। ऐसा ही एक अभिशप्त परिवार है बनवारी का।

एक समय वह भी था जब स्टेशन के पास बनवारी के पिता रमापति की फल और मेवे की दुकान बड़ी ही शानदार थी। क्या-क्या फल थे और कैसे-कैसे मेवे। शहर में हर जगह सिर्फ हाजीपुर का छोटा, पीला चीनिया केला मिलता, किन्तु रमापति हरी छाल के तरह तरह के केले भी रखता। मौसम के अनुसार तरह-तरह के कलमी आम, आड़ू, खूबानी, इलाहाबादी अमरूद आदि क्या नहीं बेचता था वह। बड़ा शौकीन और अक्खड़ भी था वह। महीन धोती, रेशमी कुर्ता या अधबँही कमीज तथा गले में सोने की जंजीर पहनकर वह दुकान पर बैठता। चाहे शहर के किसी भी कोने में रहते हों, शहर के धनी, रईस, सम्पन्न लोग अथवा बाहर के ऐसे ही शौकीन लोग स्वयं आते अथवा अपने नौकर-चाकर को उसी की दुकान पर दौड़ा देते। वह हर सामान बड़ा महँगा देता, बड़ी रूखी आवाज में बोलता चाहे कोई भी हो और मोल-तोल तो बरदाश्त ही नहीं कर पाता।

"जाइए, जाइए और दुकान भी घूम आइए..."

रमापति बमपुलिस गली को स्टेशन वाली सड़क से जोड़नेवाली एक और भी पतली, अँधेरी गली में निवास करता, जहाँ नालियों में काला-काला गाढ़ा कीचड़ बारहों महीने जमा रहता और निरन्तर दुर्गन्ध उड़ा करती। पर वह बहुत शान से रहता और रात में रेशमी अथवा तांजेब-मलमल के कुर्ते में इत्र मलकर, खुशबूदार पान चाभते और पम्प-शू चरमराते हुए सैर को निकलता और इशरतगंज तक का चक्कर लगा आता। वह किसी रईस से किस माने में कम है ? ऊँची जातियों के कई बेचल्लू वकील-मुख्तारों तथा मुदर्रिसों और गरीब ब्राह्मण-ठाकुरों को जब वह कर्ज देता है तो वे बड़े हैं या वह ? घर की औरतें भी खूब ऐश कर रही थीं। रोज ही मांस पकता, कभी कलिया, कभी मछली, कभी केकड़ा। वे खूब पहन-ओढ़कर और काड़ा-छाड़ा बजाती बाजार या मेला घूमने तथा मन्दिरदर्शन करने जातीं। लेकिन उसी समय तपेदिक ने रमापति पर हमला कर दिया। पता नहीं कहाँ से उसकी छाती में बलगम जमा हो गया। वह खाँसते-खाँसते खून बोकरने लगा। उसकी दुकानदारी चौपट हो गई, जमा पैसे खत्म हो गए, गहने बिकने लगे और वह दो वर्ष के अन्दर हड्डी का ढाँचा बनकर अपने बेसहारे परिवारजनों की चिन्ता लिए इस दुनिया से कूच कर गया।

बनवारी तब चौदह वर्ष का था। चार बहनों में वह एकलौता और पेटपोंछना पुत्र था। सारा परिवार छाती पीट-पीटकरकर विलाप कर रहा था। मगर वह सुन्न-सा बैठा अपने बाप के मृत शरीर को अपनी बड़ी-बड़ी आँखों से देख रहा था। पिता ने मरने के एक दिन पहले उसे अपने पास बुलाकर कहा था :

"बबुआ, घबराना मति। अब घर का चिराग तुम्हीं हो।"

बनवारी की तीन बहनों की शादी हो चुकी है और गौना भी। चौथी बहन रतिया (रति देवी) का सिर्फ गौना बाकी है। बनवारी अपने बाप की तरह लम्बा नहीं हुआ। पाँच फीट में एक इंच

कम होने पर भी वह तगड़ा जरूर है, खास तरह से उसकी धड़ मोटी और मजबूत, छाती चौड़ी और पीठ कूबड़ की तरह निकली हुई। बाप की तरह उसकी गर्दन भी लम्बी और खूबसूरत नहीं, सिर जैसे कन्धों से चिपका हुआ। उसकी आवाज बड़ी मोटी है, जैसे लाउडस्पीकर अथवा भोंपे से बोल रहा हो। जब वह बोलना शुरू करता, दाहिनी तरफ उसकी गर्दन की नस काफी फूल जाती और तब तक फूली रहती जब तक वह बोलता रहता। पर बोलता कम। वह दिमाग से तेज, समझदार और होशियार भी है। कक्षा चार की उम्र में पढ़ाई तो छूट गई, लेकिन उसे अपने पिता की बात याद रही और उसने संकल्प कर लिया कि जल्द ही वह फल और मेवे की दुकान लगाएगा और उसे अधिक-से-अधिक शानदार बनाएगा।

पिता की मौत के बाद ही बनवारी ने दौड़-धूप शुरू कर दी। कुछ लोगों पर अब भी उसके पिता का कर्ज था, जिसकी वसूली के लिए वह बार-बार तकादा करने लगा। कभी-कभी उसकी माँ भी घूँघट निकालकर उसके साथ जाती। घर में अब भी कुछ गहने बचे थे और साखू के कुछ बड़े सामान थे, जैसे पलंग, फल रखने की कई आलमारियाँ, बड़े-बड़े ट्रंक वगैरह। फिर वह स्वयं दूसरे फलवाले के यहाँ नौकरी करने लगा। माँ ने बार-बार मना किया :

''तुम्हारे बाप की इतनी इज्जत थी, उसके यहाँ काम करोगे तो बेइज्जती होगी। वह तो मामूली कोइरी था, पहले सिर पर तरकारी की टोकरी लेकर गली-गली बेचता था। कई बार तुम्हारे बाप से उधार ले गया। उनकी बीमारी के बाद जब हमारी दुकान चौपट हो गई तो यह पता नहीं कहाँ से पैसा जुटाकर फल की दुकान लगाने लगा। वह अब घमंड से गर्दन ऐंठकर चलता है, हमेशा मूँछ पर ताव देता है और किसी ओर देखता भी नहीं...''

''माई, जी थोड़ा न करो। किस्मत ने साथ नहीं दिया, हमारी दुकानदारी चौपट हो गई तो घबराने से काम थोड़े चलेगा ? इस समय तो धैर्य से काम लेना होगा। घर में पैसा आना जरूरी है। चुपचाप बैठने और कुढ़ने से कैसे पैसा आएगा ? मैंने तो सोच लिया है कि फल-मेवे की ऐसी दुकान लगाऊँगा कि लोग अचम्भा करेंगे। पहले रतिया का गौना हो जाए। इसीलिए तकादे से जो पैसा आता है, उसमें से मैं खर्च नहीं करता।''

बनवारी ने सचमुच उस उम्र में अकल्पनीय समझदारी का परिचय देते हुए बड़ी मेहनत की। कर्जा का जो भी पैसा बाकी था, उसने वसूल लिया। फिर कुछ गहने और सामान बेचकर रतिया का धूमधाम से गौना हुआ, जिसके कुछ दिनों बाद उसकी भी शादी एक खाते-पीते परिवार में हो गई। वह खुश था। एक तो उसकी पत्नी भगजोगिनी तीखे नाक-नक्श की एक सुन्दर, मेहनती और बुद्धिमान स्त्री थी। इसके अलावा उसे दुकान फिर खोलने के लिए अपनी ससुराल से कुछ आर्थिक मदद भी मिल गई। और जो कमी रह गई, उसकी पूर्ति दामोदर प्रसाद ने कर दी, जो रमापति के गाँव का और उसका दोस्ता भी था। दामोदर प्रसाद कक्षा नौ से आगे नहीं पढ़ सका, लेकिन वह चूँकि काफी लम्बा-तगड़ा था, इसलिए उसके वकील पिता ने अपने प्रभाव से एक स्थानीय हाई स्कूल में गेम टीचर के रूप में उसकी नियुक्ति करा दी।

दामोदर प्रसाद की तनख्वाह बहुत कम थी, लेकिन पिता के मरने के बाद वह गाँव की काफी जमीन-जायदाद का मालिक बन बैठा, जहाँ दूर के एक गरीब चचाजात भाई को प्रबन्धक नियुक्त कर धन पैदा करके शहर में दुनिया के मजे लूटने लगा। उसे कुछ आता-जाता नहीं था, लेकिन वह काफी मजाकिया था और मजाकों से ही अपनी मेहनत की क्षतिपूर्ति करता रहता था। अपने स्कूल के खिलाड़ियों को कोई खास प्रशिक्षण देने के बजाय उनको सदा यही बताता रहता कि विपक्ष के अच्छे खिलाड़ी के हाथ-पैर कैसे तोड़ दिए जाएँ। वह टाउन क्लब के वार्षिक नाटक में अनिवार्य रूप से भाग लेता। एक बार उसने कुन्ती का अभिनय किया था और एक अन्य अवसर पर तिष्यरक्षिता का। वह इतना लम्बा था कि अन्य सभी पुरुष पात्र उससे कद में छोटे थे, लेकिन ऐसी

स्थिति में जब वह टेढ़ा बदन करके और जबान ऐंठकर जो कुछ बोलता, उससे बड़ी हँसी होती। लोग सीटी बजाते लगते। अन्त में निर्देशक ने इस भूल से नया सबक लेकर उसे तीसरे नाटक में हास्य-अभिनेता के रूप में प्रस्तुत किया।

इंटरवल का जब पर्दा गिरता, उसके बाद दर्शकों को ऊब से बचाने के लिए पहले कुछ मशहूर वेश्याओं के गाने पेश किए जाते और तत्पश्चात दामोदर प्रसाद को जोकर के रूप में उतारा जाता। उसके मुँह की विचित्र चित्रकारी तथा पीछे लगाई पूँछ को देखते ही श्रोता ठहाके लगाने लगते। उसका सबसे लोकप्रिय अभिनय का अंश वह था जब एक लाठी के घोड़े पर सवार एक वीर सेनानी के रूप में ऊल-जुलूल आत्म-परिचय देते हुए वह स्टेज की दीवार से 'अनजाने' में टकरा जाता। इसके बाद वह दूसरे प्रकार का आत्मालाप शुरू कर देता, जिसमें पता नहीं कैसे एक मेंढकी का जिक्र आ जाता, जिसे छोड़कर कुएँ का मेंढक बाहर चला जाता है। अन्त में वह अपने हास्य-अभिनेता का एक सर्वाधिक लोकप्रिय गाना बनावटी फटी आवाज में मेंढकी की प्रशंसा में पेश करता :

बीवी मेंढकी हो !
तू तो पानी में की रानी।
कौआ तेरा भाई-भतीजा,
चील तेरी देवरानी,
बगुला तेरा प्यारा देवरा,
चोंच लम्बी तानी।
बीवी मेंढकी हो !

दामोदर प्रसाद की और भी कई खूबियाँ थीं। एक तो उच्च रईसों की तरह स्वयं रईस बनने की इच्छा से वह शाम को पैजामा और तांजेब का चुन्नटदार कुर्ता पहनकर शहर का देर रात तक चक्कर लगाता। वह पुलिस का इन्फॉर्मर था और अपने स्कूल के नौजवानों पर कड़ी नजर रखता। शहर में होनेवाली लंठई के प्रति गहरी दिलचस्पी भी थी उसकी और वह अइगा पांडे का साथी भी था। जब सदाशयव्रत के घर पर अइगा पांडे ने हमला किया तो उसने अपने तीन साथी लंठों को उसके साथ भेज दिया था, जो बुरी तरह मार खाकर कई दिनों तक अपने-अपने घर पर हल्दी-गुड़ पीते रहे।

ठीक पन्द्रह वर्ष की उम्र में दामोदर प्रसाद की शादी हो गई। सचमुच उसकी पत्नी काफी सीधी थी। वह शुरू में अपनी पत्नी पर जान छिड़कता था, जिसने तीस वर्ष की अवस्था तक लगातार पाँच पुत्रियाँ उत्पन्न करके शरीर, यौवन, बुद्धि और समझदारी गँवाकर झाड़-फूँक, टोना-टोटका तथा साधु-संन्यासी जिनकी संख्या दिन-पर-दिन बढ़ रही थी, के चक्कर में पड़कर घनघोर पुजारिन बन गई। वह तड़के ही एक डोलची लेकर गंगा-स्नान के लिए चल पड़ती। व्रत-त्योहार तो असंख्य थे, लेकिन वह एक भी नहीं छोड़ती। कलिया मछली का सेवन बन्द हो गया और परिवारजनों को अब अक्सर सिंघाड़े व कुटी के आटे के व्यंजन तथा घुइयाँ तथा शकरकंदी से सन्तोष करना पड़ता। घर के अन्दर ठाकुरजी का छोटा-सा मन्दिर था, उसमें दिन-रात घंटी बजती रहती। सुबह घंटी से ठाकुरजी को जगाया जाता, फिर जलपान, भोजन के भोग पर। फिर दोपहर में शयन कराने तथा सायं शयन से उठाने के अवसरों पर घंटी बजती। इस तरह रात्रिकाल में भोग के साथ घंटी और अन्त में ठाकुरजी के शयन की घंटी।

दामोदर प्रसाद तामसिक प्रवृत्ति का एक दुर्लभ अपराजेय व्यक्ति था और घर का धार्मिक, पूजा-पाठ वाला, उपवास-भरा तथा घंटी-घर का टुन-टुनमय सात्विक माहौल उसे काटने दौड़ता। वह घर में आने के कुछ देर बाद ही उल्टे पाँव बाहर निकल जाता, जैसे बैसाख-जेठ की दोपहर में जलती जमीन पर कोई छाँह से निकलकर नंगे पैर चलने की कोशिश करे। उसका बाहरी लम्पटपन बढ़ता

गया और जितना बढ़ता, उसकी पत्नी, सुमित्रा के पुजारीपन में भी उतनी ही वृद्धि होती जाती। ऐसी ही परिस्थिति में दामोदर प्रसाद, बनवारी की शादी में शामिल हुआ जहाँ उसे उसकी नवविवाहिता भगजोगिनी को देखने का सौभाग्य मिला। जब वह विदाई के बाद घर आई तो रमापति का दोस्त और हितैषी बनकर वह भीतर चला गया और एक बार फिर उसे अँखियाया। अब उसका दिल काबू में नहीं रहा और उसके अन्दर एक शैतान का जन्म हुआ।

शैतान का जन्म क्यों ? दरअसल हर दुष्ट प्रकृति के व्यक्ति की तरह उसे शैतानी कल्पनाओं में आनन्द आता। उसे अपने दोस्त रमापति की उन्नति और बरबादी का किस्सा अच्छी तरह मालूम है। जब रमापति बीमार पड़ा, उसी समय से उससे कटना शुरू कर दिया था उसने। एक कौड़ी की मदद नहीं की और मुफ्त की सहानुभूति प्रकट करने भी नहीं आया। वह उसी समय दिखाई पड़ा, जब रमापति की अर्थी उठ रही थी। तब वह इतना फूट-फूटकर रोया कि उन लोगों की नजर में, जो किसी बात की गहराई में न जाकर ऊपरी ताम-झाम से तत्काल प्रभावित हो जाते हैं, एक सर्वाधिक दुःखी सच्चे मित्र की प्रतिष्ठा प्राप्त करने में भी सफलता प्राप्त कर ली उसने। इसी खास कारण से उसे बनवारी की शादी में सादर बुलाया गया, जिसके बाद वह उस परिवार का परम हितैषी बन गया। तभी से उसे यह चिन्ता सताने लगी कि कहीं लड़खड़ाता बनवारी अपने पैरों पर न खड़ा हो जाए लेकिन साथ ही उसे यह सोचकर भी खुशी हुई कि जैसे रमापति जैसा शक्तिशाली, चतुर और स्वाभिमानी व्यक्ति रोगग्रस्त और दुर्बल होकर बरबाद हो गया, उसी तरह क्या उसका लड़का उससे भी अधिक दुर्गति को प्राप्त नहीं होगा ? टी.बी. क्या इस बार ईश्वरीय न्याय बनकर इस परिवार में पुनः आएगा ? हाँ, ईश्वरीय न्याय—क्योंकि भगजोगिनी जैसी सुन्दरी का ब्याह इस नटुरे, नसफूले और निखट्टू व्यक्ति से होना सरासर अन्याय है। और यह क्या कम अन्याय है कि उस जैसा तेजस्वी पुरुष एक सूखल-संठ पुजारिन का पति बना दिया गया है ? हाँ, ईश्वर जरूर न्याय करेगा और उस हसीन, नाजुक और खिले फूल को उसकी गोद में जरूर डाल देगा।

इस विचार से वह इतना खुश और आशान्वित हुआ कि शाम को मन्दिर में जाकर भगवान की मूर्ति के सामने हाथ जोड़कर सच्चे मन से प्रार्थना करने लगा : 'हे अन्तर्यामी, गिरिधारी, छैलबिहारी, एक सीधी-सादी पवित्र भारतीय नारी पर काफी अन्याय हो गया है। उसका हाथ एक कुरूप और निकम्मे व्यक्ति को दे दिया गया है। इसी तरह मेरे साथ भी बड़ा अन्याय हो गया है। मेरी शादी एक बज्र पुजारिन से कर दी गई है, जिसने मेरे जीवन को रेगिस्तान बना दिया है। हे सच्चिदानन्द, यदि आपकी कृपा हो जाए और उसकी वजह से वह सुन्दर, दुःखी स्त्री मुझे प्राप्त हो जाए, तो मैं पचास रुपए की मिठाई चढ़ाकर गरीबों में बँटवाऊँगा।''

इसमें अचम्भे की बात कुछ भी नहीं है, क्योंकि ईश्वर को लालच देने का काम भक्तों द्वारा निरन्तर होता रहता है। खैर, दूसरे दिन शाम को वह बनवारी के घर जा पहुँचा और तरह-तरह के दुर्गन्धों से भरे बाहरी बरामदे में बैठकर बार-बार दरवाजे की ओर मुँह करके अन्दर झाँकते हुए दूसरी बँसखट पर विराजमान बनवारी से बोला :

''रमापति मेरे दोस्त तो थे, लेकिन मैं उनसे उम्र में काफी छोटा हूँ। लम्बे-चौड़े शरीर से पता नहीं लगता। मेरी उम्र अभी तीस नहीं पहुँची। हँसने की बात नहीं। सच कहता हूँ। मैं तो पारिवारिक झंझटों में फँस गया था, नहीं तो मैं रमापति को पटना-कलकत्ता ले जाकर दवा-दारू कराता। गाँव के नाते भी रमापति मेरे चाचा ही लगते थे। तुम आज से मुझे अपना बड़ा भाई समझो। तुमको आज से किसी बात की चिन्ता करने की जरूरत नहीं। बहुत पैसा है मेरे पास। किसी बात की कमी नहीं। कोई भी जरूरत पड़े, बिना संकोच कहना। खैर, छोड़ो इन छोटी बातों को। खास बात मैं यह कहने आया हूँ कि तुम रमापति की फल की दुकान फिर खड़ी कर लो, और जो पैसा लगे साफ-साफ बताओ। किसी बात की फिक्र न करो। जो पैसा मैं दूँगा, वह तुम्हारा होगा। उसे लौटाने

की जरूरत नहीं होगी, फिर जरूरत होगी तो और दूँगा...''

''चाचा, सोच तो मैं भी रहा हूँ...''

''अरे चाचा नहीं भाई...भाई साहब कहो। मुझे...मुझे अपने सगे बड़े भाई से भी अधिक सगा समझो। मैं रमापति को गाँव के नाते से चाचा कहता था, क्योंकि वह मेरे चाचा के असली दोस्त थे और मेरे पिताजी को 'भैया' कहते। ठीक है, तुम क्या कह रहे थे ?''

''मैं कह रहा था...मैं कह रहा था, पैसा कुछ मैंने जोड़ लिया है। कुछ की कसर रह गई है, यही समझिए डेढ़-दो हजार रुपए हो जाएँ तो अच्छी दुकान खुल जाए। आप कर्ज समझकर दे दें, पाई-पाई चुका दूँगा। या इस धन्धे में चार-छह आने के भागीदार बन जाएँ...दुकान हम दोनों चलाएँगे और साल के आखिर में नफा-नुकसान का हिसाब होगा...''

दामोदर प्रसाद गम्भीर होकर कुछ देर तक सोचता रहा, फिर मीठी हँसी हँसकर बोला :

''अरे यंगर ब्रदर, तुम जो कहोगे वही कर दूँगा। चलो छह आने का भागीदार बन जाता हूँ। पैसे कल ले लो और काम शुरू कर लो। मैं कहीं और काम करता हूँ, दुकान पर नहीं बैठ सकता। हाँ, दौड़-धूप के लिए कहोगे तो दूसरे शहरों में दौड़ जाऊँगा। लिखा-पढ़ी में मैं यकीन नहीं करता। कोर्ट-कचहरी में विश्वास नहीं है मेरा। जबान असली चीज है। एक बार जो जबान से निकल गया, वह पत्थर की लकीर है। चलो, एक कच्चे कागज पर लिखा-पढ़ी भी हो जाएगी। एक कॉपी तुम रखना, एक कॉपी मैं। खुश ?''

''चाचा...''

''फिर वही...भाई साहब, या भाई कहो ब्रदर।'' दामोदर प्रसाद ने टोका।

''भाई...साहब, पक्के कागज पर लिखा-पढ़ी ठीक होगी...''

''खैर, ठीक है, जो तुम कहोगे, वही करूँगा। कल कचहरी चलो, वहाँ वकील से पक्का कागज बनवाकर उस पर हम दोनों दस्तखत करेंगे। चलिए, यह भी ठीक है...।''

बनवारी सरल, ईमानदार, बुद्धिमान, विश्वासी, परिश्रमी और हौसलेवाला व्यक्ति था। उसे अपनी पत्नी से भी बड़ा सहयोग मिला। भगजोगिनी ने सारा घर सँभाल लिया। वह उन्हीं स्त्रियों में थी, जो अपने को सती की तरह पतिव्रता मानकर अपने पति को, चाहे वह जैसा भी हो, साक्षात् शिव समझती हैं। फल-मेवे की दुकान खुल गई। इसके लिए बनवारी ने बड़ी दौड़-धूप की। वह पुराने थोक व्यापारियों से मिलने दिल्ली और पेशावर तक गया। उसने काफी विनम्रतापूर्वक अपने सभी धनी-मानी और रईस ग्राहकों के घर जाकर हाथ जोड़कर कहा :

''अब आपको बढ़िया फल-मेवे के लिए परेशान होने की जरूरत नहीं है। आपकी दुकान फिर खुल गई है, आपको कहीं जाने की जरूरत नहीं है, आप घर बैठे रहें, आपका फलवाला फिर आपको नागपुर का संतरा, हरी छाल के केले, चमन के अंगूर, शिमला-काश्मीर के सेब और काबुल के मेवे रोज खिलाएगा। किसी को भी दुकान पर भेज दीजिए, वाजिब दाम पर सबकुछ मिलेगा ताजा-ताजा। बस, सेवा का मौका देते रहें। शादी-बारात, पूजा-पाठ, छठी-बरही, ओछवानी-हरीरा, बीमारी-हैरानी, हर मौके पर यह सेवक आपकी खूब सेवा करेगा...।''

बनवारी अपने पिता की तरह अकड़ू और घमंडी नहीं था। वह कम बोलता, लेकिन मीठा बोलता। उसकी भाषा और मुहावरे बदल गए। वह घर के लोगों का ख्याल रखता और पास-पड़ोस का भी। उसने दुकान खुलने के लिए मन्दिर में प्रसाद चढ़ाया और मोतीचूर के चार-चार लड्डू पास-पड़ोस, रिश्तेदारों, मित्रों और खास-खास ग्राहकों के यहाँ भेजवाए। रमापति का पूजा-पाठ में खास विश्वास नहीं था, लेकिन बनवारी रोज रात में नहा-धोकर मन्दिर जाता, कीर्तन सुनता और आरती के बाद भगवान की मूर्ति के सामने सिर नवाकर प्रार्थना-विनती करता।

उसकी दुकान चल निकली। फिर तो खूब चली। शायद रमापति ने भी ऐसे बढ़िया सेब, अनार

और अखरोट-किशमिश न बेचे होंगे। रमापति तो हर ग्राहक को थोड़ा या बहुत दुःखी जरूर कर देता, मगर उसका बेटा बोली, वचन से मिठास बढ़ाता, मोल-तोल में भी मुरव्वत करता, इसलिए उसके फल और मेवे और भी मीठे तथा जायकेदार लगते।

भगजोगिनी अपने पति पर निहाल थी। वह ऐसा मर्द पाकर अत्यधिक सन्तुष्ट और खुश थी। लम्बा, तगड़ा और सुन्दर मर्द किस काम का अगर वह कामचोर, झूठा तथा विश्वासघाती हो ! मर्द वह है जो हिम्मती, समझदार, मेहनती, विश्वासी, संकल्पी और समस्याओं का सामना करके उन पर विजय प्राप्त करनेवाला हो। वह रोज ईश्वर से प्रार्थना करती, 'हे प्रभु, मेरे शिवजी को मजे में रखना, उनकी रक्षा करना, उनको काम-धन्धों में तरक्की देना।' अपने पति के लिए वह तीज व्रत का बड़ी कड़ाई से पालन करती। वह उसके पास बैठकर उसे ठूँस-ठूँसकर नाश्ता और भोजन कराती। रात में देर तक उसके सिर में तेल लगाती और बदन को चाँपती। उसके कपड़े साफ रखती और उसका हर सामान तैयार करके निश्चित जगहों पर रख देती। शाम को दुकान बढ़ाकर जब बनवारी फल-मेवों को पेटियों में बन्द करके घर ले आता तो उनको सहेजकर रखती। सवेरे फिर बाजार ले जाने के पहले पति-पत्नी उन पेटियों की पूजा करते, उनके सामने अगरबत्ती जलाते।

बनवारी की पत्नी ने कभी किसी दूसरे मर्द को ठीक से देखा भी न होगा। अनेक सुन्दर मर्दों के सामने भी उसका मर्द उसे सबसे खूबसूरत लगता। लेकिन वह ऐसी दुनिया में रहती थी, जहाँ उसका मर्द तो दूसरों की पत्नियों से सिर नवाकर इज्जत से बात करता और दूसरे अनेक विवाहित पुरुष उसको अपने पति के साथ शान्तिपूर्वक नहीं रहने देकर सदा ताकझाँक की कोशिश करते, आँखें फाड़कर घूरने लगते, अश्लील इशारे करते। विशेष रूप से वह दामोदर प्रसाद से बहुत परेशान रहती। वह धन्धे का पार्टनर होने के अधिकार से बिना जरूरत, अनचाही और कुटाइम सलाह के लिए रात-विरात या तड़के अँधेरे में पहुँच जाता। लेकिन उसके बदले वह अश्लीलता-बोझिल चुटकुले और अपने अभिनय की प्रशंसा के किस्से रंगमंच के जोकर की तरह सुनाने लगता। बनवारी अपनी पत्नी से उसका स्वागत-सत्कार करने के लिए कहता। भगजोगिनी का मुँह गम्भीर हो जाता। वह कभी हलवा बनाकर खिलाती और कभी पकौड़ी। वह अपने पति का जी दुखाना नहीं चाहती थी। लेकिन एक बार खीझकर उसने कहा :

''आपमें सभी अच्छाइयाँ हैं, मगर इतनी सिधाई ठीक नहीं। इससे आपकी बीवी हल्की बनती है। मुझे यह आदमी ठीक नहीं लगता, इनसे साफ क्यों नहीं कहते कि यह नौ बजे रात के बाद और सुबह तड़के न आया करें। हर बात के लिए समय होता है। इनकी बातों में धन्धे-वन्धे के बारे में कुछ नहीं होता, बस हँसी-मजाक करते रहते हैं ! क्या मतलब है इसका ?''

''अरे, गाँव के हैं, धन्धे में भागीदार हैं, छह आना लगाया है तो साल में उसका मुनाफा भी पहुँचा देता हूँ और कोई मदद नहीं करते। उम्र में मुझसे बड़े हैं, बाबू के दोस्त भी रहे हैं, इसी वजह से लेहाज भी करता हूँ। क्या कुछ कहा है तुमसे ?''

''मुझसे कुछ बोलेंगे तो जबान खींच लूँगी। मैं दलसिंगार राउत की बेटी हूँ। वह सीधे-सादे हैं, मगर ब्राह्मण-ठाकुर, खाँ-मुगल किसी का बरदाश्त नहीं करते। मैं सती हूँ, पार्वती हूँ, उसने ऐसा-वैसा कुछ कहा तो उसके लिए काली भवानी बन जाऊँगी। इस बारे में आप चिन्ता न करें, मैं तो कह रही थी कि यह कोई कायदा नहीं है। यह आराम करने का समय है, अपने घर जाकर अपने बच्चों के बीच आराम क्यों नहीं करते तुम ?''

बनवारी कुछ सोचने लगा। फिर धीरे-धीरे बोला, ''मैं समझ गया। कल ही मैं साफ-साफ कह दूँगा। इधर मैं धन्धे का रिश्ता तोड़ना नहीं चाहता, दुकान और जम जाए तो इनको अलग कर दूँगा। इनके रहने से नुकसान भी है, कुछ करते-धरते नहीं। एक बार इनसे पेशावर जाने के लिए कहा तो तरह-तरह के बहाने करने लगे। मुझे ही अकेले सबकुछ करना पड़ता है। सोचता हूँ इस बार

गर्मी में आम और कटहल के बगीचों का ठेका मिल जाए तो धन्धा कुछ आगे बढ़े। इसी शहर में हमारे कई धनी-मानी गहकी हैं, उनके गाँवों में बड़े-बड़े बगीचे हैं, जिनकी वे देखभाल नहीं कर पाते। इस मामले में वे दिलचस्पी भी नहीं लेते, बगीचों के फल-वल गाँव के लोग और उनके भी आदमी-जन खा-पचा जाते हैं। मैंने दो-तीन जमींदार-रईसों से बात की है, जब यह मामला फिट हो जाएगा तो तुम्हारे छोटे भाई बृजलाल को यहाँ बुला लूँगा, वह बेकार में ताड़ी पीकर इधर-उधर घूमता रहता है...।''

''अच्छा ! तो क्या कहा आपने उन रईसों से कि वे बगीचे ठेके पर देने को तैयार हो गए ?'' भगजोगिनी की आँखें कुतूहल से चमकने लगीं।

बनवारी ने गर्व से अपनी फूली हुई छाती को और भी फुलाकर कहा :

''मैंने साफ-साफ कह दिया कि फल-फूल की कीमत आप लोग नहीं समझ सकते, वह तो हम लोग ही जानते हैं। चलिए हमारे साथ सेब, सन्तरे, अखरोट के बगीचों में, वहाँ उनकी शुरू से ही इस तरह सेवा होती है, जैसे बच्चों को पाल-पोषकर बड़ा किया जाता है। आप लोग अपने पेड़ों की भी कद्र नहीं करते। जो चाहता है पेड़ काट लेता है, लकड़ी बेरहमी से तोड़ लेता है, बौर-फूल लगने के बाद ही कच्चे फलों पर ढेले चलने शुरू हो जाते हैं। पेड़ तो इनसान के सेवक हैं बाबूजी, उनमें दया-माया होती है, उनको भी दुःख-दर्द होता है। वे तो छाया और ठंडक देते हैं, फल-फूल देते हैं, जड़ी-बूटियाँ देते हैं, उनके साथ इतना अन्याय क्यों ? आप हमें इन बगीचों का ठेका दे दीजिए, तब आप देखिएगा कि किस तरह आपके पेड़ों और उनके फलों की सेवा होती है। आपके पास सुन्दर फल भी पहुँचेंगे, आपको और हमें दो-दो पैसे भी मिलेंगे और दूसरे लोग भी खाएँगे। एक फल भी बरबाद नहीं होगा...।''

वह हाँफ गया। भगजोगिनी उसे आश्चर्य-भरे प्यार से देखने लगी। दूसरे दिन बनवारी ने दामोदर प्रसाद से विनम्रतापूर्वक ही स्पष्ट शब्दों में कह दिया :

''भाईजी, हमें तड़के ही उठकर फलों को झाड़-पोंछकर दुकान भेजने के लिए तैयार करना पड़ता है। अगर जल्दी न सोएँ तो भोर में उठ न सकेंगे, शरीर अकड़ा-का-अकड़ा रहेगा, कोई काम भी नहीं हो सकेगा। जब से बाबू मरे हैं, मेरी माई भी बीमार रहने लगी है, उसे कुछ-न-कुछ लगा रहता है। अब सारा भार हमारी जनानी पर पड़ रहा है। आपको मुझसे कोई काम हो तो अपने घर पर बुला लिया करें या दुकान पर आ जाएँ, 9 बजे के बाद आने से हम सो भी नहीं पाते...।''

दामोदर प्रसाद क्रोध-भरे अचम्भे से उसे देखने लगा। इसकी इतनी हिम्मत ? किसी तरह उसने अपने क्रोध को दबाया और टेढ़ी मुस्कुराहट के साथ कहा, ''अरे ब्रदर, पहले ही क्यों नहीं बता दिया यह सब ? यह तो आपस का मामला है, कोई समस्या नहीं है इसमें, मैं तो तुम्हारा हितैषी हूँ, जान कुर्बान कर सकता हूँ तुम्हारे लिए।''

इसके बाद सबकुछ ठीक चलने लगा। दुकान अच्छी जम गई। शहर में उसकी दुकान और स्वयं वह, दोनों ही लोकप्रिय हो गए। महीन धोती, कुर्ता, पहनकर, आँखों में काजल या सूरमा, गले से लटकती काले धागे में बँधी ताबीज। कभी-कभी उत्साह में होता तो सोने की पतली चेन पहन लेता। कमी यही थी कि दौड़-धूप करनेवाला कोई और सहयोगी नहीं था उसका। समस्या उस समय होती, जब दोपहर में दुकान बन्द करके भोजन के लिए उसे घर जाना होता। उसने अपने छोटे साले को बुलवाया था, मगर उसने मना कर दिया। वह किसी का 'गुलाम' बनकर रहने को राजी नहीं हुआ, भले ही वह अपना खास बहनोई क्यों न हो। वह खुद अपना एक स्वतन्त्र धन्धा करना चाहता है। तब बनवारी अपनी माँ को कुछ देर के लिए बिठा देता दुकान पर, लेकिन जब माँ की तबीयत ठीक न होती तो समस्या फिर खड़ी हो जाती। अन्त में वह सबेरे ही अपने साथ खाना एक डिब्बे में बन्द करके ले आने लगा, साथ ही दौड़-धूप करनेवाले एक ऐसे विश्वासी आदमी की तलाश भी

करने लगा, जो धन्धे को आगे बढ़ाने में उपयोगी हो।

परन्तु छह वर्ष बीतने के बाद सातवें वर्ष में प्रवेश करते ही उसको बुखार और खाँसी आने लगी। देखते-ही-देखते उसकी छाती के अन्दर बलगम भर आया, जो बाहर से भी सुनाई देने लगा, जैसे कोई हिंसक जानवर धीरे-धीरे गुर्रा रहा हो। भगजोगिनी और उसकी सास का रोआँ-रोआँ काँप उठा। इस बीच भगजोगिनी को दो बच्चे हुए थे—पहली लड़की और दूसरा लड़का। दोनों ही बच्चे अपनी माँ पर गए थे—यानी खूब स्वस्थ और सुन्दर ! भगजोगिनी के स्वास्थ्य पर भी कोई असर नहीं था, वह अब भी एक अविवाहित लड़की की तरह चंचल व जीवन्त थी। बीस की सीमा भी कहाँ छू पाई है वह !

24

पंडित बुलाया गया, पत्रा दिखाया गया। महामृत्युंजय जाप भी हुआ। मामूली वैद्य-हकीम से आरम्भ करके एलोपैथिक डॉक्टरों तक कई दौड़ों के बाद झाड़-फूँक, ओझा-सोखा, सबकुछ हुआ। दिन-पर-दिन हालत बिगड़ती गई। दुर्लभ अवसर जानकर सबने रोगमुक्त कराने के 'ईश्वरीय' आश्वासन दे-देकर खूब चूसा।

दुकान पहले चौपट हो गई थी। बहुत-से फल सड़ गए। जो सामान बचे वे कई फलवालों को औने-पौने दाम में बेच दिए गए। कई बार विभिन्न शहरों से फलों-मेवे की बिल्टियाँ आकर लौट गईं। उन्हें छुड़ानेवाला कोई नहीं था। भगजोगिनी घबरा गई। सभी गहने बेचे जा रहे थे। घर में पैसे अब थे ही नहीं। रोगी की महँगी दवा करें, मरीज को दूध-पनीर, अंडा खिलाएँ, बच्चों को दें या खुद रूखा-सूखा खाएँ। विवाहित लड़कियों से कुछ आर्थिक मदद मिली थी, भगजोगिनी के मैके से भी कुछ आया। लेकिन उनकी ऐसी हैसियत नहीं थी—भगजोगिनी के मैके वाले तो पहले ही दुकान के लिए पैसे की मदद दे चुके थे। इसी समय किसी डॉक्टर ने सलाह दे दी कि बनारस जाकर कबीर चौरा अस्पताल के डॉक्टर व्यास को या मशहूर वैद्य सत्यनारायण शास्त्री को दिखाएँ, 'इस शहर का कोई भी डॉक्टर इनको अच्छा नहीं कर सकता।'

भगजोगिनी फूट-फूटकर रोने लगी। यह देखकर उसके दोनों बच्चे भी गला फाड़-फाड़कर चिल्लाने लगे। उसकी सास काठ का कलेजा लिए हुए यह सब सूखी आँखों से देखती रही। फिर वह बिना कुछ बोले अपनी कोठरी के अन्दर चली गई और वहाँ से सोने के दो मोटे कंगन के साथ वापस आकर बहुत धीमे स्वर में बोली :

"दुःख न करो दुल्हन, हिम्मत से काम लो। विपत्ति में हिम्मत ही काम देती है। बहुत ही गहने थे मेरे पास। तुम्हारे ससुर की कमाई से मैंने कौन-सा सुख नहीं भोगा। पर दैव से मेरा सुख देखा नहीं गया। किसी के सामने कभी माथा नहीं झुकाया तुम्हारे ससुर ने। उन्होंने सबको दिया, किसी से कुछ लिया नहीं। जब उनके मुँह में खून नहीं रहा, आँखें एकदम धँस गईं और दो-चार साँस ही बाकी रही, तब भी उनकी गर्दन तनी रही। ईश्वर-भगवान से भी उन्होंने अपनी जान की भीख नहीं माँगी..." अपनी सुबकियों को नियन्त्रित करने के बाद उसने कहा, "तब से कलेजे पर पत्थर बाँधकर रह रही हूँ। तुम बबुआ को बनारस जरूर ले जाओ। मैं भी चलूँगी। यह आखिरी गहना है, कुछ और जुटाने की कोशिश करूँगी। बबुआ अच्छे होंगे। हाँ, बबुआ को गहने की बात न बताना। यह सोचना पड़ेगा कि वहाँ कहाँ ठहरा जाएगा। कोई धर्मशाला मिल जाएगी...।"

"मेरे सगे मौसा पियरी मोहल्ले में रहते हैं। बड़ा रुतबा है उनका। कचहरी में अफसर के अर्दली हैं। ऊपर की आमदनी बहुत है, रोज काफी रुपए लाते हैं घर पर। मौसा-मौसी, दोनों ही काफी

ख्याल-बात करते हैं...।''

''तब तो ठीक ही है। अरे, कुछ दिनों तक रहेंगे, डॉक्टर दवा बता देगा तो यहाँ लौट आएँगे और यहीं रहकर दवा-दारू होगा। बीच-बीच में कोई चला जाएगा, मैं ही चली जाऊँगी हाल-चाल बताने।''

भगजोगिनी की सास पहले कंगन लेकर रमाशंकर सोनार के पास गई थी। वह काम में व्यस्त था, इसलिए आँखें उठाए बगैर धीरे-से बोला, ''मैं तो यह काम नहीं करता अब। हमारे पिताजी यह सब करते थे। गहनों को गिरवी रखना, उस पर रुपए देना, कर्ज देकर सूदखोरी का धन्धा—यह सब मैंने छोड़ दिया है। मुझे यह अच्छा नहीं लगता। गरीब लोगों की आदत खराब हो जाती है, उनका पैसा डूब जाता है...।''

उसने सिर उठाकर देखा। सहसा चौंक गया, ''अरे चाची, तुम हो। क्या हो गया...।''

बनवारी की माँ अब अपने को रोक न सकी। रो-रोकर उसने सबकुछ बता दिया। रमाशंकर कुछ देर तक सिर झुकाए बैठे रहा। फिर बोला :

''देखो चाची, रमापति चाचा जब मरे तो मैं जेल में था। जेल से आने पर पिताजी मर गए और मुझ पर घर-गृहस्थी का बोझ आ पड़ा तो मुझे किसी बात के लिए फुरसत नहीं मिली। खैर, छोड़िए उन बातों को। कितने रुपयों की जरूरत होगी तुमको चाची...।''

''कितने मोटे कंगन हैं...।''

''कंगन का हिसाब छोड़ दो और अपनी जरूरत बताओ...।''

''दो सौ रुपए मिल जाते तो...।''

''चाची, घबराओ नहीं, बिना किसी संकोच के अपनी जरूरत बता दो। दो सौ से अधिक जरूरत होगी तो मैं उसका भी इन्तजाम करूँगा...।''

''तब भैया तुम जो समझो, दे दो...।''

रमाशंकर ने गौर से उसे फिर देखा। फिर वह भीतर जाकर कुछ देर में लौट आया और उसके हाथ में साढ़े तीन सौ रुपए रखते हुए बोला :

''चाची, ये रुपए ले लो और कंगन अपने पास ही रखो। मैं साढ़े तीन सौ रुपए दे रहा हूँ, तुम पर बहुत भारी विपत्ति पड़ी है। तुम बनवारी भाई को बनारस ले जाकर दिखाओ। यह कोई कर्ज नहीं है, जब बनवारी भाई अच्छे हो जाएँगे और उनकी दुकान फिर खुल जाएगी तो तुम स्थिति सुधरने पर जब इच्छा हो इस पैसे को लौटा देना। इस पैसे का कोई भी बोझ अपने दिल और दिमाग पर न रखना और इसका कोई सूद भी नहीं लगेगा। बनारस से आकर कोई भी समस्या हो तो मुझे अवश्य बताना। कोई भी जरूरत हो...।''

बनवारी की माँ को इससे और हिम्मत मिली। कंगन रह जाने से उसे इतना इत्मीनान हुआ, जैसे वह अब बड़ी-से-बड़ी विपत्ति का सामना कर लेगी। जिस सामाजिक व्यवस्था में विपत्ति के समय कोई आर्थिक सहारा न हो, अच्छे, कुशल और सस्ते डॉक्टर, वैद्य और अस्पताल दूर-दूर तक उपलब्ध न हों, वहाँ सोना, गड़ा हुआ धन आदि बड़ा आश्वासन देते हैं। इसके बाद तो कर्जा, बँधुआ मजदूरी, गुलामी और बरबादी है।

उसी दिन वह दामोदर प्रसाद से मिली। घर पर तो वह रहता ही न था, तो उसके स्कूल गई। उसे देखकर दामोदर प्रसाद का चेहरा फक पड़ गया। मालूम तो उसे सबकुछ था, लेकिन जब से बनवारी बीमार पड़ा, वह दृश्य से ओझल हो गया था। बनवारी की माँ को अलग ले जाकर उसने आश्चर्य-भरी चिन्ता से पूछा :

''चाची, क्या बात है ? समाचार है न ? क्या बताऊँ, मैं इधर आ न सका। खाँसी-बुखार से परेशान था। हाँ, बताओ चाची, कोई खास बात है ? बनवारी की तबीयत खराब थी, अब तो ठीक

हो गए होंगे...।''

''अरे, वह तो सात-आठ महीने से बीमार हैं, तुम तो भैया इधर दिखाई ही नहीं दिए, यहाँ तो सब चौपट हो गया। वैद्य, हकीम, डॉक्टर सबको दिखाया, हालत बिगड़ती जा रही है। कुछ पैसे की जरूरत थी, विपत्ति का समय है, चार सौ-पाँच सौ रुपए की मदद दे देते...बड़ा उपकार मानूँगी...।'' उसकी आँखों से आँसू गिरने लगे, जिन्हें वह अपने आँचल से पोंछने लगी।

''अरे चाची, रोती क्यों हो ? मैं तो जिन्दा हूँ। वैसे मेरी माली हालत ठीक नहीं, मैं काफी बीमार था चाची। खूब दवा-दारू करना पड़ा, सभी रुपए खर्च हो गए, कुछ कर्जा चढ़ गया। मैं तो सोचता था कि चलूँ बनवारी भाई से कुछ उधार माँगू। अगले साल होनेवाले नफे में से एडवांस। बनवारी बड़ा अच्छा काम कर रहे थे, बड़ा नफा पीट रहे थे। आज तुम कुछ दूसरा ही बता रही हो। मैं दूर रहता हूँ, किसी ने बताया नहीं। बीमारी की वजह से इधर आया नहीं। खैर, मैं कुछ-न-कुछ मदद जरूर करूँगा चाची, तुम्हारी। मेरी तबीयत अब कुछ सँभल गई है, इसलिए कर्ज ली गई रकम में से ही मैं कुछ दूँगा। अरे, कोई चिन्ता न करो, अब स्कूल आने लगा हूँ, तनख्वाह मिलनेवाली है। अगले महीने गाँव जाऊँगा तो पैसा-ही-पैसा हो जाएगा। तुम शाम को...नहीं मैं खुद आकर दे जाऊँगा दो सौ रुपए। अभी इतना ही, बाद में देखना मैं बनवारी के लिए क्या करता हूँ, जरूरत पड़ी तो विलायत ले चलूँगा। दवा-दारू के लिए...।''

शाम को नहीं, ग्यारह बजे रात को वह पहुँचा, जब गली में कुत्ते भौंक रहे थे और घर के अन्दर से बनवारी के लगातार खाँसने और कराहने की आवाज आ रही थी। उसने दबे पाँव बरामदे में जाकर धीरे-धीरे दरवाजे को खटखटाया। भगजोगिनी ने ही दरवाजा खोला। दामोदर प्रसाद खुश होकर उसे लोलुप आँखों से देखने लगा। वह बोला :

''अरे, तुम हो ? तुम मुझसे इतना बचती क्यों हो ? मैं तो तुम्हारा हितैषी हूँ। तुम्हारे और बनवारी के लिए तो मैं जान भी दे सकता हूँ। तुम्हारी सास ने दो सौ रुपए ही माँगे थे मगर मैं तीन सौ रुपए दे रहा हूँ। तुम्हारा मुँह कितना सूख गया है। तुम अपनी तन्दरुस्ती का ध्यान रखो। कोई भी जरूरत हो, मेरे पास किसी से सन्देश भेजवा दो। तुम मुझे गलत न समझो, मैं एक नेक इनसान हूँ और तुम्हारी भलाई चाहता हूँ...।''

उसने भगजोगिनी का हाथ पकड़कर उस पर रुपए रखना चाहा, मगर वह हाथ झटककर पीछे हट गई।

''माफ करो, मेरा मतलब गलत नहीं था, मैं तीन सौ रुपए गिनवाना चाहता था। खैर, ये सौ-सौ के तीन नोट हैं, दे देना चाची को। मैं कल बनवारी भाई को देखने आऊँगा...।''

दामोदर प्रसाद तो दूसरे दिन नहीं आया, परन्तु तीसरे दिन सुबह की ट्रेन से भगजोगिनी अपने पति, सास और दो बच्चों के साथ बनारस के लिए रवाना हो गई। बड़ी पियरी की गली-दर-गली के एक मकान की तीसरी मंजिल पर भगजोगिनी के मौसा बलेसर अपनी पत्नी किशोरी, चार लड़कों और एक अविवाहित बहिन दमयन्ती के साथ रहता था। जब भगजोगिनी ने सपरिवार ऊपर पहुँचकर आधा किलो मिठाई दमयन्ती के हाथ में देकर अपने मौसा-मौसी के पैर छुए तो वे अवाक् रह गए और आँखें फाड़कर इस तरह देखने लगे जैसे वे किसी को पहचानते न हों। कभी भगजोगिनी ने विवाह से पूर्व अपने मौसा बलेसर की उस समय बड़ी सेवा की थी, जब वह संग्रहिणी से घबराकर एक मशहूर वैद्य से इलाज कराने अपनी ससुराल में चले आए थे। उस समय भगजोगिनी भी अपने ननिहाल में ही थी। भगजोगिनी को मौसा-मौसी पर बड़ा विश्वास था कि वे इस विपत्ति में उसकी मदद करेंगे, मगर उनका ठंडापन देखकर वह सबकुछ समझ गई। वह विनती के स्वर में बोली :

''मौसाजी, कुछ ही दिन की बात है। आपके दामाद बीमार पड़ गए हैं, यहाँ के डॉक्टरों को

दिखाने उन्हें ले आई हूँ। ये लोग किसी होटल, धर्मशाला में जाना चाहते थे, मैंने कहा, जब हमारे खास मौसा-मौसी इसी शहर में रहते हैं तो मैं इधर-उधर क्यों भटकूँ ? जब वे सुनेंगे तो बुरा भी मानेंगे... ।''

किशोरी एक विचित्र स्थिति में फँसी हुई थी। तिरछे खड़े अपने शरीर के ऊपर तिरछी आँखों से वह कभी भगजोगिनी को देखती, कभी उसकी सास को, कभी एक टुटही-सी कुर्सी पर बैठकर लगातार खाँसते हुए बनवारी को। भगजोगिनी स्वयं अपने आठ मास के पुत्र को गोद में लिए हुए थी और उसकी ढाई वर्षीया पुत्री लीला उसकी बगल में खड़ी, बार-बार अपनी समझ में धीमी आवाज में, सिर ऊपर उठाकर अपनी माँ से कह चुकी थी, ''माई, भूख लगी है।''

समस्या तो थी, लेकिन उसका समाधान किशोरी के वश में नहीं। यानी उसे समझ में ही नहीं आ रहा था कि वह क्या करे। इसीलिए वह बार-बार पति को भी घूर रही थी। यह सही है कि वह भगजोगिनी की सगी मौसी है और उसकी शादी के समय तथा एक बार जब अपने पति और परिवार के साथ उसके यहाँ जाकर बीस दिन तक खूब स्वागत-सत्कार और आराम पा चुकी थी, उसने काफी आग्रहपूर्वक बनवारी से भी कहा था कि वह भगजोगिनी के साथ उसके यहाँ बनारस आकर रहे, गंगा स्नान करे और विश्वनाथजी का दर्शन करे। किशोरी सुन्दर थी भगजोगिनी की माँ की तरह। वह अपने पति की दुलारी थी, जो एक कलक्टर का चपरासी होने के कारण अपने को अफसर ही समझता था। वह दोनों जून अपने अफसर के यहाँ हर तरह का काम करता, औरतों व बच्चों से डाँट-फटकार सुनता लेकिन यहाँ से उसे खाने का सामान, पुराने कपड़े, कोट वगैरह भी अक्सर मिल जाते और कचहरी में अपनी हिकमत से दो-चार रुपए भी रोज कमा लेता। उसने किशोरी से कह दिया था कि वह अफसरों की बीवियों की तरह रहे, इसीलिए पड़ोस की औरतों से अधिक मिले-जुले नहीं तथा गाँव के अपने गरीब फटीचर रिश्तेदारों को बुलाए नहीं। पहले उसके कई अन्य रिश्तेदार उसके यहाँ से धक्के खाकर लौट चुके थे।

बलेसर, किशोरी के आराम के लिए अपने गाँव से अपनी बहिन दमयन्ती को यह कहकर ले आया था कि वह उसे पढ़ाएगा-लिखाएगा, लेकिन यहाँ वह सवेरे से रात तक घर-गृहस्थी का काम सँभालती रहती। अब किशोरी को अपने हाथ से एक गिलास पानी भी लेना होता तो पहाड़ की तरह भारी लगता। वह हमेशा चारपाई पर बैठकर हुक्म चलाती रहती। घंटों अपने सिंगार-पटार में लगाती और सबसे, यहाँ तक कि कुटिलता की बात भी बहुत धीमे-धीमे नाजुक मीठे स्वर में बोलती। यदि दमयन्ती, पड़ोसी, यहाँ तक कि अपना बच्चा भी उसके मन के विरुद्ध कोई बात करता तो वह अमूमन कुछ कहती नहीं बल्कि अपने पति की ओर ऐसी शिकायती नजर से देखती जिसका यह मतलब बलेसर फौरन समझकर कि 'देखिए, आपके रहते यह सब हो रहा है !' तेज आवाज में गर्जन-तड़पन करने लगता। किशोरी जानती थी कि एक अच्छे और सगे रिश्तेदार का स्वागत करना उसका कर्त्तव्य है, फिर भी एक चापलूस, घूसखोर, स्वार्थी, तुच्छ पति का प्यार-दुलार पाकर वह ग्रामीण कर्मठता, उदारता, सामाजिकता, स्वतन्त्र निर्णय बुद्धि और इन्सानियत खोकर स्वयं आलसी, आरामतलब और कुटिल बन चुकी थी। इसीलिए वह बार-बार अपने पति को अपनी परिचित शिकायती नजरों से देख रही थी।

बलेसर पहले स्वयं पशोपेश में पड़ गया था। उसे सचमुच कुछ क्षणों के लिए वो दिन याद आ गए थे जब भगजोगिनी ने उसकी तीमारदारी की थी अथवा जब वे उनके यहाँ बलिया शहर जाकर रुके तो दोनों पति-पत्नी द्वारा उसका कितना स्वागत-सत्कार किया गया। कितने तो दुर्लभ फल और मेवे खाने को मिले। लेकिन उसकी चमड़ी अब उतनी संवेदनशील नहीं रह गई थी और उसकी पत्नी की नजर ने उसके तन-बदन में आग लगा दी और वह फौरन सबकुछ भूलकर अपनी पत्नी पर ही गरजने-तड़पने लगा :

''तुमसे बार-बार कहा कि चारपाई पर लेटी रहो। जब डॉक्टर ने मना कर दिया है कि एक तिनका भी न उठाओ तो क्यों जान दे रही हो। मैं तो हमेशा यहाँ रह नहीं सकता। अफसर लोगों ने कितनी जिम्मेदारियाँ मुझ पर छोड़ रखी हैं। यह तो आज संडे है तो मैं यहाँ इस समय हूँ। मैं किसी ससुरे की परवाह नहीं करता। बच्चों को आराम मिले या नहीं मिले, कोई रहे या जाए, तुम्हें चारपाई से नहीं हिलना। दमयन्ती, एक कमरा खाली कर दो, देखना तुम्हारी भाभी कुछ करने-धरने न पाएँ। मैंने तो तुमसे कई बार कहा है कि तुम्हारी भाभी को तकलीफ न हो, मगर तुम भी दुष्ट होती जा रही हो। जिसको देखो, वही हमें तकलीफ देने चला आ रहा है। जल्दी करो...।''

आखिरी वाक्य उसने तड़पकर इतने जोर से कहा कि आस-पास की मक्खियाँ और मच्छर उड़ गए और वहीं छिपा कोई छोटा-सा चूहा निकलकर बाहर की ओर भागा।

दमयन्ती फौरन कमरे में बिछी दो चारपाइयों के बिस्तरे उठाकर दूसरे कमरे में रख आई। उसने फिर भगजोगिनी के दोनों बँधे बिस्तरों को खोलकर दोनों खाली चारपाइयों पर बिछा दिए। अन्त में भगजोगिनी के पास आकर उसके बच्चे को अपनी गोद में लेकर कहा :

''आप लोग आराम कीजिए। मैं इनको दूध पिलाती हूँ...बच्ची को अभी दाल-भात देती हूँ। कोई चिन्ता न कीजिए...कोई परहेजी खाना हो तो बता दीजिए...।''

भगजोगिनी ने सूखी हँसी हँसते हुए कहा, ''दूध ले आई हूँ, उस डोलची में है, अभी पिला देती हूँ। खाना बनाने की जरूरत नहीं है। मैं साथ में रोटी, पूड़ी, ठेकुआ, सब्जी बनाकर ले आई हूँ। काफी है, खाना बनाना बाकी हो तो ये सब ले जाओ, सभी खा-पी लेंगे...।''

''माई, दाल-भात खाऊँगी...'' लीला ने बीच में टोका।

दमयन्ती ने आगे बढ़कर लीला को गोद में ले लिया, ''दाल-भात अभी मैं तुम्हें खिलाऊँगी। चलो हाथ-मुँह धुला लाती हूँ...।''

किशोरी चुपचाप लेट गई थी और बलेसर कपड़े बदलकर व्यस्ततापूर्वक नीचे उतर गया था, जैसे उसे कहीं बहुत ही जरूरी काम से जाना हो। दमयन्ती छोटी बच्ची को बाथरूम में ले गई थी और उसे फ्रेश कराके तथा उसके हाथ-मुँह धोकर एक तश्तरी में ताजा दाल-भात और निमकी (नींबू का अचार) के साथ वापस आई थी। लेकिन वह अचम्भे से देखती रह गई क्योंकि भगजोगिनी अपने बिस्तरे फिर बाँध रही थी।

उसे देखकर भगजोगिनी उसके पास आई और उसे अलग ले जाकर हँसकर बड़े प्रेम से बोली, ''बात यह है कि...तुमसे बताती हूँ, इनकी तबीयत बहुत खराब है...इन्हें अभी-अभी डॉक्टर के यहाँ ले जाना है। यहाँ से डॉक्टर का घर दूर है, हम वहीं रहेंगे। एक रिश्तेदार हैं इनके। तुम कोई चिन्ता न करो...मौसी से कहकर उन्हें परेशान न करो, मेरी कसम। यह बच्ची खा लेती है, तब तक मैं सब सामान बाँध-बूँध लेती हूँ...।''

''अरे, यह आप क्या कर रही हैं ?'' दमयन्ती हाथ जोड़कर गिड़गिड़ाकर बोली, ''खाना सब तैयार है, गुसलखाने में पानी भरा है, तब तक आप लोग नहा लें। मैं सब्जी जल्दी ही बना लूँगी। भैया की बात का बुरा न मानें, मैं आप लोगों की सभी सेवा करूँगी...।'' वह रोने लगी।

लेकिन भगजोगिनी नहीं मानी। दरअसल जब दमयन्ती छोटी बच्ची को तैयार कराने भीतर ले गई थी, बनवारी ने धीरे-से कहा, ''माई, अभी कुछ देर पहले यहाँ आते समय मैंने एक धर्मशाला देखा था, वहीं चलो, यहाँ मेरी साँस घुट रही है। ये बिस्तरे फिर से बाँध लो...।''

''अब बेटा आए हो तो एक-दो दिन आराम कर लो, फिर कहोगे तो धर्मशाला चलेंगे...।''

''नहीं माई, यह ठीक नहीं है। मौसी भी बीमार हैं। माई, मैं मरूँगा नहीं, धर्मशाला में आराम से रहेंगे, डॉक्टर को दिखाएँगे और दस-पन्द्रह दिन दवा कराके घर लौट जाएँगे। फिर वहीं से दवा चलेगी। मैं अच्छा हो जाऊँगा माई ! यह मेरा फैसला है, मुझे ले चलो यहाँ से...।''

वह हाँफ तो रहा ही था, उसे जोर की खाँसी भी आई। भगजोगिनी ने भी उसका समर्थन किया। वह सब तैयारी करके अपनी मौसी के पास गई विदा लेने। उसने अपनी बात बताई। किशोरी ने एक बार भी रुकने को नहीं कहा। बस, टुकुर-टुकुर देखते हुए बहुत ही अशक्त आवाज में बोली :

"जा रही हो ? हाँ, देखो, तुम लोग आए हो और मैं बीमार पड़ गई हूँ ! इनको तो फुरसत ही नहीं। किसी बात की जरूरत पड़े तो सन्देश कहला देना।"

दमयन्ती सारी परिस्थिति समझ चुकी थी। जब वे चले गए तो वह अकेले में फूट-फूटकर रोने लगी। वह जानती है कि उसकी भाभी को कुछ भी नहीं हुआ है। इस तरह का नाटक वह अक्सर देखती है, जब पड़ोस की स्त्री या कोई रिश्तेदार आता है। उसके दिल को आघात लगता है। उसके गाँव में तो लोग एक-दूसरे से सहयोग करने को तैयार रहते हैं। हर मौके पर दौड़ पड़ते हैं। शहर में क्यों ऐसा होता है ? वह देख चुकी है कि उसके भाई अपने अफसरों की किस तरह चाटुकारी करते हैं, हमेशा उनके स्त्री-बच्चों के सामने भी सिर झुका रहता है, घिग्घी-सी बँधी रहती है, ठीक से हँस-बोल नहीं सकते, 'अच्छा हुजूर' के अलावा कुछ भी नहीं निकलता मुँह से। और यहाँ घर में अफसरों की नकल करने की कोशिश करते हैं, सबसे घुड़क-घुड़क बोलते हैं, अपने को सबसे ऊँचा दिखाने की कोशिश करते हैं। क्या इसे ही शहर कहते हैं ? कैसे सन्तोष मिलता है ऐसे व्यवहार से ? क्या शहर का हर आदमी अपने से जोरदार की चापलूसी और अपने से कमजोर को सताता रहता है ?

धर्मशाला मिलने में उन्हें बहुत कठिनाई नहीं हुई। पन्द्रह दिनों के लिए एक कमरा मुफ्त मिल गया, उससे अधिक रहना हो तो किराया लगेगा। कमरे के साथ एक छोटा-सा बरामदा लगा है जिसमें भोजन बनाया जा सकता है। शौच और स्नान के लिए कुछ दूर जाना पड़ता है, करीब पचास गज। धर्मशाला में एक भोजनालय भी है, वहाँ भी जो चाहे खा सकता है। कोई चारपाई तो नहीं है, मगर कमरा अच्छा-खासा और उसकी फर्श भी पक्की और साफ-सुथरी है, अतः भगजोगिनी ने एक ओर किनारे सामान करीने से रखकर बीच में फर्श पर बनवारी का बिस्तर लगा दिया, जिसके लिए वह एक गद्दा भी ले आई थी। दूसरे किनारे उसने दो दरियाँ अलग-अलग बिछा दीं, जिन पर बच्चे सो सकते हैं और वे सास-पतोह भी जब चाहे पीठ सीधी कर सकती हैं।

भगजोगिनी एक बोरे में दो बाल्टियाँ, लोटा, गिलास और कुछ हल्के बर्तन भी ले आई थी। वह दौड़कर नल से दो बाल्टी पानी ले आई और बरामदे में रखे एक पुराने स्टूल पर बनवारी को बिठाकर स्वयं उसके पैर, हाथ और मुँह धोए, उनको अच्छी तरह पोंछा और अन्त में उसको बिस्तरे पर बिठाकर खाने के लिए उसके सामने एक छिपुली में रोटी, आलू की मसालेदार लटपट सब्जी, एक उबला अंडा और आधा गिलास दूध रख दिया।

बनवारी की भूख मर चुकी थी, उसे किसी चीज में कोई स्वाद नहीं मिलता। मुँह में हमेशा थूक भरा रहता, उबकाई आती रहती। उसके गालों के गड्ढे बहुत गहरे हो गए थे, धँसी आँखें, किसी दूर, घोर अन्धकार में टिमटिमा रही थीं। हाथ के गट्टे किसी पतली लकड़ी की तरह सूख गए थे, जैसे हल्का जोर लगाने या आघात लगने से दो टुकड़ों में टूट जाएँगे। हथेलियों की हरी-नीली नसें ऊपर-नीचे दिखाई दे रही थीं और पतली-सूखी भिंडियों की तरह उसकी उँगलियाँ रोटी-सब्जी के हल्के निवाले का भार भी नहीं उठा पा रही थीं। बस उसकी धड़ ही मोटी और फूली थी जिसके अन्दर रुके अनन्त बलगम की हल्की गड़गड़ाहट बीच-बीच में उभर आती।

भगजोगिनी ने उसे चिन्ता से देखा। फिर वह अपने हाथ से कौर बना-बनाकर उसके मुँह में डालने लगी। जिद्द करने पर वह मुश्किल से डेढ़ रोटी, अंडा और दूध ग्रहण कर सका। पानी पीने के बाद वह बिस्तरे पर लेट गया। उसकी आँखें मुँद गईं। कुछ देर बाद आँखें खोलने के बाद क्षीण

मुस्कुराहट से वह बोला :

''माई, यहाँ कितना इत्मीनान है। जिसने भी धर्मशाला बनवाई है, वह कितना बड़ा आदमी होगा। सच्चा इनसान ! मुझे कल ही डॉक्टर के यहाँ ले चलो। माई, मैं मरना नहीं चाहता। मैं जल्दी-से-जल्दी अच्छा हो जाना चाहता हूँ...।''

''तुम अच्छा तो हो ही जाओगे, बबुआ, बाबा विश्वनाथ तुम्हारा सभी क्लेश दूर करेंगे।''

बरामदे में एक छोटा-सा चूल्हा बना था। दोनों सास-पतोह पूछताछ कर पास ही से आटा-दाल, सब्जी, मोमबत्ती, माचिस, थूकने के लिए छोटी-सी हँडिया तथा कुछ अन्य जरूरी सामान ले आईं। वहाँ एक ग्वाला आता था, उससे साँझ-सवेरे दूध देने को कह दिया गया था। दूसरे दिन के नाश्ता-पानी, भोजन के लिए सभी चीजें तैयार थीं। रात में तो वही भोजन हुआ, जो भगजोगिनी बलिया से बनाकर ले आई थी।

जब रात में खा-पीकर सभी सो गए यानी बनवारी को भी कुछ देर के लिए नींद आ गई तो भगजोगिनी बरामदे में आकर स्टूल पर बैठ गई। सितम्बर का महीना बीत रहा था, दिन में ग़र्मी पड़ती थी, लेकिन रात अपेक्षाकृत कुछ ठंडी हो जाती थी। पहले तो उसे लगा कि उसका कलेजा मुँह के रास्ते बाहर आ जाएगा। फिर वह मुँह को आँचल से दबाकर निःशब्द रोने की कोशिश करने लगी। काफी हिम्मत बाँधे हुए थी वह। उसे अपने ऊपर विश्वास था। अपने सौभाग्य तथा भगवान और देवी-देवताओं पर भी अगाध विश्वास। मगर इस समय सब्र का उसका बाँध टूट गया। दरअसल वह अपनी मौसी और मौसा के व्यवहार से अत्यधिक आहत थी। एक गुम चोट की तरह पहले उसे महसूस न हुआ, जिसका दर्द इस एकान्त में उभर आया था। वह छटपटा रही थी और इस विचार की छुरी पर सिर धुन रही थी कि क्यों पियरी वाले घर में ले जाकर उसने अपने पति की बेइज्जती कराई !

दूसरे दिन डॉक्टर ने बनवारी को देखकर उसकी माँ और भगजोगिनी को डाँटा :

''आप लोगों ने काफी देर कर दी है। शुरू में आप लोग घरेलू दवाओं, सस्ते वैद्य-हकीमों, झाड़-फूँक के चक्कर में पड़ते हैं, फिर दौड़े चले आते हैं। इनको थायसिस है, टी.बी., इसका लम्बा इलाज है। इनको पहाड़ पर ले जाइए, खूब पनीर, अंडा, दूध, उबला गोश्त, रोटी खिलाइए। खूब आराम दीजिए, इनको खुश रखिए...।''

बनवारी की माँ रोने लगी। हाथ जोड़कर बोली, ''सरकार, हम गरीब हैं, इनकी बीमारी से धन्धा चौपट हो गया है, बड़ा नाम सुना था, किसी तरह पैसे का इन्तजाम करके आपको दिखाने ले आए हैं। इनको अच्छा कर दीजिए, हम पाई-पाई चुका देंगे...।''

डॉक्टर एक गोरा, स्मार्ट नवयुवक था। वह सिर झुकाकर कुछ देर सोचने के बाद बोला :

''बूढ़ी माई, मैं कुछ नहीं हूँ। एक साधारण डॉक्टर हूँ। यह राजा-महाराजा, धनी-मानी लोगों का रोग है, पता नहीं गरीबों को क्यों यह रोग देता है ईश्वर। आप दवा चलाइए, मैं आपसे अपनी फीस नहीं लूँगा, कभी-कभी दवाइयों से भी मदद मिल जाएगी। और सब तो आपको करना ही होगा। इनको अधिक-से-अधिक दूध, अंडा, पनीर दीजिए। पनीर न मिले तो छेने के रसगुल्ले खिलाइए। हम एक गुलाम देश हैं, विदेशियों ने हमारे देश को काफी चूसा है। चारों ओर भयंकर गरीबी है, अस्पताल, डॉक्टर वगैरह बहुत कम हैं। यह सोचकर सन्तोष कीजिए कि जब देश आजाद हो जाएगा तो गरीबी दूर होगी और लोगों की तन्दरुस्ती का भी काफी ख्याल रखा जाएगा। मैं दवा लिख देता हूँ, रोज नियमित समय पर दवाई देते रहिए, नागा न होने पाए। हफ्ते-हफ्ते हाल बताइए...।''

दवा होने लगी। डॉक्टर की योग्यता, सदाशयता, आंशिक मदद और हिदायतें बहुत काम न आईं। अपने घर में स्वास्थ्य की सामान्य हालत में दो सूखी रोटी खाकर सन्तुष्ट हो जाना एक बात है, लेकिन एक गरीब परिवार का बड़े शहर में रहकर टी.बी. जैसे मर्ज का इलाज अनेक समस्याएँ

उत्पन्न करता है। हर चीज महँगी है, दवाएँ तो और भी। कभी-कभी कोई दवा भी नहीं मिलती, फिर अनुभवहीन औरतें एक अपरिचित शहर में दवाई की खोज में कहाँ-कहाँ जाएँ ? अभाव की स्थिति में दवाएँ और भी महँगी। खाने-पीने के मामले में वही समस्याएँ हैं। दूध शुद्ध नहीं, बलिया के मुकाबले काफी महँगा तथा पनीर तो दुर्लभ ही है। छेने के रसगुल्ले बनवारी की पसन्द है, मगर उसकी भी एक सीमा बनानी पड़ती है। इसलिए दवाई में कभी-कभी नागा हो जाता है। पोषक-खाद्य पदार्थ तो अपर्याप्त हैं ही, लेकिन सबसे अधिक छाती के अन्दर एक चिन्ता बनवारी को भीतर-ही-भीतर और खदड़ रही है। उसके बाद भगजोगिनी और उसके दो बच्चों का क्या होगा ? इसकी माँ का क्या होगा ? पहले ऐसा ख्याल आता भी नहीं था, यदि कभी आया तो उसे आशा-भरी हिम्मत निष्कासित कर देती, लेकिन अब तो वह हिम्मत ही दरक और टूट गई है। चारों ओर से एक अन्धकार उसे घेरता आ रहा है।

उसकी हालत जब और बिगड़ी, डॉक्टर ने कहा कि इनको पहाड़ पर ले जाइए, भवाली, राँची, पचमढ़ी कहीं भी। वे घबराकर और डॉ. व्यास की दवा छोड़कर सत्यनारायण शास्त्री के पास चले गए। वह तो नहीं मिले, लेकिन उतने ही योग्य दूसरे वैद्य ने इतने महँगे भस्म बता दिए कि उनकी रही-सही हिम्मत ही साथ छोड़ गई। बनवारी ने उनकी घबराहट देखकर कहा :

''माई, मुझे बलिया ले चलो। वहाँ मैं जरूर अच्छा हो जाऊँगा। वहाँ दूध, अंडा भी सस्ता है और वहाँ का पानी तो दूध से भी अच्छा है, माई ! मैं अब यहाँ नहीं रहूँगा। सुनते हैं होम्योपैथी वाले डॉक्टर चटर्जी बहुत काबिल हैं, रोग जड़ से अच्छा कर देते हैं। बुखार, खाँसी सबकुछ ठीक हो जाएगा...।''

और कोई चारा भी नहीं था। भगजोगिनी और उसकी सास किसी तरह बनवारी, बच्चों और सामान को ट्रेन में लाद-लूदकर वापस आ गईं। शाम को डॉक्टर चटर्जी को घर पर बुलाकर दिखाया गया, जिन्होंने एलोपैथी डॉक्टरों से भी अधिक फीस लेकर नाराजी से कहा, ''आप लोग महँगे डॉक्टर और महँगे शहर में विश्वास करते हैं। खूब पैसा खर्च करके जब निराश हो जाते हैं और केस बिगड़ जाता है तो यहाँ दौड़े आते हैं। शुरू में पहले आए होते तो कब के चंगे हो गए होते, मगर आप सोचते हैं कि छोटी-सी मीठी गोली से इतना बड़ा मर्ज कैसे अच्छा हो सकता है ? खैर, धैर्य से और नियम से दवा चलाइए, समय लगेगा मगर रोग जड़ से चला जाएगा।''

यह तो जरूर हुआ कि दवा खाने से खूब बलगम निकलने लगा। डॉक्टर ने कहा कि इतने दिनों से जमा बलगम निकल रहा है, निकलने दीजिए। दवा बन्द न कीजिएगा। इससे मरीज और उसके घरवालों को भी बड़ा इत्मीनान हुआ। बलगम दिन-पर-दिन बढ़ता जा रहा था और एक दिन रात में खाँसते-खाँसते मरीज को खून की उल्टी हुई, जिससे वह स्वयं भयभीत होकर दाएँ-बाएँ देखने लगा।

''अरे माई...'' वह जोर से चिल्लाया।

इस मर्ज का पूरा किस्सा यह है कि डॉक्टर अन्त तक अत्यधिक आत्मविश्वास से आश्वासन देता रहा और परिवारजन भी विश्वास करते रहे तथा एक दिन रात में करीब तीन बजे मरीज खाँसते-खाँसते और एक साधारण खून-उल्टी के बाद बिस्तरे पर गिरकर परलोक के सफर पर निकल गया।

25

अभी कुछ देर पहले बारिश हुई थी। अँधेरी बरसाती रात है। हवा गुमसुम। करीब नौ बजे रात में

राममूरत दाहिने हाथ में लालटेन लटकाए और बाएँ हाथ में मुड़ा हुआ हिन्दी दैनिक अखबार पकड़े अपने घर से बाहर निकला। उसने चारों ओर देखकर चौराहा पार किया और नीलेश के घर के पूर्व दाहिनी तरफ उस गली में घुस गया जिसमें स्टाम्प-फरोश गिरिधर गुप्त और सस्ते वैद्य रामचरित्तर पंडित रहते थे और जो आगे घूमकर बमपुलिस गली से मिली जाती है। लालटेन इस समय बड़ी उपयोगी है। एक तो वह घोर अन्धकार में रास्ता दिख रही है, जिससे वह कीच-पानी से बचने में समर्थ है। उसकी धीमी लाल-पीली रोशनी में इधर-उधर इकट्ठा बरसाती पानी सहसा चमक जाता है। इसके ही साथ, वह यह भी जानता है कि कस्बे के बहुसंख्यक घरों की तरह रमाशंकर के परिवारजन भी रात में दीये और ढिबरी-कुप्पी से काम चलाते हुए शीघ्र ही सो जाते हैं, इसलिए लालटेन की रोशनी में अखबार पढ़ना अधिक कठिन नहीं होगा।

रमाशंकर के मकान के सामने घोर अन्धकार-भरा सन्नाटा पसरा है। वह छोटे-से ओसारे में घुसा और भीतर से बन्द दरवाजे को खटखटाते हुए बँधी आवाज में पुकारा, ''भाईजी...।''

काफी देर तक कोई जवाब नहीं आया तो उसने रुक-रुककर तीन बार और खटखटाया, तब भीतर से एक स्त्री की आवाज आई :

''कौन है ?''

''रमाशंकर भाईजी हैं ?''

''वह तो नहीं हैं, काम से कलकत्ता गए हैं...''

''कलकत्ता ? कब आएँगे ?''

''ठीक नहीं है, देर हो सकती है...''

राममूरत को यह सूचना बड़ी अटपटी लगी। रमाशंकर से इधर कई बार उसकी मुलाकात हुई है, आज भी मिले थे और कल भी मिले थे, कलकत्ता के बारे में तो उन्होंने कभी नहीं बताया। तब उसे याद आईं उनकी अन्य बातें भी। वह खुश थे कि उन्होंने खानदानी कारोबार और घर-गृहस्थी के सभी काम अपने छोटे भाई गणेश को समझा-बुझा दिया है। वह बहुत होशियार है और सबकुछ उसने सँभाल लिया है। अब वह स्वतन्त्र और निश्चिन्त हैं और इस बार आजादी की लड़ाई में जी-जान से भाग लेंगे। यदि कलकत्ता जाना होता तो वह जरूर बताते—फिर उनके जैसा बहादुर और सच्चा आदमी, ऐसे समय में यहाँ से पलायन क्यों करेगा ?

उसे सहसा यह सोचकर खुशी हुई कि पुलिस का गुप्तचर समझकर उससे झूठ बोला जा रहा है, जबकि हकीकत यह है कि रमाशंकर इस समय घर में मौजूद हैं ! उसने अपनी आवाज में गाढ़ा विश्वास भरकर कहा :

''आप विश्वास कीजिए, मैं कोई गैर नहीं हूँ। राममूरत हूँ, कांग्रेसी हूँ, भाईजी को एक बहुत जरूरी बात बतानी है। बम्बई का सब समाचार मिल गया है जिसे भाईजी जानने के लिए आज सवेरे से ही परेशान हैं...''

कुछ देर तक सन्नाटा रहा, फिर हल्की खड़-खड़ के साथ दरवाजा खुला जिससे फाँफर से सिर निकालकर एक स्त्री ने उसको घूरा। वह दो कदम पीछे हट गया था। धीमे स्वर में बोला :

''एक जरूरी अखबार भाईजी को दिखाने के लिए ले आया हूँ...राममूरत हूँ...''

''भीतर आइए...''

जब वह भीतर चला गया तो उस स्त्री ने धीरे-से दरवाजा बन्द कर लिया। गलियारे में घोर अन्धकार था लेकिन लालटेन के प्रकाश में उसका एक धुँधला अस्तित्व प्रकट हो गया। वह पतला, खाली और साफ-सुथरा था, लेकिन दरवाजे के पास टीन की एक पुरानी कुर्सी रखी हुई थी। चारों ओर मच्छर उड़कर भन-भन कर रहे थे। स्त्री के पीछे-पीछे गलियारे को पार करके जब वह छोटे-से ओसारे में पहुँचा तो एक तख्त पर रमाशंकर बैठा नजर आया।

''आओ, आओ, बैठो। क्या बताऊँ पुलिस की सरगर्मी बड़ी तेज हो गई है। सन्देह होने पर किसी को भी गिरफ्तार कर लेती है। कई निर्दोष लोग जेल में बन्द कर दिए गए हैं। तुम भी बचकर रहो, दयाशंकर, नफीस वगैरह को मैंने मना कर दिया है। खैर, वे भी काफी होशियार हैं। हाँ तो, ए राममूरत बबुआ, क्या समाचार है ?''

रमाशंकर तख्त पर पालथी मारकर धोती और खद्दर की बनियाइन में बैठा था। उसके पीछे ताक पर एक दीया जल रहा था जिसकी धीमी पीली रोशनी पूरे ओसारे में फैल भी नहीं पा रही थी। लालटेन को ईंट की फर्श पर रखकर राममूरत तख्त पर एक किनारे बैठ गया और अखबार खोलकर आगे बढ़ाते हुए बोला :

''अरे भाईजी, वहाँ तो सबकुछ हो गया। अंग्रेजों ने गांधीजी, नेहरूजी, मौलाना आजाद, आचार्य नरेन्द्र देव, सबको पकड़कर जेल में बन्द कर दिया है। देश में आग लग गई है। एक रिश्तेदार आज शाम इलाहाबाद से पहुँचे तो उनके पास वहाँ का 'भारत' दैनिक अखबार था। अब तो सभी अखबारों पर सेंसर लग गया है...''

रमाशंकर अपनी बड़ी-बड़ी आँखों को आश्चर्य से बाहर निकालकर बोला, ''अच्छा ! और यहाँ हम हाथ पर हाथ रखे बैठे हैं। बबुआ, वह स्टूल उठाकर पास रख लो और लालटेन की रोशनी में सबकुछ पढ़कर सुनाओ। हाँ, जल मँगाएँ ? मीठा के साथ... ।''

''नाहीं ए भाईजी,'' इतना कहकर राममूरत उठा और कोने में पड़ा एक पुराना जर्जर स्टूल ले आया और उस पर लालटेन रखकर अखबार की जरूरी खबरें पढ़कर सुनाने लगा।

सबसे पहले उसने 7 अगस्त, 1942 को बम्बई की एक विशाल जनसभा में दिए गए महात्मा गांधी के भाषण का सार-संक्षेप सुनाया। गांधी ने कहा था, ''हम अपनी स्वतन्त्रता लड़कर प्राप्त करेंगे। वह आकाश से टूटकर नहीं आ सकती। यह मेरे जीवन की अन्तिम लड़ाई होगी, लेकिन जो मेरे अहिंसा के सिद्धान्त से थक गए हों, वे मेरे साथ न आवें।''

इसके पश्चात राममूरत ने 8 अगस्त, 1942 को जनता के सामने अपने आन्दोलन की रूप-रेखा प्रस्तुत करते समय गांधीजी के भाषण का यह अंश पढ़कर सुनाया :

''हर देशवासी आज से अपने को स्वतन्त्र माने। सरकारी कर्मचारी कांग्रेस का साथ दें। अध्यापक और विद्यार्थी मैदान में आ जाएँ। सभी का मन्त्र एक ही होगा—'करो या मरो'। हम या तो हिन्दुस्तान को आजाद करके रहेंगे अथवा शहीद हो जाएँगे।''

राममूरत ने गहरी साँस लेकर रमाशंकर से पूछा, ''भाईजी, इसमें नेहरूजी, सरदार पटेल और मौलाना आजाद के भाषण हैं। उसके कुछ अंश सुनाएँ ?''

''अरे हाँ बबुआ, हमें सबकुछ सुनाओ। हम अभागे हैं, हमारी मातृभूमि की इतनी दुर्दशा हो रही है, हमारे प्यारे नेता जेल में हैं, और हम यहाँ निष्क्रिय बैठे हैं...'' स्वतन्त्रता के भावावेश में रमाशंकर काँपने लगा और उसकी आँखों से आँसू गिरने लगे।

राममूरत की भी आँखें आवेश में डबडबा आईं, लेकिन उसने किसी तरह अपने को रोका और सबसे पहले पं. जवाहरलाल नेहरू के भाषण का अंश सुनाया कि 'कांग्रेस तूफानी सागर में उतर रही है। वह या तो देश की स्वतन्त्रता प्राप्त कर लेगी या डूब जाएगी। यह आन्दोलन चन्द दिनों का नहीं है बल्कि आखिरी दम तक या आजादी मिल जाने तक के लिए है।'

इसके बाद सरदार वल्लभ भाई पटेल के भाषण का अंश था, ''भारत केवल भारतीयों का है। जापान के आक्रमण से भारत की रक्षा तभी सम्भव है, जब अंग्रेज समानता के आधार पर भारत की जनता का सहयोग प्राप्त करें। यदि वे ऐसा नहीं करते तो हमें स्वतन्त्रता के लिए उनसे संघर्ष करना ही पड़ेगा। इस बार का आन्दोलन बहुत बड़ा और कड़ा होगा। यह केवल कांग्रेसजनों तक सीमित नहीं होगा, बल्कि वह अपने दायरे में सभी भारतीयों को खींच लेगा।''

मौलाना अबुल कलाम आजाद ने अपने ओजस्वी भाषण में ललकारकर कहा था, "काश, हम अपने गुस्से को जाहिर कर पाते। इन बैठकों में फँसे रहने के बजाय, इन रिवाजों में बँधे रहने के बजाय अब तक हम गदर की आवाज उठा दिए होते..."

राममूरत जरूरी खबरें पढ़ता गया जिनमें 8 अगस्त, 1942 को अखिल भारतीय कांग्रेस समिति के अधिवेशन में पारित वह 'भारत छोड़ो' प्रस्ताव भी था जिसमें कहा गया था, "अंग्रेजी राज को खत्म करने का सवाल एक महत्त्वपूर्ण जरूरी सवाल है जिस पर युद्ध का भविष्य, आजादी की सुरक्षा तथा लोकतन्त्र की सफलता निर्भर करती है। इसलिए कांग्रेस, अंग्रेजी सत्ता के भारत से अविलम्ब हट जाने की माँग करती है...भारत के स्वतन्त्रता के अधिकार को स्वीकार कराने के निमित्त कांग्रेस अब जनता को बड़े पैमाने पर अहिंसात्मक सामूहिक आन्दोलन प्रारम्भ करने की भी अनुमति देती है। यदि कभी हिदायतें पहुँच न पाएँ तो इस आन्दोलन में भाग लेने के लिए स्त्री-पुरुष स्वयं आम हिदायतों के आधार पर कार्य करें। इस हालत में प्रत्येक भारतीय अपना पथ-प्रदर्शक बने, और भारतीय स्वतन्त्रता की मंजिल पर पहुँचने तक बढ़ता रहे।"

प्रस्ताव के अन्त में गांधीजी से अनुरोध किया गया था कि वे पहले की तरह इस आन्दोलन का भी पथ-प्रदर्शन करें।

इस प्रस्ताव को भारत की निरंकुश अंग्रेज सरकार बरदाश्त नहीं कर सकी और 9 अगस्त 1942 की सुबह उसने अपनी क्रूर शक्ति से महात्मा गांधी और नेहरू के साथ आए शीर्षस्थ कांग्रेसी नेताओं को गिरफ्तार करके भारत की निहत्थी जनता के विरुद्ध अपना अमानवीय खूनी दमनचक्र चालू कर दिया।

राममूरत अखबार पढ़ना समाप्त करके कुछ देर सिर झुकाकर बैठा रहा, इस आशा में कि रमाशंकर हर बात सुनने के बाद आगे के कार्यक्रम के बारे में कोई हिदायत देंगे। लेकिन ऐसा न होने पर उसने सिर उठाकर देखा और देखता ही रह गया। क्रोध और जोश से रमाशंकर का मोटा-तगड़ा शरीर हिल रहा था। उसकी साँस फूल रही थी। उसकी छाती ऊपर उठती और नीचे गिरती धौंकनी की तरह। बड़ी-बड़ी आँखें सामने स्थिर थीं, जैसे किसी दुश्मन को घूर रही हों।

राममूरत को बड़ा आश्चर्य हुआ। वह उम्र में बहुत छोटा था। अनुभव भी उसका कितना कम है ! एक बहादुर और धैर्यवान व्यक्ति के रूप में रमाशंकर की वह बेहद इज्जत करता। उसने अनेक किस्से सुने थे रमाशंकर के, जब सभी लोग धीरज छोड़कर घबरा जाते लेकिन रमाशंकर अविचलित भाव से आगे बढ़कर अपने कर्त्तव्य का पालन करते थे। भूकम्प के समय उनके उस साहस की चर्चा अब भी होती है, जब वीरेश दीवार की ईंटों के भीतर दबा था, सभी किंकर्त्तव्यविमूढ़ देख रहे थे, सीतानाथ बेहोश हो गए थे—उस समय भी रमाशंकर ने आगे बढ़कर खून से लथपथ वीरेश को गोद में उठाया और तेजी से अस्पताल की तरफ दौड़ गए। ऐसी परिस्थितियों में वह दो ही व्यक्तियों को जानता और मानता था—हाँ, सदाशयव्रत तथा रमाशंकर को उसने कभी भी मामूली लोगों की तरह क्रुद्ध एवं विचलित नहीं देखा। रमाशंकर को उसने कई बार कहते सुना था कि संघर्ष, आन्दोलन और लड़ाई के दौरान क्रोध में अपने होशोहवास नहीं खोना चाहिए बल्कि ठंडे उत्साह से अपने को प्रशिक्षित करके योजना बनानी चाहिए कि कैसे दुश्मन को परास्त करके संघर्ष में विजयी हुआ जा सकता है।

"भाईजी !" राममूरत तेज आवाज में बोला जो अन्धकारमय सन्नाटे में गूँज उठी जिससे आँगन के पार तीन कमरों से कई चेहरे बाहर निकलकर इधर झाँकने लगे। इसका रमाशंकर पर भी असर हुआ और उसने चौंककर राममूरत को देखा। उसका मुँह खुल गया था और होंठ नीचे लटक आए थे। उसके मुँह से इतना ही निकला, "ऐं ?"

"भाईजी, क्या सोच रहे हैं ? यह तो काम का समय है। हमारे सभी पथ-प्रदर्शक जेल में हैं,

अब आप ही बच रहे हैं। आप ही अपना सन्तुलन खो देंगे तो हमारा मार्गदर्शन कौन करेगा ? इस जिले के हजारों-लाखों नौजवान क्या करेंगे ?''

रमाशंकर कुछ देर तक राममूरत के चेहरे को एकटक देखता रहा। धीरे-धीरे उसके चेहरे की क्रोधोन्मादी, अस्वाभाविक रेखाएँ सन्तुलित एवं स्थिर होती गईं। आँखों की लाली लुप्त होती गई और उसमें स्वाभाविक रंग आ गया। होंठ बन्द हो गए और उस पर हल्की-सी मुस्कुराहट उभर आई। कुछ देर बाद वह धीमे और मीठे स्वर में बोला :

''बबुआ, मैं लज्जित हूँ, अब ऐसी गलती नहीं होगी। बात यह है कि तुमने जो कुछ पढ़कर सुनाया उसकी मैंने कल्पना भी नहीं की थी। हमारा नेता 'करो या मरो' का सन्देश देकर जेल में बन्द है और हम आलस्य में बैठकर समय काट रहे हैं। हम जागरूक रहते तो सवेरे से ही बनारस-इलाहाबाद या छपरा-मुजफ्फरपुर से आनेवाली गाड़ियों के मुसाफिरों से पूछताछ करते, तब पहले ही सबकुछ मालूम हो गया होता और आज बलिया के लोग 'भारत छोड़ो' आन्दोलन शुरू कर चुके होते। नौजवानों के नारों से सारा शहर गूँज रहा होता। तुम चिन्ता न करो, कल तड़के सवेरे से ही यह काम शुरू हो जाएगा। तुम सवेरे पाँच बजे उठकर साइकिल से घूम-घूमकर पूरे शहर में ऐलान कर देना कि लोग इस देश में अंग्रेजी सरकार को उखाड़ फेंकने की लड़ाई में शामिल होकर सभी स्कूल, दफ्तर, बाजार बन्द रखें और अपने नेताओं को जेल में बन्द करने के विरोध में भारी जुलूस प्रदर्शन करें...हाँ, चौक और स्टेशन का इलाका छोड़ देना, वहाँ का काम मैं देख लूँगा। ठीक है न ?''

''जी हाँ, भाईजी।''

रमाशंकर अचानक जल्दी-जल्दी बोलने से हाँफ रहा था। कुछ देर तक चुप रहकर सुस्थिर होने के बाद उसने पूछा :

''साइकिल है ? न हो तो मेरी साइकिल ले जाओ...।''

''है भाईजी, भइया की साइकिल है, उसे ले लूँगा...''

''भोंपा है कोई ?''

''अखबार या किसी दफ्ती का भोंपा बना लूँगा...''

''नहीं बबुआ,'' रमाशंकर ने प्यार से कहा, ''ऐसे छोटे भोंपे से काम नहीं चलेगा। एक तो तुम्हारी आवाज मोटी नहीं है। नफीस की आवाज मोटी है, मगर इस समय उसके पास जाने की राय नहीं दूँगा। मेरे पास टिन का एक हल्का लेकिन बड़ा भोंपा है, तुम्हारे लिए ठीक है। मैं लालबाबू का भोंपा ले लूँगा, वह सिनेमा-हॉल में चौकीदारी करता है और आनेवाली फिल्मों का दिन में भोंपा से प्रचार करते हुए इश्तेहार भी बाँटता है। इस गली में ही रहता है वह। हाँ, यह बताओ, स्कूलों के ऐसे सीनियर लड़कों से तुम्हारा सम्पर्क है न, जो देश के लिए कुछ करने को तैयार रहते हों ?''

''हाँ भाईजी...।''

''तो ठीक है। भोंपू से ऐलान करने के बाद इन लड़कों से मिल लेना और सभी बातें समझाकर स्कूलों, बाजारों आदि में हड़ताल कराके शहर में जुलूस निकालने और कलक्टरी में विरोध प्रदर्शन का कांग्रेसी कार्यक्रम बता देना। देश की आजादी के लिए यह हिन्दुस्तानी जनता की आखिरी लड़ाई है। विरोध का यह प्रदर्शन रोज होगा जब तक कि विदेशी हुकूमत ठप्प नहीं हो जाती और अंग्रेज बोरिया-बिस्तर बाँधकर यहाँ से चले नहीं जाते। यह गांधीजी, कांग्रेस का फैसला है, सबको अच्छी तरह समझा देना...''

''समझ गया, भाईजी। मेस्टन स्कूल में वासुदेव, गौरीशंकर हैं, गवर्नमेंट स्कूल में नफीस, अम्बिका, वीरेश हैं, टाउन स्कूल में पंचदेव, विहारी हैं। जनता के बीच भी बहुत से लोग हैं भाईजी, जो प्रभातफेरी के जुलूसों में हमेशा शामिल होते रहे हैं। सबसे मिलूँगा और आपका हुक्म बताऊँगा।

हमारे नेता जेल में हैं तो क्या, हम सभी गांधीजी और आपका हुक्म मानकर अंग्रेजों से अपनी आजादी छीन लेंगे...कल जो जुलूस निकलेगा, उससे हुकूमत काँप जाएगी...।''

''ठीक है, जाओ। अब समय हो गया है। मैं चाहता हूँ कि इस 'करो या मरो' की लड़ाई में स्त्रियाँ भी शामिल हों। मैं कल सुबह ही दुलारी देवी, नम्रता, धनेसरी देवी, भगजोगिनी देवी से मिलूँगा। उनसे अनुरोध करूँगा कि वे कल के जुलूस में जरूर आएँ। बबुआ, इस शहर में ऐसी देवियाँ हैं जो अनेक कष्ट सहने के बाद भी देश के लिए त्याग और कुर्बानी करने को तैयार हैं। इस बमपुलिस गली में भगजोगिनी देवी ऐसी स्त्री है जो विपत्ति सहने के बाद भी स्वाभिमान से तनकर खड़ी है, निरन्तर संघर्ष कर रही है...।''

''मैं जानता हूँ भाईजी,'' राममूरत संकोचपूर्वक बोला।

''अच्छा ! कैसे ?'' रमाशंकर की आँखें अचम्भे से फैल गईं।

''एक बार नम्रता दीदी ने बताया था...''

''अच्छा-अच्छा ! ठीक है, तुम जाओ। समय अधिक हो गया है। सँभलकर जाना, आजकल पुलिस बहुत घूम रही है...।''

जब राममूरत, जिसे छोड़ने के लिए रमाशंकर बाहर बरामदे तक आए, गली में सतर्कतापूर्वक आगे बढ़ा तो सन्नाटे में झींगुरों एवं मेंढकों की मिली-जुली तेज आवाजें उभर रही थीं, गोया द्रुतलय में वायलिन और सरोद की युगलबन्दी हो रही हो। आसमान में बादल फिर एक जगह इकट्ठे होकर गाढ़े हो रहे थे और कुछ देर की उमस के बाद ठंडी-ठंडी हवा चल रही थी। राममूरत के दाहिने हाथ में पहले ही की तरह प्रकाशित लालटेन लटक रही थी, लेकिन इस बार बाएँ हाथ में भोंपा शोभायमान था।

राममूरत जिस रास्ते से आया था उसी से गया भी, लेकिन स्टेशन के चौराहे पर दो लाठीधारी पुलिस कांस्टेबलों को देखकर वह सड़क के एक किनारे ठिठककर खड़ा हो गया। उसने लालटेन पीछे की ओर कर ली। कुछ देर बाद कांस्टेबल जब बाईं ओर मुड़कर चौक की तरफ बादशाही इत्मीनान से रवाना हुए तो राममूरत ने कुछ दुबके-दुबके आगे बढ़कर चौराहा पार करने की कोशिश की। दुर्भाग्य की बात यह हुई कि उन दोनों में एक कांस्टेबल तजम्मुल नामक नौजवान था जो कभी दयाशंकर का साथी रह चुका था और जिसकी बीच-बीच में पीछे सिर घुमाकर 'थू-थू' करने की आदत अभी भी नहीं छूट सकी थी। इसकी वजह से वह अन्य कांस्टेबलों से अपने को श्रेष्ठ और आधुनिक समझता तथा वे भी उससे प्रभावित रहते थे। परिणामस्वरूप उसने जब एक बार सिर मोड़कर 'थू' कहा तो उसकी नजर किसी चोर की तरह भागते राममूरत पर पड़ गई। वह चौकन्ना होकर घूम गया और तेज आवाज में बोला :

''हई देखिए...कौन है रे ? भागना मत भूतनी के...''

राममूरत ठिठककर खड़ा हो गया। दोनों कांस्टेबल लौट पड़े। सीनियर कांस्टेबल ने अपनी मूँछों पर ताव देते हुए उसे घूरा, लेकिन एक दुबले-पतले नाटे किशोर को देखकर कुछ नरम पड़ते हुए खोखली आवाज में डपटने का नाटक किया :

''क्यों रे, आधी रात को तू कहाँ से आ रहा है और कहाँ जा रहा है ? झटपट उगल दो... नहीं तो यहीं, अभी मुर्गा बनाकर पीछे से दो लात जमा दूँगा...''

राममूरत ने पहले से ही सोच लिया था कि उनसे क्या कहना है। बोला, ''अरे सिपाहीजी, मैं विद्यार्थी हूँ न ! आप लालबाबू को जानते हैं न, अरे वही सिनेमा वाला चौकीदार ! उनका लड़का विशुनदेव हमारा क्लासफेलो है। उसका गणित बहुत तेज है और उसके साथ कम्बाइंड स्टडी करने गया था। मैं तो पहले ही चला आता, क्या बताऊँ, उसी समय लालूबाबू के पेट में दर्द होने लगा और मुझे विशुनदेव के साथ वैद्यजी के यहाँ दवा लाने जाना पड़ा...''

"अच्छा बच्चू, तुम्हारा गड़बड़झाला मैं खूब समझता हूँ। तुम किस खेत की मूली हो, मैं तो उड़ती चिड़िया के चूतड़ में हल्दी लगा देता हूँ, दो हाथ दूँगा तो सब बक दोगे। अच्छा, यह बताओ कि हाथ में यह लालटेन क्यों ? और दूसरे हाथ में क्या लिए हो ? यह कोई असलहा है या क्या है ?"

"सिपाहीजी, मैं आपसे झूठ नहीं बोलूँगा। मैं राजा हरिश्चन्द्र की कसम खाकर कहता हूँ कि मेरी एक-एक बात सच है। लालबाबू के यहाँ ढिबरी जलती है, लालटेन न ले जाता तो कम्बाइंड स्टडी नहीं हो पाती न ! और यह कोई असलहा नहीं, यह तो लालबाबू का भोंपा है। उनका घर बड़ा छोटा है, सामानों से भरा है, इसको रखने की कोई जगह ही नहीं है। यह आँगन में पड़ा पानी से भीग रहा था तो लालबाबू ने मुझसे अपने साथ ले जाने के लिए कहा। मेरे घर में यह भोंपा सुरक्षित रहेगा और जब जरूरत पड़ेगी तो लालबाबू मेरे घर आकर ले जाएँगे। एक राज की बात बताना चाहता हूँ सिपाहीजी, आप विश्वास करें तो कहूँ..."

सीनियर अधेड़ सिपाही का मुँह अचम्भे से खुल गया, "बताओ क्या बात है ? मेरा नाम बैकुंठ राय है, मुझसे झूठ न बोलना, नहीं तो मारते-मारते हलवा बाहर कर दूँगा..."

"अरे नहीं सिपाहीजी, मैं आपसे झूठ बोलूँगा ? आप लोग जिस मुस्तैदी से ड्यूटी दे रहे हैं, उसकी चारों ओर बड़ी तारीफ हो रही है। लोग कह रहे हैं कि ऐसा अमन-चैन तो शहर में कभी नहीं रहा। यह सही है सिपाहीजी, खबर के कागज में निकला है कि गांधीजी बम्बई में गिरफ्तार हो गए हैं और सभी शहरों और गाँवों में इस विदेशी सरकार के खिलाफ बगावत हो रही है, यही ऐसा शहर है जहाँ शान्ति और चैन की बंसी बज रही है। हाँ, मैं यह कह रहा हूँ कि आप लोग जल्दी से चौक की ओर जाइए। ये कांग्रेसी बड़े बदमाश हैं, मैं जब उधर गली से आ रहा था तो दो कांग्रेसी नौजवान मेरा भोंपा छीनने की कोशिश करने लगे। कह रहे थे कि आजादी की लड़ाई में यह बहुत काम देगा। मैं जब बहुत परेशान हुआ तो जोर से चिल्ला पड़ा, 'अरे, पुलिस !' और पुलिस का नाम लेते ही वे भोंपा छोड़कर भाग गए चौक की ओर...।"

बैकुंठ राय कांस्टेबल उसकी बात आश्चर्य-भरी दिलचस्पी से सुन रहा था, लेकिन तजम्मुल अब दाँत खोलकर हँसने लगा। बात यह है कि तजम्मुल देर से सोच रहा था कि इस लड़के को कहीं देखा है, मगर कहाँ और कब, यह याद नहीं आ रहा था। लेकिन जब राममूरत 'बगावत' वगैरह की बात करने लगा तो उसे सहसा याद आ गया कि इस लड़के को उसने जरूर दयाशंकर के साथ कहीं देखा है। बस इतना काफी था। वह समझ गया कि यह लड़का शुरू से आखिर तक सफेद झूठ बोल रहा है। वह स्वयं कभी दयाशंकर के प्रभाव में उसकी क्रान्तिकारी पार्टी में शामिल होना चाहता था, लेकिन घर की गरीबी के कारण उसे पढ़ाई छोड़कर कांस्टेबल की नौकरी करनी पड़ी थी। चूँकि अब भी उस पर दयाशंकर और उसके क्रान्तिकारी विचारों का असर रह गया था, इसलिए हल्के-फुल्के ढंग से हँसकर उसने कहा :

"अरे छोड़िए उस्ताद, आप किसके चक्कर में पड़े हैं। गणित की पढ़ाई इतनी मुश्किल है कि शहर के बहुत-से लड़के रोज कम्बाइंड स्टडी करते रहते हैं। इसकी एक-एक बात सही है। यह खुराफाती कांग्रेसी या कोई चोर होता तो लालटेन लेकर क्यों चलता ?"

"हाँ, मैं भी यही सोच रहा हूँ। अच्छा, जाओ बबुआ, जल्दी से घर जाओ। क्या करें, हमारी ड्यूटी ही ऐसी है। हाँ, तो कहाँ मकान है आपका विद्यार्थीजी ?"

"कटहर नाला की तरफ, सिपाहीजी।" राममूरत इस बार भी सरासर झूठ बोल गया।

वे दोनों सिपाही फिर घूमकर चौक की तरफ चले गए और राममूरत अपने घर की तरफ, जो वहाँ से काफी निकट था, कटहर नाला तो दूर है। दरवाजा खोलते ही उसकी माँ ने डपटकर पूछा, "कहाँ था रे अब तक तू ? तेरी वजह से तो घर के सभी लोग परेशान हो गए हैं। तू तो जेल जाएगा

ही, घर के लोगों को फँसाएगा, काम-धन्धा भी चौपट कराएगा। सीधे-सीधे बता दे कि तू कहाँ से आ रहा है और तेरे हाथ में यह क्या है ?''

राममूरत ने हाथ जोड़कर धीमे स्वर में गिड़गिड़ाते हुए कहा, ''धीमे बोल माई, तुझसे मैं झूठ नहीं बोलूँगा।'' इसके बाद उसने सच-सच सबकुछ बताकर कहा, ''देश की आजादी का काम बड़ा पवित्र काम है, माई ! इससे बड़ा पुण्य कुछ भी नहीं है। इससे मुझे मति रोक, माई।''

''इससे तुझे क्या मिलेगा ? तेरे बाप मुसाफिरों को चाय-बिस्कुट खिलाकर खानदान को किसी तरह पालते-पोसते हैं, आजादी क्या दे देगी उन्हें ? क्या वे कलक्टर हो जाएँगे या तुम ? राजा-महाराजा, ठाकुर-जमींदार, धनी-मानी इस समय भी हैं, आजादी के बाद भी रहेंगे। तुम्हारे बाप चायवाले-के-चायवाले ही रह जाएँगे। दुकान पर काम करनेवाले दोनों नौकर राजपति और धनेश तो मजूर और नौकर ही बने रहेंगे। ठीक है, तुमने भी अब तक अपने मन की कर ली, अब चुपचाप घर में बैठो और सबको चैन से जीने दो...।''

''माई, मैं आजादी मिलने तक चुपचाप नहीं बैठ सकता, चाहे मेरी जान ही क्यों न चली जाए। आजादी मिलने पर गरीबी दूर होगी, माई क्यों नहीं होगी ? इसीलिए तो लाखों-करोड़ों गरीब भी अपनी कुर्बानी दे रहे हैं। मैं छोटा हूँ, तुझसे बहस नहीं कर सकता, मुझे तेरा सिर्फ आशीर्वाद चाहिए।''

उसकी माँ धीरवन्ती देवी उसे कुछ क्षण एकटक देखती रही, फिर मुस्कुराकर बोली, ''अच्छा चल, हाथ-मुँह धोकर खाना खा ले। जिद्दी और नटखट तो तू बचपन से ही है।''

26

रमाशंकर सवेरे-सवेरे पहुँचा। अँधेरा कुछ-कुछ फट गया है और आकाश के बादल भी। रात की उमस के बाद उस सँकरी गली में भी प्रभात की चंचल हवा सुख दे रही है। कल की बारिश का काफी पानी निकल चुका है और पहले से ही जगह-जगह रखी पुल की तरह ईंटों की कतारें हैं, जिन पर चढ़कर कीचड़ से बचते हुए मकानों तक पहुँचा जा सकता है। रमाशंकर अपने सिर पर एक दुपट्टा साफे की तरह बाँधे हुए है। पैरों में पानी से भीगी, दफ्तीनुमा चप्पलें और हाथ में टिन का एक भोंपा। सँभलकर दो-तीन सीढ़ियाँ चढ़ने के बाद बरामदे में पहुँचकर उसने पुकारा :

''चाची ! चाची !''

भगजोगिनी की सास यानी लीला की आजी जल्दी ही बाहर आ गई।

''अरे, तड़के कैसे बाबू ? किसी से कहला दिया होता, मैं मकान पर पहुँच जाती। कोई खास बात है ?''

रमाशंकर अपने सिर को बाईं तरफ लटकाकर धीरे-धीरे बोला, ''चाची, क्या बताएँ, अंग्रेजों ने गांधीजी, नेहरूजी और सभी बड़े-बड़े नेताओं को जेल में ठूँस दिया है। यह बड़ा जुल्म है चाची। इसको हम कैसे बरदाश्त कर सकते हैं ? आज इसका विरोध किया जाएगा। शहर में हड़ताल होगी और जुलूस निकलेगा। यह अंग्रेजों से हमारी आखिरी लड़ाई है न, चाची ! जब तक अंग्रेज इस देश को छोड़कर नहीं जाएँगे, हम लड़ाई चलाएँगे। तो हम यह चाहते हैं, चाची, कि इस बार आज के जुलूस में जनाना लोग भी भाग लें। हम नेवता देने आए हैं, इस घर से कोई एक जरूर चले।''

इस बीच भगजोगिनी भी अपनी सास के पीछे आकर खड़ी हो गई थी हल्का घूँघट काढ़कर। साथ में उसकी पुत्री लीला यानी बच्ची भी थी, जो अचम्भे से अपनी बड़ी-बड़ी आँखें निकालकर रमाशंकर को एकटक देख रही थी। भगजोगिनी अपनी सास के कान के पास अपना मुँह ले जाकर

धीमे स्वर में बोली :

''अम्माजी, मैं जाऊँगी जुलूस में। गांधीजी को पकड़कर तो बड़ा जुलुम किया है अंग्रेजों ने।''

बहू की बात सुनकर सास जल-भुन गई। उसने सिर पीछे मोड़कर आँखें तरेरकर देखते हुए कहा :

''हाँ, तुम क्यों न जाओगी ? सबसे तेफा तुम्हीं न हो ! सबकुछ हो गया, सब दुर्गति हो गई, पर तुम नहीं चेती। जब मेरे शिवजी देखते-ही-देखते चले गए और मुझ पर बज्जर गिर पड़ा, तब तो कोई नहीं आया। मेरा सोना, मेरा लाल चला गया छोड़कर हमें, और किसी ने नहीं पूछा। उस कलमुँहे, रईस के बच्चे ने मुझे और तुझको कितना धोखा दिया। हमने किसका क्या बिगाड़ा है, गांधी-नेहरू का क्या नुकसान किया है, कि सब दुःख-अपमान सहने के बाद मेहनत कर दो रोटी कमा रहे हैं तो यह भी किसी से देखा नहीं जा रहा है। मेरे तो हाथ-पैर नहीं चल रहे हैं, अब तुम जेल चली जाओगी तो तुम्हारे बाल-बच्चों को कौन सँभालेगा ? तुम जानती हो कि जेल जाओगी तो इज्जत बढ़ेगी तुम्हारी ? इन मर्दों को नहीं जानती हो ? सिपाहियों के बारे में नहीं सुना कुछ ? ये सभी धनी-मानी की इज्जत करते हैं, हमारी जैसी गरीब औरतों की तो हर दुर्गति करते हैं...''

''चाची,'' रमाशंकर ने दुःखी होकर बीच में ही टोका, ''आप लोगों का दुःख हम जानते हैं। इसीलिए यह लड़ाई हो रही है कि जब देश आजाद हो जाएगा तो गरीबी दूर होगी, लोगों का दवा-इलाज होगा, गरीब ऊँचा उठेंगे, घी-दूध की नदियाँ बहेंगी...इसीलिए तो गांधीजी और लाखों लोग जेल जाते हैं, लाठी-डंडा सहते हैं, अपने सीने पर गोली रोकते हैं और अपनी जान कुर्बान कर देते हैं। आजादी की इस लड़ाई में अधिकतर गरीब ही तो शामिल हैं, धनी-मानी तो बहुत कम हैं। खैर, मेरी बात से दुःख पहुँचा हो तो माफ कीजिएगा...''

''ए बाबू, मैं तुमको नहीं कह रही हूँ। तुमने तो बहुत कुछ किया है। मैं मूर्ख हूँ...ये ऊँची-ऊँची बातें मैं नहीं जानती। मैं तो इस समय चौका-बासन करने के लिए जा रही हूँ। पहले अकेले जाती थी, अब बच्ची को, अपनी इस पोती को ले जाती हूँ। पाँच साल की उम्र हो गई है इसकी, बाप का सुख नहीं जाना, घी-दूध के लिए तरसकर रह गई। इसका बाप मेहनती था, नेक इनसान था, सुख से रहा, अपनी बीवी, बच्चों को सुख से रखा। किसी को सताया नहीं। लोग कहते हैं, ईश्वर सब दुःख काटेगा। कैसा ईश्वर ? कितना पूजा-पाठ किया, विनती की, ईश्वर ने नहीं सुना। जब ईश्वर से ही विश्वास उठ गया तो गांधी-फांधी कौन हैं ? ए बाबू, हमें धन नहीं चाहिए। यह मेरी पतोह बड़ी हिम्मती है, यह मुझे छोड़कर कहीं न गई। चली गई होती तो मैं कभी मर-बिला गई होती। मैं तो इन्हीं लोगों के लिए जिन्दा हूँ...''

''ठीक है चाची, आप जाइए, मेरी बात का बुरा न मानिएगा। आप आशीर्वाद दीजिए कि आजादी की इस लड़ाई में हम सफल हों...''

''मैं क्या आशीर्वाद दे सकती हूँ, बाबू ? मैंने अपने लाल को कितना आशीर्वाद दिया होगा...मेरे आशीर्वाद से तो काम ही बिगड़ जाता है...''

वह सिर मोड़कर घूम गई और अपने पीछे खड़ी भगजोगिनी तथा बच्ची को ठेलकर भीतर चली गई। पतोहू और पोती ने भी उसका अनुगमन किया।

रमाशंकर भी घूमकर ओकडनगंज और चौक क्षेत्र में हड़ताल और जुलूस की घोषणा करने के लिए चल पड़ा यह सोचते हुए कि राममूरत भी शहर के दूसरे क्षेत्रों में साइकिल से पहुँचकर पूर्व-निश्चित कार्यक्रम के अनुसार यही कर रहा होगा।

कुछ ही देर बाद लीला बच्ची की आजी, बच्ची के साथ चादर ओढ़कर बाहर निकली। अभी कुछ-कुछ

अँधेरा शेष था, एकदम पतला और धीमा, बढ़ते हुए उजाले को ढकने की निर्बल कोशिश करते हुए। शुरू-शुरू में वह और भी पहले निकलती थी, जिससे कोई देख न सके। तब सिर से ओढ़ी चादर का घूँघट भी अधिक लम्बा होता। अपनी बहू को तो वह जाने ही नहीं देती। क्या रमापति राउत की पतोह और बनवारी की जनानी ने कभी दूसरे के घर में चौका-बासन किया है कि आज ही करेगी ! मगर जब वह एक बार बीमार पड़ी, तो भगजोगिनी को मजबूर होकर जाना पड़ा था, जो खूब लम्बी घूँघट काढ़कर लुकते-छिपते पहली बार अपनी बच्ची के साथ गई। तब बच्ची और छोटी तथा कमजोर थी।

लेकिन मुहल्लेवालों से कोई बात कहाँ छिपती है ! जैसे दाई से पेट। बच्ची की आजी अब पहले से कमजोर भी हो गई है। पैर अब सीधे नहीं पड़ते। आँखों की ज्योति काफी मंद। पास-पास बने चार घरों में से पहले घर वह अँधेरे में ही पहुँचकर बाहर से दरवाजा खटखटाती है तो मलिकाइन नकलनबीसिन आँचल से आँखें मलती हुई भीतर से सीकड़ी खोलती है। बच्ची की आजी आँगन के एक कोने में जल से भरे गंगाल में से दो बाल्टी पानी निकालती है, बच्ची छोटे-छोटे बर्तन चौके से बाहर लाकर आँगन में रखती जाती है और मलिकाइन रात का बचा हुआ खाना एक छिपुली में निकालकर अलग रखते हुए भारी बर्तन खाली करके बाहर रख देती हैं। वहाँ आजी बर्तन मलना शुरू करती है मुँह से कुछ बुदबुदाती हुई और भीतर पोती बचा हुआ खाना चुपचाप खाकर चौके में झाड़ू लगाने के बाद एक हँडिया में रखे पोतन से चूल्हे और चौके को लीपने-पोतने लगती है।

कभी-कभी नकलनबीसिन खीझकर गम्भीर स्वर में कहती है, ''अरे बच्ची की आजी, इतनी नाजुक बच्ची को क्यों ले आती है ? इससे कुछ होता-जाता भी नहीं, न चूल्हे को ठीक से लीपती है। चौका भी गन्दा-गन्दा रहता है। इसकी माई को क्यों नहीं भेजती, उसका शरीर भी कितना टाँठ है...''

बच्ची की आजी ने सिर घुमाकर कुछ क्षण घूरकर मलिकाइन को देखा। ऐसा लगा मानो कोई लुत्ती उसकी आँखों से छटककर बाहर आ गई। फिर उसने मुँह से विष ही ढकच दिया :

''मेरी पतोह पर सवेरे-सवेरे नजर न लगाइए, ए मलिकाइन ! कुछ साल पहले मेरी पतोहू रानी की तरह रहती थी। इन्दर की परी थी। पास-पड़ोस में उसके गोड़ के धोअन के बराबर भी कोई नहीं। शर्म-हया इतनी कि चिरई-चुरंग भी उसके हाथ-पैर की उँगलियों के पोर तक नहीं देख सके। हमारा जमाना खराब आ गया है तो यही सब सुनने के लिए काम थोड़े ही करते हैं !''

नकलनबीसिन क्रोध से तिलमिला-सी गई। उसका चेहरा ईंगुर की तरह लाल हो गया। इच्छा हुई कि अभी उद्दी-खुद्दी निकालकर कमर पर चार लात जमाकर घर से बाहर कर दे। मगर बहुत कुछ सोचकर मुश्किल से आत्म-नियन्त्रण करने पर भी उसके मुँह से कटु वचन निकल ही गया :

''बच्ची की आजी, इतना गुस्सा करना ठीक नहीं है। जमाना खराब आ गया है तो उसी के हिसाब से सिर नवाकर रहना चाहिए। हमसे किसी का हाल छिपा थोड़े ही है। प्रतापी राजा हरिश्चन्द्र को तो डोम की नौकरी करनी पड़ी थी, यहाँ तो तुम खूब ऊँचे खानदान में काम करती हो। भाग्य मनाओ। यहाँ से खाना-पीना, कपड़ा-लत्ता, रुपया-पैसा ऊपर से पाती ही रहती हो। इस शहर में बड़े-से-बड़े घर में चली जाओ, कोई सूखी रोटी का पपरा तक देता नहीं। रिश्तेदार आते हैं तो जरूर ही कुछ-न-कुछ दे जाते हैं। तुम्हारे लिए मैंने तो कुछ कहा भी नहीं। जो भी इतना रुपया-पैसा देगा वह अच्छा काम नहीं चाहेगा ? तुम्हीं बताओ...''

''आप तो चिटुकी-भर कुछ देती हैं तो चारों ओर गाती रहती हैं। किसी घर में ऐसा नहीं है। अधिक बरबराइए नहीं, आपको काम पसन्द नहीं तो कल से कोई दूसरी खोज लीजिए...।''

''लो, बिगड़ गई। मैं तो बच्ची के लिए कह रही थी, हड्डी कमजोर है, उसको नुकसान करेगा। खैर, तुम्हें बुरा लगता है तो कुछ नहीं कहूँगी। हम लोग काम से किसी को नहीं निकालते, आखिर

तक निभाते हैं। नौकर-चाकर को घर का समझते हैं। हाँ, जाते समय दारा (मकई की दलिया) ले जाना, हमारी माई ने गाँव से भेजवाया है...''

नकलनबीसिन का मैका और ससुराल, दोनों ही सम्पन्न हैं। गाँव में खूब खेती-बारी है, दोनों जगहों से हमेशा कुछ-न-कुछ आता रहता है। गेहूँ, चावल, जौ, मकई, बाजरा, दूध, दही, घी, मट्ठा, लावा, ढूँढा, तिलवा, सत्तू, चना, चबेना सबकुछ। फिर नकलनबीसिन का दिल बड़ा और हाथ भी खुला है। अच्छी और मामूली, हर चीज में से थोड़ा निकालकर बच्ची की आजी या दूसरी पवनियों को जरूर देती।

एक बार नकलनबीसिन ने साठी का चावल (बरसात में साठ दिनों में तैयार होनेवाला धान) जिसका भात लाल होता था, अपने गाँव-खेत की अरहर दाल और जमे हुए दानेदार भैंस घी का एक छोटा-सा पिंड दिया था, जिन्हें पकाने के बाद नाक सुड़क-सुड़क खाने पर इतना स्वाद-सुख मिला कि अपने पति रमापति और पुत्र बनवारी का समय याद करके उसकी आँखों से झर-झर आँसू गिरने लगे। नकलनबीसिन जानती है कि बच्ची की आजी कमजोर भले ही हो गई है, लेकिन काम बहुत ईमानदारी से करती है, धीरे-धीरे ही सही, बर्तन चमचमा देती है और नागा तो वह करती ही नहीं। इसलिए जाते समय उसने दारा के अतिरिक्त दो बड़े आलू और एक पुड़िया में गर्म मसाला के साथ कुछ मीठी-मीठी बातों से भी स्वागत करके उसको खुश कर दिया था।

सहते-सहते बच्ची की आजी की छाती पत्थर बन गई है। उसके हाथ-पैर यन्त्र की तरह चलते हैं और मुँह से शाप-भरी बुदबुदाहट निरन्तर निकलती रहती है। शाप किसके लिए ? तब वह अपने को गरियाने लगती है। दामोदर की बातों में वह क्यों आई थी ?

मरते समय भगजोगिनी के लिए बनवारी के पास कहने को कुछ भी नहीं था। दो दिन पहले से ही, जब वह या बच्चे निकट आते, वह दूसरी ओर मुँह घुमा लेता। आखिरी दिन उसने अपनी माँ से कहा था :

''माई, भगजोगिनी से कहना...किसी का हाथ पकड़ ले, बच्चे पल जाएँगे...तुम्हारी जिनगी भी कट जाएगी...''

वे उजड़ गए थे। बनवारी की अन्त्येष्टि के लिए भी उनके पास कुछ नहीं था। महासमुद्र के बीचोबीच वे हाथ-पैर कैसे मारें ? सभी गहने और बचे हुए बड़े सामान बिक गए। अब क्या करें वे ?

लेकिन दामोदर प्रसाद के व्यवहार से उनको बड़ा सहारा मिला। प्रत्येक व्यक्ति में, चाहे वह कितना भी हैवान हो, इन्सानियत का कुछ अंश तो रहता ही है, अतः बनवारी की मृत्यु के बाद पता नहीं कैसे दामोदर के अन्दर की 99 प्रतिशत शैतानियत के अन्दर दबी उसकी एक प्रतिशत मनुष्यता जाग उठी और वह आँगन में खड़ा बिलख-बिलखकर रोने लगा। उसको लगा कि सचमुच वह सच्चे मन से दुःखी है, आदर्शवादी है और वह इस परिवार के लिए इस समय कोई भी कुर्बानी कर सकता है। कुछ देर बाद छाती पीट-पीटकर विलाप करती भगजोगिनी और उसकी सास के पास गया और उनके पास नीचे बैठकर, भयभीत होकर जोर-जोर चिचियाते बच्चों को अँकवार में लेकर आँसू चुआते हुए बोला :

''चाची, मैं कैसे बताऊँ कि बनवारी भाई के जाने से मुझे कितना दुःख हुआ है। हो सकता तो मैं छाती चीरकर दिखा देता। मगर, प्रभु को यही मंजूर था, चाची, तो हम क्या कर सकते हैं ! मुझे खुद समझ में नहीं आता कि यह दुःख मैं कैसे बरदाश्त कर सकूँगा ! खैर, चाची मैं तुमसे यही कहूँगा कि एक लड़का गया तो तुम्हारा यह दूसरा लड़का मौजूद है। तुम मेरी माँ की तरह हो, तुम्हारी पतोह मेरी भाभी, और ये बच्चे मेरे बच्चे की तरह हैं। मैं जब तक जिन्दा हूँ, तुम लोगों की जी-जान से सेवा करूँगा। तुम किसी बात की चिन्ता न करो...मैं जिन्दा हूँ...''

और सचमुच वह किसी भी समय और किसी बात के लिए वहाँ से टला नहीं बल्कि हर वक्त पर खड़ा रहा। अन्त्येष्टि के लिए रिश्तेदारों, कुछ मोहल्लेवालों की मदद को अस्वीकार करते हुए उसने संजीदगी से कहा था :

"बनवारी काम-धन्धे के ही मेरे पार्टनर नहीं थे, वह मेरे भाई की तरह थे। मुझ पर उनका बड़ा कर्जा है। यह कर्जा तो नहीं उतार पाऊँगा, फिर भी इस समय जो कुछ कर सकता हूँ, उससे तो मुझे न रोकिए...और जो मैं खर्च कर रहा हूँ, वह भी उन्हीं का है, उन्होंने ही कमाकर मुझे दिया था... ।"

वह सदा खूब गम्भीर रहता। उसने आगे बढ़कर सभी काम अपने कन्धे पर ले लिया था, इसलिए अब उसका घर में आना-जाना बेरोक-टोक था। अन्दर आकर वह भगजोगिनी की ओर भूलकर भी नहीं देखता जैसे बहुत चरित्रवाला और कर्त्तव्यपरायण हो, लेकिन उसकी सास के पास जरूर दो मिनट बैठ जाता, बच्चों में से किसी को देखता तो गोद में उठा लेता। उसकी ऐसी संजीदगी, ऐसी व्यस्तता इसके पूर्व किसी ने भी न देखी होगी, जैसे पढ़ाई से जी चुरानेवाला कोई शरारती और शैतान लड़का अपने माँ-बाप से अपनी जिद का कोई सामान खरीदने का आश्वासन पाकर खूब मेहनत से पढ़ने का नाटक करने लगे।

वह सवेरे-शाम जरूर आता। बच्चों के लिए हर दिन जरूर कुछ-न-कुछ लाता। राशन-पानी किसी चीज की कमी नहीं होने पाती थी। दिन-पर-दिन बीत रहे थे। उसके अन्दर अब खुशी की फुलझड़ियाँ छूटने लगीं।

लेकिन गम्भीरता का मुखौटा उसने नहीं उतारा। उसका चेहरा और दिल, दोनों परस्पर-विरोधी स्थितियों में थे, फिर भी दोनों में कितना तालमेल था ! दोनों ही एक-दूसरे पर अवलम्बित थे, दोनों एक-दूसरे को उत्तेजित भी करते थे।

मगर वह जल्दी में नहीं था। समय अब उसका था, जिस पर अपनी पकड़ और मजबूत करने के लिए वह और भी फूँक-फूँककर कदम रखने लगा। वह बोली-वचन, प्रसाद, खाना-पीना, कपड़ा-लत्ता द्वारा अत्यधिक उदारतापूर्वक आत्मीयता, एहसान और आश्वासन बाँटने लगा। ईश्वर-भगवान के मोर्चे पर भी वह कोई भूल-चूक नहीं होने देना चाहता था। वह अब रोज मन्दिर जाने लगा। पहले तो उसने पिछली मनौती के अनुसार पचास रुपए की मिठाई आत्मीय जनों तथा गरीबों और भिखमंगों में बँटवाई। फिर वह रोज सच्चे मन से भगवान की मूर्ति के सामने विनती करता। कभी-कभी तो वह भक्ति से भरकर रोने लगता। उसके जैसे भक्त के लिए जब भगवान ने इतना किया है तो क्या वह आगे नहीं करेगा ?

एक दिन उसने 'भारत भंडार' से एक बड़े दोने में मगद खरीदे, उसको मन्दिर में चढ़ाया, पूजा-अर्चना तथा विनती-प्रार्थना की और अन्त में करीब आठ बजे रात में उस समय पहुँचा, जब रसोई में चूल्हे के पास बैठी भगजोगिनी रोटी सेंक रही थी, उसकी सास कमरे में एक खाट पर बैठी खाँस रही थी और दोनों बच्चे एक-दूसरे पलंग पर खर-खर सो रहे थे। चूँकि बाहर का दरवाजा भीतर से उठँगाया हुआ था, इसलिए वह आसानी से अन्दर घुस गया और बरामदे में पहुँचते ही उसकी नजर सामने रसोई की ओर गई, जहाँ भगजोगिनी का चेहरा चूल्हे की जलती लौ में दमककर और भी खूबसूरत हो गया था। उसका दिल आशा की पुलुंगी पर चढ़कर पहले से ही तेजी से धड़क रहा था। जब उसने भगजोगिनी की ऐसी खूबसूरती देखी तो लगा कि वह मूर्छित होकर गिर जाएगा।

भगजोगिनी ने आहट मिलने पर घूमकर बाहर बरामदे की ओर देखा। उसका मुँह सिकुड़ गया और उसने आँचल सँभालकर हल्का घूँघट निकाल लिया। दामोदर कुछ क्षणों तक खड़ा होकर उसकी ओर देखता ही रह गया। फिर जल्दी से वहाँ से टलकर कमरे में अन्दर पहुँचकर बच्ची की आजी से बोला :

"चाची, बच्चे तो सो गए हैं। खैर, आप पहले शिवजी का प्रसाद ले लीजिए। मगद का एक लड्डू आप ले लीजिए, एक उधर बच्ची की अम्मा को दे आइए और एक मैं ले लेता हूँ। मैंने मन्दिर में ही सोच लिया था कि यहाँ घर में ही एक साथ प्रसाद ग्रहण करेंगे। ठीक है न चाची ?"

एक चापलूस हँसी से उसके होंठ दोनों ओर फैल गए।

"नहीं बाबू, बहू तो इस समय नहीं लेगी। बच्चे संझा को काफी परेशान करने लगे, रसोई में देर हो गई। माँ और उसके बच्चों का प्रसाद रख दो—हाँ, मुझे दे दो और अपने ले लो।"

दामोदर प्रसाद अचानक गम्भीर हो गया, लेकिन कुछ बोला नहीं। उसने चुपचाप एक मगद लड्डू निकालकर दे दिया, और दूसरा अपने लिए लेकर शेष पाँच लड्डुओं से भरे दोने को एक ताक पर रखकर, उसे कुर्ते की जेब में रखे, इत्र की सुगन्ध से मह-मह महकते अपने रूमाल से ढक दिया। फिर वह खाट के पैताने बैठकर सिर झुकाकर शिष्टतापूर्वक मुस्कुराने लगा।

बच्चों की आजी ने कुछ देर तक बार-बार सिर उठाकर उसे घूरकर देखा, फिर अचानक पूछा :

"दामोदर बाबू, क्या सोच रहे हैं, कुछ कहना चाहते हैं ?"

"अरे, कुछ नहीं चाची...क्या बताऊँ।"

"अरे बताओ न भैया...हमारा तो तुमसे कुछ भी नहीं छिपा है, तुमको कोई दुःख-तकलीफ, परेशानी हो तो बता दो...हम तो किसी लायक नहीं हैं।"

"अरे ऐसा नहीं कहिए, चाची," उसने अपना मुँह आगे बढ़ाकर बहुत धीमे स्वर में लगभग फुसफुसाई आवाज में एक आतुर मुस्कुराहट के साथ लपलपाते होंठों को कुछ गोल-गोल घुमाते हुए बोला :

"चाची, तुमसे कैसे बताऊँ, तुम चाहो तो सबकुछ कर सकती हो। तुम्हारे ही हाथ में सबकुछ है। मगर हिम्मत नहीं हो रही है...।"

"अरे, कहो न बाबू, ऐसी ही बात है तो सबकुछ करूँगी तुम्हारे लिए...।"

वह अचानक बहुत ही गम्भीर हो गया और कुछ आगे खिसककर अत्यन्त दुःख भरे धीमे स्वर में कहा :

"चाची तुम मेरी माँ की तरह हो। मुझे बनवारी समझो, चाची ! मुझे चौबीसों घंटे तुम लोगों की ही चिन्ता रहती है। सच पूछो तो मेरा इस दुनिया में कोई नहीं है चाची ! माँ बहुत पहले मर गई थी, पिता का साया भी उठ गया। घर में बीवी है, मगर क्या बताऊँ चाची, इस उम्र में वह दिन-रात पूजा-पाठ में ही रहती है। उसने हमारे जैसे पति के सभी अरमान नष्ट कर दिए। सिंघाड़े और कुटी के आटे की चीमड़-चीमड़ पूड़ियाँ खिला-खिलाकर उसने तबाह कर दिया है। कोई मतलब नहीं रखती, प्यार से देखती भी नहीं, एक दिन बहुत खुश हुई तो अपनी भक्ति से सराबोर आँखों को आसमान की ओर उलटकर देखती हुई बोली, 'आप विष्णु भगवान हैं और मैं लक्ष्मी हूँ। मुझे हमेशा अपने चरणों में स्थान दे दीजिए। हमारा-आपका सम्बन्ध देह का नहीं, आत्मा का है।' मैं फौरन वहाँ से भाग चला और बाहर जाकर एकान्त में खूब रोया। ऐसी पगलेट औरत को लेकर मैं क्या करूँ, चाची।"

बच्चों की आजी पहले तो पशोपेश में पड़ी कि क्या उतर दे, फिर धीमे से बोली, "जो औरत अपने मर्द से हँसे-बोले नहीं, वह किस काम की ? तुम अच्छी तरह देख-सुन, समझ-बूझकर कोई दूसरी ले आओ बाबू...।"

"तुमसे यही उम्मीद थी, चाची ! कितनी पक्की सलाह है। यही बात मेरे दिमाग में आई है, मगर एक दिक्कत है। जब से बनवारी भाई गए हैं, मैं चिन्ता से मरा जा रहा हूँ। इस परिवार को अधिक-से-अधिक कैसे सुख पहुँचाऊँ, यही मैं हमेशा सोचता रहता हूँ। मैं दूसरी शादी तो कर लूँ, मगर मैं दूसरी झंझटों में फँस जाऊँगा, फिर यहाँ के लिए कुछ नहीं कर पाऊँगा। तब स्वार्थ में फँस

जाऊँगा। यह दुनिया कितनी स्वार्थी है, तुम तो जानती ही हो चाची। फिर शिवजी ने मुझे रास्ता भी सुझा दिया है।''

''अच्छा ! कौन-सा रास्ता है, दामोदर बाबू !''

''चाची, बता तो दूँ, मगर कसम खाओ कि तुम उसका गलत अर्थ नहीं लगाओगी...।''

''अरे, कैसी बात करते हो, बाबू, कसम मैं किसकी खाऊँ, सबकुछ तो मेरा लुट गया। अब कसम खाने को क्या रहा ? हाँ, यह समझ लो कि इतना सब तुम करते हो तो तुम पर मुझे पूरा विश्वास है...।''

''अच्छा तो सुनो, चाची...क्या कहूँ...खैर सुन ही लो,'' और आगे खिसककर तथा अपना मुँह उसके और निकट ले जाकर उसने इस तरह कहा, जैसे कोई राज की बात बता रहा हो, ''मैं आज मन्दिर में जब पूजा-अर्चना के समय शिवजी के सामने अपनी दुर्दशा और चिन्ता बयान करके कोई रास्ता सुझाने की विनती कर रहा था कि तुमसे कसम खाकर कहता हूँ, चाची, मेरे कानों में ठीक उसी समय एक स्नेह और आशीर्वाद से गाढ़ी आवाज आई। उस आवाज ने कहा, 'भक्त, बनवारी के परिवार की इतनी ही फिक्र है तो तुम्हें और किसी जगह दूसरी शादी करने की जरूरत नहीं है, सीधे बनवारी की माँ के पास चले जाओ, वह स्त्री देवी है, बड़ी दया और समझदारी है उसमें। उस देवी से कहो कि वह अपनी पतोह का हाथ तुम्हारे हाथ में दे दे। तुमको एक सुशील, बुद्धिमान स्त्री मिल जाएगी और तुम्हारे पास इतना रुपया-पैसा है, उससे उस परिवार का सुख के साथ गुजारा हो जाएगा। उस घर में स्वर्ग आ...,''

बच्ची की आजी का मुँह अचानक बवा गया और आँखें बाहर निकल आईं। स्वार्थ की खुशी थी अथवा भगजोगिनी के इनकार की आशंकाजनित भय एवं घबराहट, उसका हृदय बैठने लगा, जैसे अन्दर की हवा पूरी तरह बाहर निकल गई हो। उसका मुँह फक पड़ गया। चेहरे पर पसीने की बूँदें दीया की रोशनी में भी नजर आने लगीं। स्वयं उसके दिमाग में भी एक बार ऐसा विचार आया था लेकिन भगजोगिनी के डर से उसने अपना मन दबा दिया।

मगर भगजोगिनी का वह क्या करे ? इतनी नाजुक उम्र है और आगे पहाड़-सी जिन्दगी। कैसे कटेंगे उसके दिन ? और अगर भगजोगिनी कहीं चली गई तो इस बुढ़ापे में उसका सहारा कौन होगा ? अब तो उसके मैके से भी कोई उसका हाल-चाल लेने नहीं आता और ससुराल की रिश्तेदारी, यानी उसके पति-बेटे की रिश्तेदारी-पट्टीदारी में कौन है जो सहारा देगा ? क्या लात-जूता खाने के लिए लड़कियों के साथ जाकर रहे ? यहाँ तो उसका अपना मकान है, अपनी बहू है, उसके पोता-पोती हैं, उनको देखकर, उनके सहारे जिन्दगी कट जाएगी, किसी की गुलामी तो नहीं सहनी पड़ेगी। उसकी बहू भी बड़ी नेक और समझदार है, हिम्मती है, अपने मौसा-मौसी के व्यवहार-बात से उसका दिल इतना फट गया है कि वह कहीं भी नहीं जाना चाहती। वह अपनी सन्तान को पाल-पोसकर पार-घाट लगाना चाहती है।

बच्ची की आजी ने किसी तरह अपने को सँभाला, फिर ऊपरी मन से रूखाई से किन्तु धीमी आवाज में बोली, ''यह कैसे होगा, बाबू ? जाति-बिरादरी नहीं है ? इज्जत-आबरू नहीं है ? टोला-मोहल्ला क्या कहेगा ? ऐसा कहीं होता है ?'' अन्त में उसके होंठों में एक अनियन्त्रित ठूँठ-सी हँसी फिसल गई।

''चाची, मैंने शिवजी की इच्छा बताई। कोई ढिंढोरा पीटना थोड़े ही है ! भगवान की भी यही इच्छा है कि किसी को कुछ न बताया जाए और दोनों परिवारों में सुख का सागर लहराता रहे। मेरा दुर्भाग्य है कि पहले से ही अपना एक घर-परिवार है, उनके लिए मेरा फर्ज तो कुछ-न-कुछ होता ही है। उनको छोड़ दूँ और यहाँ धूमधाम से शादी कर लूँ तो बड़ा भभ्भड़ होगा। बवाल मचेगा। यह बड़ा जालिम शहर है चाची, लोग जीने न देंगे। मेरे पास बड़ा पैसा है चाची। बनवारी भाई को

मैंने खूब पैसा दिया। खैर, वह तो पार्टनर थे, मेरे भाई थे। मैं सबको खूब सुख दूँगा चाची, तुम्हारे लिए नाइन लगा दूँगा, रोज तुमको उबटन, तेल लगाएगी। दोनों जून खाना बनाने के लिए किसी गरीब होशियार खाना बनानेवाली को रख दूँगा। तुम्हारी बहू को साड़ी-गहने से लाद दूँगा। बच्ची को पढ़ाकर शादी करूँगा, बच्चे को पढ़ाकर सरकारी नौकरी दिला दूँगा। सब चुपचाप, शान्ति से होगा, जाति-बिरादरी का सवाल नहीं उठेगा, सबकी इज्जत बची रहेगी, तुम पूछती हो कि ऐसा कहीं होता है ? तुम मुझसे बड़ी हो, तुमने मुझसे अधिक दुनिया देखी है, मैं तुम्हें क्या बता सकता हूँ। तुम खुद ही जानती होगी कि ऐसा होता है या नहीं...''

इसके बाद वह अत्यधिक गम्भीर होकर उठ खड़ा हुआ और दूसरी ओर देखते हुए कुछ रूखाई से बोला, ''मैं अब चलता हूँ। जो कुछ कहा है मैंने, भगवान की प्रेरणा से ही। मेरा इसमें निजी स्वार्थ क्या है ? मैं तो तुम लोगों की सेवा करना चाहता हूँ। मैं कल इसी समय आऊँगा, मेरी बात ठीक न लगे तो साफ कह देना, मुझे बुरा न लगेगा।''

वह अचानक अपने लम्बे शरीर से कमरे की नीची धरन को नापने की असफल कोशिश करते हुए कमरे से तेजी से बाहर निकल गया। उसे एक क्षण के लिए आँगन की ओर पैरों की आहट मालूम हुई। जैसे कोई जल्दी-जल्दी चल रहा हो। उसने सिर घुमाकर देखा, लेकिन कहीं कोई नहीं था और रसोई का दरवाजा बाहर से बन्द। बाहर का दरवाजा भी उसी तरह उठँगाया हुआ था, जैसा वह कुछ देर पहले छोड़ गया था, जिसे फिर खोलकर वह बाहर निकलकर दरवाजे को फिर वैसे ही भेड़कर बरामदे की सीढ़ी से नीचे उतरकर बाईं ओर गली में अँधेरे में गायब हो गया।

वह मन-ही-मन अत्यधिक प्रसन्न था, एक घाघ, बेईमान राजनीतिज्ञ की तरह जिसने अपनी चालें बहुत सँभालकर चली हों। वह गर्व से इतराकर चल रहा था। जिस क्षण बच्ची की आजी उसके प्रस्ताव का रूखाई से जवाब देती हुई होंठों के अन्दर ही हँस पड़ी थी, उसी समय वह समझ गया कि सारी परिस्थितियाँ अब जाकर उसकी मुट्ठी में आ गई हैं। खुशी अब उसके कितने निकट है ! दिल से एक आह-सी निकल गई उसके। पहले ही दिन से, जब उसने भगजोगिनी को देखा, वह उसके लिए व्याकुल रहा है। वह उन सुन्दर स्त्रियों में है, जिसे देखकर कभी भूला नहीं जा सकता। उसके सरल, सच्चे, गम्भीर चेहरे में भी एक ऐसी कोमलता और तिरछी अदा है, जो किसी भी पुरुष को घायल कर दे। उसका शरीर कितना स्वस्थ और ठोस लेकिन अनन्त ऊर्जा से भरा हुआ है, जैसे वह निरन्तर प्यार पाने के लिए पैदा हुई हो। कितना अन्याय हुआ था उसके साथ...लेकिन अब वह उसको प्यार से भर देगा, उसे सह सबकुछ देगा, जो उसे कभी नहीं मिला और न उस नटुरे के साथ जीवन बिताने से उसे कभी मिल सकता था।

वह सड़क पर चला जा रहा था। अक्तूबर का महीना बीत रहा था, और हवा में कुछ ठंडक थी। लेकिन ऐसे ही रूमानी विचारों में उड़ान भरता हुआ वह कहाँ-कहाँ चक्कर लगाता रहा, उसे कुछ भी मालूम नहीं हुआ। सफलता की आशा में उसके शरीर में अजीब सनसनी हो रही थी। हृदय उछल रहा था। लेकिन इसी समय अचानक उसके मन में यह आशंका उठी कि यदि उसका सोचा हुआ न हुआ तो ? वह घबरा गया। उसने अपने मन के लगाम को रोका। नहीं, नहीं, इस तरह उतावला नहीं होना चाहिए। उसे गम्भीर रहना चाहिए। सफलता के पहले खुश होनेवाले का तो भाग्य भी मजाक उड़ाता है, उल्टी चाल चल देता है। ईश्वर भी नाराज होता है। सब कोशिश भी बेकार जाती है। वह अब काफी गम्भीर होकर उस समय तक कोशिश करता रहेगा, जब तक जवानी और सुन्दरता की वह देवी उसके कदमों पर आकर गिर नहीं जाती।

इसीलिए जीवन-शतरंज की बिसात पर उसने अपनी अगली कोशिश का एक जोरदार मोहरा फिर चल दिया यानी वह अगले दिन क्या अगले सात दिन तक बच्ची की आजी के पास नहीं गया ताकि पूरी तरह मजबूर होकर हवाई ऐंठ छोड़, परिपक्व कार्य-निर्णय लेने का उस पर आवश्यकता

से भी अधिक दबाव पड़ जाए। वह सातों दिन दिल के अन्दर उछलती खुशी, बेकरारी, दुःख-तकलीफ को अपनी गम्भीरता से ढककर, और गैर-जिम्मेदारी-भरा अपना व्यवहार त्यागकर सबसे सन्तुलित व्यवहार करता रहा, यहाँ तक कि आठवें दिन बच्ची की आजी दूर से ही सफेद चादर ओढ़कर तीन बजे उस समय नजर आई जब वह कक्षा चार के छोटे बच्चों को मैदान में ड्रिल करा रहा था। सबकुछ फौरन जानने के लिए इतना बेचैन हो गया कि उसकी जान हास्यास्पद तेजी से बढ़ी आती बुढ़िया को एकदम देखती-फैली, छोटी आँखों में आकर बैठ गई और दिल ने जैसे धड़कना ही बन्द कर दिया।

उसका सोचना सचमुच सही था, यद्यपि विपरीत आशंकाएँ उसकी परेशानी और भी बढ़ा रही थीं। उस रात को दामोदर प्रसाद के जाने के बाद बच्ची की आजी ने प्रतिवाद और इनकार के गुस्से में चिल्लाने की कोशिश की थी लेकिन उसके मुँह से कोई भी आवाज नहीं निकली, बल्कि उसे यह महसूस कर अचम्मा हुआ कि उसके दिल में पहले से ही एक बड़ा ही मृदुल और स्नेहिल सुकून आराम से पसरकर बिहँस रहा है। और दिमाग भी बहुत ही होशियारी से मनोवांछित प्रमाण और तर्क खोज-खोजकर तरतीब से सहेज रहा है।

हाँ, होता क्यों नहीं ? होता है, होता है ! आखिर एक गरीब औरत बेसहारा होकर कहाँ जाए ? अकेली रहकर मजूरी भी करना चाहेगी तो कोई चैन से करने देगा ? मर्द की जाति तो चील-कौवों की जाति है, औरत की जवानी को तो वैसे ही समय-बेसमय नोचने-खसोटने को तैयार रहती है, अगर अकेली हुई तो उस गुड़ की तरफ तगड़े, कमजोर, अच्छे, बुरे सभी तरह के चींटे चल देते हैं। औरत की जवानी तो बाढ़ की तरह होती है। उस बाढ़ को तो वह खुद नहीं सँभाल पाती, परिवारजन भी नहीं सँभाल पाते। पुरुष की बलशाली भुजाओं का बाँध ही उसको वश में कर सकता है। इसीलिए माँ-बाप, बेटी जवान होते ही डर जाते हैं और उसकी जल्दी-जल्दी शादी करके अपने घर से विदा कर देते हैं। जो गरीब माँ-बाप शादी नहीं कर पाते, वे बूढ़े-ठूढ़े से शादी कर देते हैं या किसी को बेच ही देते हैं। भगजोगिनी तो दो बच्चे होने पर भी अब भी लड़की की तरह लगती है, शरीर जस-का-तस है, उसको क्या वह खुद सँभाल सकती है ?

और एक विचार से वह काफी डर गई। अगर आज ही भगजोगिनी किसी दूसरे मर्द का हाथ पकड़कर इस घर से चली जाए, तो वह क्या कर सकती है ? तब तो उसके सड़क पर घूम-घूमकर भीख माँगने की नौबत आ जाएगी। कौन पूछेगा उसे ? अरे, इस मामले में एक दिन की भी देर करने की जरूरत नहीं है। दामोदर जैसा मनई कहाँ मिलेगा ?

दामोदर तो उसके पति के गाँव का है, भगजोगिनी से उम्र में जरूर बड़ा है, फिर भी लम्बा है, टाँठ है। खूब खेत-जमीन है, बाप भी उसके लिए खूब पैसा छोड़ गया है। खुद स्कूल का मास्टर है, जाना-पहचाना है, संकट में काम आया है, आ रहा है। ऐसा नेक मर्द भगजोगिनी का हाथ थाम ले, तो क्या बुरा है ! सबको सुख देगा। सबका कष्ट दूर हो जाएगा। कितनी गरीब औरतें किसी धनी-मानी रईस के सहारे अपनी जिन्दगी सुख से नहीं काट देती हैं ? इसमें हेठी क्या है ? धनी लोग अपनी विधवा लड़कियों को बनारस में छोड़ आते हैं वह क्या अच्छा है ? धनी औरतें विधवा होने या मर्द के छोड़ने पर क्या घर के नौकर-चाकर या पास-पड़ोस से अपने मन की प्यास नहीं बुझातीं, भले ही ऊपर से वह सती-सावित्री बनें ?

इन तर्कों से खुश होकर वह कमरे से बाहर निकल आई, यह देखने के लिए कि इस समय भगजोगिनी क्या कर रही है ? लेकिन आँगन के अँधेरे में छोटे-से चबूतरे पर बैठकर भगजोगिनी बिलख-बिलखकर रो रही थी। वस्तुतः उसने दामोदर की छिपकर सभी बातें सुन ली थीं और अब सास को देखकर वह हाथ से छाती पीट-पीटकर चीखकर बोली :

''आप उस भेड़िए के हाथ मुझे बेच देना चाहती हैं अपने स्वारथ के लिए ? जिस घर में मैंने

इतना सुख किया, अपने भोले-भाले पति का इतना प्यार पाया, उसी घर में एक धोखेबाज की रखैल बनकर रहूँगी ? मैं जहर खा लूँगी, अपने दोनों बच्चों के साथ कुएँ-तालाब में डूब मरूँगी, उस बेईमान के साथ नहीं रहूँगी। मैं जानती हूँ, शुरू से ही उसकी नजर मुझ पर है। इसी ने मेरे पति को सरापा है, इसी का सराप उन पर पड़ा। इसी ने उन्हें मार डाला, जिससे मुझ पर हाथ डाल सके। आप जाइए यहाँ से, मुझसे कुछ न कहिए...''

भगजोगिनी की सास का चेहरा भय से फक पड़ गया, जिसके शेड की भिन्नता ऊपर आकाश में उगे तारों की चमक से प्रभावित अन्धकार में स्पष्ट पहचानी जा सकती है। वह तो कुछ देर से अपने अन्दर अत्यधिक स्वादिष्ट ख्याली पुलाव पका रही थी, लेकिन लगता है यह जिद्दी औरत सबकुछ चौपट कर देगी। वह स्वयं स्वाभिमानी थी, यदि अपने पति के मरने के बाद वह खुद इसी तरह बेसहारा हो जाती तो क्या किसी दूसरे मर्द का हाथ थाम लेती ? इतना सोचकर वह और घबरा गई, क्योंकि उसके पास इसका कोई जवाब नहीं था और तब उसके दिमाग में पहली बार यह सवाल उठा कि एक औरत क्या अपना शरीर किसी ताकतवर मर्द को सौंपकर ही अपने को बचा सकती है ? लेकिन कब तक ? औरत क्या सिर्फ शरीर है ? वह अपने बूते पर अपने शरीर और मन की रक्षा नहीं कर सकती ?

उसके पास इन प्रश्नों का जवाब नहीं था। चारों ओर भय और आतंक से भरा एक निरुपाय अन्धकार मिला। वह रुआँसी हो गई। वह आखिर करे भी तो क्या करे ? भगजोगिनी की सिसकियों के बीच में उसका दिमाग तलाशता रहा, लेकिन उसे और सभी रास्ते अनिश्चिता से भरे, खतरनाक और विनाशकारी लगे। जब वह थक गई तो स्वयं धीरे-से चबूतरे पर बैठ गई और भगजोगिनी का सिर अपनी गोद में लेकर उसके बालों को सहलाने लगी। और कुछ देर बाद प्यार से बोली :

''दुल्हन, मेरी बच्ची, तुम लोगों के सिवाय अब मेरा कौन है ? मैं जो कुछ भी कहूँगी, तुम लोगों के भले के लिए ही। मुझे अब कितने दिन जिन्दा रहना है ? तुमने सबकुछ सुन ही लिया है तो क्या तुम कह सकती हो कि मैंने कोई वचन दिया है ? तुमसे भी क्या मैंने कभी कुछ कहा है ? ऐसा तो खयाल ही नहीं आता मुझे। हाँ, आज दामोदर ने मुझे अपना दुखड़ा सुनाया तो मुझे बड़ी दया आई उस पर। बीवी का तो कोई सुख नहीं मिला उसे। न वह उसे ठीक से खाना देती है और न उससे ठीक से हँसती-बोलती है। बड़ा दुःखी रहता है। वह अपने को बड़ा अभागा समझता है। बनवारी बाबू तो मेरे लड़के थे, लेकिन मैं कैसे झूठ कहूँ कि दामोदर ने उनको मार डाला। हाथ में उनके जिनगी की लकीर थी ही नहीं तो अधिक जिन्दा कैसे रहते मेरे बाबू। दामोदर ने तो बीमारी में मदद भी की थी और आज जो कुछ कर रहा है, वैसा अपना सगा भी कोई क्या करेगा ? स्वारथ के लिए भी क्या कोई इतना कर सकता है ? मैं तो यही समझती हूँ, मुँह से जो कुछ भी बोल दे, भीतर से दिल का बहुत कोमल है। वह अपना फर्ज समझ यह सब कर रहा है...''

कुछ देर वह चुप होकर भगजोगिनी की प्रतिक्रिया भाँपने-परखने लगी, जिसका बिलखना-सिसकना बन्द हो गया था। उसने उत्साहित होकर आगे कहा :

''तुम कहती हो कि उसकी पहले से ही तुम पर नजर थी। मैं इसे नजर नहीं कहूँगी। नजर तो तब होगी, जब वह तुम्हारे साथ कोई बुराई करता, हमारे बाबू से धोखा करता, उनको फँसाने, गिराने के लिए कोई जाल रचता। हाँ, यह कह सकती हूँ कि वह तुम्हारी खूबसूरती को पसन्द करता था। खूबसूरत तो तुम हो ही, दैव ने तुम्हारा मन भी बड़ा खूबसूरत बनाया है। मर्द हो या औरत, कोई भी तुम्हें पसन्द करेगा। इसी वजह से मैं तुम्हें कितना प्यार करती हूँ, तुम मेरे बच्चे की अमानत भी हो, मैं तुम्हें एक क्षण के लिए भी अपनी आँखों से दूर नहीं करना चाहती। खूबसूरती कौन नहीं पसन्द करता। हाँ, औरत के मामले में मर्द थोड़ा दिलफेंक होता है। वह हर जवान और खूबसूरत औरत को चाहने लगता है। यह स्वभाव है उसका। इस स्वभाव को हर औरत

जानती-पहचानती है। जो अच्छी औरत होती है, वह बुद्धि से, साफ, ईमानदार व्यवहार से मर्द पर अंकुश लगाती है।

"अच्छा मर्द वह है जो औरत के अंकुश को पहचानकर अपने को सुधारता है, गलत रास्ते पर आगे बढ़ने से अपने को रोकता है। भले ही आगे चलकर वह मर्द उस औरत को मन में पसन्द करता रहे, अगर वह औरत से बदसलूकी नहीं करता तो वह चाहता रहे, इसमें किसी का नुकसान थोड़े ही है। जो तुम कह रही हो अगर वह सही है, तो मेरा इतना ही कहना है कि दामोदर अपनी चाह को मन में दबाए रहा, उसने तुम लोगों का कोई नुकसान नहीं किया। वह घर के अन्दर बीवी से दुःख पाता रहा, तुम्हारी चाह में गलता-पचता रहा, मगर जबान से कुछ नहीं कहा। और आज भी उसकी चाह बनी हुई है, वह चाह वरदान बन गई है। शायद उसी चाह के कारण इस परिवार पर वह अपना सबकुछ न्यौछावर करना चाहता है। मेरे बाबू तो चले गए, वह तो आएँगे नहीं, हाँ, तुम्हें मैं सुखी जरूर देखना चाहती हूँ, तुम्हारी उम्र कुछ भी नहीं, किसी ऐरे-गैरे के चक्कर में पड़ोगी तो पता नहीं वह तुम्हारे साथ कैसा सलूक करे। जाति-बिरादरी के सभी तो दरिद्र हैं, कोई तुम्हें क्या देगा ? तुम्हारा सारा रस चूसकर तुम्हें सिट्‌ठी की तरह छोड़कर किसी दूसरी के चक्कर में चल देगा। यह मकान भी तुम्हें नहीं मिलेगा। जब तक मैं जिन्दा हूँ इन बच्चों को भी तुम नहीं ले जा सकती। मकान के असली मालिक यही बच्चे हैं इसीलिए मेरा मन कहता है कि दामोदर से अच्छा..."

अकस्मात भगजोगिनी अपनी सास की गोद से उठकर गला फाड़कर चीख पड़ी :

"बार-बार कहती हूँ मैं किसी की रखैल नहीं बनूँगी। नहीं बनूँगी, नहीं बनूँगी, नहीं बनूँगी..."

बच्ची की आजी सिर से पाँव तक काँप-थरथरा गई। उसने छाती पर हाथ रखकर सायँ-सायँ आवाज में बोली :

"आहि ए दादा, जोर से न चिल्लाओ। पास-पड़ोस के हर घर में तो दुश्मन बैठे हैं, जो हमेशा अपने कान उघारे बैठे रहते हैं कि हँसी-हँसारत की कोई बात ऊपर से टपक जाए। अभी तो न कोई बात न चीत। यह तो एक सुझाव आया है, ऐसी कोई बात अगर बनेगी तो इसी शर्त पर कि हिन्दू समाज के किसी विधि-नियम से शादी हो। यह मंजूर न हो तो जाएँ लोग अपना मुँह लेकर अपने घर।"

तीसरे दिन भी जब दामोदर नहीं आया तो बच्ची की आजी बड़ी परेशान हुई। घर में दो-तीन दिन का ही राशन था। वह हर क्षण दामोदर का इन्तजार करती। कोई खटका या आहट होती तो लगता कि दामोदर आ गया। दिल तेजी से धड़कने लगता। दामोदर एक हफ्ते के राशन-पानी के लिए पैसा दे जाता, वह उससे घर का काम चलाती। समस्या तो यह थी कई दुकानों पर अब भी उधार था और बनवारी की मृत्यु के बाद अब कोई उधार देता भी नहीं था। दूध वाले ने भी मना कर दिया था।

भगजोगिनी भी अब भी रोने बैठ जाती। उसकी सास भी रोज उसके पास बैठकर प्यार से देर तक समझाती। रोज तंगी और बढ़ जाती और रोज भगजोगिनी की रुलाई कुछ कम हो जाती। सातवें दिन सामने मुख्तारिन के घर से कुछ आटा उधार लेकर किसी तरह काम चलाया गया। बच्चे दिन-भर भूख से रोते रहे। इस दिन भी बच्ची की आजी ने भगजोगिनी को समझाया था।

भगजोगिनी इस दिन एकदम नहीं रोई। उसने बड़ी-बड़ी आँखों से अपनी सास की उत्सुक आँखों में देखा। उन आँखों में संवाद था और सूखे बन्द होंठों की अस्पष्ट क्षीण हरकत में इच्छित शब्द थे।

तब आठवें दिन वह अनेक आशकांओं और चिन्ताओं से भरी हुई दामोदर से मिलने उसके स्कूल में गई थी।

उसने ड्रिल करते बच्चों की छुट्टी कर दी, जो हल्ला करते हुए अपनी कक्षा की ओर दौड़ गए। तब वह सिर झुकाकर और फुर्ती से पानी काटनेवाले किसी कुशल तैराक की तरह दोनों हाथों को भाँजते हुए बच्ची की आजी की ओर बढ़ गया। दोनों जब घास मैदान की बढ़ती-पसरती छाया में बैठ गए तो दामोदर ने दूसरी ओर देखते हुए कृत्रिम रूखाई से पूछा :

''क्या हाल है, चाची ?''

बच्ची की आजी ने उसे लाचार उत्सुकता से देखा, ''भैया, तुम तो दूसरे दिन ही आने को कह गए थे। तुम्हारी राह देखते-देखते तो मेरी आँखें पत्थर हो गईं। तुमने ही अपनी इच्छा बताई थी, तुम्हारी खुशी के लिए मैंने सभी काम बना दिया तो तुम्हीं गायब हो गए। मर्द का काम है यह थोड़े !''

होंठों में हँसते हुए वह अनजान की तरह बोला, ''कैसा काम, चाची ? मुझे तो कोई काम याद ही नहीं आ रहा है। कुछ कहा था, क्या मैंने ? साफ-साफ क्यों नहीं कहतीं ? मुझसे किस बात का संकोच ? मैं तो घर का आदमी हूँ... ।''

असली बात तो वह पहले ही समझ गया था, जब उसने निकट आकर उसका झुका हुआ दयनीय चेहरा देखा। लेकिन वह उसी के मुँह से सबकुछ साफ-साफ सुनकर उसे और भी दयनीय बनाना चाहता था।

बच्ची की आजी ने उसकी ओर बिना देखे, अपने से लड़ती-सी आवाज में कहा, ''क्या बाबू, क्या तुम इतनी जल्दी भूल गए ? उधर भगजोगिनी कब से तुम्हारे लिए आँखें बिछाए बैठी है... ।''

वह आगे कुछ न कह सकी जैसे गले में कुछ अटक गया हो। किसी शर्म और अपमान की भावना से, जो अब भी उसमें बाकी थी, उसका रसहीन चेहरा धूल-धूसरित ताँबे के किसी टुकड़े की तरह लाल हो गया। दामोदर का दिल खुशी से उछल गया। ऐसे उत्तर की तो उसने कल्पना भी नहीं की थी। उसका चेहरा चमकने लगा और आँखें भी। उसने आगे झुककर बच्ची की आजी का पैर छू लिया और चहकती आवाज से बोला :

''शिवजी ने ठीक ही कहा था कि तुम देवी हो। तुमने मेरा सभी दुःख हर लिया, चाची ! तुम सबकी मैं सेवा करना चाहता था, वह तमन्ना मेरी पूरी हुई। जो भी दोष हो मुझमें उसके लिए क्षमा करो, चाची, मुझे।''

''हाँ, एक बात है। भगजोगिनी रखैल बनकर नहीं रहेगी। किसी विधि-नियम से शादी करनी पड़ेगी... ।''

''यह क्या कहती हो चाची ? यह कैसे हो सकता है ? भभ्भड़ से तो सारा खेल ही बिगड़ जाएगा।'' दामोदर का चेहरा सहसा लटक गया था।

''सुना है, हिन्दू समाज में कई तरह की शादियाँ होती हैं। तुम भगजोगिनी से गन्धर विवाह कर लो... ।''

''गन्धर विवाह ? यह कैसा विवाह है, चाची ?'' दामोदर की छोटी आँखें आगे निकलकर बटन की तरह चमकने लगीं।

''जैसे शकुन्तला ने एक राजा से किया था ! राजा का नाम नहीं याद आ रहा है।''

''क्या दुष्यन्त नाम है ?''

''हाँ-हाँ, वही। गन्धर विवाह में सबकुछ चुपचाप हो जाता है, दुनिया को नहीं मालूम होता—दूल्हा-दुल्हन एक-दूसरे को वचन देते हैं। तुम दोनों एक-दूसरे से कसम खा लेना। तुम भगजोगिनी को नई साड़ी और गहने पहनने को देना और उसकी माँग में सिन्दूर लगा देना। फिर तुम दोनों अपनी नई दुनिया हँसी-खुशी सँभालना।''

दामोदर हैरत से उसे कुछ देर तक देखता रहा। फिर सोच-सोचकर धीमे स्वर में कहा उसने :

"चाची, तुम्हारा मतलब गन्धर्व विवाह से है। वाह चाची, तुमने तो मुझे दुष्यन्त बना दिया। सचमुच तुम्हारा सोचना ठीक है, मैं दुष्यन्त से किसी माने में कम नहीं हूँ। मैं दुष्यन्त की तरह हिम्मती और खूबसूरत मर्द हूँ और भगजोगिनी भी शकुन्तला की तरह सुन्दर, जवान और कोमल है। हाँ, गन्धर्व विवाह में सिन्दूर नहीं लगाया जाता। तब तो भम्भड़ हो जाएगा। साड़ी-वाड़ी तो ठीक है; लेकिन गहना में अभी अँगूठी ही। मैं उसे अँगूठी पहनाऊँगा, जैसे दुष्यन्त ने शकुन्तला को पहनाया था। बाद में सबकुछ होगा, जो भगजोगिनी चाहेगी। ठीक है न, चाची ! अच्छा मैं अब चलता हूँ। अभी कुछ देर तक स्कूल चलेगा। आज शाम को या कल किसी समय घर आकर दूसरी बातें भी तय करूँगा।"

जब वह घूमकर जाने लगा तो बच्ची की आजी ने उत्सुक निगाहों से उसे देखते हुए अत्यन्त गिड़गिड़ाहट-भरी आवाज में कहा :

"अरे, बाबू, घर में कुछ नहीं है, सवेरे से ही बच्चे भूख-भूख चिल्ला रहे हैं।"

"अरे..." दामोदर का चेहरा गम्भीर हो गया। उसने जेब से दस रुपए के दो नोट निकालकर दिए। फिर वह घूमकर स्कूल की ओर चल दिया।

27

भगजोगिनी का आत्म-समर्पण आसानी से नहीं हुआ। उसकी सास लगातार उसके पीछे पड़ी रही, उसे हर तरीके से समझाती तथा अनेक उदाहरणों के साथ डराती रही और अन्त में एक बड़े झूठ के हथियार से उसके विरोध-किले पर ऐसा जबरदस्त प्रहार किया उसने कि भगजोगिनी टूट-बिखर गई। उसने अपनी पतोह से फुसफुसाई आवाज में कहा था :

"तुमसे आज बता रही हूँ। हमारे बाबू ने हमसे रूठकर जाने के एक दिन पहले मुझे पास बुलाकर कहा था, 'माई, भगजोगिनी से कहना वह दामोदर भाई का हाथ पकड़ ले...मेरी जीभ गले मैं झूठ कह रही होऊँ...' "

यह आखिरी वाक्य था, जिसने भगजोगिनी को स्वाभिमान भावना और दामोदर-विरोधी दुर्भावना से खाली कर दिया। वह उस समय तो कुछ नहीं बोली, लेकिन दो घंटे बाद उसने अपनी सास से बेजान स्वर में कहा :

"अम्माजी, आप जो अच्छा समझें वही करें..."

भगजोगिनी की सास अपनी कायरता और झूठ की जीत से अपने मन की गहराई में कतई खुश नहीं हुई, लेकिन बाहर की दुनिया में निरुपाय दरिद्रता, भाग्य की मार और बेसहारापन से इस हद तक घबरा गई थी कि एक बेहद हिम्मती और स्वाभिमानी पुरुष की पत्नी होने का गौरव भूलकर वह क्रूर परिस्थितियों के समक्ष दंडवत हो गई। लेकिन शायद यह उसकी ग्लानि ही थी कि भगजोगिनी की सहमति के बाद वह एकान्त में जाकर जोर-जोर से अपने गाल पर दो थप्पड़ जमाकर दाँत पीसती हुई बोली, "अरे हरामजादी ! अरे हरामजादी !!"

दामोदर प्रसाद अपनी खुशी एकदम नजदीक देखकर गम्भीर हो गया था। उसे कभी अपने ऊपर गर्व होता। गन्धर्व विवाह की कल्पना ने तो उसे बेहद बेचैन कर दिया। तब उसे लगता कि वह राजा दुष्यन्त से किसी अर्थ में भी कम नहीं है। लेकिन वह अपने कदम फूँक-फूँककर रख रहा था कि कहीं उसकी बेवकूफी उसका खेल ही न बिगाड़ दे। अपने घर में भी वह बहुत सन्तुलित और स्वाभाविक व्यवहार कर रहा था। घर में ही अब वह अधिक समय व्यतीत करता। अपनी पत्नी के पास कुछ देर तक बैठने की कोशिश करता, यद्यपि वह सदा पूजा और भक्ति के मूड में ही रहती।

एक दिन उसने एकान्त में चापलूसी द्वारा भ्रम उत्पन्न करने के लिए अपनी पत्नी को अपने पास खींचने की कोशिश की तो वह गुल्ली की तरह छटककर अलग हो गई और भौं सिकोड़ तथा जीभ काटकर धीमे स्वर में बोली :

"यह क्या करते हैं ? देखते नहीं ठाकुरजी जगे हैं ?"

दामोदर प्रसाद गम्भीर हो गया। एक क्षणिक नाराजी से उसका चेहरा बिगड़ गया। फिर एक व्यंग्य-मुस्कुराहट के साथ बोला, "क्या बात है जब मैं घर में रहता हूँ तो तुम्हारे ठाकुरजी जागे ही रहते हैं ?"

"हाय दादा, ऐसी भाषा मुँह से न निकालिए। मैं कौन होती हूँ उन्हें सुलाने और जगानेवाली ? वे अपनी नींद सोते हैं, अपनी नींद जागते हैं। आप ही समय पर घर नहीं रहते। शाम से ही निकल जाते हैं और बारह-एक तक घर लौटते हैं। आते ही पीठ उधर करके सो जाते हैं। खैर, छोड़िए इन बातों को। बड़ी लड़की तेरह वर्ष की हो रही है। हाय राम, कितनी बड़ी अभी से लगती है। आपको अब साधु-सन्त की तरह रहना चाहिए। बच्चियों पर ध्यान देना चाहिए, बड़ी के लिए अभी से घर-वर देखना चाहिए..."

"कैसी बात कर रही हो ? तुम्हारी वजह से तो मैं न मालूम कब से साधु-सन्त की तरह रह रहा हूँ। तुमने इस घर को सचमुच किसी साधु का आश्रम बना दिया है। लेकिन मेरे जीवन को नर्क।"

"अब अधिक मुझसे न कहलाइए। मुझे सबकुछ मालूम है। आपने शुरू से ही जो गुलछर्रे उड़ाए हैं, वह मैं खूब जानती हूँ। मैं ही क्या, मोहल्ला-टोला सभी जानते हैं। आपकी आदतों से बाबूजी, हाँ आपके पिताजी, कितना चिन्तित रहते थे। यह तो कहिए कि वह एक नामी वकील थे, पैसा खूब कमाते थे, गाँव में खूब जगह-जमीन थी, उन्होंने कोशिश करके आपकी गेमटीचरी स्कूल में लगा दी, सिर्फ इसलिए कि आपका समय कटेगा, इधर-उधर नहीं घूमेंगे। मगर वहाँ भी..."

"खबरदार, जबान सँभालकर बोलो। मनहूस कहीं की। उलटे चोर कोतवाल को डाँटे..." दामोदर प्रसाद को न चाहते हुए भी गुस्सा आ गया।

दामोदर प्रसाद ने चिल्लाकर उसकी आवाज को दबाने की कोशिश की, मगर उसकी पत्नी पर उसकी बात का कुछ असर नहीं हुआ बल्कि वह कुछ सिर झुकाकर रुँधे हुए गुस्से की मध्यम आवाज में लगातार प्रहार करने लगी :

"ठीक है, आप सुनना चाहते हैं तो सुनिए। मैं आज मानूँगी नहीं। जिन्दगी-भर आपका बड़ा सहा। मैं सोचती थी कि औरत जात हूँ, चुप रहूँगी तो आप खुद शर्म करके सँभल जाएँगे। आप समझ लीजिए कि आज मेरी जो हालत है, परिवार और समाज से कटकर मैं पुजारिन की जो जिन्दगी बिता रही हूँ, वह सब आपकी ही वजह से। नहीं तो, जिस स्त्री को पति का प्यार मिला हो, जिसके बच्चे समझदार हों, उसे पूजा-पाठ की क्या जरूरत है। एक स्त्री के लिए प्रेमी पति और प्यारे बच्चों की सेवा तो सबसे बड़ी पूजा है। आपके कुटेवों ने, आपकी कठोरता ने मेरे सभी अरमान नष्ट कर दिए हैं, मैं अपने को भूलने के लिए ही कंठी-माला पहन, पुजारिन बनकर चौबीसों घंटे घंटी टुनटुनाती रहती हूँ। यह तो भगवान की भारी कृपा है, उन्होंने मुझे बड़ी ही बुद्धिमान और समझदार बेटियाँ दी हैं, उन्हीं के लिए मैं जिन्दा हूँ..." वह आँचल से अपने आँसू पोंछने लगी।

"बकवास बन्द करो...बुलका चुआकर प्रपंच न करो। इस तरह का तुम्हारा नाटक बहुत देख चुका हूँ।"

"आपको आज मेरी बात सुननी पड़ेगी। हो सकता है, आप मन-ही-मन अपने को बहुत ही पाक-साफ और सचरित्र समझते हों। इसलिए कि घर में आपको कभी किसी ने कुछ कहा नहीं। माँ-बाप के दुलरुआ रहे और बीवी भी सीधी-सादी, बेजबान मिली। मेरी बात ध्यान से सुनिएगा।

ये गन्दी बातें नहीं हैं जो मैं आपको सुनाने जा रही हूँ। मैं आपका अपमान भी नहीं करना चाहती। सही बातें तो सही बातें होती हैं, कड़वी जरूर लगेंगी आपको, मगर उनको सुनकर आप अब भी महसूस कर लें कि आपने गलती की है, और आप लगातार गलतियाँ करते जा रहे हैं तो आप जरूर अपने को सुधार लेंगे। यह आपके परिवार के लिए, बाल-बच्चों के लिए बहुत अच्छी बात होगी...

''जब मैं शादी करके आई तो मेरी उम्र तेरह वर्ष से अधिक नहीं थी। बुद्धि, समझ कुछ भी नहीं। बचपन से ही आपका साथ-संग अच्छा नहीं था। आप बाहर ही सोते थे, अन्दर आते ही न थे। आपके माँ-बाप बड़े परेशान थे। एक दिन मेरी सास रात में मेरे पास आकर बैठ गई। वह धीरे-धीरे मुझे समझाने लगीं :

''ए दुल्हन, घबराना नहीं। शादी के बाद मेरे बबुआ तुम्हारे कमरे में नहीं आते, तुमसे हँसते-बोलते नहीं, इससे मुझे भी दुःख है। तुम्हारे बाबूजी बड़े चिन्तित हैं। अकेला लड़का है, साथ-संग ठीक नहीं है। बड़ा दरिद्र शहर है यह। यहाँ के कई मर्द घर में सुन्दर बीवियाँ रहने पर भी छोटे-छोटे लड़कों के पीछे पड़े रहते हैं। मासूम लड़कों को वे बरबाद कर देते हैं। वे अपने को रईस कहते हैं, नाटक-वाटक करते हैं, गवनई-बजनई करते हैं मुँहझौंसे। मेरे बाबू उन्हीं के चक्कर में पड़ गए हैं। ये कमक्कल हैं, तुम्हारे बाबूजी सब ठीक कर देंगे एक दिन। बहुत नाराज हैं तुम्हारे बाबूजी। शादी हो ही गई है, कोई नौकरी दिला देंगे तुम्हारे बाबूजी तो सब ठीक हो जाएगा। तुमसे इसलिए बता रही हूँ कि तुम सावधान रहो, मौका मिलने पर अपने पति को समझाओ। क्या बताऊँ, एक लड़का है—नाम है मिठाई...बड़ी कच्ची उम्र है उसकी। इस लड़के का साथ छूट जाए किसी तरह...' ''

दामोदर सहसा डर गया। उसने अपनी पत्नी का ऐसा रूप कभी नहीं देखा था। अब तक प्रेम का और बाद में क्रोध का नाटक इसलिए किया था उसने ताकि उस पर अपना रोब डाल सके कि वह तो उसके प्रेम के लिए परेशान है, लेकिन वही उसकी उपेक्षा कर रही है ! उसकी उम्मीद थी कि पत्नी जवाब में पहले की तरह उदासीन भक्तिन का व्यवहार करेगी, तब वह पूरी तरह निश्चिन्त हो जाएगा, सन्देह से परे, एकदम छुट्टा। यह अपराधी मन की तसल्ली के लिए तिनका का सहारा ही था, लेकिन पता नहीं कहाँ उससे भूल हो गई कि वह भी जाता रहा। उसकी चालाकी काम न आई और जब उसे यह खयाल आया कि उसकी पत्नी दब्बू नहीं है, और जीवन से कटी पुजारिन भी नहीं है, जैसा उसने सोचा था, बल्कि तन-मन की सताई हुई और किए गए अन्याय और अत्याचार के प्रति जागरूक है, तो उसका भय और अपराध-भाव और बढ़ गया।

''भाई, तुम बेकार में बात का बतंगड़ बना रही हो। अब छोड़ो उन बातों को। जो बीत गया सो बीत गया, अब गड़ा मुर्दा उखाड़ने से कोई फायदा नहीं। मैं बहुत बदल गया हूँ। अनजाने में मुझसे कुछ गलतियाँ हो गई थीं, उनसे अब मैं बहुत दूर हो गया हूँ। हाँ, रात में थोड़ा घूमने की आदत जरूर है।

''मगर अब मैं घर से सीधे मन्दिर जाता हूँ। पूजा-पाठ, भक्ति में मुझे भी आनन्द आने लगा है। मैं नहीं जानता, हो सकता है, मुझ पर तुम्हारा ही असर पड़ा हो। देर रात तक मन्दिर में कीर्तन और आरती में शामिल रहता हूँ, विभोर हो जाता हूँ, सुध-बुध नहीं रहती। फिर मन्दिर से निकलकर सरयू की तरफ चला जाता हूँ, वहाँ नदी के किनारे बैठकर साफ-पवित्र हवा में प्रभु की याद करता रहता हूँ कुछ देर तक। अजीब-अजीब खयाल आते हैं। प्रभु की कृपा से कभी-कभी विचार आता है कि किस तरह अपने घर को स्वर्ग बना दूँ...''

''आप मुझे सफाई क्यों देते हैं ? अब मैंने सोचना बन्द कर दिया है कि आप कहाँ जाते हैं, क्या करते हैं। कभी-कभी क्या, वर्षों मैं रात-रात-भर आपके लिए तड़पती रही, चिन्ता में घुलती-पचती

रही। कभी क्रोध आता, प्रतिशोध से जलने लगती और कभी-कभी गुस्से में सोचती कि मैं भी मोहल्ले-टोले के किसी मर्द को घर में बुलाया लिया करूँ। तब मैं सोचती, इसमें बुरा क्या है, जब मर्द घर में कुछ मिनटों की तफरीह के लिए जवान बीवी के शरीर को नोचने-बकोटने के बाद बाकी समय लौंडों और पतुरियों के चक्कर लगाता रहे तो क्या उसकी बीवी ऐसा नहीं कर सकती ? नहीं, मुझे रोकिए नहीं, कहने दीजिए। मेरे दिल में कब से वे बातें जमी हुई हैं। कई बार सोचती थी कि कह दूँ, पर हिम्मत नहीं हुई। आप शायद सोचते हैं कि मुझे कुछ भी नहीं मालूम, मैं पतिव्रता, पुजारिन हूँ, मर्द जो कुछ भी करे लेकिन दो जून का खाना मिलता रहे तो मैं खुश रहूँगी। ऐसा नहीं है, ऐसा नहीं है। अपनी लड़कियों की वजह से जिन्दा हूँ, नहीं तो कभी जहर खाकर मर गई होती। हाय, मेरा जीवन डर और दहशत में ही बीत गया...मुझे तिल-तिल सताया गया...मैं उजड़ गई, मैं उजड़ गई...''

वह अपने को सँभाल न सकी और अपनी छाती पर जोर से हाथ मारकर बिलखने लगी। दामोदर प्रसाद के तो होश फाख्ता हो गए। चेहरा काला पड़ गया। कुछ क्षणों तक तो उसके मुँह से आवाज नहीं निकली। इच्छा हुई कि फौरन घर से भाग चले और सड़कों पर सरपट दौड़ लगाते हुए किसी जंगल-वंगल में घुसकर अपने को छिपा ले। लेकिन यह भी खयाल विद्युत की तरह कौंधकर गायब हो गया। अन्त में उसकी धीमी बकार फूटी :

''अरे भाई, जोर से न चिल्लाओ। तुम्हारी आवाज बगल में जा रही है। चलो, माफी माँग लेता हूँ...अब तो चुप रहो...''

दामोदर प्रसाद ने डर से सकपकाकर अपने चारों ओर देखा। उठकर बाहर के दरवाजे के पास गया यह देखने के लिए कि लड़कियाँ स्कूल से तो नहीं आ गई हैं अथवा कोई छिपकर उसकी बात तो नहीं सुन रहा है। जब वह वापस आकर बैठा तो उसकी पत्नी ने अपने को काफी नियन्त्रित कर लिया था। उसने हल्की सिसकी से भरी लड़खड़ाती धीमी आवाज में कहा :

''हाँ, मुझे सबकुछ मालूम है। अम्माजी ने शुरू में ही मुझे सबकुछ बता दिया था। अम्माजी जैसी सास तो भगवान सबको दे। वे जल्दी ही चली गईं, मैं उनकी बहुत सेवा भी न कर पाई। बाबूजी भी देवता थे। वह जब तक रहीं, पुलिस-सिपाही, नककटा नज़ीर, अइगा पांडे, दो छोकरे मिठाई और शिवदर्शन को गालियाँ देती रहीं, सरापती रहीं। इन सबों ने आपकी आदतें बिगाड़ दी थीं। बाबूजी काफी बूढ़े हो गए थे, उनकी बातों का आप पर कोई असर नहीं था। आप माँ-बाप दोनों को झिड़क देते थे, आँगन में खड़े होकर उन पर चिल्लाते भी थे। आप उनके साथ लड़कों के किसी-न-किसी गिरोह में शामिल रहते, मार-पीट करते, कभी मार भी खा जाते।

''कहते शर्म आती है, मगर अम्माजी ने ही मुझसे कहा था रोते हुए, 'ए दुल्हन, मेरा इकलौता लड़का है तो क्या, इसे नज़ीरवा और अइगवा खा गए। पता नहीं कैसा सिपाही है नज़ीरवा, उम्र भी अधिक हो गई है इसकी, लड़कों की हर लड़ाई में शामिल होता है। इसकी कहीं बदली भी नहीं होती, इसके अफसर भी इसको छुट्टा साँड़ की तरह छोड़े रहते हैं। अइगवा भी परले नम्बर का बदमाश है। इन सबों ने मेरे लाल को बड़ी खराब आदतें सिखा दी हैं। पता नहीं, हरामजादे क्या-क्या मँगाते थे मरकिलौने। घर में ताखों पर की कुप्पियाँ गायब हो जाती थीं। हमने तो छाती पीट ली, ए दुल्हन ! तुम्हारे बाबूजी ढह गए हैं। वे पता नहीं कहाँ-कहाँ घुमाते हैं मेरे लाल को। तुमसे इसलिए कह रही हूँ कि तुम उसकी बीवी हो, तुम उसको हिम्मत और प्यार से समझा सकती हो। मर्द जात को क्या कहूँ, उसकी आदतें खराब हो जाती हैं तो उसे किसी बात का हब-खब नहीं रहता। दुनिया-भर की बहानेबाजी करता है। बीवी क्या करे, वह सहती है, उसे बाल-बच्चों को इज्जत से पालना-पोसना पड़ता है। मुझे माफ करो, मैं तुम्हें सुख क्या दूँगी, यह सब सुना करके तुम्हें दुःखी कर रही हूँ, इसलिए कि सोचती हूँ तुम इस खानदान की इज्जत लौटा लाओगी...' ''

इसके पश्चात उस पर फिर रुदन का दौरा पड़ा और इस बार दो हाथ अपनी छाती पर जड़कर 'ओ-हो-हो' करके विलाप करने लगी। दामोदर की तो समस्त हिम्मत ही हिरन हो गई। वह सहसा उठकर यह कहते हुए कि 'अब तुम मेरा मुँह कभी नहीं देख पाओगी जिन्दा या मुर्दा।' वहाँ से तेजी से चल पड़ा और बाहर निकलकर सड़क पर चप्पलें चटकाते हुए जल्दी ही दृश्य से ओझल हो गया।

ऐसी ही चाल से एक पुरुष अपनी औरत को शह देकर पैदली मात दे दिया करता है। उसकी बीवी के पास कुछ नहीं था—शरीर अथवा भावना। यह कहना मुश्किल है कि पहले किसका नाश हुआ, लेकिन इतना सब होने पर भी वह विद्रोहिणी नहीं बन सकी। क्या एक औरत विद्रोह कर सकती है विचार का माहौल न होने पर ? शायद इसलिए जब दामोदर अपनी दृढ़ चेतावनी-भरी उद्घोषणा के बाद वहाँ से चला गया तो उसकी पत्नी के दिमाग में घबराहट-भरा पहला खयाल यह आया—खयाल ही नहीं, उसका चित्र भी—कि उसका पति घर से सीधे स्टेशन जाकर शंटिंग करते हुए किसी इंजिन से कट गया है। कुछ क्षणों के लिए उसने अपनी आँखों के सामने देखा था कि उसके दुःखी पति की लाश लोग दरवाजे पर ले आए हैं, जिसकी छाती पर वह सिर रखकर धारोधार रो रही है। इस खयाल ने पता नहीं कैसे उसके सूखे दिल को मथकर उसमें से कहाँ से प्यार का लैनू भी निकाल दिया, जैसे बालू में से तेल।

उस पर बदहवासी छा गई। लड़कियाँ आ गई थीं, लेकिन उनकी ओर भी ध्यान न देकर वह आँगन में बैठकर फूट-फूटकर रोने लगी। अपने को कोसती हुई। इस बीच लड़कियों से बुदबुदाकर उसने क्या कहा कि उन्होंने यह समझकर कि उसके पिताजी की मृत्यु हो गई है, स्वयं भी रोने लगीं। कुछ ही देर में घर में ऐसा कोहराम मचा कि पड़ोस की कई बुजुर्ग औरतें आ गईं और फौरन सबकुछ समझकर स्वयं आँसू बहाकर समझाने लगीं कि 'हिम्मत से काम लीजिए, अब बच्चियों पर तो ध्यान दीजिए।'

बहुत बाद में यानी जब दो बज गए तो मोहल्ले में दुःखन पान वाले ने भीतर आकर बताया कि 'दामोदर बाबू घर से निकलकर स्टेशन की ओर थोड़े ही गए, वह तो शायद स्कूल की ओर गए हैं। जब वह स्कूल जाते हैं तो रोज ही इसी सड़क से जाते हैं...'

इस पर दामोदर की पत्नी जोर से चीखती हुई चिल्ला पड़ी, "अरे नहीं हो दादा, मेरा दिल कहता है वह स्टेशन ही गए हैं..."

किसी बुद्धिमान, अनुभवी पड़ोसिन ने उसका समर्थन किया, "अरे, रेल की पटरी क्या सिर्फ स्टेशन पर ही है ? स्टेशन के दोनों ओर पूरब-पश्चिम में भी तो रेल पटरियाँ हैं..."

बहरहाल, अनेक मत-मतान्तर के बीच दुःखन पनवाड़ी ने सुझाव दिया, "आप घबराइए नहीं, मैं अपने लड़के को स्टेशन भेजता हूँ और खुद भैयाजी के स्कूल जा रहा हूँ..."

और सचमुच दुःखन अपने सुझाव को कार्यान्वित करते हुए स्वयं भी तेजी से स्कूल की तरफ प्रस्थान कर गया, जहाँ से लौटने पर उसने यह सूचना दे दी कि जब वह पहुँचा तो खुद अपनी आँखों के सामने देखा उसने कि दामोदर बाबू टीचर-रूम में एक मास्टर के साथ कटोरदान में से पूड़ी-दमालू निकालकर गप-गप खा रहे हैं। उसने यह भी बताया कि वह खूब खुश थे, बीच-बीच में मजाक की कोई बात कहके ठहाके भी लगा रहे थे और उन्होंने बाद में अपने मुँह से कहा कि छुट्टी होने पर वह सीधे घर ही आएँगे।

इस सूचना से घर में एकत्रित सभी कोमल, दया-आतुर पड़ोसिनें बड़ी निराश हुईं और वे यह कहते हुए कि 'समय बड़ा बरबाद हुआ' फौरन घर खाली करके चली गईं, जैसे शीत ऋतु में काले-काले डरावने बादल अचानक छट जाएँ और चमकती खुशनुमा धूप निकल आए। माँ और लड़कियों ने दुःखन को घेरकर कई बार, कई तरीके से खोद-खोदकर इतना पूछा कि वह जब बिगड़ उठा तभी वे आश्वस्त हो सकीं। इसके बाद ही दुःखन को उसकी सेवा के लिए पाँच रुपए इनाम

देने की कोशिश की गई, जिस पर मुँह ऐंठकर उसने कहा :

''आपने क्या मुझे भिखमंगा समझ लिया है ? मैं पड़ोसी हूँ। दामोदर बाबू पान के शौकीन हैं, उन्हीं के लिए मैं अपनी दुकान बारह-एक बजे रात तक खोलता हूँ। मेरी दुकान का पान खाए बिना वे न कभी बाहर जाते हैं और न घर के भीतर ही। हमेशा पचास-सौ रुपए उधार रहते हैं, इसकी मैं परवाह नहीं करता। आप उनके स्वागत की तैयारी करें, वे आते ही होंगे।''

घर में रोने-पीटने की दुःखन से शुभ सूचना प्राप्त कर दामोदर प्रसाद ने अचानक महसूस किया था कि उसका कद बढ़ गया है, जैसे एक छोटी लकीर के बगल में उससे भी छोटी कोई अन्य लकीर खींच दी जाए। वह इतना प्रसन्न हुआ कि परिवारजनों को और छोटा करने के लिए बेचैन हो उठा। सौभाग्य से स्कूल मैदान में होनेवाले फुटबाल टूर्नामेंट के फाइनल मैच में उसकी स्कूली टीम विजयी होने के बाद हेडमास्टर और अन्य टीचरों से नकद इनाम पाकर जब मिठाई की दुकान पर चलने लगी तो उसने दामोदर प्रसाद को भी निमन्त्रित किया, जहाँ उसने भी भर पेट भारत भंडार की शुद्ध घी की मिठाइयाँ खाईं।

ठीक दस बजे रात में वह जब घर पहुँचा तो मिठाई की ठुँसाई से उसका पेट थपथपाने से टन-टन बोल रहा था। पूरा घर जाग रहा था। सभी घबराए हुए थे कि सचमुच वह अभी आएगा कि नहीं ! थोड़ी-थोड़ी देर पर कोई-न-कोई सदस्य दरवाजे पर आकर बाहर झाँक जाता। जब वह भीतर घुसा तो काफी गम्भीर था, लेकिन दबाई हुई हँसी और खुशी की वजह से उसकी नाक का बायाँ नथुना और ऊपरी होंठ का एक छोटा-सा भाग बीच-बीच में फरफरा जाता।

उसके भीतर बरामदे में आते ही उसकी पत्नी रोती हुई उसके पैरों पर गिरकर कहने लगी :

''मुझे माफ कीजिए...अब कभी ऐसी गलती नहीं होगी। आप मेरे देवता हैं, मैं आपकी दासी हूँ। मुझे अपने चरणों में जगह दिए रहिए, मुझे इन चरणों से दूर न कीजिए...आप जैसे चाहे रहिए, शौक से घूमिए-फिरिए...पता नहीं मुझे क्या हो गया था। मैं सिर्फ यही चाहती हूँ, आप हमेशा खुश रहें...''

दामोदर प्रसाद अभी कुछ देर और खूब गम्भीर रहना चाहता था, जैसे वह बहुत सीधा-सादा हो और उस पर झूठे लांछन लगाए गए हैं। लेकिन नथुने की फरफराहट पर नियन्त्रण रखना अब उसके वश में नहीं रहा। वह जोर से ठहाका लगानेवाला ही था कि इस बार फिर भाग्य ने उसका साथ दिया क्योंकि उसी समय उसके बाएँ गाल पर एक छोटा-सा मच्छर आ बैठा, जिसे भगाने के लिए उसने दाएँ हाथ से जोर का ऐसा थप्पड़ मारा, जिसकी आवाज से सभी चौंक उठे। बहरहाल, तत्काल ही उसके कई लाभ हुए, जिसमें एक यह कि उससे मच्छर फौरन मारा गया, दूसरा उसे दुःखी पत्नी के पश्चात्ताप का परिणाम समझा गया और अन्तिम यह कि उसी थप्पड़ ने हास्य के आवेग को गम्भीरता में बदल दिया।

उसके बाद उसने अपनी बड़ी लड़की अरुन्धती की ओर, जो कुछ दूरी पर सिर झुकाकर रुआँसी खड़ी थी, घूमकर संजीदगी से पूछा, ''बेटी, क्या तुमने फिक्र की अपनी अम्माँ की ? उन्होंने खाना खाया कि नहीं ?''

अरुन्धती साड़ी में लम्बी लग रही थी, लेकिन उसने कोई उत्तर न देकर दूसरी ओर मुँह कर लिया। पाँचों बहिनें एक छोटा-सा दल बनाकर अलग एक ही साथ खड़ी थीं, यहाँ तक कि सबसे छोटी पाँच वर्षीया नीलिमा भी, जो बड़ी बहिन से सटी हुई थी। वस्तुतः अरुन्धती अपनी छोटी बहनों के लिए माँ की तरह थी, और वे भी कोई बात, तकलीफ या जरूरत पड़ने पर बड़ी दीदी के पास ही दौड़ी आतीं।

अरुन्धती टूटी-बिखरी, उपेक्षित और पूजा-पाठ के सिलसिले में सदा गम्भीर रहनेवाली अपनी माँ के लिए दस वर्ष की उम्र के बाद सदा चिन्तित रहने लगी थी। और माँ का भार हल्का करने

के लिए वह टट्टी-पेशाब से लेकर नाश्ता-पानी, स्नान, पहनाने-ओढ़ाने, भोजन, स्कूल के लिए तैयार कराने, बीमारी में तीमारदारी करने और पढ़ाई में उनकी मदद करने के मामलों में कभी माँ के साथ और कभी स्वयं अकेली इधर-उधर नाचती रहती। कुछ कारण तो अवश्य ही थे—शायद फ़िक्र, परवाह, सलीका और अनुशासन—कि छोटी बहनें अपनी माँ से भी अधिक दीदी का कहना मानतीं और होंठों पर एक उँगली रखते ही वे गाना, रोना या चिल्लाना बन्द कर देतीं।

यह भी एक अच्छा सहारा था कि जब माँ खुद परेशान, दुःखी, लांछित, निराश, अक्षम या बीमार हो जाती तो जी भरकर अपनी बड़ी लड़की पर ही चिल्लाती और कोई प्रतिवाद न होने पर और भी अधिक चीखने लगती उस समय तक, जब तक स्वयं अशक्त होकर चारपाई पर गिरकर छाती न पीटने लगती। बाद में अरुन्धती चुपचाप आकर माँ के सिरहाने बैठ जाती और कुछ देर पश्चात चुप-शान्त हो जाने पर वह चमेली या गुलरोगन का तेल ले आती और माँ के माथे पर लगाने लगती—लगाती रहती देर तक। आश्चर्य की बात यह थी कि दामोदर प्रसाद पढ़ने-लिखने में हमेशा फिसड्डी रहा, उसकी पत्नी तीन या चार कक्षा से अधिक न पढ़ सकी, लेकिन उनकी लड़कियाँ घास-फूस की तरह बढ़तीं, बाप-माँ के प्यार-दुलार से वंचित और सिर्फ स्कूल की पढ़ाई पर निर्भर रहकर अच्छे नम्बरों से पास होती जातीं।

दूसरी और तीसरी लड़कियाँ—ग्यारह वर्षीया सीता और नौ वर्षीया सुभद्रा भी तेजी से शरीर फेंक रही थीं। वे अपनी बड़ी दीदी की तरह ही जल्दी ही समझदार हो गई थीं और उन्होंने भी अपने मुँह दूसरी ओर कर लिए थे। केवल चौथी पुत्री देविका अपनी बड़ी-बड़ी आँखें फाड़कर अपने पिता को अनोखी, आत्मीय पहचान से देख रही थी। वस्तुतः वह काफी सुन्दर और वाचाल भी थी और दामोदर प्रसाद भी उससे और नीलिमा से ही अधिक बात करता था।

''कहो देविका, तुमने कुछ खाया भी था ? तुम्हारी माँ ने कुछ...''

''बाबूजी, हम खा चुके हैं। पड़ोस की मोटी वाली चाचीजी रात का बचा पराठा ले आई थीं। बड़ी दीदी ने मना कर दिया। बाद में बड़ी दीदी ने जल्दी-जल्दी खिचड़ी, चोखा बनाकर खिलाया। अम्मा ने कुछ नहीं खाया है तब से...।''

इससे उत्साहित होकर अरुन्धती के साथ डरी-सहमी खड़ी नीलिमा ने पूछा :

''बाबूजी, आप मर गए थे न ?''

इस सवाल से दामोदर प्रसाद के कंठ से एक स्वतःस्फूर्त हँसी फूट पड़ी। जैसे एक ऐसा फव्वारा हो, जो निरन्तर चालू रहता है। दामोदर प्रसाद की हँसी, ठहाके, अट्टहास, जोकरी आदि में कुछ अंशों में कुटिलता और कृत्रिमता जरूर होती थी, इसलिए उसका कोई भी हास्य-भरा प्रयास जल्दी ही समाप्त हो जाता है, लेकिन समस्त विकारों से मुक्त यह निर्मल हँसी तो रुकने क्या नाम ही न लेती, यहाँ तक कि उसका दम ही निकलने लगा और आँसू भी आ गए।

अन्त में उसने गम्भीर होकर कहा, ''अरे बेटी, मैं कहाँ मरा था ? मैं तुम लोगों के लिए जिन्दा हूँ और जिन्दा रहूँगा। तुम मेरी बेटियाँ ही नहीं, मेरे बेटे भी हो। मैं तुम सभी को खूब पढ़ाऊँगा-लिखाऊँगा और अच्छी-से-अच्छी शादियाँ करूँगा...''

''बाबूजी, बड़ी दीदी, सीता दीदी, सुभद्रा दीदी शादी नहीं करेंगी। वे लोग खूब पढ़कर अम्मा के साथ रहेंगी। कहती हैं, ससुराल जाने पर अम्मा की देखभाल कौन करेगा...।''

''बाबूजी, मैं शादी करूँगी। मेरे लिए खूब अच्छा दूल्हा ला देना। बच्चा तो बहुत मारता है...'' नीलिमा ने शाबासी प्राप्त करने कें लिए तोतली जबान से कहा।

''अच्छा तो तुम किससे शादी करोगी बेटी ? तुम्हें कैसा दूल्हा चाहिए ?'' अपनी ही बच्ची की बात पर मुग्ध होकर, जिसका अवसर उसे पहली ही बार मिल रहा था, कुछ देर और बात करने की इच्छा से उसने पूछा।

"बाबूजी, मैं तुमसे शादी करूँगी..."

"अरे, ये देखो इसको। अरे पगली, कहीं बाबूजी से शादी की जाती है ?" देविका ने नीलिमा की ओर दाहिना हाथ बढ़ाकर इशारा करते हुए उसे चिढ़ाया।

इसके बाद ही अरुन्धती, सीता और सुभद्रा वहाँ से अपने कमरे में चली गईं और उनकी माँ ने, जो उठकर खड़ी हो गई थी, नीलिमा को अपने पास खींचकर झिड़का, "क्या बक-बक कर रही है ? जाकर दीदी के पास सोओ..."

दामोदर प्रसाद भी कुछ क्षणों के लिए शरमा गया—शायद इसलिए कि उसके घर में इतना भोलापन, प्यार और लगाव है और उससे विमुख होकर वह पाखंड, कुटिलता तथा धोखों से भरे षड्यन्त्रों में लिप्त है। और क्षणिक चिन्ता भी हुई उसे कि बड़ी लड़की क्यों उससे कटी रहती है और तीनों लड़कियाँ शादी क्यों नहीं करना चाहतीं—नहीं, नहीं, ऐसा नहीं हो सकता, वह जल्दी अपने को सुधार लेगा और शेष जीवन अपने परिवार को स्वर्ग बनाने में खर्च करेगा।

"अरे देविका, बड़े जोरों की भूख लगी है। कुछ खिलाओगी या इसी तरह समय कटेगा ?" उसने सभी बातें उड़ाकर दूसरी ओर मोड़ दीं।

"आज तो अम्मा ने अकेली ही बहुत-सा सामान बनाया है बाबूजी ! दोस्ती, खोवा डालकर सेवईं, हलुआ, तरकारी वाली चने की गाढ़ी दाल, नमकीन चावल, आलू के रिकंबछ...।" कोशिश करके जल्दी-जल्दी इतना बताने पर देविका हाँफ गई।

"फिर तो चलो खाया जाए..."

खाना सचमुच इतना स्वादिष्ट बना था कि जगह न होने पर भी दामोदर प्रसाद ने ऊपर से और जमाया, जिसके लिए वह शहर में मशहूर था। बाद में रात में पत्नी के प्रति प्यार का उसका प्रदर्शन भी अप्रत्याशित था।

वह बेहद खुश और प्रसन्न था। निद्रा की उसकी शुरुआती, झपकती कल्पनाओं में भगजोगिनी का तीखा सौन्दर्य झिलमिल-झिलमिल कर रहा था।

28

जीवन की घटनाओं में संयोग या दुर्योग की भूमिका कुछ-न-कुछ होती ही है, परतन्त्र देशों की गरीब, अशिक्षित और अन्धविश्वासी जनता पर इसका भारी असर रहता है, जिन्हें वह सौभाग्य अथवा दुर्भाग्य समझती है। इसीलिए वह अपनी स्थिति को बदलने के लिए संघर्ष करने को तैयार नहीं होती। उन्हें न रास्ता मालूम रहता है और न कोई रास्ता दिखानेवाला मिलता है।

कुछ ही दिनों में अपनी पत्नी और परिवारजनों को निश्चिन्त और आश्वस्त करके दामोदर प्रसाद गन्धर्व विवाह का वास्तविक नाटक खेलने को पूरी तरह स्वतन्त्र हो गया। दीपावली के बाद पाँचवें दिन रात में करीब दस बजे वह उस गली में पहुँचा। हल्की-हल्की सर्दी पड़ रही थी। चारों ओर घोर अन्धकार। सुत्ता पड़ गया था और गली सन-सन-सन-सन कर रही थी, जिसमें अपने दिल की तेज धड़कनें उसे स्पष्ट सुनाई दे रही थीं। उसने बड़े विश्वास से और नाजुक अदा से एक उँगली मोड़कर दरवाज़े को तीन-बार ठक-ठक-ठक बजाया।

उसे दो मिनट इन्तजार करना पड़ा। इतनी देर ? एक क्षण के लिए उसकी नाक पर गुस्सा झलक आया, जिसका उसे अधिकार है, इस खयाल से उसकी गर्दन भी कुछ टेढ़ी हो गई। हाँ, अब तो सबकुछ उसी के हाथ में है। इतना खर्च कर रहा है वह ! पूरे घर की सफाई-दफाई, चूनाकली, सबके लिए नए कपड़े, भगजोगिनी के लिए विशेष साड़ियाँ, चोली, सलूका, रंगीन पेटीकोट, पाउडर,

क्रीम, वैसलीन। उसे अपने पर बड़ा गर्व हुआ ! क्या खाकर बाबू सूरज प्रसाद रईस बनेंगे। यहाँ आकर देखें कि रईसी किसे कहते हैं। इस बार तो वह कहेगा उनसे, नाटक-वाटक उनके बूते का नहीं, डायरेक्टरी का काम उसे दे दें, इस बार वह वास्तविक जीवन में स्वयं दुष्यन्त बनकर नाटक कर ही रहा है, शहर में भी तम्बू-कनात से घिरे मंच पर लैला-मजनूँ, राजा हरिश्चन्द्र के स्थान पर 'शकुन्तला' नाटक खेलकर शहर का सारा पिछला रेकॉर्ड तोड़ देगा।

उसने शान से गर्दन पीछे मोड़कर, गली के पार उस वकील के पक्के मकान की ओर देखा, जिसके बीमार बूढ़े पिता अचानक खाँसने लगे थे। लेकिन उसने फौरन अपने को रोका। जब भाग्य की देवी स्वयं सोने की थाली में परोसकर जीवन का सुख देनेवाली हो, उस समय ऐसी नादानी क्यों ? उसने मुस्कुराकर एक बार और ठक-ठक किया।

धोती, मोटी रेशम का कुर्ता और जैकेट पहने हुए था वह। गले में ही रेशम का दुपट्टा। उसके कपड़े से इत्र की सुगन्ध निकलकर उसके चारों ओर हवा में घुलमिल गई थी। खिजाब लगे उसके माँग कढ़े बाल उस समय और स्थान के अन्धकार से भी अधिक काले होने के कारण अपने अस्तित्व का रहस्यमय एहसास करा रहे थे। होंठों के ऊपर काली मूँछों की एक चौड़ी, गझिन पट्टी एकदम सीधी रेखा में सुशोभित थी, जो छोटे मुँह की टेढ़ी, कुटिल रेखाओं को समन्वित करके उसके व्यक्तित्व को प्रभावशाली बना रही थी। वह पान की सिट्ठी को मुँह के अन्दर उलट-पुलटकर उससे निकलते ज़र्दे की खुशबू से स्वयं मस्त हो रहा था।

दरवाजा धीरे-से खुला और उसके फाँफर से मुँह निकालकर भगजोगिनी की सास ने झाँका। उसने सगे दामाद की तरह खूब गम्भीर होकर और सिर झुकाकर अन्दर प्रवेश किया। दरवाजा बन्द करके पीछे-पीछे तेजी से आती भगजोगिनी की सास से उसने व्यंग्य मुस्कान के साथ पूछा :

"नींद लग गई थी क्या ?"

"अरे, नहीं बाबू, देर से ध्यान दरवाजे की ओर ही है। छोकरा को दूध पिला रही थी। हाँ, तो लोटा में पानी देती हूँ, जल्दी से हाथ-पैर धोकर पूरब की ओर मुँह करके खड़े हो जाओ, रोरी का तिलक लगा देती हूँ। इसके बिना सुभ काम कहाँ होता है ?"

दामोदर प्रसाद मन-ही-मन खीझ उठा। कितनी शातिर है यह बुढ़िया। फौरन हर तरह के बन्धन में मजबूती से बाँध देना चाहती है ! लेकिन ऊपर से चिकनी मुस्कुराहट के साथ मजाकिया ढंग से बोला :

"अरे, चाची, जब दुष्यन्त और शकुन्तला ने गन्धर्व विवाह किया था तो दुष्यन्त को कहाँ तिलक लगाया गया था ?"

"अरे बाबू, ऐसी बात मुँह से न निकालो। यह सुभ समय है। सुना है, जब दुष्यन्त ने शकुन्तला का हाथ पकड़ा तो सर्ग से देवताओं और उसकी माई मेनका ने फूल बरसाए थे। ऐसे में हर प्राणी कुछ-न-कुछ करता ही है। सुभ में टोका-टाकी नहीं की जाती। हाँ, ए बाबू, एक बात कहना चाहती हूँ..."

"हाँ-हाँ, शौक से कहो, चाची।"

"ए बाबू, हमारे परिवार में तुम्हारा रिश्ता हो गया है, अब तुम मुझे 'चाची' न कहकर 'अम्माजी' कहते...।" उसने शरमाकर अपने माथे पर आँचल कुछ आगे खींच लिया।

दामोदर प्रसाद के होंठों पर फैलती हँसी कुछ क्षणों के लिए एक एक जगह ठिठकी रह गई। उसकी छोटी-छोटी आँखों की पलकें जल्दी-जल्दी खुलने-झपकने लगीं। गझिन मूँछों के बाल जैसे खड़े हो गए।

"चाची," उसने गम्भीर होकर कहा, "जल्दबाजी ठीक नहीं होती। सबकुछ समय से होता है। एक जमाना था, जब रमापति चाचा के रुतबे की हर जगह चर्चा होती थी। फिर समय खराब आया

तो खराब होता गया। दाने-दाने की मोहताजी आती गई। लेकिन नहीं, मेरे जैसा दयावान आदमी था, तुम लोगों को घबराने की जरूरत नहीं थी। अब भी नहीं है, आगे भी नहीं रहेगी। मुझे क्या कमी है चाची ? घर में पैसा बरस रहा है, पैसे से जो चाहूँ, खरीद सकता हूँ। मगर नहीं, मैं एक सच्चा इनसान हूँ, दरिद्र-दुखियों के लिए दिल में दया-माया है, प्रभु ने मुझसे कह दिया था कि उस परिवार की मदद करो, इस बदनसीब स्त्री का हाथ थामकर उसे सहारा दो, नहीं तो मैं अपने घर नहीं बैठा रहता...तुम अपने घर खुश, मैं अपने घर खुश...''

उसने पहले क्रूर तीक्ष्ण दृष्टि से भगजोगिनी की सास को देखा, जिसका मुख उल्लास से हीन होकर बेचारगी से खुल गया। इससे दामोदर प्रसाद को बड़ा सन्तोष मिला। फिर वह अचानक हो-हो हँसने के बाद आगे झुककर कृत्रिम मृदु स्वर में बोला :

''चाची, पहले ही कह चुका हूँ, अभी भभ्भड़ ठीक नहीं है। अभी चुपचाप यही चलने दो, जो चल रहा है। फिर तो कुछ दिनों बाद मैं तुम्हें भी गहनों से लाद दूँगा। जो चाहोगी, वही कहूँगा—अम्मा, माई, देवी, कुछ भी। मैं तो तुम्हारा बड़ा एहसानमन्द हूँ, तुम सहारा न देतीं तो मुझे तुम लोगों की सेवा करने का अवसर न मिलता। तुम्हें यह सुख न दे पाता। तुम होशियार हो, तजुर्बेकार हो, कोई अनाड़ी होता तो सब काम बिगाड़ देता। सचमुच तुम मेरे लिए एक देवी हो, तुम्हारी दुआ चाहिए, दुआ दो कि मेरे सभी अरमान पूरे हों। लो, मुझे आशीर्वाद दो...''

वह अन्धकार में नीचे झुककर अजीब दुष्टता और काइयाँपन से भरकर उसके दोनों पाँव सहलाने लगा। भगजोगिनी की सास ने अपने पैर फौरन पीछे करके कहा :

''यह क्या करते हो, बाबू, क्यों मुझे नरक में ठेलते हो ? मुझे गहना-गुरिया, कुछ नहीं चाहिए। मेरा तो सबकुछ लुट गया, अब मुझे क्या चाहिए ? मैं तो यही चाहती हूँ तुम लोग सुखी रहो। जो कुछ देना हो, अपनी 'शकुन्तला' को देओ। मैंने उसे समझा दिया है, वह तुम्हारा मन से स्वागत करेगी। तुमको सुख देगी, तुम्हारी सेवा करेगी। वह तुम्हारी स्त्री है, पत्नी है। तुम उसके पुरुष हो, मर्द हो, मैं जानती हूँ तुम भी उसे मान-इज्जत दोगे, प्यार दोगे, यह स्त्री के लिए गहने से भी बढ़कर है...''

''अरे तो चाची, यह भी कहने की बात है ? अच्छा चलो, थोड़ा-सा रोरी लगा दो।''

जब वह कमरे के अन्दर पहुँचा तो दरवाजे के पास एक स्टूल पर रखी पुरानी लालटेन जल रही थी। उसने दरवाजा भीतर से बन्द कर दिया और घूमकर बड़े आत्मविश्वास और इत्मीनान से मुस्कुराते हुए आगे बढ़ा। कमरे में आधे घंटा पहले जलाए गए धूप-दशांग की सुगन्ध फैली हुई थी, जिसने उसके सुख को और बढ़ा दिया। एक अजीब-सी मानसिक स्थिति हो गई थी उसकी। कामाग्नि में जलता और धड़कता दशांग के हल्के धुएँ से आप्लावित जैसे एक रहस्यमय लोक में वह पहुँच गया हो। किसी अप्सरा के निमन्त्रण पर नन्दन वन पहुँचा है अथवा कण्व ऋषि का आश्रम ही है यह ? नरम-नरम हरी दूब-घास का गलीचा और शकुन्तला के मुख-कमल पर मँडराते भँवरे !

वह धीरे-धीरे आगे बढ़कर उस पलंग के पास खड़ा हो गया, जिस पर भगजोगिनी पहले ही से रेशमी साड़ी पहने, घूँघट काढ़े बैठी थी।

उसने अपनी आवाज में कर्कशता को यथासम्भव चिकना करते हुए कहा :

''उठो शकुन्तला, उठकर मेरे गले में गजरा डाल दो...''

भगजोगिनी अचानक हड़बड़ाकर उठी और नीचे उतरकर फर्श पर बैठ गई और उसके पैरों को पकड़कर सिसकती हुई बोली :

''मुझे कुछ नहीं, बस आपके चरणों में थोड़ी-सी जगह चाहिए।''

दामोदर प्रसाद पहले तो हक्का-बक्का रह गया। फिर खीझ उठा। अब वह नखरा, वह घमंड कहाँ गया ! कितना सताया था इस औरत ने ? देखते ही नाक-भौं सिकोड़ लेती थी, मुँह घृणा से

दूसरी ओर फेर लेती। अगर शुरू में ही एक बार भी इसने उसे देखकर मुस्कुरा दिया होता तो उसका जीवन धन्य हो गया होता। इसके लिए इतना तड़पना न होता। और इस समय जब वह इसके लिए आतुर है, प्यार में लावा की तरह खौलता, छटपटाता अपना दिल खोलकर इसे दिखा देना चाहता है, वह सती-सावित्री का पार्ट करती हुई उसके अरमानों पर बर्फीला पानी डालने को उतारू है। घर में भी पतिव्रता और उससे ऊबकर उससे बचने के लिए जब यहाँ आया है तो उसके टुकड़ों पर पलनेवाली यह 'रखैल' भी शकुन्तला बनने के भ्रम में और भी पतिव्रता होने का ढोंग कर रही है। वह प्रतिहिंसा से जलने लगा। वह कुचल देगा इसे, इसके हुस्न को बरबाद कर देगा। वह इसे गड़ेरी की तरह चूसकर फेंक देगा सड़क पर। वह समझती क्या है अपने को ?

सहसा उसकी दृष्टि छोटे-से घूँघट की तरफ गई, जिसने उसके माथे को करीब-करीब ढक लिया था और शेष मुख उस लालटेन की रोशनी में भी दमकता हुआ लगा उसे, बादल से निकले तीन चौथाई पूर्णमासी के चाँद की तरह। आँखों की कटीली खूबसूरती को उसकी भारी-भारी अधमुँदी पलकें ढके हुए थी, जिनके नीचे से किसी सरिता की क्षीण उद्गम धारा के समान आँसू बहकर कपोलों के शीर्ष से उतरते ही कई धाराओं में विभक्त होकर नीचे चला गया था। उसके होंठ भीग गए थे और उनके ऊपर तथा नाक के नीचे वह छोटी-सी सुन्दर घाटी भी। उसे वह दिन याद आया, जब पहली बार भगजोगिनी को उसने बनवारी की शादी में देखा था। पेड़ पर पके सेब और अंगूर का सौन्दर्य और ताजगी। बाद में भी जब-जब उसने देखा, उसके चेहरे का बाँकपन, बेहद चंचल आँखें और व्यवहार में धीरता एवं गम्भीरता उसके दिल को छलनी-छलनी कर देता और तब से वह भगजोगिनी को एक दिन के लिए भी भूल नहीं सका था।

अपने तुच्छ विचारों के लिए वह अपने को धिक्कारने लगा। उसने सहसा प्यार-भरी कोमलता से भगजोगिनी को पँखुरों के नीचे बाँहों को पकड़कर उठाया और खड़ा किया और स्वयं किसी पारसी थिएटर के ऐतिहासिक नायक की तरह नीचे घुटनों के बल बैठकर भगजोगिनी के दोनों हाथों को पकड़कर अपने माथे, आँखों और होंठों पर लगाते हुए कहा :

"तुम्हारी पहली झलक मिलते ही मैं तुम्हारी याद में पागल की तरह न मालूम क्या-क्या सोचता, कहाँ-कहाँ घूमता और क्या-क्या करता रहा हूँ। मैं एक बहुत ही नीच और घटिया इनसान हूँ। मैं आज तक प्यार के लिए न मालूम कहाँ-कहाँ भटकता रहा हूँ, लेकिन आज तक मुझे वह न मिला, जो चाहता हूँ। क्या चाहता हूँ मैं ? मैं ऐसा जानवर नहीं हूँ कि सिर्फ स्त्री का शरीर ही चाहिए मुझे। मुझे साफ-सुथरी, सुन्दर, समझदार, तन्दरुस्त स्त्री चाहिए, उसका शरीर चाहिए और भावना भी। मुझे उसका प्यार चाहिए और उसका गुस्सा भी, अगर गुस्से की कोई बात हो तो। मुझे ठंडी, उत्तान स्त्री नहीं चाहिए, जिसमें प्यार की भावना की हरकत न हो। सती-सावित्री, पतिव्रता, ढोंगी, चरणदासी, धार्मिक, आध्यात्मिक, देवी किस्म की स्त्रियों से मुझे सख्त नफरत है। मुझे अपने घर में ऐसी ही स्त्री मिली, जिससे मेरी गिरावट थम न सकी। मुझे सबकुछ मिला, प्यार न मिला। वही प्यार मैं तुमसे चाहता हूँ। मुझमें कोई काबिलियत नहीं है, फिर भी अगर तुम्हारा प्यार मिला तो मैं अपने को सुधारने की कोशिश करूँगा...।"

भगजोगिनी कैसे अपनी चंचल आँखों को स्थिर करके उसे देख रही थी। उसमें अनुराग की चमक थी। क्या सचमुच ? उसके हृदय में एक तूफान उठ खड़ा हुआ है, यह दामोदर को विश्वास ही न हुआ। तेज धड़कनों से उसका हृदय थरथराने लगा। होंठ काँपने लगे। उसका चेहरा फक पड़ गया, जैसे शरीर में रक्त ही न हो।

उसने बड़ी कठिनाई से जैकेट की जेब में से पत्ते में लिपटे पुष्प-हार निकाले, जिनमें से एक भगजोगिनी को देकर दूसरा स्वयं ले लिया। दोनों ने एक-दूसरे को हार पहनाया। फिर उसने एक छोटी-सी डिबिया में से सोने की अँगूठी भी निकालकर भगजोगिनी को पहना दी।

गन्धर्व विवाह की एक मामूली-सी रस्म पूरी करके वे आलिंगन से बँध गए। फिर मसहरी गिराकर पति-पत्नी की तरह सो गए।

दोनों के जीवन में एक नए किस्म का आनन्द आ गया। रंगमंच का अनुभव दामोदर के बहुत काम आया। वह हर मौके को नाटकीय अनुनय-विनय की ओर मोड़ देता। मिलन के पूर्व पुराने कई रटे अथवा याद किए हुए संवादों का अत्यधिक भावुक रूपान्तरण। कभी-कभी वह जोकरी के संवाद बोलकर भगजोगिनी को हँसाने लगता। वह हँसते-हँसते लोट-पोट हो जाती। दामोदर ने उसे भावनात्मक रूप से बहुत ऊँचा उठा दिया। जब दामोदर नहीं रहता तो उसका मन सदा दामोदर में ही रहता। वह एक-एक क्षण उसका इन्तजार करती रहती कि वह कब आए और अपनी बातों से उसके हृदय को असंख्य तरंगों से भर दे।

दामोदर बड़ी होशियारी और कुशलता से किसी तार पर चल रहा था जैसे कोई नट। एक ओर उसका भरा-पूरा घर-परिवार और दूसरी ओर भगजोगिनी का आकर्षण और प्यार। उसकी हालत थी ताड़ के वृक्ष की ऊँचाई पर लबनी में रिसते रस को छककर पीनेवाले किसी उन्मत्त कौए की तरह। इस उन्मत्तता की दशा में वह हर व्यक्ति को कौए के समान ही तिरछे देखता, सन्देह से, कुटिलता से, चालाकी से और घमंड से। इस आनन्द-भरे दर्प में वह सबको बहुत तुच्छ समझता।

लेकिन बमपुलिस गली के दुष्यन्त राजा का खेल एक वर्ष से अधिक न चला।

29

बदली हुई परिस्थिति का लाभ उठाकर चालबाजी, धोखाधड़ी और षड्यन्त्रों के द्वारा दामोदर ने जो सफलता हासिल की थी, उसे वह अपनी घोर तपस्या का परिणाम समझने लगा। ईश्वरीय अनुकूलता के बाद उसके प्रेम की विजय। हाँ, भगजोगिनी को देखकर उसके मन में जो-जो विचार आए, जैसी इच्छा उत्पन्न हुई, ईश्वर की कृपा से वही घटित होने लगा अन्तिम लक्ष्य की ओर, उसकी सिद्धि में सहायक। सचमुच उसने चाहा था कि अपने पिता की तरह बनवारी भी चला जाए और वह रास्ते से हटा लिया गया। उसने यह भी चाहा था कि भगजोगिनी उसको स्वीकार करने के लिए मजबूर हो जाए और आज वह उसके आगोश में है।

परन्तु सबसे आश्चर्य की बात यह है कि प्रथम आलिंगन ने ही उसे भीतर से थरथरा दिया। जब तक वह नहीं मिली थी, उसको किसी तरह भी प्राप्त करने के लिए बेचैन रहा लेकिन आज मिलने पर यह सोचकर वह काँप गया कि एक सरल, निर्दोष, सुखी और खूबसूरत स्त्री को उसने नष्ट और बरबाद कर दिया। हाँ, यदि बनवारी के अहित के सम्बन्ध में उसने न सोचा होता और मन्दिर में प्रार्थना न की होती, तो उसे शक नहीं कि आज बनवारी जीवित रहता। उस जैसे कुटिल पुरुष को प्यार करने का क्या हक है ? और यदि हक हो भी और किसी तरह वह हासिल हो भी गई है तो क्या भगजोगिनी उसे पूरे दिल से प्यार कर सकती है जबकि शुरू से ही वह उसकी इच्छा, उसकी हरकतों को अँखियानती और समझती रही है ?

इस तरह के सोच ने दामोदर को दुःख और निराशा से बेहद आहत कर दिया। भगजोगिनी को अपने हृदय से चिपटाकर वह उसके भोले-भाले प्यारे चेहरे को आँखें फाड़कर पागल की तरह देखने लगा। नहीं, वह इस स्त्री को दिल से चाहता है, जीवन से भी बढ़कर, उसके पास जो कुछ है सबको—सहसा प्रेम के भावावेश में काँपते हुए वह धीमी, उच्छ्वसित आवाज में बोला :

''मैं नहीं जानता कि कितना चाहता हूँ तुमको। तुम्हारा बाँका तराशा हुआ चेहरा कितना प्यारा है। तुम्हारे चंचल नैन, नाक, गाल, ठुड्डी, सफेद गर्दन, बाँहें, खूबसूरत पाँव—सबकुछ। जानता हूँ,

तुम्हारे जज्बात, खयालात, तुम्हारी आत्मा में कोई गन्दगी नहीं है। सिर्फ मैं ही तुम्हारे लायक नहीं हूँ। मैं एक बहुत गिरा हुआ इनसान हूँ। माँ-बाप का इकलौता लड़का होने के कारण मैं बिगड़ गया। मुझे किसी ने कुछ नहीं सिखाया। लाड़-प्यार में मेरी गलतियों को छिपाया गया और जब बिगड़ गया तो सभी सिखाने लगे। बचपन में मेरी शादी की गई, मैं दूसरे रास्ते पर था, फिर पत्नी भी नासमझ थी। वह मुझे अपनी ओर मोड़ न सकी, एकदम अनाड़ी। मैं पढ़ न सका, गलत साथ-संग ने मुझे चौपट कर दिया। आज तक मुझे प्यार नहीं मिला, न पत्नी से न किसी और से। और आज किस्मत ने मुझे तुम्हारे पास पहुँचाया है और मैं तुम्हारा सच्चा प्यार चाहता हूँ तो अब अपनी असलियत तुमसे छिपा नहीं सकता। सचमुच मैं बहुत ओछा हूँ, तुमने भी कभी प्यार नहीं किया मुझसे, तुम अब भी चाहो तो मेरे प्यार को ठुकरा सकती हो। तुम्हारी एक जबान पर मैं यहाँ से चला जाऊँगा।''

यह कैसी उदारता थी उसकी ? क्या प्राप्ति की खुशी ? लेकिन भगजोगिनी ने उसके शक्तिशाली आलिंगन से अपने को मुक्त करके, कोहनी मोड़कर आधी बाँह को खड़ा किया और ऊपर हथेली पर सिर टिकाकर भाव-विभोर होकर नथुने फुलाते हुए उसके मुँह को बाएँ हाथ से सहलाते हुए कहा :

''नाहीं, ऐसा न कहो। अब हमारा कौन है तुम्हरे छोड़। मैं सबकुछ दूँगी तुम्हें जो कहोगे। कौन कहता है तुम ओछे हो। तुम्हें पति मान चुकी हूँ। तुम मेरे लिए सबकुछ हो। मैं तुम्हारी शकुन्तला हूँ, शकुन्तली हूँ, रानी हूँ, दिलवरजानी हूँ—चाहे जो समझो—मैं तुम्हें तन दूँगी, मन दूँगी, प्यार दूँगी, हजार चुम्मी दूँगी, तुम जो पसन्द करो। बनाकर खिलाऊँगी, तुम्हारी सेवा करूँगी। तुम मेरे राजा दुष्यन्त हो...''

इससे भी अधिक कोई पत्नी अपने पति के लिए क्या कर सकती है ? हाँ, अब पत्नी तो थी ही वह गन्धर्व विवाह करने के बाद। लेकिन चित होकर ऊपर धरन की ओर देख रहा था दामोदर सुन्न-सा। ये ऐसे शब्द थे, जिनकी उसने कल्पना भी न की थी। अनेक नाटकों में भी भाग लिया था उसने, मगर ऐसा संवाद सुनने या कहने का अवसर नहीं आया था। वह उन शब्दों को—एक-एक शब्द को महसूस करने की कोशिश कर रहा था, इसलिए बार-बार उसका चेहरा अपनी ओर करने के भगजोगिनी के प्रयास का तत्काल उस पर कोई प्रभाव नहीं हुआ।

''अच्छा जाओ, मुझसे अब न बोलना...'' भगजोगिनी ने रूठकर कहा और किहुनी गिराकर चित लेट गई। दोनों के बीच में कुछ फासला हो गया। दामोदर का ध्यान भंग हुआ। अब प्यार उसका दूने वेग से लौटा। उसने अपना हाथ जब बढ़ाया तो बचने के लिए उल्टी खाकर पाटी के किनारे इस तरह शरीर को मोड़ लिया भगजोगिनी ने कि उसके दोनों हाथ आगे की तरफ किहुनियों पर अवलम्बित, सिर उन्हीं के पास नीचे झुका, पैर पीछे की ओर मुड़े और फैले घुटनों के बल कूल्हे सबसे ऊपर उठे।

दामोदर एक पीड़ा-भरे उच्छ्वास से चालित चुपचाप बैठ गया और मुग्ध होकर इस भव्य आकार में उसके शरीर को देखने लगा। मसहरी के अन्दर छनकर आती लालटेन की धुँधली रोशनी में भी उसका श्वेत शरीर दैदीप्यमान था। तब उसे शीत ऋतु में, बलिया से गई एक दोस्त की उस बरात की याद आई, जो शिमला में ही बस गए, भोजपुरी लड़कीवालों के यहाँ गई थी। हिमपात में उन्हीं दिनों देखे गए इस हिमाच्छादित पर्वत शिखर की तरह इस समय दिख रही थी भगजोगिनी, जिसके नीचे दोनों ओर सफेद ढलान चले गए थे। मुग्ध, अभिभूत और आप्लावित प्यार की ऐसी भावना से जिसकी बुलन्दी को नापने में स्वयं असमर्थ था, वह अशक्त होकर आगे झुका और भगजोगिनी के काले बालों पर अपना सिर रखकर अत्यधिक क्षीण, उच्छ्वसित आवाज में बोला—

''मेरे दिल की मलिका, तुम जाड़ा खा जाओगी।'' दामोदर ने हल्के-से उसे अपनी ओर खींचा और वह आसानी से आ गई तथा वृक्ष पर चढ़ी लता की तरह उसके गले में अपनी दोनों चिकनी,

लहराती बाँहें डालकर उसकी बालों-भरी विस्तृत छाती पर अपना सिर धुनती हुई रुदन के बीच बुदबुदाने लगी, "मुझे छोड़ दो...मुझे छोड़ दो..."

दामोदर ने भगजोगिनी के अस्त-व्यस्त बालों में अपना मुँह छिपाकर आँखें मूँद लीं। उसकी बलिष्ठ बाँहों ने फूल की कोमलता से उसे अपने घेरे में बाँध लिया था। उसका शरीर, दिल यानी वह जैसे अपने से भी बेखबर एक छोटे, हल्के तिनके की तरह एहसास के समुद्र में ऊपर-नीचे तरंगों के झूले में झूल रहा था...ऐसी स्थिति कुछ क्षणों की ही थी, पर उस लघुकाल ही में उसने जैसे साक्षात्कार कर लिया अपने सच्चे प्यार का, उसके दिव्य सुख का, उसके स्वाद का। शायद मिलन गत्यावरोध पैदा करके लघु बनाता हो, लेकिन उसके पूर्व बिताए गए ऊर्ध्वमान सच्चाई की ओर बढ़ते क्षण क्या महान और अविस्मरणीय नहीं होते—फिर ऐसी परिस्थिति में क्या यह कहा जा सकता है कि जो कुछ घटित हो रहा था, वह दामोदर का झूठा नाटक है ?

निश्चय ही, परिस्थितियों का मारा वह, एक ऐसा मनुष्य था, जो सच्चाई के अभाव में झूठ को अपनाकर झूठ को ही सच्चाई समझने लगा। लेकिन जिस दिन उसने पहली बार भगजोगिनी को देखा, वह एक अनजान दर्द से चौंक उठा, उसके अन्दर एक ऐसी आँधी चलने लगी, जिसे वह नियन्त्रित नहीं कर सका। और एक रात को एक ख्वाब में, उसके हृदय की अतल गहराई में छिपे, उपेक्षित, औंधे मुँह पड़े, कृशकाय अदृश्य-से सत्य पर कोई तेज रोशनी फेंक रहा था—क्या है वह ? क्या आँधी ? क्या बवंडर ? सबकुछ उलट-पुलट गया उसके अन्दर। असहनीय दर्द से वह रोने लगा। खूब रोया वह, फूट-फूटकर रोया। जैसे कोई ऐसी चीज देख ली हो जिससे वह लम्बे अरसे से बिछड़ा हो। महीनों से या वर्षों से अथवा सदियों से ? वह चीखने लगा और उसी समय उसकी नींद टूट गई। उसने चौंककर देखा। वह पसीने से लथपथ था। घबराया हुआ। वह सिर पर हाथ रखकर सबकुछ सोचने की कोशिश करने लगा, लेकिन कुछ भी समझ में नहीं आया।

उस समय से वह एक अनजान बेकरारी के साथ अपना एक-एक दिन गुजारने लगा। ऊपर से उसका जीवन पहले की तरह ही बीत रहा था, हँसी-खुशी, ड्रामा, पाखंड, झूठ, धोखाधड़ी, लेकिन भीतर उसका दिल कहीं टीस रहा था, कोई कोना दुख रहा था। न मालूम कितने दिनों तक उसकी यह स्थिति बनी रही, मगर एक दिन जब वह बनवारी के यहाँ पहुँचा तो उसने अचानक भगजोगिनी को देख लिया। वह आँगन में एक बोरे पर घूँघट काढ़कर बैठी चावल बीन रही थी। थाली में उसके गतिशील हाथ की अंगुलियों ने उसके हृदय में अनोखी कौंध और जगमगाहट भर दी, जिसमें उसके बाँके मुख का दप-दप रूप दिखाई पड़ गया और दिल का टीसता उसका कोना तेज धड़कने लगा। विद्युत गति से उस रात के ख्वाब का अर्थ समझ में आ गया, जिसे जानने के लिए वह इतने दिनों से व्याकुल था—ऐसा बिन्दु सिर्फ जहाँ उसके प्राण धड़क रहे थे। भगजोगिनी उसके पद की आहट और कंठ की आवाज सुनकर घूँघट और लम्बा कर आँगन से भाग गई थी। वह ठगा-सा सुन्न वहाँ से चला आया था और पता नहीं किस प्रेरणा— असम्भाव्य कम-से-कम उसके लिए—से विचारहीन अवस्था में सीधे कम्पनी गार्डन में चला गया, जहाँ एकान्त जगह पर वृक्षों के झुरमुट और लतरों की छाया में रखी एक बेंच पर बैठते ही उसकी इच्छा साकार और मुखर हो उठी, "तुम मेरी हो, तुम मेरी हो...मेरी तमन्ना हो तुम...मेरा लक्ष्य, मेरा सत्य...।"

उस सत्य को प्राप्त करने के लिए वह शीघ्र ही इतना व्याकुल हो गया कि उसका दिमाग दिन-रात कारगर योजनाएँ, जरूरी कूटनीति और रणनीति बनाने में व्यस्त रहने लगा। उसके पास रचनात्मक योजना कोई नहीं थी। गुण उसमें शायद ही कोई बचे हों और अपने गुणों द्वारा त्याग और कुर्बानी की हद तक जाकर किसी को प्रभावित करने या उसे होने का अवसर देने में उसका विश्वास ही नहीं था। वह एक दुलरुआ जिद्दी बेटा था, उसने जिद में अपनी हर इच्छा प्राप्त की अथवा करने की कोशिश की थी। उसके पास अतृप्त तन व मन तथा झूठ, छल-कपट, पाखंड,

धोखाधड़ी के अलावा कुछ भी नहीं था और इन हथियारों से वह सत्य पर विजय करने—उस तक पहुँचने और उसे हस्तगत करने—की कोशिश करने लगा।

और आश्चर्य है कि इन्हीं उपायों से उसने अपने सत्य को प्राप्त भी कर लिया—पूर्ण विजय। इस उपलब्धि से वह खुश होकर उदार और महान बन गया था। उसके लिए वह जान भी कुर्बान करने के लिए तैयार था। प्यार से सराबोर उसका हृदय उसकी हथेलियों, उँगलियों, उसके होंठों में आ बसा था, जिनसे सत्य को उलट-पुलट, सहला और चूमकर वह अपने को अभिव्यक्त कर रहा था। एक लम्बे, निष्फल और क्षत-विक्षत जीवन के बाद उसे अभिव्यक्ति का अवसर और उसकी पूर्ण स्वतन्त्रता मिली थी और सत्य से एकाकार होकर वह भीगी हुई बुलबुल और सुग्गे की तरह फूल गया, आत्म-गौरव और दर्प से भरा और उन लोगों से घृणा करता हुआ जो उससे ऊँचे और सुखी थे।

विदाई के क्षणों में भगजोगिनी रोकर ऐसी बेचारगी से दामोदर को देखने लगी, जैसे वह उसे सदा के लिए छोड़कर जा रहा हो। इस दुर्लभ अवसर पर दामोदर के समस्त गुण जागृत थे। भगजोगिनी ने उसे जो अकल्पनीय सुख प्रदान किया था, उसके लिए वह अपनी प्रेमिका-पत्नी के प्रति कृतज्ञता से गद्‌गद था। इसीलिए उसका रुदन देखकर दुःख से छटपटा गया वह। उसके अश्रु-भीगे मुख-पुष्प को अपने दोनों हाथ में लेकर अत्यन्त लाड़ से पूछा उसने—''क्या चाहिए तुम्हें ? तुम्हारा रोना मुझे बरदाश्त नहीं...''

''कुछ नहीं...'' वह आँसुओं के बीच से एकटक देख रही थी दामोदर को।

''तुम एक बार बता दो, तुम जो कहोगी वही मैं तुम्हारे कदमों के पास लाकर रख दूँगा।''

''नहीं, कुछ नहीं।''

''गहना—कोई भी जो पसन्द करो...।''

''नहीं...।''

''अच्छा, तुम्हें खाना में क्या पसन्द है—कलिया मछरी, कबाब, बिरियानी, मिठाई, रबड़ी, मलाई...जो कुछ अच्छा लगता है तुमको, बता दो...रोज तुम्हारे सामने हाजिर कर दूँगा...।''

वह हँसने लगी जिससे उसके कपोलों से बहते हुए नमकीन आँसू खुले भीगे होंठों के बीच से होकर उसके मुँह के अन्दर चले गए। फिर गम्भीर होकर पहले ही की तरह दामोदर की आँखों में देखती हुई किंचित होंठ बिचकाकर कहा उसने—

''रूखा-चिकना, जो भी शिवजी दें, वही मुझे पसन्द है। किसी चीज के लिए तरसती नहीं। सवेरे से संझा तक काम करना पड़ता है, जब खूब जोर की भूख लगती है तो उस समय सूखी रोटी और आलू का चोखा भी बहुत अच्छा लगता है,'' उसने मजा आने की तरह सिर तिरछे हिलाकर अपनी आँखें ऊपर की तरफ चमकाईं, फिर गम्भीर होकर बोली, ''यह समझ लो, तुम्हें छोड़कर मुझे और कुछ भी नहीं चाहिए, तुम्हीं मेरे लिए गहना, साड़ी, महँगी-से-महँगी चीज हो। तुम्हारी खुशी ही मेरी सबसे बड़ी खुशी है...।''

दामोदर उसके मुख को अपनी हथेलियों से मुक्त कर बेहद गम्भीर होकर दूसरी तरफ देखते हुए कुछ सोचने लगा। फिर धीरे-धीरे बोला वह :

''मेरी प्राणप्यारी, तुमने अपने प्यार और कोमल बर्ताव से मुझे इन्सानियत की ऐसी ऊँची जगह पर बिठा दिया है कि अपने तजुर्बे का निचोड़ तुम्हारे सामने रखने को मजबूर हूँ। अपने दुःखों के क्षणों में मैंने यह सब सोचा है, मगर उन सबका हल मेरे पास नहीं था और है भी नहीं। सामने कोई रोशनी नहीं थी इसीलिए मैं अँधेरे में चलने के अलावा कुछ नहीं कर सका। मुझे बहुत सी चीजों से नफरत है, बगावत की भावना है, लेकिन वह बगावत सफल होगी, इस पर मुझे विश्वास नहीं था। आज भी नहीं है। मेरा यह तुम्हें कोई उपदेश नहीं है। उपदेश मैं क्या दे सकता हूँ, वह

भी तुम्हारी जैसी स्त्री को। मैं एक बरबाद इनसान हूँ, इस समय मैं सोच जरूर रहा हूँ कि तुम्हारे असर से मैं अपने को सुधार लूँगा, मगर कल मैं क्या करूँगा इसका कोई ठिकाना नहीं। तुम्हारा प्यार पाकर मुझे अनुभव हो रहा है कि मेरे अन्दर स्वर्ग भी है कहीं, मगर मेरे अन्दर जो नरक है वह उससे भी भयंकर है। इन दोनों के बीच मैं बुरी तरह फँस गया हूँ...।''

इतना कहते-कहते उसका स्वर काँप गया। भगजोगिनी ने डरकर उसका हाथ पकड़ लिया। मगर दामोदर का ध्यान कहीं और था, उसने उसी रौ में फिर कहना शुरू किया :

''मैं आज तुमसे अपना तजुर्बा कहूँगा। मेरी माँ भावनाओं वाली सीधी-सादी स्त्री थीं, मोहल्ला-टोला से लेकर घर के एक-एक आदमी का खयाल रखतीं। दिन-रात काम करती रहतीं, सबको खिला-पिला, सफाई-दफाई करने के बाद एक कोने में बैठकर और सिर झुकाकर चुपचाप धीरे-धीरे खाना खातीं। मेरे पिताजी लम्बे-चौड़े थे, बहुत जहीन, खूबसूरत। दाढ़ी-मूँछ सफाचट। बहुत शौकीन, कानूनी बहस में तेज। फौजदारी के दो-तीन मशहूर वकीलों में एक। लेकिन उनकी भी वही आदत थी जो इस शहर के रईसों की है। हो सकता है, मेरी माँ उनके लायक न हों, वैसी खूबसूरत न हों, उनके जोड़-पार की न हों...।''

उसकी आवाज अवरुद्ध हो गई। भगजोगिनी ने अब अपने दोनों हाथों से उसके हाथ को जोर से पकड़कर अपनी आतंकित स्याह आँखों से उसे देखती हुई धीमे स्वर में आजिजी से बोली, ''नहीं, न कहो, मैं समझ गई तुम क्या कहने जा रहे हो...''

''मुझे कहने दो भगजोगिनी ! पता नहीं कैसे इस समय सारी बातें मेरी नजर में साफ-साफ आ रही हैं। मैं जो कुछ कह रहा हूँ, वह अनजान में किए गए मेरे तजुर्बों का हिस्सा है। खुले तौर पर मैंने कभी सोचा ही नहीं इनके बारे में। इनके नजदीक जाने की मेरे पास हिम्मत नहीं थी। मुझे डर होता, अफसोस होता, घृणा होती, इनसे बचने के लिए मैंने बरबादी का रास्ता पकड़ लिया।

''मैं बता सकता हूँ आज क्यों ऐसा हुआ। मेरे पिता दिन में खूब पैसा कमाते और रात में करीब आठ या नौ बजे बढ़िया इस्तरी किए हुए पोशाक में, चमाचम जूते पहने और छड़ी घुमाते निकल जाते बाहर। उनके कपड़ों से इत्र और मुँह से पान की जर्दे वाली खुशबू निकलती रहती। मैं ग्यारह या बारह साल का था। पहले से ही यह सब देखता रहा था, मगर अब कुछ-कुछ समझ में भी आ रहा था। अम्मा बारह बजे, साढ़े बारह बजे तक उनका इन्तजार करतीं, कभी-कभी नीचे बैठकर चुपचाप आँसू बहाती रहतीं। बीच में नींद टूटने पर मैं रोज ही या अक्सर यह दृश्य देखता। मुझ पर इसका बड़ा बुरा असर होता। बहुत कुछ समझ में न आने पर भी मुझे अपने पिताजी पर बड़ा गुस्सा आता। वापस आने पर बहाने बनाते या माँ को ही उनकी जहालत के लिए डाँटने लगते। एक दिन...''

भगजोगिनी ने उसके मुँह पर हाथ रख दिया और रोते हुए कहा, ''बस अब आगे न कहो, मुझसे यह सब सुना नहीं जाता, बड़ा डर लगता है। होंगी ये बातें, मुझे सुनाकर क्या करोगे ? सब बीत गया, गड़ा मुर्दा उखाड़ने से क्या मिलेगा ?''

दामोदर ने नाराज होकर उसका हाथ अपने मुँह पर से झटक दिया। कुछ क्षणों तक घूरकर देखने के बाद हँसते हुए उसकी ठुड्डी छूकर बोला, ''गड़ा मुर्दा नहीं है मेरी जान ! इसका मतलब सबसे है, मुझसे और तुमसे भी। मैंने आज तक ऐसी बातें किसी से नहीं कीं, अपने से भी नहीं। मैं सोचता था, मेरे अन्दर आत्मा नहीं है, आत्मा की जरूरत भी नहीं थी मुझे, मगर आज, इस समय लगता है, यह मेरी आत्मा की आवाज है। न भी हो और चाहे जो भी हो, तुम्हें चुपचाप मेरी बात सुननी पड़ेगी। सुनोगी ?''

''सुनाओ...'' भगजोगिनी मुँह फुलाकर दूसरी ओर देख रही थी।

''हाँ, ऐसी बातों के लिए मुझ पर लानत है, सौ बार लानत है, मगर मैं कहूँगा जरूर। वह इतवार

था। छुट्टी का दिन। करीब दो-तीन बजे थे। बरामदे में वकील साहब लेटे थे। थोड़ी ही दूरी पर एक कमरे में हम माँ-बेटे थे। माँ लेटकर ऊँघ रही थी एक तखत पर और मैं पास ही बैठा सिर झुकाए एक किताब पढ़ रहा था। मैं पढ़ने में बुरा नहीं था। चारों ओर सन्नाटा था, जैसे घर में कोई नहीं हो। अचानक मेरी नजर बरामदे में पड़ी।

''पहले एक छाया-सी मालूम हुई, फिर उधर आँखें उठ गईं। वह पड़ोस की एक भले घर की औरत थी, एकदम जवान। उसकी शादी एक बूढ़े अमीर से हुई थी। वह चुपके से आई और बरामदे में ही खड़ी हो गई। फिर उसने चारों ओर नजर घुमाने के बाद वकील साहब की तरफ मुस्कुराकर देखा। और मुझे काटो तो खून नहीं—वकील साहब पता नहीं कैसे उसके पास आ पहुँचे और उसे...गुस्से से मेरे मुँह से जोर से आवाज निकली, ''माँ, उठो... ।'' मेरा स्वर सन्नाटे में गूँज उठा। वह सुनते ही उस औरत ने वकील साहब को धक्का दिया और उनसे मुक्त होकर, 'बहिनजी, बहिनजी' कहती हुई आँगन में उतरकर कमरे में आ गई।

''माँ की नींद खुल गई। उसने पड़ोसिन को अपने पास बिठाया। और पड़ोसिन एक झूठी कहानी गढ़कर डरी-डरी आँखों से बीच-बीच में मुझे देख लेती थी। नफरत और गुस्से से मैं पागल होकर तेजी से उठ खड़ा हुआ और उसको घूरता हुआ पैर पटकता उस कमरे से बाहर निकल गया। बरामदे में वकील साहब नहीं दिखाई पड़े, शायद किसी कमरे में घुसकर छिप गए थे। माँ की वह जवान पड़ोसिन जल्दी ही मेरे घर से निकलकर तुलबुल चाल से अपने घर की तरफ चली गई, जिसके बाद अपने घर के उसी कमरे में फिर पहुँचकर मैं वहाँ पड़े एक-एक सामान को उठा-उठाकर भड़-भड़ पटकने लगा। मकान आवाजों से गूँज उठा। अम्मा दौड़ी-दौड़ी आईं, कारण पूछने पर मैंने चिल्लाकर कहा, 'पूछो उनसे और अपनी प्यारी सहेली से।' माँ को पहले से ही शक था, अब सबकुछ समझ गईं और दौड़कर कमरे में जाकर वकील साहब से लड़ने लगीं। वह अपनी सफाई में मिमिया रहे थे। इस बीच मैं भी यह ऐलान करते हुए कि 'रहो तुम लोग इस घर में' वहाँ से भागकर बाहर निकल गया... ।''

अब भगजोगिनी दोनों हाथों में अपना मुँह छिपाकर उसकी बातें सुन रही थी, गोया आँखें खोलने से कोई भयावह चीज दिख जाएगी। बहुत कुछ देख और भोग चुकी थी वह जिन्दगी में, अब वैसा कुछ भी देखना, सुनना नहीं चाहती थी।

अचानक दामोदर की आवाज रुँध गई थी जिसमें से ही रुदन-भरी हल्की-सी कराह निकल गई। भगजोगिनी ने अपने चेहरे पर से झट हाथ हटाकर किसी शिकारी के चौकन्नेपन से देखा। सचमुच दामोदर रोते हुए भी अपने को नियन्त्रित करने की भरसक कोशिश कर रहा था, जिससे उसका सिर झुक गया, मुट्ठियाँ बँध गईं, होंठ भिंच गए और रुदन की विकृत लकीरों में भी तनाव दृष्टिगोचर हुआ। अब यह नहीं कहा जा सकता कि भगजोगिनी ने आगे बढ़कर, घुटनों के बल उचककर और अपनी बाईं बाँह उसके गले में डालकर, उसकी छाती पर लगभग सवार-सी, दाहिने हाथ के आँचल से पहले उसके आँसू पोंछे अथवा उसके दिमाग में यह खयाल आया कि आज तक किसी भी मर्द को इस तरह रोते हुए नहीं देखा उसने, यहाँ तक कि बनवारी को भी, जिसने जिन्दगी का क्रूर-से क्रूर बर्ताव सहा।

इस क्रिया के दौरान उसके सुडौल, खूबसूरत स्तनों के बीच दामोदर का मुँह इस तरह दब गया कि साँस लेने में कठिनाई महसूस होने लगी उसे। प्यार भरी करुणा की उत्तेजना तथा इस शारीरिक वर्जिश की वजह से भगजोगिनी फिर पसीनिया गई थी, जिसमें वह मुग्धकारी स्फूर्तिदायी सुगन्ध न होकर दीर्घकालीन परिश्रम का बासी और तेजाबी तीखापन था। दामोदर ने उसकी चिपचिपी काँखों में हाथ डालकर जबरदस्ती उठाकर उसे बिस्तरे पर बिठा दिया और कुछ देर तक अपनी पकड़ को दबाए रखा जिससे वह स्थिर बैठी रहे। भगजोगिनी तिरछी दृष्टि से उसे नाराजी से देखने लगी।

दामोदर अचानक विद्रूप-भरी तल्खी से हँस पड़ा और मुँह सिकोड़कर बोला–

"मुझे तुम्हारा प्यार चाहिए, दया और करुणा नहीं। दया, करुणा–ये सब बनावटी चीजें हैं, किसी भी हालत में मैं बरदाश्त नहीं कर सकता, चाहे कोई भी हो...।"

दामोदर एकटक देखने लगा उसे। भगजोगिनी इस बीच साड़ी से अपने माथे और शरीर को अच्छी तरह ढककर और पालथी मार, मुस्तैदी से बैठ गई थी जैसे वह उसका मुकाबला करने को तैयार हो। इस समय दामोदर उसके शारीरिक गन्धों के अन्तर को नापकर मुग्ध हो रहा था–गुण और समय का फासला, जिस मध्य संक्षिप्त मृदु सम्भाषण, इनकार का चकमा और स्वीकार की आकस्मिकता तथा परस्पर दान-प्रतिदान की अनेक अकल्पनीय छवियाँ जगमगा रही थीं। वह ऐसे गहरे अपनत्व से भर उठा, जो आकर्षण और विकर्षण के गारे-मिट्टी की तरह परस्पर मिलकर प्यार को और स्वाभाविक तथा मजबूत बनाने से सम्भव है।

उसने विचलित होकर, आगे बढ़कर भगजोगिनी का हाथ पकड़ लिया। लेकिन उसने झटक दिया। फिर पालथी के आसन में भीतर से निकले दाहिने पाँव के अँगूठे को उसने स्पर्श करना चाहा मगर भगजोगिनी हाथों के सहारे कुछ पीछे सरक गई। इसके पश्चात दामोदर सीधा होकर उसे चुपचाप निहारने लगा, जैसे अखाड़े में कुश्ती का एक प्रतियोगी दूसरे को आजमाता है। फिर धीरे से बोला वह–

"तुमको बताने के लिए ही मैं बचपन का किस्सा सुना रहा था। उस दिन मेरे दिल व दिमाग पर, रोशनी से भरी जिन्दगी की ठीक उल्टी तस्वीर का ठप्पा लगा दिया गया। आशा से भरा और खूब पढ़-लिखकर किसी ऊँचे ओहदे पर पहुँचने का ख्वाब देखनेवाला मैं ठीक उल्टी दिशा में चल पड़ा। मेरे लिए अब वैसे सपनों का कोई मतलब नहीं था। मेरा अपमान किया गया, मुझे सताया गया और मैं उसका बदला लेने के लिए बेचैन हो गया। कैसे ? अपने को बरबाद करके, वह सबकुछ करके, जो उनकी उम्मीदों का ठीक उल्टा हो और मैंने वह सब किया। मुझे घर काट रहा था। बहुत कम समय के लिए घर आता। जब पढ़-लिखकर और मर्द होकर कोई इतना क्रूर हो सकता है तो बेपढ़ा मैं क्या उससे अधिक क्रूर नहीं हो सकता ? मुझे सिखाया गया, उपदेश दिए गए, पुचकारा गया, रुपए-पैसे दिए गए। मगर मेरी गिरावट जारी रही। मेरे अन्दर जो भी अच्छा रहा, सब खत्म हो गया। मेरी शादी की गई। एक बज्र गँवार बेवकूफ। हौसला-अरमान, लूर-शऊर कुछ नहीं। मैंने अपनी माँ का अपमान इसलिए किया कि क्यों उसने इतना अन्याय सहा ? मैंने अपनी पत्नी के साथ वही सलूक किया, जो वकील साहब ने मेरी माँ से किया था...।"

वह चुप हो गया। भगजोगिनी भी उससे आँखें नहीं मिला पा रही थी और अपनी हथेली पर सिर टिकाकर उदासी के साथ नीचे देख रही थी। लेकिन दामोदर अधिक देर तक चुप नहीं रहा और पस्त-सी आवाज में बोला :

"मैं अब तुमसे आखिरी बात करूँगा। मैंने यह सब इसलिए नहीं सुनाया कि मैं बहुत अच्छा हूँ और मेरी बरबादी की जिम्मेदारी दूसरों पर है। मैं किसी को दोष नहीं देता। इसमें कोई शक नहीं कि मुझमें अनेक बुराइयाँ हैं। मैं चाहूँ तो भी अपने को सुधार नहीं सकता। मेरे दिल में कभी-कभी आग लग जाती है, शोले दहकते हैं, लपटें उठती हैं। अपनी हीनता के एहसास की लपटें नहीं हैं ये, जो सारी दुनिया और खुद को जला देना चाहती हैं ? हो सकता है ऐसा हो। तुम्हारे पास आकर मुझे शान्ति मिली है, सुकून मिला है। तुम्हारे आलिंगन ने जैसे कराएल से तैयार किया गया वह मलहम लगा दिया है मेरे दिल पर जो जलन के फफोलों और जख्मों को बेहद ठंडक पहुँचाता है। तुम्हारे पास आकर एक ही रात में अपने को कुछ-कुछ समझ सका हूँ, तुम्हारे सरल, कुदरती, जिन्दादिल प्यार के चुम्बनों से अनगिनत जलते हुए चिरागों की रोशनी मिली है मुझे, जिसमें मैं अपने तजुर्बों को खयालात की अँगड़ाइयाँ लेते देख रहा हूँ। तुम मुझे गलत न समझना..."

वह सहसा चुप हो गया और उसके मुख पर एक धीर-गम्भीर पुरुषोचित सौन्दर्य उभर आया, जिसे भगजोगिनी चकित और ठगी मुग्धता से देखने लगी। उसके होंठ भाव-विभोरता में कुछ कहने को आतुर होकर फड़फड़ा उठे और सुन्दर नथुने फूलने-पचकने लगे। परन्तु इससे आगे बढ़ने की हिम्मत नहीं हुई। वह गाँव की एक साधारण सरल स्त्री थी, दामोदर उसके लिए जो भाषा इस्तेमाल कर रहा था, उससे वह आन्तरिक आलोक से भरकर स्वयं जैसे घी के दीये की लौ बन गई।

निश्चय ही घुमक्कड़ी, कई तरह के पापड़ बेलने और नाटकों में भाग लेने की वजह से दामोदर के पास मुखरता, वाचालता, लफ्फाजी, भावुक उतार-चढ़ाववाली भाषा तथा अदायगी भी थी परन्तु रंगमंच पर भी कोई भी प्रभावशाली अभिनय सम्बन्धित पात्र की भावनाओं का गहराई से अनुभव किए बगैर नहीं हो सकता। और यहाँ वास्तविक जीवन के रंगमंच पर तो दामोदर पात्र भी था और उसका अभिनेता भी, उसके अभिनय में कोई खोट और बनावटीपन हो ही नहीं सकता। उसका प्यार, खुशी, उसकी पीड़ा और त्रासदी अपने थे, इतने सच्चे और विडम्बनापूर्ण कि उनकी अभिव्यक्ति में वह स्वयं किसी नाटक का पात्र बन गया और उसकी बातों ने, उसके प्यार, व्यवहार, दुःख और निराशा ने भी भगजोगिनी को वह नहीं रहने दिया जो वह थी, बल्कि उससे अलग करके और ऊँचा उठाकर उसे भी उसी नाटक का पात्र बना दिया, जो उसकी नायिका, प्रेमिका और पत्नी के रूप में जैसे सक्रिय सहभागिनी का अभिनय करने को सहर्ष तैयार हो।

''मैं तुम्हें यही बताना चाहता था कि मुझे चरणदासी, त्यागी, बेमतलब सबकुछ कुर्बान करके हीन-दीन बनी रहनेवाली औरतों को देखकर बेहद चिढ़ होती है। वे तो जानतीं ही नहीं कि प्यार क्या होता है। वे प्यार न देना जानती हैं और न लेना। वे अपने को स्त्री नहीं, सिर्फ शरीर समझती हैं जिसका काम सिर्फ सन्तान पैदा करना है। मैं तो कहूँगा कि वे अपने को बिस्तरा समझती हैं मर्दों का...''

''ऐ, इस तरह बात न करो औरत के बारे में। मुझे अच्छा नहीं लगता। औरत के मन को तुम क्या जानो ? तुम अपनी बात कहो, हाँ, औरत की बुराई मैं नहीं सुन सकती, यह समझ लो...''

भगजोगिनी की नाक-भौं नाराजी से सिकुड़ गई और वह दूसरी ओर देखने लगी। दामोदर को विश्वास नहीं था कि भगजोगिनी जरूरी बात काट देगी। कुछ हतप्रभ-सा होने के बाद उसने हँसकर अपनी बात स्पष्ट की :

''तुम मेरी पूरी बात तो सुनो। मैं औरत की बुराई कहाँ कर रहा हूँ। मैं तो वह बता रहा हूँ जो है। मेरे घर में मेरी माँ ऐसी ही औरत थी और मेरी पत्नी भी है। दूसरे घरों में भी, अपने रिश्तेदारों के यहाँ और दोस्तों के यहाँ ऐसी औरतें देखी हैं मैंने। इस शहर में और दूसरे शहरों में और हिन्दुस्तान में हर कौम में ऐसी औरतों की भरमार है। वे अपने बारे में कुछ नहीं सोचतीं। अपनी भावनाओं के बारे में, अपनी तन्दुरुस्ती के बारे में, अपने पहनावे के बारे में। अपने हक के बारे में भी नहीं। क्या ऐसी बात नहीं ?''

''मैं यह सब नहीं जानती। मेरी समझ में कुछ भी नहीं आता...''

''क्यों, तुमने भी तो वैसी ही बात कही ?''

''क्या कहा मैंने ?'' चौंककर अपनी चमकती आँखों से देखा भगजोगिनी ने।

''इतनी जल्दी भूल गई ? तुमने कहा था कि 'मुझे गहना, साड़ी, कुछ भी नहीं चाहिए। और यह भी कि मैं ही तुम्हारा गहना और साड़ी हूँ। मुझे ऐसी बातों से सख्त चिढ़ है। वे औरतें मुझे पसन्द हैं जो हबककर खाती हैं। बढ़िया से बढ़िया पहनती हैं। किसी का अन्याय बरदाश्त नहीं करती हैं। अपने हक के लिए लड़ती हैं। मैं वह मर्द नहीं हूँ जो औरत को जलील करते हैं। मैं तुम्हारे पास हूँ तो तुम्हें मुझसे खूब साड़ी-गहना लेना चाहिए। अच्छी-से-अच्छी चीजें खानी चाहिए। इससे मुझे खुशी होगी...।''

भगजोगिनी ने कुछ देर तक हँसने के बाद कहा, "मेरी बात भी सुन लो। दुनिया में कहाँ क्या हो रहा है, किसके साथ क्या हुआ, मुझे कोई मतलब नहीं। मेरे साथ क्या गुजरी, यह भी मैं भूल गई हूँ। मैं अब सिर्फ तुमको जानती हूँ। तुम्हारे प्यार को। सिर्फ तुमको प्यार करती हूँ। औरत कोई भी हो, प्यार उसे सिखाना नहीं पड़ता। प्यार से ही तो वह बनी है। अपने प्यार को जताने का उसका अपना तरीका होता है। वह प्यार देती है, लेती है और प्यार को बचाती भी है। प्यार न मिलने पर, चकनाचूर होकर भी वह प्यार किए जाती है। मर्द यह नहीं कर सकता। मर्द शरीर से ही औरत को समझता है, और सिर्फ शरीर ही औरत नहीं है। औरत के लिए खाना-पीना, गहना, साड़ी जरूरी है, उसको बेहद पसन्द है, हाँ, वे भी प्यार से बढ़कर नहीं हैं उसके लिए..."

वह चुप हो गई। एक संक्षिप्त दार्शनिक-सी मुस्कान के साथ सहज भाव से दामोदर को देख रही थी वह। दामोदर के चेहरे की रोशनी क्षीण हो गई। वह आगे बोल नहीं सका और बगलें झाँकने लगा। फिर अचानक मसहरी से निकलकर वह खड़ा हो गया, "अच्छा, मैं चलता हूँ, देर हो गई है..."

भगजोगिनी दरवाजे तक उसे छोड़ने गई। पता नहीं क्यों, वह उखड़ा-उखड़ा लगा। भगजोगिनी दरवाजे की आड़ में आलिंगन करने के लिए उसकी गर्दन में बाँहें डालकर एड़िएँ उठाकर उसके लम्बे शरीर से टँग-सी गई और दाहिने हाथ से उसका सिर नीचा करके जल्दी-जल्दी में होंठों के बजाए उसकी मूँछ का ही चुम्बन ले पाई। दामोदर खुश होकर हँसा और उसके दोनों हाथ को अपनी हथेलियों के बीच दबाकर अपनी आँखों और होंठों पर लगाने के बाद उसे मुक्त कर बाहर निकल गया धुँआई ठंडी रात के बजते हुए सन्नाटे में।

30

दामोदर को अच्छी नहीं लगी थीं भगजोगिनी की बातें। चलते-चलाते उसने सारा मजा किरकिरा कर दिया। रुपया-पैसा, कपड़ा-पोशाक, खाना-खुराक, शरीर-सुख, संरक्षण जैसे असाधारण उपकारों का कोई लेहाज नहीं किया उसने और उसकी बात काटकर लगी बहस करने। वस्तुतः गन्धर्व विवाह का नाटक करने और बेहद चाहने के बावजूद, वह उसे मन-ही-मन पत्नी के बजाय एक खूबसूरत रखैल ही मानता था, जो पत्नी की तरह रह सकती है, पत्नी बन नहीं सकती। उसका तो काम है प्यार के साथ हर तरह का शारीरिक सुख प्राप्त करना जबकि भगजोगिनी ऐसी स्त्री थी जो पत्नीत्व के बिना शरीर अर्पित नहीं करती और उसके साथ ही पति की गलत सोच के विरुद्ध आगाह करते हुए अच्छी सलाह भी देती है। बनवारी को कितना प्यार दिया था उसने, साथ-ही-साथ काम-धाम में हिम्मत, सलाह और सहयोग भी। और आज की रात्रिकालीन मिलन बेला में दामोदर के प्रति वैसे ही प्यार और विश्वास से भरकर वह पतिव्रता पत्नी की भूमिका में फिर आ गई थी।

दामोदर यद्यपि बाहरी दरवाज़े पर उससे विदा लेते समय हँसा था, तथापि बाहर निकलने पर भी उसकी भौंहें सिकुड़ी रह गई थीं। गली में सन्नाटा था, बाद में दूर से एक कुत्ते के खाँसने की आवाज आने लगी। जब वह सड़क पर आया तो उसके अन्दर नामालूम कैसी गुदगुदी होने लगी जैसे वह खिलखिलाकर हँस पड़ेगा। सहसा उसके दिल और दिमाग में एक ऊष्मा फैल गई, धुंध के छँटने पर धूप की तरह। उसे अब महसूस हुआ कि उसके अन्दर सुख का एक गहरा समुद्र लहरा रहा है मृदु तरंगों के साथ। मगर समुद्र भी क्या ठहरेगा इस लबालब सुख के सामने ? और इस प्राप्ति के एहसास के साथ ही भगजोगिनी के लिए उसका प्यार और भी बढ़ गया अतृप्ति और वियोग की तड़पन के साथ। क्या वह रो देगा इस प्यारी, चहेती, भोली-भाली स्त्री की याद की पीड़ा में ?

वह तेजी से सड़क पर अपने घर की ओर बढ़ रहा था। निश्चय ही देर हो गई थी यानी बारह के ऊपर। हवा में हल्की-सी ठंड। स्टेशन पर किरिपा हलवाई और बीरबरण पनहेरी भी अपनी दुकानें बढ़ा रहे थे। आगे उसका दिमाग तेजी से एक कहानी गढ़ने लगा, हर बहानेबाज की तरह–वैसे वह निश्चिन्त भी था कि उसकी पत्नी उसका स्वागत ही करेगी। सचमुच उसकी पत्नी में इधर अनोखा परिवर्तन भी हो रहा था। पूजा-पाठ का उसका कार्यक्रम वैसा नहीं रहा। ठाकुरजी को जगाना, सुलाना, भोग लगाना बन्द हो गया। गंगा नहाना छूट गया। पता नहीं दामोदर ने उसके साथ कैसा व्यवहार किया था, या कर रहा था कि उसकी होशियार पड़ोसिनें भी मुस्की काटकर मजाक करने लगी थीं, "ऐ बहिन, भाई साहब ने कौन-सा 'चित्तबदला' खिला दिया है...।"

चाहे रात में कितनी भी देर हो जाए वह कुछ न बोलती, बल्कि नई चहकते रंग की साड़ी में सजी-धजी उसका इन्तजार करती रहती और जब वह आता तो उसे प्यार से, तिरछी दृष्टि से देखती हुई मुस्कुराने लगती। दामोदर थका होता, मन-ही-मन जल-भुन जाता। अगर इसी तरह पहले भी खुले दिल से स्वागत किया होता तो क्या वह बरबादी के रास्ते पर चला होता ? वह गौर से देखने लगता उसके चेहरे को जिस पर पहले मनहूस गम्भीरता, दयनीयता, तुच्छता, मूर्ख जिद्दीपन, उजड्ड पुजारीपन और गुस्सा के भाव कभी बारी-बारी से और कभी एक साथ ही दिखाई दे जाते थे। उसे आश्चर्य होता कि चेहरे पर उनका अवशेष भी नहीं है। अब चिकना-चिकना पाउडर, लिपस्टिक लगा, माथे पर टिकुली, माँग में सिन्दूर की चौड़ी रेखा, बहका आँचल–यहाँ तक कि उसके निचले होंठ के नीचे दाईं तरफ वह छोटा-सा तिल भी उभरकर चेहरे को चमकाने लगा किसी कूड़े के भाग्य की तरह।

वह सहसा हँसने लगता। पता नहीं इस हँसी में खुशी थी या किसी प्रकार का सन्तोष। फिर वह उसको बाँहों में लेकर गुदगुदाने लगता। अब पत्नी को खुश रखने के लिए अधिक प्रयास करने की जरूरत भी नहीं थी दामोदर को। वह तो स्वयं ही पति को हर हालत में खुश रखने की कोशिश कर रही थी। ऐसी स्थिति में जो भी मिल जाता पति से, उसे वह बहुत अधिक समझती। और दामोदर भी उसे असन्तुष्ट नहीं रहने देना चाहता था ताकि कोई बवाल खड़ा न होने पाए। तब वह पति द्वारा स्वाभाविकता बनाए रखने के चक्कर में उपहार, खेलकटई, चुम्बन आदि से भी अधिक पा जाती।

दामोदर एक दलदल में धँसता गया। पहले निश्चिन्तता यह थी कि पत्नी बज्र पुजारिन बनकर उससे अलग-थलग होती गई और वह अपनी लापरवाहियों और कुमार्गगमन को न्यायोचित सिद्ध करने के लिए हर जगह रोता रहता कि उसके साथ घोर अन्याय हुआ है। निश्चय ही, भगजोगिनी के मिल जाने से वह बहुत प्रसन्न हुआ। तब उसके दिमाग में एक बार भी यह खयाल न आया कि उसकी बच्चियों का क्या होगा और उसकी पत्नी का भी ! वह झूठ-पर-झूठ बोलता और षड्यन्त्र-पर-षड्यन्त्र करता गया उस बेहद सुन्दर और बेसहारा स्त्री को प्राप्त करने के लिए जिसके लिए वह दिन-रात छटपटा रहा था।

उसके हृदय को जलाती महत्त्वाकांक्षाओं ने ही उसे मंजिल पर भी पहुँचा दिया लेकिन भगजोगिनी की सास द्वारा बार-बार संकेत करने पर भी कि गन्धर्व विवाह हिन्दू विवाह की एक पद्धति है और वह उसे पत्नी की तरह स्वीकार कर ले, उसकी हिम्मत जवाब दे गई। तब उसे गर्व के साथ अपने उच्च परिवार की प्रतिष्ठा की याद आई, जिसके एक पुरखे अवध के नवाब के यहाँ एक फौज अधिकारी थे और जिस दिन उसकी पत्नी ने अरुन्धती के लिए घर-बार देखने का आग्रह करते हुए उसकी करतूतों का पर्दाफाश किया तो वह अपनी तेजी से बढ़ती सुन्दर, बुद्धिमान और स्वाभिमानी लड़कियों के बारे में पहली बार सोचकर हक्का-बक्का रह गया। तभी उसने मन-ही-मन संकल्प किया कि अपनी लड़कियों की ऐसी शादी करेगा कि अड़ोस-पड़ोस देखता रह जाएगा।

आश्चर्य तो यह है कि इन परस्पर विरोधी विचारों के बीच भगजोगिनी भी पागल-सी हो गई थी उसके प्यार में। वह सदा उसकी याद की माला जपती रहती, उसकी सलामती के लिए ईश्वर से प्रार्थना करती और यह भी कि उसका मन कभी न बदले और उसका प्यार हमेशा एक समान रहे। पता नहीं निरुपाय परिस्थिति विशेष से अथवा दामोदर के नाटकीय बात-व्यवहार और गहन प्यार के अनुभवों से, उसकी प्रतिभा मौलिकता की सीमा तक उत्तेजित हो जाती और उसका हर मिलन एक नया मिलन होता–शरीर, पहनावा, सज्जा, दृष्टि, अन्दाज, प्रस्तुति और सक्रियता भी। आशा-शिखर के चापलूसी-भरे अनुरोध को वह अप्रत्याशित निर्ममता से तिरस्कृत कर देती एक अन्तहीन 'ना'-सा। और जब वह नाराज होकर कठोर वचन के तीर चलाकर मुँह फुला लेता, वहाँ तक चली जाती वह, जहाँ एक शायर के अनुसार, दिल के प्यार की रोशनी जलती है।

"तुम कैसे कभी कली बन जाती हो और कभी फूल ?" दामोदर ने एक बार लाड़ से पूछा था।

"तोहरे खातिर–तोहरे प्यार के खातिर।" भगजोगिनी ने मुस्कुराकर सरल भाव से कहा था।

"अपने खातिर नहीं ? अपने प्यार के खातिर नहीं ?"

"यह अच्छा नहीं लगता, स्त्री सिर्फ अपने लिए ही कुछ बने...तब वह कुछ बन भी नहीं सकती। वह प्यार कैसा जो सिर्फ लेना ही जानता हो...।"

दामोदर ने बात आगे नहीं बढ़ाई इस डर से कि वह कोई ऐसी बात न करने लगे जो उसे अप्रिय हो। वह थक चुका था और उसने आँखें मूँद लीं। भगजोगिनी आगे झुककर उसके माथे को हल्के-हल्के दबाने लगी चुपचाप।

दामोदर जब भगजोगिनी से दूर होता, उसके साथ बिताए समय के अनुभवों को बटोरने की कोशिश करता। कितने मोती ? और प्रत्येक मोती का क्या मूल्य ? लेकिन अनेक पुरुषों की तरह यह उसके बूते की बात नहीं थी। हर अनुभव के आनन्द की याद उसे विजय-गर्व, तुच्छ घमंड और उन सभी लोगों के प्रति घृणा एवं प्रतिहिंसा से भर देती जो मामूली गेमटीचर, छिछोर, लंठ और लफंगा समझकर उसका मजाक उड़ाते रहे थे। विशेष रूप से वह सूरज प्रसाद रईस के प्रति अकारण ही जबरदस्त क्रोध से भर उठा, जिन्होंने वकालत में असफलता की क्षतिपूर्ति नाटक निर्देशन से कर ली थी और अपने नाटकों में दामोदर को खलनायिकाओं और लाठी सवार जोकर के सिवाय और कोई अच्छा पार्ट नहीं दिया।

एक दिन जब अगले नाटक 'दानवीर कर्ण' के पात्रों के चुनाव के सम्बन्ध में पुराने अनुभवी अभिनेताओं और कुछ नवसिखुआ नौजवानों की सभा सूरज प्रसाद के घर में हो रही थी, दामोदर प्रसाद ने बीच में उठकर टेढ़ी गर्दन और कड़वा मुँह बनाकर कहा :

"वकील साहब, 'दानवीर कर्ण' तो पहले भी हो चुका है। 'सुल्ताना डाकू', 'कुणाल' भी दो बारे खेला जा चुका है। पुरानी चीजों को घसीटने से क्या फायदा ? पब्लिक को कुछ नया नाटक दिखाइए न..."

"लाठी सवार जोकर तीन बार बन चुके हो तुम, इसका मतलब है कि इस सीन को निकालकर तुम्हारी भी छुट्टी कर दी जाए..." सूरज प्रसाद एक प्रतिष्ठित वकील थे, जो साठ की ओर कदम बढ़ा रहे थे और एक जूनियर फिसड्डी जोकरुल्लू की बात उन्हें बरदाश्त नहीं हुई।

"आप नाहक नाराज हो रहे हैं। मैं तो कह रहा था, पुरानी लकीर पीटने से कोई फायदा नहीं, शकुन्तला जैसा नाटक दिखाओ तो स्टैंडर्ड ऊँचा हो। मुझे पार्ट दो आप दुष्यन्त का तो मैं दिखा दूँ कि नायक का पार्ट कैसे किया जाता है। इस नाटक का नायक और डायरेक्टर मैं बनूँगा। मैं खुद राजा दुष्यन्त की तरह लम्बा-तगड़ा और जवान हूँ। रोबीला चेहरा है मेरा। अभी नक जो-जो पार्ट

किए हैं मैंने, सभी याद करते हैं आज तक। आप इस्तीफा देकर नए लोगों के लिए जगह खाली कर दो...''

'आप' और 'तुम' के मिश्रित सम्बोधनों के साथ दिए गए नेक सुझावों पर सूरज प्रसाद रईस नामक उस जिला प्रसिद्ध नाट्य निर्देशक की हालत ऐसी हो गई जिसमें कला संवेदना, तर्कबुद्धि, धैर्य और मनुष्यता सभी घास चरने चली जाती हैं। वह क्रोध से लाल होकर काँपते हुए चीख पड़े।

''गेट आउट, यू फूल। जाकड़ी कनस्टर ! नाटक में तो तुम पर्दा उठाने और गिराने लायक भी नहीं हो। नाटक की पब्लिक के बीच बैठने लायक भी नहीं। उजड्ड, उचक्का। निकालो इसको, फिर आने न पावे यहाँ...''

इसके बाद तो हल्ला मच गया। लोग उठ खड़े हुए जिसमें कुछ देखना और सुनना असम्भव था। अन्त में दर्शकों के पल्ले इतना ही पड़ा दृश्य के रूप में कि कई लोग दामोदर प्रसाद को पकड़कर बाहर घसीट रहे हैं और वह हवा में हाथ फेंकने की कोशिश करते हुए चिल्ला रहा है :

''मैं अगर इस बहुरुपिया को बोरा ओढ़ाकर नहीं पिटवाया स्टूडेंटों से तो असल बाप का बेटा नहीं। जानता नहीं कि मैं विजयीपुर का रहनेवाला हूँ...।''

यह सही है कि दामोदर प्रसाद विजयीपुर का नहीं था, लेकिन उसका मकान उस गाँवनुमा स्थान से बिल्कुल समीप था, जो व्यावहारिक रूप से शहर का ही हिस्सा था और जहाँ के लोग पहलवानी, कुश्ती-दंगल, लठैती, साहस-दुस्साहस के लिए मशहूर थे। लड़ाई-झगड़े में हारता या मार खाता व्यक्ति अक्सर चुनौती फेंकता सुना जाता 'विजयीपुर के लठैतों से तेरा भुर्ता न बनवाया तो मेरा नाम नहीं...।'

यद्यपि गाली-गलौज के साथ दामोदर पर एक-दो हाथ भी पड़ गए थे, फिर भी इस कांड से वह बेहद सन्तुष्ट हुआ, जैसे किसी प्रतिभाशाली नौजवान अभिनेता ने किसी अयोग्य, भ्रष्ट सीनियर नाट्य अधिकारी को उसकी हैसियत बता दी हो। इसका यह भी परिणाम निकला कि उस रात गन्धर्व विवाह से प्राप्त रखैलनुमा उपपत्नी तथा सात फेरे से मिली शुद्ध पत्नी—दोनों को ही नाट्य राजनीति के बारे में उसका लम्बा और घोर आत्मप्रशंसा-भरा कर्कश स्वर का उबाऊ वृत्तान्त सुनना पड़ा, जिसमें स्वयं के कलात्मक अभिनय के अनोखे अभिनीत उदाहरणों के साथ सूरज प्रसाद को काल्पनिक चरित्र-हनन द्वारा घटिया कलाकार के साथ घटिया इनसान भी सिद्ध किया गया था। दोनों ही विवादास्पद पत्नियाँ यह नहीं समझ सकीं कि पति के प्यार के हित में ऐसे महत्त्वपूर्ण अवसर पर हँसना उचित है या दुःखी होना, फिर भी दोनों ने ही लम्बी प्रतीक्षा के अन्त पर अपने-अपने तरीके से सहानुभूति प्रकट की थी, जिनमें से एक के इस कथन पर दामोदर को अपार हर्ष हुआ, ''मेरे सामने आया हरामजादा तो बोरसी-भर आग से उसका मुँह झौंस दूँगी।''

भगजोगिनी ने उसके माथे और गाल को प्यार से सहलाते हुए पुचकारती आवाज में कहा था, ''तुम ऐसी जगह अकेले न जाया करो। अच्छा तो यही है ऐसे बुरे लोगों का साथ-संग हमेशा के लिए छोड़ दो। हाँ, ड्रामा-नाटक की अपनी दुकान खोल लोगे तो जैसा चाहते हो, मैं तुम्हारे साथ शकुन्तला जरूर बनूँगी...हाय राम, कैसा लगेगा...।'' अन्त में वह हँसने लगी।

दामोदर दबे स्वर में चीख-सा उठा और फिर एक हाथ से भगजोगिनी को कमर से उठाकर तथा दूसरे हाथ की मुट्ठी के बाहर निकले अँगूठे को सिर पर रखकर घुमरी-परइया का नाच करने लगा, ''हाय मेरी बुलबुल, मेरी कबूतरी, मेरी घाघरेंवाली ! कितनी अच्छी हो तुम...।''

भगजोगिनी उस रात पहली शादी के समय का घाघरा पहनकर एकदम नई सज्जा के साथ प्रस्तुत हुई थी। अपने प्रिय के इस खेल से वह लहालोट हो गई। वह अतिशय आन्तरिक खुशी से जैसे गुब्बारे की तरह हल्की होकर आकाश में उड़ी जा रही हो दामोदर के साथ।

समय बीत रहा था—दिन और महीने। इस बीच उसने कई लोगों से झगड़ा मोल लिया नाहक

ही। वह खूब फैशन से निकलता और सभी से ऐसी ऊँचाई से बोलता, जिससे उसके कई मित्र भी नाराज रहने लगे। घमंड, ईर्ष्या, घृणा से वह अपने प्यार को महसूस करके भगजोगिनी से और भी व्याकुल उत्तेजना से मिलता और वहाँ जो सन्तोष देता और प्राप्त करता उससे आत्मगौरव की उसकी कलगी और ऊँची हो जाती ! एक नसेड़ी जैसी हालत हो गई थी उसकी। वह हमेशा भगजोगिनी के प्यार की उत्तेजना में रहना चाहता जो उसे बहुत ऊँचा उठा देती, लेकिन समस्या यह थी कि उसको अपने घर पर पत्नी को भी प्रसन्न रखना पड़ता। रतजगी और थकान उसे दिन में एक अजीब उदासी के एकान्त में ढकेल देते। और, दिन उसके लिए प्रतीक्षा की उम्मीद बन जाता—प्रतीक्षा किसी को 'अपमानित करने' अथवा किसी से शाब्दिक युद्ध करने की। वह कभी अबे-तबे पर उतर जाता और कभी नाटकीय दार्शनिक तुच्छताओं व व्यर्थताओं के बाण चलाने लगता।

उसका रोम-रोम हर्षित, कृतज्ञ और गद्गद था कि जाड़े-भर उसकी आत्मा को भगजोगिनी से सुखद गर्मी मिली और गर्मी में आह्लादकारी शीतलता—और मूसलधार बरसात की एक रात में वह उसके लिए इतना व्याकुल हुआ कि हेडमास्टर द्वारा बुलाई गई एक जरूरी मीटिंग का झूठा बहाना करके एक पुराने, जर्जर, सींक निकले किंचित खँखरे छाते की निष्फल छाया में भीगता, धोती कछाकर पानी-कीचड़ में छपकता और क्षुद्र नदी की तरह उतराई गली को हेलता हुआ जब पहुँचा और भीगे हुए मुँह को हाथ से पोंछते हुए शर्मीली मुस्की काटते हुए धीरे से बोला 'मैं तुलसीदास हूँ...' तो दरवाजा खोलने आई हुई भगजोगिनी हक्का-बक्का रह गई।

दामोदर प्रसाद एक घंटे पहले आया यानी लगभग साढ़े आठ बजे थे। पानी लगातार पीट रहा था। गनीमत की बात यह थी कि सभी मकुनी-चोखा खाकर सो गए थे और भगजोगिनी भी उसके आगमन की नाउम्मीदी के कारण इस इच्छा के साथ ऊँघ रही थी कि इस समय उससे मिलने में कितना अच्छा लगता ! लेकिन उसे देखकर वह डर गई।

वह हाथ पकड़कर उसे कमरे में ले गई। पहले बदन पोंछने के लिए अँगोछा दिया, उसके बाद पहनने के लिए अपनी एक साड़ी और अन्त में ओढ़ने के लिए एक शॉल। जब आइना-कंघा पेश किए गए तो बाल झाड़ते हुए वह मुस्कुराने लगा एक शहीदाना मुस्कुराहट, जैसे देश के लिए अपार कष्ट सहने के बाद एक राष्ट्रभक्त स्वागत के लिए एकत्रित अपार भीड़ के सामने पहुँचा हो।

भगजोगिनी ने तांजेब का उसका कुर्ता, धोती और बनियाइन बाहर चौड़े बरामदे की अलगनी पर टाँग दिए। कमरा सिरहानेवाले छोर पर टप-टप चू रहा था, इसलिए पलंग विपरीत छोर की तरफ सरका दिया गया था, जिसके बीच में पाटी पर टाँगें लटकाकर बैठा दामोदर बन्दर की तरह इधर-उधर मुँह घुमाकर घूर रहा था, जिधर भगजोगिनी विचरण कर रही थी गम्भीरता के साथ उसकी ओर बिना देखे ही। काम समाप्त कर वह उससे कुछ हटकर पलंग के किनारे ही बैठती हुई बोली :

"तुलसीदास कौन ? अभी तक तुम दुष्यन्त थे..."

दामोदर ने उसे अपने पास खींचने के लिए अपना हाथ बढ़ाया, लेकिन उसके पहले ही वह और हट गई।

"तुलसीदास को तुम नहीं जानती ? तुलसीदास ने रामायण लिखी थी...।"

"वही पोथी ? मेरे बाबू रामायणजी कहते हैं। फिर ?"

"अरे, तुलसीदास की कहानी नहीं जानती हो ? वह अपनी पत्नी रत्नावली को बहुत प्यार करते थे, एक रात उससे मिलने उसके मायके पहुँच गए घनघोर बारिश में। वह इतने उतावले थे कि दीवार पर चिपटे लम्बे विषधर साँप को रस्सी समझकर उसके सहारे ऊपर चढ़कर खिड़की के रास्ते रत्नावली के कमरे में दाखिल हो गए..."

"फिर क्या हुआ ?"

"अगर नहीं जानती हो तो इसके बाद की कहानी नहीं बताऊँगा..."

"हाँ, अब याद आया। किसी ने मुझे बताया था। वैसे तो मैं नहीं कहूँगी। चाहती भी नहीं कि तुम मुझे छोड़कर जाओ। जब तुम नहीं आए थे, मैं तुम्हारी ही याद में तड़प रही थी। अब इस हालत में देखकर मैं नाराज हूँ तुमसे। तुलसीदास होंगे अपने घर के लिए, दुनिया के लिए, मैं तो तुम्हारी तन्दुरुस्ती के लिए सोचकर मरी जा रही हूँ...तुम तो जानते हो कि मेरा खानदान बरबाद हो गया, शिवजी न करें तुम्हें कुछ हो, मैं तो खाँसी-बुखार के नाम से ही काँप जाती हूँ। सर्दी-भर मैं डरती रही, तुम मेरे पीछे अपने पहनने-ओढ़ने, खाने-पीने, संयम-नियम का ध्यान नहीं रखते थे। मैं तो तुम्हारी हूँ हमेशा के लिए, कहीं चली तो नहीं जाती, पानी रुकने पर आ जाते तो क्या फर्क पड़ता !"

दामोदर सहसा उठ खड़ा हुआ। त्यौरियाँ चढ़ गईं उसकी। भौंहें सिकुड़ गईं। आँखें निकल आईं। वह होंठ सिकोड़कर फुसफुसाई आवाज में बोला :

"अच्छा तो ये बात है ! तुमने एक खुशनुमा वक्त में प्यार के जज्बात और उसके तजुर्बे के यादगार क्षणों के बारे में नहीं सोचा और उस मनहूस, बेवकूफ रत्नावली की तरह मुझे उपदेश देने पर उतर आई। मेरी समझ में नहीं आता कि स्त्री क्यों समझती है दुनिया को सुधारने का जिम्मा उसी पर है ! उसको क्यों मुगालता है कि दुनिया का सारा दुःख, सारा अन्याय वही झेलती है। कितनी निष्ठुर, कठोर हो तुम। मेरे प्यार की बेकद्री करके अपने से मुझे दूर करना चाहती हो, आज मैं अच्छी तरह समझ गया। और उसका कारण भी मैं आज ही जान सका हूँ। वह फूली गँटईवाला आज भी तुम्हारी यादों में बसता है। रात में तुम प्यार का नाटक करके मुझसे मिलती हो, और दिन में उसके नाम की माला जपती हो ! वह चाहे जिस स्वर्ग में बैठा हो, उसका जाना तुम्हारी और तुम्हारे खानदान की बरबादी हो गई और मेरा इतना जान देना, अपने परिवार को कुर्बान करना, तुम्हें प्राणों से बढ़कर मानना—यह सब कुछ न हुआ। काश ! तुमने मुझे इतना न सताया होता ! खैर, मैं तुमसे विदा लेता हूँ..."

अन्त में दामोदर का स्वर रुआँसा हो गया और वह बरामदे से अपने गीले कपड़े ले आकर पहनने लगा। इस बीच भगजोगिनी रोई-चिल्लाई, उसके पैरों पर गिरकर कसमें खाईं, बार-बार विश्वास दिलाया, उससे चिपटने की कोशिश की, लेकिन दामोदर हर कोशिश को ठुकराकर चुपचाप अपना टुटहा छाता लिए हुए बाहर का दरवाजा खोलकर निकल गया।

अभी दस भी नहीं बजे थे, जब दामोदर अपने मकान में दाखिल हुआ। अरुन्धती को छोड़कर, जो ऊपरी मंजिल वाले कमरे में पढ़ रही थी, शेष बहनें वहीं खा-पीकर सो गई थीं। बारिश हल्की होकर झींसी बन गई थी।

"अरे आप तो भीग गए हैं, पहले झटपट कपड़े बदल लीजिए..."

दामोदर कुछ नहीं बोला और एक कुर्सी पर बैठकर पत्नी का इन्तजार करने लगा जो फौरन उसके कपड़े लाने चली गई थी।

चुपचाप ही उसने कपड़े भी बदले।

"बीच में कहीं रुक जाते...।" उसकी पत्नी ने दबी आवाज में पूछा।

"रुका था, मीटिंग तो जल्दी ही खत्म हो गई। बेकार ही बुलाया था ! नहीं तो और भी पहले ही चला आता...।" दामोदर ने हँसने की कोशिश की, मगर हँसी होंठों में ही ऐंठकर तिरोहित हो गई।

पत्नी को इस समय दामोदर पर बड़ा लाड़ आ रहा था। अभी तक तो वह उसकी घुड़की, नाराजी, बहानेबाजी, नाटकीयता, जोकरी-भरी वाचालता ही देखती आ रही थी—किसी बच्चे की

मासूम उदासी तो कभी नहीं देखी उसके चेहरे पर। उसके दिल में कुछ कौंध गया और अचानक आगे बढ़कर उसके गले में बाँहें डालकर तथा अनाड़ी की तरह उसके गाल पर चुम्बन की बेढंगी आवाज पैदा करती हुई बोली, ''मेरे राजा, आज क्यों उदास हैं !''

दामोदर ने अचम्भे के साथ उसकी ओर देखा। पहले का समय होता तो ऐसे असामयिक गँवारू हरकत, चुम्बन और सम्बोधन पर बिगड़कर उसे बुरी तरह फटकार दिया होता, यद्यपि पहली बार ही उसके साथ ऐसा व्यवहार कर रही थी वह। दामोदर के मुख पर एक अनजान मुस्कुराहट उभर आई। उसने अब अपने दुःख और अपमान से अलग हटकर उसे गौर से देखा। उसका कुतूहल काफी बढ़ गया। फिर उसने ऊपर से नीचे कई बार और भी ध्यान से उसे निहारा।

वह शरमाकर दूसरी ओर देखने लगी। फिर मुस्कुराकर धीमे स्वर में बोली, ''घूरकर क्या देख रहे हैं ? क्या मैं किसी बेस्वा-पतुरिया से कम सुन्दर हूँ, हाँ, वैसे बनावटी नखरे मुझे नहीं आते...''

दामोदर चमकती आँखों से उसे देखने लगा एकटक। फिर उसके गाल को धीरे से सहलाते हुए कहा, ''ऐसी बात न करो। तुम बहुतों से अच्छी हो...''

''कैसे ?'' पत्नी ने तिरछी दृष्टि से देखते हुए पूछा, ''धन्य भाग्य मेरे, मुँह से आखिर निकला तो यह...।''

''अच्छा, पहले खाना ले आओ, उसके बाद सबकुछ बताऊँगा। क्या बनाया है...।''

''बरसात में कुछ अधिक बनाया नहीं—तहरी, बैंगन का तीखा चोखा, उड़द के दहीबड़े, खोआ की बर्फी—वही वाली बर्फी, जो आपको कभी सुन्दर जवान पड़ोसिन के हाथ की बनाई हुई बहुत पसन्द आई थी। मैं तो वैसी तारीफ के लिए तरस ही गई।''

वह व्यस्त होकर और कुछ इतराकर कल्पना की आँखों से अपने पति को देखती हुई तेजी से चली गई, जैसे हवा में उड़ रही हो।

दामोदर हैरत से उसे जाते हुए दिलचस्पी से देखता रहा। पत्नी के अधिकार से मजाक-भरा व्यंग्य करना कब से सीख लिया इसने ? कहाँ था वह अब तक ? भगजोगिनी में क्या इतना खोया था कि अपनी पत्नी पर उसका ध्यान ही नहीं गया कि उसमें क्या परिवर्तन हो रहे हैं ? जबकि रोज घर भी आता रहा, उसको देखता रहा, उसको प्यार भी देता रहा। यह कैसे सम्भव है कि इस बीच उसकी पत्नी का स्वास्थ्य इतना अच्छा हो गया और वह उससे अनभिज्ञ रहा। वह तो कुछ मोटी होकर गलगुथनी बन गई हैं। होंठ भरे और लाल, आँखों में चमक, नितम्ब और उरोज भारी। ऐसा तो कभी नहीं था।

क्या लम्बे अरसे तक कष्ट और उपेक्षा सहते, कठोर परिश्रम करते, खाने-पीने में अपने शरीर से अन्याय करते और पाँच बच्चों का लालन-पालन करते उसके शरीर की हड्डियाँ टेढ़ी हो गई थीं, जिसको मुटापे ने और भी उभार दिया है ? यह सोचकर दामोदर को उस पर दया आई। तब याद आया कि जब चलती है तो बाईं तरफ का उसका कूल्हा अधिक ऊपर उठता है। कुल मिलाकर उसका शरीर पहले से अधिक बेडौल नजर आ रहा है, फिर भी साड़ी में बुरी नहीं, अच्छी लग रही है। और...

अचानक दामोदर का चेहरा खिल उठा। वह सिर झुकाकर धीरे-धीरे हँसने लगा। हाँ, उसके बालों को तो वह छोड़े जा रहा है। वह आज टेढ़ी माँग काढ़े हुए है ! इसके पहले टेढ़ी माँग काढ़नेवालियों को वह वेश्या की उपाधि देती रही थी। उसके विचार से सीधी, सच्ची, त्यागी, पतिव्रता स्त्री के लिए सीधी माँग का ही तरीका बनाया गया है। यह विचार उसका कहाँ गया ?

यह सब सोचते हुए उसे जवानी के दिनों की एक घटना याद आई। वह एक शादी की दावत में गया था, जहाँ एक-से-एक बढ़िया मिठाइयाँ रखी थीं, अन्न की, खोआ की, छेने की, मलाई की। और उनके साथ लेकिन कुछ अलग, एक पात्र में पुराने ढंग की अकबरी नामक एक सादी-सी मिठाई

रखी थी, चौकोर वर्गाकार-सी, बालूशाही की उपेक्षित संगिनी। बात यह कि बाजार में 'रसगुल्ला बम' जैसी हर किस्म, स्वाद और नाम की नई, फैशनेबल मिठाइयाँ आ गई थीं, जिनके बीच 'अकबरी' पुरानी और फिसड्डी समझी जाने लगी और तेजी से बाजार और दावतों से लुप्त हो गई। उसे यह मिठाई बचपन से ही बहुत पसन्द थी, और बहुत दिनों बाद उसे दावत में देखकर उसका मन ललच गया।

और उसने सभी उम्दा मिठाइयाँ छोड़कर उस दावत में 'अकबरी' मन से खाई। 'क्या लुत्फ दिया था उस रोज बेचारी मिठाई ने'—यह सोचते ही दामोदर के दिमाग में यह भी खयाल आया—'क्या उसकी पत्नी 'अकबरी' नहीं है जो आज आकर्षित कर रही है ?'

यह सोचते ही वह बेतहाशा हँसने लगा और जब हँसते-हँसते आँखों में आँसू भर आए तो अचानक गम्भीर हो गया, उस शब्दहीन लट्टू की तरह जिसके तीव्र नृत्य काल का शीघ्र ही अन्त हो जाता है। और तब उसे अचम्भा हुआ यह अनुभव करके कि इस समय उसके अन्दर विगत लम्बे दाम्पत्य जीवन की तरह अपनी पत्नी के लिए दमित व्यंग्य, उपहास, उपेक्षा, तिरस्कार, रोष का कोई भी भाव शेष नहीं रह गया है—बल्कि एक तीव्र इच्छा पैदा हो गई है उसके लिए...

इसी समय वह आई सिर झुकाकर जल्दी-जल्दी खाने की थाली के साथ। सामने स्टूल वह पहले ही खिसका गई थी, जिस पर थाली रखते समय तक दामोदर उसे एकटक देखता रहा। तत्पश्चात वह सीधी खड़ी हो गई और पति की ओर हवाई नजर फेंकती हुई बोली :

"अदरक-हरी मिर्च का अचार ले आऊँ ?"

"इस साड़ी में हरी मिर्च तो तुम खुद ही बनी हुई हो..." दामोदर ने उसे छेड़ने की कोशिश की, उस अकड़ूँ, दम्भी व्यक्ति की तरह, जो अपने मुख से मेल-मुहब्बत, उदारता, सहानुभूति और संवेदना की बातें बड़ी कठिनाई और बेढंगेपन से निकाल पाता है।

पत्नी पहले से ही गम्भीर होकर उसकी तरफ नहीं देख रही थी। उसकी नजर झुकी थी और गर्दन किसी शानियर व्यक्ति की तरह टेढ़ी। पति की बात का उसने कोई जवाब नहीं दिया बल्कि धीमे स्वर में 'पानी लाती हूँ' कहकर तेजी से कमरे से बाहर निकल गई। लौटने के बाद पानी रखकर जब खड़ी हुई तो दामोदर ने धीमे से मृदु स्वर में कहा :

"आज बहुत सुन्दर लग रही हो...क्या नाराज हो ?"

दामोदर की बात का उसने फौरन उत्तर नहीं दिया, बल्कि तेजी से सिर घुमाकर उसकी तरफ देखा। फिर नजर को यथापूर्व लौटाकर अपने शरीर को तिरछा किया, और दाईं बाँह को आधा ऊपर उठाकर और किहुनी को बाएँ हाथ से छूकर गर्दन तानती हुई तटस्थ स्वर में बोली :

"बदन में बहुत दर्द है..."

"अच्छा !" दामोदर इस अप्रत्याशित उत्तर से हतप्रभ होकर बोला, फिर सिर झुकाकर खाने लगा।

"तुम्हें कोई दवा ले लेनी चाहिए थी," एक मिनट बाद सिर झुकाए ही उसने सहानुभूति प्रकट की।

"ठीक हो जाएगा"—वह मन-ही-मन मुस्कुराई।

वह कुर्सी खींचकर पास में बैठ गई, लेकिन उनके बीच ऐसी चुप्पी उभर आई, जो एक हद तक हास्यास्पद भी थी। दामोदर ने सोचा था कि पत्नी उसके आमन्त्रण को खुशी से कृतज्ञतापूर्वक स्वीकार कर लेगी, लेकिन ऐसा न होने पर वह गुस्सा गया कि उसे सताने के लिए बहाना कर रही है। निश्चय ही उसकी पत्नी के तत्काल मूड के लिए कारण और भी हैं। लेकिन अधिकांश ओढ़ा हुआ था। पुरुष-आँखों की भाषा फौरन कौन स्त्री नहीं पढ़ लेती, और आज जब शुरू में ही ताड़ गई कि अर्थ दूसरा है तो वह अगरान से भरती गई। स्वाभिमान ? गरिमा ? घमंड ? पहली बार

गुणग्राही मिलने पर लम्बे समय तक कूड़े में उपेक्षित पड़े हीरे की कीमत बढ़ गई तो मोल-तोल क्यों न हो ? वह अपनी ही नजर में कुछ ही क्षणों में ऊँचा उठ गई और अब सस्ते में नहीं हिलने वाली।

हाँ, दुःख भी था और कुछ रोष भी कि दाम्पत्य जीवन के बाईस-तेईस वर्षों में, यदि आज की बात छोड़ दें तो उसके मर्द ने उसे कभी अपनी आँखों से नहीं बुलाया। एक बार भी कामना-तप्त हाथ से नहीं छुआ, जिससे शरीर नीचे से ऊपर तक झनझना जाए, असह्य आतुरता के साथ भीतर आँधी चलने और बिजली कौंधने लगे। सच्ची मीठी प्यार की बातें छोड़ भी दें तो झूठी, छलिया बातों से भी तो उसका दिल जीतने की कोशिश नहीं की उसके पति ने। अपनी तबीयत से कोई बढ़िया उपहार लाकर नहीं दिया और कोई साड़ी-सूड़ी लाने पर बाहर से किसी के हाथ भेजवा दी।

उसकी शादी क्या सिर्फ किसी सिकुड़ी भौंह या निर्दयी और लापरवाह मूँछ से ही हुई थी ? उसके बच्चे क्या उनकी भूख-प्यास से नहीं जन्मे हैं ? स्वयं उसकी बेगारी की सन्तानें ? यह सोचते ही उसका हृदय हाहाकार कर उठा और अपनी बच्चियों के लिए प्यार से भरकर वह मन-ही-मन छटपटाने लगी। इच्छा हुई कि उसी समय जोर-जोर से चिल्लाने लगे। वह अपनी बच्चियों को कहाँ से क्या लाकर दे दे जिससे वे अपने को हीन न समझें ?

परन्तु क्या सोच रही है वह ? जल्दी ही अपने को धिक्कारने लगी। उसकी बच्चियाँ वैसी नहीं हैं जो वह सोच रही है। सभी स्वाभिमानी हैं। कितना धीरज है उनमें। किसी चीज के लिए जिद्द नहीं करतीं और जो मिल जाता है, उसी पर सब्र बाँधे रहती हैं और अरुन्धती ? उसने तो सारा घर ही सँभाल लिया है। अरुन्धती की एक बात ने तो उसके जीवन का ढर्रा ही बदल दिया है। क्या वह फिर उसी पुरानी जिन्दगी को ही अपनाने जा रही है, जो छोड़ चुकी है ?

गृहपलायन की धमकी देकर घर से दामोदर के जाने के कुछ दिन पहले की बात है, जब अरुन्धती ने अपनी माँ से गम्भीरतापूर्वक कहा था :

"तुम हमेशा गम्भीर क्यों रहती हो ? बाबूजी आते हैं तो तुम्हारा चेहरा और बिगड़ जाता है। तुम हमेशा तनी रहती हो, किसी की ओर देखती भी नहीं। आज तो वह बिना खाए ही चले गए। भक्तिन बन गई हो, फिर तुम्हारा चेहरा हमेशा गुस्सैल क्यों बना रहता है ? पड़ोसिनों से भी गुस्से में बोलती हो। अपनी बच्चियों पर चिल्लाती हो। अपने पर ही गुस्सा उतारती हो। ठीक से खाती नहीं, नाश्ता नहीं करती, जब देखो, उपवास करने बैठ जाती हो..."

"तो क्या करूँ ? पाल-पोसकर बड़ा कर दिया तो जबान चलाने लगी ? तुम क्या जानो, मैंने कितना सहा है..."

"अम्मा, तुम समझती क्यों नहीं ? मैं जबान थोड़े ही लड़ा रही हूँ। तुमने सहा है, इससे दूसरों को क्या मतलब ? तुम कमजोर, दीन-हीन बनोगी तो लोग और भी सताएँगे, और भी दुःख पाओगी। फिर हम लोगों का क्या होगा ? यह पूजा-पाठ, उपवास, कंठी, माला, घंटी सब छोड़ दो। भगवान का एक बार नाम लेना काफी है। अपनी तन्दुरुस्ती पर ध्यान दो, ठीक से खाओ-पीओ, ढंग से पहनो-ओढ़ो, गेरुआ रंग की साड़ियाँ छोड़ दो हमेशा के लिए। बाबूजी पर ध्यान दो, पता नहीं क्यों उनको देखकर तुम्हारा चेहरा खूब गम्भीर हो जाता है। बताओ, बाबूजी को कुछ हो गया तो हमें कौन पूछेगा ?"

"तुम्हें डर है कि तुम्हारी शादी कैसी होगी ! यही न ?"

"तुम हर बात का उल्टा ही अर्थ लगाती हो। गलत ढंग से न सोचो। यह सोचो कि बाबूजी क्यों घर से कटे रहते हैं। एक दिन सुभद्रा पूछ रही थी, दीदी, बाबूजी-अम्मा एक साथ बैठकर बात क्यों नहीं करते ?"

"अच्छा, जाओ, तुम अपना काम देखो..."

लेकिन जिस दिन दामोदर अचानक उठकर चला गया तो उसे अरुन्धती की बात याद आई

और वह घबराकर सोचने लगी कि उसका पति जरूर ही रेल से कटने गया है। और जब दामोदर वापस आ गया तो उसने संकल्प कर लिया कि वह अपने को जरूर बदलेगी, चाहे पति का जो भी दृष्टिकोण हो, जिसमें अरुन्धती पग-पग पर सहायक सिद्ध हुई।

जब वह नहाने के बाद आदत या संकोच से पुराने ढंग की साड़ी पहने जाती तो अरुन्धती चुपचाप आती और उसके बक्से से नई किस्म की साड़ी लाकर उसके सामने रख देती और पुरानी साड़ी उठाकर कहीं छिपा देती। नाश्ते के साथ वह उसके सामने दूध और दो बादाम जरूर रख देती। खाने के समय दाल में घी जरूर डालती। अपने हाथ से खूब सफाई और करीने से थाली सजाकर उसके सामने रखती। गर्म, ताजा खाना समय से—सलाद, मिर्च, नींबू, मूली के साथ। न कुटाइम छछुन्दरी नाश्ता और न ही बैसा खाना। सिंघाड़े और कुटी के आटे, शकरकन्द, सुथनी, गन्ने की गड़ेरी, कलाकन्द, बेसन के लड्डू और बैरागी रंग के कपड़ों को पूरी तरह घर से बहिष्कृत कर दिया गया।

एक दिन वह पड़ोस की अपनी सहेली और उसकी माँ के साथ बाजार जाकर पाउडर, लिपिस्टिक, सेंट आदि सभी प्रसाधन सामग्री ले आई और अपनी माँ के सामने रख दी। पहले तो वह सब देखकर खूब बिगड़ी :

''क्या तू मुझे बेस्वा बनाकर शहर में नचाना चाहती है ?''

अरुन्धती का चेहरा गम्भीर हो गया। वह बिना कुछ बोले कमरे से निकल गई थी। जब तीन दिन तक वह नहीं बोली तो उसकी माँ ने अपनी गलती स्वीकार करके उसे मनाया और उन प्रसाधन सामग्रियों का धीरे-धीरे इस्तेमाल शुरू किया।

उसे छोटी बुद्धि की अरुन्धती पर अचम्भा होता। यह सब कहाँ सीखा उसने ? उसकी माँ क्यों नहीं हुई अरुन्धती, जो शादी के पहले उसे सबकुछ सिखाकर पति के घर भेजती ! हो सकता है कि किसी जन्म में वह उसकी माँ ही रही हो !

''हाय मेरी बच्ची ! इस कच्ची उम्र में तू यह सब कैसे जानती है ? मैं तो आज तक यह सब जान नहीं पाई थी ? क्या तू यह कहना चाहती है कि गृहस्थी की गाड़ी ठीक से चलाने के लिए स्त्री को भी अपने को बदलना पड़ेगा ? नए ढंग सीखने पड़ेंगे ? क्या पढ़ने-लिखने से ऐसा हुआ है या तू अपने माँ-बाप के लिए अधिक चिन्ता करती है ?'' वह कभी रोकर बुदबुदाने लगती।

बहरहाल, आत्म-दया और आत्म-हनन की आदतें छूट जाने से उसमें रहन-सहन और सोचने का एक सकारात्मक दृष्टिकोण विकसित होता गया। पति को लेकर उसके मन पर बना दबाव भी हट गया और वह हल्का महसूस करने लगी। अब उसको खुलकर भूख लगने लगी। उसका शरीर वह सबकुछ माँगने लगा जिससे वह अपने को वंचित करती रही थी। डटकर खाने-पीने पर भी उसको सन्तुष्टि होती नहीं थी। रसोई या नाश्ता बनाते समय ही उसे बरदाश्त नहीं होता तो वह कभी दूध की मलाई निकालकर खा जाती। कभी दाल निकालकर पी जाती, कभी अधकच्ची सब्जी निकालकर ही चख लेती।

एक दिन तीसरे पहर उसे इतनी जोर की भूख लग आई कि वह चुपके से रसोईघर में घुस गई और बची हुई दो रोटियाँ एक तश्तरी में लेकर उसमें घी और चीनी डालने के बाद उसका मलीदा बनाकर चाव से खाने लगी। लेकिन छोटी बच्ची को नींद नहीं आई थी और वह भी माँ का पीछा करती रसोईघर के पास जाकर खड़ी हो गई। कुछ देर माँ को निहारने के बाद वह चिल्लाई :

''दीदी, देखो, अम्मा चोरी से रोटी, घी, चीनी खा रही हैं...''

वह शर्म से कट गई। पहले तो गुस्से में लपककर छोटी बच्ची के गाल पर एक तमाचा जड़ दिया और उसके रुदन के बीच जोर से बोली, ''बड़ी झूठी है, खड़-फड़ हो रहा था तो मैं यह देखने आई थी कि बिल्ली तो नहीं है...।''

अरुन्धती को भी नींद नहीं आई थी, मगर अपनी माँ की हालत उससे छिपी नहीं थी। उसने लेटे-लेटे ही छोटी बहन को पास बुलाया और उसे चुप कराके समझाया :

"जानती हो, माँ को डॉक्टर ने कई बार खाने को कहा है। तुम्हें चोरी-छिपे जाकर नहीं देखना चाहिए। किसी से कहना भी नहीं—हाँ ?"

खाने-पीने से वह स्वस्थ होकर इतनी मोटी-झोटी हो गई कि कई पड़ोसिनों ने टोका, "आप किस चक्की का आटा खा रही हैं बहिन, आजकल ?" दूध, घी, बादाम और मलाई ने अतिरिक्त रंग दिखाया था।

दामोदर के भोजन समाप्त करने तक वह सँभल गई थी। जब दामोदर ने पानी पीने के बाद सिर उठाकर डकारा तो उसने मोहक मुस्कान और तिरछी चमकती दृष्टि से उसका स्वागत करते हुए पूछा, "मेरा बनाया खाना तो पसन्द नहीं आया होगा ?"

दामोदर ने सूत्र तो पकड़ लिया, लेकिन खाने की तारीफ करते न बनी। दूसरी ओर देखते हुए हल्के-फुल्के ढंग से कहा, "तुम भी जल्दी खा लो, देर हो रही है..."

"आप सोइए..." मन-ही-मन कुढ़कर उसने कहा।

दामोदर को नींद नहीं आई। भगजोगिनी के यहाँ बुरी तरह आहत होकर सुन्न हो गया था वह, जिसके बारे में अब कुछ भी नहीं सोचना चाहता था। और घर पर आकर उसे एक राह दिखाई दी—वह एक दार्शनिक की तरह सोचने लगा कि व्यर्थ है यह प्रेम, जिसका अन्त धोखा के सिवाय कुछ नहीं, सबसे अच्छा है परिवार, जहाँ कोई छल-कपट नहीं, जहाँ पवित्रता है, सच्चाई है, गहरा लगाव है। ऐसे ही खयालात से भरा वह अपनी पत्नी का बेसब्री से इन्तजार कर रहा था, जो अपनी कीमत को और भी बढ़ाने के लिए जोरदार तैयारी करती हुई जानबूझकर भी विलम्ब कर रही थी।

घर-गृहस्थी के काम-धाम में खटती, खाना बनाती, फींचती-कचारती, बच्चों पर चिल्लाती बहुत ही मामूली दीखती एक औरत रात के सन्नाटे में पति की अटारी की ओर रवानगी के पूर्व जल्दी-जल्दी में ही बालों पर कंघे के दो हाथ चलाकर, होंठों पर लिपिस्टिक एक-दो बाद फेरकर तथा कुछ अन्य छोटी-छोटी कोशिशों से ही सुन्दर, रहस्यमयी और बेधक बन जाती है कामनाओं के पुष्प-बाण की तरह। लेकिन सम्भवतः आत्मविश्वास की कमी की वजह से दामोदर की पत्नी ने सिंगार-पटार में अधिक समय लगा दिया। जब पति उतावले बने क्रोध से भुनभुनाते हुए धैर्य की सीमा के निकट पहुँच गए, उसी समय वह नई सज्जा में मह-मह महकती हुई आई। यहाँ भी मोल-तोल में कमी नहीं हुई यानी अपने अस्वास्थ्य के मामले और दूसरियों के बनाए की तारीफ कर-करके शौक से खाने तथा पत्नी के बनाए अधिक जायकेदार व्यंजन मुचुराकर खाने एवं उसकी प्रशंसा न करने को लेकर। गहनों को लेकर भी उसकी शिकायतों की सूची छोटी नहीं, और इस मामले में भी वह विजय प्राप्त करने में सफल हुई अर्थात एक ही महीने के भीतर नए डिजाइन का स्वर्णहार बनवाने का वादा कराके।

31

लगातार तीन दिनों तक परिवार में बड़ा उत्साह रहा। पाँचों लड़कियों और उनकी माँ की खुशी का अन्त नहीं था। एक दिन तो इतवार था तथा सोमवार और मंगलवार दामोदर ने छुट्टी ले ली। सुबह बाजार से ही नाश्ता आता। कभी कचौड़ी, सब्जी, हलवा, कभी गर्मागम रसदार जलेबी और दही। कभी दूसरी चीजें। भोजन में भी बदलाव। दामोदर प्रसाद की नाटकीयता और वाचालता खत्म हो गई थी। वह भीतर से गम्भीर और उदास जरूर था, लेकिन ऊपर हँसता रहता। सबकी बातें वह

ध्यान से सुनता और कोई बात कहनी होती तो संक्षेप में। उसकी पत्नी तो बेहद उत्साहित और उत्तेजित थी, जैसे उसकी शादी अभी कुछ दिन पहले ही हुई और वह हनीमून के लिए पति के साथ आई हो।

पति के व्यवहार से सचमुच वह बुलबुल हो गई थी। ऐसा तो कभी नहीं था। उसे पक्का विश्वास हो गया था कि उसके दिन लौट आए हैं। दामोदर बोलता कम था, लेकिन सुनता अधिक। इससे उत्साहित होकर हर तरह की बातें दामोदर से कर रही थी, यहाँ तक कि विस्तार से अरुन्धती की शादी के बारे में भी उसने अपने विचार बताए थे—यानी कैसा वर चाहिए, कौन-कौन-से गहने अभी से बनवाने चाहिए और लड़की के लिए कैसी साड़ियाँ चाहिए और देने के लिए भी।

छुट्टी बीतते-बीतते अपनी पत्नी के प्रति दामोदर का प्रतिक्रियात्मक लगाव और उत्साह भी समाप्त हो गया। तब वास्तविकता का और भी गहराई से अनुभव हुआ उसे और उसका हृदय भगजोगिनी की याद में कराह उठा। कैसे वह तीन दिनों तक उससे जुदा होकर उसके खयाल के बिना रह सका ? क्यों उसे ऊँचाई से गहरी अँधेरी खाई में ढकेल दिया गया है, जहाँ घायलावस्था में उसे किसी करवट भी चैन नहीं मिल रहा है। शान्ति और सुकून के लिए वह भगजोगिनी की ओर दौड़ा, लेकिन उसके प्यार में भी पूर्ण अधिकार और अनुभव की इच्छा की तड़पन है—या अहं का तकाजा ? यह कैसे सम्भव है कि भगजोगिनी की चाह में असह्य जलन है और उस जलन को ठंडक पहुँचाने का उपचार भी ? उसकी व्याकुलता और भी बढ़ गई जब उसे याद आया कि पत्नी का शरीर अचानक काँटों की तरह गड़ने लगा है।

शाम को वह अपने को रोक नहीं सका और हल्का खाने के बाद यह कहते हुए कि 'रात में अधिक देर हो सकती है, तुम लोग खा-पीकर सो जाना', बाहर निकल गया। बादल घिरे थे, हवा बन्द और एक-एक, दो-दो बूँदें बेतरतीबी से गिरने लगी थीं। जब वह पहुँचा तो दस बजे थे। दरवाजे पर भगजोगिनी की सास मिली।

"अरे, कहाँ थे मेरे बाबू तीन दिन। दुल्हन तो घबरा गई थी कि तुम नाराज होकर चले गए। उसी दिन से रोते-रोते जान दे रही है। मैंने कितना समझाया, घर के दामाद हैं, आ जाएँगे, ऐसे नहीं हैं। जी ठीक था न ?"

"कोई जरूरी काम आ गया था..."—दामोदर ने उसकी ओर देखे बिना उत्तर दिया और कमरे की तरफ बढ़ गया।

भगजोगिनी ने आवाज सुन ली थी। चौकन्नी होकर खड़ी हो गई थी कमरे के बीच में। आँखें सूजी थीं उसकी। मुँह लटका था। आँखों के सामने झाईं छा गई, सिर चकराने लगा, जैसे शरीर में खून न हो। दोनों मुट्ठियाँ और होंठ भींचकर अपने को सँभालने लगी।

तत्काल दामोदर भीतर प्रवेश कर खड़ा हो गया। आन्तरिक दर्द की स्याही उसके मुख पर फैली थी। वह एकटक भगजोगिनी को देख रहा था और उसकी आँखों से कोई ज्योति निकल रही थी। प्यार की ? भगजोगिनी को साँस लेने में कठिनाई महसूस होने लगी। वह चीख-चिल्लाकर उससे लिपटकर अपनी गलती की माफी माँगना चाहती थी, मगर उसकी आवाज जैसे भीतर रुक गई और पाँव फर्श से चिपक गए।

दामोदर उसके एकदम निकट आकर बेजान स्वर में बोला, "मेरी प्यारी, तुम कुछ बोलो नहीं। मेरे अन्दर शोला दहक रहा है। मेरा दिल छटपटा रहा है गरई मछली की तरह। मुझे शीतलता चाहिए, भगजोगिनी, जो तुम्हीं दे सकती हो। मुझे और कुछ भी नहीं चाहिए, बस मुझे अपने हृदय से लगा लो, मैं तुम्हारे आगोश में हमेशा के लिए सो जाना चाहता हूँ..."

भगजोगिनी अपने को रोक न सकी। उसकी आँखें पहले से ही आँसुओं में डूबी थीं, जो नीचे बहने लगे। वह काँपते हाथों से उसकी बाँह पकड़कर उसे पलंग के पास ले जाकर बिठाने के बाद

हाथों के कोमल दबाव से लेटा दिया। उसने अपने शरीर को छोड़ दिया था और इसकी भी परवाह नहीं कि, टाँगें और सिर कहाँ और किस तरह पड़ रहे हैं, लेकिन भगजोगिनी ने तकिया सिर के नीचे सरका दिया और टाँगों को घुटनों से थोड़ा मोड़कर, दाहिनी को आगे और बाईं को कुछ पीछे कर दिया, फिर जाकर दरवाजे को भीतर से बन्द किया, वहीं कुछ क्षण खड़ी रहकर आँचल से आँसुओं को पोंछा और अन्त में आगे बढ़कर पलंग पर चढ़ती हुई बगल में लेटकर उसे अपने हृदय से लगा लिया।

दामोदर ने आँखें मूँद ली थीं। उसका मुँह थोड़ा खुला था और होंठ मुड़ गए थे नीचे की तरफ रुदन की शक्ल में। भगजोगिनी कुछ कठिनाई में थी। सदा आलिंगनबद्ध होने की अभ्यस्त वह अपने लम्बे-चौड़े निश्चेष्ट गन्धर्व-पति को बाँधने में असफल अपनी बाँह को उसके पार पीठ के नीचे तक ले जाने के लिए ऊपर कुछ चढ़ी हुई थी। अन्त में हारकर उसकी बाँह उठाकर अपनी पीठ की तरफ कर दी, जो आसानी से उठकर भी निश्चेष्ट रही। फिर भी कठिनाई काफी हद तक दूर हो गई और वह उसे अपने दिल की रोशनी तक खींच लाने में सफल हो गई।

"मैं कमजोर हो गया हूँ, भगजोगिनी।" बहुत देर बाद दामोदर के मुँह से धीमी आवाज निकली।

"काहे ?" वह प्यार से फुसफुसाई।

"कुछ समझ में नहीं आता..."

"मर्द होकर ऐसी बात क्यों करते हो ? तुम्हारी हिम्मत से ही कितने लोगों की हिम्मत है, तुम्हीं हिम्मत छोड़ दोगे तो और लोगों का क्या होगा ? नियम से खाओ-पीओ, आराम करो..."

"हाँ, ठीक कहती हो..."—वह धीरे से हँसा।

दूसरे दिन से उसकी प्रफुल्लता लौट आई। पहले जैसा ही वह बन गया—वाचाल, नाटकीय, ईर्ष्यालु, मजाकिया और झगड़ालू। कुछ दिनों तक प्रेम-व्यापार तेजी से चला और वह रंग-रास में आकंठ डूबा रहा, लेकिन आवेग कम होने पर उस पर एक अजीब सुस्ती छा जाती। उसे उत्साह और उत्तेजना के लिए पत्नी की याद आ जाती परिवर्तनकामी ताजगी के साथ। कभी-कभी भगजोगिनी के प्रति कुढ़न से भर जाता। उसे लगता कि वह उससे दूर हटकर अपने मृत पति की याद में और अपने बच्चों के प्यार में मग्न है। ऐसी मनःस्थिति में उनकी बातचीत और भी कहीं-न-कहीं उलझ जाती और वे बहस और कुतर्क करने लगते।

"बच्चे खूब दूध पी रहे हैं न"—दामोदर ने एक बार बेतुका-सा सवाल पूछ लिया।

भगजोगिनी उसकी बात का अर्थ समझ नहीं पाई। पहले चौंककर देखा, फिर मुस्कुराकर बोली, "हाँ, बच्ची को जबरदस्ती पिलाना पड़ता है..."

"असली सुख तो तुम्हें दिन ही में मिलता होगा मुझसे दूर..."

"क्या कह रहे हो..." भगजोगिनी उठकर बैठ गई और अनिश्चित नाराजी से देखने लगी।

"हाँ, ठीक कह रहा हूँ। तुम्हारे प्यार में वह गर्मजोशी नहीं है। बातचीत भी ढीली-ढाली, वैसी चुस्ती नहीं। जब देखो तब ऊँघने लगती हो। हो भी कैसे, मन तो कहीं दूसरी जगह है..."

"क्या चाहते हो ? मैं भी चाहूँ तो दस बातें कह सकती हूँ। तुमको तो बस वही सूझती है—मैं कोई मशीन नहीं हूँ। मर्द का मतलब यही है क्या ? मर्द-औरत के पास और भी आपस के काम होते हैं। घर-गृहस्थी की बातें होती हैं। आगे क्या होगा, आगे की जिन्दगी कैसे कटेगी ? तुमने तो मेरे बारे में भी नहीं सोचा ! क्या मैं इसी तरह रहूँगी ! मेरा शरीर क्या हमेशा इसी तरह टाँठ रहेगा..."

"अच्छा ! रानी बनाकर रखा है तब भी असन्तोष है ? अच्छा तो हटाओ दीवार पर से इन चित्रों को। तुम मेरी हो, इन चित्रों की यहाँ कोई जरूरत नहीं। ये चित्र मुझे चिढ़ाते हैं, ताने देते हैं, हिकारत से देखते हैं मुझे—इनसे षड्यन्त्र की बू आती है। मैं जा रहा हूँ, आइंदा ये तस्वीरें नजर

न आएँ...''

दामोदर उठकर कमरे में खड़ा हो गया। वह चिल्ला रहा था। सहसा आँखें भी बाहर निकल आईं। भगजोगिनी डरकर रोने लगी। गिड़गिड़ाती हुई बोली :

''देखो, बात सुनो, तुम मेरे मनसेधू, पति-भतार हो, तुमसे झूठ नहीं बोलूँगी। जो चला गया वह चला गया, अब तो तुम्हीं मेरे सबकुछ हो। सिर्फ तुम्हारी ही चिन्ता मेरे दिल में, दिमाग में हमेशा बनी रहती है। जान-प्राण तुम्हीं हो मेरे लिए, मुझ मछरी, मुझ बेल के लिए तुम पानी हो। जो इस दुनिया में नहीं हैं उन्हें वहीं रहने दो इज्जत से, जहाँ वह हैं। हमारा वे कुछ नहीं बिगाड़ेंगे, हमें आशीर्वाद ही देंगे...''

''चुप रहो, मुझसे दगाबाजी की बात न करो। उस काइयाँ की सिफारिश करती हो ? कितनी बेईमानी की गई मेरे साथ ? मेरा पैसा डुबा दिया, सूद का सारा पैसा भी हजम कर लिया गया। तुमसे उम्मीद थी कि मेरी भावनाओं की कद्र करोगी, मगर तुम तो उल्टे ही मुझ पर लांछन लगा रही हो। मैंने कह दिया है आखिरी बार, ये मनहूस तस्वीरें यहाँ नहीं रहनी चाहिए जब मैं अगली बार आऊँ... ।''

भगजोगिनी रो-रोकर अनुरोध करने लगी, ''इस तरह नाराज होकर न जाओ। मैं तुम्हारी हूँ और तुम मेरे हो, मैं सबकुछ वही करूँगी जो तुम कहोगे। तुम्हारी नाराजी सह नहीं सकूँगी...''

दामोदर नहीं रुका और जब भगजोगिनी ने दौड़कर उसे पकड़ना चाहा तो झटके से अपने को अलग करके वहाँ से निकल गया। बाहर सड़कों के कुछ देर तक चक्कर लगाता रहा वह। बूँदा-बाँदी खत्म हो गई थी। पुरुवा हवा तेज चल रही थी और आसमान पर काले-काले हल्के बादल भाग रहे थे। बनवारी को लेकर पता नहीं क्यों उसके सिर पर भूत सवार हो जाता है, जबकि पहले वह उसकी कितनी तारीफ किया करता था। उसने शीतल हवा के झकोरों के बीच सिर झटक-झटककर समस्या के केन्द्र में पहुँचने की कोशिश की, पर उसे कुछ भी समझ में नहीं आया। उसका दिमाग कुन्द बना रहा, जिसके बीच न कोई विचार बन रहा था और न तर्क। उसे बार-बार अपनी पत्नी भी याद आ रही थी, जैसे कह रही हो, 'कहाँ भटक रहे हो तुम ? मेरे पास आओ, यहीं तुम्हें प्यार, शान्ति और सुकून मिलेगा।' और वह घर की तरफ चल पड़ा।

भगजोगिनी रोती-बिलखती चुप हो गई थी। उसकी सास ने पूछा था कि कमरे से चिल्लाहट क्यों आ रही थी और दामोदर पहले ही क्यों चला गया था, मगर भगजोगिनी ने इच्छा होते हुए भी कुछ नहीं बताया, यह सोचकर कि वह दामोदर से अब कोई बहस नहीं करेगी और अपने प्यार से उसे सदा के लिए जीत लेगी।

परन्तु इस उम्मीद के बावजूद वह बेहद भयभीत और आतंकित थी। एक अन्धकार छाया था उसके अन्दर, जिसके भीतर भटकती और लड़खड़ाती वह रोशनी की तलाश कर रही थी—रोशनी दामोदर के प्यार की, जिसने उसे उन्मत्त कर दिया था, ऊँचा उठाकर एक गरिमा दी थी, एक गरीब बेसहारा विधवा को पत्नी का दर्जा दिया था, प्रेमिका की तरह। बनवारी तो उसके जीवन से जाकर आसमान का एक धुँधला सितारा बन गया था परन्तु दामोदर तो हकीकत था, अब तो वही लोक था और परलोक भी।

रात-भर उसके शरीर में दर्द था और ऊँघती, सोती और जागती वह अनोखे सपने देखती रही। इसी बीच एक अजीब खयाल आया उसके दिमाग में—यदि बनवारी और दामोदर दोनों उसके सामने आ जाएँ तो वह किसको चुनेगी ? और इसी सम्बन्ध में एक ख्वाब भी आया उसे। वह आसमान में उड़कर सितारों की दुनिया को पार करती हुई स्वर्ग में पहुँचती है तो बनवारी और दामोदर खड़े मिलते हैं दो विपरीत छोरों पर। बनवारी का चेहरा धुँधलाया है, जिसे वह कठिनाई से पहचान पाती है। दामोदर का चेहरा चमक रहा है। दोनों उसकी ओर दोनों हाथ फैलाकर उसे बुला रहे हैं। वह

परेशान हो उठती है कि किधर जाए...अनिश्चय की स्थिति में वह चिल्लाने लगती है, लेकिन उसके कंठ में आवाज घुट जाती है...

उसकी नींद खुल गई थी। उसने चौंककर देखा, मगर चारों ओर सन्नाटा था। बाहर पानी तेज बरस रहा था। डर के मारे उसका दिल तेजी से धड़क रहा था। क्या हो गया है उसको ? क्या होनेवाला है उसका इस जिन्दगी में ? उसने अपने गाल पर दो-तीन थप्पड़ लगाए, बालों को नोचा--और बिस्तर में सिर गाड़कर बिलखने लगी।

घर पहुँचकर दामोदर ने पत्नी के प्यार में अपने को भूलने की कोशिश की। चार-पाँच दिनों तक फिर उत्साह, चह-चह, चायँ-चायँ। खाना-पीना और रतजगा। मगर उसकी पत्नी और भी अनुभवी और आक्रामक हो गई इस बीच। उसके विकासशील स्वास्थ्य तथा पति के खयाल-बात ने उसकी हर तरह की भूख जगाकर उसे मंगन, सेविका और शिकायती भी बना दिया था, जैसे इतने वर्षों की रिक्ति को एक ही साथ भर लेना चाहती हो।

इतने वर्षों के अलगाव, उपेक्षा, कटुता, संन्यासिनी-काल के आत्महनन के पश्चात नवविवाहिता जैसी बोली-वचन से दामोदर खुश हो जाता। उसमें उसकी दिलचस्पी बढ़ जाती। वह उसे कई तरह से छेड़ता और खूब हँसता, फिर भी उसे ऐसे अनोखे प्यार का नया स्वाद मिलता, जिसमें तड़पन-जलन बिल्कुल नहीं थी बल्कि जो एकरेखीय और शान्तिदायी था। तब वह अधिकारपूर्वक खोलती थी फरमाइशों और घर-बाहर के लोगों की शिकायतों की मिश्रित पोटली।

और अन्त में उसका सेविका रूप प्रकट होता, जब वह आँवला या गुलरोगन का तेल लाती। पहले वह दाहिने हाथ की अंजुरी में तेल लेती और चाँद पर चाँतकर सिर को कई बार दबाती। उतना-सा तेल पता नहीं कहाँ सूख जाता लेकिन आँखों में रोशनी और दिल में ताकत पहुँच जाती। दामोदर आँखें मूँद लेता। फिर सिर के चारों ओर पाँचों अंगुलियों की दुलकी के बाद, हाथ, पैर, छाती, पीठ, पाँव सबकी समानुपातिक शक्ति एवं कोमलता के साथ चँपाई होती और दामोदर मिले गुदगुद आराम से अवश होकर घनी, सुखद निद्रा के आगोश में लुढ़क जाता।

परन्तु एक दिन पत्नी ने एक ऐसी उलाहना दे दी कि दामोदर बेहद क्षुब्ध हो उठा। पति के बाहुपाश में दबी वह, अत्यन्त असन्तुलित उत्साह में बिना सोचे-समझे बोल उठी :

''बीच-बीच में क्या हो जाता है आपको। एकदम खोए-खोए-से हो जाते हैं। अब भी मेरी कोई सौत रह गई है क्या—आज साफ-साफ बता दीजिए मुझको, कहे देती हूँ...''

''क्या फालतू बात करती हो ?'' दामोदर बिगड़कर बोला। तेजी से उभरती एक अधेड़ पत्नी से उसे ऐसी बेवकूफी और उजड्डपन की उम्मीद नहीं थी। जल-भुनकर वह मन-ही-मन बोला, 'वाह रे भोथरा, प्यार जो उस पर थोपा जा रहा है। एकदम थपुआ।'

उसे भगजोगिनी की याद आई और वह उसके लिए तड़पने लगा। पढ़ी-लिखी तो वह भी नहीं है, लेकिन हमेशा समझदारी की बात करती है। कभी भी इस तरह का गँवारपन नहीं। आज तक उसके घर-परिवार को लेकर कोई ताना नहीं मारा। कोई भी बेतुकी फरमाइश नहीं की, भले ही वह स्वयं अपने मन से बढ़िया उपहार लाकर उसे देता रहा हो। उसमें कोई घमंड नहीं है। पाखंड, दिखावा, आत्मश्लाघा और प्रपंच कुछ भी नहीं, फिर भी उसकी सरलता में कितनी गहराई है। रोज नई, ताजी और स्फूर्तिदायिनी।

और शाम को फिर वह भगजोगिनी के यहाँ पहुँच गया जो उस दिन से रोज ही उसका इन्तजार कर रही थी, नई आशा और आत्मविश्वास के साथ। उसने दीवार पर टँगी दोनों तस्वीरें हटाकर भीतर के कमरे में टाँग दी थीं। घर को भी और अच्छे ढंग से सजाया था। मगर दामोदर को पिछली बातों का स्मरण नहीं था। भगजोगिनी ने भी कुछ नहीं कहा उससे बल्कि और गर्मजोशी तथा जीवन्तता से उसको अँकवार में लेकर स्वागत किया।

दोनों ही बिना शिकवा-शिकायत के एक-दूसरे के प्यार में डूब गए, जैसे जीवन में नई बहार आ गई हो। भगजोगिनी ने उसे सुख से सराबोर कर दिया। और जब वह बहुत खुश था और खूब चहक तथा बोल-बतिया रहा था, एक रात भगजोगिनी ने अपना आँचल उसके सामने फैलाकर गिड़गिड़ाते स्वर में कहा :

"मैं तुमसे एक भीख माँग रही हूँ...।"

"क्या ?"—दामोदर ने कुछ न समझकर हँसते हुए पूछा।

"मेरी गोद में अपना एक बच्चा दे दो..."

दामोदर अवाक् होकर उसे देखने लगा। फिर कुछ देर खूब हँसा। अन्त में गम्भीर होकर बोला :

"दो बच्चे तो पहले से ही हैं तुम्हारे। बच्चों की मशीन क्यों बनना चाहती हो ? इस देश में, हर घर में एक-एक मर्द-स्त्री के एक-एक, डेढ़-डेढ़ दर्जन बच्चे हैं। वे पाल-पोस नहीं पाते, पढ़ा-लिखा नहीं पाते, फिर भी और बच्चों के लिए तरसते रहते हैं।"

"मुझे तुम्हारा बच्चा चाहिए...तुम्हारी निशानी।"

"इससे क्या होगा ? होगा तो वह बच्चा ही, जो अपने साथ अनेक समस्याएँ ले आएगा। क्या वह सुख काफी नहीं है, जो हम एक-दूसरे को दे रहे हैं। भगजोगिनी, मेरी पत्नी बुरी नहीं है, दिल की बहुत अच्छी है। तुम तो जानती हो, उससे मेरा रिश्ता कैसा रहा—क्यों हुआ ऐसा ? और रिश्ता 'न' के बराबर रहते भी पाँच बच्चियाँ हो गईं। उन्हें बड़ा करना, पढ़ाना-लिखाना और..."

"तो मुझे ले चलो न अपने घर। कायदे से तो मुझे वहीं रहना चाहिए। मैं सबकी सेवा करूँगी..."

"भगजोगिनी, ऐसी बात सोचना भी नहीं। तुम्हारा सिर्फ मुझसे रिश्ता है, मेरे घर के किसी और से नहीं। मैंने तुम्हें प्यार किया है। बड़ी कोशिश से मैंने तुम्हें पाया है। बहुत-सी कुंठाएँ हैं मेरे अन्दर। अभिशापों का मारा हूँ मैं। तुम्हारे पास आकर मेरी सभी कुंठाएँ दूर हो जाती हैं। तुम मेरी जिन्दगी की जरूरी खुराक हो। तुम मेरी अकेली अच्छी आदत हो। मेरे-तुम्हारे बीच किसी और का आना बरदाश्त नहीं है मुझे। तुम्हारा बच्चा, चाहे मुझसे ही क्यों न हो—उसे भी मैं सह नहीं सकता—यह साफ-साफ कह देना चाहता हूँ।"

भगजोगिनी चुपचाप उसको देखती रही गुस्से से। उसकी चंचल बड़ी आँखें बाहर निकल आईं। फिर आहत स्वर में बोली :

"छिः, बच्चों के लिए ऐसी भाषा निकालना अच्छी बात नहीं। तुम क्या जानो, कितना प्यार करती हूँ मैं तुम्हें। तुम्हें अधिक-से-अधिक प्यार देकर सुखी रखना चाहती हूँ। इससे मुझे कितना सुख मिलता है ! इसी प्यार की निशानी चाहती हूँ तो तुमने ऐसी बात कह दी। क्यों ? तो तुम आज मेरी बात भी सुन लो। तुमको अपना ही सुख प्यारा है और अपना दुःख। दूसरों के अरमान क्या हैं, दूसरों के सुख-दुःख, इनसे कोई मतलब नहीं तुम्हें। दुनिया में बहुत-सी चीजें हैं, खराब बातें हैं, गलत लोग हैं, तो क्या इनसान उनसे भागता है ? लोग उनका सामना करते हैं। तुम तो हर चीज से भागते हो। मनमाफिक कोई बात न हो तो भाग चलते हो। उसका सामना ही नहीं करते। यह समझ लो, मैं कोई बँधुआ रखैल रहीं हूँ, मैं तुम्हारी पत्नी हूँ, तुमसे बच्चा माँग रही हूँ तो कौन-सा पाप कर रही हूँ ? औरत के हक की बात तो बहुत करते हो, माँगने पर बहानाबाजी क्यों करते हो ?"

इस अप्रत्याशित प्रहार से दामोदर का चेहरा क्रोध और अपमान से लाल हो गया। उसने मुँह बिगाड़कर व्यंग्य किया, "वाह रे, हक वाली !"

"हाँ, क्यों नहीं," भगजोगिनी पर जैसे कोई भूत सवार हो, "तुम्हीं तो बार-बार उसकी बात करते हो। पता नहीं इधर क्यों मुझ पर कुढ़ने लगे हो। किसी के बारे में कोई बात करती हूँ, नाराज

हो जाते हो। झूठे लांछन लगते हो। मैं हँसती हूँ, खुश होती हूँ किसी चीज पर, तो ईर्ष्या से जल-भुन जाते हो। तुम्हें शक हो जाता है कि मुझे तुम्हारी फिक्र नहीं...''

''तो क्या मैं यहाँ न आया करूँ ?''

''यह मैं कहाँ कह रही हूँ ? तब तो मुझसे बुरी किस्मत वाली कोई भी न होगी। मुझसे नाराज न हो, मेरी बात पर खयाल करो। उस पर सोचो। मैं तो चाहती हूँ कि दुनिया के दूसरे स्त्री-मर्द जैसे मिल-जुलकर सुख-दुःख काटते हैं, हमको-तुमको भी वैसे ही रहना चाहिए...।''

''छोड़ो इन बातों को। मैं ऐसी बातें नहीं सुनना चाहता। उपदेशों से मुझे चिढ़ है। मैं अपने मन का राजा हूँ। जो मुझे अच्छा लगता है, वही मैं करता हूँ। ठीक है, मैं बुरा हूँ। पहले ही दिन मैंने तुमसे कह दिया था और आज भी कह दोगी तो मैं कभी नहीं आऊँगा...।''

भगजोगिनी ने उसके गले में बाँहें डाल दीं, ''ऐसा न कहो। सोचो, मैं स्त्री हूँ। स्त्री की भी कुछ इच्छा होती है। मैं अपनी इच्छा तुम्हीं से तो कहूँगी। मेरी हर इच्छा तुम्हीं से तो पूरी होगी। मेरी बातों का बुरा न मानो...''

वह अपनी कटु बातों के लिए उससे क्षमा माँगती रही। उसके बालों पर हाथ फेरती रही अपने प्यार की कसमें खाती हुई। वह एक दुःख-भरी दार्शनिक-सी मुस्कुराहट से उसकी बातें चुपचाप सुनता रहा। निश्चय ही वह उसे बेहद प्यार करता रहा है लेकिन इस समय उसके मन में एक अनोखी इज्जत पैदा हो गई है उसके लिए—शायद इसलिए कि उसने साहस के साथ और अपने हक पर जोर देते हुए सच्ची और खरी बातें उसके समक्ष रख दी थीं। क्या भगजोगिनी का यह मतलब है कि वह बचपन से ही पलायन करता रहा है, घर से, पढ़ाई-लिखाई से, बीवी और बच्चों से और अन्य समस्याओं से ? उनका सामना नहीं किया, हिम्मत और परिश्रम से कोई समाधान नहीं ढूँढ़ा और सिर्फ अपने स्वार्थ और सुख के लिए इधर से उधर भटकता रहा ?

सच्चाई तो यह है कि वह उसे मामूली, नासमझ, गरीब और मजबूर औरत समझता रहा और इस समझ के साथ उसे प्यार करता रहा कि जब उसकी ताकत कम हो जाएगी और वह भी ढीली-ढाली पड़ जाएगी तो यह सम्बन्ध अपने-आप ही टूट जाएगा। क्या भगजोगिनी यह कहना चाहती है कि समस्याओं से न भागकर वह अब भी उनका सामना करते हुए हिम्मत से न्यायपूर्ण फैसला करे। पूर्व पति का जिक्र करके बेवफाई का हवाई आरोप नहीं लगा सकता है दामोदर अब। वह एक वास्तविकता है, जवान, मजबूत, प्यार, साहस, स्वाभिमान, समझदारी और रचनात्मक पारिवारिक दृष्टि के साथ वह प्रस्तुत है, या तो वह उसे स्वीकार करे अथवा अस्वीकार।

क्या दामोदर ऐसा कर सकता है ? एक घबराहट के साथ उसे बड़ा कष्ट हुआ इस खयाल से कि दोनों ही नहीं कर सकता—वह भगजोगिनी को न तो छोड़ सकता है और न ही उसे परिवार में वह दर्जा दे सकता है, जो वह चाहती है।

इस अनिश्चय की स्थिति में जैसे किसी तिनका का सहारा लेने के लिए उसने भगजोगिनी को जोर से अपनी छाती से चिपका लिया और उसे बेतहाशा चूमने लगा। वह उससे इस तरह मिल रहा था जैसे अन्तिम मिलन हो वह।

जब बाहर निकला तो वह चिन्ता के भारी बोझ से दबा था, जिसे उठाने में अपने को असमर्थ पा रहा था। सचमुच वह इस बीच कमजोर हो गया था—शरीर और मन से भी। भगजोगिनी की बातों से तो और भी। क्या प्यार और कर्त्तव्य दोनों एक साथ नहीं चल सकते ? कैसे ? वह प्रश्नों से घिर गया।

घर पहुँचकर बेसब्री से प्रतीक्षा करती पत्नी से उसने कहा :

''मैं अब बाहर घूमने नहीं जाऊँगा।''

''क्यों ?''

''इच्छा नहीं करती। अब तुम्हीं लोगों के साथ रहूँगा।''

''तबीयत तो ठीक है ?''—चिन्ता से पूछा पत्नी ने।

''ऐसी बात नहीं है। मैं ठीक हूँ। क्या मेरा रहना अच्छा नहीं लगेगा तुम लोगों को ?''

''अच्छा, हाथ-मुँह धो लीजिए। आप तो आज खाना खाकर भी नहीं गए थे। एक खुशखबरी है... ।''

''क्या ?''

''खा-पी लीजिए...''

खाने-पीने के बाद पत्नी मोल-भाव से बाज नहीं आई। वह खूब खुश थी और बेमतलब खिलखिला रही थी। दामोदर ने अनुनय-विनय की हद कर दी। अनेक उपलब्धियों के बाद पत्नी ने बड़ी कठिनाई से बताया :

''मैं डॉक्टर के यहाँ गई थी। उसने चार महीने का बताया है...''

दामोदर चौंककर उछल गया। और उसने गर्दन को पिस्तौल की तरह घुमाकर एक अस्पष्ट विस्फोटक आवाज निकाली :

''क्या कह रही हो ?''

''हाँ, पाँचवाँ महीना चल रहा है। डॉक्टर ने अपने मुँह से बताया।''

दामोदर तकिया पर सिर गिराकर सीधा लेट गया। उसका चेहरा सुन्न-सा हो गया और शरीर निश्चेष्ट। वह भावहीन आँखों से छत को निहारने लगा।

''ऐसे क्यों हो रहे हैं ? खुशी नहीं है आपको ?''

''चुप रहो, सोने दो। जोर की नींद लग रही है।'' उसने विपरीत दिशा में करवट बदल ली।

नींद का नाटक करते हुए वह देर तक जगा रहा। उसके दिल को जैसे कोई मुट्ठी में लेकर ऐंठ रहा हो। यह सब क्या हो रहा है ? उसके विरुद्ध कैसा षड्यन्त्र हो रहा है ? उसे महसूस हुआ जैसे वह ऐसी इमारत हो, जिसे हथौड़े से मार-मारकर गिराया जा रहा हो। यह कैसी विडम्बना है कि जो चाह रहा है उसे मिल नहीं रहा है और जिसे बहुत मिला हुआ है उसे बिना माँगे और मिल रहा है। अगर फिर लड़की हुई तो ?

वह आगे न सोच सका और उसका दिमाग भन्न-भन्न करने लगा। सोचने के लिए उसके पास अब क्या था ? वह घबराकर दूसरे दिन फिर भगजोगिनी के पास पहुँच गया और उसके प्यार में अपने को भूलने की कोशिश करने लगा।

और चार दिन बाद उसके प्यार के नाटक का अन्तिम दृश्य उपस्थित हुआ। जब अरुन्धती स्कूल से आई तो उसने अपनी माँ से गम्भीरता से पूछा :

''अम्मा, बनवारी फल वाले थे न ?''

''हाँ-हाँ, क्या बात है ?''

''उनसे हम लोगों की रिश्तेदारी है क्या ?''

''अरे, कैसी बेवकूफी की बात करती हो ? वे लोग दूसरी जाति के हैं, रिश्तेदारी कैसे हो सकती है ? हाँ, वे लोग तुम्हारे गाँव के हैं। बात क्या है, साफ बताती क्यों नहीं।''

''एक मेरी सहेली है, जो बमपुलिस गली में रहती है। वही पूछ रही थी कि उनके यहाँ रिश्तेदारी है क्या ? कह रही थी कि बाबूजी रोज रात में वहाँ जाते हैं।'' अरुन्धती रुआँसी होकर वहाँ से चली गई।

उसकी माँ छाती पर हाथ रखकर बोल उठी, ''हाय राम, यह क्या सुन रही हूँ मैं ! सुना था कि उस फलवाले की बीवी बड़ी चोखी है। अच्छा तो, मेरे साथ यह धोखा हो रहा है !''

वह खूब गम्भीर हो गई। उसके दिल पर कोई हथौड़े से मार रहा था। दिन-भर उसने इन्तजार

किया। शाम को दामोदर स्कूल से आया तो वह बड़े प्रेम से पेश आई। और जब उसका पति रात में करीब नौ बजे फैशन बनाकर घर से निकला तो वह भी एक चादर ओढ़कर और आगे कुछ घूँघट निकालकर उसके पीछे लग गई।

मौसम साफ था। आकाश में चटक तारे निकले थे। दामोदर झूमता हुआ चल रहा था। लम्बे-लम्बे डग। जब वह किसी वजह से रुकता या ठिठकता तो भारी पैर और स्फीत उदर के साथ तुलबुल चाल से पीछा करती हुई उसकी पत्नी रुक जाती। फिर वह तेजी से चल देती जैसे भागता हुआ बवंडर। वे जिधर जाते, उसी दिशा में तारे भी चल रहे थे।

करीब दस बजे जब दामोदर पतली गली वाले मकान के अन्दर घुसा, उसके कुछ ही मिनट बाद उसी मकान के बरामदे से दरवाजे को भड़भड़ाने और चायँ-चायँ चिल्लाने की आवाजें मुहल्ले के आकाश में गूँजने लगीं। दामोदर की पत्नी उस पिछड़े शहर के हिसाब से भोजपुरी में 'तैं' और 'हटे' तथा कुछ अपेक्षाकृत सभ्य गालियों को जोड़कर अपनी समझ में आधुनिक भाषा का इस्तेमाल कर रही थी :

''अरे, दरवाजा खोल रे चोट्टी, छिनार। दूसरे मर्द से गुलछर्रे उड़ावती हटे। तोर शरीर गले। कोढ़ निकले, कीड़ा पड़े। तैं हराम की कमाई खात हटे ! ऐ महल्ला के लोगो, जागीं सभे, आकर देखीं, फैसला करीं। अपना मर्द मारके अब हमरे मर्द के पीछे पड़ी हटे...''

दामोदर की पत्नी होश में नहीं थी, उसके मुँह में जो भी आ रहा था, बक रही थी। इतने में दरवाजा खुला और भगजोगिनी की सास दौड़ती हुई आई और अपनी टाँगें दोनों ओर फैला और आगे हाथों को नचाती हुई चिल्लाने लगी :

''अरे कौन है रे, तू हरामजादी, मेरे दरवाजे पर आकर तैं-तैं करके रंगरेजी छाँट रही है ! कैंची की तरह जबान चलौबू तऽ कैंची से ही जबान काट लेईब, तब 'आय-आय' करत, छिछियात अपने घर लौट जइबू। यह पुजारिन बनती है, गंगा नहाती है, लाज-शर्म घोरकर पी गई है, पता नाहीं केकर बच्चा से पेट फुलाकर आधी रात को शहर में नाचत बाऽ। मर्द नाहीं पूछता तऽ हम क्या करें रे कुलबोरनी ? सुन ले, तोर मर्द मेरी बहू से गन्धर विवाह किए है, गन्धर विवाह किए है, गन्धर विवाह किए है...''

वह नाच रही थी आगे-पीछे हिलकर। दामोदर की पत्नी भी खूब उग्र हो गई थी। दोनों आवाजें आपस में लड़कर एक विचित्र अर्थहीनता में बदल गई थीं।

मोहल्ले के लोग जग गए थे। कुछ शरीफ लोग अपनी-अपनी लालटेन के साथ आ गए थे। आवाजें रमाशंकर के घर तक पहुँचीं तो वह भी खटपटी पहन लुंगी-बनियान में ही पहुँच गए। भगजोगिनी तो नहीं निकली, वह भीतर ही कमरे में विलाप कर रही थी। लेकिन दामोदर बाहर आकर चुपचाप सिर झुकाकर खड़ा हो गया। लेकिन जब उसने देखा कि भगजोगिनी की सास हद से बढ़कर उसकी बीवी और उसके परिवार के विरुद्ध, जिसका एक पुरुखा अवध के नवाब का सिपहसालार तक रह चुका था, विषवमन कर रही है तो उसने कड़ाई से रोका :

''ऐ, यह सब मत बको...''

''आओ पाहुन, यहाँ पंचों को साफ-साफ बता दो, हमार भगजोगिनी के साथ गन्धर विवाह किया है !''

''क्या बकती हो। मैंने कोई विवाह नहीं किया है। बनवारी मेरे गाँव के थे, हम मिल-जुलकर धन्धा भी करते थे। उनके जाने के बाद मैं फर्ज समझकर इन लोगों का हाल-चाल लेने के लिए आता हूँ...''

''अच्छा तो पंचों के सामने शिवजी की, गंगा मैया, कालीजी की कसम खाकर कह दो कि तुमने भगजोगिनी देवी से गन्धर विवाह नहीं किया है।''

"नहीं किया है, नहीं किया है। मेरा कोई भी रिश्ता तुम लोगों से नहीं है। हाँ, इन्सानियत के नाते तुम लोगों की मदद जरूर की है..."

अब तो भगजोगिनी की सास हाथ फेंक-फेंककर सरापने लगी। रमाशंकर ने आगे बढ़कर उसे चुप कराया और दामोदर से दृढ़ स्वर में कहा :

"दामोदर प्रसाद, हम आपको जानते हैं। देश को आजाद होने दीजिए तब हम सभी उन गद्दारों और पुलिस दलालों को कड़ा-से-कड़ा दंड दिलाएँगे, जिन्होंने देश और जनता के साथ विश्वासघात किया है। आप अब यहाँ से तशरीफ ले जाइए। ध्यान रहे, इस गली में आप भूल से भी न आएँ। बस जाइए। कभी आपको इधर देख लिया गया तो शहर कांग्रेस कमेटी इसे बरदाश्त नहीं करेगी..."

दामोदर तड़के अँधेरे में ही एक बहुत जरूरी काम से यानी अरुन्धती की शादी के लिए खेत-जमीन से इन्तजाम करने हेतु गाँव के लिए प्रस्थान कर गया। यह अन्य दृष्टिकोणों से भी हितकर सिद्ध हुआ, क्योंकि सूरज निकलते ही चर्चाएँ और किस्से तेजी से कई आकारों में, छेड़े गए क्रुद्ध एवं उन्मत्त तितैयों की तरह एक जगह से दूसरी जगह जाने लगे थे। गाँव का मौसम भी खुशनुमा था—आकाश साफ और पुरुवा झकझोरता हुआ।

वह जिस काम के लिए गाँव आया था, उसके सम्बन्ध में बातचीत भी बहुत कम हुई। हाँ, वह पूरे पन्द्रह दिनों तक खूब सोया। जब नींद नहीं आती तो चुपचाप बैठा रहता, जैसे किसी ऊँचे स्थान से गिरने के बाद उसका शरीर सुन्न हो गया हो। हाँ, उसके बाहर भी शून्य था और भीतर भी।

उसकी छुट्टी समाप्त होने में सिर्फ एक दिन रह गया तो उसे अपने पट्टीदार के घर एक पजावा समारोह में शामिल होने के लिए बार-बार आग्रह करने पर जाना ही पड़ा। ईंटें पाथ-पाथकर सूखने के बाद एक खेत में सजाई गई थीं। अन्दर जगह-जगह सूखी लकड़ियाँ तथा अन्य ज्वलनशील सामग्रियाँ रख दी गई थीं। चारों ओर से मिट्टी के आवरण से ढकने के बाद एक टीला बन गया जिसमें एक मुँह खोल दिया गया था।

पजावा को मुखाग्नि देने का समारोह था। गाँव के स्त्री, पुरुष, बच्चे इकट्ठे थे। ढोलक बज रहा था तथा औरतें गा रही थीं। दामोदर सुस्त-सा भीड़ से अलग हटकर देख रहा था। जब चांडाल से लेकर, पट्टीदार ने पजावा के मुँह में अग्नि ज्वलनशील लकड़ियों आदि के मध्य में रखी और धुएँ के साथ लपटें उठने लगीं तो औरतों ने गाना शुरू किया :

"पाको हे ईंट पाको
जइसे दू मेहरी का मरद पाके..."

वहाँ एकत्रित भीड़ में से कई लोग हँस पड़े। दामोदर के तो काटो तो खून नहीं। वह चुपके से, वहाँ से खिसककर अपने कमरे में आया और एक आइना उठाकर अपना चेहरा देखने लगा। उसकी आँखें निकल आईं। चेहरे पर लकीरें-ही-लकीरें। संवेदना, भावना और विचार से शून्य उसका चेहरा सचमुच उसे एक सख्त, पकी हुई ईंट की तरह लग रहा था।

32

कैसा अनजाना-सा दिन है सन् बयालीस का दस अगस्त। क्रान्ति आगमन की कोई सुबह शायद ही ऐसी मामूली और बेजान होती हो। पिछले दिन की बारिश के पश्चात काले घने बादल जलहीन होकर फैले हैं। खँखरी बुनाई वाली सस्ती सफेद चादर की तरह बिछे। हवा किसी बिल-सुराख में

घुस गई है। पेड़-पौधे स्थिर, मौन और स्तब्ध। सुबह-सुबह, हल्के अँधेरे में, बलिया के हर मोहल्ले यानी स्टेशन रोड, मालगोदाम, जापलिनगंज, भृगुआश्रम, मिड्ढी, गुदड़ी बाजार, बिशुनीपुर, विजयीपुर, बहेरी, काजीपुरा आदि सभी जगहों पर बाहर दरवाजों के सामने, घरों के आँगनों में या छतों पर भीषण उमस-भरी गर्मी में सोते, ऊँघते या छटपटाते लोगों को एक भोंपू-गर्जना सुनाई पड़ती है :

''बलिया के वीर निवासियो ! अब यह सोने का समय नहीं है। बम्बई में अंग्रेज सरकार ने हमारे प्यारे नेताओं गांधीजी, नेहरूजी, सरदार पटेल, मौलाना आजाद को जेल के सींकचों में बन्द कर दिया है। गांधीजी ने आजादी का बिगुल बजा दिया है। उन्होंने अंग्रेजों से कहा कि वे भारत छोड़कर चले जाएँ और देशवासियों से 'करो या मरो' की अपील की है। आजादी की लड़ाई में बलिया कभी भी पीछे नहीं रहा। आज से बलिया में अपनी पवित्र, प्यारी मातृभूमि को आजाद कराने के लिए 'करो या मरो' की जंग शुरू होती है। हम जिला और शहर कांग्रेस समिति की ओर से सभी दुकानदारों, कचहरिया और दफ्तरिया लोगों और बहादुर छात्रों तथा माताओं-बहनों से अनुरोध करते हैं कि वे आज से पूरी हड़ताल करने और इस अन्यायी अंग्रेज सरकार को आखिरी धक्का देने के लिए बाहर मैदान में आ जाएँ। सभी ग्यारह बजे दिन तक चौक में एकत्रित हो जाएँ और वहाँ से निकलनेवाले जुलूस में शामिल होकर कचहरी पर जिला प्रशासन के खिलाफ प्रदर्शन करें।

''इन्कलाब जिन्दाबाद !
अंग्रेजो, भारत छोड़ो।
महात्मा गांधी की जय !
भारत माता की जय !''

सुबह-सुबह लोगों को नींद से जगानेवाला किशोर राममूरत ही है, जो साइकिल पर आता है, नीचे उतरकर हाथ के भोंपू को मुँह से लगाकर ऐलान करता है और फिर बैठकर तेजी से पैडल मारता हुआ दूसरे मोहल्ले की तरफ सर-सर रवाना हो जाता है। हड्डीदार, ठुमका शरीर है राममूरत का—आश्चर्य है कि ऐसे मामूली ढाँचे के अन्दर देशप्रेम का ऐसा क्रान्तिकारी उत्साह कहाँ से कैसे आया ! उसकी घाँटी तो फूट गई है, मगर आवाज में कुछ पतलापन बरकरार है, जिसकी क्षतिपूर्ति भोंपू से हो जाती है कुछ हद तक। जब वह बोलता है तो जोश से उसकी गर्दन तन जाती है, नाक फूल जाती है, गले की नसें उभर आती हैं और आँखें चमकने लगती हैं। शहर कांग्रेस के तत्कालीन अध्यक्ष रमाशंकर के क्रान्तिकारी आदेश का पालन करके वह खुश और सन्तुष्ट है।

एक मामूली आदमी नहीं जानता कि वह कभी, कोई क्रान्तिकारी कार्य कर सकता है। वह अपने काम-धन्धे, ईर्ष्या-द्वेष, सुख-दुःख, छोटी-छोटी चालाकियों में लिप्त रहकर फूँक-फूँककर आत्मरक्षात्मक कदम आगे बढ़ाता है, तब आश्चर्य होता है कि कैसे यही लोग किसी संकटकालीन ऐतिहासिक मौके पर उठ खड़े होते हैं और मिलजुलकर जोर-जुल्म, अन्याय, गुलामी का विरोध करने के लिए घरों से बाहर निकल आते हैं। राममूरत का ऐलान और आह्वान सुनकर भी उन पर तत्काल कुछ खास प्रभाव नहीं पड़ा। गर्मी से बेहाल, मुर्झाए-मुर्झाए-से वे उठ खड़े हुए। उन्होंने कुछ सोचने की कोशिश की, लेकिन कोई स्पष्ट भाव और जोश उनके अन्दर नहीं उत्पन्न हुआ। लेकिन दिशा-मैदान, स्नान-ध्यान और नाश्ता-पानी के बाद वे कुछ चैतन्य हुए। तब वे बाहर निकल पड़े और छोटे-छोटे दल बनाकर खुसुर-पुसुर बतियाने लगे। एक-दूसरे के दिल और दिमाग में राख के अन्दर दबी चिनगारी को हवा देते हुए।

''अब तो अंग्रेजों का पत्ता साफ समझो। पहले की तरह नहीं कि गांधीजी मान जाएँगे।''

''अरे, बम्बई की जनता तो बगावत में उठ खड़ी हुई है। आज के अखबार में तो बम्बई की खबर एक कोने में मामूली ढंग से दी गई है। जब इतनी बड़ी घटना का यह हाल है, तो वहाँ आँधी-तूफान की खबर को सेंसर नहीं किया गया है, यह कैसे कह सकते हैं...''

"बम्बई की ही बात नहीं, देश-भर में विद्रोह की लपटें उठ रही हैं...।"

"क्रान्तिकारी भी इस बार बम-पिस्तौल से पूरी तरह लैस हैं..."

"उधर सुभाष बाबू जर्मन-जापानियों की मदद से पूरी फौज के साथ देश में प्रवेश करनेवाले हैं। उन्होंने महात्मा गांधी को आजाद हिन्दुस्तान का अगला राष्ट्रपति घोषित कर दिया है..."

"देश के भीतर भारतीय फौज और पुलिस विद्रोह करने का मौका देख रही है..."

"अंग्रेजी फौज हर मोर्चे पर पूँछ दबाकर भाग रही है।"

"बलिया के लोगों को कम समझते हैं ? इस बार तो यहाँ की जनता अंग्रेजों को ऐसा मजा चखाएगी कि उनको नानी याद आ जाएगी।"

"यहाँ के विद्यार्थी भी पूरी तरह तैयार हैं क्रान्ति के लिए।"

"यह मामूली आँधी नहीं, गांधी की आँधी है !"

"आपकी तैयारी है न ?" किसी ने हँसकर पूछा।

"अरे लीजिए, यह भी कोई पूछने की बात है ? आप आगे रहेंगे तो पीछे-पीछे हम भी न चले चलेंगे।"

इस जवाब पर हँसी हुई। फिर कोई आगे बढ़कर बन्दर की तरह खौखियाकर बोला, "कैसी बातें करते हैं जी ! आपके शरीर में यहाँ के अन्न-जल, हवा-पानी से बना खून नहीं दौड़ता ? भैया, सच कहता हूँ, अंग्रेजों की यह सरकार अब तो एक दिन के लिए भी बरदाश्त नहीं है। इस बार यहाँ की जनता इस सरकार के किले की ईंट से ईंट बजा देगी। मैं सीने पर गोली खाने को तैयार हूँ—मैं, मेरे दोनों जवान बेटे, मेरी औरत !"

सूरज निकलने के बाद जब वृक्ष-शिखरों को एक फीकी, बेजान धूप ने स्पर्श कर लिया, वीरेश चुपके-से अपने घर से निकलकर सड़क के रास्ते मालगोदाम की तरफ बढ़ चला। इस समय वह सिर्फ दो उद्देश्यों के लिए ही जी रहा है—एक तो यही कि खूब मेहनत करके इस वर्ष हाई स्कूल की बोर्ड परीक्षा में पहला स्थान प्राप्त करना समूचे प्रदेश में। दूसरा वही है, जो आजकल लगभग हर नौजवान का है कि किस तरह आजादी की लड़ाई में आगे बढ़कर भाग लेकर इस देश से विदेशी सरकार को समाप्त कर दें। दरअसल वह अपना कर्त्तव्य समझता है कि नीलेश के न रहने पर वह सभी कार्य सम्पन्न करे जो उसके बड़े भाई को जान से भी अधिक प्रिय हैं।

वीरेश इन दिनों और लम्बा हो गया है—अपने बड़े भाई नीलेश से भी। वह सवेरे-शाम नियमित रूप से कसरत कर रहा है—दंड बैठक—और उसकी छाती आगे की तरफ निकल आई है। वह बीच-बीच में गर्दन को बाईं ओर झटका देकर दाहिने हाथ से सिर के बालों को सँवारता है जैसे उसके कन्धों पर राष्ट्र की बहुत बड़ी जिम्मेदारी आ गई हो। और एक तरह से यह सही भी है। उसने राममूरत का ऐलान सुना है और अब देशप्रेम के उत्साह से भरा इस उद्देश्य से अपने कुछ साथियों से मिलने जा रहा है कि कैसे अपने स्कूल में हड़ताल कराके शहर और जिले के छात्रों के सामने एक आदर्श प्रस्तुत करे।

मालगोदाम के सामने पहुँचकर वह दाहिनी सड़क पर मुड़कर कुछ और तेजी से चलने लगता है। उमस वैसी ही है और धूप एक अजीब मनहूसियत फैला रही है। इस सड़क पर लोगों और वाहनों का आवागमन कम होता है, इसलिए वह साफ-सुथरी दिखाई देती है, छोटी सरयू नदी की तरफ जाती हुई। कहीं-कहीं सड़क या उसके अगल-बगल बने छोटे गड्ढों में बारिश का पानी भरा है, जिससे बचते हुए जब वह अपने गन्तव्य स्थान पर पहुँचा तो उसका सहपाठी जगदम्बिका घर के अन्दर से एक हाथ में गिलास पकड़े बाहर निकला ही था।

"क्या बात है ?" जगदम्बिका ने उसकी तरफ अचम्भे से देखा।

"मैं तुमसे एक खास बात करना चाहता हूँ। गिलास लेकर कहाँ जा रहे हो ?"

''यार, नदी के किनारे एक ग्वाला है, उसके यहाँ जाकर दो गिलास धारोष्ण दूध पीता हूँ। तुम्हारे लिए भी एक गिलास लाता हूँ...''

''अरे नहीं, मैं इस समय दूध नहीं पीता...दो मिनट की बात है, फिर तुम चले जाना...''

''अरे, चलो न मेरे साथ। वह क्या नदी दिखाई देती है, वहीं बैठकर इत्मीनान से बात करेंगे। बात यह है कि पहले ही देर हो चुकी है, वह दूध तो जरूर मिलेगा, मगर धारोष्ण नहीं...''

नदी वहाँ से एक फर्लांग भी नहीं है। खपड़ैल वाला बिरजू ग्वाला का मकान अब कगार पर किसी चमत्कार की वजह से ही बचा खड़ा है। वह बड़ी बेसब्री से जगदम्बिका की प्रतीक्षा कर रहा था, जिसे देखते ही वह बोला :

''इतनी देर मैं रुक नहीं सकता, बार-बार कहा समय से दो मिनट पहले आकर खड़े हो जाइए। लाइए गिलास, भैंसें दुही जा चुकी हैं, आपके ही लिए गाय को रोके हुए हूँ...''

गिलास लेकर वह गाय के पास चला गया। मकान के बाहर की कीचड़ और गोबर वाले स्थान पर तीन भैंसें और एक गाय अपने-अपने नाद के सामने खड़ी थीं। बिरजू ने खूँटे में बँधे बछड़े को खोल दिया, जो दौड़कर अपनी माँ का दूध पीने लगा। कुछ ही देर बाद पुनः बछड़े को खूँटे में बाँधकर स्वयं बाल्टी लेकर दूध दुहने बैठ गया। जब दूध की धार बाल्टी में गिरनी शुरू हुई तो खन-खन जैसी मधुर ध्वनि आने लगी। फिर उसने बगल में रखा हुआ गिलास धार के नीचे लगा दिया और भरने पर पास खिसक आए जगदम्बिका के हाथ में बिना उसकी ओर देखे थमा दिया। मीठा, ऊष्ण दूध जगदम्बिका ने बड़े ही चाव से ग्रहण किया जैसे अमृत पी रहा हो। एक और गिलास दुबारा ग्रहण कर वह पीछे खड़े अपने सहपाठी वीरेश के पास लौटकर तृप्ति की मुस्कान के साथ बोला :

''आओ, यहाँ कुछ देर तक लकड़ी पर बैठकर बात करते हैं...''

बिरजू के मकान के सामने कुछ ही दूरी पर पेड़ों की कटी हुई लकड़ी के मोटे-मोटे बोटे गिराए गए थे, जो गीले थे। एक लम्बे मोटे बोटे पर, उसको हाथ से झाड़कर बैठ गए वे। सामने छोटी सरयू और गंगा मिलकर समुद्र बन गई थीं। सरयू तट पर निर्मित वह मजबूत, गोला और विशाल स्तम्भ भी लगभग डूब गया है, सिर्फ उसका चबूतरानुमा शिखर ही दिखाई दे रहा है। सीमाहीन मटमैले जल के छोर का कहीं अता-पता नहीं, जो उच्छ्वसित होकर गहरी साँस लेते हुए धुँधली-सी धूप में चमक रहा है। गंगा तेजी से बलिया जनपद को काटती जा रही है, इसीलिए उत्तर की ओर से प्रबल लहरों के प्रहार को विफल करने के लिए नदी के किनारे अनेक स्तम्भ खड़े किए गए हैं। पहले ही दो बलिया शहर नदी के पेटे में चले गए हैं और सन् 1916 की भयंकर बाढ़ को लोग आज भी याद करते हैं, जब पानी शहर के बीच गड़हे में लगातार कई दिनों तक गिरता रहा था।

''क्या पहलवानी करने का इरादा है ?'' वीरेश ने बैठते हुए मुस्कुराकर पूछा था।

''यार, शरीर बनाने की यही उम्र है। कमजोर मरियल रहो तो मच्छर-छछुन्दर भी परेशान करते हैं, अब तो कोई भी पास आने की हिम्मत नहीं कर सकता। करेगा तो फौरन मसल दिया जाएगा।'' वह हँसने लगा, फिर गम्भीर होकर बोला, ''बात यह है कि थानेदारी के इम्तहान में बैठने के लिए मैं शरीर बना रहा हूँ, जब थानेदार बन जाऊँगा तो इन कांग्रेसियों की इतनी पिटाई करूँगा कि आन्दोलन हमेशा के लिए भूल जाएँगे...''

''अरे, यह क्या कह रहे हो ? जिसके लिए मैं तुमसे सहायता लेने आया हूँ, उसी की निन्दा कर रहे हो ! क्या तुम इस देश के नौजवान नहीं हो ? ठीक है, मैं जाता हूँ... ।''

वीरेश के गुस्सैल चेहरे के साथ उठ खड़े होने पर जगदम्बिका भी गम्भीर होकर उठ खड़ा हुआ और उसके कन्धे पर हाथ रखते हुए बोला, ''यार, तुम तो नाराज हो गए। मैं तो मजाक कर रहा था। तुम साफ-साफ कहो, क्या बात है। तुम्हारा किसी ने अपमान किया है, तुमको किसी ने कुछ कहा है तो बताओ, वह कोई भी हो, मैंने उसको पटक-पटककर न मारा तो कहना... ।''

''अपमान हुआ है, जगदम्बिका, मेरा ही नहीं, तुम्हारा भी। एक-एक हिन्दुस्तानी का। बम्बई में महात्मा गांधी, जवाहरलाल नेहरू, मौलाना आजाद, सरदार पटेल सभी गिरफ्तार कर लिए गए हैं। गांधीजी ने देश के हर आदमी से कहा है, अंग्रेज सरकार को इस देश से हटाने के लिए वह सरकार से असहयोग करे, उसके विरुद्ध प्रदर्शन करे। क्या तुम देश की आजादी की लड़ाई में गांधीजी का साथ देने को तैयार हो ?''

''देखो वीरेश, मुझे ये बड़ी-बड़ी बातें समझ में नहीं आतीं। तुम लोग पढ़ाकू लड़के हो, मैं तो अखबार भी नहीं पढ़ता। मेरे पिताजी पुलिस महकमे में क्लर्क हैं और मुझे थानेदार बनाना चाहते हैं। लेकिन मैं कहता हूँ न, कि जो भी कहोगे तुम, उसमें तुम्हारा साथ दूँगा मैं।''

''मेरी वजह से क्यों साथ दोगे तुम ? तुम्हारा दिल नहीं कहता तो तुम साथ न दो, मैं तुम पर जोर नहीं दूँगा। यह देश केवल मेरा ही नहीं है। तुम्हारा भी है ! केवल मेरा ही फर्ज नहीं है, तुम्हारा भी फर्ज बनता है कि इस देश की आजादी के लिए कुछ करो। विदेशी गुलामी से तुम्हारा अपमान नहीं होता, उससे तुम खुश हो, तो कोई बात नहीं, तुम्हें इस लड़ाई में शामिल होने की जरूरत नहीं...''

जगदम्बिका कुछ क्षणों तक मौन होकर सोचता रहा। वह दोपुँछटा की धोती और बनियान पहने था। पैरों में चप्पल-जूता कुछ भी नहीं। इधर कुछ लड़कों ने, जो बचपन में कमजोर, दुबले-पतले और मरियल थे, अचानक लम्बे और दंड-बैठक एवं दूध-घी के सेवन द्वारा तगड़े होकर, आत्मविश्वास प्राप्त करके दोपुँछटे की धोती पहननी शुरू कर दी थी। इस प्रकार का पहनावा उस एकपुँछटे की ढीली धोती के मुकाबले आधुनिक समझा गया, जिसके बीच से बिलैया फाँद जाने का मजाक लोकप्रिय हो चला था। उक्त पहनावा, प्राचीन युग के धनुर्धर वीरों का आत्मानुभव कराता था और खेल-कूद तथा मारपीट करके भागने में भी बड़ा सुविधाजनक था।

''नहीं वीरेश, आजादी की इस लड़ाई में मैं तुम्हारे साथ हूँ। बताओ, क्या करना है ?'' जगदम्बिका ने गम्भीर होकर किंचित आवेश में कहा तो उसकी आँखों में चमक आ गई।

''आज गांधीजी, नेहरूजी, सरदार पटेल, मौलाना आजाद आदि नेताओं की गिरफ्तारी के विरोध में शहर में पूरी हड़ताल होगी और जुलूस निकलेगा। हमें अपने स्कूल में हड़ताल कराके दूसरे स्कूलों में हड़ताल करानी है और फिर जुलूस में शामिल होकर कचहरी में प्रदर्शन करना होगा। बोलो, तुम इस काम में आगे बढ़ोगे ? तुम लम्बे, तगड़े हो, सीनियर विद्यार्थी हो, तुम रहोगे तो सबको बल मिलेगा...''

''जहाँ तुम हो, जहाँ देश है, वहाँ मैं भी हूँ यार ! मैं जान की बाजी लगा दूँगा...''

''वाह, तब तो ठीक ही है। चलो नफीस, शम्भु वगैरह से भी कह दें...''

''हाँ, चलो, जरा मैं कमीज और चप्पल पहन लूँ...''

जब अन्य मोहल्लों में राममूरत स्वतन्त्रता का उद्घोष कर रहा था, रमाशंकर अपने भोंपे से ओकडनगंज पुलिस चौकी के आस-पास और चौक क्षेत्र में घूम-घूमकर, 'अंग्रेजो, भारत छोड़ो', 'इन्कलाब जिन्दाबाद', 'भारत माता की जै' के नारे लगा रहा था। इस समय ओकडनगंज पुलिस चौकी के सिपाही निश्चिन्त होकर नित्यकर्म में या तो लिप्त थे या उसकी तैयारी कर रहे थे। पुलिस कान्स्टेबल केदार पांडे और तजम्मुल रात की गश्त से लौटकर एक बेंच पर बैठे ऊँघ रहे थे। दो अन्य कान में जनेऊ चढ़ाए हाथ में लोटा ले-लेकर बाहर निकलकर पीछे की गली के शौचालय की तरफ हिरन हो गए। लेकिन दीवान रामअँजोर तिवारी, जो पहले ही निपटकर अब लँगोट पहनकर दंड पेल रहा था, चौंककर बोला :

''अरे तजम्मुल, यह कौन हरामी इस समय चिल्ला रहा है ! टाँग घसीटकर ले आओ तो उसे और मुर्गा बनाकर पाँच ईंट रख दो उसके चूतड़ पर।''

''अच्छा साहेब अभी लाता हूँ...'' तजम्मुल चौंककर उठ खड़ा हुआ, फिर अपनी लाठी उठाकर सड़क की तरफ धीरे-धीरे चल पड़ा।

लेकिन जब चौक की तरफ जानेवाली सड़क पर पहुँचा तो रमाशंकर नारे लगाकर वहाँ से रफूचक्कर हो चुका था। नींद में माता तजम्मुल किसी अज्ञात, काल्पनिक अपराधी को गाली देता हुआ लौटकर बोला :

''अरे साहब, भूतनी का एक पागल है, जो दो-तीन रोज से शहर का चक्कर लगा रहा है। मैंने टाँग में एक डंडा मारकर उसे भगा दिया है...''

रमाशंकर नारे लगाने के बाद कन्या पाठशाला की दुलारी देवी तथा कुछ और स्त्री-पुरुषों से मिलने के बाद घर लौट रहा था कि गली में भगजोगिनी की सास अपनी पौत्री के साथ अपने मकान के बरामदे पर चढ़ती हुई नजर आई। वह चौका-बासन करके लौट रही थी।

''काम से निबट आईं, चाची ?''

भगजोगिनी की सास ऊपर बरामदे में ठिठककर खड़ी हो गई। फिर गली की तरफ पीछे मुँह मोड़कर बोली :

''हाँ, ए बाबू...कहाँ से आ रहे हो ? हाँ ए बाबू, तुमसे एक बात...''

''अच्छा, क्या बात है चाची...'' रमाशंकर जल्दी से बरामदे के किनारे जाकर खड़ा होकर धीमे उत्सुक स्वर में बोला :

''बाबू, सवेरे-सवेरे मैंने कुछ कह दिया था, बुरा न मानना। मैं काम कर रही थी तो तुम्हारे बारे में ही सोच रही थी। तुमने, नम्रता बिटिया ने मिलकर चार घर काम पकड़ा दिया है, नहीं तो हम तो भूखे मर जाते...मुझे तो अपनी बहू को देखकर रुलाई आती है बाबू ! अब मेरा ही कुसूर है, पहले ही उस मरकिलौना को झाड़ू मारकर निकाल बाहर किया होता तो ये दिन देखने न पड़ते। पूरी उम्र पड़ी है उसकी। कितना कोमल चेहरा है उसका। मगर बड़ी नेक, हिम्मती है। मेरा तो कलेजा फटता है, जब जी हल्का करने के लिए रोने लगती हूँ तो वह मुझे समझाने बैठ जाती है ! जवान औरत है, निकलने नहीं देती हूँ बाहर...लोगों का दिल काला है, बेसहारा समझकर...''

''देखो चाची, अपने को रो-धोकर कमजोर करोगी तो बहू और बच्चे भी हिम्मत छोड़ देंगे। जो बीत गया है, वह भूल जाओ। जैसा समय आए, वैसा करना चाहिए...यह हिम्मत का समय है, मेहनत का समय है...आगे अच्छा जमाना भी आएगा। हम सब इसीलिए तो लड़ रहे हैं। गांधीजी क्यों जेल गए हैं ? नेहरूजी क्यों जेल में हैं ? यह समझ लो, जब देश को आजादी मिलेगी तो गरीबों का राज होगा। हिम्मत से काम लो। खैर, तुम कुछ कहना चाहती थीं ?''

''हाँ, ए बाबू, मैं अपनी बहू का दिल थोड़ा नहीं करूँगी, मैं उसे जुलूस में जाने दूँगी। मैं भी चलूँगी उसके साथ। बच्चे भी चलेंगे...'' भगजोगिनी की सास ने आँचल से आँखें पोंछते हुए कहा।

रमाशंकर आँखें फाड़कर और मुँह बाकर उसकी तरफ देखता रह गया। फिर उत्साहपूर्वक बोला :

''अरे चाची, कोई दिक्कत हो तो रहने दो और चलने की इच्छा है तो शौक से चलो। यह बड़ा पवित्र काम है, चाची ! देश के लिए जान देने से अधिक पुण्य काम तो कुछ है नहीं। हाँ, बच्चों को साथ न ले चलो...दोनों को मेरे घर पर छोड़ दो, वहाँ मेरे घर के बच्चों के साथ खेलेंगे, खाएँगे-पीएँगे, कोई तकलीफ न होगी। हाँ, ग्यारह बजे के करीब चौक में पहुँच जाना, जितनी दूर जुलूस में चल सको, चलना, थक जाने पर लौट आना। मैं ही या किसी और से तुम लोगों को घर पहुँचा दूँगा। इस समय आराम से नहाओ-धोओ, पकाओ-खाओ, ठीक साढ़े दस बजे चल देना।''

भगजोगिनी नहा-धोकर, आँगन में बोरा बिछाकर चरखा कात रही थी। जब बाहर से किसी से बात करने की उसकी सास की आवाज अन्दर आने लगी, उसने उठकर धीरे-से दरवाजा खोला और उसके फाँफर से झाँककर देखा कि किससे बात हो रही है। वह चुपचाप पूरी बात सुनती रही और जब रमाशंकर चला गया तो दरवाजा पूरी तरह खोलकर बाहर आ गई।

''आज देर हो गई...'' भगजोगिनी इस तरह बोली, जैसे रमाशंकर की बात उसने सुनी न हो।

''अरे हाँ, नकलनबीसिन हमेशा ठकठेन करती हैं। मैंने भी जी भरकर सुना दिया। यह भी कह दिया, अपने मन की कोई दूसरी मिले तो रख लो। तब लगीं गिड़गिड़ाने। मन की खराब नहीं हैं, बस बहुत बड़बड़ाती हैं। झोला में यह कुछ सामान दिया है, रख लो, संझा को झोला लौटाना पड़ेगा...अरे हाँ, दुल्हिन, रमाशंकर फिर आए थे, कहने लगे आजादी मिलने पर गरीबों का राज होगा तो मैंने भी कह दिया कि हमारी बहू भी जुलूस में जाएगी और मैं भी उसके साथ चलूँगी। अब तो खुश हो तुम...।''

''अम्माजी, आप भी चलेंगी ? काम-धाम करके आई हैं, थकी होंगी, घर पर आराम कीजिए...''

''अरे नहीं, कैसी बात करती हो बहुरिया ! क्या मैं तुमको अकेले छोड़ सकती हूँ ? बच्चे रमाशंकर बाबू के यहाँ रहेंगे, वह अपने मुँह से कह गए हैं...''

भगजोगिनी कुछ और कहना चाहकर भी चुप रही इस डर से कि अगर बात बढ़ने से सास बिगड़ गई तो उसका जाना रुक भी सकता है। अतः बच्ची का हाथ पकड़कर तथा दूसरे हाथ में सास का दिया हुआ झोला लेकर चुपचाप भीतर चली गई।

वह मन-ही-मन प्रसन्न थी। एक गुदगुदी-सी हो रही थी उसके अन्दर। यद्यपि उसका कारण ठीक-ठीक नहीं समझ पा रही थी। आजादी क्या होती है ? गरीबों का राज क्या होता है ? बस वह इतना ही जानती है कि तन-मन का इतना सुख देकर दामोदर ने कभी आजादी की बात उससे नहीं कही और अन्त में निर्मम होकर विश्वासघात करके यहाँ से चला गया तो देश को आजादी मिलने और गरीबों का राज होने पर कम-से-कम यह तो होगा ही कि सभी एक-दूसरे पर विश्वास करेंगे और कोई किसी से धोखा नहीं करेगा और लोग रमाशंकर तथा नम्रता की तरह गरीबों और बेसहाय लोगों की मदद करेंगे !

उसके मकान के भीतर आँगन मजे का बड़ा था जिसके पीछे एक कुआँ और उससे कुछ ही दूरी पर खुड्डी वाला शौचालय था। पहले पानी भरने के लिए घर के बाहर सड़क पर हरिजी के गोले के पक्के कुएँ का ही सहारा था, क्योंकि सामने वकील के अहाते में बने कुएँ से पानी भरने की इजाजत किसी बाहरी व्यक्ति को नहीं थी। शौच के लिए भी मर्द, औरत, बच्चों सबको निकटवर्ती बमपुलिस तक जाना होता। भगजोगिनी का ससुर यानी बनवारी का बाप रमापति बड़ा ही उद्यमी, अपने हर परिवारजन के आराम का खयाल रखनेवाला मेहनती, शौकीन और स्वाभिमानी था। एक बार पड़ोसी वकील के व्यवहार से अपमानित होकर ताव में आ गया और अपने आँगन में खड़ा होकर 'रईसों की ऐसी की तैसी' कहते हुए अपने मकान के अन्दर कुआँ खोदवाने और शौचालय बनवाने के संकल्प की उद्घोषणा कर दी। और दूसरे दिन से इन दोनों ही कामों के लिए मजदूरों को लगा दिया गया।

भगजोगिनी ने अपने ससुर रमापति को नहीं देखा था, ससुराल आने पर उनकी केवल तस्वीर देखने को मिली थी। मगर कुआँ खोदवाने और शौचालय बनवाने के लिए वह उनका सदा कृतज्ञ रहती है—अन्यथा उसकी और घर के लोगों की क्या दुर्गति होती ! कुआँ दूर था, जहाँ सदा भीड़ इकट्ठी रहती थी और देर तक इन्तजार करना पड़ता था। कमर या सिर पर गगरा भर-भरकर पानी ढोना एक कमरतोड़ एवं दुःखदायी कसरत थी। ऊपर से, यदि पानी भरनेवाली जवान औरत या

लड़की हुई तो उसे अश्लील छींटाकशी के बीच यह उबाऊ कृत्य सम्पन्न करना होता था। वह ससुर की याद करके अपने आँचल के बीच दोनों हाथ जोड़कर सिर नवाती थी।

वह जवान, तगड़ी, नेकदिल, स्नेही और दयालु थी, इसलिए उसे अपने और दूसरों के लिए भी काम करने में आनन्द आता। शुरू से ही वह सभी कमरे, बरामदे, पूरा आँगन, और दरवाजा चमाचम साफ रखती। उसने छोटे बच्चे को भी उठाया और दोनों को कुछ खिला-खिलाकर उन्हें नहलाया-धुलाया और उनके कपड़े बदले। फिर सास को कलेवा कराकर नहलाया। अन्त में स्वयं नहा-धोकर खाना बनाने बैठी तो लकड़ी की लाल आँच का प्रतिबिम्ब उसके चेहरे पर दमकने लगा। जब चूल्हे पर बटलोई बिठाकर उसमें पानी से साफ की हुई दाल डालकर उसके मुँह को एक फूल की तश्तरी से ढक दिया उसने, तो यह सोचकर उसका कलेजा धक कर गया कि उसकी जिन्दगी में क्या हो गया और क्या हो रहा है और अब क्या होने जा रहा है और तब अजीब-अजीब खयाल आने लगे उसके दिमाग में रोशनी के सभी रंगों की तरह।

उसे अपने बचपन के दिनों की याद आने लगी। उसने प्यार के रंगों में रँगा दिल पाया था। गुस्सा, दुःख, चिल्लाना उसे अच्छा नहीं लगता। जो भी उससे प्यार से बोलता, उसकी गुलाम हो जाती वह। और मामूली डाँट उसे बरदाश्त नहीं होती। पिता से खूब प्यार मिला उसे, उसका उदास मुँह उन्हें बरदाश्त नहीं होता था। वह उसकी हर जिद पूरी करते और जिसने उसका दिल दुखाया हो, उसको कड़ी डाँट-फटकार लगाते। उसे फूल पसन्द थे और सभी बच्चे भी, चाहे वे आदमी के हों या जानवर के।

ऐसे ही प्यारे दिल के साथ वह ससुराल आई और बनवारी का प्यार पाकर निहाल हो गई। उसने बनवारी में पिता, माता, भाइयों, बहनों तथा अन्य परिवारजनों के प्यार का प्रतिरूप तो देखा ही, उसमें अपना स्वामी और परमात्मा भी पाया। वह तन और मन से उसको खुश रखती, उसकी सेवा करती। वह खूबसूरत नहीं था, उससे नाटा भी था, तब भी वह उसे बाँहों में लेकर सोती तो उसे स्वर्ग का सुख मिलता प्रतीत होता। उसके तन, मन की प्यास और ज्वाला शान्त होती और वह फूल की किसी पंखुरी की तरह हल्की तथा कोमल होकर अनजान मधुर सपनों की दुनिया में खो जाती। और जब बनवारी उससे रूठकर चला गया और लम्बा, हट्टा-कट्टा दामोदर अपने समस्त छल-कपट, काइयाँपन के बावजूद उसके जीवन में आकर और उस पर छाकर उसे प्यार से सराबोर कर गया, तब उसकी लम्बी-लम्बी बाँहों के बीच में उससे चिपटकर सोने में जो सुख मिला वह भी अद्वितीय था और बनवारी से मिले सुख से कम नहीं। यह सोचते-सोचते पता नहीं क्यों और कहाँ से उसकी आँखों में आँसू आ गए और वह दोनों उठे घुटनों में मुँह छिपाकर सुबकने लगी।

रसोईघर के एकान्त में और फफकती हुई दाल के हिलते ढकने के संगीत के बीच उसने अपनी आँखें पोंछकर सिर को सीधा किया तो उसके मुँह से गहरा उच्छ्वास निकल गया। उन दोनों मर्दों को अपना सर्वस्व मानकर उसने इसलिए जान से बढ़कर प्यार किया था कि वे बड़े बहादुर, हिम्मती थे और उसे बेहद प्यार करते थे। वे प्यार के अपने-अपने तरीकों से उसे ऊपर उठाकर आसमान पर चढ़ा देते। वह स्त्री की गरिमा से भर जाती। दोनों ही पूरे मर्द थे, क्योंकि वे स्त्री को प्यार से खुश रखना जानते थे। दोनों के तरीके कितने भिन्न थे—एक में कर्मठ हिम्मती जीवन के बीच मौन अभिव्यक्ति, मौन समझदारी तथा अनोखी आह्लादकारी सक्रियता और दूसरे में झूठ, छल-प्रपंच, लम्पटता के बावजूद उच्च कोटि की नाटकीय मुखरता, वाचालता एवं नित नूतन, मृदुल एवं अप्रत्याशित खेलकटई द्वारा अपने अथाह प्यार की सच्चाई की अभिव्यक्ति का सदाबहार उत्साह।

बनवारी को तो ईश्वर ही उठा ले गए, इसमें न उसका दोष था और न किसी अन्य का ही। यह दुःख तो वह बरदाश्त कर गई। लेकिन दामोदर उसे छोड़कर जाते समय जब उसके प्यार तथा उससे हुए गन्धर्व विवाह को सबके सामने नकार गया तो उसके लिए जैसे दुनिया ही उलट गई।

उसके दिल को ऐसा गहरा आघात लगा कि शुरू-शुरू में उसको पीड़ा ही नहीं महसूस हुई। दिल जैसे पत्थर हो गया। वह न चिल्लाई और न उसकी आँखों से आँसू ही गिरे। वह सब काम-धाम करते हुए खाली आँखों से सबको देखती रहती। पहली बार चिल्लाई उस समय, जब उसकी सास दो दिन बाद उसके पास बैठकर बोली :

"ऐ दुल्हन, तुम क्यों ऐसी हो रही हो ? सारा दोष तो हमारा है। मैंने ही उस मुँहझौंसे को अपने घर में घुसने दिया। पहले ही फटकार दिया होता तो यह दिन देखने को न मिलता। अपने आराम, अपने स्वारथ के लिए तुम्हारा हाथ उसे थमा दिया। मैं मेहनत से घबरा गई। सभी कुछ बरबाद होने पर भी मुझमें यह घमंड था कि जब तुम्हारे ससुर के जमाने में घर से बाहर नहीं निकली तो क्या अब घर-घर जाकर मजदूरी करूँ। मेरे लड़के, मेरे बाबू ने भी मुझे कोई काम करने न दिया। मैंने बाबू का नाम लेकर भी झूठ कहा। मेरे बाबू ने यह तो कहा था, भगजोगिनी का हाथ किसी को दे देना...उन्होंने उस मरकिलौने का नाम कभी नहीं लिया। मैंने सबसे दगा किया, अपने से किया, अपने बाबू से, तुम्हारे से भी किया। शिवजी, मुझे नरक दें, मेरा शरीर सड़-सड़कर गिरे..."

वह अपने सिर को दीवार से पटकने लगी। भगजोगिनी अब चीखकर रोती हुई बोली :

"अरे यह क्या करती हैं, ऐ मैया ! आप जान दे देंगी तो हमारा क्या होगा, इन बच्चों का क्या होगा ? आपका दोष कुछ नहीं है, मैं ही मनहूस हूँ। मैं ही अपने मर्द को खा गई। और दूसरा धोखाधड़ी से मिला भी तो मुझे अपने प्यार से आसमान पर चढ़ाकर दगा दे गया। आसमान से गिरकर मेरा अंजर-पंजर छितरा गया है अम्माजी ! मेरे दिल के टुकड़े-टुकड़े हो गए हैं। मेरी इच्छा होती है, आग लगाकर अपनी इस पापी देह को भस्म कर दूँ। इन बच्चों की खातिर यह सब मैं नहीं करूँगी। मैं अपने को जोड़ूँगी, मैं ही घर-घर जाकर मजूरी करूँगी। आप सबका पालन-पोषण करूँगी। उस दगाबाज के सामने हीन-दीन नहीं बनूँगी। किसी के आगे हाथ नहीं पसारूँगी।"

उसने अपनी सास का हाथ पकड़कर अपनी ओर खींचा, जिससे वह भगजोगिनी की गोद में आकर गिरी। फिर तो दोनों—सास-बहू—एक-दूसरे के गले लगकर फूट-फूटकर रोने लगीं। जब रुदन का वेग कमजोर होकर असमर्थ हो गया तो उसकी सास ने कहा :

"अरे, यह क्या कहती हो दुल्हन ! मैं जब तक जिन्दा हूँ, तुम्हें बाहर नहीं निकलने दूँगी। मैं घर-घर काम करूँगी, मेहनत-मजूरी करूँगी। पुरानी हड्डी है मेरी। अपने मर्द, अपने बाबू के समय में खूब खाया-पीया है, आराम किया है, दूध-घी, कलिया-मछरी, अंडा-मुर्गा कुछ भी नहीं छूटा है। उसी आराम ने मुझे आलसी बना दिया था, मेरी हिम्मत तोड़ दी थी। अब मैं चेत गई हूँ, अब कोई आँखें निकालकर देखे तो उसका क्या नतीजा करती हूँ ! तुम जरा भी दुःख न करो। हाँ, रमाशंकर बाबू दो दिन से आ रहे हैं, तुम्हारा हाल जानकर चले जाते हैं। उन्होंने चौका-बासन करने के लिए दो घरों में बात कर ली है। दो-तीन और घर मिल जाएँ, इसकी कोशिश कर रहे हैं। कहा है—दुपहरी बाद तीन-चार के बीच में सामने सड़क के ठाकुर मुख्तार के घर जाकर उनकी बिटिया नमरता से मिलने को, पक्की कंगरेसिया है, चरखा चलाती है, वही काम बताएगी..."

दो दिन बाद दोनों सास-बहू नम्रता से मिली थीं। साड़ी के ऊपर सफेद चादर सिर से ओढ़कर और आगे उसका घूँघट निकालकर। चनाका धूप निकली थी। सड़क लगभग वीरान। उस रात की घटना के दूसरे दिन ही उसकी सूचना विभिन्न आकार-प्रकार की अफवाहों के रूप में घर-घर पहुँच चुकी थी। लेकिन रमाशंकर ने भयंकर बीमारी और गरीबी के परिणाम तथा दामोदर की दुष्टता का विवरण देकर नम्रता का संशय दूर कर दिया था, जिससे उसने अपनी माँ को आश्वस्त करके दो और घरों में चौका-बासन का काम खोजने में सफलता प्राप्त कर ली थी। अपने नए देशभक्तिपूर्ण विचारों की वजह से उसके अन्दर गरीब-दुखिया के प्रति पहले ही पर्याप्त संवेदना थी, एक निर्दोष और बेसहारा स्त्री के दैहिक शोषण की कहानी सुनकर वह क्रोध से आगबबूला हो गई। और एक

अनोखा, उत्सुकता-भरा अतिरिक्त लगाव एवं सहानुभूति का भाव भी था उस स्त्री के प्रति, क्योंकि उसे अचानक अपने बचपन की याद आ गई, जब आँखमिचौली के खेल में वह और नीलेश अक्सर उस गली वाले मकान के सुनसान बरामदे में जा छिपते थे।

भगजोगिनी को अपनी सास के साथ देखकर नम्रता चकित रह गई थी। इतनी खूबसूरत स्त्री को इतना दुःख भोगना पड़ा—यह सोचकर उसे समझ में ही नहीं आया कि कैसे सांत्वना दे। क्या करे उसके लिए। पता नहीं क्यों उसे रुलाई आने लगी। बाहर के अपने कमरे में बिठाकर वह यह कहकर वहाँ से खिसक गई :

"मैं अभी पाँच मिनट में आती हूँ....आप लोग बैठी रहो।"

वह घर के अन्दर जाकर अपने बाथरूम में घुस गई और आँखों पर आँचल रखकर रोने लगी। बार-बार उसके दिमाग में यह खयाल क्यों आ रहा है कि यह भगजोगिनी भी अपने बचपन में आँखमिचौली खेलती होगी और अपने किसी साथी के साथ कहीं छिप जाती होगी। अवश्य उसका कोई बचपन का साथी रहा होगा, और बड़े होने पर वे दोनों एक-दूसरे को पसन्द करते होंगे और तब अचानक अपने साथी से बिछुड़कर वह ससुराल यह सब भोगने के लिए आ गई होगी। क्या वह भी नीलेश से बिछड़ जाएगी ? यह खयाल आते ही उसकी रुलाई और तेज हो गई। वह फफक-फफककर रोने लगी। उसने अपने को उनमुक्त छोड़ दिया जी-भर रोने के लिए और जब रुलाई का वेग कम हुआ तो वह अपने को धिक्कारने लगी अपनी ऐसी दुर्बलता के लिए। अपना जी कड़ा किया उसने, अपनी आँखों पर बार-बार पानी के छींटे दिए और जब सुस्थिर हो गई तो जल्दी-जल्दी बाहर के कमरे में पहुँचकर मुस्कुराती हुई बोली :

"माफ कीजिए, देर हो गई। एक जरूरी काम आ गया था। दो और घरों में मैंने बातें कर ली हैं। दो घर पहले ही रमाशंकर भैया तै कर चुके हैं। मैं एक चरखा देती हूँ, रूई भी दूँगी, आप दो घंटे रोज चरखा कातिए। महीने-दो-महीने में जितना सूत इकट्ठा होगा, उसे खादी भंडार में बेचकर पैसा या कपड़ा मिल जाएगा। और भी काम मैं बताऊँगी। यह दुःख मनाने का समय नहीं है। औरत को हिम्मती बनना चाहिए। कमजोर औरत को सताने के लिए सभी तैयार रहते हैं। कोई भी जरूरत पड़े तो आकर जरूर बताइए। महात्मा गांधी कहते हैं कि स्त्री को शिक्षित होना चाहिए, अपने पैरों पर खड़ा होना चाहिए। आप रोज चार बजे हमारे यहाँ आ जाइए, मैं धनेसरी देवी को पढ़ाती हूँ, आप भी अपना एक घंटा समय यहाँ दीजिए, तब मैं और भी कई बातें बताऊँगी। चलिए मैं दोनों घरों में आपको ले जाकर काम पकड़ा देती हूँ..."

ठीक नौ बजे गवर्नमेंट स्कूल के अगले-पिछले फाटकों, दोनों बड़े मैदानों को घेरे तारों के बीच-बीच में पिकेटिंग शुरू हो गई थी। शहर में कोई नेता तो था नहीं, लड़कों ने ही आन्दोलन का नेतृत्व सँभाल लिया। मुख्य फाटक पर जगदम्बिका, शम्भू, नफीस, वीरेश तथा कुछ अन्य लड़के सबको अन्दर जाने से रोक रहे थे। पिछवाड़े पिलपिली, चेंगन, हीरा वगैरह का जमावड़ा था। लड़कों के बीच कोई खास राजनीतिक कार्य न होने पर भी देखते-देखते जबरदस्त एका कायम हो गया। गर्मी और उमस की वजह से चेहरों की जोश-भरी पसीनियाई तमतमाहट में चमक नहीं थी। पिलपिली का उत्साह तो देखने लायक था, जो एक अवसर पर तो इतना बढ़ गया कि वह पता नहीं कब फाटक के निकटस्थ एक पेड़ पर चढ़ गया और वहीं से भाषण देने लगा :

"नौजवान दोस्तो ! आज देश के लिए अपना खून बहाने का मौका आ गया है। आप मेरे साथ नारा लगाइए..."

अचानक किसी को ऊपर से भाषण देता सुनकर नीचे खड़े हड़ताली लड़कों ने पहले तो

हक्का-बक्का होकर ऊपर देखा फिर सबकुछ समझकर हर्ष से तालियाँ पीट-पीटकर उछलने लगे। जल्दी ही नारे लगने लगे। पिलपिली साहित्यिक अभिरुचि का छात्र था और उसने कुछ गीत और दो-तीन कहानियाँ भी लिखी थीं। उसे जितना भी राजनीतिक ज्ञान था, उसके आधार पर कुछ नारे फौरन तैयार करके जोश से गला फाड़कर चिल्लाने लगा :

''गांधी-नेहरू की पुकार,
इन्कलाब जिन्दाबाद।
भगतसिंह की यह ललकार,
इन्कलाब जिन्दाबाद।
अंग्रेजों को दो फटकार,
इन्कलाब जिन्दाबाद।
अब मरने की है दरकार,
इन्कलाब जिन्दाबाद।''

ये नारे आस-पास वृक्षों और मकानों से टकराकर गूँजने लगे। बहुत-से लोग—पुरुष और बच्चे अपने-अपने घर के सामने इकट्ठे होकर तथा स्त्रियाँ अपनी-अपनी छत पर चढ़ तथा आगे सिर उचकाकर देखने, सुनने, जानने, समझने की कोशिश कर रहे थे, जैसे कोई तमाशा हो रहा हो। इन नारों को सुनकर अगले फाटक पर भी जोरदार नारे लगने लगे।

यह सब चल रहा था और जुलूस की शक्ल में आगे बढ़ने की तैयारी भी हो रही थी कि वहाँ एक ऐसे नेता का आगमन हो गया, जो सीधे देवली कैम्प से रिहा होकर यहाँ चले आए थे, एक झोला लटकाए। यह एक पुराने कम्युनिस्ट नेता थे, हर आन्दोलन में जेल गए थे, लेकिन इस बार जेल से इसलिए रिहा कर दिए गए कि उनकी पार्टी ने इस वक्त आन्दोलन छेड़ने का विरोध करके युद्ध-प्रयत्नों में अंग्रेज सरकार को मदद देने की अपील की थी। जब वह बोलने लगे तो कुछ लड़कों ने, जो उस समय की राजनीति को समझते थे, उनका विरोध किया। परन्तु उन्होंने बोलना बन्द नहीं किया :

''नौजवानो ! ठीक है, मैं कम्युनिस्ट था, कम्युनिस्ट हूँ और कम्युनिस्ट रहूँगा। मुझे भले ही जेल से छोड़ दिया गया है, मगर मैं अपनी पार्टी की इस नीति से इत्तेफाक नहीं करता। जब समूचा देश आजादी की ऐतिहासिक लड़ाई लड़ रहा हो, उससे कम्युनिस्टों का अलग रहना ठीक नहीं। इस लड़ाई में कम्युनिस्टों का शामिल होना इसलिए जरूरी है कि कम्युनिस्ट ही इस देश में किसानों, मजदूरों और गरीबों का राज कायम कर सकते हैं। कम्युनिस्टों के अलग रहने पर देश में सही मायने में जनता की सरकार नहीं बन सकती। इसलिए मैं खुलेआम ऐलान करता हूँ कि मैं गांधीजी के 'भारत छोड़ो' आन्दोलन में उनके साथ हूँ, भारतीय जनता के साथ हूँ, आजादी के लिए मैं अपनी जान कुर्बान करने को तैयार हूँ। मेरे साथ आप नारा लगाइए :

'अंग्रेजो !
भारत छोड़ो।
आजाद हिन्दुस्तान,
जिन्दाबाद।
किसान-मजदूर राज,
जिन्दाबाद।
गरीबों का राज,
जिंन्दाबाद।'

स्कूल में पूरी हड़ताल हो गई थी। एक लड़का भी अन्दर नहीं जाने पाया। जब जुलूस के चलने

का समय आया तो अन्य जगहों पर पिकेटिंग करनेवाले सभी छात्रों को मुख्य फाटक पर बुलाया गया। कुछ ही देर में वहाँ चारों ओर की भीड़ इकट्ठी हो गई। जल्दी-जल्दी बात करने, हँसने, चिल्लाने और 'इधर आओ, उधर जाओ' की आवाजें उठने लगीं। जूतों, चप्पलों और नंगे पाँवों की ध्वनियों से किसी खेत में घुसे घोड़पराड़ों के बेतरतीब ढंग से चलने का आभास हो रहा था। इसी समय जगदम्बिका ने, जो दो-पुँछटा धोती-कुर्ता पहनकर माथे पर रुमाल बाँध लिया था, तड़पकर कहा :

"आप लोग शोर न कीजिए, दो-दो की कतार बनाकर खड़े हो जाइए। एकदम अनुशासन में रहिए। यह बड़ी लड़ाई है। लाठी, गोली कुछ भी बरदाश्त करने को तैयार रहिए। उत्तेजना में कोई गलत काम न कीजिए। हमारे सभी नेता जेलों में हैं, अब सारी जिम्मेदारी नौजवानों के कन्धों पर है। हाँ, देश के स्वाभिमान, देश की प्रतिष्ठा की रक्षा करने, देश को आजाद कराने का जिम्मा अब हमारा है। अब चुपचाप लाइन बनाकर खड़े हो जाइए..."

जगदम्बिका के आदेश का चुपचाप पालन किया गया। पसीने से सभी लथपथ थे। कुछ छात्र रुमाल या अँगोछे अथवा किसी कॉपी-किताब से अपने मुँह पर हवा कर रहे थे। आगे-आगे जगदम्बिका, वीरेश, शम्भू, पिलपिली, चेंगन चल रहे थे और बीच में सबसे आगे केदार नाम का एक नाटा, चकइठ, तगड़ा और मोटे गट्टे वाला टेंथ क्लास का लड़का एक ऊँचा तिरंगा झंडा लेकर खड़ा था।

जुलूस रवाना होने के पहले खूब नारे लगे। आगे-आगे झंडे के साथ केदार, पीछे जगदम्बिका, वीरेश, नफीस, शम्भु वगैरह और बाद में दो-दो लड़कों की पंक्तियाँ। केदार की आवाज भी मोटी और बुलंद थी। लेकिन संगीत से उसका दूर-दूर तक रिश्ता नहीं था फिर भी अपने रूखे कर्कश स्वर में इन्तहा जोश भरकर उसने जो राष्ट्रगान शुरू किया, उससे उत्साह, त्याग और आत्मबलिदान की तरंग शुरू से अन्त तक दौड़ गई :

सिर पर बाँधें कफनिया होऽऽ
शहीदों की टोली निकली...

इस गाने का अद्‌भुत प्रभाव सिर्फ जुलूस पर ही नहीं बल्कि अगल-बगल तमाशबीनों तथा अपने-अपने घरों तथा छतों पर खड़े दर्शकों पर भी पड़ रहा था। यह छोटी पंक्तियों का एक चुस्त-दुरुस्त मार्चिंग गीत नहीं था, इसमें दो पंक्तियाँ जोड़कर थोड़ा लम्बा राग बाँधना पड़ता था, लेकिन जब केदार झंडा-पकड़े हाथ को अपनी छाती की ओर ले जाते हुए जोशीली आवाज में गाता था तो उस पंक्ति को दोहराते हुए जुलूस के लोग क्रोध से उन्मत्त होकर चीखने-से लगते। एक बार तो एक छात्र पर उक्त पंक्ति का ऐसा असर हुआ कि वह पंक्ति से बाहर निकल आया और अनियन्त्रित क्रोध से रोते हुए गला फाड़कर चिल्ला पड़ा—'अंग्रेजो ! भारत छोड़ो।' फिर तो चुनौती-भरे क्रान्तिकारी नारे लगने लगे।

जुलूस किसी तरंगित सरिता की तरह आगे बढ़ रहा है। बीच-बीच में कुछ साधारण लोग भी शामिल हो जाते हैं छोटी-छोटी नदियों और नालों की तरह। ये ही लोग सुबह की उमस में मुर्दे की तरह पड़े थे, लेकिन इस समय चैतन्य होकर देश की आजादी के इस ऐतिहासिक आन्दोलन में अपना सबकुछ कुर्बान करने के लिए तैयार हो गए हैं। उनमें जोश-खरोश और कुर्बानी की तमन्ना को कोई नहीं रोक सकता।

लोग नदी से नद बन रहे हैं। दोनों किनारों पर खड़े लोगों में से कोई कुछ देर तक देखता है, फिर सोचता है और अन्त में बढ़ते हुए जुलूस में गायब हो जाता है। कई लोग अगल-बगल गलियों से अचानक सिर झुकाए तेजी से आते हैं और पीछे जाकर तथा पंक्ति बनाकर चल देते हैं शहीदी राष्ट्रगान गाते और चिल्ला-चीखकर नारे लगाते हुए। जुलूस पहले चौक जाएगा, उसके बाद गुदड़ी

बाजार, टाउन स्कूल, मेस्टन स्कूल और मिड्ढी होता हुआ कचहरी। आगे-आगे केदार गा रहा है हाथ में तिरंगा झंडा मजबूती से पकड़े हुए :

"अंग्रेजों का छक्का छूट गया,
शेखी मिल गई धूल, भाई शेखी मिल गई धूल,
कलेजे बीच गोली निकली...
सिर पर बाँधे कफनिया होऽऽ
शहीदों की टोली निकली..."

33

अचम्भे की बात है कि शहर में पुलिस नाममात्र को नजर आ रही है। चौक में विशाल जुलूस पहुँचने के पहले ओकडनगंज पुलिस चौकी का सिपाही तजम्मुल एक हमउम्र पंसारी से हँस-हँसकर बात कर रहा है—हाथ में लाठी न डंडा, बस नीम का एक छाकून, जिसको कभी-कभी हाथ के पंजे के ऊपर धीरे-धीरे हिलाकर थू: करते हुए दाहिनी ओर देख लेता।

जिला प्रशासन के पास वैसे भी पर्याप्त पुलिस बल नहीं है। फिर, होशियार हिन्दुस्तानी जिलाधीश ने सोचा कि माटा के छत्ते को खोदने से कोई फायदा नहीं, कांग्रेस के राष्ट्रीय नेताओं की गिरफ्तारी से जोश और गुस्सा आ जाना स्वाभाविक है, उसको निकलने का रास्ता दे दीजिए, फिर सबकुछ शान्त हो जाएगा। दरअसल छोटे-छोटे कस्बों की ही बात नहीं है, बड़े-बड़े शहरों में भी पहले दो-तीन दिनों तक अमूमन यही नीति बरती गई।

सचमुच शुरू के बड़े-बड़े जुलूस जनता के विरोध प्रदर्शन ही थे, लेकिन 12 अगस्त को ब्रिटिश सरकार के भारत सचिव लॉर्ड एमरी ने राजनीतिक स्थिति पर जो पाखंड और शरारत से भरा बयान दिया, उसने स्थिति को और बिगाड़ दिया। लॉर्ड एमरी के बयान में कांग्रेस और महात्मा गांधी के विध्वंसक उद्देश्य के रूप में एक ऐसे मनगढ़न्त कार्यक्रम की रूपरेखा पेश की गई थी, जिसमें टेलीग्राफ और टेलीफोन के तार काटना, रेल की पटरी उखाड़ना, सरकार के विभागों में हड़ताल कराना और अन्य तोड़-फोड़ के कार्यों द्वारा शासन को ठप्प करना प्रमुख था। अन्त में उसमें यह शेखी बघारी गई थी कि जनता के बीच गांधी की लोकप्रियता तेजी से घट गई है, इसीलिए हताश होकर उन्होंने तोड़-फोड़ का आन्दोलन छेड़ा है, ऐसी स्थिति में शान्तिप्रिय जनता से अलग-थलग करने के लिए उनको तथा उनके कुछ सहयोगियों को गिरफ्तार करके जेल में बन्द कर दिया गया है, क्योंकि किसी भी हिंसात्मक कार्रवाई को बरदाश्त नहीं किया जाएगा।

यह सही है कि महात्मा गांधी के नेतृत्व में कांग्रेस ने 'भारत छोड़ो' का प्रस्ताव पास किया था। गांधीजी ने भारतीय जनता को 'करो या मरो' का सन्देश दिया था। स्टैफर्ड क्रिप्स के प्रस्ताव को ठुकरा देने के बाद वह लगातार 'हरिजन' के अपने अग्रलेखों में अंग्रेजों को भारत छोड़कर अपने देश चले जाने की सलाह दे रहे थे। बम्बई अधिवेशन के बाद पूर्ण स्वतन्त्रता प्राप्ति तक 'करो या मरो' की अहिंसात्मक लड़ाई का पूरा कार्यक्रम तैयार किया जाना था, लेकिन उसके पहले ही अंग्रेज सरकार ने हमला करके नेताओं की गिरफ्तारी का भड़काऊ कार्य करके क्रूर दमनचक्र चालू कर दिया। ऐसी परिस्थिति में भारत की जनता ने लॉर्ड एमरी द्वारा घोषित मनगढ़न्त कार्यक्रम को कांग्रेस और महात्मा गांधी का वास्तविक कार्यक्रम समझा और चुनौती स्वीकार करके उसी कार्यक्रम के अनुसार कार्य भी करना शुरू कर दिया। आश्चर्य की बात यह है कि ऐसे आन्दोलन में भी जनता हिंसा से दूर रही। अनेक लोगों ने हँसते-हँसते जान दे दी, लेकिन दूसरों की जान नहीं ली। अगर

कहीं कुछ हिंसा हुई भी तो अंग्रेजी सत्ता की हिंसा के जवाब में।

बहरहाल, 10 अगस्त को बलिया चौक के जुलूस को देखकर जिला प्रशासन का गुप्तचर विभाग बड़ा परेशान था। इसके पहले इतना बड़ा जुलूस तो देखने में ही नहीं आया—वह भी नए-नए नौजवान छोकरों का। अभी हाल के व्यक्तिगत सत्याग्रह में कितनी आसानी थी, जाने-पहचाने नेता या विशिष्ट कार्यकर्ता सफेद खादी में फूलमाला पहनकर कचहरी खुद आते, युद्ध के खिलाफ नारे लगाते और शहीदाना मुस्कुराहट के साथ आगे बढ़कर सहर्ष गिरफ्तारी दे देते। सजाव दही पर पड़ी मोटी मलाई को निकाल लेना कितना आसान है, पर यहाँ तो सभी एक समान छिनुही दही की तरह खट्टे और बेमजा। मजाल है कि कोई भी गुप्तचर, दलाल या मुखबिर किसी को पहचान ले। इतनी चौकसी रखने पर भी इतने लोग कहाँ से कांग्रेस में आ गए। क्रान्तिकारी जोश एवं उत्साह से वाणी, उनकी भाव मुद्राएँ रणस्थल की ओर मार्च करती सेना की तरह।

मनव्वर अली और जितेन्द्र लाल सबेरे से ही भागदौड़ कर रहे थे, मगर छात्रों के बीच में उनका कार्य नगण्य था, खैर, उन्होंने पहचाने जाने के डर से अपने को दूर ही रखकर काफी संख्या में अपने दलालों और मुखबिरों को झोंक रखा था। लेकिन असली समस्या तो उस समय उत्पन्न हुई, जब चौक में कई औरतें शामिल हो गईं, अब इनको कौन पहचाने ? बलिया में साधारण औरतें पर्दा में रहती थीं, यदि बाहर निकलीं भी तो आगे घूँघट काढ़कर या साड़ी के ऊपर चादर ओढ़कर उसका ऐसा घूँघट बनाते हुए, जिससे माथा ढका रहता और आँखें भी अगर पूरी नहीं तो आधी अवश्य।

महिलाओं के आते ही जुलूस में और भी उत्साह आ गया। जोर-जोर से नारे लगने लगे। महात्मा गांधी, जवाहरलाल नेहरू, सुभाषचन्द्र बोस, मौलाना आजाद, भगतसिंह, चन्द्रशेखर आजाद का जय-जयकार होने लगा। इस समय पिलपिली को इतना जोश आया कि वह एक लैम्प-पोस्ट के छोटे-से चबूतरे पर किसी तरह खड़ा होकर चिल्ला पड़ा :

''नौजवानो, देश के लिए जान देने का अवसर आ गया है। मेरी तो इच्छा है कि अभी जेल में जाकर फाँसी के फन्दे पर झूल जाऊँ...''

इसके बाद तो जोश-भरे नारों के जैसे विस्फोट ही होने लगे। कोई अनजान नौजवान जुलूस की पंक्तियों से बाहर आकर बगल में अपनी पसन्द के नारे लगाने लगता। उसके नारे खत्म होने पर कोई अन्य बाहर निकलकर नारे लगवाता हुआ चलने लगता। एक-से-एक क्रान्तिकारी नारे थे वे—पुराने और नए दोनों ही परन्तु जोश में वे सभी सर्वथा नवीन लगते। इसके बाद पिलपिली फिर बाहर आकर जोर-जोर से चीखने लगा।

''भाइयो, जुलूस अब इशरतगंज होकर चलेगा, वहाँ भारत की अनेक देवियाँ जिस्म बेचने को मजबूर की जा रही हैं। आजादी मिलने पर यह अन्याय नहीं होने दिया जाएगा...''

बीच में से एक अधेड़ व्यक्ति चिल्लाया, ''अरे नहीं, इस जुलूस में शरीफ घरों की जनानी लोग हैं, उधर से ले जाना ठीक नहीं है...''

इसके बाद—'हाँ-हाँ', 'नहीं-नहीं' की कई आवाजें आईं। कुछ लोग हँसने भी लगे। लेकिन जुलूस इतना विशाल और इशरतगंज वाली सड़क के निकट था कि उधर ही मुड़ गया और उस पर ही आगे बढ़ने लगा। विशालता में लचक का अभाव होता है और उसके लिए ऐसी ही गति सुविधाजनक भी होती है। लेकिन शायद बहुसंख्यक लोगों की राय भी यही थी। वे देश की आजादी तो चाहते थे ही, लेकिन उसके साथ वे उनकी भी आजादी चाहते थे, जो सताए गए थे। जो दुखिया थे, गरीब थे। इसीलिए इशरतगंज की सड़क पर जाना उन्हें उचित लगा—ऐसा क्रान्तिकारी, देशभक्ति-भरा अभियान, यह न समझते हुए भी कि इसका व्यावहारिक रूप क्या होगा !

भगजोगिनी और इसकी सास के लिए यह एक नया अनुभव है। देश की आजादी का मतलब वे ठीक से नहीं समझतीं। अपना गाँव—जवार अथवा अपना टोला-मोहल्ला, अपना शहर तो ठीक

है, लेकिन अपना देश क्या होता है ? फिर भी दूसरी महिलाओं की देखा-देखी वे भी नारे लगा रही थीं। जितनी भी धूप निकली थी, वह बड़ी विषैली थी। उमस और पसीने से शरीर बेहाल था। चिल्लाते समय उनकी नाकों में और लाली आ जाती, जिन पर पसीने की दो-चार बूँदें भी हिलती दिखाई दे जातीं। लेकिन भगजोगिनी का दिल एक अनजान भय से काँप रहा था। उसकी जिन्दगी का क्या होगा अब ? और ऐसे में दामोदर प्रसाद दिखाई दे गया तो वह क्या करेगी ? पुरुषों का यह जुलूस है तो अगर इसमें दामोदर भी शामिल हो तो अचरज की बात क्या होगी ? फिर उस आजादी की क्या कीमत जिसमें दामोदर जैसे धोखेबाज शामिल हों ? तब दुखिया औरतों के साथ कौन न्याय करेगा ? उनके साथ होनेवाले अन्याय को कौन रोकेगा ? और तब उसे वह घटना याद आई जब रमाशंकर ने दामोदर को चेतावनी दी थी। उसने इधर-उधर सिर घुमाकर घूँघट के भीतर से ही देखा, लेकिन रमाशंकर कहीं भी नजर नहीं आया।

जब जुलूस ने इशरतगंज के इलाके में प्रवेश किया तो भगजोगिनी और भी घबराई। उसके दिमाग में फिर दामोदर प्रसाद चक्कर काटने लगा। क्या वह उसे रंडी-पतुरिया समझके ही उसके पास आता रहा ? जब वह इतना धोखेबाज था तो इस मोहल्ले में क्या वह इसी समय जोर-जोर से छाती पीटकर चिल्लाए और सबके सामने दामोदर प्रसाद की कलई खोल दे ? चिल्ला तो नहीं सकी वह लेकिन उसकी आँखों से 'झर-झर' आँसू बहने लगे।

विशाल जुलूस कुछ देर के लिए रुक गया था। करीब साढ़े बारह बजे थे, अभी धन्धा शुरू होने में करीब तीन घंटे की देर थी। जुलूस का शोर और नारे सुनकर हर उम्र की वेश्या अपने-अपने दरवाजे पर आ खड़ी हुई। उनकी आँखों में अजीब कौतुक का भाव था जैसे कोई तमाशा हो रहा हो। कोई-कोई तो जल्दी में चोटी गूँथती हुई चली आई थी। कोई पेटीकोट, कुर्ती में ही थी। किसी ने नई साड़ी तो पहन ली थी, मगर मुँह पर पाउडर-लिपिस्टिक की लाली नहीं लगने से ढीले-ढाले चमड़े के फैले छिद्रों वाला खुरदुरा-सा आभाहीन चेहरा निर्धनता, शोषण एवं कटु अनुभवों की नग्न वास्तविकता का परिचय देता प्रतीत हुआ।

ढेला भी चबूतरा वाले अपने कमरे के दरवाजे पर खड़ी दिखाई पड़ी। लेकिन पहली नजर में उसे पहचानना कठिन था। चेहरा सूख गया था। दोनों कपोल धँसे हुए, आँखों के नीचे गड्ढे। पिलपिली उसे लगातार देख रहा था। बाद में वह उसे पहचान गया। उसे वह दिन याद आया, जब वह दयाशंकर, चेंगन, हीरा के साथ उसके यहाँ सुबह-सुबह गया था। तब वह कितनी जीवन्त और हँसमुख थी। हँसी-खुशी से भरी हुई। लम्बी, स्वस्थ, चंचल, खूबसूरत। लेकिन अब वह कैसी हो गई है और क्यों ? वह कोई कारण तो जान नहीं सका, परन्तु सहसा उसे बेहद गुस्सा आने लगा। आज तो गुस्सा का कारण एक ही था, इस विदेशी सरकार ने इस देश को नरक बना दिया है। इस देश की महिलाएँ कितनी साहसी और वीर होती थीं। ज्ञानी, विदुषी, कार्यकुशल, हर तरह की विद्या में निपुण। गुलामी ने इस देश का तेज नष्ट कर दिया है। इस देश को फिर तेजस्वी, वैभवशाली और शक्तिशाली बनाने के लिए यहाँ से अंग्रेजों को भगाना जरूरी है। देवियो, देश को आजाद हो जाने दीजिए, तब आपके सारे कष्ट दूर होंगे, सामाजिक अभिशापों की जिन्दगी समाप्त होगी और आपकी-हमारी, सबकी एक नई जिन्दगी शुरू होगी, जिसमें कोई अन्याय नहीं होगा, गरीबी नहीं होगी, सभी मस्तक ऊँचा करके चलेंगे। देवियों के साथ जो अन्याय करेगा उसको मौत की सजा दी जाएगी। देवियो, आप विद्रोह कर दीजिए, आप इस जुलूस में शामिल होइए, आजादी की लड़ाई लड़ने के लिए आप भी हमारे साथ चलिए। हम गुलामी को नेस्तनाबूद कर देंगे। हम विदेशी सरकार को यहाँ से भगा देंगे। उसके लिए अपनी जानें कुर्बान कर देंगे।

पिलपिली पता नहीं कब जुलूस में से बाहर निकलकर ढेला तथा अन्य वेश्याओं की ओर मुट्ठी हिला-हिलाकर धाराप्रवाह भाषण कर रहा था। राजनीति में उसकी कोई खास रुचि नहीं थी। साहित्य

से उसे विशेष प्रेम था। स्कूल की वाद-विवाद प्रतियोगिताओं में दो बार अवश्य भाग लिया था उसने, लेकिन किसी सार्वजनिक सभा या जुलूस में भाग लेने का उसका पहला ही अवसर था। उसके दिमाग में जो भी आ रहा था, उसे ही वह मुँह के रास्ते बाहर निकाल रहा था। गर्मी, उमस और बेइन्तहा जोश से उसका मुँह गर्म ताँबे की तरह तमतमा रहा था। कुछ ही देर में उसके मुँह के दोनों कोनों पर गाज निकल आया।

ढेला भी पहले पिलपिली को पहचान नहीं पाई। इतने समय में वह दुबला-पतला लड़का कुछ स्वस्थ हो गया था। उसके मुख की बालक जैसी कोमलता एक उभरते हुए पुरुष की सतत विकसित रुक्षता में बदल गई थी। जोश के माहौल में सबके चेहरे एक जैसे लग रहे थे, किसी खास व्यक्ति को अलग से पहचानना भी काफी कठिन था। फिर भी, ढेला एक अनजान आकर्षण से उसको एकटक देख रही थी, जैसे पूर्वजन्म की कोई बात याद आ रही हो धुँधली-धुँधली-सी। धीरे-धीरे, भाषण देता वह रूक्ष चेहरा और हिलता शरीर नाजुक-सा होकर उछलकर खिलखिलाने लगा। और बहुत समय नहीं लगा जब भाषण का एक शब्द भी उसके कानों में प्रवेश नहीं कर पा रहा था। बस एक निरर्थक चिल्लाहट के बीच में चौड़ी छाती वाले एक नौजवान का चेहरा उभरने लगा—गम्भीर, व्यस्त, शहीदाना अन्दाज, रात को दरवाजा खटखटाता या धीमे से पुकारता, जिसका पुलिस पीछा कर रही है...

सहसा ढेला के दिल में बिजली की तरह कुछ कौंध गया। उसे उन दिनों की याद आ गई जब उसका दिल खुशी, उत्साह और प्यार की आँधी में बह चला था। फिर तो उसे न मालूम क्या हो गया और वह अपने को रोक न सकी। वह अपनी जगह से हिली और तेजी से चलकर तथा चबूतरे से नीचे उतरकर सड़क पर दौड़ती हुई जुलूस के आगे महिलाओं के बीच में पहुँची और अत्यधिक जोश में चीख-चीखकर हाथ उठाकर वही नारे लगाने लगी, जो कुछ देर पहले जुलूस के लोग लगा रहे थे :

"इन्कलाब, जिन्दाबाद
महात्मा गांधी, जिन्दाबाद
भगतसिंह, जिन्दाबाद
अंग्रेजो ! भारत छोड़ो..."

परन्तु यह जोश उसके नियन्त्रण में नहीं रहा, उसकी आँखों से आँसू गिरने लगे और उसकी आवाज उसके गले में कहीं फँस गई। फिर उस पर जोरों की खाँसी का दौरा पड़ा। वह खाँसते-खाँसते नीचे बैठ गई। फिर उसे खून की उल्टी हुई और वह मूर्छित होकर नीचे लुढ़क गई।

"अरे मैया," भगजोगिनी जोर से चिल्लाई, क्योंकि ढेला उसी के पैरों के पास लुढ़की हुई थी। यह सब इतनी जल्दी घटित हुआ कि पहले तो किसी की समझ में कुछ भी नहीं आया, और जब तक जगदम्बिका, वीरेश, शम्भू, पिलपिली उधर लपकते, गली में से ढेला की माँ रोती हुई दौड़ी आई। जुलूस के लोगों में खलबली मची और उसके बीच में शोर उठने लगा। भगजोगिनी नीचे बैठकर ढेला के सिर को अपनी गोद में लेकर रोती हुई पूछ रही थी :

"अरे बहिनी, क्या हुआ है तुमको..."

भगजोगिनी वास्तव में होश में नहीं थी, उसका समूचा बदन थरथरा रहा था। थोड़ी ही दूरी पर बलगम-भरा खून का थक्का पड़ा हुआ था। उसको उन दिनों की याद आई, जब बनवारी पर इसी तरह खाँसी का दौरा पड़ता था। जब वह खाँसते-खाँसते खून की उल्टी करता और बेदम होकर लुढ़क जाता तो वह दौड़ी आती और उसे अपनी गोद में लेकर उसका मुँह पोंछती हुई ढाढ़स बँधाने लगती। लेकिन वह तो पति था, लेकिन इस वेश्यापुत्री के लिए वह क्यों इतनी परेशान हो रही है, जैसे उसकी कोई सगी हो ! क्या सेवाभाव से अथवा दया भाव से ? अथवा डर या आतंक से ?

या इसी तरह के पुराने अभ्यास के कारण ? अथवा यह सब उसके स्वभाव में ही है ? कारण कुछ भी हो, ऐसा हो रहा था, और जब रमाशंकर न मालूम किधर से वहाँ आकर खड़ा हो गया तो भगजोगिनी ने उससे अनुरोध किया :

"भाईजी, इन्हें जल्दी किसी डॉक्टर के पास भेजवा दीजिए..."

"हाँ-हाँ अभी इन्तजाम होता है, घबराइए नहीं..."

इसके बाद तो हंगामे का दृश्य उपस्थित हो गया। ढेला की माँ पहुँचकर छाती पीट-पीटकर जुलूस वालों को कोसने लगी, "अरे, मार डाला मेरी बच्ची को। इन छोकरों को मैं अच्छी तरह जानती हूँ, मेरी बच्ची को बहकाकर इसकी जिन्दगी तबाह कर दी। आजादी मिलेगी तुम्हें, मौज-मलाई तुम उड़ाओगे, हमें क्या मिलेगा ? और कहाँ है पुलिस-दरोगा, इन लोगों को पकड़कर जेल ले जाओ, डाका-कत्ल का मुकदमा चलाओ इन पर...इन बेईमानों ने हमारी बच्ची को मार डाला है..."

वेश्याओं के घरों से चीख-चिल्लाहट आने लगी। जगदम्बिका, वीरेश, शम्भु, पिलपिली लपककर पहुँचे तो जल्दी ही लेकिन उनकी समझ में नहीं आया कि क्या करें। गनीमत यही हुई कि जल्दी ही ढेला की मूर्छा टूट गई। पहले तो उसकी पलकें काँपीं और फरफराईं, फिर आँखें खुलीं, भगजोगिनी के चेहरे पर दृष्टि टिकने के बाद उसकी समझ में आया कि वह कहाँ है, हड़बड़ाकर उठने की कोशिश करने पर भगजोगिनी ने उसे रोका :

"घबराइए मत, कमजोरी है। जल्दी ही ठीक हो जाएगा। मैं आपको सहारा देती हूँ, धीरे-धीरे ही उठिए। बीमारी में आराम करना चाहिए...आपको बुखार है...."

"नहीं, मैं ठीक हूँ..." ढेला के मुँह से धीमी आवाज निकली। उसके बाद वह भगजोगिनी के सहारे से उठ बैठी।

"आप जैसी बहन पर हमें नाज है, आप घर में चलकर आराम कीजिए। मैं डॉक्टर लेकर आता हूँ..." इसके बाद रमाशंकर ने जगदम्बिका से कहा, "आप जुलूस को अनुशासन में रखिए और आगे बढ़िए। टाउन स्कूल में लड़के इन्तजार कर रहे हैं, उनको लेकर आगे बढ़िएगा तो माल गोदाम के पास मेस्टन स्कूल के लड़के भी मिलेंगे। उसके बाद सीधे कचहरी जाइए..."

इसके बाद रमाशंकर सीधे तनकर खड़े हो गए। उन्होंने जुलूस की तरफ हाथ उठाकर शान्त होने का इशारा किया। पीछे के लोगों को अभी भी सही बात का पता नहीं था। जुलूस रुका हुआ था। राष्ट्रगान बन्द और नारे भी। कई तरह की बातें उड़ रही थीं। यहाँ तक कि पीछे के लोगों में किसी ने यह अफवाह उड़ा दी कि आगे पुलिस ने जुलूस को घेर लिया है और गोली चलनेवाली है। इस पर कुछ लोग वहाँ से खिसकने भी लगे।

तत्पश्चात जगदम्बिका आगे से पीछे की तरफ दौड़ता हुआ आया यह कहते, "आप शोर न कीजिए, जुलूस चलनेवाला है। किसी तरह की अफवाह न उड़ाइए। कुछ भी नहीं हुआ है। एक बहिन गर्मी में मूर्छित होकर गिर पड़ी थीं, वे अब ठीक हैं। उन्हें डॉक्टर से दिखाया जा रहा है, इस जुलूस में सरकार के कई जासूस भेष बदलकर घुसे हैं। ऐसा कोई आदमी झूठी अफवाहें फैलाए तो उसे हमारे सुपुर्द कर दीजिए, हम उसको ऐसा सबक सिखाएँगे कि जिन्दगी-भर भूल नहीं पाएगा..."

रमाशंकर ने पहले ही पिलपिली को नए डॉक्टर दिनेश गुप्त को फौरन साथ में ले आने के लिए भेज दिया था। बलिया के ही निवासी डॉ. गुप्त लखनऊ मेडिकल कॉलेज के एम.डी. थे और पिछले दो वर्षों में ही नई जानकारियों और व्यावहारिक सूझबूझ के कारण उनकी प्रैक्टिस अच्छी जम गई थी। खास बात यह थी कि महँगा डॉक्टर होने तथा सक्रिय राजनीति से दूर रहने पर भी वह कांग्रेस क्रान्तिकारियों तथा राष्ट्रीय विचार के लोगों को यदा-कदा चन्दा देते और ऐसे लोगों द्वारा उपचार के लिए बुलाए जाने पर उनसे कोई फीस नहीं लेते थे।

रमाशंकर अमूमन जुलूस से कुछ दूरी पर रहते थे—किसी गली में अथवा किसी विश्वस्त

सहयोगी के घर में। वहीं से वह किसी से सन्देश भेज देते अथवा किसी नौजवान को अपने पास बुलवा लेते। अचानक गिरफ्तारी से बचने के लिए उन्होंने और उपाय भी किए थे। दाढ़ी तो पहले ही इसी उद्देश्य से बढ़ा ली गई थी। एक लम्बे दुपट्टे को, जो इन दिनों उनके पास हमेशा रहता था, एक ऐसी पगड़ी की तरह बाँध लिया था, जो सिर के अलावा आगे माथे और पलकों के शीर्ष भाग को भी ढके हुए थी। यही नहीं, वह आज कुर्ते के साथ अलीगढ़ी पायजामा भी पहने हुए थे, जो बलिया के जानकार लोगों के लिए दुनिया का आठवाँ आश्चर्य ही था।

बहरहाल, वह सन्तुष्ट और प्रसन्न इसलिए थे कि राममूरत और नफीस जैसे उत्साही और जाँबाज कार्यकर्ताओं के वहाँ मौजूद न रहने पर भी, जो रमाशंकर के ही कहने पर मेस्टन स्कूल के जुलूस के साथ थे, उनके काम में कोई अड़चन नहीं आई थी। स्कूल के नए-नए अनुभवहीन छोकरे राममूरत और नफीस से कम हिम्मती और फुर्तीले नहीं थे। एक इशारे पर वे देश के लिए कोई भी त्याग और बलिदान कर सकते थे।

34

रमाशंकर की छाती गर्व से फूल गई, जब वीरेश और शम्भु ने उनके कहने पर सड़क पर गिरे खनू-भरे बलगम की सफाई कर दी। जिद-भरे आदेश के बावजूद उन्होंने रमाशंकर से पैसे नहीं लिए। जब दोनों की जेबों में कुछ पैसे थे तो देश के काम के लिए स्वयं क्यों न खर्च करें ! लेकिन उस मोहल्ले का कुम्हार भी हँडिया के लिए पैसा लेने को तैयार न हुआ।

''अरे, जा-जा, हमके पइसा मति दिखावऽ। एक तऽ महल्ला का मामला बाऽ दूसर हमार सगा लड़िकवा तिरंगा झंडा उठाई तऽ हम ओसे पइसा लेईब ? हड़ताल कऽ दिन हऽऽ चुपे-से ई हाँड़ी ले जाऽ।''

तत्पश्चात पास की हलवाई की दुकान से उन्हें उसी हँडिया में छोटे-छोटे अंगारों से भरी राख मिल गई, जो कुछ देर बाद खून-भरे बलगम पर उड़ेल दी गई। इस बीच उन्होंने उसी मोहल्ले में नालियों की सफाई करते हुए एक सफाई मजदूर को कुछ पैसे देकर, उसका फावड़ा और झाड़ू ले लिया और राख से ढके बलगम को फावड़े की मदद से खखोर-खखोरकर हँडिया के अन्दर डाला। तत्पश्चात उस जगह को झाड़ू से साफ कर दिया। अन्त में हँडिया में ऊपर से कुछ और जलती राख डालकर उसे बाहर फेंकने के लिए सफाई कर्मचारी के सुपुर्द कर दिया गया फावड़ा और झाड़ू लौटाते वक्त।

ढेला ने खड़ा होने के बाद अपनी अम्मा को अंड-बंड बोलने से मना किया। फिर उसकी माँ और भगजोगिनी सहारा देकर उसे घर के अन्दर ले गई। वहाँ हाथ-मुँह धुलवाकर और कपड़े बदलवाकर उसे उसी कमरे में लेटा दिया गया, जहाँ वह दयाशंकर, पिलपिली वगैरह से पहली बार मिली थी। भगजोगिनी ने भी साबुन से अपने हाथ-मुँह अच्छी तरह धोए और आँचल के उस हिस्से को भी जिसमें बलगम की गन्दगी लग गई थी। जब वह बाहर जाने लगी तो ढेला ने रोते हुए कहा :

''आपका कैसे शुक्रिया अदा करूँ ? आप इन्सान नहीं, फरिश्ता हैं...।''

''ऐसा न कहिए। मैं धूल हूँ, रेत-पाई से भी गई-गुजरी हूँ। आप खूब आराम कीजिए। चिन्ता न कीजिए। ढंग से खाइए, पीजिए...दूध, अंडा, छेना अधिक...काली माई आपको अच्छा कर देंगी...।''

इसके बाद भगजोगिनी वहाँ से फौरन बाहर निकलकर जुलूस में अपनी जगह पर आकर खड़ी हो गई थी। इतनी ही देर में वह जगह साफ हो गई थी और वीरेश कुएँ से एक गगरा पानी खींचकर

ले आया था और पूरा पानी उसी जगह पर झुककर गिरा दिया था, जिससे और भी सफाई हो गई थी। इसके ठीक पहले दोनों दोस्तों ने कुएँ पर जाकर पानी भरते एक व्यक्ति की मदद से साफ मिट्टी से हाथ मल-मलकर धोए थे। पैर और मुँह भी। और उसी के गगरे से पानी भी ले आए थे।

जुलूस में फिर चैतन्यता आ गई थी। पहले जैसा जोश और उत्साह। शुरू से आखिर तक खूब नारे लग रहे थे। जुलूस की फिर रवानगी के पहले गोपालराम पता नहीं किधर से—शायद बाईं तरफ की एक गली से निकलकर अचानक भगजोगिनी के पास आया और सिर आगे बढ़ाकर धीमी आवाज में बोला :

''आप अपनी सास के साथ हैं न ? आप दोनों मेरे साथ चलिए, मैं आप दोनों को आपके घर पहुँचा दूँ। रमाशंकर भाई मुझसे अभी-अभी मिले थे, उन्होंने मुझसे यही कहा है। आपके दोनों बच्चे अभी रमाशंकर भाई के यहाँ हैं न ? जुलूस तो अभी लम्बा चलेगा और आपके बच्चे घबरा जाएँगे...बस चल दीजिए...।''

''आप कौन हैं भैया ?'' भगजोगिनी की सास ने सशंकित भाव से पूछा।

''मैं ? मेरा नाम गोपालराम है। मैं तो इत्तफाक से इधर आ गया। मैं जुलूस वाला नहीं हूँ। यह सब बकवास है। खैर, इससे आपको क्या मतलब ? रमाशंकर भाई मुझे जानते हैं, विचारों के मामले में मतभेद होने पर भी मुझ पर विश्वास करते हैं। मैं भी उन्हें एक नेक इन्सान मानता हूँ। कोई और न मिला तो उन्होंने मुझसे कह दिया। मेरी बातों पर आपको विश्वास हो तो फौरन मेरे साथ चल दीजिए...न हो तो मैं भी चलता हूँ, मुझे और भी बहुत-से जरूरी काम हैं...''

गोपालराम मटमैले-से धोती-कुर्ते में था। उसके कन्धे में एक झोला लटक रहा था, जिसमें 'लोकयुद्ध' की कुछ प्रतियाँ रखी थीं। अपनी बात समाप्त कर वह नाराजी से दूसरी ओर देखने लगा, जैसे वहाँ से जाने ही वाला हो।

''अरे नहीं, भैया, हम चलेंगे तुम्हारे साथ। नाखुश काहे होते हो ?''

कुछ ही देर में जुलूस जोरदार नारे लगाने के बाद वहाँ से चल पड़ा। इस बार वीरेश झंडा पकड़कर आगे-आगे चल रहा था। केदार को अब विश्राम दे दिया गया था। वीरेश की आवाज उतनी मोटी नहीं, लेकिन उसके कंठ में पर्याप्त मिठास थी। उसने जोशीली आवाज में गाना शुरू किया :

''बढ़े चलो, बढ़े चलो,
बढ़े चलो, बढ़े चलो...
तुम वतन की जान हो,
तुम वतन की शान हो,
तुम तो नौजवान हो, तुम तो नौजवान हो,
बढ़े चलो, बढ़े चलो...''

इस समय आकाश के एक कोने में कुछ गाढ़े बादल दिखाई देने लगे और कुछ हवा भी चलने लगी, जिससे कुछ राहत मिली। गनीमत की बात यह भी थी कि एक दिन पहले खूब बारिश हुई थी, इसलिए कंकड़ की पक्की सड़क तथा कच्ची जमीन पर भी धूल नहीं थी। मालगोदाम के पास मेस्टन स्कूल का जुलूस मिल जाने से विरोध प्रदर्शन में जान आ गई। अब साथ में राममूरत और नफीस जैसे उत्साही और त्यागी नौजवान भी आ गए थे। पिलपिली भी डॉ. दिनेश गुप्त को ढेला के यहाँ पहुँचाकर जुलूस में आ मिला था।

सारा शहर कचहरी की ओर उमड़ा जा रहा था। असंख्य पगों से धरती हिल रही थी। जनसमुद्र के कंठों से निकले राष्ट्रगान और नारों से आसमान थर्रा रहा था। आस-पास से पक्षीगण उड़कर दूसरी जगह चले गए थे। रास्ते में लावारिस जानवर घास चरना या खाना-पीना छोड़कर सिर उठाकर

चुपचाप खड़े हो गए थे। जहाँ आकाश विस्तृत नहीं था अथवा कम खुला था, वहाँ मकान और घनी पत्तियों वाले वृक्ष भी नारे दोहरा रहे थे। और खुली जगह पर पीछे का क्षितिज भी गूँज उठता जैसे उधर से एक और विशाल जुलूस आ रहा हो, वैसे ही नारे लगाते हुए जिसकी आवाज दूरी की वजह से बहुम मद्धिम थी।

कचहरी बन्द थी हड़ताल की वजह से। कलक्टर और दूसरे हाकिम भी उठकर चले गए थे। यहाँ भी वही दृश्य यानी दारोगा-थानेदारों का पता नहीं था, वहाँ से दूर इक्का- दुक्का पुलिस कान्स्टेबल जरूर दिखाई दे जाते। कचहरी की इमारत के सामनेवाला मैदान प्रदर्शनकारियों से भर गया था।

पहले तो छात्रों के भाषण हुए। हर स्कूल के कुछ चुने हुए विद्यार्थी बोले। जोश से खूब चीख-चिल्लाकर। कोई अनुभवी, राजनैतिक रूप से शिक्षित, उम्रदार और अभ्यस्त नेता तो वे थे नहीं। वे खूब जोश-खरोश के साथ शुरू करते। चेहरा तमतमाने लगता। कहने के लिए उनके पास दो-चार बातों के अलावा कुछ था नहीं, परिणामस्वरूप उनकी बात उम्मीद के बहुत पहले ही समाप्त हो जाती और वे शरमाते हुए-से भीड़ में गायब हो जाते। इसका यदि नमूना ही पेश करना हो तो मेस्टन स्कूल के गौरीशंकर नामक एक छात्र का भाषण सर्वोत्तम समझा जाएगा, जो बिना किसी सम्बोधन के इस प्रकार शुरू और खत्म हुआ :

"अंग्रेजों को हम अपने देश से भगा देंगे। अंग्रेजो ! भारत छोड़ दो। हम अपनी जान कुर्बान कर देंगे, फाँसी पर झूल जाएँगे...नमस्ते !"

वीरेश का भाषण भी थोड़ा ही बेहतर हुआ। लेकिन राममूरत और नफीस जमकर बोले। राजनीतिज्ञों और क्रान्तिकारियों के साथ रहने तथा नियमित रूप से अखबार पढ़ने से उनको कई बातें मालूम थीं, जिनका विस्तार से उन्होंने उल्लेख किया। आजादी क्यों जरूरी है, इस पर प्रकाश डालते हुए नफीस ने कहा :

"गुलामी सबसे बुरी चीज होती है, चाहे वह एक इन्सान की हो या पूरे देश की हो। अंग्रेज कहते हैं कि वे हमें सुधारने आए हैं। हम जानवर थे, उन्होंने हमें इन्सान बना दिया है। अगरचे ऐसी ही बात है तो जालियाँवाला बाग में गोलियाँ चलाकर हजारों हिन्दुस्तानियों को क्यों मार डाला ? इनसे कोई पूछे तो। भगतसिंह को फाँसी क्यों दी गई ? रामप्रसाद बिस्मिल, अशफाकुल्ला खाँ, उद्धमसिंह को सूली पर क्यों चढ़ाया गया ? दुनिया-भर में मशहूर यहाँ के बुनकरों, दस्तकारों का धन्धा किसने चौपट किया ? क्या बात है कि यहाँ के धन पर आपका मुल्क मालामाल होता जा रहा है और हमारे मुल्क के लोग हर रोज और गरीब होते जा रहे हैं। हम तो आपसे प्यार से कहते हैं—हमें अपनी किस्मत पर छोड़कर आप अपना बोरिया-बिस्तरा लेकर अपने मुल्क चले जाइए। अपनी किस्मत का फैसला हम खुद करना चाहते हैं। अपना कानून हम खुद बनाएँगे। अपनी तरक्की के बारे में हम खुद सोचेंगे। जब हम अपने पैरों पर खड़े होकर मजबूत बनेंगे, तभी हम आपके लिए, दुनिया की आजादी और जम्हूरियत के लिए भी ताकत के साथ लड़ेंगे। गुलाम मुल्क तो लाश की तरह है। हाँ, आपने हमारे मुल्क को लाश बना दिया है, जो कुछ बोल नहीं सकता है, कोई फैसला नहीं कर सकता है। अब हम यह गुलामी बरदाश्त नहीं कर सकते। आप जाइए यहाँ से, जाइए यहाँ से जल्दी-से-जल्दी, हम अपनी आजादी के लिए बेताब हैं, हम उसे लेकर रहेंगे, नहीं तो अपनी जान कुर्बान कर देंगे..."

इसके पश्चात जो नारे लगे उनसे आस-पास के बाग-बगीचे गूँजने लगे और कचहरी की इमारत हिलने लगी...

दूसरे दिन भी कचहरी, बाजार, स्कूल, अन्य सरकारी दफ्तर बन्द रहे, परन्तु पुलिस के मामले में पहले दिन जैसी वीरानगी नहीं रही। सवेरे से ही जगह-जगह पुलिस दिखाई देने लगी। शहर और जिले-भर में धारा 144 लगा दी गई। वस्तुतः पिछले दिन के विशाल प्रदर्शन से जिला प्रशासन बेहद घबरा गया। ऐसा तो कभी नहीं हुआ और महिलाओं का शामिल होना तो और भी खतरनाक है, जिसका अर्थ है कि एक हिन्दुस्तानी परिवार की पूरी इकाई इस आन्दोलन में शामिल है—पुरुष, स्त्री और बच्चे ! फिर बचा कौन ?

गाँव-देहात तथा अन्य जिलों से भी हलचल की जो सूचनाएँ मिल रही थीं, वे अशान्तिकारी थीं। यदि इसी समय रोक-थाम न की गई तो यह रोग तो तेजी से हर जगह फैल जाएगा। पहले ही दिन कड़ाई बरती गई होती तो इतना बड़ा प्रदर्शन न हो पाता और अब जिला प्रशासन अपनी कमजोरी के परिणाम का अन्दाजा लगाकर कड़ी-से-कड़ी कार्रवाई करके अपनी अपराजेय शक्ति का रौब जमाने को बेताब हो गया—यानी क्षतिपूर्ति द्वारा पहले जैसी कड़ी व्यवस्था, कानून के भय तथा शक्तिशाली एवं कमजोर के बीच स्थायी सन्तुलन की पुनःस्थापना।

प्रशासन की इस तैयारी से आन्दोलनकारी भी सतर्क हो गए। रमाशंकर तो छिपे-छिपे आन्दोलन का संचालन कर रहे थे और उन्हीं की राय से आज महिलाओं को जुलूस में न ले जाने का संकल्प किया गया, क्योंकि आज निश्चय ही पुलिस से संघर्ष होगा और खून-खराबी होगी। वह जानबूझकर ही अपने घर नहीं गए थे। और यह आन्दोलन की दृष्टि से ठीक ही रहा अन्यथा पुलिस तीन बार उनके घर पर छापे मारने पर भी खाली हाथ न लौटती।

स्कूल बन्द कर दिए गए थे इस दृष्टि से कि लड़कों की भीड़ इकट्ठी न होने पाए। मगर स्कूलों के गेटों पर पुलिस तैनात थी। नौजवान भी तुले हुए थे। लड़के अपने-अपने स्कूल गए जरूर, लेकिन पुलिस धारा 144 का सहारा लेकर उन्हें एक जगह इकट्ठा नहीं होने देती। जहाँ वे पाँच से अधिक का गुट बनाते, पुलिसवाले उनकी ओर दौड़ पड़ते। वे भी भागकर तितिर-बितिर हो जाते। फिर तो लड़कों को इसमें खेल का मजा आने लगा। वे पुलिस को दिखाकर एक जगह इकट्ठे होते और जब वह पीछा करती तो बिखर जाते। लेकिन जब वह काफी हो गया तो रमाशंकर ने ऐसे तमाशे से मना करते हुए सलाह दी कि वे अपनी गतिविधियों के केन्द्र, स्कूलों या चौक को न बनाएँ और उन जगहों से, जहाँ पुलिस न हो, जुलूस संघटित करके कचहरी की ओर मार्च करें।

इस नई रणनीति से गलियों में तथा पुलिसशून्य सड़कों पर पहले छात्रों तथा सर्वसाधारण को इकट्ठा किया गया। बाद में वे आपस में मिलकर एक बड़ा जुलूस बन गए और नारे लगाकर आगे बढ़ने लगे। सभी तरफ से बिखरी हुई अवस्था में जमुना धर्मशाला की सड़क पर गली-कूचों और वीरान जगहों से होते हुए पहुँचे थे। आश्चर्य की बात यह है कि इस सड़क पर पुलिस थी ही नहीं।

बात यह है कि हर प्रशासन किसी हद तक कुन्दजेहन भी होता है। अजगर की तरह आलसी और पुराने ढर्रे पर यान्त्रिक ढंग से सोचनेवाला। बदलती या बदली परिस्थिति में वह अपने को नहीं बदलता, कोई नई रणनीति नहीं बनाता। वही पुराना सोच, पुराने तरीके। यानी प्रशासन का यह मत था कि जमुना धर्मशाला के आगे मुस्लिम बस्ती है, इसलिए वहाँ से कांग्रेस का कोई जुलूस संघटित नहीं किया जा सकता। अंग्रेजों की, हिन्दुस्तानियों के बीच फूट डालने की नीति पर आँख मूँदकर चलने की वजह से प्रशासन को यह भी पता नहीं था कि इस मुस्लिम बस्ती तथा बहेरी और काजीपुरा नामक मुस्लिम मोहल्लों से अनेक नौजवान आन्दोलन में सक्रिय हिस्सा ले रहे थे। रमाशंकर को इस परिस्थिति का ज्ञान था, इसीलिए उन्होंने इस सड़क से जुलूस निकालने की सलाह दी थी।

अचानक वहाँ से एक बड़ा जुलूस चल निकला तो आस-पास की इकट्ठी पुलिस कुछ कर नहीं सकी। संख्या में वे बहुत कम थे, फिर ऐसे प्रदर्शन के विरुद्ध कानूनी कार्रवाई करने की उनकी न कोई तैयारी थी न कोई अधिकार ही प्राप्त था उन्हें। परिणामस्वरूप जुलूस जोश-खरोश से आगे

बढ़ता रहा।

लेकिन रेलवे क्रासिंग से आगे—कचहरी जानेवाली सड़क पर जुलूस का रास्ता रोके पहले से ही एक मजिस्ट्रेट, डिप्टी कलेक्टर के नेतृत्व में सशस्त्र पुलिस दल मौजूद था। मजिस्ट्रेट पैंट-कोट और टाई में, दुबला-पतला और नाटा किन्तु बेहद गम्भीर, जिससे उसके गाल पिचक गए थे। आवाज भी उसकी पतली थी, जिसमें वह तड़पकर हाथ की उँगली उठाते हुए चिल्लाया :

"स्टॉप ! मैं ऐलान करता हूँ, यह जुलूस धारा 144 लग जाने की वजह से गैर-कानूनी है। दो मिनट का समय दिया जाता है, आप लोग खामोशी से डिस्पर्स कीजिए यहाँ से...नहीं तो सख्त कार्रवाई की जाएगी।"

आज भी और इस समय केदार जुलूस के आगे अपने हाथ में तिरंगा झंडे का डंडा मजबूती से पकड़े हुए खड़ा था। कद उसका लम्बा नहीं था, लेकिन शरीर टाँठ था। वह अपने स्कूल का एक अच्छा खिलाड़ी था और एक साधारण ग्रामीण लोहार का लड़का होने के कारण घर में भी परिश्रम करने की उसकी आदत भी थी। उसके पीछे कतार बनाए जगदम्बिका, शम्भु, वीरेश, नफीस, वासुदेव खड़े थे। अभी तक नारे लग रहे थे, लेकिन मजिस्ट्रेट की चेतावनी के बाद जुलूस फिर आगे बढ़ा केदार के कल वाले राष्ट्रगान के साथ :

"शहीदों की टोली निकली
सिर पर बाँधे कफनिया होऽ
अंग्रेजों का छक्का छूट गया,
शेखी मिल गई धूल, भाई शेखी मिल गई धूल,
कलेजे बीच गोली निकली...
सिर पर बाँधे कफनिया होऽ
शहीदों की टोली निकली..."

"लाठी चार्ज !" मजिस्ट्रेट फिर उँगली उठाकर तड़पकर बोला।

पुलिस दल में पाँच बन्दूकधारी सिपाही तथा लगभग पच्चीस लाठीधारी पुलिस कान्स्टेबलों का एक चौकन्ना दस्ता था। आदेश मिलते ही लाठीवाले सिपाही जुलूस की ओर उछलकर दौड़े और प्रदर्शनकारियों पर पिल पड़े। पहला आक्रमण तो केदार पर ही हुआ। कन्धों पर, पीठ पर और सिर पर अन्धाधुन्ध लाठियों की मार खाता हुआ वह गाता रहा और झंडा मजबूती से पकड़े रहा, जब तक लहूलुहान होकर नीचे लुढ़क नहीं गया। जगदम्बिका, शम्भु, वीरेश, वासुदेव भी डटे रहे और मार खाते रहे और राष्ट्रगान गाते रहे। लेकिन नफीस को इस तरह मार खाना बरदाश्त नहीं हुआ और वह एक सिपाही की लाठी पकड़कर उससे भिड़ गया और उसे पटककर उसकी छाती पर चढ़ बैठा और अन्त में उसकी लाठी लेकर वहाँ से भाग चला।

वह सिपाही भी धूल झाड़कर उठ खड़ा हुआ और 'पकड़ो साले को' ललकारता हुआ नफीस के पीछे दौड़ पड़ा। जिले के सबसे तेज दौड़किए को सिपाही क्या पकड़ता, लेकिन लाठी के साथ दौड़ने में नफीस को दिक्कत हो रही थी, इसलिए स्टेशन प्लेटफार्म की ओर कुछ दूर जाने पर उसने लाठी पीछे फेंक दी। फिर तो वह सर-सर फर-फर कब पहले प्लेटफार्म के पुल पर चढ़कर दूसरे प्लेटफार्म पर पहुँचकर पीछे के तार वाले घेरे को पार करके पोस्ट ऑफिस होते हुए मिड्ढी की ओर निकल गया, इसका पता ही नहीं लगा।

मजिस्ट्रेट ने होशियारी यह की कि जुलूस का नेतृत्व करते सभी लड़कों को बन्दूकधारी सिपाहियों के घेरे में लेकर गिरफ्तार कर लिया। इसके बाद पुलिस और छात्रों की लड़ाई होने लगी। छात्र भी ढेले चला रहे थे और सिपाही भी। लाठी वाले अलग मार रहे थे। अन्ततः छात्र बिखर गए और भाग चले।

इसके बाद तो प्रशासन और भी उन्मत्त हो गया। पुलिस छात्रों का पीछा करती हुई स्टेशन से मालगोदाम तक दौड़ लगाती रही, क्योंकि छात्र कुछ दूर भागने के बाद फिर इकट्ठे होकर ढेले चलाने लगते। इस तरह कई बार मोर्चेबन्दियाँ हुईं।

जब सड़क छात्रों से खाली हो गई, तब भी पुलिसवाले उग्र और उन्मत्त होकर अगल-बगल मकानों पर बड़े-बड़े ईंट-पत्थर फेंकते रहे। चारों ओर भड़-भड़ और पड़-पड़ की आवाजें होने लगीं, जैसे बड़े-बड़े ओले पड़ रहे हों।

प्रशासन महिलाओं के जुलूस में शामिल होने पर काफी खफा था, इसलिए छतों और दरवाजों से झाँकती महिलाओं को निशाना साधकर प्रहार किए गए। किसी के पैर में चोट लगी, किसी के हाथ में, किसी के पेट में—और अपनी छत से झाँकती नकलनबीसिन के सिर पर ईंट का एक बड़ा टुकड़ा इतने जोर से लगा कि वह लहुलूहान होकर नीचे गिरकर बेहोश हो गई।

35

नीलेश विलम्ब से चला था लेकिन प्लेटफार्म प्रवेश करते ही उसकी तेज चाल स्वतः धीमी पड़ गई। ग्यारह से अधिक हो गए थे, परन्तु दस पचपन पर खुलनेवाली छोटी लाइन की फास्ट पैसेंजर गाड़ी अभी भी खड़ी थी इत्मीनान से, लम्बी, पतली और आगे कुछ बाईं तरफ घूमी हुई। न कहीं गार्ड की हरी झंडी और न ही स्टार्ट होने की लम्बी-सी सीटी या तीन टन-टन-टन। अब भी हर तरह की भीड़ विशेष रूप से गठरी-मोटरी, लुगाई और बीवी-बच्चे वाले भी फाटक से सीधे अन्दर आते, अचकचाकर इधर-उधर देखते, फिर पूर्ववर्ती मुसाफिरों की चहल-पहल को भाँपते हुए अचानक दाएँ या बाएँ फूटकर ट्रेन के डिब्बों की ओर तेजी से बढ़ जाते।

उड़ते बादलों की धूप-छाया से मुदित, जिज्ञासु भाव से नीलेश आगे इंजिन के निकट पहुँच गया है जहाँ मुसाफिरों की एक छोटी-सी भीड़ इकट्ठी होकर शोर मचा रही है। वह सफेद खद्दर के पायजामा-कुर्ता में है और उसके कन्धे से एक झोला लटक रहा है जिसमें जरूरी कपड़े, एक दो पत्र-पत्रिका और कोई पुस्तक। उस भीड़ में मुख्यतः नौजवान छात्र और छात्राएँ भी हैं जो वहाँ ट्रेन के अधिकारियों से हँसी-मजाक और बहसें करके तालियाँ पीट रहे हैं। इंजिन के ऊपर एक छोटे-से बाँस में लगाया गया तिरंगा झंडा फहरा रहा है। इंजिन ड्राइवर मजहर, उसके सहायक राजाराम और दुबले-पतले, हँसोड़ टी.टी.ई. मुक्तेश्वरनाथ पांडे को गांधी टोपियाँ पहना दी गई हैं लेकिन ठिगना, मोटा, टाँठ, अधेड़, अनुभवी और जिद्दी गार्ड कमलगट्टा प्रसाद सिंह भीड़ से मोर्चा ले रहा है।

ट्रेन तड़के अँधेरे में ही इलाहाबाद रामबाग स्टेशन से प्रस्थान करती है लेकिन वहीं से वह देर से चली थी। इंजिन के आगे एक लाल कपड़ा लगाया गया है जिस पर सुनहरे अक्षरों में लिखा है—आजाद ट्रेन। इस ट्रेन में उन नौजवान छात्र-छात्राओं का बाहुल्य है, जो संयुक्त-प्रान्त—अब उत्तर प्रदेश—के कुछ पूर्वी जिलों और बिहार से जाकर इलाहाबाद विश्वविद्यालय तथा वहाँ के अन्य कॉलेजों में पढ़ते हैं। छात्रों के नेतृत्व में इलाहाबाद के जन-प्रदर्शनों की चर्चाएँ आजादी, देशभक्ति और कुर्बानी का उत्साह तथा क्रोध की हँफनी उत्पन्न कर रही हैं।

अमर शहीद छात्र लाल पद्मधर सिंह की बलिदान गाथा जन-जन तक पहुँच रही है। कचहरी के निकट विशाल जुलूस को रोककर चेतावनी दी गई और जब बहादुर नौजवान चुनौती स्वीकार कर आगे बढ़ने लगे तो मजिस्ट्रेट ने चिल्लाकर अपने बन्दूकधारियों को आदेश दे दिया 'शूट टू किल'। इन बहादुर नौजवानों को किसने यह सब सिखाया है ? एक छात्र नेता के आदेश पर उस समय सभी प्रदर्शनकारी जमीन पर लेट जाते हैं, जब गोलियाँ चलती हैं। चक्र समाप्त होने पर

नौजवान फिर उठकर आकाशभेदी नारे लगाते हैं। ब्रिटिश फौज से आजादी के निहत्थे दीवानों की यह अहिंसक लड़ाई है बेमिसाल। मारो—कितने मारोगे ? ऐसे ही पैंतरेबाजी के समय एक नौजवान के शीघ्र न लेट पाने के कारण एक ब्रिटिश फौजी चिल्लाता है, 'ही इज एलोन, शूट हिम' (वह अकेला है, उसको शूट करो)। लेकिन पास में लेटा लाल पद्मधर सिंह बिजली की गति से उठकर उस लड़के के आगे पहुँचकर अपने अँगूठे से इंगित करते हुए राष्ट्रीय गर्व-गम्भीर स्वर में बोलता है, 'ही इज नॉट एलोन, आइ एम बिद हिम, शूट मी' (वह अकेला नहीं, मैं उसके साथ हूँ, मुझे गोली मारो) तब धायँ धायँ...शहीद लाल पद्मधर के खून से तर धरती गर्व से उच्छ्वसित हो रही हो जैसे।

ऐसे ही किस्सों और चर्चाओं के बारे में सोचते हुए नीलेश प्लेटफार्म पर आया है। वह भी बनारस के जन-प्रदर्शनों में भाग लेने के बाद अन्य नौजवानों की तरह अपने जिला-जवार जा रहा है, जैसे फौज के सिपाही मातृभूमि रक्षार्थ लाम पर जाते हैं। वे जन-जन को उठाएँगे, संघटित करेंगे, और इस विदेशी शासन को घेरेंगे और धक्का दे-देकर यहाँ से निकालेंगे...करो या मरो।

नीलेश अब भीड़ के पीछे खड़ा हँस रहा है। ठिगना, मोटा गार्ड कमलगट्टा प्रसाद सिंह लाल-लाल मुँह किए हुए बहस कर रहा है :

''आपके तिरंगे झंडे से कैसे काम चलेगा, आपकी हुकूमत हो भी जाए तो कोई भी...''

''चलिए, यह तो आप मान गए कि हमारी हुकूमत हो सकती है। मैं तो यह कहती हूँ कि हमारी हुकूमत हो गई है और आप हमारा कहना चुपचाप मान लीजिए...''

एक दुबली, लम्बी छात्रा की पतली आवाज से गार्ड और भड़क गया। उसका सिर पहले बाईं ओर झुका था, अब दाहिनी ओर झुक गया। कुछ क्षणों तक तो उसने छात्रा को अजीब नाराजी-भरे कौतुकभाव से तिरछी आँखों से घूरा, फिर अपने मोटे, सूखे होंठों को जीभ से तर करते हुए तैश में कुछ हकलाकर बोला :

''तो....तो ले...ले जाइए मेरी दो...दोनों लाल और हरी झंडियाँ और....और अपने तिरंगे झंडे में से हरा छोड़कर बाकी दोनों रंग काटकर निकाल दीजिए, फिर मैं आप ही के झंडे से गाड़ी ले जाऊँगा। समझ रही हैं कि नहीं ? आपके तीन रंगों वाले झंडे से तो ट्रेन न खुलेगी और न ही रुकेगी—हाँ, हरे रंग से खुल जाएगी और चलती रहेगी, चलती रहेगी....भले ही कहीं न रुके...''

''और बंगाल की खाड़ी में उतारकर पानी पर चलाएँगे आप...।'' कोई नौजवान बोला। इस पर खूब हँसी हुई और तालियाँ पीटी गईं। गार्ड भी किसी स्प्रिंगदार बबुए की तरह उछल-उछलकर हँसने लगा।

''नहीं, आप चुप रहिए, यह हँसी-मजाक का समय नहीं है,'' एक खद्दरधारी नौजवान ने गम्भीर स्वर में अपने साथियों को चुप कराने के बाद गार्ड की ओर मुखातिब होकर कहा, ''चचा, आप इन बच्चों की गुस्ताखी माफ कर दीजिए। आप शौक से अपनी ड्यूटी कीजिए। गांधी टोपी नहीं पहनना चाहें न पहनिए, मगर इस ट्रेन से झंडा-वंडा हटाने को न कहिए। भले ही आप हमें नासमझ, नादान समझिए लेकिन हमारे बीच न आइए...हमें वह अब करने दीजिए, जो देश की आजादी के लिए जरूरी है। हमारा एक बहादुर साथी इलाहाबाद में शहीद हो गया है, हम सैकड़ों-हजारों की तादाद में अपना खून बहाने को तैयार हैं। यह समझ लीजिए कि इस देश को आजाद कराने के लिए निकले हैं...।''

''ठीक है, आप लोग डिब्बों में बैठ जाइए। मैं तो यह कह रहा था कि तिरंगे झंडे से गाड़ी नहीं चल सकती। आपकी सरकार आ जाए तब भी...।''

कमलगट्टा प्रसाद सिंह का गुस्सा अभी शान्त नहीं हुआ था। वैसे अपने साथी के कहने से लड़के शान्त हो रहे थे, लेकिन गार्ड के अन्तिम वाक्यों ने नौजवानों को फिर भड़का दिया। जो आजाद सरकार आनेवाली है अथवा लगभग आ गई है, उसके लिए यह अपमानजनक शब्द इस्तेमाल

कर रहा है ! तड़ी लगाओ ! मुर्दाबाद ! मुटल्ला गार्ड मुर्दाबाद ! मुर्गा बनकर माफी माँगो। महात्मा गांधी जिन्दाबाद ! भगतसिंह जिन्दाबाद !

परन्तु खद्दरधारी छात्र नेता ने फिर अपने साथियों को समझाया और चुप कराया। गार्ड से कहा कि वह बहस में पड़कर मामले को न उलझाए, चुपचाप ट्रेन स्टार्ट कराए, अन्यथा स्थिति जब बिगड़ जाएगी तो कोई सँभाल नहीं पाएगा। गार्ड भी ऐसा बेवकूफ नहीं था, बहस वह इस उम्मीद में कर रहा था कि शीघ्र ही स्टेशन मास्टर पुलिस को भेजेगा और स्थिति नियन्त्रण में आ जाएगी। इसी के साथ उसकी वफादारी का ढिंढोरा भी पिट जाएगा, जिसके फलस्वरूप बाद में तरक्की की गुंजाइश भी बनेगी। लेकिन पुलिस तो इस तरह गायब थी जैसे गदहे के सिर से सींग। ऊपर से और कई खतरों का अनुमान करके गार्ड सहमति से सिर हिलाकर वहाँ से अपने डिब्बे की ओर प्रस्थान कर गया। हरी झंडी हिलाते और सीटी बजाते हुए।

भीड़ शोर मचाती हुई तितिर-बितिर हो गई। इसी समय मोटे, भायँ-भायँ गले वाले टी.टी.ई. मुक्तेश्वरनाथ पांडे भी जनानी पतली अवाज में 'टी.टी.' चिल्लाते हुए चल पड़ा। छोटी लाइन की उस ट्रेन से नियमित रूप से आने-जानेवाले बहुसंख्यक मुसाफिर उसे जानते थे, जो ताली पीट-पीटकर हँस पड़े। रहनेवाला तो वह बनारस का ही था। शुरू में उसकी ड्यूटी लूप लाइनों में ही लगती थी, लेकिन इधर उसकी तरक्की हुई थी और बनारस से औड़िहार या गाजीपुर तक वह मुख्यतः रिलीविंग ड्यूटी कर रहा था।

लूप लाइनों के विशेषज्ञ टी.टी.ई. के रूप में उसकी बड़ी ख्याति थी और वहाँ कायम अपनी कुछ महान परम्पराएँ यहाँ भी शान से चलाए जा रहा था। मुसाफिरों से ऐसा गाढ़ा रिश्ता तो कोई अन्य माई का लाल नहीं बना सका आज तक। यही नहीं, उसके आत्मीयों की संख्या दिन-पर-दिन बढ़ रही थी, जो प्लेटफार्म में प्रवेश करते ही जब सर्वप्रथम पता लगा लेते कि 'मुक्तेश्वर बाबू' चल रहे हैं तो उनकी बाँछें खिल जातीं और बिना टिकट ही डिब्बे में जाकर इत्मीनान से बैठ जाते और सिगरेट-बीड़ी फूँकते या पान चाभने लगते।

मुक्तेश्वरनाथ पांडे टी.टी.ई. डिब्बे में घुसते ही इंजिन की पतली सीटी वाली आवाज में बोल उठता 'टी.टी, टी.टी.'। चारों ओर से आवाज आने लगती 'चचा नमस्कार, इधर आइए।' जो नहीं जानते थे अथवा जिनके पास टिकट होता था, वे भी हँस पड़ते, और उसकी गतिविधियों को अँखियानने लगते।

"चचा, इतना गल्ला पैसा क्या होगा..."। कोई आत्मीय मुसाफिर अपने पास बिठाकर पूछता, "सरकार तो देती ही है ?"

"सात बच्चियों का सवाल है न, भतीजा, पढ़ाना-लिखाना, शादी-ब्याह करना..." मुक्तेश्वरनाथ अपना दाहिना हाथ आगे फैलाकर अपनी हथेली को इस तरह कटोरीनुमा बना लेता जैसे अनजान में ही ऐसा हो गया हो।

"चचा, असली देशभक्त तो आप ही हैं। विदेशी सरकार से ले भी रहे हैं, उसको चूना भी लगा रहे हैं, जनता का भला भी कर रहे हैं..."

"हाँ, भतीजा," मुक्तेश्वरनाथ धीमे-से पतली आवाज में बोलने की कोशिश करता, लेकिन बीच में कभी मोटी फटी हुई-सी आवाज निकल जाती तो पूरा कम्पार्टमेंट हँस पड़ता। तत्पश्चात अँजुरी में चार आना, आठ आना, एक रुपया जो भी मिले—'प्राप्त होने पर' अँजुरी बन्द करके जेब में डाल देता और उठकर 'टी.टी.' करता आगे बढ़ जाता। उसकी यह लीला तीसरे दर्जे के डिब्बों में ही चलती, ड्योढ़े दर्जे में बहुत कम और दूसरे, पहले दर्जे में एकदम नहीं।

"आज तो, चचा, आजाद ट्रेन की आजादी बड़ी महँगी पड़ेगी आपको...।" भीड़ में से किसी ने कहा।

"टी.टी., टी.टी.," जवाब में मुक्तेश्वरनाथ चिर-परिचित आवाज में बोलते हुए भीड़ के बीच से निकलकर गार्ड की ओर बढ़ गया।

लम्बी सीटी देकर ट्रेन आगे सरकने लगी तो नीलेश हड़बड़ाकर जगह के लिए इधर-उधर भागने लगा। ट्रेन ठसाठस भीड़ के बोझ से दबी जैसे हाँफ और काँप रही थी। लेकिन फाटक से घुसने की गुंजाइश न पाकर नीलेश बिना छड़ों की एक खुली खिड़की के रास्ते छलाँग लगाकर अन्दर पहुँच ही गया, जिससे अन्दर बैठी एक लड़की ने सिर पीछे करके गुस्से से कहा :

"यह क्या बदतमीजी..."

"माफ कीजिए, दरवाजों के रास्ते से कोई अन्दर आने नहीं दे रहा है..." नीलेश किसी ओर देखे बिना आगे बढ़ने लगा, किन्तु, 'अरे नीलेशजी ? आओ यहाँ बैठो' आवाज सुनकर उसने मुड़कर देखा तो सन्न रह गया। वह तो रतनसिंह मुख्तार थे, जो अपने परिवार के साथ बलिया जा रहे थे। बगल में उनकी पत्नी तथा अन्त में खिड़की के पास नम्रता, जिसका चेहरा फक पड़ गया था और जो अपनी माँ से फुसफुसाई आवाज में झिड़की खा रही थी, "तुम देखती भी नहीं कि कौन है..."

नीलेश के अन्दर एक तूफान उठ खड़ा हुआ था, जिस पर काबू पाने की कोशिश करते हुए और रतनसिंह तथा उनकी पत्नी को नमस्कार करने के बाद वह काँपती सूखी मुस्कुराहट के साथ बोला, "आप लोग आराम से बैठिए...मैं आगे देखता हूँ..."

एक-दो बाद और आग्रह किए जाने के बाद भी वह नहीं रुका और आगे बढ़कर तथा बाईं ओर घूमकर भीड़ के अन्दर धँसकर लुप्त हो गया। खट-खट पट-पट प्वाइंट्स बदलने के बाद गाड़ी स्पीड पकड़ रही थी। बड़ी-बड़ी आँखों वाला नम्रता का चेहरा उसके हृदय में बिजली की तरह बार-बार कौंध जाता। सहसा उसे लगा कि ट्रेन छुक-छुक नहीं, धक-धक कर रही है उसके दिल की तरह। लेकिन वह कुछ देर बाद ही चैतन्य होकर अपने को धिक्कारने लगा। फर्स्ट ईयर में पूरे वर्ष वह उसकी यादों में खोया रहा और गर्मी की छुट्टियों में जब अइगा पांडे के दुर्व्यवहार को लेकर उसके प्रति अपनी सहानुभूति प्रकट करने के लिए उससे मिला तो उसने अकारण ही अपमानित कर दिया। तब वह सुरंजन शास्त्री तथा सदाशयव्रत के आदेशों के अनुसार जिले-भर में सभाओं, जुलूसों और प्रदर्शनों में भाग लेता रहा, कभी यहाँ, कभी वहाँ। क्या नम्रता की याद उसे यत्र-तत्र सर्वत्र भगाती रही—उससे दूर अथवा नम्रता की उपेक्षा को भूलने के लिए और अतिशय स्वाभिमानवश वह राष्ट्रीय आजादी के आन्दोलन में जी-जान से जुट पड़ा ? 'नहीं, नहीं—उसने मुसाफिरों की भीड़ में गर्मी, उमस और पसीने से बेहाल अपना सिर हिलाया। नहीं, उसकी देशभक्ति, राष्ट्रीयता और उसके स्वातन्त्र्य आन्दोलन कार्यों में नम्रता का कोई हाथ नहीं है—इस क्षेत्र में उसके अधीन वह नहीं है और न ही उससे परिचालित !

फिर भी छुट्टियाँ समाप्त होने के कुछ दिन पहले ही पढ़ाई के लिए बनारस रवाना होते समय वह कितना दुःखी था। बनारस में एक-एक दिन काटना मुश्किल हो रहा था। और तब एक रात, जब पानी खूब बरस रहा था, वह छत वाले अपने कमरे के एकान्त में बैठकर मित्र गोबर्धन के नाम एक ऐसा पत्र लिखने लगा, जो भावुकता और करुणा से लबालब ! उसे पत्र का एक-एक शब्द याद आने लगा—आँखों के सामने एक-एक अक्षर चमकता हुआ :

मेरे अभिन्न, स्नेही मित्र गोबर्धन,

अपने एक अभागे दोस्त का यह खत पढ़कर आश्चर्य न करना। मैं एक छोटी, नगण्य किश्ती हूँ, जो समुद्र के बीच धार में ऊँची-ऊँची लहरों के सहारे छोड़ दी गई है असहाय एवं एकाकी। यह दुर्बल किश्ती कब जलमग्न हो जाएगी, कुछ भी नहीं कहा जा सकता, दोस्त ! इस निरुपाय, विकट परिस्थिति में, जब मैं अकेले चला जा रहा हूँ और असह्य वेदना से मेरी साँसें घुट रही हैं, मैं सिर्फ

तुम दोनों को ही याद कर रहा हूँ—तुमको और पूज्य भाभीजी को। मुझे उस दिन की बातें याद आ रही हैं, जब मुझे तुम दोनों का स्नेह मिला था। तुम उम्र में मुझसे कुछ बड़े हो, इसलिए मेरे बड़े भाई हो। इसी नाते भाभी मेरी पूज्य हैं, एक देवी की तरह, माँ की तरह। बस यही अनुरोध है कि मुझे अपने स्नेह और सहारे से कभी वंचित न करना तुम दोनों...

पत्र कोई लम्बा नहीं था। आकाश चू रहा था और उसकी आँखें भी। क्या वह इसलिए रोया था कि उसके अन्दर नम्रता की यादें बादलों की तरह उमड़-घुमड़ रही थीं ? अथवा नम्रता के अभाव में दुनिया सूनी लग रही थी उसे ? और गोबर्धन के पत्र के बहाने उसकी पत्नी को इसलिए तो याद नहीं किया था उसने कि वह नम्रता की सहेली है और शायद मिलने पर वह नम्रता से उसके दुःख एवं एकाकीपन की बात बताएगी ! कैसी आशा है यह ? अथवा किसी आशा की काल्पनिक अवास्तविक परछाईं ! एक मृगमरीचिका ! वह पत्र पढ़कर गोबर्धन दम्पती ने उसे कितना दुर्बल और खोखला समझा होगा ! इसीलिए शायद उधर से उसका कोई उत्तर भी नहीं मिला। यह सब सोचकर उसे शर्म आने लगी, सन्तोष इसी बात का था कि भीड़ में छिपा उसका चेहरा इस समय कोई देख नहीं सकता था ! हाँ, कैसा क्रान्तिकारी देशभक्त है वह जो परिश्रम, त्याग और कुर्बानी के समय खोखली भावुकता और निरर्थक प्रेम के वशीभूत होकर पलायन के रास्ते पर चल रहा है !

यह सब सोचते हुए वह थक गया और ऊँघने लगा। जब ट्रेन रफ्तार में आती तो उससे कई तरह के सुर निकलते। कभी सिर्फ इंजिन की छुक-छुक-छुक-छुक। कभी किसी वाद्य संगीत की तरह झन-झन-झन। कभी-कभी खट, खट के ताल पर गति की ध्वनियाँ और कभी-कभी दोनों ओर के बगीचों के बीच से गुजरती हुई ट्रेन स्वयं ही ताल देकर घने वृक्षों को बजाने लगती। वस्तुतः ट्रेन मुसाफिरों को हिला-हिलाकर थकाती है और अपनी लोरी से सुलाती भी है। औड़िहार स्टेशन में नीलेश चौंक गया जब गाड़ी रुकी। अनेक मुसाफिर उतर गए, कुछ चढ़े भी लेकिन उसको बैठने की जगह मिल गई।

उसी समय रतनसिंह मुख्तार पानी की खाली सुराही लेकर नीचे उतरने के लिए जब उधर से गुजरे तो नीलेश उठ खड़ा हुआ, ''चाचाजी, मुझे दीजिए....आप कहाँ जाएँगे ?''

''मैं लाता हूँ...'' लेकिन नीलेश उनके हाथ से सुराही लेकर फुर्ती से नीचे उतर गया। जब वह पानी लेकर लौटा तो नम्रता ने दूर से ही उसे देखकर अपना मुँह दूसरी ओर फेर लिया था। भले ही अनजान में उसके मुँह से नीलेश के लिए अपशब्द निकले थे, लेकिन अब वह अत्यधिक संकुचित और दुःखी थी और किसी भी सूरत में अपने को क्षमा नहीं कर पा रही थी।

''नीलेशजी, बैठिए, एक लड्डू खाकर पानी पीजिए...''

''चाचाजी, नीचे उतरकर नल से काफी पानी पीकर आ रहा हूँ। अब पेट में कोई जगह नहीं रह गई है। घर से काफी खाकर भी आया था...''

''अब तो नीलेशजी, इधर जगहें भर गई हैं, ये सभी लोग गाजीपुर जा रहे हैं। गाजीपुर में जब ये लोग उतर जाएँगे तो आप यहीं हमारे पास आकर बैठ जाइएगा।''

''ठीक है चाचाजी, इस बीच आपको कोई जरूरत हो तो आवाज दे दीजिएगा...''

नीलेश अपनी जगह पर आकर बैठा ही था कि गाड़ी खुल गई। उसने सिर झुका कर आँखें मूँद ली थीं, लेकिन नींद तो उसे आई नहीं, सामने नम्रता का चेहरा नजर आने लगा। नाराजी और उपेक्षा से भरा हुआ। अपने ऊपर गुस्सा कर उसने आँखें खोल सामने बैठे हर मुसाफिर के चेहरे और पहनावे में दिलचस्पी लेनी शुरू की। छोटी लाइन की ट्रेन स्पीड में आकर हर व्यक्ति को खूब हिला-झकझोर रही थी, जिससे एक मोटा व्यक्ति नींद से बेहाल था। नाक उसकी खर्र-खर्र बोल ही रही थी, बार-बार उसका सिर बाईं ओर झुककर भीतर धँसे एक दुबले-पतले व्यक्ति के कन्धे पर टिकने की कोशिश कर रहा था। सचमुच वह दुर्बल व्यक्ति काफी परेशान था। औड़िहार के दो

स्टेशन पहले तक वह आराम से बैठा था, जब उक्त मोटा मुसाफिर डिब्बे के अन्दर तेजी से हाँफता और पसिनियाया हुआ घुसा और दुर्बल व्यक्ति के पार्श्व में एक संकीर्ण फाँफर देखकर बोला :

''जरा खिसक जाइए, भाईजी, जरा मैं भी बैठ लूँ...''

''अरे आगे जाइए...देखते नहीं यहाँ जगह नहीं...'' दुर्बल व्यक्ति ने चिड़चिड़ाकर कहा।

''आपको तकलीफ नहीं होगी...मैं किनारे ही बैठा रहूँगा...'' इतना कहकर पता नहीं कैसे उसने अपने बड़े-बड़े कूल्हे उस फाँफर के किनारे पर रख दिए। दुर्बल व्यक्ति ने लाल मिर्च की कड़वाहट से उस मोटे-से निर्लिप्त चेहरे को देखा। लेकिन ऐसी परिस्थिति में बहुत क्रोध की गुंजाइश नहीं होती—क्योंकि दुर्बल व्यक्ति में सिकुड़ने की जितनी क्षमता थी, उतनी ही मोटे व्यक्ति के शरीर में फैलने की, इसलिए शीघ्र ही उतनी ही जगह में जहाँ एक व्यक्ति आराम से बैठा था, वहीं दो व्यक्तियों की समाई हो गई।

नीलेश मुँह पर हाथ रखकर हँस रहा था। बात यह है कि दुर्बल व्यक्ति के किन्हीं लापरवाह क्षणों में निद्रालु मोटे का सिर उसके कन्धे पर टिककर विश्राम करने में पहली बार सफल हुआ था। लेकिन यह सुख भी क्षणों का ही था, क्योंकि तेजाबी, चिपचिपाते पसीने तथा गुदगुदे शरीर के वाष्प से बेहद परेशान दुर्बल व्यक्ति ने पहले तेजी से अपना सिर घुमाकर और मुँह सिकोड़कर घृणा से आश्रित सिर को देखा, फिर फौरन उस तंग जगह में भी अपने कन्धे को इस तरह पीछे खींचने का कमाल दिखाया कि नींद-लीला में मस्त सिर आश्रय-वंचित होकर नीचे गिरकर हवा में जोरदार झटका खा गया। परिणामस्वरूप मोटा व्यक्ति कुछ न समझते हुए भी चैतन्य होकर सीधा हो गया और अपनी बड़ी-बड़ी लाल-लाल आँखों से सामने और अगल-बगल देखने लगा।

इस दृश्य का आनन्द लेनेवाले कम ही लोग थे यानी जो नीलेश की तरह जागे हुए थे। दुर्बल व्यक्ति ने भी काल्पनिक प्रतिशोध की काफी विषैली, टेढ़ी और संक्षिप्त हँसी के साथ अपना छोटा-सा पतला मुँह दूसरी ओर घुमा लिया था।

बहरहाल, उस समय बड़ी राहत महसूस की गई, जब सैदपुर-भीतरी स्टेशन पर वह व्यक्ति अचानक उस जगह से निकलकर अपनी मोटरी-गठरी के साथ नीचे उतर गया। गर्मी, आर्द्रता एवं वाष्प में फौरन कमी आ गई। दुर्बल व्यक्ति का शरीर कुछ फूला-सा नजर आने लगा, लेकिन इतने से ही वह सन्तुष्ट नहीं हुआ बल्कि और फैलकर बैठ गया यानी अपनी टाँगें दोनों ओर काफी फैला लीं।

''बड़ा बदतमीज आदमी है...'' दुर्बल व्यक्ति ने नीलेश की ओर देखकर टिप्पणी की।

बदतमीज ! नीलेश ने अचम्भे से उसे देखा। अभी कुछ देर पहले तो नम्रता ने उसके प्रति इसी अपशब्द का इस्तेमाल किया था। लेकिन उस मोटे आदमी और स्वयं उसके बीच कौन-सी समानता है अथवा नम्रता और इस दुर्बल व्यक्ति के बीच कौन-सी रिश्तेदारी है ? उसके अन्दर अजीब-सी गुदगुदी होने लगी और उसने दुर्बल व्यक्ति को छेड़ा :

''इस गाड़ी में मैंने एक आम बात देखी है...''

बीच में ही 'हाँ-हाँ, बताइए...' दुर्बल व्यक्ति ने टोका।

''इस गाड़ी में अगर किसी मुसाफिर को कोई गाली भी देनी होती है तो सिर्फ 'बदतमीज' ही कहता है। और भी तो गालियाँ हैं ?''

दुर्बल व्यक्ति अचानक ठहाका लगाकर इस तरह हँस पड़ा कि सभी मुसाफिरों ने आश्चर्य से उसे देखा, जैसे उसका हास्य अविश्वसनीय हो। तत्पश्चात सहसा गम्भीर होकर उसने कहा :

''भाई साहब, इसमें अचम्भे की बात कुछ नहीं है। यह युद्ध का समय है, बहुत-सी ट्रेनें तो फौजियों को ढो रही हैं, आम मुसाफिरों के लिए बहुत कम ट्रेनें बची हैं। मुसाफिर दिन-पर-दिन बढ़ रहे हैं और जाना सबको ही है। जो पहले से जमकर बैठे हैं, वे सोचते हैं कि ट्रेन से यात्रा करने

का अधिकार सिर्फ उन्हीं को है। नए यात्रियों का आना उन्हें नागवार लगता है। जब इतनी भीड़ है तो आनेवाला यात्री किस नियम का पालन करे ? वह किसी-न-किसी तरह चढ़कर भीतर घुसता है। जबरदस्ती कहीं बैठने की कोशिश करता है--बस इसी धकमपेल में कोई गाली भी पा जाता है। हाँ, उसका ऐसा अपराध नहीं है कि कोई बड़ी गाली दी जाए और बच्चों को दी जानेवाली पाजी, नालायक जैसी हल्की गाली भी उसके लिए उपयुक्त नहीं है। आप ही बताइए, जब आपको एक मुसाफिर के नाते किसी को गाली देने का हक नहीं है तो आप 'बदतमीज' के अलावा कौन गाली दे सकते हैं ? सच कहिए तो इस भीड़भाड़ के जमाने में हम सभी कभी-न-कभी ऐसी हरकत कर बैठते हैं कि गाली खा जाते हैं। कहिए, गलत कह रहा हूँ ?''

सभी मुसाफिर ध्यान से उसकी बात सुन रहे थे। कुछेकों के चेहरों पर, जो मजाक को समझ रहे थे, मुस्कुराहट या हँसी थिरक रही थी। नीलेश को यह सोचकर मजा आ रहा था कि इतना भुगतने के बाद भी वह बड़े दार्शनिक भाव से परिस्थिति का विश्लेषण कर रहा था।

''आपमें अब काफी समझदारी और उदारता आ गई है। अराम से बैठने का सुख ही कुछ और होता है।'' नीलेश ने उसे फिर छेड़ा।

दुर्बल व्यक्ति ने उसका मतलब फौरन समझकर फिर ठहाका लगाया। हँसते हुए ही बोला :

''सही कहते हैं आप। वैसे उस मोटे आदमी का दोष भी क्या है ? मान लीजिए, वह दूसरे को आराम देने के लिए अपने शरीर को सिकोड़ना चाहता तो वह कितना सिकुड़ता ? सच पूछिए तो उसके शरीर को जो अधिकार कानूनन मिल सकता था, उसके अनुसार भी तो उसे जगह नहीं मिली थी ! और लाख बात की एक बात यह है कि वह मेरा दुश्मन भी नहीं था। ट्रेन की दुश्मनी तो दुश्मनी भी नहीं होती...''

सचमुच आरामवाली जगह मिल जाने से वह बेहद प्रसन्न था। गपशप करने की उसकी और भी इच्छा थी, लेकिन नन्दगंज स्टेशन पर उसे उतरना भी था, जिसके बाद मुसाफिरों से भरा वह डिब्बा खँखरा-सा हो गया।

तभी नीलेश फिर थकान का अनुभव करने लगा। अब डिब्बे में कोई दिलचस्प परिस्थिति भी नहीं थी और न ही कोई वाचाल मुसाफिर ही शेष रह गया था। वह धड़-धड़ आगे निकलती ट्रेन के पीछे भागते दृश्य का चुपचाप अवलोकन करने लगा।

36

सूरज नीचे उतरकर पश्चिम की ओर जा रहा है। वृक्षों की छायाएँ कुछ लम्बी हो गई हैं, जो उन्हीं के साथ आतीं और पीछे की ओर भागती हुई लुप्त हो जातीं। धूप की तेजी भी उतार पर है, जिसके साथ एक सुहावनी उदासी भी फैलती महसूस हो रही है। सुहावनी इसलिए कि जल्दी ही शाम उतरेगी, शीतलता लेकर, जिसमें बाग-बगीचे, खेत, मैदान, गाँवों के नर-नारी, बच्चे, घर लौटते चरवाहे और जानवर सामने से गुजर जाएँगे धरती का अद्‌भुत आकर्षण बिखेरते और आँखों को ठंडक तथा दिल को आत्मीय लगाव का सुख पहुँचाते हुए। और उदासी का कारण है कि कुछ देर बाद शाम भी गाढ़ी होकर रात में बदल जाएगी, जिसमें बाहर का सम्पर्क टूट जाएगा—शायद इस उदासी में उन लोगों की उदासी भी शामिल है, जिन्हें ट्रेन पीछे छोड़कर आगे बढ़ जाती है।

नन्दगंज और आँकुसपुर स्टेशनों के बीच की दूरी लम्बी है, जिसके बीच में एक वीरान इलाका पड़ता है, ग्रामीण बस्तियों से दूर, झाड़ी-झंखाड़ों वाला, जिसको पाँतर कहा जाता है और जिससे होकर ट्रेनें धड़ाधड़ निकल रही हैं। नीलेश ने सुना है कि इसी क्षेत्र में कहीं क्रान्तिकारियों ने ट्रेन को रोककर

उसके सरकारी खजाने को लूटा था काकोरी ट्रेन डकैती की तरह। नीलेश यह भी जानता है कि इन देशभक्तों को पकड़ने के लिए ब्रह्मासिंह नामक एक पुलिस गुप्तचर अधिकारी भेस बदलकर इस इलाके में घूमता रहा था एक-दो वर्ष तक और सफलता मिलने पर उसकी तरक्की भी हुई थी।

नीलेश को आश्चर्य उस समय हुआ, जब उस वीरान इलाके की समाप्ति के कुछ समय पूर्व ट्रेन इंजिन ने सीटी देना शुरू किया। स्टेशन तो अभी आया नहीं, सीटी कैसी ? मगर सीटी रुकने का नाम नहीं ले रही थी और गाड़ी की रफ्तार भी धीमी पड़ गई। कुछ आगे जाकर गाड़ी भी रुक गई और सीटी जारी रही।

''सावधान होकर बैठ जाइए, अपने सामानों की फिक्र कीजिए...ट्रेन में डकैती पड़ने वाली है। इलाहाबाद से ही क्रान्तिकारी स्टूडेन्ट चढ़कर आए हैं। यही जगह तो है—ठीक यहीं क्रान्तिकारी देशभक्तों ने ट्रेन रोककर खजाना लूटा था...मैं तो सब जानता हूँ..।''

सैदपुर-भीतरी की तहसीली कचहरी में काम करनेवाले एक मामूली कर्मचारी ने ऐलान किया। वह पैजामा और छोटी-सी कमीज पहने और बुलबुली झाड़े एक कस्बाई छैला का नक्शा पेश कर रहा था। सौभाग्य से उस डिब्बे में छात्रों का जमावड़ा नहीं था, परन्तु उसकी बात से सभी मुसाफिरों के चेहरों पर हवाइयाँ उड़ने लगीं। लोग पहले तो डिब्बों से ही झाँक-झाँककर तथ्यों का पता लगाने की कोशिश करने लगे। बाद में ट्रेन को हिलता-डुलता न देखकर और सीटी बन्द हो जाने के बाद लोग नीचे उतरने लगे—खास तरह से छात्र समुदाय।

सभी लोग इंजिन की ओर जा रहे थे। नीलेश भी उतरकर उधर ही चल पड़ा था। जो लोग डिब्बों में रह गए थे, खास तरह से स्त्रियाँ और बच्चे काफी परेशान थे। सभी उधर ही बढ़ रहे हैं तो बताएगा कौन ? देर हो रही है। बात क्या है ? क्या इंजिन के पास या उससे आगे हल्ला हो रहा है ? अरे नहीं...यह तो नारा है...इन्कलाब जिन्दाबाद ! अंग्रेजो, भारत छोड़ो !

नीलेश छात्र समुदाय की भीड़ के अग्रिम दस्ते के साथ था। गार्ड तो इंजिन के पास पहुँचकर स्थिति का जायजा लेने के बाद वापस अपने डिब्बे की ओर लौट रहा था। भीड़ में से किसी ने पूछा :

''कहिए जनाब, ट्रेन क्यों रुकी है...''

कमलगट्टा प्रसाद सिंह अपनी आदत के मुताबिक सूचना के साथ विष-वाण चलाने से बाज नहीं आया, ''खैर मनाइए, आप लोग बाल-बाल बच गए। आप लोगों को तो और कुछ सूझता नहीं—कौन मरेगा, कौन जीएगा, आपको क्या मतलब ? वफादार मुस्तैद ड्राइवर ने देख न लिया होता तो आपकी क्या हालत होती, यह ईश्वर ही जानता है। अब आगे जाकर खुद अपनी आँखों से देख आइए, अब यह गाड़ी एक इंच भी आगे नहीं बढ़ेगी, वापस लौट जाएगी...।''

''अरे, बक-बक का तूफान मेल क्या जोते जा रहा है भाई...साफ क्यों नहीं बताता कि क्या हुआ है...'' किसी छात्र ने उत्तेजित होकर गुस्से में कहा।

''अरे, आगे जाकर खुद देख क्यों नहीं लेता ? जैसी नीयत वैसी बरकत। सभी पटरियाँ उखाड़ी हुई हैं। अब सभी मुसाफिर अपने सामानों के साथ नीचे उतर जाएँ और जहाँ जाना हो खुद जाएँ। गाड़ी वापस जाएगी। हाँ, जिसे औड़िहार या बनारस लौटना हो, वे बैठे रह सकते हैं...''

''अच्छा तो नीयत देखोगे तुम ? अभी पनपियाव नहीं मिला है न ?''

'मारो, मारो' के शोरगुल के साथ भीड़ के लोग गार्ड की ओर लपके, लेकिन खद्दरधारी छात्र नेता ने उनको ऐसा करने से फिर रोका। तत्पश्चात गार्ड को चेतावनी देने और उसके लिए मुर्दाबाद का नारा लगाने के बाद भीड़ इंजिन की तरफ बढ़ चली।

इंजिन के पास पहुँचते ही सबकुछ साफ-साफ नजर आने लगा। ड्राइवर इंजिन पर ही नीचे पैर लटकाकर बैठे-बैठे टुकुर-टुकुर इधर-उधर देख रहा था और उसका सहायक अन्दर एक मैले कपड़े से सफाई। भीड़ के कुछ लोगों ने ड्राइवर से पूछने की कोशिश की, लेकिन उसने मौन रहकर आगे

उँगली का संकेत कर दिया।

भीड़ आगे बढ़ गई। वहाँ से आधा फर्लांग की दूरी पर तार का पहला खम्भा मिला, जिसे एक ओर मोड़ दिया गया था, जिसे देखकर कमर से झुके एक निहायत दुबले-पतले व्यक्ति के नीचे कुछ निहारने का भ्रम हो रहा था। और आगे वाले दूसरे खम्भे को तो सीधा झुका-गिराकर जमीन पर साष्टांग की मुद्रा में लेटा दिया गया था। खम्भों के तार ढीले-ढाले होकर इधर-उधर फैले-छितरे थे। रेल पटरियों की दशा तो और भी खराब थी। वे जगह-जगह से पूरी तरह उखाड़ दी गई थीं—सिर्फ कल-पुर्जे और जोड़ ही नहीं खोले गए थे। और जहाँ जोड़ पूरी तरह नहीं खुल पाए थे, कोई-कोई लम्बी-सी पटरी रेल-पथ से थोड़ा अलग टेढ़ी-तिरछी काले सर्प की तरह लहराती-सी पड़ी थी, फीकी होती और भागती धूप में चमकती हुई। रेल-पथ के स्लीपर उखड़कर इधर-उधर पड़े थे और कहीं-कहीं तो गायब ही थे।

सामने एक अनोखा दृश्य था, अनिष्टकारी दहशत से भरा। आकाश में जमनेवाले बादल नहीं थे। वे हल्के धूप में चमकते और पश्चिम दिशा में तेजी से भाग रहे थे। वीरानगी का अन्तिम छोर था, फिर भी झाड़ी-झंखाड़, झौवों, जंगली पेड़-पौधों, बबूलों वगैरह से अभी छुटकारा नहीं था। और इस वीरानगी में भी कई तरह के पक्षी इधर-उधर फुदक रहे थे। शायद उन्हें इस तोड़-फोड़ में खेल का मजा आ रहा था। सुग्गे, मैनाएँ, नीलकंठ तथा अन्य कई तरह के छोटे-छोटे खूबसूरत पक्षी मुड़े खम्भों या नीचे उखड़ी, बिछी पटरियों पर आकर बैठते, अपनी गर्दनें कई बार इधर-उधर मोड़ते, चहचहाते और फुर्र से उड़ जाते।

दहशत का कारण कुछ दूसरा ही था। पहले लोगों ने सोचा कि कुछ बदमाशों या डाकुओं ने लूटमार करने के उद्देश्य से तोड़-फोड़ की है। यानी ट्रेन दुर्घटनाग्रस्त हो जाए तब डकैती का अवसर मिले। यह तो सचमुच ड्राइवर की मुस्तैदी कही जाएगी, जिसने पहले ही देखकर ट्रेन रोक दी। यदि वह जरा भी लापरवाह रहता तो क्या होता आज ? गार्ड तो ठीक ही कह रहा था।

भीड़ लौटकर ड्राइवर के पास आकर उससे पूछताछ करने लगी, "कहिए, ड्राइवर साहब, यह सब कैसे हो गया ? अब क्या होगा ?"

मजहर नामक ड्राइवर हँसने लगा। फिर गम्भीर होकर बोला, "अब तो कुछ नहीं हो सकता। यह तो शुरुआत है, क्या आप समझते हैं, किसी तरह यहाँ की मरम्मत कर दी जाए तो गाड़ी आगे चली चलेगी ? अल्ला ही जानता है कि आगे क्या होगा ? कहाँ-कहाँ रेल की पटरियों की मरम्मत कीजिएगा, जनाब ? आप खुद जुलूस निकालकर आ रहे हैं, मगर आपको यह पता नहीं है कि यह सब किसने किया है ? जनाब, यह सब गांधीजी के लोगों की करतूत है और आगे भी ऐसा ही नजारा देखने को मिलेगा। यह गाड़ी फौरन बनारस लौट जाएगी, नहीं लौटने पर सभी फँस जाएँगे। आप सभी उतरकर चले जाइए, यहाँ से आँकुसपुर स्टेशन दूर नहीं है और आँकुसपुर से गाजीपुर भी नजदीक ही है..."

ड्राइवर का कथन सुनकर भीड़ में अचानक जोश आ गया, जैसे अँधेरे में बिजली चमकने से रास्ता सूझ गया हो। वे जोर-जोर से नारे लगाते हुए अपने-अपने डिब्बे की ओर लौट पड़े।

कुछ देर बाद खद्दरधारी छात्र नेता एक सिरे से दूसरे सिरे तक घूम-घूमकर मुसाफिरों को समझाने लगा :

"आप लोग घबराइए नहीं—नीचे अपने सामानों के साथ उतर जाइए। हम सभी साथ-साथ गाजीपुर स्टेशन तक पैदल चलेंगे, वहाँ पहुँचकर कोई-न-कोई इन्तजाम हो जाएगा। किसी डाकू-वाकू का काम नहीं है, गांधीजी, जवाहरलाल नेहरू, सरदार पटेल, मैलाना आजाद के वीर सिपाहियों ने रेल की पटरियाँ उखाड़ दी हैं जिससे विदेशी सरकार का सभी कामकाज ठप हो जाए और वे एक मिनट के लिए यहाँ शासन न कर सकें। आप हिम्मत से काम लें और अपने देश के नेताओं का

साथ दें, देश की आजादी प्राप्त करने की कोशिश करें...''

नीलेश जब अपने डिब्बे में पहुँचा तो रतनसिंह मुख्तार के चेहरे पर हवाइयाँ उड़ रही थीं और वे डिब्बे से झाँक-झाँककर इधर-उधर देख रहे थे। उनकी पत्नी और नम्रता भी चिन्तित दिखाई दे रही थीं। नीलेश अचानक पहुँचकर धीमे स्वर में बोला :

''चाचाजी, नीचे उतरना होगा, क्या-क्या सामान है, बता दीजिए, मैं उतार देता हूँ...''

दरअसल रतनसिंह उसी को देख रहे थे, और उसको पाकर वह खुश होकर गद्‌गद स्वर में बोले :

''अरे बेटा, तुम कहाँ थे ? मैंने तो सोचा कि तुम चले गए हो...।''

''मैं कहाँ जाता, चाचाजी ? गाजीपुर यहाँ से दूर नहीं है। हाँ, आप लोगों को पैदल चलना पड़ेगा। आराम से चलेंगे। काफी लड़के हैं, मुसाफिर हैं, सभी एक-दूसरे की मदद करेंगे।''

''अरे, तुम साथ हो तो हमें किस बात का डर है, बेटाजी ?''

रतनसिंह ने असाधारण खुशी से ऐसी चहकती आवाज में कहा था, जो उनके स्वभाव के विपरीत थी। उनकी पत्नी ने आश्चर्य के साथ उनकी तरफ देखा और नम्रता ने तो नाराजी से उनको घूरा। यह तो सही है कि रतनसिंह जैसा हिम्मती व्यक्ति ऐसी असामान्य परिस्थिति में बेहद भयभीत हो गया था, खास तरह से इसलिए भी कि उनके साथ दो स्त्रियाँ थीं और भारी सामान भी। जीवन में ऐसा अनुभव भी नहीं हुआ था उन्हें कभी। परन्तु सबसे बड़ा कारण यह था कि जब उन्होंने नीलेश को कहीं नहीं देखा तो उन्हें लगा था कि नीलेश उन्हें अकेला छोड़कर किसी सुरक्षित स्थान पर चला गया है।

''पिताजी, आप इतना भयभीत क्यों हो गए हैं...''

नम्रता ने ठीक ही उनकी नब्ज पकड़ी थी। नीलेश के सामने इस तरह गिड़गिड़ाकर खुशी प्रकट करने की क्या जरूरत है ? इस तरह के व्यवहार से वह अपने को कितना छोटा महसूस कर रही है।

नम्रता की बात सुनकर रतनसिंह के चेहरे पर शर्मिन्दगी की हल्की लाली उभर आई, फिर भी यह प्रदर्शित करने के लिए कि कुछ भी नहीं सुनाई पड़ा है, वह नीचे झुककर सीट के नीचे रखी डोलची और पानी की सुराही को व्यस्ततापूर्वक बाहर निकालने लगे।

परन्तु, नीलेश को नम्रता का व्यवहार अच्छा नहीं लगा। उसने रतनसिंह के हाथ से डोलची और सुराही लेते हुए कहा, ''चाचाजी, आप चाचीजी और नम्रता को लेकर नीचे उतरिए, मैं सभी सामान उतार रहा हूँ। जल्दी नहीं है। कोई भी चिन्ता न कीजिए, सबकुछ सहूलियत से हो जाएगा...।''

एक बड़ा-सा बक्सा था, जिसमें सभी कपड़े और कुछ जरूरी सामान थे। जाड़े के दिन न होने से होलडाल भारी नहीं था। सामान उतरते-उतरते बहुत-से लोग जिनके पास कुछ खास नहीं था, बड़े-बड़े कदम रखते आगे बढ़ गए थे।

''नीलेशजी...''

परन्तु नीलेश ने रतनसिंह को बोलने नहीं दिया, ''चाचाजी आप देखते रहिए, सामान कैसे चलता है। आप तो हमारा पथ-प्रदर्शन कीजिए। यहाँ कोई कुली नहीं मिलेगा। नम्रता सुराही ले लेंगी। चाचीजी डोलची ले लेंगी। मैं इस बक्से पर हल्का-सा होलडाल रख देता हूँ, आप थोड़ा सहारा दे दीजिए, मैं आराम से इन दोनों सामानों को कन्धे पर रखकर ले जाऊँगा...।''

''अरे नीलेशजी, तुम दोनों कैसे ले जाओगे ?''

''नहीं चाचाजी, आप देखते रहिए...हाँ, चाचीजी थक जाएँगी तो आप डोलची उनसे ले लीजिएगा...और मेरा झोला आप कन्धे से लटका लीजिए...।''

नीलेश ने किसी तर्क को नहीं माना। उसने झोला में से तौलिया निकालकर उसको गोल-गोल

मोड़कर अपने सिर पर रख लिया। फिर बक्सा पर होलडाल रखकर नीलेश के कन्धे पर चढ़ाया जाने लगा, जिसमें रतनसिंह की पत्नी ने भी सहयोग दिया। नम्रता एक अजीब भय और आतंक तथा किंचित शर्म से आँखें विस्फारित करके सामने के पूर्वी क्षितिज को देखने लगी, जहाँ से शाम ने उतरकर धीरे-धीरे आकाश को घेरने की तैयारी शुरू कर दी थी। वह पता नहीं कब तक उधर देखती रही। धूप का रंग बदल रहा था। धरती के बहुत-से हिस्से पर छाया कब्जा करके आगे बढ़ रही थी। कहाँ जा रही है नम्रता ? क्या पूर्वी क्षितिज के उस पार, जहाँ रात्रि संकोच छोड़कर काले इरादे से कुटिलतापूर्वक मुस्कुरा रही है...

तरह-तरह की आशंकाओं से भरी नम्रता उस समय चौंकी, जब माँ ने उसकी बाँह को हाथ से खोदते हुए कहा, "कहाँ खोई हुई हो ? सब लोग जा रहे हैं...कुछ देर में शाम हो जाएगी, फिर रात..."

उसने सिर को चारों ओर घुमाया। ट्रेन लगभग खाली हो चुकी थी। कम सामान वाले तो सचमुच आगे निकलकर दृष्टि से गायब हो चुके थे। पीछे वही लोग शोरगुल कर रहे थे जिनके पास सामान अधिक थे अथवा परिवार में बच्चे और अशक्त वृद्धजन। छात्रों की कुछ छोटी-छोटी टोलियाँ पीछे छूटे लोगों के साथ चल रही थीं कमजोर और मजबूर लोगों को मदद देती तथा जरूरत पड़ने पर उनके सामान ढोती हुई।

विशेष रूप से छात्रजन उत्साह में थे। वे बेताब हो रहे थे कि जल्दी-से-जल्दी अपने गाँव पहुँचकर उस क्रान्ति को आगे बढ़ाएँ, जिसका बिगुल बम्बई में बजाया गया था गांधीजी तथा उनके साथी जवाहरलाल नेहरू, सरदार पटेल, मौलाना आजाद वगैरह द्वारा; तथा जो शहरों से शुरू होकर तेजी से गाँवों में फैल रही है। नीलेश कम उत्साहित नहीं था—कुछ अधिक इसलिए भी कि वह नम्रता एवं उसके परिवारजनों के लिए चिन्तित था और उनको जल्दी-से-जल्दी किसी सुरक्षित जगह पर पहुँचा देना चाहता था। परिश्रम के ऐसे आनन्द को एक-दो शब्दों में परिभाषित करना सम्भव नहीं है, जिसमें देशभक्ति, कुर्बानी, दायित्व, गर्व एवं स्वार्थरहित प्यार की भावनाएँ एकीकृत हो गई हों।

शुरू में नीलेश की इच्छा हुई कि दौड़कर चले, परन्तु उसका उत्साह वास्तविकता के समानुपातिक नहीं था। होलडाल तो हल्का ही था, किन्तु ट्रंक वैसा नहीं। वह दो-तीन कदम दौड़कर चला भी, फिर सँभलकर कदम रखने को मजबूर हुआ। यदि वह दौड़ भी सकता तो उसके साथ चलनेवाले लोगों के लिए यह कहाँ सम्भव था ? फिर हवा भी पुरवा थी और उसके प्रतिरोध का सामना करके ही आगे बढ़ा जा सकता था। महिलाएँ तो और भी परेशान हो रही थीं। उनके आँचल उड़कर फड़फड़ाने लगते तथा साड़ी दोनों टाँगों के बीच में घुसकर बेड़ी की तरह चलना मुश्किल कर देती।

नीलेश ने एक बार होलडाल सहित ट्रंक को सिर पर से उतारकर दोनों हाथों के सहारे कन्धे पर टिकाने की कोशिश की, जिसके बाद उसके शरीर की आकृति दर्शनीय थी। सन्तुलन बनाने के प्रयास में सीधी धड़ के नीचे उसके कूल्हे तिरछे एक ओर निकल आए, ऊपर गर्दन विपरीत दिशा में। नम्रता भय और आतंक दे देखती हुई होंठों में ही मुस्कुरा पड़ी, सहसा उसे बिहारी का वह दोहा याद आ गया जिसमें बाँसुरी-वादक श्याम को त्रिभंगीलाल की संज्ञा से विभूषित किया गया है। उसके दिमाग में 'श्याम-श्याम' शब्द चक्कर काटने लगा और हृदय में कुछ क्षणों के लिए उस आकृति के प्रति मुग्धता का भाव भी उगा; लेकिन शीघ्र ही अपने को धिक्कारा। वह तो अपने को बहुत छोटा सिद्ध कर चुकी है हर दृष्टि से और ऐसे अवसर पर भी वह निष्क्रिय-सी चल रही है, हीन भावना से भरी हुई।

असुविधा महसूस करने के बाद नीलेश ने ट्रंक फिर सिर पर ले लिया। आश्चर्य की बात

यह है कि सिर पर गोल घुमाकर रखा हुआ उसका तौलिया यथास्थान स्थिर रहा। सभी रेलवे लाइन के बगल-बगल ही चल रहे थे। शुरू में कुछ दूर तक काफी दिक्कतें थीं। लोहे की पटरियाँ जगह-जगह उखड़ी थीं और कोई पटरी रास्ते में ही पड़ी थी, जिसे लाँघकर जाना पड़ रहा था। कहीं-कहीं तार भी फैले थे। आगे चलनेवाला अपने पीछे आनेवालों को सावधान कर देता, "भाई, नीचे देखके..."

परन्तु कुछ दूर बाद रास्ता ठीक था। पटरियाँ तथा तार के खम्भे जस-के-तस हैं। अब मुसाफिरों की भावना में अन्तर आ गया है। ट्रेन की यात्रा करते समय पीछे छूटते स्टेशनों, आदमियों तथा पेड़-पौधों के प्रति वियोग जैसी एक उदासी भर आती थी। परन्तु अब एक उतावलापन था—भय-आशंका-भरी इच्छा कि जल्दी से यह रास्ता और उसके आस-पास फैला वातावरण पीछे छूटे और कोई सुरक्षित स्थान, खास तरह से गाजीपुर स्टेशन शीघ्र ही आ जाए।

डूबते हुए दिन ने कई रंग बदले। उसको रोकना अब व्यर्थ था। क्षीण होती धूप वृक्षों के शिखरों को स्पर्श करती हुई पीठ पीछे पश्चिमी क्षितिज में शर्म से लाल होकर छिप रही थी। सूर्य का गोला दिन-भर की आभा के बाद शिथिल होकर ठंडा पड़ गया, जिसके डूबने के बाद उसकी आभा कुछ देर तक फैली रही अत्यधिक फीके लाल रंग की तरह अथवा अशक्त व्यक्ति की क्षीण मुस्कराहट के समान।

जब वे लोग आँकुसपुर पहुँचे, शाम का चेहरा हँसता हुआ, उज्ज्वल था। छोटा स्टेशन है, लेकिन कुछ लोग दिखाई तो पड़े। वहाँ के स्टेशन मास्टर ने किसी प्रश्न का जवाब नहीं दिया। आगे भी लाइन टूटी है ? कोई और वारदात तो नहीं हुई ? लेकिन जानकार मुसाफिरों में कई लोगों ने कहा—गाजीपुर यहाँ से नजदीक ही है और पटरी के बगल का रास्ता भी ठीक है। सभी थक गए थे। तेज हवा के साथ उमस भी थी और नीलेश तो पसीने से लथपथ था। परन्तु कोई भी वहाँ थोड़ी देर रुककर सुस्ताने को तैयार नहीं हुआ। सिर्फ उन्होंने कुछ मिनट रुककर एक-एक गिलास पानी पीया—एक-एक लड्डू भी नहीं खाया उन्होंने और चल पड़े जल्दी ही।

गाजीपुर स्टेशन पहुँचने के समय रात उतर आई थी। नीलेश सामान उतारकर सबको एक बेंच पर बिठाकर वस्तुस्थिति का पता लगाने चला गया और कुछ देर बाद लौटकर बताया :

"चाचाजी, अब कोई भी गाड़ी बलिया की ओर नहीं जा रही है। जाएगी भी नहीं। उधर से भी कोई ट्रेन नहीं आ रही है। उधर हालत और भी खराब है। बस का रास्ता भी खराब है। सड़कें बीच-बीच में काट दी गई हैं, जिससे पुलिस या फौज आ-जा नहीं सके। बसें भी नहीं आ-जा रही हैं। लोग गुस्से में उठ खड़े हुए हैं। एक जबरदस्त जन-ज्वार, जनक्रान्ति की आँधी आ गई है..."

"अरे, यह तो बड़ा बुरा हुआ ! अब क्या होगा नीलेशजी ? मुझे तो एक दिन के लिए गौसपुर जाना था रिश्तेदारी में—गाजीपुर के बाद युसुफपुर स्टेशन पड़ता है, वहीं से गौसपुर गाँव जाते हैं..." रतनसिंह मुख्तार का चेहरा आतंकित था।

"चाचाजी, कोई चिन्ता की बात नहीं। हम इस समय नियाजी मोहल्ला चलेंगे। वहाँ मेरे फूफाजी रहते हैं। आप तो जानते भी हैं, बाबू बेनी प्रसादजी। आज रात में रुकेंगे और सुबह कल दिन में नदी-मार्ग से नाव द्वारा बलिया चले चलेंगे। कोई दूर थोड़े है बलिया यहाँ से। सभी लोगों की यही राय थी..."

"नाव से ?" रतनसिंह की आँखें निकल आईं।

"हाँ चाचाजी...ट्रेन, बस, सब बन्द हैं...।"

बहुत आग्रह करके नीलेश एक ताँगे पर रतनसिंह और उनके परिवार को अपने फूफाजी के मकान पर ले गया, जो नियाजी मोहल्ला के महाजन टोली में स्थित है। रात के करीब नौ बज गए थे। पुराने ढंग की छोटी-छोटी लाखौरी ईंटों से ऊँचाई पर निर्मित एक मजबूत मकान है वह जहाँ तक पहुँचने के लिए सड़क से हल्की चढ़ाई करनी पड़ती है। गंगा के किनारे बसा गाजीपुर शहर बरसात में अक्सर बाढ़ की चपेट में आ जाता है। कभी-कभी तो ऐसा लगता है कि अब डूबा तब डूबा ! तब बढ़ी हुई नदी पक्की सीढ़ियों पर चढ़कर शहर के गली-कूँचों में प्रवेश कर जाती है और त्राहि-त्राहि मच जाती है। इस मोहल्ले से तो गंगा काफी नजदीक है और बहुत पहले जब सुरक्षा की व्यवस्था आज की तरह नहीं थी, बहुत सोच-समझकर ऐसे स्थान पर यह इमारत खड़ी की गई होगी।

नीलेश के फूफा जिला जज के पेशकार थे। कभी बलिया स्वतन्त्र जिला न होकर गाजीपुर में ही शामिल था, और नया अस्तित्व प्राप्त होने पर भी एक ही जज दोनों जनपदों के मुकदमे देखा करता। परिणामस्वरूप जब जज साहब बलिया बैठने लगते तो पेशकार को भी उनके साथ जाना पड़ता। उस समय कोई रिश्तेदार आकर अलग ठहर जाए, यह सम्भव नहीं था, मगर पेशकार साहब घर-गृहस्थी छोड़कर बहुधा अकेले आते और जज साहब छः-आठ महीना, एक वर्ष रहने के बाद जब गाजीपुर वापस चले जाते तो वह भी।

नीलेश सोच भी नहीं सकता कि यदि पहले से परिचित न भी होते तो रतनसिंह मुख्तार और उनके परिवार का वहाँ स्वागत नहीं होता। वैसे भी भारतीय परिवारों में अतिथि भगवान से कम नहीं समझा जाता था। और खुशी तथा हँसी से वह भर गया जब दोनों महिलाओं के ऊपर चले जाने के बाद गोंद के लड्डू जलपान करते समय रतनसिंह मुख्तार और उसके फूफाजी उस समय के किसी मशहूर मुकदमे की विस्तार से चर्चा करने लगे। देखते-ही-देखते उस विशाल, साफ-सुथरे बैठकखाने में 'चुनांचे', 'दरख्वास्त', 'मुद्दई', 'कत्ल', 'फैसला' आदि नुक्ता, बेनुक्ता वाले उर्दू के शब्द तैरने लगे। नीलेश किसी तरह अपनी हँसी रोककर ऊपर की तरफ भागा।

दो भाइयों का परिवार ऊपर अलग-अलग रहता था, जिनमें उसके फूफाजी छोटे थे। ऊपर के कमरे भी हालनुमा बैठकखाने की तरह ही थे। उनके बाहर बड़ी, खुली छत भी थी तथा उसके फूफाजी की तरह पीछे गली में उगा एक विशाल पीपल का वृक्ष झुक आया था, जिसकी पत्तियाँ थोड़ी-सी हवा चलने पर ही खड़-खड़-खड़ बोलने लगतीं। उसके नीचे सुतली से बुना और कसा एक बड़ा पलंग पड़ा था, जिस पर जाकर वह लेट गया और बेतहाशा हँसने लगा।

उस घर में छोटा कुछ भी न था, चाहे कमरा हो, मसहरी हो अथवा लोटा, गिलास, थाली एवं कटोरा-कटोरी ही क्यों न हो। और उसे सहसा महसूस हुआ कि भले ही उसके फूफा तथा उनके बड़े भाई मामूली डील-डौल के हों, परन्तु उनके दिल बड़े थे, तभी तो वे तथा उनके परिवाजन उत्साहपूर्वक अतिथियों का स्वागत करने में जुटे हुए थे। यह ख्याल आते ही उसकी हँसी बन्द हो गई और निजी किस्म के एक अनजान कृतज्ञता भाव ने तरतर पसीनेवाली उस दुस्सह गर्मी और उमस में खड़खड़ाते पत्तों की शीतल हवा का सुख और भी बढ़ा दिया।

इन दिनों वह अपने फूफाजी से खुश भी नहीं था। और बचपन में भी वे और उनका खयाल एक अजीब मनहूसियत और आतंक पैदा कर देते। सिल की तरह उनका चेहरा खुरदुरा, सपाट और संवेदनहीन था। न खाने का शौक न खिलाने का। न पहनने का और न हँसने-बोलने का। सबसे यहाँ तक कि भोजपुरी बोलनेवाली घर की औरतों से भी गम्भीर मोटे स्वर में नुक्तों से भरी उर्दू, फारसी बोलते। वैसी ही भाषा, जो किसी मुकदमे का वृत्तान्त सुनाते उनके मुँह से निकलती और

जिसे सुनकर कोई भी औरत शरमाकर घूँघट काढ़ लेती और तिरछा मुँह करके बुदबुदाती, 'पता नहीं आबा-गाबा क्या बोलते हैं !'

चाहे अधिक ही क्यों न दे दिया जाए, सिर्फ एक गोंद का लड्डू अथवा जलेबी के एक टुकड़े से उनका नाश्ता सम्पन्न होता। फिर तो औरतों की रसोई की भाग-दौड़ शुरू हो जाती। झुँझलाहट और चिल्लाहट भी। कोई चावल बीन रही है, कोई दाल। कोई सब्जी काट रही है। मसाला भी साथ-साथ पीसा जा रहा है। इस बीच फूफाजी ठीक साढ़े आठ बजे बिना किसी दरवाजे के अधखुले गुसलखाने में नहाने के लिए चले जाते एक लाल अँगोछे और धोती के साथ। दो-चार लोटा सिर पर डाला, धोती आगे-पीछे ढीली करके एक-एक लोटा अन्दर और स्नान सम्पन्न। वह उतारी धोती और अँगोछा नौकर के लिए छँटाई हेतु छोड़कर अन्दर आ जाते।

नीचे कुछ नहीं पहनते थे वह। एक पतली महीन पारदर्शी-सी धोती स्नान के बाद धारण कर लेते तो उससे ही बीच-बीच में, जब कचहरी अथवा कहीं और जाना होता, कच्छा-अंडरवियर का काम ले लेते। यानी धोती को ऊपर अच्छी तरह खोंटकर उसके ऊपर एक उटुंग-सा पायजामा चढ़ा लेते और कच्चा-पक्का भोजन, जो भी मिलता, करके एक पुराना पारसी कोट तथा फ्लेक्स जूते पहनने के बाद ठीक सवा-नौ बजे—सीतानाथ से एक-सवा घंटा पहले ही—चल देते थे कचहरी पैदल ही। शाम को लौटने के बाद वह जूते, कोट तथा पायजामा उतार देते। फिर, जिसे कच्छा बना दिया गया था, उसे फिर धोती बना दिया जाता। एक ही कमीज-बनियान कई दिनों तक चलती। बीच-बीच में कभी बनियान और कभी कमीज छाँटने के लिए उतारी जाती। इस तरह कभी बनियान, कभी कमीज और कभी धोती सबसे अधिक साफ नजर आती।

शाम को नाश्ता करने के बाद वह कमरे अथवा बाहर चारपाई या तख्त पर बैठ जाते चुपचाप। सीतानाथ कचहरी से आकर थोड़ी देर आराम करते, फिर मन्दिर चले जाते। तब उस समय मुकदमों, हाकिमों वगैरह के बारे में गप-सड़ाका के लिए अन्य कौन मिलता ? उन्हें और किसी से भी यहाँ तक कि बच्चों से भी बोलने-बतियाने का शौक नहीं था। वह देर तक घंटों पालथी मारकर बैठे रहते और सामने टुकुर-टुकुर देखते रहते, चाहे देखने की चीज हो या न हो। ऐसे समय वह कभी दाईं और कभी बाईं बाँह को सीधे तख्त या चारपाई पर टेककर अपने शरीर का पूरा भार उस पर डाल देते। तब बाँह ऐंठकर घूम जाती और किहुनी का दूसरी ओर का हिस्सा आगे उभर आता। फूफाजी से ऐसी हरकत करने की हिम्मत तो नहीं कर सका नीलेश, परन्तु उसी से प्रेरित होकर उसने कई बार अपनी बड़ी बहन अथवा किसी छोटे भाई से उसी तरह बाँह टेकवाने के पश्चात आगे निकले उभार को हल्के-से अपने हाथ से धक्का दे दिया था, जिससे बेसहारा होकर वे नीचे लुढ़क गए थे।

लेकिन शाम का वह समय नीलेश के लिए खतरनाक भी हो सकता था और हो भी जाता था। इसलिए जब वह तबादले पर बलिया आ जाते तो उसकी रूह काँप जाती और वह भरसक उनकी नजर से दूर रहने की कोशिश करता। अचानक मुकदमा सम्बन्धी उनकी स्थायी दिलचस्पियाँ कहाँ और कैसे तिरोहित हो जातीं और एक अध्यापक की प्रतिभा इस सीमा तक जाग उठती कि जब उम्मीद नहीं होती, उसी समय नीलेश को बुलाकर कहते :

"अपनी इंगलिश की बुक ले आओ..."

नीलेश का चेहरा फक।

"ले आओ, तुम्हीं से कह रहा हूँ..."

नीलेश बड़ी ही अनिच्छा से पैरों तो ताने हुए अन्दर जाता अपनी माँ और दादी की ओर देखता हुआ, गोया उसके साथ बड़ा अन्याय किया जा रहा हो। सिर्फ दादी ही उसकी माँ की तरफ अर्थपूर्ण दृष्टि से देखती हुई धीरे से कहतीं :

"समय पर लड़के खेलेंगे-कूदेंगे नहीं तो पनकेंगे कैसे ?" जब उसकी माँ बाहर की तरफ देखने

के बाद सिर झुकाकर गम्भीर होकर मुँह फुला लेती तो दादी किसी चतुर राजनीतिज्ञ की तरह सुनाती हुई बुलन्द आवाज में कहती :

"जाओ बेटवा, आज पढ़ लो...पढ़ाई-लिखाई से बुद्धि खुलती है..."

उसके फूफाजी सिर्फ टेन्थ तक ही पढ़े थे, मगर उनकी अंग्रेजी अच्छी थी और लिखावट भी बेहद खूबसूरत। वह शुरू में ही हिज्जे पूछने लगते। और जब उससे कभी भूल हो जाती तो कान पकड़कर ऊपर-नीचे झुलाने लगते। बड़ी जोरदार पकड़ थी उनकी, दर्द से रोएँ खड़े हो जाते, लगता जान ही निकल जाएगी। वह रोने लगता। उसकी बड़ी बहन पल-पल में दरवाजे से झाँक जाती और पूरी रिपोर्ट भीतर पहुँचा देती।

औरतों में खलबली मच जाती। दादी धीरे-से कहतीं, "कसाई की तरह कान थोड़े ही मरोड़ना चाहिए। कान उखड़ गया तो..."

अब उसकी माँ भी अपने को रोक नहीं पाती, गुस्से से लेकिन फुसफुसाई आवाज में कहती :

"मेरे लड़के को कलक्टर नहीं बनना है ! इससे अच्छा तो अपढ़-गँवार रहना है। जब जान ही नहीं रहेगी तो पढ़-लिखकर क्या होगा ?"

लेकिन इससे आगे बढ़ने की हिम्मत किसी में नहीं थी। यहाँ तक कि आनन्दी अपने पति से भी कुछ नहीं कह सकी क्योंकि वह जानती थी सीतानाथ उसी पर बिगड़ेंगे और क्रोध से चिल्लाने लगेंगे :

"अरे, तुम उसे नालायक बनाना चाहती हो ?...समझ लो, बिना पिटाई के पढ़ाई आती भी नहीं। जानती हो, एक बार मैं इम्तहान के जमाने में, शाम को खेलने गया था तो मेरे चाचा ने मुझे पचपन खड़ाऊँ मारे थे...ले खड़ाऊँ...ले खड़ाऊँ। बोले, 'क्या समझते हो, भैया नहीं हैं हमारे बीच तो तुम्हें आजादी मिल गई है ! भैया की जगह अब मैं हूँ—हाँ, अब मैं ही तुम्हारा बाप हूँ, हर शौक तुम्हारा जरूर पूरा करूँगा, लेकिन पढ़ाई में कोताही हुई तो मारते-मारते हड्डी-पसली एक कर दूँगा।' "

लेकिन वह सिर्फ एक शाम की पढ़ाई नहीं थी। फूफाजी ने अँधेरा हो जाने पर उसकी छुट्टी करते हुए कहा था, "रोज शाम को, जब मैं कचहरी से आ जाऊँ, तुम अपनी अंग्रेजी की किताब लेकर मेरे पास आ जाया करो। समझ लो, हिज्जे याद होना चाहिए। हिज्जे याद न होगा तो अंग्रेजी क्या पढ़ोगे..."

जिस दिन वह तबादला होने के बाद फिर गाजीपुर वापस चले जाते, नीलेश की खुशी का ठिकाना न होता। वह खूब उछलता, खूब गाता। भाइयों को परेशान करता। बाद में तो बलिया के लिए भी अलग स्वतन्त्र जज की नियुक्ति होने लगी तो दोहरा न्याय-प्रशासन भी समाप्त हो गया। वह भी बड़ा होने लगा और राजनीतिक तथा सामाजिक रूप से जागरूक भी। लेकिन जब हाई स्कूल में वह पहुँचा तो एक दिन दोपहर के बाद सन्नाटे में दक्षिणी बरामदे में कोठरी के अन्दर होनेवाली फुसफुस बातचीत सुनकर डर से परेशान हो गया। गाजीपुर वाली उसकी बुआ एक दिन पहले ही मैके आई थीं और उसकी माँ से गिड़गिड़ाकर कह रही थीं :

"तुमसे हाथ जोड़कर कहती हूँ, भौजी...इनकी एक और शादी करा दो..."

"क्या कहती हैं, बड़ी बीबीजी..." आनन्दी ने आश्चर्य से कहा।

"ठीक कहती हूँ, भौजी, किसी गरीब घर की लड़की हो...सारा खर्चा मैं दूँगी। ऊपर से भी कुछ दे दूँगी...मैं तो अभागी हूँ भौजी, इन्हें कुछ दे न सकी...ज्योतिषी ने भी हाथ देखकर कहा है कि भाग्य में सन्तान तो है। अब इस उम्र में मैं तो सन्तान देने से रही...इसीलिए तुमसे विनती कर रही हूँ..."

"कुछ कहा है क्या उन्होंने ?" आनन्दी ने पूछा था।

"आप तो जानती हैं, भौजी—ये कुछ बोलते नहीं। बार-बार पूछती हूँ, गुमसुम लगाए रहते हैं। फिर, मेरा भी तो कोई फर्ज बनता है, भौजी, एक दिन मेरे अन्दर भगवान ही कहने लगे, 'इनकी नई शादी करा दो...बच्चा होगा, इनकी किस्मत में बच्चा लिखा है...पुण्य कमाओगी तुम...हाँ, भौजी, इनके मन में भी कोई हौसला होगा तो पूरा हो जाएगा।"

"बीबीजी, आप कुछ छिपा रही हैं...जानबूझकर अपने पैरों पर कुल्हाड़ी क्यों मार रही हैं ? मान लीजिए, शादी के बाद भी कोई सन्तान न हुई तो एक औरत की जिन्दगी नरक बन जाएगी..."

"नहीं भौजी, मैं जान दे दूँगी, जहर खा लूँगी, कुएँ-नदी में डूब मरूँगी...घर के लोगों की आनी-बानी तो बरदाश्त हो सकती है, अपने ही मरद का रोज-रोज का कोसना नहीं। पहले ऐसी बात नहीं थी, दूसरी शादी की बात से चिढ़ते थे, बड़े भाई साहब की सन्तान को अपनी सन्तान मानते थे...इधर एक-दो साल से पता नहीं क्या हो गया है। दो साल में रिटायर हो जाएँगे...एक दिन बोले, 'कोई नई लड़की मिल जाए तो अब भी मैं कई बच्चे पैदा कर दूँ...।' "

उसकी बुआ बिलख-बिलखकर रोने लगी थीं। आनन्दी छाती पर हाथ रखकर चीख पड़ी थी, 'हाय, बीबीजी !' नीलेश का बुरा हाल था। शर्म, क्रोध और नफरत से काँपता और पैर पटकता हुआ वह तेजी से बाहर के बैठक में जाकर खड़ा हो गया। फिर दाँत पीसकर दीवार पर ही एक जोर का मुक्का जमाते हुए मुँह के अन्दर ही कुछ बुदबुदाने लगा।

लेकिन वह कुछ कर नहीं सका, और आनन्दी ने अपने मैकेवालों की मदद से कचहरी के एक ऐसे दरिद्र क्लर्क को ढूँढ़ निकाला, जिसे ढेर-सारे बच्चे थे और जो कर्ज में डूबा हुआ था। उसकी बारह वर्ष की अबोध लड़की से अन्ततः उसके फूफाजी की शादी हो गई—हुलासो देवी हुई तब उसकी नई बुआ।

यही सब सोचता हुआ नीलेश आश्चर्य कर रहा था कि फूफाजी के प्रति आज वह इतना कृतज्ञ क्यों है ? जो होना था वह तो हो ही गया था, उससे रिश्तेदारी तो नहीं खत्म हुई—बल्कि कुछ और प्रगाढ़ हो गई, चाहे उसका कारण जो भी हो। शायद इसके केन्द्र में बड़ी बुआजी ही थीं। उन्हीं की जिद से शादी हुई थी और अब वही चाहती थीं कि सम्बन्धों में कोई बदमजगी या खटास उत्पन्न न हो। अपनी सौत को वह छोटी बहन की तरह मानतीं। उसके लिए और उसके मैकेवालों के लिए सामान, कपड़ा-लत्ता, मिठाई वगैरह क्या-क्या बनवाती थीं और भेजवातीं, लेकिन अपने मैकेवालों के लिए रत्ती-भर कम न करतीं।

उसके फूफाजी ने समस्त अधिकार अपनी पहली पत्नी के पास ही रहने दिया क्योंकि छोटी अनुभवहीन थी। भोजन बनाने, सिलाई, बुनाई, सांसारिक व्यवहार सब में वह एकदम कच्ची थी। पहली पत्नी ही अब उसकी दादी, नानी, भाई, बहन और सहेली थी, जो उसे सिखाती, समझाती, पुचकारती और कभी-कभी डाँटती-फटकारती भी। इन दो वर्षों में वह उम्र का चौदहवाँ वर्ष पार करके निखरती गई थी। लम्बी, पतली, शमशीर की तरह लपलपाती और चमकती। उसके पति का भी रंग-ढंग एकदम बदल गया था। वह खिजाब लगाकर सदा जवान बने रहते। कपड़े साफ-सुथरे। इत्र से गमकते। गले में हल्की सोने की जंजीर और हाथ की अंगुलियों में लाभकारी रत्न-जड़ित स्वर्ण अँगूठियाँ चमचमाती हुईं। हँसते-मुस्कुराते। मगर सन्तान से वह वंचित ही थे अभी तक।

"अरे नीलेश...उठो बेटा, खाना खा लो..."

नीलेश हड़बड़ाकर उठ खड़ा हुआ। वह हुलासो बुआ की ही आवाज थी, एकदम पतली नहीं, मोटी-महीन का समन्वित नकियाया हुआ-सा मिश्रण। वह रेशमी साड़ी बार-बार सँभालने की कोशिश करती हुई, चूजे की तरह गर्दन दाएँ-बाएँ घुमाकर देख रही थी। उसके पीछे नम्रता हाथ में लालटेन लिए हुए खड़ी थी, जिसका धीमा और लघु प्रकाश-वृत्त उसकी बड़ी-बड़ी आँखों के शर्म-संकोच एवं किसी आतंक भाव को उद्घाटित कर रहा था।

"खाने की इच्छा नहीं है..." नीलेश धीमे स्वर में बोला।

"कैसी बात करते हो बाबू...नीचे इन्तजार हो रहा है तुम्हारा...लम्बे सफर से आए हो...सुनते हैं मेहनत भी खूब की है तुमने...जल्दी जाओ हाथ-मुँह धोकर...।"

वे लोग तो खा चुके थे पहले ही ! जब तक सभी हाथ-मुँह धोकर तथा कपड़े बदलकर तैयार होते...हुलासो देवी ने गजब की फुर्ती दिखाते हुए अपने जेठ की दोनों लड़कियों के सहयोग से पूड़ी, कचौड़ी, आलू की रसेदार सब्जी और खीर तैयार कर लिया था। अचार तो घर में था ही ! दही भी था, जिस पर बूरा छिड़ककर पेश किया गया। लेकिन नीलेश अपने से लगभग पाँच वर्ष छोटी और अब रिश्ते में बुआ बनी हुलासो देवी की पुरखिन जैसी बातों से बेहद संकुचित एवं दुःखी हो गया था।

नीचे बैठक में सीमित स्थान को धो-पोंछकर लम्बाई में चपेतकर एक दरी बिछा दी गई थी, जिस पर रतनसिंह और नीलेश के अलावा मेजबान पेशकार साहब भी उनका साथ देने के लिए बैठे। हुलासो देवी तो परदा की वजह से नीचे नहीं आई, लेकिन उनके जेठ की दोनों अविवाहित लड़कियों तथा नम्रता ने मिल-जुलकर खिलाने-पिलाने का काम किया। गर्म-गर्म, फूली और सुर्ख कचौड़ियों की खुशबू बैठके में चारों ओर फैल गई लेकिन पेशकार साहब यानी नीलेश के फूफा सिर्फ एक कटोरी में खीर लेकर रतनसिंह मुख्तार की बगल में खाना खाने का नाटक करते रहे। वह बीच-बीच में चम्मच से कुछ दाना खीर जीभ पर ले लेते और देर तक मेजबान को देखते हुए होंठों से बन्द करके मुँह चलाते रहते पगुराती भैंस की तरह।

रतनसिंह के उत्साह का कोई अन्त नहीं था। भूख तो लगी हुई थी खूब—लगता था पेट के अन्दर ऐसा गड्ढा है, जो कभी भरा नहीं जा सकेगा। आँखों के सामने अँधेरा छा गया था। खुराक भी उनकी कम नहीं थी। कई कचौड़ियों के बड़े-बड़े निवाले अन्दर डालने के पश्चात जब उनको कुछ धरान हुआ और नेत्र ज्योति लौटी तो वह लघु विराम देकर और सिर उठाकर अनजान में ही सीतानाथ की शैली का अनुकरण करते हुए, ठीक उसी अन्दाज में बाएँ हाथ की जुम्बिश के साथ बोले :

"लाजवाब खाना बना है, भाई साहब ! क्या खुशबू है ! क्या जायका है ! आला दरजे के हुनरमन्द बावर्ची भी यह जायका नहीं दे सकते। कोई क्या पाएगा हमारे घरों की औरतों को... विलायत की औरतें पानी भरें इनके सामने...वाह !"

वह फिर उसी तन्मयता से भोजन करने लगे। निश्चय ही उनको पूड़ी-कचौड़ी तथा अन्य पकवान बेहद पसन्द थे, लेकिन किसी की पाक-कला की प्रशंसा के कायल वह कभी नहीं रहे, जिसके लिए उनकी पत्नी सदा तरसती रहीं। गप-शप भी उन्हें अच्छा लगता था और मुख्तार होने के नाते बातचीत के अन्य कई तरीके भी आते थे, लेकिन सीतानाथ के सामने वह अमूमन श्रोता की ही भूमिका में रहते थे। फिर इस समय वह क्यों असाधारण रूप से उत्साहित थे ?

विशेष कारण घंटों भयंकर दहशत का समय बिताने के बाद अप्रत्याशित रूप से एक सुरक्षित जगह पर पहुँचने से सम्बन्धित है। ट्रेन की दुर्घटना से बचना, टूटे हुए तार के खम्भे और रेल की पटरियाँ, भागती हुई शाम की वीरानगी। अनिश्चितता में सामान और महिलाओं के साथ पैदल यात्रा। क्या होता अगर नीलेश न मिलता ? तेज विपुल हवा में भी हृदय खोखला हो गया, ऑक्सीजन तथा अन्य सुखद मानवीय भावनाओं से खाली—सिर्फ अन्दर डर का एक कुआँ बनता गया। और यहाँ आकर ऐसा इत्मीनान आ गया है कि वे सभी सुखद भावनाएँ—खुशी, उदारता आदि—असाधारण तेजी से हृदयस्थल को भरने के लिए लौट आई हैं, जैसे वायुशून्य जगह पर आस-पास की हवा दौड़ आती है।

ऐसी हालत में नीलेश पर उन्हें बड़ा लाड़ आने लगा। बहुत खुश थे उस पर। कृतज्ञ थे उसके

प्रति। भोजन के बाद तृप्ति-भरे आनन्द से इतने गद्‌गद हो गए कि एक बार ख्याल आया, अगर नीलेश जैसा दामाद मिल जाए तो कितना अच्छा हो ! परन्तु यह सोचते ही उनके मन को आघात-सा लगा और वह चुप होकर पेशकार साहब से एक नए मुकदमे का लम्बा वृत्तान्त सुनते रहे नींद से आँखें झपकने तक।

नीलेश इस समय तक बेहद दुःखी हो चुका था। हवा गुम होने से उमस काफी बढ़ गई थी और वह बड़ी बुआ के मना करने पर भी छत पर पीपल के वृक्ष के नीचे बिछे पलंग पर निखहरे ही सो गया। साफ आकाश और इस पर टिमटिमाते तारे भी वह सुख और सुकून नहीं दे सके, जिसमें हृदय जुगनुओं की तरह जग-मग होने लगता है। सबकुछ भारी-भारी और अस्वाभाविक लग रहा था उसे--वह खुशी जो नम्रता तथा उसके परिवारजनों को एक सुरक्षित स्थान पर पहुँचाने से मिली थी और वह कृतज्ञता भाव भी जो फूफा के घर में उनके स्वागत-सत्कार से उत्पन्न हुआ।

ऐसा क्यों है ? वह ऊपर देख रहा है लेकिन अनन्त आकाश तो जैसे उसके अन्दर ही फैला है, उसके दिमाग में और दिल में भी, जिसमें वह असहाय-सा भटक रहा है सबकुछ जानने के लिए। और बहुत देर बाद, जब दोनों आँखों के किंचित ऊपर माथे के केन्द्र में एक दर्द उभर आया था, उसके फूफा का चेहरा सामने नाचने लगा--तभी उसे याद आया कि ऐसा कुछ घटित हो गया है, जिसकी उसने कभी कल्पना ही नहीं की थी। दाढ़ी तो अनिवार्य रूप से सफाचट रही, परन्तु दो दिन पर नाई से छँटवाकर एक विचित्र चौड़ी, कुन्द और भोथरी मूँछ का अस्तित्व सर्वदा विद्यमान रहा। अब लॉर्ड कर्जन की तरह, बूढ़े साफ-सुथरे चेहरे पर उभरनेवाली भुल-भुल मुस्कुराहट पर सहसा विश्वास कैसे होता ? आश्चर्य है कि सिर पर बाल पहले जैसे खूटी की तरह छोटे-छोटे नहीं रहे और ललाट के ऊपर दाहिनी तरफ माँग भी दिखाई दे रही है एक सुदूर पर्वतीय सड़क की तरह।

अपने फूफा का ऐसा रूप उसने पहली बार ही देखा। कपड़े भी साफ-सुथरे इस्तरी किए हुए, भीनी-भीनी सुगन्ध छोड़ते हुए। रतनसिंह ने उन्हें अचम्भे से कई बार देखा था, परन्तु सारा किस्सा जानने और अनुभवी होने के कारण उन्हें सबकुछ समझने में देर नहीं लगी। और पहला उत्साह नीचे बैठ जाने पर नीलेश भी अब साफ-साफ देख सकता है कि उस कमसिन और नासमझ द्वितीय पत्नी को आकर्षित करने के लिए, उस पर अपनी मर्दानगी सिद्ध करने के लिए वह नौजवान, स्मार्ट छैला बनने की कोशिश कर रहे हैं, जो अपनी बड़ी सौत, जिसे वह जीजी कहती है, के अनुशासन एवं नियन्त्रण में फिरकी की तरह नाचती हुई घर-गृहस्थी को सँभालती है। फिर भी उसकी जीजी का मुँह फूल क्यों जाता है, जब वह सामने आती है ? शादी तो उन्होंने ही शौक से कराई, अब क्या यह महसूस कर हृदय भूसी की तरह जल रहा है कि जो जमीन उनकी थी, जिस पर उनका अधिकार था, वह कोई अन्य ही हथियाकर उन्हें बेदखल कर रहा है ?

नीलेश यह सब सोचकर अपने को बहुत छोटा महसूस करने लगा। और तब उसे नम्रता की दहशत और आतंक से स्याह आँखें याद आईं। जब वह हुलासो देवी के साथ पीपल के नीचे आई तब वैसा भाव था और उस समय भी जब वह नीचे खाना परोसने आई थी। क्या यहाँ की पारिवारिक परिस्थितियों का उस पर कोई असर पड़ा है ? क्या वह शाबासी लूटने के लिए उन्हें ले आया था अपने फूफा के घर ? अथवा शुद्ध कर्त्तव्य-भाव से ? कारण जो भी हो, हर हालत में यह कार्य अनुचित था, जिसने अवश्य ही नम्रता के कोमल दिल तथा स्वाभिमान को ठेस पहुँचाई है, उसे अपमानित किया है। वह अपनी समस्त शक्ति से नम्रता की रक्षा, उसको आश्वस्त एवं निश्चिन्त करने के लिए आतुर हो उठा। लेकिन कैसे ?

एक यही उपाय था कि जल्दी-से-जल्दी इस घर का परित्याग कर दिया जाए। क्या इसी समय ? लेकिन यह कैसे सम्भव है ? फिर कल सुबह अवश्य हर हालत में। इस निश्चय पर पहुँचते ही उसका तनाव कम होता गया और उसका शरीर भी ढीला पड़ने लगा। आकाश में सामने बादल का एक

टुकड़ा पता नहीं कहाँ से आ गया था जिसके अन्दर बिजली शमशीर की तरह चमक रही थी। शायद वही बादल अपने साथ कुछ हवा भी ले आया है, जिससे पीपल के पत्ते खड़खड़ाकर अपने असख्य पंखों से शीतलता प्रवाहित कर रहे हैं। कहीं किरकिचही बोल उठी। उसकी पलकें भारी होने लगीं और वह बाईं करवट सिकुड़कर नींद के आगोश में चला गया।

38

फिर भी, एक पल के लिए न चाहते हुए उन्हें तीन दिन और रुकना पड़ा। अफवाह यह थी कि टूटी हुई रेल पटरियाँ दुरुस्त कर दी गई हैं और ट्रेन फिर चलनेवाली है। नीलेश दूसरे दिन सुबह ही पता लगाने के लिए स्टेशन चला गया। आशा में वहाँ बहुत से मुसाफिर भी इकट्ठे थे। कई किस्म की खबरें वहाँ तैर रही थीं, चौराई हवा की तरह, जिसके प्रवाह में खेत में खड़ी फसलें विभिन्न दिशाओं में झुकती चली जाती हैं। मुसाफिरों के चेहरों पर कभी हवाइयाँ उड़ने लगतीं और आँखों में स्याही गहरी हो जाती। लेकिन कुछ ही देर बाद वे खुश होकर एक-दूसरे की ओर चमकती दृष्टि से देखते। उनके होंठ मुस्कुराहट में काँप-काँप जाते और वे उत्साह में बच्चों की तरह चहकने लगते।

एक बार तो यह अफवाह वहाँ एकत्रित मुसाफिरों के बीच तेजी से फैली कि अंग्रेज फौज रेल की पटरियों को जोड़ते हुए गाजीपुर आ रही है और लोग–जो भी सामने आएगा–गोलियों से भून दिए जाएँगे। असहाय मुसाफिरों के बीच बड़ी दहशत फैली। कई पुरुष उठ खड़े हुए और भय की भड़कीली आवाज में अपने परिवारजनों से होंठों के बीच बुड़-बुड़ कहने लगे, "उठो, जल्दी करो..."

चार-पाँच लोग स्टेशन मास्टर के कमरे में जा पहुँचे, जहाँ एक अधेड़ व्यक्ति अपनी ढीली-ढाली वर्दी में मेज के सामने कुर्सी पर बैठा अपनी टाँगें हिला रहा था।

"क्यों साहब, ट्रेन आ रही है ?"

"सिगनल की घंटी सुनी आपने ?" स्टेशन मास्टर ने धीमे स्वर में कहा।

"यही तो पूछा जा रहा है आपसे, कब सिगनल होगा ?"

"आप तो जानते ही हैं कि कब सिगनल होता है !"

"तो हम यहाँ बैठकर इन्तजार करें या जाएँ यहाँ से ?"

स्टेशन मास्टर कुछ क्षणों तक चुपचाप नीचे फर्श को देखता रहा। इस बीच शायद मुस्कुराया भी हो। फिर इसी मुद्रा में उसके होंठों के बीच से आवाज फूटी :

"मैं कई लोगों को जवाब दे चुका हूँ, मगर आप लोग बार-बार आते हैं, वही सवाल पूछते हैं। रेलवे डिपार्टमेन्ट की गलती से यह सब हुआ होता तो कभी का ठीक भी हो गया होता, मगर जानते हैं जनाब, देश में आग लगी है, लपटें उठ रही हैं, इस तरह का वाकया रोज हो रहा है, हर जगह हो रहा है, कहाँ-कहाँ रोकेंगे आप ? यहाँ क्या रखा है, देहातों में जाइए, बनारस, गाजीपुर, बलिया, पूरा बिहार उठ खड़ा हुआ है। यहाँ मैं भी बैठा हूँ, सरकारी ड्यूटी बजा रहा हूँ, मगर असलियत यह है जनाब, कि जितने अँधेरे में आप हैं, उतने ही अँधेरे में मैं भी हूँ..."

"साहब, सुनते हैं अंग्रेज फौज लाइन बनाती हुई आ रही है...गोलियाँ चलेंगी।"

"हो सकता है...अभी राज तो उन्हीं का है..."

"तो जाएँ हम लोग, किसी खतरे की बात तो मालूम ही होगी आपको ?"

"मैंने कह दिया, मैं भी अँधेरे में ही हूँ। जाना चाहते हों तो जाइए, रहना चाहते हो तो रहिए। सिर्फ यही कह सकता हूँ मैं, जब ट्रेन आनेवाली होगी और क्लीयरेन्स मिल जाएगा तो रात हो या

दिन, इस स्टेशन पर सिगनल की घंटी टनटना दी जाएगी।''

नीलेश लगातार तीन दिन तक स्टेशन पर आता रहा और मुसाफिरों की बढ़ती-घटती भीड़ के साथ खबरों के झूले पर ऊपर-नीचे झूलता रहा। उसकी बुआ ही बार-बार मना कर रही थीं, 'बढ़ी नदी में नाव की यात्रा ठीक न होगी, कोई पाँतर में थोड़े ही हैं यहाँ, दो-चार दिन इन्तजार करने में हर्ज क्या है, ट्रेन तो जरूर ही चलेगी।' लेकिन तीसरे दिन जब यह हल्ला हुआ कि गाँवों की क्रान्तिकारी जनता का एक बड़ा जुलूस स्टेशन की तरफ कूच कर गया है तो कुछ ही देर में प्लेटफार्म खाली हो गया। और रतनसिंह ने तब यह ऐलान कर दिया कि अगले दिन सुबह वह नाव से ही प्रस्थान कर जाएँगे, चाहे इसका नतीजा जो भी हो, क्योंकि अगले हफ्ते उनके कुछ जरूरी मुकदमों की तारीखें हैं।

नीलेश के फूफा ने अपने मकान के नीचे दाहिने कोने की एक कोठरी में रहनेवाले पहलवान किस्म के छः फुटे रामचरित्तर दुबे को उसके साथ भाव तै करने के लिए घाट पर भेज दिया। कोठरी रहने के लिए मुफ्त दे दी गई थी रामचरित्तर को, जो इसका बड़ा एहसान मानता था और एक सेठ के यहाँ दरबानी करने के पश्चात शाम को छुट्टी होने पर इस घर के लिए भी जरूरी दौड़-धूप कर दिया करता। वह हँसमुख था और विनम्र भी, और इसलिए भी लोग उससे प्रसन्न रहते कि शादी की एक दावत में 80 बड़े-बड़े लड्डू खाने का रिकॉर्ड कायम किया था कभी उसने। खैर, उसका जाना बड़ा उपयोगी रहा, क्योंकि जब प्रत्येक नाविक इस बरसात और बढ़ी नदी में बलिया जाने से मना कर रहा था, उसने एक ऐसे मल्लाह को ढूँढ़ निकाला और समझा-बुझाकर तथा अधिक भाड़ा का वादा करके मना लिया जो पूर्व परिचित और उसके गाँव गौसपुर का ही रहनेवाला था।

मौसम खुशमुना है इस अर्थ में कि तेज पुरुवाई में नीले आकाश में हल्के-हल्के बादल दौड़किया कर रहे हैं और चटक धूप निकल आई है। रामचरित्तर दुबे भी आया है घाट पर उन्हें चढ़ाने। नाव बड़ी है मगर बहुत बड़ी नहीं। नदी फैल गई है आसमान की तरह ही—उस पार सुदूर, अछोर और दाएँ-बाएँ भी। और सामने बलुई जमीन की लीलती हुई पक्के घाट की सीढ़ियाँ चढ़ने को आतुर बहुत नजदीक चली आई है। उसका मटमैला जल उच्छ्वसित होता है, हलकता है, उछलता है और कभी शान्त होकर गम्भीरता से मुस्कुराने लगता है।

नदी का लहराता और हुँकारता-सा सागर रूप सामने देखकर बड़ा-से-बड़ा हिम्मती, धीर-गम्भीर और उद्दंड व्यक्ति सहम जाता है। धड़कन तेज हो जाती है, भीतर दलकी समा जाती है, दिल और दिमाग ऊँची तरंगों के एहसास में ऊपर-नीचे होने लगता है। कैसी चुनौती देती है यह नदी ? मृत्यु एवं विनाश की ? लेकिन सबसे निश्चिंत है रतनसिंह की पत्नी, जिसने आते ही आँचल के भीतर हाथ जोड़ते हुए आँखें मूँदकर और माथा झुकाकर मन-ही-मन प्रार्थना की, 'जै हो गंगा मैया, भूल-चूक माफ करीं, मर्द लोग तो सोचते-समझते नहीं, बिटिया भी निर्बुद्धि है—सबके रक्षा करीं हे गंगा मैया !'

रतनसिंह ने रामचरित्तर दुबे के हाथ पर दस रुपए, मना करने पर भी, रखने के बाद माथा नवाकर बिदाई दी। नाविक शोभलाल ने रामचरित्तर दुबे की मदद से नाव को एकदम किनारे खींचकर, झुकाकर और नाव में रखे एक पटरे को सीढ़ी की तरह लगाकर सामान और यात्रियों को अन्दर चढ़ाया। झोला-झक्कड़ उसका भी था और उसने सामान तथा मुसाफिरों को दोनों ओर बराबर-बराबर रखने और स्वयं भी वैसे ही बैठने की हिदायत दे दी। रतनसिंह ने सन्तुलन की सुविचारित व्याख्या करके फॉर्मूला भी प्रस्तुत कर दिया अर्थात ट्रंक इधर तो होलडाल उधर, एक पुरुष-महिला इधर तो एक पुरुष-महिला उधर।

''हाँ, बूढ़ी पार्टी एक ओर, नौजवान पार्टी दूसरी ओर। फिर रास्ते-भर खूब गप्पें होंगी...'' उन्होंने हल्का, झेंप-भरा ठहाका लगाया।

लेकिन उनकी खूबसूरत, आत्म-सजग पत्नी का चेहरा ईंगुर की तरह लाल हो गया। उसने सहारा

देते अपने पति के हाथ को झटक दिया और नीचे मुँह करके धीमे स्वर में बोली :

"बिट्टी, तुम मेरे पास आओ...।"

"नहीं, मैं इधर ही ठीक हूँ.."

पहले से ही बैठी नम्रता ने अपनी गर्दन बाईं ओर घुमा ली धीरे-धीरे। सामने नदी और उसका जल है। वह अपनी आँखों के विस्तार, चमक एवं रंगों से जैसे नदी को माप रही हो। या चुनौती ? लेकिन इस समय उसके दिमाग में अपने माँ-बाप के जीवन के कुछ चित्र गतिमान हैं। वह बच्ची नहीं रही और स्त्री के रूप में अपनी माँ की सुन्दरता, समझदारी, कर्मठता और उदारता से अवगत है। इससे भी कि उसके पिता अपनी पत्नी पर बेहद निर्भर हैं, एक पल को भी अलग नहीं रहना चाहते और छोटी-से-छोटी बात के लिए भी पुकार, हँकार और स्वीकार के अभ्यस्त।

अपनी माँ की दुलरुआ बेटी तो वह खुद है, इससे कुछ बिगड़-सी गई थी, इसलिए इस एहसास से कि उसे नगण्य बात में भी सर्वाधिक महत्त्व नहीं मिल रहा है अथवा वे दोनों एक-दूसरे की निकटता के लिए सदा बेचैन एवं एकान्त मिलनातुर रहते हैं, वह अनजान ईर्ष्या से जलकर माँ से उलझ जाती और इस तरह लड़ने लगती जैसे हवा से। एक बार उसने कह दिया खाने और सोने को छोड़ और क्या आता है तुम्हें, तो माँ का चेहरा फक पड़ गया और वह आन्तरिक आतंक की दब्बू प्रखरता से बेटी को देर तक देखती रह गई जैसे प्रथम बार समझ में आया हो कि लड़की तो बड़ी हो गई है, उसी की तरह एक औरत !

"ठीक है, जो चाहे करो...पाल-पोसकर इसीलिए बड़ा किया है तुम्हें...।" वह रुदन को रोकने की कोशिश में आँखों पर आँचल रखकर वहाँ से चली गई थी।

उस दिन से नम्रता की माँ अपने पति के प्रति बात-व्यवहार में बेहद सतर्क और सावधान हो गई। और नम्रता भी, बीतते दिनों के साथ, उपायहीन, विकासमान शरीर से मानसिक सन्तुलन स्थापित करने की व्याकुलता के दौरान मिली समझदारी के नए ख्यालों से हिल-सी गई। क्या होगा जब माता-पिता एक-दूसरे को प्यार न करें ? एक-दूसरे से अलग रहें और आपस में झगड़ते रहें ? इस कल्पना से उसे अरक्षा, असहायता एवं शक्तिहीनता का अनुभव होने लगा। वह धिक्कार उठी अपने को ! नारी स्वाभिमान के कितना विपरीत था उसका यह सोच ? वह सँभलकर मुड़ गई आत्म-सजगता के स्वतन्त्र, सकारात्मक मार्ग पर, धीरे-धीरे प्रसन्नतापूर्वक प्यार और कोमलता से उनसे अपने को अलगाती। और उन्हें परस्पर अपनी पसन्द की जिन्दगी जीने का अबाध जनतान्त्रिक अधिकार देती हुई वह अपने माँ-बाप के दाम्पत्य प्यार को आदर देना और उससे शक्ति ग्रहण करना सीख गई, जिसके विविध खुशनुमा रंगों से उसने अपने अन्तर को सजाया और पुष्ट किया और जिसकी वजह से उनकी पुरातन, यथास्थितिवादी विचार एवं कार्य शैली को स्पष्टतापूर्वक अस्वीकार भी कर सकी वह।

नाविक शोभलाल ने लंगर खोलकर नाव को हाथ से पानी में ठेला फिर स्वयं सवार होकर डाँड़ की मदद से उसे किनारे से दूर ले जाने लगा। परन्तु गर्मी ऋतु की तरह नदी दूर तक छिछली नहीं थी और शीघ्र ही अथाह गहराई आ गई। शोभलाल के साथ उसका तेरह-चौदह वर्षीय लड़का ननकुआ भी था। वे दोनों पतवार सँभालकर नौका को बीच में ले जाने लगे। बलिया पूरब दिशा में था और नदी भी पूरब की ओर जा रही थी, लेकिन बीच-बीच में पुरुवा हवा झकझोरने लगती। हल्के सफेद बादल भी हवा की तरह तेजी से पूरब से पश्चिम की तरफ ही अग्रसर थे, जो कभी सूरज को ढक लेते और जब मुक्त कर देते तो कुछ दूरी पर बीच मझधार में एक लम्बी-सी पट्टी स्वर्णिम प्रकाश में चमक उठती, जिसमें रेंगती, उछलती, नाचती जल लहरियों की गतिशीलता स्पष्ट नजर आने लगती।

"भाई, नाव को इधर ही रखो, बीच में तो काफी लहर है...।"

"बाबूजी, धीरज रखें, वहाँ नहीं ले जा रहा हूँ। रास्ते पर डाल रहा हूँ। बाढ़ है, किनारा तो आजकल सही नहीं रहता बाबूजी...पेड़ कहीं डूबा हो...मकान, टीला, चबूतरा...फिकिर न करें सरकार, गंगा मैया नीके-नीके सबको पार घाट पहुँचा देंगी... ।"

रतनसिंह ने आगे कुछ न बोलकर सहमकर विहंगम दृष्टि से जल को देखा—फिर मल्लाह, तब पत्नी तथा अन्त में नीलेश और नम्रता को, जो ठीक सामने दूसरी तरफ एक-दूसरे से यथासम्भव दूरी बनाए हुए बैठे थे। तेज हवा में धानी साड़ी को सावधानी और मजबूती से समेटे नम्रता अपनी लम्बी और मोहक गर्दन मोड़े जल और माँ-बाप को स्पर्श करनेवाली अनन्त उजली जगह, स्पेस के बीच किसी अनजान शून्य को निहारे जा रही थी।

नदी तट पर आने के बाद से ही नीलेश ने उसकी तरफ कई बार सुखद आश्चर्य से देखा है, फिर भी समझ नहीं सका कि फूफा के घर पर उसकी आँखों में भय एवं आतंक की जो स्याही फैली थी, अब क्यों नहीं है ! वहाँ नम्रता दबी, सिकुड़ी और असहाय-सी लग रही थी, परन्तु यहाँ तो वैसा कुछ भी नहीं है, जैसे उसकी गरिमा वापस आ गई हो...वही किसी ओर न देखता प्यारा-सा स्वाभिमानी चेहरा और अपने तेजधार आकर्षण से अनभिज्ञ आँखें जिनके लाल डोरे और श्वेत-स्वच्छ फैलाव अब स्पष्ट दृष्टिगोचर हो रहे हैं। फूफा के घर उसको देखकर वह दुःखी हो उठा था और उसकी प्रसन्नता के लिए कुछ भी करने को तैयार था। मगर क्या सचमुच नम्रता इस समय प्रसन्न है ? क्यों ? यह सब वह नहीं जानता। और जानकर भी क्या करेगा ? परन्तु वह समझ नहीं सका कि धूप में चमकती जल की स्वर्णिम पट्टी को देखकर उसे क्यों महसूस हुआ कि उसका हृदय ही पिघलकर तरंगों में आगे बढ़ रहा है—कहाँ, किधर, किसकी तरफ ?

नम्रता ने कल्पना भी नहीं की थी कि पढ़े-लिखे, खाते-पीते परिवार में उसे करीब साठ वर्ष के एक बूढ़े व्यक्ति से ब्याही गई चौदह वर्षीय लड़की से मुलाकात होगी। हुलासो देवी अशिक्षित, लड़कबुद्धि, बेहद सीधी और मेहनती थी, जिसे उसके पति ने बारह वर्ष की अवस्था में ही बड़ी-बूढ़ी पत्नी के सुपुर्द कर दिया, जिससे वह शऊर, अन्य तौर-तरीके तथा दाम्पत्य प्रेम के जरूरी गुर सीखे और सन्तान का जन्म हो। बुजुर्ग पत्नी ने अनुभवी पड़ोसिनों तथा दाइयों की सलाह से पति और सौत, दोनों की ताकत और उत्पादन क्षमता वाले खाद्य पदार्थ खूब खिलाए-पिलाए, अचूक तरीके भी बताए गए, मगर दो वर्ष के प्रयास के बाद भी परिणाम नगण्य रहा तो 'बाँझ-बाँझ' की फुसफुसाहट होने लगी।

जब नम्रता आई, बड़ी पत्नी 'जीजी' से क्रूर सौत बन चुकी थी। हमेशा फटकार, व्यंग्य और ताने। हुलासो देवी के लिए असहाय मायके तथा असमर्थ पति की वजह से स्वावलम्बी, दबंग, धूर्त और मुँहतोड़ विरोधी होने की भी गुंजाइश नहीं थी। वह सबेरे से रात तक बुजुर्गियत का अभिनय करती और नौकरानी की तरह दौड़ती रहती। नम्रता ने यह सब देखा, कुछ सुना और बहुत-कुछ महसूस किया। क्या स्त्री होना यही है ? वह बेहद डर गई थी। बहुत छोटा महसूस करने लगी थी अपने को वह—इस हद तक कि चाहकर भी वह गुस्सा नहीं कर पा रही थी। प्रतिरोध में एक शब्द नहीं कह पाई वह किसी से भी।

बढ़ी हुई नदी में नौका-यात्रा के खतरों से भी आगाह किया गया था। नीलेश के फूफा ने बार-बार कहा कि वे लोग कुछ दिन और रुक जाएँ, ट्रेन न भी मिली तो कोई दूसरा इन्तजाम किया जाएगा, परन्तु नम्रता को वहाँ का एक-एक पल भय-आतंक से भरा सर्वथा असहनीय लग रहा था। और उसी की जिद्द से उसके माँ-बाप ने भी नाव से सफर करना स्वीकार कर लिया।

सचमुच घाट पर पहुँचते ही उन्मत्त नदी में कोई भी नाव तेज धार में बहते हुए पत्ते की तरह ही लगी थी उन्हें। आशंकाएँ और बढ़ गई थीं। सिर्फ नम्रता ही ऐसी थी उनमें जो एक भय से दूसरे किस्म के भय क्षेत्र में आई थी। और यह परिवर्तन उसको क्या अनोखी राहत नहीं दे गया था ?

उसके दिल और दिमाग पर एक विशेष प्रकार का जो भारी दबाव था, वह कैसे हट गया और वह अपने को क्यों हल्का महसूस कर रही थी स्वाभाविकता की सीमा तक ? क्या विकराल, तरंगित सरिता को देखकर उत्फुल्ल थी वह जिससे उसकी आँखों की प्राकृतिक चमक लौट आई ? और क्या भिन्न प्रकार का भय किसी पूर्ववर्ती भय के प्रभाव को खत्म करके सचमुच आशा का संचार करता है अथवा यह क्षणिक भुलावा मात्र है ?

वस्तुतः इस समय भी उसके दिमाग में हुलासो देवी और उसकी समस्याएँ ही थीं लेकिन क्रोध और प्रतिशोध की भावना के साथ। वे समस्याएँ अब भारतीय नारी से जुड़ गई थीं और वह अपने सोच में उन विचारों और संकल्पों को ढालने की कोशिश कर रही थी, जिनसे अन्याय और उत्पीड़न का मुकाबला किया जा सकता है। निश्चय ही उपायहीन भय, आतंक, अपमान एवं अवसाद के तीन दिवसीय निष्क्रिय और दयनीय अनुभव की प्रतिक्रिया का ही परिणाम है यह। और वह कल्पना में पुरातन बज्र अन्धविश्वासियों तथा उत्पीड़कों को अकाट्य जवाब देकर उनके किलों को ध्वस्त कर रही थी। इससे सन्तुष्ट और खुश भी थी वह कि क्रोध और प्रतिरोध करने की उसकी क्षमता नष्ट नहीं हुई है, अब भी विद्यमान है उसके अन्दर और पहले से अधिक, जैसे कुछ देर के लिए अपने सुन्न अंग को फिर हरकत करता महसूस कर कोई यह सोचकर खुश हो जाए कि उस पर लकवा नहीं पड़ा है।

हवा कुछ थम गई थी और दिशा-नियन्त्रित नौका नदी की अनुकूल धार के सहारे ही आराम से आगे बढ़ रही थी। लेकिन इससे बादल एक जगह इकट्ठे होकर गाढ़े होने लगे। रतनसिंह ने दो-तीन बार ऊपर चिन्ता से देखकर पूछा :

''क्यों भाई, बारिश, तूफान वगैरह का तो नहीं अन्देशा है ?''

''बाबूजी, घबराएँ नहीं, कुछ नहीं होगा। और नहीं मानेंगे, बरसेंगे तो इन्तजाम है, बाबूजी... दो त्रिपाल दोनों ओर के सामान, आदमी जन के खातिर मजे के हैं।''

''हाँ जी, कैसा तूफान ? आसमान तो नीला साफ है, बस एक जगह बादल कुछ...जहाँ हवा चली तो वह भी साफ...।''

रतनसिंह के ये शब्द आत्म-आश्वासन हेतु और नाविक शोभलाल से पुनः पुष्टि प्राप्त करने के लिए भी कहे गए थे, परन्तु मौन प्रत्युत्तर के बाद उन्होंने एक सूखी-सी हँसी के साथ कुछ झुककर पत्नी से कहा :

''नहीं आएगा न कोई तूफान-वूफान ? मौसम के बारे में तुम्हारा अन्दाजा तो बड़ा सही होता है...?''

रतनसिंह काल्पनिक आशंकाओं से बेहद डर गए थे। वैसे अनिश्चितता के कुछ ठोस कारण भी थे। शहर और गाजीपुर घाट स्टेशन कभी पीछे छूट गया था और निर्जनता में जहाँ नदी का फैलाव बढ़कर और भयावह हो गया था, उसकी विनाशलीला भी नजर आने लगी। किनारे अधडूबे झाड़ी-झंखाड़...एक बहती हुई पलानी और गाय के छोटे बछड़े का शव...एक वृक्ष की जल-स्पर्श करती लम्बी मजबूत डाली और उस पर बैठा और प्रेत की तरह घूरता कोई लँगोटधारी अधेड़ व्यक्ति...लहरों में नाचता काठ का पटरा और टूटा छाता...

नम्रता का क्रोध कम होकर घिस गया था। उसकी उपयोगिता अब नहीं रही, नारी जाति के उत्पीड़न और अपमान की कल्पना में पर्याप्त वैचारिक प्रतिशोध ले चुकी थी वह। इससे उसे अपने भावी जीवन के नए और दृढ़ संकल्प का सन्तोष भी मिल गया था—हुलासो देवी अब इसी सकारात्मक रूप में उसके दिल और दिमाग में शेष रह गई थी।

नया संकल्प ? क्या था वह ? उसके साथ ही नीलेश का चेहरा सामने उभर आया। वह उच्छ्वसित हो गई। कैसे मानसिक संकट से घिर गई थी वह, जब नीलेश का खास ख्याल नहीं

आया उसे ! आँखें मूँद लीं उसने और नीलेश की यादों में भटकने के लिए छोड़ दिया अपने को निर्बन्ध ! लड़कपन में कितना शैतान था ! अकेले में डरा देता या नाक मल देता और जब रोने लगती तो मनाने के लिए सामने झुककर कहता, लो मारो मुझे। वह थप्पड़ और मुक्का दोनों ही चलाती। लेकिन बड़े होने पर कितना गम्भीर हो गया। लम्बा मजबूत, चुप्पा, विचारवान। फिर बाहर वाले कमरे के एकान्त में उसकी हरकत...बाद में मन्दिर में मिलना...कितना दुःखी और उदास था वह। पढ़ने के लिए पहली बार जाते समय किस तरह उसके घर की तरफ बार-बार उदास नजरों से देखते हुए स्टेशन प्रस्थान कर गया था। और रेलवे पटरी के बगल में सिर पर भारी सामान लेकर आगे बढ़ता उसका टेढ़ा डगमगाता शरीर...उसे असह्य हो गया और सिर हिलाती बुदबुदा उठी वह, 'नहीं-नहीं...'

"क्या हुआ बिट्टी, सपना देख रही हो ?"

उसकी माँ ने घबराई आवाज में कहा, "आ जाओ इधर, मेरी गोद में सिर रखकर सो जाओ...थक गई हो...।"

"नहीं कुछ तो नहीं है...मैं ठीक हूँ, जगी हूँ...।" चौंककर आँख खोलकर धीमे स्वर में बोली वह। बहुत संकुचित थी अपने अन्दर और तिरछे-मुँह शर्मीली, कटी-कटी दृष्टि से नीचे नाव के खोखल में देखने लगी।

"आओगी इधर...मैं उधर चला जाऊँगा...।"

"आप लोग परेशान क्यों हो गए ?" उसने अपनी खीझ को दबाने की कोशिश करके किंचित कंपित धीमी आवाज में अपने पिता की ओर देखकर कहा।

"परेशानी की बात नहीं...तुम्हें नींद आ रही है न ?"

नम्रता कुछ नहीं बोली, जिससे रतनसिंह का मुँह चोखा-सा बन गया और उन्होंने सिकुड़े होंठों में हँसने की कोशिश करते हुए बारी-बारी पत्नी, मल्लाह और नीलेश की ओर देखा।

उनके बीच फिर चुप्पी छा गई। नौका धार के सहारे गतिमान थी। लहरें हर जगह समान नहीं थीं, कहीं उद्वेलित होकर अधिक उठने लगतीं तो उतार के समय नाव पानी में अधिक धँस जाती। बीच-बीच में प्रवाह की कल-कल ध्वनि सुनाई दे रही थी। हवा फिर तेज हो गई थी और आकाश के गाढ़े बादल छँट गए थे। धूप भी निकल आई थी और उसकी तीव्र ऊष्मा एवं जल-स्पर्श से शीतल वायु का मिलन एक सुखद अनुभव दे रहा था। ऊपर दूर चीलें मँडरा रही थीं, जिनमें से कोई पता नहीं किधर से नीचे आकर नदी के समानान्तर उड़ती हुई जल में झपट्टा मारकर फिर ऊँचाई में गायब हो जाती।

एक बढ़ी हुई समुद्रीय नदी के मध्य नौका से सफर करनेवाले वे चारों ही अपनी असहायावस्था से अवगत थे। अनजान दहशत से वे देर तक सरिता से आँखें नहीं मिला पा रहे थे और कभी देखते भी तो हवाई दृष्टि से। दूर कोई अन्य नौका दृष्टिगोचर होने पर भी उन्हें जैसे अपनी खोई हिम्मत मिल जाती। भुलावे के अन्य विचार एवं घटनाएँ भी थीं, जिनमें खोकर समय काटने की कोशिश कर रहे थे वे। रतनसिंह की पत्नी लगातार मन-ही-मन 'गंगा मैया, गंगा मैया' जप रही थी और वह स्वयं साहस प्राप्त करने के लिए उस घटना पर विस्तार से सोचने की कोशिश करते जब उन्होंने एक तीर्थ-स्थान पर बीवी के पीछे पड़े एक गुंडे को पीटा था। और नीलेश इस स्थिति का डटकर मुकाबला एक अशुभ घटना के शुभ परिणाम की कल्पना से कर रहा था कि किस तरह यह नाव दुर्घटनाग्रस्त हो जाती है और उस जैसा कुशल तैराक उन चारों को बचाकर किनारे पहुँचाने में सफल हो जाता है !

नम्रता की हालत कुछ अलग है। अनेक तरह के द्वन्द्व हैं उसके भीतर। एक स्तर पर वह अपने से लड़ रही है निजी स्वतन्त्र एवं नूतन व्यक्तित्व के लिए तथा दूसरे स्तर पर समाज की जड़ स्थितियों

से सम्पूर्ण नारी जाति की अस्मिता और गरिमा के लिए। उसके अन्दर एक आँधी की शुरुआत पहले ही हो चुकी थी, परन्तु जब से नीलेश नई स्थितियों में उससे फिर मिला है और साथ ही हुलासो देवी की घुटन और उत्पीड़न-भरी जिन्दगी देखने को मिली है, वही आँधी झकझोर रही है, और एक स्पष्ट क्रियात्मक बिन्दु पर ले जा रही है उसे। टूटे तार और उखड़ी रेल-पटरियों के दिन से आज तक के आतंक-भरे माहौल में नीलेश कितना निकट आ गया है उसके, जैसे अँधेरी दिशाहीन समुद्री यात्रा में कोई प्रकाश-स्तम्भ। इसीलिए अब उसे ऊँची-ऊँची विनाशकारी लहरों तथा चकोहों का भय नहीं है और जब कभी होता भी है और दलकन के मारे साहस जवाब देने लगता है तो वह उस स्तम्भ की ओर बढ़ जाती है और उसका अन्तर जगर-मगर आलोकित हो जाता है।

"बाबूजी, कुछ आराम कर लें..." नाविक शोभलाल मुस्कुराते हुए बोला।

सभी चौंक गए। रतनसिंह को आशंका हुई थी कि नाव में या आगे रास्ते में कोई गड़बड़ी है। उन्होंने वैसी ही आवाज में पूछा :

"यह क्या कह रहे हो, भाई ? कोई खतरा हो तो लौट चलो वापस....हमें सफर नहीं करना है..."

"खतरा की बात कहाँ कह रहा हूँ, बाबूजी ! एक ही जगह बैठे-बैठे देह अकड़ जाती है, किनारे पर घूम-टहल लेंगे, फुर्ती आ जाएगी। बड़ा आराम मिलेगा..." शोभलाल शिष्टतापूर्वक हँसने लगा।

"नहीं भैया, कोई गड़बड़ी नहीं है तो सीधे चले चलो। रुकोगे तो देर होगी...हम जल्दी-से-जल्दी बलिया पहुँचना चाहते हैं।"

"बलिया कोई दूर थोड़े ही है बाबूजी। आप चिन्ता न करें, मैं समय से पहुँचा दूँगा आप लोगों को। बात यह है बाबूजी, गरीब आदमी हूँ...कुछ लोगों को लेकर बनारस गया था, पैसा मिला तो कुछ सौदा-सुलफ ले लिया। पास ही किनारे अपना गाँव है, और कोई काम नहीं है, बस सामान रखा और लौटा...तब तक आप लोग घूमिएगा-टहलिएगा, बोलिएगा-बतिआइएगा... ।"

"कौन गाँव है..." रतनसिंह ने धीमे स्वर में पूछा।

"वह क्या है गौसपुर गाँव। वही अपना गाँव है बाबूजी। दरियाव बढ़कर बहुत पास पहुँच गया है। कुछ भी देरी नहीं होगी।"

"गौसपुर ? अरे वाह, किधर है ?" रतनसिंह ने चहकती आवाज में पूछा। वह पश्चिम दिशा में मुँह करके बैठे थे और शोभलाल के हाथ उठाकर दिखाने पर उन्होंने बाईं तरफ सिर पीछे घुमाकर उत्तर-पूर्व की दिशा में देखा। उनके चेहरे पर उत्साहपूर्ण उत्तेजना की रौनक दौड़ गई। बोले :

"यार, यह तो अच्छी याद दिलाई तुमने। इसी गाँव में मेरी मौसी का घर है। काफी बूढ़ी हो गई हैं। बहुत दिनों से बिस्तर पर हैं। हमारे प्रोग्राम में था कि लौटत वक्त एक दिन के लिए गौसपुर जाकर मौसी को देख लेंगे...उनका हाल-चाल मालूम करेंगे...बड़ा किया है उन्होंने हम लोगों के लिए..."

"क्या नाम है बाबूजी..."

"मौसा का नाम तो जगदीश्वर सिंह था...उनका इन्तकाल हो गया...हाँ, उनके चार लड़के हैं...बड़े का नाम...भूल रहा हूँ....हाँ-हाँ याद आया...परमेश्वर सिंह..."

"चलिए बाबू साहब, मैं समझ गया...पहुँचा दूँगा, अच्छा मौका है...भेंट-मुलाकात कर लीजिए। कोई दूर नहीं है, दुःख-परेशानी में दरवाजे पर कोई नहीं जाएगा तो कब जाएगा बाबूजी ?"

"हाँ, हाँ, चलिए, पाँच-दस मिनट के लिए भी।" रतनसिंह की पत्नी ने कहा।

"क्या कहती हो ? पाँच-दस मिनट के लिए चलें ? मौसी तुमको भी कितना मानती थीं ?" रतनसिंह ने लपलपाते भाव से अपनी पत्नी को देखते हुए पूछा।

"जिस दिन बलिया से इलाहाबाद चला गया था, दोपहर खाने के समय मैंने ही कहा था लौटानी

में, मौसीजी का हाल-चाल ले लिया जाए...और सभी लोग तो भूले ही हुए थे...।" पत्नी ने मुँह फुलाकर दूसरी ओर देखते हुए कहा।

रतनसिंह ने आँखें नचाते हुए इस तरह मुँह बनाया जैसे भारी भूल हो गई हो और उत्साहपूर्वक समर्थन किया, "ठीक कहती हो, सोलहो आने दुरुस्त। मैं तो सचमुच भूल ही गया था। तो ठीक है, चलते हैं कुछ देर के लिए। नम्रता बेटी, तैयार हो जाओ...नानी-मौसी बीमार हैं, चलो देख आएँ कुछ देर के लिए...।"

इसके जवाब में नम्रता कुछ नहीं बोली। सिर उठाकर देखा भी नहीं। जब उसकी माँ ने भी आग्रह दुहराया तो नम्रता ने सुस्त स्वर में कहा :

"आप लोगों का जाना जरूरी है...मेरे सिर में दर्द है..."

रतनसिंह ने लड़की और पत्नी को दो बार देखा जैसे इन्तजार कर रहे हों कि देखें, अब कौन क्या कहता है। लेकिन शोभलाल उसके पहले ही बोल पड़ा :

"बाबू साहब, आप दोनों बेकत चलें...देर नहीं होगी ! बिटिया, भैयाजी रहेंगे, ननकुआ भी यहीं रहेगा...डर तो कोई नहीं है...हाँ, नाव में सामान है, कोई रहे तो ठीक ही होगा।"

शोभलाल ने पहले ही नाव को किनारे की तरफ ले जाना शुरू कर दिया था। ननकुआ ने...रुआँसा मुँह बनाकर कहा, "नहीं, मैं भी चलूँगा..."

"तू यहीं रहेगा—समझ ले। निषाद का लड़का कब तक खेलेगा-कूदेगा ! अभी से नाव-डेंगी का काम नहीं सीखेगा तो क्या खाएगा रे ? कौन पूछेगा ? बलिया से लौटकर दो दिन खेल-कूद लेना, महतारी की गोदी में सो लेना। यहाँ भैयाजी, और बहनजी हैं, जो काम कहें शान्ति से कर देना...।"

कुछ देर में नाव किनारे आ लगी ठीक गाँव के सामने, जो वहाँ से एक किलोमीटर से कम दूरी पर ही था। वह गाँव का स्नान-घाट ही था, जहाँ सिर्फ दो स्नानार्थी थे, जिनमें से एक कार्य सम्पन्न करने के बाद सिर पर अँगोछा रखकर वापस जाने की तैयारी में था और दूसरा छाती तक पानी में खड़ा जल्दी-जल्दी डुबकी लगा रहा था।

शोभलाल ने नाव का लंगर लगा दिया था। नीलेश ने रतनसिंह और उसकी पत्नी के नीचे उतरने में मदद की—फिर स्वयं किनारे उस समय तक टहलता रहा, जब तक शोभलाल एक बड़ी-सी गठरी उतारकर और उसे पीठ पर लादकर अपने आतुर पुत्र को डाँटने के बाद वहाँ से बुजुर्ग दम्पती के साथ प्रस्थान नहीं कर गया।

जब वे दूर निकल गए तो ननकुआ को किनारे से निहारता छोड़ नीलेश नाव पर वापस आकर धीरे से बैठ गया। ननकुआ कुछ देर और वैसा ही खड़ा रहा और जब वे आँखों से ओझल हो गए तो वह पीछे गर्दन मोड़कर नीलेश को देखता हुआ हँसा, फिर पिनपिनाता हुआ गाँव की तरफ दौड़ पड़ा दोनों बाँहों को पहियों की तरह घुमाते हुए।

"अरे !" अचम्भे से नीलेश के मुँह से आवाज निकली, "वह तो भाग चला..."

नम्रता ने किंचित मुँह फेरकर देखा। फिर यथापूर्व विपरीत दिशा में विस्तृत जल को निहारने लगी। स्नानघाट भी अब निर्जन हो चुका था। वह भीतर-ही-भीतर कसमसा रही थी कि घूम जाए नीलेश की तरफ, उससे कुछ कहे, निवेदन करे। परन्तु जबान पर जैसे लकवा गिर गया हो, एक शब्द भी नहीं निकला उसके मुँह से। दृष्टि गंगा की धूप में चमकती लहरों पर ही जमी रही। सुदूर और निकट भी, काले-काले सूँस ऊपर आते और डूब जाते। एक पक्षी लगातार बोलता हुआ सिर के ऊपर पश्चिम से पूरब की तरफ निकल गया। एक भँवर में चींटे की तरह कोई छोटा-सा काला कीड़ा नाच रहा था। अधिक दूर नहीं, सामने एक घड़ियाल का मुँह पानी के ऊपर उभरकर गायब हो गया...

अचानक डर से नम्रता के शरीर में सन-सन होने लगा। अगर घड़ियाल पानी के अन्दर-अन्दर चलकर नाव पर हमला कर दे...तब क्या करेगी वह ? लगा उसे कि नीलेश के बहुत नजदीक आ गई है वह...उसके हृदय के पास...नहीं, नहीं, नीलेश का कोई नुकसान नहीं होने देगी...आगे आकर खुद घड़ियाल का मुकाबला करेगी...नाव में रखा बाँस उसके मुँह के अन्दर ठूँस देगी...उसका मुट्ठी-बँधा दाहिना हाथ हवा में लहराया...

''नम्रता, क्या बात है, कोई तकलीफ हो तो किनारे टहल आओ न...मैं दूसरी तरफ देखता रहूँगा...''

इसके बाद होश नहीं रहा नम्रता को कि क्या हुआ। उसने विद्युत गति से घूमकर नीलेश का दाहिना हाथ अपने दोनों हाथों की मुट्ठी में बाँध और अपनी तरफ खींच, छाती के ऊपर और ठोड़ी के नीचे घाँटी के पास चिपका लिया। नीलेश न पूछ सका और न कुछ कह सका। सोचने का कुछ भी समय नहीं दिया नम्रता ने। तत्काल अपने शरीर और मन के सौन्दर्य का न्यौछावर कर रही थी उस पर, जिसको वह चुपचाप गहराई से महसूस कर रहा था, ग्रहण कर रहा था।

नम्रता का पूरा शरीर सिर से पैर तक, बुरी तरह हिल और काँप रहा था, जैसे कोई भूचाल आ गया हो। उसके भीतर उसका हृदय और भी तेजी से धड़क रहा था। मुट्ठी में बँधे उसके दोनों हाथ जैसे अलग काँप रहे थे। धानी साड़ी का उसका आँचल नीचे गिर गया था और उसके वक्ष लहरों की तरह उठ-गिर रहे थे। धारोंधार रो रही थी वह। उसका मुँह आँसुओं से भीग गया था और होंठ भी तर-बतर होकर स्याह-से नजर आ रहे थे। उसके मुँह से रुदन में लथपथ और लड़खड़ाते शब्द निकल रहे थे :

''मैं ऐसी बुरी नहीं हूँ...जो तुम समझते हो...कितने कीमती हो मेरे लिए...यह तुम नहीं जानते। मैं यही चाहती हूँ...तुम खुश रहो...सही-सलामत रहो...तुम्हारी खुशी के लिए क्या नहीं कर सकती मैं...मुझसे मिले बिना क्यों चले गए थे बनारस ? मुझे क्यों नहीं बताया था सबकुछ...''

उसके शब्दों पर नीलेश का खास ध्यान नहीं था...वह तो जैसे किसी उन्मत्त दरिया की तरंगों को शक्ति एवं गति देती हुई छोटी-छोटी बूँदों का मधुर संगीत सुन रहा था...अभिभूत, अचेत...

कुछ देर बाद नम्रता का उफान खत्म हो गया तो उसे होश आया। उसने नीलेश का हाथ छोड़ दिया और सीधे होकर अपने आँचल को ठीक किया।

नीलेश अभी उन्हीं दुर्लभ क्षणों में ही खोया था। यही एक अनुभव इस संसार में जीवित रहने के लिए पर्याप्त है—ऐसा लगा उसे। शब्दों से उसकी व्याख्या नहीं हो सकती।

''तुम मेरा साथ दोगी, हमेशा ?'' बहुत कोशिश करने पर उसके मुँह से निकला।

''हाँ...हमेशा....।'' वह बोली।

39

करीब रात के सात बजे थे, जब रतनसिंह अपने परिवार तथा नीलेश के साथ बलिया के अस्पताल-घाट पहुँचे। लम्बी नौका यात्रा की शारीरिक अकड़न तथा थकान अथवा मंजिल पर पहुँचने की गम्भीरता की वजह से उनमें कोई उत्साह नहीं पैदा हुआ और न ही किसी के मुँह से कोई शब्द ही फूटा। हाँ, अब सबकुछ बीत चुका था—दरिया के सीमाहीन, लहराते जल के अनेक शब्दों एवं संकेतों का भय, गिरते कगार की सन्नाटा-तोड़ तीव्र छपाक्, कभी डब-डब, कभी बुड़-बुड़, कभी कल-कल और कभी लहरों की हहराहट।

नम्रता रास्ते-भर एक अनोखी खुशी की गुदगुदी लिए बैठी रही, लेकिन अब उसका भी मुँह

छोटा पड़ गया और होंठ सूख गए थे। गौसपुर के गंगाघाट पर जो कुछ अनायास घटित हो गया था उसी का चित्र वह रास्ते-भर देखती तथा उसका अर्थ समझने की कोशिश करती रही। कितनी मचल गई थी वह...एक ऐसे तरीके से, जिसकी सपने में भी कल्पना नहीं की थी, उसने नीलेश पर अपनी भावनाएँ प्रकट कर दी थीं। और बाद में होश आने पर क्यों शरमा गई थी अपनी हरकत पर ! क्या सबकुछ एकतरफा था, सिर्फ उसी की तरफ से ? नीलेश इतना निश्चेष्ट क्यों बैठा रहा ? उसने अपने हाथ से, बाँहों से, उँगलियों से, अपनी आँखों से कोई प्रत्युत्तर क्यों नहीं दिया ? वह रुआँसी-सी हो गई थी एक अनजाने-से पश्चाताप भाव से बेहद संकुचित ! बचपन में जो चंचल और शरारती था, अब उसके प्रति इतना गम्भीर क्यों रहने लगा है ? उसमें मामूली शिष्टाचार भी क्यों नहीं है ? क्या उसके दर्द को जरा भी नहीं समझता वह ?

किन्तु, उसकी शंकाओं और सवालों की चुभन उस समय गायब हो गई, जब उसे यह ख्याल आया कि अन्त में गंगा की उन्मत्त लहरों के बीच नीलेश ने उससे सदा साथ देने का अनुरोध किया था। वह गुलाब की तरह खिल गई। तब कल्पना करने लगी कि नीलेश के हर कार्य में सहयोग देती हुई क्या-क्या कुर्बानियाँ करेगी वह—घर-परिवार तथा समाज के दकियानूस प्रतिबन्धों ओर ढकोसलों को झेलने, बरदाश्त करने तथा उनका प्रतिरोध करने का संकल्प। फिर तो उसके अन्दर तर्क-सम्मत क्रान्तिकारी विचारों की एक आँधी ही चलने लगी।

बलिया घाट निकट आते ही शहर की तरफ से प्रकाश के अनेक बिन्दु नजर आने लगे, जैसे जुगनू उड़ रहे हों। आखिर हम आ पहुँचे, इस एहसास से सबने एक-दूसरे की ओर देखा, जिसमें विद्यमान खुशी में दमक वाली आँच नहीं थी। उतरने पर जल्दी ही एक कुली मिल गया। आकाश साफ था और हवा में कोई दम नहीं। होंठ तो सूखे ही थे सबके, परन्तु जमीन पर कुछ कदम लँगड़ाकर चलने के पश्चात स्फूर्ति आ गई और मुँह पर मुस्कुराहट थिरकने लगी।

अपने शहर में पहुँचकर रतनसिंह असाधारण रूप से गम्भीर हो गए, जिससे मुँह कुछ फूल गया। उन्हें इस छोटे-से कस्बे में अपने रुतबे का ध्यान आ गया। एक ऐसे सीनियर, लोकप्रिय मुख्तार और रईस, जिसकी गाँव में अच्छी-खासी जमींदारी भी थी। अब उन्हें किसी के सहारे और सहायता की क्या जरूरत है ? हाँ, इस समय उनके दिमाग में वह दहशत और अनिश्चितता तथा बेचारगी नहीं है, जो उन्हें कुछ दिनों से बेहाल किए हुए है। अब वह उस शहर में हैं, जहाँ वर्षों रहकर उन्होंने अपनी मजबूत गृहस्थी खड़ी कर ली थी और जहाँ घर से बाहर निकलने पर, आत्मविश्वास से भरकर वह उच्चता के भाव से गर्दन टेढ़ी करके चलते थे, जबकि रास्ते में हर जगह दो-चार व्यक्ति उन्हें सलाम करनेवाले मिल ही जाते थे। यहाँ किस बात का डर है, जी ? जरूरत या संकट के समय, जब चाहें पच्चीस-पचास आदमी जन या लठैत बुलाए जा सकते हैं जमींदारी के इलाके से ! और पता नहीं कैसे इस समय उन्हें याद आया कि वह क्षत्रिय हैं, ठाकुर हैं, जिनकी जाति ने सदियों इस देश पर शासन किया और आज भी उनकी जमींदारी में हजारों लोग उनके असामी और प्रजाजन हैं।

यह सब सोचकर उन्हें अपने ऊपर गर्व हुआ। उस आकस्मिक और अप्रत्याशित परिस्थिति का दबाव हटने से, जिसके नीचे वह बेहद असहाय हो गए थे, उनका अक्खड़ स्वाभिमान लौटकर अहंकार का रूप धारण करके हीनता-जन्य अपमान की क्षतिपूर्ति और प्रतिशोध का कार्य कर रहा था। यहाँ तक कि नीलेश के प्रति भी वह बेहद निर्मम हो उठे और उसकी तरफ एक-दो बार इस प्रकार की उड़ती दृष्टि से देखा, जैसे उसे पहचानते भी न हों। उसी के बाद अपनी पत्नी से बेहद रूखाई से बोले :

"चलो भाई जल्दी...तुम लोग हर काम में देर लगा देती हो..."

रतनसिंह के व्यवहार में इस परिवर्तन की तरफ नीलेश का ध्यान तत्काल गया था। वह हतप्रभ

होकर सोचने लगा कि उससे कोई गलती तो नहीं हुई, जिससे रतनसिंह नाराज लग रहे हैं ? उसकी चाल सुस्त पड़ गई। यह सही होने पर भी कि रतनसिंह को अब उसकी मदद की जरूरत नहीं रह गई है, वह समझ नहीं पाया कि ऐसी रूखाई इस समय क्यों प्रदर्शित की जा रही है, जबकि सभी एक ही साथ आए थे और सबको एक ही जगह जाना है। कुछ आश्वासन उस समय मिला, जब नम्रता ने उसको तड़प-भरी विछोह दृष्टि से देखा।

धीरे-धीरे चलता हुआ वह रतनसिंह को अपने परिवार के साथ तेजी से आगे बढ़ते हुए देखता रहा, जब तक कि अदृश्य नहीं हो गए। वह और उदास हो गया। पाँव उसके अनिच्छा से उठ रहे थे। अस्पताल के आगे पहुँचने पर उसे सहसा लगा कि सामने जो नौजवान दाईं तरफ से आकर बाईं दिशा में जा रहा है, वह दयाशंकर ही है। अपने सिर और गले में एक दुपट्टा वह इस ढंग से लपेटे हुए था कि कोई भी दूर से उसका चेहरा स्पष्ट नहीं देख सकता था। मुँह भी अपनी आदत के अनुसार दाएँ-बाएँ न घुमाकर नीचे छाती पर गाड़े हुए था, परन्तु गले के नीचे मजबूत, छरहरा शरीर सदा की तरह तरंगित हो रहा था। हाथों की सुपरिचित जुम्बिश और लटपट चाल की लयात्मकता के साथ, जिसे किसी मित्र या जान-पहचानी से छिपाया नहीं जा सकता। उसे आश्चर्य हुआ और जिज्ञासा भी कि ऐसा रूप धारण करने का क्या कारण हो सकता है, वैसे वह जानता भी था कि कुछ-न-कुछ अनोखा करके दूसरों को आकर्षित करने की दयाशंकर की पुरानी आदत अब भी नहीं छूटी है।

''अरे भाई...रुकिए...''

शायद दूसरे ही ख्यालों में खोया दयाशंकर समझ नहीं सका कि इस समय कौन पुकार रहा है। पहले तो उसे भ्रम हुआ कि गुप्तचर विभाग का ही कोई व्यक्ति होगा। वह ठिठकते रह गया। उसने न सिर उठाया और न ही घुमाकर देखा।

''मैं नीलेश हूँ, दयाशंकर भाई...''

दयाशंकर ने अब रुककर और मुँह घुमाकर देखा। जब नीलेश उसके पास पहुँचा तो वह धीमी आवाज में बोला :

''अरे तुम हो ? यह झोला-झक्कड़ लेकर कहाँ से आ रहे हो ?''

अपने साधारण सफर का संक्षिप्त विवरण प्रस्तुत करने के बाद नीलेश ने पूछा, ''शहर का क्या हाल है, भाई ? सिर में दुपट्टा क्यों लपेटे हैं ? तबीयत ठीक है न ?''

दयाशंकर ने मुँह बिचकाकर कहा, ''क्या होगा इस शहर में ? वही मुल्ला की दौड़ मस्जिद तक। वही कांग्रेसिया लफड़ा...वही नपुंसक हड़ताल, प्रदर्शन, जुलूस...चलता रहे एक-सा हजार वर्ष तक... नतीजा कुछ निकलनेवाला नहीं। क्या लड़ाई है यह...एक बार हल्का लाठीचार्ज हुआ है...अब 144 धारा लगी है तो सभी डरकर घरों में बैठ गए हैं। हम तो पहले ही कह चुके हैं, इससे कुछ होनेवाला नहीं। अंग्रेजों की दवा तो हम जानते हैं। कांग्रेसियों को करने दो जो चाहते हैं...हम तो अपनी अलग तैयारी कर रहे हैं...''

''यह कैसे कहते हैं, भाईजी ! जनता तो उठ खड़ी हुई है। छात्र समुदाय उठ खड़ा हुआ है। इलाहाबाद, बनारस में जो कुछ हुआ है, आप जानते हैं...बम्बई में जो नेता पकड़े नहीं जा सके, फरार होकर देश-भर में फैल गए हैं। चारों ओर रेल की पटरियाँ उखाड़ दी गई हैं, तार काट दिए गए हैं...''

''तुम क्या समझते हो, यह सब अहिंसा के पुजारी कांग्रेसी करेंगे ? यहाँ भी हमारे लोग लगे हैं, आज ही मैं जिले का दौरा करके आया हूँ...क्या करूँ, सबकुछ छिप-छिपकर करना पड़ रहा है, पुलिस पीछे पड़ी हुई है...अपन अधिक-से-अधिक हथियार इकट्ठे करने की फिराक में हैं....उसके लिए पैसा-कौड़ी चाहिए...अपन कर रहे हैं इन्तजाम उसका भी...''

दयाशंकर काफी दबी आवाज में बोल रहा था। सहसा चुप होकर अगल-बगल और पीछे की तरफ सशंक दृष्टि से देखकर दो-तीन बार भुल-भुल मुस्कुराने के बाद आत्मप्रंशसा के भाव से बोला :

''तुमसे भी अपन काम लेंगे....बताना मत किसी से...अपन पिछली रात गाँव के एक बनिया सेठ के घर में घुस गए...बड़ी आसानी से सब हो गया। अपन पाँच नौजवान थे, मुँह में अँगोछा बाँध रखा था...थर-थर काँपने लगा वह। माल-मत्ता लेकर अपन अँधेरिया रात में गायब हो गए। बताओ, यह सब न करें तो धड़ाधड़ बम कैसे बनें, हथियार कैसे खरीदे जाएँ...विदेशी अपने मन से कभी नहीं जाएँगे, उन्हें देश से भगाने के लिए जबरदस्ती करनी पड़ेगी, हथियार इस्तेमाल करना पड़ेगा...'भारत छोड़ो, भारत छोड़ो' नारा लगाने से थोड़े ही वे भारत छोड़ देंगे ? अच्छा, मैं चलता हूँ, जरूरी काम से एक जगह जा रहा हूँ...तुमसे मिलूँगा, तैयार रहना...''

उसने फिर चारों तरफ देखा, सिर को महत्त्वपूर्ण ढंग से ऊपर की तरफ झटका दिया और तेजी से अपनी गन्तव्य दिशा में चल पड़ा। नीलेश चकित होकर उसकी तरफ देखता रह गया। उसकी बातों से असहमत होते हुए भी एक क्रान्तिकारी उत्साह से रोमांच हो आया उसे और आँखों में आँसू। और जलती लालटेनों और ढिबरियों वाले अपेक्षाकृत अधिक सन्नाटे-भरे शहर के बीच से होकर अपने घर की ओर जाते समय वह गर्व से फूला हुआ था। उसे महसूस हुआ कि देश उसे बुला रहा है, ''आओ मुक्त करो मुझे, गुलामी की घृणित जंजीरों को काट डालो और हमेशा के लिए यहाँ की गरीबी, शोषण, उत्पीड़न और जलालत को समाप्त कर दो...'

अब उसकी सुस्ती दूर हो गई थी और कदम जल्दी-जल्दी पड़ रहे थे। उसके दिमाग में दयाशंकर की ही बातें घूम रही थीं। स्टेशन के पास आने पर उसका घर दिखाई देने लगा और वह उल्लास से भर उठा।

घर पहुँचते ही हल्ला मच गया। उसको लेकर सभी चिन्तित थे। इलाहाबाद, बनारस आदि शहरों के कॉलेजों और यूनिवर्सिटी में पढ़नेवाले लड़के पहले ही आ गए थे। उन्होंने बड़े-बड़े जुलूसों, जनप्रदर्शनों और लाठीचार्ज-गोलीकांडों की जो खबरें सुनाई थीं, और यहाँ भी जो कुछ घटित हुआ था, उनसे घबराहट काफी बढ़ गई थी। आखिर नीलेश कहाँ है ? सभी लड़के आ गए तो सिर्फ उसी की खबर क्यों नहीं मिल रही है ? शैलजा फिर ससुराल से आई हुई थी, उसने उत्साह से छोटे भाइयों—सुरेश, धीरेश, उमेश, रमेश को जगा दिया, जो कुटाइम सो रहे थे। वे आँखें मलते हुए उठे और अपनी खुशी प्रकट करने का तरीका समझ न पाने के कारण कभी बाहर जाएँ और कभी भीतर। सीतानाथ कचहरी बन्द और समय खराब होने से जल्दी ही मन्दिर जाकर लौट आए थे और अपने कमरे में लेटे थे। जब उत्साह का बवंडर थमा तो वह भी उठकर कमरे से बाहर आए और नीलेश को देखकर ठहाका मारकर हँस पड़े।

''सब ठीक है न ?''

नीलेश ने उठकर पैर छुए और कुछ बताए, उसके पहले ही शैलजा बोल पड़ी, ''बाबूजी, ये लोग नाव से आए हैं। नम्रता लोग भी साथ में आई हैं। नम्रता के मामा के लड़के का इलाहाबाद में मुंडन था। रेल की पटरियाँ उखाड़ दी गई थीं। गाजीपुर के फूफाजी के यहाँ सभी रुके थे...।''

''अच्छा ! ठीक है, प्रभु की कृपा है...'' इतना कहकर वह अपने कमरे में जाकर फिर लेट गए।

इस बीच सुरेश ने बरामदे में रखे नीलेश के झोले में झाँककर, बाद में हाथ डालकर तथा अन्त में अन्दर के सभी सामान को निकालकर देखा और होंठ बिचका दिए। उसी समय दूसरे छोटे भाई आकर पूछने लगे, ''क्या लाए हैं भैया ?''

''कद्दू,'' सुरेश अन्दर के सामान फिर यथास्थान रखकर गम्भीरता से बोला, ''बताना मत किसी को...नहीं तो बहुत मारूँगा...चले आए लालची पिल्लों की तरह।'' अन्त में उसने उमेश का लोला मीस दिया।

"बताऊँगा, बताऊँगा..." उमेश ने गुस्से में पैर पटकते हुए कहा।

सुरेश ने उसे पकड़ना चाहा, लेकिन वह पकड़ में नहीं आया। नीलेश जब कभी बाहर से आता, बढ़िया मिठाई का डिब्बा जरूर लाता था, और जब वह घर के लोगों से बातचीत में लीन हो जाता, उसी समय छोटे भाइयों द्वारा उसके सामान की तलाशी ले ली जाती थी। इस बार भी, आन्दोलन की भाग-दौड़ के बीच वह बनारस से एक डिब्बा लेकर चला था, किन्तु गाजीपुर में फूफाजी के घर में वह खाली हो गया। वास्तव में, अभाव की एक विचित्र विकट स्थिति में मिष्ठान्न-उपहार की आशा ने बच्चों के दिल में खुशी की गुदगुदी उत्पन्न कर दी थी, लेकिन निराशा की हालत में वे क्या करें ? सबसे आसान तरीका अवश्य सबकी नजर बचाकर आपस में गाली-गलौज या मारपीट करना ही था, मगर शिष्टाचार के तकाजे के साथ-साथ सीतानाथ की मौजूदगी में इसकी गुंजाइश कम ही थी। नीलेश जब हाथ-मुँह धोने के लिए गुसलखाने में चला गया तो चोट खाया उमेश अच्छा मौका देखकर अपनी माँ के पास जाकर उसके कान में फुसफुसाया :

"अम्मा, सुरेश भैया चोरी कर रहे थे बड़का भैया के झोले में से..."

"हटो जी..." आनन्दी ने झुँझलाकर उसे हाथ से परे ठेल दिया। वस्तुतः आनन्दी ऐसी चिन्ताओं में खोई हुई थी, जिनकी वजह से और कोई बात अच्छी नहीं लगती थी, उमेश की बात तो उसके कान में गई ही नहीं। जब से नीलेश आया है, वह उधेड़बुन में है कि नाश्ते और भोजन के लिए उसके सामने क्या रखा जाए। और गुसलखाने में जाने से पहले नीलेश ने जो कुछ कहा, उससे तो उसका कलेजा ही फट गया।

"अम्मा, बड़ी भूख लगी है, इस समय और कुछ खास न बनाओ...बस फरहर भात, अरहर की दाल और पतले-पतले कतरों वाली आलू की भुजिया तरकारी...एकदम सादा भोजन...रास्ते-भर बुआ की दी हुई पूड़ियाँ खाने के बाद अब पकवान खाने की जरा भी इच्छा नहीं।"

नीलेश खाने का शौकीन तो था, परन्तु वह दूसरे भाइयों और अपने पिताजी की तरह शायद ही कभी कोई फरमाईश करता हो। वैसे आनन्दी स्वयं इसका ख्याल रखती थी। बड़े लड़के की बात सुनकर बेहद घबरा गई। वह दो बार बाहर गई। और उसने दरवाजे से सिर उचका-उचकाकर इधर-उधर देखा गोया उसे देखते ही कोई आकर पूछेगा कि तुम्हें क्या परेशानी है, जिस चीज की जरूरत हो बताओ, अभी इन्तजाम हो जाएगा ! चारों ओर सन्नाटा था, और वह हारकर दक्षिणी बरामदेवाले कमरे में जाकर आँचल से आँखें ढककर चुपचाप रोने लगी।

कचहरी की वजह से सीतानाथ गाँव तथा नातेदारी-रिश्तेदारी नहीं जा पाते थे, फिर भी यह नहीं कहा जा सकता कि आर्थिक संकट का सामना उन्हें करना ही नहीं पड़ा। जब वह दो बार बीमार पड़े तो उस समय जमीन-जायदाद का प्रबन्ध पुख्ता था और वहाँ से पर्याप्त अन्नादि और कभी-कभी नकद भी मिलता रहता था। वकालत भी तब अच्छी चलती थी। मगर अब तो हालत ही उल्टी हो गई है।

समस्या उस समय खड़ी हो गई, जब उनके छोटे भाई ने गाँव की गृहस्थी से ऊबकर किसी प्राइवेट कम्पनी में नौकरी कर ली। तब से खेती-किसानी का खेल बिगड़ता गया है। एक दूर के नकारा रिश्तेदार के हाथों में जमीन-जायदाद के प्रबन्ध का काम सौंपने के पश्चात दोनों भाइयों की निश्चिन्तता का कुफल शीघ्र ही मिलने लगा। ऐसे में खर्चशाह आदतें, दिन-पर-दिन गृहस्थी-बोझ में वृद्धि तथा वकालत में गिरावट के दुर्योग के साथ यदि कचहरी दो दिन के लिए भी बन्द हो जाती तो भारी असुविधा और कभी-कभी संकट का सामना करना पड़ता था।

नौ अगस्त, सन् बयालीस को सिर्फ एक ही मुकदमा हाथ में था, वह भी हाकिम के न आने से बहस न हो सकी और तारीख पड़ गई परिणामस्वरूप मुवक्किल से किसी तरह प्राप्त चार रुपए शेरवानी की जेब में रखकर सीतानाथ शाम को घर आए थे। यही समय है, जब एक साधारण

वकील-मुख्तार के घर की कई जरूरतें एकत्रित हो जाती हैं, जिनमें शाम तथा अगले दिन के लिए राशन, घी, तेल, लकड़ी आदि भी शामिल हैं। किन्तु अगले दिन यानी दस अगस्त से हड़ताल, जुलूस, प्रदर्शन आदि का सिलसिला शुरू हो गया, जिससे स्कूल, कॉलेज, दफ्तर, कचहरी आदि में कामकाज ठप हो गया।

ग्यारह अगस्त को आनन्दी ने सीतानाथ से कहा था, ''आज संझा तक के लिए ही चावल-दाल बचा है। लकड़ी भी नहीं थी, वह तो सामने के लाला के यहाँ से उधार मँगवा ली है...''

''एकदम दुरुस्त ! और भी सामान उसके यहाँ से मँगवा लो...कचहरी खुलने की देर है, आगे कई मुकदमे हैं, रुपया-ही-रुपया हो जाएगा...'' सीतानाथ ने मूँछ पर ताव देकर उत्साहपूर्वक कहा।

''वह भी अब सीधे मुँह बात नहीं करता। ऐंठकर बोला, समय खराब है, लकड़ी का टाल भी बन्द है, जब बड़ी दुकानें खुलेंगी, तभी तो मैं भी सामान लाकर बेचूँगा...उधार का पैसा कल भेजवा देना...आगे कोई सामान लेना हो तो नकद लेकर आना...''

''बचाकर कुछ रखा हो तो निकालकर काम चलाओ...कर्जा समझकर खर्चा करो...कचहरी खुलने पर एक का दो दे दूँगा... ।'' सीतानाथ शरमाकर हँसने लगे।

इस बात पर आनन्दी तिनक गई, ''रखने के लिए अलग से कभी दिया भी गया कि निकालूँगी ? घर का खर्चा मैं जिस तरह से चला रही हूँ, मेरा दिल ही जानता है। कभी रखा भी है तो सबकी नजर उसी पर लगी रहती है। मैं तो हमेशा भिखमंगिन बनी रहती हूँ।''

''अरे, मैंने इसलिए कहा कि कुछ छिपाकर रखने की आदत होती है औरतों की... ।''

''वे घर दूसरे होते हैं, जहाँ औरतें छिपाकर रखती हैं। वे दुःख-सुख में भी अपना एक पैसा नहीं निकालतीं। उनके मर्द भी बड़े हिम्मती होते हैं, बड़ी-से-बड़ी विपत्ति में अपनी स्त्री की एक कौड़ी भी नहीं छूते। नीलेश बाबू के मुंडन के बाल और पच्चीस रुपए ओइँछकर रखे थे विन्ध्याचली देवी को चढ़ाने के लिए। अपने तो जाया नहीं गया, वे रुपए भी निकलवा लिए...बाद में कौन वादा पूरा करता है ? देवी-देवता का ओइँछा रुपया इस तरह खर्च करना चाहिए ? मैं तो लड़के के लिए चिन्ता करती हूँ...हमेशा विन्ध्याचली देवी से प्रार्थना करती हूँ, 'हे देवी, लड़के को नीके-नीके रखना...' रामप्रसाद पंडित हर साल नवरात्र में विन्ध्याचल जाते हैं, वे रुपए होते तो उन्हीं को बाल चढ़ाने को दे देती...''

आनन्दी का दिल जला हुआ था, उसने पुरानी शिकायतों का ऐसा लम्बा वृत्तान्त आरम्भ कर दिया जिसका कोई अन्त नहीं था। परन्तु, सीतानाथ सदा अपनी तथा पत्नी की घबराहट और हताशा को हवाई आशावादी आश्वासनों से दूर भगा देते, इस बार भी यही उपाय कारगर सिद्ध हुआ :

''ठीक कहती हो, गलती मेरी ही है...मैं रुपयों का फौरन इन्तजाम करता हूँ...कल शाम को नवानगर का एक अच्छा मुवक्किल आनेवाला है...हाँ जी, इत्मीनान रखो, इस दफा क्वार के नवरात्र में विन्ध्याचल भी चलेंगे और नीलेश बाबू का बाल इस बार जरूर चढ़ेगा, जरूर चढ़ेगा...ठीक है, इस समय काम चलाओ...प्रभु सब ठीक करेगा...''

कल शाम ? इसके पहले तक का काम कैसे चलेगा ? आनन्दी वहाँ से गुस्से में चली तो आई थी, मगर वह जानती थी कि उसके पति कोई समस्या आने पर सबकुछ ईश्वर के सुपुर्द करके निश्चिन्त हो जाते हैं। उसने सोचा कि शैलजा से माँगें, उसके पास जरूर कुछ-न-कुछ होगा, लेकिन बाद में यह सोचकर वह अपने को धिक्कारने लगी कि विवाहित लड़की से कुछ माँगने के बारे में सोचने की हिम्मत कैसे हुई उसकी ? फिर मायके की ओर दिमाग दौड़ा था, मगर वह लोग भी तो आजकल परेशान हैं, जब से उसके भैया के दूसरे लड़के की चेचक से मृत्यु हुई है, उन लोगों पर दुःख का पहाड़ ही टूट पड़ा है। अन्त में उसका ध्यान कमरे के ताँड़ पर रखे पन्द्रह कनस्तरों पर गया, जिनमें से चार में जौ और ग्यारह में चना रखे हुए थे।

पहले तो वह काँप गई यह सोचकर कि सभी महीन खाने के शौकीन हैं, चना और जौ कौन खाएगा ? उनसे क्या-क्या बनेगा ? एक दिन भात न बनने पर सभी उदास हो जाते हैं, बच्चे तो रूठते-मचलते ही हैं, बड़े लोग भी बिना बात की बात पर गुस्साकर बोलते हैं। जौ का आटा तैयार करने में सौ झंझट, काफी मेहनत के बाद आटा तैयार भी हुआ तो उसकी रोटी मुश्किल से हलक के नीचे उतरती है। घी हो, दही हो, महिया हो तो बात दूसरी है, मगर आजकल यह सब नसीब में कहाँ ? सोचते-सोचते उसके दिमाग में दर्द होने लगा।

लेकिन उपास कराने से अच्छा तो यही है जौ, चना का भोजन सामने पेश कर दिया जाए—यह ख्याल आते ही वह हँसने लगी। हाँ, क्या-क्या बनेगा उन मोटे अनाजों से ? कल्पना कर-करके उसकी हँसी तेज होने लगी, यहाँ तक कि सुरुहरी चढ़ गई।

"क्या हँस रही हो दुल्हन ?"

आनन्दी अपनी सास जीरादेई को आते नहीं देख पाई थी, प्रश्न सुनकर हँसी में ब्रेक लग गया और किंचित भय और लज्जा से आँखें दूसरी तरफ घूम गईं। आँचल सिर से थोड़े आगे खींचकर बोली :

"क्या-क्या बताऊँ अम्माजी, कचहरी बन्द होने से आफत आ गई है। लोग-बाग हाथ झाड़कर अलग हो गए हैं। कहा जा रहा है, किसी तरह काम चलाओ। अब कैसे काम चलाऊँ, अम्माजी। सोच रही थी, ऊपर कनस्टर में जौ, चना रखा हुआ है उसी को कूट-पीसकर कुछ दिन काम चल सकता है क्या ? चिकना-महीन खानेवालों की जबान पर ऐसा खाना चढ़ेगा ?"

"ए दुल्हन, मैं सब देख रही हूँ ! बाबू भी क्या करें, कचहरी बन्द है तो कहाँ से रुपए लावें ? उन पर कितना खर्च है, सबको देते हैं, किसी से कही माँग सकते हैं भला ?"

"तो मैं कौन दफ्तर-कचहरी करती हूँ कि सबका पेट भर दूँगी ? मर्द का जन्म किसलिए होता है, दुःख-विपत्ति का जो मुकाबला न करे, वह मर्द कैसा ? जब ससुराल से बहन लोगों का परिवार आ जाता है, बेटी आ जाती है तो कहाँ से आ जाता है ? तीज-त्योहार पर करनी-चौथार कैसे चला जाता है ? फिर भी मुझसे जो बन पड़ता है करती ही हूँ। सोचा था, जौ, चना का जो कुछ तैयार होगा, सामने रख दूँगी। जौ तो बहुत कम है, चना भरा पड़ा है। गाँव की जायदाद बेईमान के हाथ में देकर और भी भुगत रहे हैं लोग। एक ही बात हो तो बताऊँ, दुकानदार अब उधार भी नहीं देते, जलाने के लिए लकड़ी कहाँ से लाऊँगी, छौकने-बघारने के लिए घी-तेल कहाँ से आएगा, मेथी, जीरा, मिर्चा, धनियाँ कौन देगा ? सभी डिब्बे-बर्तन बोल गए हैं...मौका पड़ने पर कोई मदद नहीं करता, हर बात मुझी पर छोड़ देते हैं, सब मुझे ही नोचते-खसोटते हैं..."

जीरादेई सहसा उत्तर न दे पाईं और दूसरी ओर मुँह करके फर्श को देखने लगीं। वह फौरन समझ गईं कि उनकी बहू जो व्यंग्य-बाण छोड़ रही है, उनका लक्ष्य वही हैं। यह सही है कि उनकी लड़की अपने एक बेटा और तीन लड़कियों के साथ गर्मी में दो महीने रहकर गई है। विवाहित लड़की के मायके आने-जाने में खर्च भी बहुत होता है। लेकिन इसमें कौन नई बात है, यह तो सभी करते हैं। इसको लेकर कोई आनी-बानी भी बोलता है ? परन्तु जीरादेई ने असमय में गुस्सा करना उचित न समझकर संयत स्वर में कहा :

"दुल्हन, जी छोटा न करो...लड़कियाँ तो हमेशा आएँगी, चाहे मायका धनी हो या गरीब। तुम्हारी तकलीफ मैं समझती हूँ। बाबू कुछ कर सकते तो जरूर करते। वह भी मन में जो तकलीफ पा रहे हैं वह मैं जानती हूँ। पर क्या करूँ दुल्हन, मेरे पास कुछ रहता तो निकाल देती। बाबू ही मुझे कभी कुछ दे देते हैं, वही बचाकर रखती हूँ। वह भी जब गर्मी में बिटिया आई तो सब उसी पर खर्च कर दिए, बस दस रुपए बच रहे हैं, उसे निकालकर देती हूँ, उससे लकड़ी और थोड़ा-थोड़ा तेल-मसाला मँगाकर काम चलाओ...आगे परम पिता परमेश्वर मदद करेंगे..."

"अम्माजी, कुछ और हो तो निकाल..."

"अरे नहीं दुल्हन, गुरु महाराज की कसम खाती हूँ...मैं कमीनी कुत्ती कि झूठ बोलूँ...मेरे पास दस रुपया से एक कौड़ी भी अधिक नहीं है। मैं पैसा जोड़कर क्या करूँगी ? तुम लोगों के अलावा मेरा कौन है ? एक बेटी है तो उसकी शादी बाबू ने अच्छे घर में कर दी है, वह तो मुझे पचास-सौ दे रही थी...मैं ब्याही लड़की का पैसा लेकर क्या नरक में जाऊँ ? हाँ, बच्चे हैं, उन पर खर्च कर देती हूँ। इस घर के लड़कों—रमेश, उमेश को भी मचलते देखती हूँ तो उनके हाथ पर कुछ रख देती हूँ। अभी पैसा लाती हूँ, तुम वीरेश, सुरेश से कहकर कनस्टर उतरवाओ...मैं आटा पीसने के लिए जौ तैयार कर दूँगी...घर में जाँता है, साथ में बैठकर पिसवा दूँगी। जौ में बड़ी ताकत होती है दुल्हन, देखने में ही रूखा-सूखा है। और चना तो राजा है दुल्हन, कहा भी गया है उसे 'छप्पन परकारा'। देखना, मैं क्या-क्या बना देती हूँ उससे। तुम चिन्ता न करो, दुल्हन..."

जीरादेई से दस रुपए पाकर आनन्दी के चेहरे पर उत्साह और आशा की चमक आ गई। सूखे धान में क्या पानी पड़ गया ? वीरेश और सुरेश की मदद से ताँड़ पर रखे कनस्टरों को उतारा गया। जौ को बीनने, हल्के कूटने, सुखाने तथा फटककर ऊपरी भूसा निकालने में जीरादेई ने कमाल की फुर्ती दिखाई। फिर सास-बहू दक्षिण के बरामदे में स्थापित जाँते के दोनों ओर, आमने-सामने फैली टाँगों को मिलाकर बैठ गईं और बीच में गड़े खूँटे को पकड़कर और बीच-बीच में मुट्ठी से जौ का अन्न भीतर डालकर आगे-पीछे झूमती हुई चक्की चलाने लगीं। फिर तो जीरादेई को बहुत पहले, जब उनके पति यानी सीतानाथ के चाचा जीवित थे, ससुराल के गाँव में बिताए कर्मठ गृहस्थ जीवन की याद में ऐसा आनन्द आने लगा कि उनके कंठ से एक पुराना, धराऊ विचित्र गीत स्वतः फूटकर मुँह से निकलने लगा :

"तीन चीजुइया याद आवे...
तीन चीजुइया याद आवे...
भूल गइलीं बाबा-माई, भूल गइलीं धमा-चौकड़ी
तीन चीजुइया याद आवे, तीन चीजुइया याद आवे"

गीत की इन पंक्तियों को सुनते ही आनन्दी अपनी हँसी रोक नहीं सकी। उसकी घूमती हुई बाँह भी रुक गई और अपनी हँसी की तेज तरंगित गति को किसी तरह नियन्त्रित करके उसने पूछा :

"अम्माजी, वे तीन चीजुइया क्या हैं..."

"ए बहू, तुम्हें क्या बताना, तुमसे अधिक मैं ही जानती हूँ ? लड़की को माँ-बाप के घर में जो सुख मिलता है, लाड़-प्यार मिलता है, बेफिक्री मिलती है, वह सब शादी के बाद कहाँ रह जाता है ? विवाह के बाद बाल-बच्चे होते हैं, घर-गृहस्थी की चक्की में पिसना होता है। पुराना सब भूल जाता है, बस चौबीसों घंटे नून, तेल, लकड़ी का चक्कर..."

आनन्दी गम्भीर हो गई। उसके सामने अपना बचपन झलक गया। वह रुआँसी होकर आँखें दूसरी तरफ घुमाती हुई बोली :

"हाँ अम्माजी, बात तो सही है..."

इसके पश्चात दोनों ही बाँहें फिर घूमने लगीं और जाँता चलने लगा। जीरादेई का गाना पुनः चालू हुआ :

"भूल गइलीं दही-चिउरा, भूल गइलीं पूड़ी-हलवा,
तीन चीजुइया याद आवे, तीन चीजुइया याद आवे,
भूल गइलीं मेला-चकरी, भूल गइलीं झूला-घुमरी,
तीन चीजुइया याद...खाली तीन चीजुइया याद आवे..."

'गाना-बजाना' के सम्बन्ध में जीरादेई की कोई विशेष ख्याति नहीं थी, अब तो उनका स्वर

भी बीच-बीच में जवाब देने लगता था। परन्तु उसी ने ऐसा उत्साह उत्पन्न कर दिया कि जो काम आनन्दी को बड़ा कठिन लग रहा था, वह आसानी से सम्पन्न हो गया। साथ ही जौ और चना का महत्त्व बताकर बच्चों की रुचि जगाने की कोशिश भी की जीरादेई ने—विशेष रूप से उनकी वह लोककथा अत्यन्त प्रभावी सिद्ध हुई, जिसमें एक गरीब, सच्चा और परिश्रमी किसान जौ की रोटी-नमक खाकर और कसरत-कुश्ती करके खूब तगड़ा बनकर चिकना-चुपड़ा पकवान खानेवाले एक विलासी और अन्यायी राजा को परास्त करके स्वयं राजा बन जाता है। तब से सुरेश, धीरेश, उमेश और रमेश बेसब्री से प्रतीक्षा करने लगे, कि कब जौ की रोटी बने जिसके सेवन से वे जल्दी-से-जल्दी तगड़े बन जाएँ।

कनस्टर के अन्न से बने भोजन की पहली थाली जब सीतानाथ के सामने रखी गई तो उन्होंने पहले चोरी-छुपी तिरछी दृष्टि से उसे देखा, फिर ठहाका मारकर हँस पड़े। अन्त में गम्भीर होकर उत्साहपूर्वक बोले, गोया कवि सम्मेलन में किसी कविता की तारीफ कर रहे हैं :

"वाह, क्या बात है, मजा आ जाएगा। अब अधिक क्या चाहिए...वाह !"

"यह सब अम्माजी ने किया है..."

"अरे तो चाची को कम समझती हो ? एक समय था, जब वह पूरी बारात को खिला देती थीं। सब्जी इतनी लजीज होती थी कि लोग उँगली चाटते रह जाते थे..."

थाली में जौ की दो बड़ी, पतली रोटियाँ, चने की दाल और चने की पतले रसे की तीखी सब्जी। ऐसी बात नहीं है कि सीतानाथ ने जौ की रोटियाँ खाई न हों, कड़ाहे में से निकाले हुए गर्म-गर्म गन्ने के रस के साथ वे बहुत अच्छी लगती थीं—वह भी कभी-कभी और नाश्ते पर, लेकिन भोजन में वे भात-दाल खाने के ही आदी हैं। अपनी अरुचि को नियन्त्रित करके प्रेम-भाव से खाने की कोशिश में वह अस्वाभाविक रूप से रूखे और गम्भीर नजर आए, किन्तु राम-शबरी प्रसंग की याद आते ही उनके चेहरे पर प्रेम, करुणा, भक्ति और खुशी की चमक और चिकनाई दौड़ आई। चौदह वर्ष तक वन में राम, सीता ने रूखा-सूखा, कन्दमूल खाया, उसके मुकाबले में जौ की ये रोटियाँ तो राजसी पकवान की तरह हैं और यह भोजन भी उस राम की कृपा से मिल रहा है। यह सब सोचकर उनकी आँखें डबडबा आईं।

"वाह चाची, पूरा खाना अमृत से भी मीठा है..." उन्होंने चौके से उठते हुए कहा था।

परन्तु, समस्या छोटे लड़कों को लेकर पैदा हुई। वीरेश तो गम्भीर हो गया था, वह सिर्फ एक रोटी खाकर उठ गया था। बाकी सुरेश, धीरेश, उमेश और रमेश ने पहले उत्साह में चुपचाप खाने के बाद रूठना-मचलना शुरू किया। 'भात-भात' की उनकी माँग की पूर्ति कैसे हो ? आनन्दी समझाती थी कि 'कचहरी खुलनेवाली है, फिर खाना न भात जितना चाहे'। फिर जीरादेई भी उनको मनाने के लिए तरह-तरह की कहानियाँ सुनाने बैठ जाती थीं। एक दिन आनन्दी ने खीझकर कह दिया, "जाओ, नहीं खाना हो तो न खाओ...भात मैं कलेजा फाड़ के निकालूँ ?" अन्त में आँचल में मुँह छिपाकर रोने लगी।

माँ की रुलाई का बच्चों पर न मालूम क्या असर हुआ कि उसके बाद उन्होंने जिद्द करना भी छोड़ दिया। आगे तो और भी कठिन समय आ गया, जब जौ का आटा जल्दी ही खत्म हो गया और सिर्फ चने पर ही निर्भर रहने की नौबत आ गई। हर चीज की तो दिक्कत थी। हड़ताल और पुलिस के डर से भी साग-सब्जी वाले आते नहीं थे। गंगा पार से अनेक औरतें दूध, दही और घी बेचने के लिए आती थीं—उनका अब पता ही नहीं था। जब तक तेल की गुंजाइश थी नाश्ते में बेसन का पपरा (चीला) बनाकर काम चलाया गया। एक दिन तेल और गुड़ की मदद से हलवा भी बना। सीतानाथ इस दिन भी खूब हँसे।

"सब भगवान की कृपा है..."

यह मुमकिन है कि चने के छप्पन प्रकार के व्यंजन बन जाते हों, लेकिन सहयोग के लिए घी, दूध, दही, मिर्च-मसाला, शक्कर, सब्जी आदि का होना भी जरूरी है। चने (बेसन) की रोटी, चने की दाल तो ठीक है। चने की घुघनी कभी तल के और कभी रसा में। चने (बेसन) की कभी पकौड़ी, कभी बजका, कभी खंडेरा। कभी सूखा चना तवे या कड़ाही में बालू की मदद से भूनकर भूंजा अथवा कभी थोड़े से तेल और लाल मिर्च की मदद से तवे पर तलकर खेसिया तैयार करना।

एक शाम को दो-चार बूँद तेल और फीके गुड़-रस में बने हलवे को एक उँगली से उठाकर सुरेश ने चखा और मुँह बिचकाया, फिर हलवे की तरफ दोनों हाथ जोड़कर बोला :

''तुम्हीं जान हो, जहान हो, तुम ही माँ हो, बाप हो, तुम्हीं दीदी हो, भाई हो, घर हो, द्वार हो, तुम्हीं स्कूल हो, पढ़ाई हो... ।''

वहाँ उपस्थित सभी परिवारजन खिलखिलाकर हँस पड़े, यहाँ तक कि वीरेश भी, जो इस संकटपूर्ण परिस्थिति के बीच यह सोचकर गम्भीर और जिम्मेदार होने की कोशिश कर रहा था कि आजादी की लड़ाई में दरकार कुर्बानियों के सामने भोजन सम्बन्धी अभाव और असुविधा तो मामूली चीज है ! लेकिन वह फौरन सँभल गया और सुरेश को घूरते हुए बोला, ''क्या तुम हमेशा जोकरी करते रहते हो...तबीयत में जो आता है बोल देते हो। समझ लो, करोड़ो लोग हैं देश में, जिनको दोनों जून खाना भी नहीं मिलता...''

''तो मैंने क्या कह दिया छोटे भैया ? मैंने तो—''

''मैं जानता हूँ, हलवा के सामने हाथ जोड़कर जो कुछ तुमने कहा है, उनका मतलब क्या है। अगर घी और चीनी से बना हलवा होता तो तुम गप-गप खा गए होते...'' वीरेश पर गुस्सा चढ़ने लगा।

''अरे बचवा, गुस्सा नहीं करते। ऐसे समय में हँसना-बोलना अच्छा लगता है। दुःख-तकलीफ खुशी-खुशी काट देना चाहिए। मन का खाना न मिलने पर कोई मुस्कुराता है, कोई गुस्साता है...तुम्हारे बाबूजी हर चीज कितनी खुशी से खाते हैं।'' वीरेश ने किंचित आश्चर्य-मिश्रित खीस से जीरादेई को घूरा, फिर वहाँ से पैर पटकता हुआ-सा चला गया यह कहते हुए :

''आप तो, दादी, कुछ समझती हैं नहीं, हर चीज में टाँग अड़ाती हैं... ।

एक ऐसे वक्त में, जब चना खाते-खाते हर सदस्य के नाक में दम हो गया था, नीलेश रात में घर पहुँचा था—ऐसा समय जब परिवार का प्रत्येक सदस्य रोज यह आशा करता था कि आन्दोलन बन्द हो जाएगा और अगले दिन कचहरी खुल जाएगी।

गुसलखाने से निकलने पर नीलेश को सुरेश ने वास्तविकता की धरती पर उतार दिया :

''बड़का भइया, आप जो सोचते हैं वह नहीं मिलेगा...चने की रोटी, चने की तरकारी, चने की चटनी खाने को तैयार हो जाइए।''

''चने की चटनी ? क्या मतलब ?'' नीलेश ने अचम्भे से सुरेश को देखा।

''यह तो अम्मा से ही पूछिए...''

आनन्दी रुआँसी होकर नीलेश को देख रही थी, ''गर्मी में जौ, चना गाँव से आया था, हर बार चावल-दाल आता था... । जब से जमामार बैठे हैं, बज्जर पड़ गया है... । मैं तो कभी से कह रही हूँ, किसी अच्छे आदमी को रखिए...अब तो आम, आँवला भी नहीं आता... ।''

घुमा-फिराकर तथा फैलाकर बात कहने की अपनी माँ की आदत से नीलेश वाकिफ था, किन्तु इस समय धीरज खोकर उसने आनन्दी को गुस्से से देखा जिसका अर्थ फौरन समझते हुए सुरेश ने कहा :

''बड़का भइया, जब पाँच-छह दिन से कचहरी और दुकानें बन्द होंगी तो कौन उधार देगा ?

तब घर में जौ, चना होगा तो जौ, चना ही खाया जाएगा। अम्मा कहाँ से आलू-चीनी चावल, अरहर की मीठी दाल ले आएँगी ?''

नीलेश आश्चर्य से आँखें विस्फारित करके सुरेश को देखता ही रह गया। जब उसने मुँह घुमाया और आनन्दी की आँखों से मोटे आँसू गिरते देखे तो पूरी कहानी समझते देर नहीं लगी। उसे सुरेश पर बड़ा लाड़ आया। निश्चय ही सुरेश बड़ा हो रहा है, अभी बड़ा हुआ नहीं है—लेकिन वह पहले से ही माँ के साथ लगा रहता आया है। माँ का कष्ट उससे अधिक कौन जान सकता है ? उसकी आँखों के सामने अनेक चित्र उभर आए।

गाँव से कच्चे आम आए हैं, आनन्दी अचार के लिए आम काट रही है तो सुरेश पास बैठा तरह-तरह के सहयोग दे रहा है। मसाला कूटना हो, भीमल-बो दाई के नागा करने पर बर्तन मलना हो तो सुरेश मौजूद। घर में कोई मेहमान आने पर नीलेश और वीरेश शर्म से कमरे में छिप जाएँगे। सुरेश उनको बैठका खोलकर बिठाएगा और बाजार दौड़कर नाश्ता का सामान लाएगा। बीमारी-हैरानी में भी डॉक्टर के यहाँ चक्कर लगानेवाला एक ही व्यक्ति इस घर में है। अब वह समझ सकता है कि संकट काल में सुरेश ही उधार के लिए दुकानों पर दौड़ा होगा...परिवार की हताशा और निराशा को आगे बढ़कर झेलते और हल्का करने की कोशिश करते हुए...

नीलेश कुर्ता की जेब टटोलने लगा और आश्वस्त होकर सुरेश से बोला :

''सुरेश, इस समय कोई दुकान खुली होगी ?''

''दुकान कहाँ खुलती है आजकल बड़का भैया ? चोरी-छिपे कुछ लोग सामान बेचते हैं...उधार कोई नहीं देता...''

''लाला के यहाँ चावल-दाल होगा ?''

''चावल-दाल, आलू भी रखता है वह, पर मैं नहीं जाऊँगा उसके यहाँ। भइया को भेज दीजिए। मुझे देखकर बड़बड़ाने लगता है, दस रुपया उसका उधार है...''

''अरे तो उसका उधार दे दो न, मैं देता हूँ। मैं अम्मा को पैसा दे देता हूँ, अम्मा से पूछकर सामान ला दो...''

''मैं लाला का उधार चुका दूँगा...सामान नहीं लाऊँगा। वह गाली-गलौज भी करता है, मेरा उससे झगड़ा हो गया है। बमपुलिस गली का रामदयाल बनिया सामान अच्छा रखता है, उसका लड़का मेरे साथ पढ़ता है। मेरी बात हो चुकी है, मौका पड़ने पर वह उधार भी दे देगा...''

नीलेश जेब से निकालकर रुपए गिन रहा था। वह बनारस में चाचा के यहाँ रहकर पढ़ता था, लेकिन उसका सारा खर्चा, कपड़ा-लत्ता सब यहाँ तक कि जेब खर्चा भी उसके चाचा ही देते हैं। सैर-सपाटा, फैशन, होटल वगैरह निजी शौक न होने की वजह से उसके पैसे बचते ही थे—खास खर्चा उसका राजनीतिक और साहित्यिक पुस्तकों पर ही होता। गाजीपुर से चलते समय बुआ ने भी उसके हाथ में कुछ रुपए रखे थे। इस समय उसके पास 105 रुपए थे, जिनमें से बीस रुपए अपने पास रखकर शेष माँ को दे दिए।

जब सुरेश झोले और घी-तेल के डिब्बे लेकर रामदयाल बनिया के यहाँ चला गया तो नीलेश आनन्दी के पास बैठकर बोला, ''अम्मा, मुझे क्या मालूम तुम लोग इतनी परेशानी में हो, नहीं तो चावल-दाल बनाने की बात कहकर तुम्हें दुःखी न करता। खैर, अब कोई चिन्ता की बात नहीं। अम्मा, आज गांधीजी देश की आजादी के लिए बड़ी लड़ाई चला रहे हैं, आजादी के लिए लोग लाठी-गोली की मार झेल रहे हैं, खुशी-खुशी जेल जा रहे हैं। इस लड़ाई में सबसे अधिक तो ऐसे गरीब लोग हैं जो मुश्किल से दो जून का खाना जुटा पाते हैं। और भी कष्ट झेलना पड़ सकता है, मगर आजादी मिलने पर सबका कष्ट दूर भी हो जाएगा।''

''सभी मर जाएँगे तो आजादी क्या होगी, बाबू ?''

''आजादी उसके लिए होगी, जो बच जाएँगे। अच्छे काम के लिए तो कुर्बानी देनी ही पड़ती है।''

आनन्दी चुप लगा गई। रुपए मिलने से वह अपने को बेहद हल्का महसूस कर रही थी, जबकि पिछले पाँच-छह दिनों का एक-एक पल उसने पहाड़ की तरह काटा था। उसे अपने लड़के पर गर्व हुआ, जैसे नौकरी लगने पर पहली तनख्वाह लाकर उसके हाथ में दे दी हो नीलेश ने।

सुरेश को दो बार बाजार जाना पड़ा था। वह जिस तेजी से शरीर फेंक रहा है, उससे लगता है लम्बाई में अपने दोनों बड़े भाइयों को पीछे छोड़ देगा। देखते-ही-देखते घर में किसी जश्न का माहौल बन गया। परिवारजन, जो चुपचाप मनहूस की तरह बैठे रहते या सोए रहते, अब टन-टन बोलने लगे। रसोई से जब आलू-चीनी चावल और अरहर-दाल के पकने की सुगन्ध उठने लगी, उम्मीद के उत्साह से सबके नथुने फूल-फूल जाते। बीच-बीच में झूठ-मूठ नाक सुड़ककर वे दूसरी ओर देखने लगते। इस बीच छोटे बच्चे धीरेश, रमेश और उमेश, जो खेल-कूद भूल चुके थे, आँगन में लालटेन की धुँधली रोशनी में एकट-दुकट खेलने लगे, जिसमें सुरेश भी सहयोग देने लगा।

शैलजा भी इधर पाँच-छह दिनों से काफी उदास रहने लगी थी; अब उत्साहित होकर रसोई में लगी आनन्दी के पास आकर बैठकर नाक सुड़कने के बाद धीमे स्वर में बोली :

''अम्मा, बड़ी कमजोरी लग रही है...''

''अरे, कमजोरी नहीं लगेगी ? तुम इधर झटक गई हो...ए बेटी, चावल बन गया है, अरहर की दाल भी आधी पककर फट गई है, कटोरा में भात, फटी दाल, ऊपर से एक चम्मच घी डालकर देती हूँ, कमरे में जाकर खा लो...धरान हो जाएगा, बाद में पूरा खाना बन जाने पर सबके साथ खाना...क्या बताऊँ, तुम नइहर आई हो, कहाँ मैं तरह-तरह के भोजन-पकवान बनाकर खिलाती-पिलाती...''

कुछ देर बाद शैलजा ने कमरे में लेटे सीतानाथ के पास जाकर कहा, ''बाबूजी, खाने का पीढ़ा बिछ गया है, अम्मा बुला रही हैं। बाबूजी, आज भात-दाल और आलू की पतली-पतली भुजिया तरकारी बनी है, ऊपर से घी भी है, बाबूजी...''

''अच्छाऽऽ ! एकदम दुरुस्त। सीतानाथ चलते हैं भोजन करने...'' सीतानाथ जोकर की तरह आवाज खींचकर बोलते हुए उठ बैठे।

''बाबूजी, चना खाते-खाते तबीयत ऊब गई थी...''

''अरे, गोली मारो चने को...'' सीतानाथ ने तेज आवाज में सिर को झटका देते हुए इस तरह कहा, गोया किसी नाटक का संवाद बोल रहे हैं।

''बाबूजी, सुरेश बहुत मेहनत करता है। सबकी फिक्र रखता है। कई बार बाजार दौड़कर गया।''

''अरे पूछो मत ! वाह, क्या लड़का है ! हिन्दुस्तान-भर में ऐसा लाडला ढूँढ़े नहीं मिलेगा !''

''हाँ बाबूजी...''

''नीलेशजी ने खाना खाया ?''

''बाबूजी, आप भोजन कर लीजिए...वह कुछ देर बाद करेंगे। नीलेश बहुत गम्भीर हो गए हैं बाबूजी, सबके बारे में सोचते हैं। यहाँ से आप, वहाँ से चाचाजी जो रुपए देते हैं, अपने ऊपर खर्च नहीं करते, बचाकर रखते हैं...यहाँ आने पर सबकुछ मालूम हुआ तो निकालकर अम्मा को दे दिया...''

''हाँ...वाह...आला दिमाग पाया है...इतने समझदार कि उफ इन्तहाई समझदार...''

सीतानाथ की बातचीत के ढंग में नाटकीय व महफिली अतिशयोक्ति एवं हास्य-विनोद का पुट होता था, किन्तु यह झूठ और कृत्रिमता का रूप न होकर उनके सहज विश्वासी स्वभाव और भाव

प्रवणता का ही प्रतिफल है। प्रशंसा, आत्मीयता या दुःख-संवेदना प्रकट करते समय वह सर्वोच्च बुलन्दी पर पहुँच जाते और उनकी आँखें भर आतीं तथा कंठ अवरुद्ध होने लगता।

''बाबूजी, चना का बजका परोसा जाए ?''

''अरे कैसा चना और कैसा बजका बेटी ! कुछ नहीं...बस थोड़ा-सा चावल, थोड़ी-सी दाल और आलू के चार कतले...चलो, लगाओ थाली।''

''बाबूजी, चना का कुछ भी खाने की इच्छा नहीं थी किसी की...चना भिगोकर रखा था। हाँ, नीलेश को सब किस्सा मालूम हुआ तो उन्होंने चना का बजका बनाने को कहा...उन्हीं के लिए कुछ बना है...सबके लिए तो आलू की भुजिया तरकारी है...।''

शैलजा पहलौंठी लड़की होने की वजह से बड़ी प्रिय थी। बचपन से ही वह माँ-बाप को हर बात की रिपोर्ट पहुँचाने फौरन से पेशतर पहुँच जाती। छोटे भाई, खास तरह नीलेश उसकी रिपोर्ट पर कई बार डाँट-फटकार भुगत चुके थे। शादी के बाद परिवर्तन उसमें यह हुआ है कि अपने भाइयों के प्रति काफी स्नेहशील हो गई है और अब दूसरों से उनकी थोड़ी-सी शिकायत नहीं सुन सकती।

सीतानाथ के पश्चात तीनों भाई—नीलेश, वीरेश और सुरेश एक साथ खाने के लिए बैठे। ऐसा पहली बार हो रहा था, वह भी नीलेश के कहने पर। जब से नीलेश आया है, वीरेश ऐसे एकान्त अवसर की प्रतीक्षा में था, जब वह विस्तार से आन्दोलन की सभी बातें बता सके, जिनमें उसने भी भाग लिया था और अब भी शामिल है। उनमें कुछ ऐसी गुप्त बातें भी थीं, जो वह घर में नीलेश को छोड़कर और किसी दूसरे के सामने नहीं कहना चाहता था, चाहे वह सुरेश जैसा भाई ही क्यों न हो। इसीलिए सुरेश को साथ में लेकर भोजन करने का नीलेश का प्रस्ताव उसे पसन्द नहीं आया।

लेकिन सुरेश दिन में और इस समय भी काफी दौड़ा-धूपा था, जिससे थककर चूर-चूर हो रहा था। नीलेश ने उसकी हालत भाँपकर भोजन समाप्त होते ही कहा :

''सुरेश, तुम थक गए हो, जाकर सो रहो।''

वीरेश इस प्रस्ताव से बड़ा खुश हुआ। उसके बेहद गम्भीर चेहरे तथा मतलब-भरी दृष्टि से नीलेश ने पहले ही उसकी मंशा समझा ली थी, अतः सुरेश के जाते ही उसने कहा :

''वीरेश, ऊपर छत पर चलकर कुछ देर टहलते हैं। ठीक है ? अगर सोना चाहते हो तो कोई बात नहीं; जाकर सो रहो।''

''मुझे तो देर से सोने की आदत है। बोर्ड के इम्तहान कितने महीने रह ही गए हैं ?''

''कब तक सोते हो ?''

''यही एक-डेढ़ बजे तक। आदमी सोचता है इम्तहान तक पूरा कोर्स तीन-चार बार पूरा कर ले, कुछ छूट न जाए। संयुक्त प्रान्त के टॉप करनेवाले लड़कों से मुकाबला है न। हाँ, इधर रुकावट आ गई है...'' वीरेश ने मुस्कुराकर उसकी तरफ देखा।

''क्या रुकावट है ? अच्छा ठहरो, ऊपर चलते हैं, वहाँ विस्तार से बातें होंगी...''

छत पर पहुँचकर वे चहारदीवारी के सहारे खड़े हो गए। आकाश में बादल तो जरूर थे, लेकिन बीच-बीच में फटे हुए, जिससे खुशनुमा चाँदनी किसी खूबसूरत, रहस्यमय जीवन की तरह फैली हुई थी। यह ऐसा माहौल था, जिसने वीरेश का उत्साह काफी बढ़ा दिया। उसने देशमुक्ति की भावना से रोमांचित होकर कहा कि 'जब देश की जनता अपनी आजादी के लिए जीवन-मौत की लड़ाई लड़ रही है, आदमी कैसे उदासीन बैठा रह सकता है ! आदमी के प्रयास से ही जगदम्बिका, शम्भू और पिलपिली आगे आए और गवर्नमेंट स्कूल में सफल हड़ताल हुई, छात्रों का विशाल प्रदर्शन हुआ। अब ये लड़के देश के लिए जान देने को तैयार हैं। आदमी रमाशंकर के सम्पर्क में है और एक दिन गाँव की तरफ भी गया था। वहाँ लोग डाकखाना, थाना और दूसरे सरकारी दफ्तरों पर हमले कर रहे हैं। इन स्थानों पर, कांग्रेस के नेतृत्व में लोग कब्जा करके सभी सरकारी कागजात जला देते

हैं। आदमी यह सब अपनी आँखों से देख चुका है।"

नीलेश आश्चर्य से आँखें फाड़कर यह सब सुन रहा था। किचिंत क्रोध का भी उसने अनुभव किया अन्दर से उठता हुआ ! क्यों ? क्या इसलिए कि दो दिन का लड़का कुछ साधारण राजनीतिक गतिविधियों में भाग लेकर अपने को काफी महत्त्वपूर्ण समझ रहा है ? क्या यह बताना चाहता है कि नीलेश बनारस में रहकर जब कुछ नहीं कर सका, स्वयं उसने आन्दोलन की कई योजनाओं को अंजाम दिया है और उसका उन लोगों से भी अधिक गहरा सम्पर्क है, जो नीलेश के साथी रहे हैं !

नीलेश के अन्दर अपने छोटे भाई के प्रति ईर्ष्या का भाव कब उत्पन्न हो गया, यह जान भी नहीं पाया वह। अपने विस्तृत विवरण के अन्त में जब वीरेश ने दयाशंकर से होनेवाली मुलाकातों के बारे में बताया तो अपने ईर्ष्या-जनित क्रोध को जब्त नहीं कर सका नीलेश।

"क्रान्तिकारी भी अलग अपना काम कर रहे हैं। दयाशंकर भैया का बड़े-बड़े क्रान्तिकारियों से साथ है, और वे डाके डालकर हथियार के लिए पैसे इकट्ठे कर रहे हैं। उन्होंने छाता गाँव में डाका डाला है। काफी रुपए मिले हैं उनको। एक दिन पहले दयाशंकर मिले थे, मुझसे भी कहा था चलने को..." वीरेश ने बताया था।

"डाका डालने के लिए," नीलेश ने क्रोध से घूरते हुए कहा।

"हाँ...मैंने..."

"तुमने जो भी जवाब दिया हो, यह मैं नहीं सुनना चाहता। मुझे ऐसा लगता है, थोड़े-से बचकाने काम करके तुम अपने को देश का बड़ा नेता समझ रहे हो ! लेकिन यहाँ आकर मैंने तुम्हारी असलियत देख ली है। घर में लोग जब इतना कष्ट भुगत रहे थे, सुरेश दिन-रात उधार-सामान लाने के लिए दुकानों के चक्कर लगा रहा था, तुम अपने घमंड में चूर निष्क्रिय बने रहे। देश के लिए काम तो ठीक है, मगर क्या घर-परिवार के कष्टों से उदासीन हुआ जा सकता है ? सही काम समझने की बुद्धि भी नहीं है तुम्हारे पास। सारा देश जब उठ खड़ा हुआ है, उस समय डकैती जैसे क्षुद्र काम करने का क्या तुक है ? तुम्हारा क्या बनता उससे ? जब इतनी समझ नहीं है तो अच्छा होगा, तुम अपनी पढ़ाई में ही ध्यान लगाओ।"

40

नीलेश को रात-भर नींद नहीं आई। उसके सामने बार-बार वीरेश का अपमान से कुंठित चेहरा उभर आता। कुछ मामूली कार्यों और संकल्पों के बल पर अपने को महान देशभक्त और छोटे भाई को तुच्छ समझकर उसके उत्साह-उमंग को रोकने की कोशिश करना क्या उचित है ? पश्चाताप से इतना व्याकुल हो गया कि सवेरे उठते ही वीरेश को अपने पास बुलाकर पूछा उसने :

"क्या तुम नाराज हो ?"

"मैं किसी पर नाराज नहीं होता, कोई क्या कहता है, इसकी परवाह नहीं करता... ।" वीरेश का चेहरा कड़वाहट से तमतमाने लगा और गर्दन तनकर टेढ़ी हो गई।

"मैं कल की बातों के लिए शर्मिन्दा हूँ...पता नहीं क्या हो गया था मुझे..."

वीरेश के पतले-पतले होंठ व्यंग्य-विष में लटककर संकुचित हो गए। नीलेश रतजगी से हुई अपनी लाल-लाल आँखें फैलाकर छोटे भाई को देखने लगा। उसे आज प्रथम बार महसूस हुआ कि उम्र में छोटा होने पर भी, वीरेश बड़ा हो गया है और वह भी स्वाभिमान, समानता तथा जीवन में कुछ सार्थक करने की बढ़ती हुई इच्छा के साथ। और अब समय गया, जब बड़े भाई के नाते वह आश्वस्त और आत्मतुष्ट तानाशाह की लापरवाही के साथ वीरेश को कोई आदेश दे देता या

डाँट-फटकार देता था। वह सोचकर दुःखी हो गया कि कितना निर्मम है अपने से छोटे, निर्बल और आज्ञाकारी से सद्भावना-रहित अलोकतान्त्रिक व्यवहार करना। उसे याद आई अपने बचपन की पिताजी की डाँट-फटकार, जो उस समय भी अच्छी नहीं लगी थी, जिससे वह कुंठित और भयभीत हो जाया करता था।

''वीरेश,'' वह कंपित स्वर में बोला, ''मुझे माफ करो...मुझसे गलती हो गई। हो सकता है, मैं चाहता था कि तुम हर बात से ध्यान हटाकर सिर्फ पढ़ाई पर अपनी शक्ति केन्द्रित करो। देश की आजादी के लिए मैं कुछ करना चाहता हूँ...तुम भी उसी लाइन में लगोगे...मान लो, मुझे कुछ हो गया तो बाबूजी के साथ कौन खड़ा होगा ? दूसरे भाई अभी छोटे हैं, उन्हें सँभालना भी है। खैर, अब तुम स्वतन्त्र हो, यह अच्छी बात है कि तुम देश के बारे में सोच रहे हो, और उसकी आजादी के लिए कुछ करना चाहते हो। मैं यह जानकर खुश भी हूँ कि तुमने आगे बढ़कर कुछ सार्थक किया भी है। सच बात तो यह है कि देश का हर व्यक्ति परिश्रम और त्याग करेगा, तभी वह आजाद हो पाएगा, तरक्की कर सकेगा। तुमको भी देशसेवा का उतना ही अधिकार है, जितना मुझे या किसी और को। आशा है, तुम मेरी बातों को भूल जाओगे—एक क्षण के लिए भी याद नहीं करोगे, जैसे कुछ हुआ ही न हो... ।''

परन्तु, रात से ही अपमान और क्रोध से जलता वीरेश इस स्थिति के लिए तैयार नहीं था। बड़े भाई की पश्चाताप-भरी स्वीकारोक्ति के कारण वीरेश की हृदय की गहराई में विद्यमान श्रद्धा, आदर और प्रेम के भाव ऊपर आने के लिए मचलने लगे, जिन पर नियन्त्रण की कोशिश में उसका मुँह लाल हो गया और उसकी रेखाएँ विकृत। परन्तु कमजोर बाँध शीघ्र ही टूट गया और वह दोनों हाथों के कटोरे में मुँह छिपाकर फफकने लगा। नीलेश ने किंकर्तव्यविमूढ़ होकर उसे देखा, लेकिन वह बड़े भाई की कोई बात सुनने के पहले ही आँखें पोंछते हुए कमरे से बाहर निकल गया।

मौसम कुछ-कुछ ठीक चल रहा है यानी कई दिनों से तेज बारिश नहीं हुई है। बादल अवश्य ही घिरकर गाढ़े हो जाते हैं, यदि कभी दो-चार बूँदें गिरती भी हैं तो हवा शीघ्र ही उड़ा ले जाती है, जिससे बीच-बीच में नीला आकाश दिखाई देने लगता है। शहर में एक बेचैन सन्नाटा छाया है, लेकिन गाँवों में घटनाएँ तेजी से घट रही हैं, जिन पर नियन्त्रण रखने में जिला प्रशासन पूरी तरह असमर्थ। लाठी-चार्ज के बाद शहर में कोई वैसा बड़ा जुलूस तो नहीं निकल पाया है, किन्तु गलियों में अथवा अन्य महत्त्वहीन जगहों पर छोटे-छोटे जुलूस अचानक प्रकट होकर नारे लगाते हैं और पुलिस आगमन के पूर्व ही बिखरकर गायब हो जाते हैं।

प्रशासन बेहद घबराया हुआ है। गाँवों में आन्दोलन दिन-पर-दिन तेज होता गया है और जिले के विभिन्न थानों में सिपाही भेजने से पुलिस बल कम पड़ गया है और रेल पटरियाँ उखाड़े जाने तथा तार काटे जाने से कमिश्नरी अथवा अन्य किसी जिला मुख्यालय से सम्पर्क करके कुमुक मँगाना सम्भव नहीं हो पा रहा है। ऐसी हालत में प्रशासन अपनी कमजोरी छिपाने की जी तोड़ कोशिश कर रहा है। धारा 144 तो पहले से ही लागू कर दी गई है, इसके साथ ही पाँच-छह सशस्त्र पुलिस सिपाही और एक मजिस्ट्रेट को लेकर एक लॉरी डेढ़-दो घंटे के अन्तर से शहर का चक्कर लगाने लगी है। प्रशासन स्वयं डरा हुआ है, इसीलिए वह शहर की जनता में भय और आतंक फैला रहा है। ऐसी ही मनःस्थिति में, सवेरे-सवेरे घूमने-टहलनेवाले एक अत्यन्त बूढ़े वकील उनकी गोली का शिकार होकर स्वर्ग सिधार चुके हैं।

हाँ, प्रशासन का सन्तुलन बेहद गड़बड़ा गया है। हर दिन और हर जगह उठते और बढ़ते हुए जन-ज्वार से वह सीमित, दुर्बल और क्षीण हो रहा है। वह शक्ति का जैसा प्रदर्शन करना चाहता है, वैसा कर तो नहीं पा रहा है, फिर भी उसे अंग्रेजों की अजेय शक्ति पर दृढ़ विश्वास है कि शीघ्र ही वे फौज के साथ आ जाएँगे और यह आन्दोलन कड़ाई से दबा दिया जाएगा—फिर तो अगले

सौ वर्ष तक कोई सिर उठाने की हिम्मत नहीं करेगा। हाँ, प्रशासन बेसब्री से प्रतीक्षा कर रहा है, लेकिन कब तक ? प्रतीक्षा की घड़ियाँ लम्बी होती जा रही हैं। और एक दिन जब शहर का छोटा डाकखाना और जहाज घाट का कार्यालय फूँक दिया गया तो जिला प्रशासन की असमर्थता और असहायता जग जाहिर हो गई। कठिनाई तो यह है कि गुप्तचर विभाग के इंस्पेक्टर जितेन्द्रलाल और मनव्वर अली तथा उनके सहायक कर्मचारी एवं मुखबिर पहले से कुछ भी नहीं बता पाए और बाद में भी पता नहीं लगा सके कि इन वारदातों में किन लोगों का हाथ है।

नीलेश कल रात में घर आते ही शहर और जिले की घटनाओं की जबानी रिपोर्ट सुन चुका है। अस्पताल घाट से रास्ते में उसे कुछ आशंका हुई थी, मगर रास्ते में पुलिस लॉरी का न मिलना एक संयोग ही है। वह तेजी से फैलती इस निर्णायक दौर में पहुँचती हुई आजादी की लड़ाई में अपना सर्वस्व बलिदान करने को व्याकुल हो उठा। सुबह से ही वह दो बार बमपुलिस गली में जाकर रमाशंकर से मिलने की कोशिश कर चुका है, मगर वह घर पर कहाँ रहते हैं ? अजीब सन्नाटा है उसके घर के सामने से गुजरनेवाली कंकड़ की धूल-भरी सड़क पर। कहाँ छिप गए हैं लोग ? सिर्फ आवारा पशुओं की चहलकदमी।

वह अब स्वयं बाहर के बैठके में दरवाजा भीतर से बन्द करके बैठा खिड़की से सड़क को निहारने लगा। सामने सड़क के उस पार नम्रता का घर बन्द है, कोई खिड़की भी नहीं खुली है, जैसे वे रात में नाव से उतरकर घर पहुँचे ही न हों। वह अधीर होकर फिर उठ खड़ा हुआ और कमरे से बाहर गलियारे का दरवाजा धीर-से खोलने और बाहर से उठंगाने के बाद जल्दी-जल्दी बमपुलिस गली के मुहाने की तरफ बढ़ चला।

सम्भवतः प्रत्येक बड़े या छोटे शहर में इस तरह की गली जरूर होती है, फिर भी वह जमके हुए नालियों के काले कीचड़, कूड़ा-करकट की अव्यवस्था, बड़े-बड़े मच्छरों की भनभनाहट और असह्य दुर्गन्ध के मामले में बीस ही पड़ेगी। वह नाक पर रूमाल रखकर कुछ आगे बढ़ा होगा कि पता नहीं किस मकान से एक छोकरा निकलकर सामने आ गया और भुल-से हँसकर अपने बड़े-बड़े दाँत प्रदर्शित करते हुए बोला :

''बाहर सड़क पर सब ठीक-ठाक है न भाईजी ? पुलिस की लॉरी चली गई ? घर में कुछ खाने को नहीं है, सड़क पर एक बनिया है...उससे उधार चलता है, दुकान खुलवाकर कुछ लाऊँगा।''

''अरे जाओ न...सँभलकर जाना। सन्नाटा इतना है कि किसी लॉरी के आने की आवाज दूर से ही सुनाई पड़ जाती है...।''

''सुना तो यह है भाईजी, आज कुछ देर के लिए गुदड़ी बाजार खुलेगा। रमाशंकर खुलवाएँगे। लोग इन्तजार में हैं, पुलिस की लॉरी जहाँ राउंड करके गई, दुकानें खुल जाएँगी। बनिया लोग तैयार हैं, वहाँ से माल लाकर दुकान पर रख देंगे, तभी तो मोहल्ले-टोला का काम चलेगा। हम वहाँ क्या जाएँ, थोड़ा सामान लेना है, सड़कवाले बनिया से ले लेंगे...डर भी लग रहा है...।''

''इतना डरोगे तो अपने देश को आजाद कैसे करोगे ? कर्फ्यू थोड़े ही लगा है ? धारा 144 लगी है, जिससे पाँच आदमी एक जगह इकट्ठे न हों...''

नीलेश की बात से छोकरे की बड़ी-बड़ी आँखें अचम्भे से बाहर निकल आईं, ''कर्फ्यू में क्या होता है भाईजी ?''

''कर्फ्यू में घर से बाहर निकले पर रोक होती है, निकलने पर गोली मारी जा सकती है।''

''भाईजी, गुदड़ी बाजार खुलने पर पाँच से अधिक आदमी एक जगह इकट्ठे नहीं होंगे ?''

''देखो भाई, गुदड़ी बाजार खुलेगा या नहीं खुलेगा, मुझे नहीं मालूम। बाजार तो इसलिए नहीं खुल रहा है कि हड़ताल चल रही है, आन्दोलन चल रहा है, अगर खुलता भी है तो काम चलाने के लिए कुछ देर तक खोलकर बन्द कर दिया जाएगा। जनता की परेशानी दूर करने के लिए जब

यह सब किया जा रहा है तो पुलिस भी क्यों बोलेगी ? सरकार भी तो चाहती है कि हड़ताल खत्म हो ! डरो मत, होशियारी से अपना काम करो... ।''

नीलेश मुँह सीधा करके आगे बढ़ गया। शरीर की नसों की तरह ही हैं इस शहर की गलियाँ जो हर दिशा में हर जगह जाती हैं। स्टेशन से निकलकर गली-गली सरयू तट तक आसानी से पहुँचा जा सकता है। बीच में यदि कोई सड़क रास्ता काट भी देती है तो सामने दूसरी तरफ कोई अन्य गली मुँह बाए स्वागत के लिए प्रतीक्षातुर विद्यमान रहती है। इस समय मुख्य रूप से गलियों में ही आवाज हो रही हैं। सभी पैर दबाकर चल रहे हैं दाएँ-बाएँ चौकन्ना होकर देखते हुए कुत्तों की तरह। ऐसा नहीं है कि सड़कों पर चलनेवाले दिखाई नहीं देते—कुछ साहसी लोग, अनजान ग्रामीण, पैदल मुसाफिर, मजूर और कामवालियाँ। नीलेश का प्रत्येक गली से परिचय है और गुदड़ी बाजार से पहले ही दाईं तरफ की एक छोटी सँकरी गली में घुसकर गोबर्धन के गोले तक पहुँचने में कोई असुविधा नहीं हुई उसे।

गोले का फाटक भीतर से बन्द है। दरबान रामदीन उसे पहचानता है। ताला खोलते हुए कहता है :

''मालिक, समय खराब है। समाचार है न ?''

''हाँ-हाँ, कोई बात नहीं। मैं बनारस से कल ही आया हूँ। गोबर्धन बाबू हैं न ?''

''हाँ सरकार, ऊपर बैठकर मुनीमजी से हिसाब-किताब समझ रहे हैं। दो दिन पहले ही तो बंगाल से आए हैं।''

गोला के बड़े अहाते में सामान्य कारोबारी दिनों की तरह चहल-पहल नहीं है। न बैलगाड़ियाँ, न बोरों के टीले और न ही मोटिया मजूरों का हो-हल्ला। गद्दी भी बन्द। जब वह ऊपर के कमरे में पहुँचा, गोबर्धन तख्त पर बीच में बैठा सामने खुली बही पर मुँह झुकाए हुए था और उसके सामने किनारे मुनीम भी। दोनों ही किसी हिसाब-किताब की उलझन में खोए हैं और उनके माथे और नाक पर पसीने की छोटी-छोटी बूँदें चमक रही हैं।

''नमस्कार भाई, माफ करना...''

गोबर्धन ने सिर उठाकर किंचित आश्चर्य-भरी रूखाई से देखा, जिसके बाद पल-भर में ही उसके मुख पर खुशी की आभा फैल गई, ''अरे तुम ? कब आए? आओ, आओ... ।'' वह नीचे उतरकर तथा आगे बढ़कर और नीलेश का हाथ पकड़कर बोला, ''यार, खूब आए...मैं तो इस जिन्दगी में बुरी तरह फँस गया हूँ, फुरसत ही नहीं मिलती। इन्हीं चक्करों की वजह से तुम्हारी चिट्ठी का जवाब नहीं दे सका...खैर, मैं अभी फुरसत पा जाता हूँ...तब तक तुम उधर चलकर गप्पें लड़ाओ... ।''

''दोस्त, मैं गप्पें लड़ाने नहीं आया हूँ...मैं शहर का हाल जानने को व्याकुल हो रहा हूँ, लोगों से मिलना चाहता हूँ, कोई मिलता ही नहीं। यही सोचकर आया हूँ कि तुमसे सबकुछ मालूम हो जाएगा...''

''ठीक है, मैं अभी आता हूँ, तुम तब तक उधर बैठो।'' हाथ पकड़े-पकड़े वह नीलेश को बगलवाले कमरे में ले गया, जो वहाँ से पच्चीस कदम दूर है। और उसे आगे ठेलकर हँसते हुए बोला :

''देखो भई, यह रहे तुम्हारे नीलेश देवरजी। सँभालो इनको। अरे यार, जब से तुम गए हो, तुम्हारी ही रट लगी रहती है। खैर, तुम बात करो, मैं एक जरूरी काम निबटाकर फौरन पहुँचता हूँ...हाँ, खाना साथ खाएँगे, बताए देता हूँ।...एक बात और, एक मिनट के लिए बाहर चलो तो...'' वह फिर हाथ पकड़कर नीलेश को कमरे के बाहर ले गया और फुसफसाई आवाज में बोला, ''दोस्त, एक बात बताओ, संकोच न करना...बाबूजी की कचहरी बन्द है, हड़ताल की वजह से दुकानें भी नहीं खुल रही हैं...कोई दिक्कत, कोई जरूरत किसी भी तरह की... ।''

''नहीं...ऐसी कोई बात नहीं...'' नीलेश मन-ही-मन संकुचित हो गया और उसकी भौंहें भी कुछ

सिकुड़ गईं।

"मेरे पास आदमी-जन हैं, कोई समान..."

"नहीं गोबर्धन...।" नीलेश दूसरी तरफ देखने लगा होंठ सिकोड़कर।

"अब जाओ, कुछ देर तक राजलक्ष्मी से बात करो, मैं जल्दी ही आता हूँ..."

नीलेश चलने को हुआ, लेकिन सहसा उसके कदम आगे नहीं बढ़े, जबकि गोबर्धन व्यस्ततापूर्वक जल्दी-जल्दी अपने कमरे की तरह जाते हुए अन्तर्धान हो गया। अब उसे अपने उस पत्र की एक-एक पंक्ति फिर याद आने लगी, जो उसने बनारस से गोबर्धन के पास लिखा था :

'मुझे उस दिन की बातें याद आ रही हैं, जब मुझे तुम दोनों का स्नेह मिला था। तुम उम्र में मुझसे दो-तीन साल बड़े हो, इसलिए मेरे बड़े भाई भी हो, इसी नाते महाराजलक्ष्मी भाभी मेरे लिए पूज्य हैं, देवी की तरह, माँ की तरह। बस यही अनुरोध है कि मुझे अपने स्नेह और सहारे से कभी वंचित न करना तुम दोनों...'

सहसा नीलेश को बड़ी शर्म आई। उसे विश्वास ही नहीं हुआ कि ऐसी बचकानी चिट्‌ठी उसने कभी लिखी भी थी। क्या उस पत्र की अन्तिम दो पंक्तियों की वजह से ही गोबर्धन ने आर्थिक मदद की पेशकश की है इस समय ? उसके प्रति कोई दया-भाव ? वह काठ हो गया यह सब सोचकर। इच्छा हुई कि फौरन घूमकर चल दे यहाँ से, लेकिन आश्चर्य है कि यह खयाल आते ही उसके पाँव महाराजलक्ष्मी के कमरे की तरफ बढ़ने लगे।

महाराजलक्ष्मी दरवाजे की तरफ ही देख रही थी, उसकी आँखों और खुले-से होंठों में उत्सुकता-भरी बेचैन-सी प्रतीक्षा थी। नीलेश ने झट अपनी आँखें दूसरी ओर फेर लीं, मुख भी विपरीत दिशा में मुड़ गया, लेकिन नमस्कार के लिए जुड़े हुए हाथ ललाट के एक किनारे को स्पर्श करते हुए वक्रता के साथ महाराजलक्ष्मी की तरफ उन्मुख।

वे दोनों ही कमरे, जिनमें महाराजलक्ष्मी और गोबर्धन बैठे हैं अब हल्के, साफ-सुथरे और मद्धिम हरे रंग की पुताई से एक अनोखी आभा बिखेर रहे हैं। महाराजलक्ष्मी के कमरे में एक बड़ा पलंग बिछा है, एक मोटे गद्‌देदार बिस्तर पर छींटोंवाली रंगीन, खुशनुमा चादर के साथ। दाहिनी तरफ दीवार से सटाकर तीन कुर्सियाँ रखी हैं। वह पलंग के किनारे ही बैठी लाल कवरवाली एक बही का अवलोकन कर रही थी, जो अब सामने की एक छोटी मेज पर बन्द करके रख दी गई है। इसका अर्थ स्पष्ट है कि वह अपने पति के कार्य में अपना पूरा सहयोग दे रही है—उस अनुभव का भी लाभ, जो उसे अपने मैके से मिला था।

नीलेश जब आगे बढ़कर एक कुर्सी पर बैठ गया, महाराजलक्ष्मी की आँखों में एक ज्योति जल उठी—और वह किसी भावना से अभिभूत होकर मचलती हुई शीघ्रता से पलंग से उतरकर नीलेश के पास पहुँच गई। उसने सामने खड़े होकर तत्काल नीलेश के सिर को अपनी तरफ खींचकर अपने शरीर से सटा लिया और उसके काले बालों में अपने दोनों हाथ बार-बार फिराते हुए अस्पष्ट स्वर में कहा :

"तुम कब आए नीलेश, पहले चिट्‌ठी क्यों नहीं लिखी ?...मैं हमेशा तुम्हें याद करती हूँ..."

महाराजलक्ष्मी से ऐसे व्यवहार की कल्पना भी नहीं कर सकता था नीलेश। यह सब अच्छा नहीं लगा, साथ ही घबराहट भी हुई, फिर भी कोई प्रतिवाद नहीं कर सका, यहाँ तक कि सिर पीछे करने में भी असमर्थ। महाराजलक्ष्मी उसे घेरे हुए थी, जिसके वक्ष प्रदेश के नीचे मुखस्पर्श से रेशमी साड़ी की फिसलन में उसकी साँस घुट-घुट जा रही थी।

महाराजलक्ष्मी बुदबुदाए जा रही है, "मैं हर रोज तुम्हारा इन्तजार कर रही थी, नीलेश। जब से तुम्हारी चिट्‌ठी मिली है, मैं बहुत खुश हूँ...तुमसे बहुत कुछ कहना चाहती हूँ, मेरे प्यारे देवरजी...।"

अचानक उसका बोलना बन्द हो गया। उसने त्वरित गति से सिर घुमाकर दरवाजे की तरफ देखा, फिर नीलेश से अलग होकर बगलवाली कुर्सी पर बैठ गई।

"पानी लाऊँ ?" उसके स्वर में अब कोई उत्साह या उद्वेग और उत्तेजना नहीं रह गई थी।

"नहीं..." नीलेश को आश्चर्य हुआ कि भीतर घबराहट-भरी नाराजगी होते हुए भी वह मुस्कुरा रहा है।

"ठीक है...ये अभी आते होंगे...काम तो होता रहता है। हड़ताल होने से बैठने की फुरसत मिली है। मैं भी इनका साथ दे देती हूँ। ये तो बहुत कम घर पर रहते हैं...बहुत कुछ बिगड़ गया था, दूर-दूर तक जाना पड़ता है...अच्छा असर पड़ा है इसका। मैं तो बहुत अकेली पड़ जाती हूँ। नीलेश मैं तुमसे बहुत कुछ कहना चाहती हूँ एक दोस्त की तरह...।"

इन शब्दों से नीलेश को ऐसी अरुचि और असुविधा महसूस हुई कि वह जान-बूझकर खाँसने लगा, गोया कोई बात सुनाई ही न पड़ी हो। महाराजलक्ष्मी के शरीर की पसीनाई गर्मी में लिथड़े-से 'नीलेश' और 'दोस्त' शब्द उसके दिमाग में चक्कर काटने लगे। उम्र में बड़ा हो या छोटा, जब कोई व्यक्ति दोस्त मान लिया जाता है तो उससे एक गहरा और पवित्र रिश्ता बन जाता है—इसी वजह से उसने गोबर्धन की पत्नी को भाभी के ऊँचे पद पर बिठाया, लेकिन महाराजलक्ष्मी ने उसको नकारकर अपने पति की अनुपस्थिति में एक अजीब ढंग का व्यवहार करने के बाद उससे मैत्री सम्बन्ध की पेशकश क्यों की है ? कुछ दिन पूर्व मित्र को लिखी चिट्ठी में व्यक्त सरल, सच्ची भावनाओं के बहाने अनुचित स्वतन्त्रता लेकर निस्संकोच उसके निकट पहुँचने का प्रयास क्यों ? यह सब सोचकर वह शर्म से गड़ने लगा—कुछ वैसी ही भावना, जब बचपन में उसकी माँ उसे किसी दूसरे के घर ले जाती तो वह सिर झुकाकर बैठा रहता, भूलकर भी किसी की ओर नहीं देखता और न ही किसी की बात का जवाब देता। इस समय भी वह सिर झुकाकर बैठा था। मौन—और फिर भी, उसको अपनी ही दृष्टि में अपना आचरण बेहद खटक रहा था, साहसविहीन, दब्बू और अनुचित को स्वीकार करता हुआ।

"हाँ, मुझे भी मित्र समझो, देवरजी," नीलेश को जैसे नेपथ्य से आवाज आती सुनाई पड़ी, "क्या स्त्री-पुरुष का सम्बन्ध एक ही तरह का होता है, इससे भिन्न नहीं हो सकता एक सच्चे मित्र की तरह ? निःस्वार्थ भाव से एक-दूसरे को सहारा और भावनात्मक तथा वैचारिक मजबूती देना। भाभी-देवर का रिश्ता तो अपनी जगह है, मगर मैं तुमको उससे ऊपर का दर्जा देना चाहती हूँ, जिसमें किसी अन्य के सम्बन्ध का योगदान न होकर मेरे स्वतन्त्र निश्चय की भूमिका है। मैं एकदम अकेली हो गई हूँ, नीलेश...हमेशा लगता है, मेरा कोई पीछा कर रहा है, मेरी जिन्दगी बरबाद करना चाहता है। मैं कोई अच्छी बात क्यों नहीं सोच पाती...दूसरों के लिए बुरे विचार क्यों आते हैं मुझे ? मैं बहुत दुःखी हूँ, ऐसे में क्या करूँ नीलेश ?"

महाराजलक्ष्मी की वाणी अवरुद्ध हो गई। और सिर झुकाकर मुँह आँचल से ढक लिया था उसने। नीलेश ने चौंककर पहले उसे, फिर अपने दाएँ-बाएँ देखा, जैसे चैतन्य हो गया हो। अभी कुछ क्षण पहले वह संकुचित हो गया था कि यह स्त्री अपने पति द्वारा उपेक्षित होकर, किसी लालसा में सीमा का उल्लंघन कर रही है; किन्तु अब कुछ-कुछ महसूस हो रहा है कि यह शायद सचमुच दुःखी है...।

"क्यों ? ऐसा क्यों ?" जैसे अनजान में ही उसके मुँह से आवाज निकली, जो स्वयं उसे ही अनोखी लगी, जैसे कुछ दूसरा ही बोल रहा हो।

"हाँ, मैं दुःखी हूँ, जैसे किसी अभिशाप को भोगने के लिए मेरा जन्म हुआ है। मैं वह नहीं हूँ, नीलेश, जो मैं होना चाहती हूँ। शादी की पहली ही रात से एक दुःस्वप्न मेरा पीछा कर रहा है। वैसे मुझे सभी भौतिक सुख प्राप्त हैं, जो एक स्त्री को मिलने चाहिए, लेकिन..." महाराजलक्ष्मी सहसा

चुप होकर दरवाजे की तरफ देखने लगी।

"मैं भी तो यही सोचता हूँ कि इतना सम्पन्न परिवार है, इतने अच्छे लोग हैं, कमी किस बात की है ?" नीलेश का तनाव ढीला पड़ रहा था और वह एक संयत सहानुभूति के साथ अपनी भावना प्रकट करने की कोशिश करता हुआ मुस्कुरा रहा था, जैसे सदा से ही वह ऐसा रहा हो, दुर्भावना और कटुता से दूर।

"हाँ, इतना सब होते हुए भी मैं अपने को अकेला महसूस कर रही हूँ, लगता है कि सबकुछ होते हुए भी कुछ भी नहीं है। क्यों है ऐसा ? क्या इसीलिए मेरे मन में किसी के सम्बन्ध में अच्छी बात नहीं आती ? ये मुझे इतना मानते हैं, मेरी छोटी-से-छोटी बात भी नहीं टालते...और मैं चाहती हूँ कि ये काम में इतने व्यस्त रहें कि और कुछ सोचने की फुरसत नहीं मिले इन्हें। मैं बार-बार बाहर जाकर कारोबार को व्यवस्थित और विकसित करने की नसीहत देती रहती हूँ। इनसे एक-एक पाई का नफा-नुकसान पूछती रहती हूँ। ये बहुत उदार हैं, खर्चीले भी हैं, मैं इन्हें अपने मन से एक पैसा भी खर्च करने नहीं देती—किसी को मदद करने भी नहीं देती। ये कांग्रेस को और दूसरी क्रान्तिकारी पार्टियों को गुप्त चन्दा देते थे, मैंने सब बन्द करा दिया है। कभी-कभी लगता है मैं इन पर अन्याय कर रही हूँ, इनकी स्वाभाविकता छीन रही हूँ...मगर ये कुछ भी नहीं कहते, हमेशा मुस्कुराते रहते हैं, चुपचाप वही करते हैं जो मैं कहती हूँ। समर्पण की उनकी उदारता से बुद्धिमत्ता के आत्मगौरव से उत्साहित होकर और भी निर्मम क्यों हो जाती हूँ मैं ?"

महाराजलक्ष्मी की वाणी पुनः भीतर उठते हुए रुदन से भर्राकर अवश हो गई। वह आँखों को हाथ से ढककर अपनी भावनाओं को नियन्त्रित करने की कोशिश करने लगी। नीलेश चकित किन्तु नासमझी के भाव से उसे देख रहा था, कुछ-कुछ यह महसूस करता हुआ कि यदि निश्चिन्तता के साथ विचार करने का अवसर प्राप्त हो तो भीतरी अर्थ पर लगे हुए भारी ताले को वह खोल सकता है।

सिर उठाने पर महाराजलक्ष्मी की आँखें ललछऊँ नजर आने लगीं। उसने दबे स्वर में अपना कथन जारी रखा, "मैंने इनसे कहा कि कारोबार चलाना हो तो सरकार से विरोध ठानना बन्द कीजिए। बनिया हाकिम से रार मोल लेगा तो धन्धा क्या करेगा ? हर बनिया यह सब जानता है, पता नहीं इन्हें क्या हो गया था। खैर, ये भी अब मानने लगे हैं। मैं बनिया की पुत्री हूँ, अपने मैके में सबकुछ देखा है मैंने, मेरी कारोबारी बुद्धि को मेरे ससुरजी भी पसन्द करते हैं। सचमुच मैं हमेशा चौकन्नी रहती हूँ, नीलेश। सदा फायदे की बात सोचती हूँ, कर्मचारियों, नौकर-चाकर पर कड़ी नजर रखती हूँ। मेरी बात कोई नहीं टालता, मेरी आज्ञा का पालन होता है। एक स्त्री को और क्या चाहिए ?"

वह कुछ देर तक फर्श को निहारती रही, फिर बोली, "मैं क्यों ऐसा करती हूँ, मगर ये कुछ भी नहीं बोलते। बड़ी मेहनत करते हैं ये। फिर भी, हर विवाहित और अविवाहित जवान, सुखी स्त्री से जलती रहती हूँ। यहाँ या मैके में अनेक स्त्रियाँ मिलने आती हैं, ऊपर से मैं प्रेम और उत्साह से बोलती हूँ, अन्दर से जलन-कुढ़न से बेचैन रहती हूँ। उनकी छोटी-छोटी खुशी, उनकी हँसी, उनकी तन्दुरुस्ती, उनकी सरलता, उनकी सुन्दरता, कुछ भी तो मुझे सहन नहीं होती। बनावटी आत्मीयता से आरम्भ करके जल्दी ही मैं गम्भीर हो जाती हूँ और कोई-न-कोई बहाना करके वहाँ से उठकर चली जाती हूँ। अब क्या बताऊँ नीलेश, मैं चौका-बर्तन करनेवाली दो औरतों को नौकरी से इसलिए निकाल चुकी हूँ कि वे जवान और सुन्दर थीं ! मुझे क्या मिलनेवाला है ऐसे व्यवहार से ? मैं किससे प्रतिशोध ले रही हूँ, अपने से या किसी और से ? इसके केन्द्र में मेरी कुंठा है या मेरी कोई उच्चता-ग्रन्थि ? या मैं स्वभाव से ही दुष्ट या ईर्ष्यालु हूँ ?"

"ऐसा न कहिए..." नीलेश आँखें फैलाकर उसे गौर से देखने लगा।

"मैं जानती हूँ मुझे इस तरह की बातें नहीं करनी चाहिए। मुझे क्या अधिकार है ? फिर भी, इस दुनिया में कोई ऐसा नहीं है, जिससे मैं अपने दिल की बात कह सकूँ...बस तुम ही मुझे ऐसा लगे। जब से तुम्हारी चिट्ठी मिली, मुझे लगता रहा है मैं तुमसे मन की बातें कह सकती हूँ... तुम सहानुभूति से सुनोगे और सही राय दोगे। शादी के बाद आए थे, उस समय भी तुमसे सहानुभूति मिली थी...हाँ, दोस्ती की बात कही है मैंने, वह झूठ नहीं है, नीलेश...मैं बहुत दुःखी और अकेली हूँ..."

महाराजलक्ष्मी चुप तो हो गई, लेकिन बीच-बीच में उसने दो-तीन बार घूरती हुई उत्सुक दृष्टि से देखा, जबकि नीलेश की ओर से कोई उत्तर नहीं मिला। फिर वहाँ एक सन्नाटा उभर आया, जिसके बीच कभी-कभी एक गौरैया की चीं-चीं हस्तक्षेप कर जाती, जो कुछ देर से कमरे के टाँड़ पर घोंसला बनाने के प्रयास में फुर्र-फुर्र बाहर-भीतर कर रही थी। किसी अनजानी जगह पर पहुँचे व्यक्ति के समान नीलेश बगावती उद्धत भाव से मुँह को तिरछा किए हुए बैठा था, परन्तु इसी समय महसूस हो रहा था उसे, गोया उस ताले की चाभी मिल गई हो, जिसकी वह तलाश कर रहा था। अब उसके अन्दर कारण और परिणाम की एक झीनी तर्क-शृंखला लगातार चमकनेवाली बिजली की तरह वास्तविकता को प्रतिभासित कर रही थी। और इस प्रश्न से वह ठगा-सा रह गया कि विवाहित होने पर भी महाराजलक्ष्मी की उम्र एक जवान होती लड़की की ही है और उसके शरीर और मुख की रेखाओं में अतिरेक या विकृति नहीं बल्कि आत्मीय-सा मुस्कुराता, आकर्षक सन्तुलन है, उसकी वाणी में मधुर निश्चयात्मकता; वह साहित्य-प्रेमी है और अपनी भावनाओं को सुन्दर भाषा में अभिव्यक्त कर सकती है—फिर इतना विष उसमें क्यों और कैसे इकट्ठा हो गया ?

निश्चय ही इसका सम्बन्ध शादी-पूर्व उस प्रेम से है, जिसकी कहानी सुहागरात को ही सुनाकर गोबर्धन ने विश्वास-भरा दाम्पत्य जीवन आरम्भ करने की इच्छा प्रकट की थी, किन्तु उसी ने महाराजलक्ष्मी के जीवन को अभिशापों से भर दिया है। वह घोर अविश्वास, ईर्ष्या, प्रतिशोध के जिस भँवर-जाल में फँस गई है, उससे निकलने का रास्ता नीलेश भले ही बता न सके, किन्तु उसकी निरुपाय गहरी पीड़ा को तो वह शायद समझ ही सकता है। फिर भी अपने मित्र की अनुपस्थिति एवं अनभिज्ञता में उसकी पत्नी की मैत्री पेशकश कौन-सा अर्थ दोस्त तक सम्प्रेषित करेगी, यह सोचते ही उसका चेहरा अत्यधिक कठोर हो गया।

किन्तु अचानक महाराजलक्ष्मी ने गिड़गिड़ाती फुसफुसाती आवाज में कहा, "नीलेश, सुनने में आया है, अस्पताल में एक बहुत काबिल लेडी डॉक्टर आई हैं, क्या तुम एक दिन मुझे उसके पास ले चलोगे ? जब हड़ताल-वड़ताल खत्म हो जाए..."

नीलेश उसको आश्चर्य-भरी नासमझी के भाव से देखने लगा, लेकिन उससे पूछने का साहस नहीं हुआ कि यदि वह अस्वस्थ है तो इतने सम्पन्न और समर्थ परिवार की बहू होने पर भी क्या वही मिला है डॉक्टर के पास ले जानेवाला, जबकि उसका बलिया आना एक विशेष परिस्थिति में हुआ है। वह भी अपने घर का बड़ा दुलरुआ लड़का है, जिसके हर सुख, आराम का खयाल रखा जाता है और जिससे इस तरह का काम तो कहा ही नहीं जाता ! वह बचपन से ही भावुक और शर्मीला रहा है और घर में कोई व्यावहारिक काम का अवसर उपस्थित होने पर अशक्तता से उसके हाथ-पैर छितराने लगते हैं, यहाँ तक कि शादी-ब्याह पर निजी कर्तव्य-पालन अथवा गमी में किसी के प्रति श्रद्धांजलि-संवेदना प्रकट करने का समय आने पर उसे लकवा मार जाता है। क्या वह कोई ऐरा-गैरा है कि उसकी आदर्शवादी उदारता का अनुचित लाभ लेने पर उतर आई है महाराजलक्ष्मी ? क्या यह मेहरारूई चाल नहीं है ?

स्थिति से पलायन के लिए उसकी देह कसमसाने और ऐंठने लगी, जिसमें संयोगवश सहायक हुई गोबर्धन के कक्ष की ओर से आती ऊँचे और उत्तेजित स्वर में बातचीत की आवाज।

41

दरबान रामदीन दरवाजे पर खड़ा भायँ-भायँ स्वर में बोल रहा था, ''मैं तो सुरती लेने गया था ए मालिक...फाटक पर सुखई को खड़ा कर दिया था। सुना था, गुदड़ी बाजार खोला गया है...तो ए दादा, बड़ा जुल्म हो गया है...छोटे-छोटे दुकानदार आए थे, सौदा-सुलुफ खरीद रहे थे जल्दी-जल्दी कि एकाएक तड़-तड़ गोली चलने लगी...किसी तरह जान बचाकर आ रहा हूँ...एक आदमी तो पके आम की तरह मेरे पास ही भद से गिर पड़ा...गिरते ही उसकी आँखें ऊपर टँग गईं...दूसरा कुछ दूरी पर गिरा था...दर्द से चिल्लाना चाहता था कि बीच में ही प्राण-पखेरू उड़ गए...मुँह पर दर्द का पूरा निशान बन भी नहीं पाया है, हे काली मैया ! कितने मरे, कितने घायल हुए, यह सब देखने का मौका कहाँ था...''

''अच्छा, तुम जाओ...'' कमरे के अन्दर से आती गोबर्धन की आवाज में उतनी तेजी और स्पष्टता नहीं थी, ''अब किसी से कहना मत। मुनीमजी, अब काम बन्द कीजिए, चलकर नीचे बैठिए, फिर चले जाइएगा...आपको घर पहुँचाने का इन्तजाम हो जाएगा...''

जब गोबर्धन महाराजलक्ष्मी के कमरे में पहुँचा तो नीलेश उठकर दरवाजे पर खड़ा था और चिन्तित दृष्टि से देख रहा था, गोया वहाँ से जाने को तैयार हो।

''मेरा खयाल है, दरबान किसी से सुनकर बात कर रहा है...मैं सही स्थिति का अभी पता लगता हूँ...''

''नहीं गोबर्धन, मुझे फौरन जाना चाहिए। मैंने तो घर में किसी को बताया भी नहीं था, चुपके-से निकल आया कि तुमसे हाल-चाल लेकर जल्दी ही घर लौट जाऊँगा।'' सहसा उसका चेहरा गुस्से से तमतमा आया, ''यह सरकार जानवर की तरह व्यवहार कर रही है...ऐसे वक्त में मेरे लिए यहाँ बैठकर गप्पें लड़ाना और दावत खाना उचित नहीं है।''

''थोड़ा रुको...।''

''अगर मौका मिला तो फिर आऊँगा...'' यह कहकर नीलेश थोड़ा घूमकर महाराजलक्ष्मी, फिर गोबर्धन को वक्र नमस्कार करके कमरे से निकल गया। गोबर्धन अवाक, उसको आवेश में तेजी से जाते हुए देखता रह गया, फिर स्वयं उसके पीछे तीव्र गति से चल पड़ा और फाटक तक पहुँचते नीलेश के पास जाकर बोला, ''तुम अकेले नहीं जाओगे...मैं भी चलता हूँ तुम्हारे साथ...।''

चौंककर नीलेश ने पीछे देखा और उसके होंठ व्यंग्य से टेढ़े हो गए, ''मैं नहीं चाहता कि मेरी वजह से तुम किसी संकट में फँस जाओ। तुम इस शहर के बड़े आदमी हो, तुम्हारी पहुँच बड़े-बड़े हाकिमों तक है, तुम धन से हर सुख-सुविधा और सुरक्षा प्राप्त कर सकते हो...लेकिन मेरा रास्ता अलग है। मेरी जगह तो स्वतन्त्रता के लिए लड़नेवाले कांग्रेसियों, क्रान्तिकारियों, साधारण लोगों और असंख्य किसानों-मजदूरों के बीच में है। मैं उन लोगों के साथ हूँ, जिन्हें एक जून की रोटी भी ठीक से नहीं मिलती। मैं जाऊँगा अकेले, चाहे कुछ भी हो...।''

गोबर्धन टेढ़ी, प्रखर दृष्टि से उसे कुछ क्षणों तक घूरता रहा, तत्पश्चात फीकी हँसी के साथ बोला, ''तुम ठीक कहते हो शायद...मगर यह सब होते हुए भी तुम मेरे दोस्त हो और मैं तुम्हें अकेले नहीं जाने दूँगा। तुम मेरे घर में हो और तुम्हारी सुरक्षा की जिम्मेदारी मेरी ही है। जब तक हालात का मैं खुद पता नहीं लगा लेता, तुम कैसे जा सकते हो ? अगर जाने की जिद करोगे तो मैं तुम्हारे साथ जरूर चलूँगा, चाहे इसके लिए तुम मुझे थप्पड़ ही क्यों न लगा दो।''

नीलेश उसकी आँखों में घूरता हुआ बोला, ''ठीक है तुम पता लगा लो...तब तक मैं इस फाटक पर ही खड़ा रहूँगा...।''

गोबर्धन फाटक खुलवाकर और दरबान को साथ में न आकर नीलेश पर ध्यान देने की आज्ञा

सुनाने के बाद सड़क पर निकल गया। दरबान दौड़कर भीतर से एक कुर्सी ले आया और उसे पास के एक शीशम वृक्ष के नीचे रखते हुए नीलेश से बोला :

"बाबूजी, बैठ जाइए, मालिक आते ही होंगे।"

आकाश में कुछ बादल थे, लेकिन धूप निकल आई थी चटक-सी, जिसे देखकर आँखें चनचना जातीं। कुर्सी पर बैठने से छाया और हवा से कुछ राहत मिली, लेकिन अब वह पश्चाताप से भरा था। उसकी आँखें भर आईं। गोबर्धन से रूखाई से क्यों पेश आया, उसकी समस्याएँ और मजबूरी समझने की कोशिश क्यों नहीं की ? वह उठकर दरबान से बोला :

"देखो भाई, फाटक खोल दो, मैं भी जाऊँगा, पता नहीं कहाँ गए हैं गोबर्धन...अकेले जाने की जरूरत क्या थी ? मुझे तो मना करते रहे, मुझे उनके साथ रहना चाहिए..."

"बाबूजी, आप जाएँगे भी तो मालिक मिलेंगे कहाँ ? उनकी जान-पहचान के बहुत लोग हैं, किसी के घर में बैठकर पता लगा लेंगे। चिन्ता न करें, आते ही होंगे मालिक...पानी लाऊँ ?"

"नहीं..." नीलेश फिर कुर्सी पर बैठ गया।

गोबर्धन के लौटने में आधा घंटा से कुछ अधिक समय लगा। होंठ-पर-होंठ दबे और आँखें सिकुड़कर जमीन को घूरती हुईं। नीलेश उठकर जल्दी उसके पास गया, परन्तु वह उसकी ओर न देखता हुआ धीमे स्वर में बोला :

"नीलेश, हालत ठीक नहीं है, एक घंटा बाद ही तुम जा सकोगे। तब तक गद्दी में चलकर बैठो, सबकुछ बताता...हूँ।"

इस बार नीलेश विरोध नहीं कर सका और उसके पीछे-पीछे चल पड़ा। गद्दी का कमरा गलियारे से कुछ ऊँचाई पर बनाया गया है और दो सीढ़ी चढ़कर ही उसमें पहुँचा जा सकता है, जिसकी फर्श पर एक मोटा गद्दा और सफेद जाजिम बिछी है। बीच में दीवार से सटाकर एक मसनद रखा हुआ है, जो गद्दी के मालिक का विशेष स्थान है। कमरे की एक दीवार में एक छोटी-सी कोठरी खुलती है, जो अब बन्द है और जिसमें जरूरी बही-खाता, खमीरी तमाखू रंग का काठ का एक छोटा बक्सा, कलम, पीतल की दावात, तिजोरी आदि सामान रखे जाते हैं गद्दी बन्द होने के बाद।

नीलेश को गद्दी में बिठाकर गोबर्धन ऊपर चला गया और जब लौटा तो उसके हाथ में एक बड़ी तश्तरी थी, जिसमें बर्फी के दो छोटे आयताकार टुकड़े, और नमकपारे थे। साथ दो गिलास पानी भी।

"थोड़ा लो...बड़ी गर्मी है, बार-बार प्यास लगती है..."

"बताओ वहाँ के बारे में..." नीलेश ने बेसब्री से पूछा।

"पानी पी लो तो बताता हूँ..."

दोनों मित्रों ने बर्फी का एक-एक टुकड़ा खाकर जल ग्रहण किया। तत्पश्चात गोबर्धन उठकर बोला, "मैं अभी आता हूँ..."

नीलेश ने उसे दरबान के पास जाकर अपनी जेब से निकालकर कुछ देते हुए और हाथ के इशारे से समझाते हुए देखा। गोबर्धन अमूमन शान्त रहता है, बहुत कम बोलता है, लेकिन इस समय बेहद परेशान होकर नजर भी नहीं मिला रहा है।

"नीलेश," लौटकर बैठने के बाद गोबर्धन ने कहा, "दरबान झूठ नहीं कह रहा था। बाजार अच्छा लगा था, पास के देहातों से भी कुछ सब्जीवाले और व्यापारी आए थे। उसी समय चार सशस्त्र सिपाहियों की एक लॉरी लेकर एक अफसर भीतर घुस आए और धारा 144 तोड़ने के जुर्म में अन्धाधुन्ध गोलियाँ चलवा दीं। कई लोग मरे हैं, नीलेश...घायल और अधिक हुए हैं। मैं वहाँ तक गया था, पुलिस लॉरी मौत, आतंक और भय के धुर्रे उड़ाती हुई चली गई है हताहतों

को छोड़कर...।''

गोबर्धन कुछ देर तक सिर झुकाकर और माथे पर हाथ रखकर चुप बैठा रहा, फिर और भी धीमें स्वर में बोला :

''बहुत-से लोग जमीन पर बोरे बिछाकर और उन पर गल्ले या सब्जियों वगैरह के ढेर लगाकर सामान बेचते हैं। भगदड़ में कहीं आलू बिखरे हुए हैं, कहीं गेहूँ। न कहीं जुलूस, न कहीं आन्दोलन, एक बाजार पर बिना किसी चेतावनी के तड़ातड़ गोलियाँ। कोई चावल के ढेर पर मरा है, कोई ढेरों के बीच के रास्ते में। कोई सड़क के बीच में पड़ा है, कोई नाली के किनारे। बाजार तो बन्द है, दुकानदार भाग गए हैं, समान जहाँ-के-तहाँ पड़े हैं। समस्या है लाशों की, उनके रिश्तेदारों को बुलाकर अन्त्येष्टि कराने की। घायलों का उपचार जरूरी है। इस काम में रमाशंकर, राममूरत, नफीस, जगदम्बिका और कई नौजवान लगे हैं। मैंने अपनी ओर से कुछ भेजवा दिया है, और दुकानदार भी चन्दे दे रहे हैं।''

''गोबर्धन, मैं जा रहा हूँ वहाँ।''

''देखो नीलेश, यह समय उत्तेजित होने का नहीं है। मदद करने के लिए बहुत लोग हैं, कुछ नौजवान तो तैयार हैं कि अगर लॉरी फिर आती है तो इस कांड का बदला जरूर लेंगे। यह काम निबट लेने दो...लोग इधर-उधर भाग-दौड़ कर रहे हैं, वहाँ कोई मिलेगा थोड़े ही। कुछ रुककर जाना...उचित तो यह कि कुछ देर बाद तुम सीधे अपने घर जाओ, वहाँ घर का हाल-चाल लेकर जो चाहो करो...।''

''तुम अच्छी राय दे रहे हो, गोबर्धन,'' नीलेश सहसा क्रोध-भरी उत्तेजना में बोला, ''तुम पैसेवाले हो, कुछ रुपए देकर तुम्हारे कर्तव्य की इतिश्री हो गई है, मगर तुम्हें मालूम होना चाहिए कि मैं कांग्रेस का एक अदना सिपाही हूँ—मैंने कुछ कसमें खाई हैं, उसी की वजह से पढ़ाई छोड़कर आया हूँ। यह सही है कि जो कुछ तुमने किया है, वह पर्याप्त है...मगर मुझे न रोको। राममूरत, नफीस, ये सब दोस्त हैं, जवान हैं, जान की बाजी लगाकर जुटे हुए हैं, मैं यहाँ बैठा बर्फी खा रहा हूँ, धिक्कार है मुझे।''

गोबर्धन का चेहरा क्रोध से तमतमा गया। उसने कुछ क्षण नीलेश को घूरकर देखा, फिर क्षीण स्वर में कहा, ''ठीक है, दरबान बाहर गया है, उसके आने पर चले जाना...।''

नीलेश वहाँ से उठा और सीढ़ी से उतरकर और चप्पलों में पैर डालकर फाटक के पास जाकर खड़ा हो गया। उसका मुख अतिशय गम्भीर था, छाती आगे निकली हुई और गर्दन कुछ टेढ़ी और तनी। गोबर्धन उसको जाते हुए नाराजगी से देखता रहा था। तत्पश्चात आँखें मूँद और होंठों पर उँगली रखकर कुछ सोचने लगा। फिर सहसा तेजी से उठकर नीचे उतरने के बाद उसने गद्दी के मजबूत लौह कपाट पर भारी ताला लगाया, चाभी कुर्ते की जेब में रखी और तीव्र गति से नीलेश के पास पहुँचकर संक्षिप्त वक्र हँसी के साथ कहा :

''नीलेश, तुमसे झूठ नहीं कहूँगा, इस समय वहाँ कोई भी नहीं मिलेगा। लोग चुपचाप काम निबटा रहे हैं। घायलों में गम्भीर चोटवालों की संख्या कम ही है, उन्हें अस्पताल या कुछ प्राइवेट डॉक्टरों के यहाँ पहुँचा दिया गया है। हताहतों में अधिकतर लोग शहर ही के हैं, हाँ, कुछ लोग देहातों के भी हैं। खबर सुनकर उनके सम्बन्धी आ रहे हैं। रमाशंकर को तो छिपकर ही काम करना पड़ रहा है, पुलिस उनके पीछे पड़ी हुई है...।''

''क्या रमाशंकरजी ने वहाँ न जाने के लिए तुमको हिदायत दी है ?'' नीलेश ने तिरछी दृष्टि से देखते हुए व्यंग्य भाव से पूछा।

''ऐसी बात नहीं है। गली में उनसे संक्षिप्त बात हुई थी। उनसे पुरानी जान-पहचान है मेरी। अभी हाल तक कांग्रेस के लिए गुप्त चन्दा उनके पास पहुँचा रहा था, अब बन्द कर दिया गया है।

यह सही है, मैंने सम्बन्ध तोड़ लिया है। तुम्हारा यह कहना भी गलत नहीं है कि मेरा रास्ता अलग है। मैं तुमसे यह नहीं कहूँगा कि उद्योग-धन्धे का विकास भी एक राष्ट्रीय कर्म है, लेकिन यह जरूर कहूँगा कि मैं नए ढंग से अपने कारोबार को जमाना चाहता हूँ, इसीलिए मैं अपना पूरा समय, पूरा ध्यान व्यापार को ही दे रहा हूँ। तुम मेरे दोस्त हो, इसका मतलब यह नहीं कि अपनी ही तरह सोचने के लिए तुम्हें मजबूर कर रहा हूँ...नहीं, तुम विचार और कार्य के मामले में पूरी तरह स्वतन्त्र हो। मैं तो यह कह रहा था कि इस समय वहाँ जाना उपयोगी नहीं है...''

''खूब !'' नीलेश व्यंग्य से हँसा।

''इस तरह क्यों हँस रहे हो ? क्या मैं कोई बात झूठ कह रहा हूँ ?'' गोबर्धन की त्यौरियाँ चढ़ गईं।

''हँस नहीं रहा हूँ, सोच रहा हूँ इतनी कम उम्र में इतना बड़ा कारोबार सँभालना पड़ रहा है तुम्हें।''

गोबर्धन कुछ देर तक उसे सवालिया निगाह से देखता रहा, लेकिन जब उसकी मुख की रेखाएँ ढीली होकर सामान्य हो गईं तो उसने स्वाभाविक स्वर में कहा, ''तुम तो जानते हो, नीलेश, मैं पहले कितना लापरवाह था...मेरे पुराने मुनीम ने हमारे परिवार को बरबाद ही कर दिया था। सौभाग्य की बात है, बाबूजी का स्वास्थ्य कुछ सुधरा है, वह अब कुछ देर के लिए गद्दी में बैठते हैं—उनसे बहुत कुछ सीखने को मिलता है और... ।''

''और ? रुक क्यों गए ?''

''व्यापारी को जागते-सोते चौबीसों घंटे चौकन्ना रहना पड़ता है, हर बात में नफा-नुकसान देखना पड़ता है। थोड़ी-सी गफलत, थोड़ा-सा आलस्य, थोड़ी-सी फिजूलखर्ची...और सबकुछ चौपट। मेहनत, बुद्धि, दूरदर्शिता, संगठन, नए-नए ढंग से और नए-नए क्षेत्रों की पहुँच, फैलाव, अच्छा माल और ईश्वर की कृपा से व्यापार फलता-फूलता है। तब बड़ी चहल-पहल रहती है। चापलूसी, अनैतिकता और बेईमानी से व्यापार का कोई रिश्ता नहीं। झगड़ा-फसाद, घमंड-अहंकार और अनुचित, द्वेषपूर्ण प्रतियोगिता से भी नहीं। व्यापार के विकास से समृद्धि आती है, बेकारी दूर होती है। शान्ति-संतोष का फैलाव होता है। अच्छा व्यापारी सिर्फ अपने लिए ही नहीं काम करता, अपने तरीके से देश-समाज के लिए भी कुछ करता है। बढ़ता हुआ व्यापार दूसरे परिवारों में भी उजाला फैलाता है। व्यापार चौपट होने पर भारी विपत्ति समाज पर गिर पड़ती है...व्यापार शून्यता से अधिक मनहूस कुछ भी नहीं...तब मरघट से भी भयंकर सन्नाटा फैल जाता है।''

गोबर्धन चुप होकर, गर्दन टेढ़ी करके बाहर आसमान की तरफ देखने लगा, जैसे सपने में खो गया हो। कुछ देर बाद सनकी की तरह मुस्कुराते हुए फिर बोला, ''हर तरह के काम-धाम से मतलब है मेरा। कोई भी उद्यम एक अच्छा सामाजिक, बौद्धिक और नैतिक कार्य है, जिससे ऊर्जा प्रकट होती है और जीवन को सार्थकता मिलती है। उद्यम में लगा व्यक्ति एक अच्छा संघटनकर्ता होता है। वह आवेश से दूर रहता है, इसलिए बारीक-से-बारीक बात को देख सकता है और जटिल-से-जटिल बात को सरल और व्यावहारिक बना सकता है। नीलेश, मेरे जीवन का यही उद्देश्य रह गया है कि अपने कारोबार को पुराने दकियानूस साँचे से बाहर निकालकर इसे नया कलेवर प्रदान करूँ, जिससे एक ऐसी रोशनी फैले, जो सबको सुख दे। अभी तो कुछ भी नहीं हुआ है...कुछ समय लगेगा...''

''जीवन की बीती हुई बातें अब याद नहीं आतीं ?''

''तुम्हारा जो भी मतलब हो...हाँ, तुमको हक है कुछ भी कहने का...खैर, मैं तुमको स्पष्ट बता देना चाहता हूँ कि जो जीवन मेरा बीत चुका है, अब मेरे लिए उसका कोई महत्त्व नहीं है। वैसे, पहले भी मैं तुम्हें बता चुका हूँ। मैं जानता हूँ मुझ पर, मेरी बातों पर, मेरे स्पष्टीकरण पर

विश्वास...खैर, मैं अपने वर्तमान को सुधारने और सँवारने और भविष्य को बनाने में लगा हूँ... अरे दरबान आ गया, बड़ी देर लगा दी...।''

उनकी बातचीत रुक गई। बाहर से ताला खोलकर भीतर आने के बाद फाटक फिर बन्द किया दरबान ने। उसके घूमने के पहले ही गोबर्धन ने पूछा, ''दे दिया साहूजी को ?''

''दे दिया सरकार। भीतर दो-चार लोग बैठे थे, देर में निकले। बहुत दुःखी थे...कह रहे थे, ऐसा तो गुदड़ी बाजार में कभी नहीं हुआ...।''

''हूँ !'' गोबर्धन और गम्भीर हो गया और उसका मुँह कुछ लटक-सा गया, ''और क्या हाल है ?''

''बड़ा सन्नाटा है, सरकार। सबके दरवाजे बन्द हैं। आफत है मालिक। कुछ लोग टिकटी बनवाकर बारी-बारी से ला रहे हैं। पढ़वैया लड़के लोग हैं, मरे हुए लोगों के सम्बन्धी भी हैं। सभी माथे में गमछा लपेटे हैं। सिर झुकाए हैं, पाँव दबाकर चलते हैं...बोलते नहीं, हाथ से, आँख से इशारा करते हैं...''

''अच्छा, ठीक है। सुखई की ड्यूटी खत्म हो गई ?''

''जी सरकार, वह तो चला गया। मैंने कहा, मर्दवा रुक जाओ, बाहर सान्ती हो जाने दो तो बोला, बारह बजे रात से ड्यूटी कर रहा हूँ, हमारे भी तो बाल-बच्चे हैं...''

''ठीक है, अब कहीं जाना नहीं, हाँ, कुछ देर बाद बाबूजी को इनके घर...देखा है न ? कई बार तो जा चुके हो...''

''हाँ सरकार, चलें बाबूजी, कोई आँच नहीं आने दूँगा, जो कुछ होगा पहले मुझे होगा, जान भले ही चली जाए, बाबूजी का बाल बाँका नहीं होने दूँगा...।''

''फालतू बात क्यों करते हो। गली-गली निकल जाना, घर पहुँचाकर लौट आना। मैं खुद चला जाता, मगर...''

''नहीं, गोबर्धन, मैं अकेले चला जाऊँगा। मैं अभी जाता हूँ...।''

''मैं तुम्हें रोक नहीं रहा हूँ....बस, कुछ देर बाद चले जाना। उनकी अन्त्येष्टि हो जाने दो, दूर नहीं जाना होगा उन्हें। गंगा नदी बढ़ी हुई हैं, बहुत नजदीक आ गई हैं...पूरब की ओर कुछ दूरी पर ही...।''

अब कोई प्रतिवाद न करके नीलेश ने सिर झुका लिया। तत्पश्चात गोबर्धन ने तेजी से जाकर गद्‌दी खोल दी।

''तुम खाना खा लो, अभी नहीं, कुछ देर बाद।'' गोबर्धन ने नीलेश के गद्‌दी में बैठ जाने पर कहा।

''तुम मेरे साथ अन्याय कर रहे हो, गोबर्धन। तुम्हारी बात मानकर मैं जरूर रुक गया हूँ, कुछ देर चुपचाप बैठने दो, आधा घंटा बाद चला जाऊँगा...''

नीलेश ने आँखें मूँद लीं। वह अपने अन्दर गहरे दुःख का अनुभव करने लगा, सिर्फ इसीलिए नहीं कि अनेक निर्दोष लोग विदेशी हुकूमत की बर्बरता के शिकार हुए हैं, बल्कि इसलिए भी कि ऐसे अवसर पर वह सबकुछ जानते हुए भी बैठा रह गया है। क्यों ? क्या किसी भय या कायरता की वजह से ? यही तो गोबर्धन भी समझाता रहा है, फिर उसकी बात मानकर रुक क्यों गया वह ? शायद गोबर्धन दोस्ती के नाते उसको सीधे उसके घर पहुँचवा देना चाहता है, जिसके बाद यदि कुछ होता है तो उसकी जिम्मेदारी नहीं रहेगी। लेकिन देश के प्रति उसके कर्तव्य की जिम्मेदारी गोबर्धन कैसे ले सकता है ! इस सम्बन्ध में फैसला करने का उसे क्या अधिकार है ? वह आवेश से भर उठा और उठते हुए बोला :

''मुझे हतोत्साहित करने का तुम्हें कोई अधिकार नहीं। मुझे यदि कुछ होगा, उसकी जिम्मेदारी

तुम पर नहीं होगी, मैं आश्वासन देता हूँ। मैं जा रहा हूँ, मेरे साथ आने की कोशिश न करना। दरबान को भी मेरे साथ न भेजना...।''

जैसे लकवा मार गया हो, गोबर्धन सुन्न-सा नीलेश को दरबान के पास जाते हुए देखता रह गया, जिसके बाद उसकी आवाज सुनाई पड़ी, ''फाटक खोल दो, मैं जाऊँगा। तुम्हें मेरे साथ जाने की जरूरत नहीं, तुम्हारे मालिक से मेरी बात हो गई है।''

दरबान ने सिर घुमाकर गद्दी की तरफ देखा, फिर फाटक खोलने के लिए बढ़ गया।

नीलेश जब बाहर निकला तो बादलों ने आकाश में एक जगह सिमटकर सूरज को ढक लिया था। हवा गुम-सुम। उसने रास्ता पकड़ा जिससे आया था। आते वक्त तो गलियों में या सड़क पर इक्का-दुक्का लोग चलते हुए दिखाई भी दे जाते थे, लेकिन अब पूरा सन्नाटा है चारों ओर, हर जगह।

गली में घुसते ही वह एक अजीब भय से जड़ हो गया। जल्दी से सिर पीछे घुमाकर देखने लगा, गोया निर्जन सन्नाटा किसी खूँखार जानवर की तरह गुर्रा रहा हो। उसकी चाल अनजान में ही तेज हो गई। कई बार ऐसा ही हुआ और एक बार तो उसके मुँह से आवाज निकल गई, ''कौन है ?'' अचानक रुककर उसने आगे-पीछे और चारों तरफ देखा। वह फिर चल पड़ा तो उसका ध्यान अपनी चप्पलों की आवाज की तरफ गया। बाएँ पैर की चप्पल का एक जोड़ खुल गया था, जिससे वह रास्ते में घिसट-घिसटकर 'खस-खस' की अजीब मनहूस आवाज पैदा कर रही थी। लेकिन यह गुर्राहट तो नहीं ही है। क्या किसी बन्दूकधारी पुलिस-सिपाही द्वारा पीछा किए जाने के अनजान भय का कोई अनजाना रूप है यह ?

कुछ क्षणों में ही अब चारों ओर फैल गए गाढ़े काले बादल बरसने लगे और जैसे उन्हीं के बीच से हवा नीचे उतरकर वृक्षों को हिलाने-झकझोरने लगी। मोटी-मोटी बूँदों की वर्षा और सन्नाटे को तोड़कर कई प्रकार की आवाजें उभरने लगीं, छतों, वृक्षों और जमीन से। वह भीगने लगा। और जब अधटूटी चप्पल के साथ चलना असम्भव हो गया तो उसने जल्दीबाजी में दोनों ओर देखा—बाईं ओर एक छोटे मकान के छोटे ओसारे में एक व्यक्ति सिर पर गमछा रखे नजर आया। जैसे अन्धकार में बिजली चमकी हो और रास्ता दिखाई पड़ गया हो, वह पैर घिसटते हुए उधर ही चल पड़ा।

मकान अन्दर से बन्द था। जब ओसारे में पहुँचकर खड़ा हुआ तो वर्षा और भी तेज हो गई। बूँदें इतनी तेज और सघन थीं कि सामने धुआँ-सा नजर आने लगा। खपड़ैल के मकान की ओरियानी बहकर मोटी धार में नीचे गिरकर एक अलग तेज आवाज पैदा करने लगी। गमछेवाला व्यक्ति कुछ देर तक उसी तरह खड़ा रहा, जैसे कोई पत्थरमूर्ति हो, फिर उसने अचानक सिर उठाकर, नीलेश की तरफ देखकर कहा, ''अरे आप ? इस समय यहाँ कहाँ ?''

नीलेश ने भी सिर घुमाकर देखा तो आश्चर्यचकित रह गया। सपने में भी उम्मीद नहीं थी उसे कि यहाँ रमाशंकर खड़े मिल जाएँगे।

''मैं अपने एक दोस्त गोबर्धन सेठ के यहाँ गया था। गोबर्धन से सब सुन चुका हूँ। मैं इस समय आपसे ही मिलना चाह रहा था, विश्वास था गुदड़ी बाजार के आस-पास आप जरूर मिल जाएँगे। बताइए, इस संकट के समय मैं क्या कर सकता हूँ देश के लिए, उन शहीदों के लिए जो अभी-अभी धोखे से मार दिए गए हैं...।''

नीलेश दुःख और उत्तेजना से काँप रहा था। उसकी आँखें भर आई थीं, जिन्हें मुँह घुमाकर एक उँगली से इस ढंग से पोंछी उसने, गोया हाथ वहाँ संयोग से ही पहुँच गया हो। परन्तु, रमाशंकर से कोई बात छिपी नहीं रही, इसलिए कुछ रुककर ही वह बहुत धीमे स्वर में बोले :

''नीलेशजी, इस देश का जो ऋण हम सब पर है, उसको चुकता करने में प्राणों का बलिदान

भी कुछ नहीं है, पर, यह समय उत्तेजित होने का नहीं है, धीरज और हिम्मत से इस ढंग से काम करने का है, जिससे जल्दी-से-जल्दी गुलामी की जंजीर टूट जाए। आपके खानदान की भूमिका तो बहुत महत्त्वपूर्ण है। छात्रों की हड़ताल और प्रदर्शन में आपके छोटे भाई वीरेशजी ने जो कुछ किया, उसकी जितनी तारीफ की जाए, वह कम है। और गुदड़ी बाजार में आज शहीद हुए लोगों की अन्त्येष्टि के लिए जो नौजवान इकट्ठे हुए हैं, इनमें नफीस, राममूरत, शम्भु, जगदम्बिका और वीरेश भी हैं...वीरेश तो छिप-छिपकर अकेले पास के एक गाँव में जाकर एक गरीब सब्जीवाले के सम्बन्धियों को अभी-अभी ले आए हैं...''

रमाशंकर ने सिर पीछे घुमाकर बन्द दरवाजे की तरफ सशंकित दृष्टि से देखा। नीलेश को जैसे काठ मार गया। हक्का-बक्का होने से उसका मुँह जो शुरू में खुला था, वह अब भी वैसा ही बना हुआ था। झमाझम पानी पीट रहा था, और ऐसा लगा उसे, गोया वर्षा से लगातार लय के साथ एक आवाज आ रही हो 'वीरेश...वीरेश...वीरेश'।

''बबुआ, हम सब जानते हैं, देशसेवा के लिए आपने जो कुछ किया है, उसी से प्रेरित होकर आपके छोटे भाई भी आगे बढ़कर कुछ करने को...कुर्बानी देने को तैयार हैं। ये सभी नौजवान हैं, इनकी उम्र कुछ भी नहीं, मगर जिस जिम्मेदारी से ये काम कर रहे हैं, उससे सभी चिन्ताएँ दूर हो जाती हैं। जिस देश में ऐसे नौजवान हों, उसे क्या कोई गुलाम रख सकता है ? बाघ की तरह साहसी और मजबूत हैं ये, किसी अनुभवी बुजुर्ग की तरह धैर्य है इनमें। हर धर्म और जाति के लोग हैं इनमें। यही तो हिन्दुस्तान है। शहीदों को उठाने और तैयार करने में वे खुद खून, कीचड़ और धूल से लथपथ हो गए। किसी-किसी की टिकटी तैयार हुई और जिसकी नहीं हो सकी, उसे बँसखट पर घाट पहुँचाया गया है; गुदड़ी बाजार के सामने स्नान-घाट से कुछ पूरब। सभी कुछ विधिवत करने की कोशिश की गई है...।''

रमाशंकर चुप होकर सामने देखने लगे। नीलेश कुछ नहीं बोला। वह भीतर-ही-भीतर संकुचित हो रहा था। फिर वही क्रोध और ईर्ष्या। उसे लगा, वीरेश जान-बूझकर, उसकी इच्छा जानते हुए भी, उससे आगे बढ़कर उसे अपमानित करने की कोशिश कर रहा है, जैसे उसमें देशभक्ति, साहस और कुर्बानी देने की आकांक्षा अधिक हो। जहाँ चाहकर भी वह नहीं पहुँच सका, वहाँ वीरेश पहले से ही मौजूद है, बहुत कुछ कर चुका और अब भी कर रहा है। अपने भाई के इन कारनामों से उसे खुशी क्यों नहीं हो रही है ?

''नीलेशजी,'' रमाशंकर कह रहे थे, ''असली संघर्ष गाँवों में हो रहा है, वहीं जोर लगाने का समय आ गया है। गाँवों में ब्रिटिश हुकूमत की हर निशानी को मिटाने के बाद यहाँ के जिला मुख्यालय पर अधिकार करना है। जोरदार लड़ाई बैरिया में चल रही है। वहाँ का थानेदार बड़ा जालिम और धोखेबाज है। बैरिया का किला फतह होने के बाद रसड़ा तहसील के कुछ स्थानों को जीतना आसान हो जाएगा। मेरा तो खयाल है कि इस समय हर जगह के नौजवानों को बैरिया पहुँचकर आन्दोलन को जोर पहुँचाना चाहिए। हाँ, एक चिन्ता है...।

''दुलारी देवी के नेतृत्व में महिलाओं का एक जुलूस निकला था, जिसमें भगजोगिनी देवी भी थीं। अब सुना है, पुलिस उनको गिरफ्तार करके कोतवाली ले गई है। लोगों में मर्द, औरत, बच्चे सबमें इतना उत्साह है कि जगह-जगह वे जुलूस निकाल देते हैं। मैं पुराने जमाने का आन्दोलनकारी हूँ, मगर देशभक्ति का ऐसा जुनून मैंने कभी नहीं देखा। मैं भगजोगिनी देवी के लिए चिन्तित हूँ, घर में बूढ़ी सास और दो छोटे बच्चे हैं। आप सीधे घर जाइए और ये बीस रुपए दे दीजिएगा, वक्त-जरूरत पर काम आएगा। मैंने गोपालराम के पास सूचना भेजवा दी थी लेकिन हो सकता है वह न पहुँच सकें। कम्युनिस्ट पार्टी के सदस्य हैं, आजकल भी बेखौफ आते-जाते हैं, मगर कहने पर हम लोगों की मदद कर देते हैं। तो ठीक है न ?''

नीलेश ने अपनी आर्थिक स्थिति ठीक न होने पर भी संकोचवश रुपया लेने से इनकार किया, किन्तु रमाशंकर ने उसे जबरदस्ती थमाते हुए कहा :

"मुझे अच्छी तरह मालूम है आजकल रोज कमाने-खानेवाले लोगों की क्या हालत है। आप कोई काम-धाम करते होते तो मान जाता। आप विद्यार्थी हैं, कहाँ से देंगे ? फिर यह सिर्फ बीस रुपए की बात तो नहीं है, कदम-कदम पर जरूरत पड़ती है। लोग भयंकर संकट में रहते हैं, फिर भी वे आन्दोलन में साथ देते हैं। हम तो उनकी पर्याप्त मदद भी नहीं कर पाते, कुछ हाथ पर रखते हैं तो उसे भी वे आसानी से नहीं लेते। भगजोगिनी देवी का परिवार किस संकट में है, यह तो आप जानते ही होंगे। कैसी विपत्ति पड़ी है उस पर, कितना धोखा हुआ है उसके साथ मगर गजब की हिम्मती और समझदार स्त्री है वह। खैर, मेरे पास जो रुपए हैं वे निजी नहीं। ये चन्दे के रुपए हैं जो पार्टी के सदस्य लोग देते हैं या अन्य देशभक्त गुप्त रूप से भेजवाते हैं। मैं खुद जाता, लेकिन मेरे मोहल्ले में गुप्तचर विभाग के मुखबिर दिन-रात चक्कर लगाते रहते हैं..."

नीलेश ने वे बीस रुपए अपनी जेब के हवाले कर दिए।

42

उस दिन के बाद से, जब रमाशंकर ने सास-बहू को घर पहुँचाने के लिए कहा था, गोपालराम रोज ही भगजोगिनी के घर जाता रहा है। अचम्भे की बात है कि कांग्रेस का घोर विरोधी होते हुए भी रमाशंकर से उसका विशेष लगाव है। समाजवादी कक्षा के दिनों में गोपालराम भी उसका एक विद्यार्थी था। सुरंजन शास्त्री की अनुपस्थिति में कभी-कभी रमाशंकर भी क्लास लेने पहुँच जाते। जाड़े के दिन थे, जब सभी लड़के कोट या स्वेटर पहनकर अथवा चादर-अंटी ओढ़कर आते थे, गोपालराम गाढ़े की एक कमीज या कुर्ता में बैठकर गम्भीर और सिकुड़े चेहरे के साथ चुपचाप नोट लेता रहता था।

एक दिन क्लास खत्म होने के बाद रमाशंकर ने उससे कहा, "एक काली सदरी मेरे पास है...बात यह है कि मेरे एक रिश्तेदार जब बनारस से आए थे तो उपहार के रूप में वहीं से खरीदकर लेते आए...वह मेरे लिए छोटी पड़ गई, उन्हें मेरे लम्बे-चौड़े शरीर का सही अन्दाजा नहीं था। एक दिन भी वह सदरी नहीं पहनी गई है...घर का दूसरा आदमी उसकी तरफ देखता तक नहीं। आप दुबले-पतले हैं, आपको बहुत ठीक आएगी। क्या उपहार के रूप में उसे स्वीकार करेंगे ?"

उस समय गोपालराम के होंठों के ऊपर नरम-नरम बालों की मूँछ उभर आई थी। वह बहुधा सिर झुकाए, कुछ सोचता हुआ दिखाई देता। बोलचाल में भी वह सदैव विनम्र रहता। उसने सिर उठाकर तिरछी कौंधी दृष्टि से देखकर कहा :

"मैं अपनी वर्तमान पोशाक में खुश हूँ। अशिष्टता के लिए क्षमा चाहता हूँ।"

"ठीक है, कोई बात नहीं। आपकी राय की मैं कद्र करता हूँ... ।" रमाशंकर ने मुस्कुराकर कहा।

इस छोटी घटना के बाद दोनों में एक-दूसरे के प्रति एक समझदारी बनी। गोपालराम कोई बात समझ में न आने पर रमाशंकर से पूछता और बहस करता। दो-तीन बार वह उसको अपने घर भी ले गए। उसके प्रति उनका व्यवहार सदा एक साथी की तरह सहज, स्वाभाविक, विश्वास-भरा और सहायक होता। और जब वह अचानक समाजवादी क्लास छोड़कर कम्युनिस्ट क्लास में चला गया तो जहाँ अन्य साथियों ने घेर-घार करके उसे वापस ले आने की कोशिश की, रमाशंकर ने पहली मुलाकात में उससे कहा था :

"ठीक है, हर व्यक्ति को अधिकार है कि वह अपने विचार के अनुसार आचरण करे। आप

जहाँ भी हों, मेहनत से काम करें, साहस के साथ अपने विचार प्रकट करें...और मतभेद होने पर भी, जो सम्बन्ध बन गए हैं उन्हें बनाए रखें, क्योंकि राजनीतिक कार्यकर्ता के साथ हम व्यक्ति भी हैं... ।''

गोपालराम हर राजनीतिक विरोधी से क्रान्तिकारी जोश से बहस करता, मगर रमाशंकर के साथ यह नौबत नहीं आती। असल बात यह थी कि रमाशंकर राजनीतिक मतभेदों और बहसों को महत्त्व न देकर विचार के अनुसार व्यावहारिक ठोस कार्यों पर बल देते। छोटा शहर, राजनीति का क्षेत्र, उन दोनों की अक्सर मुलाकात होती रहती, लेकिन रमाशंकर पहले की तरह ही आत्मीय भाव से उसका स्वागत करते, देर तक बातें भी करते, लेकिन इस ढंग से कि कोई कटुता उत्पन्न नहीं हो पाती।

भगजोगिनी और दामोदर का किस्सा सुन चुका है गोपालराम, जिससे उन दोनों के प्रति बड़ा गुस्सा है उसके अन्दर। दोनों स्त्रियों को घर पहुँचाने के लिए किसी दूसरे व्यक्ति ने कहा होता तो निश्चय ही इन्कार कर देता, लेकिन उसे कुछ उत्सुकता भी है उस स्त्री के बारे में जानने की। जिसे अमूमन चरित्रहीन समझ लिया जाता है, वह राष्ट्रीय आन्दोलन में शामिल क्यों हुई ? रमाशंकर उनका इतना खयाल रखते हैं, उसका वास्तविक कारण क्या है ?

जुलूस से भगजोगिनी और उसकी सास को लेकर वह आगे-आगे चला, लेकिन रास्ते-भर उसकी गर्दन तनी रही। मुँह टेढ़ा और होंठ सिकुड़े। एक बार भी उसने उनकी तरफ नहीं देखा। न मुँह से कोई शब्द ही निकाला। और जब उन्हें पहुँचाकर वह नीचे गली से ही जाने लगा तो भगजोगिनी की सास ने कहा :

''बच्चा, कुछ देर रुकते...मीठा खाकर पानी पी लो...बड़ी गर्मी है...''

''अच्छा, ठीक है।''

''हाँ, तब तक तुम बैठो, मैं बच्चों को ले आती हूँ रमाशंकर बाबू के यहाँ से ।''

''आप बैठिए, मैं ले आता हूँ। खूब हैं आप लोग भी, बच्चों को दूसरे के घर में बिठाकर खुद नेतागिरी करने निकल गईं।'' गोपालराम व्यंग्यपूर्वक हँस पड़ा।

''नेता कहाँ हैं हम लोग ? रमाशंकर बाबू ने कहा था, आप लोग जाना चाहें तो बच्चों को हमारे घर छोड़ जाइए। झूठ काहे बोलूँ भैया, हमको यह झंडा-जुलूस पसन्द नहीं, हाँ, हमारी पतोहिया का बड़ा मन था।...''

''अजीब शौक है जैसे कोई मेला-ठेला हो।''

''हाँ भैया, मन बहल तो जाता है, झूठ काहे कहूँ। वही चूल्हा-चौका रोज...हाँ, मेरी पतोह चरखा पर सूत काटती है, सड़कवाले वकील साहब की बिटिया से पढ़ने जाती है। रमाशंकर बाबू कहते हैं, बड़ी देशभगतिन है तुम्हारी बहू...तो झूठ काहे कहूँ ए बेटा, शहर में दीया लेकर ढूँढ़ो तो ऐसी बहू न मिले... ।''

''अच्छा, अच्छा, लौटकर आता हूँ तो आपका दुखड़ा सुनूँगा... ।''

गोपालराम हँसकर बाहर निकल गया। भगजोगिनी आँगन में ही ठिठकी सिर घुमाकर उनकी बात सुन रही थी। उसकी आँखों में नाराजगी की तेजी और नाक पर नुकीली खूबसूरती। लेकिन कुछ न बोलकर उसने कमरे में से लोहे की एक कुर्सी लाकर बरामदे में रख दी, फिर रसोईघर में जाकर एक तश्तरी में गुड़ निकालकर रखा और लोटा माँजकर उसमें घड़े में से ठंडा पानी ढारा।

''रसोई में सब रखा है, आप दे दीजिएगा अम्माजी।'' इतना कहकर वह अपने कमरे में चली गई।

कुछ देर बाद ही जब दोनों बच्चे उछलते-कूदते अपनी माँ के कमरे में घुसे, लगभग एक ही साथ बताने लगे 'हमने घी-रोटी का मलीदा खाया है...हमने आम खाया है...' तो गोपालराम ओसारे में

रखी कुर्सी पर बैठते हुए बोला, "अरे, कहाँ हैं मैया, आकर इत्मीनान से सुनाइए अपना किस्सा।"

भगजोगिनी की सास रसोईघर में ही थी, आवाज सुनकर फौरन निकली और गुड़ की तश्तरी थमाते और लोटा नीचे जमीनी फर्श पर रखकर बोली :

"अरे क्या बताऊँ बेटवा...वही कह रही थी..."

"हाँ, कह रही थीं चरखा-वरखा की बात...ए मैया, साफ-साफ बताओ, इस जुलूस-वुलूस में शामिल होने से क्या मिलेगा आपको ?" गोपालराम गुड़ की एक भेली दाँत से काटकर खाते हुए बोल रहा था, जिससे उसके मुख की दोनों क्रियाओं में उलझ और लटपटाकर एक अजीब आवाज निकल रही थी।

"अरे झंडा-जुलूस, आजादी मैं क्या जानूँ बेटवा।"

"नारा तो तुम भी लगा रही थीं। कभी सोचा नहीं, आजादी मिलने पर तुम्हें क्या मिलेगा, लड्डू या पेड़ा ?" वह खुलकर हँस रहा था।

"अरे चलो...लड्डू-पेड़ा के लिए इतना बड़ा जुलूस निकलेगा ? नरेटी की नस फुला-फुलाकर नारे लगा रहे थे। लड्डू-पेड़ा तो हमने बहुत खाया, जब इन बच्चों के आजा का राज था।"

"यह सब धोखा है मैया, आजादी मिलेगी तो भी लड्डू-पेड़ा नहीं मिलेगा गरीब को, वही सबकुछ गड़प लेंगे, जो अपने को धनी-मानी कहते हैं। अब एक बात बताओ मैया, जब सभी इनसान एक ही तरह के हैं तो कोई अमीर क्यों, कोई गरीब क्यों ? कोई क्यों अपने को बलवान समझकर अकड़कर चलता है और दूसरों को सताता है...और कुछ लोग दीन-हीन बनकर उनकी मार सहते हैं ?"

गोपालराम गुड़ खाकर पूरा लोटा पानी गट-गट पी चुका था। वह बुलन्द आवाज में टन-टन बोलते हुए बीच-बीच में सिर घुमाकर भगजोगिनी के कमरे की तरफ देख लेता, जैसे सिर्फ उसकी बूढ़ी सास को ही सुनाना उसका उद्‌देश्य न हो।

"ए बचवा, यह तो करम-करम का फल है, जो पहले जन्म में किया उसी को तो भोग रहे हैं..."

"खूब...वाह रे मैया ! यही तो धनी-मानी, ठाकुर-बाम्हन, सेठ-साहूकार, पंडा-पुजारी ने तुम लोगों को पाठ पढ़ाया है। इसलिए कि तुम पर जो अन्याय हो रहे हैं, उनका विरोध न कर सको। इसलिए तुम खुशी-खुशी उनकी टहल-चाकरी करती रहो...उनकी गन्दी-गन्दी बात-बोली, उनका जूता-लात सहती रहो...तुमने पहले जन्म में बुरे कर्म किए तो इस जन्म में तुमको अच्छा व्यवहार क्यों मिले ? एक बात बताओगी मैया ?"

"हम लोग जाहिल-गँवार हैं...हम क्या जानें ?"

"नहीं, तुम्हीं न कहती हो कि सबको अपने पूर्व जन्म के कर्म का फल भोगना पड़ता है...तो इसका यह मतलब हुआ कि आज के धनी-मानी लोगों को सुख और विलास की जिन्दगी इसलिए मिली है कि उन्होंने पहले जन्म में बहुत अच्छे कर्म किए थे ! पर, यह बताओ कि जो पहले जन्म में महात्मा थे, वे इस जन्म में इतने घमंडी, नीच, अन्यायी कैसे हो गए ? ये लोग हमेशा इस फिराक में क्यों रहते हैं कि दूसरों को दबाकर रखो, दूसरों को लूट लो, नींबू की तरह दूसरों का रस निचोड़कर अपनी सेहत बना लो। जब ये लोग सुख भोग रहे होते हैं, इनके आसपास ऐसे लोग होते हैं जिनको एक जून खाना भी ठीक से नहीं मिलता और तब भी इन महात्मा लोगों का दिल नहीं पसीजता। इस जन्म में इन्हें तो और भी पुण्यात्मा होना चाहिए। क्या इनके दिमाग में यह बात नहीं आती कि लाखों की रोटी छीनकर उनका हक मारकर इन्होंने अपने सुख बटोरे हैं ? क्या ऐसे ही जीवन और विचार के लिए इन्होंने अपने पूर्व जन्म में पुण्य काम किए थे ?"

"ए बचवा...हम ये बातें क्या जानें....तुम ठीक ही कहते होगे..."

"तुम्हें जानना चाहिए मैया...तुम जानोगी तो तुमसे तुम्हारे परिवार के लोग सीखेंगे, तब तुम्हारे बच्चे दब्बू और गँवार नहीं होंगे, वे धोखा नहीं खाएँगे, बल्कि मजबूत बनेंगे, सिर्फ शरीर से ही नहीं बल्कि मन से, बुद्धि से, हिम्मत से भी। यह झूठ है मैया कि इस जन्म में पहले जन्म के कर्म का फल भोगना पड़ता है। इसका मतलब तो यह होगा कि इस समय के करोड़ों गरीब पूर्व जन्म में लफंगे, बदमाश, चोर, लुटेरे और हत्यारे थे ! सफेद झूठ है यह सब मैया। कोई ऊँच-नीच नहीं है, सभी बराबर हैं, सबको मेहनत करके इज्जत की रोटी खाने और इज्जत से रहने का अधिकार है। गरीबों को यह बात समझनी चाहिए, उन्हें संघटित होकर ऐसे अन्याय का विरोध करना चाहिए, आगे बढ़ने की कोशिश करनी चाहिए, जिससे कोई भी उन्हें भुलावे का पाठ पढ़ाने की हिम्मत न कर सके, उन्हें आँख न दिखा सके...।"

"ऐसा हुआ है कभी...।"

"हाँ मैया, हुआ है। रूस में तो मजदूरों की सरकार भी कायम हुई है। दूसरे भी कई देश हैं, जिन्होंने अपने को ऐसे पाखंडी विचार से अलग कर लिया है। हमारे देश में ही लोग पुराने, सड़े-गले विचारों को गले लगाए हुए हैं। ऐसी हालत में आजादी मिल भी गई तो गरीबों का कहाँ भला होगा ?"

"हाँ ए बाबू," भगजोगिनी की सास ने दोनों हाथ उठाकर तानते हुए जोर की जमुहाई ली, "बड़ी ऊँघाई आ रही है..."

गोपालराम को अब होश आया कि वह जोर-जोर से इस ढंग से बोल रहा था, गोया किसी मजदूर सभा में भाषण दे रहा हो। वह कुछ लज्जित होकर उठ खड़ा हुआ।

"अच्छा मैया, मैं चलता हूँ, देर तक बैठा रह गया। बड़ा जरूरी काम भी है। बाद में आऊँगा तो इत्मीनान से बातें होंगी।" उसके मुख पर एक शर्मीली तुच्छ मुस्कान उभर आई थी। भगजोगिनी के कमरे की तरफ उत्सुकता से देखते हुए वह मुड़कर सर-सर बाहर निकल गया।

अगले चार दिनों तक वह लगातार आया, दिन में नहीं, बल्कि रात में आठ से नौ के बीच, ठीक उसी तरह जैसे दामोदर का आगमन हुआ करता था। आते ही वह हर बार यही बताता कि 'एक जरूरी काम से इधर आया था तो यहाँ भी आ गया ?' कभी गुड़ और कभी मूढ़ी-चना से उसका स्वागत किया जाता। इसके बाद तो वह बिना किसी भूमिका के ही आग का गोला बनकर शोषण और अन्याय की व्यवस्था को जलाकर खाक करने लगता।

"आप लोग गांधी बाबा के आन्दोलन में शामिल हैं, लेकिन किसलिए ? गांधी बाबा से क्यों नहीं पूछतीं कि वह वर्णाश्रम धर्म की हिमायत क्यों करते हैं ? क्या आजादी मिलने पर वर्णाश्रम धर्म बना रहेगा ? क्या आज का दबाया हुआ पिछड़ा, दलित और शूद्र समाज आजादी के बाद भी ऐसा ही बना रहेगा ? गांधी बाबा हर चीज का बहुत आसान तरीका बताते हैं। समाज का ढाँचा जो बना हुआ है उसे तोड़ना नहीं चाहते। जो जैसा है बना रहे वैसा और सभी शान्ति, प्रेम से रहें। शूद्र का मतलब जानती हो—छुद्र, अछूत, दलित। धनी, बलवानों, ऊँची जाति के लोगों का कर्तव्य है कि वे शूद्रों का खयाल रखें, कभी-कभी उनकी बस्तियों में जाकर सफाई करें, चरखा चलाएँ, साथ में खाना खाएँ। कौन करता है यह सब ? और साल-दो साल में, एक-दो बार यदि कुछ लोग शरमाते-शरमाते जाकर कुछ करते-धरते भी हैं तो क्या इससे गरीबी दूर होगी ?"

जब वह आता तो उनका खाना-पीना हो चुका होता। उस समय तक बच्चे सो चुके होते। यदि जगे होते तो वह उनको पास बुलाकर उनसे कुछ देर तक बात करता। उनसे कहता कि वे तैयार रहें, आन्दोलन खत्म होने पर वह उनका नाम स्कूल में लिखा देगा, खुद आकर घर पर पढ़ाएगा उनको। एक दिन वह एक स्लेट, खड़िया और प्राइमरी की पुस्तक लेता आया और मुन्नी को पास बुलाकर ढिबरी की रोशनी में उसे ककहरा सिखाने लगा। फिर अत्यधिक उत्साहित होकर बोला,

''तुम जितना पढ़ोगी, मैं पढ़ाऊँगा। तुम्हारी उम्र काम करने की नहीं है--पढ़ने की है। तुम मेहनती बनो, हिम्मती और बहादुर बनो। अपने को गुलाम और नौकर न समझो। कोई अन्याय करना चाहे, कोई गलत बात कहे तो उसको बरदाश्त न करो...चाहे घर का हो या बाहर का...।''

''ए बाबू...स्त्री जाति है, सिर नवाकर नहीं रहेगी तो इसका गुजर-बसर कैसे होगा ?'' भगजोगिनी की सास ने गाल पर हाथ रखकर ऐतराज किया था।

गोपाल राम फौरन इसका जवाब नहीं दे पाया, कुछ देर तक सिर झुकाकर सोचता रह गया। फिर धीमे स्वर में बोला :

''मैया, मैं गलत बात नहीं करता...तुम्हीं सोचो, क्या स्त्री का जन्म सिर नवाकर सबकुछ बरदाश्त करने के लिए हुआ है ? मैं जानता हूँ, गरीबों की जिन्दगी में बहुत-सी कठिनाइयाँ हैं। गरीबों की स्त्रियाँ तो नरक की जिन्दगी जीती हैं। यह भी जानता हूँ, सिर्फ बातों से, उपदेश देने से उनकी समस्याएँ हल नहीं होंगी। दो जून की रोटी जुटाने के लिए उन्हें कितनी मेहनत करनी पड़ती है, कितना खटना पड़ता है, क्या-क्या बरदाश्त करना पड़ता है। मगर हमेशा रोने से क्या होगा, मैया ? सोचने-विचारने का पुराना तरीका तो बदलना पड़ेगा...अगर सोच में गुलामी रहेगी तो गलत बातों को बरदाश्त करने की आदत कभी नहीं जाएगी। सिर नवाकर क्यों रहे लड़की ? क्यों बचपन से ही उसका जी-मन कुचल दिया जाए ? पढ़ना उसका इसलिए जरूरी है कि वह दुनिया को ठीक से समझेगी। उसकी बुद्धि तेज होगी और वह अच्छे-बुरे में फर्क करना सीख जाएगी। हिम्मत इसलिए जरूरी है कि वह अन्याय को मंजूर नहीं करेगी और उसका मुकाबला करेगी...।''

बोलते-बोलते उसकी वाणी अवरुद्ध हो गई। गला भर आया। वह सिर झुका और आँखें बन्द करके उन पर दाहिने हाथ की उँगलियाँ रखकर अपने को नियन्त्रित करने की कोशिश करने लगा। फिर रुआँसी आवाज में बोला :

''मैं क्यों यह सब कह रहा हूँ मैया...क्या इससे कुछ बदलेगा ? जानता हूँ नहीं बदलेगा। खुद मेरे गाँव में मेरे परिवार के लोग घोर गरीबी की जिन्दगी बिता रहे हैं, मेरी हिम्मत नहीं होती कि वहाँ जाकर उनको ऐसी बातें सिखाऊँ। मेरी भी दो छोटी बहनें हैं, दो भाई हैं, वे कैसे पढ़ेंगे, सोच-सोचकर दिमाग की नसें फटने लगती हैं। मेरी पढ़ाई किस तरह हुई है, इसके लिए मेरे माँ-बाप को कितना कष्ट उठाना पड़ा है, वह क्या बताऊँ। बहुत चाहते हुए भी आगे नहीं पढ़ सका। हारकर राजनीति में आकर कम्युनिस्ट पार्टी का सदस्य बन गया हूँ। इससे यह हुआ कि यहाँ मुझे रहने की जगह मिल गई है, पार्टी की ओर से कुछ रुपए खाना-कपड़ा के लिए मिल जाते हैं--किसानों, मजदूरों, गरीबों की मीटिंगों में वही सब बताता हूँ, जो आपसे कहता हूँ। ये बातें झूठ नहीं हैं मैया...मगर एक बार जब मैं अपने घर पर कह रहा था तो मेरी माँ ने कहा था, ये बातें तुम शहर में कहो। यही सब कहना है तो गाँव में न आया करो, मालूम होने पर लोग हमारी बोटी-बोटी काट देंगे...''

सहसा वह उठकर चला गया तो भगजोगिनी, उसकी सास, दोनों बच्चे जो अभी तक जगे थे, आँखें फाड़-फाड़कर उसे देखते ही रह गए। उस अँधेरे में भी उनकी फैली-फैली आँखों का स्याह डर देखा जा सकता था। भगजोगिनी सोने के लिए चारपाई पर गई तो उसे देर तक नींद नहीं आई। उसकी बन्द आँखों में ही अनेक डरावनी आकृतियाँ काँपने लगीं। हाँ, नम्रता और रमाशंकर भी तो उससे हिम्मत से काम लेने की बात करते हैं, मगर हिम्मत तो कभी भी धसक सकती है। कमजोर नींववाली एक इमारत की तरह। गरीबों के लिए हिम्मत और आशा की इतनी अच्छी-अच्छी बातें करनेवाले शिक्षित और संघर्षशील व्यक्ति गोपालराम की जब यह हालत है तो हिम्मत के लिए जगह कहाँ बचेगी ? वह निरुपाय भय और सीमाहीन बेसहारापन का अनुभव करके इतनी दुःखी हुई कि बैठकर बिलखने लगी, रुदन की आवाज को बाँधने की कोशिश करती हुई।

गर्मी के मौसम में, कमरों के बाहर आँगन में सोने से मच्छर भी कम लगते हैं और झिर-झिर हवा सुख देती है, लेकिन शुरू से ही उसे कमरे में सोना पड़ा, जिसकी आदत भी पड़ गई है; लेकिन बनवारी के मरने और दामोदर से सम्बन्ध टूट जाने पर भी बाहर सोने की हिम्मत नहीं हुई। उसकी सास भी हमेशा चिन्तित रहती है कि इतनी जवान और सुन्दर है, बाहर कैसे सोएगी, अगर कोई चोर-बदमाश घुस गया तो क्या होगा ! इसीलिए वह अब भी उसे कमरे के अन्दर भीतर से कुंडी लगाकर सोने को कहती और स्वयं कमरे के बाहर ओसारे में बँसखट बिछाकर छोटे पोते के साथ सोती। कुकुरनींद के कारण वह कोई खटका होने पर फौरन उठ जाती। कई बार खाँसती और खाँसते हुए घर के अन्दर चारों ओर चक्कर लगा आती। भगजोगिनी की रुदन की आवाज अँधेरे की जगह और बन्द दरवाजे को पार करके उसके कानों से टकराई थी, जिससे वह फौरन उठकर खाँसने लगी।

"दुल्हन, दुल्हन, क्या बात है ? जी ठीक है न ?"

"ठीक है..." भगजोगिनी अपने को सँभालकर बहुत दबे स्वर किसी तरह बोली।

"मैं जगी हूँ....कोई बात हो तो बताना।"

भगजोगिनी अपनी बच्ची के पैर और हाथ धीरे-धीरे दबाती रही, लेकिन जल्दी ही ऊँघने लगी। हारकर वह फिर लेट गई, मगर लेटने से जैसे नींद भाग गई और उसकी आँखें खुली-खुली अँधेरे में देखने लगीं। सहसा उसे आभास हुआ कि ऊपर धरन पर बैठा गोपालराम जैसे हँस रहा हो। उसे गुस्सा आने लगा। क्या चाहता है गोपालराम ? क्यों सबसे चिढ़ा हुआ है ? जब सब लोग मिल-जुलकर अंग्रेजों से लड़ रहे हैं तो यह क्यों आन्दोलन, गांधीजी, सबके खिलाफ जहर उगल रहा है ? इस समय तो सबको जोड़ना चाहिए, तोड़ने से तो काम बिगड़ जाएगा। रमाशंकर भी तो कहते हैं कि सबकी एकता से ही आजादी मिलेगी, आजादी के बाद घी-दूध की नदियाँ बहेंगी...तो क्या वह झूठ कहते हैं ? यह सबका इतना खयाल रखते हैं, गलत बात क्यों कहेंगे ? अगर गोपालराम आया और ऐसी-वैसी बातें कीं उसने तो फटकार देगी वह...।

फिर उसे नींद आ गई। दूसरे दिन सवेरे करीब आठ बजे दरवाजे से ही 'मैया, मैया' पुकारते अन्दर प्रवेश किया गोपालराम ने। भगजोगिनी ने तड़के उठते ही समूचे घर को चमाचम साफ किया था, स्वयं नहाया था, नाश्ते में बच्चे को गुड़ के साथ रात की बची रोटी दी थी—और जब बच्चा बाहर बगल के एक बच्चे के साथ खेलने के लिए चला गया तो वह आँगन में खड़ी-खड़ी सोच रही थी कि कुछ देर इन्तजार करें या अभी फौरन खाना बनाने की तैयारी शुरू कर दें। लेकिन गोपालराम की आवाज सुनकर उसकी नाक-भौं सिकुड़ गई और आँचल माथे के आगे थोड़ा खींचकर मुँह दूसरी दिशा में फेर लिया उसने।

"मैया कहाँ हैं, दिखाई नहीं दे रही हैं..." भीतर पहुँचकर ठिठकते हुए उसने पूछा।

"काम करने गई हैं...।"

"बच्चे ?"

"बच्चा बाहर खेल रहा है। मुन्नी अपनी दादी के साथ गई है।"

"मैंने मना किया था न कि बच्ची को काम पर न भेजो, अभी से गुलामी सीख जाएगी...।"

गोपालराम की आवाज क्रोध से फटी-फटी-सी थी, जैसे इस तरह फटकारने का उसे अधिकार हो। भगजोगिनी सिर घुमाकर इस तरह उसके सामने खड़ी हो गई, जैसे उसकी हर बात का जवाब देने को तैयार हो गई हो। उसकी चमकती खूबसूरत आँखें गोपालराम के चेहरे पर जम गईं। तत्पश्चात स्पष्ट दृढ़ता से कहा उसने :

"वह अपनी दादी और माँ के कहने से काम पर गई है। उसकी दादी का शरीर कमजोर है, जाती है तो उनकी कुछ मदद हो जाती है। अपना काम करना कोई गुलामी नहीं है। हम सबसे लड़ेंगे तो काम कौन देगा हमें ? काम नहीं मिलेगा तो खाएँगे क्या हम ?"

"तो क्या मैं गलत राय दे रहा हूँ ?" गोपालराम हक्का-बक्का आँखें निकालकर देख रहा था उसे।

"यह कहाँ कह रही हूँ मैं ? हर चीज का समय होता है, हर काम को करने का ढंग-तरीका होता है। जहाँ सोच-समझकर शान्ति से काम करना ठीक है, वहाँ गुस्से से चिल्लाने से तो काम ही बिगड़ जाएगा। यह सही है, गरीब, कमजोर को लोग सताते हैं, उन्हीं को मजबूत बनाने के के लिए ही तो गांधीजी ने आन्दोलन शुरू किया है। चरखा कातना, काते हुए सूत का कपड़ा पहनना, सबसे मेल-मुहब्बत से रहना, एक-दूसरे की मदद करना, सत्याग्रह से जुलुम का मुकाबला करना। सभी लोग यह सब करने लगें तो आजादी मिल जाएगी..."

"अच्छा...तब तो आप गांधीजी की पक्की चेली बन गई हो। बड़े लोगों की सेवा करना, उनसे मेल-जोल से रहना, वे जैसा कहें वैसे ही आन्दोलन करना—खूब पाठ पढ़ा दिया गया है। वही पाठ तोते की तरह बोल रही हो। गरीबों के स्वाभिमान, उनकी एकता, उनकी उन्नति की बात कह रहा हूँ तो बुरा लग रहा है..."

भगजोगिनी के अप्रत्याशित विरोध से गोपालराम अपमान का अनुभव करके क्रोध से तिलमिला उठा था। उसने सोचा भी नहीं था कि यह स्त्री शान्ति, दृढ़ता और तर्क के साथ उसकी बात का जवाब देगी। उसका मुँह नाराजी से छोटा पड़ गया था और उसकी खीसें निकल आई थीं।

"मुझे बुरा नहीं लग रहा है...बुरा क्या लगेगा ? मैं तो जानती भी नहीं थी यह सब। जो भगवान ने दिया था उससे खुश थी...फिर सबकुछ छिन गया मुझसे। तब रमाशंकर भाईजी और नम्रता बहिनजी ने मुझे सहारा दिया। उन्होंने प्यार से यह भी बताया कि हिम्मत से काम करने से रास्ता भी मिल जाएगा। उन्होंने चौका-बर्तन का काम दिलाया, नम्रता बहिन ने धनेसरी दीदी के साथ मुझे भी पढ़ाना शुरू किया। उन्होंने कातने के लिए एक चरखा दिया। समय बहुत नहीं मिलता, जो भी सूत कातती हूँ, उसे बेचकर कुछ पैसा मिल जाता है। नम्रता बहिन कहती हैं, औरत हो, गरीब हो तो अपने को छोटा न समझना। चौका-बर्तन करती हो, आस-पास के घरों में कूटना-पीसना करती हो तो गुलाम नहीं हो। अपनी मेहनत का पैसा लेती हो। कोई टेढ़ी आँख से देखे, ऐंठकर बोले, गाली-गलौज करे तो बरदशत न करना, काम छोड़ देना। उन्होंने मेरी राय पूछकर, मुझसे चार आना लेकर कांग्रेस की मेम्बर बनवा दिया। दुलारी बहिनजी को एक दिन मेरे घर ले आईं..."

"तब तो तुम गहरे पानी में हो," गोपालराम ने कुढ़ती आवाज में टोका।

"हाँ, इन लोगों के कारण हम लोगों ने अपने को सँभाल लिया है। अम्मा तो बूढ़ी हो गई हैं, उनको काम करते देखकर अच्छा नहीं लगता, वही मुझे जाने नहीं देतीं। आँख की पुतली की तरह मेरी रक्षा करना चाहती हैं। सोचती हैं, उन्हीं की गलती से मेरी जिन्दगी चौपट हो गई। कभी बीमार पड़ जाती हैं तो मैं जाती हूँ। नम्रता बहिन कह रही थीं, हमारा मकान बड़ा है, बाहर का बरामदा, कमरा बड़ा है, इसे किराए पर उठा दिया जाए। इसी कमरे में कितनी चहल-पहल रहती थी, सामान भरा रहता था...सब चौपट हो गया..."

भगजोगिनी का कंठ अवरुद्ध हो गया और वह सिर झुकाकर आत्म-नियन्त्रण की कोशिश करने लगी। गोपालराम की कुढ़न गई नहीं, लेकिन बिना मर्द के घर की निरक्षर, गँवार, गरीब और लाचार औरत को अपने विचारों से प्रभावित करके क्रान्तिकारी बनाने की उसकी तमन्ना की हवा ही निकल गई—क्योंकि विचार तो थे उसके पास, लेकिन किसी ठोस, आकर्षक, व्यावहारिक कार्यक्रम के आधार से शून्य ! और कठिनाई यह भी कि जो कुछ वह बता रहा था, वैसा कुछ-कुछ भगजोगिनी भी जानती और उस पर विश्वास करती हुई उसे अपने आचरण में लाने की कोशिश भी कर रही थी। गोपालराम व्यक्ति विशेष की निजी परिस्थितियों को जाने बगैर उसे बिना किसी तैयारी के फौरन युद्ध में झोंक देना चाहता था, जबकि वह स्वयं घर से दूर भागा हुआ था अपने गाँव और अपने परिवार की

वास्तविकताओं का मुकाबला करने में असमर्थ।

दोष गोपालराम का नहीं है। उसके गाँव की सामाजिक और आर्थिक परिस्थितियाँ अत्यधिक भयावह और हताशा-भरी हैं। यदि वह पढ़ा-लिखा न होता तो उस व्यवस्था का अंग बनकर उसी में मर-खप जाता, लेकिन उसने अभाव, भूख और सामाजिक दुर्भावना को झेलते हुए हाई स्कूल प्रथम श्रेणी में पास किया था और अब सबकुछ जानने पर, बदलाव करने में असमर्थ होने पर भी वह कोई अन्याय बरदाश्त नहीं कर सकता था, अस्पृश्यता और गरीबी तो किसी भी हालत में नहीं।

राजनीति के प्रति आकर्षित होने का कारण भी एकमात्र यही है कि वहाँ गरीबों के उत्थान की बात की जाती थी। पहले कांग्रेस की ओर झुका वह, लेकिन सन् 1940 ई. के दौरान व्यक्तिगत सत्याग्रह में जब उसने धनी-मानी कांग्रेसियों को खूब सज-धजकर, फूल-मलाएँ पहनकर युद्ध के विरुद्ध नारे लगाते हुए जेल जाते देखा तो वितृष्णा हो गई उसे। मजिस्ट्रेट और बड़े पुलिस अधिकारी भी उन्हें काफी सम्मान से गिरफ्तार करते थे। उसके बाद समाजवादी पार्टी के सम्पर्क में आया और उसके चलाए जानेवाले क्लास में जाने लगा। उस पार्टी से भी वह जल्दी ही निराश हो गया।

समाजवादी पार्टी में अवश्य सामन्तवाद और पूँजीवाद को समाप्त करके समाजवाद कायम करने की बात की जाती थी, जिसमें किसान-मजदूर सरकार बनेगी, ऊँच-नीच का भेद मिटेगा, साधारण लोग आजाद और खुशहाल होंगे, परन्तु वहाँ भी उसे घुटन महसूस होने लगी। अधिक संख्या में वहाँ धनी, सम्पन्न ऊँची जातियों के कर्मठ नौजवान थे, जो सचमुच समाज में परिवर्तन चाहते थे देश की आजादी के साथ—परन्तु गोपालराम को लगता कि वे उससे खिंचे-खिंचे रहते हैं, उससे कुछ अलग बैठने की कोशिश करते हैं। यदि उसके हाथ का पानी पीने का अवसर आता तो कुछेक ऐसे भी थे, जो कोई-न-कोई बहाना बनाने लगते। सबसे हताशा उसे यह होती कि वे समाजवादी होते हुए भी दूसरों से घुलने-मिलने की कोशिश न करके अक्सर अपनी-अपनी जातियों के पार्टी सदस्यों के साथ घूमते, टहलते, बहस करते या गप-सड़ाका करते हुए देखे जाते। वे आपस में अपने गाँव-परिवार, खेत-खलिहान, लड़ाई-झगड़ा, हास्यास्पद चरित्रों के बारे में खूब हँस-हँसकर बातें करते। वैसे गोपालराम के पास हँसी-खुशीवाले अनुभव थे भी नहीं जो वह स्वाभिमान के साथ सुनाकर उनके अनुभवों से आदान-प्रदान कर लेता। कभी-कभी तो उसे महसूस होता कि वे अपने परिवार या उसके चरित्रों की जीवन शैली और क्रिया-कलापों का आलोचनात्मक ढंग से वर्णन करते, परन्तु वस्तुतः वह प्रशंसा अथवा आत्म-श्लाघा ही होती। वह क्षोभ और नफरत से भर जाता। वह उनके बीच जल्दी ही अकेला महसूस करने लगता और कुछ देर तक चुपचाप उनकी बातें सुनने के बाद उठकर चला जाता वहाँ से।

गोपालराम को दुःख तो यह सोचकर होता कि कोई भी उसके परिवार, उसकी समस्याओं के बारे में नहीं पूछता—उसकी भावनाओं के बारे में कि वह क्या सोचता है। अस्पृश्यता की समस्या आने पर भी उसके सम्बन्ध में सामान्य ढंग की आदर्शवादी सहमति के बाद फौरन विषयान्तर कर दिया जाता—उसके आर्थिक और सामाजिक कारणों एवं समाधान पर विस्तार से चर्चा न होती। अमूमन उनकी बातों से यह ध्वनि निकलती कि समाजवाद आने पर सबकुछ ठीक हो जाएगा। बड़ा अप्रिय विषय था, सिर्फ उन्हीं के लिए नहीं बल्कि स्वयं गोपालराम के लिए भी, क्योंकि उसे स्वयं मालूम नहीं था कि वर्तमान सामाजिक परिस्थितियों में एक आदर्श समाज की स्थापना कैसे होगी। वह कारण जानता था कि वे सभी अपने गाँव में ऊँचे जमींदार और धनी काश्तकार घराने के थे—यदि जो नहीं थे तो उनमें भी ऊँची जाति का होने का आत्म-सन्तोष था—और उनका अछूतों के साथ कोई सामाजिक सम्बन्ध नहीं था, जो कुछ था भी वह ऊँच और नीच या मालिक और गुलाम का। राष्ट्रीय आन्दोलन के जमाने में स्थितियों की बदलने की कल्पना उत्साह प्रदान करती, परन्तु गाँवों के सामाजिक वैषम्य और जड़ता का स्पर्श करना आसान नहीं था।

गोपालराम तीव्रता से महसूस करता कि देश में जो कुछ हो रहा था--मामूली बातों से लेकर धर्म, संस्कृति, आन्दोलन, उद्देश्य क्रान्ति तक के क्रिया-कलापों में एक खास दुनिया का ही प्रतिनिधित्व था, जो चारों ओर फैली थी समुद्र के चमकते हुए जल की तरह। मगर उसके गर्भ में क्या है, कितनी अन्तर्धाराएँ हैं, कितने जीव-जन्तु और क्रिया-कलाप हैं, उनका कुछ भी पता नहीं। धनी-मानी, समर्थ, बलवान और जन्मजात उच्च लोगों का समुद्र हिलोरें ले रहा था, कभी चमकता, कभी मुस्कुराता, कभी ऊँची तरंगों में गर्जन करता और अपने भीतर असंख्य जीव-जन्तुओं को दबाए, छिपाए, डुबाए और उनके अस्तित्व को नकारते। अन्दर जो जल है, असंख्य धराएँ और भँवर तथा अतल गहराइयों में धरती का जो आधार है, वह सब क्या कुछ भी नहीं ? हाँ, ऊँची जातियों के लोगों ने सबकुछ ले लिया है, सबके हक हड़प लिए हैं और गरीबों के लिए कुछ भी नहीं छोड़ा है। वे कुछ देना भी नहीं चाहते--न खेत-जमीन, न कुआँ-तालाब, न पत्रा-पोथी और न पूजा-पाठ। वह सामाजिक बगावत की भावनाओं से बेचैन हो जाता।

कम्युनिस्ट पार्टी में जाकर उसे कुछ राहत मिली, खास तरह से इसलिए कि उसके काफी सदस्य किसान-मजदूर और गरीब तथा अछूत तबके के लोग ही थे। नेतृत्व अवश्य ऊँची जाति के लोगों के हाथ में था, लेकिन उस पार्टी के प्रति उसके आकर्षण का कारण आर्थिक संघर्षों का उसका सिद्धान्त था, जिसमें सबसे गरीब तबकों--किसान-मजदूर की सरकार बनाने का समर्थन था। पार्टी में छुआ-छूत, जातिवादी अहंकार और साम्प्रदायिक भावनाएँ लगभग शून्य थीं। एक साथ बैठकर भोजन करना, पानी पीना, सम्प्रदायवाद, सामन्तवाद, पूँजीवाद की आलोचना करना, उनके प्रति व्यंग्य और आक्रोश प्रकट करना आम बात थी। देश में इस पार्टी का प्रभाव बहुत कम था, जिसका एक मुख्य कारण तो यह था कि वह राष्ट्रीय स्वातन्त्र्य आन्दोलन की मुख्य धारा से जबरदस्त टक्कर ले रही थी। गांधी, नेहरू, सुभाष आदि राष्ट्रीय नेताओं के विचारों का विरोध और उनकी साम्यवादी शब्दावलियों से आलोचना और निन्दा उन्हें बेहद प्रिय था। उनके आन्दोलन भी बहुत सीमित ढंग के थे, खास तरह से बड़े शहरों के मुट्ठी-भर कारखानों में मजदूरों को संघटित करके हड़ताल करा देना या उसकी कोशिश करना। लेकिन देश के शेष विशाल, महत्त्वपूर्ण भूभाग पर उसका संगठन नाम मात्र का ही था और उसके कार्यक्रम ऐसे, जो जनता की समस्याओं को गहराई से प्रभावित नहीं कर पाते थे।

फिर भी गोपालराम को दिन-पर-दिन बढ़ते अपने असन्तोष और आक्रोश को अभिव्यक्त करने का उपयुक्त मंच मिल गया था। वह जोश-खरोश से जुलूसों और सभाओं में भाग लेता, पार्टी का अखबार और अन्य साहित्य बेचता, लोगों से बहस करता, पार्टी के विचार का प्रचार करता। अन्याय की कोई भी बात उसे अच्छी नहीं लगती और ऐसे वक्त पर भी वह अपने को रोक नहीं पाता। उसकी आँखें क्रोध से चमकने लगतीं, व्यंग्य-विद्रूप की रेखाएँ चेहरे पर उभर आतीं और वह तत्काल अपने विरोधी विचार प्रकट करने लगता।

भगजोगिनी और दामोदर का किस्सा जब से उसे मालूम हुआ, चरित्रहीनता की घटना समझते हुए भी गुस्सा इसलिए आया कि दामोदर ऊँची जाति का लम्पट और सरकारी गुप्तचर विभाग का दलाल है। और भगजोगिनी भी कोई मजबूर लेकिन घटिया किस्म की औरत लगी थी। परन्तु जुलूस में जब उसे नारा लगाते हुए देखा--खास तरह से नीचे बैठकर मूर्छित वेश्यापुत्री को सँभालते और उसका खूनी बलगम साफ करते हुए, तो सहसा उसे विश्वास नहीं हुआ। अत्यन्त मामूली कपड़ों में इस औरत का मुख आत्मविश्वास और सच्चाई से दप-दप क्यों कर रहा है ? यह कैसे हो सकता है ?

गहरी जिज्ञासा से प्रेरित होकर ही वह चार-पाँच दिन लगातार भगजोगिनी के घर गया और वहाँ भी उसके व्यवहार और आचरण में ऐसा कुछ भी नहीं मिला जो उसके सन्देह की पुष्टि करता।

वह उसको और उसके परिवार को बचाने, उठाने और साम्यवादी विचारधारा से लैस करने के लिए व्याकुल हो उठा। लेकिन उसमें धैर्य नहीं था। यह भी उसे मालूम नहीं कि कैसे संभव होगा यह कार्य, जो एक सुन्दर और बदनाम औरत के उत्थान से सम्बन्धित हो। उसके पास उन विचारों के अलावा कुछ भी नहीं था, जिन्हें वह नित्य सभाओं, बहसों और बातचीत में फेटता रहता—मौका-बेमौका हर जगह यह जाने बगैर कि किसी व्यक्ति को उसकी जरूरत है या नहीं।

भगजोगिनी के सम्बन्ध में वह कुछ अधिक ही जल्दीबाजी से काम ले रहा था, इस दृढ़ विश्वास के साथ कि उस जैसी बेसहारा औरत को उसके विचारों की सख्त जरूरत है, जिन्हें वह सहर्ष स्वीकार भी लेगी। यही सब वह अधिकारपूर्वक, क्रान्तिकारी ऊँचाई, सच्चाई और रूखाई से कर रहा था। और जब वह अपने और अपने परिवार, नम्रता, और रमाशंकर के सम्बन्ध में बताते हुए रुदन से विवश होकर चुप हो गई तो वह कुछ देर के लिए सकते में आ गया। कुछ देर बात काफी क्रोध में बोला :

"तुम अपने पहले के समय को इस तरह याद कर रही हो, जैसे रानी-महारानी का जीवन बिताया हो तुमने। इतना ही घमंड है अपने परिवार का, तो उस अत्यन्त तुच्छ और सड़े हुए व्यक्ति को क्यों बुलाया अपने घर के अन्दर ?"

विद्युत गति से भगजोगिनी का झुका हुआ चेहरा उठा, आँखें फैलकर निकल आईं चुनौती की सीमा तक। मुँह पर रक्त की आभा दौड़ गई। लेकिन कुछ क्षण बाद अपने को संयमित करने के पश्चात ही उसने प्रतिवाद किया :

"भाईजी, यही कहने के लिए यहाँ आप आते हैं ? मैं तो पहले से ही टूटी हुई हूँ, क्या आप और भी टुकड़े करना चाहते हैं ? आप क्या चाहते हैं हमसे ? मैं माफी माँग लूँ ? मुझसे यह कहलाना चाहते हैं, मैं बहुत गई-गुजरी औरत हूँ ? मैंने क्या बिगाड़ा है आपका? मैं गांधीजी को बुरा-भला कहूँ ? उनके आन्दोलन में शामिल होने न जाऊँ ? यह सब करने से आप खुश हो जाएँगे ? इससे आपको सन्तोष हो जाएगा...।"

गोपालराम का चेहरा फक पड़ गया ओर बीच ही में यह कहकर कि 'मुझे तुमसे कुछ नहीं चाहिए'...वह घूमकर तेजी से बाहर निकल गया।

दूसरे दिन सवेरे लगभग उसी समय उसका पुनः आगमन हुआ। आभाहीन चेहरा, आँखें बुझी-बुझी, कपड़े मुड़े-तुड़े। वह बहुत धीमे कदमों से प्रवेश कर आँगन में खड़ा हो गया।

भगजोगिनी को आहट नहीं मिली। कई कारणों से वह उत्साह में थी। एक तो मौसम में ठंडक से गर्मी-उमस में राहत। रात में कुछ बारिश हुई, इस समय भी आकाश में बादल। हवा के झोंके सुख पहुँचा रहे थे। दूसरा कारण कल दोपहर बाद दुलारी देवी का आगमन धनेसरी के साथ। वह गोपालराम के व्यवहार के कारण कई बार अकेले में रो चुकी थी और उस समय भी दुःखी और उदास बैठी थी। उसने अपनी सास से भी कुछ नहीं कहा, इस डर से कि रमाशंकर को मालूम होगा तो क्या कहेंगे। दुलारी के कई बार पूछने पर भी उसने कुछ नहीं बताया। तब दुलारी ने कहा :

"इस तरह हिम्मत हारकर दुःखी रहोगी तो समस्याओं का सामना कैसे करोगी ? तुम अकेली नहीं हो, हमारे साथ हो, एक देशव्यापी आन्दोलन के साथ। कोई भी बात हो, अगर हमसे नहीं कहोगी तो तुम्हारा जी-मन हल्का कैसे होगा ? मैं तो इसलिए आई थी कि हमने स्त्रियों का एक जुलूस निकालने का फैसला किया है। मैं रहूँगी, धनेसरी देवी रहेंगी और दूसरी कई महिलाएँ भी। यह जीवन-मरण की लड़ाई है, हम औरतें पीछे क्यों रहें ? चाहे जेल जाना पड़े, लाठी-गोली खानी पड़े। लेकिन तुम परेशान हो, तुमसे नहीं कहूँगी..."

"अरे नहीं बहिनजी, मुझे भी ले चलिए, हाथ जोड़ती हूँ...मुझे परेशानी नहीं है कुछ भी..." भगजोगिनी की आँखों में चमक आ गई और वाणी में उत्साह, जैसे उसकी चेतना लौट आई हो।

"देखो भाई, देशसेवा, समाजसेवा का काम खुशी-खुशी किया जाता है। स्त्रियों को कठिनाइयाँ होती हैं, उन्हें परिवार, बाल-बच्चे सँभालने होते हैं। मुझे ही देखो, मेरे पतिदेव जेल में हैं, बच्चे भी उतने बड़े नहीं हैं, मेरी सास सब सँभालने को तैयार हो गई हैं। तुम सोच लो और चलना चाहती हो तो सभी चिन्ताएँ छोड़ दो...तुम्हारे परिवार और बच्चों की चिन्ता राष्ट्र करेगा, पूरा समाज..."

"नहीं बहिनजी, मैं जरूर चलूँगी, मुझे बड़ी घुटन हो रही है, मुझे ले चलिए। मैं सबकुछ सह लूँगी...मुझे कोई चिन्ता नहीं..." वह हँसने लगी, साथ ही उसकी आँखों से आँसू भी गिरने लगे।

दुलारी देवी ने आजादी के आन्दोलन में महिलाओं की कुर्बानियों और त्याग के बारे में विस्तार से बताकर भगजोगिनी की हिम्मत बँधाई और अन्त में उससे तैयार रहने को कहा कि उसे धनेसरी देवी अपने साथ ले जाएगी।

भगजोगिनी की वह हीनता काफी हद तक दूर हो गई, जो गोपालराम ने अपनी बातों और व्यंग्योक्तियों से उसके अन्दर भर दी थीं। दूसरे दिन तड़के उठकर उसने जल्दी-जल्दी तैयारी शुरू कर दी। वह दोनों जून के लिए रोटियाँ और आलू की मसालेदार लपेटुआ तरकारी बनाकर रख देना चाहती थी और बच्चों के लिए गुड़ के मीठे ठेकुए भी। बच्चों, अपनी सास और अपने शरीर के गन्दे कपड़े सवेरे ही छाँटकर उसने पसार दिए थे। और स्वयं नहाकर और कपड़े बदलकर जब वह मुड़ी तो गोपालराम को पुरानी, भोथरी पत्थर की मूर्ति के समान खड़ा देखकर वह बेहद डर गई, उसके मुख से हल्की चीख निकली और वह विपरीत दिशा में मुड़कर तिरछे-तिरछे अपने कमरे की ओर भागी।

उसने अपने को अन्दर से कमरे में बन्द कर देना चाहा—गोपालराम की आँखों में क्या देख लिया था उसने ? लेकिन नम्रता दीदी तो कहती हैं कि किसी गलत बात को स्वीकार करोगी, झुकोगी तो ऐसे दलदल में फँसोगी कि निकलना मुश्किल होगा। दुलारी बहिन भी कल क्या-क्या कह गई हैं ? वह तो कुछ देर बाद जुलूस में शामिल होने जाएगी, इसी हिम्मत पर वह गोली-लाठी बरदाश्त करेगी ?

ये बातें तेजी से उसके दिमाग में आईं और वह कमरे से पुनः बाहर आकर गर्दन तानकर खड़ी हो गई। गोपालराम उसकी तरफ ही आ रहा था धीरे-धीरे। वह तेज झनझनाती आवाज में बोली, "क्या चाहते हैं आप...किसलिए आए हैं?"

गोपालराम पास आकर उसके सामने खड़ा हो गया। उसके चेहरे पर गहरी व्यथा का भाव फैला था। अत्यन्त कठिनाई से उसके मुँह से शब्द निकलने लगे :

"मैं नहीं जानता क्यों आया हूँ। पर यह भी नहीं मालूम कि क्या कहना चाहता हूँ। मैं कल दिन और रात-भर अपने कमरे में पड़ा इस तरह छटपटाता रहा हूँ, जैसे मुझे खौलते तेल के कड़ाहे में डाल दिया गया हो। कल तक मैं समझता था कि इस दुनिया को बदलना बड़ा आसान है। इसके लिए मेरा पार्टी सदस्य होना, क्रोध और घृणा से अपने क्रान्तिकारी विचार प्रकट करना काफी है। तुमको भी बदलना चाहता था मैं—यह मैं अपना अधिकार समझता था। मगर तुम्हारी बातों से मुझे अपनी असलियत का पता लगा कि..."

आगे की बात उसके मुँह से नहीं निकली, सिर्फ होठों में ऊपर-नीचे कुछ हरकत हुई, गोया वह अपनी भावनाओं को विचारों का रूपाकार देने की कोशिश कर रहा हो। भगजोगिनी की आँखों में और चेहरे पर क्रोध, डर तथा रुदन का एकीकृत सहमा-सहमा भाव था, अनेक अनजान, अस्पष्ट, पतली सवालिया लकीरों के साथ। गोपालराम फिर कह रहा था :

"हाँ, मैं जिस समाज में पैदा हुआ, उसके असली दर्द, उसकी समस्या को अब महसूस कर रहा हूँ। पहले क्रोध था, घृणा थी, इसके सहारे सबकुछ बड़ा आसान लगता था। मैं ऊपर-ऊपर तैर रहा था, अब असलियत की गहराई में जाकर पीड़ा से छटपटा रहा हूँ। मुझे लग रहा है कि हमारे

समाज के अछूत, दबाए हुए गरीब लोगों के पैरों के नीचे तो कोई जमीन ही नहीं है, जिस पर खड़े होकर शरीर, मन और दिमाग को सहारा मिल सके। यह सिर्फ आर्थिक समस्या नहीं है। सदियों से कुछ नहीं हुआ है। मैं देश की आजादी का विरोधी नहीं हूँ, मैं आजादी चाहता हूँ। लेकिन कांग्रेस यदि आजादी ले लेती है तो क्या यह समाज बदल जाएगा ? हमारी कम्युनिस्ट पार्टी भी कई उलझनों में पड़ी है। उसमें अनेक सच्चे और त्यागी लोग हैं, लेकिन समूचे देश में उनकी पैठ बहुत मामूली है। गरीबों में भी कम। वे उन छोटे बच्चों की तरह व्यवहार करते हैं जो अपने बड़ों की नकल करते रहते हैं। सोवियत रूस की जो नीति होती है, उसी के पीछे चल देते हैं आँख मूँदकर, यह सोचे बगैर कि यदि इस नीति में कमजोरियाँ हुईं तो पार्टी को काफी नुकसान होगा, मुस्लिम लीग से मिलकर पाकिस्तान के विचार का समर्थन कर रही है, इस तरह पार्टी सबसे ही कट गई है, मुस्लिम लीग भी उसकी नीति से फायदा उठा रही है।''

उसने कुछ क्षण रुककर भगजोगिनी के चेहरे को गौर से देखा, ''मेरा कहने का मतलब यह है कि देश-समाज का जो हाल है, उसमें नहीं कहा जा सकता कि गरीबों की हालत में कोई सुधार होगा। ये बातें तुम्हारे मतलब की हो या न हों, मैं इसलिए कह रहा हूँ कि इससे मुझे शान्ति मिल रही है, यह सन्तोष कि मैं कोई सच्चाई नहीं छिपा रहा हूँ। मैं गरीबी, शोषण, अन्याय, छुआछूत से घृणा करता हूँ। लेकिन यह सब कहने से कोई लाभ नहीं। खैर, सच्ची बात यह है कि तुम्हारा आकर्षण मुझे लगातार चार-पाँच दिनों से मुझे यहाँ खींच लाया है। मैं अनाड़ी और बेवकूफ की तरह अपने क्रान्तिकारी विचारों से प्रभावित करके तुम्हें अपने निकट लाने की कोशिश करता रहा हूँ...मगर तुमने अपनी बातों से, अपने व्यवहार से सिद्ध कर दिया कि मैं कितना अहंकारी और तुच्छ हूँ और एक क्रान्तिकारी का धैर्य, व्यापक सोच-समझ नहीं है मुझमें...''

बीच में खाँसी आने के व्यवधान के बाद फिर बोला वह, ''हमारे समाज को बदलना बड़ा कठिन है...इसलिए कि देश के लोग ही तैयार नहीं हैं। और जो ऊँची समर्थ जातियों के लोग हैं, वे स्वयं तो अपने को बदलेंगे नहीं, हमें भी बदलने नहीं देंगे। बड़ी हरहठई है ऊँची जाति के लोगों में। वे अब भी मानते हैं कि पुराने जमाने में जो कुछ हो चुका है, किया जा चुका है, लिखा जा चुका है, वह सब सही है। वर्णाश्रम धर्म भी बड़ा सही और वैज्ञानिक है। खैर, उनकी बात वे जानें, लेकिन हम जो गरीब हैं, अछूत हैं, गए-गुजरे हैं, उन्हें अपने को बदलना पड़ेगा। हमें अपने को हर तरह से योग्य बनाना पड़ेगा, अपने को शारीरिक, मानसिक, बौद्धिक दृष्टि से मजबूत, उदार, प्रखर ताकि हम आगे बढ़कर ऊँची जातियों को दिखा सकें कि एक जनतान्त्रिक व्यवस्था कैसे कायम की जा सकती है। समानता का क्या अर्थ है। मैं बहुत पढ़ तो नहीं सका, लेकिन मैंने राजनीति छोड़कर सरकारी नौकरी करने का निश्चय किया है ताकि मेरे भाई-बहन तो पढ़ सकें, मेरे माँ-बाप तो कुछ दिन तक आराम कर सकें। हाँ, मैं यह कहने के लिए ही आज यहाँ आया हूँ कि यह संकल्प तुम्हारी वजह से लिया है मैंने। तुम्हीं ने मुझे बुद्धि दी है। अपने दुर्व्यवहार के लिए मैं तुमसे माफी माँग रहा हूँ...''

उसका स्याह चेहरा सिकुड़ गया और वह घूमकर लड़खड़ाते हुए कदम से आगे चलता हुआ घर से बाहर निकल गया।

43

लगभग दो घंटे की धुआँधार वर्षा बन्द होने पर नीलेश ने रमाशंकर से विदा ली। गली हो या सड़क, आगे चलना बड़ा कठिन। उसने अपनी चप्पलें हाथ में ले ली थीं। चारों ओर बरसाती पानी का

सैलाब दिखाई दे रहा था। नालियाँ बह रही हैं नदियों की तरह हहराती और ऊपर रास्ते में फैलती। पानी को हेलकर चलना पड़ रहा है, जिसके अन्दर कहीं-कहीं फूला हुआ कीचड़ पाँवों को गोंद की तरह चिपका लेता है। रास्ते में छोटे-छोटे कंकड़-पत्थर, शीशे, टीन आदि के टुकड़े, कूड़ा-कचरा, कीड़े-मकोड़े बह रहे हैं और कई मकानों की ओरियानी से गिरती मोटी जलधाराओं की आवाजें मनहूसियत को तोड़ रही हैं।

सचमुच इस बारिश ने गुदड़ी बाजार गोलीकांड में हुई मौत के भय और आतंक से विच्छिन्न करके लोगों को जैसे किसी सुरक्षा घेरे में पहुँचा दिया हो। कुछ मकानों की खिड़कियाँ खुल गई थीं, जिनसे बाहर झाँकते कुछ सिर और आँखें दिखाई दे रही हैं। कहीं-कहीं बच्चे नियन्त्रण की ढिलाई का लाभ उठाते हुए बाहर निकल और इधर-उधर देखकर बातें कर रहे हैं, धीमे स्वर में। कहीं-कहीं कागज की नावें पानी में छोड़ी जा रही हैं। दूर छतों पर इक्का-दुक्का आदमी भी दिखाई दे रहे हैं उग आए छोटे पौधों की तरह। कभी वे ऊपर आकाश के बादलों और कभी नीचे के जल-प्लावन का चुपचाप अवलोकन कर रहे हैं और कुछ चूजों की भाँति मुँह घुमाकर अपनी छत या मकान के बिगड़े हुए हुलिया का मुआइना।

नीलेश ने सोचा, वह इसी समय भगजोगिनी के घर जाकर रमाशंकर के दिए रुपए थमा दे, परन्तु ऐसा संभव नहीं है, क्योंकि कई गलियों, विशेष रूप से बमपुलिस गली का अस्तित्व-लोप हो गया है, जहाँ दोनों ओर मकानों को जोड़ती कई सलवटोंवाली जल-चादर फैली हुई है। वह स्वयं सड़क पर निकल आया है, जहाँ दोनों किनारे पानी भरा हुआ है और उसे बाध्य होकर बीच के उभरे हुए कंकरीले रास्ते का सहारा लेना पड़ रहा है।

जब वह किसी तरह अपने मकान के बरामदे में पहुँचा तो सभी दरवाजे भीतर से बन्द। सहसा खटखटाने की हिम्मत नहीं हुई। कुछ देर तक चुपचाप खड़ा रहा। फिर अन्दर से किसी के दौड़कर आने की थप-थप आवाज नजदीक आती गई।

''अरे बड़का भैया, आप ? मझले भैया कहाँ हैं ?'' दरवाजा खोलते ही सुरेश ने पूछा।

''मैं नहीं जानता, सुरेश। मैं तो अपने दोस्त गोबर्धन के यहाँ चला गया था। वहाँ से निकलने में कुछ देर हुई, लेकिन रास्ते में पानी बरसने लगा। कहाँ गए हैं वीरेश, सवेरे तो थे...मुझसे तो मुलाकात नहीं हुई...।''

वीरेश को लेकर पहले से ही सशंकित था नीलेश, यद्यपि उसकी हरकत से मन-ही-मन बेहद नाराज भी। उसे महसूस हो रहा है कि घर के अन्दर ही एक अजीब प्रतिद्वन्द्वी भी निकल आया है उसका—तुम डाल-डाल मैं पात-पात ! किन्तु अपनी अनभिज्ञता जताने के सिवाय क्या करे ? इस समय तेजी से शैलजा भी आ गई और पीछे-पीछे जीरादेई भी।

''चलकर भीतर देखो, तुम लोगों की वजह से अम्मा की आँखें सूजकर लाल हो गई हैं— ।''

''अरे तो मैंने क्या कर दिया ? मैं तो शहर ही में गोबर्धन के यहाँ था...इतना घबराने की क्या बात है...'' नीलेश अपनी सच्चाई और घटना की अतिसाधारणता सिद्ध करने के लिए नाराजी का प्रदर्शन कर रहा था, जबकि माँ की हालत सुनकर परेशानी भी हुई उसे।

''नाहीं, ए बाबू,'' जीरादेई बोलीं, ''जमाना बड़ा खराब है, इसमें बाहर थोड़े ही निकलना चाहिए। गोली छूट रही है। बच्चा, तुम बड़े हो, तुम जैसा करोगे तो देखा-देखी छोटे भी वैसा ही करेंगे। तुम्हारे जाने के बाद मझला भी निकल गया। तुम्हारे बाबूजी चिन्ता में अपने कमरे में पड़े हैं, महतारी आँसू बहा रही हैं...मैं कभी गलियारे तक बाहर आती हूँ और कभी भीतर जाती हूँ। सभी बच्चे बेचैन हैं, किसी को कुछ अच्छा थोड़े ही लग रहा है। चलो भीतर, अपनी अम्मा को चेहरा दिखाओ कि उनको ढाढ़स बँधे...कपड़ा बदलकर खाओ-पीओ...''

जीरादेई की बात समाप्त होते ही, नीलेश चुपके-से दुबककर गलियारे से भीतर पहुँचकर आँगन

पार करते हुए दक्षिणी बरामदे में चला गया, जहाँ आनन्दी एक चारपाई पर बैठी आँखें पोंछ रही थी। सीतानाथ ने कमरे से ही उसे जाते हुए देखा, किन्तु कुछ बोले नहीं। लेकिन सब कुछ जानने की उनकी जिज्ञासा को शान्त किया शैलजा ने सूचना देकर।

''बाबूजी, नीलेश हैं, अपने दोस्त गोबर्धन के यहाँ चले गए थे। गोबर्धन ने किसी काम से बुलाया था, यहाँ जल्दी में किसी को बता नहीं पाए। वहीं भोजन के लिए रोक लिया तो देर हो गई। लौटते समय पानी बरसने लगा...।''

शैलजा ने पिता की नाराजी कम करने के लिए, अपनी कल्पना का सहारा लेकर परिस्थिति की व्याख्या को और भी वास्तविक बना दिया था। सीतानाथ ने पूछा, ''वीरेश भी होंगे ?''

''नहीं बाबूजी, वीरेश कैसे होते ? गोबर्धन के दोस्त थोड़े ही हैं वीरेश ! धीरेश बता रहा था, कोई बड़ा लड़का आया था, उसी के साथ गए हैं वीरेश...।''

''आते ही होंगे, वह भी...।'' सीतानाथ ने और भी धीमी आवाज में कहकर मुँह फेर लिया।

''बाबूजी, पानी इतना बरसा है कि उनकी चप्पल भी टूट गई। वह चप्पलें हाथ में लेकर आए हैं, इसीलिए तो और भी देर हो गई...'' पिता को बात में लगाने और बहलाने का शैलजा का प्रयास सफल नहीं हुआ और सीतानाथ ने बेमन से 'अच्छा' कहकर करवट विपरीत दिशा में बदल ली।

उधर नीलेश माँ के पास बैठकर लगभग मिमियाए-फुसफुसाए हुए स्वर में समझा रहा था :

''अम्मा, मैं कहीं गया थोड़े ही था, इस तरह घबराओगी तो कैसे काम चलेगा ? गोबर्धन को तो जानती ही हो, इस समय अपने व्यापार में फँसा है। पहले अक्सर हमारे यहाँ आता था, तुमने उसे नाश्ता कराया है, खाना खिलाया है। वह भी बड़ा खातिर-बात करता है, जाने पर इतना खुश हो जाता है, जैसे सगा भाई आ गया हो। हम लोगों की बड़ी चिन्ता रहती है उसे, मुझसे कह रहा था, बाबूजी की कचहरी बन्द होने से सामान, रुपया-पैसा जिस चीज की जरूरत हो, वह भेजवा देगा। तो उसी के यहाँ गया था, अम्मा, आराम से बैठा था...हाँ, कुछ लापरवाही हो गई मुझसे...।''

''वह मझला...वीरेश...गुदड़ी बाजार में खूब गोली चली है...।'' आनन्दी के मुँह से और कोई बात ही नहीं निकली और वह जोर-जोर से बिलखने लगी। नीलेश की तो एक बात भी उसके कान के अन्दर नहीं गई थी।

सहसा वह चौकन्नी होकर, गर्दन उठाकर सामने देखने लगी, क्योंकि इसी समय सुरेश की तेज आवाज बाहर की तरफ से आने लगी थी, ''कहाँ थे मझले भैया अभी तक ? जानते हैं क्या बजा है ? कितना भींग गए हैं, क्या लगा है यह सब...चलिए भीतर जल्दी...यह लो, आपकी तो चप्पल ही गायब है...भीतर चलिए, यहाँ खड़े होकर क्या करेंगे ?''

वीरेश किसी सजायफ्ता कैदी की तरह सिर झुकाकर अन्दर घुसा। उसने किसी तरफ देखा नहीं...उसका एकमात्र उद्देश्य था चुपचाप अन्दर जाकर गुसलखाने में घुसकर बन्द हो जाना, किन्तु सफलता नहीं मिली सिर्फ इस वजह से कि इसी समय सीतानाथ आश्वस्त होकर चैतन्य हो गए। दिन-भर वह डर के मारे मुर्दे की तरह पड़े रहे थे। भयावह काल्पनिक आशंकाएँ कभी-कभी मूर्त दिखाई दे जातीं। भगवान राम और शिव के नाम का जाप तथा रामायण की चौपाइयों का मन-ही-मन पाठ कोई सन्तोष नहीं दे पाया था। किन्तु अब भय के हट जाने से उसके रिक्त स्थान को भरने के लिए प्रचंड क्रोध दौड़ पड़ा। वह उठ बैठे और तड़पकर बोले :

''वीरेश ! चलो इधर...''

वीरेश के गुसलखाने की दिशा में बढ़ते कदम रुक गए। फिर वह सिर झुकाए ही घूमकर सीतानाथ के कमरे की तरफ चल पड़ा, परन्तु कुछ पहले ही उसे रुकना पड़ा, क्योंकि सीतानाथ प्रशंसनीय फुर्ती से खड़ाऊँ पहनकर उठ खड़े हुए और बरामदे में आकर लड़के को फटकारने लगे :

''कहाँ थे भाई तुम अब तक ? क्या समझते हो सीतानाथ यह सब बरदाश्त कर लेंगे ? ठीक

है, नीलेश बाहर पढ़ते हैं, कॉलेज में हैं, एक साल बाद यूनिवर्सिटी में जाएँगे, मगर, तुम्हारी क्या हस्ती है जी ? नीलेश बिना बताए चार दिन भी घर से बाहर रहें तो कोई परवाह नहीं, तुम्हारा तो एक घंटा क्या, एक सेकेंड भी लापता होना बरदाश्त नहीं होगा। तुमने अपने को समझ क्या रखा है ? हाई स्कूल अभी किया नहीं, अकेले कभी बाहर गए नहीं, सवेरे कुछ दंड-बैठक कर लेते हो तो समझने लगे बड़े हो गए। छाती आगे निकालकर अकड़कर चलने लगे। साफ-साफ बताओ, कहाँ रहे अभी तक ?''

सीतानाथ सिमटे-जमे, घने स्याह बादलों की तरह गरज-तड़प रहे थे। घर में इधर-उधर डोलती जीरादेई और शैलजा को अब पास आने की हिम्मत नहीं हुई, और वे जहाँ थीं, यानी दक्षिणी बरामदे में ही खड़ी सशंकित भाव से टुकुर-टुकुर देखने लगीं। कभी सिर को उठाते और कभी झुकाते। नीलेश का भी उठने का साहस नहीं हुआ। किन्तु, आनन्दी के निरन्तर बहनेवाले आँसू पता नहीं कब सूख गए और वह गर्दन उठाकर एक तटस्थ दर्शक की भाँति सबकुछ देखने, सुनने लगी।

सीतानाथ को ऐसे समय सिर्फ अपना क्रोध दिखाई देता, जिसको शान पर चढ़ाकर वह अक्सर अपनी सामान्यता और स्वाभाविकता प्राप्त कर लेते थे। उनका ध्यान एक क्षण के लिए भी वीरेश के हुलिए की तरफ नहीं गया, जो चुपचाप पहले की तरह सिर झुकाए खड़ा था।

''साफ-साफ बताते क्यों नहीं, जी ? मुझे एकदम सही जवाब चाहिए। समझ लेना, मैं तुम्हारी महतारी नहीं हूँ कि रोने लगूँगा और तुम बच निकलोगे। इस घर में झूठ और बहानेबाजी नहीं चलेगी। तुम सीतानाथ के लड़के हो, जो कचहरी में भी झूठ नहीं बोलते। मैंने आज तक कोई झूठ मुकदमा नहीं लिया, चाहे कोई खाए या नहीं खाए। क्यों गीदड़ की तरह खड़े हो ? सीतानाथ के लड़के होकर सच बताने की हिम्मत नहीं है तुममें ? बोलते क्यों नहीं...चोरी करके आए हो या डकैती डाल के या बदकारी, जनाकारी करके...?''

''मैं गुदड़ी बाजार गया था,'' अब जाकर वीरेश के मुँह से आवाज निकली।

''गुदड़ी बाजार ? काहे, वहाँ क्या था ?'' सीतानाथ की तड़प में कमी आ गई। अब चेहरे पर अचम्भे की रेखाएँ उभर आई थीं और मुँह खुल गया था।

''वहाँ पुलिस ने गोली चला दी थी...''

''गोली चला दी थी ! फिर तुम वहाँ क्यों गए थे, रोकने या खाने ?'' सीतनाथ जिरह करने लगे।

''पुलिस गोली चलाकर भाग गई थी...पब्लिक, दुकानदार भी भाग गए थे। लाशें पड़ी थीं, घायल छटपटा रहे थे...''

''तो ? चुप क्यों हो गए ?''

''घायलों को डॉक्टर के यहाँ कौन पहुँचाता ? लाशों का दाह-संस्कार कैसे होता ? उनको मुर्दाघाट कौन ले जाता ?''

''उनके तुम कौन हो, भाई ? रिश्तेदार या नातेदार ?''

''रिश्तेदार को भी बुलाया गया था...''

''तो क्या तुम महाब्राह्मण हो या आग देनेवाला डोम ? तुम्हारा वहाँ क्या काम ?''

''मेरे साथ पढ़नेवाले जगदम्बिका बुलाने आए थे। और भी लड़के आए थे। मैं भी उनके कुछ रिश्तेदारों को बुला ले आया, शहीदों की लाशों को उठाया...मुर्दाघाट पहुँचाया। वहाँ सबकुछ मिल गया...पंडा, डोम, लकड़ी...और भी सामान पास ही मिल गए...।''

''अच्छा !'' सीतानाथ के मुँह से और कोई शब्द नहीं निकला। उनके तो होश-हवास ही उड़ गए थे वास्तविकता का भान होने पर। और पहली बार उन्होंने गौर किया अपने लड़के के हुलिए पर—कई बार अखियाना सिर से पैर तक...बाल बिखरे, चेहरा धूमिल, मटमैला, कुर्ते की बटन टूटी

हुई, बनियान का ऊपरी हिस्सा फटकर लटकता हुआ, नीचे दाहिने पैर का पैजामा फटा हुआ, जैसे नीचे से किसी ने फाड़कर चीर दिया हो, जिससे टखने का हिस्सा दिखाई दे रहा था। बाएँ-दाएँ की उभरी हुई हड्डी भी कट-छिलकर ललछऊँ नजर आ रही थी। और तो और, कपड़ों पर ऊपर-नीचे कई जगह कीचड़ और खून के धब्बे पानी में घुले, फीके और फैले।

''तो यह सब करके आए हो तुम ! इसी दिन का इन्तजार था तुम्हें ! पढ़ाई-लिखाई इसीलिए कर रहे थे। तो ठीक है करो, बेशक करो...सीतानाथ तुमसे कुछ नहीं कहेंगे। सीतानाथ कौन होते हैं जी ? तुम मामूली लड़के थोड़े हो ! भूचाल आया, सभी लड़के बचकर निकल आए और तुम्हारे ऊपर पूरी दीवार ही गिर गई। सिनेमा का इश्तहार सभी लड़के लूटते हैं, सभी लड़के लेकर आ गए और तुम एक्के के पहियों के नीचे चले गए। निहायत चुल्ली हो तुम ! मैंने सोचा, ऐसे हादसों से बचकर निकल आए तो इसमें प्रभु की मर्जी है, उनकी कृपा है, वह तुमसे कोई अच्छा काम कराना चाहता है। और भैया हैं कि वहाँ पहुँचकर मुर्दा ढो रहे हैं ! इसमें तुम्हारा दोष नहीं है, तुम्हारे लक्षणों का दोष है ! तुम समझ-बूझकर कोई अच्छा काम करते कैसे, भाई ? तुम तो आला दर्जा के फितूरी हो...तुम्हारे दिमाग में तो चौबीसों घंटे खुराफात की बातें चक्कर काटती रहती हैं...''

''मैं कोई खुराफात करने नहीं गया था...गांधीजी के आन्दोलन में शामिल होने गया था...जब लोग मारे जा रहे थे, उनको बचाना मेरा फर्ज था...'' अपने पिता की बातों के विरोध में वीरेश की आँखें क्रोध से बाहर निकली जा रही थीं। वह मुँह फुलाकर बोल रहा था और उसकी आवाज धीमे-धीमे भों-भों निकल रही थी, जैसे ग्रामोफोन का कोई पुराना घिसा हुआ रेकॉर्ड। इसके साथ ही आँसू की धार भी झर-झर निकलकर गालों पर प्रवाहित।

वीरेश पहली बार सीतानाथ की किसी बात का जवाब दे रहा था। वह उसे छोटा समझकर दबाने की कोशिश कर रहे हैं और शाही की तरह अपने काँटे, खड़े कर दे रहा है वह। उन्होंने जिद्द में पुनः क्रोध का सहारा लिया और दहाड़ने लगे :

''जंग के मैदान में गए थे तो रो क्यों रहे हो, भाई ? गांधीजी के आन्दोलन में गए थे ! क्या गांधीजी हिटलर हैं या हिन्दुस्तान के वाइसराय कि उनका हुक्म न मानने से फाँसी पर चढ़ा दिए जाते ? जाकर पूछो गांधीजी से, जवाहरलाल से कि क्या उन्होंने कभी अपनी जिन्दगी में हलाक कांग्रेसियों की लाशें उठाई हैं ? अरे, आन्दोलन करने के लिए अक्ल भी तो चाहिए ? वे लोग अच्छे-अच्छे स्कूल-कॉलेज में पढ़ते हैं, विलायत जाकर बारिस्टरी पास करते हैं, लौटकर बारिस्टर बनते हैं। अंग्रेजों की तरह अंग्रेजी बोलते हैं, हाईकोट में बहस करते हैं, पब्लिक में स्पीच देते हैं और उसके बाद अपने बँगले में जाकर टोस्ट-मक्खन खाकर और सन्तरा-अनार का जूस पीकर आराम फरमाते हैं। यह नहीं कि सीतानाथ की तरह दो-दो, चार-चार रुपयों के लिए कचहरी के लिए पचासों चक्कर लगाते हैं। तुम्हारी हैसियत क्या है जी...?''

वह पता नहीं कब तक वीरेश की फिंचाई करते, लेकिन बीच में आनन्दी की तरफ से ऐसी रुकावट पेश की गई, जिसकी किसी ने सपने में भी कल्पना नहीं की थी। वह दक्षिण बरामदे से ही तेज मोटी आवाज में बोली :

''ए नीलेश, जाओ मझले का हाथ पकड़कर ले आओ यहाँ...उसे मार डालेंगे लोग...''

परन्तु, सहसा नीलेश की हिम्मत नहीं हुई और जब वह बगलें झाँकने लगा तो आनन्दी स्वयं उठकर क्रोध से मुँह सिकोड़े किसी नाटे पहलवान की हाथों की जुम्बिश के साथ आँगन पार करके वीरेश के पास पहुँची, अपने हतप्रभ और चकित पति की ओर बिना देखे वीरेश का बायाँ हाथ मजबूती से पकड़कर उसे गुसलखाने की ओर घसीट ले गई यह कहती हुई :

''क्या हत्यारे की तरह खड़े होकर चुपचाप सुन रहे हो ? मुँह में जाबी लगी है ? चुपचाप नहाओ, अपनी सफाई करो...कपड़े, साबुन भेजवाती हूँ...।''

सीतानाथ दो-चार क्षण तक अपनी पत्नी की तरफ देखते रहे, फिर किसी पराजित साँढ़ की तरह पीछे घूमकर लड़खड़ाती चाल से अपने कमरे में चले गए। फिर तो सबके अन्दर उत्साह आ गया। छत पर जाकर छिपे लड़के भर-भर नीचे उतर आए। शैलजा तेज आवाज में बोली :

"सुरेश, तुम्हें सुनाई नहीं देता ? डाँट तो तुम लोगों पर पड़नी चाहिए। घर में क्या जरूरत है, इसकी फुरसत ही नहीं है। अपने मझले भैया के कपड़े लाकर क्यों नहीं देते ?"

"ला तो रहा हूँ, दीदी," सुरेश गुस्से में बोला। फिर कमरे में घुसकर वीरेश का कुर्ता-पैजामा, बनियान लेकर बाहर निकला और शैलजा को पिनककर घूरता हुआ गुसलखाने की ओर निकल गया। देखा-देखी धीरेश, उमेश और रमेश भी सक्रिय हो गए—एक साबुन, दूसरा तौलिया और तीसरा मलिया में तेल लेकर दौड़ा।

"ए बबुनी, मैं बोरसी में कोयला जला देती हूँ, तुम हल्दी पीस दो थोड़ा। बबुआ निकलें तो घाव में हल्दी लगा देना गर्म करके। बाद में हाथ-पैर भी सेंक लेंगे, बड़ा ठंडा गया है बेचारा।"

शैलजा दया और करुणा की मूर्ति बनी हुई थी। उसने आँखें मलका और मटका तथा सूखी नाक सुड़ककर हाथ के विविध संचालन के साथ अर्थपूर्ण संकेतों द्वारा जो कुछ बताया, उसे समझने में जीरादेई को कोई भी कठिनाई नहीं हुई—यानी वीरेश ने अकेले ही कई मुर्दे कंधे पर लाद-लादकर मरघट पहुँचाया था और अब बहुत थक गया है बेचारा !

फिर आँगन में चहलकदमी करते सुरेश को डाँटा शैलजा ने, "क्या बात है सुरेश, तुम्हें किसी बात की फिक्र नहीं...क्या गुसलखाने तक मझले भैया के लिए खटपटी नहीं पहुँचा सकते ? उसके बाद गंगाल से पानी लेकर आँगन को झाड़ू से साफ कर दो..."

"हाँ बबुआ...बाबूजीवाला बरामदा, बाहर गलियारे में भी दो लोटा पानी गिरा देना...हाँ, लाला के यहाँ दुकान खुलवाकर दो आने का धूप-दशांग भी ला देना, बोरसी में डालकर रख दूँगी तो सारा घर शुद्ध-पवित्र हो जाएगा..."

दादी के अतिरिक्त सुझावों से सुरेश शोले की तरह भड़क गया, "जाइए, एक काम भी नहीं करूँगा मैं। सवेरे से दौड़ रहा हूँ। जब देखो, एक आने का नमक लाओ, एक आने की हींग। जब आप लोग दिन में छत के कमरे में फों-फों सो रही थीं, मैं दो बार चारों ओर गया उन लोगों को खोजने। ऊपर खुली छत पर देर तक खड़ा सड़क देखता रहा कि अब आते होंगे। बड़का भैया को मैंने ही पहले देखा, फिर मझले भैया को। दीदी तो तवा पर सूखे चने मसाले में भूनकर कटर-कटर खा रही थीं..."

"अरे कैसा बेईमान है, मुँह सूना हो रहा था, चार दाने तवे पर गर्म करके खा लिए तो चारों ओर बदनाम कर रहा है। आधी मुट्ठी चने इसे भी दिए थे...अधिक थे ही नहीं ! तो क्या करती ?"

"ए बेटी, काम तो करता है यह बच्चा, लट्टू की तरह नाचता रहा है बाहर-भीतर..."

"नाचता रहता है तो कौन अहसान करता है ? घर में रहते हैं लोग तो मौका पड़ने पर सभी करते हैं। फिर ध्यान भी तो रखा जाता है...घर में कोई भी सामान आता है, आम, लीची, खरबूजे...सबसे अच्छे-अच्छे छाँटकर अम्मा इसके हिस्से में रखती हैं। कपड़ा-लत्ता सबसे अच्छा इसके लिए बनता है..."

"अरे तो क्या हुआ...सबसे शौकीन भी तो है...जाओ बच्चा, दो-चार लोटा पानी गिरा दो... हाँ, दशांग लाना न भूलना...अरे, बड़का बाबू कहाँ गए ?"

अब कोई प्रतिवाद न करके सुरेश धोती खोंटकर और बाल्टी में गंगाल से पानी निकालकर झाड़ू से आँगन को धोने लगा। सीतानाथ के अपने कमरे में जाने के बाद नीलेश चुपके से बाहर निकल गया सिर झुकाकर। उसे गुस्सा भी आ रहा था और रुलाई भी। लेकिन क्या करे, कुछ भी समझ में नहीं आ रहा। कुछ देर तक बाहर खड़ा वह नम्रता के घर की तरफ देखता रहा, फिर धीरे-धीरे

भगजोगिनी की गली की दिशा में चल पड़ा।

पानी बन्द होने पर स्थिति की भयावहता। फिर लौट आई है। शाम तेजी से उतार पर और सन्नाटा था चारों ओर पसरा सायँ-सायँ। वह अपनी सैंडिल पहनकर, पानी और कीचड़ से बचते हुए तेजी से चलने की कोशिश कर रहा है, जो आसान नहीं। बमपुलिस गली का पानी निकल गया है, फिर भी शेष है कीचड़ और कचरा जिसके बीच में बने हुए ईंटों के मार्ग से भगजोगिनी के बरामदे में पहुँचने में बहुत दिक्कत नहीं हुई, जहाँ मच्छरों के झुंड ने उसका स्वागत किया। नीचे नालियों में और बाहर पूरी गली में मेंढकों और झींगुरों की ध्वनियाँ। दो बार दरवाजा खटखटाने पर भगजोगिनी की सास ने दरवाजा खोलते हुए झनककर पूछा :

''का है भैया, कौन हैं आप ? क्या चाहते हैं ? शान्ति से रहने क्यों नहीं देते ? घर में कोई मरद-मानुष नहीं है, इसीलिए जब देखो, कोई भी ऐरा-गैरा नत्थू खैरा बिना पूछे अन्दर घुस आता है। समझ लीजिए, मैं दस मर्दों के बराबर हूँ...''

''आप गलत समझ रही हैं,'' नीलेश ने अपना परिचय देने के बाद बीस रुपए निकालकर उसे थमाते हुए कहा, ''रमाशंकरजी ने कहलवाया है, घबराने की जरूरत नहीं, जब तक छूट नहीं जातीं, आपके परिवार का पूरा ध्यान रखा जाएगा। गोपालराम आए थे यहाँ ?''

''गोपालराम ? जो बहुत बड़बड़ बोलते हैं। ए भइया, सिखा रहे थे झंडा उठाने न जाओ। हमारी बहू किसी की बातों में आनेवाली थोड़े ही है, बड़ी समझदार है, फटकार दिया। समझिए बाबू, आज कई औरत लोगों के साथ चौक में झंडा उठाने गई, धर ली गई। जेहल में पुलिस कह रही थी—माफी माँग लो। बोली मेरी बहू पुलिस से—'क्यों माँगें...गांधीजी ने कहलवाया है, जान भले ही चली जाए, माफी न माँगना।' तो ए भइया, पुलिस हार गई...बाद में सभी औरत लोगों को जेल से छोड़कर कहने लगी—पैदल जाओ। अभी तो आई है मेरी बहुरिया...पानी में भीग गई थी...कीचड़-काँदो पैर में, साड़ी में लिथड़ गया था...''

''यह तो अच्छा हुआ...रमाशंकरजी मिलेंगे तो बता दूँगा...'' वह लौट चला उसी रास्ते आश्चर्य करता हुआ कि सरकार इतनी जल्दी स्त्रियों को कैसे छोड़ देगी ? क्यों गुदड़ी जबार में निरपराध लोगों को मार देने के अपराध-बोध से ? या उसके गद्‌गद सन्तोष से ? शायद जेल में जगह ही न हो !

हर क्षण गाढ़ा होता शाम का धुँधलका पैरों की बेड़ी सिद्ध हो रहा है। सामान्य रूप से आगे बढ़ना कठिन और कभी पैर इधर-उधर होकर कीचड़ में पड़ जाते। जो कुछ हो रहा था, उसकी वजह से घर जाने की इच्छा नहीं हो रही थी उसकी। लेकिन इस खतरनाक समय में कीचड़-भरी और अन्धकार-डूबी सड़क पर निश्चिन्तता के साथ टहला भी नहीं जा सकता, जबकि सड़ी हुई गर्मी और उमस में बाहर भी तर-तर पसीना बह रहा है।

फिर भी, हिम्मत करके दोनों किनारों के मकानों के बीच में वह मालगोदाम तक गया और उसके सामने कुछ देर तक खड़ा भी रहा। वहाँ काफी खुलापन है, कुछ हवा भी लगी। वर्षा की ही तरह क्या अँधेरा भी सुरक्षा का अहसास दे रहा है ? जैसे वह पुलिस को रोक लेगा या लापरवाह और निश्चिन्त बना देगा।

वह खड़ा रहा यह आत्मसन्तोष करते हुए कि देश के लिए कुर्बानी हेतु उसमें पर्याप्त हिम्मत है। और इतना सोचते ही उसके पाँव लौटने लगे, मानो एक महान कर्तव्य की पूर्ति हो गई हो। चाल में कुछ तेजी भी—कदम सही कैसे पड़ रहे हैं ? अन्ततः अपने घर के बरामदे में पहुँचकर वहाँ पड़े तख्त पर वह चुपचाप बैठ गया। कुछ देर बाद दरवाजा धड़ाम से खुला लालटेन की ललछऊँ धूमिल-सी रोशनी को रास्ता देते हुए।

''कौन है, बड़का भैया ?''

"हाँ सुरेश... ।"

"कहाँ गए थे भैया आप ? अम्मा का हाल तो आप जानते ही हैं, झट रोने बैठ जाती हैं। अभी दिन का बचा दाल-भात सानकर और प्याज-लहसुन-मिर्चा से छौंककर खिला चुकी हैं मझले भैया को। वह तो खा नहीं रहे थे, कहने लगे पेट में हल्का-हल्का दर्द है। जब अम्मा ने कहा, कुछ न खाने से दर्द हो रहा है तो खाया उन्होंने–अधिक नहीं। अब अम्मा आपके लिए परेशान हो रही हैं... ।"

"अच्छा सुरेश, चल रहा हूँ। वीरेश अब क्या कर रहे हैं इस समय ?"

"वह तो छत के आखिरी कमरे में सो रहे हैं। भीतर से दरवाजा भी बन्द कर लिया है–कहा है कोई जगाए नहीं।"

"और बाबूजी ?"

"कमरे में लेटे हैं। दीदी ने मकई का सत्तू घी-चीनी में सानकर दिया था, उसमें से थोड़ा लेकर एक गिलास पानी पीया है। अम्मा का हाल-चाल पूछ रहे थे तो साफ-साफ दीदी ने कह दिया, 'वीरेश भैया को जो डाँट पड़ी है उससे बहुत नाराज हैं, अम्मा। उनके सिर में दर्द है, लौंग पीसकर लगाई गई है... ।"

"सुरेश, जरा पानी ला दो, पैर में कीचड़ लगा है... ।"

"भैया, आधी बाल्टी पानी मिलेगा...बहुत कम है पानी...सँभालकर खर्च कीजिएगा। महरा आज नहीं आया, बाबूजी ने पूरा पानी भरा। उसी में आँगन और बरामदे की धुलाई भी खूब हो गई।"

"क्यों ? किसने की धुलाई ?"

"दादी कहती हैं आप लोग न मालूम कहाँ-कहाँ से आते हैं और हाथ-पैर धोए बिना उसी जूते-चप्पल में भीतर चले जाते हैं। मझले भैया के तो सभी कपड़े भी फेंकवा दिए।"

"क्यों ?"

"मुर्दाघाट से आए थे, खून-वून भी लगा था..."

"अरे..."

"भैया, मैं साबुन, पानी, तौलिया लाता हूँ, सैंडिल बाहर ही एक किनारे रख दीजिए...कल मैं साफ कर दूँगा। घर में खटपटी है, उसे ही पहनकर अन्दर जाइएगा, उसे भी ला दूँगा..."

"सुरेश, तुम मेहनत बहुत करते हो....सबका खयाल रखते हो..."

"कहाँ भैया ?" सुरेश दाँत खोलकर हँस पड़ा, "दीदी की जब से शादी हुई है, उनकी कोई बात टालने में बड़ा संकोच होता है। जब ससुराल फिर चली जाएँगी तो सोचकर अफसोस होगा। सफाई-दफाई, फींचने-कचारने का बड़ा शौक है उन्हें, फिर यह नहीं देखतीं कि घर में पीने का भी पानी है या नहीं। हुक्म चला देंगी–आँगन धो डालो। दादी की तो बात ही न पूछिए, वह चाहती हैं, सारा घर बाहर तक साफ कर दिया जाए, जैसा पूजा-पाठ, भंडारा के दिन होता है। मैंने पानी बचाने की कोशिश तो की, पर कितना बचता ? मैं तो चाहता हूँ जल्दी तगड़ा होना, तब देखिएगा घर में पानी की कमी नहीं होगी और बाबूजी को एक गगरा भी नहीं भरना पड़ेगा। दूध भी खूब पी रहा हूँ...हाँ, इधर कचहरी बन्द होने से एक चम्मच भी नहीं मिल रहा है..."

नीलेश हँसते हुए बोला, "सुरेश, तुम्हारी बातें बड़ी दिलचस्प होती हैं। तबीयत खुश हो गई, दिन-भर की मनहूसियत दूर।"

"मैं वकील नहीं बनूँगा, भैया। काफी बोलने पर भी अधिक पैसा नहीं मिलता...मेरी भी बाबूजी की ही आदत है न...झूठ बोलना नहीं होगा मुझसे फिर मेरी वकालत क्या चलेगी ?"

"तो क्या करोगे, आजादी का आन्दोलन ?"

"अम्मा करने देंगी तब न ? सच कहता हूँ भैया, अम्मा न रोएँ तो हम सभी भाई आसानी

से आन्दोलन में शामिल हो जाएँगे, तब आजादी भी जल्दी मिल जाएगी...।''

नीलेश ने जोरों का ठहाका लगाया। फिर जल्दी ही गम्भीर होकर बोला, ''अच्छा, अब जाकर पानी ले आओ फटाफट।''

हाथ, पैर, मुँह अच्छी तरह धोने के बाद, खटपटी पहनकर नीलेश अन्दर जाकर आँगन में बिछी चारपाई पर चुपचाप बैठ गया। इस बीच बादल छँट गए थे और बारिश के बाद तारों-भरा नीला आकाश उभरकर ताप का अतिरिक्त भभका नीचे भेजने लगा। आनन्दी दक्षिण बरामदे में ही बैठी बेना डुला रही हैं। सीतानाथ भोजन के बाद अपने कमरे में ही मसहरी के अन्दर सोए हुए हैं। अब चौके में जीरादेई और शैलजा खाना खाकर उठने की तैयारी कर रही हैं।

''भैया, अम्मा पूछ रही हैं आप क्या खाएँगे, ताजी रोटी, दाल, शोरवेदार तरकारी ? दिन का बचा दाल-भात छौंका हुआ भी रखा है...भात खाने का मन हो तो रोटी नहीं सेंकी जाएँगी...।''

''नहीं सुरेश, मैं भात नहीं खाऊँगा...बस एक रोटी, थोड़ी दाल और सब्जी भी बहुत कम। शाम को भूख तो थी, लगता है गर्मी की वजह से गायब हो गई...।''

भोजन के बाद नीलेश एकदम ऊपर की खुली छत पर सोने के लिए चला गया, जहाँ एक बँसखट रखी हुई है--साथ में एक हल्की दरी और तकिया भी लेता गया। जीरादेई और शैलजा भी छत के दूसरे कमरे में चली गई थीं।

आनन्दी का काम देर तक चलता है। पहले शैलजा सहयोग करती थी, लेकिन शादी के बाद आनन्दी ने मना कर दिया है कि ससुराल में जाकर तो सब करना ही है, यहाँ तो आराम कर लो। अब उसका स्थान किसी हद तक सुरेश ने ले लिया है। अगर बरसात और जाड़ा नहीं है तो बड़ा पलंग आँगन में ही डाला जाता है, जिसको बिछाना किसी दूसरे के बूते का नहीं। उस पर उमेश और रमेश भी सोते हैं, इसलिए उनकी रात्रिकालीन आदतों के कारण सिर्फ आनन्दी ही जानती है कि दो छोटी-छोटी गद्दियों का जमावड़ा कहाँ हो, मोमजामा कैसे रखा जाए, सीधा या तिरछा और ऊपर कौन-सी चादर बिछाई जाए यानी गलती से नई धुली किसी दूसरे की चादर न डाल दी जाए। सुरेश की छोटी चारपाई पर धीरेश भी सोता है।

सुरेश अब बड़ा हो रहा है, कुछ दूसरे काम तो कर ही सकता है। तीनों छोटे भाई पहले ही खाते हैं और दूसरे की चारपाई या किसी भी खाली जगह पर लटक जाते हैं। फिर तो उनको उठाना बड़ा कठिन। लेकिन सुरेश धैर्यपूर्वक उनको उठाता है, कभी डाँट-डपट या ठुनकियाने की जरूरत भी पड़ जाती है। एक हाथ में लालटेन और दूसरे हाथ से नींद में मतवाले भाइयों को बारी-बारी से गुसलखाने तक ले जाकर निबटवाना, हाथ-मुँह धुलवाना और वापस सही बिस्तरे पर लाकर सुलाना सुरेश सीख गया है। जब तक वह पलंग के बगल में अपनी चारपाई बिछाएगा, दोनों पर चार-चार डंडों में बँधी मसहरियाँ लगाएगा, सभी कमरे बन्द करके गलियारे के दरवाजे पर भीतर से ताला लगाएगा, स्वयं हाथ-पैर मुँह धोकर 'अम्मा सोने जा रहा हूँ,' कहने के बाद अपने बिस्तरे पर लेटेगा--इस बीच आनन्दी पनडब्बा से एक पान लगाकर जर्दा के साथ खाकर शौचालय जाती है और लौटकर हाथ-पैर धोने और कुल्ला करने के बाद खाने बैठती है, बहुत धीरे-धीरे इत्मीनान से एक-एक कौर मुँह के अन्दर डालती हुई। लेकिन आज सुरेश को अपनी चारपाई पर बैठकर रसोई की ओर टुकुर-टुकुर देखते हुए पाकर आनन्दी बोली :

''सोते क्यों नहीं सुरेश ? इतना सब कर चुके हो...थक गए होगे...।''

''अम्मा, आज शोरवेदार सब्जी बहुत अच्छी बनी है...दीदी तो मिर्चा झोंक देती हैं...।''

''बार-बार मुँह जुठारना ठीक नहीं है, बेटा। अच्छा, एक कटोरी में थोड़ी-सी देती हूँ...रात भी काफी हो गई है...।''

''रोटी-दाल मत देना...छौंका भात तो खत्म हो गया होगा...''

"बचा तो बहुत है। उन्हीं लोगों का दिन का खाना है, इस समय भी कुछ नहीं लिया है। नुकसान न करे...।"

लेकिन सुरेश इसके जवाब में कुछ न कहकर फुर्ती से उठकर रसोईघर में बैठ चुका था। आनन्दी थाली का ढक्कन हटाकर कड़ाही में रखे छौंके भात को उँगलियों से उठाकर नाक के पास दो बार ले गई। फिर उसने एक करछुल से दो बार निकालकर एक तश्तरी में रखा और उसी में शोरवा के साथ सब्जी परोसकर सुरेश की तरफ इशारा किया।

सुरेश ने प्रसन्न होकर तश्तरी अपनी तरफ खींच लीं। छौंका भात उसे बहुत पसन्द था। और वह पहले ही मजे का खा भी चुका था। आलू की शोरवादार सब्जी का वैसा शौकीन तो घर में अन्य कोई था भी नहीं, जो नाम सुनकर ही नाक-भौं सिकोड़ लेते हैं। उसने खूब पसन्द से खाया—और दो मिनट बैठा भी रहा सिर झुकाकर इस उम्मीद में कि माँ होने के नाते आनन्दी एक करछुल और डाल देंगी। लेकिन उधर कठोर सन्नाटा देखकर पानी जल्दी-जल्दी पीकर उठ जाना ही उचित समझा सुरेश ने।

"अम्मा, सोने जा रहा हूँ...।"

"हाँ, सो रहो...सवेरे जल्दी उठना रहता है...।"

"और पानी दूँ ?"

"पानी ले लिया है...सो रहो चुपचाप। मैं भी रसोई का सामान ठीक-ठाक करके आती हूँ। चिन्ता लगी है, पानी घर में नहीं है। रात-बिरात काम पड़ा तो क्या होगा ? देखें, सवेरे महरा आता है कि नहीं। एक गगरा पानी छिपाकर रख दिया है दक्षिण बरामदे में..."

"देखा है मैंने, अम्मा।"

"तुम लोगों से कोई चीज छिपी थोड़े ही रहती है ! खर्च तो नहीं किया उसमें से ?"

"अरे नहीं अम्मा। अच्छा हुआ तुमने दीदी को नहीं बताया...।"

"क्यों दोष लगा रहे हो उस बेचारी पर ?" आनन्दी को हँसी आ गई।

भोजन के बाद आनन्दी कुछ देर तक रसोईघर में खटर-पटर करती रही और बर्तनों का संगीत सुनते-सुनते सुरेश को नींद आ गई। लेकिन गर्मी इतनी थी कि महसरी के अन्दर वह रात-भर कराहता और छटपटाता रहा।

सुबह, यानी जब अँधेरा फट रहा था, आनन्दी की नींद उचट गई। उसने चौंककर इधर-उधर देखा, लेकिन सुरेश अपने बिस्तरे पर था नहीं। उसकी मसहरी उठी हुई थी। लेकिन कुछ क्षण बाद ही वह गुसलखाने की तरफ से आता दिखाई पड़ा धीरे-धीरे कराहते हुए।

"क्या हुआ, सुरेश ?"

"मैंने बाहर का ताला खोल दिया है..."

"तुम कराह क्यों रहे हो ?"

"अम्मा, जो गगरा-भर पानी रखा है न, उसमें से कुछ ले जा रहा हूँ।"

"साफ-साफ बताते क्यों नहीं ? इतनी जल्दी उठने की जरूरत क्या थी ?"

"अम्मा, कोई खास बात नहीं...पता नहीं कैसे कुछ कै हो गई। पेट में दर्द हुआ था।"

"अब पेट का दर्द कैसा है ?"

"अम्मा, कुछ-कुछ हो रहा है..."

"मैं पानी गिरा दूँगी, आराम करो। धीरेश के साथ सोने से तुम्हें आराम भी तो नहीं मिलता। हाथ-पैर बहुत फेंकता है। ठीक से करवट ले नहीं पाते, खाना पचे कैसे ? रहो, मैं धीरेश को अपनी चारपाई पर ले लेती हूँ, तुम्हारी खाट बरामदे में लगा देती हूँ। वहीं आराम करो...अभी गर्म पानी की बोतल देती हूँ, लेटकर सेंक लेना..."

"मैं उठा देता हूँ खाट..." इतना कहकर सुरेश ने मसहरी डंडों के साथ लपेटकर अन्दर रखने के बाद धीरेश को उठाकर बड़े पलंग पर लेटाया। फिर अपनी खाट को बरामदे में एक कोने में डाल और उस पर निखहरे लेटकर कराहने लगा।

"बहुत दर्द है ?"

सुरेश से कोई उत्तर नहीं मिला। आनन्दी जल्दी-जल्दी आग जलाने लगी। अँधेरा पूरी तरह फट गया था। पक्षी चहचहाने लगे थे। लेकिन इस समय भी हवा गुम-सुम। नीले आसमान में जल-शून्य पतले बादल की एक लम्बी, हल्की पट्टी फैल गई है।

इसी समय सीतानाथ आँगन में आकर खड़े हो जाते हैं। उनके दोनों हाथ कमर पर टिके हुए। कौतुक के साथ रसोई की ओर देखते हुए पूछते हैं :

"सवेरे-सवेरे आग क्यों, शैलजा की अम्मा ?"

"लड़का पेट के दर्द से घंटे-भर से जोर-जोर से कराह रहा है, एक बार गुसलखाने में जाकर कै भी कर चुका है, इस घर में किसी को कुछ नहीं सुनाई देता ! यही तो हमारा हाथ-गोड़ है, अब किसको महरा के घर भेजूँगी, एक बूँद भी पानी नहीं है।"

"अरे तो चिन्ता काहे करती हो...मैं फौरन कुएँ से पानी भरकर हाजिर करता हूँ।"

पहले घर में एक स्थायी नौकर था, मगर बीमार होकर उसके गाँव जाने के बाद, चौका-बर्तन करनेवाली का पति इस इस घर में भी दोनों जून पानी भरने लगा। हरिजी के गोलेवाला कुआँ यहाँ से कुछ भी दूर नहीं, लेकिन इस घर में पानी का खर्चा भी कम नहीं। जब महरा नहीं आता या बीच में पानी घटने से त्राहि-त्राहि मच जाती है तो सीतानाथ दोनों गगरे लेकर कुएँ पर पहुँच जाते हैं। एक प्रतिष्ठित वकील कुएँ से पानी भरे, यह किसी को अच्छा नहीं लगता, दोनों लड़के भी संकुचित हो जाते हैं। परन्तु सीतानाथ को इसकी परवाह नहीं है कि कोई क्या कहता है, क्या सोचता है। वह आँगन में खड़े होकर कहते हैं :

"जब तक प्रभु चाहता है, महरा आता है। वह काहे नहीं आएगा ? और जब प्रभु की ही इच्छा नहीं है तो महरा कैसे आए, भाई ? प्रभु की जब तक इच्छा थी, इस घर में नौकर शान से रहा, और जब उनकी इच्छा नहीं रही तो हट्टा-कट्टा नौकर भी बीमार होकर चला गया, कोई रोक नहीं सका। प्रभु रामचन्द्र जैसे सर्वशक्तिमान जब राज-पाट छोड़कर चौदह वर्ष तक वन-वन घूमते रहे तो सीतानाथ की क्या हस्ती है जी ? दो गगरा पानी भर दिया तो क्या हो गया ?" लेकिन वह गगरा लेकर बाहर जाने को हुए कि महरी आ गई और कुछ ही देर बाद उसका पति भी।

"क्या बात है दाई, तुम लोग जब चाहो बैठ जाती हो ?" आनन्दी ने फौरन सवाल किया।

"गोली चल रही थी, कैसे आती ?"

"कहाँ गोली चल रही थी...वह भी गुदड़ी बाजार में, दोपहर में गोली चली। सवेरे तो आ सकती थी। तुम तो उधर रहती भी नहीं...।"

"पुलिसवाले तंग करते हैं जी। आज भी तो सन्नाटा है। बचकर किसी तरह आ रहे हैं..."

"शैलजा की अम्मा, छोड़ो इन बातों को। जल्दी ये लोग काम करें और घर जाएँ।"

धीरे-धीरे लोग एक के बाद एक उठने लगे। महरा दोनों गगरे कुएँ से भरकर काँवर पर ले आता। दो बड़े गंगाल, कई बाल्टियाँ, रसोई के लिए पीतल की एक बाल्टी, एक गगरा, मिट्टी का एक मजबूत कुंडा और लोहे के गगरे। इस बीच कोई कुल्ला-मंजन करके नहा ले तो कोई हिसाब नहीं—लेकिन सीतानाथ को छोड़कर शायद ही कोई सवेरे नहाता हो, चाहे सड़ी गर्मी ही क्यों न पड़ रही हो। सुरेश कभी-कभी जरूर उत्साहित हो जाता, लेकिन आज तो वह गर्म पानी की बोतल सेंकने के बाद और भी बेचैन होकर जल्दी-जल्दी करवट बदल रहा था बीच-बीच में कराहते हुए।

महरा-महरी काम करके जल्दी चले गए। महरी कहती गई, "मलिकाइनजी, सुना है आज गोरों

की फौज आनेवाली है, गोली चलेगी। संझा को हम लोग नहीं आएँगे, पानी सँभालकर खर्च कीजिएगा। ठीक-ठाक रहेगा तो कल भोर में आएँगे...''

''अरे भाई, ऐसा न करो। चाहे और घर करो या न करो, यहाँ जरूर आ जाना। लड़के की तबीयत खराब है, मेरी भी ढीली है। बड़ी लड़की कुछ दिनों के लिए आई है, तुम लोग नागा करोगे तो उस पर बड़ा बोझ आ जाएगा।''

''हमारे भी तो बाल-बच्चे हैं...हमें गोली लग जाए तो उनकी देखभाल कौन करेगा ?''

''तुम लोगों को गोली कौन मारेगा ? उनके घर भी तो चौका-बर्तन करनेवाली की जरूरत है। आ जाना, मैं कहती हूँ कुछ नहीं होगा तुम लोगों को...''

बिना कुछ जवाब दिए जब दोनों चले गए तो आनन्दी कुछ क्षणों तक उनकी ओर घूरती ही रह गई। फिर पास आई शैलजा से बोली, ''ए बेटी, हलुवा बना लो...कुछ रोटियाँ भी सेंक लेना...और कोई झंझट न करो। चाहो तो अपने लिए और दोनों बड़े लड़कों के लिए दोस्ती बना लेना। मैं सुरेश को देखती हूँ। बड़ा छटपटा रहा है, क्या करूँ समझ में नहीं आता, आस-पास कोई डॉक्टर भी नहीं है। जो दौड़-धूप करनेवाला है, वही पड़ गया तो कौन जाएगा कहीं। देख नहीं रही हो, सभी कान में रुई डालकर पड़े हैं। किसी को फिक्र नहीं है कि क्या होगा, किसी ने आकर पूछा भी नहीं, कहो भैया तुम्हारी तबीयत कैसी है ? कितने कठकरेजी हैं इस घर के मर्द।''

शैलजा ने नाश्ता बनाने में कुछ अतिक्ति उत्साह और उदारता से काम लिया और दोस्ती की जगह छोटी-छोटी खास्ता पूड़ियाँ और आलूदम पेश कर दिए। वीरेश खूब सोया था रातभर ओर इस समय अनोखी ताजगी का अनुभव कर रहा था। गोलीकांड में मारे गए शहीदों की अन्त्येष्टि में उसने जो योगदान किया था, उससे वह स्वयं इस समय गर्व, खुशी और शहादत के भाव से भरा है। और पिताजी की कल की डाट ने उसे और भी गरिमा और ऊँचाई दे दी है—फिर ऐसे अनुकूल माहौल में भूख क्यों न लगे !

सुरेश की कराहट सुनी थी जरूर वीरेश ने, लेकिन कल उसने उच्च राष्ट्रीय भावना से प्रेरित होकर जो कष्ट सहे, उनके सामने पेट-दर्द का कष्ट उसे अत्यन्त महत्त्वहीन और साधारण लगा। फिर घर के लोग भी तो कुछ करें, स्वयं दुःख बरदाश्त करें या बीमार की तीमारदारी करें। उसने एक बड़ा काम किया है और उसको हक है कि इस समय निश्चिन्तता के साथ डटकर नाश्ता करे और पुनः सो जाए ताकि अगली कुर्बानियों के लिए उसका स्वास्थ्य कायम रहे। और यही किया भी उसने। अर्थाभाव में भी ले खास्ता पूड़ियाँ, ले खास्ता पूड़ियाँ। तत्पश्चात उसी कमरे में दरवाजा भीतर से बन्द करके लम्बी तानकर सो गया।

नीलेश को भी भूख थी, लेकिन एक तो उसकी खुराक कम है, फिर अहसास भी है उसे कि कितनी मुश्किल से यह सब बन रहा है। परेशान तो कर रही हैं उसे वीरेश की हरकतें। कितनी उद्धत गम्भीरता और शायद नाराजी के साथ वह नाश्ता कर रहा था। किसी से एक शब्द भी नहीं बोला और न किसी की तरफ भूल से भी देखा। क्या हो गया है इसे ?

''ए बाबू, कुल्ला-मंजन करके पूड़ी का एक छोटा टुकड़ा मुँह में डालकर पानी पीओगे ? दूँ ?'' आनन्दी ने सुरेश से गिड़गिड़ाती हुई आवाज में पूछा।

''अभी नहीं...बस पानी... ।''

आनन्दी उसको चिन्ता से कुछ क्षणों तक देखती रह गई। फिर रसोईघर से एक गिलास पानी लाकर सुरेश को देती हुई बोली, ''जल्दी ठीक हो जाएगा...घबराओ नहीं। क्या करें, हर चीज पर तो बज्जर पड़ गया है, घर में अमृतधारा भी नहीं कि दो बूँद पानी में डालकर दे देती तो जल्दी आराम मिल जाता। तुम्हीं तो सबके लिए दौड़नेवाले, अब तुम्हारे लिए कौन दौड़े ?''

सुरेश बैठकर एक ही साँस में गिलास भर पानी पी गया। उसके पश्चात सिर झुका और माथे

पर हाथ रखकर कुछ देर बैठने के बाद 'ओ-ओ' करता हुआ गुसलखाने की तरफ भागा। आनन्दी भी पीछे-पीछे दौड़ी। जब वह नाली पर बैठकर उल्टी करने लगा तो आनन्दी उसकी पीठ को सहलाती हुई बोली, "इत्मीनान से कर लो...जल्दी ठीक हो जाएगा..."

जब वह कर चुका तो आनन्दी ने हाथ-पैर धुलाकर उसे कुल्ला कराया, फिर उसका हाथ पकड़कर बिस्तरे तक ले गई। सुरेश बैठकर बोला, "अम्मा, लगता है, पेट में पानी भर रहा है... गड़-गड़ कर रहा है..."

"जाओगे ? जाओ, रोकना ठीक नहीं है, सवेरे भी तो नहीं गए हो। चलो, लोटा रख देती हूँ... ।"

"नहीं, मैं लेकर चला जाऊँगा।"

लौटकर साबुन से हाथ मलते और पैर धोते समय भी वह कराहता रहा। साथ में उसके आनन्दी लगी रही। पकड़कर बिस्तरे पर लेटाती बोली वह, "अब आराम से सो रहो...अच्छा हुआ, अन्दर जो अदरज-कदरज था, सब निकल गया।"

"अम्मा, लोटा भरकर रख दो...पेट बोल रहा है..."

"दबाकर रखो कुछ देर तक...घर में कुछ है ही नहीं..."आनन्दी ने घबराकर इधर-उधर देखा।

जब वह चला गया तो आनन्दी ने धीरेश से गिड़गिड़ाकर कहा, "बेटा, भइया की तबीयत बहुत खराब है...देख ही रहे हो। लाला के यहाँ चले जाओ, कहना भैया को कै-दस्त हो रहे हैं; अमृतधारा दे दो। वह न हो तो कपूर ले लेना।"

"अम्मा, मैं नहीं जाऊँगा, लाला मुझे अबे-अबे कहता है।"

"अरे चले जाओ बेटा, अबे-अबे कहने दो, उसी की जबान खराब होगी। लो, पैसा देती हूँ..."

लाला की दुकान बन्द थी शहर की अन्य दुकानों की तरह। यद्यपि वह भी कल गुदड़ी बाजार गया था सामान लाने, लेकिन उसे जान और खाली बोरे के साथ लौट आना पड़ा। धीरेश जब घर से निकलकर सड़क पार लाला की दुकान को जा रहा था, उसी समय पुलिस की वह कुख्यात लॉरी स्टेशन की तरफ से आई। सशस्त्र सिपाहियों ने उसे घूरकर देखा तो वह डरकर पिनपिनाता पीछे भागा और उसके अपने बरामदे में पहुँचने तक लॉरी सड़क से भर्र-भर्र करती हुई दूसरी दिशा में निकल गई। वह कुछ देर तक वहीं खड़ा रहने के बाद बाहर निकला और अत्यन्त सतर्कतापूर्वक सड़क की दोनों दिशाओं में झाँकने के पश्चात लाला की दुकान की तरफ बढ़ गया।

लाला देर से निकला और बिगड़कर बोला, "पुलिस बन्दूक लेकर घूम रही है और तुम लोगों को सामान की सूझ रही है ? मरवाएगा क्या मुझे ? भाग यहाँ से।"

धीरेश मुँह लटकाकर लौटने लगा तो नम्रता ने अपना दरवाजा खोलकर उसे बुलाया। नाव यात्रा से घर आने पर नम्रता को हल्का ज्वर आ गया था, आज कुछ आराम होने पर लॉरी की भर्राहट सुनकर ऊपर छत पर पहुँची तो उत्सुकतावश, वहाँ से धीरेश को देखकर कुछ देर तक खड़ी रह गई।

"क्या बात है, धीरेश ? बनिया क्यों डाट-फटकार रहा था तुम्हें ? क्या कुछ खरीदने गए थे ?"

"दीदीजी, वह हमेशा अबे-अबे कहता है। सुरेश भैया को दस्त-कै हो रही है, अम्मा ने अमृतधारा लाने भेजा था..."

"तुम इतने छोटे हो...और कोई नहीं मिला ?"

"सुरेश भैया ठीक रहते हैं तो वही सब काम करते हैं। बड़े भैया बनारस में कॉलेज में पढ़ते हैं, उनसे काम के लिए कोई नहीं कहता। मझले भैया थक गए हैं, कल गुदड़ी बाजार में मुर्दा उठाकर जलाने ले गए थे गंगाजी।"

"क्या ?" नम्रता की आँखें अचम्भे से बाहर निकल आईं, फिर सँभलकर जल्दी से बोली,

"अच्छा, तुम जाओ घर, मैं देखती हूँ, अमृतधारा मिल गया तो मैं जल्दी ही लेकर आऊँगी।"

नम्रता बेहद घबरा गई और अपने घर के अन्दर जाकर अपनी माँ को बताए बगैर अमृतधारा की छोटी-सी शीशी खोजने लगी, जिसे वह 'ओरिएंटल बाम' के साथ ले गई थी इलाहाबाद की यात्रा में। बहुत खोजने पर दोनों ही शीशियाँ उसके बक्से की गहराई में एक बादामी कागज में लपेटकर रखी मिल गईं।

इस बीच सुरेश की हालत काफी गम्भीर हो गई। उसे छः-सात दस्त हुए और करीब उतनी ही उल्टियाँ भी। उसके गाल धँस गए, उसकी आँखों के नीचे गड्ढे बन गए। अन्त में पेशाब भी बन्द हो गया।

"हाय, मेरे लड़के को हैजा हो गया है। अब मैं किसके पास जाऊँ ? एकदम ताकत नहीं है उसमें, चला नहीं जा रहा है उससे। सभी बेपरवाह बैठे हैं...सभी स्वार्थी हैं।"

आनन्दी लड़के के माथे को सहला-सहलाकर रो रही थी। जिसे अभी तक मामूली बीमारी समझकर निश्चिन्तता-भरी लापरवाही बरती जा रही थी, उसके हैजा घोषित होते ही भय और आतंक फैल गया—सबके मुँह सूख गए। सीतानाथ कमरे से उठकर बाहर आ गए, लेकिन उन्हें समझ में नहीं आ रहा था कि क्या करें ? कभी बाहर जाएँ, सड़क को निहारें, फिर भीतर आकर आँगन में खड़े हो जाएँ। बीच-बीच में आश्वासन-भरे शब्द मुँह से निकल जाएँ, "कोई बात नहीं सुरेश...हिम्मत रखो, सब प्रभु की लीला है, जल्दी ठीक हो जाएगा...।"

अजीब स्थिति थी। बाहर शहर में हड़ताल, गोलीकांड के बाद पुलिस का बढ़ता खौफ, अस्पताल दूर और एक्का-ताँगा आदि किसी वाहन की अनुपलब्धता, आस-पास भी कोई डॉक्टर नहीं। जब सुरेश बरामदे में ही सबकुछ करने पर मजबूर हो गया तो सीतानाथ ने झाड़ू उठा लिया और गंगाल से पानी निकाल-निकालकर सफाई-दफाई करने लगे।

जीरादेई ने अब नीचे उतरकर किसी डॉक्टर के यहाँ से दवा लाने के लिए कहा और सबकी तरफ बारी-बारी से देखा, जैसे कोई एकदम नया सुझाव प्रस्तुत कर दिया हो। शैलेजा ने नीलेश और वीरेश को जगाया और स्थिति से अवगत किया। वे दोनों ही कमजोर नींद से पूरी तरह पहले ही ज़ाग चुके थे। सभी बातें उन्हें मालूम भी थीं क्योंकि आँगन की बातें और छत पर होनेवाली खुसुर-फुसुर उन्हें सुनाई पड़ जाती थी—फिर भी वे निष्क्रिय बैठे रह गए, जैसे लकवा मार गया हो। किसी ऐसे संकट में, जब चारों ओर कोई रास्ता नहीं दिखाई देता, भय और घबराहट की कोई सीमा नहीं रहती, जैसे बीच नदी में कोई तैराक एकदम थक और अशक्त होकर अपने को लहरों के सहारे छोड़ दे कि डूबना ही है तो डूब जाए।

किसी गम्भीर बीमारी में सेवा-तीमारदारी करना वैसे भी सबके वश की बात नहीं। यदि ऐसा कार्य का अनुभव या पारिवारिक प्रशिक्षण अथवा स्वभावगत मौलिक व्यावहारिक क्षमता न हो तो युद्धभूमि में सिर कटाने या आन्दोलन में छाती पर गोली खाने की घोषणा करनेवालों या विद्वतापूर्ण सिद्धान्तवादी बहसें करने को हमेशा तैयार लोगों की अक्ल जल्दी ही गुम हो जाती है, यहाँ तक कि कुछ बावनवीर तो ऐसे अवसर पर सहानुभूति का एक शब्द भी नहीं निकाल पाते। वे किसी बहाने से ऐसे स्थलों से टल जाते हैं अथवा ऐसी ही फिराक में रहते हैं।

कुछ देर बाद नम्रता आँधी की तरह आई, "चाचीजी, चाचीजी...।" उसने गलियारे से ही पुकारना शुरू कर दिया था।

आनन्दी ने चौंककर और किंचित उत्सुकता और आशा से देखा। फिर वह उत्तरी बरामदे में चली गई, जहाँ नम्रता हाथ में अमृतधारा की शीशी लिए हुए खड़ी थी।

"चाचीजी, शीशी खोजने में देर हो गई। सुरेश का क्या हाल है ?"

"बेटी, बड़ा खराब है। पेशाब बन्द हो गया है, देह में कोई ताकत नहीं रह गई है।" आनन्दी

रो रही थी।

"चाचीजी, पानी में दो बूँद डालकर दे दीजिए...हमारे पिताजी ने कहा है, सिर्फ अमृतधारा के सहारे नहीं रहा जा सकता। उधर स्टेशन से चौक जानेवाली सड़क पर गुप्ता घड़ीसाज की दुकान से सटा हुआ मकान रामचरित्तर शर्मा वैद्यजी का है। बहुत ही गरीब हैं, गरीबों की ही दवा करते हैं, लेकिन बहुत काबिल हैं। बाहर से आने पर मुझे बुखार आ गया था, मजबूरी में वहीं से पिताजी दवा ले आए थे, बहुत जल्दी आराम मिल गया। उनके यहाँ किसी को भेजकर दवा मँगा लीजिए...।"

सीतानाथ भी पास आ गए थे। जब आनन्दी शीशी लेकर चली गई तो नम्रता ने उनसे भी रामचरित्तर वैद्य के मकान का पता बताते हुए कहा, "चाचाजी, किसी को वैद्यजी के यहाँ भेज दीजिए। इधर गली से जाने पर आसानी होगी, जहाँ गली, सड़क से मिलती है, वहीं घड़ीसाज की दुकान और वैद्यजी का मकान है। और कोई डॉक्टर न मिलने पर वैद्यजी अच्छे रहेंगे। हमारे बाबूजी भी आ रहे हैं, मालगोदाम के पास उनके एक मुवक्किल हैं, वह एक्का भी चलाते हैं। घोड़ा है उनके पास। बाबूजी वहाँ जाकर उनसे एक्का तैयार रखने को कहेंगे...फायदा दवा से नहीं हुआ तो एक्का से अस्पताल ले जाएँगे।"

"अरे पुलिस...!"

"कुछ नहीं होगा, चाचाजी...बहुत होगा, पुलिस गोली ही तो मारेगी..."

उसकी गर्दन गर्व से तन गई और चेहरा तमतमा गया। सीतानाथ उसे घूमकर तेजी से जाते हुए आश्चर्य से देखने लगे। उनको सहसा लगा कि गहरे धुंध को छाँटकर सूरज ऊपर आ गया हो। हृदय पर जो दबाव था वह हट गया। वह आँगन में आकर बोले :

"वाह, क्या लड़की है बाबू रतनसिंह की ! खूबसूरत, बुद्धिमान और निहायत हिम्मती। आकर सारी मायूसी दूर कर गई। हाँ, ठीक है, यहाँ लड़के की जान संकट में है और तुम अपनी जान के डर से घर में दुबके बैठे हो। सुन्न पड़े हो, कुछ सोच नहीं रहे हो कि ऐसे समय में क्या करना चाहिए। सिर्फ अपनी ही जान के लिए सोचनेवाले की कोई जिन्दगी होती है ? वह इंसान क्या जो दूसरे की जान के लिए न सोचे ! अब देखिए न, इस घर के बड़े-बड़े लोग हाथ-पर-हाथ रखकर बैठे रहते हैं, और दूसरे घर की एक लड़की धीरेश को बुलाकर सब हाल जान लेती है, खुद अमृतधारा लेकर आती है, इत्मीनान से बैठने की सलाह देती है, एक काबिल वैद्य का नाम बताती है और अस्पताल जाने की हिम्मत देती है। वाह, क्या शख्सियत है बाबू रतनसिंह की और उनके खानदान की ! इसीलिए कहा गया है, दुःख-संकट अकेला नहीं कटता है, अकेले काटना बेवकूफी है। मोहल्ले में, पड़ोस में, समाज में मिल-जुलकर रहिए, उनको अपना दुःख-सुख बताइए, उनके दुःख-सुख जानने की कोशिश कीजिए। तब सबकुछ आसान कर देता है प्रभु। शैलजा की अम्मा, कुछ रुपए दो, मैं वैद्यजी के यहाँ जाता हूँ..."

सीतानाथ धोती और बनियान पहने ही थे, ऊपर एक कुर्ता डाल तथा पाँवों में पम्प-शू पहनकर बाहर निकल गए। सड़क से यथासंभव दूरी बनाकर बायाँ किनारा पकड़ लिया उन्होंने। कितना सन्नाटा ! बाहर से तो वह गली रोज ही दिखाई देती है, परन्तु उसके अन्दर कभी भी नहीं गए हैं सीतानाथ। दिन में भी अन्धकार ! जगह-जगह कूड़े के ढेर, जिनका एक सूअर घूम-घूमकर मुआइना कर रहा है। इक्का-दुक्का आदमी घरों से निकलकर इधर-उधर जा भी रहे हैं, आश्चर्य से उनको घूरते हैं, मगर कोई बोलता नहीं।

गली के मोड़ पर वह ठिठकते हैं। वहीं एक मकान के चबूतरे पर बैठा स्टाम्प-फरोश गुप्ता खाँस रहा है। वह सुबह स्टेशन के पास सड़क के किनारे एक बक्सा लेकर बैठ जाता है और दिन में वही दुकान कचहरी के पास चली जाती है। सीतानाथ उसको पहचानते हैं, लेकिन वह इस बदबूदार,

मनहूस गली में रहता है, यह अचम्भेवाली जानकारी है उनके लिए।

"वकील साहब, इधर कहाँ ? कोई खास बात ?" स्टाम्प-फरोश सलाम करते हुए पूछता है।

"भाई, इधर कोई वैद्य रहते हैं, पंडित रामचरित्तर शर्मा ?"

"जी हाँ, वकील साहब, पास ही में हैं, चलिए मैं बता देता हूँ..."

स्टाम्प-फरोश गुप्ता अपने मकान से नीचे उतरकर सीतानाथ को सड़क तक वैद्यजी के घर के सामने पहुँचाकर लौट जाता है। सीतानाथ आगे बढ़कर दरवाजा खटखटाते हैं। कुछ देर में दरवाजा खुलता है, और सामने एक लम्बा-चौड़ा अधेड़ व्यक्ति दिखाई देता है, जिसके माथे पर चन्दन का टीका और जिसकी गझिन अधपकी मूँछें उसके होंठों पर छाई हुई हैं। वह सिर्फ एक मटमैली खद्दर की धोती पहने हुए है, ऊपर बनियान, कुर्ता कुछ भी नहीं, जिससे छाती पर के चितकबरे बाल झौंवों की भाँति दृष्टिगोचर हो रहे हैं।

"वैद्यजी आप ही हैं—पंडित रामचरित्तर शर्मा ?" सीतानाथ कुछ हिचकिचाकर पूछते हैं यह सोचते हुए कि ऐसे व्यक्ति को तो अक्सर देखा है उन्होंने सड़कों पर चहलकदमी करते...खद्दर का कुर्ता, पैरों में घिसी चप्पलें, जहाज की तरह हिलते-डोलते।

"हाँ आइए, अन्दर आ जाइए..." रामचरित्तर शर्मा मूँछों के भीतर पतले, नकियाए स्वर में बोलते हैं। सीतानाथ को वह अच्छी तरह पहचानते हैं, लेकिन एक होशियार डॉक्टर की तरह तटस्थता बनाए रखकर सिर्फ मूँछों में ही मुस्कुराते हैं।

"वैद्यजी, तेरह वर्ष के मेरे लड़के को सुबह से ही उल्टी-दस्त हो रहे हैं। पेशाब बन्द है, कोई ऐसी दवा...,"

"और कोई खास बात ?"

"इससे अधिक खास बात ?"

"घबराइए नहीं, बहुत अच्छी दवा है मेरे पास। आप कुछ देर खड़े रहिए...।"

वैद्य घर के अन्दर गायब हो गए और बहुत जल्दी, संभवतः पाँच-सात मिनट में, कागज की एक पुड़िया के साथ हाजिर होकर बोले :

"इस पुड़िया में चार गोलियाँ हैं, एक गोली जाते ही दे दीजिए, ईश्वर चाहेगा तो एक ही गोली से सब बन्द हो जाएगा। ऐसा न हो तो एक घंटा बाद एक और गोली दे दीजिए। बन्द होने पर बची गोलियाँ भी तीन-तीन घंटे पर खिला दीजिए। पानी माँगने पर एक-एक, दो-दो चम्मच ही पिलाइए। शाम को माँगने पर पतली खिचड़ी खिलाइए...अधिक मात्रा में नहीं...।"

"कितना दे दूँ वैद्यजी ?"

"एक गोली चार आना...।"

सीतानाथ एक रुपया का सिक्का वैद्यजी के हाथ पर देने के बाद फौरन घूमकर वापस चल पड़े।

उनको वापस आते देखकर रतनसिंह पहले ही उनके दरवाजे पर आकर खड़े हो गए थे, "भाई साहब, दवा दे दीजिए, असर देख लेते हैं, नहीं तो बच्चे को अस्पताल लेकर चलेंगे। एक्का तैयार करने को कह दिया है..."

सुरेश को एक बार और दस्त-उल्टी हुई थी और वह निर्जीव-सा पड़ा था। आनन्दी धीरे-धीरे उसकी पीठ सहला रही थी और पास ही जीरादेई खड़ी टुकुर-टुकुर देख रही थीं।

"चाची, घबराने की बात नहीं है, ये चार गोलियाँ हैं, एक फौरन दे दीजिए...प्रभु सब ठीक कर देंगे...।"

उधर गोली दी गई और इधर सीतानाथ झाड़ू लेकर फैली गन्दगी को धो-धोकर साफ करने लगे। लेकिन पानी की कमी पड़ गई तो दोनों गगरे लेकर कुएँ पर चले गए। धोती खोंट ली थी

उन्होंने, और कुर्ता उतार दिया था। दोनों भरे गगरे उठाए और मुँह बाईं तरफ घुभाए वह अन्दर आकर गंगाल में पानी डाल देते, फिर खाली गगरे लिए हुए नंगे पैर धम-धम की आवाज के साथ फिर कुएँ पर चले जाते।

यह समय धुकधुक प्रतीक्षा का था। हर व्यक्ति चुप एक-दूसरे की ओर न देखते हुए। अब अप्रतिरोध्य भय और घबराहट में भी कुछ कमी आ गई थी, जिसका कारण सकारात्मक चिकित्सकीय प्रयासों एवं आश्वासनों की मन के अँधेरे में टिमटिमानेवाली आशा की रोशनी है। वही रोशनी सीतानाथ के साथ भी, कुएँ तक जाती और आती है।

तीनों छोटे लड़के नीचे आने की मनाही के बाद छत पर सीढ़ी के पास खड़े होकर नीचे देख रहे हैं, किसी अटकी पतंग की तरह। शैलजा पर भी प्रतिबन्ध है, जो बारी-बारी नीचे झाँक रही है।

"अम्मा, नीचे आऊँ ?"

आनन्दी ने हाथ से ही मनाही का संकेत दे दिया। सीतानाथ जान-बूझकर देरी कर रहे हैं। वह धीरे-धीरे कुएँ तक जाते हैं, धीरे-धीरे पानी भरते और धीरे-धीरे वापस आते हैं। जब घर में पानी लबालब हो गया तो उन्होंने चार-छह गगरे और लाकर आँगन में गिराया। अन्त में वह बाहर गलियारा और बरामदा धोने लगे।

वह पसीना-पसीना हो रहे हैं। चेहरे पर थकान। और समय बीमारी को पीछे छोड़ते हुए आगे बढ़ रहा है। बाहर धो-धाकर, उन्होंने भीतर आकर पूछा :

"चाची, क्या हाल है ?"

"हाँ, बाबू, गोली देने के बाद तो कुछ नहीं हुआ...।"

"ठीक है," कहकर वह फिर बाहर चले गए, जैसे कोई जरूरी काम छूट गया हो। और अब नाली के उस भाग से, जो पत्थरों से ढका नहीं था, झुक-झुककर पेड़ों से गिरे पत्ते और तिनके निकालकर सड़क के किनारे रखने लगे। वह धूप में तपते हुए, समय को बीमारी से अधिक-से-अधिक दूर ले जाने की कोशिश कर रहे थे, जहाँ से वह दिखाई ही न दे हमेशा के लिए दफन होने के बाद।

और वह शुभ अवसर भी आ गया, जब सुरेश ने अचानक कहा, "अम्मा, पेशाब...।"

आनन्दी ने चहककर कहा, "अच्छा...अच्छा...वहीं रहो, हँड़िया ला रही हूँ..."

कम ही सही, जब सुरेश पेशाब कर चुका तो आनन्दी खुशी की गुदगुदी से व्याकुल हो गई और हँड़िया को यथा स्थान रखकर अपने स्वभाव के विपरीत गुस्से में चिल्ला पड़ी :

"शैलजा बेटी, क्या हो गया है तुम लोगों को, बाहर जाकर मना क्यों नहीं करती, दिन-भर नाली ही साफ होती रहेगी ? धूप तेज हो गई, पुलिस की मोटर घूम रही है..."

यह अवश्य है कि सीतानाथ पर उसे शुरू से ही गुस्सा आता रहा था कि हर काम ईश्वर के सहारे छोड़कर निश्चिन्त हो जाते हैं और हाथ-पैर नहीं हिलाते हैं। लेकिन अब वह अपराध-बोध से व्याकुल हो उठी है कि अपने पति पर उसने आज भारी अन्याय किया है।

शैलजा को तो जैसे पर लग गए और यह कहना मुश्किल है कि पहले वह उतरी या उसके पैर। उसकी बात से सीतानाथ की चेतना जैसे लौट आई और वह महसूस करने लगे कि सफाई का कोई काम शेष न रहने के बावजूद वह किए जा रहे हैं। फौरन भीतर जाकर आँगन में खड़े होकर बोले धीमे स्वर में :

"हो गया न ?"

"ए बाबू, बच्चा पानी माँग रहा है, दे दें न ?"

"हाँ चाची, पंडित रामचरित्तर वैद्य ने कहा है कि पानी थोड़ा-थोड़ा दीजिए...एक बार में एक-दो चम्मच से अधिक नहीं।"

वह गुसलखाने में जाकर साबुन से मल-मलकर हाथ धोने लगे। फिर आँगन में आकर तेज

आवाज में कहा उन्होंने :

"चाची, पंडित रामचरित्तर शर्मा।" वह बेतहाशा हँसने लगे आँखों में आँसू आने तक। फिर गम्भीर होकर चहकती आवाज में बोले, "निहायत काबिल डॉक्टर !"

तत्पश्चात पीछे घूमकर उसी वेश-भूषा में बाहर की तरफ चल पड़े और लोग कुछ सोचे-समझें, उसके पहले ही वह सड़क-पार नम्रता के घर की तरफ जाते दिखाई पड़े।

नम्रता ने पहले ही देख लिया था, इसलिए उसने झटपट बाहर का कमरा खोल दिया और अपने पिता को भी सूचना दे दी।

"भाई साहब, क्या हाल है ? एक्का मँगवाएँ ?" रतनसिंह ने बाहर निकलकर बरामदे में खड़े सीतानाथ से पूछा।

"अरे तौबा कीजिए, अब इसी इक्के पर कचहरी साथ-साथ चलेंगे।" सीतानाथ ठहाका मारकर हँस पड़े।

"अच्छा..." रतनसिंह कंपित होंठों में मुस्कराने की कोशिश करते हुए दुर्बल संशय भाव से उनको घूर रहे थे।

"अच्छा ही नहीं, अच्छा, अच्छा, अच्छा।" सीतानाथ ने विदूषक की तरह मुँह बनाते हुए कहा।

अब हँसने की बारी रतनसिंह की थी। उन्होंने तो उन्मुक्त खिलखिलाहट की एक लम्बी लकीर ही खींच दी, हिलती और उछलती।

"अच्छा तो भैया, सीतानाथ, चलते हैं, कुछ आराम-वाराम किया जाए न ! हाँ, आप सब लोगों को बहुत-बहुत शुक्रिया, खास तरह से नम्रता बिटिया को। जब बच्चे को अस्पताल ले जाने की बात उठी तो मैं पुलिस से डर रहा था—तो नम्रता ने कहा, 'चाचाजी, पुलिस क्या करेगी, अधिक-से-अधिक गोली ही तो चलाएगी।' वाह ! अरे भैया, अब मेरी समझ में यह बात आई—अगरचे लोग मौत से ही डरेंगे तो आजादी की लड़ाई कैसे लड़ेंगे ? अब मेरी समझ में आया कि भगतसिंह क्यों फाँसी पर चढ़ गए ! वाह ! वाह !"

वह लौट चले अपने घर की तरफ होंठों पर विश्वास-भरी काँपती मुस्कुराहट के साथ।

शैलजा कई बार गलियारे के दरवाजे तक दौड़कर बाहर झाँक चुकी है। धीरेश, उमेश और रमेश गिलास में पानी लेकर आँगन में प्रतियोगिता कर रहे हैं कि किसका कुल्ला सबसे आगे जाकर चैम्पियन बनता है। और सुरेश लेटे-लेटे क्षीण दृष्टि से उनकी लीला देखकर मुस्कुराने की कोशिश कर रहा है। आनन्दी रसोईघर की नाली के पास बड़ी बाल्टी में पानी लेकर माँजे हुए बर्तनों को खंगालने की कोशिश कर रही है।

सीतानाथ लौटकर आँगन में खड़े हो जाते हैं और सुरेश की तरफ देखकर चहकती आवाज में पूछते हैं, "ठीक है न ?" लेकिन कोई जवाब न पाकर अपने कमरे में लौट जाते हैं, "अरे, वीरेशजी कहाँ हैं, दिखाई नहीं देते।"

तीनों छोटे लड़के ऊपर दौड़ पड़ते हैं, जहाँ वीरेश अपने शयन-कक्ष में देर से चुपचाप बैठा है। वह अब भी गम्भीर है नाराजी से, जैसे ऐसा करने का उसे अधिकार है। सूचना पाते ही वह उठकर चल देता है अकड़कर। गर्दन तनी और टेढ़ी। मुख पर अवज्ञा का यह भाव कि अब वह किसी का भी बरदाश्त नहीं करेगा, चाहे वह कोई भी हो।

"वीरेशजी, कौन कहता है तुमने गलती की ? तुमने सोलहो आने सही काम किया है। तुम इंसान हो, ऊँचे दर्जे के इंसान। अरे, इंसानियत के मुकाबले जान क्या चीज होती है भाई ? कौन कहता है, तुम छोटे हो, नासमझ हो, गैर-जिम्मेदार हो ? अरे गांधी, जवाहरलाल सोने के थोड़े ही बने हैं, वे भी तुम्हारी ही तरह हाड़-मांस के इंसान हैं। वे भी बच्चे थे। अरे, तुम गलत काम कर ही नहीं सकते, सच्चाई से डिग ही नहीं सकते। तुम खुद-मुख्तार हो, जाओ हँसो, गाओ, गुनगुनाओ,

मेहनत करो। गलती तो सीतानाथ की ही थी...।"

सीतानाथ की वाणी अवरुद्ध हो जाती है, वह आँखें पोंछने लगते हैं। वीरेश का किला ढह गया है और वह सिर झुकाए वहाँ से भाग खड़ा होता है, बाल रुदन जैसी सिकुड़ी आँखों और बिचके होंठों के साथ।

नीलेश डर रहा था, सीतानाथ शायद उसे भी बुलाएँ। फिर वह खुली छत पर जाकर टहलने लगा। परिवार में खुशी का माहौल लौट तो आया है, लेकिन वह स्वयं दुःखी है। ऐसा क्यों हुआ, जब सबकी चिन्ता करनेवाला उसका छोटा भाई, गम्भीर बीमार था, वह छत के एक कमरे की कुर्सी पर जड़ होकर बैठा रह गया ? यह सही है कि वह देशभक्त है, देश की आजादी के लिए सबकुछ करने को तैयार है, लेकिन क्या बात है कि भाई की बीमारी दूर करने के प्रयासों में उसकी कोई भूमिका नहीं, कुछ भी योगदान नहीं ? जो राष्ट्र के बड़े मोर्चे पर लड़ता है, उसे समाज और परिवार के छोटे मोर्चों को महत्त्वहीन समझने का अधिकार मिल जाता है ? या उसकी देशभक्ति दिखावा-भर है और दरअसल वह स्वभाव से एक भगोड़ा है ! नहीं, नहीं...वह घबरा गया। नहीं, वह आज से और अभी से घर के लोगों की छोटी-छोटी तकलीफों को दूर करने का प्रयास करेगा और राष्ट्र के बड़े मोर्चे पर अपनी सार्थक भूमिका निभाने के लिए कल सवेरे ही बैरिया निकल जाएगा, जहाँ आजादी की एक निर्णायक लड़ाई होनेवाली है। इस संकल्प के साथ ही ताजी विपुल हवा उसके फेफड़े में आसानी से भरने और निकलने लगी। आत्मविश्वास से होंठ परस्पर चिपक गए और गर्दन तनकर टेढ़ी हो गई।

44

आधी रात के पश्चात आकाश में बादलों की एक हल्की परत चारों ओर फैल गई और सुबह तक उसके ऊपर रुई की तरह सफेद और हल्के, दूसरी परत के बड़े-बड़े टुकड़े भागते हुए दिखाई देने लगे, मानो किसी मैदान में घुड़दौड़ हो रही हो। हवा भी तेज चल रही है सुखद, जिससे जल्दी उठनेवालों की भी नींद समय से नहीं खुली और उन्हीं के बीच से होता हुआ नीलेश गलियारे का दरवाजा धीरे से खोलकर पूरब दिशा में निकल गया।

नफीस और राममूरत, काजीपुरा के पास उसकी प्रतीक्षा कर रहे थे—तब वे तीनों ऊँचे बाँध पर बनी रेल पटरी की पगडंडियों के रास्ते से बढ़ चले। राममूरत उम्र, कद और ताकत में कम होने की वजह से सबसे आगे चल रहा है। उसकी चाल में कोई धमधमाहट नहीं है नफीस की तरह, जो सबसे लम्बा, तगड़ा और फुर्तीबाज है। दोनों के बीच में चलनेवाला नीलेश उन्नीस नहीं है और उसका कसरती शरीर भी निकलकर खिल गया है। लेकिन तीनों साथियों के चेहरे समान रूप से उत्साह से दप-दप कर रहे हैं।

तीनों ही धोती में हैं, लेकिन नीलेश कुर्ता और बाकी दोनों उटुंग कमीज पहने हैं। नफीस और राममूरत गले में लाल अँगोछा लपेटे हुए हैं, जो शायद तेज धूप से बचने के लिए हो। लेकिन सबकी चाल और हाथों की जुम्बिश में अद्भुत तालमेल है। वे लगभग एक ही समय और एक ही शैली में अपने सिर कभी बाएँ और दाएँ घुमाकर चौकन्नापन से देखते हैं। वे रमाशंकर के जोर देने पर गाँवों में आजादी के लिए होनेवाले संघर्ष में मदद देने के लिए निकले हैं और इस समय रेल की पटरी पकड़कर सुरेमनपुर स्टेशन होते हुए बैरिया जाना है।

गंगा और घाघरा नदियों के मध्य स्थित बलिया भूमि के वाशिन्दों में वैसी ही छोटी-बड़ी तरंगें उठ रही हैं। सवेरे से ही गाँवों से छोटे-छोटे जुलूस निकलते हैं, जो एक जगह एकत्रित होकर बड़ी

प्रबल लहर की तरह आगे बढ़ते हैं। रास्ते में और कई जोशीले समूह मिलकर जुलूस को लम्बे-चौड़े नद का रूप देते हैं। हाथों की मुट्ठियाँ आसमान में लहराती हैं, नारे गूँजते हैं, 'अंग्रेजो ! भारत छोड़ो।' जब सफर लम्बा हो तो राष्ट्रीय गान हिम्मत, जोश, धैर्य और अनुशासन देता है।

लहराएँगे, फहराएँगे
प्यारा तिरंगा देश का,
विदेशी राज मिटाएँगे
प्यारा तिरंगा देश का, प्यारा तिरंगा देश का।

प्रश्न है कि जब गांधी, नेहरू, आजाद और पटेल पहले से ही गिरफ्तार हैं और इस जिले के भी सभी प्रभावशाली नेता अन्दर हैं तो जनता के इस विशाल क्रान्तिकारी आन्दोलन का नेतृत्व कौन कर रहा है ? किसने बनाया आन्दोलन का कार्यक्रम ? बम्बई में गिरफ्तारी के पहले दिया गया नेताओं का भाषण, खास तरह से महात्मा गांधी का 'करो या मरो' सन्देश, बचे-खुचे फरार नेताओं और कार्यकर्ताओं के जन-सम्पर्क, जोतकर उपजाऊ बनाए गए खेतों की तरह क्रान्तिकारी किसान आन्दोलनों द्वारा संघर्ष और क्रान्ति के विचार से फैलाई गई जागरूकता, बड़े-बड़े शहरों के जन-प्रदर्शनों में भाग लेने के बाद गाँवों में फैलकर जन-अभियानों को प्रभावित करनेवाले नौजवान-छात्र—यही है नेतृत्व और यही हैं कार्यक्रम।

और सबसे बड़े सम्बल हैं राष्ट्रीय स्वातन्त्र्य आन्दोलन की महान, उदात्त और क्रान्तिकारी परम्पराएँ, खास तरह से महात्मा गांधी द्वारा बताए गए असहयोग, सत्याग्रह, कौमी एकता, साम्प्रदायिक सद्भाव, अस्पृश्यता उन्मूलन, अहिंसात्मक प्रतिरोध, नारी उत्थान, स्वदेशी, सादगी, स्वाभिमान और जनसेवा के रचनात्मक विचार और कार्यक्रम। इसलिए लोग जान गए हैं कि आजादी की लड़ाई कैसे और किन हथियारों से लड़ी जा सकती है। जहाँ कोई नेता नहीं है, वहाँ स्वयं ही लोग दल बनाकर और अपने ही बीच में से किसी को नेतृत्व सौंपकर निकल पड़ते हैं नारे लगाते हुए। कोई बड़ा नेता न होने पर भी उन्होंने महान जिम्मेदारियाँ सँभाल ली हैं। जुलूस चलने के पहले कोई स्थानीय नेता संक्षिप्त भाषण देता है :

"तो ए भाई, अब हम एक आजाद राष्ट्र हैं। समझ लीजिए, किसी का कोई जाति-धर्म नहीं, जाति-धर्म है तो हिन्दुस्तानियत, भारतीयता। तो ए भाई, हमारे नेता हैं, गांधी, नेहरू, आजाद, जयप्रकाश नारायण। उन्हीं के हम सिपाही हैं। वे आज जेल में हैं, लेकिन वे वहीं से हमें प्रेरणा, उत्साह दे रहे हैं। हम चल तो रहे हैं अपनी अहिंसात्मक लड़ाई के लिए मैदान में, पर ध्यान रहे, आप कोई ऐसा काम न करें जिससे जेल में हमारे नेताओं को दुःख हो। मिल-जुलकर लड़ें और मिल-जुलकर ही कष्ट सहें और कुर्बानियाँ दें। हिंसा किसी भी हालत में न करें। हम जानते हैं अंग्रेज हुकूमत अपने क्रूर, घृणित हिंसात्मक अत्याचारों द्वारा हमको दबाने, हमको तोड़ने की कोशिशें कर रही है—वह चाहती है हम, हमारा आन्दोलन हिंसात्मक होकर टूट-बिखर जाए। हम उनके जाल में नहीं फँसेंगे। हमारे राष्ट्रीय आन्दोलन के जो उसूल हैं, उन्हें हम किसी भी हालत में नहीं छोड़ेंगे। बोलिए :

अंग्रेजो, भारत छोड़ो,
इन्कलाब जिन्दाबाद।"

जोरदार नारे लगते हैं। फिर वही व्यक्ति आगे कहता है :

"देश के क्रान्तिकारी वीरो, ध्यान से सुनिए...पहला काम तो यह है कि रास्ते में शराब, गांजा-भाँग की जो दुकानें मिलें, उन्हें बन्द कराइए। पहले हाथ जोड़कर दुकानदार से कहिए कि वे नशा का सामान बेचना बन्द कर दें और अपने हाथ से सबके सामने उनको फेंक दें, नष्ट कर दें। अगर वे नहीं मानें तो यह कार्य आप स्वयं करें, जैसा सन् इक्कीस के असहयोग आन्दोलन में किया

गया था। फिर आगे बढ़िए...तो ए भाई, परिस्थितियाँ बदल गई हैं, जन-जन में जागरूकता फैल गई है, यह आजादी की 'करो या मरो' वाली अन्तिम लड़ाई है, इसलिए हम असहयोग के कुछ नए तरीके इस्तेमाल कर रहे हैं। ब्रिटिश हुकूमत को कायम रखनेवाली हर चीज को नष्ट करना आज जरूरी हो गया है। तार काट दीजिए, रेल की पटरी उखाड़ दीजिए, डाकखाने के कागज-पत्र जला दीजिए, थानों और दूसरे सरकारी दफ्तरों पर अधिकार करके कागज-पत्र नष्ट कर दीजिए और ऊपर तिरंगा झंडा फहरा दीजिए। हर थाने से जो बन्दूकें वगैरह मिलें, उन्हें ले लीजिए...लेकिन उनका इस्तेमाल हिंसा करने के लिए न कीजिए..."

जोरदार नारे लगते हैं। फिर भाषण चालू होता है :

"एक बात और सुन लीजिए। इस जुलूस में कोई भाई ऐसा हो, जो लूटपाट या किसी भी निजी फायदे की नीयत से चल रहा हो तो मैं साफ-साफ कह देता हूँ, वह इसी समय जुलूस से निकल जाए। चले वही जो आजादी के लिए लाठी, डंडा, गोली खाने को तैयार हो। मैं जानता हूँ, घोर गरीबी की वजह से कुछ लोग ऐसे काम करते हैं। लेकिन आजादी की यह लड़ाई गरीबी दूर करने के लिए भी लड़ी जा रही है। हाँ, आजादी कोई हवा में लटकानेवाली चीज नहीं है, अगर हम शोषण, अन्याय, गरीबी दूर नहीं करेंगे तो अंग्रेजों को हटाने से क्या फायदा ? इसलिए, हर भाई को यह समझ लेना चाहिए कि आजादी मिलने का मतलब यह नहीं कि हर तरह की आजादी मिल गई। आजादी मिलने पर हमारा शासन अहिंसा, शान्ति, समानता और न्याय के सिद्धान्तों पर जरूर चलेगा, मगर गलत काम को बरदाश्त नहीं किया जाएगा। आप सभी एक स्वतन्त्र राष्ट्र के जिम्मेदार नागरिक की तरह काम करें और अपना सहयोग दें..."

बलिया जिला का समस्त क्षेत्र, पूरब से पश्चिम और उत्तर से दक्षिण, उठ खड़ा हुआ है और सही अर्थों में समूचे हिन्दुस्तान की स्वातन्त्र्य आकांक्षाओं का प्रतिनिधित्व कर रहा है। छात्र सबसे आगे हैं जिनमें स्कूल के कम वय के बच्चों की भी संख्या कम नहीं है। कई अभियानों में स्त्रियों की प्रभावशाली भूमिका है। कोई पुराना बुजुर्ग या अधेड़ कांग्रेसी जब नेतृत्व करता है या जुलूस में शामिल होता है तो वह राष्ट्रीय पोशाक धारण कर लेता है—खद्दर की धोती या पैजामा, कुर्ता और गांधी टोपी। कुछ लोग ऐसे अवश्य हैं उग्रता में विश्वास करनेवाले, जो अहिंसा के तरीकों को नाकाफी समझते हैं, लेकिन उनके पास न कोई खास संघटन है और न ही जनता में असर इसलिए वे भी इस अनोखी क्रान्ति के रास्ते पर चलने को बाध्य हैं !

यह सही है कि आन्दोलन शुरू होने के समय सशस्त्र क्रान्ति में विश्वास करनेवाले कुछ नौजवानों ने एक गाँव में एक धनी-मानी व्यक्ति के घर में डाका डाला। जब काकोरी में क्रान्तिकारियों द्वारा ट्रेन में डकैती डाली गई, उसके बाद से ऐसी न मालूम कितनी वारदातें की गई हैं। क्रान्तिकारी आन्दोलन की परम्पराओं में इसका शुमार है, जिसका उद्देश्य नेक है और इस तर्क की पुष्टि करता है कि किसी महान लक्ष्य को यदि साधना है तो साधन के रूप में हिंसा आदि का इस्तेमाल करना अनुचित नहीं है। यह किस्सा सभी आन्दोलनकारियों को मालूम है कि सन् इक्कीस का असहयोग आन्दोलन इसीलिए बन्द कर दिया गया था कि चौरीचौरा में कुछ पुलिस सिपाहियों की थाने में आग लगाने से मृत्यु हो गई थी और पंडित नेहरू ने गांधीजी के निर्णय के प्रति अपनी असहमति भी व्यक्ति की थी। फिर भी 'भारत छोड़ो आन्दोलन' में भाग लेनेवाली जनता पुरानी गलतियों से सीखकर सजग, सचेत और सावधान है।

डकैती हो या कोई अन्य हिंसात्मक कृति, जनता इसे पसन्द नहीं करती। भले ही मुट्ठी-भर लोग कुछ कर लें, लेकिन कोई नहीं चाहता कि हमारे गाँव में कुछ ऐसा हो। कई जुलूसों में, पन्द्रह-बीस हजार की भीड़ में कुछ लोग लाठी अथवा अन्य छोटे-मोटे हथियार लेकर चलते हैं, थाने से प्राप्त या गश्ती सिपाही से छीनी गई दो-एक बन्दूक भी होती हैं। लेकिन इनका इस्तेमाल शायद

ही कभी हुआ। संभवतः यह एहतियाती कार्रवाई है, यदि विदेशी हुकूमत द्वारा हमला किया गया तो डटकर मुकाबला किया जाएगा। लेकिन विशाल अहिंसक जन-समुद्र में दो-एक हथियार बहनेवाले तिनकों की तरह महत्त्वहीन लगते हैं।

कुछ समय पहले जो लोग एक सिपाही को देखकर डर जाते थे, वे ही दल-बल के साथ किसी थाने पर पहुँचकर थानेदार को बुलाते हैं :

"थानेदार साहब, बाहर आइए तो..."

"क्या बात है ? वहीं से बताइए न...!" थानेदार सकपकाकर कहता है।

"हम शान्ति से बात करना चाहते हैं। आपको कोई खतरा नहीं है..."

"आप लोग इतना बड़ा मजमा इकट्ठा करके क्या करना चाहते हैं ?"

"थानेदार साहब, आपसे हमारी कोई दुश्मनी नहीं है। आप तो हमारे भाई हैं। अब आपको मालूम हो जाना चाहिए कि अंग्रेजों की सरकार खत्म हो गई है। जो भी बन्दूक, कारतूस, लाठी-डंडा आदि आपके पास हों, हमारे सुपुर्द कर दीजिए...और यहाँ से चले जाइए जहाँ जाना चाहते हों। शान्ति से अपने बाल-बच्चों और सामान को ले जाइए, कोई कुछ न बोलेगा। हम थाने पर कब्जा करेंगे, तिरंगा झंडा फहराएँगे, सभी सरकारी कागज नष्ट कर देंगे, अपनी आजाद सरकार कायम करेंगे। आप भी गांधी टोपी पहनिए और तिरंगा झंडा को अपनी सलामी दीजिए..."

यह अभूतपूर्व है। ऐसा किसी थानेदार या सरकारी अधिकारी ने पहले देखा नहीं है—देखा क्या, कल्पना में भी कभी सोचा नहीं है। थानेदार घबराकर या भीड़ को टालने की चालबाजी से कहता है :

"साहबान, यह क्या कर रहे हैं ? हमारे भी बाल-बच्चे हैं, परिवार हैं, हमारी नौकरी चली जाएगी, बाद में फाँसी पर लटका दिया जाएगा...जाइए, घर पर आराम कीजिए..."

"थानेदार साहब, अब विदेशी सरकार है कहाँ, जो आप उससे डर रहे हैं ? हम आजाद सरकार की तरफ से आपको बरखास्त करते हैं। आप तीन-पाँच न कीजिए...हम गांधीजी के सिपाही हैं, किसी पर हाथ नहीं उठाते। हाँ, अगर आप नहीं मानते तो हम सत्याग्रह और संघर्ष करेंगे..."

परतन्त्रता और जुल्म-अन्याय से मुक्त होने के विश्वास, प्रयास और अनुभव से उज्ज्वल कुछ भी नहीं। उनके चेहरों पर जो चमक थी, उनकी तुलना सूरज की प्रखर किरणों से करने में कोई अतिशयोक्ति नहीं। या कहिए कि गुलामी के अन्धकार को भगाने के लिए एक साथ हजारों दीये या मशाल जल रहे हैं। आजादी की दीवानी आम जनता की ज्योतित नैतिक शक्ति का थानेदार और उनके सिपाही सामना नहीं कर पाए, जिससे उनकी हिम्मत इतनी कम हो गई कि उनके लिए अपने विनाशकारी हथियारों की सक्षमता पर भी विश्वास करना कठिन हो गया। जो होशियार थे, उन्होंने पहले ही अपने मुखबिरों से पता लगाकर हथियार इधर-उधर छिपाकर कोई बहाना गढ़ दिया। लेकिन कागज-पत्रों को वे बचा नहीं सके, न ही थानों पर तिरंगा का फहराया जाना रोक सके। अन्य कइयों को गांधी टोपी पहननी पड़ी और 'अंग्रेजो भारत छोड़ो' का नारा लगाना पड़ा।

लोगों के दिलों में क्रान्ति के शोले दहक रहे हैं जिनमें सरकारी कार्यालयों, थानों, डाकखानों, स्टेशनों तथा अन्य स्थानों पर विद्यमान विदेशी हुकूमत के रेकॉर्ड, महत्त्वपूर्ण दस्तावेज, अन्य कागज-पत्र, टिकट, लिफाफे, पोस्टकार्ड, मनीऑर्डर, तार के फार्म वगैरह जलकर खाक हो गए। जो नोट मिले, वे या तो जला दिए गए या कार्यालय के साधारण कर्मचारियों और गरीबों में बाँट दिए गए। स्वतन्त्रता के भारत छोड़ो आन्दोलन में उन दिनों जो दृश्य दिखाई दिए उनका अन्दाजा शायद किसी महान कलाकार द्वारा बनाए गए जन-विद्रोह या दावानल के कलात्मक चित्रों से लगाया जा सके। कहना तो यह चाहिए कि जनता स्वयं उच्चकोटि के कलाकारों के समान, समय और इतिहास को नया मोड़ देकर देश के जीवित चरित्रों और उनकी महान विविध संभावनाओं को निर्मित कर

रही थी, जो किसी अन्य कवि या आर्टिस्ट द्वारा संभव नहीं है।

क्रान्ति के इसी दौर में जनता ने स्वयं मुक्ति अभियान चलाने और उसके बाद कामचलाऊ आजाद शासन व्यवस्था कायम करने की जिम्मेदारी ले ली थी। अतः उसे एकजुट संघर्ष, साहस, बुद्धिमत्ता, दृढ़ता, सतर्कता, सतत जागरूकता, धैर्य, परस्पर सहयोग, त्वरित प्रबन्ध और निरन्तर परिश्रम की जो शिक्षा कुछ ही दिनों में मिल गई, वह वर्षों के प्रयास में संभव नहीं है। उसमें ऐसे-ऐसे व्यक्तियों ने आगे बढ़कर नेतृत्व सँभाला जिनके बारे में ऐसा कभी सोचा भी नहीं जा सकता। जिनको पहले कभी दब्बू, मरियल, सोझिया, गँवार, गरीब, शर्मीला, नासमझ, पिछड़ा, अथवा आवारा या उद्दंड समझा गया, वे कई हिम्मतियों और आदर्शवादियों से भी आगे बढ़ गए। उनमें गरीब तबके के ऐसे लोग भी थे, जो पढ़े-लिखे तो कम ही थे, किन्तु जिन्होंने वामपक्षीय राजनीति से प्रभावित होकर निरन्तर किसान आन्दोलनों में काम किया था और नए ढंग से लोगों को संघटित करने, समझाने-बुझाने, तर्क-वितर्क और बहस करने तथा वंचित-शोषित के पक्ष में आजादी की सोद्देश्य व्याख्या करते हुए प्रतिभाशाली भाषण देने में भी कुशलता प्राप्त कर ली थी।

ऐसे लोग अपने क्षेत्र की जनता के दुःख-सुख में खड़े हो जाते। चोरी-डकैती या कोई और विपत्ति पड़ने के वक्त सबसे पहले पहुँच जाते। कोई जुल्म होने पर जनान्दोलन द्वारा उसका विरोध या प्रतिकार करने में लग जाते। परस्पर मतभेद, मनमुटाव या लड़ाई-झगड़ा में समाधान तथा परस्पर सौहार्द की पुनःस्थापना के लिए दिन-रात एक कर देते। उन्होंने साधारण किसानों, मजदूरों के हक में सूदखोरों, क्रूर जमींदारों के जुल्म के विरुद्ध कई आन्दोलन चलाए थे और कहीं-कहीं सफलता भी प्राप्त कर ली थी। आजादी के आन्दोलन के साथ ऐसे भी संघर्ष चलते रहते। एक-दूसरे का विरोध करते हुए नहीं बल्कि परस्पर सहयोग करते हुए, जिनमें किसान-मजदूरों की दिन-पर-दिन भागीदारी बढ़ती जाती थी, इसलिए आजादी के किसी विचार एवं व्यवस्था में उनकी उपेक्षा सम्भव नहीं थी।

रामचरन, एक ऐसा ही उभरता हुआ कार्यकर्ता है। यह वही शख्स है, जो कुछ वर्ष पूर्व सहतवार स्टेशन पर कुली मजदूर का काम करता हुआ चनरा के नाम से जाना जाता था और जिस पर बुढ़ाते प्वाइंट्मैन की कमसिन, खूबसूरत पत्नी जान छिड़कती थी। उन्हीं दिनों सदाशयव्रत के कारण भोलाराम नामक एक भूतपूर्व डाकू ने प्वाइंट्समैन की पत्नी का अपहरण कराया था, लेकिन उसने अपने सच्चे प्रेम पर अडिग रहते हुए नकार और निराशा देकर सदाशयव्रत की जीवनधारा विपरीत दिशा में मोड़ दी। रामचरन अब भी वैसा ही लम्बा, छरहरा और जीवन्त है और अब उसके काले चेहरे पर प्रौढ़ता की तरफ बढ़ता हुआ सुचिन्तित धैर्य और सिर तथा मूँछों में एक-दो बाल सफेद देखे जा सकते हैं।

रामचरन के जीवन में उस समय एक बड़ा परिवर्तन आया, जब प्वाइंट्समैन की अचानक मृत्यु के बाद सन्तानविहीन किनेरी ने अपने पति के स्वार्थी रिश्तेदारों को जमीन-जायदाद, पैसा-कौड़ी में अपना हक लिखित रूप से सुपुर्द करके चनरा के साथ रहने का ऐलान कर दिया। तब रामचरन उसको लेकर स्टेशन से दूर किसी देहात में चला गया, जहाँ उसने कुछ राजनीतिक सम्पर्कों के कारण किसान और मजदूर संघटनों में काम करना शुरू किया। किनेरी के प्रेम और सहयोग से वह खुश था, और राजनीति ने उसे बहुत कुछ सिखाया, जिससे जीवन के प्रति उसकी दिलचस्पी और समझदारी बढ़ती गई। मामूली पढ़ना-लिखना जानता था, अब वह अपने ज्ञान को बढ़ाने की कोशिश करने लगा। किसान सभा की बैठकों में सदस्यों के बीच सरल भाषा में लिखी पुस्तकें और पत्र-पत्रिकाएँ बाँटी जाती थीं। पहले वह भटक-भटककर पढ़ता था, लेकिन नियमित अभ्यास से वह गति पकड़ने लगा और कुछ समय बाद उनमें व्यक्त विचारों की गहराई में भी उतरने लगा।

वह खुश हो जाता और गर्व से भी भर उठता इस खयाल से कि उसका जीवन दूसरे लोगों

से जुड़ा है और उसके साथी सिर्फ दबे-कुचले असहाय किसान-मजदूर ही नहीं बल्कि अन्य जागरूक और स्वाभिमानी लोग भी हैं जो आजादी और सामाजिक न्याय के लिए संघर्ष करना जानते हैं, और अपने तथा सबके लिए एक ऐसा खूबसूरत समाज बनाना चाहते हैं, जिसमें सभी शान्ति, भाईचारे, और समता के वसूलों पर चलते हुए तरक्की करें। आगे चलकर, रामचरन अपनी इसी पृष्ठभूमि और अनुभव के साथ 'भारत छोड़ो' जनक्रान्ति में शामिल हुआ, उसकी सोद्देश्यता की धार को और भी पैना करते हुए—जब उस समय के प्रचलित नारों के साथ कुछ विशिष्ट नारे भी लगे :

अंग्रेजो, भारत छोड़ो !
महात्मा गांधी, जिन्दाबाद !
इन्कलाब, जिन्दाबाद !
समाजवाद, जिन्दाबाद !

राजनीतिक आजादी सर्वाधिक महत्त्वपूर्ण होते हुए भी उसमें आर्थिक और सामाजिक समता के स्वप्न जुड़ गए थे, जो बहुत चटक भले ही न हों, लेकिन जो देश-समाज की समस्याओं और उनके समाधान की रूप-रेखा और तरीकों की समझ दे रहे थे। इसी वजह से इस आन्दोलन में साधारण लोगों की भागीदारी सर्वाधिक थी। उनके उत्साह का अन्त नहीं था, जिसका एक सबूत यह है कि थानों और सरकारी कार्यालयों पर कब्जा होने के बाद फौरन जनता के बीच में से कर्मठ और बुद्धिमान व्यक्ति चुनकर पदाधिकारी बना दिए जाते ताकि शान्ति-व्यवस्था का काम गड़बड़ाने न पाए। मुक्त हुए क्षेत्र के प्रत्येक गाँव में स्वयंसेवकों की भर्ती की गई, जो रात को पहरा देते, अपनी देख-रेख में सामानों के मूल्य निर्धारित करके बाजार लगवाते और यह भी देखते कि गरीब-दुखिया को सताया तो नहीं जा रहा है और स्थिति का अनुचित लाभ उठाकर कोई गलत काम तो नहीं कर रहा है ?

कुछ ही दिनों में, लगभग पूरा जिला विदेशी शासन से मुक्त कर लिया गया। लगभग सभी थानों और सरकारी कार्यालयों पर अधिकार हो गया, लेकिन जिला मुख्यालय बलिया शहर की तरफ कूच करने में बैरिया थाना सबसे बड़ी बाधा बना हुआ था। वहाँ का थानेदार बड़ा काइयाँ था। उसने शुरू में ही आए जुलूस को अपनी मीठी-मीठी बातों और आश्वासनों से बहला-फुसला लिया। उसने झट जुलूस की थाने पर झंडा फहराने की माँग स्वीकार कर ली और वादा किया कि दो-तीन दिन में थाना छोड़कर चला जाएगा। लोगों ने उसे तीन दिन की मोहलत दे दी। लेकिन उसने जिला मुख्यालय से कुछ और सिपाही और हथियार मँगाने के बाद झंडा उखाड़कर फेंक दिया।

इस धोखेबाजी से लोग काफी गुस्से में थे। लेकिन वे तत्काल उधर ध्यान न देकर और क्षेत्रों को मुक्त करने में लग गए। बाँसडीह तहसील, सहतवार तथा अन्य गढ़ों पर अधिकार करने के बाद बैरिया का भी नम्बर आ गया। लोगों का यह संकल्प था कि 18 अगस्त को बैरिया पर अधिकार करने के बाद दूसरे ही दिन जिला मुख्यालय पर धावा बोला जाए, जिस पर अधिकार होने पर छोटे-मोटे किले स्वतः ही ढह जाएँगे।

सवेरे से ही गाँव-गाँव से जुलूस निकलने लगे। लोग इकट्ठे होते, भाषण होते, नारे लगते। फिर राष्ट्रीय गान गाते हुए चल देते। जिले के अन्य कई क्षेत्रों से भी इस लड़ाई में शामिल होने के लिए नौजवान आए थे, जिनमें नफीस, नीलेश और राममूरत भी हैं।

तीनों साथी शुरू में रेल पटरी के किनारे-किनारे तेजी से चले थे, लेकिन बाद में गति धीमी पड़ गई। चेहरे पर थकान। इसका एक कारण था जगह-जगह पटरियों का उखाड़ा जाना, जो यदि रास्ते में आ जातीं तो कूद-फाँद करनी पड़ती। कहीं-कहीं पता नहीं क्यों पगडंगी के रास्ते को भी फावड़े-कुदाल से खोदकर अवरोध पैदा किया गया था।

"यार भूख लग आई है...।" नफीस ने पसीनियाए चेहरे को हाथ से पोंछते हुए सज्जनतापूर्वक

हँसकर कहा था।

राममूरत और नीलेश भी हँसने लगे, एक खास शहीदाना ढंग से, जैसे ऐसे समय में भूख बरदाश्त करना गर्व की बात हो।

"मुझे तो खयाल ही नहीं आया कि भूख भी लग सकती है। चलो नीचे उतरते हैं, आस-पास गाँव होगा, कुछ तो मिल ही जाएगा...भूजा-वूजा..."

"नहीं नीलेश, जल्दीबाजी न करो। सुरेमनपुर स्टेशन तक चुपचाप चले चलो, वहाँ से घूमेंगे तब देखा जाएगा।" नफीस ने गम्भीर होकर कहा।

"पहले लोग लड़ाइयों में दूर-दूर तक सफर करते समय क्या खाते होंगे ?" राममूरत ने कुछ सोचते हुए पूछा।

"रोटी या चबेना..." नीलेश ने कहा।

"यार, इस समय सूखा चना भी मिल जाए तो मजा आ जाए।" नफीस हँसने लगा।

"भई, कल गुदड़ी बाजार की घटना में, श्मशान घाट पर मुझे बड़ी भूख लग आई। ऐसा क्यों होता है नफीस भाई ? मुझे अपने ऊपर बड़ा गुस्सा आया। सोचा, देखो मैं कितना कमीना हूँ, यहाँ लोग शहीद हो गए हैं और मुझे पेट की पड़ी है। तब अलग जाकर मैंने अपने ही गाल पर जोर का तमाचा मारा...लेकिन अपना तमाचा उतना जोरदार थोड़े ही होता है जितना कोई दूसरा मारे..."

नफीस ने अपनी हँसी को नियन्त्रित करते हुए गुस्से में कहा, "राममूरत, तुम आलतू-फालतू बहुत बोलते हो, यह मजाक का समय नहीं है, चुप्पे चलो..."

"लीजिए भइया...नाराज न होइए, अब कुछ नहीं बोलूँगा--" यह कहकर राममूरत दौड़ लगाने लगा, परन्तु अपने साथियों को वैसा करते न देखकर कुछ ही दूर बाद खड़ा हो गया और जब वे पास आ गए तो उन्हीं की गति से चल पड़ा।

हवा में उतनी तेजी नहीं रह गई है और पूर्वी क्षितिज पर गाढ़े बादल इकट्ठे होने के बाद ऊपर आकाश में फैल रहे हैं, जिनके नीचे शाम-जैसे हो आए धुँधलके में बाँध के दोनों किनारे गड्ढों तथा खेतों में बरसाती पानी नन्हीं-नन्हीं लहरियों में काँप रहा है। झौवे-झाड़ी, पेड़-पौधे, ताड़-खजूर, रेंड, बबूल, सभी जैसे तृप्त होकर सुख में विनम्र भाव से सिर झुकाकर खड़े हैं। मुँहजले स्टेशन, कटे-छितरे तार, उखड़ी सर्पीली रेल पटरियाँ, चारों ओर निर्जनता।

"आस-पास कोई आदमी-जन क्यों नहीं दिखाई दे रहा है ? गाय-भैंस, चरवाहा कोई भी तो होता। क्या सभी बैरिया थाने पर झंडा गाड़ने चले गए ? खैर छोड़ो...हाँ भैया राममूरत, तुम कुछ ऐसा सुनाओ कि शरीर में कुछ गर्मी और जोश पैदा हो।"

"हाँ, यह तो ठीक है..." नीलेश ने कहा।

"भाईजी, दौड़ते-हाँफते कुछ खास तो नहीं गाया जाएगा, हाँ, एक क्रान्तिकारी अखबार की दो लाइनें सुन लीजिए :

सब मिल खाएँ मकई का लावा
नाहीं मिले तो बोल दें धावा...
बोल दें धावा..
बोल दें धावा।"

"छोड़ो यार, इससे तुमने भूख की याद दिला दी... वह जगह भी दूर है यहाँ से, जिस पर धावा बोलना है..." नफीस ने कहा।

"ठीक है, अब चुपचाप चलते हैं..."

इसी समय हल्की झींसी पड़ने लगी। नफीस और रामूमरत ने अँगोछे से अपने सिर ढक लिए, लेकिन नीलेश के बाल जल्दी ही तर हो गए। खैर, बारिश शीघ्र ही बन्द हो गई, किन्तु इतनी ही

देर में रास्ता चिपचिपा और फिसलनवाला हो गया और चाल की तेजी में भारी रुकावट आ गई। जब वे सुरेमनपुर स्टेशन से दाहिने घूमकर आगे बढ़े और बैरिया के निकट पहुँचे तो गगनभेदी नारों की गूँज उन तक पहुँचने लगी। जोश से उनके चेहरे पर तनाव आ गया और भीतर कुछ घबराहट भी कि पता नहीं क्या हो, क्योंकि बैरिया थाने के मामले में जनता एक बार धोखा खा चुकी थी।

गंगा और घाघरा के बीच पूर्वी द्वाबा क्षेत्र में ब्रिटिश शासन का एक महत्त्वपूर्ण किला था बैरिया थाना। वहाँ का थानेदार बड़ा ही धूर्त, जिद्दी और दबंग था, जिसका चेहरा पके सीपिया आम की गुठली की तरह पतला और चपटा, आँखें छोटी-छोटी, बिच्छूनुमा मूँछें और दाहिनी तरफ गाल पर एक लाल मस्सा। उसने पहली बार झूठे आश्वासन देकर जुलूस को लौटा दिया था और जो समय मिला उसमें मुख्यालय से कुछ और सिपाही मँगाकर पूरी तैयारी कर चुका था, लेकिन जनाक्रोश में दूसरी बार जो जुलूस बना, वह आकार और जोश में और भी बढ़ा-चढ़ा। कुछ लोग क्रोध में अंगारों की तरह दहक रहे थे...इस थानेदार को दंड मिलना ही चाहिए, थाने की ईंट से ईंट बजा दी जाएगी। परन्तु स्वयं उत्तेजित होने के बावजूद जुलूस के नेताओं ने अपने भाषणों में राष्ट्रीय आन्दोलनों की गांधीवादी परम्परा पर ही चलने का संकल्प किया।

बढ़ी हुई गंगा और घाघरा नदियों में ऊँची-ऊँची लहरें उठ रही हैं। आस-पास और दूर वन-प्रान्तर में ताल-तलैया का जल और ऊपर मेघाच्छादित आकाश काँप रहा है नारों से। पुरुवा हवा फिर तेजी हो गई है और बिजली बीच-बीच में चमक जाती है। और ऐसे ही वातावरण में द्वाबा के अन्न-जल-हवा से पले-बढ़े लम्बे और मजबूत लोग अभूतपूर्व क्रान्तिकारी उमंग और उत्साह से दृढ़निश्चयी कदम रखते हुए तिरंगा झंडा के साथ राष्ट्रगान गाते हुए दुबारा थाने की ओर जा रहे हैं :

विजयी विश्व तिरंगा प्यारा,
झंडा ऊँचा रहे हमारा...

जुलूस में एक किनारे दयाशंकर तथा कुछ परिचित नौजवानों को देखकर राममूरत ने पीछे मुँह घुमाकर फुसफुसाहट-भरी आवाज में अपने साथियों को बताया। वे उसी के पास पहुँचकर जुलूस में मिल गए। दयाशंकर पैजामा, गाढ़े का कुर्ता, पैरों में चप्पलों के साथ बालों को हाथ से सँवारते हुए गर्दन टेढ़ी करके चल रहा था। उसने मुस्कुराकर तीनों की ओर देखते हुए पूछा :

"किधर से आए ?"

"रेल की पटरी-पटरी।"

"आज फैसला हो जाएगा..."

जवाब में तीनों ने अपनी मुट्ठियाँ हवा में लहराईं। लोग धीरे-धीरे आगे बढ़ रहे हैं। बीच-बीच में ऊपर बादल गरज रहे हैं और नीचे एक ही साथ या कुछ अन्तर से गम्भीर जनघोष, जैसे दो सिंह एक-दूसरे को ललकार रहे हों।

थाने के आगे जो चहारदीवारी है, उसकी ऊँचाई अधिक नहीं है और उसका फाटक भीतर से बन्द। थाने की इमारत के सभी कमरे भी बन्द दिखाई दे रहे हैं। लेकिन दरोगा सहित दस-बारह सिपाही बन्दूकों से लैस छत पर खड़े हो गए हैं। पहले जुलूस फाटक पर पहुँचकर जोर-जोर से नारे लगाने लगा। फिर परम्परा के अनुसार एक अधेड़ खद्दरधारी, गांधी टोपी पहने व्यक्ति ने कुछ आगे बढ़कर चिल्लाकर कहा :

"दरोगा साहब, शान्ति से नीचे आ जाइए...हम अब भी सबकुछ शान्ति से निबटाना चाहते हैं...।"

"साहबान, मैं नीचे नहीं आ सकता। आप लोग गुस्से में हैं और आपसे मेरी जान को खतरा है। मैं तो पहले ही आपकी बात मान चुका हूँ। आप बेकार में आए हैं, आपके कहने के मुताबिक

सबकुछ होगा...।'' दरोगा ने भी ऊँची आवाज में जवाब दिया।

''थानेदार साहब, आप एक बार चकमा दे चुके हैं। हमने आपकी बात पर विश्वास किया और आपने धोखा देकर झंडा उखाड़कर फेंक दिया। आपने भारत के राष्ट्रीय झंडे का अपमान किया है। यह अक्षम्य अपराध है। फिर भी, हम वादा करते हैं, आपका कुछ नहीं बिगड़ेगा, आपमें किसी पर कोई उँगली भी नहीं उठाएगा...।''

''देखिए साहबान, झंडा हमने नहीं फेंका, तेज हवा में कहीं उड़ गया। आप हमारी बात मानिए और अमन-चैन के साथ लौट जाइए...''

''उड़ गया ? वाह थानेदार साहब ! अच्छा आप ही की बात मानकर दूसरा झंडा देते हैं, उसको ऊपर वहीं पर लगाकर फहरा दीजिए। और आपने पहली बार जो वादे किए थे, उन्हें फौरन पूरे कीजिए। आपने दो दिन का समय लिया था, आज चौथा दिन है। आज हर हालत में थाना खाली हो जाना चाहिए। अपने सभी हथियार हमारे सुपुर्द करके चले जाइए यहाँ से। हर जगह ब्रिटिश हुकूमत खत्म हो चुकी है, एक आप हैं जो ठकठेन कर रहे हैं। आपको इस थाने में रहने का कोई अधिकार नहीं है। आप सब लोग गांधी टोपी पहनिए, 'अंग्रेजो, भारत छोड़ो' का नारा लगाइए और थाना छोड़कर चले जाइए। अगर नहीं मानेंगे और अपनी वाली करना चाहेंगे तो जबरदस्त लड़ाई होगी...''

''आप धमकी दे रहे हैं। मैं भी कहता हूँ कि आप जो कुछ चाहते हैं, वह सब हो जाएगा। आप लोग यहाँ से चले जाइए, भीड़ रहेगी तो कुछ भी नहीं होगा। आपकी बातों से लगता है कि आप बलवा करने आए हैं। आप लोग रहेंगे तो कैसे हमारे जवान हथियार देने को तैयार हो सकते हैं...''

दयाशंकर और उसके साथ नफीस, नीलेश और राममूरत आगे बढ़ आए। दयाशंकर ने चिल्लाकर कहा :

''बहादुर क्रान्तिकारियो, दरोगा के धोखे में न आइए। यहाँ खड़े होकर बेकार बहस में समय को नष्ट करना बुद्धिमानी नहीं है। यह तो कार्रवाई करने का समय है, भीतर घुसकर थाने पर अधिकार कर लीजिए...आगे बढ़िए...इन्कलाब...!''

जैसे किसी बढ़ी हुई नदी की तेज लहरें ऊपर-नीचे उठती हुई ऊँचे कगार को काटने के लिए आगे बढ़ती हैं, उसी तरह एक के बाद एक नौजवानों के दल थाने की चहारदीवारी को फलाँगते हुए अहाते के अन्दर कूद पड़े और नारे लगाने लगे :

अंग्रेज सरकार, मुर्दाबाद।
आजाद सरकार, जिन्दाबाद।

करीब डेढ़-दो सौ नौजवान भीतर पहुँच गए थे। शेष विशाल भीड़ बाहर खड़ी थी। बाहर, भीतर दोनों तरफ नारे लग रहे थे। दोनों जगहों के नारों में तालमेल नहीं था, लेकिन उनकी आवाजें आकाश, पेड़-पौधों और थाने की इमारत को कँपकँपा रही थीं। अहाता कोई बड़ा नहीं था। उसमें दाहिनी तरफ एक स्थान तार से घेरकर बगीचा बना दिया गया था। बीच सहन में एक पक्का कुआँ था और कुछ पेड़ भी थे। और बाईं तरफ चहारदीवारी से सटाकर कुछ टिन के करकट रखे हुए थे छाने-छवाने के लिए। इस बीच अहाते के कुछ नौजवान चहारदीवारी के फाटक, इमारत के बन्द कमरे और बगीचे के टट्टर को तोड़ने की कोशिश करने लगे। तभी थानेदार अपनी ही जगह उछल, तपड़कर बोला :

''खबरदार ! तोड़-फोड़ बन्द करके दो मिनट में बाहर चले जाओ, नहीं तो गोली मार दी जाएगी।''

इस पर नौजवान और भी उत्तेजित हो गए और मुट्ठी बँधे हाथ ऊपर लहराते हुए चुनौती-भरे

नारे लगाने लगे :

थानेदार होश में आओ,
चौरीचौरा याद करो।
थानेदार नीचे उतरो,
चौरीचौरा याद करो।
हम अहिंसा के अनुयायी,
पुलिस हमारे भाई-भाई।
आजाद सरकार, जिन्दाबाद।

"फायर !" अचानक थानेदार ने तड़पकर अपने सिपाहियों को आदेश दे दिया। उसकी क्रूर आवाज नारों को भी चीरती हुई और हवा में लकीर बनाती हुई गूँज उठी। और उसी के साथ सिपाहियों की तनी बन्दूकों से गोलियाँ तड़-तड़ छूटने लगीं।

आगे बढ़ते हुए नौजवानों की भीड़ सहम गई, क्योंकि हर संभावना का स्पष्ट ज्ञान होने पर भी उन्हें उम्मीद नहीं थी कि इतनी जल्दी में यह सब हो जाएगा। सभी सोचते थे कि जैसे बाँसडीह तहसील मुख्यालय, सहतवार तथा अन्य थानों ने आत्म-समर्पण कर दिए थे, यहाँ भी वैसा ही होगा। भारतीय स्वातन्त्र्य जन आन्दोलन में सशस्त्र कार्रवाई में विश्वास करनेवाले क्रान्तिकारियों के कुछ साधारण प्रयासों को छोड़कर आमने-सामने बन्दूकों से लड़ाई की न कोई परम्परा थी और न ही इच्छा, फिर उसकी तैयारी का कोई प्रश्न ही नहीं। भारतीय क्रान्तिकारियों को पिस्तौल आदि हथियार प्राप्त करने में कितनी कठिनाइयाँ हुई थीं। ये कोशिशें कुछ बहादुर नौजवानों तक सीमित थीं और उनको व्यापक जन समाज का समर्थन प्राप्त नहीं था, इसी वजह से भगतसिंह और बटुकेश्वर दत्त को क्रान्तिकारियों के सम्बन्ध में जनता की गलतफहमियाँ दूर करने के लिए असेम्बली बमकांड को अन्जाम देना पड़ा। परन्तु, महात्मा गांधी के आने के बाद स्वातन्त्र्य आन्दोलन जनता में तेजी से फैला, उसकी व्यापकता के समक्ष सशस्त्र क्रान्ति की अवधारणा अप्रासंगिक होती गई। निश्चय ही ऐसे दल थे और उसके बहादुर सदस्य भी, जो सदा पिस्तौल-बन्दूक की फिराक में रहते, उसके लिए डकैती डालकर धन की व्यवस्था करते और अन्ततः उससे इतने बड़े देश की जनता के लिए कितने हथियार खरीदे जाते, इसकी कल्पना की जा सकती है।

दयाशंकर एक ऐसे ही क्रान्तिकारी दल का कर्मठ सदस्य था, जो सदा सशस्त्र क्रान्ति में विश्वास करता और कांग्रेस तथा अन्य दलों की आलोचना करता। बलिया में उसका दल बहुत छोटा था और हथियार के नाम पर सिर्फ उसी के पास एक पिस्तौल थी। जब 'भारत छोड़ो' आन्दोलन शुरू हुआ तो उस समय भी उसका दल सशस्त्र क्रान्ति का ही स्वप्न देख रहा था। संघटन तो प्रभावहीन था ही, हथियार भी कुछ नहीं थे पास में, इसलिए उसके दल के सदस्यों ने उस समय एक साधारण कोटि के बनिया के घर में डाका डाल दिया, जिससे कुछ रुपए और गहने मिले।

धन अधिक नहीं था, और उससे जल्दी कोई हथियार भी नहीं मिल सका, उसके लिए प्रयास जरूर हो रहा था, लेकिन कोई सफलता मिलने के पहले तेजी से आन्दोलन फैल गया जिस पर सशस्त्र क्रान्ति के सिद्धान्तों का कोई असर नहीं था। बाध्य होकर दयाशंकर और उसके कुछ साथी बाद में कुछ जन-प्रदर्शनों में शामिल हुए इस उम्मीद में कि जब नपुंसक अहिंसा असफल हो जाएगी तो हिंसात्मक तरीकों से हस्तक्षेप करके हार को विजय में परिवर्तित कर देंगे। इस समय उसकी जेब में वही पिस्तौल थी, जो कुछ समय पहले उसे प्राप्त हुई थी और हमेशा उसके पास रहती थी।

अप्रत्याशित गोली वर्षा होते ही उन्हें महसूस हुआ पहली बार कि वे निहत्थे हैं। उनमें से दो-चार नौजवान पीछे मुड़कर भागे और दीवार फलाँगकर उस पार निकल गए। बाहर भी बड़ा जुलूस सहसा थथम गया और किसी की अहाते के भीतर जाने की हिम्मत नहीं हुई। जो लोग प्रतिबद्ध नहीं थे

और तमाशबीन की हैसियत से वहाँ चले आए थे वे छँटने लगे। लेकिन प्रारम्भिक भय के बाद, एक गांधी टोपीधारी पुराने कांग्रेसी ने जोश से तमतमाए चेहरे को जैसे और ऊँचा करते हुए चिल्लाकर कहा :

"वीरो, देशभक्तो ! इस थानेदार ने अपनी चिकनी-चुपड़ी बातों में हमें फँसाकर बड़ा धोखा दिया है। हम अहिंसा के पुजारी हैं, लेकिन कायर नहीं हैं। हम खड़ा होकर सिर्फ मरने नहीं आए हैं। व्यक्तिगत रूप से हम किसी के दुश्मन नहीं हैं, मगर हम विदेशी शासन को समाप्त करने आए हैं, इसलिए इस थाने को ध्वस्त करके इस थानेदार को गिरफ्तार करना जरूरी हो गया है। आपमें से कुछ लोग गाँवों में जाकर कहिए कि जो भी हथियार मिले, लेकर चले आएँ। यह निहत्थों पर गोली चलाकर अपने को बड़ा बहादुर समझता है, हम इस हुकूमत के अन्तिम किले की ईंट से ईंट बजा देंगे।"

भीतर अहाते में कुछ लोगों को गोली लग चुकी थी। पैर में, हाथ में और एक व्यक्ति की गर्दन में—तीनों ही नीचे गिर गए। लोग एक जगह इकट्ठे होकर लहर की तरह आगे बढ़ने की कोशिश करते, लेकिन गोलियों की बौछार उनका बढ़ाव रोक देती। तब वे नारे लगाने लगते और आगे बढ़ते लेकिन फिर उन्हें पीछे हटना पड़ता या बचाव के लिए इधर-उधर बिखरना पड़ता। और कई लोग धराशायी हो गए थे।

लेकिन लोगों का जोश कम नहीं हुआ, बल्कि और बढ़ गया। बीच-बीच में मौका मिलने पर जोर-जोर से नारे लगाते। सहसा अहाते के भीतर दयाशंकर 'हूँ' की आवाज के साथ गला फाड़कर हुंकार कर उठा, जैसे धुधुका बजाकर रण में आगे बढ़ने के लिए ललकारा जा रहा हो। इसके बाद उसने दौड़कर टिन का एक करकट उठा लिया और उसे ढाल बनाकर आगे बढ़ते हुए चिल्ला पड़ा, "करवट लेकर आगे बढ़ते हुए दौड़ो...चुप कर दो उनकी बन्दूक की आवाजें...मोड़कर तोड़ दो उनके हाथ !"

उनकी देखा-देखी कुछ और नौजवानों ने दौड़कर करकट ले लिए, जिनमें नीलेश, नफीस और राममूरत भी थे। राममूरत शारीरिक रूप से दुर्बल था, करकट उठा तो लिया उसने, लेकिन बहुत कठिनाई से वह आगे बढ़ पा रहा था, इसलिए पिछड़ गया। करकट तो अधिक नहीं थे, इसलिए कुछ ही नौजवान उसे लेकर आगे बढ़ रहे थे, लेकिन यह इतना आसान नहीं था, क्योंकि छत पर से कई बन्दूकें एक साथ आग उगल रही थीं। वे पैंतरा बदल-बदलकर दाहा की तरह हिलते हुए आगे बढ़ने की कोशिश कर रहे थे। वे बीच-बीच में 'बढ़ चलो वीरो,' 'चढ़ चलो वीरो,' 'देश की कसम है वीरो,' हाँफ-हाँफकर बोलते जाते थे, जैसे ठेले पर बोरों का भारी बोझ ले जानेवाले मोटिया-मजूर बोलते जाते हैं। उनके पीछे निहत्थे भी हुँकारते-ललकारते चल रहे थे, जिनमें से कई गोली खाकर नीचे लुढ़क गए।

"अरे कायरो ! विदेशी हुकूमत के पिट्ठुओ ! देश के गद्दारो ! निहत्थी जनता पर गोलियाँ बरसा रहे हो, शर्म आती नहीं तुम्हें ? रहो बताता हूँ मैं तुम्हें..." इन शब्दों के साथ पुलिस को ललकारते हुए दयाशंकर खड़ा हो गया। उसने बाएँ हाथ से टिन का करकट सँभालते हुए दाहिने हाथ से पिस्तौल निकाल ली। लेकिन ललकार के कारण थानेदार की उसकी तरफ नजर चली गई और उसने सिपाहियों से कहा, "उसको फायर करो...वह जो चिल्ला रहा है !" और दयाशंकर अपनी पिस्तौल से कुछ कर पाता, उसके पहले ही एक गोली करकट छेदकर उसके पेट में घुस गई और वह एक कराह के साथ नीचे गिर गया। करकट हाथ से छूटकर दूसरी तरफ।

"अरे, दयाशंकर भाई..." उसके पीछे चलनेवाला नफीस चिल्लाया।

दयाशंकर छटपटा रहा था, किसी तरह लड़खड़ाती आवाज में कहा उसने, "मेरी फिकर... न..कऽऽरो...आऽऽगे...।" वह बेहोश हो गया।

"करकट ठीक नहीं है। उसे फेंक दो। लोग निशाना बन रहे हैं आसानी से..." कोई चिल्लाया पीछे से।

"एक साथ मिलकर टूट पड़ो..." दूसरी जोशीली आवाज।

"अरे गद्दारो ऽ ऽ ऽ !" एक फटी आवाज में चिंघाड़ा।

सबने करकट फेंक दिए और ईंट-पत्थर जो भी मिले, उन्हें उठा-उठाकर पुलिस की तरफ फेंकने लगे। बहुत-से लोगों ने पेड़ों की आड़ से मोर्चा सँभाल लिया। अहाते के बाहर से भी ईंट-पत्थर फेंके जा रहे थे। अनेक लोग मारे गए थे और उससे अधिक घायल होकर पड़े कराह रहे थे या अचेत पड़े थे। अहाते के भीतर हर जगह खून-ही-खून। कहीं-कहीं एक का खून दूसरे के खून से मिल गया था और कीचड़-सा हो गया था।

कुछ देर तक इसी तरह लड़ाई चलती रही। ईंट-पत्थर भी अहाते में अधिक नहीं थे। कुछ लोगों ने दौड़कर बगीचे का टट्टर तोड़ दिया और उसके भीतर जो भी ढेले आदि मिले, उन्हें लाकर पुलिस को निशाना बनाने लगे। लेकिन इस कार्य में भी पहले जैसी तेजी नहीं रह गई थी। गोली वर्षा भी रुक-रुककर ही हो रही थी। एक तो डर कारतूस जल्दी खत्म होने का ही था। फिर तेज गोली वर्षा का वांछित परिणाम मिल रहा था और देशभक्तों की संख्या और शक्ति में कुछ कमी आ गई थी। सबसे जुझारू लोगों में अनेक शहीद हो गए थे—ऐसे साहसी नौजवान, जिन पर राष्ट्र हमेशा गर्व करेगा।

लेकिन जो बचे थे, वे हार मानने को तैयार नहीं थे। वे डटे हुए थे। उनकी चुनौती कायम थी। कुछ देर बाद ही, उनमें से चार-पाँच नौजवान झुककर थाने के पीछे उस जगह पर जा पहुँचे, जहाँ थानेदार का रिहाइशी क्वार्टर थाने की मुख्य इमारत के एकदम पास था। क्वार्टर की खिड़की के ठीक नीचे उनमें से दो सबसे तगड़े नौजवान एक-दूसरे से सटकर आगे इस तरह झुक गए कि दोनों की पीठ मिलकर एक चबूतरा बन गई। तत्पश्चात तीसरा नौजवान अकेले उस चबूतरे पर पहुँचकर उसी तरह आगे झुक गया। अन्त में चौथा नौजवान पहले चबूतरे से होकर दूसरे पर खड़ा हो गया। अब उसके लिए खिड़की पर चढ़कर क्वार्टर की छत पर पहुँचना आसान था। और वह फुर्ती से इस छत से थाने की छत पर कूद गया।

कुछ क्षण रुककर अपनी हँफनी को रोकने की कोशिश की। उसी बीच उसने अपनी कुर्ते की जेब से तिरंगा झंडा निकाल लिया और आगे की तरफ झंडा लहराते हुए दौड़ा।

उस जगह से सिपाही कुछ दूरी पर खड़े थे, लेकिन धम-धम की आवाज से सिपाहियों का ध्यान उधर चला गया। "अरे, ई कवन है रे, ई त ऽ झंडा फहरावत बा ऽ" यह कहकर एक सिपाही दौड़ा। तब तक वह नौजवान छत के किनारे खड़े होकर हाथ से झंडा लहराते हुए नीचे साथियों को सम्बोधित करते हुए बोला :

"बहादुर साथियो ! हमारा प्यारा तिरंगा यह लहरा रहा है। तुम सभी पीछे से ऊपर चढ़ जाओ...

"इन्कलाब, जिन्दाबाद।

आजाद भारत, जिन्दाबाद।"

"अरे, चुपचाप झंडवा दे दऽ, नाहीं तऽ गोलियों से छलनी करि देइब..."

वह नौजवान बन्दूक ताने आगे बढ़ते हुए सिपाही से हाथ में झंडा लिए ही लिपट गया। फिर उसने सिपाही के हाथ से बन्दूक छीनकर फेंक दी। दोनों में कुश्ती होने लगी लेकिन जल्दी ही नौजवान उसे पटककर उसकी छाती पर चढ़ बैठा। मगर दूसरा सिपाही भी पीछे-पीछे आया था और उसने संगीन से नौजवान की पीठ पर जोर से प्रहार किया, जिसके परिणामस्वरूप वह लुढ़क गया। चूँकि यह संघर्ष छत के किनारे ही हो रहा था, इसलिए नौजवान का शरीर छत से नीचे जाते हुए

दीवार से टकराया, अन्त में जमीन पर गिर गया, एक आवाज के साथ, जैसे पेड़ से पका आम।

इसके बाद दोनों सिपाही उधर दौड़ पड़े, जिधर से नौजवान चढ़ा था। नीचे से एक और नौजवान चढ़ने की कोशिश कर रहा था, किन्तु कोशिश उसकी अधूरी ही रह गई। उसके सिर में ही गोली लगी। उसने 'भारत माता की जै' बोलने की कोशिश की, लेकिन वह भी अधूरी रही। वह कटे वृक्ष की तरह धराशायी हो गया।

संझा का अँधेरा तेजी से उतर रहा है। इसी समय बारिश भी होने लगी। बादल तो सवेरे से ही घेर-घार मचाए हुए थे। बीच-बीच में हल्की बूँदा-बाँदी हुई थी, लेकिन लड़ाई में कुछ मालूम ही नहीं हुआ। अब बड़ी-बड़ी बूँदें तेजी से गिर रही थीं, कभी हवा के दबाव से टेढ़ी-तिरछी और कभी सीधी।

अहाते के भीतर और बाहर पूरा क्षेत्र एक युद्धभूमि की तरह दिखाई दे रहा था। अन्य लोगों की तरह नफीस, नीलेश और राममूरत भी थक गए थे। शुरू-शुरू में कितना डर लगा था उन्हें। पश्चाताप करने लगे कि क्यों यहाँ आए ? कभी यह भी खयाल आया कि किसी तरह निकल चलें यहाँ से। लेकिन उनमें यह भी विवेक था कि यह तो किसी भी हालत में सम्भव नहीं है। और उस भय के विरोध में उनमें क्रोध और उत्तेजना का उद्‌गम होने लगा। दयाशंकर के गिरने पर तो वे आगे बढ़-बढ़कर संघर्ष में हिस्सा लेने लगे। उन्होंने खूब नारे लगाए, लोगों को ललकारा, खूब ईंट-पत्थर चलाए दौड़-दौड़कर। वे क्रान्तिकारी जोश और गुस्से तथा आत्म-बलिदान की भावना से सराबोर थे, अन्य किसी बात का उन्हें होश नहीं था। उन्हें आजादी की यह लड़ाई फुटबाल और हॉकी मैचों की तरह लगने लगी, जिनमें वे जी-जान से विपक्षी टीम को पराजित करने में लग जाते।

कई बार गोलियाँ सनसनाती हुई उनके कानों के पास से निकल गई थीं। कई लोग उनके पास गोली खाकर जोर की कराह के साथ नीचे गिर पड़ते। वे कुछ क्षणों तक सहम जाते, फिर दुगुने जोश से ईंट-पत्थर चलाने लगते। यह ऐसी लड़ाई थी, जिसमें सोचने का कोई मौका नहीं था। कोई ऐसा उपाय और साधन भी नहीं, जिससे वह प्रभावशाली ढंग से हमले का जवाब दे सकें। पुलिस ने छत पर अच्छी पोजीशन ले रखी थी और वे नीचे, निहत्थे और उसके आसान निशाने पर। फिर भी वे अपने सिद्धान्तवादी नारों और आत्म-बलिदान की कूब्बत पर डटे हुए थे। कुछ ऐसे देशभक्त थे, जो उपायहीन क्रोध और जोश में, मैदान में ठीक उसके सामने आकर ललकारने लगे और उनमें से सभी लोग मारे भी गए थे।

लोग घंटों लड़ते रहे थे, जिनमें से काफी लोग हताहत हुए थे, परन्तु फिर भी आजादी हासिल करने की उनकी आकांक्षा समाप्त नहीं की जा सकी। पानी तेज पड़ रहा था और हवा भी तेज। अँधेरा इतना गाढ़ा हो गया कि कुछ दिखाई नहीं दे रहा था। फिर भी थाने को घेरकर लोग खड़े थे कि कोई भागने नहीं पाए।

गोलीवर्षा भी बन्द थी। थानेदार को भी विश्वास था कि काफी लोगों के हताहत होने से लोग पस्त हो गए हैं और इस अन्धकार और बारिश में किसी को कुछ करने की हिम्मत नहीं पड़ेगी। यह संभव भी नहीं था। लेकिन थानेदार को डर यह था कि अन्धाधुन्ध गोलियाँ चलाने से कारतूस की काफी कमी हो गई थी और उम्मीद के विपरीत लोग मार खाने पर भी अभी डटे हुए हैं। यदि बारिश न होती अथवा अँधेरा न होता तो ? और कल सुबह मौसम साफ होने पर जब और भी लोग आ जाएँगे तो वे कितनी देर तक गोली चला पाएँगे ?

यही नहीं, थानेदार और पुलिस के सिपाही सभी थक गए थे। गर्दन, हाथ और कमर में बेहद तकलीफ थी। भूख अलग ! सहसा थानेदार एक खयाल से घबरा गया—ऐसी परिस्थिति में, जब समूचे देश में लोग आजादी के लिए दीवाने होकर अपनी जान कुर्बान कर रहे हैं, ये साधारण पुलिस कांस्टेबुल भी बगावत करके कांग्रेसियों से न मिल जाएँ ! ऐसी मानसिक हालत में उसकी सही

सोचने-समझने की शक्ति भी चली गई। कोई सिपाही कुछ भी कहता, उसे लगता वह गुस्से में बोल रहा है। कोई उसकी तरफ देखता तो उसे मालूम होता, वह घूर रहा है। अपने को आश्वस्त करने के लिए वह बार-बार उनको तिरछी दृष्टि से देखता। अचानक चौरीचौरा सम्बन्धी नारे को याद करके तो डर के मारे उसकी कँपकँपी छूटने लगी। 'थानेदार, होश में आओ, चौरीचौरा याद करो !' बारिश से जरूर कुछ ठंडक-सी मालूम हो रही थी, लेकिन वह पसीना-पसीना हो रहा था। वह अपनी आँखों के सामने देख रहा था कि थाने में आग लगी हुई है और वह, सिपाही, उसके बाल-बच्चे भीतर बन्द कर दिए गए हैं। निश्चय ही, यह उसका भ्रम था, लेकिन उसकी कल्पित वास्तविकता की भयावहता ने उसे डरा हुआ गीदड़ बना दिया। और इसी समय उसने एक फैसले पर पहुँचते हुए सिपाहियों से कहा :

"बहादुर जवानो ! समय बहुत खराब है, मगर आपने जो हिम्मत दिखाई, जो मेहनत की है, उसकी जितनी तारीफ की जाए, कम ही है। वक्त आने दीजिए, मैं सबको इनाम दिलाऊँगा। आपने अंग्रेज सरकार को, जिसका सितारा कभी नहीं डूबता, बचा लिया है। मगर, अब कारतूस बहुत कम हैं, ऐसी हालत में यहाँ रुकना खतरे से खाली नहीं है। आप लोग वर्दी उतारकर सादी पोशाक पहन लीजिए। बचे-खुचे कारतूस ले लीजिए अपने साथ...बन्दूकें भी...और चुपचाप निकल चलिए। पानी भी कुछ धीमा हो गया है, मैं अपने घर में तैयार होने को कहता हूँ। लोग अगल-बगल घेरे हुए हैं, मगर पिछवाड़ा का रास्ता ठीक है। उधर खेत है, लबालब पानी है, कोई सोच भी नहीं सकता कि उधर से कोई जा सकता है। बस हमारे लिए बचने का यही रास्ता है। इस थाने को उसके हाल पर छोड़कर चल देना ही मुनासिब है। बाद में, मैं एक-एक को फाँसी पर लटकवाऊँगा..."

अहाते के अन्दर से सभी आन्दोलनकारी चहारदीवारी फाँदकर बाहर चले गए थे। उनकी चिन्ता यह थी कि हताहत लोगों को कैसे हटाया जाए। घायलों को अस्पताल और अन्य डॉक्टर, वैद्य के पास पहुँचाना, शहीद साथियों को उनके कुटुम्बजनों के सुपुर्द करना। अन्दर सहन में पानी भर रहा था, यद्यपि अन्धकार में कोई चीज स्पष्ट नहीं दिखाई दे रही थी। बहुत-से लोग चले गए थे अपने घरों की तरफ, सुबह ही पूरी तैयारी के साथ लौटने के घोषित संकल्प के बाद। लेकिन सैकड़ों स्वातन्त्र्य सेनानी जमे हुए थे मैदान में।

रात बीत रही थी। लोग पेड़ों के नीचे खड़े थे, फिर भी पूरी तरह भींगे हुए। कपड़े बोरे की तरह भारी। लगातार बारिश से ठंड भी लग रही थी। धीरे-धीरे बारिश कम होने लगी, और उसके साथ ही ऊपर-नीचे और चारों तरफ फैली उसकी आवाज भी जिसके बाद झींगुरों और मेंढकों के तेज स्वर उभरने लगे। लेकिन थाना ठंडा और निस्पन्द खड़ा था।

तीनों मित्र भी कुछ और लोगों के साथ नीम के एक पेड़ के नीचे विराजमान थे। भारी थकान से चूर-चूर और उदास ! और इस स्थिति में, जब करने को उनके पास कुछ नहीं था, उन्हें अचानक तेज भूख परेशान करने लगी। नीलेश को अपने घर की याद आ रही है...उसकी माँ ने दाल-भात, आलू की भुजिया तरकारी की थाली परोस दी है और वह गपा-गप खा रहा है। बरसाती पानी की किरवाइन-सी महक को फाड़कर तेज भात-दाल और सब्जी की खुशबू उसकी नाक में घुसी आ रही है।

नफीस का मन भी अपने गाँव में ही डोल रहा है, कीमा डालकर पकाई हुई चने की दाल और भात खाने में कितना मजा आता है। अचानक उसे अपने गाँव के मकबूल चाचा की याद आने लगी जो 'करेला' कहने पर बहुत चिढ़ते हैं। एक बार उसने हँसते हुए पूछा था, "चाचा, पाकिस्तान में तो ऐसा जायकेदार करेला नहीं मिलेगा, वहाँ जाकर क्या खाएँगे ?" इस पर वह इतना बिगड़े कि नफीस को दौड़ा लिया। यह सब सोचकर नफीस हँसने लगा।

"क्या बात है, नफीस ?"

"अरे, कुछ नहीं नीलेश...।"

राममूरत पास में पड़ी एक ईंट खींचकर बैठ गया। ईंट भीगी थी, लेकिन उसका शरीर भी भीगा था, इसलिए कोई खास फर्क नहीं मालूम हुआ। पास ही में पानी की एक पतली धारा किसी सोते की तरह बह रही थी। उसने अपने घुटनों के बीच में अपना मुँह छिपा लिया। सहसा उसकी मुँदी आँखों में दयाशंकर के घरवाले दिखाई देने लगे और उसके घर का वह बड़ा बरामदा भी जहाँ दयाशंकर शाम-सवेरे एक कोने में दंड-बैठक किया करता था। और तभी राममूरत को लगा कि वह रो रहा है। उसके आँसू शीघ्र ही तेज धार में बदलकर उसके गाल से होते हुए किंचित खुले मुँह में जाकर नमकीन स्वाद और शीतल वर्षा जल के मुकाबले उष्मा के बहाव का अहसास देने लगे। उसका शरीर हिल रहा था। उसने अपने को रोकने की कोशिश की, जिससे उसका रुदन और भी तेज हो गया मुखरित हिचकियों के साथ।

"क्या बात है, राममूरत ?" नीलेश ने पूछा।

"कुछ नहीं...जाड़ा..." हिचकियाँ बढ़ गईं।

नीलेश और नफीस दोनों उसके पास आकर बैठकर उसका माथा और शरीर छूकर देखने लगे कि उसे बुखार तो नहीं है।

"तुम तो रो रहे हो। घर की याद आ रही है ?"

राममूरत आत्म-नियन्त्रण की कोशिश करने लगा, फिर कुछ देर बाद किसी तरह बोला :

"दयाशंकर...भाई...जिन्दा हैं..."

"कैसे मालूम हुआ तुम्हें, राममूरत ? बार-बार दयाशंकर का खयाल आ रहा है, कलेजा धक कर जाता है, मन कहता है, यह कैसे हो सकता है। वह तो कल ही मिले थे..." नफीस की आवाज काँप रही थी।

"यहाँ गाँव में कोई छोटा-मोटा अस्पताल भी है। एक-दो डॉक्टर और वैद्य भी हैं—उधर गया था तो कुछ लोग कह रहे थे। घायलों को अस्पताल पहुँचाने और शहीदों को उनके घरवालों के सुपुर्द करने की बात कर रहे थे..."

"नीलेश भाई, रुकिए, मैं आता हूँ..." यह कहकर राममूरत पानी और बिछलहर में पैर को सँभालते और थाने की इमारत की ओर देखते चहारदीवारी के पार चला गया अहाते में। समय आधी रात से अधिक हो गया था। पानी भी बन्द। और पश्चिम की दिशा में आसमान का एक छोटा नीला टुकड़ा उभर आया। अब पछुआ हवा चल रही है मन्द-मन्द।

आकाश से कुछ-कुछ रोशनी आ रही है, लेकिन ऐसी नहीं कि झुककर किसी को पहचान भी सकें। कुछ घायल अब भी कराह रहे थे, लेकिन उनमें पहले जैसी तेजी नहीं थी, जैसे कोई बीमार बच्चा तकलीफ से रोते-रोते सोने लगता है। वह सहसा किसी से टकराया, एक कराह निकली, फिर शान्ति। राममूरत ने झुककर देखा। वह कोई मोटा स्वातन्त्र्य सेनानी तिरछे पड़ा था और उसके सिर पर गांधी टोपी अब भी चिपकी हुई थी।

इस तरह झुक-झुककर दयाशंकर को खोजते हुए वह उस रिहाइशी मकान के पास पहुँच गया, जिस पर चढ़कर वह बहादुर नौजवान झंडा फहराने के लिए थाने की छत पर कूदा था। वहाँ एक नौजवान पड़ा था, जिसकी थाने पर चढ़ने की कोशिश नाकाम हुई थी। झुक कर उसे भी देखा राममूरत ने। एक मासूम किशोर था वह, दुबला-पतला जो चित पड़ा था और जिसकी बाँहें दोनों ओर छितरी हुई थीं। राममूरत काँपने लगा। देखते-देखते यह क्या हो गया ? दयाशंकर कहाँ हैं ? फिर उसे लगा कि दयाशंकर को मामूली चोट आई है और वह होश आने पर उठकर चले गए हैं यहाँ से !

वह खुश होने की कोशिश करता हुआ घूमकर वापस जाने को उद्यत हुआ कि उसकी नजर

रिहाइशी मकान की तरफ गई। वह डर गया, क्योंकि उसका दरवाजा खुला हुआ लगा। क्या कोई बन्दूकधारी सिपाही झाँककर देख रहा है ? सिपाही पहले व्यंग्य से मुस्कुराता है, फिर उसकी तरफ बन्दूक तानता है। वह भागना चाहता है चहारदीवारी की ओर, लेकिन उसके पैर जवाब दे जाते हैं, शरीर सुन्न हो जाता है। उसके अन्दर गुस्सा उठने लगता है। हाँ, वह आजादी के लिए लड़नेवाला देश का सिपाही है। वह छाती निकालकर हुँकारते हुए चिल्लाता है :

"मारो कायर...हमारे देश की आजादी को नहीं कुचल सकते...मारो-मारो..."

उसकी आवाज तेजी से ऊपर गूँजती हुई गायब हो जाती है। वह इन्तजार कर रहा है गोली का और हवा का एक झोंका उस दरवाजे के एक पल्ले को खड़खड़ा देता है। वह अचम्भे से आँखें फाड़कर उधर देखता है। क्या वहाँ कोई भी नहीं है ? वह डरते हुए दुबककर दरवाजे की तरफ बढ़ता है। वह दरवाजे के पल्लों को छूकर देखता है, फिर अन्दर घुस जाता है। वह घूम-घूमकर मकान का मुआइना करता है। जनशून्य। आँगन और बरामदे में कुछ समान बिखरे हुए। एक कमरे में ताला लगा है और दूसरे कमरे में ताला लगा तो है, पर जल्दी में बन्द नहीं हो सका है।

उसका दिल तेजी से धड़क रहा है। यह खुशी है या डर ? या दोनों की टकराहट ? वह तेजी से बाहर निकलने की कोशिश करता है, लेकिन अँधेरे में यह कैसे संभव है ? वह सँभलते, लुढ़कते, बचते, झुकते थाने की इमारत को टटोल आता है। कोई दरवाजा बन्द, कोई उठँगाया हुआ। और पिछवाड़े का दरवाज तो पूरा खुला। वह जाकर दरवाजे पर खड़ा होने की कोशिश करता है। कोई डिब्बा गिरा है, जिससे उसका पैर टकराता है। वह किसी तरह अपने को सँभालता है, फिर दरवाजे के चौखट पर खड़ा होने में सफल होता है। हवा का एक शीतल झोंका मुँह पर लगता है। सामने अनन्त अंधकार, खेत में खड़ी फसल की अस्पष्ट छायाएँ, फैले बरसाती पानी की हिलोर लेती ध्वनियाँ। वह लौट चलता है, लेकिन अब उसमें धैर्य नहीं है। वह चिल्ला पड़ता है :

"अरे भाग गए कायर...।"

उसकी पतली आवाज के कई शब्द उड़कर नफीस और नीलेश के पास पहुँचे, जो फाटक पर खड़े होकर सामने अन्धकार में देखते हुए उसकी प्रतीक्षा कर रहे हैं।

"क्या हुआ राममूरत ?" नीलेश चिल्लाकर पूछता है।

कोई जवाब नहीं देता है राममूरत, बल्कि गिरते-पड़ते उनके पास जब पहुँचकर, हाँफती-हकलाती आवाज में सबकुछ बताता है तो शोर मच जाता है। लोगों का दबा हुआ आत्मविश्वास लौट आता है और क्रोध और प्रतिशोध की भावना स्प्रिंग की तरह ऊपर उछलने लगती है।

"खाक कर दो थाने को।"

"अभी दूर नहीं गया होगा...पीछा करो।"

"एक-एक को गिरफ्तार कर लो।"

"हम उन्हें नहीं छोड़ेंगे..."

"खून का बदला खून..."

"नहीं-नहीं, हिंसा की बात नहीं..."

"देखिए, पीछे पानी-ही-पानी है। अँधेरा भी है। इसमें कुछ हो नहीं सकता। सबसे जरूरी है घायलों और शहीदों को यहाँ से ले जाना। सवेरा होने पर चार-पाँच घंटे बाकी हैं। एक दल तैयार रहे, अँधेरा फटते ही उनकी खोज में रवाना हो जाए..."

"लकड़ी के पटरे, चारपाई, बँसखट जो भी मिले, दौड़कर गाँव से ले आओ। और लालटेन, बैटरी भी..."

नारों के बीच में से कांग्रेस सेवा दल के कुछ स्वयंसेवक तथा अन्य क्रान्तिकारी नौजवान गाँव की तरफ छप-छप दौड़ पड़े।

हताहतों को पहचानकर ढोते-ढोते अँधेरा फटने लगा। आकाश एकदम साफ, नीला, विस्तृत, असीम, जैसे रात में कुछ हुआ ही न हो। चिड़ियाँ चहकने लगीं, और उसके कुछ देर बाद भारी संख्या में एकत्रित जनता थाने की इमारत को तोड़ने-फोड़ने लग गई। कुछ बुजुर्गों के मना करने पर थाने को ध्वस्त करने का काम छोड़कर सभी कागज-पत्र जलाकर ऊपर तिरंगा फहरा दिया गया। आकाश में उड़ता धुआँ इस क्षेत्र में ब्रिटिश हुकूमत के एक मजबूत किले के विनाश का सन्देश दूर-दूर तक ले जाने लगा।

कुछ लोगों के शरीर में गोलियाँ फँसी हुई थीं। वे जीवित लेकिन अचेत थे और उन्हें बलिया शहर के सदर अस्पताल जल्दी ले जाने की सलाह दी गई। यह काम इतना आसान भी नहीं था। दयाशंकर भी ऐसे ही गम्भीर रूप से घायल व्यक्तियों में था।

दयाशंकर लम्बा और तगड़ा, शक्तिशाली बाँहें, छाती निकली हुई। उसकी आँखें बन्द थीं और सुन्दर रक्तहीन चेहरा अचेतावस्था में बाईं तरफ कुछ घूमा हुआ, जैसे सोया हुआ हो। गले तक उसके शरीर पर एक चादर डाल दी गई थी। सोचा यह गया कि बरसात की वजह से सड़क मार्ग ठीक नहीं है, यदि कोई व्यवस्था भी की जाए तो घायल मरीज को काफी हचका-धचका लगेगा—इसलिए गंगा नदी नजदीक होने से नाव द्वारा ले जाना उचित होगा। एक चारपाई में सिरहाने और पैताने की तरफ, दोनों ओर मजबूत दोहरी रस्सियाँ बाँधी गईं और उनके बीच एक लम्बा मजबूत बाँस फँसाकर डोली बना ली गई। इस चारपाई पर दयाशंकर को लेटा दिया गया।

जब वे चले तो सवेरा होने में आधा घंटा का समय बाकी था। साथ में चार और शिक्षित नवयुवक चले, जो दूसरे गाँव-ज्वार के होते हुए भी इलाहाबाद में यूनिवर्सिटी और कॉलेजों में पढ़ते थे। ये नौजवान कुछ और लोगों के साथ रात-भर हताहतों को ढोते रहे और उन्होंने जिद्द करके बुरी तरह से भीगे नफीस, राममूरत और नीलेश को दूसरे कपड़े—धोती-कुर्ता—पहनने को दिए, उनके हाथ-पैर धुलाए, बार-बार मना करने पर भी जबरदस्ती बाजड़े का तिलवा और ठेकुए खिलाए और पानी पिलाया। इस संकट और त्रासदी में उनका धैर्य, परिश्रम, त्याग और स्नेह देखकर तीनों मित्रों की आँखें भर आईं। नीलेश और नफीस के लिए तो कपड़े ठीक थे, परन्तु राममूरत नाटे कद का दुबला-पतला था, उसके लिए कुर्ता लबादा ही बन गया।

दयाशंकर का शरीर भारी था, इसलिए डोली को उठाना और फिसलन-भरे भीगे रास्ते में चलना आसान नहीं था। राममूरत नाटा था इसलिए उसे छोड़कर शेष नौजवान उस डोली के कहार बने। पानी, दलदल और झाड़ी-झंखाड़ से बचने के लिए कुछ घूमकर जाना पड़ा, फिर भी नदी दूर नहीं थी और तट पर पहुँचते अँधेरा छिन्न-भिन्न हो गया था और पूर्वी ललछऊँ और पश्चिमी अँधेरे क्षितिज के बीच तना था एक हल्का, नीला विशाल आकाशीय तम्बू। नाव पर चढ़ाते-चढ़ते सूरज का बड़ा लाल गोला किसी पर्दे के भीतर से उछलकर सामने आ गया, जिसकी फीकी सुनहरी आभा ने लेटाए गए दयाशंकर के मुख का स्पर्श कर लिया। एक क्षण के लिए लगा कि वह मृदु भाव से मुस्कुरा रहा हो।

"दयाशंकर भाई..." राममूरत ने भ्रमवश आगे झुककर कहा।

"नहीं राममूरत..." नीलेश ने धीमे स्वर में मना किया।

"जल्दी ले चलो..." नफीस बोला।

"अच्छा बाबूजी..." मल्लाह ने कहा।

गंगा का बहाव पूर्व दिशा की ओर है, जबकि बलिया शहर पश्चिम दिशा में। गनीमत यह है कि पुरुवाई चल रही है और लहरें भी ऊँची-ऊँची नहीं हैं, जो प्रातःकालीन धूप में सोने की तरह चमक रही हैं। नफीस घुटने के बीच सिर छिपाकर अपनी रुलाई को नियन्त्रित करने की कोशिश कर रहा है। वे दिन याद आ रहे हैं, जब वे दोनों सवेरे-सवेरे दौड़ते हुए कचहरी से आगे, सड़क

पर दूर-दूर तक जाकर वापस आते, यह अभ्यास करने के लिए कि यदि किसी क्रान्तिकारी कार्रवाई के बाद पुलिस पीछा करे तो वे बिना थके भागते जाएँ, भागते जाएँ। फुटबाल और हॉकी की टीमों में वे फुलबैक के स्थान पर खेलते और दोनों ही खेलों में गेंद इस तरह उड़ाते, जैसे गुल्ली-डंडे के खेल में चम्पा मारा जाता है। दयाशंकर ने ही उसे राजनीति की ओर आकर्षित किया, यद्यपि वह बाद में सदाशयव्रत से प्रभावित होकर कांग्रेस की तरफ चला गया और नीलेश तथा राममूरत से उसकी अधिक घनिष्ठता हो गई।

नीलेश की दृष्टि पानी पर जमी है। रात-भर जागने से उसकी आँखें लाल-लाल। थकान और सुस्ती के अलावा एक गहरी उदासी से भी मानसिक निष्क्रियता। जल पटल पर दयाशंकर का चेहरा बहा जा रहा है...कहाँ, किधर ?

सहसा वह चौंक पड़ा, लगा, दयाशंकर कुछ बोल रहा है नींद में बड़बड़ाहट की तरह।

"दयाशंकर भाई...देखिए, हम हैं..." नीलेश ने गद्‌गद स्वर में कहा।

दयाशंकर की आँखें खुलीं, फिर बन्द हो गईं।

नफीस और राममूरत भी चैतन्य होकर उसकी तरफ झुक आए। नफीस ने कहा, "दयाशंकर... भैया, देखो, मैं नफीस हूँ। यह नीलेश और राममूरत हैं। थाना पर हमारा कब्जा हो गया है, थानेदार दुम दबाकर अपने सिपाहियों के साथ भाग गया है। थाने पर तिरंगा लहरा रहा है..."

दयाशंकर के होंठों में कुछ फरफराहट हुई। दायाँ हाथ हिला, जैसे उठाने की कोशिश कर रहा हो। लेकिन जो चील कुछ देर से जल में झपट्टा मार रही थी, अन्त में सफल हुई और अपना शिकार लेकर ऊपर उड़ गई आकाश में दूर, और दूर, सदा के लिए दूर।

45

बलिया के जिलाधीश सुरेश्वर प्रसाद बहुत परेशान हैं। उनका विश्वास डगमगा रहा है। उनके भीतर एक ऐसा अन्धकार फैल रहा है, जिसकी कल्पना भी नहीं की थी उन्होंने। क्या वह सूरज सदा के लिए अस्त होने जा रहा है, जिसकी रोशनी से वह भी दप-दप कर रहे हैं ? वह अकेले घबराहट में घंटों सोचते रह जाते हैं। बीच-बीच में वह अपने को आश्वस्त करते हैं—नहीं, ऐसा नहीं हो सकता, ऐसा कभी हुआ ही नहीं तो अब कैसे होगा ? सन् 1857 में भी लगा था...सूरज डूबा, डूबा, लेकिन राहू-केतु उसका कुछ भी बिगाड़ नहीं सके और उसी तेजस्विता के साथ वह चमकने लगा।

जिस दिन उनके एक अधिकारी ने गुदड़ी बाजार में गोली चलवाकर अनेक व्यक्तियों को हताहत करवा दिया, सुरेश्वर प्रसाद बहुत प्रसन्न हुए। आत्मविश्वास से छाती फूल गई। आँखों से भक-भक रोशनी निकलने लगी। सहसा उन्हें ब्रिटिश हुकूमत की अजेय शक्ति का अहसास हुआ। उन्होंने फौरन उस अधिकारी की तरक्की कर दी और उसे एक कार पर कमिश्नरी मुख्यालय बनारस के लिए रवाना किया शीघ्रातिशीघ्र कुमुक भेजवाने की जरूरी हिदायतों के साथ। लेकिन अभी तक कुछ भी नहीं आया और न ही अधिकारी ने कोई सूचना ही भेजवाई। और ग्रामीण अंचल से जो सूचनाएँ मिल रही हैं, वे अशुभ, बेहद खतरनाक और निराशाजनक हैं। उन्हें लगा कि एक अपराजेय, विशालकाय लक्षबाहु दैत्य की एक-एक बाँह कटकर भूलुंठित हो गई है और अब उसकी गर्दन पर वार होनेवाला है। कैसे बचेगी वह गर्दन ?

अठारह अगस्त की बड़ी मनहूस रात है। घर में किसी को नींद नहीं आ रही है। भोजन के बाद ड्राइंग-रूम में सुरेश्वर प्रसाद, उनकी पत्नी, जवान-किशोर बेटा और बेटी बैठे हैं। वे एक-दूसरे की तरफ परेशान दृष्टि से देखकर सिर झुका लेते हैं।

"इस तरह कब तक चलेगा ? जब ऊपर के लोग हाथ-पर-हाथ रखकर बैठे रहेंगे तो आप ही क्यों चिन्ता कर रहे हैं ? आपको गुमसुम बैठे देखकर तो हमें बड़ी परेशानी हो रही है।" पत्नी ने कहा।

"वाहियात बात !" कलक्टर सुरेश्वर प्रसाद ने गुस्से से अपनी पत्नी को देखा।

"हाँ डैड, इस्तीफा दे दीजिए इस नौकरी से। मैं भी अपने देश की आजादी चाहती हूँ। मुझे इन्दिरा गांधी बहुत अच्छी लगती हैं। माँ मर गईं, पिता जेल में हैं, कैसी बहादुर हैं वे।"

बेटे ने भी अपनी बहन का समर्थन किया, "गांधीजी ने कहा है, आजादी के लिए मर मिटो। लोग भी तुल गए हैं... ।"

"चुप रहो..." सुरेश्वर प्रसाद चिल्ला पड़े। फिर वह उठकर अपने बेड-रूम में जाकर लेट गए। आँखे मूँदते ही उन्हें अपने व्यवहार पर पश्चाताप हुआ। उन्हें याद नहीं आता कि उन्होंने अपने बच्चों को कभी मारा-पीटा या डाँटा भी हो। आई.सी.एस. अधिकारी की सन्तान होने की वजह से उच्च प्रतिष्ठा, शान-शौकत, मौन अनुशासन और आराम के माहौल में उनका लालन-पालन हुआ। अच्छे-से-अच्छे स्कूल में पढ़ाई हुई और घर पर भी ट्यूशन रखा गया। सौभाग्य से दोनों ही बच्चे पढ़ने-लिखने में बहुत तेज और आज्ञाकारी थे और डाँट-फटकार का कोई मौका ही नहीं दिया उन्होंने। हाँ, कभी-कभी उन बच्चों पर दया जरूर आई उन्हें यह सोचकर कि साधारण बच्चों के साथ वे खेल नहीं पाते थे। शाम को वे कुछ देर तक आपस में खेलते, फिर बाहर लॉन या बरामदे में खड़े होकर बाहर की तरफ हसरत से देखते या कभी कमरे के अन्दर ही बैठकर पैर हिलाने लगते। इस समय भी दया आई उन्हें बच्चों पर...शायद वे डर गए हैं...।

लेकिन दोषी तो वही हैं। उन्होंने ही तो अपने बच्चों को दूसरे साधारण बच्चों के साथ खेलने से मना किया है। कलक्टर तो कलक्टर है, उसकी प्रतिष्ठा पर किसी सूरत में आँच नहीं आनी चाहिए। इसीलिए वे हँसी-खुशी में हल्ला-गुल्ला नहीं कर सकते। न ही जोर से हँस सकते हैं, न चिल्ला सकते हैं। वे गम्भीर रहें, कम बोलें, साधारण लोगों से मेल-जोल न बढ़ाएँ और अभी से घोर परिश्रम करें, ताकि आगे चलकर आई.सी.एस. की परीक्षा में उत्तीर्ण हो सकें। लेकिन ऐसी शिक्षा, सलाह, अनुशासन और परवरिश के बावजूद ऐसे विचार उनके पास कैसे पहुँचे ? जिस पत्तल में खाओ, उसी में छेद करो। ऐसी बात कहने की हिम्मत कैसे हुई इनकी ? जब नौकरी छूट जाएगी तो मालूम पड़ जाएगा आटा-दाल का भाव !

यही सब सोचते-सोचते कुछ देर के लिए उन्हें झपकी आ गई...जिसमें दिखाई पड़ा कि चारों ओर धुआँ-ही-धुआँ है, जिसके बीच में उनकी साँस घुट रही है और वह छटपटा रहे हैं। वह चिल्लाने लगते हैं...कि उनकी नींद उचट जाती है। वह आँखें खोलकर, डर से कमरे की छत को देखने लगते हैं। उनका हृदय तेजी से धड़क रहा है और शरीर पसीने से लथपथ।

रात-भर ऐसा ही चलता रहा—कभी नींद और स्वप्न और कभी उचाट और दशहत। एक बार तो उन्हें बड़ा ही भयावह दृश्य दिखाई पड़ा...स्वयं उन्हें और उनके परिवारजनों को पकड़कर, आन्दोलनकारियों की एक विशाल, क्रुद्ध भीड़ के सामने लाया जाता है। जनता प्रतिशोध की माँग कर रही है। यही शख्स है जिसकी वजह से इतनी तबाही हुई है। इसी के आदेश से जनता पर जुल्म ढाए गए हैं। इसको और इसके परिवार के लोगों को सख्त-से-सख्त सजा मिलनी चाहिए। वे सभी काँप रहे हैं, पत्तों की तरह। लेकिन तभी एक लम्बा, दुबला-पतला खद्दरधारी, जिसके सिर पर गांधी टोपी है, आगे बढ़कर भीड़ से कहता है, "नहीं, हमारा मूल मन्त्र है अहिंसा। हमारा कोई दुश्मन नहीं है। इन्हें छोड़ दो..."

उनकी नींद फिर खुल जाती है। वह उठकर बैठ जाते हैं, फिर खड़े होकर टहलने लगते हैं। सवेरा होनेवाला है, खिड़की से बाहर की हवा के झोंके आकर शरीर और मन को सुख दे रहे हैं।

उनके होंठों पर स्वतः ही एक अनजान मुस्कुराहट खिल उठी है। पता नहीं कहाँ से आशा और उत्साह का कोई ज्वार उठकर उनमें अपूर्व स्फूर्ति ला देता है। उन्होंने होंठों में ही बुदबुदाकर दो-तीन बार कहा, ''अहिंसा, अहिंसा...।''

किन्तु, सुबह करीब दस बजे ही पुलिस के गुप्तचरों ने सूचना दे दी कि बैरिया थाने पर आन्दोलनकारियों का अधिकार हो चुका है और पूरब तथा उत्तर की सड़कों से विशाल जुलूस चले आ रहे हैं जिला कचहरी की तरफ।

शहर के अन्दर भी भारी हंगामा हो रहा है। बात यह है कि शहर में दयाशंकर का शव आने के साथ ही यह खबर फैल गई कि बैरिया में सैकड़ों लोग शहीद हो गए हैं। स्त्रियों की चीख-चिल्लाहट और उत्तेजित लोगों के क्रोध-भरे शोरगुल के बीच फूल-मालाओं से ढके दयाशंकर के शव को अन्त्येष्टि के लिए ले जाने की तैयारी हो रही है।

इस बीच नीलेश कुछ देर के लिए अपने घर आया। आनन्दी तो कल से ही उसके लिए रो रही है। उसकी भी आँखें रात्रि जागरण और अपने दोस्त दयाशंकर के लिए रोने से ललछऊँ हो गई हैं। चेहरा उदास, स्याह और लटका हुआ, बाल बिखरे, गाल पर चोट का निशान, जो बैरिया थाने के अहाते में गिरने से लगी थी। शरीर पर भी अपना कपड़ा नहीं। खद्दर का कुर्ता मटमैला, कई सिकुड़नों से युक्त, भीगा और भारी।

उसे देखकर आनन्दी जोर-जोर से रोने लगी। जीरादेई भी आँखें पोंछने लगीं। शैलजा फक चेहरा से उसे एकटक देख रही थी। वीरेश नीचे आकर खड़ा हो गया। सुरेश कई बार खिचड़ी खाकर खड़ा हो गया था, उसी ने पूछा :

''कहाँ थे बड़े भैया अभी तक ? कहीं जाने के पहले बता तो देना था। मैं और मझले भैया कई जगह पूछ आए। सभी सोच रहे थे कि आपको पुलिस पकड़ ले गई है। आप लोग जाते हैं तो अम्मा जान छोड़ देती हैं...।''

''क्या बताऊँ सुरेश, मैं बैरिया चला गया था, वहाँ गोली चल गई, जिससे दयाशंकर भाई बुरी तरह घायल हो गए। हम उनको नाव से लेकर आ रहे थे कि रास्ते में उनका स्वर्गवास हो गया। आते वक्त कुछ देर के लिए पानी पड़ गया तो भीगने से कपड़ा भारी हो गया है, बदलने के लिए आया हूँ। हमारे अपने कपड़े तो कीचड़-पानी में खराब हो गए थे, वहाँ गाँव वालों ने पहनने के लिए दिए थे...।''

''आहि ए दादा...कौन लड़का है रे दयाशंकर...उसके माँ-बाप का क्या हाल होगा ? आहि हे राम...।'' जीरादेई छाती पीटकर रोने लगीं।

''दादी, रोइए नहीं, दयाशंकर शहीद हो गए हैं...शहीदों के लिए रोया नहीं जाता,'' वीरेश ने गम्भीरता से जीरादेई को देखकर कहा।

सीतानाथ अपने कमरे में लेटे यह सुन रहे थे, वह धीरे-से उठकर बाहर निकल आए और बोले :

''नहीं चाची, रोना-धोना नहीं, यह सब प्रभु की माया है। उन्हीं की इच्छा से इनसान जीता है और उन्हीं की इच्छा से चला जाता है। बस यही समझिए, नीलेशजी अपने मन से थोड़े गए, प्रभु उन्हें खींच ले गए। प्रभु चाहते थे कि नीलेश वहाँ जाएँ ताकि अपने दोस्त को लाएँ यहाँ। सब उन्हीं की कृपा से हुआ है, नीलेश का कपड़ा-लत्ता दो, नहाएँ-धोएँ, कुछ नाश्ता-पानी करें...''

''नहीं बाबूजी, मैं सिर्फ कपड़ा बदलने आया हूँ, बड़ा भारी हो गया है, चला नहीं जाता। अभी दाह-संस्कार के लिए घाट पर जाना है...लौटकर विस्तार से बताऊँगा...''

''अच्छा...।'' सीतानाथ के मुँह से धीमी-सी आवाज निकली। वह गम्भीर रहते हुए भी कल नीलेश के लिए बेहद चिन्तित रहे और इस समय आने से परम प्रसन्न और उत्साहित, लेकिन अब फिर भय और आशंकाएँ लौट आईं। कब खत्म होगा इन घटनाओं का सिलसिला ? वह हर दिन

सुबह उठकर उम्मीद करते थे कि सब ठीक हो जाएगा आज और खबर आएगी कि कचहरी खुल गई है—फिर कुछ देर बाद वह सपना पानी के बुलबुले की तरह गायब हो जाता और फैल जाता वही सन्नाटा, घर में वही नून-तेल-लकड़ी की चिन्ताएँ।

रोज यह सब झेलते-झेलते उनका दिल उस भोथरे घाव की तरह दुखने लगा, जो बार-बार ठोकर लगने से ताजा होकर फैल जाता है। किन्तु आश्चर्य है कि आज मायूसी के समय एक गर्व का भी अनुभव हो रहा है उन्हें, राख के अन्दर किसी छोटी-सी चिनगारी की तरह कि उनके अपने परिवार में यह सब हो रहा है और उनके लड़के वतन के लिए डंडा-गोली खाने को तैयार हैं, जबकि वह जिन्दगी-भर ब्रिटिश हुकूमत के पक्के भक्त रहे। बड़ा लड़का विदेशी सरकार से एक लड़ाई लड़कर आ रहा है अपने शहीद साथी के साथ—अगर उनका लड़का ही शहीद हो जाता तो क्या होता ? वह रोते ? नहीं, नहीं, उन्होंने सिर को झटका दिया और इसके साथ ही उनके फेफड़ों में हिम्मत की हवा भरने लगी, छाती आगे निकल आई और मुख जोश-उत्साह से समतल होकर चमकने लगा।

''ठीक है, जाओ...हाँ भैया जाओ, अपना फर्ज करो...'' इतना कहकर वह अपने कमरे में जाकर बैठ गए और बैठते ही उठकर फिर बाहर आकर अपने सुपरिचित नाटकीय आवाज में बोले :

''चाची, बाबू रतनसिंह की बेटी नम्रता ने सुरेश की बीमारी के वक्त एक पते की बात कही थी—उसके कहने का मतलब यह था कि फर्ज बहुत बड़ी चीज है, जान से भी बढ़कर। फर्ज करते समय अगरचे जान का खतरा हो तो फर्ज से मुँह मोड़कर भाग जाना चाहिए ? वतन की आजादी के लिए कुछ करना भी एक फर्ज है चाची। मृत्यु तो सिर्फ सोचने और महसूस करने की बात है चाची, उसकी ही चिन्ता की जाए तो इंसानियत का कोई बड़ा काम ही न हो।''

इतना कहकर वह फिर अपने कमरे के अन्दर चले गए, जबकि दक्षिण बरामदे में बैठी आनन्दी उनकी तरफ गुस्से से घूरती रही यह बुदबुदाते हुए कि 'यह हब-खब रहता नहीं कि क्या बोल रहे हैं, हमेशा लड़कों के लिए कुभाखा निकालते रहते हैं...'

वीरेश अतिशय जोश से भरा हुआ है कि जिस दयाशंकर को वह जानता है, जिसे वह इस शहर में न मालूम कब से देख रहा है और जो उसका आदर्श भी है, उसने देश की आजादी के लिए अपने जीवन का बलिदान कर दिया है। अपने बड़े भैया के प्रति सभी सिकुड़नें भी दूर हो गई हैं और वह स्वयं दौड़कर नीलेश के कपड़े लाता है।

''भैया, क्या मैं भी चलूँ ?''

''नहीं वीरेश, तुम यहीं बैठो, अम्मा को समझाओ...मैं अभी आता हूँ...।''

इसी बीच धीरेश दौड़कर बाहर निकल गया। उसने जल्दी-जल्दी एक-एक बात बताई थी नम्रता को। सिर्फ इसी उद्देश्य से गया था, जिसके बाद फौरन वापस घर आ गया ताकि नीलेश और घरवालों के बीच होनेवाली कोई बात छूट न जाए। बात यह है कि कल नम्रता दो-तीन बार नीलेश का पता लेने के लिए उसके घर आई थी और उसने धीरेश से अकेले में कहा भी था कि जब नीलेश आ जाए तो वह सूचित कर दे।

कपड़े बदलकर नीलेश तेजी से बाहर निकला, लेकिन गलियारे में उससे नम्रता टकरा गई तो वह ठिठक गया। नम्रता उसे डबडबाई हुई आँखों से देख रही थी और उसने नीलेश के हाथ को स्पर्श करते हुए कहा :

''मुझे माफ करो...।''

''अरे...यह क्या मजाक है...।'' नीलेश अपना हाथ पीछे खींचकर और कुछ टेढ़ा होकर उसके बगल से सर-सर बाहर निकल गया। इस तरह उपेक्षित और हतप्रभ, नम्रता का मुँह लटक गया और आँखों में आए आँसू गालों से होकर बहने लगे। जब वह पीछे घूमकर अपने घर लौटने लगी तो उसे स्वयं अपने व्यवहार पर बड़ा गुस्सा आया। परसों सुरेश की बीमारी के समय जब उसने देखा

कि सीतानाथ और आनन्दी परेशान हैं, फिर भी नीलेश ऊपर निश्चिन्त बैठा हुआ है तो उसे बड़ी निराशा हुई थी। उसे तो यह उम्मीद थी कि नीलेश ऐसे संकट में दौड़-धूप करेगा, बीमारी दूर करने के लिए प्रयास करेगा। उसके मन में विराजमान नीलेश की छवि धूमिल हुई थी। परन्तु आज धीरेश से सब किस्सा मालूम हुआ तो वह अपने विचार के लिए अत्यधिक संकुचित हो गई। दरअसल वह पश्चाताप के साथ दयाशंकर के बारे में भी अपनी श्रद्धांजलि व संवेदना प्रकट करने के लिए नीलेश के पास गई थी।

नीलेश को होश नहीं था कि नम्रता की बात का कोई अर्थ निकाल सके। न यही समझ सका कि उसके मुँह से क्या निकल गया। वह तो सड़क पर तेजी से चला जा रहा था दयाशंकर के घर की तरफ। उसे अचम्भा जरूर हो रहा था कि इस समय शहर में पिछले दिनों की तरह सन्नाटा नहीं है। दरअसल उसे यह भी नहीं पता था कि शहर की जनता में बैरिया थाने के पतन और शहर के उत्तर और पूरब में विभिन्न सड़कों से विशाल जुलूस जिला मुख्यालय की तरफ बढ़े आने की सनसनीखेज खबर फैल चुकी है।

जिलाधीश सुरेश्वर प्रसाद की घबराहट जब काफी बढ़ गई तो उन्होंने अपने बँगले पर ही पुलिस कप्तान तथा कुछ अन्य उच्चाधिकारियों की बैठक संकटकालीन स्थिति पर विचारार्थ बुला ली। लेकिन देर तक विचार-विमर्श के बाद भी वे किसी नतीजे पर पहुँच नहीं पाए। वे चारों ओर से घिरते जा रहे हैं, जैसे सूरज को काले बादल घेरने लगते हैं और उनके लिए कहीं भागने का भी रास्ता नहीं है। हर व्यक्ति ने अपना सुझाव दे दिया है लेकिन विभिन्न सुझाव एक-दूसरे से टकरा रहे हैं, जिनको जिलाधीश तौल रहे हैं और अन्य चुपचाप प्रतीक्षा कर रहे हैं कि अन्तिम फैसला क्या होता है। और जैसे किसी अन्धकाराच्छन्न तहखाने में किसी अज्ञात सुरंग की रोशनी दिखाई दे जाए, वैसे ही क्षीण प्रकाश से जिलाधीश का मुख प्रदीप्त हो जाता है और होंठों पर मुस्कुराहट खिल उठती है। वह धीमी किन्तु दृढ़ आवाज में कहते हैं :

''आप लोगों के सुझाव कीमती हैं, मगर मेरा मानना है कि अब कोई कार्रवाई करना ठीक नहीं होगा। हमारे पास बहुत कम सिपाही और हथियार हैं और कमजोर कार्रवाई हमेशा ही नुकसान पहुँचाती है। इसलिए हमें कोई दूसरा तरीका सोचना चाहिए। मैंने कमिश्नरी को पत्र भेजवाया है, इसलिए कुछ ऐसा किया जाए कि जो कुछ होने जा रहा है टल जाए और हमें इन्तजार करने का मौका मिल जाए... ।''

''यह कैसे हो सकता है ? मेरा तो यह कहना है कि आगे बढ़कर हम गोली चला दें तो जूता-चप्पल हाथ में लेकर या छोड़कर ये लोग भाग चलेंगे। गीदड़ हैं ये लोग, जोश में आए तो चल दिए ये लोग निहत्थे। हाँ, जब वे नजदीक पहुँच जाएँगे और सारी भीड़ इकट्ठी हो जाएगी तो सँभालना मुश्किल होगा... ।''

जिलाधीश ने पुलिस कप्तान के कथन का अपने ढंग से प्रतिवाद किया, ''इस बात में वजन तो है, मगर इसे कुछ दूसरे नजरिए से भी देखा जाए। हिन्दुस्तान एक बड़ा देश है, जिसमें बलिया समुद्र की एक बूँद की तरह है। हिन्दुस्तान में फौज की बड़ी-बड़ी छावनियाँ हैं, हर जगह जापान से लड़ने की तैयारियाँ हो रही हैं, अगर फौज यहाँ नहीं पहुँच पा रही है तो उसके कुछ कारण हो सकते हैं। इसलिए इस समय धीरज से काम लेने और इन्तजार करने की जरूरत है। यह तो तय है कि यहाँ भीड़ आ रही है, हर तरफ से आ रही है, हमारी हालत वही हो सकती है, जो बाँसडीह की हुई, सहतवार की हुई, बैरिया की हुई। मैं चाहता हूँ कि ऐसा हादसा यहाँ न हो और भीड़ भी मान जाए...''

''वाह, कमाल है ! ऐसा भी कहीं हो सकता है ?'' पुलिस कप्तान ने असहमति की नाराज तिरछी दृष्टि से देखा।

"कुछ तो करना होगा, जिससे कुछ समय मिल जाए और इस कचहरी और दफ्तर का कोई नुकसान न हो। यह सोचना सही नहीं है कि वे गीदड़ हैं। वे आजादी के लिए लड़ रहे हैं और अपनी जान कुर्बान भी कर रहे हैं। सबसे बड़ी बात यह है कि वे अहिंसा और सच्चाई को माननेवाले हैं, इसी वजह से हमारा एक आदमी भी मारा नहीं गया है। इस समय हम भी अहिंसा पर चलेंगे, उन्हीं के हथियार से हम उनसे लड़ेंगे..."

"यह और भी खतरनाक होगा।" पुलिस कप्तान ने नाराजी से कहा।

"हम उनकी अहिंसा और सच्चाई का इस्तेमाल, हुकूमत को बचाने और उसकी भलाई के लिए करेंगे... ।"

हर दस या पन्द्रह मिनट पर चिन्ताजनक सूचनाएँ आ रही थीं। बलिया कचहरी तक आनेवाली हर सड़क और गली बड़े-बड़े जुलूसों से भरी थी, जैसे बाढ़ आने पर नदी में गिरनेवाले नाले उल्टे बहने लगते हैं। दो-चार सौ लोग नहीं बल्कि हजारों लोग और पूरी तैयारी के साथ। प्रत्येक जुलूस में आगे-आगे एक व्यक्ति तिरंगा झंडा लेकर चल रहा है और उसके पीछे दो-दो या तीन-तीन व्यक्तियों की अनगिनत कतारें। कभी राष्ट्रीय गान और कभी नारे। ऐसा नहीं कहा जा सकता कि उनमें सभी गांधीवादी ही हैं, मजे की संख्या उन लोगों की भी है जो अहिंसा-हिंसा के चक्कर में न पड़कर अवसर आने पर जबरदस्ती सत्ता छीन लेने को तैयार हैं। गाँवों में, खास तरह बैरिया में जो कुछ हुआ था, उससे लोग सतर्क हैं, इसलिए पीछे-पीछे कुछ लट्ठधारी भी चल रहे हैं। कुछ लोगों के पास छोटे-छोटे हथियार भी हैं, जैसे गुप्ती, कटार वगैरह, जो छिपाकर रखे गए हैं, किसी झोले में या कुर्ता-कमीज के नीचे टेंट में खोंसे हुए। उनमें कुछ ऐसे कल्पनाशील क्रान्तिकारी भी हैं जो छोटे-छोटे डिब्बों में मिर्चा की बुकनी लेकर चल रहे हैं और एक जुलूस में तो एक सँपेरा भी लाया गया, जिनका सदुपयोग लड़ाई के समय दुश्मन पर छोड़कर किया जाना है।

लेकिन इन जुलूसों के नेता और प्रेरणा तत्त्व अहिंसा, सच्चाई, असहयोग और सत्याग्रह के आदर्शों पर दृढ़तापूर्वक चलनेवाले लोग ही हैं। सभी हिम्मत, धैर्य, आत्मविश्वास और उत्सर्ग की भावना से लबालब मजबूत कदम रखते आगे बढ़ रहे हैं। हाथों में जुम्बिश, मुट्ठियाँ बँधी हुई। आकाश लगभग साफ, हवा मन्द, फिर भी गर्मी, उमस और पसीना। नारों की आवाजों से वृक्षों के पक्षी उड़ गए हैं। घास चरते जानवर सिर झुकाकर चुपचाप खड़े हो गए हैं, जैसे मौन सहानुभूति प्रकट कर रहे हों। पृथ्वी जैसे डोल रही है और आकाश काँप रहा है। और स्वातन्त्र्य के एकमात्र लक्ष्य की ओर बढ़ते हुए असंख्य देशभक्त गा रहे हैं :

सिर पर बाँधे कफनिया होऽऽ
शहीदों की टोली निकली...

अनुशासित ढंग से कदमों के एक साथ उठने-गिरने की आवाज से किसी सेना के आगे बढ़ने का आभास होता है। पिछले दिन पानी बरसने से धूल नहीं उड़ रही है, बल्कि बीच-बीच में टूटी सड़क पर कीचड़-पानी मिल जाने पर कतार बिगड़ जाती है, किन्तु उसे पार करते ही पुनः वैसी ही बन जाती है चीटियों की तरह। सबसे आगे खद्दरधारी बुजुर्ग, उसके बाद यूनिवर्सिटी-कॉलेज और स्थानीय स्कूलों के छात्र और असंख्य किसान-मजदूर सामान्य ग्रामीणजन, जो सिर पर अँगोछा या दुपट्टा बाँधे हुए हैं पगड़ी की तरह। उनमें ऐसे-ऐसे लोग हैं, जिन्हें आज तक जुलूसों में देखा नहीं गया—लम्बे, काले, गर्मी और पसीने से चमकते हुए। चेहरे-पर अनजान आश्चर्य, जोश और निश्चय के भाव। मटमैली मिरजई या कुर्ता अथवा गाढ़े की अधबँही बनियान और उटुंग धोती। कुछ चमरौधे जूते पहने हैं और अधिसंख्य लोग नंगे पैर हैं फटी बेवाइयों के साथ।

जब दूरी थी, जुलूसों की विशालता और भयावहता का, उनके क्रोध, जोश और संकल्प का अन्दाज नहीं लग पाता था, लेकिन पास आते ही सरकारी अधिकारियों के होश-हवास उड़ गए।

लगा कि किसी ज्वालामुखी के फटने से उसका लावा हर सड़क, गली-कूचे और पगडंडी से बहा चला आ रहा हो। लोग अपने प्रिय नारों के साथ जिलाधीश से फौरन आत्म-समर्पण की माँग करने लगे।

और जिलाधीश इसी समय जिला कांग्रेस के अध्यक्ष तथा दो अन्य प्रभावशाली कांग्रेस पदाधिकारियों को जेल कार्यालय में बुलाकर उनसे बातचीत कर रहे थे अत्यन्त विनम्र भाव से।

''सच कहता हूँ, मेरे दिल में आप लोगों के लिए बड़ी इज्जत है। आपके अहिंसा उसूलों की अहमियत मैं समझता हूँ, कद्र करता हूँ। हम भी हिंसा और खून-खराबा नहीं चाहते, अमन-चैन कायम हो, यही हमारी ख्वाहिश है। कचहरी के पास एक बड़ा जुलूस आकर खड़ा है, मरने-मारने को तैयार हैं। फिर भी मैंने अपने सिपाहियों को मना कर दिया कि वे अपनी ओर से कुछ भी न करें। आप भी चाहते होंगे कि हिंसा और बदअमनी न हो, गांधीजी का आन्दोलन बदनाम न हो। मैं आपसे यह कहने आया हूँ कि आप चलकर कह दें कि लोग शान्ति से लौट जाएँ...।''

जिलाधीश जब तक बोलते रहे, जिला कांग्रेस के बुजुर्ग अध्यक्ष उनको अपनी प्रखर निगाहों से देखते रहे, फिर शान से गर्दन टेढ़ी करके जवाब में बोले, ''वाह जिलाधीश महोदय, आपने यह आन्दोलन शुरू होने के बहुत पहले हमें गिरफ्तार कर लिया बिना किसी अपराध के। ऊपर से हम पर अमन-चैन भंग करने और हुकूमत के विरुद्ध बगावत करने का आरोप है। जेल में आप लोग हमें हर प्रकार की तकलीफें देते हैं, खाने की, सोने की, पहनने-ओढ़ने की। एक अखबार पढ़ने को मिलता था, वह भी बन्द कर दिया गया। मुझे तो कुछ नहीं मालूम कि बाहर क्या हो रहा है। लेकिन आपकी इस बात पर हमें विश्वास ही नहीं है कि सत्य और अहिंसा के मार्ग पर चलनेवाले हमारे लोग किसी प्रकार की हिंसा करेंगे। यह झूठा आरोप है। हम भी आजादी के लिए लड़नेवाले सिपाही हैं, जिन्हें आपने बन्दी बना लिया है और आप मुझी से चाहते हैं कि उनके पवित्र जोश पर ठंडा पानी डालूँ और उनसे पीठ दिखाकर यहाँ से चले जाने के लिए कहूँ ?''

''ऐसी बात नहीं है...आप चलकर देखिए कि लोग लाठी-बन्दूक लेकर आए हैं। हम तो खुद हर चीज बातचीत से सुलझा लेना चाहते हैं। आपकी तरह अहिंसा में मेरा भी विश्वास है।''

''आपकी अहिंसा ?'' कांग्रेसाध्यक्ष ने व्यंग्यपूर्वक मुस्कुराकर कहा, ''मैं बताता हूँ। हमारी अहिंसा शासकों का हृदय-परिवर्तन करके देश की आजादी प्राप्त करना चाहती है, जबकि आपकी अहिंसा मजबूरी की अहिंसा है, और उसका उद्देश्य विदेशी गुलामी को बनाए रखना है।''

''गलत समझ रहे हैं आप। मैं ब्रिटिश हुकूमत का एक मामूली प्रतिनिधि हूँ, मैं किसी को आजादी नहीं दे सकता। हिन्दुस्तान एक बड़ा मुल्क है, आजादी दिल्ली से मिलेगी, जहाँ मरकज की सरकार है। यह जंग का समय है, उसके खत्म होने के बाद आजादी मिलेगी, ऐसा मैं सोचता हूँ। मैं तो चाहता हूँ कि इस बड़े मसले को हम इस छोटे-से जिले में हल करने की कोशिश न करें।''

''मेरी समझ में नहीं आ रहा है, जिलाधीश महोदय कि अपने कैदी पर आप अपना मन्तव्य थोपकर उसके साथ जोर-जबरदस्ती क्यों कर रहे हैं ? मुझे तो स्वयं मालूम नहीं कि कांग्रेस का कार्यक्रम क्या है। आन्दोलन के लिए कांग्रेस कोई कार्यक्रम तैयार करती, उसके पहले ही गांधीजी, नेहरूजी, आजाद, पटेल और असंख्य कांग्रेसियों को गिरफ्तार कर लिया गया। उसी के विरोध में जनता खड़ी हो गई है। कांग्रेस ने तो पहले ही अंग्रेजों से हिन्दुस्तान छोड़ देने के लिए कहा है। हमारे साथी और समस्त देशवासी अब विदेशी गुलामी बरदाश्त नहीं करेंगे। दिल्ली की बात दिल्ली में होगी और बलिया की बलिया में होनी चाहिए। और बलिया का आन्दोलन भी समूचे देश की स्वतन्त्रता लड़ाई का अभिन्न हिस्सा है। आप यहाँ का अपना तख्त जनता को सौंप दीजिए। हाँ, मैं अवश्य आश्वासन देता हूँ कि यहाँ कोई हिंसा नहीं होगी, क्योंकि हिंसा द्वारा प्राप्त आजादी हमें स्वीकार नहीं है।''

जिलाधीश का चेहरा स्याह होकर छोटा पड़ गया। एक तो पहले से ही बनाई गई योजना की

विफलता और विशाल, उत्तेजित भीड़ के संभाव्य हमले का बढ़ता हुआ भय। गर्मी तो थी, और बाहर से चपरासी कमरे की छत पर लगे पंखे की रस्सी खींच-खींचकर हवा भी कर रहा था फिर भी जिलाधीश के चेहरे पर पसीने की छोटी-छोटी बूँदें दिखाई देने लगीं। उन्हें विश्वास था कि थोड़ी विनम्रता और चिकनी-चुपड़ी बातों से कांग्रेस के नेता उनका कहना मान लेंगे, लेकिन यहाँ तो सख्ती से जवाब दिया जा रहा है। इसमें भी उम्मीद की एक क्षीण-सी रोशनी जरूर थी कि कांग्रेसाध्यक्ष किसी भी हालत में हिंसा नहीं होने देंगे...अब मतलब साधने के लिए कुछ और झुकना पड़ेगा। यह तो जुआ है, अपना दाँव चल देने की जरूरत है। कूटनीति तो तलवार की ऐसी धार है, जिस पर चले बगैर कोई कार्य सिद्ध नहीं हो सकता।

''मैं शान्ति के लिए कुछ भी कर सकता हूँ। आप ऊँचे उसूलवाले एक महान व्यक्ति हैं, आपके सामने मैं कुछ भी नहीं हूँ। आपको जेल में देखकर मुझे पहले से ही बड़ा कष्ट है। अब तो मैं एक क्षण के लिए भी आपको अन्दर नहीं देखना चाहता। आप इसी समय से आजाद हैं। आप अब कैदी नहीं हैं। अब आप मेरी मदद कीजिए, मुझे तो कोई रास्ता नहीं सूझ रहा है। इसीलिए आपके पास आया हूँ। मैं सच कहता हूँ, आप ही की तरह मैं भी खून-खराबा नहीं चाहता। शान्ति से सारी बातें तय करना चाहता हूँ...''

''मेरे अकेले के आजाद होने का कोई अर्थ नहीं है। आप हमारे साथियों में फूट डालना चाहते हैं।''

''नहीं, ऐसी कोई बात नहीं। आप अकेले रिहा नहीं होंगे, जिनको कहेंगे, वे सब रिहा कर दिए जाएँगे... ।''

''हमारे सभी साथी, सभी देशभक्त नौजवान और सभी तरह के राजनीतिक कैदी आजाद होने चाहिए। वे आज से आजाद नागरिक होंगे, किसी के गुलाम नहीं। फिर आपको कबूल करना होगा कि जिला का शासन आप नहीं चला सकते, आपका हृदय परिवर्तन हो गया है और आप शुद्ध मन से यहाँ का प्रशासन जनता के सुपुर्द कर रहे हैं।''

जिलाधीश सुरेश्वर प्रसाद का चेहरा काठ की तरह दिखाई देने लगा। कांग्रेस के जिला अध्यक्ष इस सीमा तक चले जाएँगे, उन्होंने सोचा भी नहीं था। यदि यह सब कर दिया जाए तो यहाँ ब्रिटिश हुकूमत का क्या बचा रह जाएगा ? क्या उनके झुकने का यह नतीजा है कि कांग्रेस के नेता इतनी दबंगई से बोल रहे हैं ? उन्होंने अपनी विनम्रता को न छोड़ते हुए भी एक दृढ़ शासक की कूटनीतिक आवाज में कहा :

''आप जो चाहते हैं, उसी के मुताबिक मैं करता हूँ। मैं सभी कैदियों को छोड़ देता हूँ जैसा आप चाहते हैं। आप जिले का शासन चलाना चाहते हैं तो शौक से चलाइए। यह जिम्मेदारी मैं आपको सौंपता हूँ। हर चीज आप सँभालिए, कानून, अमन-चैन, स्वास्थ्य, सफाई, व्यापार, सबकुछ। आपके काम में कोई दखल नहीं दिया जाएगा। हाँ, जैसे मैंने आपकी सभी बातें मान ली हैं; आप भी मेरी एक छोटी और मामूली बात मान लीजिए। रेलवे फाटक के उधर शहर में आपका पूरा कंट्रोल होगा, मगर फाटक के इधर कचहरी के छोटे-से इलाके में आप कोई दखल न दीजिए... ।''

''क्या अर्थ हुआ ऐसे अधूरे कार्य का ?'' कांग्रेसाध्यक्ष गम्भीर रहने की कोशिश करने पर भी अपनी हँसी रोक न सके।

सुरेश्वर प्रसाद फौरन ताड़ गए कि उनकी बात का अनुकूल असर हुआ है। निश्चय ही कांग्रेसाध्यक्ष इसे अपनी जीत समझ रहे थे, जबकि सबकुछ हारे हुए को जीत की प्रतीक्षा में बदलने का यह दाँव था। लेकिन सौ फीसदी ऐसा ही होगा, यह भी नहीं कहा जा सकता। दरअसल जिलाधीश का भी विश्वास कुछ-न-कुछ डगमगा गया था—शायद ब्रिटिश हुकूमत का अन्त ही न आ गया हो। इसलिए कहना उचित होगा कि चालाकी-भरे उनके प्रस्ताव में सिर्फ एक ही धार नहीं

है। खैर, मन-ही-मन खुश तो वह भी हुए, लेकिन ऊपर से कुछ कठोर बनते हुए कांग्रेसाध्यक्ष की आँखों में सीधे देखते हुए उन्होंने कहा :

"आप जैसे बड़े शख्सियत को मैं क्या समझा सकता हूँ ? आप सत्य, अहिंसा को माननेवाले हैं, आप हृदय परिवर्तन में विश्वास करते हैं, फिर भी आपको मुझ पर यकीन नहीं है तो मैं अपनी बदकिस्मती ही कहूँगा। मैंने तो आप पर यकीन करके ही सबकुछ आपको दे दिया है, आपको छोड़कर कोई मामूली नेता होता तो मैं परवाह नहीं करता और दूसरा रास्ता पकड़ता। क्या आप समझते हैं कि मैं झूठ कह रहा हूँ, मैं बाद में आपको धोखा दे दूँगा ? मैं तो कहता हूँ कि आज से आप अपने को जिलाधीश समझिए...क्या अब भी आपको मेरी बातों पर यकीन नहीं है ?"

"है ! क्यों नहीं है ?" कांग्रेसाध्यक्ष का चेहरा पवित्र जोश से चमकने लगा, "मैं महात्मा गांधी का शिष्य हूँ, मेरा विश्वास है कि हर व्यक्ति की आत्मा में ईश्वर का अंश होता है, वह आत्मा जब जागृत हो जाती है तो साधारण मनुष्य देवत्व की ऊँचाई छूने लगता है। जब हम अंग्रेजों जैसे निर्मम, क्रूर शासकों के हृदय-परिवर्तन में विश्वास करते हैं, तो आप पर अविश्वास करेंगे ? आप तो भारतीय हैं, इस देश की मिट्टी, हवा, पानी से आप भी बने हैं। मेरा पक्का विश्वास है कि आपका हृदय-परिवर्तन हो गया है और आप सच्चे मन से हुकूमत हमारे सुपुर्द कर रहे हैं। मैं तो आपको पक्का देशभक्त मानता हूँ, एक ईमानदार देशसेवक !"

कांग्रेसाध्यक्ष नेक, ईमानदार, त्यागी और भावुक इंसान थे। असहयोग आन्दोलन के जमाने से ही वह कांग्रेस में थे और उसकी हर लड़ाई में जेल गए। गांधीजी के नेतृत्व में चलाए जानेवाले आन्दोलनों में कूटनीति, चालबाजी, धूर्तता, बेईमानी का कोई स्थान नहीं था। हर चीज खुली थी और कोई भी बात छिपाई नहीं जाती थी। जिला कांग्रेसाध्यक्ष भी सच्चाई के इन्हीं हथियारों से सदा लड़े थे, इसलिए उन्होंने जिलाधीश के आश्वासनों पर सहज विश्वास कर लिया। स्वातन्त्र्य आन्दोलन के इतिहास में एक नई बात हो रही है, यह सोचकर वह खुश थे और प्रेम, सौहार्द और उत्साह से उनका मुँह इतना फूल गया कि चालबाज जिलाधीश को उनसे नजरें मिलाने की हिम्मत नहीं हुई और वह सिर झुकाकर धीमी आवाज में बोले :

"मेरी दिक्कत भी समझ लीजिए। खैर, पहले मैं यह कहना चाहता हूँ कि आप जैसा सच्चा इंसान आज तक नहीं देखा। हाँ, मैं...मेरी दिक्क्त यह है कि आपसे किए गए सभी फैसले निजी हैं अभी तक। मुझे अब जाकर अपने अफसरों से बातचीत करनी पड़ेगी और उनकी भी मंजूरी लेनी पड़ेगी। मुझे सब अधिकार है और वह मुखालफत नहीं करेंगे, फिर भी उनको सब बताना और उनका साथ लेना जरूरी होगा, ताकि आगे कोई गड़बड़ी नहीं हो। हाँ, आपकी तरफ से कोई भी ऐसी-वैसी बात नहीं होनी चाहिए कि हम दोनों जिन फैसलों पर आए हैं, वे बेकार हो जाएँ। इसीलिए मैंने कहा कि आप फाटक के उधर अपनी हुकूमत चलाइए और इधर न आकर हमें कुछ दिनों का मौका दीजिए, जिससे हम हर चीज दुरुस्त कर लें, कागज-पत्र, हिसाब-किताब तैयार कर लें। आप बेफिक्री से अपनी हुकूमत चलाइए। ठीक है न ?"

"ठीक है, मैं तो वचन दे ही चुका हूँ कि मैं शान्ति और व्यवस्था कर लूँगा। हमारी हुकूमत भी सुचारू रूप से चलेगी।"

कुछ ही देर में जेल का फाटक खुल गया और सभी बन्दी नारे लगाते हुए निकल आए। तब विशाल जनसमूह और पास आ गया। ऐसा लगा कि एक कगार के चारों ओर अछोर, अनन्त जल लहरा रहा है। उसी कगार पर खड़े होकर कांग्रेसाध्यक्ष ने जन-समुद्र को सम्बोधित किया :

"इस बहादुर जिले के बहादुर साथियो, सबसे पहले मैं आजादी के लिए आपको हार्दिक बधाई देता हूँ। हाँ, आज से आप स्वतन्त्र हैं। अंग्रेजों की गुलामी खत्म हो गई है। अगर आपने इतना बड़ा संघर्ष न चलाया होता, महान कुर्बानियाँ न दी होतीं तो ये दिन देखने को न मिलते। इसी वजह

से यहाँ की हुकूमत ने आपके सामने घुटने टेक दिए हैं, और शासन करने के अधिकार कांग्रेस को यानी आपको सौंप दिया है। यह आपकी महान उपलब्धि है, मैंने तो इसके लिए कुछ भी नहीं किया, मैं तो जेल में था।

"मुझे आप पर गर्व है। मेरा जीवन धन्य हो गया कि आप जैसे बहादुर लोगों का नेतृत्व मुझे प्राप्त हुआ है। आपको रास्ता दिखानेवाला कोई नहीं था, आपको कोई विशेष कार्यक्रम नहीं दिया गया था, ऐसे समय में आपने चुनौती स्वीकार की, आप स्वयं नेता बन गए, आपने स्वयं कार्यक्रम बनाया और सूझबूझ, बहादुरी तथा अनुशासन के साथ आगे बढ़ते हुए कामयाबी हासिल की। आपके आन्दोलन में हर जाति, धर्म और वर्ग के लोगों ने भाग लिया। आपने हिन्दुस्तानियों की अटूट एकता का जो उदाहरण प्रस्तुत किया है, उसकी मिसाल दुर्लभ है। प्रशंसा की बात तो यह है कि आप गांधीजी के सिद्धान्तों पर अडिग रहे।

"तो ए भाइयो, एक बार फिर मेरी बधाई स्वीकार कीजिए। हाँ, अब आपसे सिर्फ एक अपील करूँगा। आप समझ लीजिए कि इस आजादी के साथ हम पर भारी जिम्मेदारियाँ आ गई हैं। मैं यह ऐलान करता हूँ कि हमारी आजाद सरकार भी सत्य, अहिंसा पर चलकर स्वावलम्बी पंचायत शासन प्रणाली लागू करेगी। अब यहाँ का आपका काम खत्म हुआ और आप शान्ति से अपने गाँव लौट जाइए। ध्यान रहे वहाँ जाकर बेहद चौकसी बरतते हुए हर गाँव में आजाद पंचायतें कायम कीजिए, जो वहाँ शासन-प्रशासन, स्वास्थ्य-सफाई आदि का काम देखेगी। गरीब-दुखिया को कोई सता नहीं पाए, अपराध का कोई कर्म न होने पाए और हर जगह स्वच्छ सुशासन कायम करने की कोशिश की जाए। हमको भी यहाँ शान्ति चाहिए, जिससे हम भी सम्पूर्ण जिला प्रशासन की स्पष्ट रूप-रेखा तैयार कर सकें। उसके बाद हम हर गाँव से एक-एक प्रतिनिधि यहाँ बुलाकर विशेष सभा करेंगे, जिसमें हमारे आगामी कार्यक्रम और फैसलों की पुष्टि की जाएगी..."

"नहीं-नहीं, हम इतने से सन्तुष्ट नहीं हैं...।" विशाल भीड़ के बीच से किसी ने चिल्लाकर कहा।

"ठीक है, जो लोग मुझ पर, कांग्रेस पर और गांधीजी के सत्य-अहिंसा सिद्धान्तों पर विश्वास रखते हों, वे लौट जाएँ अपने-अपने गाँव। परन्तु जो लोग कुछ अलग ढंग से सोचते हों, वे टाउन-हॉल में आ जाएँ, कुछ देर बाद वहाँ सभा होगी और वहाँ सभी शंकाओं का समाधान किया जाएगा। एक बात समझ लीजिए, हम इस समय ऐसा कुछ भी नहीं चाहते, जिससे हमारी एकता और मिली आजादी को कोई नुकसान पहुँचे। बस, टाउन-हॉल में...।"

काफी लोग कांग्रेसाध्यक्ष का आदेश पाकर अपने-अपने गाँव लौटने लगे। शेष बचे वही, जो इस समय ठोस, निर्णायक कार्रवाई चाहते थे, जिससे सरकारी मुख्यालय पर पूरी तरह कब्जा हो जाए और कचहरी पर तिरंगा झंडा लहराने लगे। इनकी भी संख्या हजारों में थी और इनमें भी अधिसंख्य लोग समाजवादी पार्टी के नौजवान, कार्यकर्ता और किसान-मजदूर थे। यह भीड़ कुछ ही देर बाद शहर के अन्दर प्रवेश करने लगी, बाढ़ के पानी की तरह। जहाँ देखो, वही।

शहर के लोगों को पूरी स्थिति का पता लग चुका है। भीड़ को देखकर उनके चेहरे पर भय, आतंक और तनाव कुछ भी नहीं। हर व्यक्ति हँस-मुस्कुरा रहा है। सम्भ्रान्त घरों की पर्दानशीन औरतें भी कुछ देर के लिए बाहर निकल और घूँघट उठाकर इधर-उधर देखतीं और भीतर चली जातीं। कामवाली मजदूरिनें निर्भय स्वतन्त्रतापूर्वक दोनों हाथ फेंकती हुई तेजी से आने-जाने लगीं। मोहल्लों के पुरुषजन बाहर गोल बाँधकर बतकूचन में मस्त। बच्चे आकाशपक्षियों की तरह दोनों हाथ के डैने फैलाकर चीखते-चिल्लाते हुए सड़कों पर दौड़-भाग रहे हैं, अथवा मुँह खोलकर सुखपूर्वक हवा पी रहे हैं। प्रत्येक घर के सामने बातों की जलेबी छन रही है।

"सुना है, बाहर के भी क्रान्तिकारी आए हैं।"

"अरे, मैं तो खुद अपने घर से चलकर वहाँ गया था। अपनी आँखों से देखा, कुछ नौजवान हाथ में पिस्तौल लेकर आगे बढ़ रहे हैं...।"

"सुनते हैं कांग्रेस के अध्यक्ष..."

"भाई साहब, अब उन्हें जिला कलक्टर कहिए..."

"जिला कलक्टर तो वो भी कहे जाते थे...इनको आजाद जिला कलक्टर कहिए...।"

"आजाद के बाद देशभक्त जोड़ दिया जाए तो मेरे खयाल में बात एकदम साफ हो जाएगी।"

"हाँ तो आजाद देशभक्त जिला कलक्टर ने सख्त हुक्म निकाल दिया है कि कल से कचहरी, दफ्तर, स्कूल और बाजार खोल दिए जाएँ !"

"अरे, जाकर देखिए न, कुछ दुकानें खुल भी गई हैं..."

"वाह, यह तो खुशखबरी है। चलिए साहब, यह तो बड़ा अच्छा काम हुआ।"

"अरे तो, अपनी आजाद सरकार है न ? न लाठी का डर न गोली का।"

"आपको मालूम होना चाहिए कि स्टेशन के पास सब्जीवाली अपनी सब्जी की टोकरी लेकर बैठ गई है।"

"मैं अभी जाकर दो सेर आलू लाकर रख देता हूँ...।"

शहर में प्रवेश करनेवाली आन्दोलनकारियों की भीड़ के आगे सदाशयव्रत अन्य स्वतन्त्र साथी कैदियों के साथ आगे-आगे चल रहे हैं। उनके चेहरे पर अन्य साथियों की तरह चमक और मुस्कुराहट नहीं है, क्योंकि जेल में उन्हें कई दिनों तक बुखार आया था, जो उतर तो गया है, लेकिन कमजोरी की वजह से बदन में थरथराहट हो रही है। वह खद्दर की अपनी धोती दोहरा करके लुंगी की तरह पहने हुए हैं और उनकी चाल में भचकन है।

"जै रामजी...।" अचानक एक व्यक्ति उनके पास आकर हाथ उठाकर धीमे स्वर में बोला।

"जै रामजी। आपको पहचाना नहीं, मिले होंगे कभी...।" सदाशयव्रत ने अचम्भे से उस व्यक्ति को देखा।

"आप अपने भोलाराम को भूल गए...सहतवार स्टेशन के पास कुछ दिन मेरे घर में रहे थे..." वह व्यक्ति तिरछी अर्थ-भरी दृष्टि से देखकर कुटिल भाव से मुस्कुरा रहा था।

सदाशयव्रत ने उसे गौर से देखा...चेहरे की रेखाएँ कुछ-कुछ पहचानी-सी लगीं, फिर अचानक जैसे अँधेरे में रोशनी जल उठी और वह पहचान गए।

"तुम मरियल-बीमारिया, इतने मोटे कैसे हो गए ? अनग्राहित कहाँ हैं ?"

"अनग्राहित तो चले गए ऊपर। कहीं पकड़ गए, लाठी-भाला खा गए। जब आप चले गए न, बाँसडीह के एक हकीम की दवाई से बड़ा फायदा हुआ। बेरामी ठीक हो गई, ताकत आ गई तो पुराना काम-धन्धा शुरू...।" वह हँसने लगा।

"यहाँ तुम क्या करने आए हो ?" सदाशयव्रत ने गंभीर होकर उसको घूरकर देखा।

"ऐसे ही...हमको भी कुछ झरन-झुरन मिल जाए।"

"झरन-झुरन ? क्या मतलब ?" सदाशयव्रत उसकी बात समझ नहीं पाए।

"अब छोड़ो, उसको, " भोलाराम ने अपना स्वर और धीमा करके कहा, "अरे हाँ, उसको पहचाना नहीं ? जब जेल से छूटकर बुजुरुग भाषण दे रहे थे न, तो एक लम्बा, काला मनई बीच में चिल्लाकर नहीं बोला था ?"

"कौन है ? मैं नहीं जानता...।"

भोलाराम अपना मुँह उनके कान के पास ले जाकर फुस-फुस बोला, "अरे इतनी जल्दी भूल गए...आपकी थी न वह...किनेरी ? वही पैटमैन की खरीदी हुई मेहरारू ! उसका एक आशूक नहीं था, वही है। एक मामूली कुली-मजूर था, अब तो किसान-मजूर का नेता बन गया है। खूब बोलता

है भाई। बुढ़ऊ तो जल्दी टें बोल गए, उनके रिश्तेदार लुगाई को जान से मार देना चाहते थे। डर रहे थे, जमीन-जायदाद, पैसा-कौड़ी में हक माँगेगी। बड़े पक्के आशूक-माशूक थे भाई, वह बोली, जमीन-जायदाद क्या, मुझे उनकी एक कौड़ी भी नहीं चाहिए। मैं तो रामचरन के लिए जीती हूँ, रामचरन के लिए ही मरूँगी। तो ए भाई, अन्धे को क्या चाहिए—दो आँखें ही न ? कागज पर दस्तखत कराके रिश्तेदार खुशी-खुशी चले गए, आशूक-माशूक मियाँ-बीवी बन गए... ।''

सदाशयव्रत का मुख धीरे-धीरे सुलगती अँगीठी की तरह लाल होता गया। भोलाराम धीमे-धीमे बोल रहा था, लेकिन उसकी आवाज, टेढ़ी मुस्कुराहट और आँखों के इशारों में जो व्यंग्य-भरी ढिठाई और अश्लीलता थी, वह सदाशयव्रत के लिए असह्य हो गई। ऐसे गम्भीर अवसर पर ऐसी हल्की बात करने की हिम्मत कैसे हुई इसकी।

''आप यहाँ से चले जाइए...'' लाल-लाल आँखों से घूरते हुए सदाशयव्रत के मुँह से किसी तरह आवाज निकली।

''क्या हुआ ? जी-मन ठीक है न ?'' भोलाराम सकपकाकर उन्हें देखने लगा।

''जाइए अपने गाँव...जाइए... ।''

''अच्छा जाता हूँ... ।''

इसी समय सुरंजन शास्त्री ने, जो जेल से छूटकर साथ-ही-साथ चल रहे थे, आगे बढ़कर भोलाराम का गट्टा पकड़ डपटकर कहा, ''कौन हो जी तुम ? सदाशयव्रतजी, यह शख्स कौन है, जो आपको अपनी फुस-फुस बातों से परेशान कर रहा है ?''

''नहीं छोड़ दीजिए...कोई खास बात नहीं...'' सदाशयव्रत ने हाथ हिलाकर भी मना किया।

सुरंजन शास्त्री ने उसे छोड़ दिया और वह इधर-उधर देखकर भीड़ में गायब हो गया। सदाशयव्रत चुपचाप चलने लगे। उनका सिर झुका हुआ था। यह अचानक क्या हो गया है, वह ठीक से समझ नहीं पा रहे थे। अभी कुछ समय ही पहले क्या थे और अब क्या हो गए हैं वह। हाँ, वह तो अपने पुराने जीवन से बहुत दूर चले आए थे और किनेरी को भी लगभग भूल चुके थे। उन्हें याद आया कि किनेरी के लिए कितना दुःख सहा था उन्होंने। फिर कैसे उस पीड़ा से उबरे और आश्रम के स्वामीजी और महात्मा गांधी के विचारों से प्रभावित होकर अपने प्यार को राष्ट्रप्रेम और मानवप्रेम की तरफ मोड़ दिया। तब से उन्होंने हर स्त्री और पुरुष को सम्मान से देखा और उसके साथ सम्मान का व्यवहार किया। उनका संकल्प था कि वह किसी से कुछ नहीं लेंगे। जिस स्त्री को पूरे मन-प्राण से चाहा, वही जब नहीं मिली तो उन्हें न कोई और स्त्री चाहिए और न ही सुख—ईश्वर से उनकी यही प्रार्थना थी कि इतनी नैतिक शक्ति और हिम्मत मिले उन्हें जिससे वह अपना सर्वस्व इस देश को और मानव जाति को अर्पित कर सकें।

लेकिन भोलाराम की बातों ने आज तक की उनकी उपलब्धियों को नष्ट कर दिया। पता नहीं कहाँ से एक जबरदस्त तूफान आ गया उनके अन्दर, जिसमें उनका मन एक तिनका की तरह कहाँ-कहाँ उड़ता रहा। उन दिनों का दृश्य चटक रंगों के साथ सामने उपस्थित हो गया, जैसे कल की ही घटना हो। उनका हृदय तेजी से धड़कने लगा—वह डर गए और रुआँसे हो गए। उनकी असह्य पीड़ा फिर उभर आई ताजे घाव की तरह। और सबसे विचित्र बात तो यह है कि इसी के साथ ही उस लम्बे काले व्यक्ति के प्रति ईर्ष्या और घृणा का अनुभव करने लगे, जिसकी सिर्फ एक झलक शुरू में देखी थी और जिसके प्रति प्रतिद्वन्द्विता और शत्रुता को टालने और भुलाने में उन्हें कई वर्ष लग गए थे। उनका जीवन एक नदी के निथरे, शान्त और स्वच्छ जल की तरह प्रवाहित था, लेकिन इसी में अब कैसे ऊँची-ऊँची लहरें उठ रही हैं, जिससे तल में बैठी आकांक्षाएँ ऊपर आकर उसको गँदला और दूषित कर रही हैं...

पहले महसूस हुआ था कि भोलाराम ने उनका घोर अपमान कर दिया है। एक चोर-डकैत का

उनके जैसे त्यागी-तपस्वी के साथ ऐसा व्यवहार ? लेकिन बाद में उन्हें यह सोचकर काठ मार गया कि कभी डकैत तो वह भी थे और उनकी तुच्छ वासनाओं के लिए भोलाराम कहाँ तक जिम्मेदार है ? क्या हर मनुष्य की तुच्छ आकांक्षाए जीवन के अन्त तक उसका पीछा करती हैं या उनकी ही बनावट ऐसी है, जिसमें कोई अच्छाई टिक नहीं सकती ? सोचते-सोचते उनका हर कर्म हो गया, फिर भी न कोई थाह मिला और न ही अन्त। उन्होंने अपनी अवांछित भावनाओं को नियन्त्रित करने की कोशिश की, यह सोचते हुए कि ये क्षणिक और अस्वाभाविक हैं, मगर वह तुच्छ वासनाओं के प्रबल चकोह में फँस गए।

दिन के करीब तीन बजे होंगे। भीड़ शहर में प्रवेश कर गई थी। जब तक लक्ष्य दूर था तो जोश और तनाव था, किन्तु लक्ष्य सिद्ध हो जाने की घोषणा के बाद उससे सहमत न होने पर भी लोग लापरवाह-से हो गए, और एक ऐसा इत्मीनान और हँसी-खुशी का माहौल बन गया, जिसमें भूख भी लग आई। जो लोग जेल से छूटे थे, वे कुछ देर के लिए अपने घर अथवा किसी रिश्तेदार या मित्र के यहाँ चले गए, इस इरादे से कि वहाँ कुछ खा-पीकर टाउन-हॉल में पहुँच जाएँगे। जुलूस के किसान-मजदूरों में कुछ लोग अपने साथ लाए भूजा को चबाने लगे। पैसेवाले कई लोग हलवाइयों क़ी दुकानों पर पहुँचे, जिनकी संख्या तीन से अधिक नहीं थी और जो मौका का लाभ उठाते हुए जल्दी-जल्दी खोल दी गई थीं। पुराने सख्त लड्डू, पेड़ा, लकठा और बताशा को छोड़ उनके पास कुछ नहीं था, लेकिन बड़ी ही फुर्ती से आलू काटकर रसेदार सब्जी चढ़ा दी गई और पूड़ियाँ छनने लगीं। फिर भी अधिसंख्य लोग सुबह से ही अपने घर से रूखा-सूखा खाकर चले थे, उनके पास न पैसे थे और न ही चना-चबेना, इसलिए वे भूख मारकर धीरे-धीरे चलते हुए टाउन-हॉल पहुँचने लगे।

एक-डेढ़ घंटे बाद सभा आरम्भ हुई। टाउन-हॉल भर गया था और जिनको जगह नहीं मिली, वे बाहर सड़क पर खड़े हो गए। एक तख्त पर एक चादर बिछाकर मंच बना दिया गया, जिस पर कांग्रेस के जिला अध्यक्ष और कुछ नेता बैठ गए थे। सदाशयव्रत आग्रह करने पर भी मंच पर नहीं बैठे। वह मंच के नीचे एक कोने में सिर झुकाकर खड़े थे, जैसे इसी अवस्था में सोच रहे हों। वह घर नहीं गए थे, यद्यपि उनका भतीजा सभी समाचार सुनने के बाद उन्हें खोजते-खोजते आया था। उनकी हालत भूचाल से क्षतिग्रस्त उस मकान की तरह थी, जिसमें अनेक दरारें आ गई हों और जिसके सामान दब-बिखर गए हों।

वहाँ उपस्थित असंख्य साधारण लोगों के बीच में होते हुए भी सदाशयव्रत उनसे कटे हुए थे, जैसे उन्हें अलग किसी अँधेरी खाई में उल्टा लटका दिया गया हो। शारीरिक हरकत तो उनकी पहले से ही सही नहीं थी। फिर भी वह भतीजा के कई बार आग्रह करने पर भी घर नहीं गए, लेकिन यह भी नहीं कहा जा सकता कि सिर्फ कर्तव्य-पालन के लिए वह यहाँ आए थे। दरसअल एक अत्यन्त तुच्छ ईर्ष्याभाव से नियन्त्रित होकर उन्होंने टाउन-हॉल की तरफ प्रस्थान किया था। वह रामचरन को ठीक से देखना चाहते थे कि क्या बात है उस व्यक्ति में, जो प्यार के मामले में उन्हें पराजित करने के बाद यहाँ भी चुनौती देने आ पहुँचा है ? कांग्रेसाध्यक्ष से क्या कहता है वह ? ऐसे साधारण व्यक्ति में कोई योग्यता है भी या नहीं ? वर्षों पूर्व, प्यार में उपेक्षा मिलने पर, निर्मम पीड़ा का भरपूर वार स्वयं अपने ऊपर झेलकर स्वाभिमान, शान और गरिमा से पराजय को भी स्वीकार किया था उन्होंने। जिसे प्यार किया था, उसको सुख-स्वातन्त्र्य का अधिकार देते समय, एक बार भी उनके मन में अपने प्रतिद्वन्द्वी की शक्ति को अजमाने या नीचा दिखाने का खयाल नहीं आया। लेकिन इतने समय बाद और अधिक उम्र हो जाने पर अब क्या हो गया कि वह ईर्ष्या-द्वेष, घृणा और प्रतिशोध की अग्नि में भस्म हो रहे हैं।

परन्तु अपनी वर्तमान स्थिति का कारण जानने के लिए तर्क-वितर्क करने की मानसिक क्षमता

भी नहीं रह गई थी उनमें। बड़ी ऊँचाई से वह पंक में गिरकर लिथड़ गए थे और उनकी साँस घुट-घुट जा रही थी। अचानक वह चौंक गए और उनके कानों में कांग्रेस जिलाध्यक्ष की आवाज जनसम्बोधन के साथ प्रवेश करने लगी :

''मैं अहिंसात्मक संघर्ष और ऐतिहासिक सफलता के लिए आपको फिर बधाई देने के बाद कहना चाहता हूँ कि विदेशी हुकूमत आपके सभी अवसर और अधिकार छीनकर, आपको हर तरह से विपन्न और असहाय बनाने की कोशिश करती रही है, फिर भी ऐसी परिस्थितियों में जब आपने संघटित होकर संघर्ष करते हुए उसको पराजित करने में सफलता प्राप्त की है तो स्वतन्त्रता के बाद सभी अवसर मिल जाने पर आप देश को कितना आगे ले जाएँगे, यह आसानी से समझा जा सकता है। मैं पहले ही कह चुका हूँ कि इस आजादी के साथ आपके और हमारे कंधों पर भारी जिम्मेदारियाँ आ गई हैं। अब आपको दिखा देना है कि संघर्ष में आप जितने जागरूक और साहसी हैं, उतने ही शान्ति के समय शासन-प्रशासन चलाने में सक्षम और बुद्धिमान हैं। मैं फिर कहता हूँ कि अपने दूसरे साथियों की तरह यह आजादी लेकर अपने गाँव जाएँ और स्वशासन में सुशासन के सुन्दर उदाहरण प्रस्तुत करें। हाँ, किसी भाई को मेरे सुझाव पर कुछ कहना था। मेरा अनुरोध है कि इस सभा में वह भाई यदि मौजूद हों तो खड़े हो जाएँ और निःसंकोच अपनी बात साफ-साफ कहें। अब कोई किसी का मातहत और गुलाम नहीं है, सभी बराबर हैं और आगे जो काम होगा, वह मिल-जुलकर, सभी की राय और सहमति से।''

मंच से कुछ ही दूरी पर बैठे लोगों के बीच में से एक लम्बा और काला व्यक्ति, जिसके सिर पर एक मटमैला दुपट्टा लिपटा हुआ था, उठकर खड़ा होने के बाद, हल्की मुस्कुराहट के साथ विनम्र और स्पष्ट आवाज में बोला, ''मैं ही था अध्यक्षजी, मेरा नाम रामचरन है। मैं किसानों-मजदूरों के बीच में काम कानेवाला मामूली कार्यकर्ता हूँ। मेरा यह कहना है कि हमें इसी समय शासन पूरी तरह अपने कब्जे में ले लेना चाहिए। उनको कुछ दिनों का समय देना ठीक नहीं है, हमारी यह अधूरी जीत खतरा पैदा कर सकती है।''

''इसका मतलब है कि इस जीत से आप सन्तुष्ट नहीं हैं। इसको आप जीत नहीं समझते, क्योंकि यह शान्ति से मिली है। यही जब हिंसा का प्रयोग करके, खून बहाने के बाद मिलती तो आप खुश होते।''

''यह बात नहीं है, अध्यक्षजी। मैं हिंसा एकदम नहीं चाहता। मेरा सिर्फ यही कहना है कि बार-बार इतनी जनता इकट्ठी नहीं होगी। उन्होंने मजबूरी में कुछ अधिकार तो दे दिए हैं, पर सारी शक्ति अपने हाथों में रखी है। इस समय वे कमजोर हैं, इसी समय हमें उन पर दबाव बनाकर सभी अधिकार हाथ में ले लेना चाहिए। ऐसा न करने पर उन्हें तैयारी का मौका मिल जाएगा और जब वह ताकतवर हो जाएँगे तो कुछ करना बड़ा मुश्किल हो जाएगा।''

सदाशयव्रत लगातार घूर रहे थे रामचरन को। विनम्र भाव से बोलने पर भी, उसकी आवाज में दृढ़ता और आत्मविश्वास की खनक थी। एक मामूली-सा गया-गुजरा आदमी अध्यक्ष महोदय से कैसी ढिठाई से जबान लड़ा रहा है, जैसे विद्वान और उनसे बड़ा राजनीतिक नेता हो। उसकी हर बात, उसका चेहरा और उसकी मौजूदगी तक बरदाश्त के बाहर हो गई। द्वेष, क्रोध और प्रतिशोध की भावना तो पहले ही से थी उनमें, अब उसकी ऊँची-ऊँची लपटें उठने लगीं। वह उसकी शारीरिक शक्ति का अनुमान लगाने लगे और सहसा एक नई लपट की भाँति यह खयाल उनके दिमाग में उठा कि इस उम्र में भी वह उछलकर एक घूसा जड़ दे तो बच्चू धराशायी हो जाएँ और सारी क्रान्तिकारिता झड़कर यहीं गिर जाए !

''कौन-सा तीर मार लेना चाहते हैं आप ?'' कांग्रेसाध्यक्ष ने व्यंग्यपूर्वक पूछा।

''अध्यक्षजी, क्षमा चाहता हूँ। मैं बहस नहीं करना चाहता, मैं तो अपना विचार रख रहा हूँ,

आप मानें या न मानें...। अभी तक यहाँ की विदेशी सरकार का जो रवैया रहा है, उससे उन पर विश्वास किया जा सकता है ? गुदड़ी बाजार में निहत्थे लोग थे, उन पर क्यों गोली चलाई गई ? बैरिया में भी अहिंसा पर चलते हुए, समझा-बुझाकर काम करना चाहते थे, वहाँ भी धोखा हुआ, अन्धाधुन्ध गोलियाँ चलाई गईं, सौ लोग मर गए।''

''मुझसे यह न बताइए, मैं सब सुन चुका हूँ। आप जो कुछ भी कह रहे हैं, उससे अर्थ यही निकलता है कि सत्य-अहिंसा का मार्ग सही नहीं है। लेकिन साफ-साफ सुन लीजिए, मैं महात्मा गांधी का शिष्य हूँ। अहिंसा, सच्चाई, प्रेम-सौहार्द में मेरा दृढ़ विश्वास है। हाँ, दूसरों की सद्वृत्तियों पर विश्वास है मेरा। हर व्यक्ति में ईश्वर का अंश है, जिसका नाम आत्मा है। अहिंसा, सत्याग्रह द्वारा आत्मा जगाई जा सकती है, फिर तो बड़ा-से-बड़ा क्रूर व्यक्ति भी देवता बन जाता है। आप यह क्यों नहीं समझना चाहते कि आप ही के अहिंसात्मक संघर्ष का नतीजा है कि जिलाधीश ने मेरे पास आजादी का प्रस्ताव रखा, मैं तो नहीं कहने गया उनसे ? उसने बार-बार वचन दिया है तो क्या मैं उस पर अविश्वास करूँ ? जो लड़ना नहीं चाहता, उससे जबरदस्ती बजनी करूँ ? आपके कहने से सिद्धान्तों की बलि दे दूँ ?''

''मैं अहिंसा छोड़ने को कहाँ कहता हूँ ? हिंसा तो उन्हीं की तरफ से होती है। हमारे पास कौन-से हथियार हैं ? कुछ लाठियाँ हैं तो उनसे गोलियों का मुकाबला हो सकता है ? अहिंसा का यह तो मतलब नहीं कि हम विरोधी के छल-कपट को न समझें। उनके झूठ पर एतबार कर लें और सन्तुष्ट होकर बैठ जाएँ ? उनको हमला करने, हिंसा करने का और मौका दें ? हम अगर यहाँ के शासन पर पूरा कब्जा कर लें तो हमारा आगे का रास्ता खुल जाएगा, हम आगे बढ़कर पास के दूसरे जिलों को आजाद कराने में अपनी मदद देंगे। अगर हम कुछ नहीं करेंगे तो यहीं सीमित रहकर बैठे रहेंगे और धोखा खाकर सबकुछ खो देंगे...''

''अच्छा, अब चुप रहिए,'' कांग्रेसाध्यक्ष गुस्से से ऊँची आवाज में बोले, ''मैं समझ गया कि आप फँसाना चाहते हैं। हमारे बीच फूट डालने के अलावा और क्या कह सकते हैं इसे ? आपको मालूम होना चाहिए, इस देश में आज जो भी संघर्ष हो रहा है, वह गांधीजी और उनके उसूलों के नेतृत्व में हो रहा है। कांग्रेस के सेनानायक गांधीजी हैं और मैं कांग्रेस का एक सिपाही हूँ। लेकिन आप लोगों ने मुझे जिला का सेनानायक चुना है। क्या किसी सेना में परस्पर-विरोधी विचार के दो सेनानायक हो सकते हैं ? यदि आपको मेरा नेतृत्व स्वीकार नहीं है तो मैं एकता के लिए सहर्ष हट जाता हूँ। आप नेतृत्व सँभालिए, और जैसा चाहते हैं, वैसा कीजिए।''

''नहीं, नहीं, आप न हटिए, आपके नेतृत्व में हमारा पूरा विश्वास है।'' सभा के बीच से कई व्यक्ति हाथ उठाकर चिल्ला पड़े।

फिर तो जोर-जोर से नारे लगने लगे :

महात्मा गांधी, जिन्दाबाद।
सत्य-अहिंसा, जिन्दाबाद।
आदाज हिन्दुस्तान, जिन्दाबाद।
अंग्रेजो ! भारत छोड़ो।

इसी समय किसी ने आकर सूचना दी कि शहर में गवर्नमेंट स्कूल के पास कुछ अफसरों के घर में लूटपाट हो रही है।

''अब पूछिए इन्हीं महाशय से। कहाँ चले गए ? यही सब तो चाहते हैं आप ? इसी को क्रान्ति कहेंगे आप ?''

रामचरन इस बीच बैठ गया था, फिर उठकर बोला वह, ''यह नहीं चाहता मैं। यह हो सकता है कि ब्रिटिश हुकूमत के खात्मे के लिए जो लोग यहाँ आए हैं, वे कुछ न होते देखकर बदला लेने

पर उतर आए हों। जिन्होंने लाठी-गोली चलवाई, वे अब भी आराम से सुरक्षित बैठे हैं, इससे लोग गुस्से में आ गए हों। मेरा विश्वास है, ये लुटेरे नहीं हैं। मैं जाकर लोगों को मना करता हूँ। मैं यहाँ यह भी साफ कह देना चाहता हूँ कि मैं आन्दोलन में फूट नहीं चाहता। हमारे सेनानायक आप ही हैं, आप जो भी कहेंगे, फैसला करेंगे, उस पर मैं चलूँगा, सभी चलेंगे।''

''तो जाइए, लोगों को रोकिए, कोई भी गलत काम न हो। शान्ति-व्यवस्था कायम कीजिए। हम अब आजाद हैं और हमें आजाद नागरिक की तरह मिल-जुलकर काम करना चाहिए।''

46

किन्तु, शहर के लोग–कुछ कांग्रेसी, समाजवादी, क्रान्तिकारी, देशभक्त कार्यकर्ता एवं कुछ अन्य सामान्य जन भी क्रोध में थे। हर जगह असन्तोष था कि जिन संघर्षों और कुर्बानियों के कारण चारों ओर से क्रान्तिकारी जनसमुद्र उमड़कर आया, उसके उद्‌देश्य को आराम से जेल की रोटी तोड़नेवाले परम्परावादी नेताओं ने निष्फल कर दिया। उन्हीं की वजह से वे जेल से छूटे और उन्हीं को वे बेमतलब शान्ति का पाठ पढ़ाने लगे। शान्ति जब पहले नहीं तोड़ी गई तो अब क्यों ऐसा होगा ? हिंसा हुई तो किसने की ? फिर, यह कोई पुराने किस्म का सत्याग्रह तो नहीं। यह जनक्रान्ति है, आँधी ही नहीं महाआँधी है, इसमें कुछ टूट-फूट तो होगी ही। पुराने के विध्वंस के बाद ही तो नए का निर्माण होगा ? क्रान्ति, अन्यायी सत्ताधारी, गद्‌दारों, धोखेबाजों और चापलूसों को नहीं छोड़ती। जिन लोगों ने अनेक लोगों को शहीद किया, उनको क्यों छोड़ देना चाहिए ? उन्हें क्यों नहीं दंड मिलना चाहिए ? ऐसा न करना क्रान्ति के साथ धोखा होगा। क्रान्ति को बीच में रोककर लक्ष्यभ्रष्ट करना शुद्ध आत्म-समर्पण है।

चर्चाएँ गर्म होकर शीघ्र क्रियात्मक बिन्दु पर पहुँच गईं। कचहरी और टाउन-हॉल की सभाओं में शामिल न होने की वजह से रमाशंकर, राममूरत, नफीस, नीलेश आदि कई नौजवानों को कुछ मालूम नहीं था, परन्तु जब वे दयाशंकर के दाह-संस्कार से शहर लौटे और उन्हें सबकुछ ज्ञात हुआ तो उनकी निराशा और क्रोध का अन्त नहीं था।

रमाशंकर ने आगबबूला होकर कहा, ''हमें ऐसी शान्ति स्वीकार नहीं। हम तो अहिंसक हैं ही, कहाँ हमने हिंसा की है ? क्या हमारी अहिंसा स्वयं मरने और विजय मिलने पर जुल्म करनेवालों को अभयदान करने के लिए है ? ताकि वे फिर तैयार होकर हमें मार सकें ? मैं समझ गया कि उस कपटी जिलाधीश ने हमारी अहिंसा को हमारी कमजोरी और निष्क्रिय सिधाई समझकर हमारे अध्यक्षजी को ऐसा पाठ पढ़ा दिया है कि उस पर विश्वास कर लिया है उन्होंने। नहीं, हम किसी को नहीं छोड़ेंगे...''

''अध्यक्षजी वचन दे चुके हैं...'' नीलेश उनके कान में भुनभुनाया।

''क्या करें भाई, वह हमारे नेता हैं, उनका आदेश तो हमें मानना ही है, लेकिन मुझे अच्छा नहीं लग रहा है। बहुत-से लोग तो लौट गए हैं, फिर भी काफी लोग हैं। ये लोग गरीब तो हैं, मगर देशभक्त हैं, अपनी जान की परवाह न करके, अपने जिले की आखिरी लड़ाई लड़ने के लिए आए हैं। ये बिना लड़े हुए चले जाएँगे झूठे आश्वासन लेकर। एक योद्धा का इससे अधिक अपमान क्या हो सकता है ? हमारे लिए शर्म की बात तो यह है कि वे हमारे मेहमान हैं, हम उन्हें कुछ खिला-पिला नहीं सके। तभी से भूखे-प्यासे हैं। ए नीलेशजी...'' रमाशंकर माथे पर हाथ रखकर कुछ सोचने लगे।

''जी, बताइए...''

''नीलेशजी, नफीसजी, राममूरतजी, आप लोग और भी नौजवानों को ले लीजिए, और

घूम-घूमकर बाहर से आए देशभक्तों से कह दीजिए, बिना खाए वे न जाएँ, तहसीली स्कूल में उनके खाने का इन्तजाम है। गोबर्धन सेठ के यहाँ बड़ी-बड़ी दरियाँ हैं, दूसरे सेठों के यहाँ भी हैं, मेरे यहाँ है, लेकिन बड़ी नहीं है, खैर, जहाँ से मिलें ले आइए और दोहरा-तिहरा करके लम्बाई में बिछा दीजिए बैठकर खाने के लिए। इन्हीं लोगों के यहाँ गैस बत्तियाँ भी मिल जाएँगी, दो-चार जलवा दीजिए। पत्तल भी मिल जाएँगे गुदड़ी बाजार में। इतना न करेंगे लोग ? हाँ, यह सब आप लोगों को करना है। और...।''

रमाशंकर जल्दी-जल्दी सोचकर बोल रहे थे, इसलिए हाँफ गए। कई बार गहरी साँस लेकर स्थिर होने के बाद बोले, ''हाँ, जो रूखा-सूखा बन सकेगा, उससे अपने मेहमानों का प्रेम और इज्जत से स्वागत करेंगे। आप लोग अपने-अपने घर में, हमारे घर में, अपने मित्रों, परिचितों के घरों में और साधारण लोगों के घरों में भी जाकर कह दीजिए कि अपने यहाँ एक सेर, दो सेर रोटी-सब्जी, पूड़ी-सब्जी, जैसा साधन और कूबत हो, बना लें। हम सेठों से भी कहेंगे कि वे अपने यहाँ हलवाई बिठाकर पूड़ी-सब्जी बनवा दें, अगर यह न हो सके तो भारत भंडार या स्टेशन के एक-दो हलवाइयों के पास आटा, आलू, घी वगैरह भेजवा दें। मुझे डर है, कुछ सेठ और धनी-मानी लोग डर के मारे मदद करने में नाकुर-नुकुर कर सकते हैं। जो भी मदद दे, उससे लेना है, किसी से जबरदस्ती नहीं। गद्दारों से बिलकुल नहीं...हाँ, सेठोंवाला काम मुझ पर छोड़ दीजिए, जाइए, जल्दी कीजिए, समय नहीं है...।''

''इस शहर में कई अन्यायी अफसर और अंग्रेजों के चापलूस रहते हैं, उनके बारे में क्या होगा ?'' आसपास इकट्ठी भीड़ में से किसी ने चिल्लाकर पूछा।

''उन्हें फाँसी पर लटका देना चाहिए...।''

''नहीं, ऐसी भाषा न बोलिए, यह हमारी भाषा नहीं है। हाँ, उन्हें दंड जरूर मिलेगा और अभी। उन्हें पकड़िए, लेकिन हिंसा नहीं, उनसे पूछताछ की जाएगी, उन्हें दंड मिलेगा, पहले उन पर मुकदमा चलाया जाएगा।''

टाउन-हॉल की सभा से जब रामचरन अपने साथियों के साथ उठकर चला गया तो सदाशयव्रत धीरे-से निकलकर उसके पीछे चल पड़े। वह अपने वश में नहीं थे और कुछ भी समझ नहीं पा रहे थे कि क्यों ऐसा कर रहे हैं। उनकी भवें सिकुड़ी थीं, आँखें सामने देखती मालूम होने पर भी पीछे देख रही थीं, और पैर न चाहते हुए भी आगे बढ़ रहे थे।

आकाश लगभग साफ है और शाम की बची, फीकी धूप वृक्षों की पुलुई को छू रही है। गर्मी और उमस के पसीने में तेज पुरुवा हवा राहत तो पहुँचा रही है, मगर आश्चर्य है कि सदाशयव्रत इस समय हर चीज से बेखबर कई वर्ष पहले सहतवार स्टेशन रेलवे क्वार्टरों के पास पहुँच जाते हैं, जहाँ वृद्ध प्वाइंट्समैन की पत्नी बाहर खड़ी तरह-तरह की भंगिमाओं से अपने प्रेमी को रिझा रही है। उन्हें लगता है, एक पवित्र, रहस्यमयी ज्योति उनके सामने नृत्य कर रही है। उन्हें मूर्छा-सी आने लगती है। उनके अन्दर एक चिराग जलने लगता है, जिससे निपट अन्धकार-भरा उनका हृदय आलोकित होकर एक अनजान मधुर पीड़ा से उच्छ्वसित होने लगता है और उनकी आँखें अकारण ही भर आती हैं।

ऐसा ही पहली बार महसूस हुआ था...और इतने वर्षों बाद आज ठीक वैसा ही नहीं हो रहा है उनके अन्दर ? समय, उम्र, हताशा, पश्चाताप, नवसंकल्प, राष्ट्रप्रेम—कुछ भी इस ज्योति को मिटा सका है ? क्या आज भी उसमें वही तेज और ताप नहीं है, जिसमें वह जल रहे हैं ? उस दिन और आज के बीच कौन-सा बदलाव आ गया है उनमें ? जिन उपलब्धियों पर उन्हें गर्व है, वे क्या उन्हीं की वासनाओं के ही रूप नहीं हैं ? आज जो कुछ है, वह तो व्यतीत को ही भूलने का एक कृत्रिम आवरण है, जिसे किसी ने आकर जबरदस्ती हटा दिया है और वह अपने को नग्न, आहत, मर्माहत

छटपटाते हुए देख रहे हैं।

टाउन-हॉल की सभा की कार्रवाई सुनते हुए उन्हें पहली बार महसूस हुआ था कि उस लम्बे और काले व्यक्ति ने उन्हें वंचित और पराजित कर दिया है। जिसे उन्होंने प्यार किया, उसी के सुख का खयाल करके वह भाग आए थे। किस तरह तपड़ते रहे थे वह ! और उसी तड़पन में त्याग का महत्त्व समझ में आया कि यदि वह स्वयं सुखी नहीं हैं तो दूसरों को तो सुखी कर सकते हैं ! उनका प्रेम पवित्र और महान है, अगर उन्हें नहीं मिला तो वह दूसरों को दे तो रहे हैं ! लेकिन जब वह परम सन्तोष से बुलन्दियों की ओर सफर कर रहे थे, इस व्यक्ति ने सामने आकर उन्हें शक्तिहीन कर दिया है बालि की तरह। उसने ऊपर से टाँग खींचकर उन्हें धराशायी कर दिया है। यह महसूस करने के लिए कि वह महान नहीं, तुच्छ, स्वार्थी और घमंडी हैं और वास्तव में उनका राष्ट्रप्रेम और मानवताप्रेम, एक पराजित और भगोड़े व्यक्ति की शेखी और बड़बोलापन है। उन्होंने त्याग क्या किया, वह तो आज भी इच्छाओं के दास हैं और नाली के कीड़े की तरह बिलबिला रहे हैं। जबकि उसने अपने पुरुषार्थ से उन्हें हर मोर्चे पर पराजित करके सुख प्राप्त किया है, उस सुख से अपने को और प्रखर किया है—और उन्हें दंडित करने आ गया है कि उनके जैसा अकुशल, अनाड़ी, अयोग्य और कुरूप, हारकर और सभी अधिकार खोकर भी क्यों अभी तक प्यार करने का दुस्साहस किए जा रहा है ?

उन्होंने भय और आतंक से महसूस किया कि सचमुच वह तो उसके सामने कहीं नहीं टिकते। विजेता वह यूँ ही नहीं है। उनसे लम्बा और तगड़ा है, काला होने पर भी उसकी लम्बी और खूबसूरत नाक, बड़ी-बड़ी आँखें, दृढ़ निश्चयी होंठ, फिर भी वाणी में विनम्रता, एक ऐसे व्यक्ति की, जो अपनी शक्ति को पहचानता है। उनकी विनयशीलता तो आत्महीनता को ढकने का प्रदर्शन और पाखंड है। वह अपनी घृणा को न्यायोचित सिद्ध करने के लिए ही उसको तुच्छ समझना चाहते थे—उसकी हर बात में नीचता देखने या खोजने को तैयार, जबकि स्थिति इसके ठीक विपरीत है। और अब उस राजनीति में भी उनको अपदस्थ करके नीचे ढकेल दिया है उसने, जो उनका अपना क्षेत्र है, जिसमें लगातार परिश्रम और त्याग से एक प्रतिष्ठित स्थान बना लिया है उन्होंने। उसने यह भी सिद्ध कर दिया है कि उसमें नेतृत्व के सभी गुण हैं, वह अपना विचार दृढ़ता से किन्तु विनम्र शब्दों में प्रकट कर सकता है ! स्वयं वह तो एक अच्छा भाषण भी नहीं दे सकते, यदि कुछ बोलेंगे भी तो स्पष्ट ढंग से अपने को अभिव्यक्त भी नहीं कर सकते और पूरी तरह असमर्थता का अहसास होने पर निष्क्रिय मौन, मुस्कुराहट एवं महानता में खो जाते हैं, जो वास्तविक संघर्ष और सार्थक, सक्रिय तर्क-वितर्क से भागने का ही प्रपंच है।

सबसे खराब हालत उस समय हो गई जब उन्होंने महूसस किया कि उस व्यक्ति द्वारा व्यक्त विचार और सुझाव एकदम सही, व्यावहारिक, स्पष्ट, प्रखर, नए और दूरदर्शितापूर्ण हैं। पहले तो उन्होंने अपने को समझाने की कोशिश की कि हू-ब-हू यही विचार पहले उन्हीं के दिमाग में आए थे, लेकिन शीघ्र ही अपने को बहलाने का यह खयाल लक्ष्यच्युत बाण की तरह धराशायी हो गया। तब हर बात साफ-साफ दिखाई देने लगी कि उनमें सोचने-समझने की न कोई बुद्धि है और न कोई योग्यता। अहिंसा में उनका विश्वास है जरूर, किन्तु उसके सम्बन्ध में भी कभी सोचा नहीं कि नई परिस्थितियों में उसे कैसे लागू किया जा सकता है। वह तो एक नकलची हैं, आँख मूँदकर अनुकरण करनेवाले। पिछलग्गू किस्म के आदमी हैं वे इसलिए कि उन्होंने बचपन और जवानी का बहुत समय बरबाद किया और बाद में जब समय मिला भी तो कुछ नया नहीं सीखा, अपने ढंग से सोचकर प्रखर नहीं बनाया अपने को, ताकि आगे बढ़कर लोगों को रास्ता दिखा सकें।

वह देख रहे हैं कि एक व्यक्ति ने उनका नाका-नाका बन्द कर दिया है—और कुछ क्षणों के लिए आत्महीनता से जड़ हो गए। फिर उससे निकलने की कोशिश में उनके अन्दर अनेक विस्फोट

होने लगे, भयावह और विनाशकारी। इस व्यक्ति को जीवित रहने का अधिकार कहाँ है ? उसे माफ कैसे किया जा सकता है ? जब उसने बरबाद कर दिया है उनको, तो उसे स्वयं बरबाद होने से क्यों बचना चाहिए ? एक निहायत असफल व्यक्ति की ईर्ष्या एवं प्रतिशोध के क्रियात्मक परिणाम की व्याकुलता से भरी आँखों की हिंस्र चमक के साथ, वह उस व्यक्ति और उसके दल के पीछे-पीछे चलते गए थे, जहाँ एक डिप्टी-कलक्टर के घर को लूटा जा रहा था।

अधिक लोग नहीं हैं—सिर्फ तीन-चार सौ लोग, जिनमें असली काम करनेवाले कम ही हैं। सामानों की लुटाई हो चुकी है और बाहर खड़ी घर की भयभीत महिलाओं को गहने उतारकर देने का आदेश दिया जा रहा है।

''भोलाराम, तुम यहाँ ? किसने कहा तुम्हें आने को ? चुपचाप चले जाओ यहाँ से। हाँ, एक बात सबको बता देना चाहता हूँ, जनाना लोगों पर कोई आँच नहीं आने पाए !'' रामचरन अच्छी तरह भोलाराम को पहचानता था।

भीड़ में से एक नौजवान ने आगे बढ़कर गुस्से से तमतमाकर हाथ नचाते हुए कहा, ''यह बदला है...दंड दिया जा रहा है। इन लोगों ने हमारे बहादुर साथियों को मार दिया है, विद्यार्थियों पर लाठी बरसाई है...इन्हें आराम से नहीं बैठने देंगे...''

''जिसने अन्याय किया है, करवाया है, उसे पकड़ा आपने ?''

''वह तो पहले ही भागकर कचहरी में छिप गया है।''

''किसके कहने से आप लोग यह कर रहे हैं ?''

''शहर के हमारे अध्यक्षजी हैं, उन्होंने हुक्म दिया है। आप कौन हैं जी बीच में टाँग अड़ानेवाले ?''

''मैं इस शहर का नहीं हूँ, गाँव का एक कार्यकर्ता हूँ। आपका ही एक भाई हूँ, साथी हूँ। जब असली अपराधी भाग गया तो आप किससे बदला ले रहे हैं ? आप नहीं जानते, मैं कई लोगों को जानता हूँ, जो दूसरे काम के लिए यहाँ आए हैं और गलत फायदा उठा रहे हैं। जोश में, गुस्से में आपको कुछ नहीं मालूम होगा। मैं टाउन-हॉल की सभा से आ रहा हूँ, जिला के अध्यक्षजी ने कहलवाया है कि कोई भी गलत काम नहीं होना चाहिए, लूटपाट और हिंसा नहीं होनी चाहिए। उन्हीं के कहने से मना कर रहा हूँ। इन स्त्री लोगों को माता-बहन समझकर, इज्जत से कचहरी पहुँचा दीजिए, आप नहीं जाएँगे तो मैं पहुँचवा दूँगा...''

ढोंगी ! पाखंडी ! भीड़ के पास खड़े सदाशयव्रत का क्रोध से बुरा हाल हो गया। उनकी आँखें आग उगलने लगीं, नथुने फड़कने लगे। वहाँ अपनी चालबाजी से, एक विवाहित स्त्री को अपने जाल में फँसाकर हथिया लिया और यहाँ नारी रक्षक बना हुआ है। टाउन-हॉल में अध्यक्षजी की आलोचना कर रहा था और यहाँ उलटिया मारकर उनका समर्थक बन गया है ! पता नहीं किस उद्देश्य से आया है यहाँ ! अध्यक्षजी ठीक ही कह रहे थे कि फँसाकर आन्दोलन में फूट डाल देगा, उसे किसी गड्ढे में ढकेल देगा। दंड तो इसे मिलना ही चाहिए। वह बार-बार अगल-बगल और अपने पीछे देखने लगे, परन्तु भीड़ और आस-पास कोई भी परिचित नहीं दिखाई पड़ा।

पास में वहाँ और दो अफसरों के मकान थे, लेकिन वे तो सपरिवार गायब थे, इसलिए ताले तोड़कर लूटपाट करने का सुझाव कार्यान्वित नहीं हो सका। शहर में कुछ और जगहों—अंग्रेज सरकार के भक्तों और सहायकों के घरों पर प्रयास किए गए, लेकिन कहीं भी असली व्यक्ति मिला नहीं, बस बाहर ही कुछ तोड़-फोड़ की गई या कुछ सामानों का अपहरण।

रामचरन अपने साथियों के साथ उस अफसर की बुर्कानशीन औरतों को कचहरी पहुँचाने चला गया और सदाशयव्रत वहीं खड़े रह गए। वह आगे बढ़कर उसका गला दबा देना चाहते थे, लेकिन उनके पाँवों को जैसे लकवा सूँघ गया। वह चिल्ला-चिल्लाकर उसे फटकारना भी चाहते थे, लेकिन

उनके मुँह से आवाज ही नहीं फूटी। वह देर तक खड़े उसी दिशा में घूरते रहे, जिधर रामचरन गया था। होश उन्हें तब आया, जब किसी ने उनसे पूछा :

"अरे आप ? यहाँ चुपचाप क्यों खड़े हैं ? मुझे बताया गया कि यहाँ लूटपाट हो गई है, औरतों की बेइज्जती भी हुई है..."

"रमाशंकरजी, आपके पास बन्दूक होगी ? बन्दूक नहीं, पिस्तौल सही..."

"क्या करेंगे आप यह सब ? आप ही की तरह मैं भी कांग्रेसी हूँ, सत्य-अहिंसा की ही नीति पर चलता हूँ। मुझे तो गुस्सा इसलिए आया कि जिन लोगों की वजह से जनता पर इतना जुल्म हुआ, वे लोग आराम से बैठे हैं। पर लूटपाट, हिंसा के लिए तो मैंने नहीं कहा था, बस पकड़कर ले आने के लिए कहा था, जिससे उन पर मुकदमा चलाया जा सके..."

"मैं एक आदमी का काम तमाम करना चाहता हूँ... ।"

"आप ? आप स्वयं अहिंसा की मूर्ति हैं, दयावान हैं, बहादुर हैं, आप करेंगे यह ? बताइए, कौन है वह ? आप हमारे आदर्श हैं, आपसे मैंने खुद बहुत-कुछ सीखा है। किसी ने आपका अपमान किया है, कुछ कहा है तो बताइए... ।"

रमाशंकर अचम्भे से आँख फाड़े सदाशयव्रत को देख रहा था, जिनकी आँखों में पागलपन का भाव था और जिन्हें होश नहीं था कि कहाँ खड़े हैं और क्या कह रहे हैं।

"एक काला, लम्बा आदमी है, औरतों को लेकर यहाँ से गया है। वैसा दुष्ट और पाखंडी आदमी कोई नहीं है...उसे सख्त सजा मिलनी चाहिए..."

"क्या आप रामचरन को कह रहे हैं ? उसको तो मैं जानता हूँ, रास्ते में मिला था वह। उसने तो बड़ा अच्छा काम किया है औरतों को बचाकर। वह नहीं पहुँचता तो पता नहीं क्या हो जाता। वह तो बड़ा अच्छा कार्यकर्ता है, बड़ा कर्मठ, बड़ा समझदार ! हम लोगों के साथ है। एक गरीब मजदूर था, अब किसानों में काम करता है। उनका संगठन चलाता है। बाँसडीह और सहतबार में उसके संगठन ने बड़ा अच्छा काम किया। वहाँ सफलता मिली, मगर हिंसा नहीं हुई। वह दुःखी था कि आजादी की लड़ाई बीच में रोक दी गई। वह अपने साथियों के साथ उन औरतों को कचहरी में पहुँचाकर उधर से ही अपने गाँव निकल गया होगा। मैंने बहुत रोका, भोजन करके जाओ, आराम करके जाओ, मगर हँसकर बोला, अब मेरा काम नहीं है यहाँ, औरों को खिलाइए-पिलाइए।"

"चला गया ?"

"जी हाँ, निकल गया होगा कभी। इस आन्दोलन ने गरीब जनता के बीच में से कई लोगों को आगे बढ़ाया है, अनुभव दिया है, निखारा है। ये लोग राजनीति को, उसके व्यवहार को जिस गहराई से समझते हैं, वहाँ तक तो कई विद्वान भी नहीं पहुँच पाते। आप घर चलिए, थोड़ा आराम कीजिए, बहुत थक गए हैं।"

"नहीं रमाशंकरजी, आप अपना काम कीजिए, मैं थोड़ा घूमूँगा, फिर घर जाऊँगा।"

सदाशयव्रत आगे बढ़ गए। शाम हो चुकी है। चारों ओर शोर, जैसे कोई मेला लगा हुआ है। चिड़ियों की चहचहाहट, पुरुषों के बोलने, पुकारने, हँसने, औरतों के चिंचियाने और बच्चों के किलकारी मारने तथा रोने की आवाजों से अजीब घाँउज-माँउज हो रहा है। करीब दस दिनों के बाद जीवन लौट आया है विविध रंगों में।

क्यों जा रहे हैं सदायशव्रत गंगा-तट की ओर ? पाँव चले जा रहे हैं, भचकन के साथ। आश्चर्य है, उनके अन्दर अब ईर्ष्या-द्वेष, घृणा, क्रोध, प्रतिशोध और हिंसा के विस्फोट नहीं हो रहे हैं—यह भी अहसास उन्हें उस समय हुआ, जब वे कगार पर बैठकर धुँधलके में तरंगित होकर बहती गंगा के स्याह जल को देखने लगे। उनके हृदय के संकुचन और कलुष का कोई भी चिह्न शेष नहीं है अब, और उसकी जगह पर एक असीम शान्ति और करुणा फैल गई है। जैसे बुरी तरह हिल-काँपकर

ध्वस्त होने के निकट पहुँचा कोई गर्वोन्नत पर्वत भूचाल के जाते ही पहले की तरह शान से खड़ा दिखाई दे रहा हो। न कोई असर और न कोई निशानी। क्या यह संभव है ?

उन्हें अब याद आया, जैसे ही रमाशंकर ने बताया कि रामचरन यहाँ से चला गया है, उनके हृदय पर पता नहीं कैसे भय, आतंक, घृणा, प्रतिशोध आदि का असहनीय बोझ हट गया, जैसे दिल के मरीज को दौरा समाप्त होने पर राहत महसूस होती है। नियति और समय ने तो उन्हें अलग कर दिया था। वह इतनी दूर चले आए थे कि उसकी याद भी आत्मिक ज्योति में बदल गई थी—रामचरन और उसके सुख-सौभाग्य के बारे में तो उन्होंने सोचा भी नहीं। फिर यह कैसे हो गया कि भोलाराम और उसे देखते ही उनके अन्दर पुराना समय जीवित तो हुआ ही, साथ ही आत्महीनता, आत्म-पराजय तथा प्रतिशोधात्मक द्वेष के बवंडर से उनको बुरी तरह झकझोर गया, जिसका अनुभव तो उन्हें उस समय भी नहीं हुआ था।

वास्तव में उनके प्यार में ही कोई खोट है। वह अपने को ही प्यार करते रहे, इसलिए अपना सर्वस्व नहीं दे सके। उन्हें अपने त्याग पर घमंड क्यों है ? अपने को दूसरों से ऊँचा क्यों समझते हैं वह ? और जब उनको चुनौती मिली तो उनकी महानता का खोखलापन प्रकट हो गया—वह बौखला गए और अपनी तुच्छताओं की नुमाइश करने लगे।

उनका शरीर काँप रहा था। उनका माथा आगे झुककर छाती से सट गया। आगे उनके दोनों हाथ जुड़ गए और उनकी आँखों से आँसू गिरने लगे।

उधर घरों में जब मालूम हुआ कि बाहर से आए लोगों के लिए भोजन बनाना है, तो रसोई की ऐसी उत्साहजनक गतिविधियाँ शुरू हुईं, जो आज तक कभी देखने में नहीं आई थीं। लेकिन दरियों, पेट्रोमैक्स बत्तियों और बर्तनों को इकट्ठे करने में कुछ दिक्कतें हुईं। गोबर्धन के यहाँ इस तरह के सामान अधिक थे। उसके पिताजी रामलीला कमेटी के अध्यक्ष थे और अन्य सार्वजनिक समारोहों में वह आगे-आगे रहते। शादी-ब्याह तथा अन्य पारिवारिक जरूरतों के अवसरों पर भी उनके यहाँ से सामान उदारतापूर्वक दे दिए जाते। लेकिन इस समय जब जगदम्बिका और राममूरत सामान के लिए गए तो बहाना बनाकर इनकार कर दिया गया।

शहर का व्यापारी वर्ग अजीब दुविधा, अनिश्चय और भय की हालत में था। शहर में इतनी बड़ी भीड़ का आना, जेल से कैदियों का छोड़ा जाना, इधर लूट-पाट और कचहरी में उधर अफसर और पुलिस पहले की तरह मौजूद ! सच्चाई क्या है ? फिर भीड़ का क्या ठिकाना ? जब वह बिगड़ेगी या अनियन्त्रित होगी अथवा उसमें कुछ ही लोगों की नीयत खराब होगी तो वे किधर जाएँगे ? जो राष्ट्रभक्त और राजनीतिक रूप से जागरूक व्यापारी थे, वह भी विशेष सतर्कता बरत रहे थे। वैसे भी जानते हैं कि धन पर सैकड़ों-हजारों लोगों की नजर रहती है, और दूसरों की नजर से बचाने के लिए अनेक नाटक और प्रबन्ध करने पड़ते हैं। यदि पैसे को बचाने और बढ़ाने के लिए विशेष प्रयास करने पड़ते हैं तो यह भी सही है कि पैसा निकालने से निकल जाएगा और लापरवाह, या निश्चिन्त अथवा असमर्थ होने पर वह लूट लिया जाएगा। पैसा ही ऐसी चीज है जिसका स्थिर रहना भी खतरनाक है, जो अगर नहीं बढ़ता तो घटने लगता है—इसलिए कोई भी अस्वाभाविक बात होने पर वे चौकन्ने हो जाते हैं।

महाराजलक्ष्मी विशेष सतर्कता बरत रही थी। घर में सबसे बड़ा डर गोबर्धन की भावुकता और उदारता से ही है। इसीलिए उसे घर के अन्दर रहने के लिए कहा गया है, एक मिनट के लिए भी बाहर न निकले। फिर दोनों चौकीदारों और चार मोटिया मजदूरों को बुला लिया गया है। चौकीदार कह देते हैं :

"मालिक का जी अच्छा नहीं है। वही सब जानते हैं, दो दिन बाद आइएगा।"

"काम इस समय है तो दो दिन बाद आकर क्या करेंगे ? मुँह देखने ?"

"हाँ, यह तो बात है ही।"

"जाकर भीतर कहो तो ? रमाशंकर बाबू ने भेजा है—बताना।"

एक चौकीदार भीतर गया और कुछ देर बाद लौटकर बोला, "सामान दो ही लोग जानते हैं, एक तो बड़े मलिकार हैं, वे पहले से ही बीमार हैं। दूसरे छोटे सरकार हैं, उनका भी जी ठीक नहीं है। उन्होंने माफी माँगी है इस समय।"

राममूरत और जगदम्बिका निराश होकर चले गए थे, लेकिन कुछ अन्य व्यापारियों और अन्य सामान्य लोगों से सहर्ष सहयोग मिल गया था।

नकलनबीसिन विशेष रूप से उत्साहित हैं। चूँकि वह इस शहर में अकेली महिला हैं, जो आन्दोलन के समय पुलिस का ढेला खा चुकी हैं, अतः उनको इसका हक भी है। वह आज विशेष रूप से पड़ोस के हर घर में पहुँचकर असाधारण विस्तार से बता चुकी हैं कि कैसे वह खड़ी थीं और कितनी तेजी से एक ईंट का बड़ा टुकड़ा आकर लगा था, जिससे ऐसा घाव बन गया, जो अब तक नहीं सूखा है। इसी के साथ उन्होंने यह भी कह दिया है :

"तंगी का दिन है, पर मेरे यहाँ आटा, चावल सबकुछ है। मजे का आटा पिसवाकर रख दिया था, जो चाहे ले जाए। बाहर से आए हैं तो सबको कुछ-न-कुछ पकाकर खिलाना चाहिए कि नहीं ? इससे बड़ा पुण्य क्या होगा ?"

"हजारों लोग हैं, कितना कोई बनाएगा, बहूजी ?" भगजोगिनी की सास ने कहा था।

"ए दाई, तुम कहाँ बनाओगी-खाओगी ? बर्तन माँजकर घर से अपनी पतोह को बुलाती आओ। तुम दोनों मदद दे दोगी, ऊपरी-झापरी काम कर दोगी तो बड़ी कड़ाही है ही, घी की भी कमी नहीं तो मैं जल्दी-जल्दी पूड़ियाँ छानती जाऊँगी।"

"अरे नहीं जी, छोटा बच्चा है, इसी समय रोना शुरू करता है। उसकी माई जब तक उसके पास बैठकर, आधा घंटा थपकी देकर नींद वाला गाना नहीं सुनाएगी, वह सोएगा नहीं। साँझ होते ही वह अउँजा जाता है। हर काम रोकर करता है। खाना माँगेगा तो रोकर, पानी माँगेगा तो रोकर। खा-पीकर सोने के लिए चोकरने लगता है। कुछ हो तो दे दीजिए, घर पर बना लेंगे..."

"ठीक है, ले जाओ। मैं तो कह रही थी, तुम लोग आ जाते। तुम सभी भरपेट पूड़ी-सब्जी खा लेते। हाँ, बच्चेवाली की परेशानी मैं जानती हूँ। कुछ बच्चे गऊ की तरह बैठे रहते हैं, कुछ बहुत तंग करते हैं, कोई काम ही नहीं करने देते। सेर, दो सेर जितना आटा चाहो ले जाओ..."

शाम बीतने के बाद अँधेरा होते ही लगभग पूरा शहर एक बड़े रसोईघर में तब्दील हो गया। जिन गरीब घरों में भरपेट अपने खाने की कमी थी, वहाँ भी पर्याप्त उत्साह देखा गया। लेकिन कई सक्षम लोगों के घरों में भी कुछ-न-कुछ घटा हुआ था। किसी के यहाँ लकड़ी नहीं, किसी के यहाँ नमक या हींग या जीरा ही नहीं। ऐसी स्थिति में औरतें दौड़ा देतीं अपने बच्चों या जवान लड़कियों को, अथवा स्वयं पहुँच जातीं पड़ोसिन के यहाँ। इसमें स्वाभिमान की बात कहाँ आती है, अपने लिए थोड़े ही माँगा जा रहा है सामान ? यह तो देश का काम है, कथा, यज्ञ, प्रयोजन में कैसा हमारा, कैसा तुम्हारा !

"चाचीजी, धनिया होगा थोड़ा ? कांग्रेसियों के लिए शोरवेदार सब्जी बना रही हैं अम्मा। बनिया के यहाँ भी नहीं है..." कोई बच्चा दौड़कर पड़ोस से माँगता है।

"अरे, थोड़ा ही बचा है। ले जाओ, हमारा काम चल गया है। बनिया भी सस्ता सामान दे रहे हैं। मेरे पास भी नहीं था, मोहल्लेवाले बनिया के यहाँ नहीं मिला तो स्टेशन के पास से ले आया हमारा नौकर। वहाँ तो खूब मिल रहा है, जितना चाहे ले लो।"

लकड़ियों के मामले में थोड़ी दिक्कत हो गई। बरसात की वजह से तो वैसे ही सील जाती हैं, जहाँ पर्याप्त सुरक्षा नहीं है, वहाँ काफी गीली। फूँकते-फूँकते दम निकल गया, आँखें सूजकर लाल

हो गईं। धुआँ का अन्त नहीं, जो हर कमरे में घुस गया और भीतर के लोग परेशान होकर बाहर भाग गए। जहाँ लकड़ी नहीं थी, गोइँठा जलाया गया, मगर उसकी भी हालत कोई बहुत अच्छी नहीं थी। शहर में धुआँ-ही-धुआँ हो गया, जो बहुत देर तक उमड़ता-घुमड़ता रहा।

नम्रता अत्यन्त प्रसन्न है। एक तो स्वयं नीलेश आकर उससे अनुरोध कर गया है कि वह मोहल्ले के घरों में देख ले कि जो तैयार हो गया उसे अपने यहाँ इकट्ठा करा ले, जहाँ से वह तथा अन्य नौजवान ले जाएँगे। उसने यहाँ अपनी माँ और नौकर के सहयोग से यह काम बखूबी किया, साथ ही दूसरे घरों में घूम-घूमकर काम कराया भी। कुछ दिक्कतें थीं, यद्यपि बर्तनों की कमी नहीं थी। बात यह है कि कई घरों में आटा न होने से चावल-दाल ही तैयार किया गया। कहीं पूड़ियाँ हाथी के कान की तरह बड़ी और कहीं छोटी-छोटी। इसी तरह कहीं सब्जियाँ भुजिया और कहीं रसेदार। रोटियाँ भी मोटी-मोटी या पतली।

इस परिश्रम, उत्साह, व्यस्तता और हल्ला-गुल्ला में भी नम्रता के खयाल से नीलेश एक पल भी नहीं हटा। वह कभी अकेले और कभी अपने साथी नौकरों के साथ आता जरूरी काम से, नम्रता को भी हिदायत देता, फिर चला जाता। उसके आने पर नम्रता और भी व्यस्त हो जाती, जैसे बात सुनने की भी फुरसत नहीं हो उसे। लेकिन उसके हृदय की धड़कनें तेज हो जातीं और उसे जाते हुए देखती रह जाती ठगी-सी। तेजी से आते-जाते कभी टकरा-सी गई उससे या कभी उसके हाथ का स्पर्श हो गया उसके हाथ से। वह नहीं बता सकती कि यह अनजान में हुआ अथवा एक या दोनों के प्रयास से। लेकिन दोनों को देखकर ऐसा लगता, गोया वे एक-दूसरे को पहचानते भी न हों। यह कहना कठिन है कि देशप्रेम उनके प्यार को या प्यार उनके देशप्रेम को अथवा दोनों ही शान पर चढ़ाकर एक-दूसरे की धार को तेज करके चमका रहे हैं।

शहर में चारों ओर शोर था। असंख्य लोगों की पगध्वनियाँ, बातचीत, हँसी, कहकहे, इधर-उधर भटके साथियों को पुकारने की आवाजें। घरों या बाहर बच्चों की थप-थप दौड़ या चीखना-चिल्लाना। खाना बनानेवाली गृहिणियों का हटर-हटर बतियाना, पुकारना, हिदायतें देना। उकड़ूँ या पीढ़े या बोरे पर बैठी असंख्य गृहिणियों के हाथ आटा की लोइयाँ बेलते एक साथ संचालित हो रहे हैं। चूड़ियाँ खनक रही हैं, वक्ष हिल रहे हैं जिसके बीच सम्बद्ध-असम्बद्ध बातों के मधुर, छोटे टुकड़े, स्वेद-शोभित तमतमाए मुख से निकलकर तैर रहे हैं। और इन सबमें और अलग भी, अनगिनत अनुभवहीन नौजवानों तथा उत्साही कार्यकर्ताओं के घरों और तहसील स्कूल के बीच आने-जाने की आवाजें, त्वरित बड़-बड़, प्रबन्ध सम्बन्धी मतभेद या गड़बड़ी होने पर आपसी नोंक-झोंक, बहसें और झल्लाहटें।

इसके बाद भोजन शुरू हुआ, जो देर तक जारी रहा। चपड़-चपड़ खाना, गला खखारना, खानेवालों का माँगना और खिलानेवालों का पूछना, पानी पीकर डकारना, उठकर हँसते-खिलखिलाते हुए जाना। हर आवाज अलग थी, फिर भी सभी आवाजें मिलकर एक बड़ी आवाज बनकर उठती हुई आकाश में टँग गई थी—राष्ट्रीय एकता, संघर्ष और विजय के उल्लास एवं उत्सव का जनस्वर।

47

दूसरे दिन शहर खाली हो गया, जैसे पानी से भरा छेदवाला बर्तन। खाना-पीना करने के बाद भी लोग रात-भर घूमते रहे, हो-हल्ला करते हुए। लोगों के अलग-अलग रास्ते थे, अलग-अलग गाँव, एक के बाद एक, दल बनाकर निकलते गए। बहुत-से लोग भोर होने के वक्त रवाना हुए। इनमें कई नाराज और उग्र विचारों के भी व्यक्ति थे, जिनका खयाल था कि सत्ता के साथ समझौता करके

धोखा किया गया है। सत्ता अपनी जगह आनन्द से है, आजादी का एक झुनझुना बजाने के लिए दे दिया है उसने, जिसको लेकर नेतागण क्रान्ति के उद्देश्य को भूलकर मस्त हो गए हैं। इस गुस्से की अभिव्यक्ति रात्रि के अन्तिम पहरों में हो गई, जब सभी बुजुर्ग नेता अपने घरों में निद्रा-निमग्न थे।

परन्तु, शहर के अधिसंख्य लोगों को भी ज्ञात ही नहीं हुआ कि बीजगोदाम लूटा जा रहा है। पहले कुछ नारे लगे थे, कुछ चिल्लाहटें सुनाई पड़ी थीं, अन्त में खामोशी छा गई। अन्न का एक-एक बोरा बीन लिया गया, बिना किसी झगड़ा-झंझट के। कौन कितना ले गया और कैसे, इसका हिसाब बताना संभव नहीं। रात अँधेरी थी, गर्मी और उमस की सीमा नहीं--पसीने की गंध, तरह-तरह की पगध्वनियाँ, दम लगाने के समय काँखने-कूँखने के अस्फुट शब्द, धम-धम, थप-थप, भड़-भड़ 'उठा लऽऽ,' 'बच के भाई,' 'कोनिया के निकल जाऽऽ' जैसी हिम्मत बँधानेवाली टिप्पणियाँ।

हिदायतें देनेवाले स्थानीय किस्म के क्रान्तिकारी नेता थे, जो बाहर खड़े बीच-बीच में हाथ से इशारे करते या धीमे स्वर में बोलते। धोती-कुर्ता के अलावा उनके सिर पर अँगोछा या दुपट्टा इस तरह बँधा हुआ था, जिससे पूरा चेहरा देखना कठिन। आजादी मिल जाने से, पुलिस या गुप्तचर विभाग के किसी आदमी या उसके मुखबिर का भय न होने पर भी चेहरा छिपाने का प्रयास क्यों किया गया ? क्या पुराने अभ्यास से ? अथवा इस डर से कि आजादी थोड़े दिन की है और इस भीड़ में जरूर कोई-न-कोई उनका आदमी होगा ? अथवा अहिंसा आन्दोलन में लूटपाट के अनुचित समझे जाने की आशंका से ? संभव है ये तीनों कारण सही हों अथवा गलत, किन्तु यह तो सही है ही कि टाउन-हॉल की सभा में जब एक गुप्तचर चुपचाप कुछ नोट कर रहा था तो कुछ लोगों ने उसे पकड़कर पीट दिया था। ऐसी स्थिति में यह तो कहा ही जा सकता है कि गुप्तचर जैसा अवांछित तत्त्व तो यहाँ शायद ही मौजूद हो। हाँ, वहाँ भोलाराम और उसके कुछ डकैत साथी अवश्य सक्रिय थे, जो जीवन में कभी भी पुलिस के मुखबिर नहीं रहे, बल्कि असली मुखबिर गिरफ्तारी के लिए अवश्य उनके पीछे पड़े रहते थे।

लेकिन काफी लोग गाँव और शहर के वे गरीब लोग ही थे, जिनको दो जून भरपेट भोजन नहीं मिलता और जिनके चिथड़े-से कपड़े उस समय फैले अन्धकार से भी काले थे। जिन छोटे-मोटे नेताओं ने उनसे यह कहा था कि आजादी मिलने के बाद गरीबी दूर हो जाएगी और घी-दूध की नदियाँ बहने लगेंगी, वे परेशान भी थे। सुनहरा सपना दिखाकर वे लोगों को ले आए थे, और अब जो आजादी मिली थी, उसको कैसे सिद्ध करें ? इसलिए भोजन के बाद बचे लोगों को बीजगोदाम का रास्ता दिखा दिया गया, जिससे कुंठा, क्रोध और निराशा के निकलने का मार्ग मिल गया और नेतृत्व को इस बात का सन्तोष कि उनकी उपयोगिता तो सिद्ध हुई।

अगला दिन एक अलसाई सुबह लेकर आया। उमस और गर्मी बरकरार। आकाश पर बादलों की एक अपर्याप्त, छोटी हल्की चादर। लोग देर से सोए थे, लेकिन सुखद अशान्ति ने भी ठीक से सोने नहीं दिया। फिर सवेरे-सवेरे ही तेज और पतली आवाज वाली एक अधेड़, फुर्तीबाज तुरहिन ने 'ले नेनुआ हरा-हरा' चिल्ला-चिल्लाकर रही-सही नींद भी हिरन कर दी। लोग अचानक उठ बैठे। फिर उन्होंने इधर-उधर देखा कि यह क्या हुआ, चारों ओर तो उजाला फैला हुआ है। और अधूरी नींद की अधूरी विस्मृति के कारण सबकुछ जल्दी ही याद आ गया और वे जमुहाई लेकर खड़े हो गए।

अहा, नेनुआ खाने की आजादी और वह भी आजादी के समय का नेनुआ ! जैसे सदियों से तरस रहे हों नेनुआ के लिए। वैसे खाया था पहले नेनुआ, लेकिन वह गुलामी के समय का नेनुआ था--कड़वा, बिना स्वाद का। अब तो सभी आजाद हैं, अब इस नेनुए में जो ताजगी, स्वाद और मिठास होगी, उसके क्या कहने ! और गजब की बात तो यह है कि नेनुआ बेचनेवाली विजयीपुर

की तुरहिन चमेली देवी है, जिसका बहादुर मर्द छबीला गुदड़ी बाजार में शहीद होकर देश का मस्तक ऊँचा कर गया। गम तो है चमेली देवी को, मगर लोगों के यह बताने पर उत्साहित भी है कि उसके पति की कुर्बानी व्यर्थ नहीं हुई है और उसके और दूसरे शहीदों की वजह से देश आजाद हुआ है।

मुश्किल तो यह है कि सभी आज नेनुआ ही खाना चाहते हैं और वह भी चमेली देवी की टोकरी का। नेनुआ हल्का होता है और पिछली रात में अगड़म-बगड़म खाने और जागरण की वजह से गड़बड़ पेट के लिए सर्वथा उपयुक्त और मुफीद।

चमेली के परिवारवाले भी लगे हैं। एक टोकरी भरकर ले आई थी, जो जल्दी ही खाली हो गई, लेकिन उसका जवान लड़का दो बार उसकी टोकरी फिर भर चुका है। दिक्कत यह है कि चमेली का परिचय प्राप्त करके सभी आँसू-भरी आँखों से उसे देखते हैं और उसका नेनुआ थोड़ा-बहुत खरीदना चाहते हैं। नई नहीं है चमेली इस शहर के मोहल्लों के लिए, इसलिए पैसा न होने पर उधार भी लगाते रहे हैं लोग, मगर आज किसी की हिम्मत नहीं हो रही है, सभी चाहते हैं कि उसे अधिक-से-अधिक पैसा मिल जाए।

बाद में तो और भी सब्जीवाले आ गए। इनमें गरीब लोग थे, जिनकी दुकानदारी हड़ताल के समय बरबाद हुई थी। खेतों से साग-सब्जी निकलने पर ग्राहकों के पास पहुँचाने की समस्या। और यदि लुक-छिपकर किसी तरह पहुँचाया या इक्का-दुक्का कोई ग्राहक ही खेत तक आ गया तो बहुत सस्ते में देना पड़ा। बहुत-सा सामान बरबाद हो जाता था। आज बेखौफ घर से निकलना हुआ है, बेचकर पैसा आए तो आराम से दाल-भात, भुजिया तरकारी बने और भरपेट खाया जाए।

दिन चढ़ने पर तो आस-पास के गाँवों और नदी पार से दूध, दही, घी बेचनेवालियाँ, कई मनिहारिनें और चूड़ीहारिनें भी दिखाई देने लगीं। और इस समय उन स्त्री, पुरुष और बच्चों का भी उल्लेख करना उचित है जो भिखमंगा शब्द से विभूषित किए जाते हैं, जो कई दिनों से गायब थे और आज पता नहीं किन बिलों और खोतों से निकलकर चारों ओर फैल गए हैं। और दोपहर बाद तो डमरू बजाकर बन्दर का तमाशा दिखानेवाला, बीन बजानेवाला सँपेरा के अलावा एक भालू वाला भी दिखाई देने लगा, जो नाच कराने के बाद थुथने और बड़े-बड़े बालों वाले अपने काले जानवर से छोटे बच्चों के पिछाड़ सुँघवा रहा था, ताकि भविष्य में उनके फोड़े-फुंसी न निकलें। मतलब यह कि अब गुलशन आजाद और आबाद था—गुल, बुलबुल, भँवरों, मधुमक्खियों के साथ। वस्तुतः अब शहर पर से दबाव, तनाव, भारीपन और बोझ गायब होकर सबकुछ हल्का-हल्का और स्वाभाविक लग रहा है।

नाश्ता के पहले से ही और शाम तक हर घर में और बाहर भी, परिवारजनों, मोहल्लेवासियों, पड़ोसियों, मित्रों, सहेलियों के जमावड़ों में लगातार चर्चाएँ जारी हैं। बातें-बातें-बातें। बीच-बीच में हँसी और चुटकुले। कुल मिलाकर अचम्भे, गर्व और खुशी की चहचहाहट। निश्चय ही, उन्होंने जो कुछ देखा है, वह अविश्वसनीय है उन्हीं के लिए—ऐसा इसके पहले न हुआ और न आगे होने की उम्मीद है। अभी कुछ दिनों पहले तक समझा जाता था कि हिन्दुस्तानी एक होकर, मिल-जुलकर कोई काम नहीं कर सकते, फिर ऐसे लोग अंग्रेज हुकूमत का बाल बाँका भी नहीं कर सकते। लेकिन इन कुछ ही दिनों में ही वह सब हुआ, जिसे उन्होंने आँखों से देखा ही नहीं, बल्कि जिसमें उनकी सक्रिय भागीदारी भी रही। और जिन्होंने हिस्सा भी नहीं लिया और अपनी चमड़ी बचाकर दूर ही रहे, वे भी अब इस तरह कह रहे हैं, जैसे सबसे अलगी पंक्ति में वे भी थे। और इनमें भी जो सच और झूठ में कुछ अन्तर रखने का लेहाज रखना चाहते हैं, वे भी आन्दोलन के महत्त्वपूर्ण लोगों और शहीदों के प्रति अपने सुपरिचय या घनिष्ठता या मैत्री अथवा रिश्तेदारी का उल्लेख करने से बाज नहीं आते।

हाँ, हर व्यक्ति अपना अनुभव सुना रहा है, चाहे वह कितना ही मामूली क्यों न हो। उद्देश्य

है कि हम भी किसी से कम देशभक्त नहीं। यह न समझा जाए कि आन्दोलन के प्रति हम उदासीन या उसके विरोधी रहे। हमने सबकुछ अपनी आँखों से देखा। अपने पाँवों से चलकर गए और उसमें शामिल हुए। हमारी राय से बहुत-सी घटनाएँ हुईं और स्वयं हमने मुकाबला किया या वैसा सोचा। उदाहरण के लिए, नकलनबीसिन के बगल के पड़ोसी धुरंधर पढ़ाकू, चलते-फिरते 'चैम्बर्स शब्दकोष' और बी.ए. प्रथम वर्ष के तीन-साला विद्यार्थी गिद्धेश्वर प्रसाद के महत्त्वपूर्ण अनुभव को बड़ी दिलचस्पी से सुना गया। अपने घर के सामने, सहन के जमावड़े में नकलनबीसिन की छत की तरफ आँखों से टेढ़ा-ऊँचा संकेत करते हुए पतली आवाज में कहा उन्होंने :

"उस दिन की बात है, जब विद्यार्थियों पर लाठीचार्ज हुआ था। मैं तो था ही, यहीं बाहर सीना तानकर खड़ा था। अचानक, साहब, पुलिसवाले दौड़ते हुए आए। उन्होंने मुझे देखकर एक बड़ा-सा पत्थर का टुकड़ा चलाया मेरी ओर। करीब सौ-डेढ़ सौ मील की रफ्तार से ढेला फेंका गया था। लेकिन ब्रिटिश हुकूमत की पुलिस इतनी निकम्मी है कि ठीक से निशाना भी नहीं साध सकती। लक्ष्य मैं था, और ढेला लगा ऊपर भाभीजी को। मेरा खून खौलने लगा, मुट्ठियाँ तन गईं, भारतीय महिला पर यह अत्याचार ! मैंने उसी समय प्रतिज्ञा की कि इस विदेशी हुकूमत को जब तक जड़ से नहीं उखाड़ फेकूँगा, चैन से नहीं बैठूँगा। वही हुआ न अब ?"

उसी जमावड़े में खड़ा, एक नया नौजवान वकील मन्नूलाल, व्यंग्य की टेढ़ी मुस्कान से दूसरों को देखने लगा। वह और गिद्धेश्वर प्रसाद कभी सहपाठी रह चुके थे, और अब आगे निकलकर वकील बन जाने पर भी दोनों की दोस्ती बरकरार थी। उस दिन दोनों को धनेश्वरी देवी के मकान के सामने, पान की दुकान पर खड़े सिगरेट का धुआँ उड़ाते समय पुलिस सिपाही उधर ही आते नजर आए। बस हुआ यह कि दोनों सिगरेट फेंककर अपने घरों की तरफ पूरी ताकत से दौड़ लगाने लगे, जिसमें कक्षाओं में पीछे रहनेवाले गिद्धेश्वर प्रसाद आगे निकल गए और जब पुलिसकर्मी वहाँ पहुँचकर चारों ओर ढेलेबाजी करने लगे, वे दोनों घरों के अन्दर सुरक्षित पहुँच चुके थे।

इन अनुभवों में बड़ा स्वाद था। जिसके पास नहीं था, वह अनोखी दिमागी कीमियागिरी से दूसरे के अनुभवों को अपना बनाकर पेश कर रहा था। और भयंकर बेकारी की जिन्दगी व्यतीत करनेवाले एक दुबले-पतले और मरियल-से प्राइवेट ट्यूटर ने ऐलान कर दिया कि शहीद दयाशंकर को पिस्तौल चलाने, कुश्ती लड़ने और पंजा लड़ाने की कला उसी ने सिखाई थी। लोगों ने सराहा कि देश में कैसी-कैसी प्रतिभाएँ छिपी हैं।

संगीत गोष्ठियाँ तो न मालूम कब से बन्द थीं, लेकिन उनके दो महत्त्वपूर्ण सदस्य कलाकार सुद्दीलाल और परमात्मानन्द जब सुबह साढ़े दस बजे अप्रत्याशित रूप से पहुँच गए तो सीतानाथ ने बड़े ही उत्साह से उनका स्वागत किया, क्योंकि वह एक विशेष कारण से बेहद प्रफुल्लित थे। बात यह कि उनके दो मुवक्किल जुलूस में आए थे, जो समय निकालकर उनसे भी मिले थे और बकाया मेहनताना और कुछ अग्रिम इस आशा से दे गए कि कचहरी जल्दी ही खुलेगी और वकील साहब पुरानी बातों को भूलकर नई परिस्थितियों में डटकर पैरवी करेंगे और बड़े लड़के के आन्दोलनकारी होने की वजह से उनकी बात का वजन भी काफी होगा।

शहर के रईस और तेजी से बूढ़े हो रहे तबला विशेषज्ञ परमात्मानन्द ने आते ही कहा—"भैया, मैंने किसी का क्या बिगाड़ा है ? लोग कहते हैं कि मैं रईस और अंग्रेजों का मददगार हूँ। बाप जमींदार और रईस थे और काफी जमीन और जायदाद छोड़ गए तो हमारा क्या दोष है ? और भाई मेरे, चन्दा मैं अपने मन से थोड़े ही देता हूँ, वे लोग आकर जबर्दस्ती ले जाते हैं। इसी से नाराज होकर लोगों ने मेरे घर में तोड़-फोड़ की और कुछ समान उठाकर ले गए। मैं तो ऊपर छत के कमरे में बन्द डर से काँप रहा था। खैर भाई जान, सामान रहे चाहे जाए, मैं इसकी परवाह नहीं करता। हाँ, मैं आन्दोलन करनेवालों का ताजिन्दगी शुक्रगुजार रहूँगा कि उनकी वजह से मेरा वर्षों पुराना

कब्जा दूर हो गया !''

पक्के गाने के धुरन्धर गवैया सुद्दीलाल खूब हँस रहे थे और उनकी हँसी उनके आलाप की तरह ही थी दानेदार, जो रुकने का नाम ही नहीं लेती। कद उनका पाँच फीट आधा इंच से अधिक नहीं, जिसमें पौन फीट तो उनकी गर्दन होगी। गम्भीर होने पर वह क्रोध तथा घृणा से होंठ बिचकाकर बोले, ''अंग्रेज लोगों की असलियत तो मैं जानता हूँ। देखने में ही लम्बे-चौड़े होते हैं, लेकिन अन्दर से एकदम खोखले। अरे, हमारे देश के दूध-दही, हवा-पानी में जो बात होती है, वह अंडा-मुर्गी में कहाँ ? मैं तब छपरा में एक अंग्रेज डिप्टी कलक्टर का पेशकार था। हाकिम तो वह अच्छा था, मगर अपने मातहतों से बड़ा खराब बर्ताव करता। मैंने खूब कसरत-कुश्ती की थी। एक दिन जब उसने बदसलूकी की तो मैंने आगे बढ़कर उसका गट्टा पकड़ लिया और लगा ऐंठने। फिर तो मैंने उसकी कनपटी पर दो घूसे भी जमाए और वहाँ से नौ-दो ग्यारह फरार !''

लोग इसी तरह, हर जगह घूम-टहलकर या बैठकबाजी करके जश्न मना रहे हैं। लेकिन करीब सभी चर्चाओं में रमाशंकर का नाम और कृतित्व जरूर आता। अनेक व्यक्तियों ने देखा था और जिन्होंने देखा नहीं तो सुना अवश्य था कि नेताओं की गिरफ्तारी के बाद शहर में जब से आन्दोलन शुरू हुआ है, रमाशंकर ही हर कार्य, गतिविधि, विरोध और संघर्ष के प्रेरणास्रोत रहे हैं। वह दुःख, संकट और जुल्म के समय दिन-रात लोगों के साथ खड़े रहे हैं। दौड़ते रहे हैं, ढाढ़स देते रहे हैं, मदद पहुँचाते रहे हैं। वह छोटे-से-छोटे व्यक्ति के साथी हैं, जिसके साथ जमीन पर बैठकर प्रेम से खाते हैं, फिर उसके साथ चल देते हैं, जहाँ जाना जरूरी हो और करने लगते हैं, जो करना जरूरी हो। गुदड़ी बाजार गोलीकांड के बाद, उनकी हिम्मत, संगठन-शक्ति, व्यापक सम्पर्क क्षमता, जनप्रेम और जनमैत्री, निरन्तर परिश्रम और नेतृत्व योग्यता का परिचय किसको नहीं मिला है ?

जीवन और राष्ट्रीय स्वाभिमान से भरपूर, साहसी लेकिन अनुभवहीन और ऊपर-खाले पैर रखते हुए भी जिस व्यक्ति ने देश की आजादी के मार्ग पर निरन्तर अग्रसर होते हुए अपनी जान कुर्बान कर दी, उसके साथ मतभेद होते हुए भी रमाशंकर के दुःख का अन्त नहीं था। वह दयाशंकर के रोते-बिलखते परिवारजनों के बीच सगे परिवारजन की तरह शोकग्रस्त होने पर भी हिम्मत बँधाते। और निरन्तर सक्रिय। और जब सभी जेल का फाटक खुलने पर खुशी-खुशी कचहरी की तरफ भागे जा रहे थे, वह कुछ साथी नौजवानों के साथ दयाशंकर के दाह-संस्कार में व्यस्त रहे।

''ए भाई, गुस्सा देखा आपने उस समय रमाशंकर का ? उन्होंने कहा था, खून-पसीना तो लोगों ने बहाया और वहाँ जालिमों को अभयदान देकर चले आए। ऐसा सन्त और महात्मा बनने से क्या फायदा ? यह कैसी लड़ाई कि हारा हुआ ही उसका सुख लूटे ? यह तो ऐसा ही है कि नियमित दवा खाने से जब बीमारी दूर होने को आई तो मरीज कोर्स पूरा किए बिना ही, दवाई छोड़कर तन्दरुस्ती की खुशी मनाने लगे !''

क्या हर बात गरीबों की दृष्टि से ही सोचते हैं रमाशंकर ? लगभग सभी निश्चिन्त हो गए हैं, जो प्राप्त हो गया है, उसे पर्याप्त समझ सन्तुष्ट और खुश हो रहे हैं। लेकिन साधारण लोग तो पहले भी गरीब थे और आज भी गरीब हैं। उनसे तो पूछा ही नहीं गया कि वे क्या चाहते हैं। उनको क्या मिला और आगे भी क्या मिलेगा ? यह सब सोचकर रमाशंकर गुस्सा गए। उनकी आँखों से आग निकलने लगी। उन्होंने ही बाहर के गरीबों और शहर के गरीबों को खोज-खोजकर भोजन कराया। बाद में उनको बीजगोदाम का रास्ता सुझा दिया।

वह कुछ दूरी पर अँधेरे में बेंत की तरह खड़े सबकुछ देख रहे थे। वह एक शब्द भी नहीं बोले। दुःख और करुणा में डूबे हुए थे वह। एक प्रश्न बार-बार उनके हृदय को विदीर्ण कर रहा था कि जो इस धरती को हरा-भरा और खूबसूरत बनाता है और उसकी ऊँचाइयों को आधार देता है, वह तो अपने को जानता भी नहीं। यदि पूरी आजादी मिल भी गई तो क्या होगा इनका ? अपनी शक्ति

को पहचान पाएँगे कि नहीं ? और वह हासिल भी होगा, जो इन्हें सबसे पहले मिल जाना चाहिए ?

इस हँसी-खुशी और गप-सड़ाका के बीच, एक अधेड़ औरत मामूली साड़ी के ऊपर ओढ़े हुए सफेद चादर का अधघूँघट बनाए और पैरों में जनाना स्लीपर पहनकर इधर-उधर पत्ते की तरह उधिया रही है। परेशान तो वह कई दिनों से थी, मगर मौका आज मिला है उसे। बेटी की बीमारी से जिसका रोजगार बरबादी के कगार पर है, वह क्या करे ? कई वैद्य-हकीम की दवा करा चुकी है, मगर बेटी का शरीर नमक की तरह गल गया है। बुखार उतरने का नाम नहीं लेता, खाँसी और उग्र हो गई है, जिसके साथ खून भी आता है कभी-कभी। अन्त में हकीम को गाली देती हुई वह चौक के बड़े डॉक्टर के यहाँ गई थी कल, जिसको जुलूस के दिन रमाशंकर के कहने पर पिलपिली बुलाकर ले आया था। डॉक्टर कांग्रेसी था, जेल का फाटक खुलने और आजादी मिलने से खुश था। यदि ऐसा न भी होता तो वह बुलाने पर जरूर चला आता। उसने लवंगलता उर्फ ढेला की फिर परीक्षा करने के बाद कहा :

''माताजी, इनके मामले में लापरवाही हुई है। मैंने दवा शुरू की थी, मगर आपने उसे छोड़कर दूसरों को दिखाया। इस तरह घबराकर जल्दी-जल्दी डॉक्टर बदलना तो ठीक नहीं है। इसमें नियमित दवा करानी चाहिए। मरीज को अच्छा खाना, स्वच्छ हवा-पानी और पूरा आराम मिलना जरूरी है। आप क्यों नहीं समझतीं कि इनको दिक की बीमारी है और वह भी बिगड़ गई है। यह खुद ठीक से खाती-पीती नहीं और चिन्ता करती हैं। मेरा कहना मानिए, इन्हें पहाड़ ले जाइए...''

''पहाड़ पर ? काहे डॉक्टर साहब ?'' श्यामदासी डर के भाव से देखने लगी।

''यहाँ तो दवाई भी ठीक से नहीं मिलेगी, इलाहाबाद, बनारस दौड़ना पड़ेगा। पहाड़ पर, नैनीताल के पास एक जगह है भवाली, वहाँ का हवा-पानी बड़ा अच्छा है। वहाँ इसी मर्ज का एक अच्छा अस्पताल है। पैसा तो लगेगा माताजी, थोड़ा-बहुत मैं मदद कर सकता हूँ। इस अस्पताल में एक डॉक्टर मेरे दोस्त हैं, उनको लिख दूँगा। उन्हें ले जाइए, ठीक से दवा होगी तो बच सकती हैं, तन्दरुस्त हो सकती हैं। फिलहाल के लिए दवा लिख देता हूँ। मेरी दुकान खुली है, मँगवा लीजिए, पैसा नहीं लगेगा। बुखार कम हो जाएगा, खाँसी भी...लेकिन पहाड़ ले जाने के बारे में सोचिएगा जरूर...''

डॉक्टर के जाने के बाद ढेला की माँ ने छाती पीटकर कहा, ''हाय, मैं तो लुट गई। अब क्या करूँ ? कहाँ जाऊँ ? किससे मागूँ ? जो कुछ बचाकर रखा भी है तो उसे खर्च कर दूँ ? फिर रिश्तेदार ? जब माल नहीं तो गहकी क्यों आएगा ? पुराना गहकी क्यों पहचानेगा ? अरे, इन कांग्रेसियों ने सब चौपट कर दिया। आग लगे ऐसी आजादी पर। आजादी हमें रोटी देगी ? रंडियों की इज्जत तो अंग्रेजों के जमाने में होती थी, मेहनताना भी खूब अच्छा मिलता था, इन गँवारों की तरह नहीं, जो बिना पैसा दिए ही सब मजा लेना चाहते हैं...दुःख-दर्द, बीमारी-हैरानी ऊपर से...''

वह माथे पर हाथ रखकर रोने लगी। कुछ देर बाद सिर उठाकर ढेला की तरफ देखती हुई गुस्से में बोली, ''इस नादान छोकरी को बार-बार समझाया कि उन दगाबाजों के चक्कर में न पड़े। रंडी की लड़की इश्क करने बैठेगी तो हो चुका धन्धा। यह तो भूखों मरने का इन्तजाम है। ठीक ही कहा है, घोड़ा घास से यारी करेगा तो खाएगा क्या ? साफ-साफ बता, वह तो चला गया, अपनी पसन्द की मौअत पा गया, जाने के बाद एक बार भी नहीं पूछा तो उसके लिए क्यों बुलका चुआ रही है। और वह दूसरा है, जो मुँह गोल-गोल कर जनखों की तरह बोलता था, वैसा बेईमान और दगाबाज खोजे नहीं मिलेगा...क्या-क्या कसमें खाता था, अब कारोबार में खूब पैसा पीट रहा है, एक बार भी खयाल नहीं आया होगा कि कैसी है ढेला रानी... ।''

''खबरदार, उनका नाम मेरे सामने न लो...जिनको गाली देती थी, उनसे मदद की उम्मीद करती हो ! शर्म नहीं आती तुम्हें ? साफ बता देती हूँ, मदद क्या, आइन्दे उनमें से किसी का नाम भी लिया

तुमने...तो जिन्दा नहीं पाओगी। यह भी सुन लो, मैं आज से कोई भी दवा नहीं खाऊँगी...'' अन्त में वह हाँफने और खाँसने लगी।

''अच्छा, मेरी बिटिया, छोड़ो उनको और हँसी-खुशी से दवाई खाओ, अच्छा खाना-पीना लो, हाँ, खूब हबककर खाओ, आराम करो, गाओ-गुनगुनाओ। रंडी की लड़की हो तो अपने उसूल को समझो। उसूल छोड़ने से कोई भी इज्जत नहीं रह जाती, आदमी गिर जाता है। अगर साधु-फकीर का उसूल होता है तो रंडी का भी तो होता है। अच्छा, एक बार कह दो कि अब उसका खयाल नहीं करोगी...'' वह आगे झुककर ढेला का बाल सहलाने लगी।

''मैं नहीं लाती किसी का खयाल अपने मन में... ।'' ढेला तेज रोती हुई बोली।

''अरे हरामजादी ! फिर रोती क्यों है ? क्या उसके पीछे सती होगी ?'' श्यामदासी स्वयं रोती हुई इतने जोर से चीखी कि अपनी ही आवाज से डरकर फौरन बाहर की ओर देखने लगी। फिर प्यार से बेटी को पुचकारती हुई बोली :

''न रोओ, मेरी रानी बिटिया। यह न सोचो कि मैं रंडी हूँ तो अपनी बच्ची को प्यार नहीं करती। मेरे अन्दर भी महतारी का दिल है। तुम्हें देखकर मेरा कलेजा फटता है। तुम कोई चिन्ता न करो, मेरे पास जो भी रुपया-पैसा है, गहना-गुरिया है—सब लगा दूँगी। मैं बेच दूँगी अपने को, तुमको पहाड़ लेकर जरूर ही चलूँगी। घर के मर्द लोग मेहनत-मजदूरी करेंगे, दूसरों के यहाँ तबला, सारंगी, मँजीरा बजाकर अपना पेट पालेंगे...तुम कोई फिक्र न करो मेरी बेटी, चुप रहो...''

दूसरे दिन जब सचमुच बुखार और खाँसी में कमी आ गई तो श्यामदासी बाहर निकल पड़ी। शहर में अब भी ऐसे लोग थे, जो कुछ वर्ष पहले तक उस पर जान छिड़कते थे और अब सूखकर छुहारा हो जाने पर भी बाजार में दिल और पैसा बड़ी उदारतापूर्वक लुटाते थे। वह रिश्ता दूसरे रूप में बना हुआ था यानी जब पिंड छुड़ाने का समय आया तो लड़की तैयार हो गई और वे परवाने की तरह मर-मिटने के लिए बार-बार आने लगे।

जानती है श्यामदासी कि इन रईसों में कुटेव, लफ्फाजी और पैसे के अलावा और कुछ नहीं होता। लेकिन कामधेनु गाय की तरह उनकी इज्जत बाजार में बढ़ती ही जाती है। हाँ, लड़की के बीमार होने पर उन्हें जरूर मजबूरी में घटिया जगहों पर भटकना पड़ रहा है, मगर क्या बीमारी-हैरानी हमेशा रहती है ? जब समय लौटेगा तो ? तब तो गरज पड़ने पर मुँह के बल दौड़े चले आएँगे ! ये लोग बड़े स्वार्थी होते हैं, आगे की सोचकर रिश्ता भी नहीं तोड़ना चाहते, सूदखोर बनिया की तरह कि यदि इस समय कुछ दे-दिला देंगे तो आगे उसका दुगुना-तिगुना भी तो वसूल लेंगे।

ऐसी ही आशा और विश्वास के साथ वह शहर का चक्कर लगा रही है। बड़े दुर्भाग्य के दिन होते हैं ये एक वेश्या के लिए, मगर यह तो दुनिया का नियम है, कभी गाड़ी पर नाव और कभी नाव पर गाड़ी ! आजादी के बाद लोग निकले माटों की तरह घूम रहे हैं, परन्तु इसकी किसी को परवाह भी नहीं कि कौन कहाँ आ-जा रहा है। यदि किसी का ध्यान उसकी तरफ गया भी तो उसने यही समझा कि कोई विधवा मुवक्किल है जो मौका मिलने पर अपने वकील से सम्पर्क करने निकली है।

निस्सन्देह इन दिलफेंक रईसों की बात ही अलग है। इनकी नजरें बड़ी सन्देही लेकिन पारखी होती हैं, खास तरह से जब स्त्री का मामला हो। काना-ऐंचा की तरह बराबर टेढ़े-तिरछे घूरते जाते हैं कि कोई दाना चुगनेवाली चिड़िया तो नहीं है। वैसे भी यदि देह-धजा, चाल-ढाल, अदा-जुम्बिश जानी-पहचानी हो तो धोखा होने का सवाल ही नहीं उठता—लेकिन यह खूसट इस समय दरवाजे पर क्यों उपस्थित है ? यह देशभक्ति के जुनून का समय है, इस समय इसका क्या काम ? फिर यह इज्जत-आबरूवाले का घर है, पतिव्रता पत्नी और बड़े-बड़े जिम्मेदार लड़के हैं, हुक्म बजानेवाले आदमी-जन हैं। अजीब कमबख्त औरत है, कहला दिया कि अकेले में जरूरी बात करनी है !

पहले तो देखकर माथा ठनका था कि कोई बवालिया मामला है, मगर कुछ देर बाद मन में फुलझड़ियाँ भी छूटने लगीं कि लड़की के बारे में खुशखबरी तो नहीं है ! बेला-चमेली की एक ताजा खुशबू आने लगी। नहीं, इन्तजार में बैठाए रहना ठीक नहीं है। पर, जब बात सुनी तो सबकुछ बेजायका हो गया, मुँह में कड़वा-कड़वा फैल गया।

"अरे भाई, यह तो बड़ा खराब समय है, हड़ताल की वजह से हर काम-धन्धा ठप। दाने-दाने को मोहताज हैं। भूखों मरने की नौबत आ गई है..."

"पुरानी बातों का कुछ तो लेहाज कीजिए...जब-जब आए, पूरी खिदमत हुई। बीमारी-हैरानी तो सबको होती है, राजा-महाराजा, नवाब-रईस कोई भी नहीं बचा है। दवा-दवाई तो पानी की तरह है, पानी न मिलने पर पौधा सूख जाता है, वही मिल जाए तो देखिए फिर हरा-भरा होकर लहलहाने लगता है और चारों ओर खुशबू फैल जाती है। सही इलाज होने पर वही शरीर, वही शबाब, वही जलवा। बगीचा तो आप ही लोगों के लिए लगाया गया है, उसे हरा-भरा रखेंगे, तो आप ही न ताजी हवा और खुशबू का लुत्फ उठाएँगे !"

"अरे, धीरे बोलिए भाई, जो भी इज्जत बची है, वह सरेआम लुट जाएगी। हमको तो दोनों ओर का खयाल रखना है, एक ओर आपका तो दूसरी ओर इन लोगों का। किस्मत में दो नावों पर चढ़ना ही लिखा है तो बेशक उसके लिए भी तैयार हूँ, बस बीच-पच्चीस दिन की मोहलत दे दीजिए, मैं खुद आपके दर पर हाजिर हो जाऊँगा। इस समय तो जहर खाने के लिए भी पैसा नहीं है।"

ऐसी और चार जगह जाने, वहाँ देर तक इन्तजार करने, धड़कते दिल से बात करने और खोखले वादों, सीख-सुझावों और उपदेशों के उपहारों से बेहद निराश होकर थक गई थी श्यामदासी। लेकिन उम्मीद का छिछोरापन मशहूर है, उस घास की तरह, जिसे भले ही काट दिया जाए लेकिन जल्दी ही वह फिर उसी तरह उग आती है। इसी वजह से गोबर्धन के यहाँ जाने का विचार करने लगी, जिससे ढेला का सम्बन्ध तुड़वाने में वही जिम्मेदार भी है !

ढलान की ओर पानी के बहाव की तरह इस समय उसके सभी तर्क गोबर्धन के पक्ष में ही प्रस्तुत हो रहे थे। पैसेवालों के कोई उसूल नहीं होते, उनकी मुहब्बत दिल की नहीं, चमड़ी की होती है, मगर उस नौजवान के पास पैसा था तो उसूल भी। बड़ा ही नेक और मरव्वती। जहाँ मुँह से बात निकली भी नहीं कि पूरी करने के लिए दौड़ पड़ा। मोटे-मोटे होंठ गोलाई में घुमाते हुए बोलता था, जैसे कोई आदमी नहीं बल्कि उसका दिल, प्यार और दर्द में बोल रहा हो। और इस समय भी कह दें तो वह इन्कार नहीं करेगा, ढेला के लिए सबकुछ कुर्बान करने को तैयार हो जाएगा !

इन्हीं विचारों से उत्साहित होकर जब वह डगमग चाल से जल्दी-जल्दी जा रही थी, सड़क के किनारे एक खाले स्थान में उसका एक पैर चला गया और वह लड़खड़ाकर सँभलते-सँभलते नीचे गिर गई। मुँह से कराह निकली, 'आहि ए मैया।' कुछ लोग दौड़ पड़े। यह संयोग की बात है कि रमाशंकर और नफीस उसी समय स्टेशन की तरफ से एक जरूरी काम निबटाकर उधर से गुजर रहे थे। बात यह है कि आज सवेरे स्टेशन फूँक दिया गया था, रेल के टिकट चारों ओर बिखरे थे, जिन्हें इकट्ठे करके छोटे-छोटे बच्चे खेलने में मस्त। लेकिन दिन चढ़ने पर लफंगे किस्म के दो नौजवान स्टेशन के पूरब में कटहरनाला के पास खड़े होकर आने-जानेवाले ग्रामीण पदयात्रियों से कर वसूली करने लगते। उनको दो हैट मिल गए थे—शायद डिप्टी-कलक्टर के घर में लूटपाट से—और उन्हें सिर पर धारण करके अपने को आजाद सरकार के अधिकारी बता रहे थे।

समाचार मिलते ही रमाशंकर गुस्से में दौड़े हुए गए थे, नफीस को साथ में लेकर, जो उस समय उनके यहाँ आया हुआ था। रमाशंकर ने जाते ही उन किशोर नौजवानों को पकड़ा, बहुत डाँटा-फटकारा, कठोर दंड देने की चेतावनी दी, फिर प्रेम से समझाया भी। और अन्त में कहा कि

वे नई आजाद सरकार के स्वयंसेवक बनें, बहुत जल्दी समय आएगा, जब उन्हीं जैसे नौजवानों को आगे बढ़कर देश का शासन सँभालना पड़ेगा। आजाद होने का मतलब यह नहीं कि आप कुछ भी करने के लिए आजाद हैं। इसका तो मतलब है और जिम्मेदार, विनम्र और मजबूत होना, कुछ ऐसा काम करना, जिससे देश की इज्जत बढ़े और देश में एकता और खुशहाली आए।

लड़के वादा करने के बाद चले गए, तो वहाँ से लौटते समय एक स्त्री को नीचे गिरते हुए देखकर रमाशंकर घबरा गए। अचम्भा तो उस समय हुआ, जब नजदीक आने पर चेहरा जाना-पहचाना लगा। तब आई जुलूस वाले दिन की याद, जब इशरतगंज में इसकी लड़की आकर नारे लगाने के बाद खाँसी के साथ खून की कै करते हुए गिर पड़ी थी।

''घबराइए नहीं, कहाँ जा रही हैं ? बहुत चोट तो नहीं आई न ?...मैं सहारा देता हूँ...''

गनीमत है कि सँभलते-सँभलते गिरने से चोट अधिक नहीं थी। वह आसानी से उठ भी गई। रमाशंकर और नफीस ने भीड़ को हटाया और घर पहुँचाने के लिए उसके साथ चल पड़े। उसका घुटना छिल गया था और भचककर चल रही थी। और शरमाकर हँसने की कोशिश में बहते अनजान आँसुओं के बीच उसके होंठ बेचारगी के भाव से फैल गए।

''मैं चली जाऊँगी...।''

''नहीं, हम आपके घर पहुँचा देते हैं...चोट अधिक हो तो डॉक्टर के यहाँ से दवा भी ला देंगे...''

''मैं ठीक हूँ बाबू साहब...''

रास्ते में रमाशंकर ने कायदे से पूछ-पूछकर लगभग सभी बातें जान लीं। उसने रोग और भवाली जाने की समस्या को छोड़ यह नहीं बताया कि कहाँ-कहाँ गई थी और कहाँ जाना चाहती थी। अब वह खुलकर रोई। रमाशंकर ने रोने दिया। बाद में वह स्वतः ही चुप हो गई तब रमाशंकर ने कहा :

''आप चलकर आराम कीजिए, फिक्र न कीजिए। मैं कोशिश करूँगा, कुछ हो जाए जल्दी ही। इस समय तक गाड़ी-वाड़ी बन्द है, उम्मीद है पहले जैसा सबकुछ जल्दी हो जाएगा। मैं एक-दो दिन में ही आपको बताऊँगा।''

श्यामदासी को पहुँचाकर और नफीस को विदा करने के बाद वह सीधे गोबर्धन के यहाँ पहुँचे, जिससे वह मन-ही-मन अप्रसन्न थे कि उसके यहाँ से बर्तन और दरी के लिए इन्कार कर दिया गया था। लेकिन ढेला और गोबर्धन का किस्सा उनसे छिपा नहीं था। यह पता था उन्हें कि गोबर्धन ने अपने पिता के व्यापार को सँभाल लिया है और इस बीच उसकी फर्म ने अच्छा लाभ कमाया है।

अपने बैठक में रमाशंकर का स्वागत करते हुए गोबर्धन ने कहा, ''जो कुछ पहले था वह छोड़ चुका हूँ मैं। कारोबार के अलावा और किसी बात के लिए फुरसत नहीं मिलती। दुकान पहले से ही चौपट है, इधर कोशिश कर रहा हूँ फिर भी घाटा हो रहा है। फिर इसमें मैं ही नहीं हूँ, मेरे पिताजी हैं, माताजी हैं, मेरे परिवार के लोग भी हैं, किसी बात के लिए सबकी रजामन्दी चाहिए...''

गोबर्धन ने समझा कि रमाशंकर पुराना चन्दा फिर जारी करने का आग्रह करेंगे या दरी-बर्तन न मिलने की शिकायत करेंगे, इसीलिए उसने माने-मतलब से पहले ही अपनी स्थिति स्पष्ट कर दी। रमाशंकर ने आश्चर्य से देखा कि यह सीधा-सच्चा व्यक्ति इतना चालाक कब से हो गया ? उन्होंने भी साफ-साफ बात कहना उचित समझा।

''देखिए गोबर्धनजी, यह सब सुनने नहीं आया हूँ मैं। और न कुछ सुनाना ही चाहता हूँ। यह तो आप सही समझते हैं कि मैं किसी काम से ही आपके पास आया हूँ, मगर वह निजी नहीं है। कांग्रेस पार्टी से भी कुछ लेना-देना नहीं। बात सिर्फ इतनी है कि इशरतगंज की श्यामदासी की पुत्री लवंगलता तपेदिक से बुरी तरह बीमार है, डॉक्टर ने उसे भवाली ले जाने की सलाह दी है, उसके

पास इतना पैसा नहीं है कि वह अपनी लड़की को वहाँ भेजकर उसका लम्बा इलाज कर सके। क्या आप कुछ कर सकते हैं ?''

गोबर्धन का चेहरा फक पड़ गया। फिर वह आश्चर्य से आँखें फैलाकर रमाशंकर को एकटक देखने लगा।

''यह इंसानियत का काम है, मेरे पास इस समय साधन नहीं है, लेकिन आप नहीं करेंगे तो मैं किसी-न-किसी तरह उसका इन्तजाम कर लूँगा। इसलिए आप स्पष्ट जवाब दे दीजिए कि आप कर सकेंगे या नहीं।''

गोबर्धन अब सिर झुकाकर और माथे पर उँगली रखकर कुछ देर सोचने के बाद बोला :

''कारोबार के सम्बन्ध में मैं ही फैसला लेता हूँ। लेकिन घर के अन्य छोटे-छोटे खर्चे या अन्य समस्याओं के बारे में मेरी पत्नी, पिताजी की राय और सहमति लेकर फैसला करती हैं। न वे लोग मेरे बीच में बोलते हैं और न मैं ही उनके फैसलों के बारे में कुछ कहता हूँ...''

''ठीक है...फिर भी मैं कहूँगा कि आप अपनी पत्नी से राय-बात करके कल सवेरे आठ बजे तक मुझे बता दीजिए। अपने किसी आदमी के हाथ अपना पत्र देकर मेरे घर भेज दीजिए, मैं इन्तजार करूँगा। अगर मंजूरी नहीं मिलती तो किसी को भेजने की जरूरत नहीं, मैं समझ जाऊँगा कि आपकी क्या राय है।''

''मैं कोई वादा नहीं करता...अगर मंजूरी मिलने में दिक्कत नहीं हुई तो मैं सवेरे पत्र भेज दूँगा या स्वयं आपके पास पहुँच जाऊँगा। लेकिन एक बात मैं चाहूँगा कि व्यवस्था हो जाने पर भी किसी को भी इसके बारे में मालूम न होने पाए, चाहे वही व्यक्ति और उसके परिवार के लोग ही क्यों न हों।''

''ठीक है, मेरी ओर से कुछ नहीं होगा...हाँ, आपकी तरफ से कुछ हुआ तो इसकी जिम्मेदारी मेरी नहीं। मैं सवेरे जवाब की प्रतीक्षा करूँगा और सहमति बन जाती है तो डॉक्टर से मिलकर पता लगा लूँगा कि हर महीना कितना खर्चा होगा और कब तक ? फिर आपसे मिलकर तय हो जाएगा कि क्या कैसे होगा ?''

रमाशंकर के जाने के पश्चात गोबर्धन दुःख में डूब गया। सकारात्मक सोच के कारण अथवा अच्छा समय आने पर, दुर्व्यवहार, अपमान, बेवफाई, दगाबाजी, सभी कुछ भूल जाता है, लेकिन प्यार का वह रिश्ता, जिसमें सद्‌भावनाओं का आदान-प्रदान हुआ हो, शायद ही भूलता हो। ढेला के व्यवहार ने उसके दिल को तोड़ ही दिया। बाद में उसने पश्चाताप किया, अपने दिल और दिमाग को दूसरी दिशा में मोड़ा, लेकिन ढेला की याद उसके हृदय के किसी नरम कोने में अब भी विद्यमान है, उसका स्पष्ट अहसास आज रमाशंकर की बात सुनकर ही हुआ।

साथ ही, यह सोचकर वह आतंकित हो गया कि हर तरह का सम्मान, अधिकार, सुविधा और स्वतन्त्रता देने पर भी महाराजलक्ष्मी को वह स्थान प्राप्त नहीं है। ढेला और महाराजलक्ष्मी में क्या वही फर्क है जो हृदय और बुद्धि में या स्वतन्त्रता और बन्धन में अथवा उत्सर्ग की आकुलता और आत्मरक्षा की चतुराई में ? लेकिन अब ऐसी याद और भावना का क्या मतलब है, जब उसकी उपयोगिता और सार्थकता ही नहीं है ? क्या इसीलिए उसकी गम्भीरता और व्यापारिक कार्य-संलग्नता है या महाराजलक्ष्मी से बचने का बहाना मात्र अथवा ढेला को भूलने का यत्न ?

महाराजलक्ष्मी कुशाग्रबुद्धि, मेहनती, परिश्रमी और महत्त्वाकांक्षी स्त्री है—प्रतिस्पर्धा और ईर्ष्या की भावनाओं से भरी हुई। हर क्षेत्र में सर्वोच्च रहना उसे पसन्द है। वह हर नई बात जानने को उत्सुक रहती है और सीख भी लेती है जल्दी। उसे साफ-सुथरा और सजा हुआ घर पसन्द है और अच्छा भोजन तथा पहनना-ओढ़ना भी। इसीलिए इन्हीं कार्यों में निपुण भी है वह। स्कूल में, सर्वोच्चता की उसकी महत्त्वाकांक्षा नम्रता को लेकर देखने में आई, लेकिन हिन्दी को छोड़कर अन्य

विषयों में वह कठिन परिश्रम करने पर भी कुढ़ती रही। लेकिन शादी तय होने पर नम्रता के प्रति उसका दृष्टिकोण इसलिए बदल गया कि उसका रिश्ता एक धनी-सम्पन्न, प्रतिष्ठित खानदान में और एक सुन्दर, सुशील तथा शिक्षित वर से हो रहा है, उससे पहले हो रहा है और ऐसा घर-वर पाने की वह कल्पना भी नहीं कर सकती।

परन्तु सुहागरात की प्रथम मुलाकात में ही, पूर्व प्रेम के सम्बन्ध में पति की आत्मस्वीकृति और साथ में एक साफ-सुथरा, आदर्श दाम्पत्य जीवन व्यतीत करने का प्रस्ताव, आश्वासन एवं दृढ़ संकल्प उसके हृदय पर भारी आघात था—बासी, खोखला और पुरुषोचित्त पाखंड से भरा नाटक ! और कुछ ही देर में उसका देखा हुआ हसीन, सुमधुर स्वप्न, पाला-खाई पुष्प-कली की भाँति बिना प्रस्फुटित हुए ही मुरझाकर सूख गया।

उसके बाद उनका दाम्पत्य जीवन दो विरुद्धों का सामंजस्य ही कहा जाएगा। गोबर्धन व्यापार में खोकर सबकुछ भूलने की कोशिश करने लगा और महाराजलक्ष्मी वास्तविक अधिकारिणी होने पर भी वंचित और अपदस्थ यानी हृदय के बाहर घर-गृहस्थी तथा अन्य घरेलू क्षेत्रों में अधिकाधिक अधिकार और शक्ति संग्रह करने लगी, जो मृगमरीचिका ही है उसके लिए। बाहर सुव्यवस्था, अनुशासन, समृद्धि, चमक और रोशनी लेकिन भीतर गहन अँधेरा। कभी-कभी ईर्ष्या और प्रतिशोध का पागलपन, लेकिन किसके प्रति ?

प्रतिबद्धता, सेवा, परिश्रम और उत्साह से भारतीय गृहिणी असंभव को प्राप्त कर लेना चाहती है और कभी-कभी सफल भी हो जाती है। खैर, इन गुणों से महाराजलक्ष्मी ने अपने ससुर-सास का हृदय जीत लिया। उनके स्वास्थ्य में तेजी से सुधार हुआ और कारोबार में सक्रिय दिलचस्पी लेने लगे। गोबर्धन भी खुश और सन्तुष्ट। वह सोचता, क्या न दे दें उसे ? किस तरह और सुखी करें उसे ? उसने अधिक-से-अधिक दे भी दिया था, जो एक पति दे सकता है अपनी पत्नी को, सिवाय उस मामूली हृदय के, जिसके लिए हर पत्नी छटपटाती रहती है और जिसकी कमी वह फौरन महसूस कर लेती है। महाराजलक्ष्मी मैके से ही पति के लिए अथाह-असीम प्यार लेकर आई थी और गोबर्धन ने भी सोचा था और प्रयास भी किया ईमानदारी से कि सबकुछ ठीक हो जाए, जिससे उसकी प्यार की रोशनी पत्नी के दिल तक पहुँच सके। और सबकुछ होते हुए भी यही सिर्फ एक बात नहीं हो पा रही है तो यह सन्तोष तो है ही कि जो नहीं दिया जा रहा है, उसकी काफी हद तक क्षतिपूर्ति की जा रही है।

महाराजलक्ष्मी हृदय और बुद्धि की धनी है, इसलिए प्यार के सौदे में थोड़ा भी कम स्वीकार्य नहीं है उसे। और उसे उतना तो चाहिए ही, जितना वह उसको दे रही है ! लेकिन गोबर्धन में कभी भी ऐसा कुछ नहीं देखा, जिसकी वजह से पूरा विश्वास कर सके उस पर। उसको लेकर सदा शंका और अविश्वास से घिरी रहती है वह। वह सदा उसी के बारे में सोचती और उसके पीछे पड़ी रहती। वह गोबर्धन को कोई भी ऐसा मौका नहीं देती, जिससे वह किसी प्रकार की कोई कमी महसूस कर सके। वह उसे हमेशा काम के लिए उत्साहित करती और स्वयं सहयोग देती जिससे वह खाली बैठकर पुरानी यादों का शिकार न हो जाए ! सदा यह जानने के फिराक में रहती वह कि शहर में कहाँ जाता है गोबर्धन और बाहर की व्यापारिक यात्राओं में क्या दिनचर्या रहती है उसकी। इसीलिए वह मुनीम या एक-दो खास कर्मचारी या चौकीदार को खुश रखती और घुमा-फिराकर पूछकर उनसे सारी जानकारियाँ ले लेती।

ईर्ष्या उसमें अवश्य है लेकिन एक प्रतिस्पर्धी व्यक्तित्व में यह मात्रा स्वाभाविक ही कही जाएगी। परन्तु दाम्पत्य जीवन की परिस्थितियों में उसकी धार और तेज हो गई, जिससे कभी-कभी वह बेहद परेशान हो जाती। एक बार तो उसे नीलेश से भी ईर्ष्या हो गई यह सोचकर कि गोबर्धन की शादी पूर्व गतिविधियों में नीलेश की भी सहभागिता अवश्य रही होगी। और इसकी पुष्टि का तर्क

प्रकारान्तर से, शादी के बाद नम्रता से बात करके मिला। फिर भी वह नीलेश के प्रति कटु नहीं हो सकी, क्योंकि जब कभी अवसर आया, नीलेश ने उसका पक्ष लिया। वैसे नीलेश पुरुष है, दूर रहता है, और उसका कार्य-क्षेत्र भी अलग—बस एक ही संभावना थी कि उसके राष्ट्रीय विचार और कार्य से कहीं गोबर्धन प्रभावित न हो जाए, लेकिन अपने हस्तक्षेप से महाराजलक्ष्मी ने, उसकी जो भी गुंजाइश थी, समाप्त कर दी।

नीलेश के पक्ष में भावनाओं का असन्तुलन उस समय हुआ, जब महाराजलक्ष्मी ने बनारस से लिखा उसका पत्र पढ़ा, जिसमें उसे पूज्य देवी और माँ की इज्जत देते हुए याद किया गया था। तब उसे महसूस हुआ कि वह तो इस दुनिया में अकेली है, ऐसा कोई भी नहीं, जिससे अपने मन की बात कर सके। क्या उसके इस अभाव की पूर्ति नीलेश कर सकता है ? वह अभिभूत होकर एकान्त में रोने लगी। आज तक किसी ने भी उसको यह इज्जत नहीं दी, ऐसी आत्मीयता नहीं प्रकट की। इसीलिए तो बनारस से आने पर, जब नीलेश उससे मिला तो वह बेहद अपनत्व से भरकर उसके पास दौड़ी गई और उसके बालों पर हाथ फेरने लगी जैसे वह कोई छोटा बच्चा हो। कुछ न समझकर नीलेश ने उसकी भावनाओं को चरित्र की कसौटी पर कसकर जब नाक-भौं सिकोड़ ली, तब वह अचानक उससे अलग होकर बगल की कुर्सी पर बैठ गई। फिर भी, वह नीलेश पर अविश्वास नहीं कर सकी, उसको दोष नहीं दे सकी, बल्कि अपने ही व्यवहार के अनौचित्य को स्वीकार करती हुई अपना दुःख, अपनी समस्या खुलकर बताने लगी, जैसे नीलेश उसका कोई राजदार सहेली हो। यहाँ तक कि नीलेश से उसने किसी लेडी डॉक्टर के पास उसे ले जाने का अनुरोध किया।

लेकिन, जब गोबर्धन ने अपनी सफाई देकर, रमाशंकर के अनुरोध का हवाला देते हुए भवाली में इलाज खर्चा भेजने की बात कही तो महाराजलक्ष्मी का चेहरा रक्तहीन होकर छोटा पड़ गया और वह पति को देखती रह गई।

"रमाशंकर को तो कोई जवाब देना पड़ेगा। मैं बता चुका हूँ कि पुराने जीवन से मेरा कोई सम्बन्ध नहीं। फैसला तुम्हें ही करना है। चाहो तो पिताजी से पूछ लो। मंजूर न हो तो जवाब साफ-साफ दे दिया जाएगा।"

महाराजलक्ष्मी कुछ नहीं बोली और उठकर वहाँ से चली गई। उम्मीदों की क्षतिग्रस्त इमारत, जिसकी मरम्मत वह एक-एक ईंट जोड़कर कर रही थी, कुछ ही क्षणों में ध्वस्त हो गई। आखिर वही सही है, जो पहली रात अनुभव किया था उसने और जिससे उबरने का लगातार उठते-गिरते संघर्ष कर रही थी। कितना बड़ा धोखा हुआ है उसके साथ और अब इस सम्बन्ध में फैसला लेने को उसी से कहा जा रहा है, जैसे जिसको फाँसी देनी हो, उसी से कहा जाए कि गले में फंदा लगा लो। इस जीवन से छुटकारा पाने का खयाल तो पहले भी कई बार आया था, किन्तु पति के वादे तथा इस वजह से भी कुछ कर न सकी कि समय बीतने पर स्वतः ही सबकुछ खत्म हो जाएगा। इसकी तो खैर कल्पना ही नहीं थी कि भीतर से वह इतना मजबूत है। वह न कभी खत्म हुआ और न ही कभी खत्म होनेवाला है।

वह अपने कमरे में कुछ देर तक बैठी रही। फिर एक फैसले पर पहुँचकर लौट आई।

"मुझे क्यों ऐतराज होगा ?" उसने गोबर्धन से कहा।

"कोई जबरदस्ती नहीं है..."

"मेरी तरफ से कोई बाधा नहीं है। आप दे दीजिए, जो देना चाहते हों। बाबूजी से राय लेना उचित नहीं है, उसकी जरूरत नहीं है। कोई भी नहीं चाहेगा कि विपरीत फैसले से किसी का अहित हो और उसका दोष भी लगे।"

"तुम नाराज तो नहीं हो...?"

"मैं नाराज होऊँगी—क्यों ? किसलिए ?"

''अच्छा-अच्छा, समझ गया। मैं तो अपने वर्तमान जीवन से खुश हूँ और कारोबार को फैलाने में अपना पूरा ध्यान लगा रहा हूँ। मैंने तो सोचा भी नहीं था कि इस तरह कोई प्रसंग आ जाएगा। मुझे तो कुछ पता भी नहीं था। लेकिन क्या कहा जाए, अगर रमाशंकर की बात काटता हूँ और कुछ हो जाता है तो उसका दोष हम लोगों पर ही आ जाएगा। हमारी स्थिति भी अब बुरी नहीं है...तो मैं कल सवेरे रमाशंकर के पास स्वीकृति भेज देता हूँ...''

''ठीक है...।'' महाराजलक्ष्मी ने कहा।

परन्तु, तटस्थ और गम्भीर रहने की हर कोशिश के बावजूद गोबर्धन के होंठों और आँखों में आई अवश मुस्कुराहट और चमक से महाराजलक्ष्मी के मन में फैला अंधकार और भी घना हो गया। और रात में जब गोबर्धन सो गया तो वह चुपके से उठकर दबे पाँव बाहर निकल कमरे का दरवाजा धीरे से उठँगाते हुए सबसे ऊपरी छत की सीढ़ी की तरफ चल पड़ी। छत की चहारदीवारी ढाई फीट से अधिक ऊँची नहीं है। वह पीछे की तरफ चहारदीवारी से सटकर खड़ी हो गई। रोशनी कहीं भी नहीं है, न ऊपर आकाश में और न ही नीचे धरती पर। उसके अन्दर भी नहीं। इसी अन्धकार में अपने अन्धकार के साथ, अनन्त अन्धकार में छलाँग लगाने का समय आते ही उसे मितली आने लगी जोरों से। वह नीचे फर्श पर बैठ गई और उल्टी करने लगी।

कुछ देर बाद जब तबीयत स्थिर हुई तो उसे खयाल आया। वह क्यों भूल गई थी कि उसके अन्दर तो एक सूक्ष्म-सी रोशनी विद्यमान है। ऐसा लगा कि उसके जीवन को एक रचनात्मक आधार मिल गया है जिसके लिए वह सबकुछ सह सकती है। वह उठी और वापस छत से नीचे उतरने लगी।

48

आरम्भ में ही डुगडुगी द्वारा ऐलान करा दिया गया था कि रेलवे लाइन के इधर जनता की सरकार है और यदि कोई समस्या या परेशानी हो तो उसके सम्बन्ध में जिला कांग्रेस के अध्यक्ष के नाम लिखित आवेदन-पत्र भेजें कांग्रेस कार्यालय में, सबका समाधान यहीं से होगा। हाँ, कांग्रेस अध्यक्ष ही जिले की जनता सरकार द्वारा प्रशासक नियुक्त किए गए हैं, जिनका दायित्व कानून-व्यवस्था लागू करके शासन-कार्य चलाना है। यह आजादी किसी की दया या दान से नहीं, बल्कि असंख्य संघर्षशील जनता की कुर्बानी और बल-बूते से मिली है। यहाँ की जनता ने जो कुछ किया है, वह कोई अललटप्पू क्रान्ति नहीं है, वह उसका सजग और सचेत कार्य है, जिसके द्वारा केन्द्रीय राष्ट्रीय नेतृत्व के 'भारत छोड़ो' प्रस्ताव को अमली जामा पहनाया गया है और उसके प्रयत्नों एवं उपलब्धियों को देश के दूसरे हिस्सों में चलाए जा रहे ऐसे ही विशाल आन्दोलनों का साथ, सहयोग और समर्थन मिला है और मिल रहा है। वस्तुतः यह भारतीय जनता की पूर्ण स्वतन्त्रता की आकांक्षा-पूर्ति का एक मजबूत कदम है, जिसका गहरा असर पड़ा है और ब्रिटिश हुकूमत की जड़ें बुरी तरह हिल गई हैं।

लेकिन विदेशी हुकूमत के जिला कलक्टर सुरेश्वर प्रसाद अब भी अपने को जिला प्रशासक मानते हैं। उनका तर्क है कि यदि उनको किसी ने इस पद से हटाया नहीं और उन्होंने स्वयं किसी को लिखकर दिया नहीं, तो दूसरा व्यक्ति कैसे प्रशासक हो सकता है ? उन्होंने अवश्य कुछ कह दिया और कुछ सुविधाएँ और आजादी दे दी, लेकिन इस जबानी कार्रवाई से स्थिति में कौन-सा विशेष फर्क हो जाएगा ? असली शक्ति--पुलिस, हथियार, खजाना, जरूरी कागज-पत्र, सब तो उन्हीं के पास हैं। चारों ओर उनके गुप्तचर अब भी सक्रिय हैं, उनके अधिकारी और कर्मचारी सम्पर्क के लिए उन जगहों पर दौड़ रहे हैं, जहाँ हुकूमत की पूरी ताकत कायम है अब भी। थानों पर कब्जा

कर तार काट, रेलवे पटरी उखाड़, सभी कागज-पत्र जला और कर्मचारियों को भगाकर अब आन्दोलनकारियों के पास पंगु उत्साह, खोखली शेखी और सामूहिक असहायता के सिवाय क्या बचा है ? अतः दूसरों को अधिकारी होने का भ्रम थमाकर स्वयं अपने हाथ में पूरी शक्ति रखकर सही मौके की प्रतीक्षा करना बुरा सौदा नहीं है। दोहरा शासन तो अंग्रेजों की कूटनीति की श्रेष्ठ परम्परा रही है, जिस पर चलते हुए इतने बड़े देश पर आसानी से कब्जा कर लिया गया और उसी का अनुसरण करके आज उन्होंने विदेशी हुकूमत को बचा लिया है, जिसकी आगे चलकर दिल्ली और लन्दन में भूरी-भूरि सराहना की जाएगी, ऐसा दृढ़ विश्वास भी है उनका।

सुरेश्वर प्रसाद अहिंसा, सत्याग्रह वगैरह को कमजोरों का कमजोर हथियार मानते हैं, जिसमें बुद्धि, राजनीति, तर्क, विज्ञान, कूटनीति, आधुनिक प्रगति के सिद्धान्तों का कोई स्थान नहीं है। अहिंसा पर चलकर आप एक साँचे में फिट हो जाइए और कोल्हू के बैल की तरह चलते रहिए। न कोई नया सीखिए और न कोई नया कार्य कीजिए और स्वयं पिछड़कर और मात खाकर अपनी नैतिकता और सच्चाई का डंका पीटते रहिए। अहिंसा के शान्ति सिद्धान्त का तो स्वयं उन्होंने भी इस्तेमाल किया एक खूबसूरत चाल के रूप में जिस पर उन लोगों ने विश्वास भी कर लिया, जिसका अर्थ यह हुआ कि राजनीति में सच्चे लोगों के लिए सत्य व अहिंसा एक बेवकूफी का हथियार है। जय-पराजय, प्रतिद्वन्द्विता और शक्ति की दुनिया में अहिंसा के हथियारों से प्रारम्भिक, सीमित सफलता तो प्राप्त की जा सकती है, लेकिन चौमुखी विजय प्राप्त कर एक नई दुनिया नहीं बनाई जा सकती। वह नौकरी से जरूर बँधे हैं, लेकिन भीतर से वह किसी से कम देशभक्त हों, ऐसा नहीं है। यदि वह विदेशी हुकूमत के कलक्टर न होकर राष्ट्रीय आन्दोलन के नेता होते तो उनकी योजना में दुष्टों, चालबाजों और अपराधियों से शान्ति-समझौता करके उनको नैतिक रूप से उठाने, उनका हृदय परिवर्तन करने और स्वयं को इस कृत्य के लिए महान समझने की आत्म-प्रवंचना का कोई स्थान न होता।

सुरेश्वर प्रसाद अपने ही तर्क से मुग्ध होकर मुस्कुराने लगे। वह तत्काल एक सख्त और चालाक अधिकारी से रूपान्तरित होकर, बुद्धिमान राजनेता बन गए और अपने विचार और कार्य के गहरे प्रभाव का स्वप्न देखने लगे। उनको दोनों ही रूप एक-दूसरे के विपरीत होकर भी बहुत प्रिय लगे, विजेता की भूमिका में होने के कारण। वह अत्यन्त प्रसन्न होने के बाद अधीरता से सोचने लगे कि यहाँ से भेजा हुआ अधिकारी तो उसी दिन बनारस पहुँच गया होगा, लेकिन उसकी सूचना अभी तक क्यों नहीं मिली ?

मगर साधारण जनता—शहर और गाँवों की—तथा उनके नेता खुश थे कि उनका आन्दोलन हर जगह अपने सिद्धान्तों से भटका नहीं और सत्ता पक्ष की क्रूरता और धोखेबाजी के बावजूद संयम रखा गया निरन्तर। गर्व उनको इस बात का भी था कि लोगों ने हँसते-हँसते जान दे दी, लेकिन सत्ता पक्ष के किसी भी व्यक्ति की जान नहीं ली। आपस में मतभेद थे, बहसें भी हुईं, गलत समझ से इक्का-दुक्का अनुचित घटनाएँ भी हो गईं, फिर भी कुल मिलाकर साधारण जनता राष्ट्रीय आन्दोलन की उच्चतम परम्पराओं और आदर्शों पर ही चली। और जब सर्वोच्च नेता का आदेश हुआ तो अपने-अपने गाँव लौटकर पंचायत व्यवस्था के अनुसार शासन का काम-काज चलाने की कोशिश करने लगे।

पंचायतों द्वारा काम चलाने का अनुभव ग्रामवासियों को कुछ तो था ही, जिसमें नए विचार और नई जरूरतों का भी समावेश किया गया। जगह-जगह स्थानीय शासन परिषदें कायम कर ली गईं, जिनमें उन्हीं लोगों को सदस्य और पदाधिकारी तथा स्वयंसेवक बनाया गया, जो शिक्षित, बुद्धिमान, देशभक्त थे और जिन्होंने आन्दोलन में बढ़कर हिस्सा लिया था। इन परिषदों में सर्वाधिक ध्यान रखा गया शान्ति-व्यवस्था और आपसी सौहार्द का। हर धर्म, जाति और वर्ग के लोग आपसी एकता

बनाए रखें। कोई भी गड़बड़ी और अपराध की घटनाएँ न होने पाएँ। इसलिए यदि कुछ हुआ भी तो मिल-जुलकर सुलझा लिया गया। चोरी और छिनैती की कुछ मामूली वारदातें होने पर स्वयंसेवकों ने दौड़-धूप करके अपराधियों को पकड़ लिया, उनसे सामान वापस कराए और उनको शपथ दिलाई गई कि भविष्य में ऐसा कोई काम नहीं करेंगे।

फिर भी, यह स्वैच्छिक, कामचलाऊ और सीमित व्यवस्था थी। जिन गाँवों में जेल से छूटे हुए नेता और कार्यकर्ता तथा अनुभवी प्रतिबद्ध आन्दोलनकारी अधिक संख्या में थे, वहाँ की पंचायतें या शासन परिषदें अधिक संगठित और जागरूक थीं। लेकिन कोई केन्द्रीय कार्य पद्धति एवं नियम-कानून न होने से आपसी ताल-मेल का भी अभाव था। फिलहाल ऐसी योजना भी बनाना संभव नहीं था, जिसके अनुसार आजाद देश के नए सामाजिक और आर्थिक क्रिया-कलापों की परिस्थितियाँ उत्पन्न करके प्रगति और विकास के मार्ग पर चला जा सके। विदेशी हुकूमत का पुराना तन्त्र जिला स्तर पर समाप्त हो चुका था, उसकी जगह पर नया आजाद तन्त्र कैसे कायम हो, यह परेशान करनेवाली समस्या थी।

ऐसी परिस्थिति में एक किंकर्तव्यविमूढ़ता भी व्याप्त थी। अब क्या किया जाए ? आगे का काम कैसे होगा ? जो काम ठप है, वह कैसे फिर चालू होगा ? कई स्थानीय कार्यकर्ताओं ने आपस में विचार-विमर्श करके यह सवाल उठाया कि क्यों न रेल की पटरियाँ और तार जोड़ दिए जाएँ। लेकिन समस्या है कि यह करके होगा क्या ? और होगा भी कैसे ? कुछ जगहों पर तार ही काटकर घर ले गए हैं कुछ लोग ! रेल पटरियों को जोड़नेवाले कल-पुर्जे भी गायब !

''आस-पास के गाँवों में डुगडुगी पिटवा दी जाए कि जो तार और पटरी के कल-पुर्जे ले गए हों, वे वापस कर दें।''

''एक बात सोचने की है, हमारे जिले से सटे जो अन्य जिले हैं, वहाँ भी विदेशी हुकूमत खत्म हो गई है ? अगर नहीं खत्म हुई हो तो क्या पटरियाँ जोड़कर अंग्रेजी हुकूमत को फिर बुलाना चाहते हैं ?'' किसी ने आपत्ति की।

''अरे, अभी कुछ न किया जाए। जिले से जो हुक्म आएगा, उसी के अनुसार काम होगा।''

''हाँ, अंग्रेज जब देश से चले जाएँगे, तभी पटरियाँ बनेंगी।''

''अरे, बलिया शहर में कांग्रेस अध्यक्ष अपनी शासन परिषद् के सहयोग से नया कानून-कायदा बना रहे होंगे। ऐसे काम में समय तो लगता ही है। कोई दाल-भात का कौर तो नहीं कि दोबार मुँह चलाकर पेट में डाल लिया। जहाँ फैसला हुआ, आदेश हर जगह तो पहुँच ही जाएगा।''

''अगर फिर अंग्रेज आएँ तो ऐसी गत बनाई जाएगी कि पानी पीने की जगह नहीं मिलेगी, सीधे इंग्लैड का टिकट कटाना पड़ेगा।''

''ठीक है, हर आदमी तैयार रहे...''

परन्तु, इक्कीस अगस्त की सुबह, दोहरे शासन के दो प्रशासकों के बीच टकराहट का अवसर उपस्थित हो गया। बाहर से सूचना की हर क्षण व्याकुलता से प्रतीक्षातुर सुरेश्वर प्रसाद को बीस अगस्त की रात में खबर मिली कि जिस अधिकारी को कमिश्नर कार्यालय में सम्पर्क के लिए भेजा गया था, वह बचते-बचते किसी तरह बनारस पहुँच गए हैं और अगले दिन लौट आनेवाले हैं। सुरेश्वर के अन्दर खुशी की लहर दौड़ गई। अनचाही पराजय के पश्चात अनेक आशंकाओं से घिरे हुए वह जैसे जी उठे। चेतना और आत्मविश्वास लौटते ही वह क्रोध से बेचैन हो गए और कमिश्नरी से फौज आने के पहले अपनी सत्ता प्रमाणित करने के लिए फौरन कार्रवाई हेतु व्याकुल हो उठे, ताकि उन पर आरोप न लगे कि वह अन्त तक निष्क्रिय बैठे रहे। और दूसरी मनोवैज्ञानिक स्थिति के कारण ही, जो हार को जीत दिखाने की अधीरता से उत्पन्न हो जाया करती है, इक्कीस अगस्त की सुबह सशस्त्र पुलिस की वही लॉरी रेलवे लाइन के उस पार शहर में चक्कर लगाने के लिए भेज दी गई,

जो स्टेशन के सामने से गुजर मालगोदाम की तरफ जाती हुई देखी गई, गोलियों की फुलझड़ियाँ भी छोड़ती हुई, जिसके परिणाम स्वरूप दो व्यक्ति स्वर्ग सिधार गए।

इस अकल्पित घटना से लोगों की खयाली निश्चिन्तता, खुशी और उम्मीदों में खलल पड़ गया। अचानक एक सन्नाटा फैल गया इस खबर के बाद कि बाहर से भारी संख्या में पुलिस और फौज कचहरी में पहुँच गई है। लेकिन दो-तीन घंटे के बाद भी जब फौज दिखाई नहीं पड़ी और लॉरी ने भी दुबारा चक्कर नहीं लगाया तो चेहरों पर हल्की चमक और मुस्कुराहट दिखाई देने लगी। चर्चाएँ और बहसें फिर शुरू हो गईं लेकिन धीमी आवाजों में। एक गपबाज आशावादी व्यक्ति ने तो यहाँ तक ऐलान कर दिया कि बेचारे पुलिसवाले अपने परिवारजनों से मिलने देहात जा रहे थे तो कुछ लोगों ने हमला करने की कोशिश की, जिससे मजबूर होकर उन्हें गोली चलानी पड़ी। क्या बेचारे पुलिसवालों को अपने माँ-बाप से मिलने का अधिकार नहीं ?

परन्तु, अधिसंख्यक लोग नाराज थे और राजनीतिक नेताओं और कार्यकर्ताओं से तरह-तरह के सवाल करने लगे। क्या विदेशी हुकूमत के तथाकथित जिलाधीश द्वारा यह घृणित हरकत कराई गई है या यह उन्हीं के किसी विरोधी और शरारती अफसर का कार्य है ? अब समय आ गया है कि आजाद सरकार की ओर से उन नकली कलक्टर की गिरफ्तारी का वारंट निकले, क्योंकि उसने एक समझौता करके उसी का उल्लंघन करने का अपराध किया है। फिर भी, इस उत्तेजना के बीच भी, एक फुसफुस अफवाह एक जगह से दूसरी जगह जाने लगी कि फौज आनेवाली है और जिन लोगों ने आन्दोलन में भाग लिया है, उन्हें गोली से उड़ा दिया जाएगा।

लगभग सभी महत्त्वपूर्ण कार्यकर्ता और नेता अपने-अपने गाँव चले गए थे, कुछ लोग जिले के दो-तीन बचे हुए थानों पर कब्जा करने के लिए गए थे। रमाशंकर तथा अन्य शेष पदाधिकारी ऐसी अफवाह का खंडन करते और आश्वासन देते; लेकिन जब लोगों की शंकाओं का समाधान करते-करते आजिज आ गए तो रमाशंकर के नेतृत्व में कुछ लोग आजाद सरकार के अध्यक्ष के पास पहुँच गए।

खद्दर की धोती और बनियान पहने, तख्त पर विराजमान चरखा पर सूत कात रहे थे अध्यक्षजी। चरखा रोककर सभी बातें सुनने के बाद बोले :

''समझाइए लोगों को। धैर्य से काम करने की जरूरत है। मेरा विचार है, लॉरी भेजने में लापरवाही हुई। परन्तु, इसमें कलक्टर सुरेश्वर प्रसाद का कोई हाथ नहीं होगा, शायद किसी दूसरे अधिकारी की मनमानी और शरारत है।''

''अध्यक्षजी, फौरन पूछा जाना चाहिए कि इस समझौते का क्यों उल्लंघन हुआ ? चाहे जिसकी वजह से हुआ हो, इसके लिए सुरेश्वर प्रसाद ही जिम्मेदार हैं और उन्हीं से स्पष्टीकरण माँगना चाहिए।'' रमाशंकर ने कहा।

जिलाध्यक्ष ने कुछ क्षण रमाशंकर को घूरने के बाद कहा, ''उत्तेजित होने का समय नहीं है यह। ठंडे दिमाग से सोच-विचारकर आगे बढ़ने की जरूरत है। ऐसा न हो कि तैश में कुछ कर दिया और सारा गुड़ गोबर हो जाए। मैं कल परिषद की जरूरी मीटिंग बुलाऊँगा। उसमें कलक्टर महोदय को आमन्त्रित किया जाएगा और सबके सामने उनसे सारी स्थिति स्पष्ट करने के लिए कहा जाएगा। उनसे पूछा जाएगा कि यदि वह समझौता समाप्त करना चाहते हैं तो साफ-साफ बताएँ, हम दोनों तरह से तैयार हैं, वह लड़ना चाहते हैं तो पीछे हटनेवाले नहीं हैं हम। अब सन्तुष्ट हैं आप ?''

''मेरे असन्तुष्ट होने की ही बात नही है, शहर की जनता असन्तुष्ट और नाराज है। तरह-तरह की बातें कह रहे हैं...।''

''क्या कह रहे हैं, मैं भी सुनूँ।''

''कह रहे हैं, कचहरी पर उसी समय कब्जा कर लेना चाहिए था। छोड़ देने का नतीजा है कि

उनकी ऐसी हिम्मत हो गई। हथियारबन्द लॉरी पहले भी घूमती थी और आज भी घूम रही है, फिर अन्तर क्या रहा ? फिर कैसी आजादी मिली ? कहाँ है आजादी ? कलक्टर ने यह अन्दाजा लगाया है कि जो कुछ दे दिया गया है उससे काफी सन्तुष्ट हैं ये लोग, और आगे कुछ करने-धरनेवाले नहीं हैं। एक दिन बाद ही ऐसी घटना का तो मतलब है कि दाल में कुछ काला है। भीतर-ही-भीतर खिचड़ी पक रही है...।''

''खिचड़ी पक रही है ? दाल में काला है ? क्या मतलब है इसका ?'' अध्यक्षजी नाराजी से काफी गम्भीर हो गए।

''मैं लोगों की बातें बता रहा हूँ। कह रहे हैं कि शहर में फौज आनेवाली है। फौज आते ही आन्दोलनकारियों को गोली से उड़ा देगी !''

''गोली से उड़ा देगी ? आप लोग दहशत फैला रहे हैं। क्या समझते हैं कि फौज से मैं डर जाऊँगा ? उसकी वजह से अपने सिद्धान्तों से डिग जाऊँगा ? पुलिस-फौज से गांधी के सिपाही न पहले डरे हैं और न कभी डरेंगे। मैं नहीं सोचता कि फौज आएगी, किन्तु मान लेते हैं कि आ भी गई तो मैं पहला व्यक्ति होऊँगा उसका प्रतिरोध करनेवाला, पहले मैं गोली खाऊँगा...।''

जोश की उत्तेजना से अध्यक्ष का चेहरा तमतमा गया था। उन्होंने सबकी तरफ देखा, लेकिन सभी सिर झुकाकर बैठे रहे। फिर अध्यक्ष ने शान्त होकर धीमे स्वर में कहा :

''यह मत सोचिए कि मैं चीजों को नहीं समझता। आप तो स्वयं आजाद सरकार की परिषद में है, कांग्रेस पार्टी के कर्मठ सदस्य हैं, क्या आप भी अहिंसा को कमजोरों का हथियार समझते हैं, पलायन का बहाना ? यह मत सोचिए कि उनका प्रस्ताव इसलिए स्वीकार कर लिया मैंने कि हमें पूर्ण स्वतन्त्रता मिल रही है। बलिया तो एक छोटा-सा जिला है, देश तो बहुत बड़ा है, जहाँ विदेशी हुकूमत अभी भी बनी हुई है। क्या आप इतना ही सोच सकते हैं कि समूचे देश को आजाद किए बगैर इस छोटे-से जिले की अधूरी आजादी से हम सन्तुष्ट हो जाएँगे, निश्चिन्त होकर बैठे रहेंगे ? मान लीजिए कि हमने कचहरी पर कब्जा कर भी लिया होता तो क्या हमारी लड़ाई खत्म हो जाती ? फौज तो तब भी आती। बोलिए, क्या मैं गलत कह रहा हूँ...हाँ, निस्संकोच कहिए...।''

''अध्यक्षजी, अगर उस समय हमने कचहरी पर कब्जा कर लिया होता, तो इससे जनता की हिम्मत कितनी बढ़ती ? देश के दूसरे जिलों में रहनेवाली जनता के सामने भी एक आदर्श उदाहरण होता, और वे भी हमारी मदद से उसी आदर्श तक पहुँचने की कोशिश करते। हाँ, फौज तो आती जरूर, लेकिन हम उसका मजबूती से मुकाबला करते और जरूरी नहीं कि उनकी फौज जीत ही जाती, हम भी तो जीत सकते थे...''

''कैसे जीत सकते थे एक प्रशिक्षित और अनुशासित सशस्त्र सेना से ?''

''कुछ हथियार तो हमें कचहरी पर कब्जा करने के बाद मिलते। फिर फौजियों को घेरकर उनसे भी उनके हथियार छीन सकते थे...।'' इस बार राममूरत ने हिम्मत करके जवाब दिया, जो रमाशंकर के साथ आए प्रतिनिधिमंडल का एक नौजवान सदस्य था।

अध्यक्षजी ने किंचित आदर्श-भरे कुतूहल भाव से राममूरत को देखा, फिर मुस्कुराते हुए कहा, ''मुझे खुशी है कि आप जैसे नौजवान हमारे आन्दोलन के साथ हैं। लेकिन इस विचार से मैं सहमत नहीं हूँ। एक तो हमारे आन्दोलन का यह चरित्र नहीं है, यह हिंसा का रास्ता है, मगर इसके लिए भी आपकी तैयारी नहीं है, प्रशिक्षण नहीं है, इसलिए अपना रास्ता छोड़कर दूसरे रास्ते पर चलने के खतरे-ही-खतरे हैं। गुस्से और जोश में आप जो भी कहें और करें, लेकिन सभी स्थितियों पर ठीक से विचार करने के बाद ही कोई कार्रवाई की जानी चाहिए। बैरिया में जिस तरह का क्रूर व्यवहार वहाँ के थानेदार ने किया, उसकी जितनी निन्दा की जाए कम है। और हमारी जनता ने जिस बहादुरी से और शान से उसका सामना किया, वह स्वर्णाक्षरों में लिखी जानेवाली घटना है।

बैरिया कांड से लोग गुस्से में थे, उसकी वजह से खून-खराबा हो सकता था, फिर कलक्टर सुरेश्वर प्रसाद मेरी बात मानकर सभी बन्दियों को रिहा करने को तैयार हो गए, हमें स्वतन्त्रता दे दी, तो मैंने सोचा कि जो चीज यहाँ संघर्ष करने पर मिलती, वह बिना संघर्ष किए मिल रही है, तो इसे ले लेना चाहिए और जो समय मिले उसमें हर बात पर विचार करके और अपने को और संगठित तथा मजबूत करके आगे का संघर्ष चलाना चाहिए...।''

''लेकिन समय कहाँ मिलेगा ? उन्होंने पुलिस की लॉरी भेज दी...'' राममूरत ने गुस्से से कहा।

''हाँ, यह निन्दनीय हरकत है। यह किस वजह से हुआ है, मैं कल उनसे मीटिंग में पूछूँगा। सारी स्थितियों का स्पष्टीकरण हो जाना चाहिए। यदि वह कोई ऐसा कारण बताते हैं जिससे हमें भी सन्तोष मिले और इस शान्ति समझौते को आगे बढ़ाने का वायदा हो, तब भी हम अपने प्रतिनिधियों की एक बड़ी सभा परसों बुलाएँगे और अपनी दृढ़ शर्तों और प्रस्तावों के साथ उनके पास जाएँगे और उन्हीं के अनुसार चलने के लिए उन पर दबाव डालेंगे। यदि वह कल की सभा में सन्तोषजनक उत्तर नहीं देते तो परसों से हमारा संघर्ष आरम्भ हो जाएगा। हम उनसे पूरी तरह असहयोग करेंगे और सत्याग्रह द्वारा उनको अपनी गद्दी छोड़कर यहाँ से चले जाने के लिए कहेंगे। लेकिन अहिंसक तरीके से ही यह संघर्ष होगा, जिसमें अपने उच्चतम सिद्धान्तों और परम्पराओं का दृढ़ अनुशासन होगा।''

''अहिंसक तरीकों को वे कमजोरी और बेवकूफी समझते हैं...'' रमाशंकर ने इस ढंग से कहा, जैसे कोई चुनौती दे रहे हों।

अध्यक्ष का चेहरा फिर काफी गम्भीर हो गया। लेकिन आत्म-नियन्त्रण के बाद सहज भाव से बोले, ''हमें इसकी परवाह नहीं कि वे क्या सोचते हैं हमारे तरीकों के बारे में। हाँ, यदि आप भी उन्हीं की तरह सोचते हैं तो यह चिन्ता की बात है। लेकिन, जो लोग कहते हैं कि अहिंसा का अर्थ एक गाल पर थप्पड़ खाने के बाद दूसरा गाल आगे कर देना है, तो उनकी बुद्धि को क्या कहें ? अहिंसा कायरता और पलायन की प्रवृत्ति को छिपाने का कोई साधन नहीं है। पुराना विचार है अहिंसा, लेकिन आज के परतन्त्र भारत में, जहाँ अनेक धर्म, जातियाँ, वर्ग, गरीबी, भेदभाव हैं, राजनीतिक परतन्त्रता है, अहिंसा एक विशेष उद्देश्य और कार्यक्रम लेकर आई—एक-दूसरे को प्यार करने का, स्वावलम्बी बनने का, अन्याय का विरोध करने का और स्वतन्त्रता प्राप्त करने का। शान्ति और अहिंसा के माहौल में ही ये विचार और प्रोग्राम सफल हो सकते हैं। आज साम्प्रदायिक सद्भाव कितना जरूरी है। हाँ, यह हमारी राष्ट्रीयता और आजादी के लिए जरूरी है। जातियों का आपसी मेलजोल भी कितना जरूरी है, यह अहिंसा के विचार की समझ से ही संभव है। हिंसा तो समझदारी दूर करके सबकुछ बिखरा देगी। शान्ति और अहिंसा हवा में लटकी चीज नहीं है, उसका मजबूत आधार है, वह बदले हुए समय में आजादी, मानव एकता और मानव प्रेम का और समता तथा न्याय के आधार पर सामाजिक उन्नति का ठोस विचार और कार्यक्रम है। व्यक्तिगत महत्त्वाकांक्षा और स्वार्थ की कोई जगह नही है उसमें। अहिंसा के ये ही उद्देश्य और कार्यक्रम हमारी स्वतन्त्रता और राष्ट्रीयता की परिभाषा प्रस्तुत करते हैं और इनका परित्याग हमारी राष्ट्रीयता के लिए विनाशक सिद्ध होंगे। जो व्यक्ति अहिंसा को नहीं समझता और उसका मजाक उड़ाता है, उसे आन्दोलन से दूर ही रहना चाहिए...''

अध्यक्ष का चेहरा अपूर्व तेजस्विता से दप-दप कर रहा था। निश्चय ही उनकी बातों का अच्छा असर पड़ा था प्रतिनिधिमंडल के सदस्यों पर। अन्त में अध्यक्षजी ने कहा :

''ठीक है, जाइए, लोगों को समझाइए और आगे की लड़ाई के लिए तैयार रहिए।''

परन्तु कलक्टर सुरेश्वर प्रसाद को निश्चित सूचनाएँ मिल रही थीं, जिनसे उनके उत्साह का अन्त नहीं था। उनका अधिकारी बनारस में कमिश्नर से मिलकर और फौरन आवश्यक कार्रवाई

का आश्वासन पाकर जब वापस आ रहा था, जिले की सीमा के अन्दर सड़क पर गड्ढा खोदकर क्रुद्ध जनता ने उसकी कार गिरा दी और उसे गिरफ्तार कर लिया। वह बार-बार माफी माँग रहा था और अपने को निर्दोष घोषित कर रहा था, तो जनता ने भी कोई शारीरिक क्षति न पहुँचाकर अन्ततः मुक्त कर दिया उसे, जिसके बाद गाँव में ही उसे छिपने का आश्रय मिल गया। मुखबिर से प्राप्त इस विश्वसनीय, अकाट्य खबर से सुरेश्वर का रहा-सहा तनाव गायब हो गया और उसके स्थान पर ऐसा क्रोध हावी हुआ, जिसमें फौरन शहर में प्रवेश करके सैकड़ों आन्दोलनकारियों को भून देने की वफादार इच्छा उत्पन्न हो गई। फिर भी व्यावहारिक चालाकी के साथ पर्याप्त साहस के अभाव का योग होने की वजह से ही वह वैसा कर न सके, लेकिन कांग्रेस अध्यक्ष द्वारा भेजा गया आजाद परिषद की सभा में उपस्थित होने का लिखित आमन्त्रण उन्होंने अवश्य ठुकरा दिया वादाखिलाफी का उल्टा आरोप लगाते हुए।

कांग्रेसाध्यक्ष बेहद दुःखी हुए। वैसे अब भी विश्वास नहीं हो रहा था उन्हें कि कोई धोखा होनेवाला है। सुरेश्वर प्रसाद की बोली में तो अद्भुत मिठास, सच्चाई, नेक इरादा और आश्वासन था—ऐसा व्यक्ति क्या इस तरह पलट सकता है ? यदि कोई गलतफहमी भी हो तो जवाब देने का यह तरीका है ? बातचीत करने से ही तो गलतफहमी दूर हो सकती है ? और यदि यह भी मान लिया जाए कि कलक्टर सुरेश्वर प्रसाद ने बेहद डरकर, विशाल भीड़ के दबाव को टालने के लिए जेल का फाटक खोलने का निश्चय किया तो ऐसे अधूरे प्रस्ताव को स्वयं उन्होंने स्वीकार क्यों कर लिया ? उस समय तो सुरेश्वर के पास कुछ था भी नहीं, जिले में हर जगह उनकी हुकूमत समाप्त हो गई थी, वह आजादी क्या देते ? वह तो अपने अस्तित्व पर विनाशकारी संकट देखकर बेहद घबरा गए थे।

दिमाग में लगातार उठते इन प्रश्नों से तिलमिला गए कांग्रेस अध्यक्षजी। हाँ, जब ऐतिहासिक निर्णय लेने का समय था और निर्णायक बिन्दु पर पहुँचे एक सप्ताह से अधिक समय के महान जनसंघर्ष को अन्तिम मंजिल पर पहुँचाना था तो उन्होंने शान्ति सन्देश द्वारा उसे दूसरी ही दिशा में मोड़ दिया। वह कलक्टर की बातों में आ गए, लेकिन वह क्रान्तिकारी जन-समूह हिंसक कहाँ था ? अनेक जगहों पर आम लोगों के नेतृत्व में संघर्ष हुए, सफलताएँ मिलीं, अनेक लोग शहीद हुए, लेकिन जब कहीं भी हिंसा नहीं हुई तो क्या उनके जैसे अनुभवी, तपस्वी नेता के रहते हिंसा हो जाती ? उनको चाहिए था कि कलक्टर से पूरे अधिकार लिखित और वास्तविक रूप से ले लेते और उनको अपने मातहत अधिकारियों के साथ चले जाने के लिए कहते। कलक्टर ने दिया क्या, उससे तो करीब-करीब पूरा ही जिला ले लिया गया है, लेकिन उसने अपना मुख्यालय बचाने के लिए जो धोखे की टट्टी खड़ी की, उसकी असलियत समझ नहीं सके वह। और किसी का कहना भी नहीं माना और यही कहते रहे कि उनका फैसला सही है। गांधीवादी सिद्धान्त के अनुरूप। उस समय जो अगाध विश्वास था उन्हें अपने ऊपर—अब कहाँ चला गया और वह पश्चाताप से व्याकुल क्यों हैं ?

फिर क्या वह बदलते समय में बदलती जन संघर्ष की प्रकृति को समझ नहीं सके और कुछ पुराने मानदंडों से उसका मूल्यांकन करते हुए नई परिस्थितियों के अनुसार गांधीवाद की व्याख्या करने से चूक गए और कोई पहलकदमी नहीं कर सके ? या वह सुरेश्वर प्रसाद की तरह ही स्वयं नई परिस्थितियों से डर गए और जो मिला वही लेकर चले आए ? और यदि ऐसा न भी हो तो क्या राजनीति में गांधीवाद सिर्फ निरन्तर आन्दोलन और आत्म-त्याग ही है ? नई शक्तियों और जरूरतों का मूल्यांकन करने में अक्षम है वह ? राजनीति और कूटनीति के छल-प्रपंचों के प्रतिकार के लिए सजग दृष्टिकोण का अभाव क्यों है उसमें ? और आन्दोलन की सफलता के बाद सत्ता के लिए एक नई व्यवस्था की विस्तृत रूप-रेखा कहाँ है ? यदि मान लिया जाए कि 'भारत छोड़ो आन्दोलन' सफल

हो जाए और अंग्रेज चले भी जाएँ तो क्या वही शासन और न्याय व्यवस्था होगी, जो अंग्रेजों ने बनाई है ? या कुछ नए तौर-तरीके होंगे ? यदि ऐसा होता तो 'भारत छोड़ो आन्दोलन' का प्रस्ताव स्वीकृत करने के समय स्पष्ट रूप से बताया गया होता कि जहाँ अंग्रेस शासन व्यवस्था समाप्त हो जाए, वहाँ किस तरह शासन का काम-काज चलाया जाए। हमारे नेताओं ने तो यह भी नहीं बताया कि कैसे आन्दोलन चलाया जाए। पथ-प्रदर्शन के अभाव में जनता ने अपने मन से आन्दोलन का संचालन किया। ऐसी परिस्थिति में दिक्कतें आ गई हैं तो दोष कहाँ है और किसका है ?

हताशा के इन तर्कों से सहसा कांग्रेसाध्यक्ष डर गए। वह उन्हीं सिद्धान्तों का धुर्रा उड़ा रहे हैं, जिन पर चलकर वह देश और समाज से जुड़ सके और अपने मामूली जीवन को सार्थकता दे पाए ! जिस विचार ने देश के हर कोने की जनता को एक साथ आन्दोलित करके खड़ा किया, वह कमजोरी और कायरता तथा मूर्खता का पर्याय कैसे हुआ ? यदि एक पुराने विचार को नई परिस्थितियों के अनुकूल बनाकर उसका सार्थक प्रयोग किया गया है तो उसकी जीवन्तता स्वतः सिद्ध है और दूसरी परिस्थितियों में भी उसका प्रयोग हो सकता है। अहिंसा के सिद्धान्त जब एक विदेशी साम्राज्यवाद की चालों को निष्फल कर सकते हैं तो सफल होने और सत्ता प्राप्त करने के बाद साधारण जन के हित में समानता के आधार पर ऐसी शासन और न्याय व्यवस्था नहीं स्थापित कर सकते, जिसमें सभी लोग मिल-जुलकर आगे बढ़ सकें और सबको न्याय मिल सके ? हर व्यक्ति को अपनी प्रतिभा के अनुसार तरक्की का अवसर मिल सके ?

नहीं, लाचारी का सिद्धान्त नहीं है अहिंसा, जिसके बल-बूते पर आजादी की लड़ाई लड़ी जा रही है। यदि उन्हें कलक्टर ने धोखा दिया है तो कल ही से उसका विरोध शुरू हो जाएगा। तब अहिंसा के सिद्धान्त और संघर्ष यह भी दिखा देंगे कि सत्ता पर कब्जा कैसे किया जा सकता है। कांग्रेस के अध्यक्ष अपने कमजोर विचारों के लिए अपने को धिक्कारने के बाद नई आशा और उत्साह से भर उठे और व्याकुलता से सुबह होने की प्रतीक्षा करने लगे।

परन्तु, कांग्रेस अध्यक्ष को चारपाई पर बहुत देर तक नींद नहीं आई। आठ बजे वह भोजन कर लेते हैं और नौ-साढ़े नौ बजे तक सो जाते हैं। लेकिन आज वह उत्तेजित हैं। उनकी कल्पना में वे दृश्य उभर रहे हैं जो कल बुलाई जानेवाली जनप्रतिनिधियों की सभा, उसमें होनेवाले विचार-विमर्श तथा कलक्टर सुरेश्वर प्रसाद को भेजे जानेवाले अल्टिमेटम के मजमून से सम्बन्धित हैं। उनमें कलक्टर से होनेवाला मौखिक विवाद भी शामिल है और विस्तार से उनके सटीक व्यंग्यात्मक उत्तर भी, जिनमें विदेशी हुकूमत के अधिकारी की चालबाजी का पर्दाफाश करके फौरन सत्ता से हट जाने की माँग प्रस्तुत की गई है।

हर बात पर बारीकी से विचार करते हुए जब वह थक गए और उनकी आँखें नींद से बोझिल होने लगीं, बाहर से खटपट और कई लोगों के बातचीत करने की आवाजें आने लगीं। उनकी आँखों की नींद गायब हो गई और वह कमरे की छत को देखने लगे। थोड़ी ही देर में उन्हें सूचना दी गई कि उनके गाँव से आया एक कार्यकर्ता जरूरी काम से मिलना चाहता है।

वह उठ बैठे। शीघ्र ही आगन्तुक हाजिर हुआ। कांग्रेस अध्यक्ष ने उसके घबराए हुए चेहरे को देखकर पूछा, "क्या बात है रामबरन कि आधी रात में चले आए ? आओ बैठो और जल्दी बताओ कि क्या बात है ?"

"महाराज, बैठने का समय नहीं है। कोई खास बात न होती तो इस समय मैं क्यों आता ? खतरा सिर पर आ गया है, अंग्रेजों की फौज, ताजपुर डेहमा तक रेल की पटरी जोड़ते-जोड़ते पहुँच गई है..."

"क्या ?" कांग्रेसाध्यक्ष ने चौंककर कहा, "यह कैसे हो सकता है ? सही खबर नहीं मालूम होती यह तो। कलक्टर ने मुझे आश्वासन दिया था। मैं कल कलक्टर से मिलनेवाला हूँ...।"

''महाराज, यह विस्तार से बात करने का समय नहीं है। और बातों को छोड़िए, मैं तेज साइकिल चलाकर किसी तरह पहुँचा हूँ। आप यहाँ से चलिए महाराज, आपका जीवन कीमती है। रात का समय है, उनके पास फौज है, मशीनगन हैं, गाँवों में बहुत कम लोग यह सब जान पाए हैं। मैं इसीलिए आया हूँ। उन लोगों का प्रोग्राम है कि खास-खास लोगों को पकड़कर गोली से उड़ा दिया जाए। आगे बहुत बड़ी लड़ाई लड़नी है, और हम लोगों के बीच आपका रहना बहुत जरूरी है...''

''आप भी मुझे डराने के लिए आए हैं ? आपके कहने से मैं लोगों को छोड़कर भाग जाऊँ ? क्या मैं बन्दूक और मशीनगन से डरनेवाला हूँ ? एक बार कलक्टर से धोखा खा गया तो क्या हमेशा मैं उन लोगों से धोखा ही खाता रहूँगा ? इस बार मैं...सबसे पहले उनको चुनौती दूँगा—उनकी गोली होगी और मेरी छाती ! कल मैं अपनी विशाल जनता को लेकर उसका नेतृत्व करते हुए कचहरी तक मार्च करूँगा... ।'' अध्यक्षजी गुस्सा कम करते हैं, लेकिन इस समय वह चिल्ला रहे थे।

''महाराज, इसका समय नहीं है अब। हम लोग इसके लिए तैयार नहीं हैं। उन्होंने बहुत होशियारी से यह काम किया है। कुछ घंटों में तो वे शायद पहुँच ही जाएँगे। और बिना तैयारी के जल्दी-जल्दी कुछ करने से काफी लोग मारे जाएँगे। यहाँ किसके पास बन्दूकें हैं, और दो-चार इधर-उधर होंगे भी तो उनके आधुनिक हथियार से कौन लड़ पाएगा। पहले से तैयारी होती तो उनको रोका जा सकता था...''

''जाइए यहाँ से...मैं नहीं जाता कहीं भी। आप लोग जाकर छिप जाइए...''

''महाराज, ऐसी बात न कीजिए। हम आपके इशारे पर जान देने को तैयार हैं। लेकिन हमारी यही प्रार्थना है कि आप कहीं छिपकर आन्दोलन का संचालन कीजिए। आप इस समय गिरफ्तार होंगे तो जनता पर अच्छा असर नहीं होगा। अगर आप बाहर रहे तो लोग उठ खड़े होंगे। फिर वे यह नहीं देखेंगे कि सामने फौज है। हम प्रार्थना करते हैं कि हमारे आन्दोलन, हमारी आजादी के लिए हमारा नेतृत्व कीजिए।''

कांग्रेस अध्यक्ष इसका उत्तर नहीं दे सके। वह सिर झुकाकर सोचने लगे।

49

लगभग दो बजे रात में फौज बलिया स्टेशन पर पहुँची। उसने अपने आगमन की सूचना गोली छोड़कर दी। धायँ-धायँ की दो आवाजें सन्नाटे को बेधती हुई आकाश की तरफ निकल गईं। वृक्षों पर पक्षी बोलने और अपने पर फड़फड़ाने लगे। अन्धकार में डूबी धरती काँप गई। कुछ ही देर बाद आनन्दी दरवाजा खोलकर बाहर आई और नीलेश को जगाने लगी, जो तख्त पर बँसखट बिछाकर सोया था।

''क्या हुआ ?'' स्थिति से अनभिज्ञ नीलेश हड़बड़ाकर उठा।

''बबुआ, भीतर चलो, गोली छूट रही है।''

अब वह होश में आकर खड़ा हो गया, और जल्दी-जल्दी मसहरी के डंडे निकालकर बिस्तरा लपेटने लगा। उसे याद आया कि शहर में विगत दिवस का उसका पूरा समय फौज आने की अफवाहों के बीच गुजरा था और यही सब सोचते हुए वह सोया भी था।

निश्चय ही, प्रान्त के गवर्नर द्वारा नव-नियुक्त सिविल सर्विस के एक सीनियर अंग्रेज अधिकारी नेदरसोल के नेतृत्व में एक सैन्य टुकड़ी की शहर-पहुँच की यह प्रथम विस्फोट सूचना थी। रेल की उखड़ी हुई पटरियों को बनाने के लिए साथ में अनेक इंजीनियर, मिस्त्री, कर्मचारी आदि आए थे।

इसे क्या समझा जाए ? यह जिला क्लक्टर सुरेश्वर प्रसाद की कूटनीतिक चालों की विजय है या आजाद सरकार के प्रशासक तथा जिला कांग्रेस अध्यक्ष की शान्ति-अहिंसा नीति की पराजय ? लेकिन सुनने में आया कि नए प्रशासक ने पहुँचते ही दिल्ली और लन्दन के बधाई पत्रों के बजाए निलम्बन का कागज ही थमा दिया। सोचने की बात है कि दिन-पर-दिन कमजोर होती ब्रिटिश हुकूमत में क्या इतनी क्षमता रह गई थी कि वह सुरेश्वर प्रसाद जैसे वफादार अधिकारी की सेवाओं का सही मूल्यांकन कर सके ? इसलिए आत्महीनताग्रस्त तथा बर्बर जुल्म के लिए जिम्मेदार हुकूमत ने अपनी अक्षमताओं और दुर्बलताओं का दोष एक व्यक्ति पर ही थोप दिया, जो यदि अंग्रेज होता तो मूल्यांकन का दृष्टिकोण ही अलग होता। फिर भी, सामान्यतः एक हुकूमत के मातहत को हुकूमत के समान ही स्वतन्त्र और मौलिक ढंग से सोचने और तदनुसार कार्रवाई करने का अधिकार और श्रेय कैसे दिया जा सकता है ?

ब्रिटिश सम्राट के अनुग्रह से जिलाधीश पद पर सुशोभित सुरेश्वर प्रसाद जैसे अधिकारी ने अपने को हुकूमत से अधिक योग्य और होशियार समझकर उसके नियमों का उल्लंघन कर तथा अन्य मातहत अधिकारियों की सलाह की अवहेलना करके बागियों से झुककर वार्त्ता क्यों की ? जेल से कैदियों को क्यों रिहा किया ? बागियों को आजादी देने की घोषणा क्यों की ? यह गम्भीर अनुशासनहीनता नहीं तो क्या है ? क्या यह महान ब्रिटिश साम्राज्य से प्राप्त ताकत का दुरुपयोग करके सीमाहीन छूट लेना नहीं है ? हुकूमत की छवि धूमिल करने का अधिकार उसे कहाँ से मिला ?

वह अहंकार है या मूर्खता ? शासन के प्रति विद्रोह अथवा बागियों से मिली-भगत ? सत्ता से स्वतन्त्र होकर कार्य करनेवाला, ईमानदार, परिश्रमी और प्रतिभाशाली होकर भी, सत्ता के किसी जिम्मेदार पद पर बैठने के योग्य कैसे समझा जा सकता है ? वास्तविकता तो यह है कि ऐसा अधिकारी विश्वास-योग्य नहीं होता, उसमें साहस की कमी होती है और किसी भी दबाव में आकर वह सत्ता या उसके चरित्र, स्वाभिमान और शान की रक्षा करने में अक्षम सिद्ध होता है। उसके किसी कृत्य से यदि शासन को लाभ हो भी जाता है तो उसका श्रेय ऐसे मातहत को देना सत्ता और उसके अनुशासन के लिए खतरनाक है।

दुनिया के गरीब देशों को उन्नत, सभ्य एवं लोकतान्त्रिक बनाने के गर्व और दम्भ से फूला शक्तिशाली ब्रिटिश साम्राज्य का यह नवागत प्रशासक भी कम दम्भी और अन्यायी नहीं था। वह निरंकुश अधिकार और निर्मम इरादों के साथ एक छोटे-से जिले के लोगों की स्वातन्त्र्य आकांक्षाओं को हमेशा-हमेशा के लिए नष्ट करने के लिए आया था—इस विश्वास से लबालब कि आधुनिक शस्त्रों की प्रशिक्षित और कुशल हिंसा से वह निहत्थे लोगों की भावनाओं को कुचल देगा। कितना आसान है इस लक्ष्य को प्राप्त करना ! क्योंकि लड़ना तो ऐसे शस्त्रविहीन लोगों से है, जो शान्ति, अहिंसा, सत्याग्रह, सच्चाई, नैतिक-आत्मिक शक्ति आदि शब्दों से अपनी दुर्बलता ढकने की कोशिश करते रहते हैं। ऐसे बड़बोले लोगों में आजादी के लिए संघर्ष करने की तमन्ना भी कितनी निरर्थक है !

परन्तु, जब वह लम्बे डील-डौलवाला प्रशासक बलिया स्टेशन के प्लेटफार्म पर उतरा तो ऐसा महसूस हुआ उसे, जैसे वहाँ की धरती भीतर से गुर्रा रही हो ! वह स्वयं हिल गया और उसका हृदय काँपने लगा। उसके अन्दर भी एक आवाज उठी सवाल की तरह कि 'कहाँ जा रहे हो ? लोगों को इसलिए दंड देने और तबाह करने कि वे आजादी और समानता चाहते हैं ? तुम अंग्रेज हो, तुम्हें यदि कोई राजनीतिक और आर्थिक गुलामी में रखना चाहे तो क्या करोगे ?' ऐसे प्रश्न का जो भी उत्तर मिला, उससे वह बेहद घबरा गया। इसके पश्चात एक अन्य विचार से तो और भी भयभीत हुआ कि आधुनिक शस्त्रों की हिंसा से यदि आजादी की आकांक्षाओं को समाप्त नहीं किया जा सका तो क्या होगा ? लेकिन फौरन ही, उसने कुछ क्षणों के भीतर उठे तर्क-वितर्क तथा न्याय सजग

विचारों को खारिज करके अपने साम्राज्यवादी, शासकीय कर्तव्यों का स्मरण किया और एक झूठ के लिए, झूठे तरीकों से आनेवाली टकराहट को सत्य की लड़ाई समझते हुए अतिशय क्रोध, प्रतिशोध और हिंसा की अपराजेय जिद्‌द से भर उठा वह।

क्रूर, अन्यायी और अनधिकारी सत्ता के निरंकुश अहंकार से लैस वह एक सशस्त्र सैन्य टुकड़ी के साथ उसकी कुख्यात लॉरी पर सवार होकर चल पड़ा शिकार पर झपट्टा मारने के लिए। साथ में पुलिस कप्तान और गुप्तचर अधिकारी जितेन्द्र लाल और मनव्वर अली भी थे। मोटे टोप के नीचे उसका चेहरा खूँखार इरादों से तना और सिकुड़ा, होंठ एक-दूसरे पर चढ़े तथा आँखें बाज की तरह पैनी तथा खतरनाक !

जितेन्द्रलाल को पहले ही एक मुखबिर से पता लग चुका था कि जिला कांग्रेस के अध्यक्ष रात में ही शहर छोड़ चुके थे। सदाशयव्रत भी कुछ बाकी थानों पर कब्जा करने के लिए जिला के पश्चिमी क्षेत्र के लिए जेल से रिहा होने के दूसरे दिन ही प्रस्थान कर गए। अब रमाशंकर ही शहर के सबसे महत्त्वपूर्ण नेता बच रहे थे, जिनके विरुद्ध गुप्तचर विभाग ने ढेर सारे सबूत एकत्रित कर रखे थे। यद्यपि रमाशंकर को विश्वास नहीं था कि फौज इतनी जल्दी आ पहुँचेगी, लेकिन चौकन्ना होकर आगे के कार्यक्रम की योजना बना रखी थी उन्होंने। यदि कांग्रेस अध्यक्ष अगले दिन संघर्ष का बिगुल बजा देते हैं तो लड़ाई अबकी और तेज और पक्की होगी, इसमें सन्देह नहीं। भरसक वह कोशिश करेंगे कि पहले की तरह इस बार भी उनकी गिरफ्तारी न हो और शहर में ही भूमिगत रहकर और जोर-शोर से प्रतिरोध और स्वातन्त्र्य आन्दोलन का संचालन करें। उन्होंने सोच लिया था कि अगले दिन सुबह ही अध्यक्षजी के पास पहुँचकर संघर्ष की योजना पर विस्तार से बात करेंगे और उन्हीं के निर्देश पर आगे की कार्रवाई करेंगे।

एक चिन्ता उन्हें ढेला की भी थी। यदि आन्दोलन चलता रहा तो ढेला को भवाली कैसे पहुँचाया जाएगा, यह एक समस्या थी। मुश्किल तो यह है कि वादा के अनुसार गोबर्धन ने कोई सूचना भी नहीं भेजवाई कि क्या फैसला किया उसने। खैर, शाम को जब वह घर आए तो गोबर्धन का चौकीदार एक पत्र के साथ उनकी प्रतीक्षा कर रहा था। गोबर्धन ने अपने संक्षिप्त पत्र में लिखा था कि भवाली में चिकित्सा का खर्चा उठाने के लिए वह तैयार है और जैसा निर्देश मिलेगा, उसी के अनुसार हर महीने खर्चा भेज दिया करेगा। उत्तर में रमाशंकर ने खुशी प्रकट करते हुए लिखा था कि परिस्थिति अनुकूल होते ही उनका छोटा भाई इस सम्बन्ध में उनसे मिलेगा। और वही इस सहायता कार्यक्रम के संचालन में मदद देगा, क्योंकि कुछ कारणों से अनिश्चित है कि वह सदा घर पर मिलें ही।

उसके बाद रमाशंकर ने अपने छोटे भाई को विस्तार से समझाया। और फिर वह नफीस, राममूरत, नीलेश तथा अन्य साथियों के साथ विचार-विमर्श करने निकल गए कि लड़ाई पुनः आरम्भ होने पर किस तरह फिर हड़ताल, जुलूस और जन-प्रदर्शन को संघटित और संचालित किया जाएगा, क्योंकि 'करो या मरो' की यह लड़ाई लम्बी है और आजादी मिलने तक जारी रहनेवाली है। रात में देर से घर आकर भोजन करने के बाद वह सो गए, लेकिन दो घंटे बाद उनकी अधूरी नींद गोली की धायँ-धायँ से खुल गई और वह हड़बड़ाकर उठ गए। फिर पत्नी और छोटे भाई के बार-बार मना करने पर भी बनियान-लुंगी में ही बाहर निकल गए। दरवाजे पर खड़े होकर ध्यान से सुनने के बाद भी कोई असामान्य बात नहीं मालूम हुई। तब वह पूरब से पश्चिम, पूरी गली में टहल आए। कहीं कोई आदमी भी नजर नहीं आया। न बातचीत और न ही कोई शोरगुल। हाँ, एक क्षण के लिए ऐसा अवश्य लगा कि चारों ओर छाए सन्नाटे में से किसी के कराहने की क्षीण-सी आवाज निकल रही है। क्या यह उनके ही भय का कोई रूप है ? वह हँसे, फिर लौटकर अपने बिस्तर पर लेट गए और नींद के लिए करवट बदलने लगे।

परन्तु, बहुत देर नहीं हुई कि बाहर दरवाजा जोर-जार से पीटने की आवाजें आने लगीं। साथ

ही भर-भर भद्दी गालियाँ और बाहर न निकलने पर दरवाजा तोड़ देने की धमकियाँ। अब सन्देह की कोई गुंजाइश नहीं रही। रमाशंकर उठ बैठे और तन गए। चेहरा तमतमाने लगा। भाई ने कहा कि खपड़े पर चढ़कर पीछे से कूदकर निकल जाएँ। उन्होंने भाई और घरवालों को फटकार दिया। क्या वह देश, आजादी, राष्ट्रीय नेताओं तथा स्वयं अपने लिए भद्दी गालियाँ सुनते रहें और उसका प्रत्युत्तर दिए बगैर अपमान का जहर पीते हुए पूँछ दबाकर भाग जाएँ? नहीं, ऐसा नहीं होगा। इसका–इस हिंसात्मक चुनौती का जवाब है उनके पास। वह उठ खड़े हुए और आजादी के लिए जुल्म-विरोधी शिखर उत्साह से भरकर अपनी मुट्ठी से छाती पर प्रहार करते हुए चिल्ला पड़े :

''महात्मा गांधी की जै
अंग्रेजो, भारत छोड़ो
इन्कलाब जिन्दाबाद।''

फिर सिंह की तरह झूमते हुए आगे बढ़कर उन्होंने दरवाजा खोल दिया। उनकी छाती निकली हुई थी। वह गर्दन टेढ़ी करके, नेदरसोल को सिकुड़ी, चुनौती-भरी आँखों से घूर रहे थे, लेकिन हाथ उठाकर फिर नारे लगाने की उनकी कोशिश सफल नहीं हुई, क्योंकि आवाज निकलने के पहले उनकी छाती पर जोर से बन्दूक के कुन्दे का प्रहार हुआ। फिर तो फौजी उन पर टूट पड़े और लात, घूसा तथा कुन्दों से उन पर प्रहार होने लगा।

''गोली मार दो...शूट हिम !'' नेदरसोल चिल्लाया।

''नहीं हुजूर, यह खतरनाक सरगना है, अभी खत्म करना ठीक न होगा। अभी तो इसे ले चलिए, काफी कुछ सुराग मिलेगा इससे।'' पुलिस कप्तान ने अंग्रेजी में ही प्रशासक को समझाया।

''देन टेक हिम अवे...ले जाओ इसे।''

इसके पश्चात लात-मुक्कों की बौछार के साथ बन्दूकों के कुन्दों से ठेल-ठेलकर लॉरी के पास ले जाया गया और उसमें चढ़ाकर नीचे पटक दिया गया।

अंग्रेज प्रशासक उन्मत्त था। आजादी के आन्दोलन के लिए जनता को भरपूर मजा चखाना चाहता था वह। उसकी खूनी लॉरी घुर्र-घुर्र घूम-घूमकर देशभक्तों को बीनने लगी। जो मिले और गिरफ्तार किए गए, उनमें रमाशंकर के बाद दूसरा नम्बर राममूरत का। उसके खिलाफ भी गुप्तचर विभाग के पास काफी साक्ष्य थे। उसके नाटे तथा दुबले-पतले शरीर को देखकर नेदरसोल को बड़ा अचम्भा हुआ। गिरफ्तारी के समय राममूरत सहमा-सहमा नजर आया। उसकी आँखें झुकी थीं। इससे उत्साहित होकर नेदरसोल ने उससे चिल्लाकर कहा :

''गाँढी मुरडाबाड बोले...हम छोड़ डेगा...''

राममूरत चौकन्ना हो गया। उसने सिर उठाकर गुस्से से प्रशासक को देखा। फिर अपनी दबी-सी आवाज में चिल्ला पड़ा :

''ब्रिटिश सरकार मुर्दाबाद।''

आगे उसे बोलने नहीं दिया गया। फिर तो नफीस, जगदम्बिका, वासुदेव को भी उनके घरों से उठा लिया गया। लॉरी तेजी से घूम रही थी। उसमें बैठे विदेशी सरकार के सिपाही बाहर बन्दूकें तानकर भय और आतंक फैला रहे थे। गुदड़ी बाजार, पसरहट्टा, भृगुआश्रम, काजीपुरा, जापलिनगंज, गुदड़ी बाजार–कोई भी मुहल्ला नहीं छूटा और हर जगह गिरफ्तारियाँ हुईं, यहाँ तक कि धनी, गरीब तथा मामूली सन्देह या इशारे पर कई निर्दोष लोग भी पकड़े गए जिनमें धनियों से बड़ी रकमें वसूल की गईं और गरीब निर्दोष लोगों को भी अच्छी तरह धुनाई करने के बाद ही छोड़ा गया। यह कार्य करते-करते सुबह हो गई।

दशहत और आतंक-भरा सवेरा था वह जिसमें उस खुशी, उल्लास और निश्चिन्तता का नामोनिशान नहीं था, जो फौज आने की अफवाह के बीच भी कल तक विद्यमान था। अनेक

देशभक्तों के मकान जला दिए गए, जिनसे धुआँ उठ रहा था महिलाओं और बच्चों के क्रन्दन के साथ। बाहर निर्जन है, दुकानें बन्द हैं, हवा सहमी है, धरती थरथरा रही है और आकाश झुक आया है। और इन सबके बीच विदेशी गुलामी के प्रशासक के सैकड़ों अनुचर अपने बूटों के तले भारतीय जनता के अरमानों को रौंद रहे हैं।

इस दिन ही नदी मार्ग से दूसरी फौजी टुकड़ी भी पहुँची थी, जिसका कमांडर मार्श स्मिथ नामक एक अन्य अधिकारी था। इसके बाद तो दमन और उत्पीड़न की बर्बर शक्ति और कई गुना बढ़ गई। इतनी गिरफ्तारियाँ हुई थीं कि हवालात में रखने की पर्याप्त जगह नहीं थी। मुश्किल यह भी है कि ऐसे सीमित स्थान में यातना के सभी हौसले पूरे भी नहीं किए जा सकते। अतः काफी सूझबूझ और दूरदर्शिता से कचहरी के सामने मैदान को चुना गया और गिरफ्तार देशभक्तों को वहीं लाकर पटक दिया गया। फिर मानव पार्थिव शरीरों को भुर्ता, कीमा और मसाला बनाने के यातना कारखाने के रूप में उस मैदान को बदल दिया गया, जहाँ बीते दिनों में कई महत्त्वपूर्ण समारोह, हॉकी मैच आदि हो चुके थे।

विदेशी स्वामियों की उपस्थिति में वफादारी प्रदर्शित व प्रमाणित की जाने लगी शक्ति से भी अधिक शक्ति के साथ। यहाँ किसी चीज से परहेज नहीं है, लात, घूसा, थप्पड़, बूट, लाठी, कुन्दा, संगीन आदि सबकी अनुमति है। निशाने पर हर अंग है। वे लहूलुहान हैं, छटपटाते हैं। उनकी चिल्लाहटों, कराहों, जोशीले नारों में ताकत नहीं है और वे बेहोश होते अस्फुट, क्षीण और लड़खड़ाते शब्दों में बदल गए हैं। मार पर भी मुस्कुराने और हँसनेवाला नफीस भी गुस्से में चिल्ला पड़ता है :

''भगतसिंह जिन्दाबाद।
अशफाकुल्ला जिन्दाबाद।
अंग्रेजो, भारत छोड़ो।''

फिर तो उसे पटककर कई लोग लातों से चहलने लगते हैं। लेकिन अनेक विदेशी और हिन्दुस्तानी अधिकारियों के बीच में खड़े परम सन्तुष्ट प्रशासक को भी उस समय पता नहीं क्यों शर्म आ गई, जब बुरी तरह क्षत-विक्षत दुबले-पतले राममूरत तथा साठ वर्षीय मोटे, शिथिल देशभक्त सुरेन्द्र प्रसाद को पास ही के वृक्ष पर चढ़ने को मजबूर किया गया और जब वे बड़ी मुश्किल से कुछ दूर ऊपर चढ़े तो उनके कूल्हों में संगीन गड़ाकर नीचे गिरा दिया गया।

''वेल डन...गो ऑन।'' कहता हुआ नेदरसोल कुछ अंगरक्षकों और अधिकारियों के साथ वहाँ से फौरन खिसक गया। वास्तव में जब वह अपने बँगले में पहुँचकर, एकान्त कमरे में स्थिर होकर बैठा, तभी उसे स्पष्ट महसूस हुआ कि वह लज्जित है। लेकिन क्यों ? यह सोचने पर, आश्चर्य है कि उसे कोई कारण समझ में नहीं आया। तब फौरन विरोध और खंडन में यह तर्क सहज उपलब्ध हो गया कि उसके जैसे शक्तिशाली, सफल और विजेता के लिए न कोई ऐसा कारण है और न ही हो सकता है। और अब उसके अन्दर एक नया चुनौती-भरा प्रश्न भी उभर आया कि किसी बागी के मुँह से 'क्षमा की गिड़गिड़ाहट' क्यों नहीं निकली ? इसके उत्तर में उसके पास गुस्से के अलावा कुछ भी नहीं था, जो गुब्बारे की तरह फूलता गया, यहाँ तक कि वह चिल्ला पड़ा :

''अर्डली।''

बेहद डरा हुआ हिन्दुस्तानी अर्दली जब उसके सामने पूँछ निकालकर खड़ा हो गया तो उसने गुर्राकर आदेश दिया :

''वाटर...।'' और जल-ग्रहण करने के बाद कुछ ठंडा होकर वह अपने संकल्पों को और भी चटक खूँखार रूप-रंग देने लगा।

उधर मैदान में, गैर-कानूनी, अन्यायपूर्ण और मर्मान्तक दंड देने की थकान के बाद कानूनी न्यायिक प्रक्रिया उस समय आरम्भ हुई, जब एक बहुत ही मामूली मजिस्ट्रेट मुकदमा चलाने के लिए

बैठा, जिसका चेहरा कर्त्तव्यपालन की गम्भीरता से काफी लटक आया था और जिसने बड़ी ही फुर्ती से सबूत पक्ष के आरोपों पर ईमानदारी से विश्वास करते हुए सभी खतरनाक कैदियों के लिए लम्बी कड़ी कैद और सार्वजनिक स्थान पर प्रत्येक को दस-दस बेंत लगाने की सजा सुना दी।

गैर-कानूनी को कानून का जामा पहनाने के नाटक की खास बात यह थी कि चौक को सबसे उपयुक्त सार्वजनिक स्थान समझा गया और दस-दस बेंत की सजा प्रशासक के कहने से द्विगुणित करके लागू की गई। मौसम भारी था। हवा गुम-सुम। नंगे बदन पर भी नमकीन पसीना बह रहा था। चौक क्षेत्र का हर स्थान बन्दूकों के लक्ष्य पर। मकान के दरवाजे बन्द हैं या उठँगाए हुए। एक मकान से दो छोटे बच्चे बाहर निकलते ही डरकर भीतर भाग जाते हैं। उन्होंने कुछ देख और सुन लिया है। परन्तु रमाशंकर की 'अंग्रेजो भारत छोड़ो' की आवाज में वह दम नहीं रह गया है। क्रान्तिकारी विद्रोही नारे लगाने की शक्ति का उनका कोटा तो कल कचहरी मैदान में ही खर्च हो गया। तैल-पुष्ट बेंत की गूँजती सटसट आवाजों के साथ बदन पर खूनी सट्टे लवणयुक्त स्वेद में भीगकर असहनीय छरछराहट उत्पन्न करते हैं। चेहरों पर रक्त दौड़कर हर प्रहार के दर्द को थामने में मदद करता है। शरीर सिकुड़ता है, उछलता है और मुँह से कराह के साथ अस्फुट, लड़खड़ाते नारे निकलते हैं। राममूरत एक बार 'इन्कलाब जिन्दाबाद' की बरबराहट के साथ नीचे लुढ़क जाता है, लेकिन उसे जबरदस्ती फिर खड़ा करके दंड की शर्त पूरी की जाती है।

सक्रिय, कर्मठ नेताओं और कार्यकर्त्ताओं के फरार या गिरफ्तार हो जाने पर अब फिर मुकाबला सीधे हुकूमत और जनता के बीच का हो जाता है। फौज कई टुकड़ियों में बँटकर हर तरफ से गाँवों में प्रवेश कर जाती है। गिरफ्तारियों, अन्धाधुन्ध पिटाई, मकान जलाने-फूँकने, लूटपाट करने, अन्न और चीनी के बोरे उठा ले जाने, हजारों रुपए उगाहने का आतंकी जुल्म शहर के बाद गाँवों में भी आरम्भ हो गया। मामूली शक पर लोगों को पकड़कर पिटाई की गई। अनेक सीधे-सादे, अराजनीतिक, साधारण लोगों को जरूरी काम से कहीं जाते वक्त बीच में रोका गया, उनसे 'कांग्रेस मुर्दाबाद', 'गांधी मुर्दाबाद' का नारा लगाने को कहा गया और ऐसा न करने पर उन्हें गोली से उड़ा दिया गया। ऐसे अन्यायों के विरुद्ध गाँव के लोग हजारों की संख्या में निकल आए। उनके हाथ में लाठी, भाले और गँडासे जैसे मामूली हथियार के अलावा कुछ भी नहीं थे, परन्तु उन्होंने आजादी, स्वाभिमान और जुल्म के प्रतिरोध के लिए कई स्थानों पर आधुनिक फौज से मोर्चा लिया, जिनमें कई मशीनगन की गोलियों से हताहत हुए।

भारत में जुल्म का सारा रिकॉर्ड टूट गया। कुछ दिनों में भय और आतंक का राज फिर कायम कर दिया गया। गाँवों के ऊपर जले हुए मकानों के धुएँ छा गए। जो राजनीतिक कार्यकर्त्ता गिरफ्तारियों से बचकर अन्यत्र फरार नहीं हो सके थे, वे अपने-अपने गाँव के ही इर्द-गिर्द जंगल-झाड़ियों या खेतों में छिपकर रहने लगे। दिन में उनके पास कोई व्यक्ति छिपकर खाना पहुँचा देता और रात में उनमें से कई किसी तरह गाँव पहुँच करके कुछ देर तक सो लेते और अँधेरा फटने के पहले वहाँ से निकल जाते।

कुछ दिनों बाद ही हिन्दुस्तानी पुलिस कप्तान को हटाकर उसकी जगह पर एक अंग्रेज की नियुक्ति कर दी गई। वह भारतीय पुलिस सेवा का ही पुराना आदमी था और उसके क्रूर चरित्र में विदूषकत्व का अद्भुत मिश्रण था। वुड नामक इस पुलिस कप्तान की उम्र चालीस-पैंतालिस वर्ष होगी, मगर शरीर मजबूत और धड़ के अनुपात में टाँगें काफी लम्बी। वह अन्य अंग्रेज अधिकारियों की अपेक्षा हिन्दुस्तानी आसानी से बोल लेता। बात यह है कि उसमें कुछ ऐसी आदतें थीं, जो काफी दिलचस्प हैं। एक तो यही कि वह शाम और सवेरे कचहरी के पास की साफ-सुथरी सड़क पर सुटुक्की हाफ पैंट और लम्बी कमीज पहनकर दौड़ लगाता। दौड़ते समय उसका शरीर कुछ तिरछा हो जाता और देखकर लगता गोया कोई जिर्राफ भाग रहा है। दूसरी विशेष बात यह है कि उसे

उन व्यक्तियों की श्रेणी में रखा जा सकता है, जो पुलिस के उच्चतम अधिकारी होते हुए भी पुलिस कांस्टेबल की मानसिकता से काम करते हैं, इसीलिए वह सदा आम सिपाहियों में घुल-मिल जाता और उनसे याराना ढंग से पेश आने लगता। यही नहीं, वह अपने सिपाहियों को सदा उत्साहित करता, उनसे मेहनत कराने के साथ उनके आराम का खयाल रखता और मन-पसन्द कार्य करने पर चाहे देशभक्तों का उत्पीड़न ही क्यों न हो, उन्हें कुछ इनाम दे देता। क्रूरता में वह किसी अन्य अधिकारी से शायद ही उन्नीस हो, लेकिन सिपाहियों के बीच वह किंचित लोकप्रिय भी हो गया था।

सबसे अनोखी बात यह थी कि उसने आम जनता को भी पस्त करने का एक मौलिक तरीका ढूँढ़ लिया था यानी जिस किसी का बढ़ा हुआ बाल देखता, उसे पकड़ मँगवाता और नाई बुलाकर उसका सिर मुड़वा देता। इस तरह की घटनाएँ शहर ही में नहीं, जब वह गाँवों में जाता, वहाँ भी ऐसी हरकतों से बाज नहीं आता। पता नहीं इससे कौन-सा बड़ा उद्देश्य सिद्ध हो रहा था, शायद उस समय डाँटने-फटकारने का भी अवसर मिलता हो। अथवा साधारण जनता से सम्पर्क करने या उनकी उत्पीड़ित भावनाओं को नरम बनाने का यह कोई नया हास्यास्पद उपाय हो !

यह भी सोचने की बात है कि ऐसे सख्त समय में विदूषक किस्म के अधिकारी को नियुक्त करने का उद्देश्य क्या है ? एक कारण तो यही समझ में आता है कि हर व्यवस्था में ऐसे लोग होते हैं—और कठिन समय आने पर उन्हें कहाँ भेज दिया जाए ? इसलिए सबके साथ वे भी रहते हैं और नियम तथा निर्देशों के पालन के साथ-साथ अपनी वाली भी करते हैं। दूसरी बात यह है कि निर्मम अंग्रेज अधिकारियों को भी तो मनोरंजन की आवश्यकता रहती है। बड़े-बड़े कार्यालयों तथा संस्थानों के कठोर व्यवस्थापकों को भी अपने आस-पास ऐसे कर्मचारी की जरूरत होती है जो अपने हावभाव, बातचीत और चाल-ढाल से उसके अहं की तुष्टि के साथ उसका मनोरंजन भी कर सके। इस वजह से आश्चर्य नहीं करना चाहिए कि पुलिस कप्तान वुड, प्रशासक का चहेता अधिकारी भी है और उसकी सिफारिश पर ही उसे यहाँ भेजा गया है। वैसे भी, सत्ता में यदि नरम-गरम या तीखा-मीठा का सन्तुलन रखा जाए तो निर्ममता भी सह्य और उपयोगी बनाई जा सकती है। इस सम्बन्ध में यह भी गौर करने की बात है कि सुरेश्वर प्रसाद की जगह जो बैरट नाम का कलक्टर आया था, वह काफी सख्त था। इस तरह नए जिलाधीश तथा नए कप्तान की अच्छी सन्तुलित जोड़ी बन गई थी।

जो भी हो, इन विचित्रताओं से पुलिस कप्तान जनता के बीच चर्चित रहने लगा। नामों और कई शब्दों के अपने भोजपुरी उच्चारणों को अनुकूल बना लेती है यहाँ की जनता, अतः पुलिस कप्तान को वुड के बजाए 'हुड' कहना कोई अनहोनी बात नहीं है। यह संशोधन लोगों के व्यंग्य-विद्रूप भाव का भी परिचायक है। बलिया के लोग वैसे भी बड़े-बड़े बाल रखने के हमेशा खिलाफ रहे हैं और बबड़ी पर कई लोकगीत भी बन चुके हैं, मगर आजकल चर्चा यह होती है कि जब वह पकड़कर बाल छँटवा ही देता है तो एक व्यक्ति आखिर कितना छोटा बाल रखे ? कितने ही लोगों ने, जिनके बाल छोटे ही थे, नाई बुलाकर और छोटे करा लिए, फिर भी धुकधुकी लगी रही कि ये बढ़े हुए न समझ लिए जाएँ !

इसी समय, ताड़ीबड़ागाँव नामक गाँव के पटवारी रामसुभग लाल का किस्सा बड़ा चर्चित हुआ। वह एक प्रतिभाशाली पटवारी था, जिसे खसरा-खतौनी में मौलिक इन्दराज करने का कमाल हासिल था। जब वह एक मुकदमे के सिलसिले में बलिया कचहरी परिसर में करीब दस बजे एक हलवाई की दुकान पर बैठा ही था कि हलवाई ने टोका :

''बाबूजी, बाल क्यों बढ़ गए हैं ? जमाना खराब है, जानते ही होंगे गोरा पुलिस कप्तान बड़ा खरदिमागी है। पकड़कर बाल ही छँटवा देता है। देखिए न, मेरे बाल कितने छोटे हैं। इसी चक्कर

में रोजीना संझा-सबेरे कचहरी में रौंड लगाता है। यही समय है, आता ही होगा...''

''ऐ ? अरे कोई नाई होगा ?''

''बाबूजी, नाइयों की आजकल चाँदी है, उधर चले जाइए जहाँ वकील लोग बैठते हैं, चींटी-चींटों की तरह नाई घूमते मिल जाएँगे। हाँ, बाबूजी उधर जाकर बनवा लीजिए, आपके बाल पर नजर पड़ गई तो...हाँ, वहाँ से आइए तो गरम-गरम पूड़ी और चटक तरकारी खिलाता हूँ...''

रामसुभग लाल होशियार भी था। नाई सहज ही मिल गया। चूँकि उसके माँ-बाप कभी ही दिवंगत हो चुके थे, इसलिए उसने बाल का किस्सा ही समाप्त कर सिर ही मुड़वा लिया। लेकिन बाल में रूसी बहुत थी, जिससे कुछ चिन्तित हुआ। लेकिन उसकी बुद्धि की सराहना की जानी चाहिए क्योंकि उसने फौरन हलवाई की दुकान पर जाकर चार पूड़ियाँ खरीदीं, तीन स्वयं खाईं और शेष एक बची पूड़ी सिर में पोतने के बाद कुत्ते को खिला दिया। इससे रूसी दब गई और सिर चमकने लगा, जैसे वह नहा-धोकर तेल लगाकर बैठा हो। अन्त में, हाथ-मुँह पोंछकर विनम्र वफादारी के भाव से सामने किसी की ओर न देखता हुआ टुकुर-टुकुर देखने लगा।

दामोदर दूसरा चर्चित व्यक्ति है जो मुखबिरी का अच्छा रिकॉर्ड रहते हुए भी पुलिस कप्तान के चक्कर में आ गया। भगजोगिनी से बेवफाई और दगाबाजी के बाद उसमें काफी परिवर्तन हुए हैं। सबकुछ उल्टा, यानी पत्नी के छोड़ देने के बाद उस धार्मिक कर्मकांड के मार्ग पर वह स्वयं चलने लगा है। दाढ़ी बढ़ गई, लोगों से मिलना-जुलना बन्द हो गया है, घुमक्कड़ी और गप-सड़ाका खत्म, घर में भी सबसे बहुत धीमे स्वर में सायँ-सायँ बोलता है। अपनी किसी पुत्री को बुलाना भी हुआ तो इस तरह जैसे सूखा सत्तू सरक जाने पर आवाज निकलती है—'ऐ बेटी?' और शाम-सवेरे दोनों जून पूजा पर बैठता है और देर तक रामायण की चौपाइयों और दोहों का ऊँचे स्वर में पाठ करता है। रात के अँधेरे में वह नित्य मन्दिर भी जाता है और वहाँ भी देर तक पूजा-अर्चना करता है। भक्ति-भाव की कमी तो उसमें पहले भी नहीं थी, फर्क इतना ही है कि पहले वह बनवारी के अन्त और भगजोगिनी की प्राप्ति की प्रार्थना करता था और अब भक्ति गद्‌गद फुसफुसाहट स्वर में भगवान के चरणों में निवेदन करता है कि उसके अन्दर सात्विक विचार सदा विद्यमान रहे, सच्चाई के मार्ग पर वह सदा चलता रहे और उसकी पुत्रियों की अच्छी-से-अच्छी शादियाँ हो जाएँ।

परन्तु, सबसे बड़ी और हार्दिक प्रार्थना नवजात पुत्र के बारे में होती, जिसके पैदा होने के बाद वह पत्नी के अधिक निकट आ गया था। वह वक्त तो सचमुच उसकी आँखों से आँसू निकलकर गालों पर बहने लगते। वह किसी दुखिया, गरीब, भिखमंगे की तरह ईश्वर से भीख माँगता कि उसका पुत्र सदा स्वस्थ तथा खुशहाल रहे और अपने पिता की तरह कुंठित, निराश, कुटेवी और दुर्गुणी न बने बल्कि अत्यन्त बुद्धिमान, बलवान, चरित्रवान और धनवान होकर उसका नाम रौशन करे।

फटही जिन्दगी व्यतीत करने के बाद शायद ही किसी पति ने अपने को इतना सुधारा हो। वह एकदम सादी जिन्दगी पर उतर आया था। ताड़ी, शराब, पान-तम्बाकू सब बन्द और भोजन भी सात्विक। आश्चर्य तो यह है कि वह अपनी छोटी पुत्री से लेकर पत्नी तक, सबको 'आप' से सम्बोधित करने लगा। अब पाँव पटकते-झटकते नहीं बल्कि अत्यन्त धीमे कदम से घर के अन्दर प्रवेश करता या बाहर निकलता। लोग आश्चर्य करते कि क्या हो गया है इसे, बदनामी की तो कभी परवाह नहीं थी, तो बमपुलिस गली में पत्नी द्वारा पकड़े जाने से यह क्यों चिन्तित होने लगा ? खैर, इस दुनिया में एक-से-एक पापी तर गए तो एक और सही !

वह पत्नी की बड़ी खुशामद करता। 'आपने नाश्ता किया ?' 'आप समय से खाना खा लें भाई।' पत्नी कुढ़ जाती। जब वह जवान और सुन्दर थी तो दूसरी जगह पर चक्कर चलाकर उसकी जवानी बरबाद कर दी गई और अब उसके शरीर में कुछ नहीं रहा और स्वयं भी बूढ़ा रहे हैं तो

प्रेम की पगुरी चलाने चले हैं। फिर भी सबकुछ जानकर वह आश्वस्त भी थी कि सब घाट का पानी पीकर जब पति वापस आ गया है तो इसमें परिवार की भलाई भी है। पति की मजबूरी हो या कोई और कारण अथवा हिम्मत की कमी ही सही, उसका अभिमान, स्वाभिमान, इत्मीनान और आत्मविश्वास इस हद तक बढ़ गया कि चरणदासी से उठकर गृहस्वामिनी के पद तक पहुँच गई थी जल्दी ही। और पुत्र होने के बाद तो अपने को योग्य अधिकारिणी भी समझने लगी, जिसके परिणामस्वरूप उसके रहन-सहन, पहनावे-ओढ़ावे और बोलचाल में विचित्र लापरवाही आ गई और वह किसी से भी यहाँ तक कि पति और पड़ोसिनों से भी सीधे मुँह बात नहीं करती और जब बहुत खुश होती तो दामोदर को बच्चा थमा देती।

दामोदर दिन-पर-दिन पूजा-पाठ, अध्यात्म की ओर बढ़ता हुआ सोझिया होता गया। कभी-कभी उसके अन्दर कुछ कौंध उठता, और उसे भगजोगिनी की याद आती और इस खयाल से अपने पर गर्व होता कि जीवन में उसने जो चाहा पाया। परन्तु फौरन वह डर भी जाता। जब वह पवित्र जीवन बिताकर परिवार को सुख देना चाहता है तो ऐसा विचार क्यों आ रहा है ? ऐसे वक्त में वह और धीमे-धीमे बोलता, धीमे-धीमे चलता, परिवार के किसी व्यक्ति को भी सीधी आँखों से नहीं देख पाता, गोया लोग उसकी भावनाओं को पढ़ लेंगे।

इस तरह पति परमेश्वर से पति महात्मा बना हुआ दामोदर बलिया के पास ही के एक गाँव में पुलिस कप्तान वुड के आदमियों द्वारा पकड़ मँगवाया गया, क्योंकि उसके बाल बढ़े हुए थे। वह अपनी लड़की की शादी की बात चलाने आगे के एक गाँव तक पैदल ही जा रहा था। उसने बहुत दलील दी कि कांग्रेसी नहीं है वह, पुलिस का ही आदमी है, अपनी लड़की की शादी के सिलसिले में जा रहा है, उसे रोका गया या उसके बाल काटे गए तो बड़ी बदनामी होगी और काम बिगड़ जाएगा। परन्तु, पुलिस और फौज के सिपाहियों में कोई भी ऐसा नहीं था, जो उसे पहचानता हो। रियायत उसके साथ यही की गई कि उसकी दाढ़ी-मूँछ छोड़ दी गई, लेकिन सिर मुड़वाकर मुक्त कर दिया गया।

काम तो उसका बिगड़ गया और वह गाँव के बाजार से एक अँगोछा खरीदकर तथा उससे अपना सिर ढककर घर लौट आया। लेकिन यह बात छिपी नहीं रही और इससे शहर के लोगों का भी कुछ मनोरंजन हुआ। फिर भी, फौज के जुल्म तथा पुलिस कप्तान की हरकतों से कोई खुश नहीं था, खास तरह से दो नौजवानों ने तो प्रशासक और कप्तान के नाम गुमनाम पत्र भी भेजे, जिनमें गम्भीर परिणाम की चेतावनी देते हुए दृढ़ संकल्प प्रकट किया गया था कि अंग्रेज शासन को जल्दी समाप्त कर दिया जाएगा।

इन्हीं सब घटनाओं के बीच एक दिन यदुनन्दन प्रसाद, जो सिविक गार्ड के कमांडर थे, शाम गाढ़ी होते ही जल्दी-जल्दी सीतानाथ के घर में घुसे। वह अपने भानजे नीलेश को लेकर ही चिन्तित उस समय से थे, जब से जेल में राममूरत की मृत्यु हो गई थी।

राममूरत की हालत उसी समय से खराब थी, जब कचहरी में गिरफ्तारी के बाद जबरदस्त पिटाई की गई और अगले ही दिन बीस बेंत लगे थे। उसका पूरा शरीर ऊपर से नीचे तक घावों से भरा था। वह ठीक से बोल नहीं पाता था, यहाँ तक कि करवट बदलने में भी असमर्थ था। तीन-चार दिनों बाद उसे बुखार आ गया और सरेशाम की हालत में पहुँचकर बरबराने लगा। जेल में आने पर भी हुकूमत के लोग अन्य कैदियों के साथ उसे भी बार-बार डरा-धमकाकर दबाव डालते थे कि वह माफी माँग ले तो फौरन छोड़ दिया जाएगा। राममूरत बोल तो नहीं पाता था, लेकिन इस प्रस्ताव के बाद दूसरी तरफ आँखें कर लेता।

उसकी हालत दिन-पर-दिन खराब होती गई, किन्तु उसके घावों की चिकित्सा की कोई परवाह नहीं की गई। जब बुखार में बरबराहट के दौरान उसकी आँखें उलटने लगीं और शरीर निश्चेष्ट-सा

दिखाई देने लगा तो जेल का डॉक्टर बुलाया गया, जो उसकी परीक्षा करते ही इतना घबरा गया कि एक लाल मिक्सचर पिलाने और मलहम लगाने का नुस्खा लिखकर फौरन रफूचक्कर हो गया।

एक सप्ताह और जीवित रहा वह, लेकिन हर दिन उसकी हालत बदतर होती गई थी। अन्तिम समय में उसकी चेतना कुछ समय के लिए लौटी और उसके मुँह से क्षीण स्वर में 'माई' निकला। किन्तु माँ-बाप तथा अन्य परिवारजन फौज के डर से पहले ही घर छोड़कर कहीं चले गए थे। आखिरी वक्त उसके पास रमाशंकर, नफीस और दो कैदी और थे।

''अगर तुम्हें जाना ही है हमें छोड़कर तो खुशी-खुशी जाओ। इस देश को तुम्हारी जरूरत है अभी, लेकिन शहीद की मौत भी देश को मजबूत करती है, उसका गौरव बढ़ाती है...'' रमाशंकर ने उसके माथे को सहलाते हुए अपने को किसी तरह जब्त करके कहा।

''राममूरत, भैया...देखो, मैं तुम्हारे पास हूँ...आँखें खोलो मेरे छोटे भाई...''

नफीस ने झुककर उसके कान में धीरे से कहा था, लेकिन उसके मुँह से एक बार और 'माई' शब्द निकला, फिर वह चला गया सबको छोड़कर...

यदुनन्दन प्रसाद ने अपने शब्दों में यही किस्सा अपनी बड़ी बहन और बहनोई सीतानाथ को सुनाया था। उन्होंने यह भी बताया कि उसकी मौत से आम हिन्दुस्तानी सिपाही भी बहुत दुःखी थे, वह स्वयं भी खुश नहीं हैं, लेकिन क्या करें, उनकी वकालत ठीक नहीं चलती और अचानक नौकरी छोड़ नहीं सकते। अन्त में उन्होंने और धीमे स्वर में सीतानाथ और आनन्दी को सुझाव दिया :

''भाई साहब और बहिन, मैं जो सुझाव दे रहा हूँ, उसे हल्का न समझिए...मैं सोचता हूँ, आप लोग नीलेश को कुछ दिनों के लिए कहीं और, इसी शहर में किसी और के घर में छिपा दीजिए। मैं तो अभी तक रोके हुए था, मगर बैरट कलक्टर बड़ा सख्त है, अब मेरी भी नहीं सुनी जाएगी। कुछ और गिरफ्तारियाँ होनेवाली हैं, औरतों को अभी तक छोड़ दिया गया था, लेकिन हो सकता है वे औरतें जरूर ही पकड़ी जाएँगी, जो पहले जेल जा चुकी हैं। समय खराब है, नहीं तो मैं अपने घर में बुला लेता। हमारे यहाँ हमेशा पुलिस के अधिकारी और सिपाही आते रहते हैं, वहाँ खतरा है। आप पड़ोस में भी किसी दूसरे घर में दो-तीन दिन के लिए छिपा दें तब भी मैं देख लूँगा। ये मेरे भानजे हैं, क्या कहूँ, पहले भी मैं मना कर चुका हूँ। सीआईडी वाले मेरा लेहाज करते हैं। फिर भी, अगर यहाँ पुलिस का छापा नीलेश की तलाशी के लिए पड़ जाए, तो मैं कुछ कर नहीं सकूँगा। अगले दो दिन बड़े खतरनाक हैं...''

''छापा पड़ेगा ? छापा पड़ना ही है तो पड़ जाए। अब इनको कहाँ भेज दूँ भाई ? सीतानाथ तो हमेशा अंग्रेज हुकूमत की काबिलियत के कायल रहे। वाह, क्या रोब-दाब है अंग्रेज अफसरों का ! हुकूमत चलाना तो कोई इनसे सीखे। मगर, अपना लड़का ही कांग्रेसी बन गया तो मैं क्या करूँ भाई ? अरे गिरफ्तार होना है तो हो जाए। यह तो आबोदाना की बात है। यह इतना खुराफात करते रहे, बैरिया भी जाकर लड़-भिड़ आए, जब जेल का आबोदाना नहीं लिखा था तो कैसे जेल जाते भाई ? और अब जेल का आबोदाना लिखा है इनकी किस्मत में तो आप क्या वायसराय भी आ जाएँ तो इनको जेल जाने से कोई रोक नहीं सकता...।'' सीतानाथ ने गुस्से में नाटकीय अन्दाज से हाथ नचाते हुए कहा।

आनन्दी का चेहरा गम्भीर हो गया और उसने नाराजी से अपने पति को देखने के बाद भाई से गिड़गिड़ाते-से स्वर में कहा, ''नहीं भइया, जैसे इतने दिनों तक पुलिस को रोके रहे, एक-दो दिन और कुछ न होने पावे हमारे बबुआ को। मैं तुम्हारे पैर पड़ती हूँ...''

''ऐसी बात क्यों कहती हो, बहिन ? मैं क्या गैर हूँ ? एक-डेढ़ साल से देख रहा हूँ, इन लोगों ने नाक में दम कर रखा है। ये लोग बड़े हो गए हैं, कुछ कहने की इच्छा नहीं होती। फिर भी एक-दो

बार मना कर चुका हूँ। जब मेरा जोर नहीं चलता तो क्या करूँ बहिन ? भाई साहब का दिल साफ है, मगर यह सच्चाई का जमाना नहीं है, अगर इसी तरह सोचकर हाथ पर हाथ रखकर बैठे रहेंगे तो भारी संकट से कोई बचा नहीं सकेगा। जी नहीं माना तो आकर बता दिया !''

''अरे नहीं भइया, इनकी बातों में न आओ। करना-धरना कुछ नहीं, बातों का बहाना बनाकर बैठे रहना। मैं आज ही इन्तजाम करती हूँ...मैं सामनेवाले भाई साहब के यहाँ जाती हूँ, हाथ जोड़ूँगी...मना नहीं करेंगे वे लोग, बहुत अच्छे हैं सभी...''

''हाँ बहिन, चुपके-से, जब सब सो जाएँ, इनको दो-तीन दिन तक वहाँ छिपा दो...किसी को भी मालूम न हो...तीन दिन बीत जाए और खतरा टल जाए तो मैं आकर बता दूँगा...फिर इनको रातवाली गाड़ी से बनारस या गाजीपुर भेज देना...नहीं बनारस ही ठीक होगा। वहीं कुछ दिन रहें और जब कॉलेज खुल जाए तो वहीं चुपचाप कॉलेज जाकर पढ़ाई करें। हाँ, बता देना उनको कि बनारस में भी खुराफात से बचें और बलिया तो एक-दो साल तक न आवें तो ही अच्छा है...''

''अरे कैसा बलिया भैया ? अरे, यह बनारस में ही बी.ए., एम.ए. कर लें, उसी के बाद इधर की तरफ मुँह करें। नहीं ठीक है, आप जमा खातिर रखें भइया, सामने रतनसिंह मुख्तार बड़े ही शरीफ इंसान हैं, मैं अभी जाकर उनसे विनती करता हूँ। ठीक है न शैलजा की अम्मा ! अरे, यही तो हमारी सेक्रेटरी हैं, इनकी राय से ही तो हमारा काम सुचारू रूप से चलता है !'' सीतानाथ ठहाका लगाकर हँस पड़े। इससे दोनों काम हो गए, यानी साले के सामने कुछ हँसी-मजाक भी हो गया और आनन्दी को भी कुछ इत्मीनान मिला और गुस्सा कम हुआ।

50

हर रोज प्रतीक्षा के बाद भी गिरफ्तारी न होने से नीलेश बहुत निराश है। वही क्या, छोटा भाई वीरेश भी सोचता है कि छात्र आन्दोलन तथा प्रदर्शन में बढ़-चढ़कर भाग लेने तथा गुदड़ी बाजार के शहीदों के दाह-संस्कार में दौड़-धूप करने की वजह से पुलिस उसकी भी सरगर्मी से तलाश कर रही होगी। वीरेश कई बार छाती निकालकर बाहर सड़क पर टहलता है कि पुलिसवाले अच्छी तरह देखकर पहचान लें कि यही वह लड़का है जो उस दिन नगवाँ तक गया था ! और कुछ न होने पर वह सन्तुष्ट भी है यह सोचकर कि बड़े भाई की भी तो नहीं हुई है।

कारण मालूम होने पर नीलेश को बहुत गुस्सा आया। अपने मामा तथा सिविक गार्ड के जिला कमांडर यदुनन्दन प्रसाद को वह सरकारी पिट्ठू समझता है और उनकी कोई बात या सलाह एक कान से सुनकर दूसरे कान से निकाल देता है; फिर उन्हें क्या हक है कि जब वह देश की स्वतन्त्रता के लिए कुछ कर रहा है तो वह गलत सूचना देकर उसे चापलूस या निर्दोष साबित करने की कोशिशों द्वारा छूट दिलवाएँ ! ऐसी कृपा का अपमान नहीं सह सकता वह, लेकिन क्या करे और कहाँ जाए, जबकि अधिसंख्यक गिरफ्तार हैं, शेष फरार; तथा दमन एवं उत्पीड़न से आन्दोलन हर जगह दब गया है।

अधिक परेशानी तो उसे सामने रतनसिंह के मकान में दो-तीन दिन छिपने के फैसले को लेकर हुई है। एक तो वह पहले से ही संकोची और शर्मीला, फिर वे लोग क्या सोचेंगे, विशेष रूप से नम्रता ? जब उसके सभी साथी आगे बढ़कर देश की आजादी के लिए विदेशी हुकूमत का जुल्म सह रहे हैं, प्राण दे रहे हैं, वह क्यों बचा हुआ है, घर-घर छिप रहा है गीदड़ की तरह ? यह तो उन लोगों के प्रति अन्याय भी है—उनकी सहृदयता का अनुचित लाभ उठाने के फलस्वरूप उन्हीं पर कोई संकट आ गया तो कितना गलत होगा ?

"मैं नहीं जाऊँगा, दूसरे के घर में कायर की तरह छिपना मुझे पसन्द नहीं है। मुझे गिरफ्तारी का डर नहीं, मैं जल्दी गिरफ्तार होना भी चाहता हूँ।"

आनन्दी रोने-गिड़गिड़ाने लगी, "अरे भैया, ऐसा न कहो, बाहर से गोरे आए हैं, वे मार देते हैं। मैं तुम्हें यहाँ नहीं रहने दूँगी। वे लोग भी अपने ही घर की तरह हैं, कितना मानते हैं वे लोग, सबका बड़ा खयाल रखते हैं। किसी बात के लिए मना नहीं करते। तुम्हारे बाबूजी के मुँह से बात निकलते ही कुछ सोचा-विचारा नहीं, झट बोले, 'अरे भाई साहब, यह कोई कहने की बात है, फौरन भेज दीजिए, यह भी उनका ही घर है। हमारे यहाँ किसी बात का डर नहीं है।' बात तो ठीक ही है, मैं कम मानती हूँ उन लोगों को ? नम्रता जब आती है, प्रेम से बैठाती हूँ, कुछ खाने को देती हूँ तो पसन्द से खा लेती है...।"

उनकी बातचीत सुनकर सीतानाथ अपने कमरे से निकलकर सोत्साह बोले, "हाँ भइया, कैसा संकोच ? बड़े हिम्मती हैं बाबू रतनसिंह, कहने लगे, यह तो फक्र की बात है कि लड़का देश की सेवा कर रहा है। अरे वह भी घर है, भाई, जैसे हम हैं वैसे वे भी हैं। वही खाते-पीते हैं जो हम। तुम उनको जानते हो, रोज देखते हो, रोज मिलते हो, उनकी लड़की यहाँ आती है, सबका बड़ा खयाल रखती है, तुमको बेहद मानती-जानती है...वहाँ किसी बात की तकलीफ थोड़े ही है..."

"क्या मुँह में जो आता है निकालना...कुछ हब-खब नहीं। लड़की तो बहुत घमंडी है, उस साल क्या कह दिया था कि बोलचाल बन्द हो गई थी...वह तो मैं इतना मानती-जानती हूँ कि उन लोगों को भी लेहाज करना पड़ता है। मेरे जैसा कोई क्या करेगा ? जो कुछ बनाती हूँ, भेजवा देती हूँ, उमेश, वीरेश के हाथ। क्या बताऊँ, मैं तो अपने बाबू को दूसरे के घर में न भेजती। सुरेश की तरह बोलतू हैं नहीं, सुरेश कहीं भी जाए मुझे चिन्ता नहीं रहेगी। इनको तो लड़कपन में कहीं साथ ले जाती थी तो शर्म से सिर झुकाकर बैठे रहते थे। यही सोच रही हूँ, वहाँ ठीक से खाएँगे-पीएँगे कैसे ?"

"अरे कुछ नहीं, दो-तीन दिन तो चुटकी बजाते बीत जाएँगे। नहीं, तुम्हारा कहना ठीक है, यहाँ खयाल-बात न किया जाता तो कोई झाँकने भी न आता यहाँ। तब कहाँ बाबू रतनसिंह, कहाँ उनकी धर्मपत्नी और कहाँ उनकी बेटी ? ठीक है, सब प्रभु की कृपा है।"

इतना कहकर सीतानाथ अपने कमरे में लौट गए। नीलेश तो पहले ही गुस्से से जलता-भुनता वहाँ से टल गया था। अब उसकी समझ में आया संकोच का एक बड़ा कारण यह भी है कि दोनों घरों के लोग उनकी परस्पर निकटता समझते हैं। उसको एक-एक घटना याद आने लगी—गाजीपुर से नौका यात्रा में पास बैठने का अकल्पनीय सुख, गौसपुर गंगा घाट पर समर्पित हृदय के कम्पित सौन्दर्य का दर्शन व विद्युत अहसास, शहर में आए आन्दोलनकारी जनसमुदाय के भोज में हाथों का स्पर्श, अनजान-सी छीना-झपटी, कृत्रिम आक्रामक मुद्राएँ और अस्फुट उखड़ी बातें, मोती की तरह चमकती पीछा करती आँखें और सयत्न निकटता के विरल अवसरों पर श्वासों की टकराहट। वह ठगा-सा रह गया यह सोचकर कि इन कुछ ही दिनों में नम्रता ने उसको अपने काफी निकट खींच लिया है। क्या यह उचित है ऐसे समय में, जब देश में जीवन-मरण का संघर्ष हो रहा है, जिसमें हर बन्धन छोड़कर सर्वस्व बलिदान करने की जरूरत है ? नारी-प्रेम क्या आन्दोलन का सहायक है या अवरोधक ? क्या इससे किसी आन्दोलन की पवित्रता दूषित होती है ?

इन प्रश्नों का उत्तर उसके पास नहीं है। उसे नारी-पुरुष सम्बन्धों के बारे में अनेक सन्तों, यहाँ तक कि गांधीजी के विचारों की याद आई—तब उसे लगा था कि जीवन-संघर्षों के सभी हथियार नीचे रखवाकर और दुर्बल बनाकर आत्म-समर्पण के लिए बाध्य करती है नारी ! उसे निराशा हुई, अवसाद से भर गया वह—फिर भी उसका प्रेम-भाव कम नहीं हुआ, जो शिखर पर पहुँचकर अश्रु के रूप में पिघलना चाहता है। लेकिन जिसको वह इतना प्यार करता है, उसी के घर में एक कायर

भगोड़े की तरह छिपकर अपने स्वाभिमान की रक्षा कैसे कर सकेगा वह ?

उस समय तो बहुत छोटा महसूस करने लगा अपने को, जब रतनसिंह मुख्तार ही उसे लेने चले आए। ऐसा लगा, उसका शरीर, उसके हाथ-पाँव सभी काठ के हैं, उसमें हाड़-मांस, प्राण कुछ भी नहीं है, न कोई भावना, न कोई आदर्श और इनके घर की तरफ एक कदम भी रखने में असमर्थ है।

''नीलेशजी, जैसी जरूरत हो, वैसा ही करना चाहिए, जान-बूझकर गिरफ्तार होने में कोई बहादुरी नहीं है। अभी तो बहुत कुछ करना है। मेरी भी राय है कि मेरे घर में चलकर रहिए, कोई तकलीफ नहीं होने देंगे। पढ़ने-लिखने के लिए अखबार, किताबें, रिसाले मिल जाएँगे। आपको बताऊँ, पढ़ाई के जमाने में मेरा भी रिवोल्यूशनरीज का साथ था, मैं भी वतन के लिए कुछ करना चाहता था, मगर घर के हालात ऐसे थे...अरे, अपने खानदान, माँ-बाप के लिए भी तो हमारा फर्ज होता है कोई...खैर वह सब बीत गया। गरज यह है कि आपको लेने आया हूँ...''

रतनसिंह मुस्कुराकर चुप हो गए और बाहर की तरफ देखने लगे, ग्यारह बजे रात की सूनी सड़क की तरफ। लेकिन विरोध की इच्छा के बावजूद नीलेश निरुत्तर रहकर फौरन उठ खड़ा हुआ।

''ठीक है, वहाँ बिस्तरा है। पहनने के लिए एक-दो कपड़े ले लीजिए...खैर, बाद में भी कोई बच्चा पहुँचा देगा। मैं चल रहा हूँ, आप आ जाइए, देर न कीजिए।''

नीलेश जानता है, वह जल्दी खाते और सोते हैं और उसी के लिए चिन्ताग्रस्त होकर अभी तक जगे हैं। वह अधिक रुक नहीं सका और एक झोले में कुछ कपड़े और एकाध जरूरी सामान रखकर चल पड़ा। सामान्य दिनों में इस समय लाला की दुकान पर मोटिया-मजूर इकट्ठे होकर आल्हा वगैरह गाकर दिन-भर की थकान मिटाते रहते हैं, लेकिन अब चारों ओर घोर अन्धकार था निःशब्द, जिससे लज्जा और हीनता से सिकुड़ा अपना काला चेहरा स्पष्ट देख रहा था वह। उसके पैर बेतुके ढंग से पड़कर आपस में टकरा रहे थे और उसे होश उस समय आया, जब रतनसिंह के नौकर ने ही मकान से नीचे उतरकर उसके हाथ से झोला ले लिया।

वह सिर झुकाए नौकर के पीछे चल रहा था, मगर घर के अन्दर कोई दिखाई न पड़ा, यहाँ तक कि रतनसिंह की पत्नी भी नहीं, जैसे सभी उससे बच रहे हों, अथवा परिस्थिति की जरूरत समझकर अतिरिक्त सावधानी बरत रहे हों। चाहे जो भी हो, इससे वह कुछ राहत महसूस करने लगा। उसे पीछे की वही कोठरी दी गई, जो आगे के अन्य कमरों से अलग थी और जहाँ नम्रता अक्सर परेशान मनःस्थिति में जाकर चुपचाप बैठी रहती थी।

कोठरी में एक चारपाई पर बिस्तरा लगा था। साफ, धुली सफेद चादर, सिरहाने खूबसूरत फूल कढ़ा सफेद गिलाफवाला तकिया, पैंताने ओढ़ने के लिए चपेतकर रखी रेशमी चादर। पास ही में एक स्टूल पर रखी लालटेन की ललछऊँ रोशनी उस छोटी-सी कोठरी के लिए भी पर्याप्त नहीं है, इसलिए और आगे दीवार से सटाकर रखी मेज की वस्तुएँ स्पष्ट नहीं हैं।

''बाबूजी, पानी लाऊँ ?''

''नहीं भाई, पानी पीकर चला हूँ।'' नीलेश ने चारपाई पर बैठकर नौकर से कहा।

''बाबूजी, बाहर निकलने पर बाएँ गुसलखाना है। दरवाजा बन्द कर दूँ ?''

''अभी रहने दो...मैं खुद कर लूँगा। तुम जाओ...''

''बाबूजी, सोते समय लालटेन बुझा दीजिएगा, दरवाजा भीतर से बन्द कर लीजिएगा। स्टूल पर माचिस रखी है, जब जरूरत पड़े जला सकते हैं। चाहे तो लालटेन को जलने दीजिए बाबूजी, ऐसे ही बाहर रख दीजिए। जैसे आराम मिले, वैसे ही सोइए, बाबूजी।'' लड़का अन्त में हँस पड़ा।

''ठीक है, तुम जाओ, मैं कर लूँगा जैसा ठीक होगा।'' नीलेश ने लड़के को देखकर झट दूसरी तरफ मुँह फेर लिया यह सोचते हुए कि वह किसकी दुर्दशा पर हँस रहा है, रटी बातें कहने में अपनी

या दूसरे के घर की छोटी कोठरी में बन्द होने पर उसकी ?

वह कुछ देर तक बैठा रहा, अन्दाजा लगाते हुए कि यह स्थान वास्तव में है कहाँ ? उसी समय एक ट्रेन के गुजरने की आवाज से उसके दिमाग में छाया धुंध एक हद तक छँट गया और वह देखने लगा कि इस मकान के पीछे कुछ ही दूरी पर स्टेशन है और फौज के आने के बाद ट्रेनों का आवागमन नियमित रूप से चालू हो गया है। सामने एक चलचित्र है, जिसमें बचपन की शरारतोंवाले फरवरी या मार्च महीने की दोपहर में वह और नम्रता रंग-बिरंगे फूलों के लालच में स्टेशन प्लेटफार्म पर पहुँचते हैं और एक लाल फूल तोड़ते ही माली की धमकी-भरी ललकार सुनकर भाग खड़े होते हैं और रेलवे क्वार्टरों के सामने कँटीले-कंकड़ीले और लम्बे गलियारेनुमा उस घास मैदान में छिप जाते हैं, जहाँ स्कूली लड़के हर जगह से भगाए जाने पर कभी-कभी क्वार्टर निवासियों की नाराजी का खतरा उठाकर भी फुटबाल, हॉकी, गुल्ली-डंडा और क्रिकेट खेलते थे।

नम्रता ने खुश होकर नाक, कपोल और बड़ी-बड़ी पलकों से स्पर्श कराके उस लाल फूल को महसूस करने के बाद उसकी तरफ बढ़ा दिया और उसने भी वैसा ही किया। अब इस समय, वह उस दिन के फूल के रूप, रंग, आकार, कोमलता, सुगन्ध का स्मरण करने लगा, जो पता नहीं कैसे पंखुरियों की तरह होंठ फरफराती और पलकें झपकाती नम्रता में बदल गया। फिर वह नम्रता के बारे में सोचने लगा, उसके शरीर, मन, विचार, उद्देश्य, इच्छा, महत्त्वाकांक्षा के सम्बन्ध में, लेकिन असमर्थता की थकान में एक फूल की तरह उगकर, वह मुस्कुराने लगी। क्या नम्रता एक फूल है ? इस खयाल से उसका चेहरा एक स्वप्निल मुस्कान से चमकने लगा। फिर वह इस प्रश्न से गम्भीर हो गया कि उसके लिए क्या है नम्रता, जो आकर्षण और विकर्षण की परिभाषाओं को झुठलाती हुई रहस्यमयी बनी हुई है ? उसकी ही महत्त्वाकांक्षा का स्वप्न है नम्रता अथवा उसमें कुछ ऐसा है जो अटूट सान्निध्य के लिए अटूट आकांक्षा उत्पन्न करता है ?

उसके अन्दर अनेक सवाल उठ रहे थे, जिनका उत्तर नहीं दे सका, और इस तरह उलझते और परेशान होते उसे दयाशंकर की याद आने लगी, जो एक रात उसके पास उस समय आया, जब वह बाहर तख्त पर चारपाई बिछाकर सोया था। उसके मुँह से ताड़ी की खट्टी-सी महक आ रही थी, जो स्वास्थ्य की दृष्टि से नीरा की उपयोगिता की संस्तुति से उत्साहित होकर अपनाए गए एक प्रातःकालीन पेय के लत में परिवर्तित होने का परिणाम थी। यह उस समय की बात है, जब दयाशंकर हाई स्कूल पास करने के बाद अपनी क्रान्तिकारी पार्टी के कार्यों के सिलसिले में इधर-उधर घूमता दिखाई दे जाता और वह स्वयं टेंथ की परीक्षा का नतीजा निकलने के बाद आगे की पढ़ाई के लिए बनारस जानेवाला था।

''उठो, क्या सोए हो...चलो कुछ देर तक तुम्हें घुमा लाता हूँ, बड़ी सुहावनी चाँदनी खिली है...।''

''इस समय कहाँ से आ रहे हो ?'' उसने आँखें मलकर दयाशंकर से रूखाई से पूछा था।

''जानकर क्या करोगे ? चलो, नदी के किनारे चलते हैं, वहीं बातें होंगी...एक जरूरी बात तुमसे करनी है।''

कुछ दिनों पहले गर्मी की प्रथम वर्षा होने के बाद मौसम साफ चल रहा था, इसलिए उमस बढ़ने के बावजूद पुरवा झकझोरने से कुछ राहत भी मिल रही थी। सरजू तट पर बैठते ही दयाशंकर बोला :

''नीलेश, तुम मुझसे छोटे हो, सीधे और भोले हो, तुमसे कहना तो नहीं चाहता, पता नहीं तुम क्या सोचोगे मेरे बारे में...लेकिन जानते हो, इस शहर में ऐसा कोई भी व्यक्ति नहीं है, जिससे मैं अपनी बात कह सकूँ, पार्टी के लोग भी नहीं। जानता हूँ सभी मेरा मजाक उड़ाएँगे, कोई सहानुभूति प्रकट नहीं करेगा, मुझे गलत समझेगा...नहीं बताएगा कि मैं क्या करूँ !''

दयाशंकर सहसा चुप होकर दुधिया चाँदनी को ओढ़े नदी के तरंगित रजत जल को देखने लगा, जहाँ से डुब-डुब की आवाज आई थी। उसके स्वर में घबराहट और रुआँसापन। चेहरा छोटा और सिकुड़ा।

"मैं बेहद परेशान होकर शहर में घूम रहा था, जब तुम्हारे मकान के सामने से होकर गुजरा और तुम्हारी चारपाई दिखाई पड़ी तो पता नहीं क्यों मुझे लगा कि मैं तुमसे अपनी बात कह सकता हूँ और भले ही तुम कोई रास्ता नहीं सुझा सको, सहानुभूति से मेरी बात जरूर सुनोगे, मुझे गलत नहीं समझोगे और कोई काम करने को भी कहूँ तो मना नहीं करोगे..."

"फिर कहो न...चुप क्यों हो गए ?"

"बताता हूँ नीलेश...मेरे छोटे भाई...यही समझ में नहीं आता कि कैसे शुरू करूँ। खैर, एक बात पहले ही बता देना चाहता हूँ कि दुनिया में देश मेरे लिए सबसे प्यारा है, जिसके लिए अपने प्राण भी न्यौछावर करने की प्रतिज्ञा अपने खून से लिखकर पार्टी को दे चुका हूँ, जिसकी एक शर्त यह भी है कि जब तक स्वतन्त्रता नहीं मिल जाती, मैं स्त्री, धन तथा आराम और विलास की वस्तुओं से दूर रहूँगा। लेकिन अफसोस से बताता हूँ पहली बार सिर्फ तुमसे कि मुझे लड़कियाँ, सुन्दर स्त्रियाँ बेहद आकर्षित करती हैं।"

बीच-बीच में चंचल हवा झकझोरने लगती जिससे उसकी बात के शब्द उड़ जाते। वह चुप हो जाता और जब हवा पटा जाती तो बोलना शुरू करता, "मैं बुरा नहीं हूँ नीलेश, मेरे अन्दर कोई गलत भावना नहीं पैदा होती, बस मैं खुश हो जाता, मुझमें न मालूम कहाँ का उत्साह आ जाता। मेरे गाँव में अनेक लड़कियाँ हैं, रिश्तेदारियों में भी। पता नहीं मुझमें क्या है, मेरी बात में, व्यवहार में कुछ ऐसा है, जिससे लड़कियाँ मुझसे बात करना पसन्द करती हैं, मुझसे खुल जाती हैं। मैं सोचता, इनको क्रान्तिकारी बनाऊँगा, आजादी की लड़ाई में इन्हें शामिल करूँगा, लेकिन जब मैं ऐसी बातें शुरू करता तो उनका उत्साह खत्म हो जाता या ऊबकर जमुहाई लेने लगतीं। मैं नहीं जानता कि वे मेरी बात समझ नहीं पातीं या मैं समझा नहीं पाता। मैं भी जल्दी ही निराश हो जाता हूँ और दूसरी लड़की के उत्थान में लग जाता हूँ। इस तरह चलता है, फिर भी मैं सोचता हूँ कि बड़ा महत्त्वपूर्ण कार्य कर रहा हूँ। अब भी मेरा विश्वास है कि स्त्रियों के दिलचस्पी लेने से समाज में, देश में बड़ा परिवर्तन हो सकता है, लेकिन पता नहीं क्यों, शायद शिक्षा की कमी या माहौल की संकीर्णता की वजह से सबकी, जिनसे मेरी बात हुई है, एक ही तरह की दिलचस्पियाँ हैं, जैसे कपड़ा, फैशन, मेला, दूसरी लड़कियों से ईर्ष्या, प्रतिस्पर्धा और शिकायत की छोटी-छोटी बातें, शहर घूमने के उबाऊ बयान..."

दयाशंकर चुप होकर कुछ सोचने लगा था। कुछ देर बाद और धीमे स्वर में उसने अपना कथन आरम्भ किया, जिसमें ढेला का उल्लेख होते ही नीलेश हतप्रभ रह गया। पिलपिली के मुँह से एक बार सुन चुका था किस तरह एक बार वे, जिनमें दयाशंकर, हीरा और चेंगन भी शामिल थे, संयोग से ढेला के ही बुलाने पर उसके यहाँ जा पहुँचे थे। गोबर्धन से भी उसका किस्सा सम्बन्ध-विच्छेद तक सुन चुका था। लेकिन दयाशंकर के सम्बन्ध में और कोई बात तो वह नहीं ही जानता था, जबकि अब दयाशंकर ही बता रहा है कि उसकी अनिंद्य सुन्दरता, सहृदयता, हिम्मत, खुश रहने की आकांक्षा और सहज उपलब्धता एक चुनौती की तरह महसूस हुई थी उसे। और किस तरह वह उसके निकट पहुँचा और किस तरह क्रान्तिकारिता में दीक्षित करने से पहले उसकी चरित्रदृढ़ता की परीक्षाओं द्वारा अपनी भी दृढ़ता की परीक्षा करता हुआ उद्‌देश्य-पतित होकर उस वेश्यापुत्री पर धोखा का लांछन लगाकर चला आया !

"मैं क्या करूँ, नीलेश..." अन्त में उसके कन्धे पर मुख रखकर रोते हुए दयाशंकर ने कहा था। वह लज्जा से गड़ गया था, क्योंकि दयाशंकर तो गोबर्धन से भी एक-डेढ़ वर्ष बड़ा होगा—फिर लम्बा-चौड़ा, कसरती खिलाड़ी शरीर, बेहद साहसी, क्रान्तिकारी देशभक्त, बुद्धिमान, स्वाभिमानी !

कितना अविश्वसनीय और हास्यास्पद है यह रुदन ! ऐसा उत्तम शरीर और अनुकरणीय विचार और एक साधारण वेश्यापुत्री के लिए छोटे बच्चे की तरह विलाप ! अपने से छोटे, अनुभवहीन और अपरिपक्व साथी को अपना दुखड़ा सुनाकर क्या चाहता है दयाशंकर ?

अपने सिर को उठाकर, शरीर सीधा करके, अपने स्वर को स्वाभाविक बनाने की कोशिश करते हुए दयाशंकर ने कहा था, "मैं कुछ निश्चय नहीं कर पा रहा हूँ नीलेश...यह तो मैं निश्चित जानता हूँ कि मैंने पार्टी को दिए गए वचन को तोड़ा है, इसलिए मेरा पाप, अपराध और भी गम्भीर है। मैं कलुषित हूँ और कोई भी पश्चाताप पार्टी को और मुझे भी सच्चा देशसेवक होने का सन्तोष नहीं दे सकता। लेकिन इस समझ के बावजूद मैं उसे भूल नहीं पाता। न चाहते हुए भी मुझे यह विचार बेहद दुःखी करता है कि मैंने अपने उच्च अहंकार और हठधर्मिता में उसको तिरस्कृत और अपमानित करके कुंठित कर दिया है, जो साहस, खुशी और खुली स्वच्छता में कमल की तरह उभरने के लिए उत्सुक थी। सच्चाई के लिए तरसती सर्वश्रेष्ठ स्त्रियों में से एक..."

दयाशंकर का स्वर फिर टूट गया था, किन्तु जल्दी ही सँभलकर अनुरोध के स्वर में बोला, "नीलेश मैं तुम्हें दो सौ रुपए दूँगा, जाकर दे दो उसे। यह कीमत नहीं है, लेकिन मेरे सामर्थ्य में जो है, जो हो सकता है...क्योंकि उसका भी तो नियम है, सिद्धान्त है, स्वाभिमान है, रोजी-रोटी है..." कुछ देर चुप रहकर फिर कहा उसने, "छोड़ो इसे...उसके पास जाकर उससे मेरी ओर से, मेरे लिए माफी माँग लो...ऐसा करोगे मेरे छोटे भाई ?"

दयाशंकर के इस प्रस्ताव पर उस समय उसे बड़ी हँसी आई थी, लेकिन वह किसी प्रकार गम्भीर होने का नाटक करता चुपचाप बैठा रहा, जिससे दयाशंकर की बात उसके कानों से टकराकर वापस चली गई थी। दयाशंकर कुछ देर तक सिर घुमाकर उसको एकटक उत्सुकतापूर्वक देखता रहा, फिर अचानक उठकर सूखी-हँसी हँसते हुए बोला, "अरे नहीं, तुम्हें कुछ करने की जरूरत नहीं...मैं तो मजाक कर रहा था। सब झूठी बातें हैं...मैं तुम्हारी परीक्षा ले रहा था। इस पर न कुछ सोचना और न किसी से कुछ कहना..."

उसके बाद तो दयाशंकर से उसकी मुलाकात कम ही हुई है। बैरिया गोलीकांड से पूर्व एक बार हुई थी और फिर बैरिया थाने पर गोलियों के बीच। घायलावस्था में नौका से बलिया ले जाते समय उसे एक बार लगा कि दयाशंकर के होंठ फड़फड़ाए, अस्पष्ट बुदबुदाहट-सी निकली, जैसे कुछ कहना चाहता हो...फिर उसकी आँखें बंद हो गई थीं सदा के लिए।

लेकिन दयाशंकर के बारे में इतना सब सोचकर भी नीलेश किसी नतीजे पर नहीं पहुँच सका। उसे ऊँघाई आ रही थी। वह इस कोठरी में आकर एक ही ढंग से बैठा रह गया है चारपाई के बिस्तरे पर। लालटेन भकभका रही थी, बुझा दी और चारपाई पर आकर सीधा लेट गया, जब एक धुँधला-सा आश्चर्य हुआ उसे कि खिड़की के रास्ते चाँदनी का एक लघु अंश उसके पैरों के पास सिमटकर बिहँस रहा है और कुछ हवा भी झिर-झिर चली आ रही है। विगत दुःख, स्वाभिमान, नींद और चाँदनी का मिला-जुला बोझिल अहसास, गहरी जमुहाई...और आँखें मुँदने लगीं।

परन्तु, नम्रता क्यों नहीं सो पाई है अभी तक ? जब सीतानाथ ने उसके घर आकर उसके पिताजी से नीलेश के सम्बन्ध में धीमे-धीमे बात की थी और बाद में माँ ने उसे कुछ बताया था—तभी से वह आँखें मूँदकर पड़ी रही है, जैसे जोरों की नींद आ रही है। मसहरी गिरा दी थी उसने, लेकिन उसके आगमन की बात सोचकर उसका हृदय तेजी से धड़कने लगा था और उस समय तो धड़कन ही जैसे बन्द हो गई, जब आँगन में प्रवेश कर वह अपने कमरे में जाने लगा। वह शर्मिन्दगी भी महसूस करने लगी कि जब उसे आगे बढ़कर उसका स्वागत करना चाहिए, बेगाने की तरह चारपाई पर पड़ी नींद का बहाना कर रही है। ऐसा ही प्यार है उसका ?

उसे याद आते हैं दयाशंकर और राममूरत और नीलेश की सुरक्षा के लिए चिन्तित हो उठती

है। ठिगना-सा राममूरत, फुट-फुट चलनेवाला, उसे पहली बार उस समय देखा उसने जब वह सदाशयव्रत के साथ अइगा पांडे के विरुद्ध आश्वस्त करने के लिए उसके पिताजी के पास आया था। सदाशयव्रत धैर्यपूर्वक, धीमे स्वर में बोल रहे थे, जबकि गुस्से-भरे जोश में राममूरत का चेहरा तमतमा जाता। बाद में सुनने में आया कि अइगा पांडे से लड़ाई में, हड़ताल और आन्दोलन का भोंपा बजाने में, बैरिया गोलीकांड में, हर मोर्चे पर वह दुबला-पतला, कमसिन, बित्ते-भर का नौजवान मौजूद रहा था, लड़ता, ललकारता और सहता हुआ। किस बल-बूते पर ? क्या कर लेता महान, शक्तिशाली ब्रिटिश साम्राज्य का वह मामूली-सा आदमी ? और जब वह चला गया है तो सभी दुःखी हैं, क्रोध में हैं, यहाँ तक कि पुलिसकर्मी और यदुनन्दन प्रसाद भी, जिन्होंने उसका किस्सा सुनाकर नीलेश को छिपाने का सुझाव दिया है।

वह रोने लगी। रोई तो वह दयाशंकर के साहस के साथ मृत्यु का वरण करने की कहानी वीरेश के मुँह से सुनकर भी। दयाशंकर को उसने एक-दो बार देखा होगा दूर से, लेकिन वीरेश ने ही बताया था कि अइगा पांडे का किस्सा सुनकर उसने गुस्से में एक बम उस पर फेंका था, जो फूटा तो नहीं, लेकिन उस दिन के बाद अइगा पांडे फिर शहर में नजर नहीं आया। जब नीलेश के ऐसे साथी तथा सदाशयव्रत और रमाशंकर जैसे चरित्रवान और साहसी लोग गुलामी मिटाने के लिए लड़ रहे हैं तो नीलेश गिरफ्तारी से बचने के लिए यहाँ आ छिपा है, यह नहीं हो सकता लाख जन्म में भी !

यह सवाल उस समय से ही उठ रहा है उसके दिमाग में, जब नीलेश के पिताजी उसके यहाँ आए थे। लेकिन बार-बार वह 'नहीं' में ही उत्तर देती रही है। इस सम्बन्ध में किसी क्षीण सम्भावना भी उसके लिए त्रासदायी है। त्रुटि और दुर्बलता की बात कौन कहे, नीलेश उसकी प्रेरणा और शक्ति है, इस पिछड़े घुटन-भरे समाज में नीलेश का सहारा लेकर ही वह चुनौतियों की दुनिया में खड़ी हुई है, फिर उसकी छवि को धूमिल कैसे देख सकती है ? वह तो उसे बचपन से ही जानती है जब वे छोटे पौधे थे पास में खड़े और हवा में झूमते, खिलखिलाते। और आज वह हर दृष्टि से मजबूत वृक्ष की तरह बढ़ गया है तो एक लता की तरह उसके सहारे से ऊँचाई और हरीतिमा प्राप्त करती हुई क्या वह अपने को उतना ही मजबूत नहीं समझती ? नीलेश को ही तो लेकर उसके अन्दर यह स्वप्न जगमगाने लगा है कि उसके साथ वह होरी-धनिया की भाग्यवादी, समझौतावादी छवि को अस्वीकार करके ऐसी भूमिका के चयन में मदद करेगी, जिसमें दुनिया को बदलने के कार्य में उनकी परस्पर सार्थक सहभागिता सम्भव होगी।

अपने कमरे के अन्धकार में, सबसे अलग मसहरी के अन्दर चारपाई पर सिकुड़ी वह विचारों के प्रवाह में बही जा रही है, जो निरन्तर आगे बढ़कर नीलेश से जुड़ रहे हैं। यदि अलग तरीके से भी सोचें और वह भी सोच रही है कि इस समय तो वे इस मकान के रिश्ते से भी एक-दूसरे से जुड़े हुए हैं। अलग-अलग होते हुए भी वे एक मकान के ही दो कमरों में हैं, जो एक ही जमीन पर एक ही सामग्री से और एक ही कला-शिल्प द्वारा निर्मित है। ऐसे संयोग की कल्पना से उसे रोमांच हो आया। उसकी आँखें भर आईं और उसका अन्तर एक नई कल्पना की स्वर्णिम दीप्ति से कौंध गया। यदि समुद्र से ही मिलने गंगा चली है तो उद्गम स्थल से ही क्या उसमें मिलनातुर भाव नहीं होता—एक व्यापक, गहरा समुद्रभाव ?

वह अपने को रोक नहीं सकी और मुट्ठियाँ भींचकर धीरे-धीरे सिसकने लगी। इससे आराम मिला उसे, इसलिए आँसुओं को बहने दिया उसने, जो बाद में अपने से रुक गए। हाँ, नीलेश की वजह से ही उसने ऊँचाई से उतरकर धरती पर चलने की गरिमा का अनुभव किया, जहाँ सब बराबर हैं, कोई छोटा नहीं। इसलिए वह भगजोगिनी देवी और धनेश्वरी देवी से घुल-मिल सकी, शिक्षा, स्वावलम्बन, स्वदेशी, समानता और स्वातन्त्र्य का अर्थ कुछ-कुछ समझ सकी। वह अभी बहुत कुछ जानना चाहती है, अपने बारे में, देश-समाज के बारे में और दुनिया के बारे में भी—और यह अच्छा

हुआ है कि नीलेश यहाँ आ गया है, इस मिले अवसर का सदुपयोग करके वह उससे सबकुछ पूछ लेगी कि वह क्या-क्या सोचता है और उससे क्या चाहता है ?

अचानक चौंक उठी वह। लगा, नीलेश जिस कोठरी में सोया है, उधर से कराह-सी कोई आवाज आई है। क्या सचमुच ? मसहरी का परदा उठाया उसने—फिर चारपाई से नीचे उतरकर दरवाजे के पास खड़ी होकर बाहर की तरफ कान लगाकर ध्यान से सुनने लगी। लेकिन कहीं कुछ नहीं सिर्फ झींगुरों की झनकार को छोड़। उसका शरीर थरथरा रहा था, शायद इस डर से कि पुलिस उसके कमरे में पहुँचकर उसको उत्पीड़ित करते हुए गिरफ्तार कर रही है। उसके पाँव एक जगह पर स्थिर होकर जम नहीं पा रहे थे। कुछ देर तक इन्तजार किया उसने, फिर इस खयाल से अपने को सन्तोष देने लगी कि यदि कुछ हुआ होता तो शोर-शराबा तो सुनाई पड़ता और पुलिस भी यहाँ कैसे आएगी। वह लौटकर बिस्तरे पर जाने का विचार कर ही रही थी कि एक और आवाज सुनाई पड़ी उसे, और तेज और बड़बड़ाहट के साथ उसका कलेजा धड़कने लगा और वह अपने को रोक न सकी।

धीरे-से सिटकनी खोल तथा बाहर से दरवाजे के पल्लों को उढ़काकर वह चुपचाप खड़ी हो गई। शीतल, सुखद हवा के स्वागत से अनभिज्ञ डरी-डरी वह झींगुर स्वरों से झनझनाते आँगन, छत, गुसलखाने और कोठरी को बारी-बारी से देख रही थी। फिर कोठरी की खिड़की तथा बाहर की दीवार पर पड़े चाँदनी के एक गुच्छे पर नजर पड़ी। और इसी समय उसके ध्यान में आया कि दरवाजा तो खुला है कोठरी का—भय से शरीर सनसनाने लगा तत्काल। वह दबे पाँव कुछ आगे बढ़ गई और तब स्पष्ट दिखाई पड़ा कि पुलिस-वुलिस तो नहीं है, लेकिन भीतर मसहरी गिराई नहीं गई, बिस्तरे पर नीलेश चित सोया है और स्टूल पर लालटेन बुझी पड़ी है।

वह आगे बढ़ी, फिर ठिठक कर चारों ओर देखने लगी, अन्त में निःशब्द चलती हुई कोठरी में खड़ी हो गई। एकटक नीलेश को देखते हुए उसे अजीब-सा लगा, जैसे किसी बच्चे को देख रही हो। सुख-दुःख, प्यार, आनन्द, ममता कुछ भी नहीं; बल्कि कुछ अलग, शायद घर में आए की सुरक्षा का बलिदानी भाव भय को दूर ठेलता हुआ...अथवा पता नहीं क्या ! उसकी आँखें बंद हैं, दाहिना हाथ छाती पर, मुँह, हाथ और पैरों की उँगलियों पर मच्छर भनभना रहे हैं।

थोड़ा आगे झुकी वह। पैंताने खिड़की के रास्ते से आकर एक चाँदनी वृत्त के अलोक में वह स्पष्ट उसका मुख और होंठों के ऊपर छँटी नरम मूँछ की हल्की पट्टी देख सकती थी। लेकिन वह घबरा रही थी, फिर भी नहीं मानी और अन्त में हिम्मत करके अपना हाथ आगे बढ़ाकर उसके हाथ को छाती पर से बहुत हल्के से उठाकर बिस्तरे पर रख दिया। तत्पश्चात खड़ी होकर आँखें सिकोड़कर देखने लगी कि जाग तो नहीं गया है वह। आश्वस्त होने के बाद भनभनाते मच्छरों को हाथ के संचालन से हटाने, मसहरी गिराने तथा कोठरी के दरवाजे को बाहर से उढ़काने के बाद अपने कमरे की तरफ चल पड़ी। कर्तव्य पालन से सन्तुष्ट तथा इस विचार से खुश कि अपने बिस्तरे पर लेटकर इस पूरी घटना पर सोचने में बड़ा आनन्द आएगा !

नीलेश को पता नहीं लगा कि क्या समय है, किन्तु कमरे में खटपट से हड़बड़ाकर उठने पर आँगन में पसरी सितम्बर मास की तेज धूप आँखों को चनका गई। मसहरी का परदा उठाकर जब उसने पाँव नीचे रखे तो सामने खुला हुआ दरवाजा तथा कमरे में दाहिनी तरफ दीवार से सटी मेज पर नया पोश बिछाकर तथा उस पर कुछ पुस्तकें, दो पत्रिकाएँ, एक सादी कॉपी और एक फाउंटेनपेन रखने के बाद खड़ी होकर नम्रता को कुछ सोचते हुए देखकर बड़ा अचम्भा हुआ उसे। कमरा साफ-सुथरा, हर चीज साफ-सुथरी और करीने से रखी हुई, खिड़की पर भी एक खुशनुमा परदा लगा हुआ और उसके सिरहाने एक ताखे पर अगरबत्तीदान से खुशबू का हल्का धुआँ फैलता हुआ। नम्रता स्वयं नहा-धोकर खद्दर की हल्की पीली साड़ी और लगभग उसी रंग के ब्लाउज की सादगी में भी नवीन, सज्जित, त्रुटिहीन, प्रखर, गर्वीली और अत्यन्त सुन्दर दिखाई दे रही थी।

"लगता है, देर हो गई है..."

नम्रता ने गर्दन हल्के-से मोड़कर, तिरछी बड़ी-बड़ी चमकती आँखों से उसको देखकर कहा, "पिताजी ने कहा था जगाया न जाए, वह अभी-अभी कचहरी गए हैं...साढ़े नौ बजे हैं।"

कचहरी खुल गई है, यह जानते हुए भी नम्रता के मुँह से सुनकर हताशा से भर उठा वह। नन्दगंज के पास उखड़ी हुई रेल पटरियाँ तथा कटे हुए तार देखकर तथा घर में आकर विकट आर्थिक परिस्थितियों को जानकर कितना उत्साहित हुआ था वह ? तो क्या वे दिन समाप्त हो गए ? क्या अब वैसा स्वातन्त्र्य संग्राम न होगा ? क्या देश कभी भी आजाद नहीं हो पाएगा ? वह सिर झुकाकर और माथे पर हाथ रखकर सोचने लगा।

"चाय पीते हैं न ?" नम्रता उसकी ओर घूम गई थी चिन्ता से देखती हुई।

"मैं नहाऊँगा..."

"ठीक है...पानी भरा है, मंजन, नया टूथब्रश वगैरह गुसलखाने में है..."

"मैं सब ले आया हूँ..."

"ठीक है," कहकर वह बाहर जाकर व्यवस्था देख आई और उसका संकेत मिलने पर वह उठकर चला गया। नहा-धोकर कमरे में आने में इसलिए कुछ देर हो गई कि उसने अपने उतारे हुए कपड़े साबुन से साफ करके छत पर जाकर धूप में पसारे थे। नौकर शीशी में आँवले का तेल, कंघी और आइना उसके पास रखकर बोला :

"बाबूजी, अपना कपड़ा न फीचिए, मैं सब कर दूँगा।"

"क्यों कर दोगे ? तुमसे हट्टा-कट्ठा तो मैं ही हूँ।"

वह कोई खुशबूदार तेल भी नहीं लगाता अपने साथियों की तरह। उनके बीच छठे-छमाहे सिर्फ कड़वे तेल की मालिश की ही अनुमति और सहमति है। दाढ़ी-मूँछ अब भी वह छोटी कैंची से ही छाँटता है क्योंकि नरम बाल से निबटने में कोई दिक्कत नहीं होती और होंठों के ऊपर की पट्टी ब्लेड-सफाचटों से भी होड़ लेने की क्षमता रखती है। तेलविहीन रूखे बालों को कंघी से उल्टा झाड़ने में कठिनाई जरूर होती है, नहाने के बाद यदि चिपक भी गए तो सूखने पर उठ जाते हैं जिन्हें हाथ फेर-फेरकर एक आकार दे दिया जाता है।

"नीलेश बाबू, किसी चीज के लिए संकोच न कीजिए..." नम्रता की माँ ने आकर पूछा था।

"नहीं चाचीजी..." संकोच के कारण ही वह आगे बोल न सका।

"नाश्ते में दूध-जिलेबी..."

"कोई हल्की चीज, चाचीजी।"

"अच्छा पतला पराठा, सब्जी और चाय भेजती हूँ..."

नाश्ता के सामान दो बार में नम्रता ही ले आई। फूल के एक तश्तरी में दो पराठे, एक कटोरे में आलू की रसेदार सब्जी, एक छोटी तश्तरी में चार-पाँच जिलेबियाँ, आम का अचार और एक कप चाय। स्टूल मजे का चौड़ा था, इसलिए सभी सामग्रियाँ रखने में दिक्कत नहीं हुई।

"तुम भी खाओ..." नीलेश अब सहज होकर नम्रता से बात करने की इच्छा से उत्साहित हो गया।

"इस समय ग्यारह बज रहे हैं," नम्रता मुस्कुराई।

"हाँ...बैठोगी नहीं ? एक कप चाय तो कभी भी पी जा सकती है..."

"मैं तो चाय पीती ही नहीं...।" वह मेज के पास रखी कुर्सी खींचकर और उसकी दिशा नीलेश की तरफ मोड़कर उसे एकटक देखने लगी।

"क्यों ? हमारे घर में तो चाय बनती नहीं, यहाँ..."

"हाँ, सभी पसन्द करते हैं मुझे छोड़कर...कोई खास कारण नहीं..."

वह सहसा अपने चेहरे पर नम्रता की आँखों का एकाग्र दबाव महसूस करके असहज हो गया, यह सोचते हुए कि उसके नाश्ता ग्रहण करने के ढंग में कोई लज्जाजनक अस्वाभाविकता तो नहीं है ? कोई असभ्य आवाज ? वह होंठों को बन्द करके मुँह धीरे-धीरे चलाने लगा। साथ ही वे सभी बातें गायब हो गईं, जो कुछ क्षण पहले ही उसके दिमाग में उठ रही थीं। और इससे उबरने की कोशिश में स्वाभाविक बनने की अनजान बाध्यता से उसने उस सच्चाई की ओर इशारा कर दिया, जिसे जानते हुए भी प्रकट नहीं करना चाहता था।

''क्या रात में इस कोठरी में कोई आया था ?'' उसके मुँह से एक अटपटी-सी आवाज निकली।

''क्यों ?'' नम्रता का चेहरा फक हो गया।

''पूछ रहा हूँ...''

''मैं कुछ देर के लिए आई थी...दरवाजा खुला था। मसहरी गिराकर चली गई थी...'' वह झूठ तो नहीं बोल सकी, लेकिन उसका चेहरा शर्म से लाल हो गया।

''हाँ, मुझे भी लगा...''

''क्या ? गहरी नींद में थे...''

''हाँ...कोई भयानक सपना...नींद टूट गई थी...''

''कुछ दूँ...एक पराठा...'' नम्रता ने बात बदल दी।

''नहीं...अधिक खा लिया...''

वह सहसा उठी और बिना कुछ बोले बड़ी तश्तरी में सभी बर्तन उठाकर चलने लगी।

''नम्रता...'' नीलेश उसे कुछ देर तक और बैठने के लिए कहना चाहता था, लेकिन वह बिना रुके या उत्तर दिए कमरे से बाहर निकल गई।

बर्तन रखकर नम्रता अपने कमरे में जाकर चुपचाप बैठ गई। अपने को रोकने और सामान्य बनाने की कोशिश करने पर भी, अपमान और उपेक्षा का अहसास गहरा होता गया, यहाँ तक कि जब बरदाश्त के बाहर हो गया तो टप-टप आँसू गिरने लगे। ऐसी निष्ठुरता कहाँ मिलेगी ? जब उसने अपना हृदय ही उसको खोलकर दिखा दिया है, यह जानते हुए भी वह जागृत अवस्था में सोने का बहाना करता रहा। क्या उसका कोई स्वाभिमान नहीं है ? क्या उससे सदा अपमानित होने के लिए बनी है वह ? घर में, स्कूल में और रिश्तेदारियों में भी जब वह किसी की अनुचित बात बरदाश्त नहीं कर पाती तो यह क्यों उसे लाचार-मजबूर समझकर ज़लील कर रहा है ? गौसपुर घाट पर भावशून्य-सा बैठा रहा और अन्य अवसरों पर भी, जब वह खुशी तथा उत्साह से उसकी तरफ बढ़ी है, उसका व्यवहार वैसा ही रहा है, जैसे रास्ते में पड़े किसी कंकड़-पत्थर को ठोकर मारकर हटा दिया जाता है।

इस मनःस्थिति में हृदयहीनता के स्तर तक उतरकर वह उसके विरुद्ध अनेक नए-नए तर्क, शिकायतें एवं आरोप एकत्रित करती रही, जिसके बीच कपोलों पर बहते आँसू सूख गए, खिसियाना चेहरा तनकर नुकीला हो गया और अन्ततः शिर-पीड़ा का भी कुपरिणाम भुगतना पड़ा।

सहसा उठकर उसने दरवाजा भीतर से बंद करके सिटकनी लगा दी और अपने शरीर को चारपाई के हवाले करके पैंतानेवाली चादर के सहारे लम्बी तानकर सो गई।

नीलेश समझ नहीं सका कि वह बिना जवाब दिए ही क्यों चली गई थी। कोई मजबूरी जानकर देर तक यह आशा करता रहा कि वह फिर आएगी और उससे बहुत-सी बातें हो सकेंगी। विशेष रूप से वह नम्रता को बताना चाहता है कि देश ही उसके लिए सर्वस्व है और अपने साथियों की तरह गिरफ्तार न होकर दमन और उत्पीड़न से बचकर अत्यन्त दुःखी है वह। लेकिन यह स्थिति बहुत दिनों तक नहीं रहेगी और जो लोग बचे हैं, वे आन्दोलन को आगे बढ़ाएँगे, नए लोग भी आकर कुर्बानी देते रहेंगे, जब तक कि आजादी मिल नहीं जाती। और नम्रता से यह भी पूछना चाहता है

कि इन प्रश्नों पर उसके क्या विचार हैं, वह अपने सम्बन्ध में क्या सोचती है और क्या करना चाहती है।

वह देर तक उसकी प्रतीक्षा करता रहा, कल्पना में अनेक सार्थक सवाल-जवाब के दौर से गुजरता तथा उसकी सादगी, स्वाभिमान और सौन्दर्य पर मुग्ध होता हुआ। फिर मेज पर रखे दैनिक अखबार को उठाकर पढ़ने की कोशिश करने पर बड़ी निराशा हुई क्योंकि राष्ट्रीय आन्दोलन और राष्ट्रीय नेताओं के सम्बन्ध में कुछ भी नहीं, बस युद्ध की वही रिपोर्ट, जिसमें पराजय को बहादुरी से पीछे हटना बताया जाता है। ऊबकर अखबार रख देने के बाद 'विशाल भारत' का एक पुराना अंक उलट-पुलटकर अमेरिकी सन्त 'थोरे' के सम्बन्ध में एक रचना पढ़ने लगा।

इसी समय नम्रता की माँ ने आकर पूछा, "खाना तैयार है, लाऊँ ?"

"सब खा चुके ?" नीलेश ने सिर उठाकर पूछा।

"कचहरी जानेवाले पहले ही खा चुके हैं। नम्रता तो खाएगी भी नहीं..."

"क्यों ?"

"तबीयत ढीली है...सिर में दर्द, दवा दी गई है।"

"ठीक है," उसने कहा और पत्रिका यथास्थान रखकर भोजन के पूर्व हाथ-मुँह धोने के लिए उठ गया। भोजन में वही सबकुछ था, जो बलिया के घरों में खाया जाता है। चावल की मात्रा अवश्य अधिक थी, जो किसी बड़े कटोरे में खूब ठूँसकर थाली में उलट दिया गया था स्तूपाकार ! रोटियाँ भी अधिक और सब्जियाँ भी। पापड़, अचार और चटनी का साथ-संग।

"चाचीजी, बहुत अधिक है, हर चीज में से निकाल लीजिए थोड़ा... ।"

"भैया, खाओ, अधिक नहीं है...हाँ, तुम्हारे घर की तरह चटक नहीं है... ।"

"ऐसा न कहिए, चाचीजी। एक तश्तरी दे दीजिए, थोड़ा-थोड़ा निकाल दीजिए..."

नाश्ता देर से करने से खास भूख नहीं थी, वैसे भी वह अपने एक समाजवादी मित्र से सीखकर इधर कुछ दिनों से घर में तथा अन्य जगहों पर भी खाना उतना ही लेता है, जितना खा सकता है। यदि अधिक परोस दिया गया तो दृढ़तापूर्वक निकलवा देता है। समाजवादी साथी की यह मान्यता है कि जब देश में लाखों-करोड़ों लोग अपने लिए बड़ी कठिनाई से दोनों जून का भोजन जुटा पाते हैं, सम्पन्न घरों में अन्न की बहुत बरबादी होती है, जो राष्ट्र के प्रति लापरवाही और अभक्ति को ही प्रकट करती है। फिर भी, दाल में कुछ अधिक मात्रा में डाले गए शुद्ध देशी घी में ऐसा सोंधापन था, कि भोजन कम कराने के बाद भी अनिच्छा के बावजूद सबकुछ चाव से खा गया वह।

थाली में एक दाना भी नहीं छूटा, इससे खुश था वह। ऐसा करके अपने समाजवादी मित्र की याद आती है उसे और उसी की तरह सन्तोष भी कि अपने सिद्धान्त को व्यवहार के अत्यन्त लघु, निजी स्तर पर जी रहा है। उसने सोचा कि नम्रता जब आएगी, तो यह बात उसे बताएगा, जिससे वह भी खुश होगी और इसको अपने घर में भी व्यावहारिक रूप देने की चेष्टा करेगी।

रतनसिंह के कचहरी से आने के पूर्व नम्रता उमस में वायु के किसी भूले-भटके झोंके की तरह कमरे में आई और मेज के पास खड़ी होकर दूसरी तरफ देखने लगी, गोया कोई विशेष प्रयोजन हो। चारपाई पर लेटे नीलेश ने फुर्ती से उठकर पूछा :

"तबीयत कैसी है ?"

नम्रता पहले की तरह ही देखती रही, मानो कुछ सुना ही न हो। फिर सिर घुमाकर नाराजी से देखने की कोशिश में असफल होकर आँखों की टकराहट के पहले ही मुँह सीधा करके कमरे से निकल गई।

नीलेश आश्चर्य से उसे देखता रह गया। यह क्यों ? उससे क्या कोई गलती हुई ? इस घर

में किसी के प्रति उसका व्यवहार अनुचित तो नहीं हुआ ? या इसलिए कि वह उसके घर में सहारा लेकर अपना स्वाभिमान खो चुका है ? इस तरह के कई सवाल उसके दिमाग में उठे, लेकिन किसी से भी कोई समाधान प्राप्त नहीं हुआ। और कुछ देर बाद ही उसे महसूस हो सका कि वह तो आहत है ! जैसे किसी चमकती पट्टी पर सार्थक खूबसूरत इबारत लिखने के बजाय कोई बच्चा ईर्ष्या या दुर्भावना अथवा अनिच्छा-भरे गुस्से में चाकू से गहरा खरोंच लगा दे !

अब उसके लिए वहाँ एक पल भी रहना भारी लगने लगा। वैसे भी, पहले से ही एक घुटन महसूस हो रही है उसे। एक अस्वाभाविक, असामान्य सा माहौल ! हर व्यक्ति ही गम्भीर है, उससे बचने की कोशिश करता है, यहाँ तक कि बालक नौकर भी धीमे-धीमे बोलता है और यदि वह उसे रोककर बात करना चाहता है तो कोई बहाना बनाकर बाहर चला जाता है। ठीक है कि सुरक्षा कारणों से ही कोठरी की गतिविधियाँ बहुत कम रखी जा रही हैं, लेकिन उनकी परस्पर बातचीत में भी वह खुलापन क्यों नहीं है, जिसकी पारिवारिक सीमा में बहस, नोंक-झोंक और गुस्सा-भरी चिल्लाहटों की भी गुंजाइशें होती हैं ? उसका यहाँ रहना यदि खतरनाक है अथवा उनके लिए प्रियकर नहीं तो वह एक दिन भी शान्ति से कैसे गुजार सकता है ?

रतनसिंह कचहरी से आने पर सबसे पहले उसी कोठरी में आए जरूर, लेकिन उन्होंने भी अपनी मुख्तारी आदत के विपरीत बहुत ही धीमी फुसफुसाहट जैसे स्वर में बहुत ही संक्षिप्त बात की। हालचाल पूछने के बाद आश्वासन कि कोई चिन्ता की बात नहीं और कचहरी में भाई साहब यानी सीतानाथ मिले थे, सभी तन्दरुस्त और खुश !

''चाचाजी, सोचता हूँ, कल से जाकर घर में ही रहूँ...''

रतनसिंह ने ठिठककर, सिर झुकाए तथा उसकी तरफ देखे बिना कहा, ''हाँ, वाजिब बात है...मगर दो दिन और रुक जाइए...चाय पीते हैं न ?''

''जी हाँ...'' उनके उत्तर से मन-ही-मन गुस्साने के बावजूद वह दबी जबान से बोला।

जल्दी ही बालक चार समोसे, दो लाल रसगुल्ले तथा चाय के साथ हाजिर हो गया। उसने एक समोसा और चाय लेकर शेष सामग्री वापस भेजवा दी, जिसके बाद थोड़ी देर में नम्रता की माँ ने आकर पूछा :

''नीलेश बाबू, आपने तो कुछ लिया ही नहीं...ये कचहरी की दुकान से लाए हैं...बड़ा अच्छा बनाता है...''

''हाँ, चाचीजी, स्वादिष्ट है...मगर नाश्ता देर से किया गया था, खाना भी अधिक खा गया... इस समय लेने की इच्छा नहीं है।''

''कोई संकोच न कीजिए बाबू...बहिनजी कह रही थीं...'' रतनसिंह की पत्नी ने तिरछी शर्मीली दृष्टि से देखते हुए कहा।

''अरे नहीं चाचीजी...'' वह हँसने लगा।

नीलेश कल ही यहाँ से जाना चाहता है, यह जानकर नम्रता के हृदय में धक्-सा हो गया। लेकिन तीन दिन में से केवल एक ही दिन बीता है और इस दुर्लभ समय को उसने गुस्से में ही नष्ट कर दिया है। अब उसे खयाल आया कि नीलेश के साथ तो बड़ा अन्याय हो रहा है—सभी उसकी कोठरी में जाने से बच रहे हैं, छोटे-छोटे टुकड़ों में संक्षिप्त बात होती है उससे, जैसे पुलिस छिपकर झाँक, सुन रही हो। इस तरह से सबसे अलग-थलग और उपेक्षित उसका जीवन जेलखाने से कम थोड़े ही है ?

और पिताजी के कहने से दो दिन रुक भी जाए तो उसके बाद चला ही जाएगा, यह क्या वह नहीं जानती ? फिर कहाँ जाएगा, गिरफ्तार होगा या कहीं और फरार होगा, सत्ता द्वारा उसके साथ कैसा सुलूक होगा, फिर कब मुलाकात होगी उससे—ये सवाल उसे परेशान करने लगे। दयाशंकर

और राममूरत की बात सोचकर कुछ बुरे विचार भी आए और बेहद डरकर एक अपराध-बोध से रुआँसी हो गई वह। फिर तो नाराजी और क्रोध की तेज धार उलटकर उसी पर वार करने लगी। उजड्ड, जिद्दी, मूर्ख और अहंकारी ! स्वयं से गुस्सा, स्वयं को तुच्छ और अनुचित व्यवहार का दोषी मानना, जो कुछ समय पहले तक नामुमकिन प्रतीत होता था ! मगर इस पर भी स्थिर कहाँ रही वह ? बल्कि आगे बढ़कर तेजी से दूसरे छोर तक पहुँच गई, जहाँ नीलेश को निष्कलंक और आराध्य मानकर उसका हर कदम पर साथ देने, उसे संरक्षण, खुशी और प्यार देने के संकल्प से अत्यन्त व्याकुल हो उठी।

वह किसी बहाने से दो बार उसकी कोठरी के सामने गई, लेकिन उसे गले तक चादर ओढ़कर विपरीत दिशा में दीवार की तरफ मुँह करके लेटे देखकर, भीतर जाकर हालचाल पूछने की हिम्मत नहीं हुई उसकी। लालटेन की फीकी रोशनी में उसे लगा कि नीलेश नितान्त एकाकी, बेसहारा, दुःखी और बीमार है और अपनी यह आशंका जब अपनी माँ को बताई तो उसने कोठरी में जाकर पूछा :

''नीलेश बाबू, तबीयत तो ठीक है ?''

निश्चय ही नीलेश मानसिक रूप से थका, हर पीड़ादायी विचार से मुक्त होने की कोशिश में एक ही करवट निश्चेष्ट पड़ा था, मगर कानों में गूँजे सवाल ने उसे चैतन्य कर दिया और फुर्ती से उठकर बोला वह :

''मैं तो ठीक हूँ चाचीजी।''

''आप चुपचाप...।''

''नहीं चाचीजी, आप सभी तो हैं यहाँ...मुझे कोई परेशानी नहीं, खूब खा-पी रहा हूँ...''

''मेवा की खीर पसन्द है आपको ?''

''मुझे हर चीज पसन्द है, जो रसोईघर में तैयार होती है।''

वह सँभलकर उत्तर दे रहा था, जिससे सहानुभूति या दया का पात्र न बने, परन्तु इसी से वह उन प्रश्नों से फिर घिर गया, जिनसे दिन-भर परेशान रहा था। नम्रता ने भी उसकी बातें सुनीं, जो कोठरी के पास ही दृष्टि से बचती हुई खड़ी थी, किन्तु वह अपनी माँ के समान इसलिए सन्तुष्ट नहीं हो सकी कि बाहरी व्यक्ति नहीं होने से उसे नीलेश की आवाज में असम्पृक्त दूरी एवं अजनबीपन का अहसास हुआ। वास्तविकता समझने और हृदय की शान्ति ढूँढ़ने के लिए, एकान्त खुली छत पर जाकर जब वह चहारदीवारी के पास खड़ी हुई तो आकाश में जलहीन, झीने बादल से पूर्णमासी का चाँद उभरता हुआ नजर आया, धूमिल, उदास और कुछ ही देर बाद अश्रुकम्पित।

वह चुपचाप खड़ी है जीवन की असलियत की गहराई को थाहने हेतु--उसके भीतर प्रवेश करके एक गोताखोर की तरह यात्रा करती, आतुर, थरथराती, धड़कती और अन्त में मिलता है वह एक दिव्य चमकते हुए मोती की तरह, जिससे पूछती है, 'तुमसे ही मैंने चमक पाई है, बोलो, मैं एक नारी के रूप में तुम्हें क्या दे सकती हूँ, जिससे तुम्हारी चमक की स्वाभाविकता, अकृत्रिमता और समर्पित सहजता बनी रहे...?'

उसकी बड़ी-बड़ी आँखें स्वप्निल अवस्था में अधखुली, पंखुड़ियों की तरह कम्पित, पूजार्पित होंठों के साथ, सामने देख रही थीं। वह कुछ और सवालों के साथ और निकट जाकर उस मोती को हृदय में समेट लेना चाहती है...किन्तु उसी समय नीचे से आई उसकी माँ की पुकार ने समुद्र जल को हिला दिया और मोती की चमक काँपकर गायब हो गई।

''बेटी देर हो जाएगी...।''

उसकी आँखें खुल गईं और वह सामने देखने लगी। समय सचमुच काफी बीत गया है और चाँद बादल से ऊपर उठकर चारों ओर गह-गह अँजोरिया पसार रहा है। वह एक समय-संकल्प से घिर गई।

इस समय भले ही नहीं गई वह, लेकिन नीलेश रसोई-वास्तविकता जान चुका है, इसलिए माँ के भोजन थाली लाने के पूर्व ही उसकी भूख जाग चुकी थी। और बेहद मुलायम आलू-पराठे, मसालेदार आलूदम तथा रबड़ी की तरह मेवा-खीर के प्रथम स्वाद ने नई विधि, आत्मीयता और समर्पित परिश्रम की गहरी पहचान करा दी। समाजवादी सिद्धान्त के अनुशासन में खाया उसने उतना ही, जितना जरूरी है, जिसकी तारीफ करके उसका महत्त्व तो कम नहीं किया, लेकिन यह अवश्य सोचा कि एकान्त में पाक कौशल की प्रशंसा करके बच्चों की तरह नम्रता की खुशी अवश्य देखेगा।

लेकिन, स्वयं नम्रता से कुछ खाया नहीं गया, दो-चार कौर मुँह में डालकर पानी पीया और उठ गई। उसकी माँ ने चिन्ता से देखा, "क्या बात है, तुम्हारी तबीयत तो ठीक है, साफ-साफ बताती क्यों नहीं ?"

"तबीयत को क्या हुआ ? जितनी भूख थी खा लिया।"

"जाओ, सो रहो...आराम करोगी तो सवेरे तक सब ठीक हो जाएगा।"

अपने कमरे में एक कुर्सी पर बैठकर एक पुस्तक पढ़ने से भी उसकी घबराहट दूर नहीं हुई, जिसका कारण नए सिरे से वही घूमता विचार है कि उस रात सबकुछ देखते हुए भी नीलेश ने उसे पहचानने से क्यों इन्कार कर दिया ? अनभिज्ञ नहीं है नीलेश, सबकुछ जानता है, फिर निष्क्रिय क्यों ? यह घर अनजाना नहीं है उसके लिए, बचपन से बड़े होने तक कई बार आ चुका है, चाहता तो उसके ही कमरे में आकर या किसी से उसे कोठरी में बुलवाकर अपनी भूल नहीं स्वीकार कर सकता था ? निश्चय ही वह अकेला है, परेशानी में है, वह पास जाकर दुःख बाँटकर उसके बोझ को हल्का करना चाहती है, उसके हर संकट और कार्य में सहयोग का आश्वासन देना चाहती है—मगर अपने मन से कैसे ? कहाँ चाहता है वह इसका सहयोग ? पास जाने पर तो वह दूर ठेल देता है। उसने तो कभी कुछ बताया नहीं, वह तो उसकी पुस्तकें पढ़कर और दूर से ही उसके विचार सुनकर उसके निकट पहुँची है...

ज्यो-ज्यों समय निकट आ रहा है, संकल्प कमजोर पड़ता जा रहा है। कभी दिल प्यार में उमड़ने लगता है और कभी दुःख और निराशा की गहरी खाई में लुढ़कने लगता है। और वह समय आकर गुजर भी गया और वह कुर्सी पर चिपकी ही रह गई। कितनी असहाय हो गई है वह ? उसका दिमाग थक गया है, उसके शरीर में कोई ताकत नहीं है और उसके पोर-पोर में दर्द हो रहा है !

सहसा उठकर दरवाजा खोला और कमरे के बाहर आ गई। आकाश साफ और खूब चटकार चाँदनी। वह एकटक कोठरी की तरफ देखने लगी, जिसका दरवाजा पूरा बन्द भी नहीं था और एक फाँफर-सा दिखाई दे रहा था। लेकिन बहुत कोशिश करने पर भी उसके पाँव आगे नहीं बढ़े और बँधे-बँधे वहीं स्थिर रह गए। उदास, दुःखी वह कमरे में लौट गई और दरवाजा भीतर से बन्द करके, चारपाई पर चित लेटकर धरन को खाली-खाली आँखों से निहारने लगी।

धायँ ! वह उछलकर बैठ गई, फिर खड़ी होकर बंद दरवाजे की तरफ भय से देखने लगी। बाहर गोली छूटी थी, उसी तरह, जैसी फौज आगमन की रात में। उस समय भी वह डरी जरूर थी, मगर इस वक्त तो थरथर काँप रही है। ऐसा लग रहा है कि पुलिस ने भीतर घुसकर नीलेश पर गोली चला दी है। इच्छा हुई कि दरवाजा खोलकर बाहर जाए और आगे बढ़कर जब वह दरवाजे के पास पहुँची ही थी, उसकी माँ अपने कमरे में से आकर बाहर खड़ी होकर बोली :

"बेटी...नम्रता... ।"

थरथराहट के मारे उसके मुँह से कोई आवाज नहीं निकली।

"सो रही हो ? ठीक है, निश्चिन्त होकर सोओ, कोई खास बात नहीं है। कचहरी के पास फौजवालों ने किसी पागल कुत्ते को गोली मारी है..."

उन दिनों अक्सर रात में गोली की धायँ गूँज उठती। इस सम्बन्ध में लोगों की दो धारणाएँ

थीं—एक तो यही कि फौजवाले किसी देशभक्त को अँधेरे में पकड़कर ले जाते हैं और गोली मारकर नदी में बहा देते हैं। लेकिन काफी लोग ऐसे थे जो डर के मारे ऐसी बातें मुँह से निकालना नहीं चाहते थे—ऐसे लोगों ने अफवाह फैलाई थी कि शहर में पागल कुत्तों की संख्या काफी हो गई है और नेदरसोल ने हुक्म निकाल दिया है कि जहाँ कोई पागल कुत्ता मिले, गोली मार दी जाए। लेकिन तीसरी सत्य बात लोगों को नहीं मालूम है कि सार्वजनिक दहशत बरकरार रखने के लिए रात में कभी-कभी हवाई फायर भी कर दिया जाता है।

इसके पश्चात कोई आवाज नहीं आई, न गोली की और न ही किसी व्यक्ति की। वह खड़ी रह गई देर तक, लेकिन उसका भय वैसा ही बना रहा, जैसे किसी भी क्षण फौज उसके घर पहुँचकर बाहर से दरवाजा खटखटाने लगेगी ! तब वह क्या करेगी ? नीलेश को कैसे बचा सकेगी ? वह तो कोठरी में अकेला है, उसको कौन बताएगा, कौन सावधान करेगा ?

उसे सहसा अपने बचपन की वह रात याद आई जब एक भयंकर तूफान आया था, जिससे 'हूँ-हूँ' की आवाजें आ रही थीं, जैसे कोई विशालकाय दैत्य हुँकार रहा हो। छतों पर और आँगन में रखे सामान हवा में उड़ रहे थे और बाहर से आकर गिर भी रहे थे। वह डरकर जोर से चिल्लाने लगी थी और समझाने पर भी उस समय तक जान छोड़कर रोती रही, जब तक हवा का वेग और उसकी चीखें कम न हो गईं। आज भी वह उसी तरह भय से थरथरा रही है, इस अन्तर के साथ कि वह बड़ी और विचारवान हो गई है, और इच्छा के बावजूद इस आशंका को दबा नहीं पा रही है कि उसके प्रिय के साथ कुछ ऐसा घटनेवाला है, जिसे टालने में असमर्थ है।

परिस्थितियों का विश्लेषण कर सकती है आज, मगर नहीं कर पा रही है। सँभल सकती है, मगर नहीं सँभल पा रही है। जबकि आज उसके घर में नीलेश भी है, जिसे विदेशी हुकूमत उसके साथियों को मारकर तलाश कर रही है, इन अफवाहों के बीच कि रात के अँधेरे में किसी देशभक्त को मारकर यह प्रचारित किया जाता कि एक पागल कुत्ते को गोली मार दी गई है।

क्या हो गया है उसे ? भय से विक्षिप्त क्यों हो रही है ? क्या वह अपने लिए डर रही है या अपनी असमर्थता के लिए ? इस भय से अपनी रक्षा नहीं कर पाएगी तो नीलेश के संघर्षों में कैसे साथ दे पाएगी ? वह अपने को प्यार करती है या नीलेश को ? नहीं, नहीं, वह क्या सामने नीलेश खड़ा है, निडर, धीर-गम्भीर, विनम्र, स्वाभिमानी...उसका सिद्धान्त, उसका आदर्श, बचपन का साथी और मंजिल का राही..उसके भय की राख से माँजा गया और उसी के बीच से उभरता, अर्थों से भरा एक उत्साही पुरुष का चमकता चेहरा। इस भय के प्रति वह कृतज्ञ है क्योंकि उसने नीलेश को उसके पास खड़ा कर दिया है, एक समर्थ पुरुष, जिसे फौरन आलिंगन में लेने की हिम्मत-भरी व्याकुलता भी दी है उसने।

डर और हिम्मत के बीच में थरथराते शरीर से आगे बढ़कर अपना दरवाजा खोला और बाहर से बंद किया। फिर उसे यह महसूस नहीं हुआ कि कैसे कोठरी का फाँफर चौड़ा करके अन्दर घुसी और नीलेश की चारपाई के पास खड़ी हो गई।

नीलेश जगा था। दिन में सोने से नींद नहीं आई, फिर गोली की आवाज से परेशान होकर कुछ देर बैठा भी रहा। एक खयाल यह भी आया कि उसी को पकड़ने के लिए फौज आगमन की सूचना है। कुछ डरा भी, बाद में यह सोचकर सन्तुष्ट भी हुआ कि इस घुटन-भरी स्थिति से छुटकारा तो मिलेगा और उसका नाम दयाशंकर, राममूरत तथा अन्य शहीदों के साथ जुड़ जाएगा। वह पुनः लेटकर साहस के साथ प्रतीक्षा करने लगा।

चारपाई पर पड़े चाँदनी अंश के धुँधले आलोक में उसने नम्रता का चेहरा पहचान लिया—अस्वाभाविक और पथराया हुआ-सा। उछलकर खड़ा हो गया वह। पूछने के लिए ज्यों ही आगे बढ़ा, नम्रता बड़ी मुश्किल से अपनी दोनों बाँहें उठाकर उसके गले में डालते ही मूर्छित होकर

लड़खड़ा गई, जिसे पहले ही से सावधान होने के कारण उसने अपनी बाँहों में सँभाल लिया।

उसने बेहद डरकर उसकी माँ को पुकारना चाहा, लेकिन कुछ सोचकर धैर्य का सहारा लिया और बाँहों में ही उठाकर उसे बिस्तरे पर लेटा दिया। उसकी आँखें भर आईं, क्योंकि ऐसा लगा कि नम्रता सदा के लिए छोड़कर चली गई है। लेकिन नाक पर हाथ रखते ही कुछ सन्तोष हुआ। जेब से रुमाल निकालकर उसके मुँह पर हवा करते हुए झुककर बोला :

''नम्रता, क्या बात है, आँखें खोलो...।''

वह इस तरह पड़ी थी, जैसे गम्भीर निद्रा में हो। लेकिन देर तक वह यह स्थिति नहीं रही और सुगबुगाहट के बाद आँखें खोल दीं उसने। फिर चेहरा घुमाने पर नीलेश को देखते ही उसके मुख से रुदन की कराह जैसी पतली क्षीण-सी आवाज निकली। वह उठने लगी, जिसमें सहयोग देकर नीलेश भी उसके पास बैठ गया, तब वह उसके कन्धों को जोर से पकड़कर बोली :

''नीलेश, आपके पीछे लोग पड़े हैं, फायरिंग कर रहे हैं। वे उठा ले जाएँगे आपको...मेरी समझ में नहीं आता क्या करूँ...पता नहीं मुझे क्यों डर लग रहा है...''

वह रो रही थी। अपने को रोक नहीं सका वह। नम्रता उसको इतना चाहती है, इतनी चिन्ता—इसकी गहराई को कभी थाह नहीं सका, गौसपुर घाट पर नहीं और न ही कोठरी आगमन की उस पहली रात को ही। अपने सम्बन्ध में भी नहीं सोच सका कि इस हद तक प्रिय है वह। पीड़ा-भरे प्यार से लबालब उसका हृदय होंठों और आँखों से झलकने लगा और नम्रता को अपनी दोनों बाँहों में समेटकर आँसू-भीगे कपोल का चुम्बन लेते बोला :

''किस बात का डर ? मैं तो तुम्हारे पास हूँ। तुम्हारे साथ गांधीजी हैं, नेहरूजी हैं, जयप्रकाश नारायण हैं, तुम्हारे साथ देश है, बलिया की जनता है, तुम क्यों डरोगी ? तुम मेरे पास हो, सदा मेरे हृदय में हो—मैं ही तम्हारे योग्य नहीं। मैं मूर्ख, गँवार, अनाड़ी हूँ, मुझे अपना प्यार प्रकट करने नहीं आता। कई बार सोचा, तुमसे माफी माँग लूँ, पर पता नहीं क्या हो जाता है मुझे। हाँ, इस कोठरी की पहली रात को मैं जगा था, अधखुली आँखों से देख रहा था तुम्हें। जानता हूँ, तुमने सोचा होगा, छाती पर हाथ पड़ जाने से दुःस्वप्न में बड़बड़ा रहा हूँ। कुछ कहकर तुम्हारे दिव्य रूप को मिटाना नहीं चाहता था। चुप इसलिए रहा कि तुम्हारे प्यार की कोई दूसरी मूक छवि देखने को मिल जाए। आलू-भरे पराठे और खीर के उत्तम स्वाद से भी मुझे तुम्हारे गहरे प्यार का सन्देश मिल गया था। तुम तो मेरी हिम्मत भी हो, अइगा पांडे की दुष्टता का प्रतिकार, उमेश की बीमारी में तुम्हारा हिम्मत बँधाना, आजादी की लड़ाई से जुड़कर खादी पहनना...धनेश्वरी देवी, भगजोगिनी देवी को पढ़ाना-लिखाना...यह सब क्या है ? तुम किसी से क्यों डरोगी ? मैं तो तुम्हें सदा खुश देखना चाहता हूँ...चुप रहो और मुस्कुराओ, हँसो...''

वह उसके कान के पास धीरे-धीरे बोल रहा था, जिसके बीच वह सिसकती रही। उसने ठोड़ी पर हाथ रखकर उसका मुँह उठाया। उसके होंठों का चुम्बन लिया और रुमाल से उसका भीगा मुँह पोंछने लगा। आलिंगन में उसका भय दूर हो गया, उसके हृदय को राहत, ठंडक, सुख और शक्ति मिलती गई और वह आश्वस्त और सुस्थिर होकर उसके झुके चेहरे को एकटक देखने लगी। फिर मुस्कुराकर उसके मुँह पर अपनी उँगलियाँ फिराने लगी...फिर उसके बालों पर, उसकी बाँहों पर, उसकी घाँटी पर। कुछ देर तक उसके हृदय-स्थान पर हाथ रखे रही। अन्त में उसका हाथ अपनी मुट्ठी में लेकर अपने हृदय पर रखते हुए बोली, वही शब्द, जो वह कई बार उसको याद करते हुए एकान्त में निःशब्द बुदबुदा चुकी है :

''तुम मेरे आदर्श हो, मेरे भविष्य हो, मेरी पूर्णता हो, तुम क्यों मुझसे दूर हो, मेरे पास आओ नीलेश...''

अगले दिन की सुबह भी बहुत खुशनुमा थी। वह छत पर जाकर, ऊपर फैले स्वच्छ मुस्कुराते

आकाश को कृतज्ञ यादों के झरोखे से मुग्ध भाव से देखने लगी। फिर वह नीचे उतरकर उसे जगाने के लिए पहुँच गई। आँखें खोलकर वह उसे एकटक देखने लगा—और खुशी में आकंठ डूबी अपनी झपझपाती आँखें दूसरी ओर फेर लीं उसने। लेकिन इसी समय ऐसी दो घटनाएँ हुईं, जिसकी उम्मीद नहीं थी। एक तो यही कि रतनसिंह के छोटे साले अपनी पत्नी, अपनी बड़ी लड़की सीता तथा उसी छोटे लड़के विभूतिनारायण के साथ, जिसके मुंडन में यहाँ से सभी इलाहाबाद गए थे, सवेरेवाली ट्रेन से आ पहुँचे। दूसरा वाकया यह कि सुरेश बाहर से दुबकते हुए कोठरी में चला आया और नीलेश के कान में खुसुर-फुसुर कुछ कहने लगा।

नीलेश चौकन्ना होकर देखने लगा। फिर खड़ा हो गया।

"क्या बात है सुरेश ?"

"चाचीजी, भैया के एक मित्र हैं, पहले गवर्नमेंट स्कूल में उनके साथ पढ़ते थे, अब साधु हो गए हैं, देहात की एक मठिया में रहते हैं। मेरे घर में आए थे, बाबूजी ने मुझसे कहा, ले जाकर मिला दो। मठिया के बाबा प्रसाद भी आए हैं, कहते हैं प्रसाद ग्रहण करने से सभी ग्रह कट जाएँगे। बाहरवाला कमरा खुलवा दीजिए चाचीजी।"

एक साँस में कही हुई सुरेश की बात को नम्रता की माँ आश्चर्य से सुनती रही, फिर बोली, "नम्रता खोल दो...नीलेश बाबू को होशियारी से ले जाना...।"

बारी-बारी से सशंकित दृष्टि से माँ, सुरेश और नीलेश की ओर नजर घुमाती, पास ही में खड़ी नम्रता चुपचाप बाहर की तरफ चली गई। बाद में नीलेश जब कमरे में गया तो आगन्तुक को देखकर आश्चर्यचकित रह गया, क्योंकि कुर्सी पर बैठे दाढ़ी-मूँछवाले तीस वर्षीय गेरुआ वस्त्रधारी व्यक्ति को जरा भी पहचान नहीं पाया।

"मुझे याद नहीं आता, कभी आपसे मिलना हुआ हो...।" नीलेश ने उसके पास बैठते हुए धीरे-से कहा।

"कोई बात नहीं," साधु ने झटक-झटककर बोलते हुए कहा, "मैं बैकुंठ हूँ...बड़े-बड़े नेता फरार हो गए हैं, कई जंगल-झाड़ी, रहर के खेतों में छिपे हैं...तो खैर, देश का काम नहीं रुकेगा। बहुत-से नौजवान तैयार हैं...पिलास हैं, बहुत से दूसरे औजार हैं...तौ खैर, केशवदेव मालवीय, अरुणा आसफ अली वगैरह अब भी फरार हैं...उन्होंने गंगा पार से पर्चे भेजवाए हैं...ये पर्चे शहर, कस्बों, गाँवों में गिराए जाएँगे, चिपकाए जाएँगे...तो खैर, तार फिर से काट देने और रेल पटरियाँ उखाड़ने का आदेश आया है..."

"मैं तो आपको जानता नहीं..." नीलेश का सन्देह दूर नहीं हुआ, यद्यपि इस फँसाव से निकलने का एक ताजा हवादार पथ-प्रकाश उसके सामने झिलमिलाने लगा।

स्वयं ब्रिटिश गुप्तचर विभाग का आदमी होने के भ्रम-निवारण हेतु आगन्तुक ने सूचित किया कि भूमिगत प्रान्तीय नेतृत्व ने उसे बलिया जिले का नया कांग्रेस प्रभारी नियुक्त किया है। इसके बाद उसने कांग्रेस आन्दोलन, कांग्रेस केन्द्रीय कार्यकारिणी तथा प्रान्तीय कार्यकारिणी की संरचना पर भी प्रकाश डालना उचित समझा जिस दौरान जवाहरलाल नेहरू, आचार्य नरेन्द्रदेव, दामोदर स्वरूप सेठ, चन्द्रभानु गुप्त, शंकरराव देव आदि के नाम कई बार आए। उसने अद्‌भुत स्मरण-शक्ति का परिचय देते हुए राष्ट्रीय महत्त्व की कुछ मीटिंगों की एकदम सही तारीखें, दिवस और समय के साथ भी बता दीं। अन्त में प्रभाव से सन्तुष्ट होने के बाद कुछ दबंगई से बोला :

"अगर मैं सी.आई.डी. में होता तो आपसे इस रूप में मिलता ? इस समय तक तो आप जेल में होकर बहुत कुछ भुगत रहे होते ! आपके दोनों छोटे भाई आपसे अधिक होशियार हैं। आप बनारस में पढ़ते हैं, मुझे नहीं जानते, आपके भाई मुझे पहचानते हैं, नाम से और शक्ल से भी। तो खैर...मैं जाता हूँ, आपके भाई शहर में पर्चे गिराने को तैयार हैं। आपको परसों, सुबह अँधेरे

में ही यहाँ से चल देना है। बचकर, सँभलकर जाइएगा, इस समय में पुलिसवाले भी आराम करते हैं। आप नगवाँ से आगे चलेंगे तो एक मैदान मिलेगा, वहाँ एक नाटे, काले आदमी से मुलाकात होगी, गणेश नाम है, वह आपको ले जाएगा एक जगह, जहाँ देशभक्त नौजवानों की एक गुप्त सभा है। हाँ, यह पेड़ा है...आश्रम का प्रसाद नहीं है, देश के लिए सिर कटानेवाले ग्रह कटाने में विश्वास नहीं रखते...गाँव में हलवाई से खरीदा है, उत्तम स्वाद है, आप खाइए और घरवालों को दे दीजिए...।''

आगन्तुक ने खड़े होकर अपने कमंडल में से एक बड़ा कुल्हड़ निकाला, जिसे ऊपर पत्ते से ढककर बाँध दिया गया था। जब वह बरामदे से नीचे उतरकर चला गया तो नीलेश कुल्हड़ लेकर घर के अन्दर कोठरी की तरफ प्रस्थान कर गया। बीच में, भीतरी बरामदे में नम्रता मिली, उसने बिना देखे ही कुल्हड़ उसकी तरफ बढ़ा दिया।

''क्या है ?''

''पेड़ा है, साधु ने खाने के लिए दिया है।''

वह आगे बढ़ गया। नम्रता कुछ और पूछ नहीं सकी बल्कि उसके मुख पर पुरुष उत्साह एवं गर्व की नूतन संकल्प की ऊँचाई और दूरी का अनुमान करके नई, ताजी चाह से भरकर दीप्त आँखों से अपलक देखती रह गई।

दो दिन वह और रहा, लेकिन घर में भीड़ और चहल-पहल की वजह से उससे बात करने, पूछने, जानने-समझने का उपयुक्त अवसर तलाश नहीं पा रही थी नम्रता। वह दुःख, हताशा में बेहाल-सी अक्सर इधर-उधर घूमती नजर आती, जिसका कोई उद्देश्य भी नहीं मालूम पड़ता। शाम को नाश्ता के बाद बाहर के कमरे में देर तक जब सभी इकट्ठे होकर गप-शप करते रहे, वह चुपके-से वहाँ से खिसककर कोठरी में आई और मौन बैठे नीलेश से उसकी ओर बिना देखे बोली :

''आकाश पर चाँद निकला है, छत पर से बड़ा सुन्दर दिखाई देता है...''

इसके बाद वह बिना देखे ही कमरे से बाहर निकल गई।

नीलेश सहसा उसके कथन का अर्थ समझ नहीं सका, लेकिन ध्वनि व्यंजना पर ध्यान जाते ही अभिभूत होकर, सजल आँखों के साथ खड़ा हो गया।

वह छत के मध्य खड़ी प्रतीक्षा कर रही थी और पास पहुँचने पर, विद्युत गति से बढ़कर उसके समाजवादी कुर्ते के कॉलर को पकड़ते हुए प्यार, दुःख, निराशा और क्रोध के अनूठे, आक्रामक फुसफुसाहट-भरे स्वर में बोली, ''तुम निष्ठुर...।''

भावनाओं के ज्वार में वह हाँफ गई और उसका स्वर डूब गया।

''नहीं, ऐसी बात नहीं है। मैं तुम्हारे बारे में ही सोच रहा था,'' वह उसके मुख, बाल और पीठ पर हस्त-संचालन द्वारा आश्वस्त करता हुआ बोला, ''मैं यहाँ से जाऊँगा, कल रात बीतने पर सुबह अँधेरे में। मुझे तुम्हारी मदद की जरूरत होगी, बाहर चुपके-से दरवाजा खोल देना पड़ेगा। हिन्दुस्तान के लोग जो लड़ाई लड़ रहे हैं, उसमें मेरी तरह तुम भी एक सिपाही हो, इसलिए हिम्मत खोने का कोई अर्थ नहीं है। तुम तो मेरे दिल में हो, तुम्हारे साहस और खुशी से मुझे ताकत मिलेगी।''

''तुम ले चलो मुझे...मैं भी तुम्हारे साथ रहकर तुम्हें सहयोग देना चाहती हूँ...''

''यह लड़ाई लम्बी है...कई मोर्चों पर है, तुम जो कर रही हो, वह भी जरूरी है। तुम्हारी वजह से ही धनेश्वरी देवी और भगजोगिनी देवी बहुत कुछ समझ रही हैं, साहसी और मेहनती बनी हैं, पढ़ रही हैं, सीख रही हैं, निडर होकर जेल गई हैं, यह मामूली बात नहीं है। बाहर तुम्हारे लिए कोई माहौल नहीं है, जब जरूरत आएगी तो तुम्हें बाहर मोर्चे पर जाना पड़ सकता है...।''

नीचे कोई पुकार रहा था। उसने जल्दीबाजी में सीढ़ी की तरफ देखा, फिर नीलेश के सिर को

झुकाकर उसके बालों का चुम्बन-स्पर्श किया और बिछोह की व्याकुलता से उसकी छाती पर अपना मुँह रगड़ने के बाद मुक्त होकर चली गई।

एक बार और एकान्त वार्ता का एक दुर्लभ अवसर मिला, जब वह गुसलखाने में हाथ-मुँह धोने गया था। प्यार का वैसा ही हताश आक्रामक भाव था उसमें और सामने कुर्ता पकड़कर वैसे ही पूछा था उसने, "अब क्या होगा ? क्या होगा ?"

"तुम धैर्य और हिम्मत से काम करोगी, खूब मेहनत से अध्ययन करोगी, साधारण महिलाओं से मेल-जोल बढ़ाओगी, उनकी मदद करने, उनको शिक्षित करने का कार्यक्रम चलाओगी। मुझ पर विश्वास करोगी, मेरा इन्तजार करोगी। आजादी की लड़ाई में किसी का साथ छूट सकता है, मगर जो बचकर रह गया है, वह अपने बिछुड़े साथी की परम्परा को कायम कर उस लड़ाई को आगे बढ़ाएगा। हम आजादी के साथ इस देश में मनुष्यता का राज कायम करने की भी लड़ाई लड़ रहे हैं, उन सभी बातों को समाप्त करने की लड़ाई, जो मनुष्य को दूसरे मनुष्य से अलग करती है। मुझे यह कहने में संकोच नहीं है कि नारी रोकती नहीं है, कमजोर नहीं करती है, वह ताकत और हिम्मत देती है, कोई भी लड़ाई उसके सहयोग के बिना अधूरी है। गांधीजी ने नारी की रचनात्मक बुद्धि और शक्ति को समझा है। तुमसे क्या कहना है, तुम तो सब जानती हो..."

उसकी समझ में जो आया, उसने भागते समय में जल्दी-जल्दी कहा और वह आँसू बहाती रही, जैसे कान नहीं बल्कि आँसू ही सुन रहे हों।

अन्तिम समय में वह उसकी इच्छा के अनुसार साहस के साथ अश्रुपात को रोककर मुस्कुराने की कोशिश करती रही। चुम्बनों की लेन-देन के बाद उसने मुक्त करके और अलग होकर ताला खोल दिया। उसके बाहर निकलने के समय हाथ पकड़कर धीरे से बोली :

"सुनो..."

"बताओ..."

"कोई कलंक तो नहीं लगेगा ?" वह उसके कान के पास फुसफुसाई। उसे दुलारी गुरुजी की बात याद आ गई थी।

नीलेश आवाक देखता रह गया उसे। गंगाजल की बूँद की तरह कैसा निर्दोष चेहरा। उसके बालों पर हाथ फेरता हुआ बोला, "कुछ नहीं होगा...जो कुछ होगा, मिलकर सामना करेंगे। सारी चिन्ताएँ निकाल दो...।"

उसके हाथ को अपनी मुट्ठियों में लेकर स्नेह से दबाने के बाद वह नीचे उतर गया। उसके हाथ में कपड़ों से भरा उसका झोला था। उसके कदम तेजी से पड़ रहे थे। ब्राह्म मुहूर्त की शीतल, सुखद हवा जिसमें आत्मसंशय, भावी अनिश्चितता, नम्रता की याद और चिन्ता—संबको उड़ाकर मुक्ति का अनुभव करना चाहता था वह। अपने दिमाग को हर विचार से खाली करके वह चलता गया, बीच-बीच में अगल-बगल और पीछे की तरफ देखते हुए। रास्ते में सन्नाटा पसरा था। भृगुआश्रम के आगे बढ़ने पर सफर और भी सुखद लगा, शायद इसलिए कि पुलिस फौज का भय नहीं था इधर और हवा भी और ताजी और स्वच्छ।

नगवाँ के पास ही उसने उषाकाल की लाली में बिछी उत्सुक धरती और झुककर मुस्कुराते आकाश का अनोखा मिलन देखा। जब वह बैकुंठ द्वारा बताए गए मैदान में पहुँचकर खड़ा हुआ तो सूरज का उदय हो गया था। उसने चारों ओर देखा। और स्वच्छ हवा को पीते हुए दिव्य अनुभूति से भर उठा वह। सामने बिछी धरती पर नन्हीं नरम दूब, बगल के वृक्ष की डालियाँ बाँहों की तरह और भीनी-भीनी सुगन्ध। उसकी आँखें भर आईं। नम्रता याद आ गई थी उसे। उसके बाद और भी बातें...अनुरोध, अश्रु, बिछोह, अन्तिम कथन...एक डर घुसने लगा उसके अन्दर...

"आप नीलेशजी हैं न ?"

उसकी तन्द्रा भंग हुई और उसने चौंककर देखा। नाटा और काला व्यक्ति।

"गणेश हैं आप ?"

"आइए, चलिए, यहाँ से दूर नहीं है..."

वे खेतों की पगडंडियों से होकर चले, लेकिन अन्ततः जिस छोटे-से गाँव के बगीचे में पहुँचे, वहाँ एक व्यक्ति नजर नहीं आया। एक जगह खड़ा होकर नाटा व्यक्ति इधर-उधर उत्सुकतापूर्वक देखने लगा—तभी पेड़ों की झुरमुट में से निकलकर छह पुलिस सिपाही उन पर टूट पड़े। पहले तो उनकी समझ में कुछ नहीं आया, फिर नारे लगाने लगे जिसके परिणामस्वरूप नीचे पटककर कुटम्मस की गई और अन्त में कमर में रस्सा बाँधकर और पैरों में बेड़ी डालकर कुछ दूर सड़क पर खड़ी लॉरी में चढ़ा दिया गया, इस चेतावनी के साथ, "चलो कोतवाली, वहाँ बाप-दादा भी नहीं चिल्ला पाओगे।"

पुलिस शहर की ही थी और किसी मुखबिर से गुप्त सभा का पता लग गया था। गनीमत यह है कि बहुत-से लोग समय पर नहीं पहुँचे और जो अन्य तीन आए भी वह पहले ही धर लिए गए।

लॉरी जब सीतानाथ के मकान के सामने खड़ी हुई तो तहलका मच गया। लॉरी में गुप्तचर विभाग का इंसपेक्टर और एक मजिस्ट्रेट भी था। कैदियों में सिर्फ नीलेश को ही उतारा गया, क्योंकि बाद में ही उक्त दोनों अधिकारियों को मालूम हो सका कि यह उस वकील का लड़का है, जिसके साले सिविक गार्ड कमांडर हैं, और उसे बाहर-बाहर ही परिवारजनों से मिलने की छूट दी जा सकती है।

मोहल्ले के कई लोग आ गए, छकौड़ी-बो, रतनसिंह, धनेश्वरी के पति किशुनी, लाला, भीतर से सीतानाथ। औरतें दरवाजे के बाहर बरामदे में खड़ी हो गईं धारोधार रोती हुईं। कुछ देर बाद नम्रता भी आकर खड़ी हो गई। जब उसने नीलेश को इस हालत में देखा तो वह गुस्से से पागल-सी होकर पुलिसवालों और मजिस्ट्रेट को घूरने लगी। नीलेश के कपड़ों में धूल और घास लगी थी, बाल भी धूल से सने और बिखरे, कपोलों पर लाल-लाल सट्टे और दाईं तरफ नीचे का होंठ कटा हुआ। बेड़ी में उसके पैर फैले हुए थे, और वह छाती निकालकर साहस के साथ खड़ा मुस्कुराने की कोशिश कर रहा था।

"इन पर प्रहार क्यों किया गया है ? इनकी कमर में रस्सा क्यों बाँधा गया है ? कचहरी में मुकदमा चला नहीं, उसके पहले दंड दे दिया गया ? किस अपराध में ? रस्सा खोल दीजिए इनकी कमर से..." नम्रता गुस्से में मजिस्ट्रेट से कह रही थी।

मजिस्ट्रेट ने क्रोध से घूरकर जवाब दिया, "आप सरकारी काम में रुकावट डालने का अपराध कर रही हैं। अभी सरकार औरतों से कुछ नहीं बोल रही है...ले जाओ, कैदी को लॉरी में बिठाओ..."

"नीलेश, हम इन्तजार करेंगे..." नम्रता ने नीलेश से कहा, जब उसे पुलिसवाले ले जाने लगे।

सभी नम्रता को अचम्भे से देख रहे थे, और रतनसिंह ने एक बार उसको क्रोधपूर्वक दबी आँखों से घूरकर सिर झुका लिया था। कुछ देर बाद घर की तलाशी खत्म हुई और लॉरी भर-भर करके चली गई।

रतनसिंह अपने घर जाकर भीतरी बरामदे में कुर्सी पर बैठ गए चुपचाप और पास ही में खड़ी उनकी पत्नी आँचल से आँखें पोंछ रही थी। कुछ देर बाद नम्रता औरतों को ढाढ़स बँधाने के बाद आई और अपने कमरे की ओर जाने लगी। वह कमरे में जाकर अकेले में रोना चाहती थी क्योंकि साहस तथा धैर्य की बातें अपर्याप्त और असमर्थ...इसी समय रतनसिंह सिर उठाकर चिल्ला पड़े :

"सुनो इधर..."

ये भी वही दुर्लभ क्षण थे, जिनमें रतनसिंह आपे से बाहर हो जाते हैं। उनका चेहरा माँजकर

चमकाए गए किसी ताँबे के लोटे की तरह दिखाई दे रहा था। नम्रता से शायद ही कभी इस तरह बात की हो, जो उनकी बेहद प्यारी इकलौटी बेटी है और जो उनके सामने आकर खड़ी हो गई बड़ी-बड़ी आँखें निकालकर देखती हुई।

"क्यों गई थी वहाँ बेशर्म की तरह ? किसने बुलाया था तुम्हें ?"

"पुलिस अन्याय कर रही थी..." वह धीमे स्वर में बोली।

"तो तुम पहुँच गई। माँ-बाप थे, मैं खड़ा था और तुम पहुँचकर जबान लड़ाने लगी मजिस्ट्रेट से ! क्यों ? मैं पूछ रहा हूँ, क्यों ?"

नम्रता कोई उत्तर न देकर आँखों से अपने पिता को गुड़ेरती रही। उसकी माँ ने मना किया, "उसे क्यों डाँटा जा रहा है ? सभी तो थे वहाँ !"

इससे रतनसिंह का क्रोध शान्त क्या होता पारा और भी चढ़ गया। अब जर्रे-जर्रे को कम्पित करनेवाली ऐसी आवाज में, जो खड़े होने पर ही सम्भव है, हाथ की धमकी-भरी जुम्बिश का भी सहारा लेकर तड़प उठे :

"कौन लगता है वह तुम्हारा, जो उसे बचाने के लिए पहुँच गई ?"

नम्रता काठ की तरह खड़ी रह गई, सिर्फ आँखें ही शरीर में बच रही थीं। बड़ी-बड़ी जागती आँखें।

"चुप क्यों हो ? मैं साफ-साफ सुनना चाहता हूँ, बताती क्यों नहीं कि वह तुम्हारा कौन लगता है ?"

नम्रता का दिमाग चकरा रहा था। लेकिन उसने आपा नहीं खोया, न ही डरी, बल्कि सच्चाई की डोरी मजबूती से थामे रही।

"मेरा सबकुछ।" उसका स्पष्ट शान्त उत्तर था।

"क्या ?" रतनसिंह के हृदय पर यह भारी आघात था। उन्होंने सोचा था कि नादानी में चली गई थी, और डाँट-डपट से आगे ऐसी नासमझी और उद्दंडता का कार्य नहीं करेगी। एक ही लड़की है, यदि जेल चली गई तो अच्छी-खासी मुसीबत में फँस जाएँगे। यह सही है कि उन्हें गुस्सा कम आता है, उसको विवेक और साहस के खूँटे से बाँधे रहते हैं, लेकिन जब आ जाता है तो वह खूँटा भी उखाड़ देता है। उन्होंने प्रहार के लिए हाथ उठा लिया।

"यह क्या कर रहे हैं ? मारेंगे उसे ? साफ बता रही हूँ, हाथ उठा दिया तो मुझे जिन्दा न पाएँगे। चलो बेटी, तुम यहाँ से चलो...तुम्हारे साथ कसाई का व्यवहार नहीं होने दूँगी..." नम्रता की माँ बीच में आ गई थी। फिर वह बेटी का हाथ पकड़कर उसके कमरे में ले गई।

"आज से इसकी पढ़ाई बन्द। यही लक्षण हैं तो पढ़-लिखकर क्या होगा ? मेरी सिधाई और अहसान करने का नतीजा है यह। मैं भी सोचता था उस पांडे लोफर की हिम्मत कैसे हो गई ? हुँह, नाक कट गई...।"

इसके फौरन बाद नम्रता की माँ एक ही साथ आँखों से रोती, हाथ से छाती पीटती और पैरों से टेढ़ी-तिरछी भागती पति के पास जाकर बोली, "मैं यह बरदाश्त नहीं करूँगी। बड़ा नाम था कि बहुत हिम्मत है, शान्ति से काम लेते हैं। घर की अकेली लड़की है, सयानी है, लक्ष्मी है, सीता है, आपने तो अभी उसके लिए कुछ किया नहीं, उसके लिए ऐसी भाषा निकालते हैं ? चलकर उससे माफी माँगिए। भैया-भाभी एक रिश्तेदार से मिलने गए हैं, आते होंगे, हँसी-हँसारत के पहले जाकर उसे मनाइए। वह लड़की नहीं दुर्गा भी है, वह हमारे लिए लड़का भी है...।"

वह किसी पागल से प्रतिस्पर्धा करती हुई धाराप्रवाह बोल रही थी, अन्दर शायद कहीं यह विश्वास जरूर रह गया था कि सदा खूबसूरत और बेहद प्यारी पत्नी पर अवलम्बित रतनसिंह पर बातों का प्रभाव पड़ेगा, जो एक सर्वश्रेष्ठ गरज के प्रतिफल में गूँज उठा :

"रहो तुम और तुम्हारी लड़की।"

विनती और गिड़गिड़ाहट के बीच कपड़े बदलकर वह बिना खाए-पिए पत्नी का रुदन और बेटी का चुप्पी-संकल्प पीछे छोड़ते हुए कचहरी चले गए। विचार, कथन और कृत्य के स्तर पर साधारण आत्मपरक जिद्द, नासमझी और दुर्व्यवहार, कभी आदर्श और शान्ति का किला भी तोड़ सकता है। इसीलिए नीलेश और देश के लिए जीवन को प्यार करनेवाली नम्रता अपने सामने देख रही थी कि उस मजबूत नींव को ही उखाड़कर अन्धकार में फेंक दिया गया है, जिस पर वह गर्व और साहस के साथ खड़ी थी। माँ उसको समझा रही थी, लेकिन वह मौन अन्धकार में आगे बढ़ती रही। और जब माँ कुछ देर के लिए टली तो वह उठकर गुसलखाने के बाहरवाले ताख के पास गई और उस पर रखी एक पुड़िया खोलकर उसमें रखी सामग्री मुँह में उड़ेल ली, फिर गुसलखाने में जाकर पानी पीया और अन्त में अपने कमरे में आकर लेट गई।

चूहा मारने की दवा उसी ने मँगवाई थी जिसमें से कुछ इस्तेमाल की गई और शेष भावी इस्तेमाल के लिए ताख पर रख दी गई थी। कुछ देर बाद माँ उसके कमरे में आई तो वह छटपटा रही थी और उसके मुँह से फेन निकल रहा था।

"अरे क्या हुआ, मेरी बेटी को ?" वह जोर से चिल्लाई। नौकर ने बताया कि दीदी गुलसखाने के पास गई थी। वह दौड़कर उधर गई तो ताख के नीचे खाली पुड़िया देखकर छाती पीटने लगी, "अरे किसके पास जाऊँ ? कोई नहीं है। अरे, जाओ, वीरेश, सुरेश किसी को बुला लाओ। धनेश्वरी से कह दो, किशुनी से कह दो, हाय राम, मेरी सीता चली गई, मेरी दुर्गा चली गई..."

वीरेश तो नहीं था, मगर सुरेश फौरन पहुँच गया। नम्रता की माँ रोती हुई बोली :

"अरे बच्चा, तुम्हारी दीदी ने गलती से चूहा मारनेवाली दवा खा ली है। जाओ कचहरी चले जाओ, चाचाजी को बुला लाओ..."

सुरेश एक-दो बार बाहर-भीतर गया फिर हिम्मत से बोला, "आप इस तरह जान छोड़कर रोएँगी तो हिम्मत कौन करेगा ? कचहरी दौड़ने से कुछ नहीं होगा, मैं दीदी को अस्पताल ले जाऊँगा। बाद में कचहरी कोई चला जाएगा। दीदी को सँभालिए, मैं एक्का लाता हूँ..."

एक खाली एक्का इधर ही आ रहा था, किशुनी, धनेश्वरी, छकौड़ी-बो, आनन्दी, भगजोगिनी, वीरेश सभी पहुँच गए। शीघ्र ही नम्रता को लादकर अस्पताल पहुँचाया गया। डॉक्टर ने उल्टी कराकर पेट साफ किया, फिर सूई, दवाई का उपचार करने के बाद कहा, "अच्छा हुआ, अस्पताल ले आए, नहीं तो मुश्किल हो जाती। अब खतरे से बाहर हैं।"

रतनसिंह बेहद घबराए हुए कचहरी से आए थे। शाम तक जब नम्रता स्वस्थ होकर घर आ गई तो अवसर पाकर उसके कमरे में पहुँच गए और रोकर कहने लगे, "मुझे माफ करो बेटी। मैंने बड़ा अन्याय किया तुम्हारे साथ। मैं दुनिया की परवाह नहीं करता, तुम्हारी खुशी के लिए कुछ भी करूँगा, नीलेश से ही तुम्हारी शादी करूँगा, ईश्वर तुम दोनों को खुश रखे।"

51

नीलेश, गणेश तथा कुछ अन्य नौजवानों के गिरफ्तार हो जाने से आघात तो अवश्य लगा, किन्तु इससे विचलित न होकर बैकुंठ ने अपनी कोशिशें जारी रखीं और लगातार यात्राओं और सम्पर्कों द्वारा एक बार फिर बलिया जनपद में पूरब से पश्चिम और उत्तर से दक्षिण तक देशभक्तों की नई फसल लहलहाने लगी, जिनमें नवीनतम पीढ़ी के नौजवान, किशोर और छोटे-छोटे बच्चे भी शामिल थे। खेती-बारी में लगे एक गरीब, कर्मठ और आशावादी किसान की तरह बैकुंठ दिन-रात जुटा

रहता। फौज के आगमन, अन्धाधुन्ध गिरफ्तारियों, भयंकर उत्पीड़न और दमन से एक समय ऐसा जरूर लगने लगा था कि राष्ट्रीयता और देशभक्ति की यह उर्वर धरती बंजर हो गई है और अब इसमें कुछ नहीं उगाया जा सकता। आजादी दूर चली गई है, बहुत दूर और निकट भविष्य में उसे प्राप्त करना असम्भव है। परन्तु बैकुंठ तथा अन्य नौजवानों ने हार नहीं मानी और विकट, प्रतिकूल परिस्थितियों में 'भारत छोड़ो आन्दोलन' को जारी रखा।

खूँखार पागल की तरह नासमझी का व्यवहार करनेवाली विदेशी हुकूमत की शैतानी आक्रामक दौड़ के बीच अनेक खतरे उठाते हुए वे लोग कार्य करते थे। जगह-जगह घूमते गुप्तचरों और उनके मुखबिरों की आँखों में धूल झोंकने के लिए उन्हें अनेक उपाय करने होते। कोशिश तो यही होती कि यात्राएँ रात के वीरान अँधेरे में हों, लेकिन कई दिक्कतों की वजह से यह हमेशा सम्भव नहीं। तब उन्हें भेष, चाल तथा मुख-मुद्राएँ बदलनी पड़तीं। कभी साधु बन जाते, कभी भिखमंगा, कभी नकली दाढ़ी-मूँछ लगानी पड़ती, कभी अनोखे ढंग से कूल्हे और मुँह को टेढ़ा करना पड़ता और कभी लँगड़ाकर चलना पड़ता। इन्हीं तरीकों से बैकुंठ तथा उसके साथी छिप-छिपकर लोगों, खास तरह से नए नौजवानों से मिलते, उन्हें समझाते, बहस करके आन्दोलन के लिए उन्हें तैयार करते, जहाँ सम्भव हो चन्दे वसूल करते, घर से भाग गुप्त रूप से कार्य करनेवाले नौजवानों के ठहरने और खाने की व्यवस्था करते। पिलास, चाकू, रिंच, हथौड़ा तथा अन्य जरूरी औजार तथा गंगा पार से छपे हुए पर्चे मँगाकर कार्यकर्ताओं में वितरित करते। औजार रेलवे की पटरी उखाड़ने तथा तार काटने के लिए और ब्रिटिश सरकार के विरुद्ध विद्रोह का सन्देश देनेवाले पर्चे लोगों के बीच बाँटने, गिराने और चिपकाने के लिए।

बैकुंठ अपने साथियों तथा कार्यकर्ताओं के लिए अन्य तरह की भी व्यवस्था करता, क्योंकि उनमें से कई मामूली कपड़ों में ही घर से भागकर आन्दोलन में शामिल हुए थे। एक ही कपड़ा पहनते-पहनते फट जाता था। कइयों के पास तो जूते-चप्पल भी नहीं थे, और जिनके पास थे भी, वे कब तक ऊबड़-खाबड़ रास्तों में बचा पाते। किसी की चप्पल घिसकर आधी रह जाती, किसी के जूते का तल्ला निकल जाता और चलते वक्त मुँह बाकर और जीभ निकालकर फट-फट बोलने लगता। ऐसे अभावों की पूर्ति चन्दे में मिले मामूली धन से करने की कोशिश की जाती, लेकिन ऐसा अमूमन हो नहीं पाता तो गुप्त समर्थकों तथा सहानुभूति रखनेवालों से कहा जाता कि वे यदि पहने हुए कपड़े-धोती, कुर्ता-बनियान, स्वेटर आदि इकट्ठे करके दे सकें तो भी काम चल जाएगा। इस कार्य में देशभक्त और जागरूक महिलाओं ने बड़ी मदद की, जिनमें दुलारी देवी, नम्रता, भगजोगिनी, धनेश्वरी, नकलनबीसिन तथा अन्य कई महिलाएँ शामिल थीं।

इन महिलाओं में से कुछ ने जाड़े के मौसम के लिए ऊनी कपड़े बुनकर दिए, जैसे नम्रता ने दो स्वेटर तथा दुलारी देवी ने कुछ मोजे और टोपियाँ। मगर ये पर्याप्त नहीं थे। कभी वे कुछ खाना जैसे पूड़ी, पराठा, ठेकुआ, अचार तैयार कराके भेजवा देतीं। हमेशा यह सम्भव नहीं था। सम्पर्क करने में जोखिम तो था ही। नम्रता, नकलनबीसिन आदि के लिए वीरेश और सुरेश सहज उपलब्ध थे। ये दोनों ही शहर में पर्चे बाँट रहे थे। खास तरह से सुरेश की उम्र छोटी थी और वह अपनी ही उम्र के साथियों के साथ यह कार्य करता। यह दल फौजी या पुलिस गश्ती दल के पीछे-पीछे सक्रिय रहता। किसी मुहल्ले से गश्ती दल के गुजरने के बाद छोटे बच्चे जिनके घूमने-टहलने पर किसी को सन्देह नहीं होता था, सड़क पर पर्चे गिराकर तथा दीवारों पर चिपकाकर गायब हो जाते। बाद में सरकारी हलकों में तहलका मच जाता, तलाशी शुरू हो जाती, सन्देह में निर्दोष लोगों की गिरफ्तारियाँ होतीं, उनकी पिटाई की जाती।

विदेशी हुकूमत की बौखलाहट का अन्त नहीं था, जब इन्हीं लड़कों, खास तरह वीरेश और उसके साथियों ने 26 जनवरी को चौक पर तिरंगा झंडा फहरा दिया। पुलिस गश्ती दल को चकमा

देकर वे रात में चौक पहुँच गए और एक की पीठ और दूसरे के कन्धे का सहारा लेकर तीसरा यानी वीरेश गुम्बद पर चढ़ गया और झंडा फहराने में सफल होने के बाद नीचे उतरकर पहले की तरह साथियों के साथ छिपकर रफूचक्कर हो गया। उन्होंने पुलिस चौकी, सरकारी अफसरों तथा ब्रिटिश हुकूमत के समर्थकों एवं चापलूसों के मकानों पर भी पर्चे चिपकाए। सभी स्कूलों में भी पर्चे गिरने लगे। मध्यान्तर काल में जब लड़के बाहर निकलते, एक-दो लड़के छिपाए हुए पर्चे निकालकर डेस्क या मेजों पर रख देते।

लेकिन एक दिन ऐसा करते समय एक लड़का पकड़ा गया। फिर तो कई लड़कों की गिरफ्तारियाँ हुईं, जिनमें सुरेश भी शामिल है। इनमें कई लड़के सन्देह में भी गिरफ्तार हुए, उनको हवालात में रखा गया, खूब मार पड़ी, लेकिन किसी ने न माफी माँगी और न कुछ बताया। उम्र कम थी उनकी, नाबालिग थे और कोई ठोस सबूत न मिलने से कोई मामला नहीं बना और कुछ दिनों की हवालाती कैद के बाद वे छोड़ दिए गए। लेकिन वीरेश और सुरेश दोनों ही भाइयों को गवर्नमेंट स्कूल के हेडमास्टर ने स्कूल से निकाल दिया और सीतानाथ को बुलाकर स्पष्ट कह दिया कि वे अपने लड़कों के नाम किसी और स्कूल में लिखा लें, अपने स्कूल में नहीं रख सकते वह क्योंकि इसके लिए सरकार की ओर से काफी दबाव डाला जा रहा है। तब सीतानाथ ने अपने लड़कों को उमानाथ के पास बनारस भेज दिया और उनके नाम वहीं लिख गए।

दूसरे कस्बों तथा गाँवों में भी नौजवानों की इस प्रकार की राष्ट्रीय गतिविधियाँ जारी थीं। अनेक नौजवान घर छोड़कर शामिल थे और रूखा-सूखा खाकर उत्साह और साहस के साथ डटे हुए थे। हर जाति और धर्म के लोग थे उनमें, लेकिन उनके बीच खाने-पीने, आपसी संवाद, सहयोग के दौरान कोई भी समस्या उत्पन्न नहीं होती। गुप्त सभाओं में कभी-कभी उनको एक कठवते या परात में पूरा खाना एक साथ परोस दिया जाता और वे एक ही में जल्दी-जल्दी खाने लगते। ऐसे मेल-जोल और एकता से वे अत्यन्त सन्तुष्ट होते। उनके बीच विकसित होती इस राष्ट्रीयता और भाईचारे से उनको रोमांच होता। उनमें कांग्रेस, समाजवादी और क्रान्तिकारी विचार के सभी लोग थे, जो जातीय एवं साम्प्रदायिक संकीर्णता के कट्टर विरोधी थे और यहाँ अपने विश्वास और आस्था को चरितार्थ होते देखकर उन्हें प्रसन्नता होती। वे आजादी मिलने पर ऐसी राष्ट्रीयता चाहते थे, जो समानता, परस्पर सौहार्द और एकता को पुष्ट करे।

कार्यकर्ताओं के लिए खाली समय में पढ़ने हेतु पुस्तकें तथा पत्र-पत्रिकाएँ भी जुटाए जाते। भाग-दौड़ की जिन्दगी में ताजा दैनिक अखबार तो मिलना सम्भव नहीं था, यदि कभी मिलता तो पुराना ही होता, लेकिन पुरानी पत्रिकाएँ उपयोगी होतीं, जिनमें 'सरस्वती', 'विशाल भारत', 'माया,' 'मनोहर कहानियाँ', 'मॉडर्न रिव्यू' उल्लेखनीय हैं। पुस्तकें भी पुरानी ही थीं जिनमें उपन्यास और कहानियाँ प्रमुख हैं। राजनीतिक पुस्तकें भी होतीं, लेकिन कम—और कइयों द्वारा पूर्व-पठित भी। बैकुंठ ने एक बार हस्त-लिखित पत्रिका भी निकालने की कोशिश की लेकिन ऐसा दो-तीन बार ही हो सका। कार्यकर्ताओं में जो अधिक पढ़े-लिखे थे, उनसे लेख लिखवाए गए—राष्ट्रीय आन्दोलन के इतिहास, राष्ट्रीय नेताओं तथा 'भारत छोड़ो' आन्दोलन की प्रगति और उसकी भावी योजनाओं के सम्बन्ध में। यह पत्रिका मामूली कार्यकर्ताओं के बीच खूब घूमी और पढ़ी गई और उससे नया उत्साह उत्पन्न हुआ।

नौजवानों को अनेक दलों में विभक्त कर दिया गया था। एक दल में तीन व्यक्ति होते, जो विभिन्न दिशाओं में विभिन्न उद्देश्यों से सफर करते रहते। वे लम्बी दूरियाँ तय करते। काँटों-भरे ऊबड़-खाबड़ रास्तों, जंगल-झाड़ियों तथा खेतों की पगडंडियों से होकर मामूली कपड़ों तथा घिसे-फटे जूतों-चप्पलों में वे तड़के सुबह निकलते तो शाम को पहुँचते। साथ में सत्तू या भूजा रहता और नहीं भी रहता तो किसी गाँव से खरीद लिया जाता और बर्तन न मिलने पर अँगौछे में रखकर और पानी

में भिगोकर पिंड बना लेते और हाथ में लेकर मूली या प्याज से गटक जाते।

लेकिन तार काटना और रेल की पटरी उखाड़ना आसान नहीं था। एक तो कड़ी सतर्कता की वजह से पुलिस या फौज की टुकड़ियों की गश्त होती रहती और सरकारी गुप्तचर या उनके मुखबिर पागल-बउरहे का रूप बनाए जगह-जगह घूमते रहते। ऐसी हालत में कोई तार-वार काट भी देता तो जल्दी ही पता लग जाता और तत्काल जोड़ भी दिया जाता। मुश्किल तो यह थी कि भयंकर दमन, उत्पीड़न, घर फूँक देने तथा सामूहिक जुर्माने लगाने से गाँवों के आम लोग बेहद त्रस्त थे और ऐसे समय ऐसे किसी कार्य में सहयोग नहीं देना चाहते थे, जो उनको दुबारा नई मुसीबत में डाल दे।

ज्वार खत्म होने पर भाटा के समय यह उम्मीद या इच्छा करना कि फौरन ज्वार आ जाएगा, भ्रम या मूर्खता का ही विचार है। इसीलिए महात्मा गांधी अथवा दुनिया के अन्य जननेता रचनात्मक कार्यों द्वारा तैयारी करते हुए ज्वार के उचित समय की प्रतीक्षा करते हैं। हर समय और जब चाहे आन्दोलन या क्रान्ति कैसे सम्भव है ? एक अवसर आया था जरूर, जिसमें जनता ने स्वयं नेतृत्व हाथ में लेकर अभूतपूर्व विशाल आन्दोलन खड़ा कर विदेशी हुकूमत को पीछे ढकेलकर पराजय के निकट पहुँचा दिया। यदि किसी कारण से, वह आन्दोलन अन्तिम मंजिल तक नहीं पहुँचा और जनता को पीछे हटना पड़ा, तो अब वैसा ही बड़ा आन्दोलन फिर कैसे खड़ा हो सकता है ? जिन कारणों से कोई व्यक्ति पीछे भागता है, वे शीघ्र कैसे दूर किए जा सकते हैं और उनके रहते कैसे कोई अचानक तेजी से आगे दौड़ने लगेगा ?

ऐसी विकट परिस्थिति में, भूमिगत प्रान्तीय नेतृत्व ने बैकुंठ के साथ मिलकर फैसला किया कि पटरी उखाड़ने और तार काटने तथा ऐसे कुछ अन्य कार्यक्रमों को उस समय तक स्थगित कर दिया जाए, जब तक जनता सहयोग देने को फिर तैयार नहीं हो जाती। और अपना पूरा समय फरार नेताओं और कार्यकर्ताओं को ढूँढ़-ढूँढ़कर इकट्ठा करने में लगाएँ। उनके आने से जनता में फिर हिम्मत जुटेगी, क्योंकि वे आजादी की लड़ाई की बदली हुई परिस्थितियों में नया, उपयुक्त रास्ता सुझाने में अवश्य ही सफल होंगे।

किन्तु यह कार्य भी आसान नहीं था, विशेष रूप से फरार नेताओं और कार्यकर्ताओं के गाँवों में, जहाँ विदेशी हुकूमत ने भयावह प्रतिशोधात्मक कार्रवाइयाँ की थीं, जिससे वहाँ की जनता सर्वाधिक आतंकित और सशंकित थी। इन गाँवों के लोग चौबीस घंटे सावधान और सतर्क रहते और अपने-अपने गाँव में छोटी-से-छोटी ऐसी कोई बात भी सहने को तैयार नहीं थे, जो हुकूमत के गुप्तचरों का ध्यान आकर्षित करे। इसका सबूत उस समय मिला, जब बैकुंठ अपने दो साथियों भोला और अनिल के साथ चिलिकहर स्टेशन के पास स्थित एक गाँव में एक भूमिगत नेता से सम्पर्क करने के उद्‌देश्य से गया।

बड़ा अत्याचार हुआ था उस गाँव पर। कई मकान फूँक दिए गए थे, लूट, गिरफ्तारियाँ और पिटाई हुई थी, फिर भी नेता का कोई सुराग न मिलने पर सामूहिक जुर्माना के अलावा युद्ध के लिए चन्दा भी जबरदस्ती वसूला गया। अन्य कई गाँवों की तरह इस गाँव में भी हमेशा पहरेदारी होती रहती कि कोई अनजान आदमी तो गाँव में आ-जा नहीं रहा है ? कोई अनहोनी घटना तो नहीं हो रही है ? ऐसी स्थिति में किसी की नजर बैकुंठ तथा उनके दो साथियों पर पड़ गई, जब वे दूर थे, लेकिन सतर्कतापूर्वक इधर-उधर देखते हुए गाँव की तरफ ही बढ़े आ रहे थे।

बैकुंठ का दल जब गाँव के कुछ और नजदीक पहुँचा तो उन्हें यह देखकर बड़ा अचम्भा हुआ कि छः ग्रामवासियों का एक दल कतारबद्ध होकर खतरनाक ढंग से उनकी तरफ बढ़ रहा है। उनके सिर पर अँगौछा या दुपट्टा बँधा था, धोतियाँ कमर में खोंस ली गई थीं और हाथ में लाठियाँ आगे बन्दूक की तरह तनी हुई। वे धीरे-धीरे कुछ आगे झुके हुए चल रहे थे, जैसे युद्ध में कोई फौजी

टुकड़ी आक्रमण के लिए सावधानीपूर्वक आगे बढ़ती है।

सदा चैतन्य रहनेवाले बैकुंठ के साथी भी कम अनुभवी नहीं थे, इसलिए लाठीधारियों की मंशा समझने में उनसे भूल नहीं हुई और वे फौरन पीछे मुड़कर तेजी से लौटने लगे। ऐसी आक्रामक गतिविधि का कारण न जानते हुए भी वे ऐसे नाजुक समय में गिरफ्तारी का जोखिम उठाकर आन्दोलन पर कोई आघात क्या, कोई खरोंच भी नहीं चाहते थे। लेकिन उनकी वापसी से उत्साहित होकर उसको दौड़ पलायन में बदलने की इच्छा से ग्रामवासी उनके पीछे दौड़ पड़े, नियन्त्रित ढंग से। इसका मनोवांछित परिणाम निकला और बैकुंठ का दल वैसी ही तेजी से भाग चला। उनके बीच ऐसा तीन-चार बार हुआ। बैकुंठ का दल बीच-बीच में जब ठिठककर देखता तो ग्रामवासी भी ठिठक जाते। फिर दल के लोग और तेज भागने लगते। अन्त में, वे मैदानी टट्टुओं की तरह सरपट दौड़ने लगे, तब उन्होंने एक बार भी पीछे नहीं देखा, बल्कि पूरी शक्ति से भागते रहे खेतों की पगडंडियों और मेड़ों से होते हुए, कंकड़, ढेलों और काँटों के ठोकरों तथा प्रहारों के सहारे।

ग्रामवासियों की टोली उनको पकड़ना तो नहीं चाहती थी, लेकिन उनको गाँव की सीमा से दूर भगाकर यह भी बता देना चाहती थी कि इस तरह की हरकतें वे पसन्द नहीं करेंगे, क्योंकि आन्दोलन आरम्भ होने के पहले शिक्षित नौजवानों के ऐसे ही दल गाँव में आते, लोगों को इकट्ठा कर जोशीले भाषण देते और उनके जुलूस का नेतृत्व करके सरकारी थानों और कार्यालयों पर अधिकार करने के लिए ले जाते। लेकिन उस आन्दोलन का क्या नतीजा निकला ? जब उन पर जुल्म हो रहे थे, उनकी रक्षा करने के लिए कौन आया ? ये नौजवान उस समय कहाँ थे ?

बैकुंठ का दल भागता रहा और बहुत आगे जाकर निश्चिन्त हो पाया। फिर वे चलते-चलते रात के दस बजे दूसरे गाँव के बाहर आम के बगीचे की पलानी में पहुँचे। यही पता दिया गया था और उसमें सोया हुआ आदमी जागकर उनको शंका से देखने लगा। पूरा पता पाकर निश्चिन्त होने के बाद पलानी के व्यक्ति ने उन्हें पुआल के बिस्तरे पर बिठाकर धीमे स्वर में कहा :

"भाईजी, यह समय ठीक नहीं है। हर काम का समय होता है। कोई भी काम हो, चौबीसों घंटे तो काम नहीं होगा ! किसान खेत पर और विद्यार्थी स्कूल में हमेशा तो नहीं रह सकता ! इसी तरह गाँव के लोग, कार्यकर्ता और नेता हैं। इस अंग्रेज हुकूमत ने इस गाँव में धन-जन का बड़ा नुकसान कर दिया है। इस गाँव के लोग देशभक्त हैं, देश की आजादी चाहते हैं, लेकिन इस समय वे लड़ना नहीं चाहते। कुछ दिन पहले ही तो वे लड़ चुके हैं। मार खाकर इस समय थके हैं। कुछ आराम कर लेंगे, खाकर फिर हरे-भरे हो जाएँगे, उनका घाव भर जाएगा, आत्मविश्वास लौट आएगा, परिस्थितियाँ अनुकूल होंगी—तब वे फिर खड़े होंगे पहले से अधिक उत्साह और संकल्प के साथ। छिपे लोगों को फिर से बाहर लाएँगे तो गाँव के लोगों का सहयोग भी नहीं मिलेगा और वे गिरफ्तार भी हो जाएँगे। चारों ओर तो प्लेग के पिस्सुओं की तरह गुप्तचर घूम रहे हैं। इस समय सूझ-बूझ से काम करने की जरूरत है। मैं आपका सन्देश उन तक पहुँचा दूँगा। कठिनाई तो यह है कि उनको हमेशा छिपने की जगह बदलनी पड़ रही है। आप इस समय भोजन कीजिए और रात में पलानी में आराम करने के बाद भोर में निकल जाइएगा..."

अनेक फरार लोग तो गंगा के इस या उस पार दीयर इलाके या किसी रिश्तेदारी में रुके थे, लेकिन सबको ढूँढ़ लेना आसान नहीं था। कोई भी एक जगह स्थिर होकर बैठ नहीं सकता था।

फिर भी, बैकुंठ तथा उनके साथी नौजवानों ने अपनी कोशिशें नहीं छोड़ीं। वे रूखा-सूखा खाकर दूर-दूर तक सफर करते। ठोकर खाकर पैर की उँगलियाँ फट जातीं, नाखून टूट जाते। जाड़े में बेवाइयाँ बुरी तरह फटतीं, सर्दी-जुकाम और खाँसी से गला जकड़ जाता, लेकिन वे हमेशा खुश रहते। कष्ट-तकलीफ में एक-दूसरे का साथ देते, तीमारदारी करते। जब वीरान में होते तो राष्ट्रभक्ति का संगीत छोड़ देते। कभी-कभी आपस में हँसी-मजाक भी होने लगता।

कुछ बड़े नेता मिले जरूर। उन्होंने उन नौजवानों की खूब सराहना की कि ऐसे कठिन समय में भी वे अलख जगाए हुए हैं। उन्होंने आश्वासन भी दिया कि 'आप चलिए...हम पहुँचते हैं न।' लेकिन वे वादा के अनुसार आए नहीं। शायद वे भी अनुकूल परिस्थिति की प्रतीक्षा कर रहे थे। उधर हुकूमत भी आन्दोलन की गतिविधियाँ जारी रहने और काफी पुराने और महत्त्वपूर्ण नेताओं के फरार रहने से बहुत परेशान थी। उनको पकड़ने के लिए जाल पर जाल बिछाए जा रहे थे और ऐसे ही एक जाल में प्रेमानन्द जैसे महत्त्वपूर्ण और साहसी नेता फँसकर गिरफ्तार कर लिए गए।

प्रेमानन्द जिले के कुछ उन कांग्रेसियों में हैं, जो पढ़ तो नहीं सके, लेकिन साहस और त्याग के मामले में किसी से कम नहीं। एक अत्यन्त गरीब ब्राह्मण के पुत्र, लम्बा, कसरती शरीर, जवान होते ही सन् 1930 के नमक सत्याग्रह से प्रभावित होकर जेल गए। फिर तो अनेक स्वातन्त्र्य आन्दोलनों में शामिल होकर कई बार जेल यात्रा की और कष्ट सहे। बाद में व्यक्तिगत सत्याग्रह में भी जेल गए और रिहा होने के बाद 'भारत छोड़ो आन्दोलन' आरम्भ होने के पहले ही नजरबन्द कर लिए गए। जिलाधीश सुरेश्वर द्वारा कैदियों की रिहाई के साथ वह भी छूटे, और फौज के आगमन के बाद फरार हो गए। दीयर में एक के बाद दूसरे स्थान पर छिपते हुए रात में एक परिचित के डेरे पर लौंडे का गाना सुन रहे थे, उसी समय पुलिस का छापा पड़ा।

वहाँ कई लोग इकट्ठे संगीत का आनन्द ले रहे थे। अचानक डेरा का मालिक राम सिंहासन सिंह चौंक पड़ा, "ए रामअँजोर, देखो तो बाहर कोई है तो नहीं ?"

"इस समय कौन होगा, मालिक ? आधी रात हो गई है...अच्छा देखते हैं..." गाना खूब जमा हुआ था और इस समय रामअँजोर एक क्षण के लिए भी संगीत-सुख से वंचित नहीं होना चाहता था।

कुछ देर बाद रामसिंहासन ने फिर कहा, "अरे, रामअँजोर देखते क्यों नहीं, बाहर जरूर कोई आया है। बैलों की घंटियाँ बज क्यों रही हैं ?"

बैल भी कुत्तों की तरह सजग प्रहरी हैं। रात के सन्नाटे में जब वे खड़े-खड़े सोते हैं तो गले में बँधी घंटियाँ नहीं बजतीं। लेकिन यदि उनके पास कोई आ जाता है तो उनकी निद्रा भंग हो जाती है और सिर हिलाने लगते हैं, जिससे घंटियाँ बजने लगती हैं। और बात सच भी थी, क्योंकि ज्यों ही रामअँजोर देखने के लिए बाहर आया, बाहर के हाते में खड़े पाँच पुलिस-सिपाही उस पर टूट पड़े। पुलिस को सन्देह तो था, लेकिन उम्मीद नहीं थी कि प्रेमानन्द जैसा साहसी, महत्त्वपूर्ण और खतरनाक आन्दोलनकारी गिरफ्त में आ जाएगा। फिर तो डेरा का मालिक रामसिंहासन, रामअँजोर के साथ प्रेमानन्द को पकड़ लिया गया, जिन्हें हथकड़ियाँ पहना तथा रस्से से बाँधकर, इक्के पर बिठाकर बैरिया थाना ले जाया गया।

सुबह हो गई थी, थाने के बाहर इक्का खड़ा होते ही थानेदार ने घरेलू पोशाक में बाहर निकलकर चिल्लाकर पूछा :

"कौन है दीवान ? कोई मछली है ?"

"मछली का, मगरमच्छ है हुजूर, जरायम की स्कीम बन रही थी। एक मुखबिर के बताने पर छापा मारा गया, हम क्या जानते थे, इतना बड़ा शिकार मिल जाएगा ?"

"अरे तो कौन है, बताते क्यों नहीं ? गांधी, नेहरू, पटेल, आजाद तो पहले ही जेल का मजा लूट रहे हैं, अब यह कौन नया तीसमार खाँ पैदा हो गया ?"

"प्रेमानन्द कांग्रेसी है, साहब। इन्हीं लोगों ने नाक में दम कर रखा है। एक-दो और ऐसे मगरमच्छ पकड़ जाएँ तो आन्दोलन फौरन टायँ-टायँ फिस्स हो जाए।"

"थाने के अन्दर लाकर सभी सालों को पेड़ में बाँध दो। सुबह का समय है, अच्छा पनपियाव मिल जाना चाहिए। मैं थोड़ी देर में तैयार होकर आता हूँ।"

यह नया थानेदार था, जो अंग्रेजों के सामने क्रूरतम वफादारी के सबूत एकत्रित करके पेश करने की हड़बड़ी में था। एक घंटे बाद वह वर्दी-पेटी से लैस होकर, हाथ में बेंत लिए हुए आया। तब तक तीनों कैदियों की जमकर पिटाई करने के बाद पेड़ों में बाँध दिया गया था।

पास आते ही थानेदार चिल्लाया, "क्यों बे प्रेमानन्द के बच्चे, जल्दी बता तू दीयर में छिपा बगावत की कौन-सी स्कीम बना रहा था ? तेरे हरामी साथी कहाँ हैं ? तूने और क्या-क्या खुराफातें की हैं ? तू जानता नहीं मैं कौन हूँ। तेरे लिए यमराज हूँ, जल्दी-जल्दी बता जा, नहीं तो तेरी जान निकालकर तेरे माथे पर चिपका दूँगा...।"

"मैं कुछ अधिक तो नहीं कर सका, अधिक समय जेल ही में रहा। हाँ, छूटने पर दो बचे हुए थाने जरूर फूँके हैं। थानेदारों से माफी मँगवाई है जरूर। मैं चाहता हूँ कि जल्दी-से-जल्दी यह विदेशी हुकूमत खत्म हो और इसके लिए जब तक जान है कोशिश करता रहूँगा..."

"तेरी यह हिम्मत ?" थानेदार का चेहरा तमतमा गया और वह आगे बढ़कर प्रेमानन्द पर बेंत से प्रहार करने लगा उचित-अनुचित हर जगह। फिर थककर अलग होकर भर-भर गन्दी गालियाँ देने लगा।

"अच्छा, रस्सा खोलो तो मैं बताता हूँ..." प्रेमानन्द से ऐसी गालियाँ बरदाश्त नहीं हुईं और उन्होंने मूँछों पर ताव देते हुए चुनौती पेश की।

"अच्छा, बड़ा मर्दाना बनता है ? अपनी मूँछ पर घमंड करता है ? सिपाही, इसकी मूँछ का एक-एक बाल बीन लो। भीतर मोचनी है ले आओ जल्दी। और हाँ, इसको पेशाब भी पिलाओ, बड़ा-बड़ा मुँह घुमाकर ललकार रहा है तो इसको फौरन अपनी औकात समझ में आ जाए। यमराज से अभी पाला नहीं पड़ा था इसका..."

थाने में मोचनी थी, इसका अर्थ यह हुआ कि पहले भी ऐसा कुकृत्य किया जा चुका है, यदि नहीं किया गया, तो आगे ऐसा इरादा होगा, जो अब चरितार्थ होने जा रहा था। साम्राज्यवादी शासन के दौरान भीषण दमन एवं उत्पीड़न के अनेक अकल्पनीय, वीभत्स मौलिक तरीके ईजाद किए गए, जिनका पता क्रान्तिकारियों का इतिहास पढ़ने से होता है। इसलिए, कैसे उनका रस्सा खोलकर जमीन पर पटका गया, कैसे चार व्यक्तियों ने उनका एक-एक हाथ, एक-एक पैर दबाए रखा और पाँचवें ने कैसे मोचनी से मूँछ का एक-एक बाल उखाड़ा—फिर उसके बाद कैसे गरीब राहगीरों को बुलाकर उनका पेशाब एक हँडिया में एकत्रित करके ढरके की मदद से उसे जबरदस्ती पिलाया गया, इसका विस्तार से वर्णन करना जरूरी नहीं है, क्योंकि ऐसी यन्त्रणा को शब्दों में लिपिबद्ध करना संभव नहीं। परन्तु इस व्यवहार ने प्रेमानन्द के मर्म पर भारी आघात किया।

कोई भी शारीरिक कष्ट उन्हें न कभी पहले डिगा सका और न इस समय ही डिगा सकता है, लेकिन इस घृणित, अमानवीय कृत्य ने वह नींव अवश्य हिला दी, जिस पर उनकी राष्ट्रीय, नैतिक, सामाजिक एवं धार्मिक जीवन की मजबूत, भव्य इमारत खड़ी थी। उनका स्वाभिमान जैसे किसी ने अपने पैरों के नीचे रखकर बुरी तरह कुचल दिया हो। राष्ट्र तथा उसके करोड़ों लोगों की आजादी और उत्थान के लिए मानवीय सुख-सुविधा तथा अन्य इच्छाओं से ऊपर उठकर त्याग और सत्य-निष्ठा के जिस शिखर पर वह पहुँचे थे, वहाँ से जैसे किसी ने उनको लुढ़का दिया हो निजी ईर्ष्या-द्वेष, क्रोध और प्रतिशोध के अन्धकार में—और यह भावना बढ़ती गई, बढ़ती गई मार्फिन की सूई के प्रभाव की सीमा तक, जब हर कष्ट और दर्द के प्रति संवेदनहीनता उत्पन्न हो जाती है, और जिसमें मूँछ का एक-एक बाल नोचे जाने तथा पेशाब की एक-एक बूँद हलक के अन्दर पहुँचाए जाने की मर्मान्तक शारीरिक एवं मानसिक पीड़ा भी सहनीय हो गई।

इसके बाद भी थानेदार उनको दिन-भर पीटता और पिटवाता रहा, लेकिन वह मार भी उनके बढ़ते हुए क्रोध और प्रतिशोध के सामने नगण्य सिद्ध हुई। और अन्त में, अगले दिन सुबह मुख्यालय

भेजने के लिए उन्हें थाने की एक छोटी-सी अँधेरी कोठरी में रात काटने के लिए डाल दिया गया तो वह निजी किस्म की तर्क शृंखला विकसित कर चुके थे। हाँ, वह काठ या लोहे के बने नहीं हैं, बल्कि हाड़-मांस के इंसान हैं। व्यर्थ है यह अहिंसा का आन्दोलन, जिसमें लगातार हर तरह का कष्ट, अपमान, जलालत बरदाश्त करनी होती है स्वयं, जिससे बिना कोई प्रतिवाद और प्रतिकार किए अन्यायी और आततायी को निरन्तर छूट मिलती रहती है—स्थायी अभयदान ! यदि अहिंसा के तरीके से आजादी मिल भी जाती है, तो ये मानव जाति के अपराधी क्षमा प्राप्त करके जीवित रहेंगे और समय बदलने पर स्वयं चोला बदलकर ईमानदार देशभक्तों और वफादारों से अधिक देशभक्त और वफादार बनकर देश और समाज को नए ढंग से दूषित और विकृत करेंगे ! ऐसे आन्दोलन में समय बरबाद करना है, आन्दोलन तो ऐसा होना चाहिए, जिसमें एक तमाचा के बदले दो तमाचे देने का भी संकल्प हो !

"नहीं, यह बरदाश्त के बाहर है। उसने दूसरों का पेशाब पिलाकर राष्ट्र, समाज, मानवता और एक देशभक्त का ही अपमान नहीं किया है, बल्कि एक ब्राह्मण का भी अपमान किया है, उसकी श्रेष्ठता, पवित्रता और उसके उच्च कुल संस्कारों को धूल-धूसरित कर दिया है। दारोगा के रूप में इस नरराक्षस को जीवित रहने का अधिकार नहीं है। मैं प्रतिज्ञा करता हूँ कि जब तक यह जीवित है, मैं चैन से नहीं बैठूँगा। मेरा यह संकल्प, जयद्रथ-वध की अर्जुन प्रतिज्ञा की तरह ही है।"

कोठरी के अन्धकार में बुदबुदाते हुए वह उठ बैठे। और कुर्ता-बनियान उठाकर अपना जनेऊ एक झटके से तोड़कर उक्त प्रतिज्ञा स्पष्ट शब्द-उच्चारणों द्वारा दोहराई उन्होंने। इससे कुछ सन्तोष मिला और भयावह, दिमागी, प्रतिशोधात्मक प्रतिक्रिया का सिलसिला अचानक थम गया; लेकिन इसने मार्फिन की सूई का प्रभाव कम कर दिया और पिटाई से शरीर पर बने अनगिनत घावों का दर्द अनेक रूपों में उभरने लगा और उनके मुँह से कराह की आवाजें निकलने लगीं। वह देर तक कराहते रहे, फिर ऊँघने लगे—दर्द से बोझिल नींद।

नींद में भी कराह बन्द नहीं हुई और धुँधले, डरावने सपने भी नजर आने लगे। रात के अन्तिम प्रहर में आभास हुआ कि एक बूढ़ा व्यक्ति उनके पास आकर बैठ गया है उदास मुस्कुराहट के साथ। बूढ़ा धीरे-धीरे बोलने लगता है, "तुम निजी इच्छाओं की पूर्ति और उससे प्राप्त क्षणिक सन्तोष, तृप्ति को राष्ट्र, समाज और मानवता की सेवा से क्यों जोड़ते हो ? एक में निजी प्रतिशोध का सुख है और दूसरे में मानव अस्तित्व की गरिमा का आनन्द, करोड़ों आम लोगों से जुड़ने की दिव्य अनुभूति ! यह सही है कि तुम्हारे साथ बड़ा घृणित व्यवहार किया गया है, लेकिन यह समझ लो कि यह सुलूक इसलिए नहीं हुआ कि तुम ऊँचे कुल में पैदा हुए हो, तुम ब्राह्मण हो, उसका स्पष्ट कारण यह है कि तुम अपने देश की आजादी, देश के लोगों का कल्याण चाहते हो !"

बूढ़ा चुप रहकर फिर कहता है, "तुम शायद सोचते हो कि तुमको जो दुःख दिया गया है, वैसा किसी के साथ नहीं हुआ होगा। ऐसा नहीं है—इसी देश के, विदेशी हुकूमत और बाहर के भी आतताइयों ने जनता के प्रिय व्यक्तियों को इससे भी भयंकर यातनाएँ दी हैं। तुम शायद नहीं जानते कि इसी देश का आम आदमी, जिनकी संख्या करोड़ों में है, हर दिन जितना दुःख और अपमान सहता है, उसकी कोई सीमा नहीं। उसकी सहनशक्ति का अन्दाजा नहीं लगाया जा सकता। वह अपने दुःखों का कारण भी नहीं जानता। इन लोगों से सही ढंग से जुड़ने की स्थिति में व्यक्तिगत सुख-सुविधा और व्यक्तिग इच्छाओं की तृप्ति के लिए समय कहाँ बचता है ?

"ऐसे लोगों से जुड़ना जबानी जमा खर्च द्वारा नहीं होगा, वह अपने ठोस कार्यों द्वारा ही सम्भव है निजी सुख और लाभ की परवाह किए बगैर। उनसे जुड़ना, उनको सहारा, सहानुभूति, शिक्षा, स्वाभिमान, रोशनी और काम देना आसान नहीं है। क्यों आसान नहीं है ? इसलिए कि उनको कुंठित किया गया है, तोड़ा और विभाजित किया गया है, उनके स्वाभिमान और स्वावलम्बन को नष्ट किया

गया है। उनसे जुड़ना अपने को जोड़ना है, उनको शिक्षित करना, उठाना और मजबूत बनाना अपने को भी वैसा ही बनाना है। यदि तुम्हें अपना निज प्यारा है तो तुम अपने को आन्दोलन से, आम जनता से अलग कर लो...''

''नहीं...नहीं...'' वह सपने में चिल्लाना चाहते थे, लेकिन मुँह से आवाज नहीं निकल रही थी। फिर नींद टूट गई। वह उठ बैठे और चौंककर इधर-उधर देखने लगे। उनकी आँखों से धारा-प्रवाह आँसू गिर रहे थे। वह बिलखने लगे और उनके मुँह से आवाज निकलने लगी, ''नहीं चाहिए मुझे निजी सुख...जो मैं पहले था, वही अब भी रहना चाहता हूँ...आगे भी...सुन लीजिए, कहाँ गए ?''

वह रोते हुए उठ खड़े हुए और कोठरी में घूमकर देखने लगे, लेकिन कहीं कोई नहीं था। फिर कौन था ? कैसे इतनी जल्दी गायब हो गया ? कौन बोल रहा था ? या सपने में वही बोल रहे थे अथवा उनकी अन्तरात्मा की आवाज थी ? इसके उत्तर में कोठरी के बीच में खड़े वह देर तक आँसू बहाते रहे।

सुबह जब उन्हें बलिया के लिए रवाना किया गया तो होंठों के ऊपर मूँछ की जगह खून के जमाव और सूजन तथा अन्य चोटों के कारण पूरा चेहरा बार-बार ठोकर खाकर पसरे बड़े घाव की तरह नजर आ रहा था। शरीर के अन्य स्थानों पर भी अनगिनत घाव या मार के दाग थे, जिससे ठीक से न चल सकने के कारण पैरों में बेड़ी डालने की जरूरत नहीं थी, लेकिन ऐसे कैदी को कई सिपाहियों के साथ कहीं भेजने में भी खतरा है, इसलिए कड़ाई में कोई मामूली ढील भी नहीं दी गई।

पुलिस कप्तान वुड, जिसको जनता हुड कहती है, इस गिरफ्तारी से बड़ा खुश हुआ। दो दिन बाद प्रेमानन्द को रिमांड पर हवालात में भेज दिया गया, जहाँ उनसे मुख्यालय कोटे की पूछताछ आरम्भ हुई, जिसका अर्थ सभी जानते थे। लेकिन प्रेमानन्द फिर निजी सुख-दुःख से ऊपर उठकर आत्म-साक्षात्कार की स्थिति में पहुँच गए थे। अब वह सोचते कि उन पर नहीं बल्कि बलिया और भारत की असंख्य जनता की स्वातन्त्र्य भावना, नैतिक एवं प्रतिरोध शक्ति पर प्रहार किया जा रहा है, और देश के गरीब, सरल, सच्चे, अन्याय-त्रस्त लोगों के कष्टों के मुकाबले तो उनका कष्ट कुछ भी नहीं, बल्कि उनको बचाने के लिए, उनकी मुक्ति के लिए ही वह सबकुछ बरदाश्त कर रहे हैं। यह भावना एक निर्मल ज्योति की तरह निरन्तर उनके अन्तर और बाह्य को प्रकाशित कर रही थी, इसीलिए वह आगन्तुक अधिकारी का स्वागत करते, ''आइए, आपका स्वागत है।''

वैसे देखा जाए तो उत्पीड़न के निकृष्टतम तरीके बैरिया में पहले ही आजमाए जा चुके थे प्रेमानन्द पर, और सभी समझते थे कि उन हथकंडों को फिर इस्तेमाल करना निरर्थक ही है। लेकिन इतने से भी अंग्रेज सरकार को सन्तोष नहीं है। इन आन्दोलनकारियों से हुकूमत जहाँ बेहद क्रुद्ध थी, वहीं भयभीत भी। क्रोध का कारण तो समझ में आता है, लेकिन जब यह खयाल आता कि वे लोग निहत्थे हैं और प्रतिहिंसा का रास्ता छोड़कर स्वयं हिंसा बरदाश्त करने में विश्वास रखते हैं, तो क्रोध इतना बढ़ जाता कि उनको फौरन मसल देने की इच्छा होती। लेकिन उनके साहस, धैर्य और आत्मविश्वास की थाह न मिलने की वजह से डरती भी थी। हथियारबन्द लोगों से तो लड़ा जा सकता है बेहतर रणनीति और हथियारों द्वारा, लेकिन जो जान-बूझकर हथियार नहीं उठाते, बल्कि सच्चाई, नैतिकता और अहिंसा को ही प्रतिरोध का हथियार मानते हैं, उनसे किस तरीके से लड़ा जाए ? कौन-सी रणनीति अपनाई जाए ? वे अपने तरीकों से आम लोगों में अभूतपूर्व एकता कायम करते हैं और उन्हें संघटित करके विशाल आन्दोलन खड़ा कर लेते हैं। हुकूमत के पास एक और हथियार है अवश्य--लोगों में फूट डालने का। इस हथकंडे का इस्तेमाल तो जरूर किया जाता है कभी-कभी, लेकिन आन्दोलन की तेजी में यह भी सफल नहीं हो पाता। इन परिस्थितियों में साम्राज्यवादी शासन आत्महीनता से और निरंकुश हो जाता है और ऐसे क्रोध और भय के दलदल

में फँस जाता है, जो एक-दूसरे को पुष्ट करते हुए एकमात्र विकल्प अन्याय, उत्पीड़न और विचारहीनता का गुलाम बना देते हैं उसको।

ऐसे क्रूर शासन के मातहत अपने मालिक की मंशा समझकर वाहवाही और तरक्की लूटने के लिए जोरदार कोशिशें करते हैं। रोज ही ग्रामीण इलाके से कोई-न-कोई थानेदार मुख्यालय में आता रहता जनता में अपनी कुख्याति से इठलाता और इतराता। जब वह प्रेमानन्द का किस्सा सुनता तो अपनी कौशल आजमाइश का लोभ रोक नहीं पाता, क्योंकि शाबासी बटोरने का एक और दुर्लभ अवसर मिल गया था। वह उचित मौका खोजकर प्रेमानन्द के पास पहुँच जाता, लेकिन इस विचित्र कैदी के पहले ही विनम्र शब्दों में स्वागत करने से, उसके पैरों के नीचे से वह आधार ही खिसक जाता, जिस पर खड़े होकर वह देशभक्तों को भयंकर गालियाँ देकर ही अपने को बड़ा कर्तव्यपरायण और वफादार समझ रहा होता। इसके बाद तो मनुष्यता की कुछ अच्छी बातें यदि उसमें शेष भी होतीं तो गायब हो जातीं। वह अपने अहंकार को भी नहीं सँभाल पाता और प्रशिक्षित अनुशासन की योग्यता भी तिरोहित हो जाती और समझाने-बुझाने की भूमिका के तर्क को भूलकर निराधार क्रोध में टूट पड़ता।

परन्तु, मार खानेवाला कैदी बिना किसी प्रतिरोध और चीख-चिल्लाहट के मार खाता रहता। यह सही है कि प्रेमानन्द का शरीर मजबूत था, लेकिन मार खाते-खाते वह संवेदनशून्य हो चुका था, फिर भी उसको भारतीय जनता की अपराजेय शक्ति के विश्वास की दृढ़ता भी प्राप्त की। यह सुविचारित सहनशक्ति उत्पीड़क को भी शायद अनजान रूप से जागरूक करती या अक्षमता का अहसास करा देती, जैसे सामने एक ऐसा सीमाहीन मैदान हो, जिसे वह दौड़कर पार नहीं कर सकता। वह अपेक्षा से जल्दी ही थककर लज्जित हो जाता और भविष्य की खोखली धमकियों के साथ वहाँ से भाग खड़ा होता।

एक दिन पुलिस कप्तान वुड यानी हुड हवालात में आ गया। वह तो जानता ही था कि एक अत्यन्त बहादुर कैदी इस स्थान में कैद है। आखिर ऐसे बड़े अधिकारी को यहाँ आने की जरूरत ही क्या है, जबकि उसके मातहत अधिकारी अत्यधिक सक्षम थे ? यह सही है कि इस अंग्रेज अफसर में पुलिस कांस्टेबल की मानसिकता भी सक्रिय रहती थी और आम लोगों से भी अनोखे रिश्ते कायम कर लेता था वह--लेकिन इस कैदी के मामले में एक अजीब तर्क, विचार और भावना का सर्वथा नया अनुभव हुआ उसे। जब उसने प्रेमानन्द की अदम्य राष्ट्रनिष्ठा और अनेक अमानवीय उत्पीड़न सहने के कई किस्से सुने तो अचानक उसे लगा कि उसके क्रूर, निर्मम मातहत अधिकारी उन गुलाम हिन्दुस्तानियों के असली प्रतिनिधि हैं, जो सदियों से गुलामी सहते हुए और आपस में लड़ते हुए अंग्रेजों के सामने दुम हिलाकर अपने भाइयों पर ही इतना जुल्म करते हैं। ये कायर और खोखले हैं, जो अंग्रेजों से शक्ति पाकर अपने को बड़ा शक्तिशाली समझते हैं। इसीलिए यदि इनमें हिन्दुस्तानी कैदी के प्रति सहानुभूति भी हो तो व्यक्त नहीं करते, बल्कि और निर्मम होकर उस पर प्रहार करते हैं। लेकिन स्वयं वह तो अंग्रेज है, यहाँ का सर्वोच्च अधिकारी है, उस अंग्रेज कौम का प्रतिनिधि जिसने दुनिया को सभ्यता और लोकतन्त्र का पाठ पढ़ाया। इसी वजह से उसे यह अधिकार है और उसमें यह हिम्मत भी है कि एक गुलाम हिन्दुस्तानी बहादुर कैदी को इज्जत भी दे सके।

ऐसे उदार विचार, नेक इरादे तथा एक योग्य शासक का जिज्ञासा भाव लेकर वह प्रेमानन्द के पास पहुँचा था। उसका विचार था कि ऐसा बहादुर कैदी उसके प्रेम से समझाने-बुझाने से जरूर मान जाएगा। हिन्दुस्तानी अधिकारी तो आजाद होकर कुछ सोच भी नहीं सकते, जबकि वह स्वतन्त्र है, शासक है, वह उदारता और पुरस्कार तक देने का भी अधिकारी है।

प्रेमानन्द को पहले ही बता दिया गया था, इसलिए कप्तान वुड को देखते हुए उन्होंने विनम्रतापूर्वक कहा, ''बड़ी मेहरबानी है कि तुच्छ कैदियों के बीच आ गए आप...''

पुलिस कप्तान खाकी हाफपैंट और सफेद कमीज में था। पाँवों में मामूली चप्पल। जिर्राफ की तरह उसकी लम्बी टाँगें दूर से ही चमक रही थीं। चेहरा भी वैसा ही लाल गोरा, जिस पर हास्य एवं कौतुक का भाव।

"मैं टुम पर खुश हूँ। बटाएगा ?" वुड ने कहा।

"जरूर बताएगा।" प्रेमानन्द ने उत्तर दिया।

"बटाओ, क्या-क्या किया ? सब बटा डो, यह काम छोड़ डो, मैं इनाम डिलवाऊँगा।"

"कप्तान साहब, मैं कुछ खास नहीं कर पाया। मैं तो अंग्रेजी राज की जड़ में मट्ठा डालना चाहता था, मगर मौका नहीं मिला..."

"क्या ? साफ बटाओ, टुम्हें इनाम मिलेगा, जेल से छोड़ डिया जाएगा..."

"बता तो दिया कप्तान साहब, मैं कुछ नहीं कर पाया। दो थानों पर कब्जा किया, दो बन्दूकें छीनीं। मैं तो आपसे हाथ जोड़कर प्रार्थना करूँगा कि आप और सभी अंग्रेज इस देश को छोड़कर फौरन अपने देश चले जाएँ और हम हिन्दुस्तानियों को आजादी की हवा में साँस लेने दें..."

कप्तान को अब समझ में आया कि प्रेमानन्द के कथन का क्या अर्थ है। आशा के विपरीत उत्तर बड़ा कठोर था, जिसे वाणी की विनम्रता और मिठास ने असहनीय बना दिया। उसका सद्‌भावना एवं आशा से युक्त धैर्य एक झटके से समाप्त हो गया और गुस्से से उसका चेहरा लाल हो गया। उच्च कौम एवं पद की गरिमा और सदाशयता भी लुप्त हो गई और वह 'यू बास्टर्ड' कहकर कैदी पर टूट पड़ा। प्रेमानन्द उससे मजबूत अवश्य थे, लेकिन कद में कुछ छोटे। लेकिन वह नीचे बैठ गए इस तरह ताकि मार पीठ पर ही पड़े। कप्तान के पास कोई डंडा नहीं था और वह हाथ से प्रहार करने के लिए जब नीचे झुका तो क्रोध से अन्धा होकर अपने लम्बे शरीर को सँभाल नहीं पाया और कैदी से टकराकर बगल में लुढ़क गया। फिर वह फुर्ती से उठकर प्रेमानन्द को गिराकर उनकी छाती पर सवार होकर हाथ चलाने लगा। किन्तु थानेदारों की तरह अभ्यास न होने से जल्दी थककर हाँफने लगा और उठ खड़ा हुआ।

"आपको चोट तो नहीं आई कप्तान साहब ?" प्रेमानन्द ने उठकर अपने कपड़े झाड़ते तथा चोट खाए लाल मुँह को पोंछते हुए विनम्रता से ही पूछा।

"इसका पनिशमेंट मिलेगा टुम्हें।"

"फिर आइएगा, कप्तान साहब।" प्रेमानन्द ने कहा।

उन्हीं दिनों तबादले पर आए मुइनुद्दीन अहमद नामक एक दबंग पुलिस अधिकारी ने शहर कोतवाल का पद-भार सँभाल लिया। करीब चालीस वर्ष की उम्र, लम्बा, तगड़ा, सेब की तरह पीला गोरा रंग और अपने से ऊँचे अधिकारियों को छोड़ अन्य सबको, खास तरह से साधारण लोगों को छुरी की तरह आँखों को धारदार और चमकदार बनाकर देखने का अभ्यस्त। स्वाभाविक है कि जब उसने हवालाती कैदी प्रेमानन्द के बारे में सुना तो उबलने लगा। यह तो उसके लिए चुनौती भी है। भरे हुए शराब के पीपे की तरह क्रोध से लबालब वह हवालात में जाकर प्रेमानन्द को घूर भी आया। कैदी जरूर मजबूत काठी का है, चौड़ी छाती, मजबूत गट्टे; किन्तु उसकी विनम्रता से ऐसा आभास हुआ शहर कोतवाल को, जैसे उसकी शोहरत से कैदी डरा हुआ हो।

"तुम्हारी बदतमीजियों का किस्सा सुन चुका हूँ...मगर मेरे जैसे सख्त अफसर से पाला नहीं पड़ा है, जल्दी ही तुम्हारी हेकड़ी दूर कर दूँगा..."

"इसके लिए पहले से ही आपका शुक्रिया अदा कर रहा हूँ हुजूर..."

इस उत्तर से मुइनुद्दीन पैर पटकते हुए वहाँ से चला गया, लेकिन खतरनाक संकल्प के साथ। और रात को करीब दस बजे एक सिपाही ने सूचित किया कि उसे कोतवाल साहब ने अपने घर पर बुलाया है। पैरों में बेडी डाल और हाथ में हथकड़ी लगा तथा कमर में रस्सा बाँधकर उन्हें दो

सिपाही ले चलें गन्तव्य की ओर।

मुइनुद्दीन अहमद अपने मकान के बरामदे में एक कुर्सी पर आग का गोला बना बैठा था। सामने मेज थी, जिस पर एक कोड़ा रखा हुआ था। सिपाहियों ने पहले समझा था कि अपने घर पर आराम से पूछताछ करने के लिए कैदी को बुलाया गया है, इसलिए बरामदे में दाखिल होते ही एक सिपाही ने कहा, ''पंडितजी, खड़े रहिए, कुर्सी लाता हूँ...''

''नहीं, नीचे बैठाओ...'' कोतवाल चिल्ला पड़ा।

''अच्छा हुजूर...''

''कोतवाल साहब, नीचे ही बैठना है तो बेड़ी निकलवा दीजिए, जिससे आराम से बैठकर बातचीत हो...'' प्रेमानन्द ने धीमे स्वर में कहा।

इसके उत्तर में कोतवाल ने क्रोध से अपना बिगड़ा मुँह दूसरी तरफ कर लिया। सिपाही ने अपने अधिकारी को देखते हुए कमर के रस्से और हथकड़ी से मुक्त करके कैदी को बेड़ी सहित बैठने में मदद दी। फर्श पक्की थी, जिस पर प्रेमानन्द कोतवाल की ओर पीठ करते हुए, पैरों को कुछ आगे मोड़ और धड़ को पीछे की तरफ झुकाकर कठिनाई से शरीर को सन्तुलित करते हुए बैठ गए।

जब दोनों सिपाही चौड़े बरामदे में कुछ दूरी पर बिछी चारपाई पर बैठ गए तो शहर कोतवाल ने गुर्राती आवाज में कहा, ''सुनते हैं, तुमको अपने ऊपर बड़ा गुरूर है...।''

''राम-राम, कैसी बात करते हैं कोतवाल साहब, आप इतने बड़े अफसर हैं, इस शहर में आपकी बड़ी शोहरत है, मैं तो आपका मामूली कैदी हूँ, मैं क्या खाकर गरूर करूँगा...''

''अच्छा, जबान लड़ाएगा ? आज मैं तुम्हारी चटनी बना दूँगा, बड़ों-बड़ों को ठीक किया, तुम्हारे जैसे खटमल की क्या हस्ती है...''

इतना कहने के बाद कोतवाल विद्युत गति से उठा और कोड़ा हाथ में लेकर 'तेरी ऐसी की तैसी' कहते कैदी की पीठ पर प्रहार करने लगा। प्रेमानन्द को भी यही उम्मीद थी कि घर बुलाकर उनकी पिटाई नहीं की जाएगी, क्योंकि वहाँ बाल-बच्चे रहते हैं। इसके लिए तो हवालात उपयुक्त जगह है ही। इसी वजह से उनको यह मार खल गई और उसका दर्द भी महसूस होने लगा। बहुत रोकने पर भी अचानक क्रोध आ गया और सिर उठा और पीछे घुमाकर उन्होंने पैनी, चमकती आँखों से मुइनुद्दीन अहमद को देखा। किन्तु कोतवाल को कुछ होश नहीं था, उस पर तो कोई भूत सवार था, वह आगे बढ़कर, उछल और हुमचकर पूरी शक्ति से प्रहार कर था, और कभी-कभी उसके मुँह से हाँफती हुई-सी आवाज निकल जाती थी ''क्या समझ रखा है अपने को तुम जैसे लोगों ने !''

अचानक प्रेमानन्द को उन दिनों की याद आई, जब उन्होंने गांधीजी के रास्ते को अपनाकर शारीरिक और हिंसात्मक ताकत से प्रतिकार और प्रतिशोध का रास्ता छोड़ दिया था। लेकिन यह व्यक्ति तो अकारण और बिना कुछ सोचे-समझे अपने को सर्वशक्तिमान समझ रहा है। अब क्या करूँ, महात्मा गांधी ? यह सवाल उठते ही सिर पीछे घुमाकर कोतवाल को देखने लगे, जो हाथ उठाकर जोर-जोर से प्रहार कर रहा था। इस तरह वह हाथ किसी यन्त्र की तरह निरंतर उठ-गिर रहा था, जिसकी गिनती करना कठिन। और इसी समय तकलीफ से बैठे प्रेमानन्द ने किसी शिकारी बाज की अकल्पनीय फुर्ती से दाहिना हाथ बढ़ाकर कोतवाल का गट्टा पकड़ लिया।

मुइनुद्दीन अहमद को ऐसी उम्मीद नहीं थी। प्रेमानन्द ने भी जवानी के दिनों में खूब करसत की थी और गट्टे को मजबूत करने का भी खूब अभ्यास किया था जो इस समय काम दे रहा था। मजबूत पकड़ कायम रखने के लिए शरीर की पूरी ताकत बाँह और गट्टे पर आ जाती है और शेष समूचा शरीर निष्क्रिय रहने पर भी असन्तुलित नहीं होने पाता। शहर कोतवाल ने एक झटके से हाथ छुड़ाने की कोशिश की, जिसमें असफल होकर वह लगातार वैसी ही कोशिशें करने लगा, जिसके फलस्वरूप बहुत शीघ्र उसकी हालत खूँटे में बँधे, उछलते बछड़े की तरह हो गई। प्रेमानन्द के चेहरे

पर शरीर का सारा खून दौड़कर एकत्रित हो गया था। शहर कोतवाल ने भी अपनी जवानी में काफी दंड-बैठक किए थे। वह एक अच्छा दौड़ाक और हाकी का अच्छा खिलाड़ी भी रह चुका था। लेकिन इधर आरामतलबी, निश्चिन्तता, क्रोध, अहंकार, असन्तुलित खान-पान से शरीर मोटा होकर ढीला पड़ गया है। अतिशय अस्वाभाविक आत्म-विश्वास तथा उच्चाधिकारों से भी फूला अवश्य है वह, किन्तु उसकी जोरदार उछल-कूद नाकाम सिद्ध हो गई। वह चाहता तो इसी समय सिपाहियों से प्रेमानन्द का कचूमर निकलवा सकता है, लेकिन शायद अब भी उसमें खिलाड़ी भावना शेष है, इसीलिए वह प्रेमानन्द की चुनौती का निजी ताकत से ही जवाब देकर सबक सिखाना चाहता है।

फाटक पर नगरपालिका का एक लैम्प जल रहा है और बरामदे में भी एक स्टूल पर लालटेन। चारपाई पर बैठे सिपाही पीठ सीधे करके चौकन्ना हो गए हैं। लेकिन अपने अधिकारी से कोई आदेश या संकेत न पाकर उनके होंठों पर मुस्कान की बहुत हल्की, पतली रेखा दौड़ गई है। वह जानते हैं कि यदि शहर कोतवाल पकड़ से छूट गए तो कैदी की जान की खैर नहीं, लेकिन जब यह नहीं हुआ तो उनके चेहरे पर उत्सुकता का भाव आ गया कि 'देखें अब क्या होता है,' मानो कोई दिलचस्प दंगल या नाटक देख रहे हों!

मुइनुद्दीन अहमद ने सब जोर लगा दिया। वह किसी हालत में झुकने को तैयार नहीं है। इससे इन मामूली सिपाहियों के सामने कितनी बेइज्जती होगी? लेकिन क्रोध, जिद्द, उतावलेपन तथा हताशा की वजह से उसे अतिरिक्त शक्ति खर्च करनी पड़ी थी, जिससे वह शीघ्र ही पसीना-पसीना हो गया। जब प्रेमानन्द ने देखा कि वह एकदम पस्त होकर हाँफ रहा है तो उन्होंने उसका हाथ छोड़ दिया, जिससे गिरते-गिरते किसी तरह सँभलकर कुर्सी पर वापस बैठकर वह तेजी से फूलती और गिरती साँस को बाँधने की कोशिश करने लगा।

कुछ देर के लिए सन्नाटा छा गया। प्रेमानन्द भी बोल न सके। वह भी हाँफ और पसीनिया गए थे। उनके मुँह और बाँह पर एकत्रित खून के वापस जाने में भी समय लगा। अपने शरीर को यथास्थान खिसका और दोनों हाथों से पीछे टेक बनाकर अपेक्षाकृत आरामदेह स्थिति प्राप्त करने की कोशिश की उन्होंने। कोतवाल ने सुस्थिर होने के बाद जेब में से पैकेट और माचिस निकालकर एक सिगरेट सुलगा ली।

"कोतवाल साहब, आप सुस्ता रहे हैं तो मैं भी सुस्ता रहा हूँ। क्या मुझे एक सिगरेट नहीं पिलाएँगे?"

"आप भी पीते हैं?" मुइनुद्दीन अहमद अब तू-तड़ाक से सम्मानजनक सम्बोधन पर आ गया।

"शराब, गाँजा, भांग की कितनी ही दुकानें बंद करवाने के बाद भी यह आदत छूटती नहीं, इसके लिए शर्मिन्दा हूँ। हम लोगों की जिन्दगी ही ऐसी है कि कुछ समय इससे कट जाता है। हमेशा कहाँ मिलता है यह? हाँ, शराब, गाँजा, भांग कुछ नहीं, बस बीड़ी। आपको महँगी सिगरेट पीते देखा तो इच्छा हो गई, न देना चाहें तो कोई बात नहीं।"

"अरे नहीं, पीते हों तो लीजिए।"

कोतवाल ने सिगरेट पैकेट और माचिस उनके सामने फेंक दी। फिर वे चुपचाप धुआँ छोड़ने लगे। दोनों के पीने के तरीके अलग थे। मुइनुद्दीन अहमद दो उँगलियों के बीच में सिगरेट फँसाकर पी रहा था कभी-कभी छल्ले निकालते हुए। यह आदत कॉलेज के दिनों की है जो बीच में छूट जाने के बाद आज क्यों याद आ गई? शायद यह लज्जा मिटाने के प्रयास की वजह से हो! प्रेमानन्द सिगरेट उँगलियों में फँसाकर मुट्ठी बाँधकर आवाज के साथ धुआँ खींचकर छोड़ते। धूम्रपान समाप्त करने के बाद उन्होंने कहा :

"कोतवाल साहब, किसी से कहकर एक गिलास पानी मँगवा दीजिए..."

"आप पंडित-वंडित हैं। आप लोग बड़ा पाखंड करते हैं। क्या आप यहाँ का पानी पीएँगे ?"

प्रेमानन्द मतलब समझ गए। उन्होंने मुस्कुराकर कहा, "कई कमजोरियाँ होते हुए भी हम महात्मा गांधी के बताए रास्ते पर चलते हैं। हम अगर हिन्दू हैं, मुसलमान हैं, ईसाई हैं या किसी भी धर्म के हैं, अपने-अपने धर्म का पालन करते हुए भी हिन्दुस्तानी हैं। हम धार्मिक और जातीय भेदभाव और छुआछूत के विचार को पाप समझते हैं। इस तरह की बात सुनना भी पसन्द नहीं करते। सभी लोग हमारे लिए भाई के समान हैं। हम इन्हीं छोटी-छोटी बातों में पड़ेंगे, तो इस देश को एक कैसे कर सकते हैं, आजादी कैसे प्राप्त कर सकते हैं ? आप बिना किसी संकोच के पानी मँगाइए, हम शौक से पीएँगे, मैं सबसे पहले भारतीय हूँ, हिन्दुस्तानी हूँ, फिर कुछ और।"

"ठीक है..." शहर कोतवाल के चेहरे पर एक चमक आ गई। उसने एक सिपाही को बुलाकर जनानखाने से खाने के लिए मिठाई और पानी लाने के लिए कहा। और कुछ ही देर में प्रेमानन्द के सामने मिठाइयों की प्लेट और एक जग में पानी गिलास के साथ हाजिर। वह धीरे-धीरे मिठाई खाने लगे।

शहर कोतवाल अपने को बड़ा हल्का महसूस कर रहा था, जैसे हृदय पर से कोई भारी बोझ हट गया हो। उसकी आँखों का अस्वाभाविक पैनापन पता नहीं कहाँ गायब हो गया और उनमें एक खूबसूरत स्वच्छता दिखाई देने लगी। फिर भी, उसके अन्दर आश्चर्य के भाव थे और कई सवाल भी उठ रहे थे।

आश्चर्य यह कि अभी तो कुछ देर पहले जिस कैदी के प्रति निर्मम प्रतिशोध के भाव से पागल हो गया था, उसी के लिए ऐसी उदारता और कोमलता क्यों ? क्या कैदी की शारीरिक श्रेष्ठता से डर गया है वह ? उससे ताकत में पराजित होकर ? लेकिन यह हो भी कैसे सकता है ? वह दुनिया की एक शक्तिशाली व्यवस्था का प्रतिनिधि है, उसके सामने एक कैदी की हैसियत ही क्या है ? इसको तो एक इशारे से मसला जा सकता है। यदि वह डरता तो इसके प्रति नरम क्यों हो जाता ? उसके प्रति न तो क्रोध है और न ही प्रतिशोध की भावना है उसके अन्दर इस समय ! उसको उत्पीड़ित करने की इच्छा ही नहीं हो रही है। ऐसा क्यों ?

उसे सहसा अपने जवानी के दिनों की याद आ गई थी, जब वह एक बढ़िया खिलाड़ी था। उसकी टीम में विभिन्न जातियों और धर्मों के लोग थे। तब कितना परस्पर सौहार्द था अपनी टीम तथा दूसरी टीमों के खिलाड़ियों के बीच। वे खूब उत्साह से खेलते, खेल का आनन्द लेते हुए जीतने की जी-जान से कोशिश करते और हारने पर भी विपक्षी खिलाड़ियों से हाथ मिलाते। उस समय तक कोई दुर्भावना नहीं थी, फिर अब ऐसा क्यों हैं ? उसके दिमाग में एक रोशनी-सी जल उठी, जिसमें उसने महसूस किया कि कैदी तो एक सच्चाई की जीत के लिए इतना कष्ट उठा रहा है। ऐसे व्यक्ति पर कितना अन्याय किया जा रहा है, जबकि वह बिना किसी शिकायत के चुपचाप सहे जा रहा है, इस आशा में कि कभी आजादी मिलेगी, जिसमें सभी मिल-जुलकर सुख से रहेंगे।

जब प्रेमानन्द मिठाई खाकर और पानी पीकर अपने हाथ से ही मुँह पोंछने लगे तो कोतवाल ने सिपाही से कहा, "पंडितजी की बेड़ी निकाल दो ! हथकड़ी भी लगाने की जरूरत नहीं। हवालात इसी तरह चलेंगे..."

सिपाही अचम्भे से अपने अधिकारी को देखने लगे। लेकिन मन-ही-मन वे भी बहुत प्रसन्न थे। लेकिन सबसे अधिक आश्चर्य तब हुआ, जब शहर कोतवाल प्रेमानन्द को पहुँचाने स्वयं हवालात तक गया।

रास्ते में शहर कोतवाल ने कहा, "पंडितजी, आपके साथ बड़ा जुल्म हो गया है। आज से आप पर कोई हाथ नहीं उठाएगा। मैंने तो कितने ही कांग्रेसियों को पीटा है, मगर आप की तरह नहीं देखा। आपने मुझे अपने बीते दिनों की याद दिला दी। मेरी आँखें खोल दीं। जब तक हवालात में

हैं, ये सिपाही मेरे घर से आपके लिए खाना दोनों जून लाएँगे। जो भी आप खाना पसन्द करेंगे, खाना चाहेंगे, आपके इशारा कर देने से हाजिर हो जाएगा।''

''कोतवाल साहब, इसके लिए आपको शुक्रिया। हाँ, एक अनुरोध करूँगा—इस हवालात में अनेक कम उम्र के बच्चे, नौजवान लाए जाते हैं। इनको बुरी तरह पीटा जाता है। ये बच्चे बड़े बहादुर हैं, कोई ट्रेनिंग न होने पर भी देश की शान के लिए आन्दोलन में आ रहे हैं। यह जानते हुए भी कि कितना जुल्म किया जा रहा है। यदि आप इनकी पिटाई बंद करा दें तो मुझे बड़ा सुख मिलेगा।''

''ठीक है, जब तक मैं हूँ यहाँ, ऐसा ही होगा।''

प्रेमानन्द को हवालात में पहुँचाकर शहर कोतवाल पीछे घूमकर तेजी से अपने मकान की तरफ लौट पड़ा।

52

नम्रता का जीवन प्यार, उम्मीद और उत्साहयुक्त प्रतीक्षा में बदल गया है। हर सुबह नई और प्रिय के और निकट पहुँचती हुई। सन् 1943 ई. में उसने हाई स्कूल परीक्षा दी थी। इस इन्तजार के गम्भीर दायित्व-बोध के साथ, जो वियोग के दिन से ही आरम्भ होकर रिहाई के बाद मुलाकात के दिन तक चला गया था।

जेल में नीलेश के कष्टों की कल्पना करके वह दुःखी हो जाती। उसे अपना आराम से रहना, खाना-पीना खल जाता। इच्छा होती, स्वयं ही गिरफ्तारी देकर ज़ेल में पहुँच जाए और वैसा ही जीवन बिताए। लेकिन माँ-बाप के अकेलेपन और परेशानी का खयाल आता। फिर नीलेश ने भी तो अपना ध्यान सिर्फ पढ़ाई-लिखाई पर केन्द्रित करने की सलाह दी है ! यह सोचकर कुछ सन्तोष होता। अपने ही काते सूत से खरीदी साड़ी तथा अन्य कपड़े इस्तेमाल करने के साथ, अब उसने अपना भोजन भी काफी सादा कर लिया यानी गोश्त, मछली, पूड़ी, हलवा, मिठाई, चाट, अचार आदि बन्द।

''तो तुमने खाना-पीना क्यों बंद कर दिया, नम्रता ?''

''यह सब खाने से बहुत नींद आती है, पढ़ नहीं पाती। इम्तहान तक तो ऐसा ही चलेगा। मैं चाहती हूँ, अम्मा, कि खूब मेहनत करके फर्स्ट डिवीजन में पास हो जाऊँ...''

''इससे कमजोरी आ जाएगी, बेटी।''

इसका कोई जवाब नहीं दिया नम्रता ने। रात में वह कमरा बन्द करके अपना बिस्तरा नीचे फर्श पर बिछा लेती। इस तरह सोने में तकलीफ तो थी ही, मच्छरदानी भी लगाना कठिन हो जाता, लेकिन वह जान-बूझकर लगाती भी नहीं, और शरीर को मच्छरों से कटवाकर भी उसे सुख मिलता, इस अहसास के साथ कि वह नीलेश का कुछ-न-कुछ तो साथ दे ही रही है।

कई तरह की अनुभूतियों से गुजर रही है वह प्रतीक्षा के मिठास-भरे दुःखवाले दिनों में। पिता के आश्वासन के पश्चात कई बार भविष्य की वास्तविकता वर्तमान में ही दिखाई देने लगती है। वह बहू बनकर नीलेश के साथ चली गई है और माँ-बाप छूट गए हैं। तब रुलाई छूटने लगती। इच्छा होती कि माँ-बाप के लिए क्या न कर दे। लेकिन कर भी क्या सकती है वह ? फिर भी वह माँ के काम के बोझ को हल्का करने की कोशिश करती। एक दिन उसने शर्माते-शर्माते कहा :

''अम्मा, आओ आज तुम्हें तेल लगा दूँ। मैं कभी-कभी सोचती हूँ, मुझे कुछ भी तकलीफ होती है तुम बेचैन हो जाती हो, झट सिर में तेल लगाने बैठ जाती हो, माथे पर लेप करने के लिए लौंग पीसने लगती हो। और जब तुम्हें तकलीफ होती है तो किसी से कुछ कहती भी नहीं, चुपचाप बरदाश्त करती रहती हो। तुम मना न करना, मैं आज तुम्हें तेल लगाऊँगी सिर में, हाथ और पैर

में भी। आओ, चारपाई पर लेट जाओ..."

उसकी माँ अचम्भे से देखने लगी, फिर गद्गद स्वर में बोली, "तुम्हारी ये बातें सुनकर तो मैं तर गई, बेटी। इससे अधिक कुछ नहीं चाहिए मुझे। तुम इतनी मेहनत कर रही हो, तुम्हारी सेवा मैं कहाँ कर पाती हूँ ? तुमको अधिक-से-अधिक सुख देना चाहती हूँ, कहाँ दे पाती हूँ। अच्छा-से-अच्छा खिलाना-पिलाना, पहनाना-ओढ़ाना चाहती हूँ, कहाँ कर पाती हूँ ? जब तुम चली जाओगी तो यह सोचकर कलेजा छटपटा जाएगा, दिल के अन्दर करछुल चलता रहेगा..." वह सिर झुकाकर आँचल से आँसू पोंछने लगी।

विगत दिनों में अपनी माँ की ऐसी बातों पर नम्रता बहुत गुस्सा जाया करती और दकियानूसी विचार कहके झिड़क भी दिया करती, किन्तु इस समय ऐसा कह न सकी बल्कि तेल लगाने के निश्चय का परित्याग करके फौरन उठकर अपने कमरे में चली गई और चारपाई पर गिरकर अहक-अहक रोने लगी, जिससे सुख भी मिला उसे। शायद सुख की निकटता से ही दुःख सार्थक होता है। खाली दुःख या खाली सुख कितना उबाऊ, यान्त्रिक और भयावह ?

एक दिन की निकटता ने नम्रता को गम्भीर बना दिया है। वह स्पष्ट रूप से सोच सकती है और सोचती भी है कि उसका शरीर, मन, आत्मा नीलेश की है, उसका विचार, विश्वास, उसकी एक-एक साँस और एक-एक धड़कन, उसका पूरा जीवन उसी का है, उसी को समर्पित है जैसे भक्त भगवान को। हाँ, उसका अपना कुछ नहीं, उसी को निवेदित है सभी कुछ। यह सब सोचकर जहाँ वह व्याकुल होकर रो उठती, अपार धैर्य भी मिलता उसे और उसकी होकर और उसके साथ रहकर नए परिवर्तनों के लिए बड़ा-से-बड़ा त्याग करने का संकल्प और भी दृढ़ होता।

आश्चर्य की बात तो यह है कि नीलेश के घर जाने में उसे बड़ा संकोच होता। वह अपने को समझाती और अपने से तर्क भी करती, फिर भी उसके पाँव बाहर की ओर नहीं निकलते। पहले तो वह अक्सर बाहर के बरामदे में दरवाजे के पास जाकर खड़ी हो जाया करती थी और कुछ देर तक सामने और अगल-बगल देखकर समय बिताती या ऊब और दिमागी थकान मिटाती थी, मगर अब ऐसा नहीं कर पाती वह। यहाँ तक कि ऊपर खुली छत से बाहर निहारना भी बन्द हो गया उसका। निश्चय ही इस संकोच का एक कारण यह भी था कि उसके माँ-बाप क्या सोचेंगे !

सबसे दुःख उसे उस समय हुआ जब सुरेश की गिरफ्तारी हुई और वह चाहकर भी सांत्वना देने नीलेश के घर नहीं जा पाई। निश्चय ही, उसे उस दिन की घटना भी याद आ जाती, जब नीलेश की गिरफ्तारी के बाद घर वापस गई तो उसके पिताजी बिगड़ उठे थे। इसी तरह, वीरेश और सुरेश स्कूल से निकाले जाने पर जब पढ़ने के लिए बनारस जा रहे थे, वह न जाकर मिल सकी और न ही उन्हें बुलवाकर बात ही कर सकी। नीलेश के भाई थे वे, उससे हिले-मिले थे, बीच-बीच में आकर बाहर की खबरें सुना जाते और उन्हीं की मदद से वह अपने ही ढंग से राष्ट्रीय आन्दोलन से जुड़ी रह सकी। यह सब सोचकर वह बहुत रोई। उनके जाने से कितनी अकेली हो गई है वह !

परीक्षा का नतीजा निकलने के बाद भगजोगिनी जब एक दिन आई तो आँचल में मुँह छिपाकर चुपचाप रोने लगी। नम्रता ने सोचा, हाई स्कूल परीक्षा प्रथम डिवीजन में पास होने के बाद आगे पढ़ने के लिए इलाहाबाद जाने की खबर सुनकर भगजोगिनी शायद घबरा गई है। हाँ, यह तो सही है कि अब तक उसका स्कूल चलता रहा था, लेकिन जब वह चली जाएगी तो उन दोनों को कौन पढ़ाएगा ? इस समस्या को लेकर स्वयं नम्रता भी चिन्तित थी। निश्चय ही धनेश्वरी और भगजोगिनी ने अच्छी तरक्की की थी। उनमें समझदारी भी काफी आ गई थी और उन्होंने अपनी घर-गृहस्थी भी अधिक व्यवस्थित कर ली थी। दोनों ही नियमित रूप से चरखा पर सूत कातकर बेच देतीं या उससे कुछ कपड़ा खरीद लेतीं। उन्होंने निश्चय कर लिया था कि चाहे अधिक कष्ट क्यों न उठाना पड़े, वे स्वयं पढ़ने के साथ अपने बच्चों को पढ़ाएँगी और समय मिलने पर आन्दोलन में भी काम

करेंगी, भले ही जेल ही क्यों न जाना पड़े।

परन्तु भगजोगिनी ने जो कुछ बताया वह गोपालराम से सम्बन्धित है। जून का महीना, आषाढ़ चढ़ जाने पर भी अभी बारिश नहीं हुई है। जबरदस्त ताप और उमस में तर-तर इतना पसीना कि जितना पानी पीयो, सबकुछ ही देर में बाहर ! भीतर की कोठरी में बैठी वह बता रही है कि गोपालराम मन का बुरा नहीं है, पर हमेशा जला-भुना रहता है, कोई भी बात सीधे ढंग से नहीं कहता। गरीबी तो खराब चीज है ही, गरीब से सभी बुरा व्यवहार करते हैं, क्या सिर्फ गुस्साने से ही गरीबी दूर हो जाएगी ? इधर उसने तय किया है कि कम्युनिस्ट पार्टी का काम छोड़कर वह सरकारी नौकरी करेगा। रेल की पटरी और तार जुड़ जाने के बाद वह डाकखाना के बाबू के इम्तहान में बैठा और पास हो गया है। बहुत अच्छा नम्बर मिला है।

''बहिनजी, नतीज़ा निकलने पर बहुत खुश होकर आए हमारे घर पर। मेरी तो किस्मत की खराब है, क्या मेरा जन्म इसीलिए हुआ है कि जो मर्द चाहे मुझे अपने साथ ले जाने की जिद ठान ले ! मैं जो कुछ भुगत चुकी हूँ, उससे तो मेरा कलेजा पत्थर हो चुका है। आपने और रमाशंकर भाईजी ने सहारा न दिया होता तो हम लोगों की, हमारे बच्चों की क्या दशा हुई होती। पहले से ही मेरे पीछे पड़े हुए थे, एक बार मैंने झिड़क दिया था तो ठंडे पड़ गए थे, इस बार मुझसे कुछ न कहकर मैया के पास जाकर मेरा हाथ माँगने लगे। कहने लगे, अच्छी नौकरी मिल गई है, सबको ढंग से रखूँगा, बच्चों को अधिक-से-अधिक पढ़ाऊँगा, तुम लोगों की दुर्दशा देखी नहीं जाती। मैं तो अपनी जिन्दगी से ऊब गई हूँ, बहिनजी। बच्चे न होते तो कुछ खाकर सो जाती...''

वह फिर रोने लगी। नम्रता भय और घबराहट से उसे देखने लगी। झट उसे वह घटना याद आ गई, जब उसने चूहा मारने की दवा खा ली थी। क्या स्त्री की जिन्दगी इतनी दयनीय है कि कोई भी बात आने पर वह उसका समाधान अपनी मौत से ही करने को तैयार हो जाती है ! ऐसा क्यों है आखिर ? लेकिन वह फौरन सचेत हो गई, क्योंकि निराशा की कोई भी बात वह अपने मन में लाना नहीं चाहती अब। उसने मुस्कुराने की चेष्टा करते हुए पूछा :

''तुम रो क्यों रही हो ? क्या वह जोर-जबरदस्ती की बात कर रहे हैं ?''

''नहीं...''

''फिर हिम्मत क्यों हारती हो ? अपनी सभी परिस्थितियों पर अच्छी तरह विचार करके खुद सही फैसला नहीं कर सकतीं ? अगर विचार और व्यवहार अच्छा हो और तुम्हें भी पसन्द...''

''क्या कहती हैं, बहिनजी ! क्या औरत रोज मर्द बदलने के लिए बनी है ? वह क्या कोई मशीन है ? उसका कोई दिल-मन नहीं है ? उसका प्यार कपड़ा बदलने की तरह है ? उसकी हिम्मत इसीलिए न हुई कि मेरे साथ धोखे में, मजबूरी में कभी कुछ हो गया तो वह समझता है कि अब भी मैं मजबूर हूँ और इस तरह की बात मान लूँगी। यह प्यार है कि हवस है बहिनजी ? दया-कृपा है ? जब तक शरीर है तो मीठी-मीठी बातें हैं, जब मतलब निकल जाएगा, स्त्री का शरीर ढह जाएगा तो यह प्यार कितने दिनों तक रहेगा ? ऐसा प्यार हमेशा बना रहेगा ? मैं तो सह भी लूँगी, मेरे बच्चों के साथ बुरा बर्ताव होगा तब तो मैं प्राण ही दे दूँगी। नहीं, बहिनजी, मुझे उनसे कोई शिकायत नहीं, उनका परिवार बहुत गरीब है, उसी को सँभालें, मैं नहीं चाहती मेरे बच्चों की वजह से उनको कोई परेशानी हो। मेरे भाग्य में मर्द का जितना सुख था, मिल चुका, अब मुझे वह नहीं चाहिए। मैं मेहनत करूँगी, रूखा-सूखा खाऊँगी, अपने बच्चों को पढ़ा-लिखाकर बड़ा करूँगी, अपने पैरों पर खड़ा होने में उनकी मदद करूँगी। मेरे साथ तो मेरी सास भी हैं, उनको कौन देखेगा ? नहीं-नहीं, यह नहीं होगा मुझसे बहिनजी।''

वह जल्दी-जल्दी इस तरह बोल रही थी जैसे यह सब रटकर ही आई हो। आवेश में खून दौड़ने से एक अनोखी आभा ने उसके चेहरे को और भी खूबसूरत बना दिया था। साहस और संकल्प

से आँखें चमकने लगीं। नम्रता अचम्भे से भगजोगिनी को देख रही थी, मानो उसकी बातों पर उसे विश्वास न हो। एक हल्की-सी निराशा इसलिए भी कि वास्तव में प्रेम, निष्ठा और भावी आदर्श जीवन के प्रति विश्वास की मनःस्थिति में वह भगजोगिनी को भी साहस के साथ नूतन दाम्पत्य को स्वीकार करने की सलाह देना चाहती थी। लेकिन कुछ ही देर में अन्य कई अनुत्तरित सवालों से घिरकर सिर झुकाकर चुपचाप सोचने लगी।

वैसे भगजोगिनी ने जो कुछ कहा है, उसमें कोई नवीनता नहीं। ऐसी अनेक बातें वह पहले भी सुनती रही है, तब उसे गुस्सा भी आ जाता। वह सोचती कि अशिक्षा, पुराने खयालों या गरीबी की वजह से ऐसी घटनाएँ होती रहती हैं और इन स्थितियों के दूर होने पर ऐसा कुछ भी नहीं होगा। ऐसी औरतों से वह अपने को ऊँचा समझती, जैसे नई रोशनी और नए विचार को स्वीकार करने से उसके पास हर समस्या का समाधान मौजूद हो। वह इसी ऊँचाई से घर के अन्दर और बाहर की स्त्रियों से भी बात करती यानी वे पुराने, पिछड़े विचार की हैं, अशिक्षित हैं, इसीलिए लकीर की फकीर बनी हुई हैं। परन्तु इस समय वह असम्पृक्त ऊँचाई नहीं प्राप्त कर सकी, क्योंकि यद्यपि उसके आदर्श पुरुष ने उसे एक ही बार छुआ है, तथापि अब स्त्री सम्बन्धी वैसी समस्या को उससे अपने को अलग करके नहीं देख सकी।

उसका भय बढ़ता गया, जिसके निजी आधार का कुछ पता नहीं। एक ओर तो उसे लगा, भगजोगिनी के संकल्प में कुछ भी अनुचित नहीं है, वह संघर्षशील, हिम्मती स्त्री के स्वतन्त्र फैसले का परिणाम है—लेकिन इसी के साथ यह भी अनुचित लगा कि नवीनता को स्वीकार न करने से उसका जीवन प्रेमशून्य, कष्टमय और एकाकी बन जाए। कैसी विडम्बना है कि वह कोई स्पष्ट निर्णय नहीं कर पा रही है कि क्या उसका कर्तव्य नहीं बनता कि उसके संकट में कोई उपयोगी सुझाव दे ?

"बहिनजी, मेरी बात का बुरा न मानिएगा," भगजोगिनी ने आँसू चुआते हुए कहा, "गोपालराम विचार से बहुत अच्छे हैं। किसी की लल्लो-चप्पो नहीं करते हैं; पर सबको मदद देने को तैयार भी रहते हैं, कोई भी काम कहिए, चल देते हैं करने। रमाशंकर भाईजी की तरह खयाल-बात रखनेवाले हैं। रमाशंकर भाईजी उनको मानते-जानते भी हैं। वह हैं न बाईजी...अरे वही जो जुलूस के समय खाँसते-खाँसते खून बोकरकर नीचे गिर पड़ी थीं...आपने सुना होगा, नाम है उनका ढेला। उनको दिक हो गया है। बड़ी खराब बीमारी है बहिनजी, मेरा तो खानदान ही साफ हो गया..."

"तुम्हीं लोगों से सुना है...वीरेश भी बता रहे थे। वह वेश्या की लड़की हैं, क्या हुआ उनका ?"

"उनकी हालत बड़ी खराब थी, डॉक्टर ने कहा कि पहाड़ पर ले जाओ। रमाशंकर भाईजी ने पहाड़ पर दवा-दारू के लिए रुपए-पैसे का इन्तजाम कर दिया था। अपने तो जेल चले गए, हाँ अपने छोटे भाई को सबकुछ बता गए और कह भी गए कि बाईजी और उनकी माताजी को लेकर पहाड़ पर चले जाएँ। उनके भाई भी बड़े अच्छे हैं, घबरा रहे थे कि कैसे होगा यह सब—अकेले ही घर और कारोबार को देखना, पुलिसवाले भी काफी परेशान करते हैं, जब देखो, घर में आकर तलाशी लेते हैं, गाली-गलौज करते हैं। एक दिन पकड़कर जेल भी ले गए, दो दिन बंद रहे, मारा-पीटा भी..."

"छूटे कि नहीं ?" नम्रता ने चिन्ता से देखा।

"जानते तो हैं नहीं कुछ। जानते भी तो क्या बताते ? तो वह घबरा रहे थे, उधर बाईजी को लेकर पहाड़ जाएँ और इधर पुलिसवाले घर में परेशान करें। बाईजी के घरवालों को भी न मारे-पीटें। छिपे-छिपे कोई मदद दे रहा है, रमाशंकर भाईजी कह गए हैं किसी को मालूम न होने पाए। गोपालराम को जब यह सब मालूम हुआ तो वह झट बोले, 'मैं ले जाऊँगा...आप चिन्ता न करें।' और वह बाईजी को ले जाकर पहाड़ के अस्पताल में भर्ती करा आए हैं। पूरा किस्सा उन्हीं से मालूम

हुआ है। बहुत गुस्सा थे दुनियावालों पर, सरकार पर। कह रहे थे, जब किसान-मजदूर की सरकार होगी, यह सब धंधा बंद हो जाएगा, लम्पट-बदमाश सभी जेल में होंगे, गरीब औरतों पर कोई जुल्म नहीं कर पाएगा...''

''विचार और काम से तो बहुत भले हैं, एक-दो बार सामने देखा है वीरेश के यहाँ...''

''हाँ बहिनजी, वीरेश बाबू के बड़े भाई साहब के साथ पढ़े हैं। मैं कोई शिकायत नहीं कर रही थी उनकी। दिल के साफ हैं। मैं तो स्त्री की जिन्दगी के बारे में सोचकर रोई। कितनी मजबूर होती है एक औरत ! जब समय होता है तो रानी बन जाती है, जब समय बिगड़ता है तो धूल में मिला दी जाती है। उन बाईजी को भी देख लीजिए, जब ठीक थीं, बताते हैं पैसा बरसता था, जब बीमार हुईं तो दूसरे के सहारे अस्पताल में पड़ी हैं। उनकी अम्मा कुछ दिन रहकर आई हैं, बहुत परेशान हैं, खानदान बरबाद हो गया है उनका—गोपालराम ही बता रहे थे। यही सब सोचकर मैं रोई बहिनजी, एक बाई और मेरी जिन्दगी में क्या फर्क है...''

रुदन-मिश्रित उसकी बात सुनने के बीच नम्रता ने अपना भय और घबराहट दूर ठेलकर अपनी स्वाभाविक प्रखरता प्राप्त कर ली थी। वह दृढ़ स्पष्ट स्वर में बोली :

''तुम ही जब अपने बारे में इस तरह सोचोगी तो दूसरे क्या सोचेंगे ? तुम किसी के सहारे तो नहीं हो। तुम गांधीजी के राष्ट्रीय आन्दोलन से जुड़ी हो, साहस के साथ जेल गई हो, मेहनती हो, सबसे अच्छा व्यवहार करती हो, तुम क्यों डरोगी, अपने को दीन-हीन समझोगी ? ईश्वर ने तुमको सभी गुण दिए हैं, ठीक से सोच-समझकर अपना रास्ता चुनने की बुद्धि और ताकत दी है। हाँ, एक बार मैं फिर कहती हूँ, तुम अपना बाहरवाला बड़ा कमरा और बरामदा किराए पर उठा दो, धनेश्वरी देवी वहाँ आ जाएँगी। उनका परिवार बड़ा नहीं है, दो छोटे बच्चे हैं, इससे तुमको आर्थिक मदद मिलेगी, घर भी गुलजार होगा, तुम्हें हर तरह का सहारा मिलेगा, कोई परेशान करने की हिम्मत नहीं कर पाएगा। तुम तो जानती ही हो, दोनों पति-पत्नी कितने नेक और साहसी हैं...हाँ, दूसरी बात...''

''हाँ, बहिनजी...''

''ठीक है, कहने में कोई हर्ज नहीं...मैंने सोचा था कि जब हो जाएगा तो कहूँगी। खैर, यह बात अपने मन में रखना, दुलारी गुरुजी ने अभी किसी को बताने से मना किया है। बात यह है, दुलारी गुरुजी अपने स्कूल में तुम्हारे लिए दाई की नौकरी की कोशिश कर रही हैं। अच्छी नौकरी है, लड़कियों का स्कूल है, पढ़ने-लिखने का वातावरण है, तुम्हारा भी मन लगेगा। आर्थिक सहारा तो होगा ही, खुद पढ़ सकती हो, अपने बच्चों को खूब पढ़ा-लिखा सकती हो। किसी को एक शब्द भी न बताना। हाँ, धनेश्वरी को किराएदार रखने के बारे में अपनी सास से पूछ लेना, वह कहेंगी तो मैं बात पक्की करा दूँगी...एक बार मैंने कहा भी था और वे लोग तैयार हो जाएँगे, ऐसा लगा था मुझे...''

भगजोगिनी इन बातों से खुश होकर चमकती आँखों से देखने लगी। नम्रता ने कहा, ''मैं पढ़ने के लिए बाहर जा रही हूँ, लेकिन मैं यहाँ के लिए चिन्तित रहूँगी। छुट्टियों में आऊँगी। तुम पढ़ाई बंद न करना, कुछ किताबें दे जाऊँगी, उन्हें पढ़ना और लिखने का अभ्यास करना। मैं पहले ही कहती रही हूँ, औरत और गरीब होने की वजह से अपने को हीन और कमजोर न समझना। तुम्हारी बातों से मुझे भी घबराहट हो गई थी, लेकिन मैं गलत सोच रही थी। खूब सोच-समझकर एक स्त्री को अपने बारे में फैसला करना चाहिए। जो भी फैसला करोगी, उसमें तुम्हारा साथ दूँगी मैं।''

जुलाई के आरम्भ में यूइंग क्रिश्चियन कॉलेज, इलाहाबाद में इंटरमीडिएट की पढ़ाई करने चली गई

नम्रता अपने पिताजी के साथ। इस अवसर पर विदा देने सीतानाथ, आनन्दी और छोटे बच्चे भी आए थे। भगजोगिनी, उसके नए किराएदार धनेश्वरी और किशुनी भी उपस्थित। सीतानाथ ने अपनी नाटकीय आवाज में कहा :

"इसे कहते हैं आबोदाना। जहाँ जिसका आबोदाना होता है, वहाँ वह किसी-न-किसी बहाने खिंचकर चला ही जाता है। पढ़ाई तो एक बहाना है, खास बात तो यह है कि बेटी नम्रता का आबोदाना इलाहाबाद में है और जब तक रहेगा, वह वहाँ पढ़ती रहेंगी। अब देखिए न, नीलेशजी का आबोदाना जेल में है तो वह बाहर कैसे आ जाएँ ? अगर आबोदाना घर का होता तो इस समय वह भी यहाँ मौजूद होते। वीरेश और सुरेश भी अपनी दीदी को विदा दे रहे होते, मगर उनका आबोदाना बनारस का है। ठीक है, जाओ, सब प्रभु की कृपा है, खुशी-खुशी खूब पढ़ो-लिखो और खूब अच्छे नम्बरों से पास हो जाओ...।"

तेजी से जाती हुई ट्रेन में बैठी, खिड़की के बाहर पीछे भागते पेड़ों, खेतों और आकाश को देखती उसे माँ की यह बात बार-बार याद आ रही थी, 'ठीक से रहना, ठीक से खाना-पीना, आराम भी करना और हर हफ्ते चिट्ठी लिखना', फिर धनेश्वरी और भगजोगिनी का सुबकना। और सीतानाथ की आबोदाना वाली बात। फिर एक सवाल से उसका कलेजा धक-सा हो गया। क्या यह सही है कि असली चीज जेल का आबोदाना है और नीलेश के राष्ट्रीय और क्रान्तिकारी विचार तथा कार्य मात्र बहाना हैं। इसी तरह क्या उसका और नीलेश का प्यार बहाना है और जब तक उसका आबोदाना उस घर का नहीं है, वह तब तक बहू नहीं बन पाएगी उस घर की ? नहीं, नहीं, यह व्यर्थ का तर्क है—पलायन यानी सोच-समझवाले हिम्मती फैसले और कार्य से दूर रहने का तर्क ! नए, राष्ट्रवादी और क्रान्तिकारी विचार तथा दृढ़ निश्चय की वजह से वे एक-दूसरे को प्यार करते हैं और उनका प्यार अमिट है। वे एक-दूसरे के बन चुके हैं और कोई भी शक्ति और कोई भी बहाना अलग नहीं कर सकता उन्हें।

अन्तहीन आशा और विश्वास के साथ उसने पढ़ाई शुरू की। सहशिक्षा का खुला माहौल, नई लड़कियाँ, नई दोस्ती, अच्छा पुस्तकालय और वाचनालय, हिन्दी और अंग्रेजी की अनेक पत्र-पत्रिकाएँ। उसने अपने प्रिय की याद में पहले की तरह सादा जीवन व्यतीत करते हुए नियमित रूप से कठिन परिश्रम करना शुरू कर दिया था। वह अपनी सहेलियों के बीच उन्हीं विचारों का प्रचार करने लगी, जो स्वातन्त्र्य आन्दोलन के मूल मन्त्र थे—स्वेदशी, स्वावलम्बन, असहयोग, सत्याग्रह, नारी शिक्षा, जातीय और साम्प्रदायिक सद्भाव, अस्पृश्यता निवारण द्वारा स्वतन्त्रता को प्राप्त करना। इन प्रश्नों पर कई लड़कियों से सहमति बन गई और उनका एक छोटा-सा दल कॉलेज में चर्चित हो गया, जिसमें विभिन्न जातियों और धार्मिक विश्वासों की लड़कियाँ शामिल थीं और जो खुलकर अनेक शैक्षिक कार्यक्रमों तथा बहसों में भाग लेकर हिन्दुस्तानी एकता और आजादी का समर्थन करतीं।

इंटरमीडिएट प्रथम वर्ष पास करने के बाद गर्मी की लम्बी छुट्टियों में जब वह घर आई तो उसे धनेश्वरी और भगजोगिनी से मिलकर बड़ी खुशी हुई, जिसका एक कारण तो यही कि वे भी बहुत प्रसन्न थीं। उन्होंने बताया कि आन्दोलन करीब-करीब ठप है, कई लड़के और उनके नेता गिरफ्तार कर लिए गए हैं। बैकुंठ और उसके दो साथी पुलिस से परेशान होकर बनारस चले गए थे, लेकिन वहाँ भी बच नहीं सके और गिरफ्तार कर लिए गए हैं। भगजोगिनी से यह भी ज्ञात हुआ कि गोपालराम ने नौकरी कर ली है और तारबाबू बन गया है। वह छुट्टी में आता है तो अपने परिचितों से अवश्य मिलता है। भगजोगिनी ने साफ-साफ उसे अपना फैसला सुना दिया था, लेकिन उसने बुरा नहीं माना बल्कि हँसते हुए कहा :

"ठीक है, इससे मुझे भी सहूलियत हो जाएगी और मैं अपनी पूरी शक्ति अपने परिवार पर

लगा दूँगा। नौकरी तो मैंने उन्हीं के लिए की है। नौकरी न करता तो उन्हें कौन पूछता ? आजादी मिलने पर भी वैसे ही अशिक्षित और उपेक्षित रह जाते। मैं अपने भाइयों और बहनों को पढ़ाऊँगा, जितना वे पढ़ना चाहें, और उन्हें निडर, अन्याय-विरोधी, न्यायप्रिय, मेहनती और उदार बनाऊँगा। तुम साथ में रहतीं तो मुझे ताकत मिलती। खैर, कोई बात नहीं, मेरा प्यार स्वार्थ से भरा नहीं है। वैसे मेरे जैसे व्यक्ति के लिए शादी करना ठीक भी नहीं है, मेरी बोली कड़वी है और मैं किसी के साथ रह भी नहीं सकता। मैंने सोचा था तुम समझदार हो, मुझे समझ सकोगी। यह भी तमन्ना थी कि किसान-मजदूर और गरीबों की सरकार बनाने में अपना जीवन लगा दूँगा, वैसा तो नहीं कर सका, फिर भी इसके लिए जो भी कर सकता हूँ, करता रहूँगा। हाँ, मैं तुम लोगों का मित्र बना रहूँगा, किसी भी बात की जरूरत हो तो संकोच न करना, तुम लोगों के लिए कुछ भी कर सका तो बड़ी खुशी होगी...''

नम्रता हक्का-बक्का उसको देखती रही, लेकिन कुछ कहने या राय देने की हिम्मत नहीं हुई। गोपालराम के प्रेम के आदर्श रूप का अनुमान करके उसे प्रसन्नता अवश्य हुई।

''बहिनज़ी,'' भगजोगिनी ने कहा, ''इस अहसान को मैं कैसे बरदाश्त कर पाऊँगी। मैंने तो एक बार साफ-साफ कह दिया है, यह सोचकर दुःख भी होता है कि मेरी वजह से शादी नहीं करेंगे। यह क्यों ? मैं तो पुरानी-धुरानी हो गई, उन्हें एक-से-एक सुन्दर और नई मिल जाएँगी। ऊपर से और भी अहसान लादे जा रहे हैं। इस बार आए तो बच्चों के लिए कपड़े और किताबें ले आए। मैया के हाथ में बीस रुपए रख दिए। मैंने पूछ लिया, 'क्यों ऐसा करते हैं ?' तो हँसकर बोले, 'इसका कोई गलत मतलब न लगाओ। तुमने जो एक बार कह दिया, उसकी मैं इज्जत करता हूँ, मैं थोड़ा-बहुत इसलिए कर देता हूँ कि तुम्हारे परिवार से मेरा सम्बन्ध बना रहे, टूटे नहीं। मैं कहीं जाता भी नहीं, बस यहाँ और रमाशंकर भाई के यहाँ। इससे मुझे न रोको।' बताइए बहिनजी, इसका मतलब क्या निकालूँ ?''

नम्रता ने कुछ सोचा, फिर कहा, ''कुछ नहीं, सोचने-समझनेवाले एक भले आदमी की यह इच्छा है। जब वह कहता है कि उसका कोई भी स्वार्थ नहीं तो उस पर अविश्वास करने की जरूरत ही क्या है ? बदले में तुम लोग भी उसे कोई छोटा-मोटा उपहार दे सकती हो। यह जिन्दगी कोई मशीन नहीं है, ऐसा मुझे लगता है। लोगों में अनेक तरह की इच्छाएँ हैं, अगर एक की इच्छा दूसरे की इच्छा को काटती नहीं, उसके स्वाभिमान को आघात नहीं पहुँचाती तो उसके परस्पर भिन्न होने में क्या रुकावट है ? सद्व्यवहार का जवाब सद्व्यवहार है, ऐसा तो नहीं कि उसके अहसान से दबकर औरत उससे शादी कर ले ? तुम जो सही समझती हो, वही करो...अगर किसी वजह से उनका आना अच्छा नहीं लगता तो विनम्रतापूर्वक ऐसा कह भी सकती हो।''

''मैं नहीं जानती...कुछ भी समझ नहीं पाती बहिनजी...'' भगजोगिनी रुआँसी हो गई।

''तुम्हें डरने की जरूरत नहीं है, धीरज के साथ सोचो कि तुम्हारे लिए क्या उचित है और यही उनको भी बता दो...''

''हाँ ठीक कहती हैं, बहिनजी।''

लेकिन भगजोगिनी की इन बातों से नम्रता भी व्याकुल हो उठती। कुछ अधीर भी कि कब नीलेश जेल से छूटकर आए और वह इन प्रश्नों पर और अपने भावी जीवन के सम्बन्ध में विस्तार से बातें करे। यह भी पूछे कि वह तो हर पल उसे याद करती है, क्या वह भी उसे याद करता था ? क्या-क्या सोचता था उसके सम्बन्ध में ? और वह अपने सवालों का उसकी तरफ से स्वयं काल्पनिक सकारात्मक उत्तर देकर खुश हो जाया करती।

इंटरमीडिएट की फाइनल परीक्षा देकर जब वह घर आई तो नतीजा निकलने के पहले मई में जर्मनी की सेनाओं की पराजय के बाद यूरोप में युद्ध बंद हो गया। इसके बाद धीरे-धीरे राजनीतिक

कैदी छोड़े जाने लगे। जब वह इलाहाबाद विश्वविद्यालय में लड़कियों के छात्रावास में रहकर बी.ए. प्रथम वर्ष में पढ़ रही थी, अणुबम से तबाह और त्रस्त जापान ने भी आत्म-समर्पण कर दिया। इसके पश्चात तो देश का राजनीतिक माहौल बदलता गया। बड़े नेताओं के छोड़े जाने पर समूचे देश में फिर जबरदस्त तूफान आ गया। जनता के उत्साह का अन्त नहीं था। स्वतन्त्रता के लिए बड़ी-बड़ी सभाएँ और बड़े-बड़े जुलूस। और जब आजाद हिन्द फौज के बन्दी बनाए गए बहादुर फौजी सिपाहियों और अधिकारियों पर मुकदमा चलाया जाने लगा तो उनकी वीरता, त्याग, साहस, अटूट एकता के अखबारों में छपे किस्सों ने देश में ऐसा जुनून पैदा किया जो पहले कभी देखा नहीं गया।

नम्रता भी काफी उत्साह में थी। आजाद हिन्द फौज के बहादुर लड़ाकों की मुक्ति के पक्ष में आयोजित छात्रों के विशाल जुलूसों में वह कई बार सम्मिलित हुई। अपनी इन गतिविधियों से वह काफी खुश भी थी। इसलिए भी कि इस माहौल में नीलेश से मिलना अद्‌भुत और शानदार होगा। कैसे अपने को सँभाल पाएगी वह—मिलन की खुशी की रुलाई को ? तब उसने सोचा कि वह एक-एक बात की रिपोर्ट देगी नीलेश को—उस समय से जब वह उसे छोड़कर जेल गया और फिर मिलने तक की। क्या-क्या घटा उसके साथ, क्या-क्या सोचा उसने, कितनी बार रोई उसके लिए और उसी के विचार के अनुसार कैसे तैयार किया अपने को ! यह भी बताएगी कि उसके जेल जाने के बाद कैसे तूफान खड़ा हो गया लेकिन उसे अपने प्रेम का अपमान बरदाश्त न हुआ, उसने मृत्यु का आलिंगन करना उचित समझा। वह सच्चाई पर अटल रही और अन्त में उसके घरवाले उसके प्यार को मान्यता देने के लिए तैयार हो गए। 'मैं तुम्हारी हूँ नीलेश, सिर्फ तुम्हारी। जीवन के संघर्षों में, समाज के निर्माण में, आम स्त्री-पुरुष के उत्थान में और तुम्हारे हर सुख-दुःख में तुम्हारी सहकर्मिणी और सहधर्मिणी हूँ नीलेश...तुम जल्दी आओ और मुझे ले चलो अपने साथ...'

अजीब-अजीब खयाल और स्वगत वार्ताएँ। अथाह प्रतीक्षाकुल प्यार और अटल मजबूत विश्वास। हर समय लगता, अचानक नीलेश सामने आकर खड़ा हो जाएगा, जिससे आँखें डबडबा जातीं। हृदय तेजी से धड़कने लगता और बदन में थरथराहट पैदा हो जाती।

वीरेश भी विश्वविद्यालय में ही बी.ए. की पढ़ाई कर रहा था, एक दिन मिलने पर उसने बताया कि उसके भैया नैनी जेल में हैं ओर किसी दिन भी छूटकर बाहर आ जाएँगे। यह सुनकर नम्रता खुशी से पागल हो गई।

"वीरेश, मुझे ले चलोगे मिलाने ?"

"दीदी, आप घबराइए नहीं, एक-दो दिन में छूट जाएँगे। मैं कल जाऊँगा तो पूछ लूँगा कि किस दिन रिहाई होगी उनकी। सरकार सबको छोड़ रही है, पता नहीं क्यों कुछ लोगों को रोके हुए है ?"

"ठीक है वीरेश, तुम बता देना मेरे बारे में। कहना, छूटने पर वह मुझसे पहले मिलें और कहीं न जाएँ। तब हम सभी साथ-साथ बलिया चलेंगे।"

"ठीक है दीदी," वीरेश की हिम्मत नहीं हुई कि उसकी डबडबाई आँखों की ओर देखे या उससे कोई बात करे और पीछे मुड़कर वह धीरे-धीरे वहाँ से चला गया।

53

आकाश स्पर्श को आतुर पर्वत पर निर्मित भवाली सैनिटोरियम में लवंगलता के नाम से भर्ती बलिया की मरीज को अब ढेला कहना उचित नहीं। यह कहना कठिन है कि उसके स्वास्थ्य-सुधार में किसकी अधिक प्रभावकारी भूमिका है—नियमित दवा एवं पुष्टकारी भोजन या निर्मल प्रकृति की गोद में विश्राम अथवा बलिया के डॉक्टर दिनेश गुप्त के पूर्व सहपाठी डॉ. आनन्द स्वरूप द्वारा दिखाए गए

अनुकूल प्रभाववाली बातों के सपनों की ? उसकी आँखों, कपोलों तथा समूची देह को देखकर क्या यह कहा जा सकता है कि स्वच्छ हवा, निर्मल आकाश, ऊषा की आभा तथा सूर्य की प्रथम किरणों में कंचन की तरह चमकती हिमाच्छादित पर्वत-चोटियों के साथ-संग का परिणाम है यह ?

यह मई का मौसम है, यूरोप में युद्ध समाप्त होने का प्रथम दिन। ड्यूटी पर आने के बाद डॉक्टर आनन्द स्वरूप बेड के पास आकर कहते हैं, ''बधाई !''

''किस बात के लिए डॉक्टर साहब ?'' लवंगलता अचम्भे से आँखें फैलाकर देखती है।

''यूरोप में लड़ाई खत्म हो गई। हिटलर की सेना हार गई...''

''अब क्या होगा, डॉक्टर साहब ?''

''युद्ध इनसान और इनसानियत का दुश्मन है। इस लड़ाई में कितने लोग मारे गए, कितने घर और परिवार बरबाद हुए, इन सबका हिसाब लगाएँ तो दहशत होगी। अच्छा है कि यह सब बंद हो जाएगा और लोग अपने घरों को लौट जाएँगे। अब फिर नए सिरे से निर्माण होगा और कोशिश होगी कि फिर युद्ध न हो। हम, आप भी तो सिपाही हैं। हम भी तो युद्ध के सैनिकों की तरह बीमारी के खिलाफ लड़ाई लड़ते हैं। हमारी लड़ाई तो हमेशा जारी है आखिरी जीत की उम्मीद के साथ कि एक दिन दुनिया से रोग-शोक खत्म हो जाएगा।''

लवंगलता की बड़ी-बड़ी आँखें, डॉक्टर के चेहरे को और दृढ़ता के भाव से हिलते होंठों के बीच दाँतों की विद्युत-चमक को देख रही हैं मुग्ध भाव से। वह उच्छ्वसित स्वर में कहती है, ''आपकी बातें कितनी अच्छी होती हैं डॉक्टर साहब। पर मुझे इस लड़ाई में क्यों शमिल करते हैं ? आपके अन्दर इतनी उम्मीदें हैं कि उसकी थाह नहीं। आप डॉक्टर हैं, लड़ने के हथियार हैं आपके पास। तरीके मालूम हैं आपको। मैं तो कुछ भी नहीं, अपढ़ हूँ, गँवार हूँ। आपकी बातों से हिम्मत बँधती है, मगर कभी-कभी मेरा मन डूबने-उतराने लगता है, उम्मीद खत्म हो जाती है...''

डॉक्टर आनन्द स्वरूप की उम्र अठाइस वर्ष से अधिक नहीं बल्कि कुछ कम ही है। मझोला कद, हल्का साँवला रंग, चाल में स्फूर्ति, आँखों में मृदु समझदारी की चमक, विनम्र स्पष्ट वाणी। उसने लवंगलता को गौर से देखने के बाद कहा :

''तीन वर्ष से अधिक समय हो गया, आपसे करीब रोज ही बात होती रही है, मैं कोई उपदेश देने नहीं आता। आप मरीज जरूर हैं, लेकिन एक डॉक्टर को अपने मरीज से सहयोग चाहिए, उसके बिना कैसे बीमारी के विरुद्ध लड़ाई लड़ी जा सकती है ? आपसे जो बातें करता हूँ, उसका अर्थ यही है कि आप भी अपने अन्दर नई उम्मीदों को जिन्दा रहने दें और नियमित रूप से दवाई खाकर रोग मिटाने में मदद दें, तो यह लड़ाई विजय तक जारी रहे। आप तो काफी समझदार हैं, आपमें धीरज बहुत है। इस समय तक तो आप तरीके भी जान गई होंगी कि यह लड़ाई कैसे लड़ी जा सकती है। कई मरीज ऐसे नहीं होते, जरा भी सहयोग नहीं करते। ऐसी हालत में आप निराशा की जो बातें करती हैं उनका कोई अर्थ नहीं है। मैं तो...''

अचानक डॉक्टर चुप हो गया और सामने खुली खिड़की के बाहर बादल के एक टुकड़े को देखने लगा।

''कहिए डॉक्टर साहब...चुप क्यों हो गए ?''

''हाँ, मैं कुछ कहना तो चाहता था, लेकिन रुक गया कि डॉक्टर को इतना बोलने की जरूरत नहीं, आपको भी अच्छा लगे, न लगे। डॉक्टर का अपने हर मरीज से लगाव होता है, उसको अच्छा करना उसका कर्तव्य है और अच्छा होने पर उसे अपार खुशी होती है, गर्व होता है अपने पर, दुनिया पर और दुनिया को बनानेवाले पर। आपके बारे में सबकुछ पता है मुझे—आपके पुराने जीवन के बारे में, आपकी प्रकृति के बारे में...आप क्या चाहती हैं, क्या नहीं चाहती हैं। इसके बावजूद मैं कहना चाहता हूँ कि आप सुन्दर हैं, बहुत सुन्दर हैं...शरीर ही के बारे में नहीं...मैं मन की सुन्दरता की बात

कह रहा हूँ...और...।''

''और क्या डॉक्टर साहब ? आप कहते जाइए, मैं बड़े ध्यान से सुन रही हूँ...।''

''और यही कि प्रकृति को किसी ने पढ़ाया-लिखाया नहीं। कभी तूफान, गरज-तड़प, भूकम्प वगैरह से उसका रूप बिगड़ जाता है, लेकिन बाद में वही खूबसूरत, पवित्र रूप उभर आता है—वही फैला नीला आकाश, चमकती धूप, सुखद ताजी हवा, स्वाभिमान से सिर उठाए पर्वत। इस हालत में क्या प्रकृति अपने पुराने विकृत रूप को याद करती है ? काई में कोई ढेला-पत्थर फेंकने पर उसे आघात लगता है, उसका रूप बिगड़ जाता है, लेकिन पत्थर निकाल देने पर स्वाभाविक रूप फिर आ जाता है। ऐसा ही है हमारा जीवन। बीमारी से शरीर कलुषित और अपवित्र हो जाता है और गलत विचार से मन। बीमारी दूर होने से जैसे शरीर स्वच्छ और पवित्र हो जाता है, उसी तरह सुन्दर विचार से मन और आत्मा। शरीर और मन के स्वास्थ्य और नए, सुन्दर संकल्प से हर आदमी नया जन्म ग्रहण कर सकता है। यह नया संकल्प है अपने में पूरा विश्वास रखने का, खूबसूरत उम्मीदों को अपने अन्दर जीवित रखने का, दूसरों के सुख-दुःख से अपने को जोड़ने का। यह आसान नहीं है, मगर मुमकिन है। नाउम्मीदी की बीती बातों को जितनी बार याद करता है मनुष्य, उतनी ही बार मरता है, और मरता जाता है। अब समय आ गया है कि आप पूरी तरह स्वस्थ हो जाएँगी। मैं बताना चाहता हूँ कि एक खूबसूरत, तन्दरुस्त बच्चे की तरह आपका नया जन्म हो रहा है...''

''डॉक्टर ! यह क्या कह रहे हैं ? मेरे खानदान के लोग, मेरी अम्मा, क्या हाल है उन लोगों का ? मेरा क्या फर्ज बनता है ? मैं अपने को एकदम अँधेरे में पाती हूँ...''

''यह सब सोचने का समय नहीं आया है, आपकी बीमारी में कुछ कसर है, असहयोग करेंगी तो एक डॉक्टर क्या कर सकता है ? आपको उजाला, स्वच्छ हवा, नीला आकाश, हँसी-खुशी, अच्छे लोग और नेक विचार से हमेशा प्यार रहा है, लेकिन आपको वह माहौल न मिला, जिसमें आपके गुणों का, आपकी आत्मा का विकास होता ! यहाँ सबकुछ है, आप अब अपने को उजाले में रखने, उसका आनन्द उठाने की आदत डालिए। ठीक है, आराम की कीजिए और खुश रहिए...''

लवंगलता ने अपनी आँखें मूँद लीं। सामने फिर डॉक्टर का मुस्कुराता चेहरा उभर आया। वह करीब हर दिन डॉक्टर का चेहरा देखती है और हर दिन वह सर्वथा नया लगता है। वह एक तरह की बात भी नहीं करता, रोज कोई नई बात—छोटी-छोटी बातें, एकदम मामूली लेकिन बेहद दिलचस्प। एक दिन पूछा उसने, 'कितने लड्डू खा सकती हैं आप ?' उसे बड़ी हँसी आई थी। मिठाइयाँ तो उसके पास लानेवाले बहुत-से लोग थे, लेकिन दो लड्डू से अधिक वह कभी न खा सकी। मीठा उसे बहुत पसन्द था ही नहीं। डॉक्टर ने कहा था, 'आपको छेना के रसगुल्ले दिए जाएँगे, अब तो खाना पड़ेगा, जितने खा सकें।' एक दिन पूछा, 'खाना में क्या-क्या बनाना आता है आपको ?' उसको बड़ी शर्म आई, क्योंकि खाना बनाना आता ही नहीं था उसे। डॉक्टर सुनकर खूब हँसा। उसने बताया कि वह अकेला है यहाँ, मध्य प्रदेश के छत्तीसगढ़ इलाके में गाँव है उसका, यहाँ मेस है जरूर, लेकिन वह स्वयं हर चीज बना लेता है और एक जून की मेहनत पर दो जून खाता है। उसने रोटियाँ, दाल, सब्जी और गोश्त बनाने के कई तरीके बताए।

कभी वह दूध, टमाटर, पनीर, सोयाबीन और कुछ हरी सब्जियों के गुण बताता और हरे साग बनाने की कई विधियाँ बताने लगता। कभी क्रान्तिकारियों, महात्मा गांधी, विवेकानन्द, मार्क्स, सुभाषचन्द्र बोस के किस्से। और भी दिलचस्प किस्से थे उसके पास राजा-रानी, वैज्ञानिकों, वैज्ञानिक आविष्कारों और बहादुर महिलाओं के किस्से। वह कभी कोई किताब भी लाता और कोई छोटी-सी कहानी पढ़कर सुनाता। उसने बाद में स्पष्ट कर दिया था कि किस्से-कहानी सुनाना उसकी चिकित्सा का ही हिस्सा है, जिसका उद्देश्य उस जैसी मरीज को नाउम्मीदी से दूर ले जाकर नई उम्मीदों के साथ जिन्दगी के प्रति गहरी दिलचस्पी उत्पन्न करना है।

लवंगलता सोच रही थी कि डॉक्टर की चिकित्सा और बातों से कितनी दूर चली आई है वह बलिया की उस घुटन-भरी जिन्दगी से ! डॉक्टर ने उसके मन में उम्मीदों की एक नई, अनोखी और प्यारी-सी बस्ती निर्मित कर दी है, जहाँ स्वच्छ हवा, धूप, वृक्ष, पक्षी और पर्वत के साथ नेक इंसान और उनके नेक विचार हैं। दयाशंकर ने अवश्य उसे घुटन-भरी जिन्दगी से निकलने का रास्ता सुझाया था, उसे एक सपना दिया था, लेकिन ऊँचे विचार और त्यागपूर्ण जीवन के बावजूद उसके जैसी मजबूर, वंचित और व्याकुल स्त्री को देने के लिए उसके पास कुछ नहीं था। लेकिन यह डॉक्टर तो उसे दिए जा रहा है, दिए जा रहा है। उसके जीवित रहने से डॉक्टर को क्या मिलेगा ? यह जानते हुए भी कि स्वस्थ होने के बाद उसे यहाँ से वहीं जाना है ? वहाँ से यहाँ आना जिस प्रकार अविश्वसनीय था, उसी प्रकार यहाँ से वहाँ जाना क्या अविश्वसनीय नहीं बना दिया है इस डॉक्टर ने ?

उसे याद आया वह दिन, जब वह गोपालराम और श्यामदासी के साथ बलिया से भवाली के लिए चली थी। जाड़े के कपड़े, ट्रंक, बिस्तरे, डोलची वगैरह। रसड़ैया गाड़ी—रसड़ावाली—से शाहगंज पहुँचकर पहली बार और वहाँ से लखनऊ पहुँचकर दूसरी बार ट्रेन बदली गई काठगोदाम के लिए, जहाँ से बस पकड़कर भवाली। श्यामदासी जितनी अपने व्यवसाय में चतुर, तेज-तर्रार, जमाऊ और फुर्तीबाज थी, उतनी ही इस अनजानी यात्रा में घबराई हुई और असहाय। अक्ल गुम हो गई थी उसकी। एकदम थथमा मार गया था। जिधर जाना होता, उसके विपरीत दिशा में चल देती पागल की तरह देखती हुई। जहाँ फुर्ती की जरूरत थी, उसके हाथ-पैर काम करना बन्द कर देते थे। हर काम गोपालराम को ही करना पड़ता—सहारा देकर दोनों माँ-बेटी को चढ़ाना, उतारना, डिब्बे में ऐसी जगह के लिए संघर्ष करना, जिससे सबको, खास तरह से लवंगलता को आराम मिले, सामानों को चढ़ाना और ठीक जगह पर गिनकर नजर के सामने रखना। बीच-बीच में वह श्यामदासी को फटकार भी लगाता :

"अम्माजी, इतनी डरी क्यों हैं ? आपकी बुद्धि कहाँ चली गई ? आपने तो अपनी बिटिया की जिन्दगी चौपट ही कर दी है। अब दवा कराने ले जा रहे हैं तो हर समय 'हाय दइया', 'आह-ऊँह' किए जा रही हैं जैसे आप ही असली मरीज हों। अरे, आप सामान चढ़ाने में मदद नहीं देना चाहतीं तो डिब्बे में जगह के लिए मुसाफिरों से युद्ध तो कर सकती हैं ? सुना है कि आपकी जबान कैंची की तरह तेजी से चलती है, फिर अपना यह हुनर क्यों छिपाए हुए हैं ? इससे अच्छा तो यह था कि आप साथ में न आतीं, वहीं अपने मोहल्ले में हड़कम्प मचाती रहतीं। मैं तो अकेले ही इनको पहुँचाकर भर्ती करा देता...अब मुझे आपको भी सँभालना पड़ रहा है...।"

"कैसी बात करते हो भैया, क्या अपनी जवान लड़की को अकेले तुम्हारे साथ भेज देती ?"

"वाह ! अब जबान खुली। अपने असली रूप की एक गन्दी झलक दिखाई आपने। आप नही जानतीं, यह तो मेरी बहिन की तरह हैं...हाँ, आप माँ होकर श्मशान घाट पहुँचाकर अब बद्दुआ भी दे रही हैं इनको। कैसी माँ हैं जी आप ? आप चाहती हैं कि ये जल्दी दुनिया से विदा लें और अपना सारा पैसा बचाकर खुद सुख की जिन्दगी बिताएँ ! लेकिन यह समझ लीजिए कि आपका चाहा कुछ नहीं होगा, ये पूरी तरह स्वस्थ हो जाएँगी और उसके बाद आपके घर भी नहीं जाएँगी। आने दीजिए, किसान-मजदूरों, गरीबों की सरकार, आप सभी लोगों को जेल का फाटक दिखाया जाएगा !"

"यह कौन-सी सरकार है, भैया ?" श्यामदासी हँसने लगी।

"आपको कुछ पता-वता तो है नहीं। आप तो यह भी नहीं जानना चाहतीं कि आपकी भलाई किसमें है। इस समय गरीबों की सरकार नहीं है, मगर आएगी जरूर। तब आप लोगों का धन्धा-वन्धा बंद कर दिया जाएगा और आपकी बेटियाँ नए देश की बेटियाँ बनकर सरकार में

जाएँगी, दफ्तर सँभालेंगी और स्त्री जाति पर होनेवाले सभी जुल्म, अत्याचारों को खत्म करेंगी। आपने समझ क्या रखा है ?''

श्यामदासी के पास इसका जवाब था, दूसरा समय होता तो वह जरूर कहती कि ऐसे उचक्के नौजवानों को खूब जानती है, जिनकी कलई जल्दी ही खुल जाती है; लेकिन उसने कोई जवाब न देकर मुँह दूसरी तरफ कर लिया। लेकिन लवंगलता कष्ट में भी बड़ी दिलचस्पी से गोपालराम की बातें सुन रही थी। अक्सर दोनों के बीच में नोक-झोंक होती रहती और लवंगलता मुस्कुराती रहती। इस तरह लड़ते-झगड़ते उनके बीच एक रिश्ता भी बन गया। शायद इससे रास्ते की बोरियत दूर होती हो, लेकिन यह सही है कि दोनों को एक-दूसरे के बिना चैन नहीं था और दोनों यदि एक-दूसरे के खान-पान, आराम के बारे में खयाल भी करते तो लड़ते-झगड़ते ही।

काठगोदाम से भवाली की यात्रा में एक खूबसूरत, भव्य स्वप्न दिखाई देने लगा। सभी के मुँह खुले और नेत्र विस्फारित। क्रमशः उठते पहाड़ों का सिलसिला और उन्हें नापती वक्राकार डामर की काली सड़कें। पहले वृक्षों की झुरमुट लहराती और बलखाती, फिर ऊँचाई के साथ और बड़े तथा सघन वृक्ष विपुल हरीतिमा लिए। पहाड़ों की गोद से फूटते जल के सोते। ज्योलीकोट पार करते ही चीड़ के वन लहराते, जैसे आसमान में झाड़ू लगा रहे हों। सायँ-सायँ की आवाज बस की घरघराहटों के बावजूद।

लवंगलता गड़हे में धँसी अपनी आँखें फैलाने की कोशिश करके जैसे साँस रोककर देख रही हो। मैदान ओझल हो गया है और चारों ओर फैला है पहाड़ों का साम्राज्य। लगता है एक-दूसरे से बात करते हैं पहाड़। कुछ तो सीधे आसमान से बात करने में लीन हैं। घुमावदार रास्ते के मोड़ों पर कहीं बादलों के टुकड़े चलते धुंध की तरह नजर आते हैं। और वो सामने दूर पहाड़ पर जीवन की चहल-पहल, जहाँ दिखाई देते हैं डिब्बेनुमा कई घर। कैसे पहुँचते हैं वहाँ तक लोग ? दूर पहाड़ी रास्तों पर कुछ और बसें दिखाई देती हैं चीटियों की तरह रेंगती हुई।

लवंगलता इस अद्भुत दृश्य को अपने अन्दर जज्ब कर लेना चाहती थी, लेकिन उसके लिए ताकत न होने से बेहद थक गई, बेहद कमजोरी से साँस फूलने लगी और खाँसी भी आने लगी।

"अम्माजी, आप तो सो रही हैं, ठीक से सँभालिए उन्हें, ओढ़ा दीजिए ठीक से..." गोपालराम ने झिड़कते हुए कहा।

"क्या कहूँ भैया, चक्कर आ रहा है..." लवंगलता के बगल में बैठी श्यामदासी ने बेटी की पीठ सहलाते हुए कहा।

"चक्कर-वक्कर कुछ नहीं...आप मरीज को सँभालने आई हैं या सोने ? खाँसी रोकने की दवा है कि नहीं ?"

"है तो...रहो देती हूँ..." श्यामदासी ने नीचे रखी डोलची में रखे एक छोटे लिफाफे में से एक गोली निकालकर बेटी को खिला दी, उसके पैरों को ठीक से ढका और उसके सिर को अपने कन्धों पर टिकाकर सहलाने लगी।

एक संघर्षशील पार्टी का पढ़ा-लिखा कार्यकर्ता होने का लाभ गोपालराम को मिल भी रहा था। भारी सामान के साथ अनजान जगह जाने की अनेक दिक्कतें होती हैं, लेकिन गोपालराम इस तरह व्यवहार कर रहा है, जैसे इस सफर का उसे पहले भी अनुभव हुआ हो। ट्रेन यात्रा में हर स्टेशन पर नीचे उतरना और पर्वत यात्रा में भी, जहाँ बस रुकती है। नई जगह देखने और नई जानकारी लेने की उत्सुकता, जिससे चाहे उसी से फौरन संवाद कायम कर लेना और इतने सवाल कर देना कि सभी जवाब खत्म होने के साथ सभी सूचनाएँ भी प्राप्त हो जाएँ। अकड़ू रेल और बस कर्मचारियों तथा डिब्बे के वैसे ही मुसाफिरों से बहस करना और कुछ मानवतावादी तर्कों और शब्दावलियों द्वारा पराजित या लज्जित करके चुप्पी और आत्म-समर्पण की स्थिति तक पहुँचा देना। अपने जीवन से

ऊबी और रोग से भी डरी लवंगलता को भी उसकी बातों से एक अजीब-सा आश्वासन मिलता।

यही कारण है, जिससे इस लम्बी कष्टदायी यात्रा में भी माँ-बेटी दोनों को कोई कष्ट नहीं होने पाया—क्योंकि हर दिक्कत को दूर करने का तरीका उसे पहले ही मालूम हो जाता था। काठगोदाम से भवाली की यात्रा डेढ़-दो घंटे की रही होगी और आगे और चढ़ाई होने की वजह से उन्हें बाजार से दो फर्लांग पहले ही उतर जाना पड़ा; लेकिन वह पहले ही मालूम कर चुका था कि रोगी या अशक्त व्यक्तियों के लिए टट्टू या पालकी व्यवस्था हो जाती है, इसलिए दोनों महिलाओं को पालकी पर बिठाकर स्वयं पैदल ही चल पड़ा वह।

लवंगलता को एक-एक चीज याद है, और आँखें आँसुओं से भरी हैं। उसे पहली बार महसूस हो रहा था कि जिन्दगी बड़ी खूबसूरत है, जबकि पहले वह सोचती थी कि जीने जैसी घृणित और दुःखजनक चीज कोई भी नहीं। पालकी पर ऊपर जाते-जाते सैनिटोरियम की सीमा आ गई। वे बढ़ते गए डॉक्टरों, नर्सों और कर्मचारियों के क्वार्टरों से गुजरते हुए। और चढ़ाई तथा बाजों के जंगल की ठंडक के बीच से होते हुए अस्पताल दिखाई देने लगा। अलग-अलग वार्ड, बीच में लाल टिन की ढलानदार छतरी के तले पुलनुमा कॉरीडारों से जुड़े।

पन्द्रह-बीस दिन रहकर गोपालराम ने सारी व्यवस्था पक्की कर दी थी। डॉक्टर आनन्द स्वरूप से उसे बड़ी मदद मिली। डॉक्टर ने उन दोनों को, गोपालराम और श्यामदासी को अपने यहाँ ही रखा क्योंकि डॉ. दिनेश गुप्त ने सारी परिस्थितियों को स्पष्ट करते हुए, उन्हें अधिक-से-अधिक सहानुभूति और सहूलियत देने का अनुरोध किया था। रुपए-पैसे की कोई दिक्कत नहीं थी, इसलिए अच्छे वार्ड, समुचित दवा और भोजन की व्यवस्था हो जाने पर डॉक्टर ने दोनों को यहाँ से जाने का सुझाव दिया, क्योंकि यहाँ उनकी कोई जरूरत नहीं है और सभी देख-भाल अस्पताल की ओर से होगा।

जाते समय गोपालराम ने हँसते हुए लवंगलता से कहा, ''आप अच्छी जगह पहुँच गई हैं। नियम से दवा खाइए और प्रेम से भोजन और अंडा, दूध वगैरह ग्रहण कीजिए और आराम कीजिए। स्वच्छ हवा खूब पीजिए, पहाड़ों से और हरे-भरे जंगल से स्नेह कीजिए और भूलकर भी अपनी पुरानी हवेली को याद न कीजिए। आपकी अम्माजी को भी लिए जा रहा हूँ। यहाँ रहेंगी तो अपने लिए, आपके लिए और दूसरों के लिए भी सिरदर्द बन जाएँगी। इनके लिए चिन्ता करने की जरूरत नहीं है। आपको जल्दी-से-जल्दी स्वस्थ होकर खड़ी हो जाना है, आप समझती क्या हैं, आपको तो गरीबों की सरकार बनाने के लिए काम करना है। कभी मौका मिला तो जरूर आऊँगा...अम्माजी को भी लाऊँगा।''

इन सब बातों को याद करके लवंगलता की आँखों से लगातार आँसू निकलकर धार के रूप में बह रहे हैं। गोपालराम तो फिर नहीं आया, लेकिन उसकी याद सदा आती है लवंगलता को, क्योंकि शुरू में तो हिम्मत उसी ने बँधाई। और डॉक्टर आनन्द स्वरूप ने जैसे उसी से सूत्र लेकर अपने व्यवहार का ताना-बाना बनाया। एक दिन डॉक्टर ने कहा भी था :

''ऐसे हँसमुख और हिम्मती लोगों की जरूरत है इस देश में। गोपालराम से खूब हुई बातें, कुछ मसलों पर मतभेद है, मगर कई चीजें उनकी पसन्द भी हैं। मैं उनके बारे में उन्हीं से सबकुछ जान चुका हूँ, कैसे कष्ट में वे हैं और उनका परिवार है, लेकिन अन्याय को बरदाश्त नहीं कर सकते हैं वह। कहते हैं, 'मेरी माँ ने जो दुःख, अभाव और अपमान झेले हैं, उनको याद करके मैं किसी औरत को छोटा नहीं समझता, उसकी इज्जत करता हूँ और करता रहूँगा।' कितने अच्छे विचार हैं...।''

यही सब लवंगलता देर तक सोचती रही, फिर उसे नींद आ गई थी।

दिन बीतते गए और उसका स्वास्थ्य सुधरता गया। और लगभग एक वर्ष बाद नए वाइसराय

लार्ड बावेल के प्रस्तावों के अनुसार जब देश में चुनाव हुए और नई केन्द्रीय अन्तरिम सरकार बनी तो एक दिन डॉक्टर ने मुस्कुराकर कहा :

"मालूम होता है, यह देश आजाद हो जाएगा जल्दी ही। लेकिन आप तो पहले ही मुक्त हो गई हैं अपनी बीमारी से। आप पूर्ण स्वस्थ हैं। अब आप शरीर से, हृदय से और बुद्धि से स्वस्थ हैं और नए संकल्प से आपको इन तीनों के बीच तालमेल कायम करना है..."

"डॉक्टर साहब..." लवंगलता अभिभूत होकर डबडबाई आँखों से देखने लगी।

"नहीं, मुझे बात पूरी कर लेने दीजिए। आपने कई बार पूछा है कि स्वस्थ होने के बाद आप क्या करेंगी। गोपालराम से शुरू में जो बातचीत हुई थी और आपके भावी जीवन के सम्बन्ध में उन्होंने जो विचार प्रकट किए थे, उससे मैं बहुत प्रभावित हुआ था। उन्होंने दृढ़ता से कहा था कि स्वस्थ होने के बाद आपको पुरानी जगह, पुराने जीवन में नहीं जाने देना है। वैसे आप स्वतन्त्र हैं कि जो चाहें करें, लेकिन मैं भी राय नहीं दूँगा कि आप लौटकर उसी जीवन में जाएँ। इससे बड़ी दुर्घटना क्या होगी संसार में ? फिर आप इसी मौत की गिरफ्त में आ जाएँगी। आप अभी कुछ दिन तो अस्पताल में और रहें, इस बीच मैं अपनी माँ को यहाँ बुला लेता हूँ, फिर अस्पताल से मुक्त होकर मेरे क्वार्टर में रहें घर के सदस्य की तरह। मैंने अच्छी तरह सोच लिया है। हाँ, आपको दृढ़ रहना पड़ेगा और अपने घरवालों से साफ-साफ कहना पड़ेगा। मैं कोशिश करूँगा कि आप कुछ पढ़-लिख जाएँ, फिर ट्रेनिंग दिलाकर नर्स यहीं बनवा दूँगा। बीमार की सेवा करने से अच्छा काम कोई नहीं। जब आप काम पा जाएँगी तो आपको क्वार्टर मिल जाएगा और अपनी माँ और अन्य किसी रिश्तेदार को बुला सकेंगी आप।"

"क्या कह रहे हैं, डॉक्टर आप !" लवंगलता आँखों को हाथ से ढककर खुलकर रोने लगी।

"मेरी समझ में आपके लिए यह ठीक रहेगा। लेकिन सबकुछ आपके सहयोग, आपकी इच्छा पर निर्भर है। बहुत-से लोग इस समय में महात्मा गांधी के विचारों से प्रभावित हुए हैं, उन्हीं में एक मामूली डॉक्टर हूँ मैं। मैं कोई राजनीतिज्ञ नहीं हूँ, किसी पार्टी का सदस्य नहीं हूँ, लेकिन मैंने बलिया के आपके डॉक्टर दिनेश गुप्त और दो और डॉक्टर साथियों के साथ फैसला किया था कि हम अपने पेशे को जनसेवा का माध्यम बनाएँगे, खास तरह से देशभक्तों, गरीबों, और बेसहारों की मदद के लिए तैयार रहेंगे। हम उन राजनीतिक दलों को चन्दा भी देते थे, जो देश की आजादी के लिए लड़ रहे हैं। किसी पद-पदवी, लाभ, लालच के बिना सेवा-भाव से किसी की मदद करने से अच्छा काम क्या होगा ? यह कोई दया या कृपा नहीं है, यह रोग-शोक की दुनिया में डॉक्टर और मरीज का इंसानी रिश्ता है। सेवा करने से डॉक्टर ऊँचा नहीं हो जाता। वह मरीज का सहज मित्र है, हितैषी है..."

कुछ रुककर डॉक्टर ने कहा, "इसीलिए मैंने आपकी तरफ दोस्ती का हाथ बढ़ाया है। ऐसा करने में मेरा कोई स्वार्थ नहीं है, यह स्पष्ट कर देना चाहता हूँ। हँसी, खुशी, मेहनत, समझदारी और सेवा ही हमारे-आपके बीच दोस्ती के रिश्ते का आधार है, बुनियाद है। लोग कहते हैं कि दुनिया में बहुत कुछ किस्मत, भाग्य या संयोग से होता है। जहाँ शिक्षा, अच्छी सोच-समझ नहीं होती, मजबूत फैसला नहीं लिया जाता आम मनुष्य के पक्ष में, वहाँ अच्छी सरकार और अच्छी व्यवस्था कायम नहीं हो पाती। ऐसी हालत में एक साधारण आदमी सही ढंग से सोच नहीं पाता, तब वह किस्मत, भाग्य की बात करने लगता है। इस समय, अगर आप नया फैसला नहीं करेंगी और उस पर मजबूती से नहीं चलेंगी तो आप पुराने जीवन में चली जाएँगी और हर जगह रोएँगी कि मेरी किस्मत ही खराब है। हम तो दोषी हैं, कलुषित हैं, कलंकित हैं। बार-बार मैं कह चुका हूँ कि बीमारी से शरीर जब कलुषित हो जाता है तो वह दवा से स्वस्थ और पवित्र भी हो जाता है; लेकिन बीमार मन, बीमार विचार की कोई दवा नहीं है। मैं अनुरोध करता हूँ आपसे कि आप अपनी नई जिन्दगी की

इज्जत कीजिए और साफ, मजबूत फैसला भी कीजिए। मुझे जवाब चाहिए दो दिन बाद।"

दो दिन बाद जब डॉक्टर आया तो वह आत्मीयता और कृतज्ञता भाव से विह्वल होकर सिर्फ इतना ही कह सकी :

"मैं बहुत खुश हूँ डॉक्टर।"

54

यूरोप में युद्ध समाप्ति तथा कुछ विशेष राजनीतिक बन्दियों के छोड़े जाने के बाद ही जेलों में यह खबर तेजी से फैली कि अंग्रेज हिन्दुस्तान को आजादी देने के बाद बोरिया-बिस्तर बाँधकर यहाँ से जानेवाले हैं। लेकन यह सिर्फ अफवाह ही नहीं थी। बात यह है कि हुकूमत किसी सोची-समझी नीति के तहत ढीली, सुस्त और लापरवाह होती गई। कैदियों के प्रति व्यवहार में बदलाव आने लगा। उनकी माँगें सुनी जाने लगीं, मुलाकातों की सहूलियतें बढ़ीं, मुकदमे की दिखावटी कवायदें तेजी से होने लगीं, एक-दो बार दूध-चीनी की दलिया नाश्ते में दी गई और त्यौहार पर पूड़ियाँ वगैरह भी। जो कैदी हाई स्कूल या इंटर पास हैं, उनको 'बी' श्रेणी की सुविधाएँ दे दी गईं, जिनकी संख्या कम ही थी और उसमें बैकुंठ और नीलेश जैसे नौजवान भी शामिल कर लिए गए और फल, दूध, मक्खन, उत्तम भोजन पाकर लहलहाने लगे। गाल भर आए, त्वचा में रंगत आ गई, चाल शानदार बन गई जैसे वन में गजराज। जेल कर्मचारियों के खयाल, बात, आराम और सुगन्ध की तरह उड़नेवाली नई-नई खबरों के माहौल में अपने विगत बगावती सुकृत्यों, कष्टों और कुर्बानियों का खयाल स्वतः ही उभर आता, जिससे आत्मविश्वास, स्वाभिमान एवं उच्चता के अहसास से गर्दन अकड़ जाती और होंठों में अनजान दबी हुई ऐंठ।

खैर, बन्दी एक साथ नहीं छोड़े गए। कुछ तो युद्ध खत्म होने के पहले ही रिहा कर दिए गए थे। इनमें गऊ किस्म के कुछ बूढ़े लोग थे, जिनसे कोई खतरा नहीं होता और जो कोई स्पष्ट बात नहीं करते और प्रेम-पगी भाषा से सबकुछ मीठा बना देते हैं। उनके बाद ऐसे कैदी, जिनमें सक्रियता से अधिक वाचालता होती है। फिर सक्रिय अधिक और वाचाल कम, उसके बाद साधारण खतरनाक, तब मझोले खतरनाक वगैरह। इस तरह रिहाई की क्रमबद्ध श्रेणियाँ बना दी गई थीं। विलम्ब की समस्या उन फरार देशभक्तों ने उत्पन्न कर दी, जो हवा का रुख पहचानकर इस तरह कचहरी में या किसी थाने के पास आकर गिरफ्तारी देने लगे मानो कोई आन्दोलन हो रहा हो। उनके खिलाफ वारंट तो था ही, हुकूमत को बाध्य होकर उन्हें गिरफ्तारी और रिहाई की कानूनी प्रक्रिया में शामिल करना पड़ा।

कुछ दिनों बाद, रिहाइयों का तूफान ही आ गया और लोगों की दबी हुई उमंगें दूने वेग से विशाल जुलूसों, जनप्रदर्शनों एवं जनसभाओं के रूप में उभरने लगीं। राष्ट्रीय नेताओं तथा लन्दन स्थित ब्रिटिश सरकार के बयानों से इस खबर की लगभग पुष्टि हो गई कि शीघ्र ही देश स्वतन्त्र होनेवाला है। जनता गर्व से खुश हो गई कि उन्हीं के संघर्षों का नतीजा है यह। लेकिन कुछ तेज-तर्रार, बुद्धिमान और दूरदर्शी नेता गम्भीर चिन्ता में पड़कर सोचने लगे कि उन पर गम्भीर जिम्मेदारियाँ आ गई हैं। यह सही है कि उनके नेतृत्व एवं कार्यक्षमता से देश में इतना बड़ा आन्दोलन खड़ा हुआ, लेकिन आगे भी संघटन एवं सत्ता में प्रतिभाशाली लोगों का समावेश होना चाहिए, जिससे देशसेवा एवं देश-निर्माण सम्बन्धी उनकी क्षमता को कार्यान्वित करने का भरपूर अवसर मिले।

ऐसे ही एक नेता हैं 'ए' श्रेणीवाले राजनीतिक बन्दी अनिरुद्ध दास। मझोला, थुलथुल-सा शरीर, सपनीली बड़ी-बड़ी आँखें, पैंतालीस से पचास की ओर बढ़ते हुए, खद्दर की धोती, कुर्ता, जवाहर

जैकेट और गांधी टोपी से सज्जित सुदर्शन। बलिया के होते हुए भी इलाहाबाद में ही बस गए हैं। बलिया में काफी खेत-जमीन है, लेकिन यहाँ भी मकान और काम-धाम हैं। उनके पिताजी बहुत पहले हाईकोर्ट में वकालत करने आ गए थे, जिन्हें सफलता भी अच्छी मिली। उन्होंने धन भी कमाया, जायदाद भी बढ़ाई, लेकिन उनके पुत्र अनिरुद्ध दास ने वकालत पास करने पर भी यह पेशा नहीं अपनाया, बल्कि, छात्र जीवन से ही राष्ट्रीय आन्दोलन के सम्पर्क में आकर अपना पूरा जीवन देश को ही अर्पित कर दिया।

सुखद संयोग यह है, जब नीलेश का फैजाबाद जेल में तबादला किया गया, उसके कुछ दिन बाद ही अनिरुद्ध दास भी वहाँ लाए गए थे, फिर बाद में दोनों को एक ही साथ इलाहाबाद के नैनी जेल भेज दिया गया। बात-व्यवहार, चाल-चलन, विचार, शक्ल-सूरत, जाति, खानदान, एक ही जिला—अनेक कारणों से नीलेश से अनिरुद्ध दास अत्यन्त प्रसन्न रहते थे। सम्भव है, यह बात एकदम सही न हो, क्योंकि वह सबसे ही सहृदयता से पेश आते और वास्तव में हर व्यक्ति ही सोचता था कि उसके प्रति अनिरुद्ध दास का विशेष अनुराग है।

एक खास कारण यह हो सकता है कि वह किसी की भी सामने या पीठ पीछे आलोचना नहीं करते और सबके लिए ही प्रशंसा के कुछ ऐसे शब्द उनके पास हमेशा मौजूद रहते, जो झूठे तो लगते ही नहीं थे, उनमें कुछ विशेषता भी होती थी। बात या व्यक्ति पसन्द न होने पर वह चुप रहना ही उचित समझते। प्रशंसा मुँह के सामने करते, लेकिन उससे नहीं बल्कि पास में बैठे दूसरे व्यक्ति या व्यक्तियों से, जिनकी ओर मुँह रहने पर भी तिरछी, चमकती आँखें प्रशंसित व्यक्ति विशेष को भी बीच-बीच में देखती जातीं। उनकी उदारता का यह हाल है कि जेल अधिकारियों से उन्हें जो सुविधाएँ मिलती हैं और बाहर से भी जो उनके सामान आ जाते हैं, उनको पूरा इस्तेमाल नहीं कर पाते, लेकिन फौरन जरूरतमन्द बंदी साथियों के पास भेजवा देते हैं। वह स्वयं अधिक नहीं खाते और संयम से रहते हैं, लेकिन विशेष अवसरों पर घर से मलाई वाली मेवे की खीर, पनीर या आलू-भरे पराठे, पूए आदि खाद्य सामग्रियाँ तथा गोल्ड फ्लेक आदि उत्तम सिगरेटें, जिनमें से वह भी भोजन के बाद एक पी लेते हैं, इतनी मात्रा में भेज दी जाती हैं कि जेल में पूरा जश्न ही मन जाता है, विशेष रूप से तीसरी श्रेणी के कैदियों तथा पक्का लोगों की खुशी देखने लायक होती है।

नैनी जेल में आते ही, एक दिन राजनीतिक बन्दियों की मंडली में तिरछी आँखों से देखते हुए उन्होंने कहा, ''इनको जानते हैं आप लोग ? ये हैं नीलेशजी, अगर भारत माता की पुकार पर इन्होंने ध्यान न दिया होता तो आज ये कलक्टरी की परीक्षा पास करके बड़े अफसर बन गए होते। कोई बहस कर न ले इनसे, चाहे वह कितना भी विद्वान क्यों न हो, बोलती बन्द हो जाएगी उसकी। इनमें महानता के गुण हैं और ये आजाद देश के भावी कर्णधार हैं। ऊँचे खानदान के हैं, खूब पैसा है, किसी बात की कमी नहीं, लेकिन हर सुख को लात मारकर देश की आजादी के लिए दीवाने बनकर चल पड़े हैं। इन्हीं लोगों की कुर्बानियों की वजह से देश को आजादी मिल रही है...''

नीलेश को अवश्य अपने विचार और कार्य से सन्तोष था, लेकिन स्वयं उसने अपने सम्बन्ध में ऐसे अच्छे और मीठे शब्द न कभी सोचे थे और न ही सुने थे। उसे बड़ा सुख मिला और वह गर्व से फूल गया। अगर अनिरुद्ध दास ने उसे महान कहा है तो जरूर उन्होंने कुछ देखा होगा उसमें। एक वही एक व्यक्ति हैं इस दुनिया में, जो उसे समझ सकते हैं और जिन्होंने उसे समझा है। वह उन्हीं क्षणों से उनका भक्त हो गया और उसको पक्का विश्वास हो गया कि वह एक सच्चे इंसान हैं और वह कोई गलत बात कर ही नहीं सकते।

अनिरुद्ध दास के प्रति सम्मान तथा उनसे नैकट्य बढ़ता ही गया। उनकी बातें उसे उठाकर किसी सुनहरे शिखर पर बैठा देतीं। आगे एक दिन और अनिरुद्ध दास ने कहा :

''अंग्रेज जा रहे हैं, यह निश्चित है। अखबार देखते हैं न आप लोग ? जो घटनाएँ हो रही हैं,

वे आइना हैं, उसमें देश के भविष्य की तस्वीर देख सकते हैं। सवाल उठता है कि इन अंग्रेजों की जगह पर कौन बैठेगा ? ये नीलेशजी हैं, इनसे पूछिए, ये साफ-साफ बताएँगे ! ये विद्वान हैं, इनमें प्रतिभा है, ये हमेशा देश के भविष्य के बारे में चिन्तन करते हैं। ऐसे ही लोग तो अंग्रेजों की जगह लेंगे। ऊँचे-से-ऊँचे अंग्रेज राजनीतिज्ञ और प्रशासक से कम प्रतिभा थोड़े ही है इनमें। वैसा ही अनुशासन, वैसे ही व्यवहार कुशल और परिश्रमी, वैसे ही मितभाषी लेकिन ठोस कार्यों के विश्वासी। हम लोग तो पुराने हुए, गांधीजी के हुक्म पर जिन्दगी देश की सेवा में गुजार दी, अब नीलेशजी और उनके जैसे नौजवान ही तो देश की आजादी, उसके झंडे, उसके मान-सम्मान को और ऊँचा उठाएँगे।''

अनिरुद्ध दास की इन बातों का इतना गहरा प्रभाव पड़ा कि नीलेश एकान्त में जाकर बहुत देर तक स्वप्नावस्था में बैठा रह गया। हृदय में गुदगुदी हो रही थी, जो कम होने का नाम ही नहीं ले रही थी और उसी से रात में देर तक नींद नहीं आई। परन्तु यह अनिद्रा इस संकल्प की वजह से सुखद रही कि वह भविष्य में अनिरुद्ध दास की सलाह से ही काम करेगा, क्योंकि वही एक ऐसे व्यक्ति हैं, जिन्होंने आत्म-साक्षात्कार कराके उसकी सोई हुई शक्ति जगा दी है और वही बता सकते हैं कि वह कब क्या करे और कैसे करे।

अगला दिन तो नया सवेरा था उसके लिए। एकदम बदला हुआ पाया उसने अपने आपको। वह गम्भीर था, उसकी गर्दन गर्व की भावना से अकड़कर हल्की टेढ़ी हो गई थी और होंठों पर एक स्थायी मुस्कुराहट, जैसे कह रही हो—देखिए, मैं नीलेश की मुस्कुराहट हूँ, जिसकी योग्यता को इसी अनिरुद्ध दास जैसे बड़े नेता भी स्वीकार करते हैं, जो स्वतन्त्र देश की महान जिम्मेदारियाँ सँभालनेवाले हैं। आश्चर्य तो यह है कि दूसरे बन्दी भी उसे अप्रत्याशित आदर देने लगे। उनमें से कई, जो बुजुर्ग और अधेड़ भी थे, उसे देखते ही झट पहले ही हाथ जोड़ देते। वे सरल विश्वास से कहते, 'आइए साहब, यह हमारा सौभाग्य है कि आप जैसे योग्य नौजवान इस जेल में हमारे बीच हैं।' इसके पूर्व वह स्वयं पहले नमस्कार करके उनसे कुछ देर तक बात करता था, किन्तु अब एक-दो संक्षिप्त वाक्य जैसे 'ठीक हैं न आप ?' कहकर वहाँ से टल जाता।

लेकिन वह सुबह से ही व्याकुल था कि किस तरह अनिरुद्ध दास के पास जल्दी-से-जल्दी पहुँचकर उनके प्रति अपनी कृतज्ञता व्यक्त करे, क्योंकि उसका भी तो कुछ कर्तव्य होता है—ऐसा न हो कि उसकी भावना न जानकर वह उसे घमंडी, स्वार्थी और बेवकूफ समझें और उसे अपने से दूर कर दें। फिर भी शीघ्र ही साहस नहीं हुआ था उसका। पहले तो समझ में ही नहीं आया कि क्या कहेगा उनसे, फिर कल्पना में कुछ उपयुक्त वाक्यों का मजमून तैयार करने लगा। उनके पास जाने की हिम्मत हुई करीब तीन बजे, जब वह बैठे इन्तजार कर रहे थे कि कब जेल अधिकारी उन्हें शहर से आए परिवारजनों से मिलाने ले जाएँ।

नीलेश जो कुछ सोचकर आया था, उसका तारतम्य उनके सामने पहुँचने पर पता नहीं कैसे गड़बड़ा गया और जल्दी में याद करने की असफलता से घबराकर उसने आगे बढ़कर उनके पैर ही छू लिए। उन्होंने कोई जवाब नहीं दिया, बल्कि गम्भीर होकर दूसरी तरफ देखने लगे। फिर सिर हिलाकर बैठने का इशारा किया और नीचे रखी एक अटैची में से अंग्रेजी पत्रिका 'मॉडर्न रिव्यू' की एक प्रति निकालकर उसकी तरफ बढ़ाते हुए कहा, ''पढ़िए...आगे जरूरत पड़ेगी अंग्रेजी की।''

नीलेश ने पत्रिका ले ली। वह मन-ही-मन शर्माया हुआ था। इसी समय जेल का छोटा अधिकारी उन्हें मिलाने के लिए ले जाने हेतु आ गया। अनिरुद्ध दास ने उठते हुए कहा, ''आप भी चलें... आप भी तो घर के ही हैं...''

जेल की व्यवस्था में काफी ढिलाई और लापरवाही आ गई थी। कई लोग पहले ही छूट चुके थे और शेष रिहा होने की प्रतीक्षा में थे और हवा का रुख पहचानकर जेल कर्मचारी, यहाँ तक कि

जेलर भी अदना-से-अदना राजनीतिक बंदी के प्रति लेहाज और सम्मान का व्यवहार करने की कोशिश करते। अनिरुद्ध दास तो पुराने मन्त्रिमंडल के समय ही संघटन के अत्यन्त महत्त्वपूर्ण नेता थे, अतएव यह निश्चित समझा जा रहा था कि आगे जो सरकार बनेगी, उसमें वह मन्त्री तो अवश्य ही बनेंगे, चाहे केन्द्र में या प्रान्त में। इसलिए नीलेश के साथ जाने में कोई दिक्कत नहीं आई।

अनिरुद्ध दास की पत्नी, पुत्री, पुत्र और एक सेवक। सबकी आँखों में चमक और होंठों पर मुस्कुराहट। अनिरुद्ध दास ने पहले नीलेश से अपने परिवारजनों का परिचय तिरछी चमकती आखों से देखते हुए इस तरह कराया, जैसे वे बाहर के प्रतिष्ठित मेहमान हों। 'ये हैं श्रीमती प्रमिलादास एम.ए., राष्ट्रीय बालिका विद्यालय की प्रधानाचार्या, विदुषी, सख्त किन्तु ममतामयी। ये हैं कुमारी प्रियादास, इलाहाबाद विश्वविद्यालय की बी.ए. द्वितीय वर्ष की छात्रा, मेहनती, ज़हीन, इस साल यूनिवर्सिटी में टॉप कर जाएँ तो आश्चर्य नहीं। और ये हैं छबीला लाल, ये सेवक नहीं, घर के असली मालिक तो ये ही हैं, इनकी मर्जी के बिना एक पत्ता भी नहीं खड़क सकता। और हाँ, ये हैं कुमार दास, नवीं कक्षा के विद्यार्थी तो हैं, मगर अभी से हिन्दुस्तान की ओलम्पिक हॉकी टीम में शामिल होने की जोरदार तैयारियाँ कर रहे हैं...।'

''और ये हैं, एक होनहार प्रतिभाशाली नौजवान नीलेशजी, कुशाग्र बुद्धिवाले छात्र, लेकिन देश की पुकार इन्हें जेल खींच ले आई। इनको झुकाने की क्या-क्या कोशिशें नहीं हुईं। लेकिन मजबूती से, स्वाभिमान से सीधे खड़े रहे...बलिया के ही हैं...।''

''पापाजी, जाइए, मैं आपसे नहीं बोलूँगी...मुलाकात का थोड़ा समय मिलता है, आपने तो इसी में खर्च कर दिया। बताइए न, आप कब रिलीज होंगे ? बहुत-से लोग छूटकर आ गए हैं।'' प्रियादास ने नीलेश को घूरती आँखों से देखकर कहा।

''राजनीति की समझ आपसे अधिक किसको है, सब बातें तो जानती ही हैं आप...जिसको आगे की पढ़ाई के लिए विलायत जाना है, उसे धैर्य नहीं खोना चाहिए। समझिए एक-दो दिन में।''

इसके पश्चात वे लोग धीमे-धीमे स्वर में निजी घरेलू रिश्तेदारों तथा पड़ोसियों की बातें करने लगे, प्रशंसा-शिकायत मिश्रित। नीलेश कुछ अलग खड़ा ऐसे प्रभावशाली लोगों के निकट आने से अभिभूत था। सबके पहनावे, भंगिमा और बोली में आधुनिकता, गरिमा और ऊँचाई। अनिरुद्ध दास ने यह तो नहीं बताया कि कौन पत्नी है और कौन पुत्री, लेकिन नीलेश सब समझकर सबके लिए सराहना से भरा था। प्रियादास तो नाम को सार्थक करती हुई मालूम हुई—ललछऊँ रंग की गोराई, मझोली-आँखें, लेकिन बार-बार देखकर खूबसूरती से पलकें झपकाती, बाल अंग्रेजी स्टाइल में कटे, कानों में छोटे मनोहर टॉप्स, नाक के शिखर पर न मालूम-सी वक्रता, रेशमी सलवार-सूट पर सयत्न लापरवाही से डाला गया दुपट्टा, सभी मिलकर उसके सौन्दर्य को आधुनिक, प्रखर और प्रभावशाली बना रहे थे।

''साथ छूटना हो तो नीलेशजी को लेते आइए...एक-दो दिन रुककर चले जाएँगे अपने घर...'' विदा होते समय प्रमिला दास ने कहा।

''हाँ, पापा...'' यह बात प्रियादास के मुँह से अनायास ही निकल गई, लेकिन बाद में इस उत्साह के लिए लज्जित होकर अपना लाल मुँह दूसरी तरफ फेर लिया उसने।

उसी दिन ज्ञात हो गया कि दो दिन बाद अनिरुद्ध दास, नीलेश और शेष बन्दियों को रिहा कर दिया जाएगा। रिहाई के एक दिन पहले अनिरुद्ध दास ने कहा था :

''अंग्रेज चाहें भी तो अब देश की आजादी नहीं रोक सकते। आजाद हिन्द फौज के बहादुरों की कहानियों ने देश की जनता को आजादी का ऐसा दीवाना बना दिया है, जिसकी पहले कल्पना भी नहीं की जा सकती। यह युद्ध रूस और अमेरिका के बल और धन से जीता गया है। ये ही दोनों राष्ट्र अत्यन्त ताकतवर होकर उभरे हैं, ब्रिटिश साम्राज्य तो बौना हो गया है। अब अंग्रेज यह

भी समझ गया है कि हिन्दुस्तानी फौज पर भी नियन्त्रण नहीं रखा जा सकता। तो अब बताइए कि कुछ ही समय बाद हिन्दुस्तानियों पर कितनी बड़ी जिम्मेदारी आ जाएगी ?''

उन्होंने रुककर बड़ी-बड़ी स्वप्नदर्शी, चिकनी आँखों से सबको देखा, फिर और भी उत्साह से कहा, ''जिस देश की आजादी के लिए हम लड़ते रहे हैं, उसी का अब निर्माण और औद्योगिक विकास करना होगा, उसे चुस्त-दुरुस्त, कुशल प्रशासन देना होना। इसके लिए हमको जहाँ हजारों-लाखों इंजीनियर, वैज्ञानिक और डॉक्टर चाहिए, वहीं उतने ही शिक्षित, योग्य और आधुनिक प्रशासक भी चाहिए। कुछ तो आन्दोलन के तपे-तपाए, शिक्षित, तेज-तर्रार और त्यागी नौजवान मिल जाएँगे, जैसे नीलेशजी और अन्य लोग। अब तो यही लोग न असेम्बली में जाकर देश के नए कानून बनाएँगे। मन्त्री वगैरह बनकर देश को सुशासन देंगे ? क्यों नीलेशजी ?''

''जी हाँ, बाबूजी, आपका मार्ग-दर्शन पाकर सबकुछ हो जाएगा...।''

अपने उत्तर से नीलेश को कुछ आघात-सा लगा, जिसका स्पष्ट कारण समझ में नहीं आया। लेकिन कुछ ही देर बाद आश्चर्य हुआ उसे कि उसने अपने पिताजी या शिक्षक से भी इस ढंग से कभी बात नहीं की थी। लेकिन शीघ्र ही यह सोचकर सन्तुष्ट और खुश हो गया कि उस जैसे प्रतिभाशाली भावी प्रशासक के मुख से ऐसे सधे, औपचारिक उत्तर में कोई अस्वाभाविकता नहीं है। इसमें खास बात भी क्या है, सिवाय शिष्टाचार और विनम्रता के जो हर सच्चे इंसान का गुण होना चाहिए, खास तरह से उसका तो अवश्य ही, जिसने गांधीजी के रास्ते पर चलते हुए स्वतन्त्रता की लड़ाई जीतने में योगदान किया हो। और यह भी सच है कि अनेक आत्मीय जनों के होते हुए भी अनिरुद्ध दास ही एकमात्र ऐसे व्यक्ति हैं, जो उसे अच्छी तरह समझ सके हैं, यदि वह न मिले होते तो उसका जीवन एक साधारण देशभक्त की तरह ही बीत जाता !

आत्म-मुग्ध होकर इन बातों पर सोचते हुए उसका ध्यान अनिरुद्ध दास की तरफ नहीं गया, जो अपनी बड़ी-बड़ी तिरछी आँखों से आत्म-प्रशंसा के भाव से बीच-बीच में देख लेते। कभी दाएँ हाथ की हथेली को आगे फैला देते, कभी हाथ उठाकर उँगली हिलाते हुए निर्णायक बात समझाने लगते और कभी मुँह और हाथ को सवालिया कोणों पर लाकर स्थिर कर देते। नीलेश फिर गौर से सुनने लगा। वह धारा-प्रवाह बोल रहे थे :

''अंग्रेज लाख बुरे हैं, लेकिन उनमें कुछ ऐसी खूबियाँ हैं, जो हमें सीखनी ही चाहिए। इन्हीं गुणों से वह दुनिया पर शासन करते हैं। पहली बात तो यह है कि वे बड़े देशभक्त, साहसी और अनुशासित होते हैं, उनका हर कार्य अपने देश के हित में होता है। दूसरी बात यह है कि वे कोई टुच्ची राजनीति नहीं करते, उनके बात-व्यवहार से कोई नहीं जान सकता कि इंग्लैंड में उनके आपसी मतभेद क्या हैं। इससे वे दूसरे का सम्मान अर्जित करते हैं। और देखिए, वे हमेशा साफ-सुथरी, चुस्त-दुरुस्त सही पोशाक पहनते हैं कलफ और इस्तरी के साथ। आप देशभक्त हैं, उदार हैं, सहृदय हैं, यह तो बड़ी अच्छी बात है, लेकिन अगर आपकी पोशाक साफ नहीं और मुड़ी-सिकुड़ी है, जूतों पर पॉलिश नहीं, आप हमेशा बोलते और हाथ पर हाथ मारकर ठहाके लगाते हैं, कुछ न करके सिर्फ गरीबी का राग अलापते रहते हैं, और खुराफात की बातें दिमाग में रखकर शान्ति का माला जपते रहते हैं तो जनता में कैसे इज्जत होगी आपकी ? आपके मातहत कैसे आपका हुक्म मानेंगे ? खूब मेहनत कीजिए, हमेशा बुद्धि और विवेक से काम लीजिए, कूटनीति और कौशल को समझिए, इससे गलत और षड्यन्त्रकारी लोगों पर नजर रख सकेंगे। हाँ, एक बात और...''

अनिरुद्ध दास चुप हो गए, क्योंकि वह थक भी गए थे बोलते-बोलते। लेकिन स्पष्ट है कि जल्दी ही छूटने की खबर और बाहर बदलते हुए उत्तेजनापूर्ण, जोशीले माहौल के कारण स्वयं अत्यन्त उत्साहित भी थे आजाद देश में अपनी समर्थ भूमिका के सपने देखने के साथ। उनके पास कुछ बचे देशभक्त कैदी बैठे हैं, जिनमें हर जाति, धर्म और तबके के लोग हैं, और उनकी बातों में सबके

लिए कुछ-न-कुछ है, जिनका रोमांचकारी प्रभाव उनके दिल और दिमाग पर पड़ रहा है। वह अपनी बात पूरी करते हैं :

"अपनी शिक्षा बढ़ाइए और अपनी अंग्रेजी मजबूत रखिए, ये ही दो चीजें आपको आधुनिक बनाए रखेंगी, देश की एकता भी इसी से कायम रहेगी। हिन्दुस्तानी भाषाओं में पुरानापन, बड़बोलापन, कच्चापन, पाखंड और फालतू आदर्श बहुत हैं। आपसी झगड़े भी बहुत हैं। अंग्रेजी तो सभी मान लेंगे, लेकिन हिन्दी या किसी और हिन्दुस्तानी भाषा को राष्ट्रभाषा बनाने पर झगड़ने लगेंगे आपस में। फिर दुनिया के उन्नत देशों के बीच इस देश को शिखर पर बैठाना है, उसके लिए अंग्रेजी जरूरी है, कायदा-कानून सब तो उसी में हैं..."

सभा-विसर्जन के समय उन्होंने नीलेश को कुछ समय के लिए रोक लिया। कुछ देर चुप रहने के बाद पूछा, "क्या सोचा आपने ?"

"जो आदेश देंगे, आप..." नीलेश का संकोच कुछ ढीला पड़ गया था।

"अपने घरवालों से नहीं पूछेंगे ? हो सकता है, वे आपको आगे पढ़ाकर कलक्टर-डिप्टी कलक्टर बनाना चाहें। आजाद भारत में इन पदों पर भी तो देशभक्तों की सन्तानें ही बैठेंगी। हाँ, आपकी प्रतिभा ऊँचे कार्यों के लिए है, यही देखकर मैंने आपके बारे में कुछ और सोचा था। वह देशसेवा का कठिन और सही सच्चा मार्ग है, जिस पर मुस्तैदी से चलकर आप राष्ट्रीय आदर्शों को कानूनी रूप देकर कार्यान्वित भी करा सकेंगे। अच्छी तरह से सोच लीजिए... ।"

"मैंने देश के लिए त्याग किया है, मैं सच्ची देशसेवा के ही मार्ग पर चलना चाहता हूँ... ।"

अनिरुद्ध दास तिरछी दृष्टि से कुछ देर तक नीलेश को देखते रहे। लेकिन उन्हें यह सोचकर सन्तोष हुआ कि आत्म-प्रशंसा से दूर रहनेवाला, निरभिमानी, संकोची, मितभाषी, विनम्र, साहसी, सुन्दर नौजवान व्यावहारिकता की दिशा में आगे बढ़ते हुए अपने त्याग का उल्लेख कर रहा है।

"तो ठीक है," अनिरुद्ध दास ने गाल फुलाते हुए कहा, "मुझे भी आप जैसे दूरदर्शी नवयुवक के सहयोग और मदद की जरूरत है। फिलहाल मैं आपको अपने निकट रखना चाहता हूँ। बाहर जाते ही व्यस्तता और जिम्मेदारियाँ बहुत बढ़ जाएँगी—तो मुझे एक निजी सचिव चाहिए कि नहीं ? और आप जैसा योग्य व्यक्ति मुझे कहाँ मिलेगा ? तो इस कार्य में मेरी मदद कर दीजिए, मैं निश्चिन्त हो जाऊँगा। साथ में अपनी पढ़ाई पूरी करते जाइए। बी.ए., एल.एल.बी तो आपको करना ही है। हाँ, इस समय तो नहीं, लेकिन आगामी चुनाव जब भी आएँ, आपको असेम्बली में चुनाव लड़कर पहुँचना है। इसके लिए आपकी शैक्षिक और राजनीतिक तैयारियाँ होती रहेंगी। देश का निर्माता प्रशासक बनने के लिए कठोर परिश्रम तो करना ही पड़ेगा। आपको ढाई सौ रुपए महीने मिलते रहेंगे, फिलहाल इतने से ही काम चलाइए। हाँ, श्रीमती प्रमिला दास कुछ और भी व्यवस्था करा देंगी, जिससे आप पोशाक वगैरह तथा और निजी जरूरतों के लिए कुछ कर सकेंगे। महीन खद्दर के पैंट-कोट, जैकेट, या चूड़ीदार पैजामा, शेरवानी जो भी पसन्द करें आप। तो ठीक है..."

"बाबूजी, यह सब मुझे नहीं चाहिए। मैं तो..."

"यह सच है कि आप जैसे आदर्श नवयुवक पर हिन्दुस्तान ही क्या दुनिया का कोई भी देश गर्व कर सकता है, ढाई सौ रुपए तो बहुत कम हैं आपके लिए। लेकिन फिलहाल इसे स्वीकार कर लें। आगे प्रमिला दास इस सम्बन्ध में विचार करती रहेंगी। आप पढ़ाई करेंगे, दिन-रात मेहनत करेंगे, देश की सेवा करेंगे तो क्या सिर्फ हवा-पानी पीकर ? एक सच्चे देशसेवक को थोड़ा-बहुत अपना खयाल भी रखना ही चाहिए। एक भावी प्रशासक को स्पष्टवादी और व्यवहार कुशल भी..."

वह कुछ क्षण चुप होकर दूसरी तरफ देखते हुए बोले, "और हाँ, कुमारी प्रियादास को कुछ गाइड कर दीजिए...खास नहीं, अंग्रेजी में पन्द्रह-बीस मिनट...अच्छा ठीक है..."

पैर छूकर विदा लेने के बाद जब वह बाहर निकला तो उसके पाँव जैसे किसी मुलायम मखमल

पर पड़ रहे हों और आगे का रास्ता भी वैसा ही। एक समय ऐसा जरूर उसे लगा था कि उनकी बात में रूखाई और व्यंग्य है, लेकिन प्रियादास को गाइड करने के प्रस्ताव से उसका भ्रम-निवारण हो गया और उसकी खुशी लौट आई ! यद्यपि वह इंटरमीडिएट के इम्तहान में बैठ नहीं सका था और नियमित पढ़ता होता तो आज एम.ए. में होता; तथापि बी.ए. फाइनल की छात्रा को जब गाइड करने की बात अनिरुद्ध दास जैसे विज्ञ और विद्वान व्यक्ति कह रहे हैं तो इसका विशेष कारण अवश्य है। यह भी वह समझ गया कि अनिरुद्ध दास नहीं चाहते कि आपके मन में तो कुछ और है और आप ऐसे आदर्श और त्याग का दिखावा करें, जिसकी जरूरत नहीं और जो हवाई है। आदमी को दो तरह की बात नहीं करनी चाहिए, वह अपनी इच्छा को ठीक से समझे और संकोच छोड़कर स्पष्ट बात करे। नीलेश को यह भी लगा कि कोई भी बात उनसे छिपी नहीं रह सकती चाहे छिपाने की जितनी भी कोशिश की जाए। और वह स्वयं आदमी को, उसकी योग्यता और इच्छा को ठीक से समझकर ही उसके सम्बन्ध में अपनी राय और इच्छा का निर्धारण करके उसके लिए उपर्युक्त कार्य का सुझाव देते हैं और एक बार जब वह निश्चय कर लेते हैं तो उस पर चलना ही उचित है, क्योंकि उसके विपरीत चलना भी सरल नहीं है।

अनिरुद्ध दास के इस व्यावहारिक दृष्टिकोण से नीलेश को स्वयं अपने को भी समझने में बड़ी मदद मिली है। जैसे उसके लिए उनका स्पष्ट सन्देश हो कि हवाई आदर्श और भावुकता अनावश्यक और व्यर्थ है सार्वजनिक जीवन में; और इनसे दूर रहकर ही उसे आगे बढ़ना चाहिए। हाँ, अनिरुद्ध दास ने तो उसको एक ऐसा सपना दे दिया है, जो आगे दूर-दूर तक फैला है, जिसमें लाखों लोग पुष्पहार लेकर उसकी ओर बढ़े आ रहे हैं और वह सिर झुकाकर ग्रहण भी कर रहा है, इस अहसास के साथ कि उसका वह हकदार है !

क्या यह संयोग है, क्या इसी को भाग्य कहते हैं ? इसका तो अर्थ यही हुआ कि कोई भी व्यक्ति स्वयं अपनी प्रतिभा और महानता को पहचान नहीं सकता, जब तक कि कोई प्रभावशाली एवं शक्तिशाली व्यक्ति उसे नहीं बताता और उस पर अपना वरदहस्त नहीं रखता ! और आज वह सजग और सचेत है, उसके अन्दर अद्‌भुत आत्मविश्वास उत्पन्न हो गया है और हर पल जैसे उससे कोई कह रहा है कि तुम्हारे भीतर महानता के विलक्षण गुण हैं जो तुम्हें उच्चतम शिखर पर ले जाएँगे। और वह अपने को ऊँचा उठता देख रहा है और नीचे खड़े लोग उसे आश्चर्य, सराहना एवं सम्मान के भाव से निहार रहे हैं, जिनमें उसके परिवारजन, रिश्तेदार, आत्मीय जन, मित्र तथा देश के सभी क्षेत्रों के लोग सम्मिलित हैं।

कैसी सुखद, मीठी अनुभूति है यह ? वह देर तक विविध, सुनहरी कल्पनाओं द्वारा उसका आनन्द लेता रहा। निश्चय ही एक-दो बार नम्रता भी उसके खयालों में आई थी, लेकिन उसका चेहरा अत्यन्त धूमिल, साधारण और तुच्छ लगा। एक छोटे, कस्बानुमा शहर के एक मामूली मुख्तार की उस लड़की में विशेषता ही क्या है ? यदि उसका साथ न मिला होता तो शिक्षा, राष्ट्रीयता आदि की जो कुछ अच्छी बातें उसमें मिलती हैं उनका नामोनिशान न होता और हाई सकूल तक भी नहीं पढ़ पाती। हास्यास्पद बात तो यह है कि वह एक पुराने उपन्यास की पुरानी पात्र ऐसी 'धनिया' बनना चाहती है जो आधुनिक और भाग्यवादी न होकर क्रान्तिकारी हो, एक ऐसे नए पात्र 'होरी' की जीवनसंगिनी बनकर, जो परम्परावादी खयालों का न हो और देश में नया खुशहाल समाज बनाना चाहता हो। कितना नकलची और फिसड्डी विचार है ! इस तरह की 'नई धनिया' और 'नए होरी' तो एक नए उपन्यास के पात्र हो सकते हैं, लेकिन वास्तविक जीवन में क्या कर सकते हैं ? क्या नया समाज ऐसे हवाई पिछलग्गुए विचारों से बन सकता है ?

उसे दो दिन पहले मुलाकात के लिए आए वीरेश की बातें याद आ गईं। उसने जब यह बताया कि लड़कियों के छात्रावास में रहनेवाली नम्रता की इच्छा है कि रिहाई के बाद नीलेश पहले उसी

से मिले, तो उसे बड़ा गुस्सा आया। और आज भी वह सोच रहा है कि इस तरह की आकांक्षा कितनी फिसड्डी और स्वार्थ-भरी है। वह जेल में जब कोड़े खा रहा था और भोजन में घास-फूस, कंकड़ी मिली रोटियाँ, तो वह अपने घर में हलवा-पूड़ी आदि स्वादिष्ट व्यंजनों का आनन्द उठाती हुई मोटे गद्दोंवाले बिस्तरों पर सुख की नींद सो रही थी; लेकिन आज समय लौट आया और दुनिया पूछ रही है तो मिलने की जल्दी किसलिए ?

यही सब सोचते-सोचते मलाल-भरे अपने तर्क को विकसित करते हुए उसे जेल यातनाएँ तथा अनेक कष्ट सहनेवाले असंख्य आन्दोलनकारियों का बड़ा महत्त्वपूर्ण तर्क भी बना दिया उसने। हाँ, स्वतन्त्रता आन्दोलन में भाग लेनेवालों में जब कुछ शहीद हुए, कुछ अपंग और शेष जेलों में सड़ रहे थे, बाहर के लोग मौज कर रहे थे; फिर आज जब वे नई जिम्मेदारियाँ सँभालने के लिए आगे बढ़ना चाहते हैं तो बाहर के लोग क्यों उनके बराबर पहुँचना चाहते हैं या अपने को उन्हीं के बराबर घोषित कर रहे हैं ? वीरेश से ही उसे मालूम हुआ था कि आज के बदले हुए समय में सभी सिद्ध करने में लगे हैं कि उन्होंने आन्दोलन में आगे बढ़कर भाग लिया, यह किया, वह किया। यानी सभी खून लगाकर शहीद होना चाहते हैं ! आन्दोलन के समय में पूँछ दबाकर रहनेवाले लोगों को क्या वह सम्मान मिलना चाहिए, जो जेल-छूटे लोगों को मिल रहा है ? क्या मजाक है !

उसने तर्क को आगे बढ़ाया। अनिरुद्ध दास का यह कहना कितना सही है कि आज खोखले, आलस्य-भरे और प्रयोजन-शून्य आदर्शों तथा अकुशलता, अशिक्षा एवं अयोग्यता द्वारा देश की सेवा नहीं हो सकती। जब कष्ट सहने का वक्त था देश की आजादी के लिए तो लोगों ने खूब कष्ट उठाए, लेकिन उनमें से सभी तो ऊँचे पदों पर नहीं जा सकते ? और न जानेवाले और जानेवाले—सभी तो देशभक्त हैं, सभी को तो देशसेवा करनी है, फिर प्रश्न यह है कि आज उन्हीं हथियारों से क्या देशसेवा हो सकती है, जिनसे स्वतन्त्रता की लड़ाई लड़ी गई ? अंग्रेजों तथा उनके चापलूसों द्वारा छोड़े गए असंख्य छोटे-बड़े रिक्त पद होंगे, अनेक नए छोटे-बड़े पद सृजित भी होंगे, जिनकी आपूर्ति देशभक्त ही करेंगे, तो देशसेवा का पुराने के स्थान पर एक नया दर्शन निर्मित करने की जरूरत नहीं है ?

हाँ, सोचने की बात है कि देशभक्त जब शक्तिहीन होगा तो देश को कैसे शक्तिशाली बना सकेगा ? उसकी आजादी की रक्षा कैसे कर सकेगा ? धनहीन और भिखमंगा होकर कैसे देश को आर्थिक समृद्धि दे सकेगा ? अपने लिए तो उन्हें कुछ नहीं चाहिए, लेकिन जनसेवा के लिए तो उन्हें ताकत और सुविधा चाहिए ही। यदि देश की जरूरत को समझकर भी वे अपनी जिम्मेदारियों से पीछे हटे तो पद तो रिक्त रहेंगे नहीं, उन पर स्वार्थी और महत्त्वाकांक्षी लोग जरूर बैठ जाएँगे और देश फूट और गुलामी की तरफ फिर उल्टे पैर चल देगा !

अनिरुद्ध दास के साथ नीलेश तथा कई अन्य लोगों की रिहाई हुई। नीलेश काफी सोच-समझकर अपने मार्ग का चुनाव कर चुका था। वह बहुत खुश था और मन की इस हालत में उदारतापूर्वक यह भी सोचा उसने कि निकलकर नम्रता से एक बार जरूर मिल लेगा। लेकिन कार के पास जब अनिरुद्ध दास ने यह पूछा 'कोई और कार्यक्रम है या साथ चलेंगे ?' तो नीलेश अभिभूत हो गया। कितने महान हैं अनिरुद्ध दास, उन्हें छोटी-से-छोटी बात भी नहीं भूलती। उसने कृतज्ञतापूर्वक गद्‌गद स्वर में उत्तर दिया, "मेरा कोई कार्यक्रम नहीं है...।"

"तो ठीक है। याद है न ? आज ही से काम शुरू हो जाए। जनसेवा का यह भी एक भव्य रूप है। श्रीमती प्रमिलादास सब व्यवस्था कर देंगी। मैं कुछ नहीं, वही सब सँभालती हैं। ममता और त्याग की मूर्ति हैं वे। वेतन में से तीन-चार महीने का एडवांस भी दिला देंगी और कुछ और व्यवस्था भी करा देंगी...जिससे कपड़ा-लत्ता, कागज, फाइल, पेन, घड़ी, जूते, पेपरवेट वगैरह...हाँ, देखना यह है कि इस चुनाव में अपने लोग सफल होकर आएँ...फिर अपना चुनाव, उसके लिए अभी से जोरदार

तैयारी करनी है नीलेशजी।''

मिलनातुर व्याकुलता से भरी नम्रता के दिन काटे नहीं कट रहे हैं। वीरेश ने कहा था कि उसका सन्देश वह अपने भाई के पास पहुँचा देगा और उनकी रिहाई की सूचना उसे भी दे देगा। और यदि सम्भव हुआ तो वह नीलेश को अपने साथ लेकर उसके पास आएगा और वे तीनों बलिया भी चलेंगे।

लेकिन दिन बीतते गए और वीरेश भी कहीं दिखाई नहीं पड़ा। उसके प्राण अब आँखों, कानों, होंठों और हथेलियों में सिमट आए थे और अपने अन्य कार्यों में वह निश्चेष्ट एवं निष्क्रिय हो गई थी। वह ठीक से सोच भी नहीं पाती थी। न ठीक से खा पाती और न चल पाती। रात आँखों में ही बीत जाती। वह दुबली हो गई, उसके होंठ सूख गए, बड़ी-बड़ी आँखें झुकी रहतीं, हरे-भरे और अनूठी आभा से दप-दप करते स्वाभिमानी चेहरे पर जैसे कोई काली छाया पड़ रही हो।

इस तरह प्रतीक्षा में ही अनेक दिन बीत गए। एक दिन वह वीरेश की कक्षा की तरफ गई तो मिल गया।

''क्या करूँ दीदी...मैं ही बीमार पड़ गया।''

''क्या रिहाई नहीं हुई ?''

''रिहाई तो कभी हो गई थी, दीदी...क्या आपके पास नहीं आए ? मैंने तो पहले ही आपकी बात कह दी थी और उन्होंने वादा भी किया था। बात यह है...।''

वीरेश चुप हो गया। वह नम्रता के फक पड़े कमजोर चेहरे को परेशानी लेकिन छुपी-छुपी दृष्टि से देख रहा था।

''हाँ, क्या बात है वीरेश ?''

''दीदी, मैं कल भैया के पास गया था। उन्होंने जो पता दिया था, वह प्रान्त ही क्या, देश के एक प्रतिष्ठित नेता का मकान है सिविल लाइंस में। नाम है अनिरुद्ध दास, आपने भी शायद सुना होगा। भैया पर बड़ी जिम्मेदारियाँ आ गई हैं, दीदी। बहुत व्यस्त रहते हैं, अनिरुद्ध दास के पी.ए. हो गए हैं। भैया की प्रतिभा और योग्यता का जवाब नहीं, वहाँ सभी बड़े प्रभावित हैं। उनकी पोशाक वगैरह एकदम बदल गई है। चूड़ीदार पैजामा और शेरवानी में देखा उन्हें। खद्दर है, लेकिन महीन और खूब प्रेस किया हुआ। चमचम जूते और बाल खूब सुन्दर कटे। एक दिन के लिए बलिया गए थे...''

''बलिया गए थे ?'' नम्रता की बुझी-बुझी आँखों में चमक आ गई, जैसे आशा की कोई डोर पकड़ में आ गई हो।

''हाँ, गए थे...लेकिन बता रहे थे कि जल्दी-जल्दी में किसी से मिल नहीं पाए। शाम को पहुँचे, रात में घर पर रहे और एकदम सवेरे चल दिए। बता रहे थे कि उन पर इतनी जिम्मेदारियाँ हैं कि छोटी-छोटी बातों के लिए फुरसत ही नहीं मिलती। कह रहे थे, इस चुनाव में तो नहीं, अगले चुनाव में असेम्बली के लिए खड़े होंगे...''

''अच्छा वीरेश, मैं चलती हूँ...''

नम्रता का गिरा हुआ चेहरा और डबडबाई आँखें देखकर बड़ा दुःखी हुआ वीरेश। वह काफी कठिनाई से बोला सका, ''दीदी, एक मिनट रुकिए...''

नम्रता ठिठक तो गई, लेकिन चेहरा नहीं घूमा। वीरेश कुछ और पास आकर बोला, ''दीदी, भैया की गलती है कि वह आपसे नहीं मिले। लेकिन, आप तो जानती ही हैं, वह अपने सिद्धान्त के बड़े पक्के हैं। जो जिम्मेदारी उठा लेते हैं, उसे अन्त तक निभाते हैं। जो वादा करते हैं, पूरा करते हैं। यह सब देश का काम समझकर मुस्तैदी से कर रहे हैं। देखिए न, जेल जाने से अम्मा की आँखें

रोते-रोते खराब हो गई हैं, लेकिन वहाँ भी ठीक से बात नहीं कर पाए। चाचाजी, चाचीजी, आपकी—सबकी बड़ी इज्जत करते हैं। मेरा खयाल है, जल्दी ही मिलेंगे। इधर मुलाकात हुई तो मैं जरूर पूछूँगा कि व्यस्तता का यह मतलब तो नहीं कि माँ-बाप, परिवारजनों, आत्मीयजनों के सम्बन्धों को भुला दिया जाए...''

''क्या मिलोगे, वीरेश ? एक बार मिलकर चले जाएँ। मैं तो सुनकर बहुत खुश हूँ कि वह आगे बढ़ रहे हैं, उन्नति कर रहे हैं, उनकी कद्र हो रही है, उनके जैसे योग्य और त्यागी प्रतिष्ठित नहीं होंगे तो कौन होगा ?'' नम्रता अब अपने आँसू रोक नहीं सकी, जो उसके गालों पर बहने लगे, जिन्हें आँचल से पोंछती हुई वह जल्दी-जल्दी चली गई।

वीरेश के दुःख का अन्त नहीं था नम्रता को इस मनःस्थिति में कक्षा की तरफ जाते हुए देखकर। लेकिन उसकी समझ में नहीं आया कि उसकी तकलीफ कैसे दूर करे। वीरेश अब इतना छोटा नहीं कि चीजों को समझ ही न सके और विभिन्न समस्याओं पर अपना निश्चित मत न रख सके। उसका स्पष्ट सोचना है कि यदि उनके बीच कुछ है तो यह बड़ी अच्छी बात है। बी.ए. में आने पर, कैम्पस में ही घास पर बैठकर उन दोनों ने एक दिन खूब बातें की थीं—बचपन के बारे में। इतनी देर तक और इतनी अधिक बातें तो उन्होंने पहले कभी नहीं की थीं। नम्रता उससे पन्द्रह दिन ही बड़ी है, लेकिन इसी से वह उसे दीदी कहता है और नम्रता भी उसे छोटा मानकर वैसा ही व्यवहार करती है।

बी.ए. में आकर देखा नम्रता ने कि वीरेश इस बीच बड़ा ही बुद्धिमान, जिम्मेदार और विचारवान हो गया है। वह छात्र संघ का सक्रिय सदस्य है और छात्र राजनीति में आगे बढ़कर भाग लेता है। छात्र समस्याओं का अच्छा जानकार है और छात्र सभाओं का प्रभावशाली वक्ता ! उसने इच्छा होते हुए भी अपने पिताजी की मंजूरी के सम्बन्ध में वीरेश को कुछ नहीं बताया था, लेकिन उसका खयाल है कि उनके सम्बन्धों की समझ वीरेश को है, इसीलिए उसके सामने अपनी भावनाओं को छिपाने की कोशिश नहीं करती और वह सोचती है, वीरेश से ही नीलेश को उसके सम्बन्ध में भी खबर मिल जाया करेगी।

वीरेश की समझ में यह नहीं आया कि पढ़ाई में सदा प्रथम डिवीजन लानेवाली, साहसी, स्वाभिमानी, चरित्रवान, गरीब स्त्रियों को पढ़ानेवाली, धर्म-जाति के अन्धविश्वासों को तोड़ने का व्रत लेनेवाली लड़की के साथ ऐसा व्यवहार करने का कारण क्या है ? यह तो कोई बात नहीं हुई, जबकि उसका कहना है कि नीलेश ने ही उसको ऐसी समझ दी और आगे भी उन्हीं के निर्देशन में काम करने का निश्चय किया है उसने। उसे बड़ा गुस्सा आया।

दूसरे दिन यूनिवर्सिटी क्लास खत्म होने पर वह अनिरुद्ध दास के घर जा पहुँचा। नीलेश बाहर के अपने कमरे में ही मिल गया। काम का समय न होने पर वह चारपाई पर लेटा आराम कर रहा था। वीरेश को देखकर वह उठकर बैठ गया।

''आओ वीरेश, बैठो—मुझे तो फुरसत ही नहीं मिलती कि तुमसे मिल सकूँ। सुनाओ, क्या हाल है ?''

''आपको फुरसत नहीं है तो इधर ही किसको है, भैया ?'' एक कुर्सी पर बैठकर और नीचे मुँह करके होंठ दबाते हुए कहा वीरेश ने।

''हाँ, यह तो ठीक कहते हो, वीरेश। पढ़ने में तो तुम पहले ही से अच्छे हो, यहाँ आकर खूब पढ़ रहे हो, यह तो बहुत अच्छी बात है।''

''नम्रता दीदी कभी-कभी मिल जाती हैं। बड़ा अच्छा लगता है उनसे बात करके, घर की याद आ जाती है...''

''शायद तुमने बताया था पहले कभी...।''

"आपने वादा किया था मिलने का...एक बार तो जरूर मिलना चाहिए था...कितना मानती-जानती हैं सबको। कहती हैं एक बार मिल लें, फिर काम में व्यस्त रहें...आपकी तरक्की से बहुत खुश हैं..."

"हाँ, वीरेश, ठीक ही कहते हो...लेकिन कसम खाता हूँ एकदम फुरसत नहीं मिलती, कुछ समय मिलता है तो बहुत थक जाता हूँ..." नीलेश ने दूसरी ओर मुँह करके गम्भीर स्वर में कहा।

"हर काम के लिए समय और अत्यन्त जरूरी शिष्टाचार निभाने के लिए समय ही नहीं !"

"वीरेश ! तुम बिना कुछ सोचे-समझे जो मुँह में आता है कह जाते हो। यह बलिया का तुम्हारा घर नहीं है।" नीलेश ने सीधा मुँह करके उसे गुस्से से देखते हुए कहा।

"जानता हूँ, किन्तु गलत नहीं कह रहा हूँ, भैया। तरक्की करके अपने को इतना ऊँचा समझ लेना, जहाँ से आत्मीय जन तुच्छ, व्यर्थ और बेगाने लगें—इस दृष्टिकोण का कौन समर्थन करेगा ? मैं यह नहीं कहता कि आप जान-बूझकर ऐसा कर रहे हैं, मगर किसी अच्छे उद्देश्य के लिए मजबूरी वश भी यदि ऐसा व्यवहार हो रहा है तो अच्छा क्यों नहीं लग रहा है ? यही बताने मैं विशेष रूप से आया हूँ।"

"क्या ?" नीलेश लगभग चिल्ला पड़ा, "तुम शुरू से ही ईर्ष्यालु और नासमझ हो। तुमको समझाया नहीं जा सकता कि यह स्वार्थ नहीं, देश का अत्यन्त जरूरी काम है। अगर मुझसे कुछ हो सका तो इससे तुम्हीं लोगों का भला होगा, लेकिन यह बात तुम्हें कभी समझ में नहीं आएगी। पहले भी जब मैं तुम्हें समझाता था, तो अकड़ जाते थे, लाल-लाल आँखों से घूरने लगते थे और सलाह के विपरीत अवश्य करते थे। इसी स्वभाव के कारण तुम सब जानते हुए भी एक फालतू सुझाव लेकर इसलिए आए हो कि यह मुझे अपमानित करने का अच्छा अवसर है !"

वीरेश ने कुछ जवाब नहीं दिया। दोनों भाई मुँह फुला और झुकाकर कुछ क्षण चुपचाप बैठे रहे। फिर वीरेश उठकर जाने को उद्यत हो गया।

"चाय पीकर जाओ...।"

"मैं चाय नहीं पीता...।"

"नाराज न हो, वीरेश, इस समय सचमुच फुरसत नहीं है, जहाँ थोड़ी-सी भी फुरसत मिली, मैं सबसे मिलूँगा, बार-बार मिलूँगा और देर तक बातें करूँगा। मैं ऐसा जान-बूझकर नहीं कर रहा हूँ, वीरेश, परिस्थितियाँ ही मुझसे करा रही हैं। भगवान कसम खाता हूँ, ये सभी बड़े लोग हैं, मेरा, मेरे परिवारजनों का, तुम सभी का भला चाहते हैं। मुझे समझो, वीरेश, तुम सभी लोगों का बड़ा फायदा होगा। फिर ये सच्चे देशभक्त हैं, यहाँ आकर मालूम होता है कि कितना प्रभाव है इन लोगों का..."

"समाजवादी पार्टी छोड़ दी आपने ?" वीरेश ने सिर झुकाकर धीमे स्वर में पूछा।

"क्या मतलब ?" नीलेश ने सन्देह से घूरते हुए पूछा।

"भगवान की कसम खा रहे हैं...पहले तो ऐसा कभी नहीं करते थे..."

"तुम्हारी बुद्धि कितनी छोटी और संकीर्ण है, इस सवाल से स्पष्ट है। इसीलिए छोटी-छोटी, नगण्य बातों की ओर जाती है। इसका मतलब यह हुआ कि चूँकि मैं भगवान को मानता हूँ और समाजवादी नहीं हूँ, इसलिए मैं बहुत बुरा इनसान हूँ। यही न कहना चाहते हो ? खैर, तुमको बताना मेरा फर्ज बनता है कि मेरा विचार क्या है। मैं सोचता हूँ कि आज जब आजादी मिलने जा रही है तो छोटी-छोटी पार्टियों, दलबन्दियों की प्रासंगिकता समाप्त हो गई है। महत्त्व है आज देश का, उसकी एकता का, देश की मजबूती का—इसीलिए सभी पार्टियों को आजाद सरकार के हाथ मजबूत करने चाहिए। आजादी मिलने के साथ हर व्यक्ति स्वतन्त्र, राष्ट्रवादी और देशभक्त होगा, इसलिए सभी को आजाद सरकार को अपना समर्थन देकर आजादी की मजबूती के लिए काम करना चाहिए।

जहाँ तक समाजवाद का सवाल है तो यह भी सुन लो कि मैं समाजवादी था, समाजवादी हूँ और समाजवादी रहूँगा..."

"मैं चलता हूँ..."

नीलेश अपने छोटे भाई को जाते हुए आश्चर्य से देखता रह गया। पहले नमस्कार करता था, इस बार तो किया ही नहीं। क्यों ? उसे अफसोस हुआ कि उसका भाई कुछ भी सोचने, समझने, सीखने की कोशिश नहीं करता। अकड़ तो पहले से था ही, अब बदतमीज और मगरूर भी हो गया है। अगर वह नम्रता से नहीं मिलता तो इसे क्यों परेशानी है ? नम्रता तो मोहल्ले की है, अपने शहर की है, उससे तो मिलना-ही-मिलना है, इसमें कोई खास बात तो है नहीं। खुद नम्रता परेशान नहीं है, लेकिन यह नाक-भौं सिकोड़े हुए है ! इतने ऊँचे और प्रभावशाली व्यक्तित्व से जुड़ाव के कारण जलन तो नहीं हो रही है उसके छोटे भाई को ? बेवकूफ !

लेकिन इसमें वीरेश का भी खास दोष नहीं है, उसने कुछ ठंडा होकर सोचा। यदि स्वयं उसने अपनी आँखों से नहीं देखा होता तो वह भी अनिरुद्ध दास के ऐसे प्रभाव की कल्पना नहीं कर सकता था। कितने सुख, सुकून, शिक्षा, विचार, ऊर्जा., महत्त्व एवं प्रतिष्ठा की प्राप्ति हो रही है उस जैसे साधारण व्यक्ति को भी यहाँ आकर ? सवेरे से ही उनसे मिलनेवालों का ताँता लग जाता है। एक-से-एक प्रभावशाली जननेता तथा अनेक सीनियर छात्र और नवयुवक, जिन्होंने स्वातन्त्र्य आन्दोलन में आगे बढ़कर भाग लिया तथा कष्ट सहे। एक दिन मिलनेवालों की पिछली पंक्ति में सुरंजन शास्त्री को देखकर उसे बड़ा आश्चर्य हुआ। जो उसे राजनीति तथा समाजवाद की शिक्षा देनेवाले पहले व्यक्ति थे, वह उससे सम्मान से बात कर रहे हैं और पुराने परिचय की याद दिलाकर जल्दी मिलाने की सिफारिश कर रहे हैं ! उसे पहले शर्म-संकोच हुआ था, लेकिन बाद में नए प्रशिक्षण और समय का स्मरण करके अपने को पुराने प्रभाव से मुक्त कर लिया उसने और साहस के साथ ऐसे संक्षिप्त वाक्यों में वादा किया, जिससे सुरंजन शास्त्री को दुबारा कहने की इच्छा नहीं हुई और स्वयं उसकी छवि एक योग्य, प्रतिभाशाली सचिव तथा भावी महत्त्वपूर्ण, उच्च राष्ट्रीय पदाधिकारी के रूप में उभर आई।

जेल में भी अनिरुद्ध दास को देखकर उनके प्रभामंडल का अन्दाजा नहीं होता था। वहाँ जितने मुखर थे, बाहर अत्यन्त गम्भीर और मितभाषी। अधिक काम इशारे से या छोटी-सी स्लिप पर ही लिखकर होता। इसका एक कारण तो यही है कि हाल में हुए सांगठनिक चुनावों में उनका दल अत्यन्त प्रभावशाली होकर निकला था और वे सभी, जो शक्ति राजनीति का ककहरा ही सीख रहे हैं, उनको सहयोग देने तथा उनका सम्पर्क और स्वीकृति प्राप्त करने के लिए बेताब होकर चले आ रहे थे। दूसरा महत्त्वपूर्ण कारण है सत्ता में रहकर देशसेवा का नया जीवन दर्शन। पहले से ही उनके कुछ साथी और सहयोगी थे, कुछेकों का जेलों में चुनाव किया था उन्होंने और बाहर निकलकर तेजी से अपने प्रभाव विस्तार के लिए नए-नए शिक्षित, योग्य, अच्छे घरों के देशभक्त युवकों को चुनकर महत्त्वपूर्ण पदों पर बिठा रहे थे या बिठाने की तैयारी कर रहे थे। इस व्यवस्था के साथ कि उनको किसी प्रकार की कमी न होने पाए और उनका कोई काम रुकने न पाए।

हर तरह के लोग उनके पास आ रहे थे। हर जगह उन्हें सादर निमन्त्रित किया जा रहा था मुख्य अतिथि के रूप में। राजनीतिक, सामाजिक, आर्थिक, मुंडन, विवाह का कोई भी समारोह हो, उनके पहुँचते ही लोग खड़े हो जाते। अनिरुद्ध दास का चेहरा अत्यन्त गम्भीर रहता और वह दोनों हाथ जोड़ देते। दरअसल वह हर व्यक्ति को दे रहे थे और उससे देशभक्ति का सहयोग माँग रहे थे। वह खोखला वादा करते नहीं थे और जो कह देते उसको पूरा करने की कोशिश करते। अभी देश की सत्ता हाथ में आई नहीं थी, लेकिन उन्होंने नौकरी, आर्थिक मदद, तबादला के लिए जिसको लिख दिया या कह दिया, वह पर्याप्त होता था। जहाँ कुछ नहीं हो पाता, वह निजी तौर पर आर्थिक

मदद प्रमिला दास से दिलवा देते। सबसे बड़ी बात यह है कि वह अभी से योग्य पदाधिकारी, विधायक, प्रशासक, मन्त्री की फौज खड़ी कर रहे थे, जो अंग्रेजों के छोड़ने के बाद उनकी जगह ले सकें।

एक दिन नीलेश ने अपने मित्र गोबर्धन को भी देखा। हर तरह के लोग देखने का अभ्यस्त होने तथा पर्याप्त सीख और अनुभव होने के बाद किसी के भी आगमन पर आश्चर्य करने की मनःस्थिति उसकी नहीं रह गई थी, फिर भी उसे यह कतई उम्मीद नहीं थी कि बलिया जैसे पिछड़े इलाके का एक साधारण-सा व्यापारी खद्दर के चूड़ीदार पैजामा, शेरवानी, गांधी टोपी और चमाचम काले जूते में कार से उतरकर अनिरुद्ध दास से मिलने आएगा। इसका अर्थ यह है कि इस बीच, जब वह जेल में रहा था, गोबर्धन ने व्यापारिक दृष्टि से काफी तरक्की कर ली है और आज की तारीख में अपने नए चोले में यहाँ भी हाजिर। उसे उन दिनों की बात याद आ गई, जब उसने राजनीतिक पार्टियों को चन्दा देना बंद कर दिया था और आन्दोलनकारी जनता के भोज के लिए दरी, बर्तन आदि की भी मनाही !

"अरे नीलेश, तुम यहाँ ? मुझे तो मालूम ही नहीं था। तुम आए नहीं बहुत दिनों से, तुम्हारी भाभी हमेशा याद करती रहती हैं। ऐसी बेरुखी क्यों यार? सुरंजन शास्त्री, बैकुंठ, नफीस वगैरह के साथ खूब बैठकी होती है। चलो न इस बार मेरे साथ...एक हफ्ता मेरे साथ रहो...एक बड़ा समारोह कराऊँगा...बड़े-बड़े सभी को बुलाऊँगा, सभी राजनीतिक साथी तो रहेंगे ही। मैं सदा तुम्हारे यहाँ जाकर हाल-चाल लेता रहता हूँ। बाबूजी कुछ दुबले हो गए हैं। हाँ, मैं दासजी के लिए कुछ उपहार ले आया हूँ, भीतर भेजवा देना यार और उनसे विशेष रूप से उल्लेख कर देना...हाँ यार, तुमसे क्या छिपाना, पहले वाली बात नहीं है अब, हर जगह नाचीज की भी गिनती होती है। दासजी ने बुलवाया था...खैर, तुम्हारे लिए तो कभी मना नहीं रहा, फिर भी इस समय कोई भी जरूरत हो, सभा, समारोह, चुनाव कुछ भी...नाचीज को जरूर याद करना, ऐसा बन्दोबस्त हो जाएगा कि आनन्द आ जाएगा...हाँ, तो जरा जल्दी करा देना, एक जरूरी काम से दूसरी जगह जाना भी है..."

काफी कुछ मालूम होने पर भी नीलेश अपने विशेष मित्र को अचम्भे से देख रहा था, जिसे कभी मूर्ख आदर्शवादी और मूर्ख प्रेमी कहकर कई लोग खिल्ली उड़ाते थे। कैसा बदलाव आ गया है उसमें ! धीमे स्वर में अपनी थोड़ी देर की बात में उसने अनेक इशारे कर दिए थे। दोस्त तो वह सचमुच था, लेकिन कैद के समय उसके घर जाकर हाल-चाल लेता होगा, इस पर सहज विश्वास नहीं कर सका वह। अन्य बातों में भी कितनी सच्चाई है, यह निश्चित रूप से कुछ कहा नहीं जा सकता, लेकिन सबकुछ मिलाकर उसने अपने को इस रूप में प्रस्तुत कर दिया था कि उसकी सर्वव्यापी अनिवार्यता, पहुँच और प्रभाव का अन्दाजा तो लग ही जाता था। इसीलिए साधारण कार्यकर्ताओं और जरूरतमन्द लोगों की तरह उसके साथ निष्पक्ष बनकर लटकाने का नाटक नहीं कर सका वह। उसके कन्धे पर हाथ रखकर बात करना इस समय उपयोगी समझकर, वैसा करते हुए उसने ऐसे शब्दों में अपना उत्तर प्रस्तुत किया, जो सच्ची दोस्ती के परिचायक तो नहीं ही कहे जा सकते।

"प्यारे दोस्त, जल्दी ही आऊँगा और तुम्हारे साथ पूरा एक महीना रहूँगा। सभी काम तो मेरे ऊपर है, आदरणीय बाबूजी और सभी मुझ पर इतना विश्वास करते हैं कि पूछो मत। मेरी एक बात भी इनकार नहीं हुई आज तक। मुझे इसी चुनाव में विधायक बनाना चाहते हैं, लेकिन मैंने मना कर दिया है कि अभी सत्ता से दूर रहकर त्याग की जिन्दगी व्यतीत करते हुए देशसेवा करना चाहता हूँ, आगे अवसर आया तो मना नहीं करूँगा। तुम्हारी तो हमेशा याद आती थी जेल में, जब मैं, तुम, नफीस, दयाशंकर देश पर जीवन बलिदान करने की कसमें खाया करते थे। वैसे निःस्वार्थ लोग अब कहाँ मिलेंगे, यार ? सच कहो तो घर से निश्चिन्त होकर जेल में इसी विश्वास से रह सका कि तुम्हारे जैसे भरोसेमन्द दोस्त सबकुछ सँभाल लेंगे। यहाँ भी, मैं जहाँ भी जाता हूँ, तुम्हारी प्रशंसा सुनता हूँ। हर जगह तुम्हारी देशभक्ति की चर्चा होती है। मैं तो हमेशा सोचता हूँ

हो जाएँ तो तुम तो जानती ही हो कि मेरे दिल में क्या है। तुम तो बाबूजी को समझा सकती हो !"

"कैसी बात करते हो, नीलेश। तुमसे नाराज होने का सवाल ही नहीं उठता। तुमसे तो सभी बहुत खुश हैं। तुम कोई हमसे अलग थोड़े ही हो, नीलेश। अभी-अभी बाबूजी तुम्हारी बड़ी तारीफ कर रहे थे। तुम्हारे काम की, बोली की, शराफत की, तुम्हारी मुस्तैदी की। तुम्हारे खिलाफ कोई बात करे तो मैं लड़ जाऊँगी। लेकिन ऐसा न कभी हुआ है और न होगा। कल बाबूजी के सिर में दर्द था, लेकिन आज एकदम ठीक हैं। तुम ऐसी बात न किया करो, प्लीज। थोड़ा हँसो..."

"अच्छा छोड़ो इन बातों को। आज शाम को सैर-सपाटे की मेरी तबीयत हो रही है। क्या तुम आज कम्पनी गार्डन तक मेरा साथ दोगी ? न तबीयत हो तो कोई बात नहीं।"

"वाह नीलेश, तबीयत खुश हो गई...तुमने तो मेरे मुँह की बात छीन ली..."

शाम को अन्ततः वह घड़ी आ गई, जिसको चाहे संयोग कहें या दुर्योग, लेकिन जिसकी न इच्छा होती है और नहीं कल्पना। प्रिया हल्के-पीले मक्खनी रंग के सलवार-सूट तथा उड़ते दुपट्टे में बहुत खुश थी और नीलेश उसे कुछ नए पढ़े चुटकुले सुनाकर खूब हँसा रहा था। इस खुशी के लिए, जो नीलेश दे रहा था, उसे बड़ा प्यार आ गया और एक उपयुक्त एकान्त अवसर पर वह उसकी गर्दन में दोनों बाँहें डालकर झूलती हुई बोली :

"कितने अच्छे हो, नीलेश तुम ?"

इसी समय बहुत ही अनिच्छा से नम्रता अपनी सहेलियों के साथ पार्क में आई थी। उसे वीरेश ने फिर बताया था कि नीलेश बहुत व्यस्त है और मौका मिलते ही जरूर मिलेगा उससे। नीलेश पर उसे अगाध विश्वास था, लेकिन उसका वियोग सहा नहीं जा रहा था, जबकि वे दोनों एक ही शहर में कुछ ही दूरी पर रहते हैं। वह प्यार, जो जीवन-मरण का प्रश्न बना हो और जिसकी व्याकुलता में उसके सिवाय कुछ भी अच्छा नहीं लगता, एक सहपाठिनी के जन्मदिन पर कम्पनी गार्डन में सैर-सपाटे के बाद यूनिवर्सिटी रोड पर कुछ खाने-पीने के कार्यक्रम का उत्साह भी छीन लेता है; लेकिन आश्चर्य की बात यह भी है कि कहीं भी जाने पर हताश मन में न मालूम कहाँ से यह उम्मीद उग आती है कि वहाँ नीलेश से जरूर मुलाकात हो जाएगी। वैसे नीलेश ने उसे पहले ही देख लिया था, और उसके चेहरे पर हवाइयाँ उड़ने लगीं, क्योंकि उसने तो सोचा भी नहीं था कि ऐसा हो भी सकता है ! उसने घबराहट की जल्दीबाजी में दूसरी तरफ देखते हुए कहा :

"प्रिया, मुझे एक जरूरी काम याद आ गया, फौरन लौट चलो..."

"नहीं नीलेश, थोड़ा और घूमेंगे...।"

"प्रिया, तुम कुछ समझती नहीं, बाबूजी परेशान होंगे..."

"चलती हूँ नीलेश...बस थोड़ी देर और...बाबूजी से मैं कह दूँगी..."

नीलेश की अजीब स्थिति हो गई। वह प्रिया को जबरदस्ती घसीटकर ले नहीं जा सकता था। नाराज होकर चिल्ला नहीं सकता और न छोड़कर भाग ही सकता। इसी हुज्जत में विलम्ब हो गया इतना कि नम्रता अपने दल के साथ एकदम निकट आ गई और दृष्टि पड़ते ही खुशी की उत्तेजना में उसके मुँह से आवाज निकल गई, "अरे नीलेश !"

सभी चौंक उठे, यहाँ तक कि प्रियादास भी। भीतर से डरे लेकिन ऊपर खिसियाए नीलेश का विपरीत दिशा में घूमा चेहरा तमतमाकर फूल गया।

नम्रता तेजी से उसकी तरफ बढ़ी। अब लाख चाहने पर भी वह अपना चेहरा छिपा नहीं सका। सबसे अधिक डर उसे इस बात का था कि नम्रता कोई ऐसी बात न कह दे जिससे पुराने सम्बन्धों पर रोशनी पड़ने से प्रियादास और अनिरुद्ध दास नाराज हो जाएँ। नम्रता पर उसे बड़ा गुस्सा आया, जिसने उसका बना-बनाया खेल बिगाड़ दिया था; और सभी कुछ भूलकर, अपने स्वभाव और दिए गए आश्वासनों के ठीक उल्टा, अपने घुन्ने लाल और बेहद गम्भीर चेहरे को नम्रता के सामने करते

हुए बोला :

"सभी को मैं बता चुका हूँ कि देश की आजादी से सम्बन्धित कुछ अत्यन्त जरूरी कार्यों में व्यस्त होने से किसी से मिल नहीं पा रहा हूँ, फिर भी यह बात किसी की खोपड़ी में आ नहीं रही है। वीरेश ने क्या नहीं बताया ? जब मेरे भाई का यह हाल है तो दूसरे के लिए क्या कहूँ !"

"मुझे घर ले चलो, नीलेश...ये तो यूनिवर्सिटी में जूनियर..." प्रिया ने नजदीक आकर नखरीली-सी आवाज में बोलते हुए, अप्रिय तिरछी दृष्टि से नम्रता को देखा।

"ये हमारे घर के सामने रहती हैं..." न चाहते हुए भी नीलेश के मुँह से आवाज निकली। और अन्त में, जैसे आकाश को सुना रहा हो, ऊपर देखता हुआ बोला, "काम खत्म होने के बाद मुलाकात होगी...।"

इसके पश्चात वह घूमकर 'चलो' कहकर प्रियादास के साथ चलता बना। नम्रता का चेहरा छोटा होकर काला पड़ गया। आकाश और पृथ्वी तो अपनी जगह पर स्थिर और अखंड थे, लेकिन नम्रता को ठीक उल्टा आभास हुआ। पूछने पर भी कुछ न बताते हुए वह सहेलियों के कार्यक्रम के बाद छात्रावास जाकर अपने कमरे में बंद हो गई। उस पर इतना भारी आघात किया गया था कि चोट सहसा महसूस नहीं हुई। न रो सकी और न यही सोच सकी कि उसके प्यार, उसके विचार और विश्वास को इस तरह कुचल दिया गया है कि उसके जीवन की गरिमा, प्रतिष्ठा, आधार–सबकुछ नष्ट हो गया है और उसे इस जीवन का अन्त कर लेना चाहिए। हर अहसास और संवेदना से दूर वह पत्थर बन गई।

दो दिन बाद वह यूनिवर्सिटी गई एकदम सुन्न, यह सोचने-समझने और आकलन करने में असमर्थ कि उसके पास क्या है और उसने क्या खो दिया है। तीसरे दिन जब फीस देने गई तो सिनेट हॉल में उसका वीरेश से सामना हो गया। वह देखकर भी न पहचानती हुई जब आगे निकल गई तो वीरेश चौंक पड़ा। वह ठिठककर उसे जाते हुए देखता रहा। पहले खयाल आया कि कोई व्यस्तता होगी, फिर सबकुछ बड़ा अस्वाभाविक- सा लगा, क्योंकि इतनी स्वाभिमानी थी नम्रता कि अकारण किसी की उपेक्षा तो कर ही नहीं सकती। उसने तो कोई ऐसा व्यवहार नहीं किया, जो नाराजी का कारण बने ? इतना सब सोचकर वह तेजी से पीछे चल पड़ा, जब वह जीने से उतरकर बरगद वृक्ष की तरफ बढ़ रही थी।

"दीदी..." उसने पास पहुँचकर कहा।

वह ठिठक गई। लेकिन सिर घुमाकर देखा नहीं उसकी तरफ। वह आगे बढ़कर उसके सामने आकर बोला :

"क्या बात है दीदी...आप ऐसी क्यों हो रही हैं ?"

नम्रता ने सिर्फ खाली-खाली आँखों से देखा उसे।

"क्या भैया मिले थे ?"

वह उसी तरह देखती रही।

वीरेश परेशान होकर बोला, "क्या बात है, दीदी...साफ-साफ क्यों नहीं बतातीं ? नहीं मिले तो मिल जाएँगे, इसको लेकर चिन्ता न कीजिए। हाँ, अगर मिले हों और कुछ कहा हो तो बताइए.. .आपके साथ कोई अन्याय मैं बरदाश्त नहीं कर सकता..."

इन बातों में जो कुछ भी हो, नम्रता की चेतना लौट आई और अचानक उसे अपनी गम्भीर चोट की दुस्सह पीड़ा महसूस होने लगी। उसके मुख पर पहले रुदन की रेखाएँ बनीं, फिर वह बिलखने लगी इन शब्दों की चीख के साथ :

"अरे वीरेश, मैं तो मर गई..."

"क्या हुआ, दीदी। मैं समझ गया, वह मिले हैं और अंड-बंड बोले हैं ! पता नहीं आजकल

वह बौखलाए क्यों रहते हैं। यह बरदाश्त के बाहर है। मैं अभी जाकर पूछता हूँ कि उनको क्या अधिकार है गलत व्यवहार करने का, अपमानजनक बात करने का। बड़ा अन्याय है यह तो, तीन-चार वर्ष से उनके लिए कष्ट पा रही हैं, छूटने पर रोज इन्तजार कर रही हैं, आँसू बहा रही हैं, और उन्हें हर बात के लिए तो फुरसत है, लेकिन अपने लोगों से मिलने के लिए फुरसत नहीं है। लेकिन एक बात मैं जरूर कहूँगा—आप इस तरह धैर्य न छोड़िए। आप किसी की गुलाम नहीं हैं...मैं आज और अभी जाकर पूछता हूँ..."

"नहीं वीरेश, वह बात नहीं है, किसी दूसरी बात पर आँसू आ गए...घर के लोगों की याद आ गई। तुम कुछ न कहना..."

"साफ-साफ बताइए, घर के लोगों की याद करके इतने आँसू क्यों गिर रहे हैं ? बहुत याद आती है तो दो दिन के लिए घर चली जाइए...चलिए, मैं पहुँचा देता हूँ। आप नहीं जाना चाहतीं तो चाचाजी, चाचीजी को जाकर साथ ले आता हूँ। साफ-साफ कहिए, क्या बात है..."

"बाद में बता दूँगी...इस समय तो देरी हो रही है। मैं जाती हूँ..."

किन्तु, वह कक्षा में न जाकर छात्रावास की ओर घूम गई। कुछ देर बाद अपने कमरे में लेटकर वह पूरी घटना पर सोचने लगी, तब स्पष्टता और गहराई से महसूस होने लगा कि उसके साथ क्या हो गया है। अब उसके आँसुओं का अन्त नहीं था। उसका रोना, बिलखना, सिसकना बहुत देर तक जारी रहा, यहाँ तक कि उसके आँसू सूख गए और वह इस अन्तिम फैसले पर जा पहुँची कि उसके जीने का अर्थ समाप्त हो गया है और अब एक दिन भी जिन्दा रहना नहीं चाहती।

एक दृढ़ संकल्प के साथ वह उठ बैठी, लेकिन उसी समय पिताजी और माँ की याद आई। उनके चेहरे बड़े दयनीय लगे उसे। पुराने विश्वासों को मानते हुए भी, अपनी एकलौती बेटी की खुशी के लिए जाति-पाँत का बन्धन तोड़ने का जो आश्वासन दिया था उसके पिताजी ने, वह क्रान्तिकारी विश्वासों पर चलनेवाले लोगों से बड़ा और साहसी कदम है। उसके भावी जीवन के लिए ही उन्होंने जिसको स्वीकार किया था, उसी ने जब साथ छोड़ दिया तो समर्पित जीवन पर स्वयं उसका अधिकार नहीं रहा—अब यह जीवन पिताजी का है, अम्मा का है, उनके विश्वासों का है, उनकी खुशियों का है ! और उसी समय वह एक लम्बा पत्र अपने माँ-बाप को लिखने बैठ गई।

कुछ दिन बाद ही देश में चुनाव हुए, जिनमें अनिरुद्ध दास, प्रमिला दास, नीलेश खूब व्यस्त हो गए। विशेष निजी सचिव की हैसियत से नीलेश अपने नेता के साथ कहाँ-कहाँ नहीं घूमा—महानगरों, छोटे शहरों, कस्बों तथा मामूली-से-मामूली गाँवों में हर तरह के रास्तों से। वे जहाँ जाते, आम और खास, सभी भारी संख्या में हर्षोल्लास, आशा और विश्वास के साथ स्वागत करते और वे भी अहिंसा के हथियारों से आजादी हासिल करने पर लोगों को बधाई देते हुए नया, खुशहाल भारत बनाने का वादा करते।

स्वातन्त्र्य-प्रेमियों की भारी जीत के बाद केन्द्र और प्रान्तों में सरकारें बन गईं। अब स्पष्ट हो गया कि केन्द्र की अन्तरिम सरकार की सफलता के बाद शीघ्र ही जनता सरकार के हाथों वास्तविक सत्ता अधिकार सौंपकर अंग्रेज भारत छोड़ देंगे। लेकिन सत्ता इतने निकट देखकर छीना-झपटी शुरू हो गई। अन्तरिम सरकार असफल होकर टूट गई और कई जगह विशाल पैमाने पर साम्प्रदायिक दंगे होने लगे। हत्या, लूट और अपहरण की घटनाएँ। जिन लोगों ने स्वतन्त्रता के लिए विशाल अहिंसात्मक जुलूसों का नेतृत्व किया था, वे मूक, अशक्त दर्शक मात्र बनकर रह गए। हिन्दू, मुसलमान, सिख आदि नेताओं में से कोई कुछ नहीं कर सका, सिर्फ महात्मा गांधी ही अकेले आमरण अनशन की नैतिक शक्ति के द्वारा हिंसा को रोकने की कोशिश करते रहे।

इसके बाद, दूसरे नए वाइसराय आ गए और राजनीतिक नेताओं से बातचीत के बाद, विभाजन के साथ देश को स्वतन्त्रता देने के फैसले पर समझौता हो गया।

स्वतन्त्रता की घोषणा तथा अपने राजनीतिक कद के बढ़ने की खुशी तथा विभाजन के खून-खराबे के दुःख के बीच टकराहट से नीलेश पर एक दिन भयंकर निराशा का दौरा पड़ा। शायद सभी को ऐसा अनुभव हुआ था, हिन्दू, मुस्लिम, सिख, ईसाई उन सभी को, जिन्होंने आजाद हिन्दुस्तान का शानदार सपना देखा था, उसके लिए स्वातन्त्र्य आन्दोलन में शामिल हुए थे। एक ही जमीन पर और एक ही हवा-पानी में बढ़े-पले लोग क्यों ऐसी विभाजित, खतरनाक आजादी स्वीकार कर रहे हैं ? लेकिन किसी के पास इसका जवाब नहीं था। सभी जानते थे कि यह गलत हो रहा है, लोगों को बाँटने जैसा है, यह तो सदा के लिए खूनी लड़ाई लड़ने जैसा है, साम्राज्यवादियों के षड्यन्त्र और जाल में जान-बूझकर फँसने जैसा है। लेकिन कोई कुछ कर नहीं सका। शान्ति और एकता देने के लिए किसी के पास कुछ नहीं था, उन लोगों के पास भी नहीं, जिन्होंने अलगाव का समर्थन या विरोध किया। आम जनता तो कुछ समझ ही नहीं सकी।

नीलेश को एक रात की अनिद्रा के समय लगा, जैसे कोई उससे कह रहा हो, देश की इस त्रासदी के लिए तुम जिम्मेदार हो, सिर्फ तुम ! वह चौंककर उठ बैठा। वह सच्चाई को खोजने लगा कि क्यों ऐसा कोई कहेगा ? और तभी उसे नम्रता की याद आई। वह व्याकुल हो उठा आत्म-धिक्कार के साथ। उसे नम्रता की एक-एक बात याद आने लगी। उसने भी अवश्य उसे प्यार किया था, जो झूठा और बनावटी भी नहीं था। वे तो बचपन के साथी भी थे। लेकिन इतने दिनों के साथ-संग के बाद भी वह नम्रता के हृदय, प्यार और प्रतिबद्धता के मूल्यों को समझ ही नहीं सका। यही मूल्य तो स्वयं उसके भी थे। नम्रता का प्यार किसी स्थूल कामना का प्रतिफल नहीं, बल्कि हार्दिक, मानसिक, वैचारिक और नैतिक एकता की इच्छा से सम्पन्न। वह उसके साथ मिलकर आम लोगों के सेवा-कार्यों द्वारा अपने प्यार का साक्षात्कार करना चाहती थी, लेकिन वह उसे समझ नहीं सका, उसकी ऊँचाई तक पहुँच न सका। उसके सच्चे, पारदर्शी, स्वाभिमानी, साहसी और स्नेही स्वभाव की गहरी संवेदना और सुरुचि से भरी एक-एक बात, उसके निश्छल एवं समर्पण के दिव्य, सघन क्षण—कैसे भूल सका वह ? क्यों ?

नहीं, वह उससे मिलेगा अवश्य और अपनी भूल को स्वीकार कर लेगा ! यह सोचकर उसे खुशी हुई इस विश्वास के साथ कि नम्रता जैसी सरल, सहज, उदार और स्नेही लड़की का प्यार उसके लिए पहले जैसा होगा और पहले की तरह वह उसकी बातों से प्रभावित होकर पुनः प्रसन्न हो जाएगी।

और सचमुच दूसरे दिन सवेरे उस समय वह लड़कियों के छात्रावास के सामने खड़ा दिखाई पड़ा, जब यूनिवर्सिटी जाने का समय होता है। और उसके एक लड़की के साथ बाहर निकलने पर जल्दी-जल्दी उसके पीछे पहुँचकर बोला :

"नम्रता..."

नम्रता चौंककर घूम पड़ी, क्योंकि जब उम्मीद नहीं थी, उस समय एक जानी-पहचानी आवाज अविश्वसनीय और आश्चर्य में डालनेवाली थी।

"जरा एक मिनट...।"

नम्रता धीरे-धीरे उसके पास गई।

"मैं तुमसे कुछ कहना चाहता हूँ। पूरी स्थिति पर प्रकाश डालकर तुम्हें समझाना चाहता हूँ। इस समय तो तुम पढ़ने जा रही हो, तुमसे बहुत-सी बातें करनी हैं, अगर तुम्हें फुरसत हो तो मैं चार बजे आकर तुम्हें कम्पनी गार्डन ले जाऊँगा, वहाँ इत्मीनान से बैठकर बातें करेंगे..."

नम्रता भावहीन आँखों से उसे देख रही थी। उसने मुस्कुराकर कहा, "मैं स्वयं पहुँच जाऊँगी ठीक साढ़े चार बजे।"

इस उत्तर से नीलेश बहुत खुश होकर जल्दी-जल्दी अपने गन्तव्य की ओर बढ़ गया।

अपनी एक सहेली के साथ ठीक समय पर नम्रता पहुँच गई थी। इन्हीं कुछ दिनों में अनेक

कि कैसे तुमको लाभ हो, तुम्हारी उन्नति हो, तुम्हारा यश दिग-दिगन्त फैले। मैं तुम्हारे लिए कुछ भी उठा नहीं रखूँगा... ।''

कुछ क्षणों के लिए नीलेश के मन को थोड़ा आघात अवश्य लगा कि उसने अपने दोस्त के समक्ष झूठ का एक बड़ा पुलिन्दा रख दिया है, लेकिन गोबर्धन की लम्बी, कर्णस्पर्शी मुस्कुराहट से यह स्पष्ट हो गया कि वह सबकुछ समझते हुए भी मित्र की बात से खुश है, क्योंकि उसे ठीक इन्हीं चीजों की आवश्यकता भी है।

खैर, यह तो सही ही है कि अनिरुद्ध दास उसे बहुत मानते हैं, उस पर निर्भर हैं और निर्भर रहना चाहते भी हैं। वही क्यों, प्रमिला दास, प्रियादास, कुमार दास, सेवक आदि सभी परिवारजन जैसा प्रेम और आदर देते हैं। उदाहरण के लिए, प्रियादास के व्यवहार की विशेष रूप से प्रशंसा करनी पड़ेगी। दुनिया का कौन-सा सुख प्रियादास को प्राप्त नहीं है, फिर भी वह सन्तुष्ट नहीं है। महँगी-से-महँगी डिजाइनदार साड़ी, स्कर्ट, सलवार, कुर्ता, दुपट्टा, सैंडिल, घड़ी, पेन, सुगन्ध। दिन में कई बार पोशाक बदलकर, सिर हल्के-से झटककर वह शानदार तरीके से देखती है। ऐसे वक्त नाक सिकुड़ जाती है खूबसूरती से। नौकर, नौकरानियों और महाराजिन के घर में उसे काम करने की जरूरत नहीं, लेकिन उसे शौक भी नहीं इसका। काम होता भी नहीं उससे और उसको अपने लिए अपमानजनक भी समझती है, यहाँ तक कि यदि नौकर या नौकरानी ने उसकी मेज पर पुस्तकें, रजिस्टर, फाइलें, पेन वगैरह सहेजकर नहीं रखी तो वह बेहद बिगड़ जाती है और अपनी तीखी आवाज से घर-आसमान एक कर देती है।

अनिरुद्ध दास अक्सर विलायत जरूर पढ़ने की बात कहकर उसका उत्साहवर्धन करते रहते हैं, लेकिन वह पढ़ाई-लिखाई में साधारण ही है। पुस्तकें पढ़ने का भले ही शौक न हो, लेकिन यूनिवर्सिटी पुस्तकालय तथा पब्लिक लाइब्रेरी से मोटी-मोटी पुस्तकें इशू कराकर घर में मेज पर रखना उसे बहुत पसन्द है। जब से नीलेश आया है, उसको खाली देखकर, खास तरह से भोजन के बाद जब सभी आराम करते होते हैं, वह उसके कमरे में आकर दूसरी तरफ देखती हुई, आग्रह करती है, ''मुझे अंग्रेजी पढ़ा दीजिए न, प्लीज।''

पहली बार नीलेश ने सिर नीचे करके कहा था, ''मैं तो इंटर भी पास नहीं, आप बी.ए. फाइनल में हैं, मैं आपकी पुस्तक कैसे पढ़ा सकता हूँ।''

''मुझसे बहाना न कीजिए...बहुत योग्य हैं आप...मैं सब जानती हूँ...चलिए प्लीज...''

लेकिन अंग्रेजी उसकी बहुत अच्छी थी और पढ़ाई में वह बड़ा तेज विद्यार्थी रहा था। आन्दोलन के दिनों और जेल में भी जब उसे पुस्तकें उपलब्ध हो जातीं और समय होता तो वह पढ़ने में जुट जाता। हिन्दी और अंग्रेजी साहित्य तथा राजनीतिशास्त्र उसके प्रिय विषय थे। इन्हीं कारणों से वह तैयार भी हो गया। हाँ, अनिरुद्ध दास की भी यही मंशा थी, इससे वह कड़ाई से मना भी नहीं कर सकता था।

वह उसे लेकर ऊपरी खुली छत के एकान्त कोने में चली जाती, जहाँ एक तख्त पर दरी बिछी हुई थी। जब वह मेहनत से पढ़ाने लगता तो वह उसको एकटक देखती रहती। कभी शरारत से नाक के साथ मुस्कान भी टेढ़ी हो जाती और कभी आँखें अपने प्रफुल्लित सम्पूर्ण स्वच्छ फैलाव में उसके चेहरे को घेर लेतीं जैसे वह उसकी थाह पाने की कोशिश कर रही हो। नीलेश खीजकर किताब बन्द करके उठ जाता है।

''छोड़िए पढ़ाने की तबीयत नहीं है आपकी तो आज मार्केटिंग करा दीजिए प्लीज।''

''देखिए, प्रियाजी, आपका दिमाग बहुत तेज है, मेहनत कीजिए नहीं तो मेरा पढ़ाना बेकार हो जाएगा... ।'' नीलेश कहता उसी तरह जैसे कोई अभिभावक अपने मनबिगड़े लड़के को समझाता है।

"ठीक है, कल मेहनत से पढ़ूँगी, आज मार्केट ले चलिए प्लीज।"

इस तरह कई बार वह उसको मार्केटिंग कराने और कम्पनी गार्डन घुमाने ले जा चुका है। इस कार्य में भी उसे पहले बड़ा संकोच हुआ, लेकिन अनिरुद्ध दास तथा प्रमिला दास के मौन या सांकेतिक प्रोत्साहन के बाद मना या बहाना करने की हिम्मत नहीं हुई उसकी। धीरे-धीरे प्रिया की जो शरारत अच्छी नहीं लगती थी, वह भटक खुल जाने से रुचिकर लगने लगी। वह भी अब मुस्कुराने लगता। पहले वह कर्तव्यनिष्ठा की बात सोचकर रास्ते में इतिहास या किसी हिन्दी कवि अथवा स्वतन्त्रता से सम्बन्धित राजनीतिक महत्ता की कोई बात समझाना शुरू कर देता था। इस पर प्रियादास मुँह फुला लेती। एक दिन उसने कहा था :

"नीलेश, आप तो बहुत बोर करते हैं। यह गरीबी, आजादी, समाजवाद, जनतन्त्र की बातें सुनते-सुनते कान पक गए हैं। घर में, बाहर जहाँ देखो वहीं फालतू बातें। ऐसी बातें करेंगे तो हमारा झगड़ा हो जाएगा। मुझे सैर-सपाटा, जी भर की हँसी-खुशी, होटलिंग, मार्केटिंग, फिल्मी किस्से पसन्द हैं। ऐसी बातें सुनाना चाहते हों तो सुनाइए, नहीं तो मुझसे सुनिए। मुझसे भी नहीं सुनना चाहते तो चुप रहिए।"

"तुम्हीं सुनाओ...।"

इसके बाद तो नीलेश एक धैर्यवान श्रोता बनकर साथ-साथ चलने लगता। पर्यटन, पिकनिक, होटल-पार्टियों और फिल्मी कहानियों से सम्बन्धित अनुभवों की कमी नहीं थी प्रियादास के पास, जिनके मामले में तो नीलेश को निर्धन ही कहा जाएगा। प्रियादास एक असाधारण श्रोता को असाधारण विस्तार से सुनाने लगती। कुछ बातें तो दिलचस्प थीं और अनेक अनर्गल और आत्म-प्रशंसा से बेहद असन्तुलित। लेकिन नीलेश सदा मुस्कुराता रहता। कभी-कभी 'वाह' या 'मजा आ गया' कहकर उत्साहवर्धन भी कर देता। सचमुच ऐसा प्रशंसक श्रोता उसे पहले कभी नहीं मिला था और एक दिन तो इतनी प्रसन्न हुई कि अजीब विह्वलता से उसके हाथ को अपनी मुट्ठियों में पकड़कर बोली, "कितने अच्छे हो, नीलेश, तुम !"

'आप' से 'तुम' पर आकर जल्दी ही वह नीलेश के काफी निकट आ गई। नीलेश तो जैसे पहले ही दिन से उसके लिए तैयार बैठा हो, जैसे जो कुछ हो रहा था, वह उसके आशानुकूल और इच्छानुसार। जब इतना समझ चुका है और सँभाल रहा है तो इस स्थिति में विस्तार और विकास के लिए क्या चीज जरूरी है, जिसके बिना सबकुछ खत्म हो सकता है—इतना तो वह पहले से ही जानता है। प्रिया तो अनिरुद्ध दास और प्रमिलादास को प्राणों से प्रिय थी और उसकी निकटता और खुशी के लिए क्या नहीं कर सकते थे वे।

पहले जिस चीज से हिचक और घबराहट होती थी, वही अनायास होने लगी तो वह दूने उत्साह से उस मंजिल की तरफ बढ़ने लगा, जिसको दो शब्दों 'सफलता' और 'महानता' से ही परिभाषित किया जा सकता है। अब वह स्वयं पढ़ाई, सैर-सपाटा और मार्केटिंग का नाटक करने लगा, जिसके बाद प्रियादास की भूमिका बदल गई। अब वह प्रतीक्षा करती और दूसरे को सक्रिय, सकारात्मक भूमिका का पूरा अवसर देती। वह स्वयं दिलचस्प किस्से सुनाने लगा था अविश्वसनीय अतिरंजना के साथ। कुछ तो पढ़े हुए उपन्यासों और कहानियों के विवरण थे, जिनमें नायक, नायिका और खलनायक भी थे। राजनीतिक किस्सों से भी उसे परहेज नहीं था, लेकिन प्रियादास की अभिरुचियों का ध्यान रखकर ऐसे ही किस्सों का चुनाव किया गया, जिनमें राजनीतिक नायक और नायिकाओं के स्कैंडलों की प्रमुखता थी और जो उसने आन्दोलन के दिनों या जेल में सुने थे। सभी कथाओं पर खूब चमकीली पन्नी चढ़ा दी जाती, जो प्रियादास को उसके प्रिय ख्वाबों में उड़ा ले जाती ! कभी वह विदूषकत्व पर भी उतर आता, जिसमें नई कोशिश के कारण अनाड़ीपन भी था, लेकिन उतने से ही प्रियादास खिलखिलाकर हँसकर दोहरी हो जाती और उसको हाथ से हल्का प्रहार करके देह

पर गिर जाती। इसी के साथ वह इस फिराक में भी रहता कि उसके मुँह से कुछ ऐसा न निकले या हो जाए, जो अनिरुद्ध दास को नापसन्द हो। सिर्फ इसी कारण से वह पग-पग पर खरी और सच्ची बातों से डरने लगा और यदि किसी मौके पर इसकी जरूरत भी पड़ जाती और पड़ती ही रहती, तो उसमें इतनी चीनी झोंक देता कि मूल बात का पता ही न लगता।

एक रात उसे नींद नहीं आई। कोई खास बात तो नहीं थी, सिर्फ यह ख़याल कि अनिरुद्ध दास उससे नाराज हैं ! हुआ यह कि जब वह सवेरे नौ बजे भीतर से आकर बड़े हॉल में बैठे, जहाँ दरबार लगता था, नीलेश ने पूछ लिया, 'बाबूजी, कल वाली फाइल लाऊँ, अधूरी रह गई थी।' इसका उत्तर अनिरुद्ध दास ने दिया ही नहीं और न ही उसकी तरफ देखा ही जिससे उनकी चमकती आँखों से ही उनकी सहमति-असहमति का पता लग सकता। यही नहीं, वह सिर झुकाए ही उठकर फिर भीतर चले गए। ऐसा तो कभी नहीं हुआ। बोलते तो वह कम ही थे, लेकिन उनके संकेतों में स्पष्ट अर्थ होते थे। उससे वंचित क्यों किया गया आज उसे ? निश्चय ही, जरूर उससे कोई गलती हो गई है। वह देर रात तक अपने व्यवहार की छोटी-छोटी बातें याद करके उनमें से किसी के सम्भाव्य अनौचित्य का अन्वेषण करने लगा, और कुछ भी समझ में न आने पर बेहद घबरा गया। यह सोचकर कि यदि अनिरुद्ध दास ने उससे सम्बन्ध-विच्छेद करने का निश्चय कर लिया तो उसका क्या होगा ? तब वह अचानक महानता के उस शिखर से लुढ़ककर धराशायी हो गया, जो अनिरुद्ध दास ने उसके लिए तैयार किया था। वह इतनी बड़ी दुनिया में अपने को बौना, अकेला, बेसहारा और भिखमंगे के रूप में देख रहा था, जिसके पास कुछ नहीं है, न अर्थ और न गुण। उसने स्वातन्त्र्य आन्दोलन के जमाने में अपनाए गए अहिंसा, असहयोग, स्वावलम्बन, सत्याग्रह आदि सिद्धान्तों को याद किया, लेकिन इन कुछ ही दिनों में वे उसी के अन्दर नष्ट हो चुके थे या बेहद कमजोर हो गए थे। वह अब स्वतन्त्र होकर स्वाभिमान के साथ सच्चाई के लिए संघर्ष करने की कल्पना ही नहीं कर सकता था कोशिश करने पर भी।

रात के अँधेरे में इस बढ़ती हुई निराशा की हालत में उसे प्रियादास की याद आई। उसे एक क्षीण रोशनी का आभास हुआ और इसी से उसके हृदय पर का दबाव कुछ कम हुआ। प्रिया तो उससे खुश है ही और वह उसे और भी खुश कर सकता है ! अचानक उसे लगा कि वह प्रियादास को बेहद प्यार करता है। यह सोचते ही उसकी आँखों में आँसू आ गए। और कुछ मिनटों में वह प्रियादास के वियोग की पीड़ा भी महसूस करने लगा, किसी गर्भवती की झूठी प्रसव-वेदना की तरह, जो सच्ची लगती है। और वह सत्य तथा झूठ की एकता से राहत की ऐसी अनोखी मंजिल पर पहुँच गया, जहाँ सत्य सदा झूठ और झूठ सदा सत्य लगता है।

दूसरे दिन सवेरे आठ बजे प्रियादास से मुलाकात हो गई, जिसकी बेचैनी से प्रतीक्षा भी कर रहा था वह। वह नहाने के बाद चमाचम प्रेस किए हुए सफेद पैंट-कमीज पहन और बाल झाड़कर तैयार हो गया था। प्रिया उसके कमरे में पहुँचकर खड़ी हो गई और मुग्धचकित भाव से उसे एकटक देखने लगी। उसने इस पर ध्यान न देकर प्रिया को खुश करने की गरज से कहा :

"प्रिया, मालूम होता है तुम मुझसे बहुत नाराज हो..."

"कैसे नीलेश ?" प्रिया यह सोचकर खुश हुई कि नीलेश उसकी नाराजगी की चिन्ता करता है।

"हाँ प्रिया, पता नहीं क्यों मुझे लगा कि तुम नाराज हो। यही सोचकर रात-भर मुझे नींद नहीं आई। मैं तो अक्सर तुम्हारे बारे में सोचता हूँ प्रिया। तुम्हारी जैसी लड़की मैंने आज तक देखी नहीं। तुम, बाबूजी, माताजी, इनमें से कोई भी नाराज हो जाएँ तो मैं चला जाऊँगा यहाँ से, एक मिनट के लिए भी अपना मुँह दिखाना पसन्द नहीं करूँगा। बड़ी ही इज्जत करता हूँ तुम लोगों की। प्रिया, बाबूजी के सामने अपनी भावनाएँ प्रकट तो नहीं कर पाता, यदि किसी गलती से वह मुझसे रुष्ट

बदलाव आ गए थे नम्रता में। एक तो उसने खद्दर का परित्याग कर दिया था। बदले में रेशम की महँगी, आकर्षक डिजाइनदार साड़ी, ब्लाउज, कानों में खूबसूरत टॉप्स, नाक में नगवाली कील और हाथों में दो-दो सोने की चूड़ियों के बीच रंगीन दिलकश काँच की चूड़ियाँ।

वह सहेली को एक जगह खड़ी करके नीलेश की ओर बढ़ गई।

"उधर चलते हैं, एकान्त में कुछ देर तक बात करेंगे..."

नम्रता कुछ नहीं बोली, बल्कि उसके पीछे-पीछे चल पड़ी। एक सुन्दर कटी झाड़ी के बीच एक बेंच थी। नम्रता को बैठने के लिए कहकर, वह स्वयं उसके पास उसकी तरफ मुँह करके बैठ गया। वह उसे एकटक देख रहा था, क्योंकि नए परिधान और नई सज्जा में, नम्रता अत्यन्त आकर्षक लग रही थी। पूरा विश्वास था उसे कि यदि नम्रता के हृदय में उसके लिए प्यार न होता तो वह इस गार्डन में कभी न आती और विशेष रूप विन्यास उसी के लिए है। उसने खुशी से गद्गद होकर और आगे झुककर 'नम्रता' के सम्बोधन के साथ उसका चेहरा पकड़कर अपनी तरफ खींचने के लिए दोनों हाथ बढ़ाए, परन्तु नम्रता अपने चेहरे को पीछे करती हुई बोली :

"कुछ मेरे लिए तो जगह छोड़ेंगे...।"

नीलेश कुछ भी न समझते हुए भी हतप्रभ हो गया। और लड़खड़ाती-सी आवाज में पूछा उसने, "क्या कहती हो, नम्रता ?"

"स्त्री तो धरती के समान है, हमेशा देने के लिए तैयार है, इसलिए निजी सुख और महत्त्वाकांक्षा की पूर्ति के लिए पुरुष उस पर सम्पूर्ण अधिकार चाहता है। उसे अपना अहंकार प्यारा है, इसलिए उसे दूसरे का खयाल नहीं रहता। उसे अपना सुख चाहिए, तब वह नहीं देखता कि कहाँ क्या टूटा, क्या विभाजित हुआ। मेरे पास कुछ भी नहीं बचा है अब। मैंने तुम्हें सबकुछ दे दिया था, तुमने उसके दो टुकड़े कर दिए। मैं जैसी हूँ, वैसी ही रहने दो, मेरे और टुकड़े करने की कोशिश न करो। मैं अपने लिए जगह तलाशूँगी, टुकड़ों को जोड़ने की कोशिश करूँगी—कैसे, मैं स्वयं नहीं जानती। मैं शायद अपने को जोड़ नहीं पाऊँ, लेकिन सदा ऐसा नहीं होगा। आगे जरूर कोई स्त्री होगी जो अपने को विभाजित नहीं होने देगी। तुम कभी मेरे पास न आना, न कभी बुलाना, न कुछ लिखना और न ही कोई सन्देश भेजना—इसलिए कि तुम स्वयं विभाजित हो, तुम्हारे दो टुकड़े पहले ही हो चुके हैं।"

इतना कहकर वह उठ खड़ी हुई और उसकी ओर बिना देखे धीरे-धीरे झाड़ी के बाहर निकल गई।

उपसंहार

आकाश में बादल तो हैं, लेकिन हवा भी चल रही है, इसलिए सबकुछ बड़ा सुहावना है प्रथम स्वतन्त्रता दिवस के अवसर पर। बलिया के लोग अत्यन्त उत्साहित और खुश हैं। चौक तथा सभी सरकारी एवं सार्वजनिक भवनों पर तिरंगा शान से लहरा रहा है। इस महान अवसर पर सायंकाल जनसभा होगी और रात में सर्वत्र रोशनी।

अगस्त महीने में ही 'भारत छोड़ो आन्दोलन' आरम्भ हुआ था और आज पाँच वर्ष बाद पन्द्रह अगस्त को देश स्वतन्त्र हो गया है। इसके पूर्व कुछ ऐसी घटनाएँ हो गई हैं, जिनका उल्लेख करना अप्रासंगिक नहीं। एक तो यही कि नम्रता का विवाह जून मास के अन्त में एक नामी जमींदार के परिवार में हो गया और वह डोली में बैठकर रोती हुई विदा हो गई। दामोदर ने भी मई मास में कुछ दिनों के अन्तर से अपनी दोनों बड़ी बेटियों की शादी करने में सफलता प्राप्त कर ली है। एक खुशी की बात यह भी है कि भगजोगिनी को कन्या विद्यालय में दाई की नौकरी मिल गई है और उसकी लड़की मुन्नी पाँचवीं में पढ़ रही है और छोटा लड़का गनर्वमेंट हाई स्कूल की तीसरी कक्षा में दाखिल हो गया है।

शाम की जनसभा चौक में हुई, जहाँ भीड़ ऐसी उमड़ी कि कोई जगह नहीं बची। पार्क, सड़कें तथा छतें भरी हुईं। किस मोहल्ले से लोग नहीं आए हैं ! बमपुलिस मोहल्ला, जापलिनगंज, विशुनीपुर, गुदड़ी बाजार, इशरतगंज, मिड्ढी, काजीपुरा, बहेरी, भृगुआश्रम आदि के आम और खास उपस्थित हैं। कमकर, मजूर, दलित, अन्य गरीब तथा भिखमंगे तक काफी संख्या में हैं। उनको भी बड़ी उम्मीद है कि हालत उनकी सुधरेगी, खूब काम मिलेगा और अच्छा पैसा भी। उनके लिए पक्के मकान बनेंगे और उनके बच्चे पढ़े-लिखेंगे और सुख तथा स्वाभिमान से रहेंगे।

सभा में जन नेता भी हैं, जैसे जिला कांग्रेस अध्यक्ष, प्रेमानन्द, सदाशयव्रत, रमाशंकर, बैकुंठ, नफीस तथा हर जाति और धर्म के स्वातन्त्र्य सेनानी और छात्र तथा युवक नेता। नीलेश की कमी तो खल रही है, लेकिन वह इलाहाबाद से ही अनिरुद्ध दास के साथ कार से दिल्ली चला गया है। लेकिन वीरेश, सुरेश, अम्बिका, शम्भु, पिलपिली, चेंगन, हीरा सभी पहुँचे हैं, जिनमें कई तो बाहर पढ़ाई कर रहे हैं, लेकिन इस समारोह में शामिल होने के लिए विशेष रूप से यहाँ पहुँचे हैं। महिलाएँ भी हैं, जैसे दुलारी, धनेश्वरी, भगजोगिनी, नकलनबीसिन आदि।

सभी जन नेताओं ने अपने उद्गार प्रकट किए और बलिया के सैकड़ों शहीदों के प्रति विनम्र, आँसू-भरी श्रद्धांजलि अर्पित की। बीच-बीच में जोरदार करतल ध्वनि हो रही थी और नारे लग रहे थे। सदाशयव्रत का भाषण विशेष रूप से सराहा गया। उन्होंने कहा :

"हम बलिया के निवासी खुश हैं। हमें गर्व है अपने जिले के बहादुर लोगों पर। किसलिए भाई ? इसलिए कि आज जो आजादी मिली हैं, उसका एक लघु रूप हमने पाँच वर्ष पहले ही दिखा दिया था। याद रखिए, करीब दस दिन तक यह जिला आजाद रहा, हर जगह अंग्रेज सरकार समाप्त हो गई। इस समय भी अद्भुत एकता रही, कहीं कोई अपराध नहीं हुआ, आपस में बड़ा सहयोग रहा। कहीं कोई हिंसा नहीं हुई। हम इस सभा के लोग देश की आजाद सरकार से अनुरोध करते हैं कि

आगे भी वैसी ही एकता और वैसा ही आपसी सहयोग हो और लोग खुशहाल रहें।

''बलिया के हम लोग सिपाही हैं। हम बहुत बोलते नहीं हैं, काम करते हैं। हम जैसे अपने स्वाभिमान के लिए लड़ना-मरना जानते हैं, वैसे ही हम देश के आन-बान और शान के लिए बलिदान होना भी जानते हैं। हमको कुछ चाहिए-वाहिए नहीं, अगर हमारी याद आए आपको और इच्छा करे आपकी, तो इस क्षेत्र की बेहतरी के लिए कुछ कर-वर दीजिएगा। नहीं करेंगे तो भी हम खुश हैं। हाँ, यह जरूर कहते हैं कि जब देश पर संकट आए, देश को जरूरत पड़े तो आपका इशारा पाते ही बलिया के लोग संघर्ष करने में, कष्ट उठाने में और कुर्बानी देने में किसी से पीछे नहीं रहेंगे।

''इस विशेष अवसर पर खुशी तो है, लेकिन दुःख भी है। दुःख का कारण आप जानते ही हैं। वह है विभाजन की दुर्घटना। ए भाई, खून-खराबी की बातें सोचकर ठीक से नींद नहीं आती। आप साइकिल चलाते हैं, गाड़ी चलाते हैं, सड़क पर दुर्घटना सिर्फ दूसरे की ही गलती से नहीं होती। आपकी गलती भी दुर्घटना करा सकती है। दोनों की गलती हो तब तो होगी-ही-होगी। यहाँ तो एक तीसरी पार्टी भी थी, जो जी-जान से इस काम में लगी हुई थी। खैर, वह पार्टी तो चली गई विदेश, अब हमें विशेष सावधान रहने की जरूरत है। साइकिल या गाड़ी चलाने में तो कुशल-दक्ष होना ही चाहिए, लेकिन सावधान भी हमेशा रहना चाहिए कि दूसरा दुर्घटना न करा दे। हम सावधान रहेंगे तो सड़क भी ठीक रहेगी, दायाँ-बायाँ रास्ता दिखाने का इन्तजाम भी होगा। हमारी, इस जिले की एक परम्परा है, यहाँ साम्प्रदायिक झगड़ा-वगड़ा नहीं होता। एकता की यह भावना आगे भी जारी रहनी चाहिए। इस पर कोई आँच न आवे, सब प्रेम से रहें, सब में सहयोग हो, सब मिल-जुलकर दुश्मन का मुकाबला करें, चाहे वह विदेशी हमलावर हो, गरीबी हो, बीमारी हो, एकता का विरोधी हो।

''हमने राष्ट्रीय आन्दोलन के कुछ सिद्धान्तों पर दृढ़तापूर्वक लम्बे समय तक चलकर स्वतन्त्रता प्राप्त की है। आपको, बलिया की जनता को इसका गहन अनुभव है। हमारे राष्ट्रीय जीवन के मूल्य हैं ये, जो हमेशा हमारी मदद करेंगे। स्वावलम्बन, स्वदेशी, एकता के ये मूल्य छूटने न पाएँ, नष्ट न हों, हमारी स्वतन्त्रता और उन्नति के लिए ये अत्यन्त आवश्यक हैं।

''महात्मा गांधी भारत की आम जनता की स्वाधीनता और एकता के सबसे बड़े मजबूत स्तम्भ हैं। देश बँट गया, लोग बँट गए, लेकिन गांधीजी लोगों के दिलों को जोड़ने में लगे हैं। इस देश में और भारत तथा पाकिस्तान के बीच भी लोगों के दिलों को जोड़ना बहुत जरूरी है। हवा-पानी तो एक ही है, भाषा भी एक ही है, या कई हैं तो एक जैसी हैं, संगीत, साहित्य में सांस्कृतिक एकता के तत्त्व हैं। अलग देश बन भी गए हैं तो आपस में प्रेम से रहने से ही दोनों स्वाभिमान से जिन्दा रह सकेंगे, तरक्की कर सकेंगे।

''मैं आपको बताना चाहता हूँ कि गांधीजी के शान्ति मिशन में शामिल होने के लिए कल मैं बलिया से दिल्ली जा रहा हूँ। मैं अपना शेष जीवन इसी कार्य में बिताना चाहता हूँ। मैं बलिया का प्रतिनिधि बनकर ही वहाँ जा रहा हूँ, बलिया की मूक जनता का। इस कार्य में मुझे आपकी सहमति, समर्थन और आशीर्वाद चाहिए।''

जोरदार करतल ध्वनि हुई और नारे लगने लगे। भाषण देर रात तक चलते रहे स्वतन्त्रता की जगमग रोशनी के बीच, जिनकी आवाज हवा के सहारे चारों ओर फैलने लगी।

●●●